Das Internationale Übereinkommen

über den

Eisenbahn-Frachtverkehr.

Das

Internationale Übereinkommen

über den

Eisenbahn-Frachtverkehr

in der Fassung des Zusatzübereinkommens vom 19. September 1906

und

in Verbindung mit den einheitlichen Zusatzbestimmungen des internationalen Transportkomitees und mit dem Betriebs-Reglement des Vereins deutscher Eisenbahnverwaltungen,

gültig vom 22. Dezember 1908.

Kommentar

von

Dr. jur. **Georg Eger,**
Geheimer Regierungsrat.

Dritte, neu bearbeitete und vermehrte Auflage.

Berlin 1909.
J. Guttentag, Verlagsbuchhandlung,
G. m. b. H.

Altenburg
Piererсhe Hofbuchdruckerei
Stephan Geibel & Co.

Vorwort.

Die überaus günstige Aufnahme und schnelle Verbreitung, welche die erste und zweite Auflage des vorliegenden Kommentars in allen Vertragsstaaten gefunden haben, hat schon seit Jahren das Erscheinen einer dritten Auflage notwendig gemacht. Doch konnte an diese Aufgabe erst herangetreten werden, nachdem die bestimmungsmäßig eingeleitete neue (zweite) Revision des internationalen Übereinkommens über den Eisenbahn-Frachtverkehr ihren Abschluß erreicht hatte. Dies ist durch das von der zweiten Revisionskonferenz in Bern in der Zeit vom 4. bis 18. Juli 1905 beschlossene Zusatzübereinkommen vom 19. September 1906, welches am 22. Dezember 1908 in Kraft getreten ist, geschehen.

Die zweite Revision hat in gleicher Weise wie die erste zu einer Reihe von Abänderungen und Ergänzungen des Übereinkommens selbst wie auch der Ausführungsbestimmungen und Anlagen geführt, deren Ergebnis das Berner Zusatzübereinkommen vom 19. September 1906 bildet.

Auch in der zweiten Revisionskonferenz war der bereits in der ersten befolgte Grundsatz leitend, den Entwicklungsgang des internationalen Eisenbahn-Frachtrechts nicht durch prinzipielle Eingriffe zu unterbrechen und daher die angeregten Änderungen auf das notwendige, dem Verkehrsbedürfnisse entsprechende Maß zu beschränken. Hiervon ausgehend sind die grundlegenden Bestimmungen des internationalen Übereinkommens beibehalten worden. Die Änderungen, welche im folgenden bei der Erläuterung der einzelnen Artikel hervorgehoben und erörtert sind, haben zwar zum Teil wichtige und für das Verkehrsbedürfnis wertvolle, aber stets im Rahmen des bisherigen Systems bleibende Bestimmungen zum Gegenstande. Freilich konnte infolge dieser Tendenz mancher an sich berechtigte Antrag nicht Berücksichtigung finden. Aber es darf nicht verkannt werden, daß Änderungen des erst nach langjährigen, mühevollen Verhandlungen im Kompromißwege zustande gekommenen Übereinkommens wegen der Verschiedenheit der Gesetzgebungen, Rechts- und Verkehrsanschauungen mit großen Schwierigkeiten verbunden sind und häufig auf unüberwindlichen Widerspruch stoßen. Es ist daher im allgemeinen vermieden worden, bereits in der ersten Revisionskonferenz abgelehnte Anträge wiederum einzubringen.

Das internationale Eisenbahn-Frachtrecht hat demungeachtet durch das neue Zusatzübereinkommen erhebliche Verbesserungen erhalten. Und es ist als ein großes, hoch anzuschlagendes Verdienst der Revisionskonferenz von 1905 zu rühmen, daß sie in weiser Würdigung und Berücksichtigung des Verkehrsbedürfnisses ihre Aufgabe auf das sorgfältigste und zweckmäßigste gelöst und durch geeignete Änderungen und Ergänzungen wesentlich zur Vervollkommnung des Internationalen Übereinkommens, zur Beseitigung von Mängeln und Streitfragen beigetragen hat.

Der Kommentar hat durch die neue, unter Zugrundelegung des revidierten Übereinkommens verfaßte Auflage eine wesentliche Umarbeitung und in vielen Beziehungen völlige Veränderung erfahren. Die Veränderungen liegen einerseits darin, daß infolge der neuen Bestimmungen eine Neubearbeitung ganzer Abschnitte unter eingehender Benutzung der Protokolle der Revisionskonferenz erfolgt ist, anderseits darin, daß in den Erläuterungen die seit dem Erscheinen der zweiten Auflage veröffentlichte, sehr umfangreiche Rechtsprechung aller Vertragsstaaten, sowie die schiedsgerichtlichen Entscheidungen des Central-Amtes für den internationalen Eisenbahntransport, die gesamte Literatur, die bezüglichen Landesgesetze und Verordnungen des ganzen Vertragsgebietes die sorgfältigste Berücksichtigung erfahren haben. Auch sind bei jedem Artikel des internationalen Übereinkommens nicht nur die zugehörigen Ausführungsbestimmungen, Anlagen und Erklärungen der Schlußprotokolle, sondern auch die internen Vorschriften der einzelnen Vertragsstaaten in tunlichster Vollständigkeit mitgeteilt. Es sind ferner jedem Artikel die einschlägigen Paragraphen des Betriebsreglements des

Vereins Deutscher Eisenbahnverwaltungen, sowie die einheitlichen Zusatzbestimmungen des internationalen Transportkomitees und Hinweise auf das Vereinsübereinkommen und die gemeinsamen Abfertigungsvorschriften beigefügt, so daß sich bei jedem einzelnen Artikel das gesamte, dazu gehörige gesetzliche und reglementarische Material übersichtlich vereinigt findet. Ein vollständiges und genau bearbeitetes Inhaltsverzeichnis und Sachregister wird den Gebrauch des Kommentars erleichtern.

Es ist das Ziel des Kommentars, allen Transportinteressenten, den Eisenbahn-, Post- und anderen Verwaltungs-Behörden und -Beamten, den Gerichten und Anwalten für den praktischen Gebrauch in internationalen Eisenbahn-Frachtrechtssachen eine möglichst erschöpfende juristische Erläuterung des internationalen Übereinkommens in seiner gegenwärtigen Fassung, verbunden mit einer vollständigen und übersichtlichen Zusammenstellung des ganzen vorhandenen Materials zu gewähren. Der Verfasser hofft, daß der Kommentar diese Aufgabe erfüllen und sich auch in seiner neuen Gestalt als ein nützliches Hilfsmittel für die Anwendung und Auslegung der bezüglichen Rechtsnormen erweisen wird.

Berlin, Juni 1909.

Dr. Georg Eger.

De Seigneux u. Christ = De Seigneux und Christ, Die Einführung eines einheitlichen Rechts für den internationalen Eisenbahnfrachtverkehr. Basel 1875; auch französisch: De l'unification du droit concernant les transports internationaux par chemins de fer.

De Seigneux = De Seigneux, Commentaire du projet de Convention etc., rédigé par la conférence de 1881. Paris 1882.

Sirey = Sirey, les Codes annotés 3 ed. Paris 1885. II.

Sp. u. Sch.-Ztg. = Speditions- u. Schiffahrts-Zeitung.

Staub = Staub, Kommentar zum Allgemeinen deutschen Handelsgesetzbuch. 8. Aufl. Berlin 1907.

Thaller = Thaller, Du transport en droit international etc. Paris 1887.

Thöl = Thöl, Das Handelsrecht. 5. Aufl. 1875.

Verk.-Ord. = Eisenbahn-Verkehrsordnung für die Eisenbahnen Deutschlands.

Zeitschr. f. d. ges. H.-R. = Zeitschrift für das gesamte Handelsrecht.

Z. = Zeitschrift für den Internationalen Eisenbahntransport, herausgegeben von dem Central-Amt in Bern. Jahrgang I—XVII.

Internationales Übereinkommen

über den

Eisenbahn-Frachtverkehr

vom 14. Oktober 1890

mit den

Änderungen und Ergänzungen in der Zusatzvereinbarung vom 16. Juli 1895 und in den Zusatzübereinkommen vom 16. Juni 1898 und vom 19. September 1906

zwischen

Belgien, Dänemark, Deutschland, Frankreich, Italien, Luxemburg, den Niederlanden, Österreich und Ungarn, Rumänien, Rußland, Schweden und der Schweiz.

In Verbindung mit den einheitlichen Zusatzbestimmungen des Internationalen Transportkomitees

und

mit dem Betriebsreglement des Vereins Deutscher Eisenbahnverwaltungen

gültig vom 22. Dezember 1908.

Internationales Übereinkommen über den Eisenbahn-Frachtverkehr

gültig vom 22. Dezember 1908.

Artikel 1.[1])

(1) Das gegenwärtige internationale Übereinkommen[2]) findet Anwendung[3]) auf alle Sendungen von Gütern,[4]) welche auf Grund eines durchgehenden Frachtbriefes aus dem Gebiete eines der vertragschließenden Staaten in das Gebiet eines andern vertragschließenden Staates auf denjenigen Eisenbahnstrecken befördert werden,[5]) welche zu diesem Zwecke in der anliegenden Liste, vorbehaltlich der in Artikel 58 vorgesehenen Änderungen, bezeichnet sind.[6])

(2) Die Bestimmungen, welche zur Ausführung des gegenwärtigen Übereinkommens von den vertragschließenden Staaten vereinbart werden, sollen dieselbe rechtliche Wirkung haben wie das Übereinkommen selbst.[7])

Zusatz I.

Protokoll zum internationalen Übereinkommen über den Eisenbahn-Frachtverkehr.

In betreff des Artikels 1 besteht darüber allseitiges Einverständnis, daß Sendungen, deren Abgangs- und Endstation in dem Gebiete desselben Staates liegen, nicht als internationale Transporte zu betrachten sind, wenn dieselben auf einer Linie, deren Betrieb einer Verwaltung dieses Staates angehört, das Gebiet eines fremden Staates nur transitieren. Wenn die Transitstrecken nicht dem Betrieb einer Verwaltung dieses Staates angehören, so können die beteiligten Regierungen durch Sonderabkommen vereinbaren, daß solche Transporte gleichwohl nicht als internationale zu betrachten sind.

Im weitern ist man darüber einverstanden, daß die Bestimmungen dieses Übereinkommens keine Anwendung finden, wenn eine Sendung von irgendeiner Station eines Staatsgebietes entweder nach dem Grenzbahnhofe des Nachbarstaates, in welchem die Zollbehandlung erfolgt, oder nach einer Station stattfindet, welche zwischen diesem Bahnhofe und der Grenze liegt; es sei denn, daß der Absender für eine solche Sendung die Anwendung des gegenwärtigen Übereinkommens verlangt. Diese Bestimmung gilt auch für Transporte von dem genannten Grenzbahnhofe oder einer der genannten Zwischenstationen nach Stationen des andern Staates.

Es wird ferner anerkannt, daß durch das Übereinkommen das Verhältnis der Eisenbahnen zu dem Staate, welchem sie angehören, in keiner Weise geändert wird, und daß dieses Verhältnis auch in Zukunft durch die Gesetzgebung jedes einzelnen Staates geregelt werden wird, sowie daß insbesondere durch das Übereinkommen die in jedem Staate in Geltung stehenden Bestimmungen über die staatliche Genehmigung der Tarife und Transportbedingungen nicht berührt werden.

Es wird anerkannt, daß das Reglement betreffend die Errichtung eines Centralamtes, sowie die Ausführungsbestimmungen in dem Internationalen Übereinkommen über den Eisenbahn-Frachtverkehr und die Anlagen 1, 2, 3, 3 a und 4 dieselbe Kraft und Dauer haben sollen wie das Übereinkommen selbst.

Zusatz II.

Betriebsreglement des Vereins Deutscher Eisenbahnverwaltungen.

Eingangsbestimmungen.

Die nachstehenden Bestimmungen kommen für den internationalen Verkehr zwischen den Bahnen des Vereins Deutscher Eisenbahnverwaltungen zur Anwendung.

und § 39.

Geltungsbereich des Internationalen Übereinkommens.

(Text übereinstimmend mit vorstehendem Art. 1.)

1) Prinzip und Entstehung des Art. 1.

Artikel 1 des internationalen Übereinkommens bestimmt das Anwendungsgebiet (die Grenzen) des internationalen Übereinkommens (Abs. 1) und legt den Ausführungsbestimmungen des Übereinkommens dieselbe rechtliche Wirkung bei wie diesem selbst (Abs. 2).

Aus der Entstehungsgeschichte des Art. 1 ist folgendes hervorzuheben: Da das internationale Übereinkommen nicht den gesamten Eisenbahn-Frachtverkehr zu regeln bestimmt ist — d. h. den internen (sich innerhalb der Grenzen eines Staates bewegenden) und externen (von einem Staatsgebiete in das andere mittelst einheitlichen Frachtvertrages — durchgehenden Frachtbriefes — gerichteten) —, sondern sich nur auf die einheitliche Regelung des externen Verkehrs beschränkt, so war es, um Zweifel über die Tragweite des neuen Rechts auszuschließen, in erster Reihe notwendig, für das Anwendungsgebiet des internationalen Übereinkommens bestimmte Grenzen zu ziehen und damit zugleich die Voraussetzungen für den internationalen Eisenbahn-Frachtvertrag zu normieren.

Dem Erfordernisse einer derartigen Begrenzung wurde sowohl in dem Schweizer wie in dem Deutschen Entwurfe des Übereinkommens entsprochen.

Der Deutsche Entwurf verwies die im Art. 1 des Schweizer Entwurfs zugleich ausgesprochene Transportpflicht der Eisenbahnen in einen besonderen Artikel (jetzt Art. 5) und beschränkte Art. 1 lediglich auf die Begrenzung des Anwendungsgebietes durch folgende Bestimmung: „Der gegenwärtige internationale Eisenbahnvertrag findet Anwendung auf alle Sendungen von Gütern, welche aus dem Gebiete eines der vertragschließenden Staaten in das Gebiet eines anderen auf Grund eines durchgehenden Frachtbriefes mittelst der Eisenbahn befördert werden."

In den Motiven des Deutschen Entwurfs wird ausgeführt:

„Der Art. 1 des schweizerischen Entwurfs enthält kombinierte Bestimmungen über die Fragen: 1. unter welchen Voraussetzungen überhaupt ein internationaler Eisenbahn-Frachtvertrag abgeschlossen werden kann, 2. inwiefern — das Vorhandensein dieser Momente vorausgesetzt — die Eisenbahn zur Annahme des Gutes im internationalen Verkehr verpflichtet ist.

Der Entwurf deutscher Kommissare glaubte diese Punkte trennen und die damit zusammenhängende Frage, inwieweit reglementäre, tarifarische und privatvertragsmäßige Abmachungen neben dem internationalen Staatsvertrage bestehen, in einem besonderen Paragraphen erörtern zu sollen. Demgemäß sind in Art. 1a zunächst die Grenzen und Voraussetzungen der Geltung des internationalen Vertrages im allgemeinen normiert, und zwar im wesentlichen übereinstimmend mit Art. 1 Abs. 1 des schweizerischen Entwurfs.

In der I. Konferenz wurde der Deutsche Entwurf mit geringfügigen redaktionellen Änderungen angenommen (Art. 1 des I. Entw.).

In der II. Konferenz wurde betont, daß die Bestimmungen des internationalen Frachtrechts nicht fakultativ, sondern obligatorisch seien bei allen Transporten von Land zu Land, sofern diese nicht ausdrücklich vom Genuß derselben ausgeschlossen seien. Nur in denjenigen Beziehungen, in welchen das internationale Recht nichts bestimme, sei es Sache der einzelnen Staaten und Verbände, die erforderlichen Bestimmungen nach ihrem Ermessen festzustellen. Sodann wurde angenommen, daß das Übereinkommen nicht für sämtliche den Vertragsstaaten angehörende Bahnen uneingeschränkt und ausnahmslos gelten solle, sondern nur für diejenigen, welche zu diesem Zwecke von jedem der Staaten als zur Ausführung internationaler Transporte geeignet bezeichnet werden (II. Entw. Art. 1).

Nachdem aber am Schlusse der II. Konferenz die deutsche Delegation erklärt hatte, daß sie dem Art. 1 in dieser Fassung nicht zustimmen könne, weil dieselbe es in das Belieben der einzelnen Regierungen stelle, eine Bahn als zum internationalen Transport geeignet zu bezeichnen oder nicht, wurde in der III. Konferenz bestimmt, daß das Verzeichnis der dem Übereinkommen unterworfenen Bahnen, welches nach dem II. Entwurfe (1881) nicht einen integrierenden Teil des Vertrages selbst gebildet haben würde, in diesen als integrierender Teil aufzunehmen ist (III. Entw. Art. 1), damit jeder Staat, bevor er den Vertrag abschließt, das Verzeichnis der von den anderen Staaten zugelassenen Bahnen kenne.

Abs. 2 des Art. 1 steht mit Abs. 1 insofern in engem Zusammenhange, als derselbe den Bestimmungen des Übereinkommens — deren Anwendungsgebiet Abs. 1 begrenzt — die Ausführungsbestimmungen rechtlich gleichstellt, welche zu dem Übereinkommen von den Vertragsstaaten vereinbart werden.

Die Ausführungsbestimmungen brachte der Deutsche Entwurf in Vorschlag, weil es zweckmäßig erschien, neben den Festsetzungen des Vertrages die gleichzeitige Vereinbarung von Ausführungsbestimmungen anzustreben.

Aus der vorstehenden Entstehungsgeschichte des Art. 1 ergibt sich, daß es in der Absicht der Gesetzgeber lag, durch Art. 1 das Anwendungsgebiet des internationalen Übereinkommens prinzipiell zu bestimmen bzw. die Grenzen und die Voraussetzungen für die Geltung des neuen internationalen Rechts zu normieren. Dies ist jedoch (s. die Motive des Deutschen Entwurfs S. 5) im Art. 1 nur „im allgemeinen", mithin nicht ins einzelne gehend und erschöpfend geschehen. Zur Feststellung sowohl der zeitlichen Grenzen des Übereinkommens wie der materiellrechtlichen Tragweite desselben, ferner des Umfanges der davon berührten Rechtsverhältnisse, der Gegenstände der Beförderung, der Staatsgebiete und der Eisenbahnstrecken sind die Bestimmungen des Art. 1 für sich allein nicht ausreichend. Es bedarf in allen diesen Richtungen der Heranziehung und Zuhilfenahme einer Reihe anderer Bestimmungen des Übereinkommens sowie des Schlußprotokolls, um ein der Absicht der Gesetzgeber entsprechendes, vollständiges und übersichtliches Bild des Anwendungsgebiets des internationalen Übereinkommens zu gewinnen.

2) „Das gegenwärtige internationale Übereinkommen".

Absatz 1 des Art. 1 normiert die Grenzen — das Anwendungsgebiet — des internationalen Übereinkommens, und zwar sowohl in bezug auf die Zeit des Inkrafttretens und der Geltungsdauer wie auf die materiellrechtliche Tragweite, die Kategorien der Transportgegenstände, den räumlichen Umfang, die Verkehrsrichtung und die beteiligten Eisenbahnstrecken.

Die Worte „das gegenwärtige internationale Übereinkommen" weisen zunächst auf die zeitliche Begrenzung (Geltungsdauer) hin.

Das Übereinkommen ist ein internationaler Staatsvertrag, welcher von Deutschland, Österreich-Ungarn, Belgien, Frankreich, Italien, Luxemburg, den Niederlanden, Rumänien, Rußland, der Schweiz, Schweden und Dänemark nach den für internationale Staatsverträge geltenden Formen rechtsverbindlich geschlossen ist. Nachdem die gesetzgebenden Faktoren sämtlicher kontrahierenden Staaten diesem Vertrage sowie der Zusatzerklärung vom 20. September 1893 (Z. IV 379), der Zusatzvereinbarung vom 16. Juli 1895 (IV 424) und den beiden Zusatzübereinkommen vom 16. Juni 1898 (IV 506) und 19. September 1906 (XIV 347) die Genehmigung erteilt haben, ist das Übereinkommen nebst jenen Nachträgen zugleich in jedem einzelnen dieser Staaten ein in das öffentliche und private Recht derselben aufgenommenes Landesgesetz und bedarf nicht noch interner (Einführungs-)Gesetze, um als internationales Recht im ganzen Konventionsgebiet zu gelten. Im Deutschen Reiche ist es mithin Reichsgesetz und als solches der Revision zugänglich (E. XXI 48), nicht aber, wenn es als ausländisches Recht in Betracht kommt (a. a. O. 49).

Das Wort „gegenwärtig" weist hier zwar auf die Geltungsdauer im allgemeinen hin, bestimmt aber weder den Beginn noch das Ende derselben. Hierzu bedarf es der Ergänzung aus Art. 60 in Verbindung mit Art. 59. Die zeitlichen Grenzen (die Geltungsdauer) des internationalen Übereinkommens sind aus diesen beiden Schlußartikeln des näheren zu entnehmen. Über den Beginn seiner Wirksamkeit bestimmt Art. 60 Abs. 2, daß dieselbe drei Monate nach erfolgtem Austausch der Ratifikationsurkunden (sc, des Hauptübereinkommens), also mit dem 1. Januar 1893, ihren Anfang nimmt. Von diesem Zeitpunkte ab war nach Art. 60 Abs. 1 das Übereinkommen für jeden beteiligten Staat auf drei Jahre verbindlich. Jeder Staat, welcher nach Ablauf dieser Zeit von dem Übereinkommen zurückzutreten beabsichtigte, war verpflichtet, hiervon die übrigen Staaten ein Jahr vorher in Kenntnis zu setzen. Solange von diesem Rechte kein Gebrauch gemacht wird, ist das Übereinkommen als für je weitere drei Jahre verlängert zu betrachten, d. h. es gilt als stillschweigend verlängert, wenn keiner der Vertragsstaaten von seinem Rücktrittsrechte fristzeitig Gebrauch macht.

Übrigens erleidet die Rechtsverbindlichkeit bzw. Geltung des „gegenwärtigen" Übereinkommens für die Dauer von drei Jahren insofern eine wesentliche Modifikation, als nach Art. 59 Abs. 1 nicht nur wenigstens alle fünf Jahre eine aus Delegierten der vertragschließenden Staaten bestehende Konferenz zusammentreten soll, um zu dem internationalen Übereinkommen die für notwendig erachteten Abänderungen und Verbesserungen in Vorschlag zu bringen, sondern auch nach Art. 59 Abs. 2 auf Begehren von wenigstens einem Viertel der beteiligten Staaten der Zusammentritt von Konferenzen auch in einem früheren Zeitpunkte stattfinden kann. Demgemäß ist die Geltung des jeweilig bestehenden Übereinkommens für die Dauer von fünf Jahren keineswegs eine unbedingte. Werden inzwischen Änderungen vorgenommen, so gilt für den Rest der dreijährigen Frist das abgeänderte Übereinkommen. Freilich bedürfen diese Abänderungen des Übereinkommens ebenso wie die Kündigung desselben der Ratifizierung sämtlicher gesetzgebenden Faktoren und des erneuten Austausches von Ratifikationsurkunden. Wie die Eingehung, so kann auch die Kündigung und Abänderung des Übereinkommens nur durch gesetzliche Akte der Einzelstaaten erfolgen. Nur für die Abänderung der Ausführungsbestimmungen obwohl dieselben nach Abs. 2 des Art. 1 in ihrer rechtlichen Wirkung dem Übereinkommen gleichstehen) genügt nach allseitigem, in den Beratungen ausgedrücktem Einverständnis der Beschluß der Regierungen ohne Zustimmung der gesetzgebenden Faktoren (Z. III 475, IV 424).

3) **„findet Anwendung".**

Die Worte „findet Anwendung" lassen die materiellrechtlichen Grenzen (den Rechtscharakter und die Tragweite) des Übereinkommens nicht klar erkennen, d. h. es ergibt sich aus dieser Fassung nicht mit Bestimmtheit, ob das neue internationale Recht obligatorischen und absoluten Charakter — unter Ausschluß und Aufhebung aller entgegenstehenden Gesetze der Vertragsstaaten und Vereinbarungen der Vertragsbahnen — oder nur fakultative Bedeutung neben jenen Gesetzen haben soll.

Aus der Tendenz des Übereinkommens, für den externen (gegenseitigen) Verkehr der Vertragsstaaten ein einheitliches Eisenbahnfrachtrecht zu schaffen, muß zwar an sich gefolgert werden, daß das Übereinkommen absolute und obligatorische Geltung besitzt, derartig, daß weder die Vertragsstaaten durch Gesetze, Verordnungen oder Sonderverträge, noch die Eisenbahnverwaltungen durch Vereinbarungen in Verbands-, Tarif- usw. Verträgen, Reglements usw. für denjenigen Verkehr, welcher dem Übereinkommen unterliegt, Bestimmungen treffen dürfen, welche dem Übereinkommen widersprechen, und derartige entgegenstehende Bestimmungen — soweit sie bereits vor Inkrafttreten der internationalen Übereinkunft erlassen sind — aufgehoben und für die Folge nichtig sind. Da aber dieser Grundsatz im Art. 4 in betreff der Vertragsbahnen ausdrücklich ausgesprochen ist, hätte demselben zur Vermeidung von Zweifeln auch in betreff der Vertragsstaaten im Übereinkommen Ausdruck gegeben werden sollen. Unverkennbar hat aber der Gesetzgeber dies für so selbstverständlich gehalten, daß eine besondere Bestimmung hierüber für überflüssig erachtet wurde.

Aus der obligatorischen und absoluten Geltung des internationalen Übereinkommens ergeben sich hiernach folgende Grundsätze:

1. Die landesrechtlichen sowie die von den Eisenbahnen (in Verbandsverträgen, Reglements usw.) vereinbarten, den internationalen Eisenbahn-Frachtverkehr betreffenden Bestimmungen treten außer Kraft, insoweit sie dem internationalen Übereinkommen widersprechen, und dürfen auch nicht fakultativ oder subsidiär anstatt der Bestimmungen desselben zur Anwendung gebracht werden. Das internationale Übereinkommen geht dem Landesrechte vor. Jeder Transport, welcher auf Grund eines internationalen Frachtbriefes befördert wird, untersteht dem internationalen Recht (C.A. Z. I 147.) „Liegen die Voraussetzungen für die Anwendbarkeit des internationalen Übereinkommens vor, so hat dasselbe für die von ihm beherrschten Frachtverträge ausschließlich Geltung in dem Sinne, daß die sonst geltenden Rechtsnormen nur insoweit Anwendung finden, als in dem internationalen Übereinkommen auf sie verwiesen ist und als es sich um Rechtsfragen handelt, die das internationale Übereinkommen offen läßt.

Kammer-Ger. Berlin 2./3. 1898 und D. Reichs-Ger. 21./9. 1898. Z. VI 744, 805. E. XV 218, 255. XXIII 388, 392. (S. auch Rosenthal 37.)

2. Neue derartige Bestimmungen dürfen nicht eingeführt werden und sind im Falle ihrer Einführung nichtig.

Hierbei sind unter „dem internationalen Übereinkommen nicht widersprechend" alle diejenigen Bestimmungen zu verstehen, welche dasselbe nur ergänzen, sei es im Wege der bloßen Deklaration oder durch Ausführungsvorschriften oder in betreff solcher Punkte, welche das Übereinkommen selbst nicht einheitlich regelt oder überhaupt unberücksichtigt läßt oder der Regelung durch das Landesrecht ausdrücklich überweist.

Auch durch für das Publikum günstigere Bestimmungen kann eine Ergänzung der Normen des Übereinkommens stattfinden, welche den absoluten Charakter derselben nicht verletzt. Doch dürfen derartige Bestimmungen nur ergänzenden Charakter haben (s. Art. 4 Anm. 20.)

Eine weitere Begrenzung des Anwendungsgebietes des internationalen Übereinkommens liegt darin, daß dasselbe nicht alle Rechtsverhältnisse des internationalen Eisenbahntransportes, d. h. das gesamte internationale Eisenbahnfrachtrecht einheitlichen Normen unterwirft, sondern bezüglich eines Teiles der in Betracht kommenden Rechtsverhältnisse auf die Anwendung der bestehenden Landesgesetze und Reglements der Vertragsstaaten hinweist.

Es läßt sich hiernach zwar nicht sagen, daß eine Regelung dieser Rechtsverhältnisse überhaupt nicht erfolgt sei, aber sie ist nicht nach einheitlicher Norm und Richtung erfolgt, sondern besteht lediglich in der Verweisung auf die verschiedenartigen, dem Wechsel unterworfenen Bestimmungen der Landesrechte. Im Gegensatze zu dem bisherigen Rechtszustande tritt also insofern zwar eine Besserung ein, als es in den bezüglichen Fällen nunmehr unzweifelhaft ist, welches Recht zur Anwendung zu bringen ist. Aber es bleibt demungeachtet die sehr empfindliche Lücke, daß dieses anzuwendende Recht nicht ein einheitliches, internationales, sondern ein von der Verschiedenartigkeit der Landesrechte abhängiges ist, und mithin in jedem dieser Fälle auf die internen Landesrechte zurückgegangen werden muß.

Nach den Bestimmungen des internationalen Übereinkommens sind der landesgesetzlichen Regelung überlassen, mithin von der einheitlichen Normierung ausgeschlossen: die Verpflichtung der Eisenbahn, die Güter, deren Beförderung nicht sofort erfolgen kann, vorläufig in Verwahrung zu nehmen (Art. 5 Abs. 2); der Ersatz der Unterschrift des Absenders unter den Frachtbrief durch eine gedruckte oder gestempelte Zeichnung des Absenders (Art. 6 Abs. 1 m); die Befugnis der Eisenbahn, vom Absender außer dem Frachtbrief die Ausstellung einer Urkunde zu verlangen, welche dazu bestimmt ist, in den Händen der Verwaltung zu verbleiben, um ihr als Beweis über den Frachtvertrag zu dienen (Art. 6 Abs. 4); die Berechtigung der Eisenbahn zur Erstellung von Stammheften für den internen Dienst (Art. 6 Abs. 5); das Recht und die Verpflichtung der Eisenbahn, das Gewicht oder die Stückzahl des Gutes zu ermitteln oder zu kontrollieren (Art. 7 Abs. 3); die Zulässigkeit von Spezialtarifen zu reduzierten Preisen und mit verlängerten Lieferfristen (Art. 14 Abs. 2); das Verfahren bei Ablieferung der Güter, sowie die etwaige Verpflichtung der Bahn, das Gut einem nicht an der Bestimmungsstation wohnhaften Empfänger zuzuführen (Art. 19); die Wirkungen des Pfandrechts (Art. 22); das Verfahren bei Ablieferungshindernissen — mit Ausnahme der im Art. 24 Abs. 1 gegebenen einheitlichen Vorschriften (Art. 24 Abs. 2); die Feststellung in allen Verlust-, Minderungs- und Beschädigungsfällen des Gutes (Art. 25 Abs. 3); die Unterbrechung der Verjährung der Entschädigungsforderungen (Art. 45 Abs. 3), das Rückgriffsverfahren — mit Ausnahme der Anordnungen der Art. 47 bis 54 (Art. 55).

(Vgl. C.A. Z. I. S. 147, 148.)

4) „auf alle Sendungen von Gütern“.

Durch die Worte „auf alle Sendungen von Gütern“ sind sodann dem Geltungsgebiet des internationalen Übereinkommens auch in betreff der Gegenstände der Beförderung bestimmte Grenzen gezogen. Dasselbe findet hiernach nicht auf alle Transportobjekte Anwendung, sondern umfaßt nur Gütersendungen. (Über den Begriff der Güter s. Eger, Deutsch. Frachtr. 2. Aufl. I 21 ff., Rosenthal 25). Ausgeschlossen ist somit grundsätzlich der Transport von Personen. Aber auch Gütersendungen sind nicht ausnahmslos dem internationalen Übereinkommen unterworfen. Aus Art. 1 in Verbindung mit den Artikeln 2, 3 und 6 erhellt vielmehr, daß das Übereinkommen nicht auf alle Gütersendungen Anwendung findet, sondern eine Reihe von Güterkategorien vom internationalen Transport ausgeschlossen oder nur bedingungsweise zu demselben zugelassen ist.

I. Ausgeschlossen ist in erster Reihe das Reisegepäck — falls dasselbe nicht als Frachtgut mit Frachtbrief aufgegeben wird. Indem Art. 1 das internationale Übereinkommen nur auf diejenigen Gütersendungen für anwendbar erklärt, welche auf Grund eines durchgehenden Frachtbriefes befördert werden (Anm. 5), und im Zusammenhange damit Art. 6 vorschreibt, daß jede internationale Sendung von einem nach Form und Inhalt bestimmten Frachtbriefe begleitet sein muß (Anm. 32), sind alle diejenigen Gütersendungen ausgeschlossen, deren Transport nicht auf Grund eines internationalen Frachtbriefes (sondern auf Gepäck-, Transport- usw. Schein) erfolgt. Dies ist aber nach den bestehenden Verkehrseinrichtungen der Vertragsstaaten in der Regel das Reisegepäck (Öst. Oberst.-Ger. 17. 1. 1907 E. XXIV 130), häufig auch der Transport von lebenden Tieren und Fahrzeugen.

II. Sodann sind von dem Grundsatze aus, daß auch bei den internationalen Transporten in Hinsicht auf das allgemeine Staatsinteresse das freie Verfügungsrecht der einzelnen Staaten gewahrt werden müsse und ferner die Fähigkeit einer jeden Vertragsbahn — nach ihrer Anlage und ihrem Betriebe — zum Transport der betreffenden Kategorien von Gütern zu berücksichtigen sei, die im Artikel 2 des Übereinkommens unter Ziff. 1, 2 und 3 bezeichneten Gegenstände von der Anwendung desselben ausgeschlossen.

III. Endlich sind mit Rücksicht auf die Ordnung und Sicherheit des Eisenbahnbetriebes nach gemeinsamen, für alle Vertragsbahnen geltenden und von ihren internen Normen unabhängigen Bestimmungen gewisse Kategorien von Gütern wegen ihres großen Wertes, ihrer besonderen Beschaffenheit oder wegen der Gefahren, welche sie für die

Ordnung und Sicherheit des Eisenbahnbetriebes bieten, nach Maßgabe des Artikels 3 des Übereinkommens vom internationalen Transporte ausgeschlossen oder zu diesem Transporte nur bedingungsweise zugelassen.

5) **„welche auf Grund eines durchgehenden Frachtbriefes aus dem Gebiete eines der vertragschließenden Staaten in das Gebiet eines andern vertragschließenden Staates ..... befördert werden".**

Durch die vorstehenden Worte wird ferner das Geltungsgebiet des internationalen Übereinkommens auf bestimmte räumliche Grenzen und zugleich auf eine bestimmte Verkehrsform (den direkten Verkehr) beschränkt.

I. Das Geltungsgebiet des Übereinkommens ist auf die Gebiete der Vertragsstaaten beschränkt: Belgien, Dänemark, Deutschland, Frankreich, Italien, Luxemburg, Niederlande, Österreich-Ungarn, Rumänien, Rußland, Schweden, die Schweiz. Im Eingang des Schlußprotokolls sind zwar die Delegierten von Österreich-Ungarn getrennt in der Fassung: Österreich, Ungarn aufgeführt. Es unterliegt aber keinem Zweifel, daß beide Länder vom Standpunkte des internationalen Übereinkommens verfassungsmäßig als ein Staat in Betracht kommen.

Die Geltung des Übereinkommens erstreckt sich aber auch insofern nicht auf den ganzen Umfang der Gebiete der vertragschließenden Staaten, als nach Maßgabe der Protokolle Einigkeit darüber bestand, daß Eisenbahntransporte mit zwischenliegendem Seetransporte auszuschließen seien. Auf den Verkehr der überseeischen Gebiete der Vertragsstaaten mit den europäischen Gebieten derselben erstreckt sich somit die Geltung des Übereinkommens nicht. Wohl aber erscheint, mangels einer Einschränkung, die Anwendung desselben nicht ausgeschlossen auf den Eisenbahnverkehr der überseeischen Gebiete (Kolonien) von Vertragsstaaten untereinander, welche anschließende Eisenbahnen besitzen, falls diese in die im Artikel 1 bezeichnete Liste der Eisenbahnen aufgenommen sind.

II. Nicht jede Sendung im Gebiete der Vertragsstaaten unterliegt aber den Bestimmungen des internationalen Übereinkommens; vielmehr findet dasselbe nur auf diejenigen Sendungen Anwendung, welche auf Grund eines durchgehenden Frachtbriefes befördert werden (E. XXIV 130., XXIII 388) und zwar in der Form des internationalen Frachtbriefes (vgl. Art. 6, Abs. 1 Anm. 32; s. hierzu C. A. Z. XIV 89).

Ein durchgehender Frachtbrief ist ein solcher, der die ganze Eisenbahntransportstrecke von der Annahme- bis zur Bestimmungsstation einheitlich umfaßt, so daß der Übergang des Gutes von einer der beteiligten Bahnen zur anderen nicht durch besonders vom Absender zu bestellende Vermittler (Bevollmächtigte, Spediteure, Agenten usw.) besorgt und von diesen hierzu neue Frachtbriefe für jede der ausschließenden Bahnen ausgestellt werden, sondern der Transport ohne jede Vermittlung, d. h. ohne neue Frachtbriefe durchweg mit dem ursprünglichen, für die Annahmebahn ausgestellten, von Bahn zu Bahn, von der Aufgabe- bis zur Empfangsstation übergeleitet wird. Auf Sendungen, welche beim Übergange von Bahn zu Bahn oder Verband zu Verband mit neuen Frachtbriefen expediert werden — und zwar gleichviel, ob im gebrochenen (indirekten) oder direkten Verkehr, d. h. mit oder ohne gemeinschaftlichen Tarif — findet mithin das internationale Übereinkommen keine Anwendung. Ist aber der Sendung ein internationaler Frachtbrief beigegeben, so findet das I. Ü. Anwendung, auch wenn an der Grenze Umkartierung erfolgt (C.A. 26. 6. 1894 Z. II 247 und E. XI 156), da die Anwendung des I. Ü. nicht von der Frachtberechnung nach einem direkten Tarife, sondern von der Beigabe des internationalen Frachtbriefes zu der Sendung abhängt. Handelt es sich um internationale Sendungen, deren Aufgabe- oder Bestimmungsstation an Nebenbahnen liegt, so ist die Station, auf welcher die Sendungen in den internationalen Transport übergehen, oder welche dieselben aus dem internationalen Transport an die Nebenbahn abgibt, rechtlich als Abgangs- bzw. Bestimmungsstation zu betrachten, nach welcher oder von welcher aus die Sendung vom oder bis zum Domizil des Absenders oder Empfängers im Sinne des Art. 19 des I. Ü. zu behandeln ist (C.A. Z. I 87, E. X 47.)

III. Das weitere Erfordernis für die Anwendung des internationalen Übereinkommens ist die Beförderung aus dem Gebiete eines der vertragschließenden Staaten in das Gebiet eines anderen vertragschließenden Staates. Das von dem internationalen Transporte berührte Gebiet muß ausschließlich Vertragsgebiet sein. Mithin findet das internationale Übereinkommen keine Anwendung, wenn von dem internationalen Transport ein Nichtvertragsstaat berührt wird, sei es, daß dieser den Anfangs- oder Endpunkt des Transportes bildet oder in der Mitte liegt. Das internationale Übereinkommen hat nur Geltung für den unmittelbaren, zusammenhängenden Verkehr zwischen zwei oder mehreren Vertragsstaaten. (Z. VII 522, E. XVI 162.) Anfangs- oder Endpunkt bzw. Abgangs- und Schlußstation des internationalen Transportes müssen im Gebiete zweier Vertragsstaaten ohne Dazwischentreten eines Nichtvertragsstaates liegen. Nur derjenige Transport ist also ein internationaler, dessen ganze Transportstrecke von der Anfangs- bis zur Endstation ununterbrochen in das Gebiet der Vertragsstaaten fällt (s. hierzu v. Buschmann, Zeitschrift f. Eisenb. u. Dampfschiff. usw. 1896 S. 57).

Hiernach sind von der Anwendung des internationalen Übereinkommens und demgemäß von der Beförderung mit internationalem Frachtbriefe ausgeschlossen:

1. Transporte von Vertragsstaaten nach Nichtvertragsstaaten (z. B. von Italien nach England: C.A. Z. I 87);
2. Transporte von Nichtvertragsstaaten nach Vertragsstaaten;
3. Transporte von Vertragsstaaten nach Vertragsstaaten, welche Nichtvertragsstaaten transitieren;
4. Transporte von Nichtvertragsstaaten nach Nichtvertragsstaaten, welche Vertragsstaaten transitieren;
5. Transporte innerhalb des Gebietes eines Vertragsstaates;
6. Transporte, deren Abgangs- und Endstation in dem Gebiete desselben Staates liegen, wenn dieselben auf einer Linie, deren

Betrieb einer Verwaltung dieses Staates angehört, das Gebiet eines fremden Staates nur transitieren.

Wenn die Transitstrecken nicht dem Betrieb einer Verwaltung dieses Staates angehören, so können die beteiligten Regierungen durch Sonderabkommen vereinbaren, daß solche Transporte gleichwohl nicht als internationale zu betrachten sind (s. oben S. 3 Zusatz I Protokoll zum I. Ü. und Zusatz aus dem Zus.-Übereink. v. 16. 6. 1898 Art. 3 Ziff. 1).

Abs. 2 der Bestimmung ad 6 ist erst durch Art. 3 Ziff. 1 des Zusatzübereinkommens vom 16. Juni 1898 in das Protokoll (S. 3) aufgenommen worden. Maßgebend dafür war die Erwägung, daß — ohne diese Bestimmung — alle nicht in Abs. 1 bezeichneten, das Gebiet anderer Vertragsstaaten auch nur transitierenden Sendungen der Herrschaft des I. Ü. unterworfen sind. Dies hat aber zu Unträglichkeiten geführt. Indes soll es eines besonderen Abkommens unter den beteiligten Staaten bedürfen. Es genügt daher nicht, daß lediglich die beteiligten Bahnverwaltungen vereinbaren, derartige Transporte nicht als internationale zu betrachten und dies in dem einschlägigen Tarife zu publizieren. (Vgl. Prot. der Revis.-Konf. v. 17. 3. u. 26. 3. 1896.)

Von der vorstehenden Regel ist aus Zweckmäßigkeitsrücksichten durch besondere Bestimmungen (s. Protokoll oben S. 3) nur eine Ausnahme geschaffen worden: die Anwendung des internationalen Übereinkommens ist hiernach auch für solche Transporte ausgeschlossen, welche von irgendeiner Station eines Vertragsstaates nach dem Grenzbahnhofe des Nachbarvertragsstaates, in welchem die Zollbehandlung erfolgt, oder nach einer Station stattfinden, welche zwischen diesem Bahnhofe und der Grenze liegt; es sei denn, daß der Absender für eine solche Sendung die Anwendung des internationalen Übereinkommens verlangt. Dies gilt auch für Transporte von dem genannten Grenzbahnhofe oder einer der genannten Zwischenstationen nach Stationen des anderen Staates. (Auf Grenzbahnhöfe in demselben Staate bezieht sich die Bestimmung nicht: Z. I 288, E. XI 160). In diesen Fällen untersteht der betreffende Transport den Gesetzen und Reglements der Versandstation, wenn nicht die Beförderung mit internationalem Frachtbrief erfolgt ist (Schweiz. Bund.-Ger. 19. 10. 1906 Z. XVI 10, E. XXIV 232).

Berühren Transporte der vorstehend Nr. 1 bis 4 bezeichneten Art die zusammenhängenden Gebiete mehrerer Vertragsstaaten, so kann zwar für die in diesem Vertragsgebiete liegende Transportstrecke die Beförderung mit internationalem Frachtbriefe unter Anwendung des internationalen Übereinkommens erfolgen. Aber nur für dieses Gebiet Es bedarf also in diesen Fällen für die außerhalb des Vertragsgebietes liegenden Transportstrecken besonderer Frachtbriefe, so daß der Transport alsdann nicht ein einheitlicher, von der Anfangs- bis zur Endstation durchgehender ist, sondern in einen internationalen (durch die Vertragsstaaten) und in so viele interne Transporte zerfällt, als Nichtvertragsstaaten berührt werden. (C.A. Z. I 208.)

Es können nun zwar Eisenbahnen von Vertragsstaaten mit Eisenbahnen von Nichtvertragsstaaten Vereinbarungen (Verbandsverträge) über die Anwendung der Normen des internationalen Übereinkommens und bezw. Frachtbriefs auf ihren gegenseitigen Verkehr treffen und somit Transporte mit internationalem Frachtbriefe auch nach Nichtvertragsstaaten ermöglicht werden. Aber abgesehen davon, daß dies nur so weit angängig ist, als es mit den internen Eisenbahnfrachtrechten der betreffenden Nichtvertragsstaaten vereinbar, kann durch derartige Vereinbarungen nur der privatrechtliche, nicht aber der staats- bzw. öffentlich-rechtliche Inhalt des internationalen Übereinkommens auf den Verkehr mit Bahnen der Nichtvertragsstaaten ausgedehnt werden, also weder die gesetzliche Transportpflicht (Art. 5), noch die gesetzliche Zwangsgemeinschaft (Art. 27) mit den übrigen Vertragsbahnen, noch die Kompetenz der Gerichte (Art. 53, 55), die Vollstreckbarkeit der Urteile (Art. 56), die Zuständigkeit des Centralamts (Art. 57, 58), die Beteiligung an Konferenzen über Abänderungen des Übereinkommens (Art. 59) usw.

Was die unter Nr. 5 bezeichneten Transporte anlangt, so ist jeder Vertragsstaat kraft seiner autonomen Gesetzgebungsgewalt befugt, auch für seinen internen Verkehr die Normen des internationalen Übereinkommens einzuführen. Demungeachtet fällt aber der interne Transport nicht in das Anwendungsgebiet des internationalen Übereinkommens. Insoweit aber die Voraussetzungen für einen internationalen Transport vorliegen, muß — wie der internationale Frachtbrief — so auch das internationale Übereinkommen Anwendung finden und darf die Anwendung desselben nicht ausgeschlossen werden. Denn diese Anwendung ist nicht fakultativ, sondern obligatorisch. Will der Absender nicht das internationale Übereinkommen, sondern die internen Rechte der einzelnen Vertragsstaaten auf einen nach einem anderen Vertragsstaat bestimmten Transport zur Anwendung gebracht wissen, so muß er das Gut im nicht durchgehenden (gebrochenen) Verkehr, also von Grenze zu Grenze, mit besonderen Frachtbriefen aufgeben. Diese Beförderungsweise steht dem Absender frei.

IV. Es ist zweifelhaft geworden, ob es für die Anwendung des internationalen Übereinkommens erforderlich ist, daß der mit dem internationalen Frachtbriefe aufgegebene Transport aus dem Gebiete des einen Vertragsstaates in das Gebiet des anderen auch tatsächlich gelangt, oder ob es genügt, daß der Transport mit dem internationalen Frachtbriefe nach dem Gebiete eines anderen Vertragsstaates aufgegeben wird, auch wenn er nicht dahin gelangt, sondern im Inlande verbleibt.

Art. 1 des Übereinkommens unterwirft demselben alle Sendungen von Gütern, welche aus dem Gebiete eines der Vertragsstaaten in das Gebiet eines anderen Vertragsstaates „befördert werden". Es entsteht also die Frage, ob mit den Worten „befördert werden" die wirkliche und tatsächliche Ausführung des Transportes bis in das Gebiet des anderen Vertragsstaates oder nur die Bestimmung, d. h. die Direktive dahin nach Angabe des internationalen Frachtbriefes gemeint ist. Die Materialien geben hierüber keinen Aufschluß.

Bei der ersteren Annahme würden auf alle diejenigen mit internationalem Frachtbriefe aufgegebenen Transporte das internationale Übereinkommen keine Anwendung finden, welche gemäß Art. 15 vom Absender durch nachträgliche Verfügung noch im Inlande angehalten worden oder auch auf andere Weise, z. B. infolge elementarer Ereignisse im Inlande zurückgeblieben, in Verlust geraten usw. und nicht in das Ausland gelangt sind. Denn sie haben das Gebiet eines anderen Vertragsstaates tatsächlich nicht erreicht, sind dort nicht angekommen.

Bei der letzteren Annahme würde dagegen das internationale Übereinkommen auch auf diese im Inlande verbliebenen bzw. beendeten Transporte Anwendung finden. Dies würde zwar an sich rechtliche Schwierigkeiten nicht bieten. Aber es ist dagegen geltend gemacht worden, daß alsdann jedem Absender auch für inländische Transporte die Möglichkeit eröffnet sei, auf dieselben die Normen des internationalen Übereinkommens nach seiner Wahl zur Anwendung zn bringen und sich gewissermaßen die etwaigen größeren Vorteile des internationalen Transportes auch für inländische Transporte zu sichern und zu „erschleichen" (Schwab 414).

Demungeachtet verdient diese letztere Annahme den Vorzug, weil sie rechtlich allein begründet ist. Der Vertrag ist nach der Absicht der Parteien als ein internationaler abgeschlossen. Nach den Normen des internationalen Übereinkommens ist ein Anhalten unterwegs — also auch im Inlande — gestattet. Es ist also nicht ersichtlich, aus welchem Grunde der nach internationalen Normen abgeschlossene und beendete Transport sich in einen internen, nach wesentlich anderen Normen zu beurteilenden Vertrag verwandeln soll. Art. 15 gibt zwar dem Absender das Anweisungsrecht bezüglich des Gutes unterwegs, nicht aber auch das Recht, zugleich die Rechtsbasis, auf welcher der Frachtvertrag errichtet ist, durch einseitige Verfügung abzuändern. Ein solches Recht besteht nicht; auch würde eine derartige Umwandlung in Rücksicht auf die Verschiedenheit der Rechtsgrundlagen nicht durchführbar sein und zu den größten Unzuträglichkeiten führen.

Der mit internationalem Frachtbriefe aufgegebene Transport bleibt hiernach ein dem internationalen Übereinkommen unterworfener Transport, auch wenn er im Inlande zurückgehalten wird und seine Endschaft erreicht. (Ebenso v. d. Leyen 394. A. M. Schwab 413, 414.)

6) **„auf denjenigen Eisenbahnstrecken, welche zu diesem Zwecke in der anliegenden Liste, vorbehaltlich der in Art. 58 vorgesehenen Änderungen, bezeichnet sind".**

Das internationale Übereinkommen findet endlich nicht auf alle Eisenbahnstrecken der Vertragsstaaten Anwendung, sondern ist auf diejenigen Eisenbahnstrecken beschränkt, welche zu diesem Zwecke in einer dem Übereinkommen als integrierenden Bestandteil beigefügten Liste bezeichnet sind. Waren die beteiligten Eisenbahnstrecken zur Zeit des Frachtvertragsabschlusses nicht sämtlich nach Maßgabe dieser Liste dem Übereinkommen unterstellt, so kann dasselbe auf den bezüglichen Transport keine Anwendung finden.

Diese Liste setzt sich aus den bezüglichen Angaben bzw. Einzellisten der Vertragsstaaten zusammen, sie bildet einen integrierenden Bestandteil des Übereinkommens und ist daher mit der Ratifizierung desselben zugleich perfekt geworden. In betreff der Einzelliste, welche jeder Vertragsstaat behufs Aufstellung der Gesamtliste für sein Gebiet vorzulegen hat, bestimmt das Schlußprotokoll, daß die Liste die Bezeichnung der in dem betreffenden Staatsgebiete gelegenen Eisenbahnlinien zu enthalten hat, auf welche das internationale Übereinkommen Anwendung finden soll. Bezüglich derjenigen Linien, welche die Gruppe oder das Netz einer und derselben Verwaltung bilden, genügt die Bezeichnung dieser Gruppe oder dieses Netzes unter Benennung jener Linien, welche von dem Übereinkommen ausgeschlossen sein sollen.

Die Aufstellung der Liste bzw. die Bezeichnung der in dieselben aufzunehmenden Eisenbahnstrecken hat jeder Vertragsstaat für die seinem Staatsgebiete angehörenden Bahnen ganz nach freiem Ermessen zu bewirken. Das internationale Übereinkommen trifft über die Voraussetzungen und Bedingungen für die Qualifikation einer Eisenbahnlinie zum internationalen Transport keine Bestimmung. Die Bezeichnung kann sich nach vorstehendem, und wie auch das Wort Eisenbahnstrecken ergibt, entweder auf sämtliche Strecken, d. h. auf das Gesamtunternehmen einer Eisenbahnverwaltung, beziehen, oder auch auf nur einzelne, für den internationalen Transport geeignete Strecken, d. h. auf Teile der betreffenden Eisenbahnunternehmungen, z. B. nur die Durchgangsstrecken umfassen, dagegen die lokalen, sekundären usw. Linien anschließen. Ununterbrochene Schienenverbindung ist nicht erforderlich, wohl aber dazwischentretender Seetransport ausgeschlossen. (Z. I 231. E. X 92.)

Der Umstand, daß die Liste der dem Übereinkommen unterworfenen Eisenbahnen einen integrierenden Bestandteil desselben bildet, verliert freilich dadurch wesentlich an Wert und Bedeutung, daß es nach den Bestimmungen über die nachträgliche Aufnahme und Streichung von Eisenbahnen jedem der Vertragsstaaten jederzeit gestattet ist, nach eigenem freien Ermessen die von ihm aufgestellte Liste sowohl durch Hinzufügung wie durch durch Streichung der seinem Staatsgebiete angehörigen Eisenbahnen oder Eisenbahnstrecken abzuändern. Diese Befugnis der einzelnen Vertragsstaaten ist in den Worten des Art. 1: „vorbehaltlich der im Art. 58 vorgesehenen Änderungen“ ausgesprochen.

Über die Form und Rechtswirkung der nachträglichen Hinzufügung oder Streichung einer Eisenbahnlinie enthält Art. 58 des Übereinkommens die näheren Bestimmungen. Mit Beginn eines jeden Jahres wird vom Centralamt eine vollständige Liste der dem Übereinkommen unterworfenen Eisenbahnen in der Zeitschrift für den internationalen Eisenbahntransport veröffentlicht.

Für den Verkehr von Vertragsstrecken und Nichtvertragsstrecken desselben Staatsgebietes gilt das interne Frachtrecht des betreffenden Staates. Auf den Verkehr von Nichtvertragsstrecken eines Vertragsstaates mit Vertragsstrecken oder Nichtvertragsstrecken eines anderen Staates findet das internationale Übereinkommen nicht Anwendung.

7) **„Die Bestimmungen, welche zur Ausführung des gegenwärtigen Übereinkommens von den vertragschließenden Staaten vereinbart werden, sollen dieselbe rechtliche Wirkung haben wie das Übereinkommen selbst.“**

Abs. 2 des Art. 1 ist vom deutschen Entwurfe vorgeschlagen, und zwar mit folgender Motivierung: „Es erscheint zweckmäßig und der Üblichkeit in ähnlichen Fällen entsprechend, zwei Kategorien von Konventionsbestimmungen zu unterscheiden, nämlich:

A. dauernde, welche das Wesentliche der abzuschließenden Konvention enthalten und deren Gültigkeit in den meisten Staaten voraussichtlich der Bestätigung der gesetzgebenden Gewalten bedürfen wird;

B. mehr oder weniger vorübergehende, welche die den wechselnden Bedürfnissen des Verkehrs anzupassenden Vorschriften reglementarer Natur enthalten und in der Regel nur der Genehmigung der Exekutive bedürfen werden.

Der Deutsche Entwurf hat die Bestimmungen der ersten Art (unter A) in den Vertrag, die der zweiten Art (unter B) in die Ausführungsbestimmungen verwiesen.“

Der in Gemäßheit dieser Gründe im Deutschen Entwurfe zum Art. 1 vorgeschlagene zweite Absatz, wonach die zur Ausführung des internationalen Vertrages (Übereinkommens) von den vertragschließenden Staaten zu vereinbarenden Bestimmungen mit demselben gleiche rechtliche Wirkungen haben sollen, ist ohne materielle Änderung mit den im Tenor des Übereinkommens enthaltenen redaktionellen Modifikationen als Abs. 2 des Art. 1 angenommen worden (s. auch Schlußprotokoll Ziff. IV, oben Zusatz I).

Die Ausführungsbestimmungen sollen hiernach „dieselbe rechtliche Wirkung haben wie das Übereinkommen selbst“, d. h. sie gelten in allen den in Anm. 2 bis 6 angegebenen Richtungen: sowohl hinsichtlich der zeitlichen Grenzen wie der materiell-rechtlichen Tragweite, ferner des Umfanges der Rechtsverhältnisse, der Gegenstände der Beförderung, der Staatsgebiete und der Eisenbahnstrecken ganz ebenso wie die Vertragsbestimmungen, welche den Tenor des Übereinkommens bilden. Wie diese besitzen sie obligatorischen und absoluten Charakter derartig, daß weder die Vertragsstaaten durch Gesetze, noch die Eisenbahnverwaltungen durch Vereinbarungen in Verbandsverträgen, Reglements usw. für denjenigen Verkehr, welcher dem Übereinkommen unterliegt, Bestimmungen treffen dürfen, die den Ausführungsbestimmungen widersprechen, und solche entgegenstehende Bestimmungen — soweit sie bereits vor Inkrafttreten des Übereinkommens bestanden — aufgehoben und die in der Folge etwa erlassenen nichtig sind (s. Art. 4 Anm. 21).

Nur insofern besteht formell ein wesentlicher Unterschied zwischen den Vertrags- und Ausführungsbestimmungen, als Abänderungen der ersteren nur mit Genehmigung der gesetzgebenden Gewalten der Einzelstaaten, Abänderungen der letzteren dagegen von der Exekutive, d. h. von den Regierungen, ohne an die Zustimmung der gesetzgebenden Behörden gebunden zu sein, vereinbart werden können. Dies hat zwar im Übereinkommen nicht besonderen Ausdruck gefunden, ist aber als Grundsatz unter allseitigem Einverständnis im Laufe der Beratungen anerkannt worden.

Artikel 2.[8])

Die Bestimmungen des gegenwärtigen Übereinkommens finden keine Anwendung auf die Beförderung folgender Gegenstände:[9])

1. **derjenigen Gegenstände, welche auch nur in einem der am Transporte beteiligten Gebiete dem Postzwange unterworfen sind;[10])**
2. **derjenigen Gegenstände, welche wegen ihres Umfangs, ihres Gewichts oder ihrer sonstigen Beschaffenheit, nach der Anlage und dem Betriebe auch nur einer der Bahnen, welche an der Ausführung des Transportes teilzunehmen haben, sich zur Beförderung nicht eignen;[11])**
3. **derjenigen Gegenstände, deren Beförderung auch nur auf einem der am Transporte beteiligten Gebiete aus Gründen der öffentlichen Ordnung verboten ist.[12])**

Zusatz I.

Betriebsreglement des Vereins Deutscher Eisenbahnverwaltungen.

§ 40.

Ausschluß der Anwendung der Bestimmungen des internationalen Übereinkommens.

(Text übereinstimmend mit vorstehendem Art. 2 des I.Ü.) und:

Zusatzbestimmung*).

Werden Gegenstände aufgegeben, welche in einem der vom Transporte berührten Länder dem Postzwange unterliegen, so hat die Grenzstation oder jede andere Station dieses Landes das Recht, diese Gegenstände unter Erhebung der bis dahin erwachsenen Fracht und Spesen der Post zur Weiterbeförderung zu übergeben.

8) **Prinzip und Entstehungsgeschichte des Art. 2.**

Bereits in Anm. 4 ist darauf hingewiesen, daß dem Geltungsgebiete des internationalen Übereinkommens auch in betreff der Gegenstände der Beförderung bestimmte Grenzen gezogen sind. Abgesehen davon, daß Personen und Reisegepäck — sofern solches nicht etwa als Frachtgut mit Frachtbrief aufgegeben wird — den Normen des Übereinkommens nicht unterliegen, sind in den Artikeln 2 und 3 zwei Gruppen von Gegenständen bezeichnet, auf welche die Bestimmungen des internationalen Übereinkommens nicht Anwendung finden, bzw. welche vom internationalen Transporte nach Maßgabe

---

*) Die Zusatzbestimmungen des Vereins Deutscher Eisenbahnverwaltungen sind durch stehende, die einheitlichen Zusatzbestimmungen des Internationalen Transportkomitees, welchem alle dem I.Ü. unterstellten Eisenbahnen — mit Ausnahme der russischen und rumänischen — angehören, durch liegende lateinische Schrift gekennzeichnet.

dieses Übereinkommens ausgeschlossen oder nur bedingungsweise zugelassen sind.

Bezüglich der ersten Gruppe war der Grundsatz maßgebend, daß auch bei den internationalen Transporten in Hinsicht auf das allgemeine Staatsinteresse das freie Verfügungsrecht der einzelnen Staaten gewahrt bleiben müsse, und ferner die Fähigkeit einer jeden Vertragsbahn — nach ihrer Anlage und ihrem Betriebe — zum Transporte von Gütern zu berücksichtigen sei. Demgemäß ist die Anwendung des internationalen Übereinkommens auf solche Güter ausgeschlossen, deren Transport auch nur in einem der beim Transport beteiligten Vertragsstaaten bzw. Gebiete wegen Postzwangs oder aus Gründen der öffentlichen Ordnung verboten oder auf auch nur einer der am Transport beteiligten Bahnen nach deren Anlage und Betrieb nicht angängig ist (Art. 2).

In betreff der zweiten Gruppe dagegen war die Rücksicht auf die Ordnung und Sicherheit des internationalen Eisenbahnbetriebes im allgemeinen und im gesamten Vertragsgebiete entscheidend. Sie betrifft daher solche Güter, welche nach gemeinsamen, auf allgemeinen Erfahrungssätzen beruhenden und für alle Vertragsstaaten geltenden, daher auch von ihren internen Normen unabhängigen Bestimmungen wegen ihres großen Wertes, ihrer besonderen Beschaffenheit oder wegen der Gefahren, welche sie für die Ordnung und Sicherheit des Eisenbahnbetriebes bieten, vom internationalen Transporte ausgeschlossen oder zu diesem Transporte nur bedingungsweise zugelassen sind (Art 3).

Diese Gegenstände sind daher nicht — wie in der ersten Gruppe — wegen interner gesetzlicher oder Betriebshindernisse an sich und absolut, sondern im Interesse sämtlicher Vertragsbahnen in Hinsicht auf die Ordnung und Sicherheit des internationalen Eisenbahnbetriebes ausgeschlossen oder nur bedingt zugelassen und daher als relativ ausgeschlossen passend zu bezeichnen.

Die erste dieser beiden Gruppen wird im Art. 2, die zweite im Art. 3 behandelt. Ursprünglich bestand diese Trennung nicht. Die bezüglichen Bestimmungen waren in den Entwürfen in einem Artikel zusammengefaßt.

In der I. Konferenz wurde jedoch in Rücksicht auf die prinzipielle Verschiedenheit beider Gruppen auch äußerlich die Trennung in zwei Artikel beschlossen.

In der II. Konferenz wurde es als erwünscht bezeichnet, von einer zu speziellen Aufzählung der bezüglichen Güter im Übereinkommen selbst abzusehen, in diesem vielmehr nur die leitenden Grundsätze zum Ausdruck zu bringen, dagegen die Aufführung der einzelnen Kategorien hierher gehöriger Güter den Ausführungsbestimmungen zu überlassen. Zu diesem Behufe wurden die Art. 2 und 3 der Kommission überwiesen (Prot. S. 10), welche eine im wesentlichen den Art. 2 und 3 des Textes entsprechende Fassung vorschlug, nur mit einem als Nr. 2 dem Art. 2 beigefügten Zusatze betr. die auf Grund von Postverträgen beförderten Gegenstände. Im Kommissionsbericht wurde bemerkt, man sei bezüglich des Verhältnisses zwischen den Bestimmungen des Artikels 2 Nr. 3 einerseits und des Artikels 3 des Übereinkommens anderseits von dem Grundsatze ausgegangen, daß, sofern das allgemeine Staatsinteresse in Frage kommt, insbesondere bezüglich sanitärischer und sonstiger staatspolizeilicher Maßregeln, bezüglich Aus- und Einfuhrverbote, nationalökonomischer oder finanzieller Maßnahmen das freie Verfügungsrecht der einzelnen Vertragsstaaten gewahrt bleiben soll; während sich dieselben bezüglich der im Art. 3 aufgeführten Gesichtspunkte, insbesondere soweit die Ordnung und Sicherheit des Eisenbahnbetriebes in Frage kommt, insofern binden, als sie für den internationalen Verkehr gemeinsame Vorschriften vereinbaren, welche von den in den einzelnen Ländern geltenden Bestimmungen unabhängig sind."

In der III. Konferenz hielt man es nach einer Anregung der russischen Delegation für angezeigt, dem Art. II des Reglements, betreffend die Errichtung eines Centralamtes (s. Art. 57), einen Absatz über die Kundmachung des Verzeichnisses der einzelnen im Art. 2 des Übereinkommens unter Ziff. 1 und 3 bezeichneten Gegenstände sowie der Abänderungen dieses Verzeichnisses beizufügen.

9) **„Die Bestimmungen des gegenwärtigen Übereinkommens finden keine Anwendung auf die Beförderung folgender Gegenstände:"**

Nach dem einleitenden Satze des Art. 2 finden die Bestimmungen des internationalen Übereinkommens auf die Beförderung der in diesem Artikel unter Ziff. 1—3 aufgeführten Kategorien von Gegenständen keine Anwendung. Die Worte „finden keine Anwendung" sind obligatorisch, nicht fakultativ, d. h. die Anwendung des Übereinkommens auf den Transport der bezeichneten Gegenstände ist ausgeschlossen und verboten; sie dürfen nicht im internationalen Eisenbahn-Frachtverkehr befördert werden. Ihre Beförderung nach den Satzungen des internationalen Übereinkommens und mit dem internationalen Frachtbrief ist gesetzwidrig, und Frachtbriefe, welche diese Gegenstände betreffen, dürfen daher nicht nach den Normen des internationalen Übereinkommens beurteilt werden (s. dagegen Art. 3 Anm. 14). Die Eisenbahnverwaltungen bzw. ihre Organe sind befugt und verpflichtet, derartige Transporte zur Beförderung im internationalen Verkehr abzulehnen.

Um dieser Obliegenheit genügen zu können, bestimmt Art. II des Reglements, betreffend die Errichtung eines Centralamtes, daß das Verzeichnis der einzelnen im Art. 2 des Übereinkommens unter Ziff. 1 und 3 bezeichneten Gegenstände sowie allfällige Abänderungen dieses Verzeichnisses, welche später von einzelnen der vertragschließenden Staaten vorgenommen werden, mit tunlichster Beschleunigung dem Centralamte zur Kenntnis zu bringen sind, welches dieselben sofort allen vertragschließenden Staaten mitteilen wird, und daß, was die unter Ziff. 2 bezeichneten Gegenstände betrifft, das Centralamt von jedem der vertragschließenden Staaten die erforderlichen Angaben begehren und den anderen Staaten mitteilen wird. Das Centralamt hat in der Zeitschrift für den internationalen Eisenbahntransport das Verzeichnis der

Gegenstände, auf welche das internationale Übereinkommen gemäß Artikel 2 keine Anwendung findet, veröffentlicht (Z. IV 234—259) und durch Nachträge ergänzt.

Vgl. Art. 57 Übereink. und das. Art. II Alin. 2 u. 3 des alleg. Reglements sowie die vorangegangene Anm. 8 oben.

10) **„1. derjenigen Gegenstände, welche auch nur in einem der am Transporte beteiligten Gebiete dem Postzwange unterworfen sind;“**

Die erste Kategorie der vom internationalen Transporte ausgeschlossenen Gegenstände umfaßt „diejenigen Gegenstände, die auch nur in einem der am Transporte beteiligten Gebiete dem Postzwange unterworfen sind. Vgl. das Verzeichnis der dem Postzwange unterworfenen Gegenstände in den einzelnen Staatsgebieten: Z. IV 236--238, 360, 382. V 816. VIII 77 (s. Zus.-Best. zu § 40 V.B.R. S. 18).

Diese Gegenstände sind aber nicht unbedingt vom internationalen Transport überhaupt ausgeschlossen, sondern nur insoweit, als der zu befördernde Gegenstand in einem der an dem konkreten Transporte beteiligten Gebiete dem Postzwange unterworfen ist. Berührt der betreffende Transport nur Gebiete, in welchen der zu befördernde Gegenstand nicht postzwangspflichtig ist, so ist die Anwendung des internationalen Transportes nicht nur gestattet, sondern darf vom Publikum verlangt werden (Art. 5.).

Damit aber die Eisenbahnverwaltungen hierüber genau orientiert sind, hat jeder Staat dem Centralamte ein bezügliches Verzeichnis vorzulegen, welches seinerseits sämtliche Staaten — behufs Instruierung ihrer Eisenbahnverwaltungen — davon in Kenntnis setzt (s. Anm. 9).

11) **„2. derjenigen Gegenstände, welche wegen ihres Umfanges, ihres Gewichtes oder ihrer sonstigen Beschaffenheit nach der Anlage und dem Betriebe auch nur einer der Bahnen, welche an der Ausführung des Transportes teilzunehmen haben, sich zur Beförderung nicht eignen;“**

Auch in betreff der vorstehend aufgeführten zweiten Kategorie der vom internationalen Transporte ausgeschlossenen Gegenstände ist die Ausschließung keine vollständige, sondern gilt nur insoweit, als der konkrete Transport Bahnen berührt, welche sich zur Beförderung von Gegenständen der bezeichneten Art nicht eignen (vgl. das Verzeichnis Z. IV 239—245). Berührt der Transport derartige Bahnen nicht, bewegt sich derselbe nur auf Bahnen, welche zur Beförderung dieser Transportobjekte geeignet sind, so ist der internationale Transport gestattet und kann vom Absender gefordert werden (Art. 5).

Die Ausschließung derartiger Gegenstände (vgl. D.H.G.B. § 453 Ziff. 3), z. B. Hölzer von außerordentlichen Dimensionen, Riesengeschütze, Kolossalstatuen, liegt in der Natur der Sache.

Die Worte „nach der Anlage und dem Betriebe“ deuten darauf hin, daß die Frage der Transportfähigkeit eines Gutes nicht prinzipiell für alle Bahnen gleich beantwortet werden könne, sondern von den individuellen und konkreten Verhältnissen der zum Transport bestimmten Bahnen unabhängig, mithin quaestio facti sei.

Insoweit auch nur eine Bahn am Transport beteiligt ist, welche sich für den Transport des betreffenden Gegenstandes nicht eignet, soll derselbe vom internationalen Transporte ausgeschlossen sein. Es ist daher bestimmt, daß in betreff dieser Gegenstände das Centralamt von jedem Vertragsstaat die erforderlichen Angaben begehren und den anderen Staaten mitteilen wird (s. Anm. 9).

Nach Maßgabe dieser Angaben liegt die Annahme derartiger Gegenstände dem Ermessen der Annahmebeamten ob. Ein erhebliches Korrektiv gegen Willkür der Annahmebeamten liegt darin, daß über die Frage, ob nach der Beschaffenheit des Gegenstandes und der Anlage und dem Betriebe der beteiligten Bahnen der Transport zugelassen war, also ob in der Beanstandung ungerechtfertigte Zurückweisung bzw. Annahmeverweigerung liegt (s. Art. 5), im Streitfalle der Richter zu entscheiden hat und die Bahnen durch ungerechtfertigte Zurückweisung ersatzpflichtig werden.

12) **„3. derjenigen Gegenstände, deren Beförderung auch nur auf einem der am Transporte beteiligten Gebiete aus Gründen der öffentlichen Ordnung verboten ist.“**

Wie bei den vorangehenden beiden Kategorien, handelt es sich auch bei der vorbezeichneten dritten Kategorie der vom internationalen Transport ausgeschlossenen Gegenstände nicht um ein unbedingtes Transportverbot solcher Gegenstände im ganzen Konventionsgebiet, sondern nur insoweit, als die Beförderung des betreffenden Gegenstandes auch nur auf einem der am Transport beteiligten Gebiete verboten ist (Rosenthal 26). Ist dies der Fall, so darf derselbe nicht zum Transport angenommen werden, wenngleich die Beförderung auf einzelnen der am Transport beteiligten Gebiete gestattet sein sollte. Ist aber der Transport auf allen am Transport beteiligten Gebieten gestattet, so kann und muß die Beförderung erfolgen, wenn er auch auf anderen, nicht von dem Transport berührten Gebieten der Konventionsstaaten verboten sein sollte (vgl. das Verzeichnis Z. IV 245—259).

Damit die Eisenbahnverwaltungen über die bezüglichen Transportverbote der einzelnen Vertragsstaaten genau informiert sind, hat jeder Staat dem Centralamte ein bezügliches Verzeichnis vorzulegen, welches seinerseits sämtliche Staaten — behufs Instruierung ihrer Eisenbahnverwaltungen — davon in Kenntnis setzt (Anm. 9).

Das Übereinkommen unterscheidet in Art. 2 Ziff. 3 und in Art. 3 streng die Güter, deren Transport aus Gründen der öffentlichen Ordnung verboten ist, von denjenigen Gütern, deren Transport in Rücksicht auf die Gefahren für die Ordnung und Sicherheit des Eisenbahnbetriebes ausgeschlossen oder nur bedingungsweise zugelassen ist. Die Bestimmung der Güter der ersten Kategorie ist der Autonomie der einzelnen Vertragsstaaten vollständig überlassen, indem man von dem zutreffenden Grundsatze ausging, daß ohne einen einschneidenden Eingriff in die Autonomie der Vertragsstaaten dem einzelnen Staate die Befugnis nicht entzogen werden dürfe, selbständig und ohne an andere gebunden zu sein, jederzeit zu bestimmen, welche Transportverbote er im Interesse der öffentlichen Ordnung nach den konkreten Verhältnissen und Erfordernissen seines Landes oder einzelner Teile desselben zu erlassen für notwendig befinde.

Dagegen sind die Normen und Erfahrungssätze in betreff der Sicherheit und Ordnung des Eisenbahnbetriebes im wesentlichen schon an sich so übereinstimmende und gleichartige, daß es für einen nennenswerten Eingriff in die Autonomie der Einzelstaaten nicht erachtet wurde, die Güter der zweiten Kategorie, d. h. diejenigen, welche in Rücksicht auf die Ordnung des Betriebes vom Transport auszuschließen oder nur bedingungsweise zuzulassen seien, im Wege der Vereinbarung gemeinschaftlich und für alle Verrragsstaaten bindend zu bestimmen. (Kommissionsbericht zu dem Entwurfe der II. Konferenz.)

Unter Transportverboten „aus Gründen der öffentlichen Ordnung" sind Verbote zu verstehen, welche das allgemeine Staatsinteresse betreffen, d. h. vornehmlich sich als sanitäts- oder sonstige staatspolizeiliche Maßregeln, Aus- und Einfuhrverbote, nationalökonomische oder finanzielle (zoll-, steuerpolitische usw.) Maßnahmen darstellen.

Artikel 3.[13])

Die Ausführungsbestimmungen werden diejenigen Güter bezeichnen,[14]) welche, wegen ihres großen Wertes,[15]) wegen ihrer besondern Beschaffenheit[16]) oder wegen der Gefahren, welche sie für die Ordnung und Sicherheit des Eisenbahnbetriebes bieten,[17]) vom internationalen Transporte nach Maßgabe dieses Übereinkommens ausgeschlossen oder zu diesem Transporte nur bedingungsweise zugelassen sind.

Zusatz I.

Ausführungsbestimmungen zum internationalen Übereinkommen über den Eisenbahn-Frachtverkehr.

§ 1.

(Zu Art. 3 des Übereinkommens.)

(1) Von der Beförderung ausgeschlossen sind, soweit nicht die Bestimmungen der Anlage 1 Anwendung finden:

1. alle der *Selbstentzündung oder Explosion unterworfenen Gegenstände,* wie
   a) *Nitroglyzerin* (Sprengöl), *Dynamit,*
   b) *andere Spreng-* und *Schießmittel aller Art,*
   c) *geladene Schußwaffen,*
   d) *Knallquecksilber, Knallsilber* und *Knallgold,* sowie *die damit hergestellten Präparate,*
   e) *Feuerwerkskörper,*
   f) *Pyropapier,*
   g) *pikrinsaure Salze;*
2. *ekelerregende* oder *übelriechende Erzeugnisse.*

(2) Bedingungsweise werden zur Beförderung zugelassen:

1. Die in Anlage 1 verzeichneten Gegenstände, unter den daselbst

aufgeführten Bedingungen. Ihnen sind besondere, andere Gegenstände nicht umfassende Frachtbriefe beizugeben;

2. *Gold-* und *Silberbarren, Platina, Geld, geldwerte Münzen* und *Papiere, Dokumente, Edelsteine, echte Perlen, Pretiosen* und *andere Kostbarkeiten,* ferner *Kunstgegenstände,* wie *Gemälde, Statuen, Gegenstände aus Erzguſs, Antiquitäten.* Zu den Kostbarkeiten sind beispielsweise auch *besonders wertvolle Spitzen* und *besonders wertvolle Stickereien* zu rechnen.

Diese Gegenstände werden im internationalen Verkehr auf Grund des internationalen Frachtbriefes, und zwar entweder nach Maßgabe von Vereinbarungen zwischen den Regierungen der beteiligten Staaten, oder von Tarifbestimmungen, welche von den dazu ermächtigten Bahnverwaltungen aufgestellt und von allen zuständigen Aufsichtsbehörden genehmigt sind, zugelassen;

3. *Leichen.*

Sie werden zum internationalen Transport mit dem internationalen Frachtbrief unter folgenden Bedingungen zugelassen:

a) die Beförderung erfolgt als Eilgut;
b) die Transportgebühren sind bei der Aufgabe zu entrichten;
c) die Leiche muß während der Beförderung von einer dazu beauftragten Person begleitet sein;
d) die Beförderung unterliegt im Gebiete jedes einzelnen Staates den daselbst in polizeilicher Beziehung geltenden Gesetzen und Verordnungen, soweit nicht unter den beteiligten Staaten besondere Abmachungen getroffen sind.

(3) Einzelne oder alle Vertragsstaaten können für ihren wechselseitigen Verkehr vereinbaren, daß die nach dem gegenwärtigen Übereinkommen vom internationalen Verkehr ausgeschlossenen Gegenstände unter gewissen Bedingungen, oder daß die in der Anlage 1 aufgeführten Gegenstände unter leichteren Bedingungen zur Beförderung zugelassen werden. Solche Vereinbarungen können — erforderlichenfalls unter Vermittlung des Centralamtes für den internationalen Eisenbahntransport in Bern — auf schriftlichem Wege oder auf einer zu diesem Zwecke einzuberufenden fachmännischen Konferenz getroffen werden. Auch die beteiligten Eisenbahnen können durch Tarifbestimmungen von der Beförderung ausgeschlossene Gegenstände zulassen oder für bedingungsweise zugelassene Gegenstände leichtere Bedingungen zugestehen, wenn

a) die Beförderung der betreffenden Gegenstände oder die hierfür in Aussicht genommenen Bedingungen nach den inneren Reglementen zulässig sind, und
b) die Tarifbestimmungen von allen zuständigen Aufsichtsbehörden genehmigt werden.

Zusatz II.

Anlage 1.

(Zum § 1 der Ausführungsbestimmungen.)

Vorschriften über bedingungsweise zur Beförderung zugelassene Gegenstände.

(Abgedruckt in der amtlichen Textausgabe des Centralamts S. 31—66.)

Zusatz III.

Die Vereinbarungen erleichternder Vorschriften für den wechselseitigen Verkehr zwischen den Eisenbahnen der einzelnen Vertragsstaaten rücksichtlich der bedingungsweise zur Beförderung zugelassenen Gegenstände, in Gemäßheit des § 1 letzter Absatz der Ausführungsbestimmungen zum internationalen Übereinkommen über den Eisenbahn-Frachtverkehr, sind fortlaufend in der Zeitschr. f. d. internationalen Eisenbahntransport mitgeteilt.

Zusatz IV.

Betriebsreglement des Vereins Deutscher Eisenbahnverwaltnngen.

§ 41.

Von der Beförderung ausgeschlossene oder nur bedingungsweise zugelassene Gegenstände.

(Text übereinstimmend mit vorstehendem Art. 3) und:

Zusatzbestimmungen.

1. Kunstgegenstände, wie Gemälde, Gegenstände aus Erzgufs, Antiquitäten, werden als Eil- oder Frachtgut zur Beförderung zugelassen. Dieselben müssen als solche im Frachtbriefe ausdrücklich bezeichnet werden.

2. Zum Zwecke der Entschädigungsberechnung wird für derlei Artikel der gemeine Handelswert bzw. der gemeine Wert nicht höher als 150 Franken für 100 kg angenommen. Eine Deklaration des Interesses an der Lieferung ist unzulässig.

3. Von der Beförderung als Eilstückgut sind die unter den Nummern III, V, VI, IX bis XII, XV bis XXVIa, XXVIII, XXIX, XXXI bis XXXIV, XLIV, LXIVb bis XLVIII, L, LII und LIII der Anlage 1 aufgeführten Gegenstände ausgeschlossen. Frachtstücke mit den unter Nr. XXXV der Anlage 1 noch besonders erwähnten Chemikalien in Mengen bis zu 10 kg sind dagegen bei Zusammenverpackung unter sich bzw. mit anderen Gütern und bei Erfüllung der sonstigen a. a. O. gegebenen Vorschriften zur Eilgutbeförderung zuzulassen.

4. Die unter den Nummern I, II, XIII, XIV, XXXIX, XLIIa und XLIII der Anlage 1 genannten Gegenstände — mit Ausnahme der Zündhütchen für Schußwaffen sowie der Patronenhülsen mit Zündvorrichtungen und Zündspiegel — sind von der Beförderung als Eilgut überhaupt ausgeschlossen.

13) Prinzip und Entstehungsgeschichte des Art. 3.

Die Entstehungsgeschichte des Art. 3 ist im Zusammenhange mit der eng damit verbundenen des Art. 2 bereits oben Anm. 8 zur Darstellung gelangt.

Zum Art. 3 sind die Ausführungsbestimmungen § 1 über die von der Beförderung ausgeschlossenen und bedingungsweise zugelassenen Gegenstände (s. S. 23) sowie als Anlage 1 zum § 1 Abs. 2 der Ausführungsbestimmungen die „Vorschriften über bedingungsweise zur Beförderung zugelassene Gegenstände" (amtl. Textausg. d. Centralamts S. 31—66) ergangen. Sowohl die ursprünglichen Ausführungsbestimmungen § 1 wie auch die zugehörigen Vorschriften über bedingungsweise zugelassene Gegenstände haben durch die Zusatz-Vereinbarung vom 16. Juli 1895 (Z. III 475—492, IV 424) und das II. Zus.Ü. v. 19. Sept. 1906 (Z. XIV 354, 358—383, Prot. der II. Rev.-Konf. 14, 86, 132, 189) wesentliche Änderungen und Ergänzungen erfahren.

14) **„Die Ausführungsbestimmungen werden diejenigen Güter bezeichnen, welche . . . . . vom internationalen Transport nach Maßgabe dieses Übereinkommens ausgeschlossen oder zu diesem Transporte nur bedingungsweise zugelassen sind."**

Während Art. 2 diejenigen Güter aufführt, auf deren Beförderung die Bestimmungen des internationalen Übereinkommens infolge autonomer Bestimmung der einzelnen Vertragsstaaten (s. Ziff. 1 und 3 des Art. 2) oder der Beschaffenheit der einzelnen Bahnen keine Anwendung finden, trifft Art. 3 über diejenigen Güter Bestimmung, deren Ausschließung vom Transporte oder nur bedingungsweise Zulassung zum Transport (Anm. 8 S. 18—20) generell durch gemeinsam von sämtlichen Vertragsstaaten vereinbarte Ausführungsbestimmungen für das ganze Vertragsgebiet einheitlich geregelt ist. Der Grund für diese Trennung liegt darin, daß es sich im Art. 2 um Güter handelt, deren Ausschließung vom internationalen Transport im Interesse der einzelnen Staaten aus Rücksichten auf interne gesetzliche Verbote oder natürliche bzw. technische, in der Beschaffenheit einzelner Bahnen liegende Hindernisse angezeigt erschien („absolut ausgeschlossen": s. Art. 1 Anm. 3, Art. 2 Anm. 8), während Art. 3 Güter betrifft, deren Ausschließung vom Transport oder bedingungsweise Zulassung zum Transport lediglich durch die Natur und Beschaffenheit der Güter oder die Rücksichten auf die Ordnung und Sicherheit des Eisenbahnbetriebes bedingt ist und daher nach allgemeinen Erfahrungsgrundsätzen für das ganze Vertragsgebiet generell und einheitlich im Wege der Vereinbarung geregelt bzw. der Autonomie der Einzelstaaten ohne Bedenken entzogen werden konnte („relativ ausgeschlossene" s. Art. 1 Anm. 4 und Art. 2 Anm. 12.)

Aus diesen Gründen sind auch die Kategorien der ersteren Art durch Art. 2 in das Übereinkommen selbst aufgenommen und nur mit Genehmigung der gesetzgebenden Gewalten einer Abänderung fähig; dagegen sind bezüglich der Kategorien der zweiten Art im Art. 3 nur die allgemeinen Direktiven angegeben, die spezielle Bestimmung aber ist den Ausführungsbestimmungen überlassen.

Wie im Art. 2, so zerfallen auch im Art. 3 die betreffenden Güter in drei Kategorien, nämlich in solche, welche 1. wegen ihres großen Wertes, 2. wegen ihrer besonderen Beschaffenheit und 3. wegen der Gefahren, welche sie für die Ordnung und Sicherheit des Eisenbahnbetriebes bieten, „vom internationalen Transport ausgeschlossen oder zu demselben nur bedingungsweise zugelassen sind".

15) **„wegen ihres großen Wertes".**

Die erste Kategorie bilden die Güter von „großem Werte". § 1 Abs. 2 Ziff. 2 der Ausführungsbestimmungen (s. oben S. 24) bezeichnet als solche: Gold- und Silberbarren, Platina, Geld, geldwerte Münzen und Papiere, Dokumente, Edelsteine, echte Perlen, Pretiosen und andere Kostbarkeiten, ferner Kunstgegenstände, wie: Gemälde, Statuen, Gegenstände aus Erzguß, Antiquitäten.

Alle diese Güter waren nach § 1 der ursprünglichen Ausführungsvorschriften vom 14. Oktober 1890 vom internationalen Transporte absolut und bedingungslos ausgeschlossen. Nach § 1 Abs. 2 letzter Satz der Ausf.Best. des II. Zus.Ü. werden jedoch die vorbezeichneten Wert- und Kunstgegenstände im internationalen Verkehr auf Grund des im Berner Übereinkommen vorgesehenen internationalen Frachtbriefes, und zwar entweder nach Maßgabe von Vereinbarungen zwischen den Regierungen der beteiligten Staaten oder von Tarifbestimmungen, welche von den dazu ermächtigten Bahnverwaltungen aufgestellt und von allen zuständigen Aufsichtsbehörden genehmigt sind, zugelassen. Die Vereinbarungen können mehrere oder auch sämtliche Vertragsstaaten umfassen. Sie gehen der Natur der Sache nach etwaigen Tarifbestimmungen vor. Auch letztere können auf mehrere Bahnverwaltungen verschiedener Staaten beschränkt oder auch auf alle Bahnverwaltungen, welche dem Übereinkommen unterworfen sind, ausgedehnt sein. Die Rechtsgültigkeit solcher Tarifbestimmungen hat aber zur unbedingten Voraussetzung die Genehmigung der Aufsichtsbehörden aller derjenigen Staaten, welchen die Bahnen angehören, für welche der gemeinschaftliche Tarif gelten soll. Wenn die Genehmigung auch nur der Aufsichtsbehörde eines der beteiligten Staaten nicht gegeben ist, so können diese Tarifbestimmungen nicht in Kraft treten (Rosenthal 34.)

Die Aufzählung der hier in Betracht kommenden Güter kann eine ganz erschöpfende der Natur der Sache nach nicht sein, wie auch in Ziff. 1 des § 1 der Ausführungsbestimmungen durch die Worte „und andere Kostbarkeiten", in Ziff. 2 durch die allgemeine Fassung „Kunstgegenstände, wie: Gemälde, Statuen, Gegenstände, aus Erzguß, Antiquitäten" angedeutet ist. Es sind nur die wichtigsten und im Verkehre häufigsten Arten angeführt, ohne jedoch analoge, d. h. nachweislich gleich wertvolle Arten auszuschließen (Muschweck, Sp.- u. Sch.-Ztg. XIII Nr. 43—49 XV Nr. 22—32.)

Unter „geldwerte Münzen und Papiere" sind die gemünzten Gelder und die Wertpapiere im weitesten Sinne zu verstehen. Nicht laufende, außer Kurs gesetzte oder alte Münzen sind nicht hierher zu rechnen. Sind sie von wertvollem Metalle (Gold, Silber, Platina), so fallen sie unter das Transportverbot dieser Metalle. Insofern sie einen historischen Wert haben, gehören sie zu den Antiquitäten (Abs. 2 Ziff. 2).

„Geldwerte Papiere" sind alle Wertpapiere. Auch der Begriff „Wertpapiere" ist im weitesten Sinne zu nehmen. Der Ausdruck involviert keinen juristischen Begriff, sondern umfaßt verschiedene Rechtsbegriffe. Wertpapier ist nicht bloß das Kreditpapier (Wechsel, kaufmännische Anweisung), sondern auch das Papiergeld, die Aktie (Pfandbriefe, Staatspapiere, Coupons), Briefmarken (Z. XV 366, E. XXIV 129).

Der Begriff „Kostbarkeiten", der auch die vorangehenden: „Edelsteine, echte Perlen, Pretiosen" in sich schließt, wie die Fassung „und andere Kostbarkeiten" erkennen läßt, ist der weitgehendste der aufgeführten Begriffe. Es sind darunter alle Sachen zu verstehen, welche im Verhältnis zu ihrem Umfang oder Gewicht einen außerordentlich und ungewöhnlich hohen Wert haben. Dahin gehören außer Juwelen, Diamanten und anderen Edelsteinen sowie echten Perlen auch Uhren, aus Edelmetallen und Porzellan usw. gefertigte Gegenstände, Vasen, Dosen, Glasgefäße usw. von ungewöhnlichem Werte. Abs. 2 Ziff. 2 Satz 2 führt beispielsweise auch an: „besonders wertvolle Spitzen und Stickereien." Dahin gehören auch altertümliche Luxusteppiche (Z. XV 261, E. XXIV 8). Jedenfalls ist der Gegensatz zu gewöhnlichen Handels- (Kaufmanns-) Gütern festzuhalten. Letztere können bloß deshalb, weil sie teuer sind, wie z. B. Seide, feine Gewebe, Delikatessen, Pelzwaren (Z. XIV 104, E. XXII 360), schon nach dem gewöhnlichen Sprachgebrauche wie auch nach der ratio legis an sich und ohne weiteres nicht hierher gerechnet werden. Bei vielen Gegenständen hängt es, gleichviel ob der Stoff teuer oder billig, lediglich von der Höhe und dem Werte der darauf verwendeten Arbeit, Kunstfertigkeit oder von ihrer Seltenheit ab, ob sie als Kostbarkeiten erscheinen oder nicht.

2. Kunstgegenstände, wie: Gemälde, Statuen, Gegenstände aus Erzguß, Antiquitäten. Kunstgegenstände sind alle Werke der bildenden Kuns welchen durch die künstlerische Gestaltung — im Gegensatze zur handwerk- oder fabrikmäßigen — ein besonders hoher Wert innewohnt. Nicht auf den Stoff kommt es bei derartigen Gegenständen an, sondern auf den Kunstwert.

Häufig wird der nämliche Gegenstand als Kostbarkeit und Kunstgegenstand gelten. Die Ausführungsbestimmungen führen, wie die Fassung lehrt, beispielsweise „Gemälde, Statuen, Gegenstände aus Erzguß, Antiquitäten" an, ohne Kunstgegenstände anderer Art, wie Werke aus anderen Metallen, Marmor, Porzellan, Glas, Ton, Gewebe (Gobelins) usw. auszuschließen. Unter „Gemälden" sind nur künstlerisch ausgeführte Werke der Malerei, nicht handwerks- und fabrikmäßig angefertigte (Öldruckbilder, Bilderbogen usw.) zu verstehen. Dasselbe gilt von den Gegenständen aus Erzguß usw. „Antiquitäten" sind solche Gegenstände, die durch ihr Alter und ihre Beschaffenheit ein historisches, kulturhistorisches oder sonst bedeutendes Interesse bieten und dadurch einen besonderen Wert repräsentieren.

16) „wegen ihrer besonderen Beschaffenheit."

Die zweite Kategorie bilden die Güter von einer besonderen

Beschaffenheit, d. h. solche, deren eigenartige Natur — ganz abgesehen von den konkreten Verhältnissen der einzelnen in Betracht kommenden Bahnen — allgemein im Interesse des Eisenbahnbetriebs den Ausschluß von der Beförderung im internationalen Verkehr oder die nur bedingungsweise Zulassung erfordert. Die Ausführungsbestimmungen bezeichnen als Güter dieser Art unter Ziff. 3 nur „Leichen". Dieselben waren nach § 1 der ursprünglichen Ausführungsbestimmungen vom 14. Oktober 1890 vom internationalen Transport ebenso absolut und unbedingt ausgeschlossen, wie Kostbarkeiten und Kunstgegenstände. Aber auch hier haben die Bedürfnisse des Verkehrs zu einer Änderung geführt. Entsprechend der Zusatz-Vereinbarung vom 16. Juli 1895 (Z. III 476) Art. 1 Abs. 5 ist in § 1 Abs. 2 Ziff. 3 der Ausführ.-Best. des II. Zus.Ü. bestimmt, daß Leichentransporte zum internationalen Transport mit dem internationalen Frachtbriefe unter den daselbst (s. S. 24) lit. a—d aufgeführten Bedingungen zugelassen werden. Diese Bestimmung ist obligatorisch, so daß bei Erfüllung der genannten Bedingungen die Zulassung erfolgen muß.

Lebende Tiere — auch wilde und kranke — sind im § 1 der Ausführungsbestimmungen nicht erwähnt, gehören mithin weder zu den vom internationalen Transport ausgeschlossenen, noch nur bedingungsweise dazu zugelassenen Gegenständen. (Rosenthal 30. A. M. in bezug auf kranke mit Unrecht Calmar 9). Die Eisenbahnen sind hiernach gemäß Art. 5 zum Transport lebender Tiere aller Art verpflichtet, insoweit nicht gemäß Art. 2 Ziff. 3 nach internem Rechte der Transport aus Gründen der öffentlichen Ordnung verboten ist.

17) **„wegen der Gefahren, welche sie für die Ordnung und Sicherheit des Eisenbahnbetriebes bieten."**

Die dritte Kategorie bilden die für die Ordnung und Sicherheit des Betriebs Gefahren bietenden Güter.

Hierher gehören in erster Linie die der Selbstentzündung oder Explosion unterworfenen Gegenstände. Ferner fallen unter die Kategorie auch die ekelerregenden und übelriechenden Güter; Güter dieser Kategorie sind nicht unbedingt vom internationalen Transport ausgeschlossen. Gewisse Arten derselben können durch zweckmäßige Umhüllung, Verpackung, Verladung usw. zum Bahntransport geeignet gemacht werden. Die Ausführungsbestimmungen zählen daher in § 1 Abs. 1 Nr. 1 als hier in Betracht kommende Güter auf: „a) Nitroglyzerin (Sprengöl), Dynamit, b) andere Spreng- und Schießmittel aller Art, c) geladene Schußwaffen, d) Knallquecksilber, Knallsilber und Knallgold sowie die damit hergestellten Präparate, e) Feuerwerkskörper, f) Pyropapier, g) pikrinsaure Salze, ferner ekelerregende und übelriechende Erzeugnisse", geben aber durch den Zusatz: „soweit nicht die Bestimmungen der Anlage 1 Anwendung finden" zu erkennen, daß unter den in den Ausführungsbestimmungen bezeichneten Bedingungen der Transport bestimmter Arten der in Nr. 4 bezeichneten Güter zulässig ist.

Die Zahl derjenigen Gegenstände, welche durch Selbstentzündung, Explosion, übeln Geruch usw. der Ordnung und Sicherheit des Betriebes

Gefahr bieten, aber durch geeignete Vorkehrungen dennoch transportabel gemacht werden können, ist so erheblich und veränderlich, daß es für zweckmäßig erachtet wurde, das „qu. häufigen Modifikationen und Zusätzen unterworfene Verzeichnis dieser Gegenstände als eine besondere Anlage den Ausführungsbestimmungen zu annektieren und im Tenor derselben lediglich auf diese Anlage Bezug zu nehmen". In diesem Sinne bestimmt Abs. 2 Nr. 1 des § 1 der Ausführungsbestimmungen:

„Die in der Anlage 1 verzeichneten Gegenstände unter den daselbst aufgeführten Bedingungen".

Die ursprünglich dem Übereinkommen vom 14. Oktober 1890 beigefügte Anlage 1 ist wesentlich abgeändert und erweitert worden (Z. XIV 354 ff.). Diese neue Anlage ist in d. amtl. Textausg. d. Centralamts S. 31 ff. mitgeteilt

Um diese Gegenstände von anderen Gütern bei der Expedition und beim Transport getrennt halten zu können, ist sodann in Abs. 2 Nr. 1 noch zusätzlich verordnet, daß diesen Gegenständen besondere, andere Gegenstände nicht umfassende Frachtbriefe beizugeben sind. Doch kann daraus nicht gefolgert werden, daß derartige Gegenstände nicht mit anderen Gegenständen zusammengeladen werden dürfen (Z. IV 50). Die Eisenbahnen sind berechtigt, im Tarifwege vorzuschreiben, daß die Frachtbriefe für feuergefährliche Gegenstände mit roter Tinte geschrieben werden (Z. I 256).

Diese Bestimmungen sind, weil sie im Interesse der Ordnung und Sicherheit des Betriebs erlassen, mithin polizeilicher Natur sind, für alle Bahnen und Absender im internationalen Eisenbahn-Transportverkehr bindend, derart, daß eine Abweichung im Wege der Vereinbarung an sich unzulässig ist. Doch gestattet ausnahmsweise § 1 Abs. 3 der Ausführungsbestimmungen einzelnen oder allen Vertragsstaaten, für ihren wechselseitigen Verkehr zu vereinbaren, daß die nach dem gegenwärtigen Übereinkommen vom internationalen Verkehr ausgeschlossenen Gegenstände unter leichteren Bedingungen zur Beförderung zugelassen werden. Solche Vereinbarungen können — erforderlichenfalls unter Vermittlung des Centralamtes für den internationalen Eisenbahntransport in Bern — auf schriftlichem Wege oder auf einer zu diesem Zwecke einzuberufenden fachmännischen Konferenz getroffen werden. Auch die beteiligten Eisenbahnen können durch Tarifbestimmungen solche Ausnahmen unter der Voraussetzung der Zulässigkeit nach den inneren Reglements und der Genehmigung aller zuständigen Aufsichtsbehörden zugestehen (s. oben Anm. 15 S. 27. Die in dieser Bestimmung liegende Erweiterung besteht darin, daß das Verfahren näher geregelt wird, unter welchen die Vereinbarungen der Vertragsstaaten für ihren wechselseitigen Verkehr getroffen werden können.

Bezüglich des Inhalts derartiger Vereinbarungen hat das Centralamt auf eine Anfrage erwidert, daß, soweit den einzelnen Vertragsstaaten die Vereinbarung erleichternder Bedingungen zugestanden sei, dieselben berechtigt sein müssen, die ihnen gut scheinenden Abweichungen von den allgemeinen Regeln ganz nach ihrem Ermessen festzustellen (C.A. Z. I 88).

Artikel 4.[18])

Die Bedingungen der gemeinsamen Tarife der Eisenbahnvereine oder Verbände; sowie die Bedingungen der besonderen Tarife der Eisenbahnen haben, sofern diese Tarife auf den internationalen Transport Anwendung finden sollen,[19]) insoweit Geltung, als sie diesem Übereinkommen nicht widersprechen;[20]) andernfalls sind sie nichtig.[21])

Zusatz I.

Protokoll zum internationalen Übereinkommen über den Eisenbahn-Frachtverkehr.

Es wird ferner anerkannt, daß durch das Übereinkommen das Verhältnis der Eisenbahnen zu dem Staate, welchem sie angehören, in keiner Weise geändert wird, und daß dieses Verhältnis auch in Zukunft durch die Gesetzgebung jedes einzelnen Staates geregelt werden wird, sowie daß insbesondere durch das Übereinkommen die in jedem Staate in Geltung stehenden Bestimmungen über die staatliche Genehmigung der Tarife und Transportbedingungen nicht berührt werden.

Zusatz II.

Betriebsreglement des Vereins Deutscher Eisenbahnverwaltungen.

§ 42.

Geltung der Tarifbestimmungen.

(Text übereinstimmend mit vorstehendem Art. 4.)

(Vgl. Übereinkommen zum Betriebsreglement des Vereins Deutscher Eisenbahnverwaltungen Art. 1: Tarife.)

18) **Prinzip und Entstehungsgeschichte des Art. 4.**

In dem Artikel 4 des internationalen Übereinkommens hat eines der Grundprinzipien des internationalen Eisenbahn-Frachtrechts Aufnahme und Ausdruck gefunden, nämlich das Prinzip der Beschränkung der Vertragsfreiheit der Eisenbahnen.

Dieses wichtige Prinzip, welches im D.H.G.B. nur in der Beschränkung der Vertragsfreiheit der Eisenbahnen bezüglich der gesetzlichen Haft- und Entschädigungspflicht (Art. 423 f. altes H.G.B. — § 471 neues H.G.B.) bestand, ist durch Art. 4 des internationalen Übereinkommens auf alle Bestimmungen desselben ausgedehnt worden, derartig, daß die Bedingungen der Frachtverträge der Eisenbahnen, — gleichviel, ob sie in den gemeinsamen Tarifen der Eisenbahnvereine oder Verbände oder in den besonderen Tarifen der Eisenbahnen enthalten sind, sofern diese Tarife auf den internationalen Transport Anwendung finden sollen, nur insoweit Geltung haben, als sie dem internationalen Übereinkommen nicht widersprechen und anderenfalls nichtig sind, d. h., es ist den Eisenbahnen bei Vermeidung der Nichtigkeit verboten, in die für den internationalen Eisenbahn-Frachtverkehr anzuwendenden Tarife Bedingungen aufzunehmen bzw.

auf derartige Verträge tarifarische Bedingungen in Anwendung zu bringen, welche nicht mit den Normen des internationalen Übereinkommens im Einklang stehen. Diese Bestimmung ist eine notwendige Folge des Prinzips der absoluten und obligatorischen Rechtswirksamkeit des internationalen Übereinkommens (s. Art. 1 Anm 3, S. 8).

Wie eingangs erwähnt, hat das wichtige Prinzip der Beschränkung der Vertragsfreiheit der Eisenbahnen vom Allg. deutschen H.G.B. seinen Ausgang genommen, welches dieses Prinzip aber nur auf die Haftpflicht der Eisenbahnen erstreckte. Die auf dem Allg. deutschen H.G.B basierenden Eisenbahnbetriebsreglements Deutschlands, Österreich-Ungarns und des Vereins Deutscher Eisenbahnverwaltungen sind im Interesse der Einheitlichkeit und Gleichmäßigkeit der Transportbedingungen zugunsten des Publikums noch einen Schritt weiter gegangen und haben die reglementarischen auf Grund des H.G.B. festgesetzten Bestimmungen nicht nur in betreff der Haftpflicht, sondern auch in allen anderen Beziehungen für sämtliche dem Geltungsgebiete dieser Reglements unterworfenen Eisenbahnen zur unabänderlichen Norm insoweit gemacht, als in der Einleitung vorgeschrieben ist:

„Spezialbestimmungen einzelner Eisenbahnverwaltungen oder Eisenbahnverbände haben neben diesem Reglement nur Geltung, wenn sie in die bezüglichen Tarife aufgenommen sind, mit den Festsetzungen dieses Reglements nicht im Widerspruch stehen, dieselben vielmehr nur ergänzen, oder wenn sie dem Publikum günstigere Bedingungen gewähren."

Der Schweizer Entwurf verfolgte eine vollständige entgegenstehende Tendenz. Er wollte im wesentlichen die Partikularrechte au dem Gebiete der Haftpflicht bestehen lassen.

Auf diese Schwäche des Schweizer Entwurfs hat die Kritik (Eger, Einführung eines internationalen Eisenbahn-Frachtrechts 1877 119 f.) hingewiesen und die Annahme der in den Artikeln 423 f. H.G.B. und in der einleitenden Bestimmung des deutschen, österreich-ungarischen und Vereins-Reglements enthaltenen Grundsätze befürwortet.

Der Deutsche Entwurf (1878) hat sich dieser Auffassung vollständig angeschlossen und nicht nur die gleichmäßige Regelung der Haft- und Entschädigungspflicht der Eisenbahnen für den internationalen Transport (Art. 17a ff.) in Vorschlag gebracht, sondern weitergehend im Interesse der Einheitlichkeit des internationalen Eisenbahn-Frachtrechts die absolute und obligatorische Geltung der Normen desselben, d. h. die Ausdehnung des Prinzips der Beschränkung der Vertragsfreiheit der Eisenbahnen, im wesentlichen übereinstimmend mit der einleitenden Bestimmung des deutschen, österreich-ungarischen und Vereins-Reglements, adoptiert (Art. 1c).

In den Konferenzberatungen erlitten die Vorschläge des Deutschen Entwurfs nur redaktionelle Änderungen. Bei der zweiten Beratung schlug die I. Kommission folgende Fassung vor:

Es ist den Eisenbahnen gestattet, untereinander Vereine oder Verbände zur Ausführung internationaler Transporte zu bilden.

Die in den gemeinsamen Tarifen dieser Vereine oder Verbände, sowie die in den besonderen Tarifen der Eisenbahnen enthaltenen Bedingungen haben, sofern diese Tarife auf den internationalen Transport Anwendung finden sollen, nur insoweit Geltung, als sie diesem Übereinkommen nicht widersprechen; andernfalls sind sie nichtig.

Nachdem der Kommissionsbericht darauf hingewiesen hatte, daß diese Fassung des Art. 4 wesentlich den Zweck habe, dem in der bisherigen Fassung enthaltenen Gedanken einen deutlicheren Ausdruck zu geben, wurde Art. 4 in der beantragten Form angenommen (Prot. 77).

Bei Einforderung der Erinnerungen zum Entwurfe der II. Konferenz schlug Deutschland vor: Abs. 1 zu streichen und Abs. 2 wie folgt zu fassen:

„Die in den gemeinsamen Tarifen der Eisenbahnvereine oder Verbände, sowie die in den besonderen Tarifen jeder Eisenbahn enthaltenen Bedingungen haben, sofern usw." (wie bisher).

In der III. Konferenz berichtete die Kommission hierüber wie folgt: „Die Kommission ist der Ansicht, daß es sich hier um eine redaktionelle Abänderung handelt, und schlägt vor, Art. 4 wie folgt zu fassen:

„Die Bedingungen der gemeinsamen Tarife der Eisenbahnvereine oder Verbände sowie die Bedingungen der besonderen Tarife usw." (wie Art. 4 des internationalen Übereinkommens).

Der Abs. 1, auf dessen Streichung angetragen wird, könnte so ausgelegt werden, als sollten durch die Worte: „Es ist . . . . gestattet" usw. den Eisenbahnverwaltungen neue Befugnisse eingeräumt werden, während man doch nur die Absicht hatte, zu bestimmen, daß die bestehenden Tarife, insofern sie den internationalen Transport betreffen, mit dem internationalen Gesetze nicht im Widerspruch sein dürfen."

Der Antrag der Kommission wurde hierauf ohne Diskussion genehmigt und ging unverändert in den Tenor des Übereinkommens über (Prot. S. 21).

Wie die vorstehend mitgeteilte Entstehungsgeschichte und der Wortlaut des Art. 4 ergibt, ist der Grundsatz, daß das internationale Übereinkommen absolute und obligatorische Geltung besitzt, derartig, daß im internationalen Verkehre Bedingungen, welche dem Übereinkommen widersprechen, bei Meidung der Nichtigkeit keine Anwendung finden sollen, nur in betreff der Tarife der Vertragsbahnen ausdrücklich ausgesprochen, nicht aber auch in betreff der Gesetze und Verordnungen der Vertragsstaaten. Indes unterliegt es keinem Zweifel daß auch für diese der gleiche Grundsatz gilt. (So auch Rosenthal 37.)

Aus der obligatorischen und absoluten Geltung des internationalen Übereinkommens ergeben sich hiernach folgende Grundsätze:

1. Die landesrechtlichen sowie die von den Eisenbahnen (in Verbandsverträgen usw.) vereinbarten, den internationalen Eisenbahn-Frachtverkehr betreffenden Bestimmungen treten außer Kraft, insoweit sie dem internationalen Übereinkommen widersprechen, und dürfen auch nicht fakultativ anstatt der Bestimmungen desselben zur Anwendung gebracht werden. (Vgl. Anm. 3 S. 8 u. die dort mitget. Entscheidungen).

2. Neue derartige Bestimmungen dürfen nicht eingeführt werden und sind im Falle ihrer Einführung nichtig.

19. **„Die Bedingungen der gemeinsamen Tarife der Eisenbahnvereine oder Verbände sowie die Bedingungen der besonderen Tarife der Eisenbahnen haben, sofern diese Tarife auf den internationalen Transport Anwendung finden sollen, (insoweit Geltung)".**

Wie in der vorangehenden Anm. 18 erörtert, enthält Artikel 4 das Prinzip der Beschränkung der Vertragsfreiheit der Eisenbahnen beim internationalen Transport und spricht den wichtigen Grundsatz aus, daß alle tarifarischen Bedingungen der beim internationalen Transport beteiligten Eisenbahnen, sofern sie auf diesen Anwendung finden sollen, die Bestimmungen des internationalen Übereinkommens nicht abändern dürfen und demgemäß nur Geltung haben, insoweit sie diesem Übereinkommen nicht widersprechen. Daß der gleiche Grundsatz auch auf die Gesetze und Verordnungen der Vertragsstaaten, welche den internationalen Transport betreffen, Anwendung findet — wenngleich dies im Übereinkommen nicht ausdrücklich ausgesprochen — ist a. a. O. S. 33 hervorgehoben.

„Tarif" ist nach der Ansicht und Ausdrucksweise des Übereinkommens nicht auf den Begriff Transportpreisverzeichnis beschränkt (s. Art. 11), sondern in dem weiteren Sinne reglementarischer und tarifarischer Transportbestimmungen zu nehmen, wie dies aus den Motiven des Deutschen Entwurfs und aus den Protokollen sich ergibt (s. Anm. 18).

Art. 4 will ausnahmslos alle tarifarischen Bedingungen umfassen und hebt daher, um hierüber keinen Zweifel zu lassen, ausdrücklich sowohl die Bedingungen der gemeinsamen Tarife der Eisenbahn-Vereine oder -Verbände als auch die Bedingungen der besonderen Tarife der Eisenbahnen hervor (E. XXI 16). „Eisenbahn-Vereine" und „-Verbände" bedeuten dasselbe; denn der wesentliche Zweck der Vereinigungen mehrerer Eisenbahnen, gleichviel ob sie Vereine oder ob sie Verbände genannt werden, ist die Aufstellung gemeinsamer Tarife. Diesen stehen gegenüber die besonderen Tarife der einzelnen Eisenbahnverwaltungen.

Weshalb Art. 4 nur von „Bedingungen" der Tarife spricht und nicht den umfassenderen Ausdruck „Bestimmungen" gewählt hat, ist weder aus den Materialien noch sonst ersichtlich. Ohne Zweifel ist damit aber eine Verschiedenheit im Sinne nicht beabsichtigt.

Art. 4 hat ferner nicht allein — wie Art. 423 des alten Deutschen H.G.B. — die Beschränkung der Vertragsfreiheit der Eisenbahnen in bezug auf die Haft- und Entschädigungspflicht der Eisenbahnen zum Inhalt, sondern bezweckt die Beschränkung der Vertragsfreiheit derselben auch in betreff aller übrigen Stipulationen und Bedingungen des Eisenbahn-Frachtvertrags und gibt damit dem Prinzipe Ausdruck, daß die Bestimmungen des internationalen Übereinkommens absolut und obligatorisch sind, derartig, daß überhaupt ihre Abänderung im internationalen Eisenbahntransport durch Verträge, sei es im Wege der Reglements bzw. Tarife, sei es im Wege besonderer oder privater Übereinkunft, verboten und nichtig ist.

Die Worte: „sofern diese Tarife auf den internationalen Transport Anwendung finden sollen“ deuten darauf hin, daß nicht nur solche Tarife gemeint sind, welche ausschließlich für den internationalen Verkehr eines Eisenbahn-Vereins bzw. -Verbandes oder einer Eisenbahn geschaffen, aber, sei es ganz, sei es teilweise, auch zur Anwendung für den internationalen Verkehr bestimmt sind, mithin sowohl dem internen wie dem externen Verkehr dienen. Alle Tarife, gleichviel ob unmittelbar für den internationalen Verkehr oder nur mittelbar für diesen mit zur Anwendung bestimmt, sind durch die Worte: „sofern diese Tarife auf den internationalen Transport Anwendung finden sollen“ umfaßt.

20) **„. . . . haben insoweit Geltung, als sie diesem Übereinkommen nicht widersprechen.“**

Die Voraussetzung der Gültigkeit aller Bedingungen der gemeinsamen oder besonderen Tarife der Eisenbahnen, welche auf den internationalen Transport zur Anwendung kommen sollen, ist, daß sie dem internationalen Übereinkommen nicht widersprechen. Mithin sind nur Ergänzungen durch Tarifbedingungen zulässig. Es sind unter „dem internationalen Übereinkommen nicht widersprechend“ lediglich solche Bestimmungen zu verstehen, welche dasselbe nur ergänzen.

Diese Ergänzungen können einerseits bloß deklaratorischer Natur oder Ausführungs-Bestimmungen in betreff derjenigen Punkte sein, welche das Übereinkommen selbst nicht einheitlich regelt oder überhaupt unberücksichtigt läßt oder der Regelung der Landesrechte oder dem Ermessen der Eisenbahnverwaltungen — sei es mit oder ohne Vorbehalt der Genehmigung der Aufsichtsbehörden — überweist. (S. z. B. Art. 5 Abs. 2 — Art. 6 Abs. 1. m. — Art. 6 Abs. 4 und 5. — Art. 7 Abs. 3. — Art. 14 Abs. 2. — Art. 19, 22, 24, 25 Abs. 3. — Art. 31 Ziff. 1, 3 u. 6. — Art. 45 Abs. 3. — Art. 55.) Vgl. Z. II 52, E. X 358.

Andererseits können aber auch durch dem Publikum günstigere Bestimmungen, als die des Übereinkommens, Ergänzungen zulässigerweise stattfinden. Doch dürfen derartige Bestimmungen nur ergänzenden Charakter haben, d. h. nur neben den Bestimmungen des Übereinkommens eingeführt werden, derartig, daß der Bestand und die Grundlage desselben nicht modifiziert, verringert oder beeinträchtigt wird, mithin die günstigeren Bestimmungen das Mehr bilden, welches die allgemeinen Bestimmungen des Übereinkommens als das Weniger in sich schließt, also nicht statt oder im Widerspruch mit demselben und ohne jede Beschränkung der dem Publikum durch das Übereinkommen gewährten Vorteile.

Diese Vorteile dürfen mithin nicht irgendwie aus dem Grunde verringert werden, weil als Äquivalent dafür andere, vielleicht größere Vergünstigungen gewährt werden sollen. Auch dürfen solche günstigeren Bestimmungen nicht etwa einseitig von einzelnen Vertragsstaaten oder von einzelnen Vertragsbahnen für das gesamte Vertragsgebiet bzw. für die ganze Transportstrecke eingeführt werden (Schwab 64), vielmehr nur für das eigene Gebiet bzw. die eigene Strecke.

Wohl aber ist die Einführung günstigerer Bedingungen für das eigene Staatsgebiet bzw. die eigene Transportstrecke oder im gegenseitigen Verkehre mehrerer Vertragsstaaten oder Vertragsbahnen mittelst Vereinbarung zulässig (so auch de Seigneux Art. 4. Mittelstein, Jur. Lit.Bl. XIII 232. Eger, Eisenb.Verk.Ord. 2. Aufl. XXXVII ff. u. 10. Unrichtig Gerstner 83), mit Ausnahme derjenigen Bestimmungen, welche im Interesse der öffentlichen Ordnung und Sicherheit des internationalen Eisenbahnbetriebes erlassen und mithin polizeilicher Natur sind. Die Einheitlichkeit des durch das Übereinkommen geschaffenen internationalen Rechtes wird durch die Einführung dem Publikum günstigerer Bestimmungen in einem enger begrenzten Kreise an sich nicht berührt. (A. M. Schwab a. a. O., 64, 65; Rosenthal 38, Reindl, D.E.Z. 1899 S. 310. Weder die Protokolle noch die Tendenz und Fassung des Art. 4 sprechen dagegen.

Günstigere Bedingungen widersprechen dem Übereinkommen begrifflich nicht. Sie fügen den Normen desselben nur ein Mehr, aber nichts Widersprechendes hinzu. Diese einfache und streng logische Folgerung wird durch keinerlei den Kernpunkt der Frage umgehende Deduktionen beseitigt oder in Abrede gestellt werden können. Es liegt nach der Tendenz und den Normen des internationalen Übereinkommens z. B. kein Grund zu der Annahme vor, daß eine Eisenbahn für ihre Strecke oder ein Eisenbahnverband für seinen Bereich im internationalen Verkehre die Haftpflicht nicht über das in den Art. 30 ff. bezeichnete Maß solle erhöhen, z. B. auch für Fälle der höheren Gewalt gewähren oder auf die Haftpflicht-Beschränkungen des Art. 31 oder auf Ersatz der Kosten für nachträgliche Verfügungen (Art. 15 Abs. 7) verzichten oder im Falle der zollamtlichen Behandlung nicht größere, als die im Art. 10 Abs. 3 auferlegten Verpflichtungen übernehmen dürfen usw. (Vgl. v. Hahn II 704, Puchelt II 558.)

Wenn von einigen Seiten (Schwab 64, 65. Rosenthal 38) zur Begründung der gegenteiligen Auffassung darauf Bezug genommen wird, daß dies zur Aufrechterhaltung der Einheitlichkeit des internationalen Rechts erforderlich sei, so wird außer acht gelassen, daß die Einheitlichkeit des internationalen Rechts durch die Gewährung günstigerer Bedingungen keineswegs eine Störung erleidet und nicht in anderer Weise alteriert wird, als die internen Landesrechte durch die Zulassung günstigerer Bedingungen bisher berührt worden sind, obwohl diese Rechte für ihre internen Geltungsgebiete doch auch den Charakter der Einheitlichkeit in Anspruch nehmen. In Übereinstimmung mit der hier vertretenen Auffassung hat daher auch der Verein Deutscher Eisenbahnverwaltungen in seinem, auf Grund des internationalen Übereinkommens beschlossenen Betriebsreglement zugunsten des Publikums den Vereinsbahnen eine Reihe von Verpflichtungen auferlegt, welche im internationalen Übereinkommen nicht vorgesehen sind.

21) „anderenfalls sind sie nichtig".

Die Schlußbestimmung des Art. 4 erklärt tarifarische Bedingungen, welche der Vorschrift dieses Artikels nicht entsprechen, für nichtig. Nicht die bloße Anfechtbarkeit, sondern die Nichtigkeit der betreffenden Bedingungen soll eintreten. Es gelten mithin für tarifarische Bedingungen, welche der Vorschrift des Art. 4 entgegenstehen, die Grundsätze über Nichtigkeit nach Maßgabe der einzelnen Landesrechte.

Artikel 5.[22])

(1) Jede nach Maßgabe des Artikels 1 bezeichnete Eisenbahn ist verpflichtet, nach den Festsetzungen und unter den Bedingungen dieses Übereinkommens die Beförderung von Gütern im internationalen Verkehr zu übernehmen, sofern [23])

1. **der Absender den Anordnungen dieses Übereinkommens sich unterwirft;[24])**
2. **die Beförderung mit den regelmäßigen Transportmitteln möglich ist;[25])**
3. **nicht Umstände, welche als höhere Gewalt zu betrachten sind, die Beförderung verhindern.[26])**

(2) Die Eisenbahnen sind nur verpflichtet, die Güter zum Transport anzunehmen, soweit die Beförderung derselben sofort erfolgen kann.[27]) Die für die Versandstation geltenden besonderen Vorschriften bestimmen, ob dieselbe verpflichtet ist, die Güter, deren Beförderung nicht sofort erfolgen kann, vorläufig in Verwahrung zu nehmen.[28])

(3) Die Beförderung der Güter findet in der Reihenfolge statt, in welcher sie zum Transport angenommen worden sind, sofern die Eisenbahn nicht zwingende Gründe des Eisenbahnbetriebes oder das öffentliche Interesse für eine Ausnahme geltend machen kann.[29])

(4) Jede Zuwiderhandlung gegen die Bestimmungen dieses Artikels begründet den Anspruch auf Ersatz des dadurch entstandenen Schadens.[30])

(5) Die Auslieferung und die Verladung der Güter richten sich nach den für die Versandbahn geltenden gesetzlichen und reglementarischen Bestimmungen.[30a])

Zusatz I.

Betriebsreglement des Vereins Deutscher Eisenbahnverwaltungen.

§ 43.

Transportpflicht der Eisenbahnen.

(Text übereinstimmend mit vorstehendem Art. 5) und:

Zusatzbestimmungen:

1. Gegenstände, deren Ein- und Ausladen besondere Vorrichtungen nötig macht, ist die Eisenbahn nur auf und nach solchen Stationen anzunehmen verpflichtet, wo derartige Vorrichtungen bestehen.

2. Für Gegenstände, deren Verladung oder Transport nach dem Ermessen der Versandbahn besondere Schwierigkeiten verursacht, kann die Beförderung von jedesmal zu vereinbarenden besonderen Bedingungen abhängig gemacht werden.

3. Die auf eigenen Rädern laufenden Lokomotiven, Tender, Dampfwagen und sonstigen Eisenbahnfahrzeuge werden nur dann zur Beförderung zugelassen, wenn sie von einer Eisenbahnverwaltung hinsichtlich ihrer Lauffähigkeit geprüft sind, darüber einen Prüfungsvermerk tragen oder mit einer hierauf bezüglichen Bescheinigung versehen sind. Dieselben dürfen auf weniger Achsen, als ihre Bauart bedingt, nicht laufen. Auf eigenen Rädern laufende Lokomotiven, Tender und Dampfwagen müssen von einem sachverständigen Beauftragten des Absenders begleitet sein, welcher das Schmieren zu besorgen hat.

4. Für die Auflieferung und Verladung der Güter gelten insbesondere nachstehende Bestimmungen:

a) Das Gut muß in den von der Eisenbahn festzusetzenden Dienststunden aufgeliefert und, falls die Verladung nach den Vorschriften dieses Reglements oder des Tarifs oder nach besonderer Vereinbarung dem Absender obliegt, innerhalb derselben verladen werden. Bei einer nach und nach stattfindenden Auflieferung der mit demselben Frachtbrief aufgegebenen, von der Eisenbahn zu verladenden Sendung ist, sofern die Auflieferung durch den Absender über 24 Stunden verzögert wird, die Eisenbahn berechtigt, ein im Tarife festzusetzendes Lagergeld zu erheben. Dasselbe gilt in dem Falle, wenn von der Eisenbahn zu verladende Güter mit unvollständigem oder unrichtigem Frachtbrief aufgeliefert sind und die Berichtigung nicht binnen 24 Stunden nach der Beanstandung erfolgt. Wegen der Anfuhr der Güter durch Rollfuhrunternehmer der Eisenbahn siehe § 57 V.-Z., Ziffer 3.

b) An Sonn- und Festtagen wird gewöhnliches Frachtgut nicht angenommen und am Bestimmungsorte dem Empfänger nicht verabfolgt. Eilgut wird auch an Sonn- und Festtagen, aber nur in den ein für allemal bestimmten, durch Aushang an den Abfertigungsstellen bekannt zu machenden Tageszeiten angenommen und ausgeliefert.

c) Die Bereitstellung der Wagen für solche Güter, deren Verladung der Absender selbst zu besorgen hat (siehe oben unter a), muß für einen bestimmten Tag nachgesucht und die Auflieferung und Verladung in der von der Eisenbahn zu bestimmenden Frist vollendet werden. Diese Frist ist durch Anschlag an den Abfertigungsstellen bekannt zu machen.

d) Erfolgt die Auflieferung und Verladung nicht innerhalb dieser Frist, so hat der Absender nach deren Ablauf das im Tarife festzusetzende Wagenstandgeld zu bezahlen. Dasselbe gilt in dem Falle, wenn Güter, die von dem Absender zu verladen sind (siehe oben unter a), mit unrichtigem oder unvollständigem Frachtbrief aufgeliefert werden und die Berichtigung nicht innerhalb der festgesetzten Ladefrist erfolgt. Auch ist die

Eisenbahn berechtigt, den Wagen auf Kosten des Bestellers zu entladen und das Gut auf dessen Gefahr und Kosten auf Lager zu nehmen. Bei Bestellung des Wagens ist auf Verlangen der Eisenbahn eine den Betrag einer Tagesversäumnis deckende Sicherheit zu bestellen. Wenn die Eisenbahn festzugesagte Wagen nicht rechtzeitig stellt, so hat sie dem Besteller eine dem Wagenstandgeld entsprechende Entschädigung zu zahlen.

e) Die Eisenbahn ist verpflichtet, die ihr zugeführten Güter, deren Beförderung nicht sofort erfolgen kann, soweit die Räumlichkeiten es gestatten, gegen Empfangsbescheinigung mit dem Vorbehalt in einstweilige Verwahrung zu nehmen, daß die Annahme zur Beförderung und die Aufdrückung des Abfertigungstempels auf den Frachtbrief (§ 46) erst dann erfolgt, wenn die Beförderung möglich ist. Der Absender hat im Frachtbriefe sein Einverständnis mit diesem Verfahren zu erklären. In diesem Falle haftet die Eisenbahn bis zum Abschlusse des Frachtvertrages als Verwahrer.

f) Die Eisenbahnen sind verpflichtet, Einrichtungen zu treffen, durch welche die Reihenfolge der Güterabfertigung festgestellt werden kann.

5. Für die Annahme von lebenden Tieren zur Beförderung gelten noch folgende besondere Bestimmungen:

a) Lebende Tiere werden nur unter der in der Zusatzbestimmung 1 zu diesem Paragraphen aufgeführten Voraussetzung zur Beförderung angenommen.

b) Die Beförderung kranker Tiere kann abgelehnt werden. Inwiefern der Transport von Tieren wegen der Gefahr einer Verschleppung von Seuchen ausgeschlossen ist, richtet sich nach den bestehenden gesundheitspolizeilichen Vorschriften.

c) Zum Transport wilder Tiere ist die Eisenbahn nur bei Beachtung der von ihr im Interesse der Sicherheit vorzuschreibenden Bedingungen verpflichtet.

d) Bei der Beförderung lebender Tiere ist die Eisenbahn Begleitung zu fordern berechtigt. Die Begleiter haben, sofern nicht der Stationsvorsteher Ausnahmen zuläßt, ihren Platz in den betreffenden Viehwagen zu nehmen und das Vieh während des Transports zu beaufsichtigen. Bei kleineren Tieren, insbesondere Geflügel, bedarf es der Begleitung nicht, wenn sie in tragbaren, gehörig verschlossenen Käfigen aufgegeben werden. Die Käfige müssen luftig und geräumig sein.

e) Der Absender muß das Einladen der Tiere in die Wagen sowie deren sichere Befestigung selbst besorgen und die erforderlichen Befestigungsmittel beschaffen. Das Ausladen liegt dem Empfänger ob.

f) Die Eisenbahn hat bekannt zu machen, mit welchen Zügen die Beförderung von Tieren erfolgt. Die Annahme einzelner Stücke zur Beförderung hängt davon ab, ob geeigneter Raum vorhanden ist.

g) Die Eisenbahn kann durch den Tarif festsetzen, daß die Annahme von lebenden Tieren, mit Ausnahme von Hunden, an Sonn- und Festtagen ausgeschlossen oder auf bestimmte Stunden beschränkt wird.

h) Die Tiere müssen rechtzeitig — einzelne Stücke mindestens eine Stunde vor Abgang des Zuges — auf den Bahnhof gebracht werden.

i) Wegen der Auslieferung lebender Tiere siehe § 57 V.-Z., Ziffer 16.

Vgl. Übereinkommen zum Betriebsreglement der Vereins Deutscher Eisenbahnverwaltungen: Art. 6: Beförderung lebender Tiere.)

Vgl. Gemeinsame Abfertigungsvorschriften § 26: Auflieferung und Annahme von Gütern im allgemeinen. § 33: Allgem. Bestimmungen für die Verladung der Güter und Wahl der Wagen. §§ 34, 35: Verladung der Stück- und Wagenladungsgüter. §§ 36, 37: Plombierung, Verschluß, Bezettelung der Wagen.

22) Prinzip und Entstehungsgeschichte des Art. 5.

Durch die Gesetzgebung aller beteiligten Staaten ist den Eisenbahnen — im Gegensatz zum gewöhnlichen Frachtführer, welcher in der Eingehung bzw. Ablehnung von Transportgeschäften unbeschränkt ist — die gesetzliche Transportpflicht auferlegt worden, d. h. die einer jeden dem öffentlichen Verkehre eröffneten Eisenbahn durch Gesetz vorgeschriebene Verpflichtung zur Eingehung von Transportverträgen bzw. zur Übernahme von Transporten, falls nicht besondere, gleichfalls gesetzlich bestimmte Ablehnungsgründe vorliegen.

Ursprünglich wurde diese Pflicht den Eisenbahnen in der Regel nur für ihr eigenes Gebiet (ihre eigene Eisenbahnstrecke) auferlegt. Als aber der Verkehr größere Dimensionen annahm und Transporte nach den Bereichen sich aneinander anschließender Bahnen häufiger wurden, genügte dieser Grundsatz nicht mehr.

Er wurde allmählich auf alle aneinander anschließenden Eisenbahnen des Staatsgebietes ausgedehnt bzw. denselben die gesetzliche Pflicht auferlegt, Transporte nicht nur für die eigene Strecke, sondern auch darüber hinaus nach den Stationen sämtlicher anschließenden Eisenbahnen innerhalb des ganzen Staatsgebietes zu übernehmen und ohne jede Vermittlung, d. h. ohne neuen Frachtvertrag bzw. Frachtbrief durch einen einheitlichen, die ganze Transportstrecke umfassenden Frachtvertrag und Frachtbrief und folgeweise auch unter solidarischer Haftung aller beteiligten Bahnen für den ganzen übernommenen Transport (Zwangsgemeinschaft).

Mit der Entstehung umfassender Eisenbahnlinien, mit der wachsenden Ausdehnung der Transporte nach ausländischen Gebieten bzw. Eisenbahnen erwies sich aber auch der auf das Staatsgebiet des eigenen Landes erweiterte Grundsatz der gesetzlichen Transportpflicht nicht mehr als ausreichend.

Als daher dem Gedanken der Einführung eines internationalen Eisenbahn-Frachtrechts nähergetreten wurde, mußte als einer der wichtigsten und unentbehrlichsten Grundsätze in dasselbe die gesetzliche Transportpflicht aller Eisenbahnen (Art. 1) des Vertragsgebietes aufgenommen werden.

Der von der Schweiz aufgestellte Entwurf eines internationalen Übereinkommens über den Eisenbahn-Frachtverkehr hatte dies nur in unvollkommener Weise getan, indem er die Eisenbahnen nicht ohne weiteres verpflichtete, internationale Frachtverträge in den durch die Vereinbarung festgesetzten Formen und mit den durch dieselbe normierten Rechtsfolgen einzugehen, sondern diese Verpflichtung vollständig von denjenigen Voraussetzungen abhängig machte, welche die internen Rechte der Einzelstaaten dafür vorschreiben.

Demgegenüber wurde in der Kritik des Schweizer Entwurfs (s. Eger, Einführung eines internationalen Eisenbahn-Frachtrechts 1877 S. 59, 60) die Annahme der im Art. 422 D.H.G.B. enthaltenen Grundsätze bzw. die Aufstellung einheitlicher Voraussetzungen für die Transportpflicht der Eisenbahnen im internationalen Verkehre warm befürwortet.

Der von der Deutschen Reichsregierung (1878) ausgearbeitete, den Berner Beratungen zugrunde gelegte Entwurf hat sich dieser Auffassung vollständig angeschlossen und als Art. 1d Bestimmungen vorgeschlagen, welche dem Art. 422 des D.H.G.B. entsprachen.

In der I. Konferenz (erste Beratung) wurde der Artikel an die Redaktionskommission verwiesen, und diese schlug die im wesentlichen als Art. 5 in den Tenor des Übereinkommens übergegangene Fassung vor. Nachdem man sich bei der (dritten) Beratung darüber einverstanden erklärt hatte, daß sich der Vertrag auf Lokalbahnen und Bahnen untergeordneter Bedeutung nicht beziehe (Prot. 94) und in der II. und III. Konferenz auf unerhebliche redaktionelle Änderungen beschränkt hatte, wurde Art. 5 in dieser Fassung endgültig angenommen und erfuhr auch in den Pariser Konferenzen von 1896 und 1905 keine Änderung.

23) **Jede nach Maßgabe des Art. 1 bezeichnete Eisenbahn ist verpflichtet, nach den Festsetzungen und unter den Bedingungen dieses Übereinkommens die Beförderung von Gütern im internationalen Verkehre zu übernehmen, sofern .....**

Absatz 1 des Art. 5 spricht den Grundsatz aus, daß die dem internationalen Übereinkommen unterworfenen Eisenbahnen verpflichtet sind, nach den Festsetzungen und unter den Bedingungen desselben die Beförderung von Gütern im internationalen Verkehre zu übernehmen, sofern die in den folgenden Ziffern 1—3 bezeichneten Voraussetzungen erfüllt sind, d. h. diese Bahnen sind gesetzlich verpflichtet, jeden ihnen im internationalen Verkehre angetragenen Frachtvertrag abzuschließen, falls nicht ein durch den Art. 5 des Übereinkommens ausdrücklich zugelassener Ablehnungsgrund vorliegt (s. über die Begründung S. 70f.; D. Reichsger. 25. 2. 1904 E. XXI 48; Coermann, E. XXII 204, 323.)

Aus dieser Verpflichtung, Transporte nicht nur für die eigene Strecke, sondern für die Strecken sämtlicher Vertragsbahnen zu übernehmen, folgt die Transportgemeinschaft aller an einem Transporte beteiligten Bahnen, die Notwendigkeit des Abschlusses eines einheitlichen Frachtvertrages (mit durchgehendem Frachtbrief) und damit das Prinzip der Zwangsgemeinschaft, d. h. der solidarischen Haftpflicht aller am Transport beteiligten Bahnen.

Den Bestimmungen dieses Art. 5 ist unterworfen „jede nach Maßgabe des Art. 1 bezeichnete Eisenbahn". Unter „Eisenbahn" ist hierbei der Eisenbahnunternehmer, die Eisenbahnverwaltung zu verstehen. Im übrigen sind die hiernach transportpflichtigen Eisenbahnen durch den Hinweis auf Art. 1 genau bezeichnet. Der Transportpflicht unterliegen alle in die gemäß Art. 1 dem Übereinkommen annektierte Liste aufgenommenen Eisenbahnen.

Denselben liegt die Beförderung von Gütern im internationalen Verkehr ob, d. h. der Abschluß und die Erfüllung internationaler Eisenbahnfrachtverträge. Die Verpflichtung bezieht sich nur auf Güter — mit Ausnahme der durch Art. 2 und 3 vom internationalen Transport ausgeschlossenen Güter —, nicht auf Reisende und Reisegepäck, ferner nur auf den internationalen Verkehr, mithin nur auf solche Transporte, welche nach Maßgabe des internationalen Übereinkommens zu befördern sind.

Für die Transportpflicht sind die Festsetzungen und Bedingungen des Übereinkommens maßgebend. Ein wesentlicher Unterschied besteht zwischen „Festsetzungen" und „Bedingungen" nicht. Es sind damit sämtliche Bestimmungen des Übereinkommens gemeint, und zwar nicht nur die ausdrücklich in den Artikeln des Übereinkommens und in den Ausführungsbestimmungen ausgesprochenen, sondern auch die nach Maßgabe des Übereinkommens den Eisenbahnen freigestellten, mit dem Übereinkommen nicht in Widerspruch stehenden (s. Art. 4 Anm. 20).

Jede Eisenbahn ist zum Transport verpflichtet, falls sie nicht gemäß Art. 2, 3 und 9 des Übereinkommens verhindert ist, den Transport gewisser Güter oder von gewissen Absendern oder an gewisse Empfänger usw. zu übernehmen. Auch nur eine zeitweilige Verweigerung ist nicht gestattet, weil eine auch nur zeitweilige Zurückweisung des Transports für den Absender oft einer gänzlichen Verweigerung desselben gleichkommen würde. Übernimmt aber die Eisenbahn einen Transport, zu dessen Übernahme sie nach Art. 5 gesetzlich nicht verpflichtet ist, so finden auf denselben im übrigen alle Normen des Übereinkommens in gleicher Weise Anwendung, wie wenn es sich um einen Transport handelt, welchen sie nach Art. 5 übernehmen muß. Doch sind die folgenden Bahnen, falls sie sich hierzu nicht durch besondere Vereinbarung (Verbandsverträge) verpflichtet haben, nicht gehalten, einen derartigen Transport zu übernehmen, weil sie sich schwerere Bedingungen, als die ihnen durch das internationale Übereinkommen auferlegten, nicht gefallen zu lassen bzw. in solche nicht einzutreten brauchen.

Art. 5 berechtigt aber den Absender nicht, auf dem Transporte lediglich auf Grund des alten Frachtvertrages den Rücktransport des Frachtguts nach dem Absendungsorte von der Eisenbahn zu verlangen. Vielmehr muß der Absender, wenn er den Rücktransport wünscht, einen neuen Frachtvertrag abschließen.

24) **„1. der Absender den Anordnungen dieses Übereinkommens sich unterwirft;“**

1. Die erste der drei Voraussetzungen, von welchen die Transportpflicht der Eisenbahn abhängt, ist, daß der Absender den Anordnungen dieses Übereinkommens sich unterwirft, und zwar allen Anordnungen, sowohl in formeller wie in materieller Hinsicht, und nicht nur den im Übereinkommen selbst und ausdrücklich vorgeschriebenen, sondern implicite auch den Anordnungen (tarifarischen Bestimmungen), welche den einzelnen Eisenbahnen und den Eisenbahnverbänden bzw. Vereinen durch das Übereinkommen freigestellt sind, d. h. insofern sie diesem nicht widersprechen (s. Art. 4 Anm. 20).

„Den Anordnungen des Übereinkommens“ heißt mangels jeder Beschränkung ausnahmslos sämtlichen Bestimmungen desselben, und zwar gleichviel, ob sie im Übereinkommen selbst oder in den zugehörigen Ausführungsbestimmungen zum Übereinkommen enthalten sind, aber auch denjenigen Anordnungen, welche durch das Übereinkommen den Eisenbahnen freigestellt und als tarifarische Bestimmungen für den internationalen Transport seitens der einzelnen Verwaltung oder gemeinsam seitens der Eisenbahnvereine oder Verbände erlassen sind (Art. 4 Anm. 19 S. 34 ff.). Dagegen ist die Unterwerfung unter sonstige allgemein geltende Anordnungen der Bahnverwaltungen nicht vorgeschrieben. Die vom internationalen Übereinkommen gezogenen Grenzen sind maßgebend (Rosenthal 42.)

Die Unterwerfung kann ausdrücklich oder durch konkludente Handlungen geschehen (Unterschrift unter das allgemeine Frachtbriefformular).

25) **„2. die Beförderung mit den regelmäßigen Transportmitteln möglich ist;“**

2. Die zweite Voraussetzung der Eisenbahntransportpflicht besteht darin, daß die Beförderung mit den regelmäßigen Transportmitteln möglich ist.

„Transportmittel“ ist im weitesten Sinne des Wortes zu verstehen, also nicht allein die Waggons, Lokomotiven und Tender, sondern auch alle anderen zu dem fraglichen Transporte unbedingt erforderlichen Einrichtungen und Vorräte.

Die „regelmäßigen“ Transportmittel der Bahn müssen ausreichen, d. h. die den gewöhnlichen Verkehrseinrichtungen und Bedürfnissen der Bahn entsprechenden und für die beantragte Transportart geeigneten sein. Die Weigerung der Bahn würde somit begründet sein, wenn die regelmäßigen Transportmittel nicht ausreichen und nur außergewöhnliche, für Ausnahmefälle (Mobilmachung, Krieg, Extrawagen für den Landesherrn usw.) bestimmte und reservierte Transportmittel vorhanden sind. Die Bahn erscheint auch nicht verpflichtet, zu einem das gewöhnliche Maß übersteigenden Transport ausnahmsweise Transportmittel zu beschaffen oder in Reserve zu halten, sondern kann einen derartigen Transport ablehnen.

Die regelmäßigen Transportmittel sind nicht diejenigen, welche eine Bahn faktisch beschafft und verwendet, sondern diejenigen, welche sie nach bestehenden Vorschriften und nach vernünftigen Verkehrs- und Verwaltungsanschauungen besitzen muß, um dem auf ihren Strecken in der Regel herrschenden Verkehrsbedürfnisse zu genügen. Unter diesen Voraussetzungen auch Spezialwagen. (A. M. franz. Kass.Hof 27. 12. 1905, Z. XIV 248, E. XXIII 21). Unverschuldete Ursachen des Mangels an regelmäßigen Transportmitteln (ungewöhnlich starker Verkehr, Krieg, Zerstörung durch Elementarereignisse usw.) exkulpieren die Bahn, nicht aber verschuldete. Verschuldet ist der Mangel jedenfalls dann, wenn die Eisenbahn die ihr durch die Konzessionsbedingungen oder anderweitige Vorschriften der zuständigen Aufsichtsbehörden auferlegte Zahl von Betriebsmitteln nicht besitzt.

Sind die faktisch vorhandenen Transportmittel für den gewöhnlichen Verkehr nach rationellen Prinzipien bzw. entgegen bestehenden Vorschriften ungenügend, so begründet die Weigerung der Bahn Schadensersatzansprüche im Sinne des letzten Absatzes dieses Artikels.

Vgl. Hand.-Ger. Lüttich 21.1. 1897 und App.-Ger. Lüttich 21.1. 1898 Z. V 651 u. VI 322. E. XIV 126, XV 42. Vgl. auch Z. I 393. E. X 246.

Die Annahme, daß alsdann nur ein Einschreiten der Aufsichtsbehörde, nicht aber ein Schadensanspruch sich rechtfertige, erscheint nicht zutreffend. (Rosenthal 43; Staub 1556; Makower 1496; Hertzer 6; Gasca 57; C.A. Z. I 393; Wehrmann 81. — Unrichtig Gerstner 104 und Suppl. 40.) —

Der Mangel regelmäßiger Transportmittel rechtfertigt übrigens nur zeitweilige Verweigerung.

26) „3. nicht Umstände, welche als höhere Gewalt zu betrachten sind, die Beförderung hindern."

3. Die dritte Voraussetzung endlich für die Transportpflicht der Eisenbahnen ist, daß nicht Umstände, welche als „höhere Gewalt" zu betrachten sind, die Beförderung hindern. Es handelt sich hierbei um die Eingehung des Frachtvertrages, nicht um die Verhinderung der Ausführung des bereits abgeschlossenen Frachtvertrages („des Antritts oder der Fortsetzung des Eisenbahntransports"), über welche Art. 18 des internationalen Übereinkommens disponiert. Für den Begriff der „höheren Gewalt" ist das Recht der Versandbahn maßgebend (s. Art. 30 Anm. 160.) Ein Antrag Rußlands, zu bestimmen, daß darunter auch Unterbrechung des Transportes infolge Weisung der Regierung zu verstehen sei, wurde abgelehnt, insbesondere nachdem Deutschland darauf hingewiesen hatte, daß die Regierung ja öfters Bahnen selbst und auf eigene Rechnung betreibe. Da das Übereinkommen selbst eine Begriffsbestimmung nicht gibt, greift richterliches Ermessen nach Maßgabe des Landesrechts Platz. Die Annahme Gerstners, es sei

überall das gemeine Recht als „jus universale" (?) maßgebend, ist irrig (s. oben Anm. 3 S. 9).

27) **„Die Eisenbahnen sind nur verpflichtet, die Güter zum Transport anzunehmen, soweit die Beförderung derselben sofort erfolgen kann."**

Abs. 2 Satz 1 des Art. 5 bestimmt, daß die Eisenbahnen nur verpflichtet sind, die Güter zum Transport anzunehmen, soweit die Beförderung derselben sofort erfolgen kann. Diese Bestimmung hat den Zweck, einer zu weit gehenden Auffassung des Begriffes der gesetzlichen Transportpflicht der Eisenbahnen vorzubeugen. Der Natur der Sache nach begreift der Transport nicht die vorangehende Aufbewahrung der Güter in sich, wenigstens nicht länger, als zur unmittelbaren Überführung auf die bereiten Transportmittel erforderlich ist. Die Eisenbahnen dürfen die Güter bis dahin zurückweisen. Wohl aber sind sie zu einer früheren Annahme befugt, auch wenn der Transport nicht sofort erfolgen kann (E. XXIII 392). Sie haben nur das Recht, nicht auch die Pflicht der Zurückweisung. Das Verfahren für die Annahme (Auflieferung) richtet sich nach den für die Versandbahn geltenden Bestimmungen (Z. XIII 103, E. XXI 362).

28) **„Die für die Versandstation geltenden besonderen Vorschriften bestimmen, ob dieselbe verpflichtet ist, die Güter, deren Beförderung nicht sofort erfolgen kann, vorläufig in Verwahrung zu nehmen."**

In der Pflicht zur Eingehung eines internationalen Transportvertrages liegt an sich und nach Maßgabe des internationalen Übereinkommens nicht zugleich die Pflicht zum vorgängigem Abschlusse eines Aufbewahrungsvertrages. (Anm. 27). Doch ist es nach Abs. 2 Satz 2 des Art. 5 den besonderen partikulären Vorschriften, welche für die Versandstation gelten, vorbehalten, über die Verpflichtung der Annahmebahn zu bestimmen, der Beförderung noch eine vorläufige Verwahrung vorangehen zu lassen. Diese Bestimmung bezieht sich aber lediglich auf einen der Abschließung des Frachtvertrages vorangehenden Verwahrungsvertrag, hindert aber nicht, einen Frachtvertrag auch ohne die Möglichkeit sofortiger Beförderung abzuschließen. Die Annahme zur Beförderung braucht „nicht mit der tatsächlichen Beförderung zusammenzusammenzufallen" (E. XXIII 392). Die Verpflichtung kann der Versandstation durch Landesgesetz oder staatliches Statut, Reglement auferlegt, aber auch von ihr freiwillig ohne gesetzlichen usw. Zwang durch tarifarische Bestimmung übernommen sein

Vgl. die Zusammenstellung der besonderen Vorschriften über die vorläufige Verwahrung des Gutes in den einzelnen Vertragsstaaten: Z. II 214 ff., 217.

Es bedarf also der Prüfung nach dem Rechte der Versandstation, von welchem Zeitpunkte an bei vorläufiger Verwahrung des Gutes die Annahme zur Beförderung beginnt (E. XXIII 392). Doch entsteht die Frage, ob die Vorschriften, welche etwa über die vorläufige Verwahrungspflicht für den internen usw. oder Verbandsverkehr bereits bestehen, ohne weiteres auch auf den internationalen Transport Anwendung finden? Diese Frage ist zu verneinen, weil das interne Transportrecht nicht ohne weiteres auf das internationale Transportrecht Anwendung findet, falls dies nicht — wie z. B. in Art. 19 des Übereinkommens — ausdrücklich verordnet ist. (A. M. Schwab 70. Rosenthal 44.) Siehe Senckpiehl, Die Lagergeldforderung (E. XXI 323, XXII 107).

Wo nun diese Verpflichtung solchergestalt eingeführt wird, geht mit der Annahme zur vorläufigen Verwahrung dem internationalen Frachtvertrage, welcher nach Art. 8 durch Annahme des Gutes zur Beförderung bzw. durch die zum Zeichen der Annahme erfolgte Datumsstempelung des Frachtbriefs seitens der Versandstation abgeschlossen wird, der Abschluß eines nach Landesrecht zu beurteilenden Verwahrungsvertrages (despositum) voraus. Daher besteht von der Annahme zur vorläufigen Verwahrung bis zum Abschlusse des Frachtvertrages (Art. 8) die strenge Haftpflicht (ex recepto) aus dem Frachtvertrage (Art. 30 f.) noch nicht, sondern lediglich die Verwahrungspflicht nach Maßgabe der landesrechtlichen Normen des Verwahrungsvertrages. Die strenge Haftpflicht aus Art. 30 f. des Übereinkommens beginnt erst mit dem Zeitpunkte des Abschlusses des Frachtvertrages (Art. 8). Ist eine Annahme zur vorläufigen Verwahrung nicht erfolgt, so haftet die Eisenbahn auch nicht einmal als Verwahrer (Z. VI 654, E. XXII 248).

29) **„Die Beförderung der Güter findet in der Reihenfolge statt, in welcher sie zum Transporte angenommen worden sind, sofern die Eisenbahn nicht zwingende Gründe des Eisenbahnbetriebes oder das öffentliche Interesse für eine Ausnahme geltend machen kann."**

Die Tendenz des Abs. 3 ist, die gleichmäßige Behandlung des Publikums in Ansehung der Zeit der Beförderung zu erwirken, es soll der Transport des einen nicht zugunsten des anderen rechtswidrig verzögert und dem Mißbrauche vorgebeugt werden, daß ein Absender aus persönlichen (nicht sachlichen) Gründen vor dem anderen durch vorgängige Annahme, durch früheren und schnelleren Transport usw. bevorzugt und begünstigt wird. Überlassung der Bahnmagazine zur unentgeltlichen Lagerung (E. XXIV 254). Sind aber für Güter, welche zu ihrer Beförderung besondere (Spezial-) Wagen erfordern, diese zugesagt, so darf die Eisenbahn nicht auf andere Wagen verladen (Z. XII 347, E. XXI 134). Daher ist z. B. die von einem Stationsbeamten ausgehende Zusage einer rascheren als der der Reihenfolge entsprechenden Beförderung des Gutes für die Eisenbahn nicht rechtsverbindlich. Auch in der Vorauszusage einer Anzahl von Transportmitteln an einen Absender sieht der französische Kassationshof die unzulässige Begünstigung eines Absenders (Z. IV 439), ebenso in der Kürzung der reglementarischen Lieferfrist (Z. IX 286, E. XVIII 145, XXIII 30. 372).

„Beförderung der Güter" ist hier im weitesten Sinne aufzufassen, nicht bloß der eigentliche Transport, die Bewegung von Ort zu Ort ist darunter zu verstehen, sondern Annahme, Transport und Ablieferung, überhaupt alle zur Eingehung und Ausführung der Frachtverträge erforderlichen Akte. Daher bezieht sich der Absatz nicht allein anf bereits abgeschlossene Frachtverträge, sondern auch auf das Verhältnis der Annahme der Anmeldungen von Gütern, auf die Vertragsofferten. Würde man dies nicht annehmen, dann könnte jede Eisenbahn bereits bei der Annahme (Abs. 2) in betreff der Reihenfolge willkürlich verfahren und die Absicht des Abs. 3 illusorisch machen.

Die Meinung, daß bei der Annahme (Abs. 2) das Verbot jeder Begünstigung schon in der Verpflichtung zur Übernahme selbst (Abs. 1) enthalten sei, ist unzutreffend. Weder Abs. 1 noch Abs. 2 beziehen sich auf die Reihenfolge der Annahme (A. M. C.A. Z., XV 293). Vgl. noch Teubner V. Z. 1907, S. 263. v. Buschmann Öst. E. V, Bl. 1907, Nr. 71, 72).

Der Grundsatz, daß die Priorität über die Zeit der Beförderung entscheidet, erleidet nur insoweit Ausnahmen, als besondere, vom Gesetze bezeichnete Gründe sachlich (nicht persönlich) eine Bevorzugung bedingen.

1. Die erste Ausnahme sind „zwingende Gründe des Eisenbahnbetriebes". Damit sind solche zwingende Gründe gemeint, die nach den Einrichtungen, dem Bau, den Anschlußverhältnissen mit Notwendigkeit eine Abweichung von der Beförderung nach Maßgabe der Reihenfolge der Annahme bedingen, also nicht bloß in unwesentlichen Unbequemlichkeiten bei der Abfertigung usw. bestehen. Derartige „zwingende" Gründe sind z. B. die Einrichtung besonderer Güterzüge für bestimmte Güterarten (Kohlen, Kalk, Pulver, Getreide usw.), die Eilgut-, die Stückgut-, die direkte usw. Beförderung, unverzügliche Übergabe der mit direktem Frachtbrief anlangenden Sendungen an die Anschlußbahn vor der Ablieferung der auf der Übergangsstation ankommenden Lokalgüter (Z. XIII 172, E. XXII 39), überhaupt alle Einrichtungen, welche bezwecken, Güter verschiedener Art, welche verschiedene Transportmittel (gedeckte, offene, Kalk-, Vieh-, Kohlen-, Langholz- usw. Wagen) erfordern, nach Maßgabe des regelmäßigen Gebrauchs der letzteren zu befördern, so daß danach ein später aufgegebenes Gut ohne jede parteiische Begünstigung schneller zur Beförderung gelangt, als ein früher aufgegebenes.

Nur müssen die bezüglichen Einrichtungen allgemeine, unter gleichen Voraussetzungen allen Absendern zugängliche, nicht auf das spezielle Bedürfnis eines oder einiger Absender gemünzte sein. Soweit also für einzelne Güterarten bestimmte Güterzüge eingerichtet oder im Fahrplan über die einzelnen Güterzüge ein für allemal bestimmte Dispositionen getroffen sind, liegt in der Abfertigung der bezüglichen Güter zu diesen Zügen keine Bevorzugung oder Benachteiligung in der Reihenfolge. Hierher wird auch der Fall zu rechnen sein, daß Bahnen, welche Bergwerke und Fabriken berühren, vertragsmäßig für die Abfuhr der Produkte oder Fabrikate derselben in periodischen Zwischenräumen Transportmittel stellen. Desgleichen erscheint es nicht als Begünstigung eines Absenders, wenn eine kleinere Quantität oder in kleinere Kolli verpackte Güter vor anderen versandt werden, weil für jene, nicht aber für diese die Möglichkeit der Unterbringung in den Wagen neben früher aufgelieferten Gütern vorlag.

2. Die zweite Ausnahme beruht im „öffentlichen Interesse" — im Gegensatze zum Privatinteresse, und zwar im weitesten Sinne, also vornehmlich im Interesse der Landesverteidigung während der Mobilmachung und des Krieges, nicht aber in Friedenszeiten im Interesse gewöhnlicher Militärtransporte, ferner im Interesse des Gemeinwohls bei Hungers-, Wassers- oder Feuersnot, bei Aufständen usw.

Nicht jedes öffentliche Interesse kann jedoch eine Transportbevorzugung in Anspruch nehmen, denn anderenfalls würden überhaupt alle Staats- usw. Transporte den Privattransporten vorangehen müssen, was nicht in der ratio legis liegt; es muß vielmehr ein derartig zwingendes öffentliches Interesse vorhanden sein, daß die Bevorzugung dadurch geboten und gerechtfertigt erscheint.

Die Postsendungen sind deshalb nicht hierher zu rechnen, weil in sämtlichen Vertragsstaaten der Postverwaltung ein besonderer gesetzlicher Anspruch auf Beförderung in allen regelmäßigen Zügen verblieben ist, ebensowenig Betriebs- und Dienstgüter der Eisenbahnen.

30) **„Jede Zuwiderhandlung gegen die Bestimmungen dieses Artikels begründet den Anspruch auf Ersatz des dadurch entstandenen Schadens."**

Abs. 4 des Art. 5 gewährt den durch Zuwiderhandlungen der Eisenbahnverwaltungen gegen die Bestimmungen der vorangehenden Abs. 1—3 eine im zivilrechtlichen Wege verfolgbaren Forderung bzw. einen zivilrechtlichen Schadensersatzanspruch, und swar nach dem Rechte des Ortes, wo die Zuwiderhandlung, Transportverweigerung usw. stattgefunden hat (E. XX 350, XXI 47; Rundnagel 39 Anm. 8). So macht z. B. die ungerechtfertigte Verweigerung oder Verzögerung der Stellung der vom Absender verlangten Wagen die Bahn nach Art. 5 ersatzpflichtig (Centralamt Z. I 393. Appellhof Mailand Z. II 64, E. X 246, XXIII 368), ebenso wenn die Annahme von unzulässigen Bedingungen abhängig gemacht wird, z. B. daß in den Frachtbrief eine bestimmte Kartierungsvorschrift eingesetzt oder eine zulässige Routenvorschrift abgeändert werde (E. XXII 262, XXIII 257.

Es würde jedoch die Annahme unzutreffend sein, daß hiernach, je nachdem der Frachtvertrag bereits abgeschlossen ist oder nicht, die Kontraktsklage oder die actio legis Acquiliae in Anwendung komme. Denn es handelt sich hier überhaupt nicht um eine Vertragsverletzung, sondern um die Verletzung der den Eisenbahnen durch Art. 5 besonders auferlegten gesetzlichen Pflichten, obligationes ex lege, und der daraus gegebenen gesetzlichen Schadensklage. Die Zuwiderhandlungen brauchen daher auch nicht auf Vorsatz oder culpa lata zu beruhen, zur Begründung des Schadensanspruchs ist vielmehr nur der Nachweis erforderlich, daß eine Zuwiderhandlung gegen Art. 5 faktisch stattgefunden hat (Rosenthal 48.)

Alle derartigen Zuwiderhandlungen begründen „den Anspruch auf Ersatz des dadurch entstandenen Schadens". Der Anspruch ist unbeschränkt für allen dadurch entstandenen Schaden gegeben, erstreckt sich also sowohl auf den wirklichen Schaden als auf den entgangenen Gewinn; z. B. bei Ablehnung der Annahme zur Beförderung auf Erstattung des Betrages der inzwischen gestiegenen Preise (E. XXI 47). Die Beschränkungen gemäß Art. 31 sind hier ausgeschlossen, weil es sich nicht um die Erfüllung vertragsmäßiger gesetzlicher Verpflichtungen handelt.

Der Beweis der Zuwiderhandlung gegen Art. 5, ferner der Existenz und der Höhe des Schadens sowie des Kausalnexus zwischen der Zuwiderhandlung und dem Schaden liegt dem Betroffenen ob, der den Schadensanspruch erhebt. Daß die Begründung der Klage Schwierigkeiten bietet, darf nicht dazu führen, die allgemeinen Regeln der Beweislast zu verschieben und den Beweis an Stelle des Klägers der verklagten Eisenbahn aufzuerlegen. Die gegenteilige Ansicht (Gerstner 110) ist unrichtig.

30a) **Die Auflieferung und Verladung der Güter richten sich nach den für die Versandbahn geltenden gesetzlichen und reglementarischen Bestimmungen.**

Bezüglich der Auflieferung und Verladung der Güter müssen nach Zweck und Sinn des Art. 5 sowie der Natur der Sache nach die gesetzlichen und reglementarischen Bestimmungen der Versandbahn ebenso vorbehalten sein, wie bezüglich der Ablieferung gemäß Art. 19 das Landesrecht der Empfangsbahn gilt (s. Anm. 121). In diesem Sinne ist daher auf Antrag der Schweiz in der 2. Rev.-Konf. Art. 5 durch einen dem Art. 19 entsprechenden Absatz (5) ergänzt worden, der dies ausdrücklich ausspricht und die Vorschriften betr. die Aufgabe der Güter mit denen des Art. 19 für die Ablieferung in vollen Einklang bringt (Prot. 16, 130, 154). Für alle in Deutschland zur Auflieferung gelangenden internationalen Transporte sind daher in betreff der Auflieferung und Verladung die Vorschriften der deutschen E.V.O. in Verbindung mit den landesrechtlichen Ausführungsbestimmungen maßgebend (Reindl, Bl. f. R.A. Jahrg. 72 S. 509, E. XXV Anl. H. 4, 5.)

Artikel 6.[31]

(1) Jede internationale Sendung (Artikel 1) muß von einem Frachtbrief begleitet sein, welcher folgende Angaben enthält:[32])

a) **Ort und Tag der Ausstellung;**[33])

b) **die Bezeichnung der Versandstation sowie der Versandbahn;**[34])

c) **die Bezeichnung der Bestimmungsstation, den Namen und den Wohnort des Empfängers sowie die etwaige Angabe, daß das Gut bahnlagernd zu stellen ist;**[35])

d) **die Bezeichnung der Sendung nach ihrem Inhalt, die Angabe des Gewichtes oder statt dessen eine den besonderen Vorschriften der Versandbahn entsprechende Angabe; ferner bei Stückgut die Anzahl, Art der Verpackung, Zeichen und Nummer der Frachtstücke;**[36])

e) **das Verlangen des Absenders, Spezialtarife unter den in den Artikeln 14 und 35 für zulässig erklärten Bedingungen zur Anwendung zu bringen;**[37])

f) **die Angabe des deklarierten Interesses an der Lieferung (Artikel 38 und 40);**[38])

g) **die Angabe, ob das Gut in Eilfracht oder in gewöhnlicher Fracht zu befördern sei;**[39])

h) **das genaue Verzeichnis der für die zoll- und steueramtliche Behandlung oder für die polizeiliche Prüfung nötigen Begleitpapiere und den aus Artikel 10 Absatz (4) sich ergebenden Vorbehalt;**[40])

i) **den Frankaturvermerk im Falle der Vorausbezahlung der Fracht** oder der Hinterlegung eines Frankaturvorschusses [Artikel 12 Absatz (3)];[41])

k) die auf dem Gute haftenden Nachnahmen, und zwar sowohl die erst nach Eingang auszuzahlenden, als auch die von der Eisenbahn geleisteten Barvorschüsse (Artikel 13);[42])

l) die Angabe des einzuhaltenden Transportweges, unter Bezeichnung der Stationen, wo die Zollabfertigung, sowie eine etwa nötige polizeiliche Prüfung stattfinden soll.[43])

In Ermangelung dieser Angabe hat die Eisenbahn denjenigen Weg zu wählen, welcher ihr für den Absender am zweckmäßigsten erscheint. Für die Folgen dieser Wahl haftet die Eisenbahn nur, wenn ihr dabei ein grobes Verschulden zur Last fällt.[44])

Wenn der Absender den Transportweg angegeben hat, ist die Eisenbahn nur unter den nachstehenden Bedingungen berechtigt, für die Beförderung der Sendung einen anderen Weg zu benutzen:

1. daß die zoll- oder steueramtliche Abfertigung sowie eine etwa nötige polizeiliche Prüfung immer in den vom Absender bezeichneten Stationen stattfindet;
2. daß keine höhere Fracht gefordert wird als diejenige, welche hätte bezahlt werden müssen, wenn die Eisenbahn den im Frachtbrief bezeichneten Weg benutzt hätte;
3. daß die Lieferfrist der Ware nicht länger ist, als sie gewesen wäre, wenn die Sendung auf dem im Frachtbriefe bezeichneten Weg befördert worden wäre.[45])

Hat die Versandstation einen anderen Transportweg gewählt, so hat sie davon dem Absender Nachricht zu geben;[45a])

m) die Unterschrift des Absenders mit seinem Namen oder seiner Firma sowie die Angabe seiner Wohnung. Die Unterschrift kann durch eine gedruckte oder gestempelte Zeichnung des Absenders ersetzt werden, wenn die Gesetze oder Reglemente des Versandortes es gestatten.[46])

(2) Die näheren Festsetzungen über die Ausstellung und den Inhalt des Frachtbriefes, insbesondere das zur Anwendung kommende Formular, bleiben den Ausführungsbestimmungen vorbehalten.[47])

(3) Die Aufnahme weiterer Erklärungen in den Frachtbrief, die Ausstellung anderer Urkunden anstatt des Frachtbriefes sowie die Beifügung anderer Schriftstücke zum Frachtbriefe ist unzulässig, sofern dieselben nicht durch dieses Übereinkommen für statthaft erklärt sind.[48])

(4) Die Eisenbahn kann indes, wenn es die Gesetze oder Reglemente des Versandortes vorschreiben, vom Absender außer dem Frachtbrief die Ausstellung einer Urkunde verlangen, welche dazu bestimmt ist, in den Händen der Verwaltung zu bleiben, um ihr als Beweis über den Frachtvertrag zu dienen.[49])

(5) Jede Eisenbahnverwaltung ist berechtigt, für den internen Dienst ein Stammheft zu erstellen, welches in der Versandstation bleibt und mit derselben Nummer versehen wird wie der Frachtbrief und das Duplikat.[50])

Zusatz I.

Ausführungsbestimmungen zum Internationalen Übereinkommen über den Eisenbahn-Frachtverkehr.

§ 2.

Zu Art. 6 des Übereinkommens.

(1) Zur Ausstellung der internationalen Frachtbriefe sind Formulare nach Maßgabe der Anlage 2 zu verwenden. Dieselben müssen für gewöhnliche Fracht auf weißes Papier, für Eilfracht gleichfalls auf weißes Papier mit einem auf der Vorder- und Rückseite oben und unten am Rande anzubringenden roten Streifen gedruckt sein. Die Frachtbriefe müssen zur Beurkundung ihrer Übereinstimmung mit den diesfallsigen Vorschriften den Kontrollstempel einer Bahn oder eines Bahnkomplexes des Versandlandes tragen. Anlage 2. s. S. 55.

Die roten Streifen auf den Eilgutfrachtbriefen müssen mindestens 1 Zentimeter breit sein. Diese Bestimmung wird indessen erst nach einer Maximalfrist von einem Jahre seit dem Inkrafttreten des abgeänderten Übereinkommens obligatorisch.

(2) Der Frachtbrief — und zwar sowohl der Vordruck als die geschriebene Ausführung — soll entweder in deutscher oder in französischer Sprache ausgestellt werden.

(3) Im Falle, daß die amtliche Geschäftssprache des Landes der Versandstation eine andere ist, kann der Frachtbrief in dieser amtlichen Geschäftssprache ausgestellt werden, muß aber alsdann eine genaue Übersetzung in deutscher oder französischer Sprache enthalten.

(4) Die stark umrahmten Teile des Formulars sind durch die Eisenbahnen, die übrigen durch den Absender auszufüllen. Bei Aufgabe von Gütern, welche der Absender zu verladen hat, sind von diesem auch die Nummer und die Eigentumsmerkmale des Wagens an der vorgeschriebenen Stelle einzutragen.

(5) Bei Sendungen nach Orten mit Bahnhöfen verschiedener Bahnverwaltungen oder nach Orten, deren Namensbezeichnung derjenigen anderer Orte gleich oder ähnlich lautet, ist auch die Bezeichnung der Empfangsbahn an der hierfür vorgesehenen Stelle der Frachtbriefspalte einzutragen.

(6) Mehrere Gegenstände dürfen nur dann in einen und denselben Frachtbrief aufgenommen werden, wenn das Zusammenladen derselben nach ihrer Beschaffenheit ohne Nachteil erfolgen kann und Zoll-, Steuer- oder Polizeivorschriften nicht entgegenstehen.

(7) Den nach den Bestimmungen der geltenden Reglemente vom Absender beziehungsweise Empfänger auf- und abzuladenden Gütern sind besondere, andere Gegenstände nicht umfassende Frachtbriefe beizugeben.

(8) Auch kann die Versandstation verlangen, daß für jeden Wagen ein besonderer Frachtbrief beigegeben wird.

(9) Es ist — jedoch ohne jede Verbindlichkeit und Verantwortlichkeit für die Eisenbahn — gestattet, auf dem Frachtbriefe folgende nachrichtliche Vermerke anzubringen:

„von Sendung des N. N."
„im Auftrage des N. N."
„zur Verfügung des N. N."
„zur Weiterbeförderung an N. N."
„versichert bei N. N."

(10) Diese Vermerke können sich nur auf die ganze Sendung beziehen und müssen auf dem unteren Teile der Rückseite des Frachtbriefes eingetragen werden.

Zusatz II.

Betriebsreglement des Vereins Deutscher Eisenbahnverwaltungen.

§ 44.

Inhalt des Frachtbriefes.

(Text übereinstimmend mit vorstehendem Art. 6) und:

Zusatzbestimmungen.

1. Die Bezeichnung der Versandstation erfolgt seitens dieser durch Aufdrückung des Datumstempels der Versandexpedition.

2. Als Bestimmungsstation darf nur jene Station angegeben werden, in welcher der Eisenbahntransport enden soll (s. V.-Z. Ziffer 19.)

3. Die etwaige Angabe, dafs das Gut bahnlagernd zu stellen ist, hat in der Weise zu erfolgen, dafs in dem für die Adresse bestimmten Raume des Frachtbriefes das Wort „bahnlagernd (en gare)" in auffälliger Schrift gesetzt wird (s. V.-Z., Ziffer 20).

*4. Als Absender oder Empfänger darf im Frachtbriefe nur **eine** Person oder Firma bezeichnet werden.*

5. Frachtbriefe, welche an die Güterabfertigungsstelle (Güterexpedition, Stationsvorstand u. dgl.) adressiert sind, können zurückgewiesen werden, zofern nicht im Tarife anderes ausdrücklich bestimmt ist. Sogenannte offene Adressen, wie z. B.: „an Ordre" oder „an den Vorzeiger des Frachtbriefdublikates", sind unzulässig.

6. Die Bezeichnung des Inhalts der Sendung im Frachtbriefe hat in nachstehender Weise gu erfolgen:

Anlage 1. *a) Die in der Anlage 1 aufgeführten Gegenstände sind unter den daselbst gebrauchten Bezeichnungen in den Frachtbrief aufzunehmen.*

b) Die in der Güterklassifikation und in den Tarifen auf-

gezählten Artikel sind mit den daselbst gebrauchten Benennungen zu bezeichnen.

c) *Die unter a) und b) nicht aufgeführten Güter sind tunlichst mit ihren handelsgebräuchlichen Benennungen zu bezeichnen.*

7. Sofern der auf dem Frachtbriefformular für die Beschreibung der Güter vorgesehene Raum sich als unzureichend erweist, sind dem Frachtbriefe besondere, die Beschreibung enthaltende und vom Absender zu unterzeichnende Blätter im Formate des Frachtbriefes fest anzuheften, auf welche in diesem besonders hinzuweisen ist. In den erwähnten Fällen ist in den vorgedruckten Spalten des Frachtbriefes das Gesamtgewicht der Sendung sowie eventuell auch das der Frachtberechnung zugrunde zu legende Gewicht und die für die Tarifierung maſsgebende Bezeichnung der Transportgegenstände anzugeben. Den beigegebenen Blättern ist der Datumstempel der Versandexpedition aufzudrücken.

8. Ist die Eintragung einer Deklaration des Interresses an der Lieferung, eines Barvorschusses oder einer Nachnahme nach Eingang nur in Ziffern oder an einer anderen als der hierführ vorgesehenen Stelle des Frachtbriefes erfolgt, so ist die Eisenbahn für die Nichtbeachtung einer solchen Eintragung nicht verantwortlich.

9. Die Angabe, ob das Gut in Eilfracht oder in gewöhnlicher Fracht zu befördern sei, hat ausschlieſslich durch Verwendung des der beabsichtigten Beförderungsart entsprechenden Frachtbriefformulars zu erfolgen und ist demnach kein besonderer Vermerk im Frachtbrief anzusetzen.

10. Die Vorschreibung, daſs ein Gut teils in Eil-, teils in gewöhnlicher Fracht zu befördern sei, ist unzulässig.

11. Der Frankaturvermerk ist in der mit den Worten „Frankaturvermerk des Absenders" überschriebenen Spalte des Frachtbriefes anzubringen und hat zu lauten:

a) *im Fall der Absender die Fracht einschlieſslich des allfälligen Zuschlages für die Deklaration des Interesses an der Lieferung sowie alle Nebenkosten, welche nach Maſsgabe des Reglements und Tarifs auf der Versandstation zur Berechnung kommen, die etwa zu erhebende Nachnahmegebühr (Nachnahmeprovision) inbegriffen, frankieren will:* **„Franko";**

b) *im Fall der Absender die durch die Zollbehörden und die für die Zollbehandlung seitens der Eisenbahnen zur Erhebung kommenden Gebühren und Spesen frankieren will:* **„Franko Zoll";**

c) *im Fall der Absender die unter a) und b) angeführten Kosten frankieren will:* **„Franko einschlieſslich Zoll";**

d) *im Fall der Absender alle irgendwie erwachsenden Gebühren frankieren will:* **„Franko einschlieſslich aller Gebühren".**

12. Die Angabe der Station, in welcher die Zollabfertigung stattfinden soll, hat durch Anführung der Worte „Zur Zollabfertigung in . . . . . . (Name der betreffenden Station)“ in der mit „Erklärung wegen der etwaigen zoll- und steueramtlichen oder polizeilichen Behandlung usw.“ überschriebenen Spalte zu geschehen. Nur in die Zollpapiere eingetragene Bezeichnungen einer Zollabfertigungsstelle verbinden die Eisenbahn nicht (vgl. auch Zusatzbestimmung 6 zu Art. 10).

13. Falls der Absender die Frachtbriefspalten, die von ihm auszufüllen sind, unausgefüllt läſst, so hat er diese Spalten sowohl im Frachtbriefe wie im Frachtbriefduplikate zu durchstreichen.

14. In den Frachtbriefen etwa eingetragene Vorschriften zur Beobachtung bestimmter Vorsichtsmaſsregeln bei der Verladung oder Beförderung, wie z. B. „Tonnen aufrecht stellen“ oder „Gut vor Sonne schützen“, dann solche Vorschreibungen im Frachtbriefe, welche zum Ausladen des Gutes oder zum Abhängen des Wagens in einer vor der im Frachtbriefe angegebenen Bestimmungsstation gelegenen Station oder zur Ausladung des Gutes vor dessen Avisierung oder aber zur Unterlassung der Ausladung auffordern, sowie alle sonstigen Erklärungen, welche nicht ausdrücklich durch die Reglements und Tarife zugelassen werden, sind für die Eisenbahn unverbindlich.

15. Die vom Absender in den Frachtbrief einzutragenden Angaben und Erklärungen können handschriftlich mit Tinte oder in von den Typen des Frachtbriefformulars abweichenden Lettern gedruckt angebracht werden. Für die Frachtbriefangaben und Erklärungen des Absenders kann die Anwendung lateinischer Schriftzeichen verlangt werden (s. V.-Z., Ziff. 23 und 24).

16. Frachtbriefe, die überklebt oder radiert sind, werden nicht angenommen. Sonstige Änderungen in den Angaben des Frachtbriefes sind vom Absender, und zwar wenn es sich um Gewichtsziffern und Stückzahl handelt, unter buchstäblicher Eintragung der neuen Zahlen im Frachtbriefe unterschriftlich anzuerkennen.

17. Kein Frachtbrief darf mehr als die Ladung eines Wagens umfassen, es sei denn, daſs sich derselbe auf eine unteilbare Sendung, wie z. B. Langholz, bezieht, deren Transport mehr als einen Wagen erfordert, oder daſs in den Tarifen besondere Vorschriften bestehen.

18. Die Frachtbriefformulare sind auf allen Stationen zu den in den Tarifen festzusetzenden Preisen käuflich zu haben.

19. Bei Versendung von Gütern nach Orten, welche an einer Eisenbahn nicht gelegen, oder nach Eisenbahnstationen, welche für den Güterverkehr nicht eingerichtet sind, hat der Empfänger den

Wagen		
Nr. (1)	Eigentums-merkmale (1)	Ladegewicht und Ladefläche

Der Frachtkarte	No.			
	Pos.			

(1) Wenn die Wagen vom Absender verladen sind, muß dieser die Wagennummern und die Eigentumsmerkmale hier eintragen.

INTERNATIONALE

FRACHTB

Gewö

An(2) ....

Sie empfangen die nachstehend verzeichneten
den Eisenbahnfrachtverkehr, sowie in den Reglemen
enthaltenen Festsetzungen, welche für diese Sendun

(2) Name und Adresse des Empfängers (Stadt, Station,
ist anzugeben, ob sie auf den Bahnhof oder ins Haus zu liefe

ZEICHEN und NUMMER	AN-ZAHL	ART der Verpackung	INHALT	Wirkliches Brutto-gewicht: Kilogramm	ABGE-RUNDETES zur Berechnung zu ziehendes Gewicht: Kilogramm

Stempel der **Versand**-Station:	**Wiege**-Stempel:	**Stempel** der **Empfangs-Station**:

B. 2a.

BAHNTRANSPORT.

JPLIKAT.

acht.

Versandbahn
Empfangsbahn
Empfangsstation

ıd der in dem internationalen Übereinkommen über der betreffenden Bahnen beziehungsweise Verkehre kommen.

ımmer, Land). Bei Sendungen nach Frankreich oder Italien

ÄRUNG wegen ZOLL- UND STEUER-LICHEN chen Behandlung; Dokumente und sonstigen 1. Bleiverschlüsse. er reglementarisch zulässige lärungen.

ANGABE DER ANZUWENDENDEN TARIFE

und

ROUTENVORSCHRIFT

Betrag der Frankatur

Deklariertes Interesse an der Lieferung

Summe der Nachnahme: Bar-Vorschuß; nach Eingang

In Buchstaben

Betrag.

Spezifikation obiger Nachnahme

Frankaturvermerk des Absenders

, den 19

Unterschrift und Adresse des Absenders:

INTERNATIONALER EISENBAHNFRACHTBRIEF

INTERNATIONA

FR

Gev

KÖNIGL. EISENB. DIREKTION BERLIN
FRACHTBRIEF-STEMPEL

Wagen		
Nr. (1)	Eigentums-merkmale (1)	Ladegewicht und Ladefläche

Der Frachtkarte	No.		
	Pos.		

(1) Wenn die Wagen vom Absender verladen sind, muß dieser die Wagennummern und die Eigentumsmerkmale hier eintragen.

An(2) ....

....

Sie empfangen die nachstehend verzeichn den Eisenbahnfrachtverkehr, sowie in den Regl enthaltenen Festsetzungen, welche für diese Se

(2) Name und Adresse des Empfängers (Stadt, St ist anzugeben, ob sie auf den Bahnhof oder ins Haus zu

ZEICHEN und NUMMER	AN-ZAHL	ART der Verpackung	INHALT	Wirkliches Brutto-gewicht: Kilogramm	AB KUNI zu Berec zu zie Gew Kilog

Stempel der **Versand**-Station:

Wiege-Stempel:

Stempel der **Empfangs**-Sta

DRUCK v. CARL KÜHN & SÖHNE, BERLIN, C.

...NBAHNTRANSPORT.

...RIEF.

...**Fracht.**

Versandbahn
Empfangsbahn
Empfangsstation

...Grund der in dem internationalen Übereinkommen über ...ifen der betreffenden Bahnen beziehungsweise Verkehre ...ung kommen.

...ausnummer, Land). Bei Sendungen nach Frankreich oder Italien

...RKLÄRUNG wegen ...GEN ZOLL- UND STEUER- ...AMTLICHEN ...olizeilichen Behandlung; ... betr. Dokumente und sonstigen ...en inkl. Bleiverschlüsse. ...ich oder reglementarisch zulässige Erklärungen.

ANGABE DER ANZUWENDENDEN TARIFE

und

ROUTENVORSCHRIFT

Betrag der Frankatur

Deklariertes Interesse an der Lieferung

In Buchstaben

Summe der Nachnahme

Bar-Vorschuß

nach Eingang

Betrag.

Spezifikation obiger Nachnahme

Frankaturvermerk des Absenders

. den 19

Unterschrift und Adresse des Absenders:

FRANKIERT	NOTE		FRACHT-SATZ für 100 Kilogr.	ZU ERHEBEN				FRANK
	Nachnahme { Barvorschuß							
	Nachnahme { nach Eingang							
	Provision							
	Fracht bis							
	Frachtzuschlag für Interessedeklaration							
	Fracht bis							
	Frachtzuschlag für Interessedeklaration							
	Übertrag							

NOTE	FRACHT-SATZ für 100 Kilogr.	ZU ERHEBEN				ÜBERGANGS-STEMPEL UND VERMERK über Zuschlagsfristen
Übertrag						
...lag für Interessedeklaration						
...hlag für Interessedeklaration						
...hlag für Interessedeklaration						

FRANKIERT		NOTE	FRACHT-SATZ für 100 Kilogr.	ZU ERHEBEN				FRANK[illegible]
		Nachnahme { Barvorschuß / nach Eingang						
		Provision						
		Fracht bis						
		Frachtzuschlag für Interessedeklaration						
		Fracht bis						
		Frachtzuschlag für Interessedeklaration						
		Übertrag						

NOTE	FRACHT-SATZ für 100 Kilogr.	ZU ERHEBEN		ÜBERGANGS-STEMPEL UND VERMERK über Zuschlagsfristen
Übertrag				
ag für Interessedeklaration				
ag für Interessedeklaration				
ag für Interessedeklaration				

Weitertransport zu besorgen, sofern nicht für diesen von der Eisenbahn Einrichtungen getroffen sind (siehe § 57 V.-Z., Ziffer 4).

20. Eine Bezeichnung der Empfangsbahn, welche in einer anderen als der hierfür oder für die Eintragung der Empfangsstation vorgesehenen Frachtbriefspalte vorgenommen wird, bleibt unbeachtet. Ein Gleiches gilt von einer der Angabe in der letzteren Frachtbriefspalte widersprechenden Bezeichnung der Empfangsbahn.

21. Die laut Anlage 1 nur bedingungsweise zur Beförderung zugelassenen Gegenstände können bahnlagernd nicht gestellt werden.

22. Die Unterschrift im Frachtbriefe kann durch eine gedruckte oder gestempelte Zeichnung des Absenders ersetzt werden.

23. Die vom Absender in den Frachtbrief einzutragenden Angaben und Erklärungen müssen bei Anwendung einer anderen als der deutschen oder französischen Sprache vom Absender in eine dieser Sprachen übersetzt werden.

24. Die Anbringung des Kontrollstempels auf den Frachtbriefen (Ausf.-Best. § 2 Abs. 1) erfolgt bei den nicht für Rechnung der Eisenbahn gedruckten Frachtbriefen gegen eine im Tarife festzusetzende Gebühr und kann verweigert werden, sofern nicht gleichzeitig mindestens 100 Frachtbriefe vorgelegt werden.

(Vgl. Übereinkommen zum Betriebsreglement des Vereins Deutscher Eisenbahnverwaltungen: Art. 7: Unrichtige Abfertigung. Art. 17: Verschleppung von Gütern und Reisegepäck.

Vgl. Gemeinsame Abfertigungsvorschriften: § 30: Prüfung und Abfertigung der Frachtbriefe.

Zusatz III.

Anlage 2

(zu § 2 der Ausführungsbestimmungen).

Formular des internationalen Eisenbahn-Frachtbriefes und Frachtbriefduplikats.

(Als Anlage beigeheftet.)

31) Prinzip und Entstehungsgeschichte des Art. 6.

In Anschlusse an Art. 1, welcher die Beförderung der internationalen Transporte auf Grund eines durchgehenden Frachtbriefes vorschreibt, bestimmt Art. 6 einheitlich Inhalt, Form und Ausstellung dieses Frachtbriefes (Muschweck, Frachtbriefe Sp.- u. Sch.-Ztg. X Nr. 1, 6—11).

Die Ausführungsbestimmungen (§ 2) zum Art. 6 des Übereinkommens enthalten die näheren Festsetzungen über die Ausstellung und den Inhalt des internationalen Frachtbriefes, insbesondere über die — obligatorisch — zur Anwendung kommenden Formulare für gewöhnliche Fracht und für Eilfracht.

Schon im Schweizer Entwurf ist die Notwendigkeit einer einheitlichen Form und einheitlicher Vorschriften über den Inhalt des internationalen Eisenbahn-Frachtbriefes zum Ausdruck gelangt.

Der Schweizer Entwurf (Art. 2) lehnte sich hierbei an die Bestimmungen des Schweizer Gesetzes vom 20. März 1875 (Art. 8 und 9).

Indes gab die Unvollständigkeit derselben zu mehrfachen Bemängelungen Anlaß (Eger, Die Einführung eines internationalen Eisenbahn-Frachtrechts 1877 S. 62, 63). Der Deutsche Entwurf (1878) folgte zwar im allgemeinen dem schweizerischen Vorschlage, enthielt aber im Anschluß an die bezüglichen Vorschriften des deutschen Handelsgesetzbuches (Art. 392) und des deutschen, österreichisch-ungarischen und Vereins-Betriebsreglements (§§ 50, 51, 56) zahlreiche Ergänzungen und Abänderungen. Auch wurde ein entsprechendes einheitliches Frachtbriefformular vorgeschlagen.

Den Beratungen wurde der deutsche Entwurf zugrunde gelegt und mit mehrfachen Abänderungen, welche vornehmlich die lit. i (Frankaturvermerk), l (Angabe des Transportweges) und m (Unterschrift des Absenders) betrafen, nach Maßgabe des in das Übereinkommen vom 14. Oktober 1890 übergegangenen Tenors des Art. 6 angenommen.

Auch in den Pariser Rev.-Konf. von 1896 (Prot. v. 24., 26. u. 28. März 1896) und von 1905 (Prot. v. 12., 14. u. 18. Juli 1905) erfuhren sowohl Art. 6 selbst wie § 2 der Ausführungsbestimmungen und das Frachtbriefformular und Duplikat eine Reihe von Änderungen, welche in den folgenden Anmerkungen im einzelnen hervorgehoben und erläutert sind.

32) **„Jede internationale Sendung (Art. 1) muß von einem Frachtbriefe begleitet sein, welcher folgende Angaben enthält:“**

Die im Alin. 1 des Art. 6 enthaltenen Eingangsworte: „Jede internationale Sendung (Art. 1) muß von einem Frachtbriefe begleitet sein“, machen die Beigabe eines Frachtbriefes zu jeder internationalen Sendung obligatorisch und weisen durch die Bezugnahme auf Art. 1 zugleich ausdrücklich darauf hin, daß damit der durchgehende Frachtbrief gemeint sei, auf Grund dessen nach Art. 1 internationale Sendungen zu befördern sind (Anm. 5 S. 11 ff.).

Das Wort „muß“, schreibt die Beigabe eines Frachtbriefes — und zwar in der durch § 2 Alin. 1 der Ausführungsbestimmungen (Anlage 2) vorgeschriebenen Form — als derartig bindend vor, daß die Eisenbahn die Beigabe zu verlangen berechtigt und verpflichtet ist und eine Sendung ohne Frachtbrief wie auch eine Sendung mit einem jener Form nicht entsprechenden Frachtbrief zurückzuweisen hat. Reglementarische und tarifarische Bestimmungen in internationalen Verbänden, welche eine andere Form vorschreiben, sind unstatthaft (Z. I 201). Erst durch den internationalen Frachtbrief werden Rechte und Pflichten aus dem internationalen Eisenbahnfrachtrecht begründet (Gasca III 68). Wird dennoch eine Sendung ohne Frachtbrief oder mit einem vorschriftswidrigen Frachtbrief angenommen, so findet das internationale Übereinkommen auf eine solche Sendung keine Anwendung, sondern das allgemeine Landesrecht (arg. Art. 1 und 4 des Übereinkommens). (Z. VII 522, E. XVI 162.) (Vgl. hierzu **C.A.** Z. XIV 89.)

Der weitere Zusatz „welcher folgende Angaben enthält“ hat der Natur der Sache nach einen gleich obligatorischen Charakter nicht. Diese Worte haben eine nur instruktive Natur; sie führen den gewöhnlichen und wesentlichen Inhalt des internationalen Frachtbriefes an, welchen der Absender diesem zu geben hat. Nur insoweit, als sie zugleich zur Ergänzung der Vorschrift dienen, daß die Eisenbahn die Beigabe eines Frachtbriefes zu verlangen hat und mithin zu verlangen berechtigt ist, haben sie in gewissen Sinne auch dispositiven Charakter, indem Abs. 1 des Art. 6 diejenigen Bestandteile aufführt, welche der internationale Frachtbrief, soweit ihn der Absender auszufüllen hat, seinem Zwecke und seinem Wesen nach gewöhnlich enthält, und deren Angabe daher die Eisenbahn zu verlangen befugt ist. Die Angaben auf dem Frachtbriefe können geschrieben, lithographiert, gedruckt, gestempelt, überhaupt in jeder beliebigen, wenn nur deutlich erkennbaren Form angebracht sein; sie können ferner die im Geschäftsverkehre gebräuchlichen und bekannten Abkürzungen haben. Eine Ausnahme bildet nur die Unterschrift des Absenders, für welche die Vorschrift litt. m gilt. Die tarifarische usw. Anordnung einer bestimmten Schrift (z. B. Steilschrift oder mit roter Tinte usw.) ist hiernach als im Widerspruch mit dem internationalen Übereinkommen (Art. 4) ungültig (E. X 96).

Zu beachten aber ist, daß die Vorschriften des Art. 6 nur diejenigen Angaben aufführen, mit welchen der Absender den Frachtbrief zu versehen hat. Diejenigen Angaben, welche die Eisenbahnverwaltung beizufügen hat und im Formulare des internationalen Frachtbrriefes in die stark umrahmten Stellen (s. § 2 Abs. 4 der Ausf.-Best.) zu setzen sind (E. XX 18), sind im Art. 6 nicht angeführt, mithin enthält Art. 6 den vollständigen Inhalt eines Frachtbriefes nicht.

Abgesehen hiervon ist aber der im Art. 6 angegebene Inhalt keineswegs derartig bindend, daß etwa ein Frachtbrief, der mehr oder weniger enthält, seine Eigenschaft als Beweisurkunde (Art. 8 Abs. 3) oder die ihm sonst im Übereinkommen (z. B. Art. 7, 8, 15—17, 27 usw.) beigelegten Rechtswirkungen verliert; denn für die Nichtbefolgung der Vorschriften des Art. 6 ist ein Nachteil nicht angedroht. Vielmehr ist in letzterem Falle lediglich dem richterlichen Ermessen die Beurteilung anheimgestellt, ob und inwiefern ein derartiges Schriftstück, wenn es der vorgeschriebenen Form entspricht, bezüglich seines Inhalts als internationaler Frachtbrief und als beweiskräftige Urkunde anzusehen ist.

Die Worte „welche folgende Angaben enthält" bedeuten also nur, daß die Eisenbahn die nach Lage des konkreten Falles erforderlichen, im Art. 6 Alin. 1 aufgeführten Angaben verlangen und einen hiernach nicht vollständigen Frachtbrief zurückweisen darf. Aber sie braucht es nicht. Die Folgen unvollständiger, unrichtiger oder ungenauer Angaben fallen dem Absender zur Last (Z. VIII 30). Wird ein solcher Frachtbrief aber angenommen, so verliert er nicht seinen Charakter als Frachtbrief und Beweisurkunde, sondern er ist nur in letzterer Hinsicht beschränkt. Nur ein mit sämtlichen Angaben des Art. 6 versehener Frachtbrief besitzt die Eigenschaften eines vollständigen Frachtbriefes im Sinne des Übereinkommens und macht vollen Beweis über den Frachtvertrag.

Anderseits ist aber auch zu beachten, daß — abgesehen von den im Art. 6 des Übereinkommens und in den Ausführungsbestimmungen zu Art. 6 vorgesehenen Angaben — die Aufnahme weiterer Erklärungen in den Frachtbrief, die Ausstellung anderer Urkunden anstatt des Frachtbriefes sowie die Beifügung anderer Schriftstücke zum Frachtbriefe unzulässig ist, sofern dieselben nicht durch das Übereinkommen bzw. dessen Ausführungsbestimmungen für statthaft erklärt sind. Ein Mehr darf also weder von der Eisenbahnverwaltung zugelassen noch vom Absender beigefügt werden. (Vgl. Art. 6 Abs. 3 Anm. 48, 115.) Nachträgliche Berichtigungen des Frachtbriefes sind als nachträgliche Verfügungen im Sinne des Art. 15 anzusehen und müssen daher den Voraussetzungen dieses Artikels entsprechen, erfordern daher seitens des Absenders die Vorweisung des Frachtbriefduplikats. (Z. VII 316).

33) „a) **Ort und Tag der Ausstellung;**"

Es ist der Ort und Tag gemeint, wo der Absender oder für ihn ein Dritter den Frachtbrief ausstellt. Beides wird häufig mit dem Orte und Tage der Aufgabe des Gutes zum Transport identisch sein, kann aber auch damit erheblich auseinanderfallen, z. B. wenn der Vertrag an einem anderen Orte bzw. zu einer anderen Zeit abgeschlossen und der Frachtbrief darüber ausgestellt wird, als am Orte und zur Zeit der Aufgabe. In solchen Fällen kann die Bezeichnung des Ortes und Datums der Ausstellung auf dem Frachtbriefe nicht als Beweis für Ort und Datum des Vertragsabschlusses bzw. für den Beginn der Haftpflicht dienen. Dafür ist vielmehr der Moment der Abstempelung (Art. 8 Abs. 1) anzusehen. Ort und Zeit der Ausstellung auf dem Frachtbriefe bildet alsdann nur den Beweis über den Zeitpunkt der Offerte des Absenders. Zu beachten sind die Differenzen des russischen Kalenders (alten Stils).

34) „b) **Die Bezeichnung der Versandstation sowie der Versandbahn;**"

Die bloße Bezeichnung der Versandstation genügt nicht, weil zahlreiche Orte Stationen mehrerer Eisenbahnverwaltungen sind. Es ist nur die Bezeichnung der Versandbahn und Versandstation, nicht die Unterschrift ihrer Vertreter erforderlich (s. dagegen lit. m: Unterschrift des Absenders.) Zur Sicherung des Absenders dient der von der Eisenbahn vollzogene Duplikatfrachtbrief, zu dessen Ausstellung dieselbe nach Art. 8 Abs. 5 (s. Anm. 61) verpflichtet ist (s. auch Art. 15 Abs 2, Art. 18 Abs. 4, Art. 26 Abs. 2).

Die Bezeichnung hat nicht eisenbahnseitig zu geschehen, sondern ist Sache des Absenders, der nach Art. 6 und 8 überhaupt die Pflicht zur Ausstellung, d. h. vollständigen Ausfüllung des Frachtbriefes hat. Über die Form der Bezeichnung s. Anm. 32. Als Bezeichnung der Versandstation kann nicht der Datumstempel dieser Station gelten, welchen sie gemäß Art. 8 Abs. 1 zum Zeichen der Annahme dem Frachtbriefe aufdrückt. Denn die Pflicht hierzu liegt der Versandstation nach Auflieferung des Gutes nebst Frachtbrief ob, während die Bezeichnung der Versandstation und Versandbahn Sache des Absenders ist.

35) „c) **die Bezeichnung der Bestimmungsstation, den Namen und den Wohnort des Empfängers, sowie die etwaige Angabe, daß das Gut bahnlagernd zu stellen ist;**"

Die „Bestimmungsstation", auch Empfangsstation genannt,

ist diejenige Station der Empfangsbahn, nach welcher das Gut auf Grund des Frachtvertrages transportiert werden soll. Diese ist nicht immer identisch mit dem Ablieferungsorte, d. h. dem Orte, an welchem das Gut an den Empfänger abzuliefern ist, z. B. nicht, wenn, wie bei Sendungen Bahnhof restante, keine Ablieferung, sondern Weitersendung eintritt oder das Gut nur bis zu einem an der Bahn gelegenen Orte, nicht zu dem seitwärts belegenen Wohnorte des Empfängers geschafft werden soll (vgl. Art. 19). Für den Schaden aus ungenauer oder mangelhafter Bestimmungsstation haftet die Eisenbahn nicht (s. Art. 30 und E. XX 160). Das internationale Frachtbriefformular enthält (rechts oben) zwei besonders markierte Stellen zur Angabe nicht nur der Empfangsstation, sondern auch der Empfangsbahn, obwohl letztere Angabe nach Art. 6 Abs. 1 unter c nicht erforderlich ist. Doch erklärt das Zentralamt die Bahn für berechtigt, vom Absender diese Angabe zu verlangen (Z. I 201, E. X 186). Folgen der unterlassenen Angabe: Z. II 220, VII 232, E. X 379, XIX 10); mündliche Abänderung ist ungültig (E. XXII 126.) Sind die Sendungen nach Orten mit Bahnhöfen verschiedener Bahnverwaltungen oder nach Orten, deren Namensbezeichnung derjenigen anderer Orte gleich oder ähnlich lautet, gerichtet, so muß jedenfalls nach § 2 Abs. 5 Ausf.-Best. (s. S. 51) auch die Bezeichnung der Empfangsbahn an der hierfür vorgesehenen Stelle der Frachtbriefspalte eingetragen werden (2. Rev.-Konf. Prot. S. 87). Nur die an der dafür bestimmten Stelle des Frachtbriefes angegebene Empfangsstation ist für die Ablieferung maßgebend (Z. III 301, IV 268). Nachträgliche Änderung der Bestimmungsstation (Z. VII 316, E. XVI 14). Unrichtige Bezeichnung derselben: E. XIX 10.

„Den Namen und den Wohnort des Empfängers" soll ferner der Frachtbrief angeben (Senckpiehl, Sp.- u. Sch.-Ztg., XIII Nr. 47). Das Übereinkommen bezeichnet den Adressaten, Destinatär usw. als den Empfänger, d. h. denjenigen, der das Gut empfangen, an den es abgeliefert werden soll. Ablieferung an eine andere Person macht die Eisenbahn haftpflichtig (Art. 30 Anm. 159, E. XX 152) — außer wenn der Absender dies gemäß Art. 15 verfügt hat (Anm. 97, E. XX 314, Z. XII 126). Als Empfänger kann auch der Absender bezeichnet, d. h. beide können identisch sein. Der Artikel verlangt nur die Bezeichnung des Namens und Wohnortes (Domizils) des Empfängers, nicht die Unterschrift. Die Bezeichnung kann daher entweder vom Absender oder von jedem Dritten (auch den expedierenden Eisenbahnorganen) in dessen Namen in den Frachtbrief eingetragen sein. Über die Form der Eintragung s. Anm. 32 S. 57ff. Ist der Empfänger eine Firma, so ist dieselbe vollständig nebst dem Geschäftsdomizil anzugeben. Über Folgen unvollständiger Angaben: Z. II 424, E. XI 253, Z. XII 97, E. XX 325, XXIV 337.

S. noch über mehrere im Frachtbriefe bezeichnete Empfänger und über den vom Empfänger Bevollmächtigten: Art. 30 Anm. 159.

Mit Rücksicht auf Art. 6 Abs. 3 des Übereinkommens sind in den Ausführungsbestimmungen § 2 Abs. 8 und 9 mehrere nachrichtliche Vermerke für den Empfänger für zulässig erklärt (hierüber Anm. 47 S. 73).

Die Eisenbahn hat, insoweit nicht Gesetze und Reglements ein anderes vorschreiben, wie in Frankreich und Italien, nach Art und dem Wesen ihres Verkehrs prinzipiell nicht die Pflicht, dem Empfänger das Gut in seine Wohnung zuzuführen, derselbe ist vielmehr gehalten, das Gut von der Bestimmungsstation abzuholen. Als Ort der Ablieferung gilt daher auch nach Art. 16 Abs. 3 an sich die vom Absender bezeichnete Bestimmungsstation.

Die Vorschrift, daß im Frachtbrief die Bezeichnung des Empfängers nach Namen und Wohnort zu bezeichnen sei, hat somit in erster Reihe nicht den Zweck, die Eisenbahn zur Zuführung des Gutes nach dem Wohnort des Empfängers zu verpflichten, sondern der Eisenbahn als Frachtführerin den Adressaten bekanntzugeben, an welchen das Gut abzuliefern ist. Sie wird dadurch in den Stand gesetzt, diesem nach der Ankunft des Gutes auf der Bestimmungsstation hiervon Kenntnis zu geben (ihm das Gut zu „avisieren"), und berechtigt und verpflichtet, sobald er sich zur Empfangnahme meldet, das Gut gegen Bezahlung der im Frachtbriefe ersichtlich gemachten Beträge und gegen Bescheinigung des Empfangs den Frachtbrief und das Gut auszuhändigen (Art. 16 Abs. 1).

Das internationale Frachtbriefformular enthält im Eingange, beginnend mit dem Worte „An", diejenige Stelle, wo der Name und der Wohnort des Empfängers einzutragen sind, und sagt in einer erläuternden Anmerkung: „Name und Adresse des Empfängers (Stadt, Station, Straße und Hausnummer, Land). Bei Sendungen nach Frankreich und Italien ist anzugeben, ob sie auf dem Bahnhof oder ins Haus zu liefern sind." Doch berechtigt die Unterlassung der Angabe von Straße und Hausnummer die Bahnen nicht zur Ablehnung des Transports, sondern macht den Absender nur für die Folgen der ungenügenden und ungenauen Adressierung nach Art. 7 Abs. 1 verantwortlich (Rosenthal 59).

In der Rev.-Konfer. 1905 wurde beschlossen, der lit. c den Zusatz: „sowie die etwaige Angabe, daß das Gut bahnlagernd zu stellen ist", beizufügen. Das Bedürfnis des Handelsstandes nach bahnlagernder Versendung von Gütern erforderte es, dem Absender die Vorschreibung „bahnlagernd" im Frachtbriefe zu ermöglichen (Prot. 55, 130, 156).

36) **„d) die Bezeichnung der Sendung nach ihrem Inhalte, die Angabe des Gewichtes oder statt dessen eine den besonderen Vorschriften der Versandbahn entsprechende Angabe; ferner bei Stückgut die Anzahl, Art der Verpackung, Zeichen und Nummer der Frachtstücke;"**

Während bei Wagenladungsgut die Bezeichnung nach Inhalt und Gewicht bzw. statt des letzteren eine den besonderen Vorschriften der Versandbahn entsprechende Angabe (z. B. nach Raum, Maß usw.) genügt, tritt bei Stückgut noch die Angabe der Anzahl, der Verpackungsart, Zeichen und Nummer der Frachtstücke als erforderlich hinzu (E. XIX 55.) (Senckpiehl, Die Deklaration des Frachtgutes, Sp.- u. Sch.-Ztg. XV Nr. 52.) Die Bezeichnung muß im Frachtbriefe selbst in der dafür bestimmten Rubrik erfolgen. Die Bezeichnung in den Begleitpapieren (lit. h) oder die Bezugnahme auf diese im Frachtbriefe genügt nicht (E. XXII 378).

Was zunächst die Bezeichnung der Sendung nach ihrem Inhalte anlangt, so ist damit die Angabe der Beschaffenheit gemeint. Das Gut muß nach Stoff, Art, Gattung usw., d. h. nach seiner Qualität begrifflich bestimmt sein. Es genügt also nicht, das Gut im Frachtbriefe nur als „Sache", „Gegenstand" zu bezeichnen. Ebensowenig genügt es, nur die Emballage ohne Inhaltsangabe zu nennen, z. B. „eine Kiste", „ein Paket", „ein Faß".

Mangelhafte, absichtlich oder versehentlich unrichtige Angaben des Inhalts befreien die Eisenbahn von der Vertretung für allen daraus erwachsenden Schaden in der Beförderungsart, Behandlung des Gutes usw. und verpflichten anderseits den Absender — abgesehen von der Nachzahlung der etwaigen Frachtdifferenz und dem Ersatze des entstandenen Schadens sowie den durch strafgesetzliche und polizeiliche Bestimmungen vorgesehenen Strafen —, einen Frachtzuschlag an die am Transporte beteiligten Eisenbahnen zu zahlen, dessen Höhe § 3 der Ausf.Best. festsetzt (s. Art. 7 Abs. 4, I.Ü.). Unrichtig ist aber nicht jede der Güterklassifikation nicht entsprechende, sondern nur eine wahrheitswidrige Inhaltsangabe (E. XXI 9). Unrichtige Angaben und Bezeichnungen, welche durch Unklarheit der Tarife verursacht sind, hat die Eisenbahn zu verantworten (E. XXI 15, 78, § 915 D.B.G.B.). Bei Inhaltsangaben des Absenders im Frachtbriefe ist die in Klammern etwa beigesetzte als Erläuterung der übrigen Angaben zu verstehen (E. XXI 136).

Die Inhaltsangabe auf dem Frachtbriefe ist für die Tarifierung maßgebend und verpflichtet den Absender bzw. Empfänger zu der sich danach ergebenden Fracht (E. XXI 352, 376, XXIII 237, 251, 257). Nur die Angabe in der dafür bestimmten Frachtbriefrubrik ist entscheidend (E. XXI 360). Es bedarf nicht der wörtlich genauen Übereinstimmung mit dem Tarife, sondern es genügt eine Bezeichnung, aus der sich die Eisenbahn genau informieren kann (E. XXIII 137), die nach der allgemeinen Verkehrsanschauung nicht als falsch erscheint (E. XXIV 291).

Die Bezeichnung nach dem Gewicht schreibt Angabe der Schwere des Frachtgutes nach dem geltenden Gewichtssystem vor. Als solches ist — wie das internationale Frachtbriefformular erweist — für den internationalen Transportverkehr allgemein das Kilogrammsystem angenommen worden. Trägt die Eisenbahn das vom Absender ohne Gewichtsangabe aufgegebene Gewicht irrtümlich unrichtig ein, so hat sie eventuell nur die Frachtdifferenz zu erstatten, nicht für die Gewichtsdifferenz aufzukommen (Z. XII 172, E. XX 317).

Die Angabe des Gewichts kann bzw. muß ersetzt werden durch eine den besonderen Vorschriften der Versandstation entsprechende Angabe. Wenn also nach den besonderen Vorschriften der Versandstation gewisse Arten von Gütern statt des Gewichts oder neben dem Gewichte nach der Stückzahl, nach dem Längen- oder Raummaß, nach Gebinden usw. zu bezeichnen sind, so sind diese Vorschriften zu beobachten.

Auch hier zieht mangelhafte, absichtlich oder versehentlich unrichtige Deklaration die oben bezeichneten Folgen nach sich (Art. 7 Abs. 4 Übereink.). (E. XIX 44.)

Durch das Zusatzübereinkommen von 1898 ist in das Frachtbriefformular eine von der Annahmeexpedition auszufüllende Rubrik zur Angabe des Ladegewichts oder gegebenenfalls der Ladefläche des Wagens bei Aufgabe von Gütern in vollen Wagenladungen eingeschaltet worden.

Bei Stückgut tritt außerdem noch hinzu: 1. die Angabe der Anzahl der auf einen Frachtbrief verladenen Güter (Kisten, Tonnen usw.); 2. die Angabe der Verpackungsart. Bei Angabe der Verpackungsart ist ein möglichst bezeichnender Ausdruck zu wählen (Faß, Sack, Korb, Kiste, Kasten, Ballen, Ballon), nicht der allgemeine Ausdruck „Kollo"; 3. Die Angabe des Zeichens und der Nummer der Frachtstücke. (Sp.- u. Sch.-Ztg. XII Nr. 27, XV Nr. 26, 28; Muschweck, Signieren der Güter, X Nr. 50, 52.)

Das internationale Frachtbriefformular enthält — entsprechend dem Art. 6 Abs. 1 lit. d — besondere Rubriken für Zeichen und Nummer, Anzahl, Art der Verpackung, Inhalt, Gewicht (und zwar wirkliches Bruttogewicht und abgerundetes, zur Berechnung zu ziehendes Gewicht).

37) **„e) das Verlangen des Absenders, Spezialtarife unter den in den Art. 14 und 35 für zulässig erklärten Bedingungen zur Anwendung zu bringen;"**

Sodann ist bestimmt, daß der Absender seinem Verlangen in betreff der Anwendung von Spezialtarifen im Frachtbrief Ausdruck geben muß. Dies ist aber der Natur der Sache nach nur eine Eventualangabe, d. h. nur für den Fall erforderlich, daß der Absender die Anwendung von Spezialtarifen überhaupt begehrt. Das Frachtbriefformular enthält rechts oben unterhalb des Adreßraums eine besondere Rubrik: „Angabe der anzuwendenden Tarife und Routenvorschrift". In dieser Rubrik ist das bezügliche Verlangen vom Absender auszusprechen. In dieser Rubrik ist der Absender berechtigt, alle anzuwendenden Tarife und Routenvorschriften anzugeben; (E. XII 262) er ist nicht auf die in den Art. 14 und 35 bezeichneten Spezialtarife beschränkt (Z. X 119, E. XXII 246). Die Annahme, daß die Rubrik nur für die Angabe von Spezialtarifen bestimmt sei, ist nach der allgemeinen Fassung der Überschrift unbegründet (Z. IV 268, IV 744, E. XV 30, 68, Schwab 139, Rosenthal 98). Anderseits ist aus dieser Rubrik nicht zu folgern, daß der Absender auch dann die anzuwendenden Tarife angeben müsse, wenn er weder einen Spezialtarif, noch sonst eine Abweichung von den regelmäßigen Tarifen beansprucht (E. XX 59, 128). Spricht der Absender das Verlangen nach der Anwendung von Spezialtarifen im Frachtbriefe in der bezeichneten Rubrik nicht aus, so sind die Normaltarife in Anwendung zu bringen (Art. 11, 12). (Vgl. Anm. 182 und E. XV 255.)

Sache der Eisenbahn ist es nicht, andere als die vom Absender verlangten Spezialtarife bzw. eine andere Verladungsweise zu wählen, wenn dies sich für den Absender vorteilhafter stellen würde (Z. VII 184). Wohl aber hat die Bahn mangels einer Angabe des Absenders den für diesen vorteilhaftesten (billigsten direkten usw.) Tarif in Anwendung zu bringen (s. Anm. 43, 75 und Z. VI 744 VII 25, 322, 396, E. XX 59); darüber entscheiden die internen Vorschriften (Z. III 34.)

38) „f) **die Angabe des deklarierten Interesses an der Lieferung (Art. 38 und 40);“**

Ferner ist erforderlich die Angabe des deklarierten Interesses an der Lieferung — gleichfalls wie bei e eine Eventualangabe für den Fall, daß der Absender das Lieferungsinteresse überhaupt deklarieren will. Der Hinweis auf Art. 38 und 40 deutet an, daß sowohl das deklarierte Interesse im Falle des Verlustes, der Minderung oder der Beschädigung (Art. 38), wie im Falle der Verspätung (Art. 40) gemeint ist. Das Übereinkommen unterscheidet nicht zwischen Wert- und Lieferfrist-Interessendeklaration, kennt vielmehr für beide Fälle nur eine Deklaration; die Deklaration des Interesses an der Lieferung. Diese Deklaration gilt sowohl für die Fälle des Art. 38 wie für die des Art. 40 (s. Schwab 247, 302 und arg. § 9 der Ausführungsbestimmungen; anderenfalls würden über die Lieferfristdeklaration Ausführungsbestimmungen fehlen).

Der § 9 Abs. 1 der Ausführungsbestimmungen zum Art. 38 — welcher demgemäß auch für Art. 40 gilt — setzt fest, daß die Summe, zu welcher das Interesse an der Lieferung deklariert wird, im Frachtbriefe an der dafür vorgesehenen Stelle mit Buchstaben eingetragen werden muß.

39) „g) **die Angabe, ob das Gut in Eilfracht oder in gewöhnlicher Fracht zu befördern sei;“**

Diese Angabe erfolgt nicht ausdrücklich, sondern liegt stillschweigend in der Wahl der Farbe des Frachtbriefes, welche nach § 2 Abs. 1 Satz 2 der Ausführungsbestimmungen für gewöhnliche Fracht weiß, für Eilfracht gleichfalls weiß, jedoch mit einem auf der Vorder- und Rückseite oben und unten am Rande des Frachtbriefes anzubringenden roten Streifen ist (s. S. 51 und Anm. 31 S. 56). Eine andere Unterscheidung als Eilfracht und gewöhnliche Fracht (z. B. Beförderung in Schnellzügen) kennt das I.U. nicht (E. XXII 37).

40) „h) **das genaue Verzeichnis der für die zoll- oder steueramtliche Behandlung oder für die polizeiliche Prüfung nötigen Begleitpapiere und den aus Art. 10 Abs. (4) sich ergebenden Vorbehalt;“**

Diese Bestimmung betrifft gleichfalls nur eine Eventualangabe, d. h. für den Fall, daß die Sendung überhaupt der Begleitpapiere für die zoll- oder steueramtliche Behandlung oder polizeiliche Prüfung bedarf. Es wurde konstatiert, daß unter Polizei alle Zweige polizeilicher Tätigkeit, also auch die sanitätspolizeiliche zu verstehen seien (Rev.-Konf. 1905 III. Sitzung, Prot. 51, 157). Durch die Revisionskonferenz 1905 wurde noch „der aus Art. 10 Abs. 4 sich ergebende Vorbehalt“ beigefügt. Es ist damit die Bezeichnung des Bevollmächtigten gemeint, welchen der Verfügungsberechtigte nach Art. 10 Abs. 4 befugt ist, an der Zollbehandlung zur Erteilung der nötigen Aufklärungen über die Tarifierung des Gutes usw. teilnehmen zu lassen (Prot. 105, 130). Dies ist schon im Interesse der Vollständigkeit erwünscht.

Lit. h hängt mit der im Art. 10 Abs. 1 ausgesprochenen Verpflichtung des Absenders zusammen (s. Anm. 69). Mit Rücksicht hierauf ist ein genaues Verzeichnis der bezüglichen Begleitpapiere aus dem zwiefachen Grunde erforderlich, 1. damit die Eisenbahn — soweit sie hierzu imstande und obwohl ihr nach Art. 10 Abs. 2 ein Prüfungsrecht nicht obliegt — übersehen kann, ob die Papiere nach ihrem Ermessen vollständig sind, und 2. damit im Streitfalle festzustellen ist, welche Papiere der Absender dem Frachtbriefe beigefügt hat, mithin der Behauptung begegnet werden kann, es seien mehr oder weniger Papiere beigefügt gewesen.

Das internationale Frachtbriefformular enthält dementsprechend neben der Rubrik für die Gewichtsangabe eine besondere Rubrik: Erklärung wegen der etwaigen zoll- und steueramtlichen oder polizeilichen Behandlung; Bezeichnung der betreffenden Dokumente und sonstigen Beilagen inklusive Bleiverschlüsse. Über die Formen der Bezeichnung s. Anm. 32 S. 57.

Die Vorschrift unter h schließt stillschweigend das Präjudiz in sich, daß die Eisenbahn für Begleitpapiere nicht zu haften hat, welche im Frachtbriefe nicht verzeichnet sind (Z. I 303). Ferner ist aus jener Vorschrift ersichtlich, daß die Begleitpapiere der Eisenbahn mit dem Frachtbriefe offen (nicht verschlossen) übergeben werden müssen. Denn die Bahn hat als die nach den meisten Zollgesetzen zunächst verantwortliche, wenn auch nicht die Pflicht (Art. 10 Abs. 2), so doch das Recht, die Begleitpapiere bei der Übergabe zu prüfen. Die Bezeichnung der Zoll- usw. Papiere im Frachtbriefe muß eine so genaue sein, daß die Idendität derselben unzweifelhaft ist. Über die Frage der Befestigung der Beilagen mit dem Frachtbriefe und der Haftung für mangelhafte Befestigung: Z. III 502. Für die ihr übergebenen Begleitpapiere ist die Eisenbahn verantwortlich (Z. I 303, E. X 192) Art. 10 Anm, 68 und 69.

41) **„i) den Frankaturvermerk im Falle der Vorausbezahlung der Fracht oder der Hinterlegung eines Frankaturvorschusses (Art. 12 Abs. 3);“**

Die Notwendigkeit dieses Erfordernisses — einer Eventualangabe „im Falle der Vorausbezahlung der Fracht“ — ergibt sich aus den Bestimmungen der Art. 16 und Art. 12, auf dessen Absatz 3 auch in Parenthese besonders hingewiesen ist. Wenn im Falle der Frankierung der Betrag der Gesamtfracht beim Versand nicht genau bestimmt werden kann, so kann die Versandbahn die Hinterlegung des ungefähren Frachtbetrages, d. h. einen Frankaturvorschuß fordern (Art. 12 Abs. 3). Sowohl zur Orientierung der Eisenbahn über die Art der Frachtzahlung (ob frankiert oder unfrankiert) sowie zur Information des Empfängers ist hiernach die Angabe des Frankaturvermerks erforderlich, für welche das internationale Frachtbriefformular auf der rechten Seite unten (über dem Datum, der Unterschrift und Adresse des Absenders) eine besondere Rubrik: „Frankaturvermerk des Absenders“ enthält. Über die Form des Vermerks s. Anm. 32.

Die Fracht, mithin auch die Frankofracht wird in der Note auf der Rückseite des Frachtbriefes spezifiziert. Damit dies auch auf dem Frachtbriefduplikate geschehen könne, hat die Rückseite des Duplikats den gleichen Vordruck wie die des Frachtbriefes und ist ferner im § 5 der Ausführungsbestimmungen zum Art. 12 bestimmt, daß die Versandstation im Frachtbriefduplikat die frankierten Gebühren, welche von ihr in den Frachtbrief eingetragen wurden, zu spezifizieren hat (s. Art. 12).

42) **„k) die auf dem Gute haftenden Nachnahmen, und zwar sowohl die erst nach Eingang auszuzahlenden, als auch die von der Eisenbahn geleisteten Barvorschüsse (Art. 13);“**

Aus der Pflicht der Eisenbahn zur Einkassierung der Nachnahmen — Nachnahmen vor Eingang (Barvorschüsse) und Nachnahmen nach Eingang — (Art. 13 Abs. 3 und 4) und aus der Zahlungspflicht des Empfängers, welche sich nur auf die im Frachtbriefe ersichtlich gemachten Beträge erstreckt (Art. 16 Abs. 1), ergibt sich das Erfordernis der Angabe der auf dem Frachtgute haftenden Nachnahmen im Frachtbriefe. Auch diese Angabe ist nur eine Eventualangabe, d. h. nur „im Falle der Auflegung von Nachnahmen“ erforderlich.

Beide Arten von Nachnahmen sind im Frachtbriefe zu verzeichnen, da nach Art. 13 Abs. 4 die Eisenbahn, welche das Gut ohne Einziehung der Nachnahme abliefert, für den Schaden bis zum Betrage der Nachnahme haftet und denselben dem Absender sofort, vorbehaltlich ihres Rückgriffs gegen den Empfänger, zu ersetzen hat (E XVII 40, XXI 140).

Das internationale Frachtbrief-Formular enthält demgemäß auf der rechten Seite unter den Rubriken für den Betrag der Frankatur und für die Deklaration des Lieferungsinteresses noch zwei besondere (schraffierte) Rubriken für Barvorschüsse und für Nachnahmen nach Eingang. Über die Form der Eintragung s. Anm. 32 S. 57. Hat der Absender die Verzeichnung der Nachnahme an der im Frachtbriefe vorgeschriebenen Stelle unterlassen, so haftet die Eisenbahn für die Einziehung nicht (E. XX 18).

43) **„l) die Angabe des einzuhaltenden Transportweges, unter Bezeichnung der Stationen, wo die Zollabfertigung, sowie eine etwa nötige polizeiliche Prüfung stattfinden soll;“**

Die lit. l — deren Eingangssatz vorstehend angegeben ist — zerfällt in vier Sätze. Im ersten Satze ist als Erfordernis des Frachtbriefinhalts die Angabe des Transportweges bezeichnet, jedoch nur fakultativ (Z. VIII 251, 252), indem der zweite Satz eine Direktive für die Eisenbahn enthält, im Falle dem Frachtbriefe die Angabe des Transportweges fehlt (s. Anm. 44), der dritte Satz die Bedingungen festsetzt, unter welchen die Eisenbahn von der erfolgten Angabe des Transportweges (Satz 1) abzugehen berechtigt ist (Anm. 45), und der vierte Satz der Versandstation vorschreibt, wenn sie einen anderen Transportweg gewählt hat, davon dem Absender Nachricht zu geben (s. Anm. 31 S. 55; Calmar, Ö.E.Z. XXVI Nr. 28, 29; E. XX 210 u. E. XXI 195—203, Sp.- u. Sch.-Ztg. IX Nr. 45 u. C.A. Z. XIII 204).

Nach dem ersten Satze der lit. l hat also der Absender das Recht (nicht die Pflicht: arg. Satz 2), 1., den einzuhaltenden Transportweg anzugeben und 2. die Stationen zu bezeichnen, wo die Zollabfertigung, sowie eine etwa nötige polizeiliche Prüfung stattfinden soll. Die bloße Vorschrift „die billigste Route“ ist aber nicht als bestimmte Angabe des Transportweges anzusehen (Z. II 186. VI, 404, E. X 290). Vgl. auch E. XVI 232, 337 u. Z. X 4ff.

Im übrigen enthält der in Rede stehende Satz zwei wichtige Prinzipien, nämlich:

1. das Prinzip, daß der Absender den einzuhaltenden Transportweg vorzuschreiben berechtigt ist (das „Instradierungsrecht"), eine Vorschrift, von welcher die Eisenbahn — bei event. Haftung für den aus der Zuwiderhandlung entstehenden Schaden (E. XXII 262, XXIII 237) — nur unter den im dritten Satze angegebenen drei Bedingungen (Anm. 45) abweichen darf (also insbesondere nicht, wenn die Lieferfrist auf dem von ihr gewählten Wege eine längere ist (E. XIX 153, Z. XII 100, E. XX 119, 330); die Bahn ist nicht berechtigt, die Abänderung einer zulässigen Routenvorschrift vom Absender zu fordern (E. XXII 262). Dem Wortlaute nach bezieht sich dieser Grundsatz nur auf den Fall, wenn eine Wahl zwischen verschiedenen Schienenwegen möglich ist. Indes ist derselbe auch sinngemäß auf den Fall anzuwenden, wenn für einen und denselben Transport mehrere Tarife in Betracht kommen (Deutsches Reichsger. 21. 9. 1898 Z. VI 744, E. XV 256, Rosenthal 98, Hilscher 85, Coermann 112, A. M. Neumann, Allg. Tar.-Anz. 1896 Nr. 9, 10, Lyon-Caen, Journ. de droit internat. privé 1893 S. 466); s. Anm. 37. E. XVI 232, 337 u. Allg. Tar.-Anz. XVIII Nr. 50);

2. das Prinzip, daß unter allen Umständen der Absender die Stationen vorzuschreiben berechtigt (aber nicht verpflichtet: Z. VIII 252, XVI 127) ist, wo die Zollabfertigung sowie eine etwaige nötige polizeiliche Prüfung (unter polizeilicher Prüfung ist jede Art, auch die sanitätspolizeiliche, zu verstehen [s. Anm. 40]) stattfinden soll. Diese Vorschrift gilt unbedingt, selbst wenn die Eisenbahn in Gemäßheit des dritten Satzes der lit. 1 von dem vorgeschriebenen Transportwege abgeht. Auch in diesem Falle muß die Zollabfertigung stets in den vom Absender bezeichneten Stationen stattfinden. Für Zuwiderhandlungen ist die Eisenbahn haftpflichtig. Die durch Namhaftmachung der Unterwegsstationen gegebene Routenvorschrift des Absenders berechtigt die Eisenbahn nicht, die Fracht in gebrochenem Verkehr dieser Stationen zu berechnen, wenn für die Route billigere direkte Tarife bestehen (E. XXII 252).

Das internationale Frachtbrief-Formular enthält rechts oben unter den Rubriken für die Angabe der Empfangsbahn und Empfangsstation eine besondere Rubrik für die Angabe der anzuwendenden Tarife (s. Anm. 37) und die Routenvorschrift. Hier wird die Angabe des Transportwegs bzw. des Tarifs zu erfolgen haben, während die Angabe der Zollabfertigungsstationen entweder gleichfalls an dieser Stelle oder in der Rubrik „Erklärung wegen der etwaigen zoll- und steueramtlichen Behandlung usw." anzubringen ist (Z. I 143, VIII 252). Über die Form der bezüglichen Eintragungen s. Anm. 32 u. E. XVI 232.

44) **„In Ermangelung dieser Angabe hat die Eisenbahn denjenigen Weg zu wählen, welcher ihr für den Absender am zweckmäßigsten scheint. Für die Folgen dieser Wahl haftet die Eisenbahn nur, wenn ihr hierbei ein grobes Verschulden zur Last fällt."**

Der zweite Satz der lit. 1 gibt der Eisenbahn die Direktive für den Fall der Ermangelung einer Angabe des Transportwegs und der Zollabfertigungsstationen im Frachtbriefe und macht sie für grobes Verschulden bei Zuwiderhandlung gegen diese Direktive haftbar.

Wenn die Angabe des Transportweges fehlt, so wählt die Versandexpedition denjenigen Weg, der ihr „für den Absender“, d. h. in dessen Interesse am zweckmäßigsten, d. h. billigsten, kürzesten usw. (Z. III 465, E. XXI 381, XXIV 182, XIV 308, V.Z. 1906 Nr. 88) erscheint Übt der Absender das ihm gewährte Instradierungsrecht nicht aus, so tut es zwar die Eisenbahn für ihn, es kann ihr aber bei dieser nur vertretungsweise vorgenommenen Wahl (negotiorum gestio) nicht zugemutet werden, daß sie unbedingt gerade die für den Absender günstigste (d. h. kürzeste, event. billigste) Route wählt; sie hat hierbei nur die im Verkehre erforderliche Sorgfalt nicht in schwerer Weise außer acht zu lassen, d. h. diejenige Route zu wählen, welche ihr ohne grobes Verschulden nach den zu Gebote stehenden Tarifmaterialien und nach eigenem Ermessen in dessen Interesse am zweckmäßigsten erscheint (E. XXI 185, 381). Auch diese Bestimmung bezieht sich nicht allein auf die Wahl des Weges, sondern sinngemäß auch auf die Wahl der Tarife (Anm. 43). (E. XVII 34, XX 59, XXI 128, 185, 374, 381, XXIV 182.) Aber der zweckmäßigste Weg braucht nicht immer der billigste zu sein (Z. X 4 ff.). Dies ist Tatfrage (E. XXIII S. 352).

Die Worte „für den Absender“ sind erforderlich, weil ohne diese Worte die Bestimmung gemißbraucht werden könnte, um mit anscheinendem Rechte das Gut über die für die betreffende Eisenbahnverwaltung vorteilhafteste Route zu dirigieren, obwohl der Transport dadurch verteuert oder verlangsamt wird (Z. VI 324, 325, 327, 744).

Der Begriff des „groben Verschuldens“ ist im Üereinkommen nicht definiert und in den einzelnen Rechtsgebieten kein ganz einheitlicher (vgl. Z. IV 266). Aber wenn man unter Verschulden im allgemeinen „die Außerachtlassung der im Verkehre erforderlichen Sorgfalt“ zu verstehen hat, so wird das Verschulden dann als ein grobes zu erachten sein, wenn diese Sorgfalt in schwerer Weise verabsäumt worden ist (z. B. Verlust des Frachtbriefes Z. V 223, Nichtbeachtung einer aufgehobenen Zuschlagsfrist [Z. XV 436, E. XXIV 239], einer Frachtermäßigung [Refaktie] auf einem anderen Wege [E. XXII 264, 270 und XXIV 2], jedoch nicht, wenn der abfertigende Beamte aus dem Inhalte des Frachtbriefes dies nicht entnehmen konnte (E. XXIII 135). A. M. XXIII 278).

Schon in der I. Berner Konferenz wurde diese Haftung der Eisenbahn von mehreren Seiten für zu gering gehalten und die Streichung des Wortes „grobes“ erfolglos beantragt (Prot. I 65). In den Pariser Revisionskonferenzen (1896 und 1905) sind die Versuche erneuert worden, die Haftung der Bahn zu erhöhen, doch gleichfalls vergeblich. (Antrag Deutschlands, Prot. v. 24. 3. 1896 und Österreich-Ungarns, Prot. Z. IV 266, 267, VI 609—611 u. v. 14. 7. 1905, Prot. 105 ff.)

Die in einem gerichtlichen Erkenntnis ausgesprochene Annahme, daß die Eisenbahn in Fällen dieser Art aus Art. 12 Abs. 4 des Übereinkommens in Anspruch genommen werden könne, auch wenn ein grobes Verschulden in der Wahl des Transportweges nicht vorliegt (Erk. d. Wien. Bag.-Ger. v. 15. 2. 1896. Z. IV 268), ist unzutreffend; denn hierin liegt weder die unrichtige Anwendung eines Tarifes noch ein Rechnungsfehler bei der Festsetzung der Frachtgelder und Gebühren. Die Voraussetzungen des Art. 12 Abs. 4 sind also nicht gegeben (E. XXI 289.)

Das Zentralamt spricht sich de leg. fer. mit Recht für die Streichung des Wortes „grobes" vor „Verschulden" aus (Z. IV 266). Ebenso Rosenthal 63 Anm. 2; Asser 129. Unrichtig Gerstner 123.

In betreff der Tarife liegt der Eisenbahn nur die Wahl unter den allgemeinen und gewöhnlichen Tarifen ob. Es liegt ihr nicht ob, alle Umstände zu berücksichtigen, welche auf die Frachtberechnung von Einfluß sind, z. B. Refaktien (E. XXIV 2). Die Verpflichtung zwischen der Anwendung von gewöhnlichen und von Spezialtarifen mit Maximalsatz zu wählen und für die Folgen einer solchen Wahl bei grobem Verschulden zu haften, ist ihr nicht auferlegt. (Art. 35 Anm. 182 i. f. Z. II 326, 375.)

45) **„Wenn der Absender den Transportweg angegeben hat, ist die Eisenbahn nur unter den nachstehenden Bedingungen berechtigt, für die Beförderung der Sendung einen anderen Weg zu benutzen:**

1. daß die zoll- oder steueramtliche Abfertigung sowie eine etwa nötige polizeiliche Prüfung immer in den vom Absender bezeichneten Stationen stattfindet;

2. daß keine höhere Fracht gefordert wird als diejenige, welche hätte bezahlt werden müssen, wenn die Eisenbahn den im Frachtbriefe bezeichneten Weg benutzt hätte;

3. daß die Lieferfrist der Ware nicht länger ist, als sie gewesen wäre, wenn die Sendung auf dem im Frachtbriefe bezeichneten Wege befördert worden wäre."

Bereits in der Anm. 43 ist hervorgehoben worden, daß dem Absender durch Art. 6 das Recht der Wahl des Transportweges — das sog. Instradierungsrecht — nicht unbedingt verliehen ist, sondern unter bestimmten im Satze 3 der lit. 1 angegebenen Bedingungen die Eisenbahn berechtigt ist, einen anderen Weg zu wählen bzw. zu benutzen. (Senckpiehl, Die Wahl des Transportweges im internationalen Verkehre Sp-. u. Sch.-Ztg. XIII Nr. 10, S. 106. **C.A.** Z. XIII 204; Calmar E. XXI 195, V. Z 1898, S. 1095; Rosenthal 62; Gasca 75.) Dieses Recht wurde den Eisenbahnen in der Erwägung verliehen, daß es für dieselben — nach ihren Betriebs- und Verkehrseinrichtungen oder aus sonstigen Gründen — wünschenswert sein könne, für die Beförderung der Sendung einen anderen Weg als den vom Absender angegebenen zu benutzen. Hiernach war es die Absicht des Gesetzgebers, dem Absender das ihm prinzipiell zustehende Instradierungsrecht nur dann zu entziehen und auf die Eisenbahn zu übertragen, wenn er durch die Wahl der Bahn nicht schlechter gestellt würde als bei der Befolgung des von ihm angegebenen Transportweges (E. XXIV 182), und dies wurde dem Absender dadurch gesichert, daß man der Eisenbahn das Recht, an Stelle des vom Absender angegebenen Weges einen anderen zu benutzen, nur unter drei Bedingungen — und zwar kumulativ zu erfüllenden (E. XIX 153) — überließ:

1. daß die Abweichung sich nicht auf die vom Absender angegebenen Zollabfertigungsstationen usw. erstrecken und 2. weder die Fracht noch 3. die Lieferzeit durch den eisenbahnseitig gewählten Weg im Vergleich mit dem vom Absender bezeichneten sich vergrößern dürfe (Z. XI 270, E. XX 119, z. B. in Österreich durch Verlust einer Refaktie: XXIV 182; wohl aber kommt eine geringere Fracht oder Lieferzeit dem Absender zugute).

Damit glaubte man den Absender gegen eine Verschlechterung seiner Lage gesichert zn haben. Indes ist ohne Zweifel das Recht des Absenders aus Art. 15 Abs. 1, über das Gut unterwegs zu verfügen, durch das Recht der Eisenbahn, unter den in Art. 6 lit. 1 angegebenen Voraussetzungen einen anderen Transportweg zu wählen, erheblich beeinträchtigt und die Rechtslage des Absenders verschlechtert. Denn wenn auch die Eisenbahn für verpflichtet erachtet wird, die Verfügung des Absenders auszuführen und das Gut auf den vom Absender angegebenen Wege hinüberzuleiten bzw. zurückzubefördern, so ist dies doch in der Regel nur mit Verzögerungen möglich und geschieht ferner nur mit der Maßgabe, daß der regelmäßige Transportbetrieb dadurch nicht gestört wird (Art. 15 Abs. 5) und der Absender die Kosten trägt (Art. 15 Abs. 8). Das Recht der Eisenbahn aus Art. 6 lit. 1, einen anderen als den vom Absender angegebenen Weg zu benutzen, beeinträchtigt also unverkennbar das freie Verfügungsrecht des Absenders aus Art. 15 Abs. 1 in betreff des Anhaltens des Gutes oder der Ablieferung auf einer Zwischenstation des von ihm vorgeschriebenen Weges bzw. steht damit in Widerspruch. Ersichtlich wollte man aber mit Rücksicht darauf, daß derartige Anweisungen im internationalen Verkehre überhaupt schwer durchführbar sind und in der Regel betriebsstörend wirken (s. Denkschrift d. Ver. d. E. v. 1879 S. 12 zum Art. 15), dem Verfügungsrechte des Absenders, insoweit es mit dem Instradierungsrechte der Eisenbahn kollidiert, einen weiteren Schutz nicht gewähren. (Schwab 80, 88, 89, 171, 182, 183; Gasca 76; Calmar 1112 ff. — A. M. Rosenthal 130.) Über die Gestaltung des Instradierungsrechts in der Praxis s. noch Calmar 1129—1131. Der vierte Abs. der lit. 1 (s. die folgende Anm. 45a) behebt diese Beschränkung des Verfügungsrechts des Absenders nicht, sondern gewährt ihm nur insofern eine Erleichterung, als er durch die Benachrichtigung der Bahn von der Änderung des Transportweges wenigstens in die Lage versetzt ist, danach etwaige neue Dispositionen treffen zu können.

Erste Bedingung ist, daß die Zollabfertigung oder etwe nötige polizeiliche Prüfung unter allen Umständen immer in den vom Absender bezeichneten Stationen stattfinden muß, — falls dies überhaupt nach den bestehenden Zollvorschriften usw. in diesen Stationen möglich ist.

Was die zweite Bedingung anbelangt, so ist unter „Fracht" nicht bloß der nach den Tarifen sich ergebende Frachtbetrag, Transpost-Gebühr, sondern im weiteren Sinne auch die Gesamtheit der baren Auslagen zu verstehen (arg. Art. 11). Die Eisenbahn ist schadensersatzpflichtig, wenn sie das Gut nur unter bestimmter, mit höherer Fracht verbundener Kartierungsvorschrift annimmt (E. XXIII 237). Es würde die Lage des Absenders verschlechtern, wenn ihm durch die von der Eisenbahn gewählte Route — neben der gleichen Fracht — größere Barauslagen, z. B. höhere Überführungskosten, Aus-, Ein- und Durchgangsabgaben, entstehen würden, als auf der selbst vorgeschriebenen Route. Der vorliegenden Bedingung ist auch Genüge geleistet, wenn die Eisenbahn den Frachtunterschied gemäß Art. 12 Abs. 4 nach bewirktem Transporte erstattet (E. XXI 380. — A. M. E. XIX 153).

Bezüglich der dritten Bedingung ist angenommen worden, daß die Eisenbahn auch eine längere Linie wählen darf, wenn die Sendung innerhalb der nach der vorgeschriebenen Route berechneten Lieferfrist am Bestimmungsorte anlangt (Z. XI 270, E. XX 119. — A. M E. XIX 153).

45 a) Der vierte Absatz der lit. l verpflichtet die Eisenbahn, wenn sie in den vorbezeichneten Fällen der lit. l einen anderen Transportweg gewählt hat, dem Absender davon Nachricht zu geben. Diese Bestimmung hat den Zweck, dem Absender für den Fall der eisenbahnseitigen Abänderung der Route, welche der Eisenbahn in den Fällen des Abs. 3 Ziff. 1—3 des § 6 zusteht, die Möglichkeit zu geben, sein Verfügungsrecht (Art. 15 Abs. 1) nunmehr auf der neuen Route auszuüben und überhaupt seine durch die Abänderung bedingten Interessen entsprechend wahrzunehmen, insofern also den Nachteil einigermaßen auszugleichen, welcher ihm aus der oben (S. 69) erörterten Beschränkung seines Instradierungsrechts erwächst (Prot. d. Paris. Konf. v. 24. 3. 1896).

Die Frage, ob der Eisenbahn die Benachrichtigungspflicht auch obliegt, wenn die Eisenbahn an Stelle des vom Absender angegebenen Transportweges — abgesehen von den Fällen des Art. 18 Abs. 3 — erst unterwegs auf einer Zwischenstation einen anderen Transportweg wählt, ist nach der allgemeinen Tendenz des Satzes 4 zu bejahen, da dieselben Gründe dafür sprechen wie für die Benachrichtigung des Absenders bei Änderung des Weges auf der Annahmestation.

Daraus, daß die Eisenbahn gesetzlich für verpflichtet erklärt ist, den Absender von der Wahl eines anderen Transportweges zu benachrichtigen, folgt, daß sie demselben für alle Folgen der Unterlassung sofortiger Benachrichtigung aufkommen muß (Reindl S. 5). Versäumt die Eisenbahn diese Benachrichtigungspflicht, so haftet sie aber nur für den infolgedessen entstandenen bzw. nachgewiesenen Schaden (E. XXI 381).

46) „m) **die Unterschrift des Absenders mit seinem Namen oder seiner Firma, sowie die Angabe seiner Wohnung. Die Unterschrift kann durch eine gedruckte oder gestempelte Zeichnung des Absenders ersetzt werden, wenn die Gesetze oder Reglemente des Versandortes es gestatten.**“

Während für die Angabe der Versandbahn (des Frachtführers) und des Empfängers die bloße Bezeichnung derselben genügt, ist für die Angabe des Absenders — bzw. seines Stellvertreters — prinzipiell nach lit. m die Unterschrift mit seinem Namen oder seiner Firma sowie die Angabe seiner Wohnung für erforderlich erklärt. Doch kann an Stelle der Unterschrift die gedruckte oder gestempelte Zeichnung der Unterschrift des Absenders treten, wenn die Gesetze oder Reglements des Versandortes dies zulassen (Z. XII 150, E. XXI 62/63). Daraus folgt, daß, wo letzteres nicht der Fall ist, der Frachtbrief die Unterschrift des Absenders tragen muß; wo aber jene Voraussetzung zutrifft, es fakultativ in das Ermessen des Absenders gestellt ist, ob er den Frachtbrief mit seiner Unterschrift oder einer gedruckten oder gestempelten Zeichnung seines Namens versehen will. In beiden Fällen tritt noch die Angabe der Wohnung des Absenders hinzu. In Belgien, Deutschland, Luxemburg, den Niederlanden, Österreich, Ungarn, Rußland, Schweiz kann die Unterschrift im Frachtbriefe durch eine gedruckte oder gestempelte Zeichnung ersetzt werden. In Frankreich und Italien ist die Ersetzung der Unterschrift durch eine gedruckte oder gestempelte Zeichnung nicht gestattet (Z. II 146).

Nur eine gedruckte oder gestempelte Zeichnung ist gestattet. Eine bloß (von dritter Hand) geschriebene oder lithographierte usw. Namenszeichnung ist unbedingt ausgeschlossen, auch wenn die Gesetze oder Reglements der Versandstation dies zulassen. Als Absender kann nur eine Person (oder Firma) auf dem Frachtbrief bezeichnet werden, also auch nicht neben der Unterschrift des Spediteurs als Absenders noch die des Originalversenders (Z. I 143, E. X 173). Der letztere (Auftraggeber) ist nicht Absender und Vertragskontrahent, daher auch nicht aktiv legitimiert i. S. der Art. 15 und 26 (E. XIX 144, Z. XII 269, E. XXI 127, Z. XIV 216, E. XXIII 10).

47) **„Die näheren Festsetzungen über die Ausstellung und den Inhalt des Frachtbriefes, insbesondere das zur Anwendung kommende Formular, bleiben den Ausführungsbestimmungen vorbehalten."**

Entsprechend diesem im Abs. 2 des Art. 6 ausgesprochenen Vorbehalte sind die näheren Festsetzungen über die Ausstellung und den Inhalt des Frachtbriefes sowie insbesondere des internationalen Frachtbriefformulars in § 2 der Ausführungsbestimmungen getroffen (s. Text S. 51 und Anm. 31 S. 55).

Im Abs. 1 Satz 1 des § 2 der Ausführungsbestimmungen ist an die Spitze der Grundsatz gestellt, daß zur Ausstellung des internationalen Frachtbriefes Formulare nach Maßgabe der Anlage 2 zu verwenden sind. Diese Vorschrift des Abs. 1 Satz 1 ist obligatorisch derartig, daß davon abweichende Frachtbriefe sowohl von der Versand- wie von jeder folgenden Bahn zurückgewiesen werden können und müssen (s. auch Schwab 100). Diejenige Bahn, welche einen abweichenden Frachtbrief annimmt, ist zwar zum Transport auf Grund desselben verpflichtet, aber nicht im internationalen Verkehr und nicht in Gemäßheit des internationalen Übereinkommens, sondern lediglich nach den landesrechtlichen Normen und Reglements (arg. Art. 1, 4, 6 d. Übereink.), soweit der Frachtbrief diesen genügt.

Abs. 1 Satz 2 und 3 bestimmen, daß der Eilfrachtbrief auf weißes Papier mit einem auf der Vorder- und Rückseite oben und unten am Rande anzubringenden roten Streifen gedruckt sein muß und die Frachtbriefe zur Beurkundung ihrer Übereinstimmung mit den desfallsigen Vorschriften den Kontrollstempel einer Bahn oder eines Bahnkomplexes des Versandlandes tragen müssen. Auch diese Vorschriften sind obligatorisch; sie dienen zur Erleichterung des Verkehrs.

Den Einzelstaaten bleibt die Bestimmung darüber überlassen, ob und welche Gebühren für die Anbringung des Kontrollstempels zu entrichten sind (vgl. die Zusammenstellung der bezüglichen Vorschriften in den einzelnen Vertragsstaaten: Z. I 91, 144—146, 186; II. 179, 180, 218).

Abs. 2 des § 2 der Ausführungsbestimmungen macht sowohl für den Vordruck wie für die geschriebene Ausfüllung des Frachtbriefes die deutsche oder französische Sprache obligatorisch derartig, daß — abgesehen von dem Falle des Abs. 3 — Frachtbriefe in anderer Sprache zurückgewiesen werden können.

Nach Abs. 3 kann jedoch, im Falle die amtliche Geschäftssprache des Landes der Abgangsstation eine andere ist — aber auch nur in diesem Falle — der Frachtbrief in jener Sprache ausgestellt werden, muß aber alsdann eine genaue Übersetzung in deutscher oder französischer Sprache enthalten.

Maßgebend ist im Falle des Abs. 3 für den Frachtvertrag die amtliche Geschäftssprache, weil in dieser die Ausstellung des Frachtbriefes erfolgt. Da indes der Absender für die genaue Übersetzung der von ihm auszufüllenden Angaben des Frachtbriefes nach Maßgabe des Art. 7 verantwortlich ist, so hat er die Folgen einer ungenauen Übersetzung dieser Angaben zu tragen, während der Eisenbahn die bezügliche Verantwortung nur für die von ihr auszufüllenden (stark umrahmten) Teile des Frachtbriefes obliegt.

Abs. 4 bestimmt, daß die stark umrahmten Teile des Formulars, d. h. die Nummer und die Angabe des Eigentümers des Wagens (außer wenn vom Absender der Wagen verladen worden ist; s. Satz 2), das abgerundete, zur Berechnung zu ziehende Gewicht, die Frachtkartennummer, das Ladegewicht, die Ladefläche, der Stempel der Versandstation, Wiegestempel, Stempel der Empfangsstation, Betrag der Frankatur (nicht zu verwechseln mit dem „Frankaturvermerk" des Absenders, d. h. dem Frankierungsantrag desselben) und die Note (Frachtberechnung — auf der Rückseite des Frachtbriefes) durch die Eisenbahnen (Z. I 143, 393, E. X 78), die übrigen (bereits oben Anm. 32 S. 56 ff. bezeichneten) Frachtbriefangaben durch den Absender auszufüllen sind, also auch neben der Empfangsstation noch die Empfangsbahn (Z. II 220, E. X 379).

Wenn der Absender die stark umrahmten Teile ausgefüllt hat, so hat die Eisenbahn die Verantwortung dafür zu tragen (E. XX 18). Übernimmt dagegen ein Organ der Eisenbahn aus Gefälligkeit usw. die die dem Absender obliegende Ausfüllung, so geschieht dies lediglich im Namen und Auftrage des Absenders und ohne Obligo für die Eisenbahn, so daß der Absender die Folgen dieser Eintragungen in Gemäßheit des Art. 7 Übereink. ganz ebenso trägt, wie wenn er selbst dieselben bewirkt hätte.

Als Abs. 5 ist zur Vermeidung von Irrtümern die Bestimmung

neu hinzugefügt, daß bei Sendungen nach Orten mit Bahnhöfen verschiedener Bahnverwaltungen oder nach Orten, deren Namensbezeichnung derjenigen anderer Orte gleich oder ähnlich lautet, auch die Bezeichnung der Empfangsbahn an der hierfür vorgesehenen Stelle der Frachtbriefspalte einzutragen ist.

Nach Abs. 6 dürfen überhaupt und grundsätzlich mehrere Gegenstände nur dann in einen und denselben Frachtbrief aufgenommen werden, wenn 1. das Zusammenladen derselben nach ihrer Beschaffenheit ohne Nachteil erfolgen kann, und 2. Zoll-, Steuer- oder Polizeivorschriften nicht entgegenstehen. Wo auch nur eine dieser beiden Voraussetzungen nicht zutrifft, ist die Aufnahme mehrerer Gegenstände in einen Frachtbrief verboten und eisenbahnseitig abzulehnen.

Nach Abs. 7 sind den bestimmungsmäßig selbst auf- und abzuladenden Gütern besondere, andere Gegenstände nicht umfassende Frachtbriefe beizugeben.

Hieran reiht Abs. 8 die Befugnis (nicht Pflicht Z. II 186, E. X 288) der Versandstation, für jeden Wagen einen besonderen Frachtbrief zu fordern — auch hier aus Zweckmäßigkeitsgründen, weil anderenfalls die Trennung mehrerer durch einen Frachtbrief verbundener Wagen nicht angängig wäre, obwohl aus Betriebsrücksichten oder um den Verfügungen des Verfügungsberechtigten zu genügen (Art. 15), dies häufig geschehen muß.

Nach Abs. 9 ist es gestattet, auf dem Frachtbriefe folgende fünf nachrichtliche Vermerke anzubringen: 1. „von Sendung des N. N.“; 2. „im Auftrage des N. N.“; 3. „zur Verfügung des N. N.“; 4. „zur Weiterbeförderung des N. N.“; 5. „versichert bei N. N.“ Nach Art. 6 Abs. 3 des Übereinkommens sind nachrichtliche Vermerke auf dem Frachtbriefe für den Empfänger über die Herkunft, weitere Bestimmung und Versicherung der Sendung an sich nicht zulässig. Da aber das Verkehrsbedürfnis derartige Vermerke erforderte, ist ihre Anbringung auf dem Frachtbriefe unter dem Vorbehalte gestattet, daß dies „ohne jede Verbindlichkeit und Verantwortlichkeit für die Eisenbahn“ geschieht, und ferner unter den beiden im folgenden Abs. 10 enthaltenen Voraussetzungen. Die Haftung der Bahn ist ex lege ausgeschlossen, ohne daß es einer besonderen Erklärung hierüber im Frachtbriefe bedarf.

Die Anbringung anderer, wenngleich ähnlicher Vermerke, als der fünf im Abs. 9 angeführten, ist nicht zulässig und gegebenenfalls der Frachtbrief zurückzuweisen. (Über die Zulässigkeit der Adresse: „An A für B“ Österr. Oberst.-Ger. Z. IX 77 u. Sp.- u. Sch.-Ztg. 1902 v. 28. 3. 02 — dagegen Z. X 133.)

Abs. 10 erfordert für die im Abs. 9 zugelassenen nachrichtlichen Vermerke die Erfüllung zweier Voraussetzungen, nämlich 1. daß sie sich nur auf die ganze Sendung beziehen können, und 2. daß sie auf dem unteren Teile der Rückseite des Frachtbriefes eingetragen werden müssen.

Die erste Voraussetzung ist selbstverständlich. Denn, da die Vermerke ihrem Wortlaute nach genau vorgeschrieben sind, so ist die Hinzufügung von Worten, welche sich auf einen Teil der Sendung beziehen, ausgeschlossen. Dies gilt auch für Sammelladungen (Prot. 24. u. 28. März 1896).

Die zweite Voraussetzung, deren obligatorischer Charakter aus dem Wortlaute ersichtlich ist, bezweckt, diese das Vertragsverhältnis zwischen Bahn und Absender bzw. Empfänger nicht berührenden, vielmehr nur auf das Verhältnis der beiden letzteren sich beziehenden Vermerke vom eigentlichen Texte des Frachtbriefs auszuscheiden. Auch der Empfänger weiß hierdurch, an welcher Stelle er etwaige nachrichtliche Vermerke zu suchen hat. Vermerke an anderen Stellen des Frachtbriefs, z. B. auf der Vorderseite desselben, sind unstatthaft und brauchen von der Eisenbahn nicht berücksichtigt zu werden (Z. X 134). Entgegenstehende tarifarische Bestimmungen sind nichtig (Art. 4).

An Stelle des bisherigen ist ein neues Frachtbriefformular (Anlage 2) vorgeschrieben. Die bisherigen Formulare dürfen noch bis einschließlich 21. Dezember 1909 verwendet werden (s. Abs. 2 Satz 2).

48) **„Die Aufnahme weiterer Erklärungen in den Frachtbrief, die Ausstellung anderer Urkunden anstatt des Frachtbriefes, sowie die Beifügung anderer Schriftstücke zum Frachtbriefe ist unzulässig, sofern dieselben nicht durch dieses Übereinkommen für statthaft erklärt sind.“**

Um den Wert und die Übersichtlichkeit des Frachtbriefs als Beweisurkunde zu sichern und zu erhöhen und zugleich die Vertragsfreiheit der Bahnen, die bei Einzelstipulationen in den Frachtbriefen leicht zum Mißbrauch (Forderung von Reversen usw.) führen kann, einzuschränken, untersagt Art. 6 im Abs. 3 die willkürliche Beifügung von Zusätzen und anderen Schriftstücken zum Frachtbriefe, sowie die Ausstellung anderer Urkunden an Stelle des Frachtbriefes, gestattet vielmehr solche Zusätze, Schriftstücke und Urkunden nur insofern, als sie durch das Übereinkommen selbst für zulässig erklärt sind (Bach, V. Z. 1904, Nr. 94). Der Absender ist nicht befugt, die Zulassung solcher Zusätze usw. von der Eisenbahn zu verlangen; die Eisenbahn ist berechtigt und verpflichtet, Frachtbriefe mit derartigen Zusätzen usw. zurückzuweisen (Z. XIV 249, E. XXIII 3).

I. Erstens ist hiernach für unzulässig erklärt „die Aufnahme weiterer Erklärungen in den Frachtbrief“. Die internationalen Frachtbriefe dürfen hiernach keinerlei Erklärungen, Vereinbarungen, Abreden, Stipulationen, Klauseln usw. enthalten, welche nicht im Abs. 1 des Art. 6 aufgeführt oder an einer anderen Stelle des Übereinkommens für statthaft erklärt sind. Die Bestimmung enthält ein absolutes Verbot. Jede dagegen verstoßende Erklärung im Frachtbriefe ist rechtlich wirkungslos. Auch darauf kann sich die Eisenbahn nicht berufen, daß nach ihren Spezialreglements bzw. Tarifen die Aufnahme solcher Erklärungen gestattet sei, und ebensowenig darauf, daß die aufgenommene Erklärung bzw. Vereinbarung usw. den Bestimmungen des Übereinkommens materiell nicht widerspreche (arg. Art. 4).

Die Vorschrift gilt sowohl gegen die Eisenbahnen wie gegen

den Absender. Auch der letztere darf nicht die Ausstellung von Erklärungen im Frachtbriefe fordern, welche nach dem Übereinkommen nicht gestattet sind (Z. XIV 249, E. XXIII 3). Dannach sind auch lediglich nachrichtliche Vermerke für den Empfänger — abgesehen von den durch § 2 Abs. 9, 10 der Ausführ.-Best. zugelassenen — über die Herkunft, die weitere Bestimmung und Versicherung der Sendung (s. S. 52 und S. 73) auf dem Frachtbrief nicht zulässig. Ebensowenig die Aufdrückung des Firmenstempels, des Namens, der Adresse und des Geschäftszweiges des Absenders auf der Vorder- oder auf der Rückseite (Z. I 143, E. X 7) oder eines die Versicherung des Guts bei einer Versicherungsgesellschaft dokumentierenden Stempels, ferner das Ersuchen um Verpflegung beim Transport einzelner Tiere, Klauseln über die Verladungs- und Beförderungsweise usw.

Das Übereinkommen selbst bzw. die diesem rechtlich gleichstehenden Ausführungsbestimmungen und deren Anlagen usw. (Art. 1 Abs. 2) gestatten — abgesehen von den im Art. 6 Abs. 1 lit. a—m aufgeführten Angaben — noch in folgenden Fällen die Aufnahme weiterer Erklärungen im Frachtbriefe (s. Z. XVI 194, 195): 1. Das Einverständnis mit der Übernahme bis zur tunlichen Verladung (kraft Art. 5 gelten die landesges. Best.). 2. Art. 8 Abs. 1. Datumstempel der Versandexpedition. 3. Art. 8 Abs. 4 Übereink. Beurkundung der Nachwiegung bzw. Nachzählung auf dem Frachtbriefe. 4. Art. 9 Abs. 2 Übereink. Anerkennung des Fehlens oder der Mängel der Verpackung (s. auch Art. 31 Nr. 2). 5. Das Verlangen um bahnamtliche Nachwage oder Feststellung der Stückzahl (kraft Art. 7 gelten die landesrechtl. Bestimmungen). 6. Art. 10 Abs. 4 Übereink. Bezeichnung der zur Beiwohnung der Zollbehandlung Bevollmächtigten. 7. Art. 11 Abs. 3 Übereink. Bezeichnung der Barauslagen usw. (Art. 11 Abs. 2). 8. Art. 24 Satz 2. Antrag auf Benachrichtigung von Ablieferungshindernissen. 9. § 2 Abs. 1 Ausf.-Best. Kontrollstempel. 10. § 2 Abs. 3 Ausf.-Best. Übersetzung in deutscher oder französischer Sprache. 11. § 2 Abs. 8 und 9. Die nachrichtlichen Vermerke: „zur Sendung des N. N.", „im Auftrage des N. N.", zur Verfügung des N. N.", „zur Weiterbeförderung an N. N.", „versichert bei N. N." 12. Die Angabe der anzuwendenden Tarife (Vorderseite des Frachtbriefs). 13. § 6 Abs. 4 Ausf.-Best. Im Falle der Festsetzung von Zuschlagsfristen Vermerk der Übergabe an die nachfolgende Bahn mittelst Abstempelung und Angabe der Ursache und Dauer der Lieferfristüberschreitung.

Für alle diese Erklärungen ist dieselbe Rubrik im internationalen Frachtbriefformular bestimmt, in welche auch das ad lit. h angeführte Verzeichnis der Zollpapiere usw. gehört. Vgl. über die in den einzelnen Vertragsstaaten zulässigen Vermerke und Erklärungen in den Frachtbriefen: Z. III 162—170, IV 50.

II. Zweitens ist nach Art. 6 Abs. 3 unzulässig: „die Ausstellung anderer Urkunden anstatt des Frachtbriefes"; also z. B. von Transportscheinen, wie sie an Stelle der Frachtbriefe für die Beförderung lebender Tiere, Fahrzeuge, Leichen in den Reglements und Tarifen vorgeschrieben sind.

Bei internationalen Transporten dürfen nicht andere Urkunden anstatt des internationalen — im Art. 6 Alin. 1 des Übereinkommens, § 2 der Ausf.-Best. und Anlage 2 derselben vorgeschriebenen — Frachtbriefes ausgestellt werden, sofern nicht derartige Urkunden durch das Übereinkommen für statthaft erklärt sind.

Nach dem Übereinkommen können aber nur 1. die in Gemäßheit des Art. 9 Abs. 2 bzw. des § 4 Abs. 1 und 2 und Anlage 3 und 3a der Ausf.-Best., über das Fehlen oder die Mängel der Verpackung vorgeschriebenen besonderen Erklärungen des Absenders und 2. die in Gemäßheit des Art. 15 Abs. 1—3 und 6 bzw. § 7 der Ausf.-Best. und Anlage 4 derselben vom Absender auszustellenden Urkunden, betr. anderweite Verfügung über das Gut, als Urkunden erachtet werden, welche — teilweise wenigstens, nämlich in Hinsicht auf die Art der Verpackung bzw. den Bestimmungsort und den Empfänger — dazu bestimmt ist, an Stelle des ursprünglichen Frachtbriefes zu treten bzw. denselben zu ersetzen, indem sie Essentialien seines Inhalts abändern.

III. Drittens ist nach Art. 6 Abs. 3 unzulässig: „die Beifügung anderer Schriftstücke zum Frachtbriefe“, sofern dieselben nicht durch das Übereinkommen für statthaft erklärt sind.

Danach ist vornehmlich unstatthaft die Beifügung der sog. Ursprungsfrachtbriefe, d. h. solcher Frachtbriefe, welche das Gut vor der Übergabe an die Bahn bei dem etwa vorangegangenen Landfuhrwerk-, Fluß- oder Seetransport begleitet haben. Zulässig ist nach dem Übereinkommen — abgesehen von den unter II bezeichneten Erklärungen über das Fehlen oder die Mängel der Verpackung (Art. 9 Abs. 2) und anderweite Verfügung über das Gut (Art. 15) — nur die Beifügung: 1. derjenigen Begleitpapiere, welche zur Erfüllung der etwa bestehenden Zoll-, Steuer- oder Polizeivorschriften vor der Ablieferung an den Empfänger erforderlich sind (s. Art. 6 Abs. 1h und Art. 10 Abs. 1); 2. der Beweisstücke über die im Frachtbriefe ersichtlich gemachten Auslagen (Art. 11 Abs. 3).

49) **„Die Eisenbahn kann indes, wenn es die Gesetze oder Reglemente des Versandortes vorschreiben, vom Absender außer dem Frachtbriefe die Ausstellung einer Urkunde verlangen, welche dazu bestimmt ist, in den Händen der Verwaltung zu bleiben, um ihr als Beweis über den Frachtvertrag zu dienen.“**

Die Bestimmung des Absatzes 4 verdankt ihre Entstehung der in Frankreich und auch in Italien geltenden Übung, ein derartiges Certifikat vom Absender zu erfordern. (Frankreich: note ou bulletin d'expédition; vgl. Duverdy n. 273, Sarrut n. 311; Italien: bolettino di consegna (vgl. Z. II 178); das Deutsche und Österr.-Ungar. Eisenbahn-Frachtrecht kennt derartige Urkunden nicht. In den Beratungen wurde ausdrücklich konstatiert, daß Absatz 4 sich in keiner Weise auf das Verfügungsrecht des Absenders beziehe.

Das Erfordern und die Ausstellung einer solchen Urkunde ist also durch das Übereinkommen für die Eisenbahnen nicht obligatorisch gemacht; es ist den Eisenbahnen nur die Befugnis, nicht die Verpflichtung gegeben, die Ausstellung einer solchen Urkunde zu verlangen, und auch diese Befugnis nur, wenn es die Gesetze oder Reglements des Versandortes vorschreiben. Wird aber in diesem Falle das Verlangen eisenbahnseitig an den Absender gerichtet, so ist er zur Ausstellung verpflichtet. Über die Art und Form dieser Urkunde bestimmt das Übereinkommen nichts. Sie unterliegt also den Bestimmungen der Landesgesetze bzw. Reglements. Nur in Frankreich (Ges. v. 27. 12. 1892 Art. 2) und in Italien (Instr. v. 1. 1. 1893 § 7) sind derartige Urkunden eingeführt. In den übrigen Vertragsstaaten bestehen Vorschriften hierüber nicht: Z. II 178, 179.

50) **„Jede Eisenbahnverwaltung ist berechtigt, für den internen Dienst ein Stammheft zu erstellen, welches in der Versandstation bleibt und mit derselben Nummer versehen wird, wie der Frachtbrief und das Duplikat.“**

Abs. 5 räumt in gleicher Weise wie Abs. 4 den Eisenbahnverwaltungen eine Befugnis ein, welche in Frankreich besteht, und deren Ausübung sich dort als zweckmäßig erwiesen hat (Franz. Ges. v. 27./12. 1892 Art. 2 Abs. 2 und 3: Z. II 178). Eine Verpflichtung für die Eisenbahnen, eine derartige Einrichtung zu treffen, enthält Abs. 5 nicht.

Artikel 7.[51])

(1) Der Absender haftet für die Richtigkeit der in den Frachtbrief aufgenommenen Angaben und Erklärungen und trägt alle Folgen, welche aus unrichtigen, ungenauen oder ungenügenden Erklärungen entspringen.[52])

(2) Die Eisenbahn ist jederzeit berechtigt, die Übereinstimmung des Inhalts der Sendungen mit den Angaben des Frachtbriefes zu prüfen. Die Feststellung erfolgt nach Maßgabe der am Orte des Vorganges bestehenden Gesetze oder Reglemente. Der Berechtigte soll gehörig eingeladen werden, bei der Prüfung zugegen zu sein, vorbehaltlich des Falles, wenn die letztere auf Grund polizeilicher Maßregeln, die der Staat im Interesse der öffentlichen Sicherheit oder der öffentlichen Ordnung zu ergreifen berechtigt ist, stattfindet.[53])

(3) Hinsichtlich des Rechts und der Verpflichtung der Bahnen, das Gewicht oder die Stückzahl des Gutes zu ermitteln oder zu kontrollieren, sind die Gesetze und Reglemente des betreffenden Staates maßgebend.[54])

(4) Bei unrichtiger Angabe des Inhaltes einer Sendung oder bei zu niedriger Angabe des Gewichtes, sowie bei Überlastung eines vom Absender beladenen Wagens ist — abgesehen von der Nachzahlung des etwaigen Frachtunterschiedes und dem Ersatze des entstandenen Schadens, sowie den durch strafgesetzliche und polizeiliche Bestimmungen vorgesehenen Strafen — ein Frachtzuschlag an die am Transporte beteiligten Eisenbahnen nach Maßgabe der Ausführungsbestimmungen zu zahlen.[55])

(5) Ein Frachtzuschlag wird nicht erhoben:[55a])

a) bei unrichtiger Gewichtsangabe von Gütern, zu deren Verwiegung

die Eisenbahn nach den für die Versandstation geltenden Bestimmungen verpflichtet ist;

b) **bei unrichtiger Gewichtsangabe oder bei Überlastung, wenn der Absender im Frachtbriefe die Verwiegung durch die Eisenbahn verlangt hat;**

c) **bei einer während des Transportes infolge von Witterungseinflüssen eingetretenen Überlastung, wenn der Absender nachweist, daß er bei der Beladung des Wagens die für die Versandstation geltenden Bestimmungen eingehalten hat;**

d) **bei einer während des Transports eingetretenen Gewichtszunahme, welche eine Überlastung nicht herbeiführt, insofern der Absender nachweist, daß die Gewichtszunahme auf Witterungseinflüsse zurückzuführen ist.**

(6) Der Anspruch auf Zahlung oder Rückzahlung von Frachtzuschlägen (§ 3 Absätze (1) bis (5) und § 9 Absatz (2) der Ausführungsbestimmungen) verjährt in einem Jahre, sofern er nicht unter den Parteien durch Anerkenntnis, Vergleich oder gerichtliches Urteil festgestellt ist. Die Verjährung beginnt bei den Ansprüchen auf Zahlung von Frachtzuschlägen mit der Zahlung der Fracht oder, falls eine Fracht nicht zu zahlen war, mit der Auflieferung der Güter; bei den Ansprüchen auf Rückzahlung von Frachtzuschlägen beginnt sie mit der Zahlung der Zuschläge. Auf die Verjährung finden die Bestimmungen des Artikels 45 Absätze (3) und (4) Anwendung. Die Bestimmung des Artikels 44 Absatz (1) findet keine Anwendung.[55b)]

Zusatz I.

Ausführungsbestimmungen zum Übereinkommen über den internationalen Eisenbahn-Frachtverkehr.

§ 3.[55c)]

(Zu Art. 7 des Übereinkommens.)

(1) Wenn die im § 1 Absatz (1) und in der Anlage 1 aufgeführten Gegenstände unter unrichtiger oder ungenauer Deklaration zur Beförderung aufgegeben oder die in Anlage 1 gegebenen Sicherheitsvorschriften bei der Aufgabe außer acht gelassen werden, beträgt der Frachtzuschlag 15 Franken für jedes Bruttokilogramm des ganzen Versandstückes.

(2) In allen anderen Fällen beträgt der im Artikel 7 des Übereinkommens vorgesehene Frachtzuschlag für unrichtige Inhaltsangabe, sofern diese eine Frachtverkürzung herbeizuführen nicht geeignet ist, einen Franken für den Frachtbrief, sonst das Doppelte des Unterschiedes der Fracht von der Aufgabe- bis zur Bestimmungsstation für den angegebenen und der für den ermittelten Inhalt, mindestens aber einen Franken.

(3) Im Falle zu niedriger Angabe des Gewichtes beträgt der Frachtzuschlag das Doppelte des Unterschiedes zwischen der Fracht

von der Aufgabe bis zur Bestimmungsstation für das angegebene und der für das ermittelte Gewicht.

(4) Im Falle der Überlastung eines vom Absender beladenen Wagens beträgt der Frachtzuschlag das Sechsfache der Fracht von der Aufgabe- bis zur Bestimmungsstation für dasjenige Gewicht, das die im Absatz (5) festgesetzten äußersten Belastungsgrenzen übersteigt. Wenn gleichzeitig eine zu niedrige Gewichtsangabe und eine Überlastung vorliegt, so wird sowohl der Frachtzuschlag für zu niedrige Gewichtsangabe als auch der Frachtzuschlag für Überlastung erhoben.

(5) Der Frachtzuschlag für Überlastung [Absatz (4)] wird erhoben:

a) bei Verwendung von Wagen, die nur eine, die zulässige Belastung kennzeichnende Anschrift tragen: wenn das angeschriebene Ladegewicht oder die angeschriebene Tragfähigkeit bei der Beladung um mehr als 5 % überschritten ist;

b) bei Verwendung von Wagen, welche zwei Anschriften tragen, und zwar Ladegewicht (Normalbelastung) und Tragfähigkeit (Maximalbelastung): wenn die Belastung diese Tragfähigkeit überhaupt übersteigt.

§ 11.

Die in den vorhergehenden Ausführungsbestimmungen in Franken ausgedrückten Summen sind in den vertragschließenden Staaten, in welchen die Frankenwährung nicht besteht, durch in der Landeswährung ausgedrückte Beträge zu ersetzen.

Zusatz II.

Betriebsreglement des Vereins Deutscher Eisenbahnverwaltungen.

§ 45.

Haftung für die Angaben im Frachtbriefe. Bahnseitige Ermittelungen. Frachtzuschläge.

(Text übereinstimmend mit vorstehendem Art. 7) und:

Zusatzbestimmungen.

1. Für Nachteile, die aus undeutlichen oder mangelhaften Adressen entstehen, wohin beispielsweise die ungenaue Bezeichnung der Bestimmungsstation oder des Abgabebahnhofes und der Mangel der Wohnungsangabe zu rechnen ist, kommen die Eisenbahnen nicht auf.

2. Werden auf Antrag des Absenders von Eisenbahnbediensteten Frachtbriefe ausgefertigt oder Übersetzungen in die deutsche oder französische Sprache bewirkt, so gelten die Eisenbahnbediensteten als Beauftragte des Absenders. Inwieweit derartigen Anträgen entsprochen wird, richtet sich nach den Vorschriften der Versandbahn.

3. Bei Verwiegung von Wagenladungsgütern auf einer Gleiswage wird das am Eisenbahnwagen angeschriebene Eigengewicht der Gewichtsermittlung zugrunde gelegt, sofern nicht durch besondere, mit Zustimmung der Eisenbahn vorgenommene Abwiegung des Wagens ein anderes Gewicht festgestellt ist.

4. Der im Absatze (¹) des § 3 der Ausführungsbestimmungen erwähnte Frachtzuschlag wird gegebenenfalls auch hinsichtlich jener Gegenstände eingehoben, für welche nach § 1 Absatz (³) der Ausführungsbestimmungen leichtere Bedingungen im Verkehr zweier oder mehrerer Vertragsstaaten vereinbart worden sind.

5. Die Frachtzuschläge für unrichtige Angabe des Inhalts einer Sendung, für zu niedrige Angabe des Gewichts sowie für Überlastung eines vom Absender beladenen Wagens werden nach Maßgabe des § 3 der Ausführungsbestimmungen ohne Rücksicht darauf erhoben, ob die Feststellung auf der Versandstation, auf einer Unterwegstation oder auf der Bestimmungstation erfolgt.

6. Bei Überlastung eines Wagens wird, unbeschadet der Erhebung der Frachtzuschläge nach § 3 Abs. (⁴) und (⁵) der Ausführungsbestimmungen, in folgender Weise vorgegangen:

a) Wird die Überlastung eines Wagens [§ 3 Abs. (⁵) der Ausführungsbestimmungen] in der Versand- oder in einer Unterwegstation entdeckt, so wird, auch wenn ein Frachtzuschlag nicht zur Einhebung gelangt [Art. 7 des internationalen Übereinkommens, Abs. (5), lit. b und c], die Überlast abgeladen. Der Absender ist hiervon, und zwar wenn die Überlast in einer Unterwegstation abgeladen wurde, durch Vermittlung der Versandstation unverzüglich zu verständigen. Für die in der Unterwegstation abgeworfene Überlast wird die Fracht bis zu dieser Station auf Grund des für die Hauptladung angewendeten Tarifsatzes nach Verhältnis der Länge der bis zur Abladestation zurückgelegten Transportstrecke berechnet.

b) Für das Abladen einer Überlast gelangen die im Nebengebührentarif der abladenden Bahn festgesetzten Abladegebühren zur Anrechnung.

c) Falls die auf einer Unterwegstation lagernde Überlast nach Bestimmung des Absenders weiter- oder zurückgesandt werden soll, so ist sie als besondere Sendung zu behandeln.

7. Die Frachtzuschläge haften auf der Sendung.

8. Die Eisenbahn ist berechtigt, das Ergebnis der im Art. 7 Abs. (²) des Internationalen Übereinkommen bezeichneten Prüfung festzustellen. Erscheint zu der Prüfung der Berechtigte nicht, so sind zwei Zeugen beizuziehen.

9. Zur Ermittlung des Gewichts und der Stückzahl einer Sendung ist die Eisenbahn jederzeit berechtigt. Die Eisenbahn ist verpflichtet, das Gewicht der Stückgüter bei der Aufgabe festzustellen. Ausdrücklichen Anträgen des Absenders auf Feststellung der Stückzahl oder des Gewichts der Wagenladungsgüter ist die Eisenbahn gegen eine im Tarife festzusetzende Gebühr stattzugeben verpflichtet, sofern die Güter vermöge ihrer Beschaffenheit eine derartige Feststellung ohne erheblichen Aufenthalt gestatten und die vorhandenen Wiegevorrichtungen ausreichen. Einem Antrage auf bahnseitige Gewichtsfeststellung ist es in allen Fällen, wo die Fracht tarifmäßig nach dem Gewichte berechnet wird, gleichzuachten, wenn der Absender im Frachtbriefe kein Gewicht angegeben hat.

10. Dem Absender steht frei, bei der Ermittlung des Gewichts und der Stückzahl zugegen zu sein. Verlangt der Absender, nachdem die Feststellung seitens der Eisenbahn bereits erfolgt ist, vor der Verladung der Güter eine nochmalige Ermittlung der Stückzahl oder des Gewichts in seiner Gegenwart, so ist die Eisenbahn berechtigt, auch dafür die tarifmäßige Gebühr zu erheben.

11. Die bahnseitige Feststellung des Gewichts wird durch den Aufdruck des Wiegestempels auf dem Frachtbriefe bescheinigt.

(Vgl. Übereinkommen zum Betriebsreglement des Vereins Deutscher Eisenbahnverwaltungen: Art. 8: Frachtzuschläge.)

Gemeinsame Abfertigungsvorschriften § 26: Auflieferung und Annahme von Gütern im allgemeinen. § 28: Ermittlung des Gewichts und der Stückzahl. § 29: Prüfung des Inhalts.

Anh. A.: Bestimmungen über die Erhebung von Frachtzuschlägen. §§ 1—5.

51) Prinzip und Entstehungsgeschichte des Art. 7.

Artikel 7 des Übereinkommens trifft im Anschluß an Art. 6 Bestimmung über die Haftung des Absenders für die Richtigkeit der in den Frachtbrief aufgenommenen Angaben und Erklärungen, sowie über den Umfang dieser Haftung des Absenders und in Verbindung damit über die korrelaten Befugnisse der Eisenbahn zur Prüfung und Ermittlung der Richtigkeit der Frachtbriefangaben und zur Erhebung von Frachtzuschlägen (Geldbußen) für unrichtige Angaben des Inhalts der Sendungen und für Überlastung selbstverladener Wagen.

Der Schweizer Entwurf (Art. 3) enthielt hierüber folgende Bestimmung: Art. 3. „Der Absender haftet für die Richtigkeit der in den Frachtbrief aufgenommenen Angaben und Erklärungen und trägt alle Folgen, welche aus unrichtigen, ungenauen und ungenügenden Erklärungen entspringen.“

Die Kritik des Schweizer Entwurfes (Eger, Die Einführung eines internationalen Eisenbahn-Frachtrechts 1877, S. 63, 138, 139) monierte, daß die wichtigen und zweckmäßigen Bestimmungen des § 50 Nr. 4 des Deutschen und Österreichisch-Ungarischen Betriebsreglements fehlen, wonach die Güterexpedition befugt ist, die Angaben des Frachtbriefes zu prüfen, und jede Eisenbahn bei unrichtigen Angaben eine Konventionalstrafe erheben darf, und schlug die Aufnahme entsprechender Ergänzungen vor.

In voller Übereinstimmung mit diesem Vorschlage (s. Rosenthal 73 Anm. 1) enthielt der Deutsche Entwurf (1878) in seinem Art. 3 die bezüglichen Ergänzungen.

In den Berner Konferenzen wurden nach eingehenden Debatten vornehmlich in den Abs. 1, 2 und 4 Abänderungen vorgenommen. Nach Maßgabe dieser Abänderungen erhielt der vorliegende Artikel die als Art. 7 in das Übereinkommen vom 14. Oktober 1890 aufgenommene Fassung. Und hierzu trat noch der am Ende des Artikels allegierte § 3 der Ausführungsbestimmungen, welcher den im Abs. 4 vorgesehenen Frachtzuschlag bestimmungsmäßig normierte.

Lebhafte Klagen über die Auslegung und Anwendung dieser Vorschriften gaben jedoch der Pariser Revisionskonferenz (1896) Anlaß, wesentliche Ergänzungen und Abänderungen sowohl des Art. 7, wie auch des § 3 der Ausführungsbestimmungen zu beschließen, welche in das Zusatz-Übereinkommen vom 16. Juni 1898 aufgenommen worden sind.

Zunächst wurde auf den bereits in der Kritik des Schweizer Entwurfes (Eger a. a. O. 1877 S. 138, 139) und übereinstimmend damit im Deutschen Entwurf (1878) enthaltenen, in den Berner Konferenzen aber abgelehnten Vorschlag zurückgegangen, auch die zu niedrige Gewichtsangabe für straffällig durch Erhebung eines Frachtzuschlages zu erklären, und dementsprechend Abs. 4 des Art. 7 abgeändert (Protokoll vom 26. März 1896). Zugleich wurde ein neuer Abs. 5 beigefügt und in dessen ersten beiden Sätzen (lit. a und b) diejenigen Fälle aufgeführt, in welchen bei unrichtiger Gewichtsangabe die Erhebung eines Frachtzuschlages zu unterbleiben hat. Sodann ist in den Abs. 5 als dritter Satz (lit. c) eine auf Grundsätzen der Billigkeit beruhende Ausnahmebestimmung für Frachtzuschläge wegen Wagenüberlastung (bei Überlastung durch Witterungseinflüsse) neu aufgenommen worden (Protokoll vom 26. März 1896).

In dem zugehörigen § 3 der Ausführungsbestimmungen hat zunächst Absatz 1 eine Änderung erfahren, durch welche der Zweifel über die Gewichtsberechnung bei unrichtiger Deklaration ausgeschlossener oder nur bedingungsweise zugelassener Güter beseitigt ist; ferner ist im Abs. 2 den Wünschen Rechnung getragen, welche die Ermäßigung des Frachtzuschlages bei unrichtiger Inhaltsangabe einer Sendung betrifft, wenn diese eine Frachtverkürzung herbeizuführen nicht geeignet ist; sodann sind im Abs. 3 die Frachtzuschläge für den Fall zu niedriger Angabe des Gewichtes normiert und in den Absätzen 4 und 5 die Frachtzuschläge bei Überlastung eines vom Absender beladenen Wagens herabgesetzt und die Grundsätze für die Erhebung neu geregelt worden (s. Z. VI 615, 616 und IX 107, Protokoll vom 26. und 28. März 1896; Muschweck 1901 S. 291, 304; Reindl, E. XVI Anl.-Heft S. 6, V.Z. 1898 S. 1393).

In der II. Berner Revisionskonferenz (1905) wurde dem Absatz 3 des § 7 die lit. d, betreffend die Nichterhebung des Frachtzuschlages bei einer nachweislich auf Witterungseinflüsse zurückzuführenden Gewichtszunahme während des Transports, welche eine Überlastung nicht herbeiführt, aus Billigkeitsrücksichten hinzugefügt und ferner ein neuer Absatz 6, welcher in Übereinstimmung mit Art. 12 und 45 auch für die Zahlung und Rückzahlung von Frachtzuschlägen eine kurze einjährige Verjährungsfrist zur Begegnung der hierüber bestehenden Zweifel und verschiedenen Rechtsauffassungen festsetzt (Protokoll vom 7. Juli 1905).

Auch die Ausführungsbestimmungen erfuhren im § 3 eine Abänderung, indem im Absatz 4 als Norm für die Überlastung an Stelle der „zulässigen Belastung" der klarerere Ausdruck „die im Abs. 5 festgesetzten äußersten Belastungsgrenzen" gesetzt ist (Protokoll vom 14. Juli 1905).

52) **„Der Absender haftet für die Richtigkeit der in den Frachtbrief aufgenommenen Angaben und Erklärungen und trägt alle Folgen, welche aus unrichtigen, ungenauen oder ungenügenden Erklärungen entspringen."**

Artikel 7 bestimmt im Anschluß an Art. 6 die Rechtswirkungen, welche die Pflicht des Absenders zur Ausstellung eines den Vorschriften des Art. 6 entsprechenden Frachtbriefes nach sich zieht. Aus dieser Pflicht folgt zunächst gemäß Abs. 1 des Art. 6, daß der Absender für die Richtigkeit der in den Frachtbrief aufgenommenen Angaben und Erklärungen haftet und demgemäß alle Folgen trägt, welche aus unrichtigen, ungenauen oder ungenügenden Erklärungen entspringen. (Ung. Eisenb.-Tar. u. Verk.-Anz. 1905 Nr. 24 u. 1906 Nr. 1, 2. — Sp.- u. Sch.-Ztg. XII Nr. 31). Art. 7 bezieht sich seinem ganzen Inhalte nach sowohl auf Stück- wie auf Wagenladungsgüter (Z. II 187, E. X 289), auf verpacktes und unverpacktes Gut (E. XXIV 290), in offenen und verdeckten Wagen (Z. XIV Nr. 11 S. 393). Senckpiehl, Die Deklaration des Frachtgutes, Sp.- u. Sch.-Ztg. XV Nr. 52.

Die Folgen unrichtiger usw. Angaben des Absenders im Frachtbriefe können zwiefacher Art sein. Sie können entweder unmittelbar den Absender treffen, indem er sich dadurch Verlust oder Beschädigung an seinem aufgegebenen Gute (Z. V. 366, VI 96), Verspätung in der Beförderung, Konventionalstrafen (s. Abs. 4), polizeiliche und kriminelle Strafen zuzieht. Alles dies muß er tragen. Oder die Folgen können unmittelbar die Eisenbahn treffen, indem sie infolge der unrichtigen Angaben des Absenders Frachtverkürzungen erleidet, an ihren Transportmitteln Beschädigungen erfährt oder dritten Absendern für von diesen erlittene Beschädigungen aus dem unrichtig deklarierten Gute des Absenders Ersatz leisten muß oder endlich in polizeiliche Zoll-, Steuer- usw. Strafen genommen wird. Auch für alle diese Folgen haftet der Absender bzw. er muß dieselben der Eisenbahn ersetzen (Frachtmehrauslagen E. XIX 10). Zollstrafen: Sp.- u. Sch.-Ztg. XII Nr. 10, Z. X 10, E. XVIII 261. Nachträgliche Berichtigungen der im Art. 15 Abs. 1 bezeichneten Punkte kann der Absender nur vornehmen, wenn er das Duplikat des Frachtbriefes vorweist (Art. 15 Abs. 2, Z. VII 316), Berichtigungen anderer Art überhaupt nicht.

Insbesondere ist die Angabe des Inhaltes des Frachtgutes nicht nur für die eigene Behandlung desselben, sondern auch in bezug auf andere gleichzeitig beförderte Güter von wesentlicher Bedeutung. Unrichtigkeiten in jenen Angaben können also nicht nur die Bahn der Schadensersatzpflicht gegen den Absender überheben, sondern sogar diesen der Bahn regreßpflichtig machen.

Es genügt die Tatsache der Aufnahme unrichtiger usw. Angaben in den Frachtbrief, gleichviel ob böse Absicht, Vorsatz, grobe oder geringe Fahrlässigkeit, Irrtum oder Zufall vorliegt, ob der Absender selbst oder seine Leute usw. die unrichtige Angabe verschuldet haben.

Der Absender beziehungsweise Empfänger) kann auch der Eisenbahn nicht entgegenhalten, sie habe einen Frachtbrief mit offenbar unrichtigen Angaben nicht annehmen dürfen und befinde sich also im Mitverschulden. Denn die Eisenbahnverwaltung ist dem Aufgeber von Frachtstücken gegenüber nicht verpflichtet, eine Untersuchung derselben vorzunehmen (Z. VIII 30, E. XVI 62). Auch hat sie für Ratschläge ihrer hierzu nicht befugten Organe bei Ausfüllung des Frachtbriefs nicht zu haften (E. XX 161). Daher liegt dem Absender die Haftung ob, gleichviel ob das Gut verpackt oder unverpackt zur Aufgabe kommt (E. XXIV 290. A. M. Centralamt Z. II 374, 426, IV 366, Demange 104); und selbst bei offensichtlicher Nichtübereinstimmung der unrichtigen Angabe mit der Wirklichkeit (a. M. Z. IV 366), jedenfalls aber nicht, wenn zur Feststellung besondere technische Kenntnisse gehören (Z. XIV 393, E. XXIII 114). Nur wenn die Eisenbahn allein die unrichtige Angabe verschuldet oder dieselbe gekannt hat, fällt die Haftung des Absenders fort. Dahin gehören z. B. undeutliche oder unklare Bestimmungen der Tarife, welche den Absender zu unrichtigen Bezeichnungen usw. veranlaßt haben. Undeutliche Bestimmungen in den Tarifen sind gegen die Eisenbahn zu interpretieren (E. XIX 55, XX 178). Auch ist der Absender nicht verpflichtet, sich vor der Inanspruchnahme des Tarifs hierüber bei der Bahn zu erkundigen (E. XXI 15).

Hat der Absender den Inhalt unrichtig angegeben und dadurch z. B. ein Zusammenladen mit anderen Gütern veranlaßt, welches seinem Gute oder anderen Gütern nachteilig geworden (flüssige und trockene, durch Geruch infizierende), so kann er nicht nur keinen Schadensersatz fordern, sondern muß auch noch für den an Gütern anderer Absender verursachten Schaden aufkommen, letzteres zwar nicht direkt, aber im Regreßwege der ersatzleistenden Bahn. Ebenso kann er aus Fehldirigierungen, Verspätungen, Verwechslungen, unrichtigen Ablieferungen usw. keinen Ersatzanspruch herleiten, muß im Gegenteile noch der Bahn für allen ihr oder anderen entstandenen Schaden haften, wenn diese Schäden durch unrichtige, ungenaue oder undeutliche Angaben im Frachtbriefe, mangelhafte Adresse, fehlende Angabe der Wohnung, des Vornamens, Standes des Adressaten in größeren Städten entstanden sind. Soweit allerdings der Eisenbahn selbst die Ausfüllung des Frachtbriefes obliegt, trägt sie die Verantwortlichkeit für Unrichtigkeiten (E. XX 18). Auch schließt die Unvollständigkeit oder Ungenauigkeit der Adresse die Haftpflicht der Eisenbahn für das Ausfolgen des Gutes an eine unberechtigte Person dann nicht aus, wenn dies nicht als eine notwendige

Folge der Mangelhaftigkeit der Adresse erscheint. Insbesondere entschuldigt die unrichtige Bezeichnung des Wohnortes des Adressaten im Frachtbriefe nicht die Ausfolgung des Frachtgutes an eine andere als die im Frachtbriefe bezeichnete Person. Ebensowenig entschuldigt das Fehlen der Angabe der Empfangsbahn eine Verschleppung, wenn die Bezeichnung der Empfangsstation keinen Zweifel zuläßt (Z. VII 232); wohl aber, wenn ein Zweifel besteht (E. XIX 10).

Da die Angabe des Gewichtes und Inhaltes des Gutes für die Tarifierung bzw. Frachtberechnung wesentlich ist, so muß der Absender der Eisenbahn die Frachtdifferenz ersetzen bzw. nachzahlen, wenn er infolge unrichtiger Angabe (vgl. über den Begriff der unrichtigen und ungenauen Angabe (E. XXI 9, XXIII 137, 237, XXIV 291, XXV 120), des Inhaltes oder Gewichtes zu wenig Fracht gezahlt hat (vgl. auch Art. 12 Abs. 4 Übereinkommen), auch z. B. wenn die Verschiedenheit der Verwendung des Guts auf den Tarif von Einfluß ist, die Verwendung unrichtig angegeben ist (Z. VII 647, E. XV 234, XIX 55); nicht aber kann er nachträglich die Frachtdifferenz fordern, wenn infolge seiner ungenauen oder unrichtigen Deklaration ein höherer Tarifsatz der Frachtberechnung zugrunde gelegt worden ist (E. XX 3, 64, XXI 352, 376). Wird die Eisenbahn infolge derartiger unrichtiger Angaben in Strafe genommen, so hat der Absender der Eisenbahn die bezüglichen Strafen zu ersetzen (s. auch Art. 10 Abs. 1 Satz 2 Übereinkommen). Anders, wenn die Eisenbahn zur Verwiegung bestimmungsgemäß verpflichtet ist oder der Absender dieselbe verlangt hat (§ 7 Abs. 4a und b) s. Z. II 374, E. XI 251. Hat aber z. B. der Absender oder Empfänger noch vor Annahme des Gutes durch letzteren eine Änderung der Inhaltsangabe vorgenommen, durch welche sich der Tarif billiger stellt, und die Bahn diese Änderung anerkannt und die Fracht entsprechend reduziert, so darf nicht nachträglich eine Frachtnachzahlung wegen der Änderung der ursprünglichen Angabe gefordert werden. Denn dies ist nirgends verboten (Z. VIII 239). Wohl aber ist die Änderung der Deklaration nach Erfüllung des Frachtvertrages behufs Erlangung einer billigeren Fracht unzulässig (Z. VIII 241, E. XX 3). Nur die Angabe in der dafür bestimmten Frachtbriefrubrik ist für die Frachtberechnung maßgebend (E. XXI 360). Die Haftung für die Angaben in den stark umrahmten Teilen des Frachtbriefes liegt der Eisenbahn, nicht dem Absender ob, und zwar auch dann, wenn letzterer — versehentlich usw. — dieselben ausgefüllt hat (Art. 6 Anm. 47, E. XX 18). Auch formwidrige Angaben des Absenders sind unrichtig im Sinne des Art. 7. Wenn aber die Eisenbahn dem formwidrigen Antrage des Absenders (z. B. in betreff der Gewichtsfeststellung) entsprochen hat, so kann sie einen Frachtzuschlag wegen unrichtiger Gewichtsangabe nicht verlangen (E. XX 327).

53) **„Die Eisenbahn ist jederzeit berechtigt, die Übereinstimmung des Inhalts der Sendungen mit den Angaben des Frachtbriefes zu prüfen. Die Feststellung erfolgt nach Maßgabe der am Orte des Vorganges bestehenden Gesetze oder Reglements. Der Berechtigte soll gehörig eingeladen werden, bei der Prüfung zugegen zu sein, vorbehaltlich des Falles, wenn die letzere auf Grund polizeilicher Maßregeln, die**

der Staat im Interesse der öffentlichen Sicherheit oder der öffentlichen Ordnung zu ergreifen berechtigt ist, stattfindet."

Aus der Pflicht des Absenders, für die Richtigkeit der Frachtbriefsangaben zu haften, folgt ferner das Recht der Eisenbahn, die Richtigkeit dieser Angaben zu prüfen, und zwar gewährt das internationale Übereinkommen im Absatz 2 des Art. 7 den Eisenbahnen dieses Recht nur in betreff des Inhalts der Sendungen, während das Recht und die Pflicht, Gewicht und Stückzahl zu ermitteln, von den internen Gesetzen und Reglements der einzelnen Staaten durch Abs. 3 abhängig gemacht ist. Aber auch in betreff der Inhaltsprüfung ist für das Verfahren — die Feststellung — das Recht des Orts, wo sie geschieht, maßgebend.

Nach Satz 1 hat jede an dem betreffenden Transporte beteiligte Eisenbahn das Prüfungsrecht, und zwar jederzeit, sowohl bei der Annahme des Gutes, wie überall unterwegs, wie endlich auch bei der Ablieferung. Dagegen ist eine Prüfung nach bereits erfolgter Ablieferung nicht mehr zulässig (Z. VII 394).

Satz 1 gibt aber der Eisenbahn nur das Recht — nicht die Pflicht — zu prüfen. Hat aber eine derartige Prüfung nicht stattgefunden, so liegt allerdings — außer bei selbstverladenen Gütern — in der unbemängelten Annahme des Frachtbriefes ein Anerkenntnis der Angaben desselben, welches nur durch Gegenbeweis der Eisenbahn in späteren Streitfällen widerlegt werden kann (Art. 8 Abs. 3 Anm. 59). Dieser steht ihr auch zu, wenn sie das Gewicht irrtümlich unrichtig ermittelt und in den Frachtbrief eingetragen hat (Z. XII 172, E. XX 317). Da die Eisenbahn nur berechtigt, nicht verpflichtet ist, kann sie auch für etwaige aus Unrichtigkeiten sich ergebende Zollstrafen usw. dem Absender usw. nicht aufkommen (Z. II 379, E. XI 251), ebensowenig für die Nachzählung durch ein weder berufenes noch beauftragtes Organ (E. XIX 328). Anders in den Fällen des Art. 7 Abs. 4a und b (Anm. 55a).

Satz 2 und Satz 3 des Abs. 2 enthalten die Normen über das Prüfungsverfahren, d. h. über die Art und Form, in welcher die Feststellung des Inhalts zu erfolgen hat. Satz 2 überläßt dies prinzipiell den am Orte des Vorganges bestehenden Gesetzen oder Reglements.

Vgl. die Zusammenstellung der bezüglichen Vorschriften in den einzelnen Vertragsstaaten: Z. II 180—182, 219—220, 321, III 18, IV 260. Ferner über die Prüfung verschieden tarifierter Güter einer und derselben Wagenladung: Z. II 29, 30, E. X 256. Über die Zuziehung von Sachverständigen und Zeugen: Z. VII 321 (s. Muschweck, Sp.- u. Sch-.Ztg. XI Nr. 1—3.

Nur in einer Beziehung enthält Satz 3 eine allgemeingültige einheitliche und daher durch partikuläre Gesetze oder Reglements nicht abzuändernde oder aufzuhebende Formvorschrift: „Der Berechtigte soll gehörig eingeladen werden, bei der Prüfung zugegen zu sein." Dies ist obligatorisch, muß also — abgesehen von der im folgenden Satze bezeichneten Ausnahme — in allen Fällen der Feststellung des Inhalts geschehen. Eine Feststellung ohne Beobachtung dieser Vorschrift braucht mithin der Berechtigte nicht anzuerkennen bzw. nicht gegen sich gelten zu lassen.

Unter dem „Berechtigten", ist derjenige zu verstehen, dem zur Zeit des Vorgangs die Rechte aus dem Frachtvertrage zustehen, d. h.

bis zum Eintritt des Empfängers in den Frachtvertrag der Absender, von diesem Zeitpunkte ab der Empfänger (Art. 16 Abs. 2). Die Verfügungsberechtigung (Art. 15 Abs. 1) ist also für diesen Fall nicht entscheidend, sondern die allgemeine Vertragsberechtigung.

An Stelle des Berechtigten kann auch sein rechtlicher Vertreter, Geschäftsleiter, Bevollmächtigter eingeladen werden (Z. VII 319). Über die Form der Einladung ist nichts Näheres bestimmt; es ist nur gesagt, daß sie „gehörig" erfolgen solle, d. h. so, daß der Berechtigte rechtzeitig und bestimmt über Zeit und Ort der Prüfung in Kenntnis gesetzt ist. Ob die Benachrichtigung im übrigen schriftlich, telegraphisch, telephonisch (de Seigneux 21) oder mündlich, direkt durch die prüfende Station oder durch Vermittlung der Versandstation usw. zu geschehen hat, richtet sich nach den partikulären Vorschriften des Ortes des Vorganges, und eventuell ist im Streitfalle vom Richter zu beurteilen, ob die Einladung als eine „gehörig" erfolgte zu betrachten ist.

Satz 3 entbindet jedoch in einem Ausnahmefalle die Eisenbahn von der gehörigen Einladung des Berechtigten, nämlich „wenn die Prüfung auf Grund polizeilicher Maßregeln, die der Staat im Interesse der öffentlichen Sicherheit oder der öffentlichen Ordnung zu ergreifen berechtigt ist, stattfindet." In diesem Falle kann die Feststellung stattfinden, ohne daß eine Einladung des Berechtigten erforderlich ist.

Unter „polizeilichen Maßregeln" sind aber — wie der Ausdruck und der Gang der Verhandlungen lehrt — nicht etwa die allgemeinen polizeilichen Sicherheits- und Ordnungsvorschriften zu verstehen, welche das Publikum und die Eisenbahn stets und regelmäßig bei Eisenbahntransporten nach den bestehenden Gesetzen und Reglements zu beobachten haben. (A. M. Schwab 102, Rosenthal 74 Anm. 1.) Denn sonst würde wider die Absicht des Gesetzes die Eisenbahn jederzeit in der Lage sein, unter dem Vorgeben, auf Grund dieser allgemeinen bahn- und betriebspolizeilichen Vorschriften Prüfungen vorzunehmen, die Zuziehung des Berechtigten zu unterlassen und Feststellungen aus rein administrativen Rücksichten zu bewirken, damit aber den Anspruch des letzteren, zur Prüfung eingeladen zu werden, überhaupt illusorisch zu machen. Vielmehr handelt es sich nach der Absicht des Gesetzes ohne Zweifel um einzelne, aus konkreten Anlässen im Interesse der öffentlichen Sicherheit oder der öffentlichen Ordnung von den zuständigen staatlichen Polizeibehörden getroffene Maßregeln oder Anordnungen, die Güter oder bestimmte Kategorien von Gütern einer Prüfung zu unterziehen, also z. B. aus Anlaß einer Seuche (Prüfung wegen Ansteckungsstoffen), eines Krieges (Kriegskontrebande) usw. In allen Fällen der bahnseitigen Prüfung in Gemäßheit der gewöhnlichen, regulären bahnpolizeilichen usw. Aufsicht dagegen ist die Einladung des Berechtigten erforderlich. Es sind also im Gegensatz zu den allgemeinen bahnpolizeilichen usw. Sicherheits- und Ordnungsvorschriften besondere polizeiliche Maßregeln gemeint, welche der Staat aus speziellen Anlässen im Interesse der öffentlichen Sicherheit oder der öffentlichen Ordnung ergreift.

54) **Hinsichtlich des Rechts und der Verpflichtung der Bahnen, das Gewicht oder die Stückzahl des Gutes zu ermitteln oder zu kontrollieren, sind die Gesetze und Reglements des betreffenden Staates maßgebend.**

Während Absatz 2 den Eisenbahnen einheitlich die Berechtigung gewährt, die Übereinstimmung des Inhalts der Sendungen mit den Angaben des Frachtbriefes zu prüfen und — abgesehen von der obligatorischen Einladung der Berechtigten — nur das Feststellungsverfahren der partikulären Regelung überläßt, behält Abs. 3 das Recht und die Pflicht der Bahnen, das Gewicht oder die Stückzahl des Gutes zu ermitteln oder zu kontrollieren, gänzlich den Gesetzen und Reglements des betreffenden Staates vor, d. h. sowohl in betreff des Bestehens einer derartigen Berechtigung und Verpflichtung überhaupt wie auch eventuell des Ermittlungsverfahrens und der Gebührenerhebung (Z. XI 6, E. XVIII 309, XIX 230).

Hierbei ist unter den Worten „des betreffenden Staates" jeder Vertragsstaat zu verstehen, dessen Gebiet die internationale Sendung berührt. Insoweit danach eine der beteiligten Eisenbahnen gesetzlich oder reglementarisch berechtigt oder verpflichtet ist, eine Ermittlung oder Kontrolle des Gewichts oder der Stückzahl vorzunehmen, ist die Sendung diesem Rechte bzw. dieser Pflicht unterworfen und kommen sowohl in bezug auf den materiellen Umfang des Rechts und der Pflicht, wie hinsichtlich des Verfahrens der Feststellung (Zuziehung des Berechtigten, von Sachverständigen, Zeugen, Aufnahme eines Protokolls usw.) die gesetzlichen und reglementarischen Bestimmungen des Staates in Anwendung, in welchem die Feststellung stattfindet.

Vgl. die Zusammenstellung der bezüglichen Vorschriften in den einzelnen Vertragsstaaten: Z. II 212—217, 248, 322; XIII 303, E. XXII 163; Muschweck, Sp.- u. Sch.Ztg. XI Nr. 4—6. Ferner über die Prüfung der Richtigkeit des Gewichts verschieden tarifierter Güter einer und derselben Wagenladung: Z. II 29. 30. Über die Bedeutung der bahnamtlichen Ab- und Nachwage bei Gewichtsdifferenzen: Art. 8 Abs. 4 Anm. 60, Z. VIII 437, E. XXIII 357; Muschweck, Frachtzuschläge, Sp.- u. Sch.-Ztg. XI Nr. 9—17, D.E.Z. 1904 Nr. 95; Hagena, D.E.Z. 1901 Nr. 54 u. 64; Schmitt E. XXII 195, 328, 423; Epstein, Berechnung des Frachtzuschlags, Sp.- u. Sch.-Ztg. XII Nr. 1 (E. XX 305), XI Nr. 52 (E. XX 306), Z. XII Nr. 6 S. 193.

55) **„Bei unrichtiger Angabe des Inhalts einer Sendung oder bei zu niedriger Angabe des Gewichts sowie bei Überlastung eines vom Absender beladenen Wagens ist — abgesehen von der Nachzahlung des etwaigen Frachtunterschiedes und dem Ersatze des entstandenen Schadens sowie den durch strafgesetzliche und polizeiliche Bestimmungen vorgesehenen Strafen — ein Frachtzuschlag an die am Transporte beteiligten Eisenbahnen nach Maßgabe der Ausführungsbestimmungen zu zahlen.**

Absatz 4 knüpft an die im Abs. 1 dem Absender auferlegte Pflicht zu richtigen Angaben im Frachtbriefe und zur Tragung der Folgen aus unrichtigen, ungenauen oder undeutlichen Erklärungen den Grundsatz der weiteren Verbindlichkeit des Absenders, in drei Fällen an die am Transporte beteiligten Eisenbahnen noch eine zivilrechtliche Konventionalstrafe in Gestalt des Frachtzuschlages zu zahlen, nämlich:

1. bei unrichtiger Angabe des Inhalts einer Sendung oder
2. bei zu niedriger Angabe des Gewichts sowie
3. bei Überlastung eines vom Absender beladenen Wagens.

Der durch das Zusatz-Übereinkommen vom 16. Juni 1898 hinzugefügte, mit Abs. 4 eng verbundene Absatz 5 bezeichnet diejenigen Ausnahmen, in welchen bei zu niedriger Angabe des Gewichts oder bei Überlastung eines vom Absender beladenen Wagens der Frachtzuschlag ausnahmsweise nicht erhoben wird.

Die Ausführungsbestimmungen § 3 zu Art. 7 endlich bestimmen die Höhe des zu erhebenden Frachtzuschlages sowohl bei unrichtiger Angabe des Inhalts (Abs. 1 und 2), zu niedriger Angabe des Gewichts (Abs. 3) und Überlastung (Abs. 4 und 5) und den Begriff der letzteren.

Was nun zunächst den im Absatz 4 ausgesprochenen Grundsatz anlangt, so kann nicht zweifelhaft sein, daß der Ausdruck „Frachtzuschlag" grundsätzlich dasselbe bedeutet, wie Konventionalstrafe, mithin, wie diese, privatrechtlichen Charakter hat. Er ist eine neben der Hauptverbindlichkeit im Frachtvertrage für den Fall der Nichterfüllung derselben ausbedungene Nebenverbindlichkeit. So auch Schwab S. 104 und Erk. des Deutschen Reichsgerichts v. 29./1. 1887 (Entsch. i. Zivils. B 20 S. 33) v. 10./10. 1900 (Bd. 47 S. 33, Eisenb. E. XVII 331, XVIII 11) v. 3./6. 1905 (Eisenb. E. XXII 74). v. 14./11. 1906 (Entsch. i. Zivils. Bd. 64 S. 284. Eisenb. E. XXIII S. 296). Düringer und Hachenburg, Komm. Z. D. H.G.B. III 691. Öst. Oberst. Ger. v. 18./3. 1905 (Allgem.Verk.-Anz. XXIV Nr. 23 u. 24). O.L.G. Hamm v. 11./7. 1904. Z. XIII 214, E. XXII 16. — Reindl, I.Ü. 6; v. Rinaldini, Komm. z. Öst. E.W.O. 201; Schmitt (E. XXII 200). — A. M. Gerstner S. 142; Rosenthal S. 75; Hilscher 71. In den legislatorischen Verhandlungen ist zwar über die Rechtsnatur des „Frachtzuschlags" eine bestimmte Entscheidung nicht erfolgt. Aber es weisen der Gang und die Tendenz derselben auf den privatrechtlichen Charakter derselben hin.

Der Frachtzuschlag ist zu zahlen, abgesehen von den übrigen aus der unrichtigen Inhaltsangabe oder zu niedriger Gewichtsangabe oder aus der Überlastung entspringenden Folgen: d. h. neben 1. der Nachzahlung der sich hieraus etwa ergebenden Frachtdifferenz, 2. dem Ersatze des aus diesen Momenten entstandenen Schadens, 3. den durch strafgesetzliche oder polizeiliche Bestimmungen vorgesehenen Strafen (Muschweck, Sp.- u. Sch.-Ztg. XI Nr. 7, 8; Reindl XVI Nr. 1).

1. Daß neben dem Frachtzuschlage der sich aus der unrichtigen Inhaltsangabe, zu niedrigen Gewichtsangabe oder aus der Überlastung etwa ergebende „Frachtunterschied" nachgezahlt werden muß, liegt in der Natur des Frachtvertrages und folgt aus Art. 11 in Verbindung mit Art. 12 Abs. 4 des Übereinkommens (Z. XIII 305, E. XXII 176). Die Frachtforderung bleibt von der Konventionalstrafenforderung unberührt.

2. Ebenso haftet unabhängig von der Konventionalstrafe der Kontravenient für den aus der unrichtigen Inhaltsangabe oder Überlastung „entstandenen Schaden". Dies ist die zivilrechtliche Schadensersatzpflicht für die gesetzwidrige Handlungsweise. Es ist hier

nur die Haftung gegen die Eisenbahn gemeint für Schäden an Transportmitteln, Personal oder Gütern Dritter, die die Bahn zu tragen hat. Ein Dritter kann aus Art. 7 Abs. 4 gegen die Kontravenienten direkt Ansprüche nicht erheben. Der Absender kann der Eisenbahn nicht entgegenhalten, sie habe einen Frachtbrief mit unrichtigen Angaben nicht annehmen dürfen und befinde sich also im Mitverschulden. Ebensowenig ist die Einrede statthaft, daß der Frachtbrief von den Eisenbahnbediensteten ausgefertigt sei; denn die Eisenbahn haftet nicht für die von ihren Leuten ohne dienstliche Verpflichtung besorgte Frachtbriefausfertigung. Nur wenn die Eisenbahn die Unrichtigkeit oder Ungenauigkeit der Deklaration (oder die Nichtbeachtung der vorgeschriebenen Sicherheitsmaßregeln) gekannt und dennoch den Transport übernommen hat, macht sie bzw. der annehmende Beamte sich wegen Verletzung der reglementarischen und polizeilichen Vorschriften sowohl der Aufsichtsbehörde gegenüber wie auch polizei- und strafrechtlich verantwortlich und kann je nach der Lage des konkreten Falles des Konventionalstrafen- und Regreßrechts gegen den Absender verlustig gehen. Der Eisenbahn, welche den Absender aus Art. 7 Abs. 4 auf Schadensersatz belangt, liegt der Beweis ob, daß der Schaden mit der unrichtigen oder ungenauen Deklaration (oder der Außerachtlassung der vorgeschriebenen Sicherheitsmaßregeln) in ursächlichem Zusammenhange steht.

3. Endlich treffen den Kontravenienten außer der an die Eisenbahn zu entrichtenden Konventionalstrafe noch die „durch strafgesetzliche oder polizeiliche Strafbestimmungen vorgesehenen Strafen", z. B. des Betrugs (Z. III 143, IV 440), der Körperverletzung (Z. IV 211), s. den Fall der Teilnahme des Dienstherrn (Z. VI 439). Der Frachtzuschlag und die strafgesetzliche oder polizeiliche Strafe sind nicht etwa alternativ, sondern nebeneinander und zusammen zur Anwendung zu bringen, wie sich aus dem Wortlaute klar ergibt (Z. II 187, E. X 289).

I. Der erste Fall der Verpflichtung zur Entrichtung eines Frachtzuschlags liegt in der unrichtigen Angabe des Inhalts einer Sendung. Die unrichtige Angabe des Inhalts einer Sendung erstreckt sich auf jede erweislich falsche Bezeichnung desselben, sowohl nach der äußeren wie inneren Beschaffenheit des Gutes (Z. VII 317, XIII 305, E. XXII 176), Art, Stoff usw. (Z. II 389, III 91, 143, VII 317, 320, 394. — Art der Verwendung (Z. VII 647); dagegen nicht auf die Emballage (z. B. Tonne statt Kiste) oder die Herkunft, falls diese nicht tarif- oder usancemäßig für die Beschaffenheit maßgebend ist. Art. 7 unterscheidet nicht zwischen verpackten und unverpackten Sendungen (E. XXIV 291). Auch ist es gleichgültig, ob die betreffenden Güter zu den vom internationalen Transport gänzlich ausgeschlossenen oder bedingungsweise zugelassenen oder den unbedingt zugelassenen gehören. Doch unterscheidet § 3 Abs. 1 und 2 der Ausführungsbestimmungen bei Festsetzung der Höhe des Frachtzuschlages (Anm. 55b S. 142, 143) zwischen den ersteren beiden Kategorien und der letzteren. Unrichtig ist aber nicht jede der Güterklassifikation nicht entsprechende, sondern nur eine falsche, wahrheitswidrige Angabe (E. XXI 9).

II. Der zweite — erst durch das Zusatz-Übereinkommen von 1898 neu hinzugefügte — Fall der Verpflichtung zur Zahlung eines Frachtzuschlages liegt „bei zu niedriger Angabe des Gewichts" vor (s. S. 88).

Die zu niedrige Angabe des Gewichts umfaßt jede vom Absender im Frachtbriefe bewirkte Angabe eines Gewichts, welche geringer ist, als das sich bei bahnamtlicher Wiegung ergebende, gleichviel ob diese vom Versand- oder Empfangsorte oder unterwegs stattfindet. Auch wurde konstatiert, daß sich diese Bestimmung sowohl auf Stück- wie auf Wagenladungsgüter bezieht — vorbehaltlich der Bestimmungen des Abs. 5 (S. 93). (Prot. v. 26./3. 1896).

Aus der ausdrücklichen Beschränkung auf die zu niedrige Gewichtsangabe folgt, daß der Frachtzuschlag nicht erhoben werden darf bei zu hoher Angabe des Gewichts und ebensowenig bei unrichtiger Angabe der Stückzahl, des Maßes, Flächenraumes usw. einer internationalen Sendung, und zwar weder bei Stück- noch bei Wagenladungsgütern. Die Erhebung des Frachtzuschlags bei zu niedriger Gewichtsangabe erleidet jedoch zwei wesentliche Beschränkungen in den durch Abs. 5 litt. a und b bezeichneten Fällen (Anm. 55a S. 93 u. 94). Die Höhe des Frachtzuschlages im Falle zu niedriger Angabe des Gewichts ist durch § 3 Abs. 3 der Ausführungsbestimmungen festgesetzt (Anm. 55c S. 97). (Muschweck, Meinungsverschiedenheiten bei der Berechnung von Frachtzuschlägen (S. 63, 1904 Nr. 95). Schmid desgl. (1905 Nr. 7).

III. Der dritte Fall der Verpflichtung zur Zahlung eines Frachtzuschlags besteht in der Überlastung eines vom Absender beladenen Wagens. Hat nicht der Absender, sondern die Eisenbahn durch ihre Leute den Wagen beladen, gleichviel ob dies auf Grund tarifarischer Verpflichtung, einer Vereinbarung oder freiwillig geschehen, so ist die Voraussetzung für die Erhebung eines Frachtzuschlages nicht gegeben. Auch hier erfährt der Grundsatz der Erhebung des Frachtzuschlags drei wesentliche Ausnahmen durch die im Abs. 5 lit. 6, e und d enthaltenen Bestimmungen. Die Höhe des Frachtzuschlags im Falle der Überlastung eines vom Absender beladenen Wagens, sowie der Begriff der straffälligen Überlastung sind durch § 3 Abs. 4, 5 der Ausführungsbestimmungen geregelt (Anm. 55c S. 99 ff.).

Der Frachtzuschlag ist „an die am Transporte beteiligten Eisenbahnen" zu zahlen, mithin ausnahmslos an alle beteiligten Eisenbahnen gemeinsam bzw. an eine zur Verteilung an alle. Aktiv legitimiert ist jede der beteiligten Bahnen, auch die Versandbahn. Es darf ihr nicht aus Art. 20 der Einwand entgegengesetzt werden, daß nur die Endbahn aktiv legitimiert sei (E. XX 53).

Ohne Zweifel ist es aber den Eisenbahnen gestattet, sei es im Wege genereller Vereinbarung oder im Einzelfalle, den Frachtzuschlag der entdeckenden Eisenbahn zuzuweisen, bzw. zugunsten der entdeckenden Verwaltung auf ihre Anteile zu verzichten. Dies wurde auch in der Paris. Rev.-Konferenz ausdrücklich konstatiert. (Prot. v. 26. 3. 1896 S. 112.) So auch Muschweck, V.Z. 1901 Nr. 19/20 und Z. IX 108.

Das Übereinkommen läßt ferner auch die Frage offen, wer den Frachtzuschlag zu zahlen hat, der Absender oder Empfänger. Es ist ganz allgemein gesagt: „ist . . . . zu zahlen“. Es unterliegt aber keinem Zweifel, daß die Frachtzuschläge ebenso wie die Frachtbeträge, Nebengebühren und baren Auslagen der Eisenbahnen zu den durch den Frachtvertrag begründeten Forderungen derselben gehören (Art. 20) und daher die Zahlung bis zum Eintritt des Empfängers in den Frachtvertrag (Art. 16, 17) dem Absender, von da ab aber dem Empfänger obliegt (Z. V 20, 509, 836, E. XIV 59, XXII 295. Öster. Eisenb.-Ztg. XXVII 1904 Nr. 6 u. 7. Unrichtig Gerstner, Suppl. 57, 58). In der Paris. Rev.-Konferenz wurde dies anerkannt. (Prot. v. 26. 3. 1896.) Die Annahme, daß ausschließlich der Absender (auch nach dem Eintritt des Empfängers in den Frachtvertrag) zahlungspflichtig sei, weil es sich um eine strafbare Handlung des Absenders handle, ist ungerechtfertigt, da es weder auf den dolus noch die bona fides (Z. VII 395; XIII 305, E. XXII 176; Rosenthal 155; Hertzer 83; Cosack 432; Lehmann-Ring II 346; Muschweck, V.Z. 1901 Nr. 19/20. A. M.: Z. IX 107) des Deklarierenden ankommt, für die Verwirkung der Geldbuße vielmehr lediglich die Tatsache der unrichtigen Inhaltsangabe oder Überlastung, gleichviel aus welchen Gründen, genügt. (Z. III 91, VI 519, IX 50, E. XVIII 99.) Auch das Deutsche Reichsgericht nimmt an, daß, weil der Frachtzuschlag die Natur einer Konventionalstrafe hat, es zur Begründung des Anspruchs auf den Frachtzuschlag genügt, daß eine objektiv unrichtige Angabe des Inhalts vorliegt, der Absender aber zur Zahlung derselben dann nicht verpflichtet ist, wenn er nachweist, daß die unrichtige Angabe ohne sein Verschulden erfolgt ist (Erk. d. Reichsger. v. 29. 1. 1887, Entsch. i. Zivils. Bd. 20 S. 33 und 3. 6. 1905 Eisenb. E. XXII 74), also z. B. durch Verschulden der Eisenbahn veranlaßt ist.

Der Frachtzuschlag ist verwirkt, sobald der Frachtvertrag perfekt geworden, d. h. das Gut mit dem Frachtbriefe bei der Versandstation zur Beförderung aufgegeben und von ihr angenommen ist (Art. 8 Abs. 1, 2). (Hilscher 71; v. Buschmann Erg. 18; Baumgarten, E. XXII 333; A. M. Gerstner, Suppl. 57; Adam Schmitt E. XX 328; Ruckdeschel 37; s. ferner über Fälligkeit des Frachtzuschlags Sp.- u. Sch.-Ztg. XV Nr. 20.) Daß auch der Datumsstempel dem Frachtbriefe aufgedruckt war (Art. 8 Abs. 1 Satz 2), ist nicht erforderlich, denn dies gehört nicht zur Perfektion des Frachtvertrags (s. Art. 8 Anm. 59 und Z. VII 319; A. M. Schott 397); ebensowenig, daß eine Beförderung tatsächlich stattgefunden hat, es genügt die vertragsmäßige Aufgabe und Annahme des Gutes mit objektiv unrichtiger Inhalts- oder zu niedriger Gewichtsangabe usw. (A. M. Z. VII 594.) Es kommt daher auch nicht darauf an, ob durch die unrichtige Angabe ein Schaden für die Eisenbahn erwachsen ist (Z. II 289, III 143) und ebensowenig, ob die unrichtige oder zu niedrige Angabe oder die Überlastung auf Verschulden, böser Absicht, Vorsatz, Fahrlässigkeit oder Irrtum des Absenders oder auf Zufall beruht (Z. III 91, XIII 305, E. XXII 176), ob der Absender selbst oder seine Leute die Schuld tragen.

Auch Mitverschulden der Bahn befreit von der Zahlung des Zuschlags nicht, wohl aber, wenn die Bahn allein die Angabe oder Überlastung verschuldet oder dieselbe gekannt hat. Der Frachtzuschlag ist auch bei Gutgläubigkeit des Absenders verwirkt (Z. IX 50, 108, 109, E. XXII 63; Rosenthal 76; Hertzer 82; Lyon-Caen, Journ. de Droit internat. 1893 S. 466; Schwab 109). Nach D. B.G.B. (§ 341 S. 3) verliert aber die Eisenbahn den Anspruch auf den Frachtzuschlag, wenn sie einen überlasteten Wagen ohne Vorbehalt zur Beförderung angenommen hat (Z. XIII 214, E. XXII 16, 125). Der Frachtzuschlag für unrichtige Inhalts- oder zu niedrige Gewichtsangabe und der Frachtzuschlag für Überlastung bestehen unabhängig voneinander; sie bilden drei selbständige Konventionalstrafen; die eine Strafe schließt die andere nicht aus.

55a) **„Ein Frachtzuschlag wird nicht erhoben:**

a) **bei unrichtiger Gewichtsangabe von Gütern, zu deren Verwiegung die Eisenbahn nach den für die Vesandstation geltenden Bestimmungen verpflichtet ist;**

b) **bei unrichtiger Gewichtsangabe oder bei Überlastung, wenn der Absender im Frachtbriefe die Verwiegung durch die Eisenbahn verlangt hat;**

c) **bei einer während des Transports infolge von Witterungseinflüssen eingetretenen Überlastung, wenn der Absender nachweist, daß er bei der Beladung des Wagens die für die Versandstation geltenden Bestimmungen eingehalten hat;**

d) **bei einer während des Transports eingetretenen Gewichtszunahme, welche eine Überlastung nicht herbeiführt, insofern der Absender nachweist, daß die Gewichtszunahme auf Witterungsverhältnisse zurückzuführen ist.**

I. In den im Abs. 5 unter a bis d bezeichneten Ausnahmefällen von dem Grundsatze des Abs. 4 wird ein Frachtzuschlag (Abs. 4 Anm. 55) nicht erhoben, d. h. nach der kategorischen Fassung: der Frachtzuschlag darf nicht erhoben werden, seine Erhebung ist unstatthaft derartig, daß der Inanspruchgenommene sowohl im Beschwerde- wie im Rechtswege die Forderung auf Rückzahlung zu erheben berechtigt ist.

II. Die Fälle, in welchen der Frachtzuschlag in Ausnahme von der Regel des Abs. 4 nicht erhoben werden darf, sind folgende:

a) Bei unrichtiger Gewichtsangabe von Gütern fällt die Erhebung des Frachtzuschlags fort, wenn die Eisenbahn zur Verwiegung derselben nach den für die Versandstation geltenden Bestimmungen verpflichtet ist. Diese Vorschrift, welche sich ausnahmslos auf Güter aller Art — Stück- und Wagenladungsgüter — bezieht, entspricht der Billigkeit. Denn wenn die Bahn bestimmungsmäßig zur Verwiegung verpflichtet ist, bedarf es an sich überhaupt keiner Gewichtsangabe seitens des Absenders, und kann derselbe, wenn er dennoch eine Gewichtsangabe beifügt, sich darauf verlassen, daß die Eisenbahn pflichtmäßig die Verwiegung vornehmen und eine etwaige unrichtige Gewichtsangabe berichtigen wird. Geschieht dies nicht, so darf sie jedenfalls aus ihrer Pflichtversäumnis nicht eine

Strafforderung gegen den Absender herleiten (Prot. der Pariser Rev.-Konfer. v. 26. 3. 1896). Über die Schwierigkeiten bei Ausführung der in Rede stehenden Vorschrift s. Reindl, E. XVI, Anlageheft S. 6, 7.

b) Sowohl bei unrichtiger Gewichtsangabe wie auch bei Überlastung — sc. eines vom Absender beladenen Wagens — wird der Frachtzuschlag nicht erhoben, wenn der Absender im Frachtbriefe die Verwiegung durch die Eisenbahn verlangt hat.

Diese Ausnahme von der Regel des Abs. 4 bezieht sich sowohl auf unrichtige (besser: zu niedrige) Gewichtsangabe wie auch auf Wagenüberlastung. Sie entspricht der Billigkeit. (So auch Rosenthal 76.) Das bezügliche Verlangen des Absenders nach Verwiegung durch die Eisenbahn muß im Frachtbriefe ausdrücklich und deutlich ausgesprochen sein. Ein anderweitig ausgesprochenes Verlangen genügt nicht und hindert nicht die Erhebung des Zuschlags. Der Grund liegt darin, daß man zur Vermeidung von Streitigkeiten und Zweifeln einen sicheren urkundlichen Beweis für den Verwiegungsantrag des Absenders schaffen wollte.

Es genügt für die Befreiung von der im Abs. 4 vorgesehenen Konventionalstrafe wegen unrichtiger Gewichtsangabe oder Überlastung lediglich und unbedingt der Nachweis der Tatsache, daß der Absender die Verwiegung verlangt hat, gleichviel ob in dem betreffenden Lande, in welchem er dieses Verlangen stellt, eine Verpflichtung der Bahnen besteht, demselben nachzukommen. Ob die Bahn diesem Verlangen zu entsprechen verpflichtet ist, ist nach wie vor gemäß Abs. 3 von den Landesgesetzen und Reglements des betreffenden Staates abhängig (E. XVIII 309). Entspricht sie aber dem Verlangen nicht, so kann von dem Absender ein Frachtzuschlag wegen später ermittelter Überlastung nicht erhoben werden.

c) Bei einer während des Transportes infolge von Witterungseinflüssen eingetretenen Überlastung wird der Frachtzuschlag nicht erhoben, wenn der Absender nachweist, daß er bei der Beladung des Wagens die für die Versandstation geltenden Bestimmungen eingehalten hat.

Auch diese Ausnahme von der Regel des Abs. 4 hat aus Rücksichten der Billigkeit Annahme gefunden. Denn es war bisher als eine Härte empfunden worden, daß dem Absender die Verantwortlichkeit für alle während des Transports durch Witterungseinflüsse entstandenen Überlastungen oblag. Nunmehr hat er die Überlastung aus diesem Grunde, also insbesondere durch Gewichtszunahme infolge von Nässe (Regen, Schnee, Nebel), nur dann zu vertreten, wenn er nicht nachweisen kann, daß er die Beladung vorschriftsmäßig bewirkt hat. Dieser Nachweis liegt ihm ob, und es ist daher seine Sache, bei derartigen Gütern sich die erforderlichen Beweise zu sichern.

d) Bei einer während des Transportes eingetretenen Gewichtszunahme, welche eine Überlastung nicht herbeiführt, wird ein Zuschlag nicht erhoben, wenn der Absender nachweist, daß die Gewichtszunahme auf Witterungseinflüsse zurückzuführen ist.

Diese letzte Ausnahme von dem Grundsatze des Abs. 4 ist erst durch die Berner Rev.-Konf. (1905) aufgenommen worden und füllt eine häufig empfundene Lücke aus. Denn es erscheint nicht gerechtfertigt, auch in solchen Fällen — ebenso wie in den Fällen der lit. c — einen Frachtzuschlag zu erheben, da für die Frage der richtigen Gewichtsangabe füglich nur der Zeitpunkt der Aufgabe der Güter maßgebend sein kann und es der Billigkeit nicht entsprechen würde, den Absender für nachträglich ohne sein Verschulden entstandene Veränderungen des Gutes verantwortlich zu machen, gegen die er dasselbe nicht zu schützen vermag. Allerdings würde sich die Partei gegen die Einziehung des Frachtzuschlags dadurch schützen können, daß sie die bahnamtliche Nachwage verlangt; doch wäre dies für sie mit ungerechtfertigten Kosten verbunden (Prot. v. 7. Juli 1905).

55b) **Der Anspruch auf Zahlung oder Rückzahlung von Frachtzuschlägen (§ 3 Abs. [1] bis [5] und § 9 Abs. [2]) der Ausführungsbestimmungen verjährt in einem Jahre, sofern er nicht unter den Parteien durch Anerkenntnis, Vergleich oder gerichtliches Urteil festgestellt ist. Die Verjährung beginnt bei den Ansprüchen auf Zahlung von Frachtzuschlägen mit der Zahlung der Fracht oder, falls eine Fracht nicht zu zahlen war, mit der Auflieferung der Güter; bei den Ansprüchen auf Rückzahlung von Frachtzuschlägen beginnt sie mit der Zahlung der Zuschläge. Auf die Verjährung finden die Bestimmungen des Art. 45 Abs. (3) und (4) Anwendung. Die Bestimmung des Art. 44 Abs. (1) findet keine Anwendung.**

Abs. 6, dessen Hinzufügung zum § 7 durch die 2. Rev.-Konf. (1905) beschlossen worden ist, führt für den Anspruch auf Zahlung oder Rückzahlung von Frachtzuschlägen übereinstimmend mit Art. 12 und Art. 45 eine kurze, einjährige Verjährungsfrist ein und läßt in seiner Fassung klar erkennen, daß es sich um eine Verjährungs-, nicht um eine Präklussivfrist handle. Der Grund für die Aufnahme des neuen Absatzes lag darin, daß sich hinsichtlich der Verjährung des Anspruches auf Frachtzuschläge je nach dem Rechtscharakter, welcher dem Frachtzuschlage beigelegt wurde (Anm. 55 S. 89), verschiedene Rechtsanschauungen geltend gemacht hatten und danach insbesondere die Frage, innerhalb welcher Frist Frachtzuschläge verjähren, streitig geworden war. (Reindl D.J.Z. 1903 S. 100; Annalen 257; Bl. f. Rechtsanw. 1907 S. 514; Eger, D.J.Z. 1903 S. 123); s. noch E. XXII 34 und 295, XXIII 296; Hertzer, 83; Düringer-Hachenburg 691; Coermann V.Z. 1902 S. 387; Hilscher 72.)

Um den sich daraus ergebenden Zweifeln zu begegnen, ist in Übereinstimmung mit Art. 12 und 45 die einjährige Verjährungsfrist durch Satz 1 des neuen Abs. 6 des Art. 7 bestimmt und normiert worden (2. Rev.-Konf. Prot. v. 7. Juli 1905 und Schlußprot. Z. XIV 133). Dem Charakter der Frist als Verjährung entsprechend wird dieselbe durch Anerkenntnis, Vergleich und gerichtliches Urteil ausgeschlossen, nicht aber durch andere Novationsgründe. Dagegen ist Unterbrechung der Verjährung nach den landesgesetzlichen Normen zulässig. Auch die Form der drei Novationsgründe richtet sich nach den Landesrechten;

ebenso die Frage, ob die Geltendmachung nur eines Anspruchs die Verjährung der übrigen, oder die Geltendmachung eines Teils des Anspruchs die Verjährung des ganzen Anspruchs verhindert, Eine vertragsmäßige Beschränkung der Verjährungsfrist ist den Eisenbahnen nicht gestattet. Jede derartige Abrede ist gemäß Art. 4 nichtig; die kurze einheitliche Verjährungsfrist beseitigt die Verschiedenheit der landesrechtlichen Verjährungsfristen für derartige Forderungen. Sie findet nicht nur auf Ansprüche im Wege der Klage, sondern auch der Widerklage und Einrede Anwendung (Art. 45, 46).

Nach Satz 2 des Abs. 6 beginnt die einjährige Verjährungsfrist 1. bei Ansprüchen auf Zahlung von Frachtzuschlägen mit der Zahlung der Fracht, d. h. sie läuft von dem Tage, an welchem die Fracht an die Eisenbahnkasse gezahlt worden ist; 2. in den Fällen, in welchen eine Fracht nicht zu zahlen war, z. B. bei Frankofracht usw. mit der Auflieferung der Güter, d. h. bei sukzessiver Auflieferung mit deren Beendigung; 3. bei Ansprüchen auf Rückzahlung von Frachtzuschlägen mit der Zahlung der Zuschläge.

Satz 3 des Abs. 6 erklärt die Bestimmungen des Art. 45 Abs. 3 und 4 des internationalen Übereinkommens auf die Verjährung usw. der vorbezeichneten Ansprüche für anwendbar.

Nach Art. 45 Abs. 3 entscheiden bezüglich der Unterbrechung der Verjährung — bei Entschädigungsforderungen wegen Verlustes, Beschädigung usw. — die Gesetze des Landes, wo die Klage angestellt ist. Dieser Grundsatz soll also auch auf die Ansprüche auf Zahlung oder Rückzahlung von Frachtzuschlägen des Art. 7 Abs. 4 Anwendung finden, d. h. auf Ansprüche der Eisenbahn wie gegen dieselbe. Es ist somit im Gegensatz zu der einheitlichen kurzen Verjährungsfrist (Satz 2) die Verschiedenheit der landesrechtlichen Unterbrechungsarten aufrechterhalten.

Nach Art. 45 Abs. 4 tritt bei Entschädigungsforderungen wegen Verlustes, Beschädigung usw. durch eine schriftliche Reklamation des Berechtigten bei der Eisenbahn unter den dort des näheren festgesetzten Modalitäten eine Hemmung der Verjährung, d. h. ein Ruhen des Fristenlaufes für so lange ein, als die Reklamation nicht erledigt ist (Anm. 221 a). Auch diese Vorschrift ist auf die Verjährung der Ansprüche aus Art. 7 Abs. 4 übertragen, aber der Natur der Bahn nach nur auf Rückzahlungsansprüche des Berechtigten wegen zu viel erhobener Zuschläge, da nur bei diesen von einer Reklamation die Rede sein kann.

Satz 4 gibt dem Grundsatze Ausdruck, daß die Regel des Art. 44 Abs. 1, wonach, wenn die Fracht nebst den sonst auf dem Gute haftenden Forderungen bezahlt und das Gut angenommen ist, alle Ansprüche gegen die Eisenbahn aus dem Frachtvertrage erloschen sind, auf die Rückforderungen aus Frachtzuschlägen keine Anwendung findet (s. Anm. 209; a. M. irrig: Z. VI 327). Art. 7 Abs. 6 Satz 1 bildet hiernach eine Ausnahme von der Regel des Art. 44 Abs. 1. Wäre diese Ausnahme nicht ausdrücklich im Art. 7 Abs. 6 Satz 4 ausgesprochen, so würde nach erfolgter Zahlung der Fracht usw. und Annahme des Gutes der Absender bzw. Empfänger nicht berechtigt sein, eine Nachforderung wegen zu hoch und zu Unrecht erhobener Frachtzuschläge gegen die Eisenbahn geltend zu machen.

55c) Die Ausführungsbestimmungen § 3 zum Art. 7 der Übereinkommens (S. 78, 79) setzen einheitlich die Höhe der Frachtzuschläge für alle drei Kontraventionen: unrichtige Angabe des Inhalts (§ 3 Abs. 1 und 2), zu niedrige Angabe des Gewichts (§ 3 Abs. 3) und Überlastung (§ 3 Abs. 4) fest und definieren zugleich den Begriff der letzteren (§ 3 Abs. 5 lit. a und b). Beides ist daher der partikulären Regelung entzogen (vgl. Epstein, Zur Frage der Berechnung des Frachtzuschlags Sp.- u. Sch.-Ztg. XII Nr. 1, XVI Nr. 36; Muschweck Nr. 2 a. a. O.).

Es ist zwar weder im Übereinkommen selbst noch in den Ausführungsbestimmungen ausdrücklich ausgesprochen, daß die in den letzteren (§ 3) angegebenen Strafsätze Maximalsätze sind, über welche nicht hinausgegangen werden darf. Dies folgt aber aus Art. 4 des Übereinkommens. Dagegen ist es an sich nicht unstatthaft, die Beträge herabzusetzen oder zu erlassen, weil hierin ein Widerspruch mit dem Übereinkommen nicht liegt. Doch würde dazu die Zustimmung aller beteiligten Bahnen gehören, weil ihnen die Frachtzuschläge usw. gemeinsam zufallen, mithin eine der beteiligten Bahnen nicht einseitig über die Herabsetzung oder den Erlaß Verfügung treffen und dadurch die Rechtslage der übrigen Bahnen nicht verschlechtern darf. (Zustimmend: Rosenthal 77.)

1. Unrichtige Angabe des Inhalts.

§ 3 Abs. 1 betrifft den Fall, wenn die von der Beförderung ausgeschlossenen, der Selbstentzündung oder Explosion unterworfenen, ferner ekelerregenden und übelriechenden Gegenstände (§ 1 Ziff. 4 der Ausführungsbestimmungen) und die nur bedingungsweise zur Beförderung zugelassenen Gegenstände (Anlage 1 zu den Ausführungsbestimmungen) unter unrichtiger oder ungenauer Deklaration zur Beförderung aufgegeben werden. In diesem Falle wird (ebenso wie bei Außerachtlassung der in der Anlage 1 zu den Ausführungsbestimmungen gegebenen Sicherheitsvorschriften) ohne Rücksicht auf die Höhe des eigentlichen Frachtbetrags durchweg ein fixer Frachtzuschlag von 15 Franken für jedes Bruttokilogramm (d. h. einschließlich der Verpackung usw.) des ganzen Versandstückes erhoben. (Prot. d. Rev.-Konferenz vom 26. und 28. März 1896.) Die Strafe ist lediglich durch die Tatsache der falschen Deklaration bei der Aufgabe verwirkt, gleichviel ob die unrichtige Angabe mit oder ohne Schuld des Deklarierenden erfolgt und ob hierdurch ein Schaden entstanden ist oder nicht.

Der Frachtzuschlag findet auch auf diejenigen Gegenstände Anwendung, bezüglich deren auf Grund des § 1 Abs. 3 der Ausführungsbestimmungen leichtere Bedingungen vereinbart sind (Z. 246).

. Die unrichtige oder ungenaue Deklaration allein genügt nicht zur Verwirkung der Strafe. Es ist die Aufgabe zur Beförderung (Auflieferung, Hingabe und Annahme, Art. 8 Abs. 1) unter unrichtiger oder ungenauer Deklaration erforderlich. Dagegen reicht die bloße Tatsache aus, gleichviel ob böse Absicht (dolus) vorliegt oder nur Irrtum (verschuldeter oder unverschuldeter), ob ein Schaden wirklich entstanden, ob die Beförderung wirklich begonnen oder stattgefunden hat oder nicht. (Und dasselbe gilt für die Nichtbeachtung der vorgeschriebenen Sicherheitsmaßregeln.) (Siehe des näheren Anm. 55 S. 92.)

Der Frachtzuschlag beträgt 15 Franken „für jedes Bruttokilogramm des ganzen Versandstückes", d. h. soweit der Inhalt desselben ein verbotswidriger ist, bzw. für jedes inkriminierte Bruttokilogramm des ganzen Versandstückes. Den übrigen Teil des Versandstückes mit in Berechnung zu ziehen, entspricht um so weniger dem Wortlaut und Sinn der vorliegenden Bestimmung, als es sich hier nicht um dolus, sondern lediglich um die tatsächlich unrichtige Angabe aus Irrtum, Zufall usw. handelt und es mit der Billigkeit nicht vereinbar sein würde, in solchen Fällen das Gesamtgewicht des ganzen Versandstückes zur Bestrafung heranzuziehen und damit eine ganz ungewöhnlich hohe Strafe selbst gegen den gutgläubigen Absender usw. zu verhängen. (Entsch. des Deutsch. Reichsger. vom 6. Juli 1883, Eisenb. Entsch. III 87, des Hand.- und Wechselgerichts Budapest, Appellsenat vom 14. Januar 1898 Z. VII 317, E. XVI 16 (18) der Kgl. Ungar. Kurie 19. Juni 1901 1260/1900 S. 2859, Öster. Eisenb.-Ver.Bl. 1901 S. 2859, E. XVIII 248, 249; Eger, Deutsch. Frachtr. Bd. 3, 240 und Verk.-Ord. 2. Aufl. 270; Rosenthal 78; Ruckdeschel 37.) Unrichtig: Gerstner Suppl. 52 und L.F. in Z. X 184.

§ 3 Abs. 2 umfaßt alle anderen in Abs. 1 nicht bezeichneten Fälle. Bei diesen wird unterschieden, ob die unrichtige Inhaltsangabe eine Frachtverkürzung herbeizuführen geeignet ist oder nicht. In letzterem Falle beträgt der Frachtzuschlag nur 1 Franken für den Frachtbrief, im ersteren Falle (Frachtverkürzung) dagegen das doppelte des Unterschiedes zwischen der Fracht von der Aufgabe- bis zur Bestimmungsstation für den angegebenen und der für den ermittelten Inhalt, mindestens aber 1 Franken.

Der Frachtzuschlag wird mangels einer Einschränkung auch dann erhoben, wenn die Sendung nicht bis zum Bestimmungsorte gegangen, unterwegs angehalten, konfisziert, ganz oder teilweise vernichtet oder zurückbeordert usw worden ist. Auch hier genügt lediglich die Tatsache der unrichtigen Angabe, gleichviel ob dieselbe mit oder ohne Schuld des Absenders erfolgt, und ob ein Schaden daraus erwachsen ist oder nicht. (Über die Zulässigkeit einer Überschreitung, Herabsetzung oder eines Erlasses des Frachtzuschlages s. oben S. 97.) Ist ein Teil der Sendung richtig, ein anderer unrichtig deklariert, z. B. bei einer Sendung von mehreren Kollis, so kommt nur der unrichtig deklarierte Teil in Betracht (Z. VII 320).

2. Zu niedrige Angabe des Gewichts.

§ 3 Abs. 3 regelt den Frachtzuschlag für zu niedrige Gewichtsangabe (Anm. 55 und Anm. 55 b) und setzt denselben ganz übereinstimmend mit den Fällen des Abs. 2 auf das Doppelte des Unterschiedes zwischen der Fracht von der Aufgabe- bis zur Bestimmungsstation für das angegebene und der für das ermittelte Gewicht fest. Es wird daher auf die vorstehenden Ausführungen zu Abs. 2 Bezug genommen (s. Haftung f. Gewichtsangaben Sp.- u. Sch.-Ztg. XV Nr. 25).

3. Überlastung eines vom Absender beladenen Wagens.

Abs. 4 setzt in seinem ersten Satze den Frachtzuschlag für die im Abs. 5 definierte Überlastung eines vom Absender beladenen Wagens auf das Sechsfache der Fracht von der Aufgabe bis zur Bestimmungsstation für dasjenige Gewicht fest, welches die im Abs. (5) festgesetzten äußersten Belastungsgrenzen übersteigt. Die bisherige Bestimmung: „für das die zulässige Belastung übersteigende Gewicht" war nicht klar genug (s. Reindl E. XVI Anl.-Heft 9, 10 und E. XX 357 ff.), insbesondere wegen der gleichzeitigen Verwendung der Ausdrücke „Ladegewicht" und „Tragfähigkeit". Daher wurden die Worte „äußersten Belastungsgrenzen" gesetzt, welche im Hinblick auf Abs. 5 jeden Zweifel beseitigen (Prot II Rev.-Konferenz 14. 7. 1905). Freilich ist damit — wie in den Verhandlungen (Pariser Konferenz 28. 3. 1896) ausdrücklich konstatiert wurde — nicht ausgesprochen, daß der Absender unter allen Umständen etwa das Recht habe, bis zu 5% das Ladegewicht (Abs. 5 lit. a) zu überschreiten. Vielmehr hängt dies von den Bestimmungen der einzelnen Vertragsstaaten ab. Aber eine strafbare, d. h. den Frachtzuschlag des Abs. 4 nach sich ziehende Überlastung im Sinne des internationalen Übereinkommens liegt nur vor, wenn die im Abs. 5 vorgesehenen äußersten Belastungsgrenzen gemäß lit. a oder b des Abs. 5 überschritten sind.

Der zweite Satz des Abs. 4 gibt der Vorschrift Ausdruck, daß bei gleichzeitigem Vorliegen einer zu niedrigen Gewichtsangabe und einer Überlastung beide Frachtzuschläge (Abs. 3 und Abs. 4 Satz 1) zu erheben sind, also unabhängig nebeneinander bestehen und nicht einer durch den anderen absorbiert wird. Es sollen hiernach, wie die Kontraventionen verschiedene und voneinander unabhängige sind, auch die Strafen selbstständig und zugleich erhoben werden. Daß auch überdies der Frachtzuschlag für unrichtige Inhaltsangabe erhoben werden kann (Abs. 1 und 2), kann einem gegründeten Zweifel nicht unterliegen.

Abs. 5 stellt den Begriff der Überlastung fest, welche die Voraussetzung für die Erhebung des Frachtzuschlages im Falle der Überlastung eines vom Absender beladenen Wagens (Anm. 55 S. 91, Anm. 55a S. 94 und Anm. 55b S. 97) bildet. Darnach liegt eine Überlastung nur dann vor bzw. der Frachtzuschlag wegen Überlastung soll nur dann erhoben werden, wenn a) bei Verwendung von Wagen, die nur eine, die zulässige Belastung angebende, als Ladegewicht oder Tragfähigkeit bezeichnete Aufschrift tragen, das vorgeschriebene Gewicht um mehr als 5% überschritten ist; b) bei Verwendung von Wagen, welche zwei Anschriften, und zwar „Ladegewicht" (Normalbelastung) und „Tragfähigkeit" (Maximalbelastung) tragen, die Tragfähigkeit überschritten wird. (Rev.-Konferenz v. 28. 3. 1896.) Hierzu Neumann, Allg. Tar.Anz. XXIII Nr. 8, 9, 13, 15, 16, 19, 20; Senckpiehl, Sp.- u. Sch.-Ztg. X Nr. 5.

Artikel 8.[56])

(1) Der Frachtvertrag ist abgeschlossen, sobald das Gut mit dem Frachtbriefe von der Versandstation zur Beförderung angenommen ist. Als Zeichen der Annahme wird dem Frachtbriefe der Datumstempel der Versandexpedition aufgedrückt.[57])

(2) Die Abstempelung hat ohne Verzug nach vollständiger Auslieferung des in demselben Frachtbriefe verzeichneten Gutes und auf Verlangen des Absenders in dessen Gegenwart zu erfolgen.[58])

(3) Der mit dem Stempel versehene Frachtbrief dient als Beweis über den Frachtvertrag.[59])

(4) Jedoch machen bezüglich derjenigen Güter, deren Aufladen nach den Tarifen oder nach besonderer Vereinbarung, soweit eine solche in dem Staatsgebiete, wo sie zur Ausführung gelangt, zulässig ist, von dem Absender besorgt wird, die Angaben des Frachtbriefes über das Gewicht und die Anzahl der Stücke gegen die Eisenbahn keinen Beweis, sofern nicht die Nachwiegung beziehungsweise Nachzählung seitens der Eisenbahn erfolgt und dies auf dem Frachtbriefe beurkundet ist.[60])

(5) Die Eisenbahn ist verpflichtet, den Empfang des Frachtgutes, unter Angabe des Datums der Annahme zur Beförderung, auf einem ihr mit dem Frachtbriefe vorzulegenden Duplikate desselben zu bescheinigen.[61])

(6) Dieses Duplikat hat nicht die Bedeutung des Originalfrachtbriefes und ebensowenig diejenige eines Konnossements (Ladescheins).[62])

Zusatz I.

Betriebsreglement des Vereins Deutscher Eisenbahnverwaltungen.

§ 46.

(Text übereinstimmend mit vorstehendem Art. 8.)

Gemeinsame Abfertigungsvorschriften: § 28: Ermittlung des Gewichts und der Stückzahl. § 31: Abschluß des Frachtvertrages.

56) Prinzip und Entstehungsgeschichte des Art. 8.

Artikel 8 des internationalen Übereinkommens enthält Bestimmungen über den Abschluß des internationalen Eisenbahn-Frachtvertrages und in Verbindung damit über die Bedeutung des internationalen Eisenbahn-Frachtbriefes als Vertrags- und Beweisurkunde sowie über die Ausstellung und rechtliche Bedeutung des Frachtbriefduplikats.

Der Schweizer Entwurf Art. 4 schloß sich an die Art. 2 und 11 des Schweiz. Transportgesetzes an.

Hierzu wurde in der Kritik (Eger, Die Einführung eines internationalen Eisenbahn-Frachtrechts 1877 S. 63, 64) des Schweizer Entwurfs folgendes angeführt: „Art. 4 Alin. 1 des Schweizer Entwurfs ist dem Art. 2 des cit. Schweizer Gesetzes entlehnt. Jedoch verdient die Fassung des damit korrespondierenden § 49 des Deutschen Betriebsreglements deshalb unzweifelhaft den Vorzug, weil sie einerseits zugleich der Verpflichtung der Annahmebahn Ausdruck gibt, den Expeditionsstempel ohne Verzug nach der Auflieferung aufzudrücken, und anderseits auch das Moment des Vertragsabschlusses weit schärfer markiert und präzisiert als Art. 11 des Schweizer Gesetzes. Für Alin. 2 verdient gleichfalls § 50 Nr. 5 des Deutschen Betriebsreglements den Vorzug vor Art. 11, Alin. 2 des Schweizer Transportgesetzes, weil ersterer zugleich ausdrücklich festsetzt, daß das Frachtbriefduplikat nicht die Wirkung eines Frachtbriefes, Ladescheines, Konnossements habe, — eine Bestimmung, welche in Rücksicht auf die Verschiedenheit der bestehenden Rechte zur Vermeidung gewichtiger Zweifel hierüber dringend erforderlich erscheint".

In voller Berücksichtigung dieser Ausführungen schlug der Deutsche Entwurf (1878) eine den bezeichneten Bestimmungen des deutschen Reglements entsprechende Fassung vor. Diese Fassung wurde sowohl in der I. wie in der II. Konferenz im wesentlichen adoptiert, in letzterer unter Einfügung des dem Art. 391 Abs. 1 des alten D. H.G.B. entnommenen Absatzes 3, wonach der mit dem Stempel versehene Frachtbrief als Beweis über den Frachtbrief dient, und ferner des Absatzes 4 über den Fortfall der Beweiskraft des Frachtbriefes in bezug auf die Gewichts- und Stückzahlangabe bei denjenigen Gütern, deren Aufladen bestimmungs- oder vertragsgemäß vom Absender besorgt wird, als eine Ausnahme von der Regel des Absatzes 3. Zugleich wurde, nachdem in der II. Konferenz bei Beratung des Artikels 15 das Verfügungsrecht des Absenders über das Gut während des Transportes von dem Besitze des Frachtbriefduplikats abhängig gemacht worden war (s. Art. 15 Abs. 2), beschlossen, das Frachtbriefduplikat für obligatorisch zu erklären und demgemäß im Abs. 5 des Art. 8 die Worte „auf Verlangen des Absenders" zu streichen (s. Anm. 96). Mit diesen Änderungen wurde Art. 8 nach dem Kommissionsvorschlage in der II. Konferenz angenommen (Prot. S. 142).

In der III. Konferenz gaben die von Deutschland und Frankreich zum Abs. 4 eingegangenen Erinnerungen zur erneuten Diskussion über diesen Absatz Anlaß und führten schließlich zur Annahme der in den Text des Art. 8 aufgenommenen Fassung. An den übrigen Bestimmungen des Art. 8 wurde nichts geändert.

Zwar wurde in der Pariser Revisionskonferenz (1896) auf Anregung Deutschlands die Frage einer nochmaligen Prüfung unterzogen, ob es möglich sei, das Frachtbriefduplikat für nur fakultativ zu erklären Bei genauer Prüfung gelangte man aber zu dem Ergebnis, daß das Frachtbriefduplikat ein wesentlicher Teil des Systems des internationalen Eisenbahn-Frachtrechts ist, sowohl in Hinsicht auf das in den Art. 15 und 16 des internationalen Übereinkommens geregelten Rechts der nachträglichen Verfügung als in Anbetracht der Anstellung der Klage gegen die Eisenbahn durch den Absender (Art. 26 Abs. 2). Infolgedessen wurde das obligatorische Frachtbriefduplikat beibehalten (Z VI 618). Rev.-Konf. v. 26. 3. 1896.

57) **„Der Frachtvertrag ist abgeschlossen, sobald das Gut mit dem Frachtbriefe von der Versandstation zur Beförderung angenommen ist. Als**

Zeichen der Annahme wird dem Frachtbriefe der Datumstempel der Versandexpedition aufgedrückt.“

Der Eisenbahn-Frachtvertrag ist an sich begrifflich ein Werkvertrag (locatio conductio operis) und als solcher ein Konsensualvertrag (Goldschmidt H.R. I § 75 Anm. 3; Endemann H.R. § 154; von Hahn, H.G.B. II 580. R.O.H.G. Entsch. Bd. 12. S. 198. — A. M. Rosenthal 52 und Hilscher 17, welche einen Realkontrakt annehmen), d. h. er wird mit dem Augenblicke perfekt, in welchem der Kontraktswille der Parteien — des Absenders und der Eisenbahn — über die wesentlichen Erfordernisse des Vertrages übereinstimmt. Daber ist der Bestimmungs- und Ablieferungsort des Gutes der Erfüllungsort und das Gericht desselben für Klagen auf Erfüllung wie aus Nicht- oder mangelhafter Erfüllung zuständig (D. Reichsger. 11.1. 1905, E. XXI 390).

Der Konsens über diese Essentialien bedarf begrifflich bestimmter Formen nicht. Der Frachtvertrag kann daher nach fast allen Landesrechten in jeder beliebigen Form durch schriftliche, mündliche oder auch stillschweigende Übereinkunft abgeschlossen werden. Das internationale Übereinkommen hat aber sowohl den Konsens der Parteien, also den Abschluß des internationalen Eisenbahn-Frachtvertrages, als auch die Beweisführung an bestimmte Formvorschriften geknüpft.

Absatz 1 Art. 8 gibt diesen beiden Richtungen in zwei besonderen Sätzen Ausdruck. Der erste Satz macht den Konsens der Parteien, d. h. den Abschluß des Vertrages von der Form der Annahme des Gutes mit dem internationalen Frachtbriefe, also der Übergabe und Übernahme des Gutes und der im Art. 6 näher bezeichneten schriftlichen Urkunde, abhängig. Der zweite Satz schreibt zur Erleichterung des Beweises die Form der Abstempelung des Frachtbriefes durch die Versandexpedition vor derartig, daß diese Abstempelung als „Zeichen der Annahme“ dienen soll und ferner der abgestempelte Frachtbrief als Beweis über den Frachtvertrag dient (s. Abs. 3 Anm. 59 S. 105).

Der erste Satz ist nach Fassung und Inhalt eine absolute Formvorschrift. Der internationale Frachtvertrag kann und darf nur in der durch Abs. 1 normierten Form abgeschlossen werden, durch „die Annahme des Gutes“, d. h. des zur Beförderung bestimmten, im Frachtbriefe bezeichneten Gutes (Art. 6 Abs. 1 d, s. Anm. 36 S. 60), und zwar „mit dem Frachtbriefe“, d. h. mit dem internationalen Frachtbriefe (Z. IV 367). Die Annahme des Gutes und des Frachtbriefes muß von der Versandexpedition, d. h. durch die hierzu legitimierten Organe derselben erfolgt sein; eine Annahme durch eine andere Expedition oder Dienststelle oder durch nicht legitimierte Organe der Versandexpedition hat nicht den gültigen Abschluß des internationalen Frachtvertrages zur Folge. Endlich ist die Annahme zur Beförderung wesentlich; eine Annahme, die nicht zum Zwecke der Beförderung, sondern zur vorläufigen Aufbewahrung, Lagerung des Gutes in den Magazinen usw. der Eisenbahn erfolgt, insoweit diese nach den besonderen Vorschriften der Versandstation zulässig, bedingt nicht den Abschluß des internationalen Frachtvertrages, sondern einen Verwahrungsvertrag, der diesem vorausgeht (Art. 5 Abs. 2; s. Anm. 28 S. 45, E. XXII 162). Ob Annahme zur Beförderung oder zur vorgängigen Verwahrung vorliegt, hängt von dem Rechte der Versandstation ab. Nicht jede Annahme des Gutes ohne sofortige Beförderungsmöglichkeit ist Annahme zur Verwahrung. Die Annahme zur Beförderung braucht nicht mit dem Anfange der tatsächlichen Beförderung zusammenzufallen. Es kann auch ein längerer oder kürzerer Zeitraum dazwischen liegen. Auch Art. 8 Abs. 1 Satz 2 enthält nur eine durch Gegenbeweis zu widerlegende Vermutung (E. XXIII 392). Über den Zeitpunkt der Annahme der Selbstverladung Sp.- u. Sch.-Ztg. XV Nr. 2.

Die Annahme des Gutes mit dem Frachtbriefe zur Beförderung ist als Zeitpunkt des Frachtvertragsabschlusses sowohl für den Beginn der Haftpflicht (Art. 29ff.) wie für den Beginn der Lieferfrist (XXIV 24 Art. 14, 39f) und ganz besonders auch für die Berechnung der Frachtsätze von Bedeutung, wenn nämlich bei und während der vorläufigen Verwahrung des Gutes in den Lagerräumen der Eisenbahn (Art. 5 Abs. 2) die Tarife andere sind als zur Zeit des späteren Abschlusses des Frachtvertrages (Annahme zur Beförderung). Die Frachtberechnung erfolgt nach den im Moment des Vertragsabschlusses (Annahme des Gutes mit Frachtbrief) gültigen Tarifen (s. Neumann, Allgem. Tar.-Anz. XIII Nr. 8, 9, 13, 15, 16, 19, 20; Senckpiehl, Sp.- u. Sch.-Ztg. X Nr. 5).

Der zweite Satz hat nicht, wie der erste, den Charakter einer absoluten, die Gültigkeit des internationalen Eisenbahnfrachtvertrages bedingenden Formvorschrift. Der zweite Satz ist vielmehr lediglich eine den Beweis für den Abschluß des internationalen Frachtvertrages erleichternde Vorschrift: „Als Zeichen der Annahme, d. h. um dem Annahmewillen einen formellen und markanten Ausdruck zu verleihen, wird dem Frachtbriefe der Datumstempel der Versandexpedition aufgedrückt“ (Z. VII 317, E. XVI 16). Die Eisenbahn ist hierzu, wie die kategorische Fassung des zweiten Satzes ersehen läßt, verpflichtet derartig, daß der Absender die Abstempelung verlangen und eventuell im Beschwerdeoder Rechtswege dieselbe beanspruchen kann. Der Datumstempel beweist den Zeitpunkt der Annahme zur Beförderung, nicht zur bloßen vorläufigen Einlagerung (Z. VI 30); er schafft eine gesetzliche Beweisvermutung für die Annahme zur Beförderung vom Datum des Stempels an (E. XXII 356, XXIII 392).

Aber die Aufdrückung des Datumstempels ist immerhin nur ein einzelnes beweisendes Zeichen für die Annahme des Gutes mit dem Frachtbriefe zur Beförderung. Der Nachweis des Annahmewillens kann auch noch auf andere Weise geführt bzw. der Annahmeakt noch in anderer Weise dargetan werden. Das Fehlen des Datumstempels macht daher nicht, wie die mangelnde Annahme des Gutes oder des Frachtbriefes, den internationalen Frachtvertrag überhaupt ungültig, sondern hat nur zur Folge, daß derjenige, welcher den Abschluß eines internationalen Frachtvertrages durch Annahme des Gutes und des Frachtbriefes behauptet, diese Annahme in anderer Weise dartun muß, (E. XII 126). Die Aufdrückung des Stempels ist weder ein Erfordernis zur Gültigkeit noch eine Bedingung zum Perfektsein des Frachtvertrages (Z. VII 319; E. XVI 16). Auch beim Fehlen des Stempels ist der Abschluß an sich perfekt. Nur muß im Streitfalle der Annahmewille der Versandexpedition, d. h. daß die Annahme des Gutes und Frachtbriefes durch ein dazu legitimiertes Organ der Versandexpedition behufs Beförderung erfolgt sei, in anderer Weise speziell nachgewiesen werden. Die Abstempelung ist ein formales Zeichen der Annahme zur Beförderung, welches einen weiteren Beweis derselben erübrigt, aber auch den Gegenbeweis, daß nicht Annahme zur Beförderung, sondern nur Annahme zur Verwahrung usw. beabsichtigt und vereinbart war, zuläßt (E. XXII 162). Es steht immer der Gegenbeweis offen, daß die Annahme zur Beförderung zu einem anderen Zeitpunkte erfolgt sei (E. XXII 356, XXIII 312).

58) **„Die Abstempelung hat ohne Verzug nach vollständiger Auflieferung des in demselben Frachtbriefe verzeichneten Gutes und auf Verlangen des Absenders in dessen Gegenwart zu erfolgen."**

Nach Absatz 2 des Art. 8 ist die Eisenbahn verpflichtet, nach vollständiger Auflieferung des in demselben Frachtbriefe verzeichneten Gutes unverzüglich den Frachtbrief mit dem Annahmestempel zu versehen, und haftet daher dem Absender für jeden Nachteil aus einer ungebührlichen Verzögerung. Bei Stückgut bietet die Abstempelung Zug um Zug mit der vollständigen Auflieferung in der Regel keinen Anstand. Schwieriger dagegen ist die Erfüllung dieser Vorschrift bei Wagenladungsgütern, insbesondere wenn die Auflieferung partienweise und mittelst Selbstverladung erfolgt. Es kann aber alsdann keinem Zweifel unterliegen, daß die Abstempelung nicht früher zu erfolgen hat bzw. gefordert werden darf, als bis das gesamte, in demselben Frachtbriefe deklarierte Gut vollständig aufgeliefert bzw. verladen ist. Die Auflieferung eines Teiles des Frachtgutes gewährt den Anspruch auf Abstempelung nicht. Die Abstempelung dient zwar auch als Beweis über die vollständige Auflieferung (Abs. 3 Anm. 59), doch ist Gegenbeweis (z. B. bei zukzessiver Auflieferung) zulässig (E. XXIV 24, 203). Ein Antrag Rußlands in der II. Revisionskonferenz (1905), daß, wenn die lokalen Verhältnisse des betreffenden Staates die Vollziehung dieser Bestimmung unmöglich machen, die Abstempelung nach den für die Versandbahn geltenden Gesetzen und Reglements zu geschehen habe, wurde zurückgezogen, nachdem bemerkt worden war, die Fragen der Annahme zur vorläufigen Verwahrung und der Reihenfolge der Beförderung seien im Art. 5 Abs. 2 und 3 geregelt, und der Art. 8 sei dahin auszulegen, daß in den Fällen, in denen Güter zur vorläufigen Verwahrung angenommen würden, die Abstempelung nicht schon bei der Annahme zur Verwahrung, sondern erst bei der Zulassung zur Beförderung erfolge (Sitzung v. 7. 7. 1905).

Abs. 2 ordnet ferner an, daß die Abstempelung „auf Verlangen des Absenders in dessen Gegenwart" zu erfolgen hat. Nur der Absender hat die Befugnis. Die Eisenbahn hat dagegen nicht das Recht, die Gegenwart des Absenders zu verlangen. Der Absender kann also zugegen sein, aber er braucht es nicht und darf nicht dazu angehalten werden. Eine besondere Form für den Antrag ist nicht vorgeschrieben. Es ist daher jeder in gehöriger Weise bei der Versandstation, sei es mündlich, schriftlich, telegraphisch, vom Absender angebrachte Antrag zulässig. Der Antrag kann auch von dem gehörig legitimierten Vertreter (Bevollmächtigten) des Absenders gestellt werden, und ebenso ist dieser befugt, an Stelle des Absenders der Abstempelung beizuwohnen. Die Unterlassung der Zuziehung des Absenders — trotz des von ihm gestellten Verlangens — macht die Eisenbahn für allen daraus dem Absender entstehenden Schaden haftpflichtig.

59) **„Der mit dem Stempel versehene Frachtbrief dient als Beweis über den Frachtvertrag."**

Abs. 3 bestimmt als Regel, daß als Beweis über den Frachtvertrag der mit dem Stempel versehene Frachtbrief dient. Die Eisenbahn kann aber auch den Frachtbrief annehmen, ohne ihn zu stempeln. Die Stempelung kann versehentlich oder aus anderen Gründen unterbleiben. Soll alsdann der nicht gestempelte Frachtbrief seiner Eigenschaft als Beweisurkunde gänzlich verlustig gehen? Die Stempelung ist nur ein beweisendes Zeichen der Annahme, sie beweist dieselbe aber nicht allein und ausschließlich. Auch bestimmt Art. 391 D. H.G.B., auf welchen sich die Motive beziehen, gar nicht, daß der von der Eisenbahn bzw. vom Frachtführer angenommene Frachtbrief als Beweis über den Frachtvertrag dient, sondern sagt nur: „Der Frachtbrief dient als Beweis über den Frachtvertrag zwischen dem Frachtführer und dem Absender."

Es ist zu unterscheiden zwischen dem gestempelten und dem nicht gestempelten Frachtbrief. Der gestempelte macht als eine von beiden Parteien — dem Absender und dem Frachtführer — gezeichnete Urkunde den vollständigen Beweis, welchen nach Landesrecht eine von beiden Teilen vollzogene Vertragsurkunde macht (E. XXI 16). Der nicht gestempelte (aber angenommene) Frachtbrief beweist zwar an sich gleichfalls den Abschluß des Frachtvertrages, aber er macht nur den Beweis, den nach Landesrecht eine nur von einer Seite vollzogene, von der anderen Seite nur durch stillschweigende Annahme agnoszierte Urkunde macht. Dies ist der Unterschied in der Beweiskraft zwischen dem gestempelten und ungestempelten internationalen Eisenbahn-Frachtbrief.

Die Worte „der mit dem Stempel versehene Frachtbrief" bedeuten also, daß die Stempelung ein ausdrückliches, nur durch Gegenbeweis zu entkräftendes Anerkenntnis der Eisenbahn über alle Frachtbriefangaben enthält. Wird der Transport auf Grund eines nicht gestempelten internationalen Frachtbriefes bewirkt, so kann zwar auch dieser einen Beweis gegen die Eisenbahn machen, aber es fehlt das ausdrückliche, in der Stempelung liegende Anerkenntnis, und der Absender muß daher im Streitfalle auf andere Weise die Richtigkeit der Frachtbriefangaben dartun (Rosenthal 54, 55); E. XVI 238.

Der internationale Frachtbrief ist hiernach sowohl gemäß Abs. 1 des Art. 8 Vertragsurkunde, wie gemäß Abs. 3 Beweisurkunde.

Seine Urkundenqualität — auch im strafrechtlichen Sinne — ist außer Zweifel (E. XXXIII 181). Die Beweiskraft erstreckt sich nicht nur auf die Eisenbahn und den Absender, sondern auch auf den Empfänger, der durch Annahme des Gutes und des Frachtbriefes in den Frachtvertrag eingetreten ist (Art. 15 Abs. 4, Art. 16). Über die Beweislast s. Art. 30 Anm. 158. Die Beweiskraft des Frachtbriefes kann beschränkt bzw. beseitigt werden einerseits durch ausdrückliche Erklärungen (Klauseln) im Frachtbriefe, soweit solche nach Art. 6 Abs. 3 des Übereinkommens zulässig sind, anderseits aber auch durch Gegenbeweis gegen den positiven Inhalt des Frachtbriefes. Auch bei plombierten Sendungen ist Gegenbeweis zulässig (XXI 265), ebenso bei bahnseitig verwogenem Gute (XX 317); doch muß der Gegenbeweis ein strikter sein (E. XXI 165, 251, 265); denn grundsätzlich ist für die Frage, ob eine Minderung während des Transportes eingetreten ist, das durch die bahnamtliche Verwiegung konstatierte Gewicht maßgebend (E. XXIV 141). Gewichtsdifferenz (E. XVIII 7, 343). Bis zu anderweiter Feststellung sind die Angaben des Frachtbriefes über Menge, Gewicht usw. für die Rechte und Pflichten der Parteien bestimmend (E. XXIII 148)

60) **„Jedoch machen bezüglich derjenigen Güter, deren Aufladen nach den Tarifen oder nach besonderer Vereinbarung, soweit eine solche in dem Staatsgebiete, wo sie zur Ausführung gelangt, zulässig ist, von dem Absender besorgt wird, die Angaben des Frachtbriefes über das Gewicht und die Anzahl der Stücke gegen die Eisenbahn keinen Beweis, sofern nicht die Nachwiegung, beziehungsweise Nachzählung seitens der Eisenbahn erfolgt und dies auf dem Frachtbriefe beurkundet ist.**

Absatz 4 des Art. 8 enthält eine Ausnahme von der Regel des Abs. 3 über die Beweiskraft des Frachtbriefes. An sich dient der Frachtbrief über den ganzen Inhalt des Frachtvertrages, also insbesondere auch über die Angaben des Gewichts nnd der Stückzahl der Güter zum Beweise (E. XIX 194). Es entspricht aber der durch Art. 31 Nr. 3 beschränkten Haftung der Bahn wie auch der Billigkeit, daß bei Gütern, deren Auf- und Abladen nach besonderer Vereinbarung mit dem Absender von diesem besorgt wird, die Angabe des Gewichts und der Anzahl der Stücke in dem Frachtbriefe keinen Beweis gegen die Eisenbahn macht, weil eben für diesen Fall bis zum Beweise des Gegenteils zu vermuten ist, daß jeder etwaige Gewichtsverlust — da er aus dem Selbst-Auf- oder Abladen entstehen konnte — daraus wirklich entstanden ist (Z. VIII 395, E. XVII 205, XIX 44, 195).

Voraussetzung ist, daß das Aufladen der Güter nicht von der Eisenbahn, sondern vom Absender besorgt wird, und zwar auf Grund entweder der Tarife oder besonderer — in dem betreffenden Staatsgebiete zulässiger — Vereinbarung zwischen Absender und Eisenbahn. Die bloß tatsächliche Besorgung des Aufladens der Güter durch den Absender an Stelle der Eisenbahn hat also den Wegfall der Beweiskraft des Frachtbriefes in den fraglichen Beziehungen nicht zur Folge; es ist vielmehr erforderlich, daß das Aufladen seitens des Absenders auf einem Rechtsgrunde beruht: nämlich entweder der allgemeinen Vereinbarung nach den Tarifen oder auf einer besonderen, in dem betreffenden Staatsgebiete zulässigen Vereinbarung.

Ob und inwieweit sich nun der Absender den in der auf dem Frachtbriefe zu beurkundenden bahnamtlichen Nachwiegung bzw. Nachzählung liegenden Schutz gegen den bezüglichen Einwand der Eisenbahn verschaffen kann, hängt von der Verpflichtung der Bahnen ab, das Gewicht oder die Stückzahl des Gutes zu ermitteln oder zu kontrollieren. Dies ist aber im internationalen Übereinkommen nicht generell geregelt, sondern es sind dafür nach Abs. 3 des Art. 7 (s. Anm. 54) die Gesetze und Reglements des betreffenden Staates maßgebend. (Vgl. die Zusammenstellung der bezüglichen Vorschriften in den einzelnen Vertragsstaaten: Z. II 212—217, 248, 322.)

Indes kommt es nach dem Wortlaut des Art. 8 Abs. 4 auf die gesetzliche oder reglementarische Pflicht der Eisenbahn an sich nicht an, sondern lediglich auf die tatsächlich erfolgte Nachwiegung und Nachzählung sowie Beurkundung im Frachtbriefe (E. XIX 44, 195, 328, XXIV 372). Ist dies geschehen, dann machen die bezüglichen Angaben des Frachtbriefes Beweis gegen die Eisenbahn (E. XXIV 141), gleichviel, ob sie hierzu verpflichtet war oder nicht; z. B. auch bei Ladungen in loser Schüttung, alla rinfusa (Z. IX 208, E. XXI 164, 251, 265). Aber die Ermittlung muß durch ein hierzu berufenes oder beauftragtes Organ der Eisenbahn vorgenommen sein (Z. XI 140, E. XIX 328).

Die Frage, ob sie gesetzlich oder reglementarisch verpflichtet ist, hat daher nur insofern Bedeutung, als sie — wenn sie dies nicht ist — auch selbst auf Verlangen des Absenders die Nachwiegung, Nachzählung und Beurkundung ablehnen darf und damit den Angaben des Frachtbriefes über Gewicht und Stückzahl die Beweiskraft nimmt, ohne daß der Absender hiergegen eine Remedur besitzt. Ist sie aber hierzu, sei es auf Verlangen, sei es ohne Verlangen des Absenders, zur Nachwiegung, Nachzählung und Beurkundung gesetzlich oder reglementarisch verpflichtet, so kann der Absender im Rechts- oder Beschwerdewege auf die Erfüllung dieser Pflicht dringen. Unterläßt die Bahn trotz ihrer Pflicht diese Handlungen, so ist der Frachtbrief zwar in den fraglichen Punkten nicht beweiskräftig, aber sie ist dem Absender aus der Unterlassung schadensersatzpflichtig. Ergibt sich bei der Ablieferung des Gutes ein das bei der Annahme bahnamtlich festgestellte Gewicht übersteigendes, so kann die Eisenbahn nur dann die Frachtdifferenz verlangen, wenn die Aufgabestation das Gewicht erweislich irrig festgestellt und das Gut tatsächlich das von der Empfangsstation festgestellte Gewicht hatte (Z. VIII 43). Stellt sich bei der bahnamtlichen Ab- und Nachwage eine Gewichtsdifferenz heraus, und behauptet die Eisenbahn, daß das auf der Unrichtigkeit der Abwägungsergebnisse beruhe, so hat sie dafür den strikten Beweis zu erbringen (E. XXIII 357). Eine bloße Vermutung genügt nicht (E. XIX 195).

61) **„Die Eisenbahn ist verpflichtet, den Empfang des Frachtgutes, unter Angabe des Datums der Annahme zur Beförderung, auf einem ihr mit dem Frachtbriefe vorzulegenden Duplikate desselben zu bescheinigen."**

Absatz 5 der Art. 8 legt der Eisenbahn die Verpflichtung auf, den

Empfang des Gutes auf einem Frachtbriefduplikate zu bescheinigen. Das Frachtbriefduplikat ist von rechtlicher Bedeutung nicht nur als Empfangsbescheinigung, sondern auch in betreff des Reklamationsrechts bei Ansprüchen aus unrichtiger Anwendung des Tarifs oder Rechnungsfehlern bei der Festsetzung der Frachtgelder und Gebühren (Art. 12 Abs. 4 — bzw. Ausführ.-Best. § 5 Abs. 2), des Verfügungsrechts des Absenders (s. Art. 15 Abs. 2, 6 u. 7), des Anweisungsrechts desselben bei Verhinderung des Antrittes oder der Fortsetzung des Eisenbahntransports durch höhere Gewalt, Zufall oder Betriebsstörung (s. Art. 18 Abs. 4), sowie der gerichtlichen Geltendmachnng der aus dem internationalen Frachtvertrage gegenüber der Eisenbahn entspringenden Rechte (s. Art. 26 Abs. 2).

Die Ausstellung der Empfangsbescheinigung auf dem Frachtbriefduplikate ist obligatorisch. Die Eisenbahn hat die Empfangsbescheinigung auf dem Duplikate auszustellen, der Absender ihr zu diesem Behufe ein Duplikat vorzelegen. Das Duplikat ist ebenso obligatorisch wie der Frachtbrief selbst (Art. 6). (Rosenthal 70). Z. IV 367.

Zu bescheinigen ist „der Empfang des Gutes", und dies setzt voraus, daß die Bescheinigung erst auszustellen ist und beansprucht werden kann nach erfolgter, d. h. vollständiger Übergabe des Gutes. Die Bescheinigung muß ferner erfolgen auf einem der Eisenbahn mit dem Frachtbriefe vorzulegenden Duplikate. Der Absender hat Original und Duplikat bereits ausgefüllt einzureichen; dies ist eine für den Absender obligatorische Vorschrift. Er ist zur gleichzeitigen Einreichung des Duplikates verpflichtet, und die Eisenbahn kann das Gut zurückweisen, wenn nicht Original und Duplikat vorgelegt werden. Daher ist dem Formular des internationalen Frachtbriefes zugleich ein gleichlautendes Formular als Duplikat angeschlossen, welches sich von dem ersteren nur durch die Bezeichnung „Frachtbriefduplikat" unterscheidet (s. Art. 6 S. 49).

Der Bahn liegt nur ob, die Übereinstimmung beider Schriftstücke zu prüfen und das Duplikat mit dieser Bezeichnung dem Absender, d. h. von der Expedition gestempelt oder unterschrieben, zurückzugeben. Ein solches vollzogenes Frachtbriefduplikat hat den Charakter und Beweiswert einer Urkunde. (Z. XI 334 ff); s. auch Ehrenstein, Allg. Tar.-Anz. XXII Nr. 17; Muschweck u. Z. XI 334). Zu beachten ist aber, daß Abs. 5 nicht bloß die Ausstellung eines Duplikates, sondern die Bescheinigung des Empfangs des Gutes auf einem Duplikate vorschreibt. Die bloße Ausstellung eines Duplikates, d. h. einer vollzogenen Abschrift des Originals ist daher noch keine legale Empfangsbescheinigung, auch wenn es mit dem Bahnstempel versehen ist (E. XX 20). Die Bescheinigung soll erfolgen — „unter Angabe des Datums der Beförderung". Wird also wie im Falle des Art. 5 Abs. 2 Satz 2 — das Gut nur vorläufig von der Eisenbahn in Verwahrung, aber noch nicht zur Beförderung angenommen, so kann eine Empfangsbescheinigung gemäß Abs. 6 des Art. 8 noch nicht ausgestellt werden, weil das Datum der Annahme zur Beförderung sich noch nicht angeben läßt. In solchen Fällen ist also die Ausstellung der Empfangsbescheinigung auf dem Duplikate erst mit dem Momente der Beförderung möglich. Diese Angabe kann auch durch Aufdrücken des mit Datum versehenen Expeditionsstempels erfolgen.

62) **„Dieses Duplikat hat nicht die Bedeutung des Originalfrachtbriefes und ebensowenig diejenige eines Konnossements (Ladescheins).“**

Nach Abs. 6 des Art. 8 hat das Duplikat weder die Rechtswirkung eines Frachtbriefes noch eines Konnossements (Ladescheines) (vgl. auch Z. II 54, E. X 264; Sp.- u. Sch.-Ztg. XVI Nr. 28).

Daß das Duplikat nicht die Wirkung des das Gut begleitenden Originalfrachtbriefes hat, liegt in der Natur des letzteren als eines Begleitbriefes. Ein in den Händen des Absenders zurückbleibender, vom Gute getrennter Frachtbrief ist rechtlich nicht denkbar. Daher ist keine der Rechtswirkungen, welche das Übereinkommen an den Besitz und die Übergabe des Originalfrachtbriefes knüpft (Art. 15 Abs. 4, Art. 16, 17, 27), dem Duplikate beizulegen. Ebensowenig aber hat dasselbe die Wirkung eines Konnossements (Ladescheins), d. h. einer Urkunde, durch welche sich der Frachtführer zur Aushändigung des Gutes nur an den legitimierten Inhaber des Ladescheines gegen Rückgabe bzw. auch nach Maßgabe desselben verpflichtet (§§ 444 ff. des D. H.G.B.). Es ist nur ein Beweismittel zwischen der Eisenbahn und dem Absender bzw. Empfänger, nicht einem Dritten, insbesondere auch nicht über die Absendung des Gutes (Z. IV 325). Ein Antrag Italiens in der II. Rev.-Konferenz (1905), nach welchem in Art. 8 die Einführung eines Frachtbriefes an Ordre, ähnlich dem Ladescheine, vorgesehen werden soll, wurde zurückgezogen (Sitzung v. 7. Juli 1905).

Wenngleich aber das Duplikat weder die rechtliche Bedeutung des Originalfrachtbriefes noch eines Konnossements (Ladescheines) besitzt, so ist doch nach den Vorschriften des Übereinkommens das Duplikat nicht auf die Wirkung einer bloßen Quittung über den Empfang beschränkt bzw. als bloßes Beweis- und Legitimationspapier über die erfolgte Übergabe des Gutes an die Eisenbahn anzusehen. Das in dem Übereinkommen angenommene System über den Umfang der Verfügungsrechte des Absenders und Empfängers in betreff des Gutes (Art. 15, 18, 26) legt dem Duplikate eine höhere rechtliche Bedeutung bei, indem es von dem Besitze des Duplikates einen wesentlichen Teil der Verfügungsrechte des Absenders über das Gut sowie die gerichtliche Geltendmachung seiner Ansprüche aus dem Frachtvertrage abhängig macht (Art. 15 Abs. 1, 2, 6, 7, Art. 18 Abs. 1—4, Art. 26 Abs. 2).

Artikel 9.[63])

(1) Soweit die Natur des Frachtgutes zum Schutze gegen Verlust oder Beschädigung auf dem Transporte eine Verpackung nötig macht, liegt die gehörige Besorgung derselben dem Absender ob.[64])

(2) Ist der Absender dieser Verpflichtung nicht nachgekommen, so ist die Eisenbahn, falls sie nicht die Annahme des Gutes verweigert, berechtigt, zu verlangen, daß der Absender auf dem Frachtbriefe das Fehlen oder die Mängel der Verpackung unter spezieller Bezeichnung anerkennt und die Versandstation hierüber außerdem eine besondere

Erklärung, nach Maßgabe eines durch die Ausführungsbestimmungen festzusetzenden Formulars, ausstellt.[65])

(3) Für derartig bescheinigte, sowie für solche Mängel der Verpackung, welche äußerlich nicht erkennbar sind, hat der Absender zu haften und jeden daraus entstandenen Schaden zu tragen, beziehungsweise der Bahnverwaltung zu ersetzen. Ist die Ausstellung der gedachten Erklärung nicht erfolgt, so haftet der Absender für äußerlich erkennbare Mängel der Verpackung nur, wenn ihm ein arglistiges Verfahren zur Last fällt.[66])

Zusatz I.

Ausführungsbestimmungen zum internationalen Übereinkommen über den Eisenbahn-Frachtverkehr.

§ 4.

(Zu Art. 9 des Übereinkommens.)

Für die im Art. 9 des Übereinkommens vorgesehene Erklärung ist das Formular in Anlage 3 zu gebrauchen.

Anlage 3 s. Zusatz II S. 110.

Sofern ein Absender gleichartige der Verpackung bedürftige Güter unverpackt oder mit denselben Mängeln der Verpackung auf der gleichen Station aufzugeben pflegt, kann er an Stelle der besonderen Erklärung für jede Sendung ein für allemal eine allgemeine Erklärung nach dem in der Anlage 3a vorgesehenen Formular abgeben. In diesem Falle muß der Frachtbrief außer der im Art. 9 Abs. (2) vorgesehenen Anerkennung einen Hinweis auf die der Versandstation abgegebene allgemeine Erklärung enthalten.

Anlage 3a s. Zusatz III S. 111.

Zusatz II.

Anlage 3

(zu § 4 der Ausführungsbestimmungen.)

Erklärung.

Die Güterexpedition der ....
Eisenbahn zu .... hat auf mein (unser) Ersuchen folgende Güter, welche laut Frachtbrief vom heutigen Tage in nachstehender Weise bezeichnet sind, zur Eisenbahnbeförderung nach .... von mir (uns) angenommen, nämlich ....

....

....

Ich (Wir) erkenne(n) hierbei ausdrücklich an, daß diese Güter

unverpackt / in nachbeschriebener mangelhafter Verpackung *)

....

....

....

aufgegeben sind, und daß dieses auf dem Frachtbriefe von mir (uns) anerkannt ist.

...., den ......ten.............................. 19..........

---

*) Je nach der Beschaffenheit der Sendung ist entweder das Wort „unverpackt" oder der Passus „in nachbeschriebener mangelhafter Verpackung zu streichen. Das Anerkenntnis ist bei Sendungen, die aus mehreren Kolli bestehen, auf diejenigen Stücke zu beschränken, welche unverpackt sind oder Mängel in der Verpackung zeigen.

Zusatz III.

Anlage 3a

(zu § 4 der Ausführungsbestimmungen).

Allgemeine Erklärung.

Die Güterexpedition der ....

Eisenbahn zu .... übernimmt auf mein (unser) Ersuchen alle nachbezeichneten Güter, welche vom heutigen Tage ab von mir (uns) zur Eisenbahnbeförderung aufgegeben werden, nämlich:

....

....

....

Ich (Wir) erkenne(n) hierbei ausdrücklich an, daß diese Güter

unverpackt
in nachbeschriebener mangelhafter Verpackung *)

....

....

....

....

....

aufgegeben sind, sofern in dem betreffenden Frachtbriefe auf diese Erklärung Bezug genommen ist.

...., den ......ten.............................. 19..........

(Unterschrift.)

---

*) Je nach der Beschaffenheit der Sendungen sind entweder das Wort „unverpackt" oder die Worte „in nachberschriebener mangelhafter Verpackung" zu streichen.

Zusatz IV.

Betriebsreglement des Vereins Deutscher Eisenbahnverwaltungen.

§ 47:

(Text übereinstimmend mit vorstehendem Art. 9) und:

Zusatzbestimmungen.

1. Die Stückgüter sind vom Absender in haltbarer, deutlicher und Verwechslung ausschließender Weise genau über-

einstimmend mit den Angaben im Frachtbrief äußerlich zu bezeichnen (signieren), soweit nicht Ausnahmen in den Tarifen zugelassen sind (s. V.-Z., Ziff. 3 und 4).

2. Leicht zerbrechliche Gegenstände, wie Glas, Porzellan, Töpferware, dann Gegenstände welche zerstreubar sind, wie Nüsse, Früchte, Grünzeug, Steine, ferner Güter, welche andere Gegenstände beschmutzen können, wie Kohle, Kalk, Asche, Erde, Erdfarben, sind, wenn sie gegen Zerbrechen, Zerstreuung oder gegen die Möglichkeit des Beschmutzens anderer Gegenstände nicht durch Verpackung oder Verschnürung geschützt sind, sofern nicht Ausnahmen in den Tarifen vorgesehen sind, von der Beförderung als Stückgut ausgeschlossen.

3. Die Eisenbahn ist berechtigt zu verlangen, daß Stückgüter vom Absender mit der Bezeichnung der Bestimmungsstation in dauerhafter Weise versehen werden, sofern deren Beschaffenheit dies ohne besondere Schwierigkeit gestattet.

4. Güter, deren Bezeichnung den in der E. Z. 1 und in der V.-Z. 3 enthaltenen Vorschriften nicht oder nicht vollständig entspricht, können zurückgewiesen werden.

5. Der Tarif bestimmt, ob und unter welchen Bedingungen auf den im Frachtbriefe zu stellenden Antrag des Absenders Decken für offen gebaute Wagen mietweise überlassen werden.

6. Die in den Ausführungsbestimmungen § 4 bezeichneten Formulare sind von der Abfertigungsstelle bereit zu halten.

Gemeinsame Abfertigungsvorschriften § 26: Auflieferung und Annahme von Gütern im allgemeinen. § 32: Bezettelung der Frachtstücke. § 37: Bezettelung der Wagen.

63) Prinzip und Entstehungsgeschichte des Art. 9.

Art. 9 des Übereinkommens enthält Vorschriften über die Verpflichtung des Absenders zur Verpackung des Frachtgutes, über die Berechtigung der Eisenbahn, bei Nichterfüllung dieser Verpflichtung seitens des Absenders die Annahme des Gutes zu verweigern, oder eine Anerkennungserklärung des Fehlens oder der Mängel der Verpackung von diesem auf dem Frachtbriefe und außerdem nach vorgeschriebenem Formular zu verlangen, sowie über die rechtlichen Folgen, welche die Ausstellung bzw. Nichtausstellung einer solchen Erklärung in betreff der Haftpflicht für das Gut nach sich zieht.

Der Schweizer Entwurf (Art. 5) beschränkte sich auf Bestimmungen, wonach die Eisenbahn für äußerlich nicht erkennbare Mängel nicht zu haften hat, wohl aber für äußerlich erkennbare.

Hierzu wurde in der Kritik des Schweizer Entwurfs (Eger, Die Einführung eines internationalen Eisenbahnfrachtrechts, 1877, S. 64, 65) folgendes bemerkt: „Artikel 5 des Schweizer Entwurfs enthält den richtigen, fast allen Frachtrechten eigenen Satz, daß die Eisenbahn für äußerlich nicht erkennbare Mängel nicht zu haften hat, wohl aber für äußerlich erkennbare Mängel, weil sie sich betreffs der letzteren gewissermaßen selbst im Verschulden ungenügender Kontrolle bei der Annahme befindet. Dem Art. 5 des Schweizer Entwurfs fehlt aber das Korrelat zu dem vorstehenden Satze, d. h. die damit korrespondierende Vorschrift, daß die Eisenbahn, eben wegen dieser verschärften Haftung für äußerlich erkennbare Mängel der Verpackung, auch nicht verpflichtet ist, mangelhaft verpackte Güter anzunehmen. (Art. 422 Nr. 1 D. H.G.B., § 47 Abs. 1 Deutsch. Betr.-Regl.)

In Berücksichtigung dieser Ausführungen schlug der Deutsche Entwurf 1878 (Art. 5) die in den Tenor des I.-Ü. als Art. 9 übergegangenen Bestimmungen vor. Doch wurde in der II. und III. Berner Konferenz eine die Festsetzung des Formulars für die besondere Anerkenntniserklärung betreffende Modifikation adoptiert.

In der Pariser Rev.-Konferenz (1896) wurde es als ein lebhafter Wunsch des Handelsstandes bezeichnet, daß zur Vereinfachung des Verfahrens und zur Ersparnis von Schreibwerk den Absendern gestattet werde, für alle Sendungen gleicher Natur auf derselben Station eine allgemeine Erklärung abzugeben, inhaltlich deren die Absender bei Versendung der in derselben bezeichneten Kategorien von Gütern ausdrücklich anerkennen, daß diese Güter unverpackt oder in der beschriebenen mangelhaften Verpackung aufgegeben sind, sofern in dem betreffenden Frachtbriefe auf diese allgemeine Erklärung Bezug genommen ist. Die Rev.-Konferenz hat diesem Wunsche dadurch Rechnung getragen, daß ein entsprechender zweiter Abs. dem § 4 der Ausführungsbestimmungen und ferner das Formular einer bezüglichen allgemeinen Erklärung als Anlage 3a (S. 111) dem allegierten § 4 beigefügt worden ist (Z. VI 513, 515, 616; Rev.-Konferenz v. 26. März 1896).

64) **„Soweit die Natur des Frachtgutes zum Schutze gegen Verlust oder Beschädigung auf dem Transporte eine Verpackung nötig macht, liegt die gehörige Besorgung derselben dem Absender ob."**

Das Gut, welches der Eisenbahn vom Absender übergeben wird, muß entweder an sich ohne jede Verpackung zum Transport geeignet sein, oder es muß, soweit seine Natur zum Schutze gegen Verlust oder Beschädigung auf dem Transporte eine Verpackung erfordert, vom Absender durch die Verpackung zum Transport geeignet gemacht und in diesem Zustande der Eisenbahn übergeben werden (Z. V 367, E. XIX 21, XX 37). Über die Notwendigkeit und Art der Verpackung in concreto enthält das internationale Übereinkommen — außer für die bedingungsweise zugelassenen Güter (Anlage 1 der Ausführungsbestimmungen) – spezielle Bestimmungen nicht. Daher entscheiden hierüber in erster Reihe die Gesetze, Reglements, Tarife usw. der Aufgabestation und, insoweit es diesen an positiven Bestimmungen mangelt, die Organe der Bahnverwaltung auf Grund ihrer eigenen Erfahrungen und nach allgemeinen bewährten Handelsgebräuchen, eventuell unter Zuziehung Sachverständiger nach Maßgabe der Einrichtungen und Benutzungsweise der Bahn, im Streitfalle aber richterliches Ermessen (E. XX 37; Rosenthal 80; Fuld, E. XIX 173; Muschweck, Verpackung Sp.- u. Sch.-Ztg. IX Nr. 44–49).

Aus dem Grundsatze, daß die Eisenbahn nur den Transport solcher Güter nicht verweigern darf, welche, sei es an sich oder vermöge ihrer

Verpackung, zum Transporte geeignet sind, folgt, daß die Eisenbahn nicht verpflichtet ist, ein Gut zum Transport zu übernehmen, welches nicht ordnungsmäßig oder gar nicht verpackt ist, ungeachtet seine Natur eine Verpackung zum Schutze gegen Verlust oder Beschädigung auf dem Transporte erfordert, und daraus ergibt sich des weiteren, daß, soweit die Natur des Frachtgutes zum Schutze gegen Verlust oder Beschädigung auf dem Transporte eine Verpackung nötig macht, die Besorgung derselben dem Absender obliegt. Dieser Folgerung gibt Abs. 1 des Art. 9 positiven Ausdruck.

65) **„Ist der Absender dieser Verpflichtung nicht nachgekommen, so ist die Eisenbahn, falls sie nicht die Annahme des Gutes verweigert, berechtigt, zu verlangen, daß der Absender auf dem Frachtbriefe das Fehlen oder die Mängel der Verpackung unter spezieller Bezeichnung anerkennt und der Versandstation hierüber außerdem eine besondere Erklärung, nach Maßgabe eines durch die Ausführungsbestimmungen festzusetzenden Formulars, ausstellt.“**

Nach Abs. 1 des Art. 9 hat der Absender die Verpflichtung, für die ordnungsmäßige Verpackung des Gutes Sorge zu tragen. Die Eisenbahn ist ihrerseits dagegen gehalten, eine Prüfung eintreten zu lassen, ob der Absender diese Verpflichtung erfüllt hat. Nach der Natur des Eisenbahnbetriebes vermag sie dies aber nur, insoweit die Mängel der Verpackung äußerlich erkennbar sind und dem Absender nicht ein arglistiges Verfahren zur Last fällt. Soweit die Mängel äußerlich nicht erkennbar sind, haftet der Absender unbedingt für alle daraus entstehenden Schäden (s. Abs. 3 des Art. 9). Soweit sie aber äußerlich erkennbar sind und der Absender nicht etwa arglistig gehandelt hat, verletzt die Eisenbahn ihre Prüfungspflicht und macht sich selbst einer Negligenz schuldig, wenn sie demungeachtet derartige Güter zum Transport annimmt (Z. IV 104; E. XIX 193). Sie kann sich daher, da sie bei gehöriger Prüfung und Entdeckung der Mängel die Übernahme des Transportes verweigern durfte, in diesem Falle auf das Verschulden des Absenders nicht berufen und ist für die aus der fehlenden oder mangelhaften Verpackung entstehenden Schäden verantwortlich (Z. VI 179; XIII 9; E. XXI 261). Fehlende oder mangelhafte Verpackung ist aber nicht zu verwechseln mit fehlender oder mangelhafter Bedeckung des Wagens (Z. XI 378; E. XX 222). Es ist aber durch Art. 31 Abs. 1 Ziff. 2 bei — nach Erklärung des Absenders auf dem Frachtbriefe — nicht ordnungsmäßig usw. verpackten Gütern die Haftpflicht für den Schaden ausgeschlossen, welcher aus der mit dem Mangel der Verpackung usw. verbundenen Gefahr entstanden ist. In Rücksicht hierauf bestimmt Abs 2 des Art. 9, daß, wenn der Absender der Verpflichtung für ordnungsmäßige Verpackung (Abs. 1 Art. 9) nicht nachgekommen ist, die Eisenbahn einen zweifachen Weg hat, um sich von der Haftpflicht für Schäden aus der mangelhaften Verpackung zu befreien. Sie kann entweder die Annahme des Gutes verweigern, oder, wenn sie dies nicht tut, ist sie berechtigt, zu verlangen, daß der Absender auf dem Frachtbriefe das Fehlen oder die Mängel der Verpackung unter spezieller Bezeichnung anerkennt (vgl. auch Art. 31 Abs. 1

Ziff. 2) und außerdem eine besondere Erklärung nach Maßgabe eines vorgeschriebenen Formulars ausstellt (E. XXIV 341). Diese Erklärung kann entweder für jede Sendung einzeln oder — sofern ein Absender gleichartige der Verpackung bedürftige Güter unverpackt oder mit denselben Mängeln der Verpackung auf der gleichen Station aufzugeben pflegt — auch für jede Sendung ein für allemal in Gestalt einer allgemeinen Erklärung (Generalrevers), welche alsdann die Einzelerklärungen ersetzt, nach gleichfalls vorgeschriebenem Formular abgegeben werden (s. oben S. 110 Anl. 3).

Die anerkennende Erklärung des Absenders ist also zwiefach abzugeben: erstens in einem Anerkenntnisse auf dem Frachtbriefe und zweitens noch in einer besonderen bzw. allgemeinen Erklärung nach vorgeschriebenem Formular (vgl. § 4 Ausf.-Best. Abs. 1 und 2 und die zugehörigen beiden Formulare Anl. 3 und 3a; s. oben S. 110—111).

Das Anerkenntnis braucht, wenn es in den Text des Frachtbriefes aufgenommen ist, einer besonderen Vollziehung nicht (Schwab 122), andernfalls muß es von derselben Person unterschrieben sein, welche den Frachtbrief als Absender vollzogen hat (bzw. von deren Bevollmächtigten). Derjenige, der den unterschriebenen Frachtbrief zur Bahn bringt, gilt nicht ohne weiteres für ermächtigt, das Anerkenntnis und die Erklärung zu vollziehen.

Immerhin ist aber der Transport mangelhaft verpackten Gutes von dem freien Willen der Bahn abhängig, auch wenn der Absender sich zu einer bezüglichen Anerkennung und Erklärung erbietet. Das Gut kann, aber es muß nicht befördert werden (Schwab 121; Fuld E. XIX 172). Auch ist die Konnivenz überhaupt nicht gestattet, wenn die Verpackungsvorschriften polizeilicher Natur sind. Alsdann ist eine derartige Erklärung unzulässig. Ebenso bei Verpackungsvorschriften, welche die Ausführungsbestimmungen in Anlage 1 (Vorschriften über bedingungsweise zur Beförderung zugelassene Gegenstände S. 25) enthalten.

Die besondere Erklärung ist vom Absender „nach Maßgabe eines durch die Ausführungsbestimmungen festzusetzenden Formulars auszustellen". Im § 4 der Ausführungsbestimmungen (s. oben S. 110 Zusatz I) sind demgemäß zwei bezügliche Formulare festgesetzt und denselben als Anlage 3 und 3a annektiert (s. oben S. 110—111 Zusatz II und III) — das eine für besondere, das andere für allgemeine Erklärungen.

66) **„Für derartig bescheinigte sowie für solche Mängel der Verpackung, welche äußerlich nicht erkennbar sind, hat der Absender zu haften und jeden daraus entstehenden Schaden zu tragen, beziehungsweise der Bahnverwaltung zu ersetzen. Ist die Ausstellung der gedachten Erklärung nicht erfolgt, so haftet der Absender für äußerlich erkennbare Mängel der Verpackung nur, wenn ihm ein arglistiges Verfahren zur Last fällt."**

Nach Satz 1 des Absatzes 3 hat der Absender für Mängel der Verpackung in zwei Fällen unbedingt zu haften, nämlich: 1. wenn er äußerlich erkennbare Mängel in der im Abs. 2 bezeichneten Art bescheinigt hat, 2. wenn die Mängel äußerlich nicht erkennbar waren.

Was den ersten Fall anlangt, so ist sowohl für die Nichthaftung der Eisenbahn (Art. 31 Abs. 1 Ziff. 2), wie für die Haftung des Absenders (Art. 9 Abs. 3) hiernach nur das Anerkenntnis des Absenders auf dem Frachtbriefe, nicht aber die im Art. 9 Abs. 2 noch außerdem bezeichnete formularmäßige Erklärung unerläßliche Voraussetzung (Rosenthal 82; Jacob 74; Gerstner 165; Schwab 123, 124; Hilscher 76; Öst. Oberst. Ger. E. XXIV 341. — A. M. C. A. Z. IX 8; Wehrmann 105). Dafür spricht zunächst Art. 31 Abs. 1 Ziff. 2, welcher lediglich von dem Anerkenntnisse des Absenders auf dem Frachtbriefe die Nichthaftung der Eisenbahn abhängig macht. Denn andernfalls würde wider die unverkennbare Absicht des Gesetzes die Haftung des Absenders an mehr und strengere formale Erfordernisse geknüpft sein, als die ihr entsprechende Nichthaftung der Eisenbahn, sodann aber auch die Entstehungsgeschichte des Artikels 9, insbesondere die Begründung des Deutschen Entwurfs, welche die formularmäßige Erklärung lediglich „zum Gebrauche der Eisenbahnen“ bestimmt. Die Annahme aber, daß für die Haftung des Absenders es genüge, wenn die schriftliche Anerkennung der Mängel der Verpackung seitens des Absenders überhaupt nur in einer unzweifelhaften Weise, sei es auf dem Frachtbriefe, sei es mittelst einer besonderen Erklärung, stattgefunden habe (Schwab 123, 124), erscheint hiernach nicht zutreffend (vgl. Rosenthal 82).

In betreff des zweiten Falles ist darauf zu verweisen, daß derselbe die notwendige Konsequenz des Grundsatzes ist, daß die Eisenbahn für äußerlich nicht erkennbare Mängel nicht haftet, weil sich nach der Natur des Transportbetriebes ihre Prüfungspflicht nur auf die äußerlich wahrnehmbaren Mängel der Verpackung erstrecken kann (Z. VII 239). Begrifflich ist jede Verpackung mangelhaft, die das darin enthaltene Gut gegen diejenigen Gefahren nicht schützt, welchen dasselbe seiner Natur nach beim Transport erfahrungsmäßig gewöhnlich und daher in voraussehbarer Weise durch die Art der Aufbewahrung, durch die Transportbewegung, durch Witterungseinflüsse, durch Auf-, An- und Abladen u. dgl. ausgesetzt ist (Z. III 301; E. XIX 193). Die Mängel der Verpackung sind „äußerlich nicht erkennbar“, wenn sie nach der Beschaffenheit der Außenseite der Emballage nicht wahrgenommen werden können oder nur durch einen speziellen Fachmann (E. XXIV 241). Ungenügender Verschluß eines Fasses ist äußerlich erkennbar (E. XIX 193), nicht aber die erst während des Transportes eingetretene Lockerung der Reifen und Dauben (E. XVIII 230), (s. auch Sp.- u. Sch.-Ztg. XI Nr. 1, XII Nr. 22). Beweislast: E. XIX 21.

In den beiden eingangs dieses Absatzes bezeichneten Fällen — im Falle der Bescheinigung (Anerkenntnis) der mangelhaften Verpackung und im Falle äußerlich nicht erkennbarer Mängel der Verpackung — hat der Absender zu haften, d. h. die sonst grundsätzlich bei Beschädigungen von der Annahme des Gutes zur Beförderung bis zur Ablieferung der Eisenbahn obliegende Haftpflicht gegenüber dem Absender (Art. 30ff. des Übereinkommens) tritt nicht ein (Z. VII 239), sondern es haftet der Absender, und zwar erläutern dies die folgenden Worte noch dahin: „und er hat jeden daraus entstehenden Schaden zu tragen bzw. der Bahnverwaltung zu ersetzen".

Ein solcher Schaden kann eintreten einerseits dadurch, daß infolge der mangelhaften Verpackung die Leute, Transportmittel, Magazine usw. der Eisenbahn beschädigt, verletzt, vernichtet (z. B. verbrannt) oder ihr Betrieb beeinträchtigt und verhindert werden, anderseits dadurch, daß sie nach der ihr gemäß Art. 30ff. obliegenden Haftpflicht genötigt ist, dritten Personen — Bediensteten, Passagieren oder Versendern von Gütern — Schadensersatz zu leisten.

Die äußerlich nicht erkennbare Mangelhaftigkeit der Verpackung eines Frachtgutes ebenso wie das Anerkenntnis äußerlich wahrnehmbarer Verpackungsmängel schließt die Haftpflicht der Eisenbahn auch dann aus, wenn die Verpackung ohne Verschulden des Absenders mangelhaft ist, weil es nicht Sache der Eisenbahn, sondern des Absenders ist, für gehörige Verpackung zu sorgen, mithin für die verschuldeten oder unverschuldeten Folgen des bei der Verpackung eingeschlagenen Verfahrens einzustehen. Dieser Grund trifft nicht allein bei denjenigen Folgen zu, welche durch die Verpackung an sich entstehen, sondern auch bei denjenigen, welche durch zufällige Umstände herbeigeführt werden, die bei gehöriger Verpackung keinen oder doch nur geringeren Schaden verursacht haben würden.

Die Einrede der Eisenbahn, daß der Schaden durch nicht erkennbare oder durch anerkannte äußerlich wahrnehmbare Mängel der Verpackung entstanden sei, greift aber nicht Platz, wenn der Ersatzfordernde nachweist, daß der Schaden lediglich durch Verschulden der Eisenbahn oder ihrer Leute entstanden ist; sollte derselbe auch bei einer besseren Verpackung des Gutes nicht möglich gewesen sein (Reindl V.Z. 1902 Nr. 86).

Es ist oben S. 114 der Grundsatz erörtert worden, daß die Bahnverwaltung für äußerlich erkennbare Mängel der Verpackung, welche sie sich nicht durch Anerkenntnis des Absenders hat bescheinigen lassen, haftet, weil sie entweder die Annahme zu verweigern oder sich durch das Verlangen eines derartigen Anerkenntnisses von der Haftpflicht zu befreien berechtigt ist (Rosenthal 83). Hiervon schafft Satz 2 eine Ausnahme, indem bestimmt ist, daß, obwohl die Ausstellung eines Anerkenntnisses nicht erfolgt ist, der Absender doch haftet, wenn ihm ein arglistiges Verfahren zur Last fällt. Unter „arglistigem Verfahren" ist nur der dolus, die böse Absicht, zu verstehen, dagegen nicht bloße culpa, auch nicht culpa lata. Das Vorhandensein des dolus hat die Bahn zu beweisen (Asser 169). In allen anderen Fällen haftet die Bahn bei nicht erfolgter Bescheinigung (s. jedoch bei Anwendung von Spezialtarifen Art. 35, Z. IV 104). Auch der Schadensanspruch des Empfängers gegen die Bahn ist bei Arglist des Absenders beseitigt. Er kann sich nur an diesen halten (Rosenthal 84). Hierzu Muschweck, Sp.- u. Sch.-Ztg. XI Nr. 41—51 (E. XX 211) und Fuld E. XXI 304; Eger, Sächs. Arch. III Nr. 10, 11.

Artikel 10.[67])

(1) Der Absender ist verpflichtet, dem Frachtbriefe diejenigen Begleitpapiere beizugeben, welche zur Erfüllung der etwa bestehenden Zoll-, Steuer- oder Polizeivorschriften vor der Ablieferung an den Empfänger erforderlich sind.[68]) Er haftet der Eisenbahn, sofern derselben nicht ein Verschulden zur Last fällt, für alle Folgen, welche aus dem Mangel, der Unzulänglichkeit oder Unrichtigkeit dieser Papiere entstehen.[69])

(2) Der Eisenbahn liegt eine Prüfung der Richtigkeit und Vollständigkeit derselben nicht ob.[70])

(3) Die Zoll-, Steuer- und Polizeivorschriften werden, solange das Gut sich auf dem Wege befindet, von der Eisenbahn erfüllt. Sie kann diese Aufgabe unter ihrer eigenen Verantwortlichkeit einem Kommissionär übertragen oder sie selbst übernehmen. In beiden Fällen hat sie die Verpflichtungen eines Kommissionärs.[71])

(4) Der Verfügungsberechtigte kann jedoch der Zollbehandlung entweder selbst oder durch einen im Frachtbriefe bezeichneten Bevollmächtigten beiwohnen, um die nötigen Aufklärungen über die Tarifierung des Gutes zu erteilen und seine Bemerkungen beizufügen. Diese dem Verfügungsberechtigten erteilte Befugnis begründet nicht das Recht, das Gut in Besitz zu nehmen oder die Zollbehandlung selbst vorzunehmen.[72])

(5) Bei der Ankunft des Gutes am Bestimmungsorte steht dem Empfänger das Recht zu, die zoll- und steueramtliche Behandlung zu besorgen, falls nicht im Frachtbriefe etwas anderes festgesetzt ist. Falls diese Behandlung weder durch den Empfänger noch gemäß anderweitiger Festsetzung im Frachtbriefe durch einen Dritten erfolgt, ist die Eisenbahn verpflichtet, sie zu besorgen.[73])

Zusatz I.

Betriebsreglement des Vereins Deutscher Eisenbahnverwaltungen.

§ 48.

Zoll-, Steuer- und Polizeivorschriften.

(Text übereinstimmend mit vorstehendem Art. 10) und:

Zusatzbestimmungen.

1. Die vom Absender beizubringenden Zoll-, Steuer- und Polizeipapiere dürfen nur je eine Frachtbriefsendung umfassen, sofern nicht durch behördliche Anordnungen oder durch die Tarife Ausnahmen zugelassen sind.

2. Güter, deren zollamtlicher Verschluſs verletzt oder mangelhaft ist, werden zur Beförderung nicht angenommen.

3. Sind auf offenen Wagen verladene Güter unter zollamtlichem Raumverschluſs zu befördern, so hat der Absender für die Bedeckung der Wagen in einer den Zollvorschriften genügenden Weise Sorge zu tragen. Hat der Absender dies unterlassen, so kann die Eisenbahn die erforderliche Bedeckung auf Kosten des Absenders vornehmen.

4. Falls der Absender eine Art der zoll- oder steueramtlichen Abfertigung beantragt hat, welche im gegebenen Falle nicht zulässig ist, so hat die Eisenbahn unter entsprechender Verständigung des Absenders diejenige Abfertigung zu veranlassen, welche sie für das Interesse des Absenders am vorteilhaftesten erachtet.

5. Wird als Station, in welcher die Zollbehandlung stattfinden soll, vom Absender eine Unterwegstation bezeichnet, in welcher sich das Zollamt nicht am Bahnhofe, sondern entfernt von demselben befindet, so ist die Eisenbahn berechtigt, darüber zu entscheiden, ob das Gut in das Zollamt zu überführen oder ob die Zollabfertigung am Bahnhofe zu veranlassen ist. Die Kosten werden auf das Gut nachgenommen.

6. Will der Absender der unterwegs vorzunehmenden Zollabfertigung selbst oder durch einen Bevollmächtigten beiwohnen, so hat er dies im Frachtbrief in der Spalte: „Erklärung wegen der etwaigen Zoll- und steueramtlichen oder polizeilichen Behandlung usw.", unter Angabe der Station, wo die Verzollung stattfinden soll, zu vermerken (s. V.Z., Ziff. 8).

An der gleichen Stelle ist auch der Vermerk eingetragen, wonach die zoll- und steueramtliche Behandlung des Gutes am Bestimmungsorte nicht durch den Empfänger, sondern durch eine dritte Person zu erfolgen hat.

7. Die Erfüllung der Zoll-, Steuer- und Polizeivorschriften durch die Eisenbahn erfolgt gegen eine im Tarif festzusetzende Gebühr.

8. Die Erklärung des Absenders, der unterwegs vorzunehmenden Zollabfertigung selbst oder durch einen Bevollmächtigten beiwohnen zu wollen (siehe E. Z., Ziffer 6), ist in nachstehender Form zu vermerken:

„Der Verzollung in .... werde ich (oder wird N. N. in .... [genaue Wohnungsangabe]) beiwohnen.

Absender."

In diesem Falle kann von dem der Zollbehandlung beiwohnenden Absender oder dessen Bevollmächtigten die Zollgebühr unmittelbar entrichtet und die Zollquittung (Erklärungsschein) übernommen werden. Der Empfang der letzteren ist im Frachtbriefe mittelst des Vermerkes:

„Zollquittung (Erklärungsschein) übernommen.

N. N."

zu bestätigen. Eine Benachrichtigung des Absenders von der Ankunft des Gutes auf der Verzollungsstation ist nicht erforderlich.

(Vgl. Übereinkommen zum Betriebsreglement des Vereins Deutscher Eisenbahnverwaltungen: Art. 11: Zoll-, Steuer- und Polizeivorschriften.)

Gemeinsame Abfertigungsvorschriften: § 26: Auflieferung und Annahme von Gütern im allgemeinen; § 36: Plombierung und Verschluß der Wagen.

67) Prinzip und Entstehungsgeschichte des Art. 10.

Art. 10 des Übereinkommens trifft Bestimmung über die Erfüllung der Zoll-, Steuer- und Polizeivorschriften bei internationalen Eisenbahntransporten.

Der Schweizer Entwurf (Art. 6) legte in Ermangelung entgegenstehender Vereinbarungen oder besonderer Verfügungen seitens des Absenders oder des Empfängers den Eisenbahnen die Verpflichtung auf, auf ihre Kosten und gegen eine feste Taxe die erforderlichen Vorkehrungen für die Erfüllung der gesetzlichen Formalitäten bezüglich derjenigen Güter zu treffen, welche einer zoll- oder steueramtlichen oder allgemein-polizeilichen Kontrolle unterliegen, während der Absender gehalten ist, dem Frachtbriefe die zur Erfüllung dieser Formalitäten nötigen Papiere beizugeben und für deren Richtigkeit verantwortlich ist.

In der Kritik des Schweizer Entwurfs (s. Eger, Einführung eines internationalen Eisenbahn Frachtrechts, 1877, S 65f.) wurde geltend gemacht, daß die vorgeschlagenen Bestimmungen dem bewährten Prinzip des Deutschen und Österreichischen Handelsgesetzbuches (Art. 393) und Eisenbahn-Betriebsreglements (§ 51) widersprächen, welche derartige Verpflichtungen nicht kennen, vielmehr gerade umgekehrt lediglich dem Absender die Verbindlichkeit auferlegen, die Bahn zur Erfüllung der zoll- und steueramtlichen Obliegenheiten in den Stand zu setzen.

Der Deutsche Entwurf (1878) Art. 6 nahm einen mit diesen Ausführungen im wesentlichen übereinstimmenden Standpunkt ein.

In den Verhandlungen der drei Berner Konferenzen neigte sich aber die Mehrheit der Delegierten der Tendenz des Schweizer Entwurfes zu, und es wurde nach langwierigen Beratungen und Diskussionen der in Rede stehende Artikel schließlich in der Fassung des Textes definitiv angenommen.

Aus dieser Fassung des Artikels und aus den ihr zugrunde liegenden Verhandlungen ergibt sich, daß zwar in Übereinstimmung mit den bezüglichen Normen des Deutschen und Österreichischen Handelsgesetzbuches und Eisenbahn-Betriebsreglements folgende Grundsätze adoptiert worden sind, daß 1. der Absender verpflichtet ist, dem Frachtbriefe die nötigen Zoll-, Steuer- und Polizeibegleitpapiere beizugeben, 2. der Absender folgeweise der Eisenbahn — falls ihr nicht ein Verschulden zur Last fällt — für alle Folgen aus mangelhaften, unzulänglichen oder unrichtigen Begleitpapieren haftet und 3. der Eisenbahn eine Prüfung der Richtigkeit und Vollständigkeit derselben nicht obliegt.

Dagegen ist — abweichend von jenen Normen — angenommen worden, daß es Sache der Eisenbahn sei, die Zoll-, Steuer- und Polizeivorschriften unterwegs zu erfüllen, daß ihr zwar die Wahl bleibt, diese Aufgabe selbst zu übernehmen oder einem Kommissionär zu übertragen, in beiden Fällen aber ihr die Verantwortlichkeit obliegt, und zwar nach Maßgabe der Verpflichtungen eines Kommissionärs. Damit ist die bisher im deutschen und österreich-ungarischen Eisenbahn-Frachtrechte bei der Zollbehandlung zugelassene selbständige Mittelsperson für das internationale Eisenbahnfrachtrecht beseitigt.

In der Pariser Revisionskonferenz (1896) wurde zwar von

Deutschland der Antrag auf Beseitigung des im Art. 10 Abs. 3 vorgesehenen ausschließlichen Rechts der Eisenbahn, die Zollbehandlung des unterwegs befindlichen Gutes vorzunehmen, gestellt, durch eine dem Antrage beigegebene Denkschrift eingehend motiviert und von Österreich-Ungarn und der Schweiz nachdrücklich unterstützt. Demgegenüber wurde von Rußland in Übereinstimmung mit Frankreich, Italien, den Niederlanden und Belgien der Antrag Deutschlands lebhaft bekämpft, mit fünf gegen vier Stimmen abgelehnt und Art. 10 in der bisherigen Fassung unverändert beibehalten (Prot. vom 17., 19. und 27. März 1896).

In der Berner Revisionskonferenz (1905) wurde dem Abs. 5 des Art. 10 ein zweiter Satz beigefügt, nach welchem zur Beseitigung der Streitfrage, wem die Zollbehandlung bei der Ankunft des Gutes am Bestimmungsort obliegt, wenn weder der Empfänger von seinem bezüglichen Recht Gebrauch macht noch ein Dritter hierzu bestimmt sei, der Eisenbahn die Pflicht zur Zollbehandlung zugewiesen wird (Prot. v. 11. Juli 1905).

Der Verfügungsberechtigte (Absender oder Empfänger) hat hiernach weder das Recht noch die Pflicht, sei es selbst oder durch Bestellung eines Bevollmächtigten oder Vermittlers (Spediteurs, Komissionärs usw.), für die Erfüllung der Zoll-, Steuer- und Polizeivorschriften während des Transportes Sorge zu tragen, bzw. die Zoll- usw. Behandlung zu übernehmen; seine Befugnis unterwegs erstreckt sich vielmehr lediglich darauf, selbst oder durch einen Bevollmächtigten zum Zwecke der erforderlichen Aufklärungen über die Tarifierung der Zollbehandlung beizuwohnen. Erst bei der Ankunft des Gutes am Bestimmungsorte erlangt der Empfänger das Recht (nicht die Pflicht), die zoll- und steueramtliche Behandlung — mangels anderweitiger Festsetzung im Frachtbriefe — selbst zu besorgen.

68) **„Der Absender ist verpflichtet, dem Frachtbriefe diejenigen Begleitpapiere beizugeben, welche zur Erfüllung der etwa bestehenden Zoll-, Steuer- oder Polizeivorschriften vor der Ablieferung an dem Empfänger erforderlich sind."**

Nach dem ersten Satze des Abs. 1 des Art. 10 ist der Absender wie zur Verpackung, zur Ausstellung des Frachtbriefes usw. auch zur Übergabe aller Begleitpapiere an die Eisenbahn verpflichtet, welche zur zoll- oder steueramtlichen oder polizeilichen Behandlung erforderlich sind, und bei deren Fehlen der Transport nicht begonnen oder nicht zu Ende geführt werden kann (Muschweck, Sp.- u. Sch.-Ztg. XI Nr. 24—33).

Gesetzt also auch, daß es im konkreten Falle bei eigener Kenntnis Sache der Eisenbahn sei, den Absender über das Erfordernis, die Beschaffenheit, Zahl usw. dieser Begleitpapiere zu belehren und die Annahme unvollständiger zu verweigern (s. Anm. 69, 70), so bleibt doch der Absender zur Beschaffung und Übergabe derselben an die Eisenbahn stets verpflichtet und kann niemals von letzterer beanspruchen, daß sie die Begleitpapiere besorge (z. B. ärztliche Zeugnisse für Tiertransporte usw. Z. VII 476).

Der Absender ist verpflichtet, die Begleitpapiere „dem Frachtbriefe beizugeben"; darin liegt klar ausgesprochen, daß die Aushändigung der Begleitpapiere an die Eisenbahn bei Übergabe des Frachtbriefes geschehen muß. Die Übergabe der Begleitpapiere darf also nicht — was sonst nach den bestehenden Usancen usw. möglich — früher oder später, sondern muß gleichzeitig mit der Übergabe des Frachtbriefes erfolgen. Die Annahme des Frachtbriefes ohne die erforderlichen Begleitpapiere kann daher verweigert werden. Die Eisenbahn ist, wenn ihr die Papiere nicht in gehöriger Form und rechtzeitig mit dem Frachtbriefe zugestellt werden, nicht verpflichtet, den Transport zu übernehmen (Art. 5 Ziffer 1 des Übereinkommens). Die damit eng zusammenhängende Verpflichtung des Absenders, in den Frachtbrief ein genaues Verzeichnis der für die zoll- oder steueramtliche Behandlung oder polizeiliche Prüfung nötigen Begleitpapiere aufzunehmen, ist bereits an anderer Stelle (s. Art. 6 Abs. 1 h) ausgesprochen.

Die Verpflichtung des Absenders erstreckt sich auf die Beigabe aller derjenigen Begleitpapiere, welche zur Erfüllung der etwa bestehenden Zoll-, Steuer- oder Polizeivorschriften erforderlich sind. Nach der allgemeinen Fassung ist jede Art der durch die Zoll-, Steuer- oder Polizeigesetze und Verordnungen des eigenen Staates und der von dem Transporte berührten ausländischen Staaten gebotenen Begleitpapiere gemeint, insbesondere auch die aus sanitäts- und wohlfahrtspolizeilichen Rücksichten vorgeschriebenen; dagegen ist die Verpflichtung zur Beigabe von Papieren behufs Erfüllung der im Interesse der Statistik erlassenen Vorschriften nicht vorgeschrieben. Ein darauf gerichteter Antrag Deutschlands wurde abgelehnt.

Endlich besteht die Verpflichtung des Absenders nur bezüglich derjenigen Begleitpapiere, welche „vor der Ablieferung an den Empfänger" erforderlich sind, also gleich nach der Auflieferung am Versandorte oder unterwegs oder endlich am Empfangsorte einer zoll- oder steueramtlichen Behandlung oder polizeilichen Prüfung unterliegen. Geschieht diese vor der Übergabe an die Eisenbahn oder nach der Ablieferung an den Empfänger, so bedarf es der Übergabe von Begleitpapieren an die Eisenbahn nicht.

69) **„Er haftet der Eisenbahn, sofern derselben nicht ein Verschulden zur Last fällt, für alle Folgen, welche aus dem Mangel, der Unzulänglichkeit oder Unrichtigkeit dieser Papiere entstehen."**

Aus der Pflicht des Absenders, die Eisenbahn in den Besitz der erforderlichen Begleitpapiere zu setzen, ergibt sich die im zweiten Satze bestimmte Haftung des Absenders für alle Folgen, d. h. Strafen und Schäden, welche die Eisenbahn aus dem Mangel, der Unrichtigkeit oder Unzulänglichkeit der Begleitpapiere treffen. Da dem Absender die Beschaffung der erforderlichen Begleitpapiere obliegt, so haftet er folgerichtig auch für alle Folgen — Strafen und Schäden —, welche die Eisenbahn wegen Mangels, Unrichtigkeit oder Unzulänglichkeit der Begleitpapiere treffen: „sofern derselben nicht ein Verschulden zur Last fällt".

Aus dem zweiten Satze des Abs. 1 ergeben sich hiernach folgende Konsequenzen:

1. Ist dem Absender aus dem Mangel, der Unrichtigkeit oder Unzu-

länglichkeit der Begleitpapiere ein Schaden entstanden (z. B. Konfiskation der Güter, Versäumnis, Strafen), so hat er ihn in der Regel allein zu tragen, da ihm prinzipaliter die Pflicht zur Beschaffung der erforderlichen Begleitpapiere obliegt (E. XXIV 41). Demgegenüber kann aber die subsidiäre Verbindlichkeit der Eisenbahn, ihm hierbei nach Möglichkeit durch Information usw. behilflich zu sein, auch ausnahmsweise einen Regreß des Absenders gegen diese begründen (siehe unten S. 124; Z. II S. 64), z. B. wenn sie ihn von dem dadurch bedingten Transporthindernis nicht unverzüglich benachrichtigt und dadurch eine Schädigung der Güter herbeigeführt hat (E. XXIV 41).

2. Ist der Eisenbahn ein Schaden (in Gestalt von Zolleistungen, Geldstrafen, Konfiskation der Transportmittel, Verzögerungen, Kosten der Ausladung und Auspackung usw.) entstanden, so ist zu unterscheiden:

a) Das Verschulden fällt allein dem Absender zur Last. Alsdann trifft ihn nicht bloß unmittelbar aller Schaden am Gute usw., sondern er hat auch unbestritten mittelbar im Regreßwege der Eisenbahn allen Schaden zu ersetzen, welcher dieser durch jenes Verschulden erwachsen ist. Dieser Schaden kann bestehen in Zolleistungen, Geldstrafen, Konfiskation des Gutes (welches zugleich Pfandobjekt für alle Frachtforderungen ist) und der Transportmittel, Verzögerungen, Kosten der Ausladung und Auspackung resp. der Wiederverladung und Verpackung usw. (Z. X 10, E. XVIII 261). Erforderlich ist nur der Nachweis des kausalen Zusammenhanges des Schadens bzw. der Aufwendung oder Strafe mit dem Mangel, der Unrichtigkeit oder Unzulänglichkeit der Begleitpapiere, wobei unter „Mangel" das Nichtvorhandensein, Fehlen, unter „Unrichtigkeit" jeder Verstoß gegen die tatsächliche Richtigkeit der Angaben, d. i. falsche Deklaration des Gewichtes, Inhaltes, Ursprungsortes usw., unter „Unzulänglichkeit" jeder Verstoß gegen die materiellen und formellen Vorschriften der Zoll-, Steuer- und Polizeivorschriften, Mangelhaftigkeit, Unvollständigkeit, Ungenauigkeit in dem vorgeschriebenen Inhalt oder in der Form zu verstehen ist (vgl. Z. II 64, V 599, VI 592). In der mangelnden Befestigung der Begleitpapiere mit dem Frachtbriefe liegt an sich kein Mangel usw. derselben, da Art. 6 nur die Beigabe, nicht die Befestigung vorschreibt; — es müßte denn sein, daß die Zollvorschriften die Befestigung erfordern (Z. III 502).

b) Das Verschulden fällt allein der Eisenbahn zur Last. In diesem Falle hat die Eisenbahn kein Regreßrecht, muß vielmehr selbst die sie treffenden Strafen und Schäden tragen und kann unter Umständen sogar gehalten sein, den dem Absender hierdurch entstehenden Schaden zu ersetzen (Z. I 303, III 35, IV 211, V. 599).

Aus der Natur des Transportvertrages folgt zunächst, daß die Eisenbahn wie den Frachtbrief, so auch die Begleitpapiere zu verwahren und dafür zu sorgen hat, daß sie in der Begleitung der zugehörigen Güter bleiben. Sie ist dafür verantwortlich (Z. I 303, E. X 192). Daß also die Eisenbahn kein Regreßrecht hat, wenn sie die ihr vom Absender rechtzeitig und in gehöriger Form übergebenen Begleitpapiere vergißt usw., unterliegt nach allgemeinen Rechtsregeln keinem Zweifel. (Vgl. über Verlust der Begleitpapiere durch die Eisenbahn Z. III 502, über unrichtige Gewichtsangaben (Z. II 374, IV 102, V 599, E. XI 251), Inhaltsangaben (Z. X 10, E. XVIII 261), über Nichtbeachtung der Vorschriften des Absenders (Z. III 35, 66, E. XII 43, 53). Aber ihre Pflicht kann unter Umständen noch weiter gehen und eine Information des Absenders über die bestehenden Zoll- usw. Vorschriften auf sein Verlangen und unter Umständen auch ohne ein solches erfordern, vornehmlich eine Benachrichtigung des Absenders, wenn sich die Begleitpapiere bei der Ablieferung als unzulänglich herausstellten (E. XXIV 42).

c) Das Verschulden fällt beiden Teilen, Absender und Eisenbahnverwaltung, zur Last (konkurrierendes Verschulden). Dies ist z. B. der Fall, wenn es einerseits der Absender an den erforderlichen Bemühungen, anderseits die Eisenbahn an der nötigen Belehrung, Benachrichtigung hat fehlen lassen usw. In solchen Fällen ist die Frage, wer den Schaden zu tragen hat, nach den Landrechten, eventuell nach allgemeinen Rechtsregeln über konkurrierende culpa zu entscheiden (Deutsch. B.G.B. § 254; E. XXIV 41).

d) Der Schaden ist durch Zufall (casus) oder höhere Gewalt ohne Verschulden des Absenders und der Eisenbahn entstanden. Die Begleitpapiere werden z. B. durch höhere Gewalt vernichtet, unleserlich oder unvollständig, oder es tritt eine Änderung der Zoll-, Steuer- oder Polizeivorschriften ein, welche zur Zeit der Absendung beiden Teilen unbekannt war und dennoch auf die betreffenden Güter bereits zur Anwendung gebracht wird usw. In Fällen dieser Art haftet der Absender der Eisenbahn für den entstandenen Schaden, da ihn nur Verschulden der Bahn von der Haftpflicht befreit. Soweit ein solches nicht vorliegt, haftet ihr der Absender, gleichviel ob ihn selbst eine Schuld trifft oder nicht, also auch für casus.

70) **„Der Eisenbahn liegt eine Prüfung der Richtigkeit und Vollständigkeit derselben** (sc. der Papiere) **nicht ob."**

Indem Abs. 2 des Art. 10 bestimmt, daß der Eisenbahn eine Prüfung der Richtigkeit und Vollständigkeit der Begleitpapiere nicht obliegt, wird zugleich und implicite ausgesprochen, daß die Unterlassung der Prüfung seitens der Eisenbahn bzw. ihres Personals nicht als Verschulden angesehen bzw. als ein solches gerügt werden dürfe, weil erfahrungsgemäß eine derartige Prüfung nicht möglich ist. Daher ist ein Schadensersatzanspruch aus dem Grunde, daß die Organe der Eisenbahn den Absender auf den Mangel der Begleitpapiere, z. B. ärztlicher Zeugnisse bei Tiertransporten, nicht aufmerksam gemacht haben, nicht begründet (Z. VII 476).

Im übrigen ist im vorliegenden Absatz selbstverständlich nur die Pflicht zur Prüfung seitens der Bahn abgelehnt, nicht aber ihr Recht dazu irgendwie beschränkt. Die Bahn kann also die Einsichtnahme und Prüfung der Begleitpapiere fordern und braucht verschlossene und versiegelte nicht anzunehmen. Endlich beschränkt sich die Ablehnung der Verantwortlichkeit der Bahn nur auf die Prüfung der Richtigkeit und Vollständigkeit der Begleitpapiere. Im übrigen bleiben ihre Pflichten aus dem Frachtvertrage z. B. in betreff der Obhut des Gutes unverändert, auch trotz etwaiger Unrichtigkeit usw. der Begleitpapiere (Z. VI 98).

71) **„Die Zoll-, Steuer- und Polizeivorschriften werden, solange das Gut sich auf dem Wege befindet, von der Eisenbahn erfüllt. Sie kann diese Aufgabe unter ihrer eigenen Verantwortlichkeit einem Kommissionär übertragen oder sie selbst übernehmen. In beiden Fällen hat sie die Verpflichtungen eines Kommissionärs.“**

Während das Übereinkommen in Art. 10 Abs. 1 und 2 die Beschaffung der für den Transport erforderlichen Begleitpapiere zu den Pflichten des Absenders rechnet, wird im Abs. 3 die Erfüllung der Zoll-, Steuer- und Polizeivorschriften, solange das Gut sich unterwegs befindet, der Eisenbahn auferlegt. Sie ist dazu berechtigt und verpflichtet (V. Z. 1905 Nr. 17, 36, 85). Die Erfüllung gehört zum Transportgeschäft der Eisenbahn (Z. XVIII, E. XXIII 383).

Satz 1 des Abs. 3 läßt keinen Zweifel, daß der Eisenbahn die alleinige Pflicht wie das alleinige Recht zur Erfüllung zugewiesen ist. Sie trägt daher die volle Verantwortlichkeit für die Erfüllung (Z. IV 211, V 599), und zwar — wie die folgenden Sätze ergeben — auch dann, wenn sie diese Aufgabe einer Mittelsperson überträgt (Z. III 170). (Stephany, Die Haftung des Eisenbahnfiskus usw. für Beschädigung und Verlust der zur Zollabfertigung gelangenden Güter [Zeitschr. f. Zollwes. IV Nr. 7—8]; s. auch über Zollbehandlung unterwegs: Z. IV 52, XIII 168).

Was begrifflich unter Zoll-, Steuer- und Polizeivorschriften zu verstehen ist und wie weit ihr Umfang reicht, ist bereits oben Anm. 68 S. 122 des näheren erörtert.

Die Verpflichtung der Eisenbahn ist aber keine unbedingte, sie ist vielmehr von der aus Abs. 1 und 2 sich von selbst ergebenden Voraussetzung abhängig, daß die Beigebung der erforderlichen Begleitpapiere seitens des Absenders ordnungsmäßig erfolgt ist. Derselbe kann auch nicht dagegen einwenden, daß es Sache der Eisenbahn gewesen sei, behufs Erfüllung ihrer Pflicht die Begleitpapiere einzufordern, ihre Zahl, Vollständigkeit und Richtigkeit zu prüfen und etwaige Mängel ergänzen zu lassen. Denn eine derartige Verpflichtung liegt nach Abs. 1 und 2 der Eisenbahn nicht ob.

Diese Verpflichtung (bzw. Befugnis) besteht aber nur, „solange das Gut sich auf dem Wege befindet“, d. h. von der Annahme des Gutes zur Beförderung bis zur Ablieferung an den Empfänger (arg.: Art. 30), auch wenn die Verzollung von seiten der Bestimmungsstation vorgeschrieben wird (E. XXI 254). Vor der Annahme zur Beförderung besteht die qu. Pflicht nicht, auch dann nicht, wenn die Eisenbahn das Gut bereits in vorläufige Verwahrung genommen hat (Art. 5 Abs. 2), ebensowenig aber nach der Ablieferung an den Empfänger. (Über die Berechtigung des Empfängers zur Besorgung der Zollbehandlung bei Ankunft des Gutes zum Bestimmungsort gemäß Art. 10 Abs. 5 s. Anm. 73 S. 128.)

Satz 2 des Abs. 3 gibt der Eisenbahn die Befugnis, die Erfüllung der Zoll-, Steuer- und Polizeivorschriften während des Transports einem Kommissionär zu übertragen, ohne daß jedoch dadurch ihre Verantwortlichkeit geändert wird. Sie hat zwar das Wahlrecht, entweder selbst bzw. durch ihre Leute oder Bevollmächtigten die erforderlichen Handlungen und Manipulationen vorzunehmen oder dieselben einem Kommissionär zu übertragen, beides aber geschieht unter ihrer eigenen Verantwortlichkeit, sie trägt in beiden Fällen die gleiche Verantwortlichkeit.

Der Begriff „Kommissionär" ist in den Beratungen — wohl mit Rücksicht auf die im wesentlichen übereinstimmende Definition der verschiedenen Handelsrechte — als ein feststehender einer näheren Erörterung nicht unterworfen worden. Es unterliegt keinem Zweifel, daß unter Kommissionär auch der Spediteur zu verstehen ist, da begrifflich das Speditionsgeschäft nur als eine besondere Art des Kommissionsgeschäftes bzw. als auf gleicher Grundlage beruhend betrachtet wird (code de com. Art. 94, codice d. com. Art. 380, Neues Deutsches H.G.B. §§ 383, 407). Dagegen erscheint es durch die Fassung dieses Satzes ausgeschlossen, daß die qu. Aufgabe vom Absender oder Empfänger (abgesehen von dem Falle des Abs. 5) bzw. einer von diesen beauftragten Mittelsperson übernommen oder einem Dritten — Nichtkommissionär — von der Bahn übertragen wird.

Es ist freilich nicht zu verkennen, daß dies für die nach bisherigem deutschen usw. Eisenbahn-Frachtrecht mit der Zoll- usw. Behandlung befaßten Mittelspersonen (Spediteure usw.) eine schwere Beeinträchtigung ihres Geschäftsbetriebes zur Folge hat. Indes die Versuche Deutschlands und mehrerer anderer Staaten in den Berner Konferenzen und in der Pariser Rev.-Konferenz (1896), den Abs. 3 des Art. 10 zu beseitigen, hatten keinen Erfolg (s. Anm. 67 S. 120, 121).

Satz 3 des Abs. 3 normiert den Umfang der Haftung bzw. Verantwortlichkeit, welche die Eisenbahnverwaltung bei Erfüllung der Zoll-, Steuer- und Polizeivorschriften unterwegs zu tragen hat, und zwar sowohl, wenn sie diese Aufgabe selbst wahrnimmt, als auch, wenn sie dieselbe einem Kommissionär überträgt. „In beiden Fällen hat sie die Verpflichtungen eines Kommissionärs" (sc. Transportkommissionärs, Spediteurs). Diese Verpflichtungen sind mangels einer Festsetzung im Übereinkommen nach dem Rechte desjenigen Staates zu beurteilen, in welchem die Erfüllung der bezüglichen Vorschriften erfolgt, d. h. in Deutschland nach §§ 407 ff. des Handelsgesetzbuches, in Frankreich nach Art. 95 ff. code de commerce, in Italien nach Art. 381 ff. codice di commercio usw. Vgl. Z. II 158, III 35, 263, VII 235, E. XV 340 (über die Gebühren hierfür: Z. II 426).

Da die zoll-, steuer- und polizeiliche Behandlung nach Satz 2 unter eigener Verantwortlichkeit der Eisenbahn geschieht, gleichviel ob sie dieselbe selbst (durch ihre Leute) wahrnimmt oder einem Kommissionär überträgt, so ist es folgerichtig, daß sie in beiden Fällen dieselben Verpflichtungen hat, d. h. nach den Vorschriften über das Kommissionsgeschäft die zoll-, steueramtliche oder polizeiliche Behandlung zu erledigen verpflichtet ist. Der Kommissionär, welchem sie dieselbe überträgt, ist als ihr Organ, gewissermaßen als einer ihrer Leute zu betrachten, für dessen Handlungen sie ebenso einzustehen hat, wie wenn sie dieselben selbst vorgenommen hätte. Der Kommissionär (bzw.

Spediteur) steht mit dem Absender bzw. Empfänger in keinem Vertragsverhältnisse, er handelt lediglich für Rechnung und im Namen der Eisenbahn, welche ihm die ihr obliegende zoll- usw. amtliche Behandlung übertragen hat, und wird für die Nichterfüllung seiner Obliegenheiten daher auch nur der Eisenbahn verantwortlich. Der Absender bzw. Empfänger hat sich lediglich an die Bahnverwaltung zu halten, welche ihm gegenüber die Verpflichtungen eines Kommissionärs prästieren muß, gleichviel ob sie selbst oder durch einen Dritten handelt (Z. III 170).

Die Haftung der Eisenbahn ist aber nur in betreff der Erfüllung der Zoll-, Steuer- und Polizeivorschriften auf die Verpflichtungen eines Kommissionärs beschränkt, im übrigen haftet die Eisenbahn für die Erfüllung des Frachtvertrages nach Maßgabe der Artikel 30ff. des Übereinkommens, d. h. im wesentlichen nach den Grundsätzen ex recepto. Insoweit die Eisenbahn die Verpflichtungen eines Kommissionärs hat, stehen ihr folgerichtig auch die Rechte eines solchen nach Maßgabe der Landesgesetze zu, insbesondere auf Erstattung der Kosten, Auslagen, Zollstrafen usw. (D. H.G.B. § 397); E. XVIII 34). Danach entscheidet sich z. B. die Frage über die Haftpflicht für Lieferfristversäumnis infolge von Zollmanipulationen (Bedeckung der Wagen behufs Zollverschlusses Z. II 288, III 170, 329).

72) **„Der Verfügungsberechtigte kann jedoch der Zollbehandlung entweder selbst oder durch einen im Frachtbriefe bezeichneten Bevollmächtigten beiwohnen, um die nötigen Aufklärungen über die Tarifierung des Gutes zu erteilen und seine Bemerkungen beizufügen. Diese dem Verfügungsberechtigten erteilte Befugnis begründet nicht das Recht, das Gut in Besitz zu nehmen oder die Zollbehandlung selbst vorzunehmen."**

Satz 1 des Absatzes 4 gewährt dem Verfügungsberechtigten, unbeschadet der vollen Berechtigung und Verpflichtung der Eisenbahn (als Kommissionär), aus Zweckmäßigkeitsgründen (s. Anm. 67 S. 121) die nebenher laufende Befugnis, bei der Zollbehandlung gegenwärtig zu sein, und zwar zu dem ausdrücklich im Übereinkommen angegebenen Zwecke: „die nötigen Aufklärungen über die Tarifierung des Gutes zu erteilen und seine Bemerkungen beizufügen", insbesondere zur Vermeidung zu hoher Tarifierung, von Zollstrafen oder Versäumnissen durch Rückfragen der Zollbehandlung beizuwohnen und den erforderlichen Aufschluß zu geben, um etwaigen Mißverständnissen usw. vorzubeugen (Z. II 288). Weiter geht die Befugnis des Verfügungsberechtigten nicht. Weder ihm noch seinem Bevollmächtigten ist irgendeine Funktion bei der Zollbehandlung selbst, z. B. die Zahlung des Zolles oder die Wahrnehmung anderer Obliegenheiten, eingeräumt. Läßt die Eisenbahn solche zu, so geschieht es unter ihrer eigenen Verantwortlichkeit (Abs. 3). A. M. Z. I 201, E. X 85. — Gerstner 176; Rosenthal 91; Lyon-Caen, Journ. de Droit internat. privé, 1893, S. 471).

Diese Befugnis aus Satz 1 besitzt „der Verfügungsberechtigte", d. h. der Absender, bis nach Ankunft des Gutes am Bestimmungsorte der Frachtbrief dem Empfänger übergeben oder die von letzterem auf Übergabe des Gutes und Frachtbriefes gerichtete Klage (Art. 15 und 16) der Eisenbahn zugestellt worden ist, und von diesen Momenten ab der Empfänger (A. M. Gerstner 175; Gasca 124). Es sind also mit dem Worte „der Verfügungsberechtigte" beide — Absender und Empfänger — bezeichnet. Auf den Besitz des Frachtbriefduplikats (Art. 15 Abs. 2) kommt es hier nicht an, da eine der im Abs. 1 des Artikels 15 bezeichneten Anweisungen nicht in Frage steht (s. arg. Art. 18 Abs. 4, Art. 26 Abs. 2 usw. — A. M. Schwab 131; Rosenthal 92). Der Verfügungsberechtigte kann diese Befugnis entweder selbst, in eigener Person, ausüben oder „durch einen im Frachtbriefe bezeichneten Bevollmächtigten". Der Bevollmächtigte kann entweder zu den Leuten des Verfügungsberechtigten gehören oder eine dritte selbständige Person — Spediteur, Kommissionär usw. — sein; aber unbedingte Voraussetzung ist, daß er von vornherein im Frachtbriefe und also auch im Frachtbriefduplikate als Bevollmächtigter für die Ausübung dieser Befugnis bezeichnet ist. Der bezügliche Vorbehalt ist in den Frachtbrief gemäß Art. 6 lit. h aufzunehmen (Anm. 40 S. 63).

Daß die Eisenbahn oder die Zollbehörde ex officio den Verfügungsberechtigten oder seinen im Frachtbriefe bezeichneten Bevollmächtigten zur Zollbehandlung heranzuziehen habe, ist nicht vorgeschrieben. Es ist also Sache des Verfügungsberechtigten, sich selbst um Zeit und Ort der Zollbehandlung zu kümmern und die ihm zustehende Befugnis ohne weitere Aufforderung zur rechten Zeit und am rechten Orte auszuüben, bzw. seine Zuziehung zu verlangen (Schwab 133; Rosenthal 91).

Satz 2 soll jeden Zweifel darüber beseitigen, daß die durch Satz 1 dem Verfügungsberechtigten gewährte Beiwohnungsbefugnis nicht etwa für diesen das Recht begründe, das Gut in Besitz zu nehmen oder die Zollbehandlung selbst vorzunehmen. Letzteres bleibt das alleinige Recht der Eisenbahn. Doch hat der Verfügungsberechtigte gemäß Art. 15 Abs. 1 und 2 unter den dort angegebenen Voraussetzungen ohne Zweifel stets das Recht, sich wieder in den Besitz des Gutes zu setzen. Satz 2 will nur besagen, daß die besondere, im Satz 1 gewährte Befugnis für ihn das Recht der Inbesitznahme des Gutes oder der Vornahme der Zollbehandlung nicht begründe.

73) **„Bei der Ankunft des Gutes am Bestimmungsorte steht dem Empfänger das Recht zu, die zoll- und steueramtliche Behandlung zu besorgen, falls nicht im Frachtbriefe etwas anderes festgesetzt ist."**

Von der Regel des Absatzes 3, daß die Eisenbahn befugt und verpflichtet ist, solange das Gut sich auf dem Wege befindet — d. h. von der Annahme zur Beförderung bis zur Ablieferung an den Empfänger —, die Zoll-, Steuer- und Polizeivorschriften zu erfüllen, schafft Abs. 5 eine Ausnahme durch die Vorschrift, daß bei der Ankunft des Gutes am Bestimmungsorte dem Empfänger das Recht zusteht, die zoll- und steueramtliche Behandlung zu besorgen, falls nicht im Frachtbriefe etwas anderes festgesetzt ist.

Abs. 5 weist dem Empfänger nur das Recht, nicht auch die Pflicht zu, die zoll- und steueramtliche Behandlung zu besorgen, während die Eisenbahn nach Abs. 3 sowohl das Recht wie die Pflicht hierzu hat. Macht also der Empfänger — was ganz in seiner Wahl steht — von dem qu. Rechte keinen Gebrauch, so bleibt die Eisenbahn zur zoll- und steueramtlichen Behandlung bis zur Ablieferung an den Empfänger weiter berechtigt und verpflichtet. Diese Berechtigung und Verpflichtung erlischt nicht mit Ankunft des Gutes am Bestimmungsort (Übereinstimmend Z. XII 334, 400; A. M. Rosenthal S. 88). Um jeden Zweifel über diese streitig gewordene Frage zu beseitigen, hat die Berner Revisionskonferenz (1905) dem Abs. 5 des Artikels 10 einen zweiten Satz beigefügt, welcher ausdrücklich bestimmt, daß wenn weder der Empfänger von seinem Recht der Zoll- usw-Behandlung bei Ankunft der Güter Gebrauch macht, noch ein hierzu bestimmter Dritter, der Eisenbahn die Pflicht zur Besorgung der Zollbehandlung obliegt (Prot. v. 11. Juli 1905), s. Anm. 67 S. 120.

Dagegen wird die Eisenbahn wie ihres Rechtes, so auch ihrer Pflicht ledig, sobald der Empfänger die Besorgung zu übernehmen sich bereit erklärt hat. Für die zoll- und steueramtliche Behandlung durch den Empfänger hat sie also nicht die Verantwortlichkeit nach Maßgabe der Verpflichtungen eines Kommissionärs — wie in den Fällen des Absatzes 3 —, sondern der Empfänger handelt hierbei auf eigene Verantwortlichkeit.

Das Recht steht dem Empfänger „bei der Ankunft des Gutes am Bestimmungsorte" zu. Er hat dieses Recht auch dann, wenn der Frachtbrief keinen Vermerk im Sinne des Absatzes 5 trägt oder wenn auf dem Frachtbriefe die Zufuhr zum Hause des Empfängers ausdrücklich verlangt ist. Das Recht kann nur durch eine entgegenstehende Festsetzung im Frachtbriefe fortfallen (z. B. durch die Vorschrift „Franko Fracht und Zoll": Z. II 220, E. X 382). Der Umstand, daß die Eisenbahn reglementarisch zur Zufuhr nach dem Hause des Empfängers värpflichtet oder eine entsprechende Vorschrift auf dem Frachtbriefe angebracht ist, schließt das Recht des Empfängers nicht aus (Z. I 143, E. X 76). Zur Zeit der Ankunft muß der Empfänger aber sich bereit erklären, das Recht auszuüben bzw. durch konkludente Handlungen die Besorgung übernehmen. Späterhin darf er dies nicht mehr. Nimmt also zu dieser Zeit der Empfänger sein Recht nicht in Anspruch, so bleiben Recht und Pflicht der Eisenbahn zur Besorgung der zoll- usw. amtlichen Behandlung unverändert in Kraft.

Weder die Eisenbahn noch die Zollbehörde sind verpflichtet, den Empfänger zur Ausübnng seines Rechtes aufzufordern, vielmehr ist es lediglich seine Sache, dasselbe geltend zu machen, sobald das Gut am Bestimmungsorte d. h. auf der Bestimmungsstation anlangt, und zu diesem Behufe die Eisenbahn rechtzeitig davon zu unterrichten, daß er von seinem Rechte Gebrauch machen wolle. Auf Zwischenstationen besitzt er dieses Recht nicht (Z. XVI 261).

Das Recht des Empfängers zur Besorgung der zoll- und steueramtlichen Behandlung ist, wie das Beiwohnungsrecht des Absatzes 4, von dem Verfügungsrechte, d. h. von dem Eintritt des Empfängers in den Frachtvertrag abhängig. Abs. 5 gibt zwar ganz allgemein das

Besorgungsrecht dem Empfänger bei der Ankunft des Gutes am Bestimmungsorte, obwohl er zu dieser Zeit verfügungsberechtigt gemäß Abs. 4 des Artikels 15 noch nicht ist. Es muß aber angenommen werden, daß der Empfänger Rechte aus dem Frachtvertrage nicht eher ausüben, mithin auch die Zollbehandlung nicht früher übernehmen darf, als bis er in den Frachtvertrag gemäß Art. 15 Abs. 4, Art. 16 Abs. 2 eingetreten ist. Bis dahin kann also auch der Absender durch nachträgliche Disposition hierüber anderweitige Bestimmung treffen. Denn daß dem Empfänger, der nicht in den Frachtvertrag eintritt, ein derartiges Recht zustehen soll, ist nach der Tendenz des Übereinkommens bzw. der Art. 15 und 16 nicht anzunehmen.

Abs. 5 spricht nur von der zoll- und steueramtlichen Behandlung, nicht von der Erfüllung der Polizeivorschriften; das Recht, diese zu erfüllen, würde dem Empfänger hiernach bei der Ankunft des Gutes am Bestimmungsorte nicht zustehen. Indeß wird man wohl annehmen dürfen, daß es sich hier nur um eine Omission handle, da es an sich nicht erklärlich erscheint, warum der Erfüllung der Polizeivorschriften nicht auch für den vorliegenden Fall gedacht ist (Schwab 133). Das Recht des Empfängers aus Abs. 5 ist im übrigen ein ihm ex lege zustehendes, es kann nur beseitigt oder modifiziert werden durch eine ausdrückliche anderweitige Festsetzung im Frachtbriefe. Zur „zoll- und steueramtlichen Behandlung" gehört nicht die Pflicht der Eisenbahn, die Zollgebühr vorzuschießen bzw. für den Empfänger zu bezahlen (E. XIX 330).

Artikel 11.[74])

(1) Die Berechnung der Fracht erfolgt nach Maßgabe der zu Recht bestehenden, gehörig veröffentlichten Tarife.[75]) Jedes Privatübereinkommen, wodurch einem oder mehreren Absendern eine Preisermäßigung gegenüber den Tarifen gewährt werden soll, ist verboten und nichtig.[76]) Dagegen sind Tarifermäßigungen erlaubt, welche gehörig veröffentlicht sind und unter Erfüllung der gleichen Bedingungen jedermann in gleicher Weise zu gute kommen.[77])

(2) Außer den im Tarife angegebenen Frachtsätzen und Vergütungen für besondere im Tarife vorgesehene Leistungen zugunsten der Eisenbahnen dürfen nur bare Auslagen erhoben werden — insbesondere Aus-, Ein- und Durchgangsabgaben, nicht in den Tarif aufgenommene Kosten für Überführung und Auslagen für Reparaturen an den Gütern, welche infolge ihrer äußeren oder inneren Beschaffenheit zu ihrer Erhaltung notwendig werden.[78]) Diese Auslagen sind gehörig festzustellen und in dem Frachtbriefe ersichtlich zu machen, welchem die Beweisstücke beigegeben sind.[79])

Zusatz I.

Schlußprotokoll II und III zum internationalen Übereinkommen über den Eisenbahn-Frachtverkehr.

II. In betreff des Art. 11 erklären die unterzeichneten Bevollmächtigten, daß sie keine Verpflichtung eingehen können, welche die Freiheit ihrer Staaten in der Regelung ihres internen Eisenbahnverkehrs beschränken würde. Sie konstatieren übrigens jeder für den von ihm vertretenen Staat, daß diese Regelung zurzeit mit den im Art. 11 des Übereinkommens festgestellten Grundsätzen sich im Einklange befinde, und sie betrachten es als wünschenswert, daß dieser Einklang erhalten bleibe.

III. Es wird ferner anerkannt, daß durch das Übereinkommen das Verhältnis der Eisenbahnen zu dem Staate, welchem sie angehören, in keiner Weise geändert wird, und daß dieses Verhältnis auch in Zukunft durch die Gesetzgebung jedes einzelnen Staates geregelt werden wird, sowie daß insbesondere durch das Übereinkommen die in jedem Staate in Geltung stehenden Bestimmungen über die staatliche Genehmigung der Tarife und Transportbedingungen nicht berührt werden.

Zusatz II.

Betriebsreglement des Vereins Deutscher Eisenbahnverwaltungen.

§ 49.

Berechnung der Fracht.

(Text übereinstimmend mit vorstehendem Art. 11) und:

Zusatzbestimmungen.

1. Beweisstücke über Auslagen, die vom Absender zu bezahlen sind, werden nicht dem Empfänger mit dem Frachtbriefe, sondern dem Absender mit der Frankaturrechnung (Zusatzbestimmung 1 zum Art. 12, int. Übk.) ausgehändigt.

2. Bei Umkartierungen sind die am Tage der neuen Kartierung gültigen Tarife maßgebend.

3. Wenn die Eisenbahn die Güter von der Behausung des Absenders abholen oder aus Schiffen löschen läßt oder an die Behausung des Empfängers oder an einen anderen Ort, z. B. nach Packhöfen, Lagerhäusern, Revisionsschuppen, in Schiffe usw., bringen läßt, so sind die durch die Tarife oder durch Aushang an den Abfertigungstellen bekanntzumachenden Gebühren hierfür zu entrichten. Der Rollfuhrmann hat seinen Gebührentarif bei sich zu tragen und auf Verlangen vorzuzeigen.

(Vgl. Übereinkommen zum Betriebsreglement des Vereins Deutscher Eisenbahnverwaltungen: Art. 1: Tarife.)

Vgl. Gemeinsame Abfertigungsvorschriften: § 38: Berechnung der Fracht, Frachtüberweisung, Frankatur; § 48: Nachprüfung der Gebühren in den Empfangsstationen, Verschleppungsanzeigen, Anrechnungen.

74) Prinzip und Entstehungsgeschichte des Art. 11.

Art. 11 des internationalen Übereinkommens umfaßt die Vorschriften über die Berechnung der Fracht und in Verbindung damit über die Voraussetzungen, unter welchen Tarifermäßigungen erlaubt sind, sowie über die Erhebung von baren Auslagen neben den im Tarife angegebenen Frachtsätzen und Vergütungen für besondere, im Tarife vorgesehene Leistungen.

Die Normen des Art. 11 über die Berechnung der Frachtgelder konnten sich bei der Verschiedenheit der Tarifsysteme in den einzelnen Vertragsstaaten nicht auf die Tarife selbst (Verzeichnisse der Frachtpreise und sonstigen Befördesungsbedingungen), deren Bildung, Höhe, Feststellung und Genehmigung erstrecken, sondern mußten sich, von den bestehenden Tarifen ausgehend, lediglich auf einige allgemeine und prinzipielle Berechnungsmaßregeln beschränken, welche die Bildung der Tarife an sich nicht berühren (Muschweck Sp.- und Sch.-Ztg. X, Nr. 19—27).

In dieser Erwägung schlugen sowohl der Schweizer Entwurf (Art. 7) wie der Deutsche Entwurf (Art. 7) im wesentlichen übereinstimmend einige allgemeine und prinzipielle Bestimmungen vor, welche sich auf die Berechnung der Fracht nach den veröffentlichten Tarifen, den Ersatz barer Auslagen der Eisenbahnen sowie das Verbot anderer Forderungen als der im Tarife angegebenen Frachtsätze und Vergütungen für besondere im Tarife vorgesehenen Leistungen beschränkten.

Nach den Beschlüssen der II. Berner Konferenz erhielt der Art. 11 die auch in der III. Konferenz unter Modifikation des Schlußsatzes (auf Antrag Deutschlands) angenommene, in den Tenor des Überkommens übergegangene Fassung.

Zur III. Konferenz hatte Deutschland noch die Erklärung abgegeben:

> Dem Absatz 1 wird unter der Bedingung zugestimmt, daß das Verbot von Preisermäßigungen gegenüber den veröffentlichten Tarifen in den vertragschließenden Staaten auf den internen Verkehr ausgedehnt und mit Strafbestimmungen umgeben und daß eine entsprechende Zusage in das Schlußprotokoll aufgenommen wird.

Hierüber berichtete die I. Kommission, daß diesem Antrage gegenüber die Delegierten der übrigen Staaten jeder für sich Erklärungen abgegeben haben, welche im wesentlichen gleichen Inhalts waren und den Zweck hatten, ihren Standpunkt klarzustellen. Um die Verhandlung zu erleichtern, haben diese Delegierten, mit Ausnahme derjenigen Deutschlands, sich auf eine gemeinsame Formel geeinigt und haben ihre Bereitwilligkeit ausgesprochen, ihren resp. Regierungen vorzuschlagen, daß diese Formel auch in das von den Bevollmächtigten zu unterzeichnende Schlußprotokoll aufgenommen werde.

Durch diese Einigung und den auf deren Basis gefaßten Beschluß der Kommission erschien dann der Antrag Deutschlands als abgelehnt.

Die obige Erklärung wurde demnächst sub Ziffer II in das Schlußprotokoll aufgenommen. Zugleich wurde die oben (S. 131) Zusatz I Ziff. III mitgeteilte Erklärung dem Schlußprotokolle als Ziff. III hinzugefügt.

Die deutsche Regierung hat späterhin ihren Widerspruch zurückgezogen und das Schlußprotokoll mit den Ziff. II und III desselben im November 1886 nachträglich unterzeichnen lassen.

In der Pariser Revisionskonferenz (1896) wurde auf Anregung Belgiens im Konferenzprotokoll dem Wunsche einer angemessenen Veröffentlichung von Tarifermäßigungen durch öffentliche Bekanntmachung der davon betroffenen Güter und Bahnstrecken Ausdruck gegeben und zugleich als selbstverständlich bezeichnet, daß die anderweitigen Transportbedingungen in den dem Publikum zu Gebote stehenden Tarifen enthalten sind (Prot. v. 19.3. u. 26.3. 1896 S. 120, 121).

In der Berner Revisionskonferenz (1905) stellte Rußland zu Abs. 2 einen Antrag auf ausdrückliche Anführung der Auslagen zum Schutz anderer Güter oder der Wagen gegen Beschädigung. Dieser Antrag wurde jedoch abgelehnt, weil die Aufzählung der Auslagen in Abs. 2 keineswegs limitativ sei und Art. 9 Abs. 3 den Eisenbahnen auch Ersatzanspruch für Schäden aus äußerlich nicht erkennbaren Mängeln zusichere (Prot. v. 7. 7. 1905).

75) „Die Berechnung der Fracht erfolgt nach Maßgabe der zu Recht bestehenden, gehörig veröffentlichten Tarife."

Abs. 1 des Art. 11 enthält die allgemeinen Grundsätze für die Berechnung der Fracht im internationalen Eisenbahn-Frachtverkehr nur insoweit, als eine einheitliche Regelung ohne Verletzung der Tarifsysteme und der Freiheit der einzelnen Staaten, ihre Tarife selbst zu ordnen, angängig erschien. Für diese Grundsätze war das auch bereits im Art. 5 Abs. 3 ausgesprochene Prinzip maßgebend, daß kein Absender vor dem anderen begünstigt werden dürfe, sondern alle gleichmäßig zu behandeln seien (E. XXIII 372). Wie dort hinsichtlich der Zeit der Beförderung, so soll auch hier bei der Berechnung der Fracht kein Absender vor dem anderen einen Vorzug erfahren; die gleichen Frachtsätze sind unter denselben Voraussetzungen und Bedingungen für jedermann in der nämlichen Weise in Anwendung zu bringen, und daraus ergeben sich die drei im Abs. 1 des Art. 11 enthaltenen Sätze, jedoch nur für den internationalen Verkehr (Z. III 370). Ein Antrag Deutschlands, in das Schlußprotokoll die Zusage der vertragschließenden Staaten aufzunehmen, daß das in dem Art. 11 für den internationalen Transport prinzipiell angenommene Verbot von Preisermäßigungen gegenüber den veröffentlichten Tarifen auch auf den internen Verkehr ausgedehnt werde, weil beides tatsächlich untrennbar und das erstere Verbot ohne das letztere illusorisch sei, wurde mit Rücksicht auf die den Vertragsstaaten in der Regelung ihres internen Verkehrs zu wahrende Freiheit ausdrücklich abgelehnt.

Doch wurde in dem Schlußprotokoll konstatiert, daß diese Regelung sich zurzeit mit dem für den internationalen Transport gegebenen grundsätzlichen Verbote im Einklange befinde und es wünschenswert sei, daß dieser Einklang erhalten bleibe (s. oben S. 130, 131).

Der erste Satz des Abs. 1 schreibt die Berechnung der Fracht nach Maßgabe der zu Recht bestehenden, gehörig veröffentlichten Tarife vor. Diese Bestimmung ist obligatorisch. Die Berechnung der Fracht muß in dieser Weise erfolgen.

Das Übereinkommen enthält keine Bestimmung über die materielle

Bildung der Tarife selbst (Z. I 232, E. X 91), sondern beschränkt sich lediglich auf die Vorschrift, daß nach Inhalt der bestehenden Tarife die Fracht zu berechnen ist, und sodann auf zwei bestimmte Voraussetzungen, welche die bestehenden Tarife erfüllen müssen, um als Grundlage für die Frachtberechnung im internationalen Verkehre zu dienen: sie sollen 1. zu Recht bestehen; und 2. gehörig veröffentlicht sein.

Hierzu tritt dann als dritte aus Satz 3 dieses Absatzes zu entnehmende Voraussetzung, daß Ermäßigungen der Tarife nur erlaubt sind, wenn sie unter gleichen Bedingungen jedermann in gleicher Weise zugute kommen.

Nach welchem System die Tarife zu bilden sind, sowie ob staatliche Feststellung oder Genehmigung derselben erforderlich ist und der Publikation vorangehen muß, ist im Übereinkommen nicht bestimmt. Alles dies ist dem Partikularrecht der Einzelstaaten überlassen und richtet sich nach den Konzessionen, Statuten und Landesgesetzgebungen der einzelnen Bahnen.

Obligatorisch sind für sämtliche Vertragsstaaten nur folgende zwei Voraussetzungen in betreff der der Berechnung zugrunde zu legenden Tarife:

1. Die Tarife müssen zu Recht bestehende sein, d. h. — abgesehen von der gehörigen Veröffentlichung — müssen die zur Anwendung zu bringenden Tarife allen rechtlichen Voraussetzungen des betreffenden Staates (in bezug auf die Bildung, Form, Feststellung, Genehmigung usw.) entsprechen (E. XXIV 395, XXV 93). Maßgebend für die Rechtsgültigkeit der anzuwendenden Tarife ist für die Versandbahn der Zeitpunkt des Vertragsabschlusses (Art. 8), für die folgenden Bahnen (bei Umkartierungen) der Tag der Übernahme des Gutes mit dem Frachtbriefe zur Beförderung (Art. 27) (s. Schlesinger, V.Z. 1897 S. 785. — A. M. Reindl 1898 S. 144; Hilscher 85). Daher ist jede Erhebung von Beträgen über die zu Recht bestehenden Tarife hinaus gesetzwidrig und verpflichtet die Eisenbahn zur Rückerstattung nebst Zinsen (E. XXI 165), z. B. auch im Fall des Art. 7 Abs. 3 (Z. XI 6, E. XIX 230). Anders, wenn der Absender den Inhalt im Frachtbriefe unrichtig angegeben hat (E. XX 3, 64, XXI 352, 376).

Ob und welche Voraussetzungen zur Rechtsbeständigkeit gehören, ist lediglich dem Landesrechte der einzelnen Vertragsstaaten überlassen. Insbesondere wurde im Schlußprotokoll Ziff. III ausdrücklich anerkannt, daß durch das Übereinkommen die in jedem Staate in Geltung stehenden Bestimmungen über die staatliche Genehmigung der Tarife und Transportbedingungen nicht berührt werden.

Danach ist z. B. auch die Frage zu entscheiden, ob zur Nachprüfung der Richtigkeit des Gewichtes verschieden tarifierter Güter einer und derselben Wagenladung getrennte Verpackung und mangels einer solchen die Fracht nach den höchst tarifierten Artikeln gefordert werden darf (Z. II 29, E. X 256), ob die Fracht je nach der Billigkeit auf einem Teile der Gesamtstrecke nach der Stückgut-, auf einem anderen Teile nach der Wagenladungsguttaxe zu berechnen oder die Sendung nur entweder als Stück- oder als Wagenladungsgut, je nach der Auflieferung für die ganze Beförderungstrecke, zu behandeln ist (Z. IV 103), ob das überschießende Gewicht einer Wagenladung nach dem Stückgutsatze zu berechnen ist (Z. XII 303, E. XXI 156), ob der Geldkurs (Agio) bei Berechnung der Fracht zu berücksichtigen ist (Z. VII 22), ob es Sache der Eisenbahn ist, andere als die vom Absender verlangten Spezialtarife (Art. 6 lit. e) oder eine andere Art der Verladung zu wählen, falls dies für den Absender vorteilhafter sein würde (Z. VII 184), sowie über die Berechtigung von Zuschlagstaxen (Z. IX 74).

2. Die Tarife müssen gehörig veröffentlicht sein. (Vgl. hierzu Eger, Deutsches Frachtr. 2. Aufl. Bd. III Art. 421; E.V.O. 2. Aufl. § 49 und Bering, Eisenb.Entsch. XII 353; V.Z. Jahrg. 47 Nr. 22.)

Alle Tarife, sowohl neu einzuführende, wie Änderungen, Ermäßigungen oder Erhöhungen bereits eingeführter Tarife, sind gehörig, d. h. nach den bestehenden landesrechtlichen Vorschriften, ausnahmslos öffentlich bekanntzumachen, gleichviel ob und in welcher Weise ihre Feststellung und Genehmigung erfolgt ist (E. XXIV 395, XXV 93). Über die Art und Form der Veröffentlichung enthält das Übereinkommen nähere Bestimmungen nicht. Es bestimmt nur, daß die Tarife „gehörig“ zu veröffentlichen sind. Soweit hierüber die Kozessionen, Statuten oder die Landesgesetze und Verordnungen der einzelnen Vertragsstaaten Bestimmungen nicht enthalten, wird daher nach dem Zwecke der Vorschrift die Veröffentlichung so vollständig, verständlich, umfassend, dem Publikum zugänglich, offenkundig und fristgemäß erfolgen müssen, daß eine Unkenntnis der Tarife auf Seite der Beteiligten ohne deren eigene Verschuldung nicht anzunehmen ist. Dies gilt insbesondere auch für diejenigen Staaten bzw. Verwaltungen, in welchen bisher die Veröffentlichung der Tarife etwa nicht vorgeschrieben war. Veröffentlichung in einer anderen als der Landessprache ist nicht erforderlich (Z. I 118). Über die Publikationsfristen in den verschiedenen Staaten bei Änderungen von Verbandstarifen: Z. IX 445.

Zur „gehörigen Veröffentlichung“ genügt in der Regel nicht allein der Aushang in den Expeditionslokalen oder die Ankündigung in einem Lokalblatte, sondern es ist die Anzeige in hierzu geeigneten, in dem betreffenden Verkehrsgebiete verbreiteten Zeitungen, welche gewöhnlich von der betreffenden Verwaltung ein für allemal benützt werden, erforderlich (Z. IX 76). Dagegen reicht es in Rücksicht auf den meist erheblichen Umfang der Tariftabellen und ihrer Abänderungen aus, daß nur die Tatsache der Herausgabe, der Erhöhung oder Erniedrigung des Tarifes im allgemeinen öffentlich bekanntgemacht und zugleich diejenige Stelle bezeichnet wird, wo der neue bzw. abgeänderte Tarif in extenso eingesehen bzw. erworben werden kann (Z. IV 104).

Die Art der Publikation ist übrigens zumeist durch Gesetz oder auch Verordnungen und Vorschriften der betreffenden Aufsichtsbehörden geregelt worden (vgl. Rosenthal 96, 97, E. XXIV 395). Auf die Anregung Belgiens in der Pariser Revisionskonferenz (1896) wurde im Konferenzprotokoll dem Wunsche Ausdruck gegeben, daß die im Sinne des Art. 11 vorzunehmende Veröffentlichung in betreff der internationalen

Transporte in einer Weise erfolge, daß die mit Preisermäßigungen bedachten Güter, sowie auch die Bahnstrecken, auf welche die Preisermäßigungen Anwendung finden, zur öffentlichen Kenntnis gebracht werden. Hierbei ist es selbstverständlich, daß die anderweitigen Transportbedingungen in den dem Publikum zu Gebote stehenden Tarifen enthalten sind (Prot. v. 19. 3. u. 26. 3. 1896 S. 120, 121). Ist die Veröffentlichung gehörig erfolgt, so kann eine Berufung auf anderweite Auskunft bzw. auf irrige Angaben von Bahnbeamten nicht stattfinden (franz. Kassat.-Hof Z. VI 101, Bez.-Ger. Wien E. XXII 5), wohl aber, wenn die irrige Auskunft von der Verwaltung selbst ausgeht (Öst Oberst. Ger. Z. VII 710. — A. M. IX 202; s. über Auskunftserteilung Art. 29 Anm. 155). Das Centralamt erklärt für die Veröffentlichung von Tarifermäßigungen mindestens erforderlich: die genaue Angabe des Gutes sowie der in Betracht kommenden Transportstrecke und die zahlenmäßige Angabe der bewilligten Ermäßigung (Z. I 88, 394).

Es entsteht die Frage, welche Folgen eine unterlassene oder nicht gehörig bewirkte Publikation der Tarife und deren Abänderungen nach sich zieht. Was den Staat anlangt, so wird dieser die ihm gesetzlich oder konzessionsmäßig etwa zustehenden Straf- und Zwangsmittel zur Anwendung bringen können. Der Absender ist nach allgemeinen Rechtsregeln, da er sich die Berechnung der Fracht nur nach den gehörig publizierten Tarifen gefallen zu lassen braucht, an die nicht oder nicht gehörig publizierten Tarife nicht gebunden, sondern kann die Berechnung nach den bisherigen Tarifen verlangen und einen etwaigen höheren Betrag des neuen Tarifs ablehnen bzw. bereits zuviel Bezahltes zurückfordern und auch Ersatz des sonstigen, ihm dadurch entstandenen Schadens von der Eisenbahn verlangen (E. XXI 387).

Aus der Verpflichtung der Eisenbahn, die Tarife „gehörig", d. h. ordnungsgemäß, vollständig und richtig zu publizieren, folgt auch ihre Verantwortlichkeit für Druckfehler und sonstige Unrichtigkeiten in den publizierten Tarifen, d. h. daß, wenn die Fracht infolge von Druckfehlern usw. zu hoch berechnet war, die Eisenbahn das zu viel Gezahlte zurückzahlen muß (E. XXIII 256). Auch unklare Bestimmungen der Tarife fallen der Eisenbahn zur Last und sind zugunsten des Absenders auszulegen (E. XXI 30, 78).

Dagegen wird die Bahn ihrerseits, wenn der neue Tarif niedrigere Sätze enthält, als der alte, nicht auf den Grund hin, daß ersterer nicht gehörig usw. publiziert worden sei, Nachforderungen erheben können, da sie aus eigenem Verschulden Vorteile für sich nicht herleiten darf. Als nicht gehörig publiziert gilt der neue Tarif nicht bloß dann, wenn er nicht in die hierfür zu bestimmenden Zeitungen aufgenommen worden ist, sondern auch wenn er nach den bestehenden Bestimmungen nicht rechtzeitig oder nicht mit der erforderlichen Staats- usw. Genehmigung publiziert worden ist. Aus der nicht gehörig oder nicht erfolgten Publikation eines Tarifes oder einer Tarifabänderung darf aber der Absender beziehungsweise Empfänger nicht etwa den Einwand herleiten, er sei zur Frachtzahlung überhaupt nicht verpflichtet, weil eine Vereinbarung über den Frachtpreis zwischen ihm und der Bahn nicht vorliege. Vielmehr gilt alsdann präsumtiv der bisherige rite publizierte Tarif, eventuell ein von der Eisenbahn als angemessen nachzuweisender Frachtpreis. Im übrigen gelten für die Folgen nicht gehöriger Publikation in erster Reihe die bestehenden Spezialbestimmungen der einzelnen Landesgesetze, Spezialreglements, Konzessionen usw.

Die Güterexpedition ist verpflichtet, dafür zu sorgen, daß die Note des Frachtbriefes sowohl die bei der Frankierung erhobenen als auch die sämtlichen vom Empfänger einzuziehenden Beträge deutlich und vollständig nachweist; sie hat auch im Frachtbriefduplikat die frankierten Gebühren, welche von ihr in den Frachtbrief eingetragen wurden, zu spezifizieren (Ausf.-Best. § 5 zum Art. 12). Die Frachten sind in dem Frachtbriefe genau auszuwerfen, damit dem Empfänger nicht die Möglichkeit entzogen wird, eine Prüfung der in Ansatz gebrachten Frachten vorzunehmen.

Wie den Transportweg (die Routenvorschrift), gemäß Art. 6 Abs. 1, lit. 1, so hat auch, wenn mehrere Tarife in Betracht kommen, den anzuwendenden Tarif (s. Frachtbriefformular 8. Rubrik) sinngemäß der Absender im Frachtbriefe anzugeben. Und wie bezüglich des Transportweges, hat auch in betreff des Tarifs gemäß Art. 6 Abs. 1 lit. 1 in Ermangelung der Angabe des Absenders die Eisenbahn denjenigen Tarif zu wählen, welcher ihr für den Absender am zweckmäßigsten (billigsten usw.) erscheint, und hierbei für grobes Verschulden zu haften (Anm. 43 S. 65 ff., Anm. 44 S. 67 ff., D. Reichsger. 21.9. 1898, Z. IV 744; s. auch Z. VII 25, 322, 396; Öst. Oberst. Ger. 26.2. 1903; E. XX 59; franz. Kassat.-Hof 25.5. und 14.12. 1898; Schwab 139; Rosenthal 98; Hilscher 85; Coermann 112 — A. M. Neumann, Allgem. Tar.-Anz. 1896 Nr. 9, 10; Lyon-Caen, Journ. de droit internat. privé 1893 S. 466). Dies bezieht sich aber nicht auf die Anwendung von Spezialtarifen mit Maximalsatz an Stelle der gewöhnlichen Tarife (s. Art. 35 Anm. 182 i. f. u. Z. II 326, 375, E. XI 162). Die bloße Angabe „billigster Tarif“ bezeichnet nicht genau, ob damit ein Spezialtarif mit Maximalsatz im Sinne der Art. 14 und 35 gemeint sei (Z. II 289, 326, 356, 375, III 34, IV 103).

76) **„Jedes Privatübereinkommen, wodurch einem oder mehreren Absendern eine Preisermäßigung gegenüber den Tarifen gewährt werden soll, ist verboten und nichtig.“**

Unter „Privatübereinkommen“ im Sinne des zweiten Satzes des Abs. 1 des Art. 11 ist jede vertragsmäßige Vereinbarung oder Abrede zwischen einer bzw. mehreren Eisenbahnen (Verbänden, Vereinen) mit einzelnen Absendern zu verstehen im Gegensatz zu den gehörig veröffentlichten, zu Recht bestehenden Tarifen, welche im ersten Satz als die Grundlage der Frachtberechnung bezeichnet worden sind. Soweit also die Preisermäßigung auf Gesetz, öffentlicher Verordnung usw. beruht (z. B. zugunsten der Militärverwaltung, der Postverwaltung, bei Hungersnot usw.), findet die vorliegende Bestimmung keine Anwendung.

Jedes derartige Privatübereinkommen — also ausnahmslos und gleichviel, von wem es vereinbart ist, ob es einen oder mehrere Absender betrifft, von Staats- oder Privatbahnen abgeschlossen wird — ist verboten und nichtig, wenn dadurch einem oder mehreren Absendern eine Preisermäßigung bzw. billigere Frachtberechnung (Unzulässigkeit der Vereinbarung unentgeltlicher Lagerung durch den Stationschef E. XXIV 254) gegenüber den Tarifen gewährt werden soll (E. XXI 17), Z. XIII 175, E. XXI 356). Dagegen sind Preiserhöhungen im Wege der Privatabrede statthaft (E. XXI 99, — A. M. Baumgarten a. a. O. S. 100).

Unter „Preisermäßigung" ist hiernach nicht bloß dem Wortlaute nach die zahlenmäßige Herabsetzung der veröffentlichten Frachtpreise (Tarife) zu verstehen, sondern jede, sei es unmittelbare, sei es auch nur mittelbare Vergünstigung eines oder mehrerer Absender vor den anderen in betreff der Transportbedingungen, d. h. die Gewährung von sogenannten „Refaktien" in jeder Form und unter jedweder Bezeichnung (Z. VI 180). Dahin gehört z. B. auch die vertragsmäßige Vergütung, welche einzelnen Spediteuren oder größeren Versendern überhaupt oder für gewisse Quantitäten zur Beförderung aufgegebenen Gutes gewährt wird, die Gewährung von freier Fahrt, die Vereinbarung über die Vermietung von Lagerräumen oder Plätzen, in welcher die Höhe der Miete von dem Umfange der von dem Mieter der Bahn zugeführten Transporte abhängig gemacht ist, unentgeltliche Einlagerung der Güter in Bahnmagazinen (E. XXIV 254). Denn in allen diesen Manipulationen liegt eine private Vergünstigung einzelner gegenüber der Gesamtheit. Nicht aber liegt eine derartige Ermäßigung in der Einführung eines niedrigeren Tarifs für eine Station bezüglich aller dort verfrachtenden Absender (Z. VII 715). Liegt eine Preisermäßigung nicht vor, verzichtet z. B. ein Absender aus besonderen Gründen durch Privatübereinkommen auf die Anwendung eines ermäßigten Tarifs für seine Sendungen, so ist das Übereinkommen gültig (Z. XIII 175, E. XXI 356).

Unter „Absendern" sind alle Absender ausnahmslos zu verstehen. Sendungen für Privatrechnung dürfen daher nicht ungünstiger behandelt werden, als fiskalische Sendungen beziehungsweise Sendungen anderer fiskalischer Stationen.

Jedes derartige Privatübereinkommen ist „verboten und nichtig". Das Wort „verboten" ist öffentlichrechtlich und weist darauf hin, daß jede derartige Abrede im Aufsichtswege zu rügen und zu beseitigen ist. Das Wort „nichtig" dagegen trifft die privatrechtliche Seite. Indem das Privatübereinkommen für nichtig erklärt wird, sind auch alle auf Grund desselben eingegangenen einzelnen Frachtgeschäfte in Hinsicht auf die unstatthafte Preisvereinbarung nichtig, d. h. rechtlich wirkungslos, und können insoweit von beiden Teilen angefochten bzw. es kann demungeachtet die Frachtberechnung nach den zu Recht bestehenden, gehörig veröffentlichten Tarifen (Satz 1) verlangt werden. Auch die Frage, ob ein dritter Interessent aus der ungleichmäßigen Behandlung Schadensersatzansprüche gegen die betreffende zuwiderhandelnde Eisenbahnverwaltung herleiten kann, ist hiernach zu bejahen (Z. VI 180).

77) **„Dagegen sind Tarifermäßigungen erlaubt, welche gehörig veröffentlicht sind und unter Erfüllung der gleichen Bedingungen jedermann in gleicher Weise zu gute kommen."**

Satz 3 des Abs. 1 hebt im Anschluß an Satz 1 und im Gegensatz zu der Verbotsbestimmung des Satzes 2 nochmals ausdrücklich das Prinzip der Nichtbegünstigung eines Absenders vor den anderen in bezug auf Tarifermäßigungen hervor. Tarifermäßigungen — im Vergleich mit den allgemeinen Grundtarifen — sind an sich nicht verboten, aber sie dürfen nicht auf Privatübereinkommen zugunsten einzelner Absender beruhen, sondern müssen 1. gehörig veröffentlicht sein und 2. unter Erfüllung der gleichen Bedingungen in gleicher Weise jedermann zugute kommen.

Die erste Voraussetzung der „gehörigen Veröffentlichung" ist aus Satz 1 wiederholt, und zwar unvollständig wiederholt; denn es ist hinzuzudenken, daß die Tarifermäßigungen auch zu Recht bestehen müssen. Über die gehörige Veröffentlichung von Tarifermäßigungen s. Anm. 75 S. 135 ff. Es muß zum mindesten das Gut sowie die in Betracht kommende Transportstrecke genau bezeichnet und die bewilligte Ermäßigung zahlenmäßig angegeben sein (Z. I 88, 394, E. X 51). Über die Verbindlichkeit des Absenders, die Anwendung von Tarifermäßigungen (Spezialtarifen) von der Eisenbahn ausdrücklich zu verlangen: Z. VI 401, 744; auch dann wenn durch Verschulden der Bahn eine für Anwendung des Ausnahmetarifs gesetzte Bedingung nicht erfüllt werden kann (E. XVIII 223).

Über Spezialtarife mit Preisermäßigungen s. Art. 35 Anm. 182 u. Z. II 289. 356. III 34, für eine einzelne Station: Z. VII 715.

Die zweite Voraussetzung spricht aus, daß jeder, der in Hinsicht auf die vorgeschriebene Quantität und Qualität, Zeit und Ort der Aufgabe, Transportrichtung (Route), Verpackung usw. die Bedingungen des ermäßigten Tarifs erfüllt, zur gleichen Tarifermäßigung verstattet werden muß; es darf in keiner Hinsicht einem oder einigen Absendern ein Vorzug, eine vorteilhaftere, leichter zu erfüllende Bedingung eingeräumt, es dürfen nicht einzelne Absender allein zu der Tarifermäßigung überhaupt oder doch unter günstigeren, erleichterten Bedingungen zugelassen werden.

78) **„Außer den im Tarife angegebenen Frachtsätzen und Vergütungen für besondere im Tarife vorgesehene Leistungen zugunsten der Eisenbahnen dürfen nur bare Auslagen erhoben werden — insbesondere Aus-, Ein- und Durchgangsabgaben, nicht in den Tarif aufgenommene Kosten für Überführung und Auslagen für Reparaturen an den Gütern, welche infolge ihrer äußern oder innern Beschaffenheit zu ihrer Erhaltung notwendig werden."**

Absatz 2 Satz 1 des Artikels 11 enthält zwei für die Frachtberechnung wichtige Grundsätze, welche die Befugnis der Eisenbahnen zur Geltendmachung noch anderer Forderungen neben den tarifarischen Frachtpreisen positiv einschränken: Die Eisenbahnen dürfen außer den im Tarife angegebenen Frachtsätzen (Abs. 1) nur 1. die im Tarife angegebenen Vergütungen für besondere im Tarife vorgesehene Leistungen, 2. bare Auslagen erheben.

Ad 1 ist also die Erhebung von Vergütungen für besondere Leistungen aller Art gestattet, insofern dieselben im Tarife vorgesehen sind, weil hierin die Garantie behördlicher Prüfung und Genehmigung sowie gleichmäßiger Anwendung auf alle Beteiligten liegt. Es dürfen daher auch nicht Gebühren für Leistungen (z. B. für Auf- und Abladen usw.) erhoben werden, die tatsächlich nicht vorgenommen worden sind. Nicht im Tarife vorgesehene Vergütungen dürfen nicht erhoben, demungeachtet erhobene also zurückgefordert werden (Art. 12 Abs. 4). Die Nebengebühren bedürfen, wie die Frachtsätze selbst, der für die Tarife vorgeschriebenen gehörigen Veröffentlichung. Solange dieselbe nicht ordnungsmäßig erfolgt ist, darf eine Vergütung nicht erhoben werden (Z. IV 103).

Die Art der „besonderen Leistungen" ist je nach Lage der in Betracht kommenden konkreten Verhältnisse verschieden. Die gewöhnlich in den Tarifen vorgesehenen besonderen Vergütungen (Gebühren) erstrecken sich auf Abstempelung der Frachtbriefformulare, Ausfüllungsgebühr, Verkaufspreis der Formulare, Signieren der Kolli, Wägegeld, Zählgebühr, Nachnahmeprovision (vgl. Art. 13 Abs. 2) usw. Jedoch ist die Zahl der besonderen Leistungen dadurch nicht erschöpft und kann nach der Entwickelung und den Bedürfnissen des Verkehrs sich vermehren. Es ist aber lediglich eine Frage des internen Eisenbahn-Transportrechts, welche Gebühren in den Tarifen vorgesehen werden sollen. Das internationale Übereinkommen enthält hierüber keinerlei Beschränkung (Z. I 232, II 288, E. X 91, XI 161, XV 262). Daß die Gebühren, z. B. die Wägegebühr, nicht in dem stark umrahmten, von der Eisenbahn auszufüllenden Teile des Frachtbriefes, sondern an einer anderen Stelle des Frachtbriefes notiert sind, entbindet den Empfänger bzw. Absender nicht von der Zahlungspflicht (E. XX 38). Sind die Gebühren für besondere Leistungen, z. B. für Be- und Entladen im Tarife inbegriffen, so sind sie von diesem nicht trennbar, so daß der Absender, wenn er das Beladen selbst bewirkt, eine entsprechende Verringerung des Tarifsatzes nicht verlangen kann (Z. VI 180). Die Kosten für die Avisierung der Frachtbriefe gehören zu den Barauslagen, können daher auch dann gefordert werden, wenn sie im Tarife nicht besonders vorgesehen sind.

Ad 2 dürfen nur bare Auslagen erhoben werden, und zwar diese auch, wenn sie, wie es in der Natur der Sache liegt, in den Tarifen nicht vorgesehen sind. Der Eisenbahn liegt hier der Beweis der wirklichen Verauslagung sowie der Notwendigkeit, Nützlichkeit und Angemessenheit der Auslagen ob. Es handelt sich dabei um die Bestreitung der Kosten und Auslagen für die Transporthandlungen. Die Kosten und Auslagen müssen objektiv aus diesen hervorgehen, respektive in denselben ihren rechtmäßigen Grund haben. Das bloß faktische Hervortreten von Ansprüchen, welche sich der Ausführung oder Fortführung des Transports hindernd entgegenstellen, genügt nicht (Z. IV 103). Daher gehören auch Ansprüche für Beschädigung der Wagen nicht hierher (E. XX 64) und können nicht nach Maßgabe des Artikels 11 erhoben werden (E. XX 163).

Während jede Aufzählung der „besonderen Leistungen" vermieden ist, sind im Abs. 2 eine Anzahl der gewöhnlichen baren Auslagen der

Eisenbahn angeführt, jedoch, wie das Wort „insbesondere" andeutet, nur zur Exemplifizierung, und ohne damit den Kreis dieser Auslagen irgendwie zu begrenzen. Es sind dies „Aus-, Ein- und Durchgangsabgaben, Kosten für Überführung, Auslagen für Reparaturen an den Gütern, welche infolge ihrer eigenen äußeren oder inneren Beschaffenheit zu ihrer Erhaltung notwendig werden"; desgleichen gehören aber auch hierher die Auslagen für andere infolge der Beschaffenheit des Gutes oder höherer Gewalt notwendig gewordene Erhaltungskosten, z. B. Umstechen, Umschütten feucht oder heiß gewordenen Getreides, Vergraben (Kartoffeln, Rüben) gegen Frost, Umpacken, Umfüllen oder Zufüllen gegen Gärung (Z. III 354) usw., ferner Ausbessern mangelhafter Verpackung, Versicherungsgebühren usw. Nicht aber können die Eisenbahnen die gewöhnlichen Konservierungskosten des Gutes erstattet verlangen, welche nicht durch die besondere Beschaffenheit usw. des Gutes bedingt sind, z. B. Bewachung, Begleitung der Güter, Befestigung durch Hölzer, Stricke, Strohseile gegen die rüttelnden Bewegungen der Wagen usw.

Ferner sind Zoll- und Steuergefälle zu ersetzen, welche die Bahn vorschriftsmäßig verlegt hat. Selbst wenn in dem Frachtbriefe derartige Auslagen nicht vermerkt sind und das Gut an den Empfänger ohne deren Erstattung ausgeliefert ist, ist dieser zur Nachzahlung verpflichtet und kann sich nicht mit dem Einwande schützen, es sei auf dem Frachtbriefe diese Auslage nicht notiert gewesen usw. (Z. V 224, III 397), auch nicht damit, daß der Zoll zu Unrecht erhoben worden sei (E. XVIII 34).

79) **„Diese Auslagen sind gehörig festzustellen und in dem Frachtbriefe ersichtlich zu machen, welchem die Beweisstücke beizugeben sind."**

Absatz 2 Satz 2 schreibt in bezug auf die im Satz 1 bezeichneten baren Auslagen, welche außer den im Tarife angegebenen Frachtsätzen und Vergütungen für besondere im Tarife vorgesehene Leistungen erhoben werden dürfen, dreierlei vor: Diese Auslagen sind 1. gehörig festzustellen, 2. in dem Frachtbriefe ersichtlich zu machen, und 3. dem Frachtbriefe sind die Beweisstücke darüber beizugeben.

1. Zunächst sind die baren Auslagen „gehörig festzustellen". Es bedarf also des ordnungsmäßigen Nachweises ihrer Notwendigkeit, Nützlichkeit und Angemessenheit, sowie des ziffernmäßigen Umfanges der Auslagen.

2. Sodann sind diese baren Auslagen im Frachtbriefe ersichtlich zu machen. Sie dürfen nicht dem Frachtbetrage unterschiedslos zugerechnet, auch nicht in einer besonderen Note außerhalb des Frachtbriefes erfordert werden, sondern sie sind im Frachtbriefe selbst — bzw. in der auf diesem befindlichen Frachtnote — als bare Auslage zu bezeichnen und zu verrechnen. Unter die Nachnahmen (s. Art. 13) sind diese Auslagen jedoch im Frachtbriefe nicht aufzunehmen, denn die Belastung des Gutes mit Nachnahme steht nach Art. 13 Abs. 1 nur dem Absender zu.

3. Endlich sind dem Frachtbriefe die Beweisstücke beizugeben (Art. 6 Abs. 3), d. h. sowohl über die faktische Ausgabe, wie

über die Notwendigkeit der betreffenden Auslage, wie über die Angemessenheit der verauslagten Beträge (durch Sachverständigen-Gutachten, Rechnungen, Quittungen und Preislisten).

Artikel 12.[80])

(1) Werden die Frachtgelder nicht bei der Aufgabe des Gutes zur Beförderung berichtigt, so gelten sie als auf den Empfänger angewiesen.[81]) Es ist gestattet, auf die Fracht einen beliebigen Teil als Frankatur anzuzahlen.[81a])

(2) Bei Gütern, welche nach dem Ermessen der annehmenden Bahn schnellem Verderben unterliegen oder wegen ihres geringen Wertes die Fracht nicht sicher decken, kann die Vorausbezahlung der Frachtgelder gefordert werden.[82])

(3) Wenn im Falle der Frankierung der Betrag der Gesamtfracht beim Versand nicht genau bestimmt werden kann, so kann die Versandbahn die Hinterlegung des ungefähren Frachtbetrages fordern.[83])

(4) Wurde der Tarif unrichtig angewendet, oder sind Rechnungsfehler bei der Festsetzung der Frachtgelder und Gebühren vorgekommen, so ist das zu wenig Geforderte nachzuzahlen, das zu viel Erhobene zu erstatten und zu diesem Zwecke dem Berechtigten tunlichst bald Nachricht zu geben.[84]) Ein derartiger Anspruch auf Rückzahlung oder Nachzahlung verjährt in einem Jahre vom Tage der Zahlung an, sofern er nicht unter den Parteien durch Anerkenntnis, Vergleich oder gerichtliches Urteil festgestellt ist.[85]) Auf die Verjährung finden die Bestimmungen des Artikels 45 Absatz (3) und (4) Anwendung. Die Bestimmung des Artikels 44 Absatz (1), findet keine Anwendung.[86])

Zusatz I.

Ausführungsbestimmungen zum internationalen Übereinkommen über den Eisenbahn-Frachtverkehr.

§ 5.[86a])

(Zu Art. 12 des Übereinkommens.)

(1) Die Versandstation hat im Frachtbrief-Duplikat die frankierten Gebühren, welche von ihr in den Frachtbrief eingetragen wurden, zu spezifizieren.

(2) Zur Erhebung der im Artikel 12 Absatz (4) des Übereinkommens vorgesehenen Ansprüche gegen die Bahnverwaltung genügt in dem Falle, wenn die Frachtgelder bei der Aufgabe des Gutes zur Beförderung berichtigt wurden, die Beibringung des Frachtbrief-Duplikates.

Zusatz II.

Betriebsreglement des Vereins Deutscher Eisenbahnverwaltungen.

§ 50.

Erhebung der Fracht.

(Text übereinstimmend mit vorstehendem Art. 12) und:

Zusatzbestimmungen.

1. Bei Frankosendungen nach Stationen, nach welchen von der Versandstation ein direkter Tarif nicht besteht oder direkte Abfertigung aus anderen Gründen nicht stattfinden kann, und bei Zollfrankaturen hat der Absender auf Verlangen den ungefähr zu ermittelnden Frankaturbetrag bar zu erlegen, worüber ihm eine Bescheinigung ausgefolgt wird. Erst nach Feststellung des Frankaturbetrages findet die Abrechnung mit dem Absender statt, welchem sodann gegen Rückgabe der vorerwähnten Bescheinigung eine Frankaturrechnung eingehändigt wird (s. unten Ziff. 4)

2. Frachterstattungsansprüche sind stets schriftlich einzubringen. Zur Einbringung von Frachterstattungsansprüchen ist der Absender oder Empfänger berechtigt, je nachdem der eine oder der andere die Mehrzahlung an die Eisenbahn geleistet hat. Frachterstattungsansprüche sind stets bei derjenigen Eisenbahn einzubringen, an welche die Zahlung geleistet wurde. Frachterstattungsansprüche, welche von anderen Personen eingebracht werden, sind mit einer Bescheinigung zu belegen, daſs der Berechtigte mit der Auszahlung des Mehrbetrages an den Fordernden einverstanden ist. Diese Bescheinigung, deren Unterschrift auf Verlangen der Eisenbahn beglaubigt werden muſs, wird von der Eisenbahn zurückbehalten. Frachterstattungsansprüche sind zu begründen und mit den Frachtbriefen oder bei frankierten Sendungen mit den Frachtbriefduplikaten und mit den sonstigen erforderlichen Beweisstücken zu belegen (s. unten Ziff. 5).

3. Im Sinne des § 50 Absatz (2) muß beispielsweise die Fracht für Eis, Hefe (Germ), Seeschaltiere, frische Fische aller Art, frisches Gemüse, frisches Fleisch, Wildbret, geschlachtetes Geflügel, lebende Pflanzen, gebrauchte leere Kisten, Körbe, Ballons in Körben und frisches Obst stets bei der Aufgabe für die ganze Transportstrecke entrichtet oder sichergestellt werden. Die Vorausbezahlung der Gebühren für Tiere kann verlangt werden. Die Gebühren für wilde Tiere sind stets bei der Aufgabe zu entrichten. Hinsichtlich Leichen siehe § 41, Ausf.-Best. § 1 (1), 3b. Siehe auch Anlage 1 Nr. XXXII 5, LII 5, LIII 4.

4. Im Falle der Unzulänglichkeit des vom Absender einer frankierten Sendung entrichteten oder hinterlegten Betrages werden die nicht gedeckten Gebühren seitens der Bestimmungstation von dem Empfänger erhoben. Wird dagegen die Unlänglichkeit der Frankatur erst nach Auslieferung des Gutes und Einlösung des Frachtbriefes festgestellt, so ist für den Fehlbetrag der Absender in Anspruch zu nehmen.

5. Bei Einbringung von Frachterstattungsansprüchen ist insbesondere anzugeben, auf welche Bestimmungen und Tarife der

Fordernde seinen Anspruch stützt, welche Gebühren unrichtig berechnet wurden, und wie hoch sich für jeden Frachtbrief die zu vergütende Differenz stellt. Wird die Rückerstattung einer Gebühr, welche in einer Frankaturrechnung verzeichnet ist, beansprucht, so ist auch diese vorzulegen.

(Vgl. Übereinkommen zum Betriebsreglement des Vereins Deutscher Eisenbahnverwaltungen: Art. 10: Zahlung der Fracht und Art. 11: Regelung von Frachterstattungsansprüchen.)

Gemeinsame Abfertigungsvorschriften: § 38: Berechnung der Fracht, Frachtüberweisung, Frankatur; § 40: Kartierung; § 48: Nachprüfung der Gebühren in den Empfangsstationen, Verschleppungsanzeigen, Anrechnungen.

80) Prinzip und Entstehungsgeschichte des Art. 12.

Art. 12 des Übereinkommens trifft Bestimmung über die Zahlung der Frachtgelder bei der Aufgabe des Gutes (Frankierung) und Anweisung auf den Empfänger (Abs. 1—3) sowie über das Verfahren bei unrichtiger Anwendung des Tarifs oder bei Rechnungsfehlern (Abs. 4) (Muschweck, Sp.- u. Sch.-Ztg. X Nr. 19—21).

Der Schweizer Entwurf (Art. 8) brachte bereits die in den Abs. 1 und 2 enthaltenen Bestimmungen in Vorschlag, und der Deutsche Entwurf ergänzte dieselben durch den in Abs. 4 Satz 1 ausgesprochenen Grundsatz.

In der I. Konferenz wurden diese Vorschläge angenommen, jedoch als Abs. 3 noch der Satz eingeschoben, daß, wenn im Falle der Frankierung der Betrag der Gesamtfracht beim Versand nicht genau bestimmt werden kann, die Versandbahn die Hinterlegung des ungefähren Frachtbetrages zu fordern berechtigt ist.

Ferner fand in betreff der Beschränkung der Frist zur Geltendmachung und des Erlöschens der aus unrichtiger Frachtberechnung herrührenden Nach- oder Rückforderungen zum Abs. 4 ein Zusatz Annahme, der in der II. und III. Konferenz im wesentlichen die in den Sätzen 2—4 des Abs. 4 enthaltene Form erhielt.

In der Pariser Revisionskonferenz vom 28. März 1896 erfuhr jedoch auf Grund des Antrags Österreichs und Ungarns zunächst Abs. 4 Satz 4 des Art. 12 noch eine Änderung seiner Fassung, um klarzustellen, daß es sich hier — ebenso wie in den Fällen des Art. 45 — um eine Verjährung und nicht um eine Präklusivfrist handelt.

Sodann wurde durch das bei Art. 12 Abs. 4 Satz 4 hinzugefügte Zitat des neuen Abs. 4 des § 45 auch für Frachterstattungsansprüche gegen die Eisenbahn eine Hemmung der Verjährung unter denselben Modalitäten wie bei Entschädigungsforderungen wegen Verlustes usw. festgesetzt (s. des näheren noch Art. 45 Anm. 218 u. 221 a).

Endlich ist zum Zwecke der erleichterten Geltendmachung der Frachterstattungsansprüche auf Antrag Österreichs und Ungarns die Beifügung eines neuen, aus zwei Absätzen bestehenden § 5 der Ausführungsbestimmungen (an Stelle des bei Art. 13 gestrichenen, bisherigen § 5 s. Anm. 87 S. 157) beschlossen worden (Prot. v. 28. 3. 1896), wonach die Versandstation im Frachtbriefduplikate die frankierten Gebühren, welche von ihr in den Frachtbrief eingetragen wurden, zu spezifizieren hat

(Abs. 1) und zur Erhebung der im Art. 12 Abs. 4 vorgesehenen Ansprüche im Frankierungsfalle die Beibringung des Frachtduplikates genügt (Abs. 2) (Z. II 326, E. XI 163; Prot. v. 28. 3. 1896).

In der Berner Revisionskonferenz vom 7. Juli 1905 wurde in der Absicht, eine bereits in den meisten internationalen Verkehren übliche und zweckmäßige Praxis zu verallgemeinern, zum Abs. 1 ein Zusatz angenommen, wonach es gestattet ist, auf die Fracht einen beliebigen Teil als Frankatur anzuzahlen, also die Zulassung von Teilfrankaturen im Interesse des verfrachtenden Publikums eingeführt. Und aus gleichem Grunde wurde Satz 1 des Abs. 4 noch durch die Bestimmung ergänzt, daß dem Berechtigten von der Rückzahlung zu viel erhobener Fracht tunlichst bald Nachricht zu geben ist (Prot. v. 2. 7. 1905).

81) **„Werden die Frachtgelder nicht bei der Aufgabe des Gutes zur Beförderung berichtigt, so gelten sie als auf den Empfänger angewiesen."**

Abs. 1 des Art. 12 bestimmt die beiden im Eisenbahnfrachtverkehr in Betracht kommenden Formen der Frachtzahlung: Die Frachtgelder werden bei der Aufgabe des Gutes zur Beförderung berichtigt (in Frankatur — frankierte Sendung), oder sie gelten als auf den Empfänger zur Zahlung angewiesen (in Überweisung — unfrankierte Sendung), und zwar nach der Fassung des Abs. 1 derartig, daß, wenn ersteres (Frachtzahlung bei der Aufgabe) nicht geschieht, das letztere (Anweisung auf den Empfänger) als erfolgt gilt. Die Ablieferungsbahn ist für die Einziehung der auf den Empfänger angewiesenen Beträge verantwortlich, wenn sie das Gut ohne Einziehung derselben abliefert. Sie kann sie nicht mehr vom Absender beanspruchen, sondern sich nur an den Empfänger halten; (Art. 23 Abs. 2 E. XVIII 334). Über die Frage der Frachtzahlung beim Untergange des Gutes unterwegs: Reindl, V. Z. 1903 Nr. 82—1904, Nr. 68; Boethke, E. XXIV 302, 404.

Die Berichtigung der Frachtgelder bei der Aufgabe des Gutes zur Beförderung wird „Frankierung" genannt. Der allgemeine Begriff „Frankierung" läßt eine verschiedenartige Auslegung zu, je nachdem dieser Begriff bzw. der Begriff „Frachtgelder" im weiteren oder engeren Sinne genommen wird. Die herrschende Ansicht darüber ist die, daß die Bezeichnung „franko" nicht im engsten Sinne des Wortes aufzufassen ist, sondern daß darunter die Fracht sowie alle Nebengebühren, welche die Aufgabestation zu berechnen in der Lage ist, verstanden werden. Der Begriff „franko" schließt nicht aus, daß die Partei eine derartig abgefertigte Sendung auch mit Nachnahme belasten kann, und in solchen Fällen kommt es sehr häufig vor, daß die Nachnahmeprovision seitens der Versandstation nicht in die Frankatur einbezogen wird. Von dem Standpunkte ausgehend, daß unter „franko" auch alle Nebengebühren der Aufgabebahn zu verstehen sind, ist aber auch die Nachnahmeprovision unter die frankierten Gebühren einzubeziehen, sonach in Fällen von Frankierungen stets vom Aufgeber zu bezahlen; ebenso die baren Auslagen.

Abs. 1 des Art. 12 spricht nicht obligatorisch aus, daß die Frachtgelder bei der Aufgabe berichtigt oder daß sie auf den Empfänger angewiesen werden müssen, sondern läßt es an sich dahingestellt, welche von beiden Formen der Frachtzahlung zu wählen ist, und gibt nur dem Grundsatz Ausdruck, daß, wenn de facto die Berichtigung der Frachtgelder nicht bei der Aufgabe erfolgt, dieselben als auf den Empfänger angewiesen „gelten“. Das internationale Übereinkommen stellt also die nur durch Gegenbeweis zu widerlegende Rechtsvermutung auf, daß, wenn die erstere Form der Frachtzahlung nicht stattgefunden hat, die zweite Form gewollt ist bzw. als gewollt angenommen wird. Prinzipiell ist es nach der Fassung des Abs. 1 und mit Rücksicht auf die Ausnahmevorschrift des Abs. 2 in die Wahl des Absenders gestellt, ob er das Gut frankieren oder die Fracht auf den Empfänger anweisen will, abgesehen von dem im Abs. 2 bezeichneten Falle. In diesem ist den Eisenbahnen die nicht zu beschränkende Befugnis gegeben, Frankierung des Gutes zu fordern.

Weder Absender noch Empfänger können sich mit dem Einwande schützen, daß ihnen die im Frachtbriefe in Bezug genommenen — rite publizierten — Reglements und Tarife unbekannt gewesen seien, und müssen bei Irrtümern in der Frachtberechnung die nach diesen Normen berichtigten Mehrbeträge ebenso nachzahlen, wie sie berechtigt sind, etwa zu viel gezahlte Beträge zurückzufordern (s. Art. 12 Abs. 4 Satz 1). Es gilt dies ebenso für die eigentlichen Frachtgelder wie für andere Gebühren (Abs. 4). Unrichtig: Gerstner, Suppl. S. 57 Anm. 15 u. S. 85.

Das Frachtbriefformular (Art. 6) macht in der auf der Rückseite befindlichen Note äußerlich kenntlich, ob die Fracht vom Aufgeber bezahlt oder vom Empfänger zu berichtigen ist. Ersterenfalls wird die Fracht in die Kolonne links („frankiert“), anderenfalls in die Kolonne rechts („zu erheben“) der Note eingetragen. Durch den Frankaturvermerk (rechts unten) in der betreffenden Frachtbriefkolonne gibt Versender seine Absicht zu erkennen, die Fracht bei der Aufgabe zu bezahlen. Trägt also der Frachtbrief den Frankaturvermerk, so ist der Empfänger von der Bezahlung der Fracht frei, da er nur die im Frachtbrief ersichtlich gemachten Beträge der Eisenbahn zu zahlen hat (Art. 17). Auch nachträglich belastete Zoll- usw. Auslagen hat er bei Ablieferung der Bahn ohne Vorbehalt nicht zu zahlen (Z. IX 326). Indes ist bei Art. 17 (Anm. 114) ausgeführt, daß der Empfänger alle sich aus dem Frachtvertrage ergebenden Verpflichtungen zu erfüllen hat, auch wenn sie nicht unmittelbar aus dem Frachtbriefe ersichtlich sind (Art. 16 Abs. 2 Anm. 108). Daraus folgt, daß er auch bei Frankatur die zu wenig vom Absender erhobenen Frachtbeträge und Gebühren nachzuzahlen hat und die Eisenbahn im Falle der Ablehnung der Zahlung der Differenz die Aushändigung des Gutes und des Frachtbriefes verweigern kann (Art. 20, 21). (Rosenthal 110; Schwab 205; Bédarride 328; v. Buschmann 152; Féolde 135; Gasca 135. Unrichtig Gerstner 217).

Die zur Empfangnahme der Güter berechtigten Personen (Empfänger, Bevollmächtigte derselben usw.) haben, sofern ihnen nicht ein Kreditkonto von der Eisenbahnverwaltung bewilligt ist, die auf dem

Frachtbriefe zur Einziehung verzeichneten Beträge an Frachtgeldern, Nachnahmen (Art. 13) und Nebengebühren aller Art (Art. 11 Abs. 2) bar zu erlegen.

81a) Zur Beseitigung des Zweifels, ob Teilfrankaturen gestattet seien, und zur Verallgemeinerung einer bereits in den meisten internationalen Verkehren üblichen Praxis wurde auf Antrag Österreich-Ungarns in der Berner Revisionskonferenz (1905) der bisherige Abs. 1 des Art. 12 noch durch den Zusatz ergänzt, daß es gestattet ist, auf die Fracht einen beliebigen Teil als Frankatur einzuzahlen (Z. XIV 134; Prot. v. 7. Juli 1905). Diese Teilfrankatur ist in der Kolonne rechts („zu erheben") in den Frachtbrief einzutragen.

82) **„Bei Gütern, welche nach dem Ermessen der annehmenden Bahn schnellem Verderben unterliegen oder wegen ihres geringen Wertes die Fracht nicht sicher decken, kann die Vorausbezahlung der Frachtgelder gefordert werden."**

Während es nach Abs. 1 prinzipiell der Wahl des Absenders überlassen ist, ob er die Fracht bei der Aufgabe zur Beförderung berichtigen oder auf den Empfänger weisen will, konstituiert Absatz 2 für diejenigen Güter eine Ausnahme, welche nach dem Ermessen der Annahmebahn schnellem Verderben unterliegen oder wegen ihres geringen Wertes die Fracht nicht sicher decken. Bei derartigen Gütern kann die Annahmebahn die Vorausbezahlung der Frachtgelder fordern.

Es ist dem Ermessen der annehmenden Bahn sc. ihrer Annahmeorgane überlassen, im einzelnen Falle Entscheidung zu treffen, ob eines dieser Erfordernisse vorliegt. Doch steht dem nichts entgegen, daß mehrere Eisenbahnen (Verbände, Vereine) sich über die dabei zu beobachtenden Normen oder bestimmte Kategorien derartiger Güter auf Grund der Erfahrung verständigen. Nimmt die Versandbahn also derartige Artikel ohne Vorauszahlung zum Transport an, so dürfen sie zwar von den folgenden Verwaltungen nicht zurückgewiesen werden, aber die Versandbahn trägt allein das Risiko, wenn ein Frachtausfall — ohne Verschulden der anderen Verwaltungen — entsteht (übereinstimmend Rosenthal 107, 108). Verweigert die folgende Bahn die Weiterbeförderung, so befreit dies die Versandbahn nicht von der Haftung für rechtzeitige Lieferung (Z. IX 109, E. XVII 338).

Doch wird sie Güter, welche notorisch einem schnellen Verderben nicht unterliegen, nicht willkürlich zurückweisen dürfen, ohne sich eventuellen Schadensansprüchen des Absenders und dem Einschreiten der Aufsichtsbehörde auszusetzen. Überhaupt unterliegen alle Transportgüter, für welche Frankatur gefordert wird, gleichviel ob sie zu denjenigen gehören, über welche sich die Eisenbahnen verständigt haben oder nicht, im Streitfalle der richterlichen Prüfung dahin, ob für sie nach den Voraussetzungen des Artikels 12 Abs. 2 die Forderung der Frankatur geboten war. Denn für den Absender ist weder das Ermessen der annehmenden Bahn noch eine bezügliche Vereinbarung der Eisenbahnen bindend. Anderenfalls würde das Ermessen der annehmenden Bahn oder die bezügliche Vereinbarung in Willkür übergehen und die gesetzliche Transportpflicht (Art. 5) in ungerechtfertigter Weise erschwert werden können.

83) **„Wenn im Falle der Frankierung der Betrag der Gesamtfracht beim Versand nicht genau bestimmt werden kann, so kann die Versandbahn die Hinterlegung des ungefähren Frachtbetrages fordern."**

Absatz 3 des Artikels 12 trifft aus Zweckmäßigkeitsgründen zur Sicherung der Eisenbahn die Bestimmung, daß, wenn bei der Frankierung die Vorausberechnung der Gesamtfracht nicht möglich ist, die Versandbahn die Hinterlegung des ungefähren Frachtbetrages, d. h. einen Frankaturvorschuß, fordern kann. Dahin gehört auch analog der Fall, wenn die Ausfolgung einer mit Überweisung der Gebühren abgefertigten Sendung an den Empfänger wegen Unmöglichkeit der sofortigen Feststellung der richtigen Fracht gegen Erlegung eines Depots erfolgt (Z. VIII 100). Diese Befugnis der Annahmebahn soll sie selbst und die folgenden Bahnen tunlichst sicherstellen und insbesondere dagegen schützen, daß der Absender, weil ihm die Fracht nicht nach Maßgabe des Artikels 11 Abs. 1 genau berechnet werden kann, deren Zahlung überhaupt verweigert.

Die Versandbahn hat diese Berechtigung nur „im Falle der Frankierung", d. h. mangels jeder Einschränkung in allen Fällen der Frankierung, gleichviel ob der Absender die Frankierung freiwillig bewirkt oder, wie z. B. in den Fällen des Absatzes 2, hierzu von der annehmenden Bahn angehalten wird. Die bezügliche Berechtigung beruht ferner auf der Voraussetzung, daß „der Betrag der Gesamtfracht nicht genau bestimmt werden kann", d. h. der annehmenden Bahn die Kenntnis des erforderlichen Tarifmaterials der am Transport beteiligten Bahnen behufs genauer Berechnung der Gesamtfracht fehlt oder bare Auslagen (Art. 11 Abs. 2) an Zöllen, Abgaben, für Überführung usw. hinzutreten, deren Betrag im voraus überhaupt nicht oder doch nicht genau zu bestimmen ist. Andere Fälle kennt das Übereinkommen nicht. Beim Vorhandensein direkter Tarife ist aber die Feststellung der tarifmäßigen Fracht zum voraus möglich (Z II 54, E. X 263).

Liegen diese Voraussetzungen vor, so kann die Versandbahn „die Hinterlegung des ungefähren Frachtbetrages fordern". Es ist hier nicht „Hinterlegung" im prozessualischen Sinne — bei einem Dritten, an der Gerichts- oder Hinterlegungsstelle —, sondern eine Vorschußzahlung (Frankaturvorschuß), d. h. die vorläufige Zahlung des qu. Betrages bei der Kasse der Annahmeexpedition usw. selbst zur Asservation gemeint. Die Hinterlegung soll sich auf den „ungefähren Frachtbetrag" erstrecken. Dies ist so zu denken, daß die Annahmeexpedition nach dem ihr zur Verfügung stehenden Tarifmaterial und anderen Quellen sowie nach Erfahrungssätzen die Fracht, Vergütungen für besondere Leistungen und die zu gewärtigenden baren Auslagen annähernd zu berechnen und die Hinterlegung der solchergestalt approximativ festgestellten Fracht zu fordern hat.

Ein Einspruchsrecht gegen diese vorläufige Berechnung bzw. Forderung ist dem Absender nicht gegeben. Doch wird ihm die Befugnis nicht abgesprochen werden können, bei dem Nachweis, daß die Eisenbahn in kulposer oder doloser Weise unverhältnismäßig hohe Beträge erfordert oder sich zur Berechnung der richtigen Beträge außerstande gesetzt hat, entsprechende Schadensansprüche (an Zinsen usw.) zu erheben.

Mangels besonderer Vorschriften ist für die spätere Zu- oder Rückzahlung das Verfahren bei Rückzahlung zu viel bzw. Nachforderung zu wenig gezahlter Fracht (s. Abs. 4 Anm. 84) maßgebend (E. XIX 204). Doch kann der Natur der Sache nach die Hinterlegung des Frankaturvorschusses in bezug auf die im Abs. 4 bestimmte Verjährungsfrist der Zahlung nicht gleichgestellt werden (Schwab 142). Erst durch die Abrechnung verwandelt sich die Hinterlegung in Zahlung, welche die Wirkung einer Tilgung der Frachtschuld, einer Befreiung des Absenders von seiner Verbindlichkeit hat (Rosenthal 108), und daher ist der Tag der definitiven Abrechnung als Tag der Zahlung zu betrachten, von welchem ab die Verjährungsfrist des Artikels 12 Abs. 4 zu laufen beginnt (Z. VIII 100, E. XVI 135). Reklamation wegen Frachtdifferenzen: Z. XIII 162.

84) **„Wurde der Tarif unrichtig angewendet, oder sind Rechnungsfehler bei der Festsetzung der Frachtgelder und Gebühren vorgekommen, so ist das zu wenig Geforderte nachzuzahlen, das zu viel Erhobene zu erstatten und zu diesem Zwecke dem Berechtigten tunlichst bald Nachricht zu geben."**

Absatz 4 des Art. 12 regelt die Ansprüche auf Frachtnachzahlung und Rückzahlung infolge unrichtiger Frachtberechnung sowie die Verjährung dieser Ansprüche (vgl. Muschweck Sp.- und Sch.-Ztg. X Nr. 19–27, 30; Burmeister [V.Z. 1904 Nr. 31 u. 32 und hierzu Z. 176], Aufrechnung verjährter Frachtgegenforderungen der Eisenbahn gegen Frachtrückforderung der Absender usw.; Epstein E. XXI 95; Reindl eod. 318 und E. XXI 347).

Der Grundsatz (Art. 17), der Empfänger habe nur nach Maßgabe des Frachtbriefes Zahlung zu leisten bzw. die im Frachtbrief ersichtlich gemachten Beträge zu zahlen, darf nicht dahin führen, daß, wenn infolge von unrichtigen Anwendungen des Tarifs oder von Fehlern bei der Gebührenberechnung die Fracht zu hoch bzw. zu niedrig berechnet ist, zum Nachteile der Eisenbahn oder des Zahlungspflichtigen strikte an dem unrichtigen Frachtbetrage festgehalten wird. Vielmehr soll alsdann der Irrtum weder der Eisenbahn noch den zur Zahlung Verpflichteten zum Nachteile gereichen, d. h. jeder Teil zur Rück- bzw. Nachforderung berechtigt sein. Und zwar gilt dies, gleichviel ob Frankierung stattgefunden hat oder nicht. Auch ist der Grundsatz nicht nur für die Fracht selbst, sondern auch für die Nebengebühren, Barauslagen von Zöllen usw., Nachnahmen maßgebend.

Satz 1 des Abs. 4 spricht eigentlich nur zur Beseitigung von Zweifeln dasjenige aus, was aus Art. 11 nach den bestehenden allgemeinen gesetzlichen Bestimmungen von selbst folgt. Denn die Reglements und Tarife, auf welche im Frachtbriefe Bezug genommen wird, haben die Bedeutung, daß nach ihnen die Fracht zu berechnen und zu zahlen ist. Die irrtümlich falsch oder tarifwidrig bewirkte Notierung des Frachtbetrages auf dem Frachtbriefe bildet also nicht einen Teil der lex contractus. Zu niedrig berechnete Fracht ist daher nachzuzahlen, zu hoch berechnete kann zurückgefordert werden.

Eine irrige Frachtberechnung liegt nicht nur bei eigentlich kalkulatorischen Fehlern, sondern auch dann vor, wenn die Berechnung zwar an sich richtig ist, aber auf einer tatsächlich falschen Grundlage, z. B. unrichtiger Angabe der Qualität oder Quantität des zur Berechnung gezogenen Gutes, beruht (Z. XIII 305, E. XIX 55, XXII 176; Senckpiehl, E. XXII 305, Sp.- u. Sch.-Ztg. XV Nr. 30, 32; Neumann, Allg. Tar.-Anz. XXVI Nr. 13; Richter XXVII Nr. 5; — es müßte denn sein, daß die unrichtige Deklaration durch vorsätzliche Herbeiführung eines Irrtums bewirkt ist [E. XXII 74]. — A. M. E. XVI 237 u. XX 3; über den Begriff der unrichtigen Angabe: E. XXIV 291), oder wenn die Bahn — mangels ausdrücklicher Vorschrift des Absenders — den für diesen nicht vorteilhaftesten (billigsten usw.) Tarif angewendet hat (Z. VI 744, VII 25, 322, 396, E. XX 59), also auch unrichtige Routenwahl, wenn diese für den anzuwendenden Tarif maßgebend ist (A. M. E. XXI 289). Auch die Anwendung eines nicht gehörig publizierten Tarifs (E. XXI 387) oder die irrige Auslegung eines Tarifs (Z. IV 327, V 655, E. XV 30) oder Nichtanwendung der vorgeschriebenen direkten Frachtsätze (E. XX 59, XXI 128) oder unrichtige Erhebung von Mehrbeträgen (E. XXI 165) oder Frachtzuschlägen (Z. XIII 217, E. XXIII 16, 34) oder Gebühren für Desinfektion, welche nicht stattgefunden hat (E. XXI 114), oder erhöhte Fracht, welche dadurch entstanden ist, daß die Bahnbediensteten den Absender an der vollen Ausnützung der Wagen bei der Verladung gehindert haben (E. XXIII 356; s. noch Hertzer, V.Z. 1902 S. 533), ist eine unrichtige im Sinne dieses Artikels, ebenso Fehler bei im voraus festgesetzten ungefähren Frachtbeträgen gemäß Abs. 3 (E. XIX 204). Der Zahlungspflichtige, der nach Maßgabe der geltenden Tarife belangt wird, darf sich nicht auf den bloßen Widerspruch gegen die Richtigkeit der Frachtberechnung beschränken, sondern muß anführen, worin diese Unrichtigkeit besteht, und, falls er von der Bahn Rückerstattung auf Grund der Berechnung nach einem niedrigen Tarif fordert, hat er die Voraussetzungen für die Anwendung desselben zu erweisen. Die gegenteilige Annahme, daß die Frachtzahlung nur unter dem Vorbehalte der richtigen Anwendung des Tarifs erfolge und daher im Falle der Rückerstattungsklage die Bahn den Beweis richtiger Frachtberechnung zu führen habe (Z. IV 367—368, VI 659), ist unzutreffend. Wohl aber liegt, wenn das Gut bei der Annahme bahnamtlich gewogen ist und sich bei der Ablieferung ein höheres Gewicht ergibt, der Bahn im Falle einer Nachforderung der Nachweis ob, daß die Aufgabestation das Gewicht irrtümlich festgestellt und das Gut tatsächlich ein höheres Gewicht hat (Z. VIII 437), ebenso bei irrtümlich zu hoch festgestelltem Gewicht (E. XX 317). Beruft sich der die Rückerstattung Fordernde nicht auf die unrichtige Anwendung des Tarifs, sondern auf Ermäßigungen durch privaten Vertrag, so findet Art. 12 Abs. 4 keine Anwendung (E XXII 70). Auch ein irrtümlicher Frankaturvermerk trifft den Absender (E. XVIII 208), ebenso die Berechnung der Fracht nach einem zu hohen Tarifsatz, wenn der Absender das Gut ungenau oder unrichtig deklariert hat (E. XX 3, 64, XXI 352, 376, XXII 295). Liegt dies aber in der unklaren Fassung der Tarife, so hat die Eisenbahn die nachteiligen Folgen zu tragen und die Auslegung zugunsten des Absenders zu geschehen (E. XXI 30, 78).

Satz 1 findet auch bei falscher Frachtberechnung infolge von Druckfehlern und sonstigen Unrichtigkeiten in den publizierten Tarifen Anwendung. Daraus folgt einerseits, daß, wenn die Fracht infolge eines Druckfehlers usw. zu hoch berechnet war, die Eisenbahn das zu viel Gezahlte zurückzahlen muß. Anderseits ist sie zwar berechtigt, das aus gleichem Anlaß zu wenig Erhobene nachzufordern, doch kann in diesem Falle der Zahlungspflichtige den ihm durch die irrige Publikation der Eisenbahn entstandenen Schaden compensando gegen dieselbe geltend machen. Rückgriff des nachzahlenden Absenders an den Empfänger (E. XXI 173). Es entspricht aber allgemeinen Rechtsregeln, daß der den Irrtum verschuldende Teil — also im vorliegenden Falle die Bahn — den Schaden trägt. Kann mithin der Empfänger bei Frachtnachforderungen erweisen, daß er durch die irrige Frachtberechnung einen Schaden erleiden würde, so ist die Nachforderung nicht gerechtfertigt bzw. Aufrechnung gestattet (So auch Schott III 380; Rosenthal 109 und Anm. 4. Unrichtig: Gerstner 204, 222 und Supplement usw. S. 69; Öst. Ob. Ger. 25. 2. 1902; E. XIX 214; Hand- u. Wechs.-Ger. Budapest 30. 2. 1905; E. XXII 393; O.L.G. Hamburg 2. 10. 1907; E. XXIV 184). Vgl. über die Legitimation zur Klage, wenn zwei Rezepisses (für den Empfänger und den Absender) ausgestellt sind: Z. II 159, V 433. Als Belege für Frachtreklamationen bei Sendungen in Überweisung ist die Vorlegung des Frachtbriefes erforderlich, für die Sendungen in Frankatur genügt der Duplikatfrachtbrief als Beweisstück (Z. II 326, E. XI 163).

Aktiv legitimiert bei der Forderung der Eisenbahn auf Nachzahlung des zu wenig Erhobenen ist jede der benachteiligten Eisenbahnen, also auch die Versandbahn (A. M. E. XX 123). Es darf nicht aus Art. 20 der Einwand erhoben werden, daß nur die Endbahn aktiv legitimiert sei (Z. XIII 411, E. XX 53, XXII 257. — A. M. E. XXIV 19). Passiv legitimiert ist der Absender und, sobald der Empfänger in den Frachtvertrag eingetreten ist (Art. 11, 15—17), der Empfänger, und zwar ohne den Absender in die Klage einzubeziehen (Z. II 158, E. XXII 295), auch der Adreßspediteur als Empfänger (E. XXIV 348). In jedem Falle steht der Eisenbahn das Recht zu, wegen des zu wenig bezahlten Betrages ein Pfandrecht an dem Gute auszuüben (Art. 20, 21, Z. I 185). Aktiv legitimiert bei der Forderung des Absenders bzw. Empfängers auf Erstattung des zu viel Erhobenen ist der Verfügungsberechtigte (Art. 26. — A. M. E. XXIV 251), passiv legitimiert eine der im Art. 27 Abs. 3 bezeichneten Bahnen, unter welchen dem Berechtigten die Wahl zusteht (Anm. 149 III und Anm. 144 IV 2; Z. XII 236, E. XXI 67. — A. M. Z. VII 649, 650).

Das Verfahren, wie die Nach- und Rückzahlung zu fordern und zu bewirken, ist im internationalen Übereinkommen nicht geregelt, mithin der landesrechtlichen Normierung überlassen. Doch wurde dem

Satz 1 des Abs. 4 in der Berner Revisionskonferenz (1905) die Bestimmung beigefügt, daß bei der Entdeckung einer unrichtigen Anwendnng des Tarifs oder von Rechnungsfehlern durch die Eisenbahn dem Berechtigten tunlichst bald Nachricht zu geben sei. Man hielt es für billig und im Verkehrsinteresse geboten, diese Benachrichtigung der Eisenbahn zur Pflicht zu machen. Um dies aber nicht zu einer bureaukratischen Maßregel ausarten zu lassen, wurde protokollarisch anerkannt, daß es der Eisenbahn anheimgestellt bleibe, für die Benachrichtigung das Mittel der schriftlichen Mitteilung oder einen Boten, Telephon, einen Aushang u. dgl. zu benutzen (Z. XIV 134; Prot. v. 2. 7. 1905). Über den Beweis des Inhalts zum Zwecke richtiger Frachtberechnung: E. XXI 136.

Die reklamationsweise Forderung muß der Klage vorangehen, anderenfalls hat der die Erstattung Beanspruchende, wenn die Eisenbahn die Forderung ohne weiteres anerkennt, die Prozeßkosten zu tragen (Z. II 331). Die Eisenbahn ist verpflichtet, dem Reklamanten die zur Begründung der Reklamation eingereichten Schriftstücke (Frachtbriefe usw.) zurückzugeben, da ihm anderenfalls die Klage erschwert wird (Z. II 330, III 399). Über die Frage welche von mehreren beteiligten Bahnen in Anspruch zu nehmen ist, siehe Art. 27 Abs. 3. Klagt der Reklamant, während die Reklamation schwebt, so hat er, falls die Bahn dieselbe nicht ungerechtfertigt verzögert und ihn rite befriedigt, die Kosten der Klage zu tragen (Z. VIII 284, 288). Anderenfalls hat die Bahn auch die Zinsen vom Tage der Reklamation zu vergüten (E. XVIII 236, XIX 149, XX 176, XXI 130, 165; s. Art. 42 Anm. 203; Rosenthal 247).

85) **„Ein derartiger Anspruch auf Rückzahlung oder Nachzahlung verjährt in einem Jahre vom Tage der Zahlung an, sofern er nicht unter den Parteien durch Anerkenntnis, Vergleich oder gerichtliches Urteil festgestellt ist.“**

Satz 2 des Abs. 4 führt für die Ansprüche auf Rückzahlung zu viel oder Nachzahlung zu wenig berechneter Fracht und Gebühren (Anm. 84 S. 149) ganz übereinstimmend mit Art. 45 eine kurze einheitliche Verjährungsfrist ein und beseitigt damit die Verschiedenheit der Landsrechte in betreff der Verjährung derartiger Ansprüche (Z. XV 281, E. XXIII 143). Dahin gehört auch der Anspruch auf Zahlung oder Rückzahlung von Frachtzuschlägen (Art. 7 Abs. 6; der bisherige Streit hierüber [E. XXII 34, 295, XXIII 296] ist durch Abs. 6 des Art. 7 beseitigt); ferner Refaktienbeträge, welche in zu hohem Betrage von der Bahn gezahlt sind (E. XXIV 263, XXV 55). Um jedem Zweifel zu begegnen, spricht Satz 2 ausdrücklich aus, daß eine Verjährungsfrist wie im Falle des § 45 gemeint sei, nicht eine Präklusivfrist (E. XXIV 291) siehe noch D.J.Z. X 598; Allg. Tar.-Anz. XX Nr. 39; Sp.- u. Sch.-Ztg. XI Nr. 10), und es sind daher auch entsprechend dieser Bestimmung von der Verjährung die bezeichneten Ansprüche auf Rück- oder Nachzahlung ausgeschlossen, insofern sie unter den Parteien durch Anerkenntnis, Vergleich oder gerichtliches Urteil festgestellt sind. Denn diese Akte schaffen nach den übereinstimmenden Prinzipien aller Landrechte unter Aufhebung des bisherigen Anspruchs einen neuen selbständigen

Klagegrund (Novation). E contrario folgt aber aus dieser Bestimmung, daß etwaige andere Novationsgründe, wenn sie auch nach Landesrecht statthaft, für die Rück- und Nachzahlungsforderungen aus dem internationalen Eisenbahn-Frachtvertrage ausgeschlossen sind. Dagegen ist die Unterbrechung der Verjährungsfrist nach Landesgesetz zulässig (Anm. 86 Z. VI 657), z. B. durch Reklamation, wenn dies landesgesetzlich bestimmt ist (E. XXIV 291). Auch die Form der drei Novationsgründe richtet sich nach den Landesrechten. Ebenso die Frage, ob die Geltendmachung einer Forderung die übrigen Forderungen aufhält, sowie ob die Geltendmachung eines Teils der Forderung zur Wahrung derselben in ihrem gesamten Umfange hinreicht.

Eine vertragsmäßige Beschränkung der Verjährungsfrist ist den Eisenbahnen nicht gestattet. Jede derartige Abrede ist gemäß Art. 4 nichtig.

Die kurze Verjährungsfrist ist — wie bei der Verjährung von Entschädigungsforderungen wegen Verlustes, Minderung, Beschädigung oder Verspätung (s. Art. 45) — auf ein Jahr bemessen, sie läuft „vom Tage der Zahlung an", d. h. von demjenigen Tage, an welchem die irrtümlich zu hoch oder zu niedrig berechneten Frachtgelder oder Gebühren bezahlt worden sind. Bei Frankaturvorschüssen kann diese Frist nicht vom Zeitpunkte der Hinterlegung des Vorschusses, sondern erst vom Zeitpunkte der definitiven Abrechnung an berechnet werden (s. Abs. 2 Anm. 83 S. 149). Mit Ablauf dieser Frist ist weder die Eisenbahn berechtigt, zu niedrig berechnete Beträge nachzufordern, noch der Absender bzw. Empfänger, zu hoch berechnete Beträge zurückzufordern. Die kurze Verjährungsfrist beseitigt die Verschiedenheit der landesrechtlichen Verjährungsfristen für derartige Forderungen. Sie findet nicht nur auf Ansprüche, die im Wege der Klage, sondern auch auf solche, die im Wege der Widerklage oder Einrede geltend gemacht werden, Anwendung (Art. 45 Anm. 219; Art. 46 Anm. 223. — Kompensation: Epstein, E. XXI 95, XXII 320; Reindl, eod. 318).

86) **„Auf die Verjährung finden die Bestimmungen des Art. 45 Abs. (3) und (4) Anwendung. Die Bestimmung des Art. 44 Abs. (1) findet keine Anwendung."**

Satz 3 des Abs. 4 erklärt die Bestimmungen des Art. 45 Abs. 3 und 4 des internationalen Übereinkommens auf die Verjährung sc. der im vorangehenden Satze 2 bezeichneten Ansprüche auf Rückzahlung und Nachzahlung von Fracht- und Gebührenbeträgen für anwendbar. Daraus folgt e contr., daß Art. 45 Abs. 1 (dreijährige Verjährung bei Arglist oder grober Fahrlässigkeit der Bahn) hier keine Anwendung findet (Z. XIV 281, E. XXIII 143).

Nach Art. 45 Abs. 3 entscheiden bezüglich der Unterbrechung der Verjährung — bei Entschädigungsforderungen wegen Verlustes, Beschädigung usw. — die Gesetze des Landes, wo die Klage angestellt ist. Dieser Grundsatz soll also auch auf die Fracht- usw. Rück- und Nachzahlungsforderungen des Art. 12 Anwendung finden, d. h. auf Forderungen der Eisenbahn wie gegen dieselbe. Es ist somit im Gegensatz zu der einheitlichen kurzen Verjährungsfrist (Satz 2: s. Anm. 85) die Verschiedenheit der landesrechtlichen Unterbrechungsarten aufrechterhalten (Anm. 221).

Nach Artikel 45 Absatz 4 tritt bei Entschädigungsforderungen wegen Verlustes, Beschädigung usw. durch eine schriftliche Reklamation des Berechtigten bei der Eisenbahn unter den dort des näheren festgesetzten Modalitäten eine Hemmung der Verjährung, d. h. ein Ruhen des Fristenlaufes für so lange ein, als die Reklamation nicht erledigt ist (Anm. 221 a). Auch diese Vorschrift ist auf die Verjährung der Ansprüche aus Art. 12 übertragen, indes, da Abs. 4 des Artikels 45 nur die schriftlichen Reklamationen des Berechtigten bei der Eisenbahn betrifft, der Natur der Sache nach nicht, wie Abs. 3, auf alle Ansprüche, d. h. Rück- und Nachzahlungsforderungen, sondern nur auf die Rückzahlungsforderungen an die Eisenbahn.

Solange die Reklamation schwebt und von der Bahn nicht ungerechtfertigt verzögert wird, hat der Reklamant keinen Anlaß, eine Klage anzustrengen, und muß daher, wenn er im Reklamationswege befriedigt wird, die Prozeßkosten tragen (Z. VIII 284, 288). Auch wenn nach Jahresfrist die Klage in anderer Weise begründet wird als die ursprüngliche Reklamation, ist Verjährung nicht eingetreten (E. XXIII 352).

Satz 4 gibt — wie bereits in Anm. 84 S 150 bemerkt — dem Grundsatze Ausdruck, daß die Regel des Artikels 44 Abs. 1, wonach, wenn die Fracht nebst den sonst auf dem Gute haftenden Forderungen bezahlt und das Gut angenommen ist, alle Ansprüche gegen die Eisenbahn aus dem Frachtvertrage erloschen sind, auf die Rückforderungen aus unrichtig zu hoch berechneten Fracht- und Gebührenrechnungen keine Anwendung findet (s. Anm. 209, E. XX 59, 60. — A. M. irrig: Z. VI 327). Art. 12 Abs. 4 Satz 1 bildet hiernach eine Ausnahme von der Regel des Artikels 44 Abs. 1.

86 a) Um die Geltendmachung der Frachtrückzahlungs- bzw. Erstattungsansprüche für die hierzu Berechtigten (Absender bzw. Empfänger) zu erleichtern, ist dem Art. 12 der § 5 der Ausführungsbestimmungen hinzugefügt.

Satz 1 des § 5 verpflichtet die Versandstation, im Frachtbriefduplikat die frankierten Gebühren, welche von ihr in den Frachtbrief eingetragen werden, zu spezifizieren (Z. III 503). Durch diese Vorschrift ist der Absender alsbald in die Lage versetzt, die Richtigkeit der Gebühren an der Hand der Spezifikation zu prüfen und — solange er noch das Verfügungsrecht besitzt (Art. 15 Abs. 2 und 4, Art. 26) — selbst, eventuell sein Rechtsnachfolger, etwa zu viel berechnete zurückzufordern.

Satz 2 des § 5 bezeichnet als zur Erhebung der im Art. 12 Abs. 4 des Übereinkommens vorgesehenen Ansprüche gegen die Eisenbahn in denjenigen Fällen, in welchen die Frachtgelder bei der Aufgabe des Gutes zur Beförderung berichtigt worden sind, die Beibringung des Frachtbriefduplikats für genügend. Nachdem aber für alle Forderungen aus dem internationalen Frachtvertrage — sowohl Entschädigungsforderungen wegen Verlustes, Beschädigung usw. (Art. 45 Abs. 4) wie auch Frachterstattungsforderungen (Art. 12 Abs. 4 Satz 3, — die schriftliche Reklamation des Berechtigten bei der Eisenbahn als ein Hemmungsgrund der Verjährung eingeführt war, war es folgerichtig und notwendig, das Frachtduplikat als genügende Legitimation des Absenders auch für die außergerichtliche Geltendmachung dieser Forderungen im Reklamationswege zu erklären. Indes ist dies nur in betreff der Frachterstattungsansprüche, nicht auch der übrigen Ansprüche, geschehen. An den Grundsätzen des Artikels 15 und 26 ist dadurch selbstredend nichts geändert, d. h. das Frachtbriefduplikat dient dem Absender nur solange als genügende Legitimation, bis sein Verfügungsrecht erloschen ist (Art. 15 Abs. 4) und, wenn er vorher das Frachtbriefduplikat nicht vorzuzeigen vermag, so kann er auch außergerichtliche Ansprüche auf Frachterstattung im Reklamationswege nur mit Nachweis der Zustimmung des Empfängers oder der Verweigerung desselben, das Frachtgut anzunehmen, geltend machen (Art. 26 Abs. 2).

Artikel 13.[87])

(1) Dem Absender ist gestattet, das Gut bis zur Höhe des Wertes desselben mit Nachnahme nach Eingang zu belasten.[88])

(2) Für die aufgegebene Nachnahme wird die tarifmäßige Provision berechnet.[89])

(3) Die Eisenbahn ist nicht verpflichtet, dem Absender die Nachnahme eher auszuzahlen, als bis der Betrag derselben vom Empfänger bezahlt ist. Dies findet auch Anwendung auf Auslagen, welche vor der Aufgabe für das Frachtgut gemacht worden sind.[90])

(4) Ist das Gut ohne Einziehung der Nachnahme abgeliefert worden, so haftet die Eisenbahn für den Schaden bis zum Betrag der Nachnahme und hat denselben dem Absender sofort zu ersetzen, vorbehaltlich ihres Rückgriffs gegen den Empfänger.[91])

(5) Barvorschüsse werden nur nach den für die Versandbahn geltenden Bestimmungen zugelassen.[91a])

Zusatz I.

Betriebsreglement des Vereins Deutscher Eisenbahnverwaltungen.

§ 51.

Nachnahmen

(Text übereinstimmend mit vorstehendem Art. 13) und:

Zusatzbestimmungen.

1. In welcher Währung Nachnahmen zugelassen werden, bestimmen die Tarife.

2. Die tarifmäßige Provision wird auch dann berechnet, wenn die Nachnahme infolge nachträglicher Verfügung ganz oder teilweise zurückgezogen worden ist.

3. Eingegangene Nachnahmen werden dem Absender ohne Verzug von der Versandstation avisiert und ausbezahlt (s. unten Ziff. 6 und auch Zusatzbestimmungen zu Art. *15*).

4. Als Bescheinigung über die Auflegung von Nachnahmen dient der abgestempelte Frachtbrief oder das Frachtbriefduplikat. Auf Verlangen werden außerdem besondere Nachnahmescheine, und zwar gebührenfrei, erteilt.

5. Die tarifmäßige Provision wird auch für bare Auslagen der Eisenbahn berechnet. Dagegen sind provisionsfrei die von den Eisenbahnen nachgenommenen Frachtgelder, die tarifmäßigen Nebengebühren, als: Frachtbrief-, Wiege-, Signier-, Lade-, Krangelder, Zollabfertigungsgebühren usw., ferner die statistische Gebühr des Warenverkehrs sowie Portoauslagen und die Rollgelder der von der Bahnverwaltung bestellten Fahrunternehmer. In Fällen der Umkartierung oder bei Änderung der Bestimmungstation auf nachträgliche Anweisung des Absenders bleiben auch die auf den Sendungen bereits haftenden Nachahmen provisionsfrei.

6. Ist im Tarif die Auszahlung der Nachnahme vom Ablauf einer bestimmten Frist abhängig gemacht, so entfällt eine besondere Benachrichtigung.

7. In betreff der Erteilung von Bescheinigungen über die Auflage von Nachnahmen (Nachnahmescheine), finden, insofern in den einzelnen in Betracht kommenden Tarifen nicht besondere Bestimmungen enthalten sind, die für die Versandbahn geltenden gesetzlichen und reglementarischen Bestimmungen Anwendung.

(Vgl. Übereinkommen des Vereins Deutscher Eisenbahnverwaltungen: Art. 12: „Nachnahmen".)

Vgl. Gemeinsame Abfertigungsvorschriften § 39: Nachnahmen.

87) Prinzip und Entstehungsgeschichte des Art. 13.

Im Anschluß an die Bestimmungen über die Berechnung der Fracht (Art. 11) und die Zahlung der Fracht (Art. 12) behandelt Artikel 13 des internationalen Übereinkommens das Nachnahmeverfahren, und zwar regelt Abs. 1 dieses Artikels die Befugnis des Absenders, das Gut mit Nachnahme zu belasten, Abs. 2 die Provisionsberechnung, Abs. 3 die Auszahlungspflicht der Eisenbahn, Abs. 4 die Haftung der Eisenbahn bei Ablieferung des Gutes ohne Einziehung der Nachnahme, Abs. 5 die Zulassung von Barvorschüssen.

Dem Schweizer Entwurfe fehlten entsprechende Bestimmungen gänzlich.

Die Kritik des Schweizer Entwurfes (Eger, Die Einführung eines internationalen Eisenbahn-Frachtrechts, 1877, S. 68f.) schlug vor, einige gemeinschaftliche Vorschriften über das Nachnahmeverfahren in das Übereinkommen aufzunehmen, welche dieses Verfahren wenigstens in seinen Grundzügen übereinstimmend zu regeln geeignet seien.

Infolge dieser Anregung empfahl der Deutsche Entwurf (1878) als Art. 13 die Aufnahme von Bestimmungen, wonach grundsätzlich dem Absender die Belastung der Güter mit Nachnahme bis zur Höhe ihres Wertes, jedoch nicht über den reglementarisch festgesetzten Höchstbetrag — mit Ausnahme der Frankaturpflichtigen —, gegen tarifmäßige Provision gestattet sein soll, die Eisenbahn aber nicht vor Eingang dem Absender die Nachnahme auszuzahlen verpflichtet ist und sich durch Ablieferung des Gutes ohne Einziehung der Nachnahme schadensersatzpflichtig macht.

In der II. Konferenz wurde der Antrag gestellt und angenommen, daß im letzten Alinea die Verpflichtung der Bahn zum Schadensersatz ausdrücklich auf die Höhe des Nachnahmebetrags beschränkt sein soll. Dementsprechend erhielt nach den Beschlüssen der II. Konferenz Art. 13 die — auch in der III. Konferenz unverändert beibehaltene — in den Text des Übereinkommens von 1890 aufgenommene Fassung.

In der Pariser Revisionskonferenz (Sitzung vom 28. März 1896) hat der Abs. 1 des Artikels 13 zwei wesentliche Änderungen erfahren, welche den Wünschen des Handelsstandes entsprachen.

Zunächst ist der zweite Satz des Absatzes 1, wonach die Nachnahme den in den Ausführungsbestimmungen (bisherigen § 5) festgesetzten Höchstbetrag nur mit Zustimmung der am Transport beteiligten Bahnen übersteigen darf, nebst dem § 5 in seiner bisherigen Fassung gestrichen worden (Z. VI 509). Man ging hierbei von der Erwägung aus, daß der Absender wertvoller Güter ein sehr großes Interesse daran haben könne, die Sendung mit einer höheren Nachnahme als die angegebene Maximalsumme zu belasten, und daß eine Änderung in diesem Sinne keine Gefahr für die Eisenbahn nach sich ziehe, weil sie die Nachnahme doch erst nach Berichtigung derselben durch den Empfänger auszubezahlen hat (Z. VI 617).

Sodann ist der dritte Satz des Abs. 1, wonach diejenigen Güter, für welche Vorausbezahlung der Fracht verlangt werden kann (Art. 12 Abs. 2), nicht mit Nachnahme belastet werden dürfen, dahin abgeändert worden, daß bei derartigen Gütern die Belastung mit Nachnahme verweigert werden kann (Z. VI 509). Diese Frage war nach der bisherigen Fassung streitig, auch entsprach die Änderung einem dringenden Verkehrsbedürfnisse, weil ein absolutes Verbot der Belastung mit Nachnahme den Verkehr dieser Güter, namentlich den Lebensmittelverkehr, in hohem Maße geschädigt haben würde (Z. VI 617).

In der Berner Revisionskonferenz (1905) wurde der Antrag angenommen, im ersten Satz des Abs. 1 das Wort „Nachnahme" durch die Worte „Nachnahme nach Eingang" zu ersetzen und den zweiten Satz des Abs. 1 zu streichen. Es soll damit der in einzelnen internationalen Verbänden bestehenden Übung entsprechend in unzweifelhafter Weise zum Ausdruck gebracht werden, daß dem Absender im allgemeinen, somit auch bei den dem Frankaturzwang unterliegenden Gütern gestattet ist, das Gut bis zur Höhe seiner Werte mit Nachnahme zu belegen (Prot. v. 7. Juli 1905).

Ferner wurde dem Art. 13 als fünfter Absatz die Bestimmung beigefügt, daß Barvorschüsse nur nach den für die Versandbahn geltenden Bestimmungen zugelassen werden. Dieser Zusatz wurde damit begründet, daß bisher die Zulassung von Barvorschüssen nur aus dem Frachtbriefformular sich ergab, während das Übereinkommen nichts hierüber bestimmte, eine bezügliche Bestimmung aber in diesem selbst erforderlich erschien (Prot. v. 7. Juli 1905).

88) **Dem Absender ist gestattet, das Gut bis zur Höhe des Wertes desselben mit Nachnahme nach Eingang zu belasten.**

Abs. 1 des Art. 13 trifft Bestimmung über die Befugnis des Absenders, das Gut mit Nachnahme nach Eingang zu belasten. „Nachnahmen" sind im allgemeinen Geldbeträge, welche, gleichviel ob sie im voraus, vor Eingang (Vorschüsse) oder erst nach Eingang (Eingangsnachnahmen) gezahlt werden, durch den Frachtvertrag vom Absender oder seinen Rechtsnachfolgern auf das Gut gelegt (entnommen) werden und vom Empfänger gegen Annahme des Gutes berichtigt werden sollen (E. XVII 39, 40; s. Knittel, Die Nachnahme im Speditions- und Frachtgeschäft, Straßburg 1886; Muschweck, Nachnahmen im Eisenbahnverkehre, Sp.- u. Sch.-Ztg. XVI Nr. 8—20). Es können dies Forderungen aus den der Sendung zugrunde liegenden Rechtsgeschäften (z. B. Provision für Kommission, Spedition, Kaufpreis E. XX 50) sein, aber auch aus anderen Rechtsgeschäften, Vorschüsse auf das Gut, welche der Absender auf diesem Wege mittelst der Eisenbahn vom Empfänger erhebt (E. XVII 41). Durch Erhebung der Nachnahme ist die bezügliche Forderung des Absenders erfüllt und darf nicht nochmals im Rechtswege beansprucht werden (E. XX 50).

Im weiteren Sinne werden zwar auch die Barauslagen der Eisenbahn (s. Art. 11 Abs. 2) — Spesen der Eisenbahn — hierher gerechnet. Das internationale Übereinkommen kennt aber derartige Nachnahmen nicht, sondern nur Nachnahmen des Absenders. Die Spesen (Barauslagen) ebenso wie die überwiesenen Frachten der einzelnen am Transport beteiligten Eisenbahnen sind daher nicht Nachnahmen, sondern bilden lediglich einen integrierenden Teil der Frachtforderung und gelten, insoweit sie nicht mit der Fracht bei der Aufgabe des Gutes zur Beförderung berichtigt sind, als auf den Empfänger angewiesen (Art. 12 Abs. 1). Für Barauslagen der Eisenbahnen kann daher auch nicht die Nachnahmeprovision berechnet werden (s. Anm. 79 S. 141 und Anm. 89 S. 159).

Abs. 1 bestand bisher aus zwei Sätzen. Nach dem ersten Satze war es dem Absender gestattet, das Gut bis zur Höhe des Wertes desselben mit Nachnahme zu belasten, und zwar ohne Unterschied, ob Nachnahme nach Eingang oder vor Eingang (Barvorschuß). Nach dem zweiten Satz konnten die Eisenbahnen bei frankaturpflichtigen Gütern (Art. 12 Abs. 2) die Belastung mit Nachnahme verweigern. Da aber nur beabsichtigt war, den Absender zur Belastung mit Nachnahme nach Eingang zu berechtigen, so wurden in der Berner Revisionskonferenz (1905) im ersten Satze die Worte „nach Eingang" eingefügt (Prot. v. 7. Juli 1905). Dagegen wurde nunmehr der zweite Absatz als überflüssig gestrichen, weil die Eisenbahn auch bei frankaturpflichtigen Gütern keinen Grund hat, Nachnahmen nach Eingang zu verweigern, vielmehr nur veranlaßt ist, von dem Verweigerungsrechte bezüglich der zu gewährenden Barvorschüsse Gebrauch zu machen. Durch die Einfügung der Worte „nach Eingang" ist also in unzweifelhafter Weise zum Ausdruck gebracht, daß dem Absender bei allen Gütern, somit auch bei den dem Frankaturzwang unterliegenden, gestattet ist, das Gut bis zur Höhe seines Wertes mit Nachnahme nach Eingang zu belasten. Die Zulassung von Barvorschüssen (Nachnahme vor Eingang) ist durch den neu aufgenommenen Abs. 5 (Anm. 91a S. 163) geregelt.

Abs. 1 gewährt dem Absender das Recht, daß Gut bis zur Höhe des Wertes desselben mit Nachnahme nach Eingang zu belasten; nur dem Absender bzw. seinen legitimierten Vertretern oder Rechtsnachfolgern, keinem Dritten, auch nicht der Eisenbahn. Das Recht ist in der Regel bei der Aufgabe des Gutes durch Vorzeichung der Nachnahme an der im Frachtbriefe vorgeschriebenen Stelle auszuüben (Art. 6 Anm. 42, E. XX 18). Doch erscheint mangels entgegenstehender Bestimmung auch die nachträgliche Belastung der Sendung mit Nachnahme, Erhöhung, Minderung, Zurückziehung derselben durch Vermittelung bzw. unter Zustimmung der Aufgabestation so lange zulässig, als der Absender das Verfügungsrecht besitzt (Art. 15 Abs. 1 Anm. 97, Z. XII 197, E. XXI 65).

Die alleinige Beschränkung bei der Belastung des Gutes mit Nachnahme nach Eingang besteht darin, daß die Nachnahme nur „bis zur Höhe des Wertes des Gutes" gehen, d. h. den Wert des Gutes nicht übersteigen darf.

Unter „Wert des Gutes" ist — ebenso wie im Falle der Haftpflicht für Verlust, Beschädigung oder Verminderung des Gutes — der Wert des Versandortes, nicht des Ablieferungsortes gemeint; denn die Annahmebahn bzw. Expedition vermag nur ersteren richtig zu beurteilen (vgl. die Denkschrift des Vereins Deutscher Eisenbahnverwaltungen 1879 über den Entwurf der I. Berner Konferenz S. 10, 11; de Seigneux 28; Rosenthal 112).

Die Nachnahmen sind in zwei im internationalen Frachtbriefe (auf der rechten Seite) besonders dafür bestimmten Rubriken (Barvorschüsse und Nachnahmen nach Eingang) zu verzeichnen und in einer darunter befindlichen Rubrik (Spezifikation obiger Nachnahme) zu spezifizieren.

89) **„Für die aufgegebene Nachnahme wird die tarifmäßige Provision berechnet."**

Abs. 2 des Art. 13 trifft Bestimmung über die Berechnung der Provision für Nachnahmen (vgl. über Abänderungsvorschläge Z. IX 254.)

Als Regel ist die Berechnung einer Provision „für die aufgegebene Nachnahme" vorgeschrieben, d. h. mangels jeder Einschränkung, für jede Art von Nachnahme, welche der Absender auf das Gut legt, sowohl für Nachnahme nach Eingang wie im vorhinein (Barvorschüsse) — soweit letztere bestimmungsmäßig zugelassen sind (Abs. 5 Anm. 91a S. 163). Dagegen tragen die Barauslagen der Eisenbahnen (Art. 11 Abs. 2) nicht den Charakter von Nachnahmen, sondern sind integrierende Teile der Gesamtfracht und daher provisionsfrei (s. Anm. 79 S. 141 und Anm. 88 S. 158). Die abweichende Bestimmung des § 51 Zus.-Best. Ziff. 3 Ver.-Betr.-Regl. widerspricht dem internationalen Übereinkommen und ist daher gemäß Art. 4 nichtig.

Das Wort „aufgegebene“ bedeutet, daß die Provision berechnet wird, sobald die Nachnahme aufgegeben ist, mithin gleichviel ob dieselbe verabfolgt oder ganz oder teilweise zurückgezogen ist. Die Berechnung der Provision erfolgt hiernach für jede Nachnahme, sobald sie aufgegeben ist, in voller Höhe. Der Aufgeber kann aus der gänzlichen oder teilweisen Rückziehung weder gänzlichen noch teilweisen Erlaß der Provision beanspruchen, es sei denn, daß dies im Tarife ausdrücklich vorgesehen ist.

Berechnet wird die „tarifmäßige“ Provision. Dieselbe muß also durch den Tarif — und zwar der Natur der Sache nach: der Aufgabestation, d. h. derjenigen Station, bei welcher die Nachnahme aufgegeben wird — bestimmt sein. Mangels einer solchen tarifarischen Bestimmung würde — arg. Art. 11 Abs. 2 — eine Provision nicht erhoben werden können.

Die Provision ist — mangels besonderer Vorschrift — wie die Fracht vom Absender bei der Aufgabe zu berichtigen oder gilt als auf den Empfänger angewiesen (Art. 12 Abs, 1). Das Übereinkommen trifft weder Bestimmung über die Höhe der Provision noch über Art und Form ihrer Erhebung noch auch zugunsten welcher Verwaltung (ob der Verwaltung der Aufgabestation, der Endstation oder sämtlicher beteiligten Verwaltungen) die Provision zu erheben ist. Alle diese Punkte sind der partikulären Regelung überlassen. Doch ist so viel aus dem Wortlaute des Absatzes 2 zu entnehmen, daß die Provision von jeder Frachtbriefsendung nur einmal für den ganzen Transport erhoben werden darf.

90) **„Die Eisenbahn ist nicht verpflichtet, dem Absender die Nachnahme eher auszuzahlen, als bis der Betrag derselben vom Empfänger bezahlt ist. Dies findet auch Anwendung auf Auslagen, welche vor der Aufgabe für das Frachtgut gemacht worden sind.“**

Absatz 3 Satz 1 des Artikels 13 erklärt grundsätzlich und allgemein die Eisenbahn nicht für verpflichtet, dem Absender die Nachnahme eher auszuzahlen, als bis der Betrag derselben vom Empfänger bezahlt ist, d. h. die Eisenbahnen sind befugt, die Belastung mit Nachnahmen vor Eingang (im vorhinein, Vorschüsse) überhaupt und in jedem Betrage, also auch innerhalb des Wertes des Gutes, zurückzuweisen, und nur verpflichtet, Nachnahmen nach Eingang unter den im Abs. 1 des Artikels 13 bestimmten Voraussetzungen zuzulassen.

Satz 1 des Absatzes 3 spricht die Befugnis der Eisenbahn zur Ablehnung aller Nachnahmen vor Eingang negativ mit den Worten aus: „Die Eisenbahn ist nicht verpflichtet . . .“, und es folgt daraus e contr. zweierlei: 1. daß die Eisenbahn Nachnahmen nach Eingang unter den im Abs. 1 dieses Artikels vorgesehenen Voraussetzungen zuzulassen verpflichtet ist, 2. daß die Eisenbahn dagegen Nachnahmen vor Eingang (Barvorschüsse) zuzulassen nicht verpflichtet ist, außer in den Fällen des Absatzes 5. Die Eisenbahn braucht derartige Nachnahmen nicht zu gestatten, aber sie kann sie unter den Voraussetzungen des Absatzes 5 zulassen.

Wenn sie letzteres aber tut, so geschieht es, da eine gesetzliche Verpflichtung hierzu für sie nicht vorliegt, auf eigene Verantwortung; sie hat, weil sie die Rechtslage der mitbeteiligten Bahnen nicht erschweren darf — falls sie zu diesen Vorauszahlungen nicht durch Verbandsverträge oder die Zustimmung sämtlicher mitbeteiligten Bahnen befugt ist —, diesen gegenüber für allen daraus entstehenden Schaden aufzukommen (s. Anm. 91a S. 163). Der Beschlagnahme oder Pfändung einer nach Eingang zu zahlenden Nachnahmeforderung des Absenders (Art. 13, Abs. 3) steht § 23 Abs. 4 nicht entgegen, da nur die eigenen Forderungen der Bahn den internationalen Rechtsschutz genießen (Schwab 77, 78; Rosenthal 294; s. auch Anm. 133). Dagegen ist eine Beschlagnahme der bereits bezahlten Nachnahme nicht zulässig, weil die Bestimmungsbahn in Ausführung des ihr von der Versandbahn gewordenen Mandats durch die Einziehung der Nachnahme Schuldnerin der letzteren wird, die als Mandantin dem Aufgeber gegenüber haftbar ist, Forderungen der Eisenbahnen untereinander aber — laut Art. 23 — wenn die schuldnerische Eisenbahn einem anderen Staate angehört als die forderungsberechtigte Verwaltung, nicht mit Arrest belegt werden können, außer in dem Falle, wenn der Arrest auf Grund einer Entscheidung des Gerichtes des Staates erfolgt, dem die forderungsberechtigte Bahn angehört (s. Art. 23 Abs. 4) Z. II 247.

Über die Art und Form, in welcher die Zahlung der Nachnahme seitens des Empfängers (der Eingang) festgestellt und der Versandstation zum Zwecke der Auszahlung an den Absender mitgeteilt wird, enthält das Übereinkommen keine Vorschriften. Es ist also die Regelung dieses Verfahrens den partikulären Bestimmungen überlassen (Z. XI 180, E. XX 6, Z. XIII 177, E. XXI 365). Insoweit solche nicht bestehen, muß, da das internationale Übereinkommen weder Aufnahme- noch Nachnahmebegleitscheine vorsieht, der abgestempelte Frachtbrief bzw. das Frachtbriefduplikat auch als Beweisurkunde für die Nachnahme, und zwar sowohl über den Betrag wie die Art derselben, gelten (Gegenbeweis gegen das Frachtbriefduplikat: E. XIX 323). Demgemäß enthält auch das Frachtbriefformular zwei getrennte Rubriken für Nachnahmen (Barvorschuß- und nach Eingang). (Über die Berechtigung eines Dritten aus dem Besitz des Nachnahmescheines: XII 195, E. XXI 65). Ersatzpflicht der Eisenbahn bei Ausfolgung des Nachnahmescheines an einen Unberechtigten E. XXI 182; Senckpiehl, Der Nachnahmeschein (Sp.- u. Sch.-Ztg. XII Nr. 19, 20). Rücksendung des Nachnahmebegleitscheines an die Versandstation Z. XIII 177, E. XXI 365.

Die Nachnahmebeträge sind nach einem Vermerk auf dem Formular mit Buchstaben einzusetzen. Daß aber — wie Schwab 150 meint — eine Ausfüllung mit Zahlen usw. ungültig sei, kann mangels einer ausdrücklichen Bestimmung hierüber nicht angenommen werden.

Satz 2 des Absatzes 3 bestimmt, daß die Vorschrift des ersten Satzes (Nichtverpflichtung der Eisenbahn zur Zulassung von Nachnahmen vor Eingang) auch auf Auslagen Anwendung findet, welche vor der Aufgabe für das Frachtgut gemacht worden sind (Vorfracht usw.).

Da Satz 1 ganz allgemein von Nachnahmen spricht und hierunter — wie oben S. 158 bereits bemerkt — nicht nur die Vorschüsse auf den Wert des Gutes, sondern auch die Spesennachnahmen gehören, so ist streng genommen Satz 2 selbsverständlich und daher überflüssig.

Aus Abs. 3 folgt übrigens des weiteren, daß der Empfänger die Zahlung der in dem Frachtbriefe berechneten Nachnahme nicht lediglich deshalb verweigern darf, weil diese Nachnahme von der Eisenbahn selbst noch nicht berichtigt worden. Denn zur vorgängigen Berichtigung ist die Eisenbahn nicht verpflichtet. Anderseits ist aber die Eisenbahn nicht berechtigt, nachdem sie dem Empfänger einen Frachtbrief zugestellt hat, in welchem eine Nachnahme nicht notiert, sondern das Gut lediglich gegen Zahlung der Fracht zur Verfügung des Empfängers gestellt war, nachträglich auf Anweisung des Absenders eine Nachnahme zu erheben bzw. die Auslieferung der Güter bis zur Entrichtung der Nachnahme vorzuenthalten.

Die Nachnahmen nach Eingang sind, wie aus Abs. 3 folgt, sofort bzw. sobald wie möglich dem Absender auszuzahlen, aber nur an den Absender bzw. dessen Bevollmächtigten oder Rechtsnachfolger, nicht an den Inhaber des Duplikatfrachtbriefes oder eines Nachnahmescheines usw. (Z. V 798). Dagegen kann aus Abs. 3 eine Pflicht der Eisenbahn, dem Absender den Eingang der Nachnahme zu avisieren, nicht hergeleitet werden.

Eine Bestimmung, wonach eingegangene Nachnahmen dem zum Empfange Berechtigten zu avisieren sind, ist in den Art. 13 des internationalen Übereinkommens nicht aufgenommen worden. Doch kann durch Landesgesetz oder Reglement den Eisenbahnen eine derartige Avisierungspflicht auferlegt werden, weil dies mit den Bestimmungen des internationalen Übereinkommens nicht im Widerspruch steht, vielmehr eine dem Publikum günstigere Bestimmung involviert (vgl. demgemäß § 51 Zusätzl. Best. Ziff. 3 Ver.-Betr.-Rgl.; s. S. 35 ff., S. 155).

91) **„Ist das Gut ohne Einziehung der Nachnahme abgeliefert worden, so haftet die Eisenbahn für den Schaden bis zum Betrag der Nachnahme und hat denselben dem Absender sofort zu ersetzen, vorbehaltlich ihres Rückgriffs gegen den Empfänger.“**

Aus den Grundsätzen der Art. 20 und 21 ergibt sich die im Abs. 4 des Artikels 13 ausgesprochene Folgerung, daß, wenn das Gut ohne Einziehung der Nachnahme abgeliefert worden ist, die Eisenbahn für den Schaden bis zum Betrage der Nachnahme haftet und denselben dem Absender sofort zu ersetzen hat, vorbehaltlich ihres Rückgriffs gegen den Empfänger. Denn da sie nach Art. 20, 21 zur Einziehung der Nachnahme bei der Ablieferung nicht nur berechtigt, sondern auch verpflichtet ist und ein bezügliches Faustpfandrecht an dem Gute besitzt, so liegt in der Ablieferung des Gutes ohne Einziehung der Nachnahme und ohne Inanspruchnahme ihres Faustpfandrechts eine Pflichtverletzung in Hinsicht auf ihr Einziehungsmandat bzw. ein Verschulden, für welches sie dem dadurch geschädigten Absender bis zur Höhe des erlittenen Schadens haftet und Ersatz leisten muß (Z. IV 212).

Voraussetzung ist, daß der Absender die Nachnahme an der im Frachtbrief bezeichneten Stelle notiert hat (Art. 6 Anm. 42, E. XX 18). Nur bis zum Betrage der Nachnahme ist die Eisenbahn haftpflichtig, also nicht für den Wert des Gutes (s. jedoch E. XXIII 378). Hat ein Ablieferungshindernis vorgelegen, und hat bestimmungsmäßig der bahnseitige Verkauf des Gutes stattgefunden, so hat eine Ablieferung an den Empfänger nicht stattgefunden und findet Abs. 4 des Artikels 13 keine Anwendung (E. XXIII 261).

Die Pflicht zur Ersatzleistung fällt der Natur der Sache nach bei denjenigen Nachnahmen fort, welche die Eisenbahn im voraus bei der Aufgabe des Gutes dem Absender gezahlt hat (Nachnahmen vor Eingang, Vorschüsse), weil bei diesen der Absender bereits befriedigt ist. Hier geht sie lediglich des Rückgriffs gegen den Absender verlustig (Z. V 798, E. XIV 144).

Dagegen bleibt der Eisenbahn der Rückgriff gegen den Empfänger. Denn dieser ist gemäß Art. 17 durch Annahme des Gutes und des Frachtbriefs zur Zahlung der im Frachtbriefe ersichtlich gemachten Beträge an die Eisenbahn verpflichtet, also auch der im Frachtbriefe notierten Nachnahmen. Die Ablieferung des Gutes und Frachtbriefs ohne Einziehung der Nachnahme befreit ihn von der nachträglichen Zahlung der nicht eingezogenen Nachnahme nicht. Insoweit also die Eisenbahn dem Absender für die Nichteinziehung der Nachnahme Ersatz leisten muß, ist sie zum Rückgriffe gegen den Empfänger berechtigt. Denn durch die Ablieferung ohne Zahlung und durch die Nichtgeltendmachung des Pfandrechts begeht die Ablieferungsbahn dem Absender gegenüber ein Verschulden, welches sie der sonst zustehenden Rückgriffsansprüche verlustig macht (Z. VII 99). Dem „Empfänger" gegenüber ist in der vorgängigen Ablieferung ohne sofortiges Erfordern der Zahlung und ohne Ausübung des Pfandrechtes ein Verschulden der Ablieferungsbahn nicht zu finden. Dem Empfänger gegenüber hat sie vielmehr die Wahl, ob sie nur Zug um Zug leisten oder im Vertrauen auf die nachträgliche Zahlung vorleisten will (Z. IX 145). Gegen die auf den Besitz des Frachtbriefs gestützte Behauptung des Empfängers, die Nachnahme bezahlt zu haben, ist Gegenbeweis zulässig (Z. XI 180, E. XX 6). Aber nur gegen den Empfänger selbst, nicht gegen dessen Hintermann usw. hat die Eisenbahn die Rückforderungsklage (XIX 305).

91a) **„Barvorschüsse werden nur nach den für die Versandbahn geltenden Bestimmungen zugelassen."**

Absatz 5 ist durch die Berner Revisionskonferenz neu hinzugefügt (Prot. v. 7. 7. 1905). Nach Abs. 1 sind nur Nachnahmen nach Eingang grundsätzlich zugelassen. Nachnahmen vor Eingang (Barvorschüsse) sind zwar an sich nicht ausgeschlossen oder verboten, wie sich aus dem Frachtbriefformular ergibt, welches eine besondere Rubrik dafür enthält, aber sie brauchen mit Rücksicht auf den Grundsatz des Abs. 3 Satz 1 nicht zugelassen zu werden, und wenn daher eine Eisenbahn Aufnahmen vor Eingang zuläßt, so geschieht dies — mangels einer gesetzlichen Verpflichtung hierzu — auf eigene Verantwortung, d. h. sie hat, falls sie zu diesen Vorauszahlungen nicht durch Verbandsverträge oder die Zustimmung sämtlicher beteiligten Bahnen befugt ist, diesen für allen daraus entstehenden Schaden aufzukommen (s. Anm 90 S. 161). Indes fehlte eine Bestimmung im Übereinkommen selbst über die Zulässigkeit und die Voraussetzungen von Nachnahmen vor Eingang (Barvorschüssen) gänzlich. Eine solche Bestimmung wurde aber für erforderlich gehalten, weil das Frachtbriefformular nicht dazu bestimmt ist, dispositive Normen zu enthalten, vielmehr nur einen Anhang zum Übereinkommen bildet. Der Hinweis auf die für die Versandbahn geltenden Bestimmungen war deshalb notwendig, weil in den internen Vorschriften einzelner Vertragsstaaten, sowie in einzelnen internationalen Verbänden hinsichtlich der Zulassung von Barvorschüssen verschiedenartige Beschränkungen bestehen.

Artikel 14.[92])

(1) Die Ausführungsbestimmungen werden die allgemeinen Vorschriften betreffend die Maximallieferfristen, die Berechnung, den Beginn, die Unterbrechung und das Ende der Lieferfristen feststellen.[93])

(2) Wenn nach den Gesetzen und Reglementen eines der Vertragsstaaten Spezialtarife zu reduzierten Preisen und mit verlängerten Lieferfristen gestattet sind, so können die Eisenbahnen dieses Staates diese Tarife mit verlängerten Fristen auch im internationalen Verkehr anwenden.[94])

(3) Im übrigen richten sich die Lieferfristen nach den Bestimmungen der im einzelnen Falle zur Anwendung kommenden Tarife.[95])

Zusatz I.

Ausführungsbestimmungen zum internationalen Übereinkommen über den Eisenbahn-Frachtverkehr.

§ 6.

(Zu Art. 14 des Übereinkommens.)

(1) Die Lieferfristen dürfen die nachstehenden Maximalfristen nicht überschreiten:

a) für Eilgüter:
   1. Expeditionsfrist . . . . 1 Tag;
   2. Transportfrist für je auch nur angefangene 250 Kilometer . . . . 1 Tag;

b) für Frachtgüter:
   1. Expeditionsfrist . . . . 2 Tage;
   2. Transportfrist für je auch nur angefangene 250 Kilometer . . . . 2 Tage.

(2) Wenn der Transport aus dem Bereiche einer Eisenbahnverwaltung in den Bereich einer anderen anschließenden Verwaltung übergeht, so berechnen sich die Transportfristen aus der Gesamt-

entfernung zwischen der Aufgabe- und Bestimmungsstation, während die Expeditionsfristen ohne Rücksicht auf die Zahl der durch den Transport berührten Verwaltungsgebiete nur einmal zur Berechnung kommen.

(3) Die Gesetze und Reglemente der vertragschließenden Staaten bestimmen, inwiefern den unter ihrer Aufsicht stehenden Bahnen gestattet ist, Zuschlagsfristen für folgende Fälle festzusetzen:

1. für Messen;
2. für außergewöhnliche Verkehrsverhältnisse;
3. wenn das Gut einen nicht überbrückten Flußübergang oder eine Verbindungsbahn zu passieren hat, welche zwei am Transporte teilnehmende Bahnen verbindet;
4. für Bahnen von untergeordneter Bedeutung, sowie für den Übergang auf Bahnen mit anderer Spurweite.

(4) Wenn eine Eisenbahn in die Notwendigkeit versetzt ist, von den in diesem Paragraphen Absatz (3) Ziffer 1—4 für die einzelnen Staaten als fakultativ zulässig bezeichneten Zuschlagsfristen Gebrauch zu machen, so soll sie auf dem Frachtbriefe den Tag der Übergabe an die nachfolgende Bahn mittels Abstempelung vormerken und darauf die Ursache und Dauer der Lieferfrist-Überschreitung, welche sie in Anspruch genommen hat, angeben.

(5) Die Lieferfrist beginnt mit der auf die Annahme des Gutes nebst Frachtbrief folgenden Mitternacht und ist gewahrt, wenn innerhalb derselben das Gut dem Empfänger oder derjenigen Person, an welche die Ablieferung gültig geschehen kann, nach den für die abliefernde Bahn geltenden Bestimmungen zugestellt beziehungsweise avisiert ist.

(6) Dieselben Bestimmungen sind maßgebend für die Art und Weise, wie die Übergabe des Avisbriefes festzustellen ist. Für Güter, welche nicht avisiert und bahnseits nicht zugestellt werden, ist die Lieferfrist gewahrt, wenn das Gut innerhalb derselben auf der Bestimmungstation zur Abnahme bereitgestellt ist.

(7) Der Lauf der Lieferfristen ruht für die Dauer der zoll- oder steueramtlichen oder polizeilichen Abfertigung sowie für die Dauer einer ohne Verschulden der Eisenbahn eingetretenen Betriebsstörung, durch welche der Antritt oder die Fortsetzung des Bahntransports zeitweilig verhindert wird.

(8) Ist der auf die Auflieferung der Ware zum Transport folgende Tag ein Sonntag, so beginnt die Lieferfrist 24 Stunden später.

(9) Falls der letzte Tag der Lieferfrist ein Sonntag ist, so läuft die Lieferfrist erst an dem darauffolgenden Tage ab.

(10) Diese zwei Ausnahmen sind auf Eilgut nicht anwendbar.

(11) Falls ein Staat in die Gesetze oder in die genehmigten Eisenbahnreglemente eine Bestimmung in betreff der Unterbrechung des Warentransportes an Sonn- und gewissen Feiertagen aufnimmt, so werden die Transportfristen im Verhältnis verlängert.

Zusatz II.

Betriebsreglement des Vereins Deutscher Eisenbahnverwaltungen.

§ 52.

Lieferfristen

(Text übereinstimmend mit vorstehendem Art. 14) und:

Zusatzbestimmungen.

1. Als Lieferfristen gelten, sofern nicht durch die Tarife kürzere Fristen veröffentlicht sind, die reglementmäßsigen Maximallieferfristen unter Zurechnung der veröffentlichten Zuschlagsfristen.

2. Der Lauf der Lieferfristen ruht bei der Beförderung von Tieren auch für die Dauer des durch polizeiliche Bestimmungen veranlaßsten Aufenthaltes der Tiere auf den Tränkestationen sowie für die Dauer der ärztlichen Viehbeschauung.

3. Der Berechnung der Lieferfristen werden, soweit die Tarife nichts anderes bestimmen, die Tarifkilometer zugrunde gelegt.

4. Das Gut ist als zugestellt oder avisiert anzusehen, wenn es dem Empfänger oder derjenigen Person, an welche die Ablieferung gültig geschehen kann, an die Behausung oder an das Geschäftslokal zugeführt ist, oder, falls eine solche Zuführung nicht zugesagt oder ausdrücklich verbeten ist (siehe § 57 V.-Z., Ziffer 5), wenn innerhalb der gedachten Frist schriftliche Nachricht von der erfolgten Ankunft für den Empfänger zur Post gegeben oder solche ihm auf andere Weise wirklich zugestellt ist.

92) Prinzip und Entstehungsgeschichte des Art. 44.

Das internationale Übereinkommen, welches im Art. 14 Vorschriften über die Lieferfristen im internationalen Eisenbahn-Frachtverkehr enthält, geht zwar von dem im Abs. 3 des Art. 14 zum Ausdrucke gebrachten Grundsatze aus, daß sich die Lieferfristen nach den Bestimmungen der im einzelnen Falle zur Anwendung kommenden Tarife richten, mithin grundsätzlich der internen Regelung unterworfen sind. Dieser Grundsatz ist aber wesentlich durch die in Abs. 1 des Art. 14 enthaltene Bestimmung modifiziert, daß die Ausführungsbestimmungen zum Übereinkommen die allgemeinen Vorschriften feststellen werden, welche die Maximallieferfristen, die Berechnung, den Beginn, die Unterbrechung und das Ende der Lieferfristen betreffen (Senckpiehl, Die Eisenbahnen und die Lieferfristen [Sp.- u. Sch.-Ztg. XV Nr. 31]; Muschweck, Lieferfristen im Güterverkehr [Allg. Tar.-Anz. XXIV

Nr. 7, 9, 30—34; Sp.- u. Sch.-Ztg. XIV 349]). Die internationalen Lieferfristen sind hiernach durch Art. 14 Abs. 1 in allen wesentlichen Beziehungen einheitlich geregelt, und ist die Tragweite des allgemeinen, im Abs. 3 ausgesprochenen Prinzips eine sehr beschränkte.

Nur in einem Falle ist ausnahmsweise eine Abweichung von den die Regelung der Lieferfristen betreffenden obligatorischen Ausführungsbestimmungen (§ 6) zuzulassen, indem Abs. 2 des Art. 14 bestimmt, daß, wenn nach den Gesetzen und Reglementen eines der Vertragsstaaten Spezialtarife zu reduzierten Preisen und mit verlängerten Lieferfristen gestattet sind, die Eisenbahnen dieses Staates diese Tarife mit verlängerten Fristen auch im internationalen Verkehr anwenden dürfen.

Der Schweizer Entwurf schlug bezüglich der Lieferfristen als Art. 9 folgende Bestimmung vor: „Soweit die Lieferzeit für die ganze Transportstrecke nicht durch gemeinschaftliche Tarife oder durch ein von den Konventionsstaaten zu vereinbarendes Reglement bestimmt ist, wird dieselbe nach den aus den publizierten Tarifen der einzelnen Bahnen beziehungsweise der Verbände zusammengesetzten Lieferfristen berechnet. Der Lauf der Lieferfristen ruht für die Dauer der zoll- oder steueramtlichen Behandlung oder polizeilichen Prüfung."

Die Kritik des Schweizer Entwurfs (Eger, Einführung eines internationalen Eisenbahn-Frachtrechts 1877, S. 68, 69) empfahl die deutlichere Fassung des § 57 des Deutschen und Österreichisch-Ungarischen Betriebsreglements, sowie die eingehenderen Bestimmungen desselben über die Befugnisse der Eisenbahnen zur Berechnung von Zuschlagsfristen (Alin. 3 bis 5 cit.) über Beginn und Beendigung der Lieferzeit (Alin. 6 und 7), sowie deren Unterbrechung durch Zollabfertigung und Betriebsstörungen (Alin. 8).

Diesen Vorschlägen schloß sich der deutsche Entwurf (1878) vollständig an, jedoch mit der Maßgabe, daß er die vorgeschlagenen eingehenderen Bestimmungen in die Ausführungsbestimmungen verwies. Demgemäß lautete der deutsche Entwurf:

Art. 9 (jetzt 14).

„Soweit die Lieferfrist nicht für die ganze Transportstrecke durch gemeinschaftliche Reglements und Tarife der am Transport beteiligten Bahnen bestimmt ist, wird dieselbe nach den aus den Reglements und Tarifen der einzelnen Bahnen beziehungsweise Verbände zusammenzusetzenden Lieferfristen berechnet.

Den Ausführungsbestimmungen bleibt jedoch die Aufstellung allgemeiner Vorschriften über die Maximaldauer und die Berechnung, insbesondere den Beginn, den Ablauf und die Unterbrechung der Lieferfristen vorbehalten."

In der I. Konferenz wurde Art. 14 unverändert in der Fassung des deutschen Entwurfs angenommen (Prot. 67).

In der II. Konferenz wurde auf Antrag der II. Kommission das erste Alinea des Artikels gestrichen und zunächst nur das zweite Alinea als Artikel 14 in folgender Fassung angenommen:

„Die Ausführungsbestimmungen werden die allgemeinen Vorschriften, betreffend die Maximallieferfristen, deren Berechnung, den Beginn, das Ende und die Unterbrechung derselben feststellen.

Wenn nach den Gesetzen und Reglementen eines Landes Spezialtarife zu reduzierten Preisen und mit verlängerten Lieferfristen gestattet sind, so können die Bahnverwaltungen diese Tarife und die verlängerten Fristen auch im internationalen Verkehr anwenden."

Im Anschluß an die Diskussion über den § 6 der Ausführungsbestimmungen kam jedoch späterhin der deutsche Delegierte nochmals auf den Art. 14 zurück. Da sei (Prot. 96) das erste Alinea gestrichen worden nicht in dem Sinne, daß man die Vorschriften desselben überhaupt nicht gewollt habe, sondern weil dieselben unklar gefaßt schienen. Er möchte beantragen, in Ersatz desselben dem Art. 14 beizufügen: „Im übrigen richten sich die Lieferfristen nach den Bestimmungen der im einzelnen Falle zur Anwendung kommenden Tarife."

Dieser Antrag wurde angenommen (Prot. 149), so daß Art. 14 nach den Beschlüssen der II. Konferenz, welche auch in der III. Konferenz sowie in der Pariser und Berner Revisionskonferenz (1896 und 1905) nicht abgeändert wurden, die in den Tenor des Übereinkommens übergegangene Fassung (S. 164) erhielt.

93) **„Die Ausführungsbestimmungen werden die allgemeinen Vorschriften betreffend die Maximallieferfristen, die Berechnung, den Beginn, die Unterbrechung und das Ende der Lieferfristen feststellen."**

Der deutsche Entwurf schlug vor, in dem Übereinkommen selbst nur den Grundsatz zum Ausdruck zu bringen, daß, soweit die Lieferfrist nicht für die ganze Transportstrecke durch gemeinsame Reglements, Tarife usw. bestimmt ist, dieselbe nach den aus den Reglements und Tarifen der einzelnen Bahnen bzw. Verbände zusammenzusetzenden Lieferfristen berechnet wird, dagegen den Ausführungsbestimmungen die Aufstellung allgemeiner Vorschriften über die Maximaldauer und die Berechnung, insbesondere den Beginn, den Ablauf und die Unterbrechung der Lieferfristen vorzubehalten.

In den vorstehend mitgeteilten Beratungen wurde jedoch der zur Aufnahme in das Übereinkommen selbst vorgeschlagene Grundsatz als selbstverständlich gestrichen bzw. durch einen als Abs. 3 in den Art. 14 aufgenommenen allgemeinen Hinweis auf die Bestimmungen der im Einzelfalle zur Anwendung kommenden Tarife ersetzt und an die Spitze des Art. 14 als Abs. 1 lediglich der Satz gestellt, daß die Ausführungsbestimmungen die allgemeinen Vorschriften betreffend die Maximallieferfristen, die Berechnung, den Beginn, die Unterbrechung und das Ende der Lieferfristen feststellen. Damit ist die Regelung der allgemeinen Vorschriften über die Lieferfristen in die Ausführungsbestimmungen verwiesen, und zwar hat der Abs. 1 — wie die Worte „werden feststellen" ausdrücken — obligatorischen Charakter, sowohl derartig, daß in den Ausführungsbestimmungen über die beregten, die Lieferfristen betreffenden Punkte allgemeine Vorschriften unbedingt enthalten sein müssen, als auch in dem Sinne, daß die internen Gesetze, Reglements, Tarife der einzelnen Staaten, Bahnverbände und Bahnen entgegenstehende Bestimmungen nicht enthalten dürfen, widrigenfalls sie nichtig sind (Art. 1 Abs. 2 und Art. 4 des Übereinkommens).

Vgl. Die Lieferfristen im internat. Verkehr. Bearbeitet vom Centralamt f. d. internat. Eisenb.-Transp. (Z. IV 170—209) und Muschweck, Allg. Tar.-Anz. XXIV Nr. 7, 9, 30—34; Sp.- u. Sch.-Ztg. XIV 349.

Es ist aus der Vorschrift der Aufstellung von Maximallieferfristen und auch aus den Beratungen über Art. 14 des Übereinkommens nebst dem zugehörigen § 6 der Ausführungsbestimmungen sowie in Rücksicht auf Abs. 3 des Art. 14 als selbstverständlich und der Absicht des Gesetzes entsprechend angenommen, daß für sämtliche am internationalen Transporte beteiligten Eisenbahnen gehörig publizierte Lieferungsfristen bestehen. Unter dieser Voraussetzung sind daher im

§ 6 der Ausführungsbestimmungen

auf Grund des Art. 14 Alin. 1 des internationalen Übereinkommens allgemeine Vorschriften über die Maximallieferfristen, die Berechnung, den Beginn, die Unterbrechung und das Ende der Lieferfristen erlassen.

Zur Erläuterung dieser Ausführungsbestimmungen (S. 164—166) wird folgendes bemerkt:

Abs. 1 des § 6 bestimmt die Maximallieferfristen für den internationalen Eisenbahntransport, welche sich nach Abs. 1 des § 6 aus Transportfristen und aus Expeditionsfristen zusammensetzen; sie sind als Maximalfristen bezeichnet, d. h. jede Bahn ist an die hier vorgeschriebene Grenze gebunden, sie darf über dieselbe — abgesehen von den gemäß Abs. 3 zugelassenen Zuschlagsfristen — nicht hinausgehen, d. h. nicht höhere Lieferungszeiten festsetzen und publizieren, als die Normen des § 6 vorschreiben, selbst nicht, wenn andere günstige Bedingungen dafür tarifmäßig gewährt werden. Eine Ausnahme hiervon ist nur in den Fällen bzw. unter den Voraussetzungen des Art. 14 Abs. 2 zulässig. Noch weniger ist es gestattet, die Lieferzeiten etwa ganz aufzuheben (Rosenthal 118). Auch die Klausel „Verzicht auf Lieferzeit“ ist unzulässig (arg. Art. 4). Wohl aber darf jeder Staat bzw. jede Bahn unter die gegebene Grenze herabgehen und innerhalb derselben beliebig geringere Fristen normieren, jedoch nicht zugunsten eines einzelnen Absenders (Z. IX 286, E. XVIII 145). Nur die tarifarischen Lieferfristen, nicht die Maximallieferfristen sind maßgebend (Z. XV 102). Schadensersatz für Verspätung kann aber nicht verlangt werden, wenn trotz Verzögerung auf einzelnen Stationen die vorgeschriebene tarifarische Lieferzeit im ganzen eingehalten worden ist (E. XXII 36, Z. XII 100, E. XX 330).

Abs. 2 des § 6 enthält die wichtige Vorschrift, daß, wenn der Transport aus dem Bereiche einer Verwaltung in den Bereich einer anderen anschließenden Verwaltung übergeht, sich die Transportfristen aus der Gesamtentfernung zwischen der Aufgabe- und Bestimmungsstation berechnen, während die Expeditionsfristen ohne Rücksicht auf die Zahl der durch den Transport berührten Verwaltungsgebiete nur einmal zur Berechnung kommen (Centralamt Z. VIII 83, E. XVII 149). Es ist also bei diesen Transporten ganz indifferent, wieviel Verwaltungen daran beteiligt sind, und wie oft eine Übergangs- oder Umexpedition unterwegs erforderlich ist. Anders wenn Umkartierung auf der Grenzstation vorgeschrieben und ein neuer Frachtbrief bis zur Zielstation ausgestellt ist (Z. XVI 195).

Eine tarifarische Bestimmung, wonach die Lieferfristen, welche mehrere Staatsgebiete berühren, sich zusammensetzen aus der Summe der für jedes Gebiet zulässigen Maximalfristen, ist unstatthaft, die Berechnung der Lieferfristen soll vielmehr ohne Rücksicht auf die Überschreitung der betreffenden Landesgrenzen stattfinden.

Die Verwaltungsbereiche müssen ferner anschließende sein. Solange zwischen zwei Bahnen nicht Schienenverbindung besteht, sind sie nicht als anschließende zu betrachten, wenn sie auch an einem Orte münden.

Wenn innerhalb eines und desselben Bahngebietes oder Verbandes zwischen Aufgabe und Bestimmungsstation verschiedene Transportwege bestehen, über welche Güter zu gleichen Frachtsätzen instradiert werden, wird nur die kürzere Entfernung eingestellt werden dürfen. Wenn hingegen bei konkurrierenden Routen der Absender selbst die längere Route wählt, so muß er sich auch die längere Transportfrist gefallen lassen.

Es kann zweifelhaft erscheinen, ob eine Bahn, welche den auf sie entfallenden Teil der Lieferfrist überschreitet, von Fristersparnissen einer anderen Bahn Vorteil ziehen kann. Diese in den Beratungen der I. Konferenz aufgeworfene Frage wurde von der deutschen Delegation ohne Widerspruch dahin beantwortet, daß sie für den Fall zu bejahen sei, daß eine Gesamtlieferfrist bestehe. Indes erscheint diese Annahme nicht weit genug zu gehen. In Rücksicht darauf, daß Abs. 2 des § 6 unverkennbar für die Berechnung eines mehrere Bahnbereiche durchlaufenden Transports gewissermaßen ein Bahngebiet fingiert, ist anzunehmen, daß die beschleunigtere Beförderung der einen Verwaltung der säumigeren anderen Verwaltung zugute kommt und deren Verspätung ausgleicht, gleichviel ob eine Gesamtlieferfrist besteht oder nicht (Z. III 224, XVI 4, E. XXII 36).

Abs. 3 bestimmt die Voraussetzungen bzw. diejenigen vier Fälle, in welchen den Eisenbahnen die Festsetzung von Zuschlagsfristen — zu den gewöhnlichen Lieferfristen — ausnahmsweise gestattet ist. Daraus folgt, daß andere Zuschlagsfristen, auch wenn die Landesgesetze solche zulassen, im internationalen Transporte nicht angewendet werden dürfen. Über den Einfluß der temporären Zuschlagsfristen im internationalen Verkehr: Epstein, Eisenb.-Tar.- u. Verk.-Anz. 1907 S. 107, und hierzu Z. XV 258. Das System der Zuschlagsfristen: Eisenb.-Tar.- u. Verk.-Anz. XII Nr. 9, 10.

Inwiefern aber Zuschlagsfristen in den in den Ausführungsbestimmungen bezeichneten Fällen überhaupt festgestellt werden dürfen, dies zu bestimmen, ist den Gesetzen und Reglements der vertragschließenden Staaten vorbehalten. Die Eisenbahnen dürfen daher auch in den im Abs. 3 bezeichneten vier Fällen nicht ohne weiteres und beliebig Zuschlagsfristen festsetzen oder die Lieferfrist ohne weiteres als verlängert in den bezeichneten vier Fällen ansehen, sondern nur wenn und insoweit dies in den sie betreffenden Staatsgesetzen und Reglements zugelassen bzw. die Zuschlagsfrist ordnungsmäßig festgesetzt oder genehmigt ist (E. XXI 57, XXV 28). Unter dieser Voraussetzung bzw. unter Beobachtung der hierfür gesetzlich oder reglementarisch gegebenen Vorschriften der einzelnen Staaten dürfen von den Bahnen Zuschlagsfristen in folgenden Fällen festgesetzt werden:

1. für Messen; denn Messen haben erfahrungsgemäß eine Häufung des Güterverkehrs zur Folge;

2. für außergewöhnliche Verkehrsverhältnisse. Es sind hier alle Fälle vorübergehender Störung oder Verkehrshäufung gemeint, wohin auch Krieg, Wassersnot und Güterstockungen jeder Art gehören; auch Streik (Z. IX 45), Einsturz eines Eisenbahntunnels (Z. VIII 442), abnormer Frost (E. XXI 57). Bei Beförderung über eine Eisenbahnroute kann die Eisenbahn neben dem Zuschlage für die Verkehrsstörung auch die Länge und Zuschlagsfrist der Hilfsroute zugrunde legen (E. XVIII 21);

3. wenn das Gut einen nicht überbrückten Flußübergang oder eine Verbindungsbahn zu passieren hat, welche zwei am Transport teilnehmende Bahnen verbindet. Diese beiden Fälle bedurften der besonderen Hervorhebung, weil sie im Gegensatze zu den unter Nr. 2 bezeichneten Fällen außergewöhnlicher Verkehrsverhältnisse stehen.

4. Dasselbe gilt für Bahnen untergeordneter Bedeutung sowie für den Übergang auf Bahnen mit anderer Spurweite. Beides hat Verkehrshemmnisse von regelmäßigem und dauerndem Charakter zur Folge.

Abs. 4 enthält eine Bestimmung, deren Hinzufügung für notwendig erachtet wurde, um kontrollieren zu können, ob diejenige Bahn, welche von den nach Abs. 3 zulässigen Zuschlagsfristen Gebrauch zu machen genötigt ist, die bezüglichen Voraussetzungen beobachtet und die Zuschlagszeit innegehalten hat. Zu diesem Behufe ist vorgeschrieben, daß die betreffende Eisenbahn: 1. auf dem Frachtbriefe den Tag der Übergabe an die nachfolgende Bahn mittelst Abstempelung vermerken und 2. die Ursache und Dauer der Lieferfristüberschreitung, welche sie in Anspruch genommen hat, auf demselben angeben soll.

Abs. 5 bestimmt, daß die Lieferfrist mit der auf die Annahme des Gutes und des Frachtbriefes folgenden Mitternacht (außer im Falle des Abs. 8) beginnt und durch Zuführung oder Avisierung des Gutes an den legitimierten Empfänger innerhalb der Lieferzeit gewahrt ist. Die Frist wird hiernach kalendermäßig bzw. ziviliter berechnet (a die ad diem), von Kalendertag zu Kalendertag. Maßgebend für den Annahmetag ist der Stempel der Annahme zur Beförderung (Z. VI 30). Dabei soll in die Frist der Tag des Vertragsabschlusses (Annahme des Gutes mit Frachtbrief) nicht miteingerechnet werden, die Frist vielmehr erst mit der auf die Annahme des Gutes mit Frachtbrief folgenden Mitternacht beginnen. Daher kann aus nicht rechtzeitiger Stellung der bestellten Wagen für noch nicht zur Beförderung angenommene Güter ein Anspruch aus Versäumnis der Lieferfrist nicht hergeleitet werden, denn diese beginnt erst mit der Annahme des Gutes zur Beförderung (Z. I 393, E. X 246).

Die Lieferzeit jedes Eisenbahnfrachtvertrages beginnt mit der Mitternacht des Annahmetages (Z. V 657). Maßgebend ist der Tagesstempel der Abfertigungsstelle (Art. 8 Abs. 2 und 3 [E. XXIV 24]), falls nicht der Absender die erst später erfolgte Annahme des Gutes (bei sukzessiver Auflieferung) nachweist (E. XXIV 203). Eine Vereinbarung mit dem Absender, daß die Lieferfrist später beginnen soll, ist unstatthaft (Art. 4 s. Z. I 185, E. X 85, Z. V 145, E. XIV 145, E. XV 52). Ebensowenig kann infolge dieser Bestimmung eine Differenz über den Endpunkt der Frist entstehen. Dieselbe endet in allen Fällen mit der Mitternacht des letzten Tages der tarifmäßigen Lieferzeit (außer im Falle des Abs. 9). Die Lieferzeit kann, wie sie stets um Mitternacht beginnt, auch immer nur mit Mitternacht enden. Der Annahmetag wird in die Frist, deren Lauf erst mit der nächsten Mitternacht beginnt, nicht mit eingerechnet. Ist also die Aufgabe des Gutes mit dem Frachtbrief in den Vormittagsstunden erfolgt, so beginnt die Frist erst mit der nächsten Mitternacht. Die Zwischenzeit bzw. der Rest des Tages der Aufgabe bis zur Mitternacht kommt der Eisenbahn zugute (Z. III 504).

Die Frist ist gewahrt, wenn innerhalb derselben das Gut dem Empfänger nach den für die abliefernde Bahn geltenden Bestimmungen (Art. 19) zugestellt bzw. avisiert (Z. II 54, 187, III 302, V 329, 657, VI 183, 593, 747, Z. XIII 103, E. XVIII 151, XIX 202, XX 235, XXI 362) oder bei nicht zuzustellenden und nicht zu avisierenden Gütern bereitgestellt ist (E. XXI 138, Abs. 6). Die Lieferfrist gilt nicht auch für den Rücktransport nicht angenommenen Gutes an den Absender (Z. IV 440). Der Empfänger kann eine frühere Herausgabe des Gutes an sich nicht fordern, auch wenn dasselbe vorzeitig eingetroffen ist, und auf eine Ablehnung der Bahn, dieser Forderung zu entsprechen, eine Annahmeverweigerung nicht stützen (Z. VI 270, VII 27). An sich genügt die Einhaltung der Lieferfrist, auch wenn unterwegs Unterbrechungen stattgefunden haben (Z. XII 100, E. XX 330, Z. XI 316, E. XX 126) oder bei sukzessiver Ablieferung (in Teilen) die ganze Sendung innerhalb der Lieferzeit abgeliefert worden ist (E. XIX 202). Doch kann unter Umständen auch innerhalb der Lieferzeit eine schuldbare Versäumnis vorkommen, wenn die Eisenbahn die nach der besonderen Art der Güter (lebende Fische) gebotene Beschleunigung schuldbar unterläßt (Z. VII 399) oder nach Ankunft nicht bestimmungsmäßig avisiert (E. XVIII 116) oder das Gut nicht bereitstellt. Dem Empfänger selbst ist hierbei gleichgestellt „diejenige Person, an welche die Ablieferung gültig geschehen kann“, — ein Ausdruck, der sowohl die Bevollmächtigten des Empfängers wie die sonst usance- oder tarifmäßig für ihn zum Empfange berechtigt Erscheinenden nach Maßgabe des Rechtes der Ablieferungsstation umfaßt. Die Beurteilung der Legitimation ist daher Sache des konkreten Falles (Z. V 657, VI 183, 270, 440, VII 27).

Nach Abs. 6 sind dieselben Bestimmungen — sc. des Abs. 5 — auch für die Art und Weise maßgebend, wie die Übergabe des Avisbriefes zu konstatieren ist. In der Berner Revisionskonferenz (1905) wurde der Mangel einer Vorschrift über die Wahrung der Lieferfrist für Güter, welche nicht avisiert und bahnseitig nicht zugestellt werden, durch die Vorschrift beseitigt, daß für solche Güter die Lieferfrist gewahrt ist, wenn das Gut innerhalb derselben auf der Bestimmungsstation bereitgestellt ist. Es genügt die fristzeitige Bereitstellung auf der Bestimmungsstation zur Wahrung der Lieferfrist (E. XXI 138).

Absatz 7 bezeichnet diejenigen Fälle, in welchen ausnahmsweise ein Ruhen des Lieferfristenlaufes eintritt, d. h. der Fristenlauf knüpft nach Aufhebung des Hindernisses an den vorher bereits verstrichenen Teil der Lieferzeit an und wird mit Wegfall des Hindernisses unter Zurechnung der bereits vorher zum Teil verstrichenen Lieferzeit weiter fortgesetzt. Als solche Umstände, welche ein Ruhen des Lieferfristenlaufes zur Folge haben, bezeichnet Abs. 7: 1. die zoll- und steueramtliche oder polizeiliche Abfertigung, 2. eine ohne Verschulden der Bahnverwaltung eingetretene Betriebsstörung, durch welche der Antritt oder die Fortsetzung des Bahntransportes zeitweilig verhindert wird. Eine Betriebsstörung liegt aber nur in einer vollkommenen Unterbrechung, nicht in einer bloßen Erschwerung des Verkehrs (E. XXV 28), ist also nicht vorhanden, wenn der Verkehr nicht verhindert, sondern — wenn auch nur langsamer als gewöhnlich fortgesetzt wurde (E. XXI 58). Über die Berechnung und Kontrolle der für die Zollbehandlung erforderlichen Zeit: Z. XIV 261.

Unter „zoll- oder steueramtlicher oder polizeilicher Abfertigung" ist hierbei im weitesten Sinne jede durch die Steuer-, Zoll- und Polizeivorschriften der transitierten Länder erforderliche Behandlung des Gutes zu verstehen (Z. VI 440, 596). Mehr als die erforderlich gewesene Zeit darf aber für die Zollbehandlung nicht in Anrechnung gebracht werden (Z. IV 103/4, auch Z. II 187, E. X 284).

Ebenso ist „Betriebsstörung" im weitesten Sinne aufzufassen, gleichviel also, ob dieselbe durch höhere Gewalt, Naturereignisse, Brand, Wassernot oder Zufälle irgendwelcher Art, sei es in den Leuten oder den Transportmitteln der Bahn liegend, herbeigeführt ist (z. B. Streik: Z. IX 85, Einsturz eines Eisenbahntunnels: Z. VIII 442). Bedingung ist nur, daß die Betriebsstörung „ohne Verschulden der Eisenbahn" eingetreten ist. Den Beweis dafür hat die Bahn im Wege der Einrede zu führen.

Die Absätze 8 bis 11 enthalten Bestimmungen, welche sich auf den Einfluß der Sonntage und gewisser Feiertage auf die Berechnung (Beginn, Ablauf, Unterbrechung) der internationalen Lieferfristen beziehen.

Absätze 8 und 9 enthalten für gewöhnliches Frachtgut (nicht für Eilgut; s. Abs. 10) zwei Ausnahmen von der prinzipiellen Regel des Absatzes 5, wonach die Lieferfrist mit der auf die Annahme des Gutes nebst Frachtbrief folgenden Mitternacht beginnt und dementsprechend mit der Mitternacht des letzten Tages der tarifmäßigen Lieferfrist endet. Nach Abs. 8 beginnt vielmehr die Lieferfrist 24 Stunden später, wenn der auf die Auflieferung der Ware zum Transport folgende Tag ein Sonntag ist — d. h. für jedes am Sonnabend aufgelieferte

Gut erst Montag Mitternacht —, und nach Abs. 9 endet die Lieferfrist, wenn der letzte Tag derselben ein Sonntag ist, erst am darauffolgenden Tage, d. h. gleichfalls Montag Mitternacht. Es muß also bei verspäteter Ablieferung eines Gutes, dessen Lieferfrist mit einem Sonntag endigt, bei Berechnung der Lieferfristüberschreitung der Montag als Ablieferungstag in Abzug gebracht werden (Z. I 304, E. X 192). Beide Vorschriften sind absolut, dürfen also durch Landesgesetze, Reglements und Tarife nicht abgeändert werden; sie beziehen sich aber nur auf Sonntage, nicht auf sonstige Feiertage.

Nach Absatz 10 sind diese beiden im Abs. 8 und 9 vorgesehenen Ausnahmen auf Eilgut nicht anwendbar, gelten mithin nur für gewöhnliches Gut. Für Eilgut bleibt es bei der Regel des Absatzes 5, gleichviel ob der auf die Auflieferung folgende Tag oder der Endtag der Lieferfrist ein Sonntag ist oder nicht.

Abgesehen von den im Interesse der Sonntagsheiligung gegebenen einheitlichen Ausnahmebestimmungen der Absätze 8 und 9 ist im Absatz 11, um die einzelnen Staaten an einer noch weiter gehenden Berücksichtigung der Sonn- und Festtage im Wege der Spezialgesetzgebung und -verordnung nicht zu verhindern, die Vorschrift hinzugefügt, daß, wenn ein Staat in die Gesetze oder in die genehmigten Eisenbahnreglements eine Bestimmung in betreff der Unterbrechung des Warentransports an Sonn- und gewissen Feiertagen aufnimmt, die Transportfristen (nicht die Expeditionsfristen) im Verhältnis verlängert werden. Bei der Berechnung der internationalen Lieferfristen sind daher — abgesehen von Abs. 8 und 9 — auch derartige Spezialbestimmungen zu berücksichtigen, vorausgesetzt, daß sie in die Gesetze oder in die genehmigten Eisenbahnreglements aufgenommen sind. Abs. 11 gilt mangels einer Einschränkung nicht nur für gewöhnliches, sondern auch für Eilgut, falls die bezügliche Spezialbestimmung nicht etwa letzteres ausschließt. Abs. 10 bezieht sich nach seinem Wortlaute nur auf die beiden Ausnahmen der Absätze 8 und 9, ist also auf Abs. 11 nicht anwendbar.

94) **„Wenn nach den Gesetzen und Reglementen eines der Vertragsstaaten Spezialtarife zu reduzierten Preisen und mit verlängerten Lieferfristen gestattet sind, so können die Eisenbahnen dieses Staates diese Tarife mit verlängerten Fristen auch im internationalen Verkehr anwenden."**

Abs 2 des Artikels 14 bildet eine Ausnahme von der Regel des § 6 Abs. 1 der Ausführungsbestimmungen, daß die Lieferfristen die dort bezeichneten Maximalfristen nicht überschreiten dürfen. Voraussetzung ist, daß eine derartige Befugnis für den internen Verkehr besteht. Eine Bildung solcher Tarife lediglich für den internationalen Verkehr ist unzulässig. In den Spezialtarifen müssen den verlängerten Lieferfristen reduzierte, d. h. im Vergleich mit den gewöhnlichen ermäßigte Frachtsätze entsprechen: sie bilden für das Publikum ein Äquivalent gegen die Verlängerung der Lieferfristen (Z. II 329, VII 601, E. XVI 104). Eine gänzliche Aufhebung der Lieferfristen darf nicht stattfinden, sondern nur eine Verlängerung. Auch ist nur Verlängerung der Lieferfristen gestattet, nicht Umkehr der Beweislast oder Einschränkung der Haftpflicht (s. Art. 35; Z. XIII 312, E. XXII 140). Trifft diese Voraussetzung zu, so können die Eisenbahnen des betreffenden Staates diese Tarife mit verlängerten Fristen auch im internationalen Verkehr anwenden (Z. V 802, E. XIV 162). Sie können, aber sie brauchen oder müssen nicht. Nehmen die Eisenbahnen jenes Staates davon Abstand, so dürfen die am Transport beteiligten Eisenbahnen der anderen Staaten die fraglichen Tarife bzw. Lieferfristen nicht zur Anwendung bringen. Andernfalls können sie sich darauf berufen, da für die Berechnung der Lieferfristen die ganze Transportstrecke als ein Bahngebiet angesehen wird (vgl. Z. XVI 7). (Unrichtig: Gerstner, Supplement usw., S. 80.) Die Befugnis des Absenders, gemäß Art. 6 lit. l die Anwendung von Spezialtarifen zu verlangen, ist nicht auf die im Art. 14 und 35 bezeichneten beschränkt (Z. X 119).

95) **„Im übrigen richten sich die Lieferfristen nach den Bestimmungen der im einzelnen Falle zur Anwendung kommenden Tarife."**

Die Vorschrift des Abs. 3 des Art. 14 ist der für die Berechnung der Lieferfristen im internationalen Verkehr maßgebende Grundsatz, während Abs. 1 und 2 nur Ausnahmen zu diesem Grundsatze bilden. (Irrig: Gerstner 246 und Supplement 78.) Folgerichtig hätte somit Abs. 3 an die Spitze des Art. 14 gestellt werden müssen. Die hiervon abweichende Reihenfolge der Bestimmungen des Art. 14, wonach die Ausnahmen voran, der leitende Grundsatz an den Schluß gestellt sind, beruht auf der Art des Zustandekommens des Art. 14 (S. 166).

Aus der Entstehungsgeschichte des Art. 14 (Anm. 92 S. 166 f.), insbesondere daraus, daß Abs. 3 zum Ersatz des für selbstverständlich erachteten, gestrichenen Abs. 1 dienen soll, ist zu folgern, daß der Grundsatz der Berechnung der Lieferfrist für die ganze Transportstrecke nach Maßgabe der sich aus den Reglements und Tarifen zusammensetzenden Lieferfristen der einzelnen Bahnen anerkannt ist, soweit nicht eine gemeinschaftlich bestimmte Lieferfrist besteht. Abs. 3 geht aber noch über diese Einzelvorschrift hinaus und bestimmt ganz generell, daß in allen durch Abs. 1 und 2 nicht geregelten Punkten in betreff der Lieferfristen die Bestimmungen der im einzelnen Falle zur Anwendung kommenden Tarife maßgebend sind, d. h. diejenigen Lieferfristen Platz greifen, welche in den für den konkreten Fall maßgebenden Tarifen vorgesehen sind (vgl. Z. VII 651).

Artikel 15.[96])

(1) Der Absender allein hat das Recht, die Verfügung zu treffen, daß das Gut auf der Versandstation zurückgegeben, unterwegs angehalten oder an einen anderen als den im Frachtbrief bezeichneten Empfänger am Bestimmungsorte oder auf einer Zwischenstation oder auf einer über die Bestimmungsstation hinaus oder seitwärts gelegenen Station abgeliefert oder an die Versandstation zurückgesendet werde. Anweisungen des Absenders wegen nachträglicher Auflage, Erhöhung, Minderung oder Zurückziehung von Nachnahmen, sowie wegen nachträglicher Frankierung können nach dem Ermessen der Eisenbahn zu-

gelassen werden. Nachträgliche Verfügungen oder Anweisungen anderen als des angegebenen Inhalts sind unzulässig.[97])

(2) Dieses Recht steht indes dem Absender nur dann zu, wenn er das Duplikat des Frachtbriefes vorweist. Hat die Eisenbahn die Anweisungen des Absenders befolgt, ohne die Vorzeigung des Frachtbriefduplikats zu verlangen, so ist sie für den daraus entstandenen Schaden dem Empfänger, welchem der Absender dieses Duplikat übergeben hat, haftbar.[98])

(3) Derartige Verfügungen des Absenders ist die Eisenbahn zu beachten nur verpflichtet, wenn sie ihr durch Vermittelung der Versandstation zugekommen sind.[99])

(4) Das Verfügungsrecht des Absenders erlischt, auch wenn er das Frachtbriefduplikat besitzt, sobald nach Ankunft des Gutes am Bestimmungsorte der Frachtbrief dem Empfänger übergeben, oder die von dem letzteren nach Maßgabe des Artikels 16 erhobene Klage der Eisenbahn zugestellt worden ist.[100]) **Ist dies geschehen, so hat die Eisenbahn nur die Anweisungen des bezeichneten Empfängers zu beachten, widrigenfalls sie demselben für das Gut haftbar wird.**[101])

(5) Die Eisenbahn darf die Ausführung der im ersten Satze des Absatzes (1) vorgesehenen Verfügungen nur dann verweigern oder verzögern, oder solche Verfügungen in veränderter Weise ausführen, wenn durch deren Befolgung der regelmäßige Transportverkehr gestört würde.[102])

(6) Die im ersten Absatze dieses Artikels vorgesehenen Verfügungen müssen mittelst schriftlicher und vom Absender unterzeichneter Erklärung nach dem in den Ausführungsbestimmungen vorgeschriebenen Formular erfolgen. Die Erklärung ist auf dem Frachtbriefduplikat zu wiederholen, welches gleichzeitig der Eisenbahn vorzulegen und von dieser dem Absender zurückzugeben ist.[103])

(7) Jede in anderer Form gegebene Verfügung des Absenders ist nichtig.[104])

(8) Die Eisenbahn kann den Ersatz der Kosten verlangen, welche durch die Ausführung der im Absatz (1) vorgesehenen Verfügungen entstanden sind, insoweit diese Verfügungen nicht durch ihr eigenes Verschulden veranlaßt worden sind.[105])

Zusatz I.

Ausführungsbestimmungen zum internationalen Übereinkommen über den Eisenbahn-Frachtverkehr.

§ 7.

(Zu Art. 15 des Übereinkommens.)

Zu der im Artikel 15 Absatz (6) vorgesehenen Erklärung ist das Formular in Anlage 4 zu verwenden.

Für die Ausstattung der Verfügungen gelten die Vorschriften des § 2, Absätze (2) und (3), über die Ausstellung der Frachtbriefe.

Zusatz II.

Anlage 4.

(Zu § 7 der Ausführungsbestimmungen.)

Nachträgliche Anweisung.

. . den 19

Die Güterexpedition der . Eisenbahn in . . . .
ersuche(n) ich (wir), die mittelst Frachtbrief d. d. den .
19 zur Beförderung

an. . . . .

in . . . . . .

aufgelieferte, nachstehend bezeichnete Sendung

Zeichen und Nummer	Anzahl	Art der Verpackung	Inhalt	Gewicht Kilogramm

1. auf der Versandstation an zurückzugeben;

2. unterwegs anzuhalten und an in . Station der . . . . . Eisenbahn abzuliefern;

3. an . in . . . . Station der . Eisenbahn abzuliefern:

4. nur gegen Bezahlung des Nachnahmebetrages von [redacted] (mit Worten) abzuliefern;

5. nicht gegen Bezahlung des im Frachtbrief angegebenen, sondern des Nachnahmebetrages von [redacted] (mit Worten) abzuliefern;

6. ohne Erhebung einer Nachnahme abzuliefern;

7. frachtfrei abzuliefern.

(Unterschrift.)

Anmerkung: Diejenigen Teile des Formulars, welche auf den einzelnen Fall nicht passen, sind zu durchstreichen.

Zusatz III.

Betriebsreglement des Vereins Deutscher Eisenbahnverwaltungen.

§ 53.

Verfügungsrecht des Absenders.

(Text übereinstimmend mit vorstehendem Art. 15) und:

Zusatzbestimmungen.

1. Anweisungen des Absenders wegen nachträglicher Auflage, Erhöhung, Minderung oder Zurückziehung von Nach nahmen nach Eingang sowie wegen nachträglicher Frankierung werden, und zwar ohne Verantwortung für ihre Durchführung, zugelassen.

2. Bei Minderung oder gänzlicher Zurückziehung einer Nachnahme nach Eingang ist seitens des Absenders auch der ausgefertigte Nachnahmeschein beizubringen, welcher von der Versandstation bei Minderung der Nachnahme entsprechend richtigzustellen und sodann dem Absender wieder auszuhändigen, bei gänzlicher Auflassung der Nachnahme aber einzuziehen ist.

3. Jede Verfügung des Absenders muſs sich auf die ganze Sendung erstrecken.

4. Verfügungen ohne Beibringung des Frachtbriefduplikates, ferner solche, welche nicht durch Vermittlung der Versandstation getroffen werden, bleiben unbeachtet.

5. Auf Verlangen und auf Kosten des Absenders erfolgt die Verständigung der Bestimmungs- oder Anhaltestation von einer in der Versandstation schriftlich eingetroffenen Verfügung durch letztere Station auch mittelst eines kollationierten Telegramms. In einem solchen Falle wird in der Bestimmungs- oder Anhaltestation bis zum Einlangen der schriftlichen Verfügung die Übergabe des Frachtbriefes und Ausfolgung des Gutes an den Empfänger oder die Weitersendung des Gutes unterlassen.

6. Bei nachträglicher Auflage oder Erhöhung einer Nachnahme wird dem Absender der Nachnahmeschein erst dann ausgefolgt, wenn bahnseitig festgestellt wurde, daß die Verfügung noch durchführbar ist.

7. Die im Art. 15 Abs. (8) bezeichneten Kosten sind im Tarife ein für allemal festzusetzen.

(Vgl. Übereinkommen zum Betriebsreglement des Vereins Deutscher Eisenbahnverwaltungen: Art. 16.)

Gemeinsame Abfertigungsvorschriften: § 47: Nachträgliche Anweisungen des Absenders.

96) Prinzip der Entstehungsgeschichte des Art. 15.

Art. 15 des Übereinkommens handelt von dem Verfügungsrechte des Absenders über das Frachtgut. (Sp.- u. Sch.-Ztg. XVI Nr. 28 S. 356.)

In betreff der Gestaltung des Verfügungsrechtes des Absenders weisen die Motive des Schweizer Entwurfs auf die verschiedenen Systeme hin; sie kommen zu dem Schlusse, daß keines der bestehenden Systeme den jetzigen Verkehrsanforderungen entspreche, und bringen daher ein von allen abweichendes, neues System in Vorschlag, nach welchem von der Anbringung gewisser Klauseln im Frachtbriefe die Dispositionsbefugnis abhängig gemacht werden soll. (Art. 10 des Schweizer Entwurfs.)

Gegen dieses System machte die Kritik des Schweizer Entwurfs (Eger, Die Einführung eines internationalen Eisenbahnfrachtrechts (1877,

S. 69 f., 142) geltend, daß dasselbe zu kompliziert und undurchsichtig sei, und schlug die Annahme des Deutschen Systems (Art. 402, 405 D. H.G.B.) vor: „Das System des Deutschen Handelsgesetzbuchs sei in zwei einfache Sätze zusammenzufassen: 1. Der Absender hat so lange die Dispositionsbefugnis, bis nach der Ankunft des Gutes der Frachtbrief dem Empfänger übergeben oder von diesem die Klage auf Übergabe des Frachtbriefes und Frachtgutes angestellt ist. 2. Der Empfänger erlangt die Dispositionsbefugnis nach der Ankunft des Gutes mit der Übergabe des Frachtbriefes oder mit Anstellung der Klage auf Übergabe des Frachtbriefes und Frachtgutes. Es erübrige sich hierbei, auf die juristische Konstruktion dieses Rechtsverhältnisses einzugehen, welche ausnahmslos bei allen Systemen deshalb eine gleich schwierige sei, weil der Verkehr kategorisch die Übertragung von Befugnissen auf einen Dritten, den Empfänger, fordere, der den Frachtvertrag nicht mit abgeschlossen habe. Entscheidend sei die außerordentliche Klarheit und Einfachheit des Systems des D. H.G.B.

Mit diesem Vorschlage stand der Deutsche Entwurf (1878) in voller Übereinstimmung (Art. 10), indem in den Motiven darauf hingewiesen wurde, daß das durch den Schweizer Entwurf vorgeschlagene System zu kompliziert erscheine und sowohl für das Publikum als für die Eisenbahn beträchtliche Hemmnisse und Unzuträglichkeiten nach sich ziehe. Es seien deshalb auch sowohl seitens der Wissenschaft (Eger, Die Einführung eines internationalen Eisenbahn-Frachtrechts) als des Handels (Gutachten des Genfer Handels- und Gewerbevereins) ernstliche Bedenken dagegen erhoben worden, in letzterer Hinsicht gerade in dem einzigen Lande, wo dieses System in Kraft ist. Auch anderen Systemen stehen mehr oder minder erhebliche Bedenken gegenüber. Derartige Bedenken wurden bisher nur gegen das System des Deutschen Handelsgesetzbuchs (Art. 402 ff.) nicht geltend gemacht. Dasselbe hat sich durch langjährige Übung auf einem sehr ausgedehnten Gebiete bewährt und wird deshalb in Art. 10 des Deutschen Entwurfs zur Annahme empfohlen.

In der I. Konferenz wurde hierauf Art. 10 des Deutschen Entwurfs unverändert angenommen.

In der II. Konferenz (erste Beratung) machten sowohl Rußland wie Frankreich Vorschläge, durch welche dem Frachtbriefduplikat die Eigenschaft eines Rezepisse gegeben bzw. das Verfügungsrecht des Absenders von dem Besitze des Frachtduplikats abhängig erklärt werden sollte. In der Abstimmung über die Frage, ob dem Frachtbriefduplikat der Charakter des Konnossements gegeben werden solle, erklärten sich aber alle anwesenden Delegationen dagegen.

Bei der weiteren Beratung schlug die I. Kommission eine Fassung vor, welche bereits im wesentlichen der Fassung des später in den Tenor des internationalen Übereinkommens vom 14. Okt. 1890 übergegangenen Art. 15 entsprach. Nur fehlte der zweite Satz des Abs. 6 sowie der Abs. 7. Ferner enthielt der Abs. 2, welcher, abweichend von Art. 10 des Deutschen Entwurfs, das Verfügungsrecht des Absenders von der Verweisung des Frachtbriefduplikats abhängig machte, die

Bestimmung, daß die Eisenbahn, wenn sie die Anweisungen des Absenders befolgt, ohne die Vorzeigung des Duplikatfrachtbriefes zu verlangen, dem Dritten, welchem der Absender dieses Duplikats übergeben hat, haftbar ist.

Diese Fassung des Abs. 2 war wie folgt begründet: „Die Majorität der Kommission schlägt die Aufnahme dieses Zusatzes vor, durch welchen das Verfügungsrecht von der Vorweisung des Duplikatfrachtbriefes abhängig gemacht wird. Sie glaubt dadurch einem praktischen Bedürfnisse des Handels zu entsprechen. Dieses System könnte namentlich dazu dienen, den Empfänger, dem das Duplikat zugestellt ist, vor dem Nachteil zu bewahren, den ihm der Absender durch eine nachträgliche Abänderung verursachen könnte. Es soll damit indes lediglich eine Beschränkung des Verfügungsrechts des Absenders ausgesprochen sein, ohne die Grundsätze des Entwurfs, insbesondere bezüglich des Verfügungsrechts des Empfängers, abzuändern oder dem Inhaber des Duplikats als solchem irgendwelche Verfügungsrechte zuzusprechen."

Mit geringen Modifikationen wurde hierauf Art. 15 nach den Anträgen der I. Kommission angenommen.

In der III. Konferenz referierte die I. Kommission über die von Deutschland, den Niederlanden und Frankreich eingegangenen Abänderungsanträge, Alinea 2 am Schluse zu fassen: „So ist sie für den daraus erwachsenen Schaden dem Empfänger, welchem der Absender dieses Duplikat übergeben hat, haftbar."

„Dieser Antrag kommt uns durchaus richtig vor, da Dritte aus dem Besitz des Duplikatfrachtbriefes der Eisenbahn gegenüber Rechte nicht erwerben und also unter den Berechtigten — nur der Empfänger zu verstehen ist. Wir schlagen also vor, den Antrag anzunehmen.

Deutschland hat noch beantragt, dem Absatz 6, unter Aufnahme eines Teiles der in § 1 der Ausführungsbestimmungen getroffenen Festsetzungen, folgende Fassung zu geben:

> „Die im ersten Absatze dieses Artikels vorgesehenen Anweisungen müssen mittels schriftlicher und vom Absender unterzeichneter Erklärung unter Benutzung des in den Ausführungsbestimmungen vorgeschriebenen Formulars und unter Beilegung des Frachtbriefduplikats erfolgen. Die Erklärung ist auf dem Frachtbriefduplikat zu wiederholen, welches dem Absender zurückzugeben ist.
>
> Jede in anderer Form gegebene Verfügung des Absenders ist nichtig."

Da, wie Deutschland mit Recht behauptet, Vorschriften bezüglich der Nichtigkeit gewisser Handlungen ihre Stelle geeigneter im Übereinkommen selbst, als in den Ausführungsbestimmungen finden, so schlagen wir Ihnen vor, den Antrag anzunehmen.

Alle drei Anträge der Kommission wurden ohne Einwendungen angenommen und damit Art. 15 definitiv in der Fassung des Textes des Übereinkommens (Prot. 29).

In der Pariser Revisionskonferenz (1896) hat Abs. 1 des

Art. 15 mehrere wesentliche Änderungen erfahren. Diese Änderungen sind dadurch notwendig geworden, daß über die Tragweite und den Umfang des durch Abs. 1 geregelten Verfügungsrechts des Absenders sehr erhebliche Meinungsverschiedenheiten entstanden waren. Von der einen Seite wurde angenommen, daß durch die im Abs. 1 bezeichneten Verfügungsbefugnisse das Verfügungsrecht des Absenders vollständig erschöpft sei, derartig, daß er irgendwelche andere Verfügungsrechte nicht ausüben dürfe. Von der anderen Seite wurde aus der rechtlichen Natur des Frachtvertrages gefolgert, daß der Absender bis zum Beitritt des Empfängers in den Frachtvertrag an sich das volle, uneingeschränkte Verfügungsrecht über das Gut besitzt, mithin auch — unter der Voraussetzung, daß dadurch die Lage des Frachtführers nicht verschlechtert werde — beliebige andere als die in Abs. 1 des Art. 15 aufgeführten Verfügungen, wie z. B. nachträgliche Belastung des Gutes mit Nachnahme, Erhöhung oder Zurückziehung der Nachnahme, Behandlung des Gutes unterwegs, Sicherungsmaßregeln, Begleitung, Verwiegung, Verzollung, anderweitige Disposition bei Verhinderung des Transports durch Zufall oder höhere Gewalt usw., treffen könne. Der Unterschied bestehe nur darin, daß im Interesse der Eisenbahnen die vier im Abs. 1 des Art. 15 bezeichneten Verfügungsbefugnisse an besondere im Art. 15 bestimmte Voraussetzungen und Formen geknüpft seien, während die übrigen Verfügungsbefugnisse dieser nicht bedürften.

Um diese Streitfrage zu beseitigen, und weil auch das Verkehrsbedürfnis dringend eine Vermehrung der in Abs. 1 des Art. 15 bezeichneten Verfügungsbefugnisse des Absenders forderte — insbesondere die Dirigierung des Gutes über den ursprünglichen Bestimmungsort hinaus oder nach einer seitwärts belegenen Station —, hat man bei der Revision einen Mittelweg zwischen beiden Meinungen eingeschlagen, d. h. einerseits die aufgeführten Verfügungsbefugnisse des Absenders durch die Zulassung mehrerer — zum Teil vom Ermessen der Eisenbahn abhängig gemachten (Auflage, Erhöhung, Minderung oder Zurücknahme der Nachnahme sowie nachträglicher Frankierung) — Verfügungsrechte erweitert, anderseits alle anderen nachträglichen Verfügungen oder Anweisungen für unzulässig erklärt (Z. VI 509, Sitzung vom 27. März 1896). Und demgemäß ist auch das Formular für nachträgliche Verfügungen (Anlage 4 zu § 7 der Ausf.-Best.) entsprechend abgeändert worden (Zus.-Ü. Art. 2 Ziff. X, Z. VI 515, 516).

Dieser Ausweg war jedoch insofern kein glücklicher, als er einerseits gegen die Rechtsnatur des Frachtvertrages durch die Erklärung der Unzulässigkeit aller anderen Verfügungen und Anweisungen des Absenders verstößt (vgl. auch Staub Eisenb.-Entsch. XII 177, u. Komm. 1030; Strauß Jur. Bl. 1893 Nr. 8) und, wie sich bereits gezeigt hat, die natürlichen Verfügungsrechte des Absenders in einer dem Verkehrsbedürfnisse nicht entsprechenden Weise beschränkt, anderseits aber auch nicht einmal geeignet ist, die bestehende Streitfrage zu beseitigen. Denn das internationale Übereinkommen gewährt noch an anderen Stellen als in Abs. 1 des Art. 15 dem Absender Verfügungsrechte über das Gut (Art. 10 Abs. 4, Art. 12 Abs. 4, Art. 13 Abs. 1, Art. 18

Abs. 1 und 4, Art. 26), welche unverändert fortbestehen, so daß der Schlußsatz des Abs. 1 des Art. 15 lediglich zu einer Quelle neuer Kontroversen und Zweifel werden wird. Auch wird es auf die Dauer dem Verkehrsbedürfnisse nicht entsprechen, so wichtige Verfügungen des Absenders, wie in betreff nachträglicher Auflage, Erhöhung, Minderung oder Zurückziehung von Nachnahmen sowie wegen nachträglicher Frankierung, lediglich von dem Ermessen der Eisenbahn abhängig und damit im wesentlichen illusorisch zu machen. Überdies steht diese Bestimmung nicht im Einklang mit Abs. 5 des Art. 15. Denn während letzterer der Eisenbahn nur dann die Befugnis gibt, die Ausführung der im Abs. 1 vorgesehenen Anweisungen zu verweigern oder zu verzögern oder solche Anweisungen in veränderter Weise auszuführen, wenn durch die Befolgung derselben der regelmäßige Transportverkehr gestört würde, macht Abs. 1 die in Rede stehenden Verfügungen unbedingt und gänzlich von dem Ermessen der Eisenbahn abhängig.

In der Berner Revisionskonferenz (1905) wurde noch im Verkehrsinteresse das Verfügungsrecht des Absenders auf die Zurücksendung des Gutes an die Versandstation ausgedehnt, im übrigen nur unwesentliche redaktionelle Änderungen sowie die entsprechende Ergänzung des Formulars Anlage 4 zu § 7 der Ausführungsbestimmungen (nachträgliche Anweisung) beschlossen (Prot. v. 7. Juli 1905).

Ferner wurde in den Art. 24 Abs. 1 als Satz 4 die Bestimmung aufgenommen, daß, wenn der Empfänger die Annahme des Gutes verweigert, dem Absender das volle Verfügungsrecht auch dann zusteht, wenn er das Frachtbriefduplikat nicht vorweisen kann (s. Art. 24 Anm. 136 c).

Aus der vorstehend mitgeteilten Entstehungsgeschichte des Art. 15 ergibt sich, daß in betreff des Verfügungsrechts des Absenders — wie überhaupt in bezug auf das durch den Frachtvertrag gebildete Rechtsverhältnis zwischen Absender, Eisenbahn und Empfänger — prinzipiell das System des alten Deutschen Handelsgesetzbuchs (Art. 402—406) für das internationale Eisenbahn-Frachtrecht adoptiert worden ist. Dieses System (s. oben S. 179) ist nur insofern modifiziert, als die Möglichkeit geschaffen wurde, das Verfügungsrecht des Absenders während des Transports in markanter Weise zu beschränken, ohne daß jedoch dadurch die Grundsätze in betreff des Verfügungsrechts des Empfängers eine Abänderung erfahrn oder irgendein Dritter Verfügungsrechte an dem Gute erlangt. Diese markante Form ist durch die obligatorische Ausstellung und den Besitz des Frachtbriefduplikats eingeführt worden.

Dem Frachtbriefduplikat ist zwar die Bedeutung und Rechtswirkung eines Konnossements (Ladescheins) durch positive Bestimmung des Übereinkommens versagt (s. Art. 8 Abs. 6, Anm. 62 S. 109). Dasselbe besitzt nicht die Eigenschaft eines Dispositionspapiers über das rollende Gut. Aber es soll die Möglichkeit gewähren, den Absender bereits während des Transports in der Verfügung über das Gut zu beschränken und den Empfänger vor den Nachteilen zu bewahren, die ihm der Absender durch eine nachträgliche Abänderung verursachen könnte. Zu diesem Behufe ist obligatorisch vorgeschrieben, daß der Absender zugleich mit dem Frachtbriefe ein Frachtbriefduplikat der Eisenbahn vorzulegen und diese auf demselben den Empfang des Frachtgutes zu bescheinigen hat. Begibt sich der Absender des Besitzes dieses Duplikats, so verliert er zwar das Verfügungsrecht über das Gut nicht vollständig (s. z. B. Art. 13 Abs. 4), aber es ist ihm die Ausübung der im Art. 15 Abs. 1 bezeichneten Verfügungsrechte entzogen. Der Absender erleidet somit eine wesentliche Beschränkung seines Verfügungsrechts, und die Eisenbahn, welche derartige Anweisungen des Absenders befolgt, ohne die Vorzeigung des Duplikatfrachtbriefes zu verlangen, ist für den daraus entstandenen Schaden dem Empfänger, welchem der Absender dieses Duplikat übergeben hat, haftbar. Mit weitergehenden Rechtswirkungen ist aber die Aufgabe des Besitzes des Frachtbriefduplikats seitens des Absenders nicht verknüpft. Weder der Empfänger noch irgendein Dritter erlangen dadurch irgendwelche Verfügungsrechte über das Gut während des Transports (Z. I 54). Nur für den Fall der Verweigerung der Annahme des Gutes seitens des Empfängers ist die Ausnahme geschaffen, daß dem Absender alsdann auch ohne Vorweisung des Frachtbriefduplikats das volle Verfügungsrecht zusteht (Art. 24 Abs. 1 Satz 4).

Mit Rücksicht auf diese Modifikationen des Systems des Deutschen Handelsgesetzbuchs läßt sich das ihm nachgebildete System des internationalen Eisenbahn-Frachtrechts in betreff des Rechtsverhältnisses zwischen Absender, Eisenbahn und Empfänger in folgende Grundsätze zusammenfassen:

1. Der Absender hat so lange die volle Dispositionsbefugnis, als er das Frachtbriefduplikat besitzt und bis nach Ankunft des Gutes am Bestimmungsort der Frachtbrief dem Empfänger übergeben oder von diesem die Klage auf Übergabe des Frachtbriefes und Frachtgutes der Eisenbahn zugestellt ist.
2. Der Absender ist, wenn er das Frachtbriefduplikat nicht mehr besitzt, in seiner Dispositionsbefugnis insofern beschränkt, als er die im Art. 15 Abs. 1 bezeichneten Anweisungen — außer bei Verweigerung der Annahme des Gutes seitens des Empfängers (Art. 24 Abs. 1 Satz 4) — nicht erteilen darf und derartige Anweisungen nichtig sind.
3. Der Empfänger erlangt die Dispositionsbefugnis nach der Ankunft des Gutes am Bestimmungsort mit der Übergabe des Frachtbriefes oder mit Zustellung der Klage auf Übergabe des Frachtbriefes und Gutes.
4. Die Eisenbahn ist verpflichtet, am Bestimmungsorte dem bezeichneten Empfänger gegen Bezahlung der im Frachtbriefe ersichtlich gemachten Beträge und gegen Bescheinigung des Empfanges den Frachtbrief und das Gut auszuhändigen.
5. Der Empfänger wird durch Annahme des Gutes und des Frachtbriefes verpflichtet, der Eisenbahn die im Frachtbriefe ersichtlich gemachten Beträge zu zahlen.

Die juristische Konstruktion dieses Rechtssystems ist eine

schwierige, weil der Verkehr kategorisch die Übertragung der Rechte und Pflichten aus dem zwischen der Eisenbahn und dem Absender abgeschlossenen Vertrage auf einen Dritten, den Empfänger, fordert, der den Frachtvertrag nicht mit abgeschlossen hat, und dies mit den strengen Regeln des Vertragsrechts nicht vereinbar erscheint. Da das System des internationalen Übereinkommens — bis auf die oben S. 254 angeführte Modifikation — dem System des Deutschen Handelsgesetzbuchs vollständig nachgebildet ist, so ist auch die juristische Konstruktion des letzteren für das erstere zutreffend und maßgebend. Für das System des Deutschen Handelsgesetzbuchs sind nun zahlreiche Konstruktionen versucht worden (s. hierüber Schott in Endemanns Handb. des Handelsrechts III, 402; Eger, Das Frachtrecht II, S. 86 ff; Lehmann-Ring, H.G.B. II, S. 341; Leutke, Das Verfügungsrecht beim Frachtgeschäft, 1905; Lange, Die rechtliche Stellung des Empfängers im Frachtgeschäft, 1905; Hertzer, Die Verfügungsgewalt des Absenders und Empfängers, V.Z. 1907 Nr. 64; Senckpiehl, Nachträgliche Weisungen, Sp.- u. Sch.-Ztg. XV Nr. 42). Von diesen erscheint die von Goldschmidt (Handb. des Handelsrechts 1. Aufl. Bd. I Abt. 2 S. 743f.) vertretene als die zutreffendste. Goldschmidt (a. a. O. S. 749) nämlich gelangt nach Prüfung dieser verschiedenen Theorien zu dem Resultat, daß das Rechtsverhältnis zwischen Absender, Empfänger und Frachtführer den Charakter einer fingierten Zession trage: „Der Empfänger gelte als ermächtigt, im eigenen Namen, aber nicht kraft ursprünglich eigenen Rechts wie der im Konnossement bezeichnete Empfänger, sondern nur so wie ein Zessionar des Absenders, kraft fingierter Zession, zu klagen. Seine Klage sei die actio utilis aus dem Frachtvertrage." Das Verhältnis ist hiernach so zu denken: In der Bezeichnung des Empfängers im Frachtvertrage bzw. Frachtbriefe liegt ohne weitere Zessionsurkunde die Übereinkunft zwischen Absender und Eisenbahn, daß dem Empfänger nach Ankunft des Gutes (oder nach dem Ankommensollen!) am Ablieferungsorte die Zession der Rechte aus dem Frachtvertrage unter gleichzeitiger Übernahme der damit verknüpften Pflichten offeriert werden und der Frachtführer bei Annahme dieser Offerte verpflichtet sein solle, den Empfänger als seinen Mitkontrahenten (Gläubiger) anzuerkennen.

Zeitpunkt der Zessionsofferte ist somit nicht etwa der Abschluß des Frachtvertrages oder die Absendung des Gutes, sondern die Ankunft desselben am Ablieferungsorte, d. h. der faktisch oder dem Rechte nach beendigte Transport. Mit diesem Zeitpunkte ist die Zession seitens des Absenders (cedens) mittelst der Eisenbahn (cessus) dem Empfänger (cessionarius) offeriert und letzterer zu ihrer Annahme legitimiert (s. hierzu die Polemik Lehmanns, der für Vertrag zugunsten Dritter plaidiert, ebenso Rundnagel 77ff u. E. XIX 278).

Aus dem Wesen der Zession folgt, daß der Absender bis zu ihrer Perfektion dominus negotii bleibt (Art. 402 u. 405 D. H.G.B., Art. 15 Abs. 1 und 4 internat. Übereink.) und der Empfänger daher bis zu diesem Momente weder die vertragsmäßigen Festsetzungen modifizieren noch die Eisenbahn von ihren Verpflichtungen durch Verzicht ganz oder teilweise liberieren kann. Dies darf vielmehr nur der Absender. Dem Empfänger steht von der Ankunft des Gutes am Ablieferungsorte als dem Momente der Zessionsofferte ab nur das Recht zu, aus dem tatsächlich bestehenden Vertrage seine Rechte gegen die Eisenbahn geltend zu machen, und erst der Akt der Frachtbriefübergabe oder Klageanstellung (bzw. Zustellung: Art. 15 Abs. 4 internat. Übereink.), welcher die Zession perfekt macht, beendet den Einfluß des Absenders auf die Modifikation des Vertrages und gewährt dem Empfänger die alleinige Befugnis hierzu. Hiervon bildet nur der Fall der Verweigerung der Annahme des Gutes seitens des Empfängers eine Ausnahme (Art. 24 Abs. 1 Satz 4).

97) **„Der Absender allein hat das Recht, die Verfügung zu treffen, daß das Gut auf der Versandstation zurückgegeben, unterwegs angehalten oder an einen anderen als den im Frachtbrief bezeichneten Empfänger am Bestimmungsorte oder auf einer Zwischenstation oder auf einer über die Bestimmungsstation hinaus oder seitwärts gelegenen Station abgeliefert oder an die Versandstation zurückgesendet werde. Anweisungen des Absenders wegen nachträglicher Auflage, Erhöhung, Minderung oder Zurückziehung von Nachnahmen, sowie wegen nachträglicher Frankierung können nach dem Ermessen der Eisenbahn zugelassen werden. Nachträgliche Verfügungen oder Anweisungen anderen als des angegebenen Inhals sind unzulässig.“**

Nach der im vorangehenden (Anm. 96) erörterten juristischen Konstruktion des Rechtsverhältnisses zwischen Absender, Empfänger und Eisenbahn stehen dem Absender als dominus negotii die vollen Vertragsrechte aus dem Frachtvertrage bis zu dem Momente zu, wo der Empfänger nach Ankunft des Gutes auf der Bestimmungsstation durch Übergabe des Frachtbriefes oder Zustellung der Klage in den Frachtvertrag seinerseits als dominus negotii eintritt.

Art. 15 gewährt dem Absender im ersten und zweiten Satze als dominus negotii aus dem internationalen Eisenbahn-Frachtvertrage der Eisenbahn gegenüber das alleinige Verfügungsrecht über das Gut in sieben besonders bestimmten Richtungen. Der Absender allein hat das Recht, die Verfügung zu treffen, daß das Gut 1. auf der Versandstation zurückgegeben, 2. unterwegs angehalten, 3. oder an einen anderen als den im Frachtbriefe bezeichneten Empfänger am Bestimmungsorte, 4. oder auf einer Zwischenstation oder einer über die Bestimmungsstation hinaus oder seitwärts gelegenen Station abgeliefert, 5. oder an die Versandstation zurückgesendet werde, 6. oder nach dem Ermessen der Eisenbahn eine nachträgliche Auflage, Erhöhung, Minderung oder Zurückziehung von Nachnahmen, 7. oder eine nachträgliche Frankierung erhalte (vgl. hierzu V.Z. 1904 Nr. 27—29 u. Z. 160).

Es wird also in betreff der Ausübung dieser Befugnisse durch den Absender im ersten und zweiten Satze ein Unterschied gemacht. Die Ausübung der im ersten Satze aufgeführten fünf Befugnisse (1—5) ist unabhängig von dem Ermessen der Eisenbahn; sie muß diesen Anweisungen Folge leisten, wenn die formellen Voraussetzungen des Artikels 15 gegeben sind und nicht etwa dadurch der regelmäßige Transportverkehr gestört würde (Abs. 5). Dagegen ist die Ausübung der im zweiten Satze bezeichneten beiden Befugnisse in betreff der Nachnahmen und Frankierung (6 und 7) durch das Ermessen der Eisenbahn bedingt; sie kann — und zwar ohne besondere Angabe von Gründen — nach freiem Ermessen die Befolgung unterlassen, auch wenn die Voraussetzungen des Artikels 15 im übrigen vorliegen oder der regelmäßige Transportverkehr dadurch nicht gestört werden würde.

Die Worte „Der Absender allein hat das Recht" bedeuten, daß bis zum Eintritt des Empfängers in den Frachtvertrag (Art. 15 Abs. 4) nur der Absender diese sieben Befugnisse auszuüben berechtigt ist, also weder der Empfänger noch irgendeine dritte Person, selbst wenn letztere in der Lage sind, die Voraussetzungen, an welche Art. 15 Abs. 2f. die Ausübung dieser Befugnisse für den Absender knüpft, zu erfüllen, d. h. das Frachtbriefduplikat besitzen usw. Der Absender allein bzw. sein Bevollmächtigter oder rechtlicher Vertreter darf die bezeichneten Befugnisse ausüben (Anm. 46 S. 70), nicht der hinter ihm stehende Auftraggeber, der Eigentümer, Käufer usw. des Gutes (Z. XII 269, E. XIX 144, XXI 127), nicht der Inhaber eines ihm cedierten Nachnahmescheines (E. XXI 65).

Dagegen ist aus den Worten „der Absender allein hat das Recht usw." nicht etwa zu folgern, daß dem Absender nur diese sieben Verfügungsbefugnisse aus dem Frachtvertrage zustehen und er anderweite Vertrags- bzw. Verfügungsrechte aus demselben nicht besitze.

Zwar bestimmt der Schlußsatz des Abs. 1, daß nachträgliche Verfügungen oder Anweisungen anderen als des angegebenen Inhalts unzulässig sind. Indes kann (s. S. 181) dieser Bestimmung die Bedeutung eines absoluten Verbotes anderweiter Verfügungen nicht beigemessen werden, weil dies im Widerspruch stehen würde mit mehreren Bestimmungen des internationalen Übereinkommens, welche nachträgliche Verfügungen und Anweisungen anderen Inhalts, als des im Abs. 1 des Art. 15 angegebenen, zulassen (s. Art. 10 Abs. 4, Art. 12 Abs. 4, Art. 13 Abs. 1, Art. 18 Abs. 1 u. 4, Art. 26; auch Staub, E. XII 177, und Komm. 1030; Strauß, Jur. Bl. 1893 Nr. 8. — A. M. Rosenthal 131; Hilscher 144; Hertzer 108).

Die zeitliche Grenze (das Erlöschen) der Verfügungsbefugnisse des Absenders aus Abs. 1 des Art. 15 ist im Abs. 4 dieses Artikels festgesetzt; die übrigen Voraussetzungen und Beschränkungen in betreff der Ausübung sind in den Abs. 2 und 3, 5—8 des Art. 15 bestimmt. Als nachträgliche Verfügungen im Sinne des Art. 15 sind ohne Zweifel auch nachträgliche Berichtigungen irrtümlicher Frachtbriefangaben anzusehen, z. B. des Namens des Empfängers, der Bestimmungsstation usw. (Z. VII 316).

Art. 15 Abs. 1 unterscheidet im Satz 1 und 2 folgende sieben Verfügungsbefugnisse des Absenders, welche sich sowohl auf Stück- wie auf Wagenladungsgut beziehen:

Nach Satz 1 hat:

1. der Absender das Recht, zu verfügen, daß das Gut auf der Versandstation zurückgegeben werde. Unter Zurückgabe ist mangels einer Einschränkung nicht nur die an den Aufgeber der Sendung, d. h. an den Absender, sondern auch an dritte Personen zu verstehen. Die Verfügung muß sich hier wie in den folgenden Fällen stets auf das ganze Gut beziehen (E. XVIII 161).

2. Der Absender hat das Recht, zu verfügen, daß das Gut unterwegs angehalten werde. Tarifarische oder reglementarische Bestimmungen, wonach Stück- oder Wagenladungsgut unterwegs nicht angehalten werden darf oder das Anhalten unterwegs von besonderen Entschädigungsreversen usw. abhängig gemacht wird, sind unstatthaft und nichtig (Art. 4). „Unterwegs" bedeutet nach der Natur des Eisenbahnbetriebes selbstverständlich nicht etwa „auf freier Strecke" (Abs. 5), wohl aber auf jeder für den Güterdienst eingerichteten Station, Haltestelle usw. des ganzen Transportweges, also sowohl auf der Versandstation, den Zwischenstationen, seitwärts oder über die Bestimmungsstation hinaus gelegenen Stationen usw. wie auch auf der Bestimmungsstation. Aus welchen Gründen und zu welchen Zwecken das Anhalten unterwegs verfügt werden darf, ist nicht bestimmt; die bezügliche Verfügung muß also (unter den Voraussetzungen des Abs. 2ff. dieses Artikels) in allen Fällen von der Eisenbahn ausgeführt werden, gleichviel ob es sich um bloße zeitweilige Unterbrechung des Transports oder Rücktritt (Art. 18 Abs. 1, 2, 4) oder Dispostion über eine anderweite Route oder Bestimmung des Empfängers und der Ablieferungsstation, um Vornahme von Sicherheitsmaßregeln (Umpackung, Umladung), Verwiegung usw. handelt.

Daß ein Widerspruch zwischen diesem Verfügungsrecht des Absenders aus Art. 15 und dem Rechte der Eisenbahn, unter den Voraussetzungen des Art. 6 lit. 1 Abs. 3 einen anderen als den vom Absender angegebenen Transportweg zu wählen, besteht, ist oben (Anm. 45 S. 69) bereits des näheren erörtert (s. auch Schwab 80, 88, 89, 171, 182, 183). Die Frage, ob durch eine Verfügung, welche das Anhalten des Gutes noch im Inlande veranlaßt, der internationale Transport sich in einen internen verwandelt bzw. nach internen Normen beurteilt werden muß, ist bereits bei Art. 1 Anm. 5 S. 14, 15 eingehend besprochen.

3. Der Absender hat das Recht, zu verfügen, daß das Gut an einen anderen als den im Frachtbriefe bezeichneten Empfänger am Bestimmungsorte abgeliefert werde. Solange der Empfänger nicht durch einen der im Abs. 4 bezeichneten Akte — Übergabe des Frachtbriefes oder Zustellung der Klage — nach Ankunft des Gutes am Bestimmungsorte in den Frachtvertrag eingetreten ist, hat hierach der Absender das Recht, die Ablieferung des Gutes auch noch am Bestimmungsorte an einen anderen Empfänger zu verfügen (Z. XII 126, E. XX 314). Der ursprünglich im Frachtbriefe bezeichnete Empfänger erlangt zwar gemäß Art. 16 Abs. 2 mit der Ankunft des Gutes am Bestimmungsorte das Recht, in den Frachtvertrag einzutreten, solange dies aber noch nicht geschehen, bleibt der Absender auch am Bestimmungsorte dominus negotii und daher berechtigt, einen anderen Empfänger, als den im Frachtbriefe angegebenen, zu bezeichnen. Auch kann diese

Verfügung unter gleichen Voraussetzungen wiederholt, d. h. bis zum Eintritt des neuen Empfängers in den Frachtvertrag abgeändert und ein dritter usw. Empfänger bezeichnet werden.

4. Der Absender hat das Recht, zu verfügen, daß das Gut an einen anderen als den im Frachtbriefe bezeichneten Empfänger auf einer Zwischenstation oder auf einer über die Bestimmungsstation hinaus oder seitwärts gelegenen Station abgeliefert werde. Der Absender kann nicht nur, wie im Falle der Ziff. 3, Ablieferung an einen anderen Empfänger verfügen, sondern auch die Ablieferung an einen anderen Ort. Dieser Ort kann entweder „eine Zwischenstation", d. h. eine auf dem Transportwege zwischen Versand- und Bestimmungsstation belegene Station, oder auch eine über die Bestimmungsstation hinaus, d. h. auf einer sich an diese anschließenden Route belegene Station, oder eine seitwärts, d. h. auf einer Seitenroute gelegene Station sein. In den beiden letzteren Beziehungen erfährt der Frachtvertrag eine über seinen gewöhnlichen Umfang bis zur Bestimmungsstation hinausgehende Ausdehnung. Hierher gehört auch die nachträgliche Berichtigung einer irrtümlich falsch bezeichneten Bestimmungsstation (Z. VII 316, E. XVI 14). Die Verfügung Ziff. 4 kann auch mit der Verfügung Ziff. 2 verbunden, d. h. zuerst das Anhalten des Gutes unterwegs und sodann die Ablieferung daselbst an einen anderen als den ursprünglich designierten Empfänger verfügt werden. Die Worte „an einen anderen usw." lassen e contrario die Folgerung zu, daß die Verfügung sich nicht auf die Ablieferung an den im Frachtbriefe bezeichneten Empfänger auf der Zwischenstation usw. erstrecken dürfe. Indes liegt dies unverkennbar nicht in der Absicht des Gesetzes. Der Absender soll befugt sein, die Ablieferung unterwegs an jeden Dritten, also auch an den im Frachtbriefe bezeichneten Empfänger zu verfügen. Es ist kein Grund ersichtlich, weshalb letzterer ausgeschlossen sein sollte.

5. Der Absender hat das Recht, zu verfügen, daß das Gut an die Versandstation zurückgesandt werde. Durch diesen wichtigen, erst in der Berner Revisionskonferenz (1905) beschlossenen Zusatz (Prot. v. 7. Juli 1905) ist die Befugnis des Absenders, welche sich bisher nur auf die Zurückgabe bzw. Zurücknahme auf der Versandstation, d. h. vor erfolgtem Abgange des Gutes beschränkte, nunmehr auch auf die Zurücksendung nach der Verandstation, d. h. nachdem der Transport bereits teilweise oder ganz erfolgt ist, ausgedehnt, und zwar behufs Rückgabe an den Absender oder Ablieferung an den im Frachtbriefe bezeichneten oder einen anderen Empfänger, ohne daß es, wie bisher, des Abschlusses eines neuen Frachtvertrages bzw. der Ausstellung eines neuen Eisenbahnfrachtbriefes bedarf. Durch diese dem Absender verliehene Befugnis ist also der gewöhnliche Umfang des Frachtvertrages, welcher sich nur bis zur Bestimmungsstation erstreckt, wesentlich erweitert. Daher ist auch, gleichviel ob sich der Rücktransport nur im Gebiete eines Vertragsstaates oder aus dem Gebiete eines Vertragsstaates in das Gebiet eines anderen erfolgen soll, stets das internationale Recht maßgebend, da der ur-

sprüngliche Frachtvertrag und Frachtbrief auch für den Rücktransport gilt. Und aus gleichem Grunde ist die Bahn, wenn sie unter Anweisung des Absenders das Gut zurückbefördert, nach Maßgabe des internationalen Übereinkommens in gleicher Weise wie für den Hintransport für Verlust, Beschädigung und Verspätung des Gutes haftpflichtig (Z. V 840), ebenso wie ihr der Absender zur Zahlung der Rückfracht usw. verpflichtet ist. Hat die Eisenbahn ohne besondere Weisung das Gut an den Versandort zurückbefördert, so ist sie hierfür dem Absender schadensersatzpflichtig (s. auch Art. 24 Abs. 1 Satz 5). Doch ist die unbeanstandete Annahme des zurückbeförderten Gutes seitens des Absenders als nachträgliche Genehmigung des Rücktransports anzusehen (Picard IV 746). (Übereinstimmend: Rosenthal 129; Schwab 172; Reindl, E. XVI 13; R.O.H.G. XVI 196. Unrichtig: Gerstner, Suppl. S. 82, 83.)

An die fünf vorstehend erörterten Verfügungen, welche die Eisenbahn zuzulassen verpflichtet ist, reihen sich nach Satz 2 noch weitere zwei, deren Zulassung in das Ermessen der Eisenbahn gestellt ist.

Nach Satz 2 ist es

6. in das Ermessen der Eisenbahn gestellt, Anweisungen des Absenders wegen nachträglicher Auflage, Erhöhung, Minderung oder Zurückziehung von Nachnahmen zuzulassen. Mit dieser Bestimmung ist eine wesentliche Beschränkung des Verfügungsrechts des Absenders eingetreten. Denn während es ihm bisher — nach der richtigen, der Natur des Frachtvertrages entsprechenden Annahme — vollständig freistand, über die Auflage, Erhöhung, Minderung oder Zurückziehung von Nachnahmen Verfügung zu treffen, ohne an die formalen Voraussetzungen des Artikels 15 und das Ermessen der Eisenbahn gebunden zu sein (vgl. auch Staub, Eisenbahn. Entsch. Bd. XII S. 177), sind ihm nunmehr beide Beschränkungen auferlegt und damit diese Verfügungsrechte so gut wie illusorisch gemacht. Es tritt noch hinzu, daß die Vorschrift — wie oben Anm. 96 S. 182 bereits erörtert — redaktionell mit der Bestimmung des Absatzes 5 des Artikels 15 nicht im Einklang steht und daher leicht zu Zweifel und Verwirrung Anlaß geben kann. Über das Klagerecht, wenn nach Abtretung des Nachnahmescheines Zurückziehung der Nachnahme durch den Absender erfolgt: Z. XII 197, E. XXI 65.

7. Sodann ist es in das Ermessen der Eisenbahn gestellt, Anweisungen des Absenders wegen nachträglicher Frankierung zuzulassen. Auch hier gilt das vorstehend zu 6 Gesagte. Statt einer anscheinenden Erweiterung ist eine wesentliche Beschränkung des Verfügungsrechts in der fraglichen Beziehung eingetreten.

Satz 3 des Absatzes 1 des Artikels 15 — gleichfalls durch das Zusatz-Übereinkommen vom 16. Juli 1898 neu aufgenommenen — erklärt nachträgliche Verfügungen oder Anweisungen anderen als des angegebenen Inhalts für unzulässig. Diese Bestimmung soll dem Wortlaute nach mangels jeder Einschränkung alle nachträglichen Verfügungen oder Anweisungen umfassen welche nicht vorstehend unter Ziffer 1 bis 7 (Ab. 1 Satz 1 u. 2) aufgeführt sind, gleichviel welchen Inhalts und welcher Art, also z. B. in betreff der Behandlung des Gutes auf dem Transport, bei Transporthindernissen oder bei und nach der Ankunft, Sicherheitsmaßregeln, Lagerung, Ver- und Abladung, Umladung, Zerteilung, Ablieferung (z. B. gegen Vorzeigung eines Rezepisse Z. III 36), Begleitung, Verwiegung, Verzollung, Versteuerung usw. Es ist jedoch bereits oben (S. 181, 182) darauf hingewiesen worden, daß eine so weitgehende und umfassende Bedeutung der vorliegenden Bestimmung nicht beigelegt werden kann. Denn das internationale Übereinkommen gestattet dem Absender an mehreren anderen Stellen nachträgliche Verfügungen und Anweisungen — ohne die Beobachtung der im Art. 5 vorgeschriebenen Formalitäten und Voraussetzungen zu erfordern —, und es ist, da diese Vorschriften unverändert beibehalten worden sind, auch keinerlei Hinweis auf Art. 15 Abs. 1 Satz 3 enthalten, die Annahme gerechtfertigt, daß sich diese Vorschrift auf jene Stellen nicht bezieht. Es gehören dahin: 1. die dem Verfügungsberechtigten gemäß Art. 10 Abs. 4 erteilte Befugnis bei der Zollbehandlung, 2. die Befugnis des Absenders zur Belastung des Gutes mit Nachnahme auf der Versandstation (Art. 13 Abs. 1), 3. die Befugnis des Absenders zu anderweitigen Dispositionen über das Gut bei Transporthindernissen, z. B. Abwarten bis zur Behebung der Transporthindernisse oder Beförderung des Gutes über eine Hilfsroute (Art. 18 Abs. 1 u. 4), und 4. die Befugnis des Absenders zur gerichtlichen Geltendmachung der aus dem internationalen Eisenbahn-Frachtvertrage gegenüber der Eisenbahn entspringenden Rechte (Art. 26).

Die Vorschrift, daß nachträgliche Verfügungen oder Anweisungen anderen Inhalts, als der in den beiden vorangehenden Sätzen angegebenen, unzulässig seien, bedeutet nicht, daß die demungeachtet erteilten Verfügungen nichtig bzw. ungültig seien. Wo das Übereinkommen die Nichtigkeit will, ist dies ausdrücklich ausgesprochen (z. B. Art. 4). Unzulässig dagegen heißt, daß die Annahme derartiger Verfügungen seitens des Absenders von der Eisenbahn nicht gefordert werden darf und diese berechtigt ist, sie zurückzuweisen, so daß sie sich den anderen beteiligten Bahnen gegenüber durch eine demungeachtet erfolgte Annahme und Ausführung verantwortlich macht. Hat aber die Eisenbahn eine derartige unzulässige Verfügung angenommen und zur Ausführung gebracht, so haftet sie dafür in gleicher Weise wie für die Erfüllung der anderen, ihr aus dem Frachtvertrage obliegenden Verpflichtungen (E. XVIII 156). Sie kann sich einem Schadensersatzanspruche des Absenders gegenüber wegen Nichtausführung oder mangelhafter Ausführung nicht darauf berufen, daß die Verfügung an sich nichtig gewesen sei.

98) **„Dieses Recht steht indes dem Absender nur dann zu, wenn er das Duplikat des Frachtbriefes vorweist. Hat die Eisenbahn die Anweisungen des Absenders befolgt, ohne die Vorzeigung des Frachtbriefduplikats zu verlangen, so ist sie für den daraus entstandenen Schaden dem Empfänger, welchem der Absender dieses Duplikat übergeben hat, haftbar.“**

Das im Abs. 1 des Artikels 15 dem Absender zugewiesene Verfügungsrecht über das Gut ist durch die Absätze 2, 3, 5—7 dieses Artikels von mehreren Voraussetzungen abhängig gemacht, bei deren Fehlen der Absender dieses Verfügungsrecht nicht ausüben darf. Dies hat nicht die Folge, daß das Verfügungsrecht dem Absender etwa überhaupt verloren oder auf dritte Personen übergeht. Vielmehr ist auch im internationalen Übereinkommen an dem Prinzip festgehalten, daß während des Transports und bis zum Eintritt des Empfängers in den Frachtvertrag am Bestimmungsort keinem anderen als dem Absender Verfügungsrechte an dem Gute zustehen, und zwar auch dann nicht, wenn gemäß Art. 15 der Absender in der Ausübung seiner Verfügungsrechte beschränkt ist. Die Ausübung ruht alsdann nur; ein Übergang auf andere findet nicht statt, sie lebt wieder auf, sobald die fehlende Voraussetzung erfüllt ist. Auch handelt es sich nur um das Verfügungsrecht des Absenders aus Abs. 1 des Artikels 15. Ob er andere Rechte an dem Frachtgute, z. B. das Recht der Beschlagnahme, ausüben darf, richtet sich nach dem betreffenden Zivilrechte Z. III S. 371).

Absatz 2 des Art. 15 stellt als erste dieser Voraussetzungen im Satz 1 hin, daß das Verfügungsrecht dem Absender nur dann zusteht, wenn er das Duplikat des Frachtbriefes vorweist. Die Ausübung des Verfügungsrechts des Absenders ist durch die Vorweisung des Frachtbriefduplikats bedingt (Rosenthal 135; Hilscher 147; Hancke 16. — A. M. Schwab 174; Strauß, Jur.-Bl. 1893 Nr. 8; Rutz Bl. f. Rechtsanw. Bd. 58 S. 45). Es wurde das Bedürfnis anerkannt, eine Form zu kreieren, mittelst deren der Absender in der Lage ist, zugunsten des Empfängers sich schon während des Transportes seines Verfügungsrechts zu begeben, ohne daß jedoch dadurch der Empfänger oder irgendein dritter Interessent etwa seinerseits das Verfügungsrecht erlangt (S. 182 ff.). Diese Form wurde in der Vorweisung des Frachtbriefduplikats gefunden, dessen Ausstellung durch die Eisenbahn zu diesem Behufe durch Art. 8 Abs. 4 obligatorisch gemacht ist. Die Eisenbahn ist nicht nur berechtigt, die Vorweisung zu verlangen, sondern hierzu auch verpflichtet. Dem Absender steht das Verfügungsrecht nur zu, wenn er das Frachtbriefduplikat vorweist (Z. II 54, VIII 365, E. X 264, XVII 270). Er kann, falls er dies nicht getan, einen Schadensanspruch aus einer von der Bahn nicht ausgeführten Verfügung nicht geltend machen (Z. VIII 160, E. XVII 23). Hiervon bildet nur der Fall der Verweigerung der Annahme des Gutes durch den Empfänger eine Ausnahme (Art. 24 Abs. 1 Satz 4). Die Verfügung des Absenders ohne Vorweisung des Frachtbriefduplikats hat eine zweifache Wirkung, eine allgemeine und eine besondere:

1. Die allgemeine Wirkung besteht darin, daß die Verfügung des Absenders gemäß Abs. 7 des Art. 15 absolut nichtig ist, mithin alle zivilrechtlichen Folgen der Nichtigkeit nach sich zieht und demgemäß von jedem, der an dem Frachtgeschäft oder den diesem zugrunde liegenden Rechtsgeschäften rechtlich interessiert ist, als nichtig nach Maßgabe der bezüglichen allgemeinen Normen des Landesrechts angegriffen werden kann (s. Anm. 104. — A. M. Schwab 174).

2. Die besondere Wirkung besteht darin, daß dem Empfänger als dem designierten Mitkontrahenten (Art. 15 Abs. 4, Art. 16 Abs. 2) — insofern ihm der Absender das Frachtbriefduplikat übergeben hat — gemäß Abs. 2 Satz 2 des Art. 15 die Eisenbahn, welche die nichtige Verfügung des Absenders ausgeführt hat, für den daraus entstandenen Schaden haftbar erklärt ist.

Dieser Schadensanspruch des Empfängers gegen die Eisenbahn aus der unberechtigten Befolgung nichtiger Verfügungen des Absenders ist kein Anspruch aus dem Eisenbahnfrachtvertrage, gehört daher nicht zu denjenigen Ansprüchen, auf welche das Klagewahlrecht des Art. 27 Abs. 3 sich erstreckt (s. Anm. 144 und Anm. 149). Denn in den Vertrag ist der Empfänger noch nicht eingetreten (Art. 15 Abs. 4, Art. 16 Abs. 2). Es ist vielmehr ein Anspruch ex lege, der dem Empfänger als designiertem künftigen Kontrahenten mit Rücksicht auf sein hierdurch und durch die Übergabe des Frachtbriefduplikats begründetes rechtliches Interesse (nach Analogie des § 434 D. H.G.B.) gegen die Bahn deshalb gewährt ist.

Abgesehen also von den allgemeinen Folgen der Nichtigkeit ist der Eisenbahn diese besondere gesetzliche Haftpflicht dem Empfänger gegenüber als Folge ihrer Pflichtverletzung einheitlich durch das internationale Übereinkommen auferlegt.

Der „daraus entstandene Schaden" ist hierbei nicht nach Art. 30 ff., 34 ff. des Übereinkommens zu bemessen, sondern es muß mangels einer Einschränkung der volle Schaden — damnum emergens und lucrum cessans (Art. 41) — ersetzt werden, weil nicht ein Schadensanspruch aus dem Frachtvertrage, sondern ex lege vorliegt, die Art. 30 ff. aber nur auf Schäden aus dem Frachtvertrage Anwendung finden.

Aus Satz 2 des Abs. 2 folgt, daß dem Empfänger, welchem der Absender das Frachtbriefduplikat nicht übergeben hat, ein besonderer Schadensanspruch gegen die Eisenbahn, welche eine Verfügung des Absenders ohne Vorweisung des Duplikats ausgeführt hat, nicht zusteht, und ebensowenig dem Empfänger, welcher auf andere Weise als durch Übergabe seitens des Absenders in den Besitz des Frachtbriefduplikats gelangt ist. Das Recht des Empfängers, welcher gemäß Art. 15 Abs. 4, Art. 16 Abs. 2 in den Frachtvertrag eingetreten ist, beschränkt sich in diesen Fällen vielmehr der Eisenbahn gegenüber auf diejenigen Ansprüche, welche ihm etwa nach allgemeinen Landesrechten daraus zustehen, daß sie eine nichtige Verfügung des Absenders ausgeführt hat.

Für den besonderen gesetzlichen Schadensanspruch des Empfängers gegen die Eisenbahn aus Satz 2 ist lediglich entscheidend, daß der Absender dem Empfänger das Frachtbriefdudlikat übergeben und bei der Verfügung nicht vorgewiesen hat. Nur diese beiden Voraussetzungen sind darzutun. Daß der Empfänger das Frachtbriefduplikat zur Zeit der Geltendmachung des Anspruchs noch besitzt, ist nicht erforderlich. Es genügt also zur Substantiierung des Schadensanspruchs gegen die Bahn seitens des Empfängers einerseits der Nachweis der

Übergabe des Duplikats seitens des Absenders an ihn und anderseits der Nachweis der Nichtvorweisung des Duplikats seitens des Absenders bei Ausübung des Verfügungsrechts (Rosenthal 133).

Wenn aber auch der besondere gesetzliche Schadensanspruch des Empfängers aus Abs. 2 Satz 2 des Art. 15 nicht von dem Besitze des Duplikats z. Z. der Geltendmachung abhängig ist, so ist es doch für ihn von Wichtigkeit, sich nicht des Besitzes des Duplikats zu begeben. Denn wenn dasselbe — gleichviel ob mit oder ohne Berechtigung — in die Hände des Absenders zurückgelangt, so erhält dieser dadurch wieder die formelle Legitimation, über das Gut zu verfügen, und die Eisenbahn ist verpflichtet und berechtigt, bei Vorweisung des Duplikates, seinen Verfügungen Folge zu leisten, ohne sich dem Empfänger haftbar zu machen (Schwab 173).

Verliert der Absender das Frachtbriefduplikat, so geht er somit auch der Verfügungsrechte aus Art. 15 Abs. 1 verlustig, weil das Duplikat nach der Absicht des Gesetzes das formelle Legitimationspapier ist, von dessen Besitz und Vorweisung die Verfügungsrechte des Absenders aus Art. 15 Abs. 1 unbedingt abhängig sind derartig, daß jede in anderer Form gegebene Verfügung des Absenders nichtig ist (Abs. 7 des Art. 15). Das Duplikat kann also nur durch eine Urkunde ersetzt werden, welche nach dem betreffenden Landesrechte geeignet ist, ein formelles Legitimationspapier su ersetzen, mithin in der Regel nur durch die Amortisationsurkunde (Ausschlußurtel usw.). Vermag der Absender bei Verlust des Duplikats eine derartige Urkunde nicht vorzuweisen, so ist er nicht berechtigt, die im Abs. 1 des Art. 15 bezeichneten Verfügungsrechte auszuüben, sondern lediglich auf die übrigen Vertrags- und Verfügungsrechte beschränkt, deren Ausübung durch die Vorweisung des Frachtbriefduplikats nicht bedingt ist (s. Art. 18 Abs. 4, Art. 26 usw. oben Anm. 97 S. 186). Weder der bloße Nachweis, daß er das Frachtbriefduplikat verloren, noch daß er es dem Empfänger nicht übergeben habe, noch daß dieser mit der Verfügung einverstanden sei, sind geeignet, die Vorweisung des Frachtbriefduplikats zu ersetzen. Denn diese ist ein absolutes, formales Erfordernis der Verfügungserteilung des Absenders, und das Fehlen dieser Voraussetzung hat nach dem klaren und ganz zweifellosen Wortlaut des Abs. 7 die Nichtigkeit der Verfügung zur Folge. (So auch Rosenthal 134. — A. M. Schwab 174, 175, 179; vgl. auch E. XI 267 ff.).

Aus vorstehenden Ausführungen ergibt sich, daß nach Abs. 2 Satz 1 und Abs. 6 des Art. 15 ausnahmslos jede Verfügung des Absenders gemäß Abs. 1 des Art 15 ohne die formelle Legitimation durch Vorweisung des Frachtbriefduplikats ganz allgemein und absolut für nichtig erklärt und als eine besondere Folge dieser Nichtigkeit dem Empfänger, welchem der Absender das Frachtbriefduplikat übergeben hat, ein Anspruch gegen die Eisenbahn, welche die nichtige Verfügung ausgeführt hat, für den dadurch entstandenen Schaden gesetzlich durch Abs. 2 Satz 2 des Art. 15 verliehen ist.

Hat der Absender das Frachtbriefduplikat verloren, so können die im Abs. 1 des Art. 15 aufgeführten Verfügungsrechte überhaupt nicht ausgeübt werden, ihre Ausübung ruht, bis der Absender dasselbe wiedergefunden oder die Amortisation veranlaßt hat oder der Empfänger gemäß Abs. 4 des Art. 15 in den Frachtvertrag eingetreten ist.

99) **„Derartige Verfügungen des Absenders ist die Eisenbahn zu beachten nur verpflichtet, wenn sie ihr durch Vermittelung der Versandstation zugekommen sind."**

Abs. 3 des Art. 15 enthält die zweite Voraussetzung für die Ausübung des Verfügungsrechts des Absenders in betreff der Form der Verfügungserteilung, und zwar zugunsten der Eisenbahn.

Erfahrungsgemäß vermag nur die Versandstation die Legitimation des Anweisenden als Absenders sowie die Echtheit des Frachtbriefduplikats ausreichend zu prüfen, während die Zulassung von Dispositionen von anderen Stationen aus leicht zu Täuschungen benutzt werden kann. Der Versandbahn liegt daher auch der Verkehr mit dem Absender ob (Z. XII 150, E. XXI 61). Die vorliegende Bestimmung bezieht sich aber nur auf „derartige" Verfügungen des Absenders, d. h. auf die im Abs. 1 bezeichneten. Andere aus dem Frachtvertrage sich ergebende Verfügungsbefugnisse des Absenders werden also hier nicht berührt. Es handelt sich ferner nur um Verfügungen des Absenders, nicht um Anweisungen des Empfängers, wenn auf diesen das Verfügungsrecht gemäß Abs. 4 Satz 2 übergegangen ist. Hat der Absender das Gut an eigene Adresse gerichtet, so bedarf es zu Verfügungen desselben, wenn ihm nach Ankunft des Gutes am Bestimmungsort der Frachtbrief übergeben ist, nicht mehr der Vermittlung der Versandstation (Z. II 151, E. X 368).

Die Eisenbahn ist ferner nach der Fassung des Abs. 3 zwar berechtigt, aber nicht verpflichtet, nachträgliche Verfügungen durch Vermittelung anderer Stationen als der Versandstation zu beachten, selbst wenn sich der Absender oder dessen Bevollmächtigter genügend zu legitimieren vermag. Es ist also — im Gegensatz zu den Formvorschriften der Abs. 6 und 7, welche absolut und obligatorisch sind — lediglich in das Ermessen der Eisenbahn gestellt, ob sie auch andere als durch Vermittelung der Versandstation erfolgte Anweisungen beachten will (Z. V 369. — A. M. Z. II 159).

Die Worte „durch Vermittelung der Versandstation" deuten darauf hin, daß es nicht genügt, die Verfügung von dem Versandorte aus (etwa durch bloße Benutzung des Telegraphen- oder Postamts des Versandortes) zu erteilen, sondern daß die Inanspruchnahme der hierzu berufenen Dienststellen bzw. Organe der Versandstation erforderlich ist.

100) **„Das Verfügungsrecht des Absenders erlischt, auch wenn er das Frachtbriefduplikat besitzt, sobald nach Ankunft des Gutes am Bestimmungsorte der Frachtbrief dem Empfänger übergeben, oder die von dem letzteren nach Maßgabe des Artikels 16 erhobene Klage der Eisenbahn zugestellt worden ist."**

Abs. 4 des Art. 15 führt diejenigen Momente an, welche das Erlöschen des Verfügungsrechts des Absenders zur Folge haben.

Es ist bereits oben Anm. 96 S. 179 f. des näheren erörtert worden, daß die Sicherheit des Transportverkehrs eine strikte Trennung der Vertragsrechte und -pflichten des Absenders und des Empfängers aus dem Frachtvertrage, mithin auch der Verfügungsrechte erfordert. Diese Trennung ist dadurch äußerlich gekennzeichnet, daß der Eintritt des Empfängers in den Frachtvertrag von bestimmten formellen Akten abhängig gemacht ist, welche den stillschweigenden Konsens des Empfängers (durch konkludente Handlungen) zum Eintritt in den Frachtvertrag nach gesetzlicher Bestimmung dokumentieren. Diese beiden Akte sind: 1. die Übergabe des Frachtbriefes seitens der Eisenbahn an den Empfänger nach Ankunft des Gutes am Bestimmungsorte; 2. die Zustellung der Klage des Empfängers an die Eisenbahn auf Übergabe des Frachtbriefes und Auslieferung des Gutes.

Mit einem dieser beiden rechtlich gleichgestellten Akte gehen die Vertragsrechte mit den Pflichten vom Absender auf den Empfänger über, der erstere hört auf, dominus negotii zu sein, sein Vertragsrecht, also auch sein Verfügungsrecht über das Gut erlischt (E. XIX 39, 40) und demgemäß auch sein Klagerecht aus Art. 26 (Z. XII 269, XV 406, E. XXI 127, XXIV 253), seine Befugnis, die Rechte aus dem Frachtvertrage auf einen Dritten zu übertragen (E. XIX 39). Es erklärt sich dies aus der juristischen Konstruktion des Vertragsverhältnisses (S. 184). Eine Ausnahme bildet nur die Verweigerung der Annahme des Gutes durch den Empfänger (Art. 24 Abs. 1 Satz 4).

Die Ausübung des Verfügungsrechts des Absenders ist gemäß Abs. 2 (s. Anm. 98) formell durch den Besitz des Frachtbriefduplikats bedingt. Wenn aber durch den Eintritt des Empfängers in den Frachtvertrag die Vertragsrechte des Absenders, mithin auch sein Verfügungsrecht erlöschen, so ist es klar, daß damit der Besitz des Frachtbriefduplikats als einer nur formellen Legitimation und Voraussetzung für die Ausübung des Verfügungsrechtes bedeutungslos wird. Daher bestimmt folgerichtig Abs. 4, daß das Verfügungsrecht des Absenders unter den dort angegebenen Voraussetzungen erlischt, „auch wenn er das Frachtbriefduplikat besitzt". Das Frachtbriefduplikat hat also auch in der Hand des Absenders keinen Wert mehr, und die Eisenbahn hat nur die Anweisungen des bezeichneten Empfängers zu beachten (Z. I 54, VI 660, E. X 264). Daher genügt, auch wenn der Absender das Gut an eigene Adresse gerichtet hat, der Besitz und die Vorweisung des Frachtbriefduplikats seitens eines Dritten nicht zur Legitimation des Empfanges des Gutes auf der Bestimmungsstation, sondern es bedarf einer Ermächtigung des im Frachtbriefe bezeichneten Empfängers (d. i. des Absenders) (Z. II 151, E. X 368).

Beiden Akten ist gemeinsam, daß sie diese Rechtswirkung nur dann haben, wenn sie „nach Ankunft des Gutes am Bestimmungsorte" geschehen sind, d. h. an der Bestimmungsstation (s. Art. 16 Abs. 3). Daraus folgt, daß eine Frachtbriefübergabe oder Übersendung oder eine Klagezustellung vor Ankunft am Bestimmungsorte als eine vorzeitige nicht geeignet ist, das Verfügungsrecht des Absenders zum Erlöschen zu bringen und auf den Empfänger zu übertragen. Und aus gleichem Grunde ist eine willkürliche Beendigung des Transportes durch Übergabe des Gutes an den Adressaten unterwegs und vor Erreichung des Bestimmungsortes rechtswidrig, weil erst nach vertragsmäßig beendigtem Transport, d. h. nach Ankunft des Gutes am Bestimmungsorte, dem Absender durch einen Akt des Empfängers die Verfügung über das Gut entzogen werden darf. Die Eisenbahn ist für vorzeitige Ablieferung haftpflichtig (Z. III 354). Nur dann beendet die Übergabe des Frachtbriefes oder die Klagezustellung auch ohne Ankunft des Gutes am Bestimmungsorte das Verfügungsrecht des Absenders, wenn die Lieferungszeit verstrichen, das Gut z. B. ganz oder teilweise verloren oder verspätet und deshalb nicht angekommen ist. Alsdann steht dem Zeitpunkte der Ankunft des Gutes am Bestimmungsorte derjenige Zeitpunkt gleich, an welchem der Transport bestimmungsmäßig hätte beendet sein sollen (so auch Rosenthal 141, Z. X 164, E. XVIII 358; Rinaldini 296; unrichtig Gerstner 261). Solange dem Empfänger weder der Frachtbrief übergeben noch der Eisenbahn die Klage des Empfängers zugestellt ist, ist er nicht aktiv legitimiert, und kann er Entschädigungsansprüche nicht geltend machen (Z. VIII 365, E. XVII 270).

Die erste Voraussetzung: Übergabe des Frachtbriefes an den Empfänger, ergibt, daß nicht auch die des Gutes erforderlich ist. Ferner ist nicht notwendig, daß die Übergabe des Frachtbriefes gerade auf der Bestimmungsstation erfolge. Denn wenn die Übergabe des Frachtbriefes auch nach der Ankunft des Gutes auf der Bestimmungsstation geschehen muß, so ist es doch zulässig, daß sie — nachdem das Gut angekommen — auch anderwärts gültig an den Empfänger bewirkt wird.

Nur die Übergabe des Frachtbriefes, nicht die eines Avisbriefes, Zollpapiers, einer Faktura oder irgendwelcher anderen das Gut begleitenden oder dazu gehörigen Dokumente, Notifikationen usw. ist Voraussetzung des Absatzes 4 und somit geeignet, das Dispositionsrecht des Absenders aufzuheben. Insbesondere kann die Übergabe des Frachtbriefes durch die Avisierung des Gutes nicht ersetzt werden. Sonach ist auch die Eisenbahn in der Zwischenzeit zwischen Übergabe des Avisbriefes an den Empfänger und Einlösung bzw. Annahme des Frachtbriefes seitens desselben noch verpflichtet, den Anweisungen des Absenders Folge zu leisten. Sind mehrere Frachtbriefe der Sendung beigegeben, so müssen sie sämtlich übergeben sein, ebenso die Anlagen und Begleitpapiere, welche integrierende Bestandteile des Frachtbriefes bilden (Z III 36). Die Übergabe des Frachtbriefes unterwegs an eine Steuer-, Zoll- oder Kontrollbehörde ist nicht als Übergabe an den Empfänger anzusehen, wohl aber die Übergabe an die Steuer-, Zoll- usw. Behörde des Bestimmungsortes; desgleichen an den Bevollmächtigten des Empfängers und daher auch an den Rollfuhrmann, wenn er als Bevollmächtigter des Empfängers — und nicht der Eisenbahn — fungiert. Sind im Frachtbriefe mehrere Empfänger bezeichnet, so entscheidet das Recht des Ablieferungsortes (Art. 19) darüber, ob die Übergabe an alle zugleich erfolgen muß oder an einen derselben rechtsgültig geschehen kann. Die Übergabe des Frachtbriefes an denjenigen, für dessen Rechnung der im Frachtbriefe bezeichnete Destinatär tatsächlich empfangen soll, hat nicht die Wirkung der Übergabe an den Destinatär, beseitigt, mithin auch nicht das Verfügungsrecht des Absenders.

Die zweite Voraussetzung: „Zustellung der nach Maßgabe des Artikels 16 erhobenen Klage" steht, wie das vorgesetzte Wort „oder" ergibt, der ersten Voraussetzung vollständig gleich.

Ist eine der beiden vorerörterten Voraussetzungen eingetreten, d. h. der Frachtbrief dem Empfänger übergeben oder die Klage der Eisenbahn zugestellt, so erlöschen die Verfügungsrechte des Absenders — wie überhaupt seine Rechte aus dem Frachtvertrage — endgültig und können nicht wieder aufleben (Z. VI 660, XV 406. E. XV 112, XIX 39, 40, XXIV 253). Der Empfänger kann nur seine Rechte dem Absender zedieren und diesen dadurch der Eisenbahn gegenüber zur Geltendmachung derselben legitimieren. Art. 26 Abs. 2 hat daher auch nur auf die Zeit vor Eintritt einer jener beiden Voraussetzungen Bezug. Nachher kommt es auf den Besitz des Frachtbriefduplikats überhaupt nicht mehr an, sondern ist Zession des Empfängers erforderlich.

101) **„Ist dies geschehen, so hat die Eisenbahn nur die Anweisungen des bezeichneten Empfängers zu beachten, widrigenfalls sie demselben für das Gut haftbar wird."**

Während Satz 1 des Abs. 4 den Zeitpunkt bestimmt, mit welchem das Verfügungsrecht des Absenders erlischt, setzt Satz 2 den Zeitpunkt fest, von welchem ab das Verfügungsrecht des Empfängers beginnt und die Eisenbahn verpflichtet ist, ausschließlich die Anweisungen des Empfängers zu beachten.

Die Worte „Ist dies geschehen", d. h. hat die Übergabe des Frachtbriefes an den Empfänger (S. 196) oder die Zustellung der Klage an die Eisenbahn (S. 197) stattgefunden", bedeuten, daß ebendieselben formalen Akte, durch welche das Verfügungsrecht des Absenders endet, zugleich den Anfangspunkt für das des Empfängers bilden, den Übergang des Rechts von dem einen auf den anderen bewirken.

Nach den Worten: „so hat die Eisenbahn nur die Anweisungen des bezeichneten Empfängers zu beachten" soll fortan jede Verfügung des Absenders oder irgendeines Dritten unbedingt ausgeschlossen, die Eisenbahn lediglich den Anweisungen des Empfängers unterworfen sein. Der Empfänger erlangt das alleinige und unbeschränkte Verfügungsrecht über das Gut gegenüber der Eisenbahn. Das Frachtbriefduplikat hat also auch in der Hand des Absenders, wie jedes Dritten, keinen Wert mehr und die Eisenbahn nur die Anweisungen des bezeichneten Empfängers zu beachten (Z. II 54, VI 660, E. X 264, Z. XVI 106, E. XXIV 342). Eine Ausnahme bildet nur die Verweigerung der Annahme des Gutes seitens des Empfängers (Art. 24 Abs. 1 Satz 4).

Der Empfänger besitzt das Verfügungsrecht in gleichem Umfange wie der Absender (irrig: Gerstner 253, 262). Wie vor der Übergabe des Frachtbriefes der Absender, so kann daher nach derselben der Empfänger die Eisenbahn nicht nur anweisen, das Gut dem Absender (sc. am Ablieferungsorte) zurückzugeben oder an einen beliebigen anderen als den im Frachtbriefe bezeichneten Empfänger abzuliefern, sondern er darf überhaupt in den Grenzen des Frachtvertrages und ohne die Lage der Eisenbahn zu verschlechtern, dieser jede beliebige Anweisung betreffs des Gutes erteilen, auch die Rechte aus dem Frachtvertrage auf einen Dritten übertragen (E. XIX 39). Doch darf der Empfänger das Pfandrecht der Eisenbahn (Art. 21, 22) durch seine Anweisungen selbstverständlich nicht beeinträchtigen. Die Auslieferung des Gutes kann daher nur gegen Bezahlung der im Frachtbriefe ersichtlich gemachten Beträge und gegen Bescheinigung des Empfangs verfügt werden und stattfinden. Die bloße Vorzeigung des Frachtbriefduplikats usw. genügt hierzu nicht (Z. I 118, E. X 66). Der Empfängrr allein hat das Klagerecht (E. X 112).

Die Anweisungen des Empfängers sind jedoch nicht an die besonderen Formen gebunden, die Art. 15 Abs. 2, 3, 6 und 7 für die Ausübung der im Abs. 1 bezeichneten Verfügungsrechte des Absenders vorschreibt. Es bedarf also weder der Vorweisung des Frachtbriefduplikats (Abs. 2) noch der Vermittlung der Versandstation (Abs. 3) noch der schriftlichen formularmäßigen Erklärung (Abs. 6, 7). Wohl aber ist es Sache der Eisenbahn, die Legitimation des Anweisenden als Empfängers zu prüfen, und Sache des Anweisenden, sich als Empfänger zu legitimieren.

Unter dem „bezeichneten Empfänger" ist zwar vornehmlich, jedoch nicht allein der im Frachtbriefe bezeichnete Empfänger (s. Art. 6 Anm. 35 S. 58ff.) zu verstehen, vielmehr auch der durch nachträgliche Anweisung des Absenders an Stelle des Frachtbriefsadressaten gemäß Abs. 1 Art. 15 bezeichnete Empfänger (S. 187).

Die Worte „für das Gut haftbar" bedeuten, daß die Eisenbahn für den Fall der Nichtbeachtung der Anweisungen des Empfängers diesem den nachweislich entstandenen Schaden zu ersetzen hat, und zwar in Rücksicht auf die allgemeine und unbeschränkte Fassung der Worte „für das Gut haftbar" in vollem Umfange, d. h. nicht nur den wirklichen Schaden (damnum emergens), sondern auch den entgangenen Gewinn (lucrum cessans) (Art. 41). Daher finden weder die Art. 34 f., 40 über die Bemessung des Schadens, noch Art. 45 über die kurze Verjährung hier Anwendung (zustimmend Rosenthal 142, 143; unrichtig: Gerstner 262).

Es entsteht schließlich noch die Frage: Wem steht das Verfügungsrecht bei Annahmeverweigerung bzw. Annahmeverzug des Empfängers zu, und welchen Einfluß hat hierbei der Besitz des Frachtbriefduplikats? Es sind nur zwei Fälle denkbar:

1. Der Empfänger ist durch Annahme des Frachtbriefes oder Klagezustellung in den Frachtvertrag eingetreten. Alsdann steht ihm — gleichviel ob er das Frachtbriefduplikat besitzt oder nicht — das

alleinige Verfügungsrecht zu, und zwar auch dann, wenn er die Annahme des Gutes verzögert. Das Verfügungsrecht des Absenders ist erloschen. Nur wenn der Empfänger die Annahme des Gutes verweigert, steht ausnahmsweise dem Absender das volle Verfügungsrecht auch dann zu, wenn er das Frachtbriefduplikat nicht vorweisen kann (Art. 24 Abs. 1 S. 4).

2. Der Empfänger lehnt ausdrücklich oder durch Verweigerung der Annahme des Frachtbriefes und durch Unterlassung der Klagezustellung den Eintritt in den Frachtvertrag ab. In diesem Falle geht das Verfügungsrecht nicht auf ihn über, der Besitz des Frachtbriefduplikats, welches ihm in seiner Eigenschaft als designiertem Empfänger und künftigem Kontrahenten übergeben worden, wird für ihn rechtlich bedeutungslos (s. Anm. 98 S. 190 ff.). Der Absender kann daher vom Empfänger die Rückgabe des Frachtbriefduplikats verlangen (event. darauf klagen) und wird mit der Rückgabe wieder verfügungsberechtigt. Verzögert der Empfänger die Annahme des Gutes, so steht dem Absender das volle Verfügungsrecht über das Gut auch ohne Vorweisung des Frachtbriefduplikats zu (Art. 24 Abs. 1 Satz 4).

3. Solange aber der von der Annahmeverweigerung des Empfängers gemäß Art. 24 Abs. 1 in Kenntnis gesetzte Absender eine Verfügung noch nicht getroffen hat, ist der Empfänger trotz erfolgter Annahmeverweigerung noch berechtigt, durch Annahme des Frachtbriefes oder Klagezustellung in den Frachtvertrag einzutreten und die Aushändigung des Gutes zu verlangen. Denn dieses Recht erlischt erst, nachdem der Absender nach Art. 16 Abs. 2 der Eisenbahn eine nach Maßgabe des Art. 15 entgegenstehende Verfügung erteilt hat. Dies ist aber durch die bloße Einholung der Verfügung noch nicht geschehen (s. unten Art. 24 Anm. 136 c). (Reindl, Zeitg. d. Ver. D. Eisenb. Verw. 1897 S. 491 und 1901 S. 1063; Bl. f. Rechtsanw. Jahrg 72 S. 578 Anm. 76; Schwab 202; Rosenthal 152; Entsch. d. Zentralamts v. 28. Dez. 1893, Z. II 30, E. X 254.)

102) **„Die Eisenbahn darf die Ausführung der im ersten Satze des Abs. (1) vorgesehenen Verfügungen nur dann verweigern oder verzögern, oder solche Verfügungen in veränderter Weise ausführen, wenn durch deren Befolgung der regelmäßige Transportverkehr gestört würde."**

Abs. 5 enthält eine an sich selbstverständliche Bestimmung. Es ist oben (Anm. 97) bereits aus dem Wesen des Frachtvertrages gefolgert worden, daß die Eisenbahn allen Verfügungen des Absenders über das Gut bis zum Eintritt des Empfängers in den Vertrag Folge zu leisten hat, insoweit dadurch ihre vertragliche Lage nicht verschlechtert wird. Eine solche Verschlechterung würde aber vorliegen, wenn sie durch die Ausführung der Verfügungen des Absenders in ihrem regelmäßigen Transportverkehr gestört würde. Danach ist zu beurteilen, ob und inwieweit die Eisenbahn verpflichtet ist, den Verfügungen des Absenders Folge zu leisten, bzw. berechtigt ist, die Ausführung derselben zu verweigern, zu verzögern oder in veränderter Weise auszuführen. Mit dem regelmäßigen Transportverkehr der

Eisenbahn wird es vornehmlich nicht vereinbar sein, zugunsten der bezüglichen Verfügungen einzelner Absender den Transport eines Zuges usw. zu unterbrechen, mit den gleichzeitig beförderten Gütern anderer Absender zu warten, einzelne Stückgüter mit Aufenthalt der übrigen unterwegs anzuhalten und herauszusuchen oder Wagenladungen aus fertigen, im Betriebe befindlichen Zügen herauszunehmen und zurückzuhalten. Eine Verzögerung liegt nicht in der ordnungsmäßigen schriftlichen Nachsendung der nachträglichen Anweisung, falls nicht telegraphische Nachsendung ausdrücklich verlangt ist (Z. III 303, V 368). Indes wird doch die Versandstation die dem Zwecke entsprechende Nachsendung zu wählen haben, also telegraphische oder telephonische, wenn die bloß schriftliche die rechtzeitige Ausführung der nachträglichen Anweisung unmöglich macht.

An sich und grundsätzlich ist daher die Eisenbahn zur „Ausführung der im ersten Satze des Abs. 1 vorgesehenen Verfügungen" verpflichtet, und zwar muß sie dieselben — wie e contr. aus Abs. 5 folgt — unweigerlich, ohne Verzug und unverändert ausführen. Eine Ausnahme hiervon ist nur dann gestattet, „wenn durch die Befolgung derselben der regelmäßige Transportverkehr gestört würde". Ob dies der Fall, hängt zunächst vom Ermessen der Bahn und im Streitfalle von der Entscheidung des Richters ab. Erfahrungsgemäß würden die vorbezeichneten Fälle, vornehmlich die Unterbrechung das Anhalten, Wartenlassen usw. von Zügen, behufs Ausführung der bezüglichen Verfügung einzelner Absender mit dem regelmäßigen Transportverkehr der Eisenbahn nicht vereinbar sein. Daß sich der Abs. 5 nur auf den ersten, nicht auch auf den zweiten und dritten Satz des Abs. 1 beziehen soll, ist durch die in der Berner Revisionskonferenz (1905) beschlossene Ersetzung der bisherigen Worte „Anweisungen" durch die Worte „Verfügungen" zum Ausdruck gebracht (Prot. v. 7. Juli 1905).

103) **„Die im ersten Absatze dieses Artikels vorgesehenen Verfügungen müssen mittelst schriftlicher und vom Absender unterzeichneter Erklärung nach dem in den Ausführungsbestimmungen vorgeschriebenen Formular erfolgen. Die Erklärung ist auf dem Frachtbriefduplikat zu wiederholen, welches gleichzeitig der Eisenbahn vorzulegen und von dieser dem Absender zurückzugeben ist."**

Absatz 6 enthält für die im Abs. 1 vorgesehenen Verfügungen im Anschluß an Abs. 2 und 3 noch eine Reihe weiterer Formvorschriften, welche dadurch von ganz besonderer Wichtigkeit sind, daß sie — wie die Worte „müssen . . erfolgen" aussprechen — obligatorisch sind und ihre Nichtbeobachtung nach Abs. 7 die Nichtigkeit der betreffenden Verfügungen des Absenders zur Folge hat. Sie sind von der Bahn nicht zu beachten (E. XXII 283; Rosenthal, 137, 138. — A. M. Z. XV 368, E. XXIV 128) (s. bei Ablieferungshindernissen: Z. XII 118, 187, bei Abänderung der Bestimmungsstation durch mündlichen Auftrag: E. XXII 126). Diese Formvorschriften beziehen sich ausschließlich „auf die im Abs. 1 vorgesehenen Verfügungen"; andere aus dem Vertragsrechte sich ergebende Verfügungen des Absenders sowie die Verfügungen des Empfängers (Abs. 4; s. Anm. 101 S. 197) bedürfen dieser Formen nicht und sind daher auch ohne deren Beobachtung rechtsgültig.

Die Verfügungserklärung, welche Abs. 6 obligatorisch und bei Vermeidung der Nichtigkeit (Abs. 7) vorschreibt, muß in folgenden Formen abgegeben sein:

1. Die Verfügungserklärung muß schriftlich sein, ebenso wie der Frachtbrief selbst. Daher sind mündliche, telephonische, telegraphische Erklärungen nicht statthaft. Dagegen ist schriftlich hier nicht identisch mit geschrieben, wie auch das Erfordernis ad 3 erweist. Demgemäß sind auch ganz oder teilweise gedruckte, lithographierte, autographierte usw. Erklärungen zulässig, ebenso protokollarische (A. M. Schwab 177), sofern sie den anderen Erfordernissen dieses Artikels entsprechen.

2. Die Verfügungserklärung muß ferner vom Absender unterzeichnet sein. Auch hier ist analog die ausführlichere Vorschrift des Art. 6 lit. m über die Unterschrift des Absenders zur Anwendung zu bringen (A. M. Rosenthal 137).

3. Die Verfügungserklärung muß sodann nach dem in den Ausführungsbestimmungen (s. § 7 oben S. 176) vorgeschriebenen Formular (Anlage 4 S. 177) erfolgen (E. XXII 283). Ein Revers auf Befreiung von der Haftpflicht wegen verzögerter, mangelhafter oder unterlassener Ausführung der nachträglichen Verfügung ist mit Rücksicht auf Art. 4, 30 ff. des Übereinkommens nicht statthaft. Für die Sprache des Formulars und der Ausfüllung der nachträglichen Anweisung ist § 2 Abs. 2 und 3 der Ausführungsbestimmungen maßgebend (s. Anm. 104).

4. Die Verfügungserklärung ist endlich auf dem Frachtbriefduplikat zu wiederholen, welches gleichzeitig der Eisenbahn vorzulegen und von dieser dem Absender zurückzugeben ist. Damit ist nicht nur für die Vorweisung des Frachtbriefduplikats eine bestimmte Form vorgeschrieben, sondern zugleich auch der Zweck erreicht, daß der Absender zusätzlich zu dem ursprünglichen Frachtbriefduplikat ein von der Eisenbahn anerkanntes Duplikat der Verfügungserklärung erhält, welches ihm — in gleicher Weise wie das ursprüngliche Frachtbriefduplikat in bezug auf den Frachtbrief — als Bescheinigung über die Verfügungserteilung dient. Ist diese Form nicht beobachtet bzw. das Frachtbriefduplikat überhaupt nicht vorgewiesen (Abs. 2), so kann der Absender aus einer nicht ausgeführten Verfügung die Bahn nicht in Anspruch nehmen (Z. VIII 160, E. XVII 283).

104) „Jede in anderer Form gegebene Verfügung des Absenders ist nichtig."

Abs. 7 erklärt jede in anderer Form gegebene Verfügung des Absenders für nichtig. Aus dem engen Zusammenhange der Abs. 6 und 7 folgt zunächst, daß unter „jeder Verfügung des Absenders" nur die im Abs. 1 des Art. 15 vorgesehenen Verfügungen zu verstehen sind, mithin auf sonstige Verfügungen des Absenders (s. Anm. 97 S. 186) Abs. 7 keine Anwendung findet, für diese also eine andere Form die Nichtigkeit nicht bedingt. Dafür spricht auch das gemäß Abs. 6 vorgeschriebene Formular, welches nur die im Abs. 1 vorgesehenen Verfügungen umfaßt.

Der Mangel auch nur einer der im Absatz 6 vorgeschriebenen vier Formen macht die Verfügung des Absenders nichtig. Wie die Vorschrift des ersten Satzes des Abs. 6, so ist auch die zu ihrer weiteren Ausführung dienende des zweiten Satzes des Abs. 6 obligatorisch und absolut. Es liegt kein Grund vor, zwischen dem ersten und zweiten Satze des Abs. 6 einen Unterschied zu machen. Gegenüber dem unzweifelhaft klaren Wortlaute und der Stellung des Abs. 6 und 7 darf aus der Entstehungsgeschichte des Abs. 7 um so weniger das Gegenteil hergeleitet werden, als diese an sich durchaus keinen Anhalt dafür bietet. (Übereinstimmend auch Rosenthal 138; Hilscher 149; E. XXII 283. — A. M. Schwab 179 und App. Hof Genua; Z. XV 368, E. XXIV 128).

Mangels einer Bestimmung im Übereinkommen gelten die Grundsätze und Rechtsfolgen der Nichtigkeit nach Maßgabe der einzelnen Landesrechte (S. 8 und 44. — Unrichtig: Gerstner, Suppl. 23, 37.) Hat aber die Eisenbahn eine vorschriftswidrige Verfügung angenommen, so muß sie dieselbe auch ausführen (E. XVIII 156).

Um Unzuträglichkeiten zu vermeiden, welche durch Verfügungen in einer anderen als in der für Frachtbriefe zugelassenen Sprache entstehen, ist durch die Berner Revisionskonferenz (1905) in die Ausführungsbestimmungen § 7 als Abs. 2 die Bestimmung aufgenommen worden, daß für die Ausstellung der Verfügungen die Vorschriften des § 2 Abs. 2 und 3 der Ausführungsbestimmungen über die Ausstellung der Frachtbriefe gelten ([s. oben Art. 6 Anm. 47 S. 72] Prot. v. 14. Juli 1905).

105) **„Die Eisenbahn kann den Ersatz der Kosten verlangen, welche durch die Ausführung der im Absatz (1) vorgesehenen Verfügungen entstanden sind, insoweit diese Verfügungen nicht durch ihr eigenes Verschulden veranlaßt worden sind.“**

Die Eisenbahn (bzw. die an der Ausführung beteiligten Eisenbahnen) kann den Ersatz der Kosten verlangen, d. h. sie ist dazu berechtigt, aber nicht verpflichtet; sie darf, aber sie muß nicht. Die Worte „Ersatz der Kosten, welche . . . entstanden sind“ lassen erkennen, daß eine Vorauszahlung — außer in den Fällen des Art. 12 Abs. 2 — nicht verlangt werden darf, vielmehr sind die Kosten als auf dem Transport entstandene bare Auslagen (Art. 11 Abs. 2) zu behandeln, welche, insoweit sie der Absender nicht (wenn ihrer Höhe nach bekannt) bei der Verfügungserteilung berichtigt, als auf den Empfänger angewiesen gelten (Art. 12 Abs. 1), und auf welche Artikel 20ff. Anwendung finden.

Es ist ferner ersichtlich, daß nicht allgemein und von vornherein tarifarisch usw. bestimmte Gebühren, sondern nur die wirklich entstandenen Auslagen erhoben werden dürfen. Daher sind auch unter den „Kosten“ der Ausführung — wenn sich die Eisenbahn nicht zum Schaden des Absenders bereichern soll — nur die Mehrkosten zu verstehen, welche im Vergleiche zu den Kosten der ursprünglichen Ausführung des Frachtvertrages entstanden sind (sc. die Differenz). (Eisenb.-Tar. u. Verk.-Anz. XII Nr. 1).

Abs. 8 trifft nur Bestimmung über den Kostenanspruch aus der Ausführung der Verfügungen des Absenders, nicht aber auch darüber, ob im Falle der gemäß Abs. 1 verfügten Rückgabe des Gutes auf der Versand- oder einer Zwischenstation die Eisenbahn den Anspruch auf die volle Fracht bis zur Bestimmungsstation behält oder mit Rücksicht auf ihre verringerte Leistung eine Herabminderung ihres Frachtanspruches eintritt. Die Bestimmung des Art. 18 Abs. 2 kann für diesen Fall nicht analog zur Anwendung kommen, denn dort handelt es sich um den Rücktritt des Absenders vom Vertrage wegen Verhinderung der Ausführung durch Zufall oder höhere Gewalt, während hier eine lediglich durch den freien Willen des Absenders hervorgerufene Abänderung in der Ausführung des Vertrages in Frage steht. In solchen Fällen greift der allgemeine Grundsatz Platz, daß die Eisenbahn in ihrer kontraktlichen Lage nicht verschlechtert, ihr mithin die Leistung alles dessen, was sie am Bestimmungsorte zu fordern haben würde, nicht entzogen werden darf. Insofern also nicht in die internationalen Tarife eine entsprechende Beschränkung oder Festsetzung aufgenommen ist (Reugeld, Teilfracht), ist die Eisenbahn bei Ausführung der Verfügung des Absenders zur Forderung der vollen Fracht usw. bis zur Bestimmungsstation berechtigt (unrichtig: Gerstner S. 264) und — wie bei Verfügungen zur Ablieferung über die Bestimmungsstation hinaus oder auf seitwärts gelegenen Stationen oder zur Rücksendung an die Versandstation — der entsprechenden Mehrfracht, ebenso der Nachnahmeprovision (Art. 13 Abs. 2).

Auch die Schlußbestimmung des Absatzes 8, daß der Kostenanspruch nur geltend gemacht werden darf, insoweit diese Verfügungen nicht durch eigenes Verschulden der Eisenbahn veranlaßt worden sind, entspricht allgemeinen Rechtsregeln. Der Kostenanspruch geht verloren, gleichviel welche der beteiligten Eisenbahnen durch ihr Verschulden die Verfügung des Absenders verursacht hat (Art. 27).

Artikel 16.[106])

(1) Die Eisenbahn ist verpflichtet, am Bestimmungsorte dem bezeichneten Empfänger gegen Bezahlung der im Frachtbriefe ersichtlich gemachten Beträge und gegen Bescheinigung des Empfanges den Frachtbrief und das Gut auszuhändigen.[107])

(2) Der Empfänger ist nach Ankunft des Gutes am Bestimmungsorte berechtigt, die durch den Frachtvertrag begründeten Rechte gegen Erfüllung der sich daraus ergebenden Verpflichtungen in eigenem Namen gegen die Eisenbahn geltend zu machen, sei es, daß er hierbei in eigenem oder in fremdem Interesse handle.[108]) **Er ist insbesondere berechtigt, von der Eisenbahn die Übergabe des Frachtbriefes und die Auslieferung des Gutes zu verlangen.**[109]) **Dieses Recht erlischt,**

wenn der im Besitz des Duplikats befindliche Absender der Eisenbahn eine nach Maßgabe des Artikels 15 entgegenstehende Verfügung erteilt hat.[110])

(3) Als Ort der Ablieferung gilt die vom Absender bezeichnete Bestimmungsstation.[111])

Zusatz I.

Betriebsreglement des Vereins Deutscher Eisenbahnverwaltungen.

§ 54

(übereinstimmend mit dem vorstehenden Art. 16 des internationalen Übereinkommens über den Eisenbahn-Frachtverkehr).

Vgl. Übereinkommen zum Betriebsreglement des Vereins Deutscher Eisenbahnverwaltungen: Art. 16: Ablieferung der Güter.

106) Prinzip und Entstehungsgeschichte des Art. 16.

Im Art. 16 ist einerseits der Eisenbahn die Pflicht auferlegt, am Bestimmungsorte dem bezeichneten Empfänger gegen Bezahlung der im Frachtbriefe ersichtlich gemachten Beträge und gegen Empfangsbescheinigung den Frachtbrief und das Gut auszuhändigen (Abs. 1), anderseits dem Empfänger das Recht verliehen, die durch den Frachtvertrag begründeten Rechte gegen Erfüllung der sich daraus ergebenden Verpflichtungen nach Ankunft des Gutes am Bestimmungsorte gegen die Eisenbahn geltend zu machen (Abs. 2). Zugleich ist bestimmt, daß als Ablieferungsort die Bestimmungsstation gelten soll (Abs. 3).

Die Entstehungsgeschichte des Artikels 16 steht in engem Zusammenhange mit derjenigen des Artikels 15, so daß in erster Reihe auf die Entstehungsgeschichte des Artikels 15 (S. 178f.) Bezug zu nehmen ist.

Der Schweizer Entwurf (Art. 12) wollte die Bestimmungen über die Ablieferung des Gutes lediglich den Gesetzen und Reglements des Ablieferungsortes überlassen, also von jeder gemeinschaftlichen Regelung ausschließen. Gegen diese Auffassung wendete sich jedoch die Kritik des Schweizer Entwurfs (Eger, Die Einführung eines internationalen Eitenbahnfrachtrechts [1877]) und empfahl in betreff der Aushändigungspflicht der Eisenbahn und der Rechte des Empfängers auf Geltendmachung der Vertragsrechte gegen Erfüllung der Vertragspflichten die Aufnahme der bewährten Normen der Art. 403, 405 des Deutschen Handelsgesetzbuchs (S. 73f., 75f und Gegenentwurf Art. 10 und 12 S. 142, 143).

Dem schloß sich der Deutsche Entwurf (1878) vollständig an und brachte im wesentlichen als Art. 11 den in den Text des Übereinkommens übergegangenen Art. 16 in Vorschlag. Nur wurden in der II. Konferenz im ersten Absatz die Worte „der aus dem Frachtbriefe sich ergebenden Forderungen" ersetzt durch die Worte „der im Frachtbriefe ersichtlich gemachten Beträge", und im zweiten Absatz die Worte „der Absender" durch die Worte „der im Besitze des Duplikats befindliche Absender".

Indes ist die Fassung des ersten Absatzes des Artikels 16 nach der den Rechtsverhältnissen zwischen Eisenbahn, Absender und Empfänger zugrunde liegenden Rechtskonstruktion nicht korrekt und vollständig. Nach der herrschenden Lehre findet eine stillschweigende Zession der Rechte des Absenders mit den inhärierenden Pflichten an den Empfänger statt, welche die Eisenbahn diesem mit der Ankunft am Bestimmungsorte zu offerieren hat. Demgemäß ist die Eisenbahn verpflichtet, dem Empfänger den Eintritt in die gesamten Vertragsrechte gegen Übernahme aller Vertragspflichten zu offerieren und, wenn er sich durch eine der im Alin. 4 des Artikels 15 bezeichneten Handlungen zum Eintritt bereit erklärt, Zug um Zug zu erfüllen. Die Eisenbahn ist hiernach also nicht nur — wie es im Alin. 1 des Artikels 16 beschränkend heißt — am Bestimmungsort zur Aushändigung des Gutes gegen Bezahlung der im Frachtbriefe ersichtlich gemachten Beträge und Empfangsbescheinigung verpflichtet, sondern sie ist weitergehend dem Empfänger gegenüber zur Erfüllung aller ihr obliegenden Vertragspflichten gegen die durch den Frachtvertrag begründeten Gegenleistungen verbunden —, wie sich aus Art. 20, 21 klar ergibt und im Einklang mit Art. 16 Alin. 2 steht, wonach auch anderseits der Empfänger nach Ankunft des Gutes am Bestimmungsorte berechtigt ist, die durch den Frachtvertrag begründeten Rechte gegen Erfüllung der sich daraus ergebenden Verpflichtungen in eigenem Namen gegen die Eisenbahn geltend zu machen. Alin. 1 des Artikels 16 hebt nur eine einzelne Verpflichtung der Eisenbahn — die Aushändigungspflicht — und nur eine einzelne Gegenpflicht des Empfängers — die Bezahlung der im Frachtbriefe ersichtlich gemachten Beträge nebst Empfangsbescheinigung — hervor. Dies ist nach Vorstehendem zu eng und unvollständig. Die Eisenbahn ist vielmehr zur Erfüllnng aller Vertragspflichten gegen die Gewähr aller vertraglichen Gegenleistungen des Empfängers verpflichtet. Aus diesen Gründen ist in dem neuen Deutschen Handelsgesetzbuch der entsprechende Artikel 403 des alten Handelsgesetzbuchs gänzlich gestrichen und in der nenen Deutschen Eisenbahn-Verkehrsordnung § 76 Abs. 1 zur Beseitigung des Widerspruchs die Worte „gegen Bezahlung der im Frachtbriefe ersichtlich gemachten Beträge“ durch die Fassung: „gegen Bezahlung ihrer durch den Frachtvertrag begründeten Forderungen“ ersetzt worden. Es wäre richtig und notwendig gewesen, eine gleiche Änderung auch im Art. 16 Abs. 1 I. Ü. bei der Revision vorzunehmen (s. Eger, Eisenb. Verk.-Ord., 2 Aufl., S. 392ff.). (Unrichtig Gerstner, Suppl. 85). Dadurch, daß dies unterlassen worden ist, sind die vorhandenen Zweifel und Widersprüche bestehen geblieben.

Wie die Sache nun liegt, bleibt nur übrig, die bezüglichen Bestimmungen des Art. 16 Abs. 1 und Art. 17 durch die weiterreichenden Vorschriften des Art. 16 Abs. 2, Art. 20 und 21 zu vervollständigen bzw. zu ergänzen. Denn wenn auch Art. 16 Abs. 1 die Eisenbahn verpflichtet, Gut und Frachtbrief gegen Bezahlung der im Frachtbriefe ersichtlich gemachten Beträge und Empfangsbescheinigung dem Empfänger auszuhändigen, so ist sie doch zu dieser Aushändigung nur gegen

Erfüllung aller durch den Frachtvertrag begründeten Forderungen gemäß Art. 16 Abs. 2, Art. 20, 21 (Pfandrecht) gehalten. Es ist ihr ermöglicht, die Forderungen aus dem Frachtvertrage bei Aushändigung des Gutes auch dann dem Empfänger gegenüber geltend zu machen, wenn sie nicht im Frachtbriefe ersichtlich gemacht sind, indem sie sich an das Frachtgut als Pfandobjekt hält. Und wenn daher auch Art. 17 den Empfänger durch Annahme des Gutes und des Frachtbriefes nur zur Zahlung der im Frachtbriefe ersichtlich gemachten Beträge verpflichtet, so folgt doch aus Art. 16 Abs. 2 in Verbindung mit Art. 20, 21, daß sich diese Verpflichtung auf alle durch den Frachtvertrag begründeten Forderungen erstreckt (Eger, E.V.O., 2. Aufl., S. 410 ff.).

107) **„Die Eisenbahn ist verpflichtet, am Bestimmungsorte dem bezeichneten Empfänger gegen Bezahlung der im Frachtbriefe ersichtlich gemachten Beträge und gegen Bescheinigung des Empfanges den Frachtbrief und das Gut auszuhändigen."**

A.

Der Eisenbahn liegt nach Abs. 1 des Art. 16 „die Verpflichtung ob, am Bestimmungsorte dem bezeichneten Empfänger . . . den Frachtbrief und das Gut auszuhändigen".

1. Dem Absender gegenüber ist die Eisenbahn mit dem Moment der Ankunft des Gutes am Bestimmungsorte vertragsmäßig nicht nur verpflichtet, sondern auch — (mangels einer Konterorder) — berechtigt, das angelangte Gut an den Empfänger abzuliefern. Dagegen dem Empfänger gegenüber ist sie nur verpflichtet — unter Erfüllung der Gegenleistungen —, das Gut abzuliefern; sie ist aber, ohne daß der Empfänger durch einen Annahmeakt (Annahme des Frachtbriefes usw.) seinen Willen, in den Frachtvertrag einzutreten, kundgegeben hat, nicht berechtigt, von diesem die Annahme des Gutes zu verlangen. Der Destinatär ist zur Annahme an sich nicht verpflichtet (s. unten S. 209 und Z. II 54, 55, E. X 258); er kann das Gut zurückweisen und macht sich durch ungerechtfertigte Zurückweisung aus dem zugrunde liegenden Geschäft (Kauf, Lieferung) dem Absender, nicht aber der Eisenbahn verantwortlich. Weist der Empfänger das Gut zurück, so tritt er in den Frachtvertrag nicht ein, und der Absender bleibt allein zur Erfüllung der Vertragspflichten gegenüber der Eisenbahn verbunden. Der Versandbahn liegt es ob, und sie ist aktiv legitimiert, diese gegen den Absender geltend zu machen (Z. XII 150, E. XXI 61). Sobald aber ein Annahmeakt des Empfängers erfolgt ist (z. B. durch Annahme des Frachtbriefes), ist die Eisenbahn auch diesem gegenüber berechtigt, die Abnahme des Gutes zu verlangen. Die Pflicht der Eisenbahn zur Aushändigung bzw. das korrelate Recht des Empfängers, dieselbe zu verlangen, beginnt mit dem Moment der Ankunft am Bestimmungsort.

Die Pflicht zur Aushändigung liegt der Eisenbahn nur „Zug um Zug" gegen Erfüllung der kontraktlichen Gegenleistungen seitens des Empfängers ob. Daher ist sie zur Aushändigung nur verpflichtet gegen Zahlung der im Frachtbriefe ersichtlich gemachten Beträge und gegen

Bescheinigung des Empfangs (Senckpiehl, Sp.- u. Sch.-Ztg. XVI Nr. 13), ausgenommen bei Frankofracht, und hat wegen aller durch den Frachtvertrag begründeten Forderungen ein Pfandrecht an dem Gute (Art. 20, 21). Die Eisenbahn ist zur Vorleistung nicht verpflichtet. Sie kann und muß somit, wenn die gleichzeitige Zahlung der Fracht usw. verweigert wird, von ihrem Pfandrechte (Art. 20, 21) Gebrauch machen, zumal sie andernfalls die aus der Nichtausübung des Pfandrechts sich ergebenden Nachteile treffen (Art. 23 Abs. 2).

2. „Aushändigung" ist begrifflich gleichbedeutend mit Ablieferung (Auslieferung, Ausantwortung, Übergabe des Gutes). Über die Begriffe der Ablieferung s. Art. 30 Anm. 159 III. Das Verfahren bei Ablieferung der Güter sowie die etwaige Verpflichtung der Eisenbahn, das Gut einem nicht an der Bestimmungsstation wohnhaften Empfänger zuzuführen, richtet sich nach den für die abliefernde Bahn geltenden gesetzlichen und reglementarischen Bestimmungen (Art. 19). Danach bestimmt sich auch die Pflicht zur Avisierung (Art. 19 Anm. 121, Art. 30 Anm. 158, Z. IV 105, V 225, 512, VI 597, VII 477, 716). Über die Frage, ob und inwieweit die gesetzlich vorgeschriebene Ablieferung des Gutes an eine Zoll-, Steuer- oder sonstige Revisions- und Kontrollbehörde als „Aushändigung" im Sinne des Art. 16 anzusehen ist, s. Art. 30 Anm. 159, E. XIX 330).

3. „Am Bestimmungsorte". Die Eisenbahn (s. Anm. 111, 159 und 161) ist zur Aushändigung des Gutes am Bestimmungsorte verpflichtet, d. h. auf der im Frachtbriefe bezeichneten Bestimmungsstation. Indem Abs. 3 des Art. 16 als Ort der Ablieferung die vom Absender bezeichnete Bestimmungsstation bezeichnet, wird festgesetzt, daß am Bestimmungsorte das Stationslokal, d. i. der Bahnhof, die Ablieferungsstelle ist, daß mithin das Gut nicht Bring-, sondern Holgut ist derartig, daß der Empfänger am Bestimmungsorte dasselbe aus den Stationslokalen zu holen hat und die Eisenbahn ihrer Ablieferungspflicht genügt, wenn sie das Gut auf der Station dem Empfänger bzw. seinem Vertreter, von ihm beauftragten Rollführer (E. XIX 337) usw., aushändigt (irrig Gerstner, Suppl. 87). Ihre Haftpflicht ex recepto gemäß Art. 30 findet daher auch hier ihr Ende.

Die Bestimmung hat — so aufgefaßt — auch ferner noch für den Fall besondere Bedeutung, daß am Bestimmungsorte mehrere Stationen (Bahnhöfe) bestehen. Alsdann soll Ort der Ablieferung am Bestimmungsorte diejenige Station sein, welche der Absender speziell bezeichnet hat. Die Ablieferungsbahn kann zwar nach ihren lokalen (landesrechtlichen, reglementarischen) Bestimmungen verpflichtet sein, das Gut am Bestimmungsorte dem Empfänger von der Station nach seiner Behausung, seinem Geschäftslokal usw. oder nach einem nicht an der Eisenbahn belegenen Orte zuzuführen, aber für diesen Transport besteht nicht mehr die strenge Haftung aus dem internationalen Eisenbahnfrachtvertrage gemäß Art. 30, weil als Ablieferungsort die Station gilt (Z. VI 748).

4. Wer als „Empfänger" anzusehen ist, ist bei Art. 6 Abs. 1 lit. c (Anm. 35 S. 58) erörtert. Auch der Absender selbst kann zugleich

Empfänger, ebenso wie der Empfänger zugleich Absender sein. Zum Zwecke der Aushändigung hat die Eisenbahn am rechten Orte und zur rechten Zeit den durch den Frachtbrief bezeichneten Empfänger auszumitteln (arg. Art. 24). Die Prüfung der Legitimation geht auf Gefahr der Eisenbahn, außer insoweit der Absender unrichtige, undeutliche oder ungenaue Angaben gemacht hat oder sich den Avis hat entwenden lassen usw. (Z. VI 597, II 257). Der regelmäßige Fall ist, daß durch den Frachtbrief der Empfänger bezeichnet ist. Ein Frachtgut, welches die Eisenbahn irrtümlich usw. an eine andere als die im Frachtbriefe bezeichnete Person ausgefolgt hat, gilt in Ansehung der Ersatzpflicht der Eisenbahn als in Verlust geraten und ist gemäß Art. 34 zu entschädigen, wenn nicht der Fall des Art. 41 vorliegt (Z. V 435, E. XIX 97); es müßte denn sein, daß der Empfänger durch seine Schuld den Irrtum veranlaßt hat, z. B. dadurch, daß er sich den Avis hat entwenden lassen (Z. VI 597). Der Aushändigung an den im Frachtbriefe bezeichneten Empfänger steht gleich die Aushändigung an seinen Zessionar oder Bevollmächtigten oder an denjenigen, an welchen der Empfänger — nach Empfang des Frachtbriefes — die Eisenbahn auszuhändigen angewiesen hat (vgl. Art. 15 Abs. 4). Von letzterem Gesichtspunkte aus ist auch im konkreten Falle zu entscheiden, ob die Aushändigung an den Rollfuhrmann als Aushändigung an den Empfänger anzusehen ist (Z. V 435, X 228, E. XIX 104, 337). An ein Familienmitglied: XIX 112. Zur Legitimation des Empfängers ist nicht erforderlich, daß er das Frachtbriefduplikat besitzt.

Vor Erreichung des Bestimmungsortes ist die Eisenbahn — außer im Falle entsprechender Anweisung des mit Frachtbriefduplikat versehenen Absenders — zur Ablieferung des Gutes an den Adressaten nicht befugt und dieser zur Empfangnahme nicht legitimiert. Liefert die Eisenbahn daher vor Ankunft des Gutes am Bestimmungsort dasselbe an den Empfänger ab, so ist sie zwar diesem gegenüber von der Haftpflicht frei, nicht aber gegenüber dem Absender (Z. III 354). Liefert die Eisenbahn nach Ankunft am Bestimmungsort und nach Aushändigung des Frachtbriefes an den Empfänger oder nach dessen Klagezustellung darauf das Gut nicht an diesen, sondern an den Absender oder eine andere von diesem bezeichnete Person ab, so bleibt sie dem Empfänger haftpflichtig. Dagegen wird sie von der Haftpflicht frei, wenn sie dies auf entsprechende Anweisung des Absenders vor Aushändigung des Frachtbriefes an den Empfänger oder vor Klagezustellung desselben tut.

5. Die Aushändigungspflicht der Eisenbahn erstreckt sich auf den Frachtbrief (Art. 6) und das Gut (Art. 1, 2 und 3). Zum Frachtbrief gehören auch die Begleitpapiere (Art. 10), insoweit dieselben nicht unterwegs davon getrennt werden mußten, zum Gut auch die Pertinenzien, Emballagen, Verpackung usw.

Ob die Eisenbahn zur vorgängigen Vorzeigung des Gutes verpflichtet ist, damit der Empfänger dasselbe zu prüfen vermöge, hängt von den lokalen Verhältnissen und Vorschriften der Empfangsstation ab (A. M. C.A. Z. XI 237, 238). Fehlen derartige Vorschriften, so liegt es in der Natur der Sache und in den Verhältnissen des Eisenbahnbetriebes, daß zwar eine vorgängige äußere Besichtigung verlangt werden kann und zu gestatten ist (Wehrmann 187; Rundnagel 239; Staub 1536; Hertzer gemäß § 809 B.G.B.; V.Z. 1903 Nr. 75), nicht aber auch eine innere. A. M. sind Sarrut 433, Emion 254, Férand-Girard I/II 919, Féolde Nr. 360, Bédarride I 340, Boistel 1186, Poulle Nr. 89 und die französische Rechtsprechung Z. XIII 104/7, E. XXI 363, welche den Empfänger auch zur inneren Besichtigung für berechtigt halten, und anderseits Schwab 204, Gerstner 402, C.A. Z. XI 238 und D. Beamten-Ztg. 1903 Nr. 29, welche weder eine äußere noch eine innere Besichtigung für zulässig erklären (vgl. noch Ritter, VZ. 1908 Nr. 27).

Ist die Eisenbahn bereit, nach Ankunft am Bestimmungsort das Frachtgut gegen Erfüllung der Gegenleistungen dem Empfänger auszuliefern, so gerät der Empfänger, wenn er den Empfang des Gutes verzögert oder verweigert, in Annahmeverzug und hat nach Maßgabe der Landesgesetze die Folgen dieses Verzuges zu tragen (Z. V 198, Sp.- u. Sch.-Ztg. XI Nr. 22). Durch eine Reklamation oder Klage wird die Pflicht zur Annahme nicht beseitigt oder bis zur Erledigung sistiert (Z. IV 440, Z. IV 96). Zwar ist die Annahme des Empfängers der Eisenbahn gegenüber eine freiwillige (s. S. 206); ist die Annahme aber geschehen, so hat er nunmehr rückbezüglich die Folgen der nicht rechtzeitigen usw. Annahme zu tragen, weil er damit alle Pflichten des Frachtvertrages, also auch die zur ordnungsmäßigen Annahme des Gutes der Eisenbahn gegenüber übernommen hat. Der Verzögerung oder Verweigerung der Annahme steht es gleich, wenn der Empfänger zwar das Gut an sich nehmen, aber die Gegenleistungen nicht erfüllen will.

B.

Die im vorstehenden (S. 206 f.) erörterte Pflicht zur Aushändigung des Gutes und des Frachtbriefes an den Empfänger liegt der Eisenbahn nach Art. 16 Abs. 1 nur ob „gegen Bezahlung der im Frachtbriefe gemachten Beträge und gegen Bescheinigung des Empfanges".

Aus Wortlaut und Absicht des Art. 16 Abs. 1 folgt (arg. Art. 16 Abs. 2, Art. 17, 20, 21), daß die beiderseitigen Leistungen Zug um Zug zu erfolgen haben, mithin gesetzlich kein Teil zur Vorleistung verpflichtet ist. Die Worte „gegen Bezahlung . . . und gegen Empfangsbescheinigung" lassen klar erkennen, daß es sich um die sofortigen Gegenleistungen des Empfängers, Zug um Zug, handelt. Es liegt jedoch in der Natur des Eisenbahnverkehrs, daß die Leistungen beider Teile nicht uno actu und gleichzeitig erfolgen können. Es ist daher eine Regelung in betreff der zeitlichen Reihenfolge der vorzunehmenden Leistungen erforderlich, welche — als zu den Ablieferungsmodalitäten gehörig — gemäß Art. 19 durch die für die abliefernde Bahn geltenden gesetzlichen und reglementarischen Bestimmungen zu erfolgen hat. (Vgl. § 57 Zusätzl. Best. Ziff. 7 des Ver.-Betr.-Regl.,

§ 68 Ziff. 7 der Deutschen Verkehrsordnung und des Öster.-Ungar.-Betriebsregl.)

1. Die erste Bedingung ist die „Bezahlung der im Frachtbriefe ersichtlich gemachten Beträge".

Jedoch sind diese Beträge nicht etwa skripturmäßig für die Zahlungspflicht maßgebend, sondern bei irriger Berechnung und Angabe auf dem Frachtbriefe entscheiden die in Betracht kommenden Tarife bzw. die sich aus den in Bezug genommenen Reglements, Tarifen usw. zu berechnenden Beträge, auch wenn sie mit den im Frachtbriefe vermerkten zahlenmäßig nicht übereinstimmen (Art. 12 Anm. 84 S. 149 f.) (Eger, D. Frachtr. 2. Aufl. II 372 ff; Rosenthal 155; unrichtig Gerstner, Suppl. 57, 58, 85 ff.).

Zu den hier in Betracht kommenden Beträgen gehört in erster Reihe die eigentliche Frachtforderung nach den in den Tarifen angegebenen Frachtsätzen (Art. 11 Abs. 1 Anm. 75 S. 133 f.), ferner Vergütungen für besondere im Tarife vorgesehene Leistungen und bare Auslagen, d. h. an Spesenforderungen (Art. 11 Abs. 2 Anm. 78 S. 139 f.), sodann die Nachnahmeforderungen (Art. 13 Anm. 88 f. S. 158 f.), Zollgefälle, Stempel- und Steuergebühren (Art. 10), Frachtzuschläge bzw. Konventionalstrafen (Art. 7 Abs. 4 bzw. § 3 Ausf.-Best.) und Assekuranzprämien (Art. 38 bzw. § 8 Ausf.-Best.). Daß die Forderung der Eisenbahn an den Empfänger mit Rücksicht auf Art. 16 Abs. 2, Art. 20, 21 auf diese im Frachtbriefe ersichtlich gemachten Beträge nicht beschränkt ist, ist bereits oben Anm. 106 S. 205 eingehend erörtert.

Ist die Eisenbahn nicht in der Lage, das ganze Gut auszuhändigen, so kann sie auch nicht die gesamte Fracht usw. vom Empfänger als Gegenleistung fordern. Zwar ist der Empfänger nicht berechtigt, die Annahme des Gutes wegen Beschädigung, Verminderung oder Verspätung (außer im Falle des Artikels 33) zu verweigern, weil das Abandonsystem wegen Beschädigung usw. des Gutes dem System des internationalen Übereinkommens an sich fremd ist. Wohl aber darf die Eisenbahn, wenn sie nur einen (selbständigen) Teil des Gutes auszuhändigen vermag, auch nur einen entsprechenden, verhältnismäßigen Teil der Fracht usw. als Gegenleistung beanspruchen (Rosenthal 155; Z. II 54. — A. M. Schwab 205). Dagegen darf sie gegen Aushändigung des ganzen, wenngleich qualitativ und quantitativ mangelhaften (d. h. verdorbenen, beschädigten oder durch Manko verminderten) Gutes vom Empfänger alle im Frachtbrief ersichtlich gemachten Frachtbeträge fordern (Z. II 54). Sie darf die vollen im Frachtbriefe ersichtlich gemachten Beträge auch dann fordern, wenn erweislich oder angeblich dieselben unrichtig berechnet sind, und ist anderenfalls zur Ablieferung nicht verpflichtet. Der Empfänger darf aus diesem Grunde die Empfangnahme nicht ablehnen, da er sich mit der Annahme nicht präjudiziert, vielmehr der Rückerstattungsanspruch ihm gewahrt bleibt (Art. 12 Abs. 4) und die schnelle Abwickelung des Frachtgeschäfts nicht durch derartige Einreden verhindert werden darf (Z. VII 324).

2. Die zweite Bedingung ist die Bescheinigung des Emp-

fanges. Für Zeit und Form der Bescheinigung sind — mangels besonderer Bestimmungen im Übereinkommen — die gesetzlichen und reglementarischen Bestimmungen der abliefernden Bahn maßgebend. Bezüglich des Inhaltes enthält nur Art. 44 Abs. 3 die besondere Vorschrift, daß, wenn von mehreren auf dem Frachtbriefe verzeichneten Gegenständen einzelne bei der Ablieferung fehlen, der Empfänger in der Empfangsbescheinigung (Art. 16) die nicht abgelieferten Gegenstände unter spezieller Bezeichnung derselben ausschließen kann.

Daraus folgt arg. e contr. und wird auch durch Art. 44 Abs. 3 Satz 2 bestätigt, daß der Empfänger andere Ausstellungen bzw. Vorbehalte in der Empfangsbescheinigung nicht aufnehmen darf, außer unter Zustimmung der Bahn, welche freilich schon dann anzunehmen sein wird, wenn sie eine mit derartigen Vorbehalten versehene Empfangsbescheinigung anstandslos annimmt. Doch steht es nach Art. 44 Abs. 3 Satz 1 dem Empfänger frei, die Annahme des Gutes und bzw. die Empfangsbescheinigung auch nach Annahme des Frachtbriefes und Bezahlung der Fracht so lange zu verweigern, als nicht seinem Antrage auf Feststellung der von ihm behaupteten Mängel stattgegeben ist. Hierzu ist aber die Eisenbahn gemäß Art. 25 nicht verpflichtet. Der Regel nach hat sich also die Empfangsbescheinigung lediglich auf den Empfang des Gutes zu beschränken. Die Eisenbahn ist nicht befugt, das Anerkenntnis des tadellosen, rechtzeitigen usw. Empfanges in der Bescheinigung zu fordern, sondern lediglich eine Quittung, welche den Empfang der ausgehändigten Quantität unter näherer Bezeichnung der Kolli, der Verpackungsart und Merkzeichen sowie das Datum der Empfangnahme bescheinigt. Ein Anerkenntnis der Qualität, der Einhaltung der Lieferfrist, der Unversehrtheit usw. darf nicht verlangt werden. Ebensowenig die Vorzeigung des Frachtbriefduplikats, da Art. 16 eine solche nicht erfordert (Z. I 118, III 35, IV 51); siehe jedoch über Abgabe eines im Frachtbriefe vermerkten Aufgaberezepisse: Z. II 330. Sache der Eisenbahn ist es aber, hierbei die Legitimation und Identität der den Empfang Bescheinigenden zu prüfen und im Streitfalle die Richtigkeit der Unterschrift zu beweisen (Z. VII 29), außer wenn eine besondere Form, z. B. die Vorweisung des bahnamtlichen Beweis- und Bezugsscheines, ausdrücklich vorgeschrieben ist. Alsdann ist der Besitzer derselben zur Empfangnahme und Quittungsleistung legitimiert und die Eisenbahn nicht verpflichtet, die Echtheit der Unterschrift und die Identität der Person festzustellen (Z. VII 482).

Ein Antrag Österreich-Ungarns in der Berner Revisionskonferenz (1905), bei bahnlagernden Gütern den Überbringer des Frachtbriefduplikats zur Empfangnahme des Gutes zu ermächtigen und so die Versendung der Waren noch vor deren Verkauf zu ermöglichen, wurde als nicht dem Bedürfnis entsprechend und die Rechtsnatur des Duplikats ändernd abgelehnt (Prot. v. 12. Juli 1905).

Die Eisenbahn, welche es unterlassen hat, sich bei Ablieferung des Gutes eine Empfangsbescheinigung ausstellen zu lassen, muß im Streitfalle auf andere Weise die ordnungsmäßige Aushändigung des Gutes beweisen (Z. VII 595).

108) „Der Empfänger ist nach Ankunft des Gutes am Bestimmungsorte berechtigt, die durch den Frachtvertrag begründeten Rechte gegen Erfüllung der sich daraus engebenden Verpflichtungen in eigenem Namen gegen die Eisenbahn geltend zu machen, sei es, daß er hiebei in eigenem oder in fremdem Interesse handle.“

I. Der im Abs. 1 ausgesprochenen Pflicht der Eisenbahn steht im Absatz 2 das Recht des Empfängers gegenüber, die durch den Frachtvertrag begründeten Rechte gegen Erfüllung der sich daraus ergebenden Verpflichtungen in eigenem Namen gegen die Eisenbahn geltend zu machen.

II. Der Empfänger, d. h. der „bezeichnete Empfänger“ im Sinne des Absatzes 1 (Anm. 107 S. 208) erlangt dieses Recht „nach Ankunft des Gutes am Bestimmungsorte“, d. h. nach beendetem Transporte. Diese Worte sprechen — wie oben S. 210 des näheren erläutert — die tatsächliche Voraussetzung aus, von welcher die Befugnis des Empfängers zum Eintritt in den Frachtvertrag (bzw. die Zessionsofferte des Absenders an ihn) abhängt. Entscheidend ist für die Beendigung des Transportes die Ankunft des Gutes oder — was dem gleichsteht — das Ankommensollen des Gutes nach Maßgabe der Bestimmungen des Frachtvertrages (Lieferfrist). (D. Reichsger. 11. Nov. 1899, E. XVI 339; Goldschmidt I 2 S. 745ff.; Thöl III 65; Schott III 401; v. Hahn § 10 z. Art. 405 A. H.H.B.; Staub Art. 405 § 1; desgl. Hertzer 113. — A. M. Lehmann-Ring II 342; Makower 1449; Düringer-Hachenburg II 594; Rundnagel 249).

Aus den Worten „nach Ankunft des Gutes am Bestimmungsorte“ folgt e contrario, daß bis zu diesem Zeitpunkte dem Empfänger, auch wenn er sich im Besitze des Frachtbriefduplikats befindet (Art. 15 Abs. 2 Anm. 98 S. 190) oder ihm vorzeitig der Frachtbrief übergeben worden ist, eine selbständige Berechtigung zum Eintritt in den Frachtvertrag nicht zusteht.

III. Von dem vorerörterten Zeitpunkte — der Ankunft des Gutes am Bestimmungsorte — ab ist der bezeichnete Empfänger berechtigt, die durch den Frachtvertrag begründeten Rechte — gegen Erfüllung der sich daraus ergebenden Verpflichtungen — in eigenem Namen gegen die Eisenbahn geltend zu machen. Art. 16 verleiht dem Empfänger ein eigenes, selbständiges, nicht vom Absender bzw. einer Vollmacht desselben abgeleitetes Recht gegen die Eisenbahn. Die „Berechtigung“, von welcher Art. 16 spricht, ist aber noch nicht das Recht aus dem Frachtvertrage selbst, sondern es ist nur die Legitimation, in den Frachtvertrag einzutreten, d. h. die selbständige Befugnis zum Erwerbe der Rechte aus dem Frachtvertrage. Daraus ergeben sich aber folgende wichtige Konsequenzen:

a) Bis zur Annahme der Zessionsofferte durch den Empfänger mittelst einer der vorbezeichneten Willensakte ist der Absender alleiniger dominus negotii (mit der im Art. 15 Abs. 2 bestimmten Einschränkung) und kann als solcher in Übereinstimmung mit der Eisenbahn die Vertragsrechte beliebigen Modifikationen unterziehen. Die Eisenbahn hat noch kein Recht, die Annahme des Gutes und alsdann

Zug um Zug die Erfüllung der Gegenleistungen (Zahlung der Fracht) vom Empfänger zu verlangen. Denn mit der Ankunft des Gutes am Ablieferungsorte wird der Empfänger zwar berechtigt, nicht aber verpflichtet, in den Frachtvertrag einzutreten (Z. II 54). Wenn der Adressat in den Frachtvertrag nicht eingetreten ist, gibt es keinen Empfänger. Die Eisenbahn kann sich nur an den Absender halten (E. XXI 62).

b) Mit der Annahme der Zessionsofferte durch den Empfänger mittelst eines der im Art. 16 bezeichneten formellen Akte — Empfangnahme des Frachtbriefes usw. oder Klagezustellung darauf — wird der Empfänger, auch wenn er sich nicht im Besitze des Frachtbriefduplikates befindet, alleiniger dominus negotii und der Eisenbahn gegenüber vertragsberechtigt, aber auch zur Erfüllung der Gegenleistungen verpflichtet. Die Vertragsrechte, nicht bloß das Dispositionsrecht, des Absenders erlöschen gänzlich, selbst wenn er das Frachtbriefduplikat besitzt.

IV. Die Berechtigung des Empfängers, nach Ankunft des Gutes am Bestimmungsorte die durch den Frachtvertrag begründeten Rechte gegen die Eisenbahn geltend zu machen, besteht nur „gegen Erfüllung der sich daraus, d. h. aus dem Frachtvertrage ergebenden Verpflichtungen". Wie diese Worte klar ergeben, handelt es sich um sofortige gleichzeitige Gegenleistung des Empfängers „Zug um Zug". Weil aber im praktischen Verkehr ein ganz gleichzeitiges Leisten mit Schwierigkeiten verknüpft, in gewissen Fällen sogar unmöglich ist, so können über die Reihenfolge der gegenseitigen Leistungen — als zu den Ablieferungsmodalitäten (Art. 19) gehörig — gesetzliche oder reglementarische Festsetzungen getroffen werden.

V. Die Geltendmachung der Vertragsrechte gegen Erfüllung der Vertragspflichten seitens des Empfängers erfolgt „in eigenem Namen" Diese Worte bilden den Schwerpunkt des Art. 16. Die Vorschrift, daß der Empfänger die durch den Frachtvertrag begründeten Rechte „in eigenem Namen" gegen die Eisenbahn geltend machen darf, stellt diese Berechtigung des Empfängers als eine eigene, selbständige, nicht auf einem präsumtiven oder wirklichen Vollmachtsverhältnisse zum Absender beruhende hin. Es ist damit das Verkehrsbedürfnis anerkannt, dem Empfänger durch positive Gesetzesbestimmung ein eigenes Recht, unabhängig vom Absender, zu verleihen.

VI. Dem Empfänger ist die Befugnis gegeben, die durch den Frachtvertrag begründeten Rechte in eigenem Namen „geltend zu machen", und durch diesen allgemeinen Ausdruck darauf hingedeutet, daß dies auf jede rechtlich zulässige Weise, mithin nicht allein durch Klage (Z. XI 345, E. XX 234), sondern auch im Wege der Widerklage, der Kompensation usw. gegen die Forderungen der Eisenbahn geschehen könne (Art. 28, 46).

VII. Die Geltendmachung seitens des Empfängers darf in eigenem Namen erfolgen, „sei es, daß er hierbei in eigenem oder in fremdem Interesse handle".. Diese Worte deuten in genauer

Übereinstimmung mit dem in den Art. 15 ff. aufgestellten Prinzip zur Vermeidung aller Zweifel an, daß die eigene Berechtigung, welche dem Empfänger durch den Eintritt in den Frachtvertrag und aus demselben gewährt wird, nicht davon abhängig ist, in wessen Interesse er dieselbe ausübt, und daß der Empfänger daher zur Ausübung der Rechte auf Grund des Frachtvertrages befugt und legitimiert ist, gleichviel ob er hierbei in eigenem oder fremdem Interesse handelt. Die Eisenbahn ist verpflichtet, ungeachtet derartiger Interessen Dritter, dem Empfänger strikte die ihm aus dem Frachtvertrage zustehenden Leistungen zu gewähren (E. XIX 144). Weder die obligatorischen Beziehungen, welche zwischen Absender, Empfänger oder Dritten aus einem dem Frachtvertrage zugrunde liegenden Rechtsgeschäfte (Kauf, Tausch, Lieferung usw.) bestehen, noch die dinglichen Beziehungen, in welchen entweder die Frachtvertragskontrahenten (Absender, Eisenbahn, Empfänger) oder Dritte zum Frachtgute stehen (Eigentum, Pfandrecht, Detention, Tradition, juristischer Besitz usw., überhaupt alle dinglichen Rechte am Gute), erleiden durch die Bestimmung des Art. 16 irgendeine Veränderung (E. XIX 144).

109) „**Er** (sc. der Empfänger) **ist insbesondere berechtigt, von der Eisenbahn die Übergabe des Frachtbriefes und die Auslieferung des Gutes zu verlangen.**“

Die Berechtigung des Empfängers umfaßt nicht bloß die Übergabe des Frachtbriefes und die Auslieferung des Gutes, sondern alle durch den Frachtvertrag begründeten Rechte, d. i. auf Ersatz für Verlust, Verspätung, Beschädigung, Veruntreuung usw. des Gutes (s. S. 205 ff.). Das Recht auf Übergabe des Frachtbriefes und Auslieferung des Gutes ist durch das Wort „insbesondere“ nur als das wesentlichste ausdrücklich hervorgehoben. „Auslieferung des Gutes“ ist identisch mit der im Art. 30 gebrauchten Fassung „Ablieferung“ bzw. der im Art. 16 Abs. 1 gewählten „Aushändigung“. Es kann daher lediglich auf die ausführlichen Erörterungen dieses Begriffes in den Anm. 107 und 159 Bezug genommen werden.

Der Ausdruck „Verlangen“ endlich ist absichtlich so allgemein gewählt, daß er einerseits die prozessualische (Klage), anderseits aber auch jede andere Form der Geltendmachung des Rechts des Empfängers auf den Frachtbrief und das Gut in sich begreift.

110) „**Dieses Recht erlischt, wenn der im Besitze des Duplikats befindliche Absender der Eisenbahn eine nach Maßgabe des Artikels 15 entgegenstehende Verfügung erteilt hat.**“

Der vorstehende Schlußsatz des Abs. 2 enthält die einzige Beschränkung des Rechts des Empfängers, nach Ankunft des Gutes am Bestimmungsort die Rechte aus dem Frachtvertrage gegen Erfüllung der Vertragspflichten gegen die Eisenbahn geltend zu machen. Nach Art. 15 Abs. 4 hat auch nach der Ankunft des Gutes am Bestimmungsort der im Besitze des Frachtbriefduplikats befindliche Absender das Verfügungsrecht über das Gut (Art. 15 Abs. 1) noch so lange, bis dem Empfänger der Frachtbrief übergeben oder der Eisenbahn die Klage des Empfängers auf Übergabe des Frachtbriefes und Auslieferung des Gutes zugestellt ist. Ist weder Frachtbriefübergabe noch Klagezustellung erfolgt, so darf der im Besitze des Frachtbriefduplikats befindliche Absender der Eisenbahn rechtsgültig Anweisungen gemäß Art. 15 erteilen und bringt dadurch das Recht des Empfängers, in den Frachtvertrag einzutreten, zum Erlöschen. Denn dieses Recht erfordert als Vorbedingung die Übergabe des Frachtbriefes oder die Zustellung der Klage. Bis dahin hat die Eisenbahn den Anweisungen des im Besitze des Frachtbriefduplikats befindlichen Absenders Folge zu leisten, nachher ist der Empfänger allein berechtigt und der Absender nicht mehr zu Anweisungen legitimiert.

Dieses Recht „erlischt", d. h. es hört vollständig zu bestehen auf und kann nicht wieder aufleben. Das Erlöschen des Rechtes des Empfängers wird nur herbeigeführt durch „eine nach Maßgabe des Artikels 15 entgegenstehende Verfügung des im Besitz des Duplikats befindlichen Absenders". Die erste Voraussetzung ist, daß sich der Absender bei Erteilung der Verfügung im Besitze des Frachtbriefduplikats befindet. Anderenfalls ist die Verfügung nicht rechtsgültig, und das Recht des Empfängers erlischt nicht. Die zweite Voraussetzung ist, daß die Verfügung eine nach Maßgabe des Artikels 15 „entgegenstehende" ist, d. h. in Hinsicht auf die Zeit, den Inhalt und die Form den Vorschriften des Artikels 15 entspricht und materiell dem Rechte des Empfängers aus Abs. 2 Satz 1 und 2 des Artikels 16 entgegensteht. Was die Zeit anlangt, so muß die Verfügung vor Übergabe des Frachtbriefes an den Empfänger oder vor Zustellung der Klage desselben gegen die Eisenbahn auf Auslieferung des Frachtbriefes und Gutes erfolgt sein (Art. 15 Anm. 100 S. 194 ff., E. XVIII 359, Z. X 164).

Die Form der Verfügung endlich muß den Normen des Absatzes 6 des Artikels 15 entsprechen (Anm. 103). Jede in anderer Form gegebene Verfügung des Absenders ist nichtig (Anm. 104).

111) „Als Ort der Ablieferung gilt die vom Absender bezeichnete Bestimmungsstation."

Abs. 1 des Artikels 16 bestimmt, daß die Eisenbahn verpflichtet ist, „am Bestimmungsorte" dem bezeichneten Empfänger Frachtbrief und Gut auszuhändigen bzw. abzuliefern. Ort der Ablieferung ist also der im Frachtbriefe (oder durch nachträgliche Verfügung) bezeichnete „Bestimmungsort". Nach der wiederholt in den Verhandlungen ausgesprochenen, auch im Art. 1 zum Ausdruck gekommenen Tendenz erstreckt sich das Übereinkommen nur auf den Eisenbahntransport, und findet der internationale Eisenbahntransport auf dem Schienenwege seine Begrenzung. Um daher jedem Zweifel zu begegnen, ob das Gut nach den Normen des internationalen Übereinkommens Holgut oder Bringgut sei, d. h. von dem Empfänger auf der Bestimmungsstation abzuholen oder diesem bahnseitig nach seiner Behausung, seinem Geschäftslokale oder nach einem nicht an der Eisenbahn belegenen Orte zu überbringen (zuzuführen) sei, bestimmt Abs. 3 des Artikels 16 zur Deklaration des Wortes „Bestimmungsort" im Art. 15 Abs. 4, Art. 16 Abs. 1 und 2, daß als Ort der Ablieferung die vom Absender bezeichnete Bestimmungsstation gilt, d. h. der Bahnhof, die Station des Bestimmungsortes. Gleichviel also, ob der bezeichnete Bestimmungsort an der Eisenbahn belegen ist oder nicht, Ort der Ablieferung ist in jedem Falle die für den Bestimmungsort maßgebende Bestimmungsstation, der Bahnhof, wo der Schienenweg endet. Nur dort ist nach Maßgabe des internationalen Übereinkommens die Eisenbahn abzuliefern verpflichtet (durchaus irrig und willkürlich Gerstner Suppl. 87). Ob ihr etwa die weitergehende Pflicht obliegt, das Gut dem Empfänger bis in seine Behausung oder in sein Geschäffslokal oder nach einem nicht an der Eisenbahn belegenen Orte zuzuführen, ist nicht nach den Normen des internationalen Übereinkommens zu beurteilen, sondern richtet sich lediglich nach den für die abliefernde Bahn geltenden gesetzlichen und reglementarischen Bestimmungen. Damit steht auch die Vorschrift des Artikels 30 Abs. 2 in vollem Einklange (s. Anm. 161), wonach, wenn auf dem Frachtbriefe als Ort der Ablieferung ein nicht an der Eisenbahn liegender Ort bezeichnet ist, die Haftpflicht der Eisenbahn auf Grund des internationalen Übereinkommens nur für den Transport bis zur Empfangsstation besteht und für die Weiterbeförderung die Bestimmungen des Artikels 19 Anwendung finden. Wie also Ablieferungsort die Bestimmungsstation ist und dort die Ablieferungspflicht der Eisenbahn sich vollzieht, so endet auch auf der Bestimmungsstation die internationale Haftpflicht und erstreckt sich nicht auf den darüber hinausgehenden Transport.

Artikel 17.[112])

Durch Annahme des Gutes und des Frachtbriefes wird der Empfänger verpflichtet,[113]) der Eisenbahn die im Frachtbriefe ersichtlich gemachten Beträge zu bezahlen.[114])

Zusatz I.

Betriebsreglement des Vereins Deutscher Eisenbahnverwaltungen.

§ 55

(übereinstimmend mit dem vorbezeichneten Art. 17 des internationalen Übereinkommens über den Eisenbahn-Frachtverkehr).

112) Prinzip und Entstehungsgeschichte des Art. 17.

Art. 17 des Übereinkommens gibt dem Grundsatz Ausdruck, daß der Empfänger durch Annahme des Gutes und des Frachtbriefes verpflichtet wird, der Eisenbahn die im Frachtbrief ersichtlich gemachten Beträge zu zahlen.

Dem Schweizer Entwurfe fehlte eine entsprechende Bestimmung. Das Fehlen dieses unbedingt notwendigen Grundsatzes wurde in der Kritik des Schweizer Entwurfes (Eger, Die Einführung eines internationalen Eisenbahnfrachtrechts 1877 S. 68) moniert. In voller Übereinstimmung mit diesem Monitum und dem der Kritik beigefügten

Gegenentwurfe Art. 8 Abs. 3 (Eger, a. a. O. S. 141) schlug der Deutsche Entwurf 1878 (Art. 17) vor: „Durch Annahme des Gutes und des Frachtbriefes wird der Empfänger verpflichtet, der Eisenbahn die aus dem Frachtbrief sich ergebenden Forderungen zu bezahlen."

In der I. Konferenz (erste Beratung) wurde das Prinzip des Artikels einstimmig von der Konferenz angenommen (Prot. 26) und in der Schlußberatung (Prot. 69) blieb die Fassung des Artikels 17 unverändert die des Deutschen Entwurfes.

In der II. Konferenz schlug die II. Kommission als Konsequenz der von ihr zu Art. 16 vorgeschlagenen Änderung vor, den Artikel folgendermaßen zu redigieren: „Durch Annahme des Gutes und des Frachtbriefes wird der Empfänger verpflichtet, der Eisenbahn die im Frachtbriefe ersichtlich gemachten Beträge zu ersetzen." In dieser Fassung wurde Art. 17 angenommen und ging definitiv in den Text des Übereinkommens über.

113) **„Durch Annahme des Gutes und des Frachtbriefes wird der Empfänger verpflichtet, der Eisenbahn die im Frachtbriefe ersichtlich gemachten Beträge zu bezahlen."**

Art. 17 bestimmt in Konsequenz des im Art. 16 ausgesprochenen allgemeinen Prinzips, daß der Empfänger durch Annahme des Gutes und des Frachtbriefes der Eisenbahn zur Zahlung der im Frachtbriefe ersichtlich gemachten Beträge verpflichtet wird. Streng genommen ist diese Verpflichtung bereits im Art. 16 ausgesprochen, wonach der Empfänger die Vertragsrechte nur „gegen Erfüllung der Vertragsverpflichtungen" geltend zu machen berechtigt ist (Senckpiehl, Sp.- u. Sch.-Ztg. XVI Nr. 13). Denn daraus folgt notwendig, daß, wenn er die Rechte geltend gemacht, d. h. Gut und Frachtbrief angenommen hat, er auch die Gegenleistung, welche vornehmlich in der Zahlung besteht, erfüllen muß. Indes die Gesetzgeber haben es für notwendig erachtet, einzelnen hauptsächlich wichtigen Konsequenzen des allgemeinen Prinzips der Art. 15, 16 besonderen Ausdruck zu geben.

Wie bei allen Verträgen über Dienstleistungen (operae) und Werkverdingung (opus), kann auch beim Frachtvertrage jeder Kontrahent die Gegenleistung nur Zug um Zug gegen die ihm obliegenden Leistungen fordern. Daher ist die Eisenbahn nicht eher berechtigt, die Frachtzahlung vom Empfänger zu beanspruchen, als bis sie selbst die Vertragsleistungen erfüllt, d. h. — in der Regel — Gut und Frachtbrief übergibt, der Empfänger dagegen nicht eher zur Zahlung verpflichtet, als bis ihm die Eisenbahn leistet.

Freilich ist (Anm. 107 S. 209) im Eisenbahnverkehr ein ganz gleichzeitiges Leisten und Gegenleisten in der Regel nicht möglich und daher eine Bestimmung über die Aufeinanderfolge der beiderseitigen Leistungen erforderlich. Dies gehört zu den Ablieferungsmodalitäten und unterliegt daher den für die abliefernde Bahn geltenden landesgesetzlichen und reglementarischen Bestimmungen. Daß die Eisenbahn insofern mit der Leistung vorangeht, als sie dem Empfänger den Frachtbrief zu übergeben hat, bevor er Zahlung leistet, ist an sich nicht erforderlich. Denn um den Empfänger über Inhalt und Umfang seiner Zahlungspflicht in Kenntnis zu setzen, genügt die Vorzeigung des Frachtbriefes. Die Vorzeigung wird aber in der Regel vorher erfolgen müssen, weil anderenfalls der Empfänger den Umfang seiner Verpflichtung bzw. die zu entrichtenden Beträge nicht kennen, mithin nicht wissen würde, was er zahlen soll. Es steht daher dem Empfänger das Recht zu, die Vorzeigung des Frachtbriefes von der Eisenbahn zu fordern.

Im übrigen gilt für die Begriffe „Annahme des Gutes und Frachtbriefes" das oben S. 207ff. über die Begriffe „Aushändigung" und „Ablieferung" Bemerkte. Sowohl das Gut als auch der Frachtbrief sind dem Empfänger am Bestimmungsorte abzuliefern (Art. 16 Abs. 1). Die bloße Avisierung (Annahme des Avisbriefes usw.) reicht nicht hin.

Die Annahme des Frachtbriefes und eines (selbständigen) Teiles der Sendung verpflichtet den Empfänger zur Zahlung nicht; denn nur gegen volle Leistung, d. h. Lieferung der ganzen Sendung steht der Eisenbahn der Anspruch auf Zahlung zu. Sie kann diesen also so lange nicht substantiieren, als sie nicht die Ablieferung der ganzen Sendung nachzuweisen vermag. Dagegen befreit die Annahme qualitativ oder quantitativ mangelhaften Gutes (d. h. verdorbenen, beschädigten oder durch Manko verminderten Gutes) den Empfänger von der Zahlungspflicht nicht; nur kann er wegen Mankos oder Beschädigung, welche bei der Ablieferung äußerlich nicht erkennbar waren, Gegenansprüche erheben und diese compensando der Forderung der Eisenbahn auf Frachtzahlung entgegensetzen (Art. 44 Abs. 2 Ziff. 4).

Zahlungspflichtig ist somit nur der im Frachtbriefe oder durch nachträgliche Anweisung bezeichnete „Empfänger" und sein Sukzessor (Zessionar), nicht aber der etwa bloß tatsächlich Interessierte, z. B. der hinter dem Empfänger (Spediteur) stehende Käufer des Gutes. Nicht jeder, dem aus irgendeinem Grunde der Besitz des Gutes von der Eisenbahn eingeränmt worden, kann im rechtlichen Sinne als Empfänger bzw. passivlegitimiert gelten (z. B. nicht der bahnamtliche Rollfuhrmann für den Empfänger [XIX 104]), wohl aber der Adreßspediteur als Empfänger, gleichviel ob er den Betrag von dem eigentlichen Empfänger nachträglich beitreiben kann (E. XXIV 348).

Der Annahmeakt des Empfängers ist ein freiwilliger und nicht durch Klage zu provozieren. Das Eingehen auf die Offerte der Eisenbahn kann abgelehnt werden. Dagegen ist das Recht des Empfängers, von der Eisenbahn nach Ankunft des Gutes am Bestimmungsort die Aushändigung des Gutes und des Frachtbriefes zu fordern und eventuell darauf zu klagen, nicht in dieser Weise beschränkt. Es bedarf hierzu einer besonderen Willensäußerung der Eisenbahn nicht (vgl. oben Anm. 107 S. 206 und Anm. 109 S. 214).

Verweigert der Empfänger die Annahme des Gutes und des Frachtbriefes, so tritt er nicht in den Frachtvertrag ein, die Eisenbahn hat also kein Recht, ihn auf Abnahme bzw. Zahlung zu belangen, sondern kann sich nur — eventuell unter Ausübung des ihr am Gute zustehenden

Pfandrechts (Art. 21) — an ihren Mitkontrahenten, den Absender, halten (vgl. S. 206 und Art. 21 Anm. 125, Art. 24 Anm. 137), und zwar liegt dies in erster Reihe der Versandbahn ob (Z. XII 150, E. XXI 61). — Hat aber der Empfänger sich zur Annahme bereit erklärt, so ist er als Kontrahent in den Frachtvertrag eingetreten, und die Eisenbahn hat sich — eventuell gleichfalls unter Ausübung des Pfandrechts am Gute — an den Empfänger zu halten (E. XVIII 271, 334).

Die Zahlung ist „der Eisenbahn" zu leisten, d. h. wo nur eine (in zwei Vertragsstaaten belegene) Eisenbahn der Transport ausgeführt hat, dieser, wo dagegen mehrere Eisenbahnen den Transport ausgeführt haben, der letzten (der Empfangsbahn), welche zur Einziehung nach Art. 20 ex lege berechtigt und verpflichtet ist. Versäumt die letzte (Empfangs-) Bahn aber diese Pflicht, so haben die vorangehenden Bahnen ohne Zweifel das Recht, selbständig und direkt — eine jede in Höhe ihrer Rate — vorzugehen und Zahlung zu fordern. Dies gilt insbesondere für Forderungen, die — wie Nachzahlung der Frachtdifferenz und Zahlung des Frachtzuschlags (Art. 7) — erst nach der Ablieferung geltend gemacht werden (E. XX 53). Denn der Empfänger wird durch den Eintritt in den Frachtvertrag sämtlichen Eisenbahnen zur Leistung ihrer Vertragsforderungen verpflichtet, wie dies arg. Art. 27 in der Absicht des Gesetzes liegt.

114) „. . . verpflichtet, der Eisenbahn ‚die im Frachtbrief ersichtlich gemachten Beträge' zu bezahlen."

I. Bereits bei der Erörterung der gleichlautenden Worte im Art. 16 Abs. 1 (Anm. 107 S. 205 ff.) ist hervorgehoben worden, daß diese Begrenzung der Zahlungspflicht des Empfängers im Widerspruch stehen würde mit dem im Abs. 2 des Art. 16 ausgesprochenen Prinzip, wonach der Empfänger zur Geltendmachung der durch den Frachtvertrag begründeten Rechte nur gegen Erfüllung der sich aus dem Frachtvertrage ergebenden Verpflichtungen berechtigt, mithin für seine Zahlungspflicht nicht der Frachtbrief, sondern der Frachtvertrag maßgebend ist (irrig Gerstner, Suppl. 85). Es muß daher auf das im Art. 16 Abs. 2 ausgesprochene Grundprinzip als das der Konstruktion des Rechtsverhältnisses zwischen Absender, Eisenbahn und Empfänger entsprechende zurückgegangen werden. Dafür spricht auch Art. 20, welcher die Empfangsbahn zur Einziehung aller durch den Frachtvertrag begründeten Forderungen bei der Ablieferung verpflichtet und berechtigt, sowie Art. 21, welcher der Eisenbahn für alle diese Vertragsforderungen ein Faustpfandrecht an dem Gute gewährt.

Im Hinblick auf Art. 16 Abs. 2 und Art. 20 und 21 ist hiernach die Annahme begründet, daß der Empfang des Gutes und des Frachtbriefes den Empfänger zwar in erster Reihe zur Zahlung der im Frachtbriefe ersichtlich gemachten Beträge an die Eisenbahn verpflichtet, daß sich aber hierauf die Verpflichtung des Empfängers nicht beschränkt, er vielmehr durch die Annahme der Vertragsleistungen der Eisenbahn verpflichtet wird, ihr gegenüber alle Vertragspflichten zu erfüllen, auch wenn dieselben über die im Frachtbrief ersichtlich gemachten hinausgehen. Von diesem Gesichtspunkte aus gibt Art. 17 durch die Hervorhebung einer einzigen (wenn auch wesentlichen) Vertragspflicht zu Zweifeln Anlaß.

II. Zu den „im Frachtbrief ersichtlich gemachten Beträgen" gehören in der Regel die in der Anm. 107 S. 210 aufgeführten, nämlich die eigentliche Frachtforderung nach den in den Tarifen angegebenen Frachtsätzen (Art. 11 Abs. 1 Anm. 75 S. 133 f.), ferner Vergütungen für besondere im Tarife vorgesehene Leistungen und bare Auslagen, d. h. an Spesenforderungen (Art. 11 Abs. 2 Anm. 78 S. 139 f.). sodann die Nachnahmeforderungen (Art. 13 Anm. 88 f. S. 158 f.), Zollgefälle, Stempel- und Steuergebühren (Art. 10), Frachtzuschläge bzw. Konventionalstrafen (Art. 7 Abs. 4 bzw. § 3 Ausf.Best., E. XXII 295) und Assekuranzprämien (Art. 38 bzw. § 8 Aus.Best.). Abweichende Vereinbarungen mit Bahnorganen sind nicht statthaft (E. XXIV 254). Über die Frage der Frachtzahlung bei gänzlichem oder teilweisem Untergang des Gutes unterwegs: Reindl, V. Z. 1903 Nr. 82, 1904 Nr. 68; Z. XII Nr. 1 S. 26, Nr. 11 S. 268 und Boethke, E. XXIV 302, 404.

III. Unter den „im Frachtbrief ersichtlich gemachten Beträgen" sind — wie bereits in Anm. 107 S. 205 dargelegt — nicht skripturmäßig die im Frachtbrief verzeichneten Beträge, sondern die sich aus den in Bezug genommenen Reglements und Tarifen zu berechnenden Beträge zu verstehen, auch wenn sie nicht ohne weiteres zahlenmäßig aus dem Frachtbrief ersichtlich sind oder resultieren (E. XXII 295) bzw. auch wenn sie mit den im Frachtbriefe vermerkten zahlenmäßig nicht übereinstimmen oder der Betrag erst nachträglich ausgeworfen und festgestellt ist (unrichtig: Gerstner, Suppl. 57, 58, 85). Es ergeben sich daraus folgende Sätze:

a) Der Empfänger ist verpflichtet, die Fracht nach Maßgabe des Frachtbriefes zu zahlen, auch wenn der zu entrichtende Betrag nicht ohne weiteres aus dem Frachtbrief ersichtlich ist, sondern erst nach den darauf in Bezug genommenen Normen (Tarifen, Reglements usw.) berechnet werden muß, und zwar auch dann, wenn der Empfänger den Inhalt dieser letzteren nicht gekannt hat. Es kann keinen Unterschied begründen, ob die zu zahlenden Beträge aus dem Frachtbriefe unmittelbar oder vermittelst der darin in Bezug genommenen Normen zu entnehmen sind.

b) Enthalten die in Bezug genommenen Tarife, Reglements usw. Druckfehler oder sonstige Unrichtigkeiten, so ist die Fracht nach dem richtigen Tarif- usw. Satze zu berechnen und zu zahlen, weil anzunehmen ist, daß dies der beiderseitige wahre Kontraktswille ist, die Eisenbahn nach dem festgestellten Tarife kontrahiert hat und die Bestimmung des Art. 11, wonach die Berechnung der Fracht nach den zu Recht bestehenden, gehörig veröffentlichten Tarifen erfolgt, voraussetzt, daß die Publikation der Feststellung genau entspricht. Der Empfänger hat also die infolge eines solchen Fehlers usw. zu hoch berechnete Fracht zurückzufordern, zu niedrig berechnete Fracht nachzuzahlen (E. XXII 295). Doch ist ihm im letzteren Falle die Befugnis einzuräumen, den ihm durch das bezügliche Versehen der Eisenbahn nachweislich entstandenen Schaden gegen letztere geltend zu machen (Eger, D. Frachtr., 2. Aufl., II 372 ff.; Eisenb.-Verk.-Ord., 2. Aufl., 412 ff.).

c) Der vorstehend für die Frachtzahlung angenommene Grundsatz gilt ebenso auch für die Zahlung der Frachtzuschläge (Konventionalstrafen) wegen unrichtiger Inhaltsangabe oder Wagenüberlastung (Art. 7 Abs. 4) oder anderer Gebühren, welche sich aus den im Frachtbriefe in Bezug genommenen Normen ergeben (E. XXII 295). Die Verpflichtung des Empfängers, im Falle unrichtiger Deklaration des Frachtgutes Konventionalstrafe usw. zu zahlen, ist, wenn auch nicht unmittelbar aus dem Frachtbriefe, doch aus den darin in Bezug genommenen Reglements zu ersehen (irrig: Gerstner, Suppl. 57, 58).

d) Der Empfänger ist zur Zahlung der tarif- bzw. reglementsmäßigen Fracht und Gebühren verpflichtet. Ist daher die Fracht oder Gebühr nach den im Frachtbriefe in bezug genommenen Normen irrtümlich falsch berechnet, oder liegt der (an sich richtigen) Berechnung eine falsche Bezeichnung des Gutes (nach Gewicht, Qualität, Gattung) zugrunde, so ist der Empfänger zur Nachzahlung der zu wenig erhobenen Beträge verpflichtet, aber auch zur Rückforderung zu viel erhobener Beträge befugt. Dahin gehört z. B. der Fall, daß im Frachtbriefe Gebühren für Desinfektion angesetzt sind, welche nicht stattgefunden hat (E. XXI 114), nicht aber wenn die Bahn eine franko aufgegebene mit Zoll belastete Sendung ohne Vorbehalt abgeliefert hat (Z. XI 326, E. XVIII 252). Im Art. 12 Abs. 4 spricht das Gesetz selbst klar aus, daß nicht skripturmäßig die tatsächlich angegebenen Zahlenbeträge, sondern die zugrunde liegenden Tarife und Normen für den Umfang der Zahlungspflicht des Empfängers allein entscheidend sind (Z. VI 24). Ganz unzweifelhaft ist es also, daß, wenn die Fracht nach dem Inhalt des Frachtbriefes in offenbar tarifwidriger Weise berechnet ist, die Differenz nachzuzahlen ist beziehentlich zurückgefordert werden kann.

Indem sich der Empfänger durch Annahme des Gutes und Frachtbriefes allgemein den für die Bahn geltenden Reglements und Tarifen unterwirft, hat die Bahn kraft Gesetzes auch ohne ausdrückliche bezügliche Verabredung die tarifmäßigen Transportgebühren zu beanspruchen. Der Empfänger kann sich daher auch z. B. bei zu wenig erhobener Fracht gegen die Frachtnachforderung nicht auf eine Privatabrede berufen, wonach der Güterexpedient ihm oder dem Absender die geringere Fracht zugesagt.

e) Wenn also auch der Frachtbrief als Beweis über den Frachtvertrag dient (vgl. Art. 8 Abs. 3 Anm. 59 S. 105), so ist doch bezüglich seiner Angaben Gegenbeweis zulässig, und dies ist insbesondere für Art. 17 deshalb von Bedeutung, weil, wenn die Fracht im Frachtbriefe nachweislich irrtümlich zu niedrig oder zu hoch vermerkt ist, der Empfänger zur Nachzahlung verpflichtet bzw. zur Rückforderung berechtigt ist. Es gilt dies aber nicht allein, wenn, wie in den vorstehenden Fällen, bei der Frachtberechnung irrtümlich ein unrichtiger Tarifsatz angewendet oder ein Rechenfehler gemacht worden ist, sondern auch dann, wenn die Berechnung nach Maßgabe des im Frachtbriefe bezeichneten Gutes zwar an sich richtig sein würde, aber die Angabe des Gutes nach Qualität, Gewicht, Stückzahl usw. falsch ist (E. XIX 55).

IV. Die Frage, in welcher Frist die Forderungen der Eisenbahn gegen den Empfänger verjähren, richtet sich nach den einzelnen Landesgesetzgebungen. Nur für die beiderseitigen Forderungen aus unrichtiger Anwendung des Tarifs oder Rechnungsfehlern bei der Festsetzung der Frachtgelder und Gebühren ist im Art. 12 Abs. 3, und für die Forderung von Frachtzuschlägen im Art. 7 Abs. 6 eine kurze einjärige Verjährungsfrist vom Tage der Zahlung an allgemein festgesetzt. Die kurze ein- bzw. dreijährige Verjährung des Art. 45 bezieht sich nur auf Ansprüche des Beschädigten wegen Verlustes, Minderung, Beschädigung oder Verspätung, findet also weder auf Ansprüche der Eisenbahn gegen den Empfänger noch auf sonstige Ansprüche des letzteren gegen die Eisenbahn Anwendung.

V. Vgl. über das Pfandrecht der Eisenbahn wegen aller durch den Frachtvertrag begründeten Forderungen Art. 21 Anm. 125.

Artikel 18. [115])

(1) Wird der Antritt oder die Fortsetzung des Eisenbahntransportes durch höhere Gewalt oder Zufall verhindert und kann der Transport auf einem anderen Wege nicht stattfinden, so hat die Eisenbahn den Absender um anderweitige Disposition über das Gut anzugehen. [116])

(2) Der Absender kann vom Vertrage zurücktreten, muß aber die Eisenbahn, sofern derselben kein Verschulden zur Last fällt, für die Kosten zur Vorbereitung des Transportes, die Kosten der Wiederausladung und die Ansprüche in Beziehung auf den etwa bereits zurückgelegten Transportweg entschädigen. [117])

(3) Wenn im Falle einer Betriebsstörung die Fortsetzung des Transportes auf einem andern Wege stattfinden kann, ist die Entscheidung der Eisenbahn überlassen, ob es dem Interesse des Absenders entspricht, den Transport auf einem andern Wege dem Bestimmungsorte zuzuführen, oder den Transport anzuhalten und den Absender um anderweitige Anweisung anzugehen. Falls das Gut auf einem andern Wege dem Bestimmungsorte zugeführt wird, ist die Eisenbahn berechtigt, die Zahlung der Mehrgebühren zu fordern. [118])

(4) Befindet sich der Absender nicht im Besitze des Frachtbriefduplikats, so dürfen die in diesem Artikel vorgesehenen Anweisungen weder die Person des Empfängers, noch den Bestimmungsort abändern. [119])

Zusatz I.

Betriebsreglement des Vereins Deutscher Eisenbahnverwaltungen.

§ 56.

Transporthindernisse.

(Text übereinstimmend mit vorstehendem Art. 18) und:

Zusatzbestimmungen.

1. Verfügungen, welche nicht durch Vermittlung der Versandstation getroffen werden, bleiben unbeachtet.

2. Die Tarife setzen die Beträge fest, welche vom Absender im Falle des Rücktrittes vom Vertrage der Eisenbahn für die Kosten zur Vorbereitung des Transportes, die Kosten der Wiederausladung und die Ansprüche in Beziehung auf den etwa bereits zurückgelegten Transportweg als Entschädigung zu leisten sind.

3. Dem Begehren um Rücksendung wird nur dann entsprochen, wenn der Wert des Gutes die Kosten der Rückbeförderung voraussichtlich deckt oder die Fracht für den Rückweg sofort entrichtet oder hinterlegt wird.

4. Wenn die Unterbrechung der Bahn vor Eintreffen der Verfügung des Absenders auf irgendeine Weise behoben wird, so ist das Gut an seine Bestimmung zu leiten, ohne die Verfügung abzuwarten, und hiervon der Absender baldigst zu benachrichtigen.

5. Bezüglich der Erhebung von Lager- oder Wagenstandgeld für die unterwegs angehaltenen Güter sind die Bestimmungen derjenigen Bahn maßgebend, in deren Bereich das Gut angehalten worden ist.

Vgl. Übereinkommen zum Betriebsreglement des Vereins Deutscher Eisenbahnverwaltungen: Art. 14: Leitung von Gütern über Hilfswege bei Verkehrsstörungen.

Vgl. Gemeinsame Abfertigungsvorschriften: § 42: Aussetzen beladener Wagen; Zurückhaltung von Gütern in Unterwegsstationen; § 45: Verfahren bei Verkehrsstörungen.

115) Prinzip und Entstehungsgeschichte des Art. 18.

Art. 18 des internationalen Übereinkommens normiert für einige besondere Fälle der Transportverhinderung die Rechte und Pflichten sowohl der Eisenbahn wie des Absenders.

Art. 18 hat erst allmählich im Laufe der Verhandlungen seine gegenwärtige, in das Übereinkommen aufgenommene Fassung erlangt.

Der Schweizer Entwurf Art. 11 enthielt hierüber eine im wesentlichen dem Art. 394 Abs. 2 des Deutschen Handelsgesetzbuchs, § 58 Abs. 2 des Deutschen und Österreichisch-Ungarischen Betriebsreglements sowie Art. 14 des Schweizer Transportgesetzes vom 20. März 1875 entsprechende Bestimmung.

Die Kritik des Schweizer Entwurfes (Eger [1877]), Einführung eines internationalen Eisenbahn-Frachtrechts S. 74, Gegenentwurf Art. 11

S. 42) empfahl hierzu mehrere Ergänzungen aus Art. 394 alt. D. H.G.B. und § 58 des cit. Betriebsreglements.

In voller Übereinstimmung hiermit schlug der Deutsche Entwurf (1878) eine dem Art. 394 alt. D. H.G.B. im wesentlichen entsprechende Fassung vor.

In der II. Berner Konferenz beantragte der schweizerische Delegierte, die Frage der Kommission II zuzuweisen, ob zur Ergänzung des Art. 18 nicht die Bestimmungen von Abs. 2 § 58 des Deutschen Betriebsreglements aufgenommen werden sollen. Der Artikel wurde hierauf an die II. Kommission gewiesen (Prot. 34, 35).

Bei der weiteren Beratung schlug die II. Kommission die in der Hauptsache in den Tenor des I.Ü. als Art. 18 Abs. 1—3 übergegangene Fassung vor. Nur der jetzige Abs. 4 des Art. 18 fehlte.

Die II. Kommission motivierte diesen Vorschlag damit, daß es, abgesehen von den Bekanntmachungen, welche die Eisenbahnen erlassen, um dem Publikum erfolgte Verkehrsunterbrechungen zur Kenntnis zu bringen, angezeigt sei, für die Behandlung derjenigen Güter, deren Beförderung unterwegs unterbrochen wird, nähere Vorschriften aufzustellen, und daß es ferner dem Urteile der Eisenbahn anheimgestellt werden müsse, mit Rücksicht auf das Interesse des Versenders und auf die wahrscheinliche Dauer der Unterbrechung, darüber zu entscheiden, ob es als angezeigt erscheine, vom Versender neue Weisungen einzuholen oder aber das Gut über eine andere Route zu leiten. Von mehreren Seiten wurde auch angeregt über die Dispositionsbefugnis des Absenders für den Fall Bestimmung zu treffen, daß er sich nicht im Besitze des Frachtbriefduplikats befinde.

Infolgedessen schlug die mit der entsprechenden Ergänzung beauftragte Kommission II die Hinzufügung des jetzigen Abs. 4 vor.

Dieser Antrag wurde ohne Diskussion angenommen und nunmehr Art. 18 mit unwesentlichen redaktionellen Änderungen in derjenigen Fassung, welche in das Übereinkommen übergegangen ist.

In der Berner Revisionskonferenz (1905) wurde auf Vorschlag der Schweiz, um für die Beantwortung einer Frage, die in der Praxis zu Uneinigkeiten führen kann, einen bestimmten Anhaltspunkt zu geben, dem Abs. 3 noch als Schlußsatz die Bestimmung beigefügt, daß, wenn das Gut auf einem anderen Wege dem Bestimmungsorte zugeführt wird, die Eisenbahn berechtigt ist, die Zahlung der Mehrgebühren zu fordern (Prot. v. 13. Juli 1905).

Sowohl aus der Entstehungsgeschichte wie aus der Wortfassung der Abs. 1 und 3 des Art. 18 ist klar ersichtlich, daß es sich hier nicht gleichmäßig um alle Fälle der Transportverhinderung überhaupt, sondern um zwei in ihren tatsächlichen Voraussetzungen wesentlich voneinander verschiedene und genau markierte Spezialfälle handelt, deren Regelung durch das internationale Recht der Gesetzgeber aus besonderen Gründen für erforderlich erachtet hat, während alle übrigen Fälle der Transportverhinderung den Grundsätzen des landesrechtlichen Zivilrechts überlassen worden sind. Denn mit den Fällen der Verhinderung durch höhere Gewalt oder Zufall (Abs. 1) und durch Betriebsstörung (Abs. 3) sind die Fälle der Transportverhinderung nicht erschöpft. Dieselbe kann auch auf Verweigerung des Vertragsabschlusses oder der Vertragsausführung seitens eines der Kontrahenten oder auf Ablieferungshindernissen usw. beruhen oder durch dolus oder culpa desselben hervorgerufen sein.

116) **„Wird der Antritt oder die Fortsetzung des Eisenbahntransportes durch höhere Gewalt oder Zufall verhindert und kann der Transport auf einem anderen Wege nicht stattfinden, so hat die Eisenbahn den Absender um anderweitige Disposition über das Gut anzugehen."**

Wie in der vorangehenden Anm. 115 erörtert, regelt Art. 18 das Rechtsverhältnis zwischen Eisenbahn und Absender für zwei besondere Fälle der Transportverhinderung.

Den ersten dieser beiden Fälle betreffen die Abs. 1 und 2 des Art. 18. Derselbe besteht aus zwei Voraussetzungen: 1. daß der Antritt oder die Fortsetzung des Eisenbahntransports durch höhere Gewalt oder Zufall verhindert wird, und 2. daß der Transport auf einem anderen Wege nicht stattfinden kann.

Liegen diese beiden tatsächlichen Voraussetzungen vor, so hat 1. die Eisenbahn die Verpflichtung, den Absender um anderweitige Disposition über das Gut anzugehen (Abs. 1), und 2. der Absender das Recht, vom Vertrage zurückzutreten, aber auch die Verpflichtung, der Eisenbahn, welche kein Verschulden trifft, die im Gesetze normierte Entschädigung zu leisten (Abs. 2).

Diese Rechtsfolgen treten nur ein, wenn die beiden angeführten tatsächlichen Voraussetzungen zusammentreffen. Das Vorhandensein einer derselben genügt nicht.

Die erste Voraussetzung ist die Verhinderung des Antrittes oder der Fortsetzung des Eisenbahntransportes durch höhere Gewalt oder Zufall. Unter „Antritt" ist der Beginn der Ausführung des Transportvertrages am Versandort, unter „Fortsetzung" die weitere Ausführung unterwegs bis zur Ablieferung zu verstehen. Im Gegensatze zu dem im Abs. 3 behandelten Falle, welcher nur die Fortsetzung des Transportes betrifft, ist hier die Verhinderung sowohl des Antrittes wie der Fortsetzung des Transportes in Rede. Ist der Frachtvertrag überhaupt noch nicht abgeschlossen, handelt es sich also um die Verhinderung der Eingehung eines Frachtvertrages, so greift Art. 18 Abs. 1 nicht Platz (arg. Abs. 2).

„Verhinderung" ist jede nach der allgemeinen Verkehrsanschauung über eine unwesentliche und geringfügige, den Zweck des Transportes nicht beeinträchtigende Verzögerung hinausgehende Unterbrechung des Transportes, also jede Unterbrechung, welche den Zweck des betreffenden Transportes wesentlich alteriert oder gänzlich unmöglich macht (übereinstimmend Rosenthal 144; Lyon-Caen, Journ. de Droit internat. 1893 Nr. 663. — Unrichtig Gerstner 273). Vgl. noch über Transporthindernisse: Muschweck, Sp.- u. Sch.-Ztg. X Nr. 14–17.

Die Verhinderung muß durch höhere Gewalt oder Zufall herbeigeführt sein. Die Begriffe der „höheren Gewalt" und des „Zufalls" sind im Übereinkommen nicht definiert (s. Art. 5 Ziff. 3 Anm. 27 S. 44

und Art. 30 Anm. 160). Es sind daher die allgemeinen Rechtsprinzipien und das bezügliche Landesrecht für die Begriffsbestimmung maßgebend (s. Art. 30 Anm. 160). Mangels einer Einschränkung ist jede Art der höheren Gewalt und des Zufalls inbegriffen. Anderseits beschränkt sich aber auch das Übereinkommen auf diese beiden Ursachen; nur über eine auf diese Weise verursachte Verhinderung ist im Gesetze Bestimmung getroffen, alle anderen Fälle der Verhinderung, vornehmlich durch Verschulden der Parteien, sind nicht berührt und unterliegen daher den allgemeinen landesrechtlichen usw. Vorschriften. Indes gehört auch, wie sich aus den Worten des Abs. 2: „sofern derselben kein Verschulden zur Last fällt" ergibt, der sog. casus mixtus, der mit einem Verschulden der Eisenbahn verbundene Zufall hierher. Es ist im Hinblick auf die Ausdehnung und Unbeschränktheit der in Rede stehenden Begriffe gleichgültig, ob die höhere Gewalt bzw. der Zufall die Person bzw. das Personal der Kontrahenten, die Eisenbahnanlagen, die Transportmittel, die Bediensteten oder das Gut trifft, ob die Verhinderung vor oder nach Antritt des Transportes eintritt. (Zustimmend Rosenthal 144.)

Vielmehr ist jede Transportverhinderung durch höhere Gewalt oder Zufall hierher zu rechnen, gleichviel ob dieselbe im Betriebe (Anlagen, Personal, Transportmittel) oder im Gute oder in der Person der Kontrahenten liegt.

Die zweite Voraussetzung ist, daß der Transport auf einem anderen Wege nicht stattfinden kann, d. h. daß der Antritt oder die Fortsetzung des durch höhere Gewalt oder Zufall auf dem ursprünglichen Wege gehinderten Eisenbahntransportes auch auf einem anderen Wege gehindert ist. Hierbei ist selbstverständlich und der Natur der Sache nach unter „einem anderen Wege" nur ein anderer „Schienenweg" gemeint, nicht also etwa ein Weitertransport durch Fuhrwerk, mit der Post oder zu Wasser, insoweit nicht letzterer einen regelmäßigen und integrierenden Bestandteil der Eisenbahnroute (z. B. Trajektanstalt) bildet.

Es ist ferner, wie der Sinn und der Zusammenhang mit dem ersten Satze ergibt, unter „nicht stattfinden kann" auch hier nicht allein die Unmöglichkeit und absolute Unausführbarkeit des Transportes zu verstehen, sondern jede wesentliche Verhinderung auf einem anderen Schienenwege, gleichviel aus welcher Ursache, welche den Zweck des Transportes beeinträchtigt oder vereitelt.

Die Rechtsfolgen der Abs. 1 und 2 sind nur mit dem Zusammentreffen beider Voraussetzungen verbunden. Das Vorhandensein einer derselben genügt nicht, vielmehr finden alsdann die internen landesrechtlichen Bestimmungen Anwendung.

Wird die Fortsetzung des Transportes durch höhere Gewalt oder Zufall verhindert, und involviert dieses Hindernis eine Betriebsstörung, so findet, wenn die Fortsetzung des Transportes auf einem anderen Wege stattfinden kann, Abs. 3 des Art. 18 Anwendung, d. h. 1. der Absender hat kein Rücktrittsrecht, 2. die Eisenbahn hat die ihr nach Maßgabe der Bestimmungen des Abs. 3 zustehenden Befugnisse.

Involviert aber die Verhinderung der Fortsetzung des Transportes durch höhere Gewalt oder Zufall keine Betriebsstörung, und ist ein anderer Weg zur Fortsetzung des Transportes vorhanden, so finden, da dieser Fall im Übereinkommen nicht berührt ist, die internen landesrechtlichen Bestimmungen Anwendung.

Treffen die beiden vorerörterten Voraussetzungen zusammen, so legt Abs. 1 des Art. 18 der Eisenbahn die Pflicht auf, den Absender um anderweitige Disposition über das Gut anzugehen, während der folgende Abs. 2 diesem das Rücktrittsrecht gegen entsprechende Entschädigung der Eisenbahn gewährt (s. Anm. 117).

Abs. 1 Art. 18 verpflichtet die Eisenbahn nicht allein zur Verständigung des Absenders, sondern zur Anfrage um anderweitige Disposition über das Gut. Darin liegt aber auch implicite das Recht des Absenders ausgesprochen — unter den formalen Voraussetzungen des Abs. 4 des Art. 18 —, über das Gut in allen vorangeführten Fällen der Transportverhinderung anderweitige Verfügung zu treffen.

Unter „anderweitiger Disposition über das Gut“ ist hier mangels einer Einschränkung jede die Rechtslage der Eisenbahn nicht erschwerende und bestimmungsmäßig zulässige Anweisung über dasselbe zu verstehen, also nicht allein die im Abs. 1 des Art. 15 aufgeführten Anweisungen, sondern auch das Rücktrittsrecht (Anm. 97 S. 188).

Über die Form, in welcher die Eisenbahn den Absender um Disposition anzugehen hat, ist nichts bestimmt; insbesondere nicht, daß es durch Vermittelung der Versandstation geschehen müsse, wie dies umgekehrt durch Art. 15 Abs. 3 dem Absender bei Erteilung von Anweisungen vorgeschrieben ist. Das Ansuchen hat also in derjenigen Weise zu erfolgen, in welcher nach den Bestimmungen der Station, wo das Hindernis eingetreten ist, dem Absender überhaupt Mitteilungen während des Transportes zu machen sind, d. h. vorschriftsmäßig und unverzüglich und jedenfalls so, daß die Mitteilung den Absender sicher und schleunig erreicht.

Es ist ferner nicht bestimmt, welche Folgen eintreten, wenn die Eisenbahn das Dispositionsansuchen unterläßt. Ohne Zweifel ist sie aber alsdann dem Absender bzw. dem Berechtigten für allen dadurch entstehenden Schaden nach landesrechtlichen Regeln schadensersatzpflichtig (zustimmend Rosenthal 144; Öst. Oberst. Ger.H. E. XXIII 175). Das Ersuchen ist unbedingt an den Absender bzw. dessen Bevollmächtigten zu richten, gleichviel ob dieser das Frachtbriefduplikat besitzt oder nicht. Durch die Angehung einer dritten Person, z. B. der im Besitze des Frachtbriefduplikats befindlichen oder des Empfängers usw., genügt die Eisenbahn ihrer Pflicht nicht.

Ob und inwieweit aber die Eisenbahn der auf ihr Ansuchen vom Absender eingehenden Disposition Folge zu leisten hat, richtet sich nach der Vorschrift des Abs. 4, Inhalts deren die in diesem Artikel vorgesehenen Anweisungen, wenn sich der Absender nicht im Besitze des Frachtbriefduplikats befindet, weder die Person des Empfängers noch den Bestimmungsort ändern dürfen. Diese Vorschrift steht im Einklang mit Art. 15 Abs. 1 Satz 1 und 2. Denn die im Art. 15 Abs. 1 Satz 1 bezeichneten Anweisungen des Absenders involvieren eine Änderung entweder der Person des Empfängers oder des Bestimmungsortes, und Art. 15 Abs. 2 erfordert für diese Anweisungen den Besitz des Frachtbriefduplikats.

Abs. 4 des Art. 18 ist aber, wie bereits bei Art. 15 Abs. 1 erörtert (Anm. 96 S. 181 ff), ein evidenter Beweis dafür, daß das Verfügungsrecht des Absenders keineswegs auf die im Art. 15 Abs. 1 bezeichneten Anweisungen beschränkt ist, sondern alle Anweisungen umfaßt, welche die rechtliche Lage der Eisenbahn nicht erschweren. In dem Protokoll II S. 70 ff. (s. oben Anm. 115 S. 223 ff.) sind ausdrücklich Verfügungen des Absenders darüber, ob das Gut bis zur Behebung des Hindernisses liegen bleiben oder über eine Hilfsroute weiterbefördert werden solle, für zulässig erklärt. Und ebenso bemerkt Rosenthal 145, daß der Absender Verfügungen, welche ein Abwarten des Transporthindernisses bezwecken usw., treffen darf. Demgemäß steht die Bestimmung des Art. 15 Abs. 1 Satz 3, wonach nachträgliche Verfügungen oder Anweisungen anderen als des im Art. 15 Abs. 1 Satz 1 und 2 angegebenen Inhalts unzulässig sind, im Widerspruch mit Art. 18, welcher eine derartige Beschränkung des Anweisungsrechtes des Absenders nicht kennt.

Auch das Rücktrittsrecht (Abs. 2) kann der Absender ohne Besitz des Frachtbriefduplikats nicht ausüben, denn dieses Recht involviert eo ipso eine Änderung der Person des Empfängers (s. Prot. Anm. 115 S. 223ff.; auch Rosenthal 145. — A. M. Schwab 190). Auf das Ansuchen um anderweitige Disposition kann nun der Absender entweder ganz (Abs. 2) vom Vertrage zurücktreten und muß alsdann der Bahn, wenn diese ohne Verschulden, die im Abs. 2 normierte Entschädigung leisten. Oder er kann eine anderweitige Verfügung gemäß Abs. 1 Art. 15 und Abs. 4 Art. 18 treffen, ist aber alsdann verpflichtet, der Eisenbahn gemäß Art. 15 Abs. 8 alle Kosten zu ersetzen, welche dieser durch die Ausführung der betreffenden Verfügungen entstehen, sofern diese Verfügungen nicht durch ihr eigenes Verschulden veranlaßt sind. Außerdem ist der Absender zur Zahlung der vollen Fracht usw. verpflichtet, falls nicht für Fälle nachträglicher Anweisungen in den Tarifen etwas anderes vorgesehen ist (s. Art. 15 Abs. 8, Anm. 105 S. 202, 203).

117) **„Der Absender kann vom Vertrage zurücktreten, muß aber die Eisenbahn, sofern derselben kein Verschulden zur Last fällt, für die Kosten zur Vorbereitung des Transportes, die Kosten der Wiederausladung und die Ansprüche in Beziehung auf den etwa bereits zurückgelegten Transportweg entschädigen.“**

Treffen die beiden Voraussetzungen des Abs. 1 zusammen, so hat die Eisenbahn nicht nur die Pflicht, den Absender um anderweitige Disposition über das Gut anzugehen, bzw. dieser das Recht, solche zu erteilen, sondern es steht ihm nach Abs. 2 auch das Recht zu, vom Vertrage unter den dort bezeichneten Modalitäten zurückzutreten. Die Ausübung dieses Rücktrittsrechts ist streng genommen nicht eine besondere Art der Dispositionserteilung, denn eine anderweitige Disposition kann der Absender nur erteilen, wenn er den Vertrag fortsetzen will, nicht aber, wenn er davon zurücktritt. Die Ausübung des einen Rechts schließt vielmehr die des anderen aus. Der Gesetzgeber hat jedoch die Rücktrittserklärung als eine besondere Art der Anweisung betrachtet, auf welche daher auch Abs. 4 des Art. 18 Anwendung findet (vgl. auch Schwab 190) und finden muß, wenn die in den Abs. 1 und 2 des Art. 15 enthaltene Absicht des Gesetzes nicht hinfällig werden soll. Denn würde für die Rücktrittserklärung der Besitz des Frachtbriefduplikats nicht erforderlich sein, so wäre der Absender jederzeit in der Lage, sobald die Voraussetzungen des Art. 18 Abs. 1 vorliegen, sich auch ohne Besitz des Frachtbriefduplikats einfach durch Ausübung des Rücktrittsrechts die Verfügung über das Gut zu verschaffen. Auch die Zustimmung des Empfängers zum Rücktritt kann den Besitz des Frachtbriefduplikats nicht ersetzen (Rosenthal 145 Anm. 5. — A. M. Schwab 190).

In den im Abs. 1 bezeichneten Fällen bzw. unter den dort angegebenen Voraussetzungen „kann der Absender vom Vertrage zurücktreten“: er kann, aber er muß nicht. Abs. 2 enthält aber, wie oben bereits erörtert, nur eine Ausnahmebestimmung für die Fälle der Verhinderung des Transportes durch Zufall oder höhere Gewalt und in Ermangelung eines anderen Weges. Alle anderen Fälle, insbesondere wie sich im Falle eines Verschuldens der Kontrahenten das Rücktritts- und Entschädigungsrecht gestaltet, sind lediglich der Beurteilung nach allgemeinen Rechtsgrundsätzen bzw. Landesgesetzen überlassen. Für die nach Abs. 1 und 2 des Art. 18 nicht entschiedenen Fälle enthält das internationale Übereinkommen keine Lösung.

Das Rücktrittsrecht braucht der Absender nicht sofort bei Eintritt des Hindernisses auszuüben; diese Befugnis dauert vielmehr so lange, als das Hindernis selbst andauert und noch nicht aufgehoben ist. In dieser Beziehung ist der Absender allein nur der Beschränkung unterworfen, daß, sobald das Hindernis gehoben worden, er nicht mehr vom Vertrage zurücktreten darf.

Der lediglich zugunsten des Absenders getroffenen Bestimmung, daß er in den Fällen des Abs. 1 vom Vertrage zurücktreten kann, steht notwendig als Korrelat die Verpflichtung desselben gegenüber, die Eisenbahn zu entschädigen, wenn von dem Rücktrittsrechte Gebrauch gemacht wird. Diese Pflicht zur Entschädigung der Eisenbahn ist ihm aber nur auferlegt, „sofern derselben kein Verschulden zur Last fällt“. Aus dieser Bestimmung zu folgern, daß Art. 18 auch die Fälle der Verhinderung des Transportes durch Verschulden der Eisenbahn ganz allgemein umfasse (s. Schwab 188), ist unrichtig, nur die Fälle des casus mixtus sind gemeint. Alsdann zessiert aber nicht nur die Entschädigungspflicht des Absenders, sondern es kann sogar umgekehrt — nach Lage der konkreten Umstände — die Eisenbahn dem Absender schadensersatzpflichtig werden (Rosenthal 146).

Abs. 2 entscheidet ferner zur Beseitigung aller durch die Verschiedenheit der internen Rechte etwa hervorgerufenen Streitfragen über den Umfang der Entschädigung, welche der Absender im Falle des

Rücktrittes zu leisten hat, dahin, daß die Entschädigung sich lediglich auf drei Faktoren erstreckt: 1. die Kosten zur Vorbereitung des Transportes (Anschaffung und Miete von Transportmitteln, Personal, Wiegegebühren, Verpackung, Verladung usw.), 2. die Kosten der Wiederausladung (Arbeiterlöhne, Lagergelder usw.), 3. die Ansprüche auf den etwa bereits zurückgelegten Transportweg (Frachtanteil). Ein Anspruch, der sich auf irgendeine andere Kategorie erstreckt, z. B. auf den übrigen Teil des Transportweges, auf Wartegelder während der dem Rücktritt etwa vorangegangenen Liegezeit, Kosten für die Verwahrung, Bewachung des Gutes usw., ist unbegründet, selbst wenn es nachweislich ein wirklicher Schaden, eine bare Auslage usw. wäre. Über die Frage der Frachtzahlung beim Untergange des Gutes unterwegs: Reindl, V.Z. 1903 Nr. 82; Böthke, E. XXIV 302, 404; E. XX 211 und Z. XII 26.

Welche Kosten und Ansprüche im einzelnen hierher gehören, ist Tatfrage. Doch dürfen nach Art. 11 Abs. 1 die Ansprüche ad 3 den pro rata auf den bereits zurückgelegten Transportweg entfallenden Teil der Gesamtfracht, welcher nach Maßgabe der zu Recht bestehenden, gehörig veröffentlichten Tarife zu berechnen ist, nicht übersteigen. Die Ansprüche ad 1 und 2 (Kosten der Vorbereitung und Wiederausladung) können nach Art. 11 Abs. 2 und 3, wenn diese Leistungen in den Tarifen besonders vorgesehen sind, nur in der Forderung der dort dafür angesetzten Gebühren bestehen und, insoweit dies nicht der Fall, nur in der Forderung von baren Auslagen, deren Beträge gehörig festzustellen, im Frachtbriefe ersichtlich zu machen und mit Beweisstücken zu versehen sind (Art. 11 Anm. 75—79, 191—202).

Es entsteht in betreff des Abs. 2 noch die Frage, ob die Bahn, im Falle der Absender zurücktritt und die Rücksendung des Gutes nach dem Aufgabeorte verlangt, Fracht für die Rücksendung zu beanspruchen hat. Diese Frage ist zu bejahen. Denn gleichviel ob das Verlangen zur Rücksendung als eine mit dem Rücktritt verbundene Anweisung an die Bahn (Art. 15 Abs. 1) oder als das Anerbieten zur Eingehung eines neuen Frachtvertrages angesehen wird, — in beiden Fällen ist die Forderung der Bahn auf Zahlung der tarifmäßigen Rückfracht berechtigt (Art. 15 Abs. 1 und 8, Art. 16).

Die zweifelhaft gewordene Frage, ob die Eisenbahn, wenn sie den Transport dem Bestimmungsort auf einem anderen Wege zuführt, berechtigt ist, die etwaigen Mehrkosten ersetzt zu verlangen, wurde in der Berner Revisionskonferenz (1905) durch die Hinzufügung des Schlußsatzes zum Abs. 3 dahin entschieden, daß der Eisenbahn dieses Recht zusteht (Prot. v. 13. Juli 1905; s. Anm. 115 S. 224).

118) **„Wenn im Falle einer Betriebsstörung die Fortsetzung des Transportes auf einem andern Wege stattfinden kann, ist die Entscheidung der Eisenbahn überlassen, ob es dem Interesse des Absenders entspricht, den Transport auf einem andern Wege dem Bestimmungsorte zuzuführen, oder den Transport anzuhalten und den Absender um anderweitige Anweisung anzugehen.“**

Durch Abs. 3 wird eine zweite, von der in Abs. 1 aufgeführten wesentlich verschiedene Kategorie von Fällen der Transportverhinderung geregelt.

Voraussetzung ist, daß im Falle einer Betriebsstörung die Fortsetzung des Transportes auf einem anderen Wege stattfinden kann. Liegt diese tatsächliche Voraussetzung vor, so ist es der Entscheidung der Eisenbahn überlassen, ob es dem Interesse des Absenders mehr entspricht: den Transport auf einem anderen Wege dem Bestimmungsorte zuzuführen, oder den Transport anzuhalten und den Absender um anderweitige Anweisung anzugehen.

1. Zunächst beschränken sich hiernach die Befugnisse der Bahn auf den „Fall einer Betriebsstörung". Dieser Begriff ist, da es sich hier um eine Ausnahmebestimmung handelt, strikte zu interpretieren. Es muß eine Störung, Beeinträchtigung, Verzögerung in den Beförderungsfunktionen der Bahn vorliegen. Hindernisse anderer Art, z. B. in dem transportierten Gute liegende, durch Zollvorschriften, Ein- und Ausfuhrverbote, Sperrmaßregeln gegen Seuchen usw. herbeigeführte, kommen hier nicht in Betracht und geben der Bahn die im Abs. 3 bezeichnete Befugnis nicht (A. M. Schwab 191; Hilscher 153 und Rosenthal 147). Ob jedoch die Betriebsstörung in den Betriebsmitteln, in dem Betriebspersonale oder in den Betriebsanlagen liegt, ist gleichgültig, wenn nur begrifflich eine Störung des Betriebes vorliegt. Ebensowenig kommt es mangels einer Einschränkung darauf an, ob die Betriebsstörung durch Zufall, höhere Gewalt oder Verschulden verursacht ist.

2. Sodann sind aber nur solche Betriebsstörungen gemeint, durch welche die Fortsetzung des Transportes auf dem bisherigen Transportwege verhindert wird. Wird der Antritt des Transportes verhindert, so greift Abs. 3 nicht Platz (zustimmend Rosenthal 147 Anm. 4. — A. M. Schwab 191).

3. Endlich muß ein anderer — wenn auch längerer — Weg vorhanden sein, auf welchem die Fortsetzung des Transportes stattfinden und welchen daher die Bahn an Stelle des ursprünglichen wählen kann. Es ist hierbei selbstverständlich ein anderer Schienenweg gemeint, nicht also etwa ein Weitertransport durch Fuhrwerk, mit der Post oder zu Wasser, insoweit nicht letzterer, wie bei Trajektanstalten usw., einen regelmäßigen und integrierenden Bestandteil der Eisenbahnroute bildet. Der andere Schienenweg braucht dem internationalen Übereinkommen nicht unterworfen zu sein.

Sind diese Voraussetzungen vorhanden, so ist der Bahn im Interesse des Absenders die Entscheidung bzw. die Wahl des alsdann einzuschlagenden Verfahrens in zwiefacher Richtung überlassen. Sie kann: 1. entweder den Transport auf einem anderen Wege dem Bestimmungsorte zuführen, 2. oder den Transport anhalten und den Absender um anderweitige Anweisung angehen. Die Entscheidung hierüber ist unter den gegebenen Voraussetzungen gänzlich der Bahn überlassen, sie hat lediglich nach bestem Ermessen zu prüfen und zu entscheiden, welches Verfahren dem Interesse des Absenders am meisten entspricht (Schwab 192).

Die Bahn hat nur die Alternative zwischen den beiden oben angeführten Modalitäten: Die erste besteht darin, daß sie den

Transport auf einem anderen Wege dem Bestimmungsorte zuführt. In diesem Falle braucht sie — wie arg. e contr. Ziff. 2 lehrt — den Absender nicht um Verfügung anzugehen. Dagegen ist, wenngleich es im Art. 18 nicht vorgeschrieben, wohl als selbstverständlich anzunehmen, daß sie ihn von der Wahl und Benutzung der Hilfsroute in gehöriger Weise zu verständigen hat. (A. M. Schwab 192.) Dies gehört ohne Zweifel zu den allgemeinen, in allen Verkehrsrechten anerkannten Pflichten eines ordentlichen Frachtführers (A. M. Z. III 71), zumal anderenfalls der Absender in seinem Verfügungsrecht beeinträchtigt werden würde, wenn ihm der neue Transportweg nicht mitgeteilt wird.

Wählt die Bahn im Interesse des Absenders eine Hilfsroute (s. über den Begriff S. 231), so hat dieser bzw. der Empfänger die etwaigen Mehrkosten an Fracht, Gebühren, Auslagen usw. zu tragen, wobei freilich die Bahn dafür aufkommen muß, daß diese Mehrkosten nicht in Hinsicht auf den Wert des Gutes und den zu erreichenden Zweck einen unverhältnismäßigen Betrag in Anspruch nehmen (zustimmend Rosenthal 148). Durch einen in der Berner Revisionskonferenz (1905) beschlossenen Zusatz zu Abs. 3 wurde die Berechtigung der Bahn zu den Mehrkosten ausdrücklich anerkannt (Prot. v. 13. Juli 1905; s. Anm. 115 S. 224). Anders nach § 74 Abs. 1 der neuen D. E.V.O. v. 23. Dez. 1908.

Die zweite Alternative besteht darin, daß die Bahn den Transport anhält und den Absender um anderweitige Anweisung angeht. Sie darf beides — Anhalten des Transportes und Ansuchen um anderweitige Anweisung — nur zusammen (uno actu) tun. Bloßes Abwarten ist ihr nicht erlaubt; die Bahn würde sich dadurch haftpflichtig machen; sie muß vielmehr zugleich mit dem Anhalten des Transportes die Anweisung des Absenders einholen.

Wie für die Anweisungen gemäß Abs. 1 gilt auch für die Anweisungen des Abs. 3 die in Anm. 119 S. 233 noch näher erörterte Bestimmung des Abs. 4. Die Aushändigung des Gutes an einen anderen Empfänger unterwegs oder am Bestimmungsort darf ebensowenig verfügt werden wie die Beförderung an einen anderen Bestimmungsort oder die Rückgabe an den Absender.

Abs. 3 unterscheidet sich insofern wesentlich von Abs. 1, als in den Fällen des Abs. 1 dem Absender das Rücktrittsrecht zusteht, in den Fällen des Abs. 3 aber ein Rücktrittsrecht nicht gegeben ist (ebenso Rosenthal 148; unrichtig Gerstner 276). Ist die Betriebsstörung, welche die Transportverhinderung zur Folge hat, durch Zufall oder höhere Gewalt herbeigeführt, und kann der Transport auf einem anderen Wege nicht fortgesetzt werden, so liegen die Voraussetzungen des Abs. 1 vor, und es treten die im Abs. 1 und 2 bezeichneten Rechtsfolgen ein.

Hat die Bahn sich für eine der beiden im Abs. 3 bezeichneten Alternativen entschieden, so darf sie nicht wieder von derselben abgehen und eine andere Wahl treffen. In allen Fällen haftet sie nach den Regeln der negotiorum gestio, mithin für jedes Verschulden (dolus und culpa), also auch im Falle der Wahl einer Hilfsroute, nicht etwa bloß gemäß Art. 6 lit. l für grobes Verschulden (Schwab 192; Rosenthal 148 Anm. 6). Hält die Eisenbahn den Transport an, und erfordert sie vom Absender anderweitige Disposition, so ist sie, wenn dieser solche erteilt hat, verpflichtet, nach Maßgabe der Art. 15 Abs. 1, 2 und Art. 18 Abs. 4 derselben Folge zu leisten, aber auch berechtigt, den Ersatz der ihr durch die Ausführung entstehenden Kosten zu verlangen, insoweit diese Verfügungen nicht durch ihr eigenes Verschulden veranlaßt worden sind. Überdies behält sie den vollen vertragsmäßigen Anspruch auf Fracht usw. — auch wenn die anderweitige Verfügung ihre Leistung verringert, z. B. zur Ablieferung unterwegs usw. anweist, falls nicht für Fälle dieser Art in den Tarifen entsprechende Ermäßigungen der Fracht, Reugelder usw. besonders vorgesehen sind (s. Art. 15 Abs. 8 Anm. 105 S. 202, 203).

119) **„Befindet sich der Absender nicht im Besitze des Frachtbriefduplikats, so dürfen die in diesem Artikel vorgesehenen Anweisungen weder die Person des Empfängers, noch den Bestimmungsort abändern."**

Aus Abs. 1 und Abs. 3 des Art. 18 ergibt sich, daß der Absender, wenn die dort vorgesehenen Fälle der Transportverhinderung vorliegen, das Recht hat, Verfügungen über das Gut zu treffen. Das Verfügungsrecht steht dem Absender jedoch nicht unbeschränkt zu, sondern nur mit den durch die Vorschriften des Art. 15 gebotenen Einschränkungen. Insoweit also der Absender die im Art. 15 Abs. 1 Satz 1 bezeichneten Verfügungen über das Gut treffen will, d. h. Verfügungen, welche die Person des Empfängers oder den Bestimmungsort abändern, bedarf er hierzu des Besitzes des Frachbriefduplikats. Befindet er sich nicht im Besitze desselben, so darf er nur solche Anweisungen erteilen, welche weder die Person des Empfängers noch den Bestimmungsort abändern, d. h. sich auf die Anordnung von Sicherheitsmaßregeln, Lagerung des Gutes, Abwarten des Hindernisses, Benutzung der vorhandenen Hilfsroute usw. beziehen. Bereits oben Anm. 117 S. 229 ist darauf hingewiesen worden, daß auch der Gebrauch des Rücktrittsrechts (Abs. 2) nach der Absicht des Gesetzes einer Anweisung zur Herausgabe des Gutes an einen anderen Empfänger bzw. an einem anderen Bestimmungsorte gleich zu achten ist und daher den Besitz des Frachtbriefduplikats erfordert, wenngleich rechtlich die Erklärung des Rücktrittes an sich nicht eine Anweisung involviert. Es würde aber der Absender anderenfalls die Bestimmung des Abs. 4 dadurch umgehen können, daß er in den Fällen des Abs. 1 den Rücktritt erklärt, da dies im Effekt der Anweisung zur Rückgabe des Gutes an ihn gleichkommt.

Ebenso ist der Absender, wenn er in den im Abs. 1 und 3 des Art. 18 bezeichneten Fällen Anweisungen der im Art. 15 Abs. 1 gedachten Art trifft, den weiteren im Art. 15 Abs. 3—8 enthaltenen formellen und materiellen Bestimmungen uneingeschränkt unterworfen.

Artikel 19.[120])

Das Verfahren bei Ablieferung der Güter, sowie die etwaige Verpflichtung der Eisenbahn, das Gut einem nicht an der Bestimmungs-

station wohnhaften Empfänger zuzuführen, richtet sich nach den für die abliefernde Bahn geltenden gesetzlichen und reglementarischen Bestimmungen.[121])

Zusatz I.

Betriebsreglement des Vereins Deutscher Eisenbahnverwaltungen.

§ 57.

Verfahren bei Ablieferung der Güter.

(Text übereinstimmend mit vorstehendem Art. 19) und:

Zusatzbestimmungen:

1. Soweit das Abladen der Güter nach den Vorschriften dieses Reglements oder des Tarifs oder nach besonderer Vereinbarung der Eisenbahn obliegt, hat diese zu bestimmen, ob die Güter dem Empfänger an seine Behausung zuzuführen sind, oder ob ihm über die Ankunft Nachricht zu geben ist. Über die Ankunft der vom Empfänger abzuladenden Güter ist diesem auf seine Kosten, vorbehaltlich der nachstehenden Ausnahmen, stets Nachricht zu geben. Die Benachrichtigung erfolgt nach Wahl der Eisenbahn schriftlich durch die Post oder besonderen Boten, unter Angabe der Frist, innerhalb welcher nach Zusatzbestimmung 10 das Gut abzunehmen ist, soweit nicht eine andere Art der Benachrichtigung zwischen dem Empfänger und der Eisenbahn schriftlich vereinbart worden ist. Die Benachrichtigung unterbleibt, wenn der Empfänger sich dieselbe verbeten hat, sowie bei bahnlagernd gestellten Gütern. Für die Ausfertigung der Benachrichtigung darf eine Gebühr nicht erhoben werden.

2. Die Benachrichtigung hat bei gewöhnlichem Gute spätestens nach Ankunft und Bereitstellung des Gutes zu erfolgen. Bei Eilgut muß, sofern nicht außergewöhnliche Verhältnisse eine längere Frist unvermeidlich machen, die Benachrichtigung binnen 2 Stunden, die Zuführung an die Behausung des Empfängers binnen 6 Stunden nach Ankunft erfolgen. Diese Fristen ruhen an Sonn- und Festtagen von 12 Uhr mittags, an Werktagen von 6 Uhr abends bis zum Anfange der Dienststunden des folgenden Tages. Die Festsetzungen über die Lieferfrist (§ 52) werden hierdurch nicht berührt.

3. Die Eisenbahn kann, wo sie es für angemessen erachtet, Rollfuhrunternehmer zum An- und Abfahren der Güter innerhalb des Stationsortes oder von und nach seitwärts gelegenen Ortschaften bestellen, auch an letzteren Güternebenstellen einrichten. Die Rollfuhrunternehmer gelten als Leute der Eisenbahn im Sinne des § 9 dieses Reglements (s. § 49, V.-Z. Ziff. 3).

4. Sind für Güter, deren Bestimmungsort nicht an der Eisen-

bahn gelegen oder eine nicht für den Güterverkehr eingerichtete Station ist, seitens der Verwaltung Einrichtungen zum Weitertransporte nicht getroffen, so hat die Eisenbahn, wenn nicht wegen sofortiger Weiterbeförderung vom Absender oder Empfänger Verfügung getroffen ist, entweder den Empfänger nach Maßgabe der vorstehenden Bestimmungen zu benachrichtigen, oder die Güter mittelst eines Spediteurs oder einer anderen Gelegenheit nach dem Bestimmungsorte auf Gefahr und Kosten des Absenders weiter befördern zu lassen.

5. Diejenigen Empfänger, welche ihre Güter selbst abholen oder sich anderer als der von der Eisenbahn bestellten Fahrunternehmer bedienen wollen, haben dies der Güterabfertigungsstelle rechtzeitig vorher, jedenfalls noch vor Ankunft des Gutes, auf Erfordern der Abfertigungsstelle unter glaubhafter Bescheinigung ihrer Unterschrift, schriftlich anzuzeigen. Die Befugnis der Empfänger, ihre Güter selbst abzuholen oder durch andere als von der Eisenbahn bestellte Fuhrunternehmer abholen zu lassen, kann von der Eisenbahn im allgemeinen Verkehrsinteresse mit Genehmigung der Aufsichtsbehörde beschränkt oder aufgehoben werden.

6. Müssen Güter den bevorstehenden Vorschriften zufolge nach den Abfertigungsräumen oder nach Niederlagen der Zoll- oder Steuerverwaltung oder nach sonstigen in den Vorschriften bezeichneten Räumen verbracht werden, so geschieht dies durch die Eisenbahn, auch wenn der Empfänger sich die Selbstabholung vorbehalten hat, es sei denn, daß die Eisenbahn ihm die Vorführung überläßt.

7. Die Auslieferung des Gutes erfolgt gegen Zahlung der etwa darauf haftenden Fracht- und sonstigen Beträge und gegen Ausstellung der Empfangsbescheinigung. Letztere hat sich auf die einfache Anerkennung des Empfanges zu beschränken; weitere Erklärungen, namentlich über tadellosen oder rechtzeitigen Empfang, dürfen nicht gefordert werden. Güter, welche nicht durch die Eisenbahn zuzuführen sind, werden dem Empfänger auf Vorzeigung des seitens der Eisenbahn quittierten Frachtbriefes zur Verfügung gestellt, und zwar die vom Empfänger auszuladenden auf den Entladeplätzen, die übrigen Güter in den Abfertigungsräumen (auf den Güterböden).

8. Der Empfänger ist berechtigt, bei der Auslieferung von Gütern, deren Nachwiegung in seiner Gegenwart auf dem Bahnhofe zu verlangen. Diesem Verlangen muß die Eisenbahn bei Stückgütern stets, bei Wagenladungsgütern insoweit, als die vorhandenen Wiegevorrichtungen dazu ausreichen, nachkommen. Gestatten die Wiegevorrichtungen der Eisenbahn eine Verwiegung von

Wagenladungsgütern auf dem Bahnhofe nicht, so bleibt dem Empfänger überlassen, die Verwiegung da, wo derartige Wiegevorrichtungen am nächsten zur Verfügung stehen, in Gegenwart eines von der Eisenbahn zu bestellenden Bevollmächtigten vornehmen zu lassen. Ergibt die Nachwiegung kein von der Eisenbahn zu vertretendes Mindergewicht, so hat der Empfänger die durch die Verwiegung entstandenen Kosten oder die tarifmäßigen Gebühren sowie die Entschädigung für den etwa bestellten Bevollmächtigten zu tragen. Dagegen hat die Eisenbahn, falls ein von ihr zu vertretendes und nicht bereits anerkanntes Mindergewicht festgestellt wird, dem Empfänger die ihm durch die Nachwiegung verursachten Kosten zu erstatten.

9. Die nach den Vorschriften dieses Reglements oder des Tarifs oder nach besonderer Vereinbarung durch die Eisenbahn einzuladenden Güter sind binnen der im Tarife festzustellenden lagerzinsfreien Zeit, welche nicht weniger als 24 Stunden nach Absendung bzw. Empfang (Ziff. 1 in Verbindung mit § 52, V. Z. Ziff. 4) der Benachrichtigung betragen darf, während der vorgeschriebenen Geschäftsstunden abzunehmen.

10. Die Fristen, binnen welchen die von dem Empfänger abzuladenden Güter durch denselben auszuladen und abzuholen sind, werden durch die besonderen Vorschriften jeder Verwaltung festgesetzt und sind, sofern sie für deren ganzes Gebiet gleichmäßig erlassen werden, durch den Tarif, anderenfalls auf jeder Station durch Aushang an den Abfertigungsstellen zur öffentlichen Kenntnis zu bringen. Erfolgt die Benachrichtigung über die Ankunft des Gutes durch die Post, so beginnen diese Fristen frühestens drei Stunden nach der Aufgabe des Benachrichtigungsschreibens zur Post, soweit nicht durch die für die abliefernde Bahn bestehenden Bestimmungen etwas anderes festgesetzt ist.

11. Für bahnlagernd gestellte sowie für solche Güter, deren Empfänger sich die Benachrichtigung schriftlich verbeten haben, beginnt der Lauf der in den Ziffern 9 und 10 erwähnten Fristen mit Ankunft des Gutes.

12. Der Lauf der Entlade- und Abholungsfristen (Ziff. 10) ruht während der Sonn- und Festtage sowie für die Dauer einer zoll- oder steueramtlichen Abfertigung, sofern diese nicht durch den Absender oder den Empfänger verzögert wird. Seitens der letzteren ist die Dauer der Abfertigung nachzuweisen.

13. Wer das Gut nicht innerhalb der erwähnten Fristen abnimmt, hat ein in den Tarifen festzusetzendes Lagergeld oder Wagenstandgeld zu bezahlen. Auch ist die Eisenbahn berechtigt, die Ausladung der nach den Vorschriften dieses Reglements oder

des Tarifs oder nach besonderer Vereinbarung vom Empfänger auszuladenden Güter auf dessen Gefahr und Kosten zu besorgen.

14. Dagegen ist die Eisenbahn zum Ersatze der nachgewiesenen Kosten der zwar rechtzeitig, aber vergeblich versuchten Abholung eines Gutes in dem Falle verpflichtet, wenn das Gut auf Benachrichtigung des Empfängers von der Ankunft nicht spätestens innerhalb einer Stunde nach dem Eintreffen des Abholers zur Entladung oder Abgabe bereitgestellt ist.

15. Wenn der geregelte Verkehr durch große Güteranhäufungen gefährdet wird, so ist die Eisenbahn zur Erhöhung der Lagergelder und der Wagenstandgelder und, wenn diese Maßregel nicht ausreichen sollte, auch zur Verkürzung der Ladefristen und zur Beschränkung der lagerzinsfreien Zeit für die Dauer der Anhäufung der Güter, und zwar alles dieses unter Beachtung der für die Festsetzung von Zuschlagslieferfristen gegebenen Vorschriften, berechtigt.

16. Tiere werden bei der Ankunft an dem Bestimmungsorte nach Aushändigung des Frachtbriefes an den Empfänger gegen dessen Bescheinigung ausgeliefert. Das Ausladen und Abtreiben muß spätestens zwei Stunden nach der Bereitstellung und dem Ablaufe der zur etwaigen zoll- oder steueramtlichen Abfertigung erforderlichen Zeit erfolgen. Nach Ablauf dieser Frist ist die Eisenbahn berechtigt, die Tiere auf Gefahr und Kosten des Absenders in Verpflegung zu geben oder, falls sie deren ferneren Aufenthalt im Wagen oder auf dem Bahnhofe gestattet, ein im Tarife festzusetzendes Standgeld zu erheben.

120) Prinzip und Entstehungsgeschichte des Art. 19.

Im Art. 19 des internationalen Übereinkommens ist der Grundsatz ausgesprochen, daß das Verfahren bei der Ablieferung der Güter sowie die etwaige Verpflichtung der Eisenbahn zur Zuführung des Gutes an einen nicht an der Bestimmungsstation wohnhaften Empfänger sich nach den für die abliefernde Bahn geltenden gesetzlichen und reglementarischen Bestimmungen richtet, mithin von der Regelung durch das internationale Übereinkommen ausgeschlossen ist.

Ursprünglich war diese Ausschließung in noch umfassenderer Weise beabsichtigt. Der Schweizer Entwurf (Art. 12) ging erheblich weiter; er wollte nicht nur das Verfahren bei der Ablieferung, sondern die Ablieferung überhaupt ganz absolut und uneingeschränkt von der internationalen Regelung ausschließen.

Die Kritik des Schweizer Entwurfs (Eger, Die Einführung eines internationalen Eisenbahnfrachtrechts 1877 S. 75 ff., Gegenentwurf Art. 12, 12a und 13 S. 142, 144) hat sich jedoch entschieden gegen die so weit gehende Ausdehnung des in diesem Entwurfe aufgestellten Prinzips ausgesprochen. Insbesondere ist darauf hingewiesen worden, daß die Ablieferung ebensogut ein Teil des Frachtgeschäftes und ebenso wichtig für die Erfüllung desselben sei, wie die Empfangnahme, und daher nicht ersichtlich erscheine, weshalb letztere gemeinschaftlich geregelt werden, erstere aber den Einzelrechten überlassen bleiben soll. Insbesondere ist hervorgehoben worden, daß gerade die bei der Ablieferung auszuübenden Pfand-, Retentions- und Vorzugsrechte wegen der Verschiedenheit der Einzelrechte und der Zweifelhaftigkeit ihrer Geltung und ihres Umfanges aufs dringendste einer einheitlichen Gestaltung im internationalen Verkehr bedürfen.

Auch der Deutsche Entwurf (1878) hat sich dieser Auffassung nicht ganz entziehen können. Zwar ist im Art. 19 das Prinzip des Schweizer Entwurfs, daß das Ablieferungsverfahren sich nach dem Rechte der abliefernden Bahn richten soll, generell adoptiert worden, aber doch nicht absolut, sondern unter Konstituierung wenigstens einiger Normen, durch welche in den vorbezeichneten Richtungen die beiden wichtigsten Materien des Ablieferungsrechts, das Recht und die Pflicht zur Einziehung der Frachtvertragsforderungen bei der Ablieferung und das zur Unterstützung dieser Obliegenheit dienende Pfandrecht, sowie das Verfahren bei Ablieferungshindernissen einheitlich geregelt wurden (s. Art. 20—25).

Demgemäß schlug der Deutsche Entwurf (Art. 12 sc. 19) die in den Berner Konferenzen unverändert angenommene, als Art. 19 in das I.Ü. übergegangene Fassung vor.

Indes erscheint diese einheitliche Regelung der Rechtsverhältnisse der Ablieferung zu beschränkt und für das Verkehrsbedürfnis nicht ausreichend, sie beseitigt nur zum Teil die Mißstände, welche die Verschiedenartigkeit der partikularen Rechte und Reglements gerade auf dem Gebiete der Ablieferung hervorgerufen hat. De lege ferenda wird es daher zu den wichtigsten Aufgaben der Vertragsstaaten gehören, bei späteren Konferenzen (Art. 59) einheitliche Bestimmungen über das Ablieferungsverfahren, soweit sie für die einheitliche Gestaltung der Ablieferungspflicht von wesentlicher Bedeutung sind und nicht bloß auf lokale Verhältnisse sich beziehen, insbesondere über die Avisierungspflicht, die Wirkungen des Pfandrechts, den Annahmeverzug, das Verfahren bei unanbringlichen Gütern, die Reihenfolge der gegenseitigen Leistungen, das Recht des Empfängers zur vorgängigen Besichtigung des Gutes (s. Art. 16 Anm. 107), die Zuführung von der Empfangsstation zu dem nicht an der Bahn liegenden Bestimmungsort, die zollamtliche Behandlung in das I.Ü. aufzunehmen (vgl. hierzu Z. XVI 226).

121) **„Das Verfahren bei Ablieferung der Güter, sowie die etwaige Verpflichtung der Eisenbahn, das Gut einem nicht an der Bestimmungsstation wohnhaften Empfänger zuzuführen, richtet sich nach den für die abliefernde Bahn geltenden gesetzlichen und reglementarischen Bestimmungen.“**

Das internationale Übereinkommen unterscheidet zwischen der Ablieferungspflicht und dem Ablieferungsverfahren. Die Pflicht zur Ablieferung der Güter am Bestimmungsorte ist durch das Übereinkommen selbst einheitlich festgesetzt und normiert (Art. 16); dagegen ist die Regelung des Ablieferungsverfahrens sowie der Verpflichtung der

Eisenbahn, das Gut einem nicht an der Bestimmungsstation wohnhaften Empfänger zuzuführen, den für die abliefernde Bahn geltenden gesetzlichen und reglementarischen Bestimmungen durch Art. 19 des Übereinkommens überlassen.

A. In betreff des Verfahrens bei der Ablieferung der Güter kann jedoch diese Trennung zwischen Ablieferungspflicht und Ablieferungsverfahren eine ganz präzise nicht sein, weil die Erfüllung und der Umfang der Ablieferungspflicht von dem Ablieferungsverfahren und den Modalitäten desselben bedingt wird, das Ablieferungsverfahren mithin begrifflich nur die Ausführung der Ablieferungspflicht, ihre Gestaltung im einzelnen involviert, mithin eine strenge Scheidung zwischen Ablieferungspflicht und Ablieferungsverfahren nicht möglich ist. In der Tat hat daher das internationale Übereinkommen sich auch nicht darauf beschränkt, ganz abstrakt die Ablieferungspflicht der Bahn auszusprechen, sondern auch die Art der Ausführung dieser Pflicht und damit implicite das Ablieferungsverfahren in mehreren wesentlichen Beziehungen zugleich vorgeschrieben. Es ist insbesondere bestimmt, daß die Bahn verpflichtet ist, am Bestimmungsorte an den bezeichneten Empfänger die Ablieferung nicht nur des Gutes, sondern auch des Frachtbriefes zu bewirken (s. über den Begriff der Ablieferung: Art. 16 Anm. 107, Art. 30 Anm. 159 III; Rosenthal a. a. O. 158f.). Die Ablieferung hat ferner nicht ohne weiteres zu geschehen, sondern nur Zug um Zug gegen Erfüllung der Gegenleistungen des Empfängers, d. h. nach Abs. 1 des Art. 16 gegen Bezahlung der im Frachtbrief ersichtlich gemachten Beträge und Empfangsbescheinigung bzw. gemäß Abs. 2 des Art. 16 und Art. 20 gegen Einziehung aller durch den Frachtvertrag begründeten Forderungen. Die Vorzeigung des Frachtbriefduplikates ist nicht Erfordernis (Z. I 108, III 35, IV 51). Ferner ist der Bahn durch Art. 21 hierfür ein Faustpfandrecht verliehen, welches sie bei der Ablieferung geltend zu machen berechtigt und verpflichtet ist, und es ist ferner ihr Verhalten in bestimmten Fällen der Transportverhinderung (Art. 18) und bei Ablieferungshindernissen wie überhaupt für alle Fälle des Verlustes, der Minderung und Beschädigung, also auch insoweit diese bei der Ablieferung hervortreten, durch einheitliche Vorschriften geregelt (Art. 24, 25, Z. XVI 227).

Diese Bestimmungen der Art. 16 (17), 18, 20, 21, 24, 25 sind für die Ablieferungspflicht und das Ablieferungsverfahren obligatorischer und absoluter Natur derartig, daß sie partikularrechtlich nicht abgeändert werden dürfen (Art. 4). Nur im übrigen, d. h. soweit hier nichts bestimmt ist, greifen die Partikularrechte Platz.

Freilich ist der bei weitem größte und umfassendste Teil des Ablieferungsverfahrens gemäß Art. 19 und mangels weiterer Vorschriften hierüber im internationalen Übereinkommen und seinen Ausführungsbestimmungen den partikulären Vorschriften der Landesrechte und Reglements überlassen. Entweder können diese für das Ablieferungsverfahren im internationalen Verkehre besondere Bestimmungen treffen, oder es finden in Ermangelung solcher die für den internen Verkehr bestehenden Anwendung, z. B. für Deutschland §§ 433—437 H.G.B. und §§ 50, 76—80 E.V.O. (vgl. Z. I 118, III 35, 66, IV 51, 86, V 330, X 230, E. XIX 111, Z. X 370, XI 311, XII 88, 98, E. XIX 30, XX 320, XXI 323). Festzuhalten ist aber dabei, daß dieselben den Vorschriften des internationalen Übereinkommens nicht widersprechen dürfen.

Von diesem Gesichtspunkte aus ist auch die Frage der Avisierungspflicht zu beurteilen (Muschweck, Sp.- u. Sch.-Ztg. XII Nr. 37—41; Rosenthal 159). Das internationale Übereinkommen enthält zwar nichts über diese Verpflichtung. Aber sie gehört nach der herschenden Annahme an sich begrifflich zur Ablieferungspflicht derartig, daß, insoweit die Empfangsbahn nicht partikularrechtlich oder reglementarisch verbunden ist, das angekommene Gut ohne weiteres unmittelbar dem Empfänger zuzuführen (wie dies für Stückgut vielfach vorgeschrieben) — wodurch sich die Avisierung erübrigt — oder es sich um Gut handelt, dessen Zuführung oder Avisierung nach dem Willen des Absenders unterbleiben soll (Bahnhof-restant-Gut), die Bahn die Ankunft des Gutes dem Empfänger behufs Abholung anzeigen muß (Art. 16 Anm. 107, Art. 30 Anm. 158). Die Avisierungspflicht ist also — von den bezeichneten Ausnahmefällen abgesehen — in der internationalen Ablieferungspflicht inbegriffen und mitenthalten, sie ist eine dem internationalen Transportrechte zugehörige Pflicht und besteht an sich, auch wenn sie in den landesgesetzlichen oder reglementarischen Vorschriften den Bahnen nicht auferlegt oder ansgeschlossen ist (Sarrut 323; Wehrmann 178; Jacob 33; Emion 243; franz. Kass.-Hof 11. Mai 1868; D.R.O.H.G. 11. Sept. 1875. — A. M. Pierson IV 708; Bedarride I 340; Gerstner 280; Suppl. 83).

Wohl aber ist die Art der Avisierung (ob mündlich, schriftlich, telegraphisch, durch Boten, Post usw.) den landesgesetzlichen oder reglementarischen Bestimmungen gemäß Art. 19 überlassen (Z. V. 225, 512, Z. VII 477, 716, E. XIX 111, 128, 156, 199, XXIV 280) (s. über Verantwortlichkeit für verspätete oder unterbliebene Zustellung des der Post übergebenen Avises: Hertzer, E. XIX 274; Senckpiehl, Sp.- u. Sch.-Ztg. 1903 Nr. 17 und Z. XI 17, Rundnagel 44), über Vorweisung durch ein Familienmitglied (E. XIX 111, Z. X 230) und ebenso die Art der Ausfolgung des Gutes (nach Maßgabe auch der Zolleinrichtungen) (Z. V 24, VI 597, 748), die Bestimmung der täglichen Expeditionszeiten, die Art der Zuführung, Zustellung (durch Dienstmannsinstitute, Gepäckträger, Bahnfuhrwerke, bahnamtlich bestellte Frachtführer, Spediteure usw.), Nachwage, Lagerung, Lagergeld, Wagenstrafmiete, das Verfahren bei Annahmeverzug, Unanbringlichkeit von Gütern, die Wirkungen des Pfandrechts (Art. 21), ferner das Verfahren bei Ablieferungshindernissen und bei Feststellung in Verlust-, Minderungs- und Beschädigungsfällen, soweit in letzteren beiden Beziehungen nicht Art. 24 und 25 einheitliche Vorschriften enthalten (s. Anm. 135f., Anm. 138f.). Über den Nachweis der Avisierung (Z. IV 105), die Kosten der Avisierung (Z. VI 101), Diebstahl des Avises (Z. VI 597). Die Post gehört bei der Avisierung nicht zu den „Leuten der Bahn“ (Art. 29), für deren Verschulden diese zu zahlen hat (E. XXIV 280). Für den

Schaden aus verspäteter Avisierung, z. B. Verderb des Gutes, haftet die Bahn, auch wenn die Lieferfrist innegehalten ist (Z. XI 15, E. XIX 210. — A. M. Z. X 367, E. XIX 239, Sp.- u. Sch.-Ztg. XI Nr. 6), ebenso wenn sie nach erfolgter Avisierung das Gut nicht ordnungsgemäß bereitgestellt hat (Z. XII 98, E. XX 320, XXIII 355). Rechtliche Stellung des bahnamtlich bestellten Rollfuhrunternehmers: E. XXII 371, Muschweck, Sp. u. Sch.-Ztg. XV Nr. 36–52.

B. Ferner ist die „etwaige Verpflichtung der Eisenbahn, das Gut einem nicht an der Bestimmungsstation wohnhaften Empfänger zuzuführen", den gesetzlichen und reglementarischen Bestimmungen der abliefernden Bahn überlassen. Diese Zuführungspflicht an einem nicht an der Bestimmungsstation wohnhaften Empfänger gehört an sich nicht zur internationalen Ablieferungspflicht, welche sich nach Art. 16 Abs. 1 und 3 lediglich auf die Ablieferung am Bestimmungsorte, d. i. auf der Bestimmungsstation und den dort wohnhaften Empfänger beschränkt. Im internationalen Übereinkommen ist daher über eine Verpflichtung der Bahn zur Zuführung an einen dritten Ort nichts bestimmt und auch nicht beabsichtigt, für die Bahnen diese Verpflichtung im internationalen Verkehr neu einzuführen (vgl. in betreff internationaler Sendungen, deren Aufgabe- oder Bestimmungsstation an Nebenbahnen liegt: Art. 1 Anm. 5 S. 12 und Z. I 87, E. X 47).

Wo diese Zuführungspflicht aber für den internen Transport besteht und geregelt ist, da soll sie auch auf den internationalen Transport in gleicher Weise Anwendung finden. Dies bedeuten die Worte „sowie die etwaige Verpflichtung der Eisenbahn usw." (übereinstimmend auch Schwab 217, Rosenthal 158; Z. X 94, E. XVIII 317). Haftung der Bahn: E. XXIII 361; Muschweck, An- und Abfuhr der Güter, Sp.- u. Sch.-Ztg. XII Nr. 27–31, Z. XVI 226.

Artikel 20.[122])

Die Empfangsbahn hat bei der Ablieferung alle durch den Frachtvertrag begründeten Forderungen, insbesondere Fracht und Nebengebühren, Zollgelder und andere zum Zweck der Ausführung des Transportes gehabte Auslagen, sowie die auf dem Gute haftenden Nachnahmen und sonstigen Beträge einzuziehen, und zwar sowohl für eigene Rechnung, als auch für Rechnung der vorhergehenden Eisenbahnen und sonstiger Berechtigter.[123])

Zusatz I.

Betriebsreglement des Vereins Deutscher Eisenbahnverwaltungen.

§ 58.

(Text übereinstimmend mit vorstehendem Art. 20.)

122) Prinzip und Entstehungsgeschichte des Art. 20.

Die Art. 20, 21, 22 und 23 des internationalen Übereinkommens stehen miteinander insofern in engem sachlichen Zusammenhange, als sie sich sämtlich auf die Regelung der Pflichten und Rechte der Eisenbahnen bei der Einziehung der durch den internationalen Eisenbahn-Frachtvertrag begründeten Forderungen beziehen (Goldschmidt, Zur Auslegung des § 441, H.G.B. E. L. Archiv 1906 S. 117).

Aus der sich aus Art. 20 und Art. 21 ergebenden Pflicht der beteiligten Eisenbahnen, bei der Aufgabe oder der Ablieferung des Gutes die Fracht und die anderen aus dem Frachtvertrage herrührenden Forderungen nicht nur für eigene Rechnung, sondern auch für die der mitbeteiligten Bahnen einzuziehen, ergibt sich die Vorschrift des Artikels 23 Abs. 1, daß jede Eisenbahn verpflichtet ist, nach erfolgter Einziehung den beteiligten Bahnen den ihnen gebührenden Anteil zu zahlen. Daran schließt sich folgerichtig die Vorschrift des Abs. 2, welche die Ablieferungsbahn — vorbehaltlich ihrer Ansprüche gegen den Empfänger — verantwortlich erklärt für die Bezahlung, wenn sie ihre Einziehungspflicht nicht erfüllt, d. h. das Gut ohne Einziehung der darauf haftenden Forderungen abliefert. Endlich bezieht sich hierauf auch die Bestimmung des Abs. 3, wonach die Übergabe des Gutes von einer Eisenbahn an die nächstfolgende für die erstere das Recht begründet, die letztere sofort im Kontokorrent mit dem bezüglichen frachtbrieflichen Forderungsbetrage zu belasten.

Alle diese im Anschluß an die Einziehungspflicht (Art. 20) erlassenen Vorschriften des Art. 23 (Abs. 1—3) beruhen auf der unverkennbaren Absicht der Gesetzgeber, den beteiligten Bahnen mit Rücksicht auf die Zwangsgemeinschaft, welche ihnen das internationale Übereinkommen auferlegt, und die daraus resultierende Pflicht, einer jeden das Transportgut der folgenden ohne vorgängige Befriedigung oder Sicherstellung zu übergeben, einen möglichst weitgehenden Rechtsschutz zu gewähren.

Für das Verständnis der Prinzipien, welche in den Art. 20—23 des internationalen Übereinkommens zum Ausdrucke gelangt sind, erscheint es wichtig, auch aus der Entstehungsgeschichte folgendes mitzuteilen:

Im Schweizer Entwurfe finden sich, in Konsequenz seines Vorschlages, das Ablieferungsverfahren prinzipiell von der internationalen Regelung auszuschließen, bezügliche Bestimmungen nicht.

Auf einen ganz entgegengesetzten Standpunkt stellte sich jedoch die Kritik des Schweizer Entwurfes (Eger 1877, Die Einführung eines internationalen Eisenbahn-Frachtrechts, S. 77f., und Gegenentwurf Art. 12a S. 143). Sie brachte die Aufnahme des Pfandrecht-Systems des Deutschen Handels-Gesetzbuchs, d. h. die einheitliche Konstituierung eines gesetzlichen Pfandrechts am Frachtgute und in Verbindung damit auch die Pflicht der abliefernden Bahn zur Einziehung aller durch den Frachtvertrag begründeten Forderungen in Vorschlag, weil gerade die meisten Streitigkeiten aus der Verschiedenheit der Einzelrechte auf diesem Gebiete entstehen (zustimmend Rosenthal 167).

Der Deutsche Entwurf (1878) schloß sich in seinem Art. 12a—d diesen Vorschlägen Egers unter gleichen Motiven vollständig an. (Rosenthal 167).

Es würde zu weit führen, die sich an diese Vorschläge anknüpfenden, vielfach sehr ins einzelne gehenden Diskussionen hier vollständig darzustellen. Als Ergebnis derselben sei daher hier nur hervorgehoben daß in den Berner Konferenzberatungen die Vorschläge des Deutschen Entwurfes folgende wesentliche Änderungen erfuhren:

1. Die Konstituierung eines gesetzlichen Pfandrechts — mit dem Charakter eines Faustpfandrechts — an dem Frachtgute für alle durch den Frachtvertrag begründeten Forderungen wurde zwar beschlossen nachdem die Gewährung sowohl eines Retentionsrechts wie eines Vorzugsrechtes (Privilegs) oder einer Generalhypothek als ungeeignet verworfen worden war. Aber die Fortdauer dieses Pfandrechtes noch drei Tage nach der Ablieferung wurde abgelehnt mit Hinweis vornehmlich darauf, daß dasselbe mit den Landesrechten mehrerer Staaten nicht vereinbar und insbesondere auch für Frankreich unannehmbar sei. Damit wurde für mehrere Länder (Deutschland und Belgien) eine tiefgreifende Verschiedenheit zwischen dem internen und internationalen Transportrecht geschaffen (Rosenthal 168).

2. Ferner erfolgte gänzliche Streichung der über die Rangordnung vorgeschlagenen Bestimmung des Deutschen Entwurfes (Art. 12c), weil man sich über diese Materie nicht einigen bzw. die Ansichten und die Rechte der verschiedenen Länder nicht in Übereinstimmung bringen konnte. Es wurde daher in der II. Konferenz die Bestimmung angenommen, „daß die Wirkungen des Pfandrechts sich nach dem Rechte des Landes richten, wo die Ablieferung erfolgt“ (Art. 22), und damit auch diese wichtige Frage zum Nachteile der Einheitlichkeit der landesgesetzlichen Regelung überlassen.

3. Endlich wurden die Bestimmungen der Art. 12a und 12b des Deutschen Entwurfes in bezug auf ihre Reihenfolge einer vollständigen Änderung unterworfen und im Laufe der Beratungen in wesentlichen Punkten ergänzt. An die Spitze trat die im ersten Satze des Art. 12b enthaltene Norm, welche der Empfangsbahn bei der Ablieferung die Einziehungspflicht in betreff aller Frachtvertragsforderungen sowohl für eigene Rechnung wie auch für Rechnung der vorhergehenden Eisenbahnen und sonstiger Berechtigter auferlegt (Art. 20). Darauf folgten die bereits vorher berührten Bestimmungen über die Konstituierung eines Faustpfandrechts am Gute für alle diese Forderungen (Art. 21) und über die Verweisung der Wirkungen dieses Pfandrechts auf die Normen der Landesrechte (Art. 23). Diesen Bestimmungen reihten sich Vorschriften über die Pflicht zur Zahlung der bezüglichen Anteilsbeträge seitens derjenigen Bahn, welche die Einziehung bewirkt hat, an die anderen am Transport beteiligten Bahnen, sowie über die Verantwortlichkeit dieser gegenüber im Falle versäumter Einziehung, vorbehaltlich der Ansprüche an den Empfänger, an, und endlich über das Recht einer jeden Bahn, bei Übergabe des Gutes im Kontokorrent mit dem kreditierten Betrage ihrer Forderung die folgende zu belasten (Art. 23 Abs. 1, 3 und 3). An den Schluß wurden Vorschriften über die Beschränkungen der Verpfändung und des Arrestes in betreff der im Auslande kreditierten Forderungen und

des dahin übergegangenen rollenden Materials nebst Zubehör gesetzt (Art. 23 Abs. 4 und 5).

123) **„Die Empfangsbahn hat bei der Ablieferung alle durch den Frachtvertrag begründeten Forderungen, insbesondere Fracht und Nebengebühren, Zollgelder und andere zum Zwecke der Ausführung des Transportes gehabte Auslagen, sowie die auf dem Gute haftenden Nachnahmen und sonstigen Beträge einzuziehen, und zwar sowohl für eigene Rechnung, als auch für Rechnung der vorhergehenden Eisenbahnen und sonstiger Berechtigter."**

Art. 20 des internationalen Übereinkommens weist der Empfangs- (d. h. abliefernden) Bahn sowohl das Recht wie die Pflicht zur Einziehung aller durch den internationalen Eisenbahn-Frachtvertrag begründeten Forderungen zu. Hierbei war die Erwägung leitend, daß an den internationalen Eisenbahntransporten mehrere aufeinanderfolgende Eisenbahnen beteiligt sind. Jede Eisenbahn, deren Mitwirkung an dem Transporte in Anspruch genommen wird, hat Anspruch auf einen verhältnismäßigen Teil der Transportkosten. Soweit diese Kosten nicht bei der Aufgabe des Gutes zur Beförderung vom Absender an die Versandbahn berichtigt werden (Frankofracht), gelten sie als auf den Empfänger angewiesen (s. Art. 12 Abs. 1), und dieser ist, wenn er in den Frachtvertrag eintritt, gemäß Art. 16 und 17 verpflichtet, gegen Empfang des Gutes und des Frachtbriefes dieselben zu bezahlen. An sich würde nun der Empfänger an jede der beteiligten Bahnen die ihr gebührende Quote usw. der Transportkosten zu zahlen haben. Das Bestreben aber, die Zahlung der den einzelnen beteiligten Eisenbahnen hiernach zustehenden Forderungen zu vereinfachen, hat in Verbindung mit dem Prinzip der Zwangsgemeinschaft (Art. 27) zu dem allgemeinen, in der Natur des Verkehrs liegenden Gebrauche und Grundsatze geführt, daß die letzte Eisenbahn die gesamten, durch den ganzen Transport entstandenen Kosten, Auslagen usw. bzw. die Gesamtsumme der den einzelnen Bahnen geschuldeten Leistungen vom Empfänger erhebt und nur gegen Zahlung dieser Gesamtsumme die Ablieferung bewirkt. Die letzte Eisenbahn ist daher zur Ablieferung berechtigt und verpflichtet, nicht allein gegen Zahlung des ihr zustehenden Teiles der Frachtforderung, sondern der gesamten noch nicht beglichenen Frachtforderungen.

Zur größeren Vereinfachung können nun die nachfolgenden Bahnen entweder den vorangehenden Bahnen bereits bei der jedesmaligen Übergabe des Gutes deren Forderungen auszahlen, so daß die letzte (abliefernde) Bahn die gesamten Forderungen der Vorbahnen verauslagt und bei der Ablieferung zugleich mit der eigenen für eigene Rechnung einzieht. Es kann aber auch die Auszahlung seitens der folgenden Bahnen bei der jedesmaligen Übernahme des Gutes von der Vorbahn unterbleiben, bis die Einziehung der Gesamtforderung seitens der Ablieferungsbahn vom Empfänger erfolgt ist.

Danach kann sich das Verhältnis der abliefernden Bahn zu den Vorbahnen in bezug auf die Einziehung der Frachtvertragsforderungen verschieden gestalten. Es ist zu unterscheiden, je nachdem die Forderungen der vorhergehenden Bahnen von der letzten noch nicht befriedigt oder bereits verauslagt sind. Im ersteren Falle ist die letzte Bahn Mandatar der vorangehenden, sie hat die Forderungen derselben für deren Rechnung kraft gesetzlichen Mandats einzuziehen und ihre Rechte, insbesondere auch das Pfandrecht (Art. 20, 21), für sie auszuüben (Goldschmidt, System § 123; Lehmann-Ring II 357; Cosack 470; Staub zu § 448 B.G.B.; v. Hahn zu Art. 410 Alt. H.G.B.; Guillemain 470). Im letzteren Falle gehen Forderungen und Rechte der Vorbahnen auf sie ex lege (aus dem Fundament der nützlichen Verwendung) über; sie macht dieselbe für eigene Rechnung als ein selbständiges und eigenes (nicht zediertes) Recht geltend (Goldschmidt, System § 133; Anschütz und v. Völderndorff III 413; Knittel, Nachnahme 55; D. R.O.H.G. XX 190, XXIV 288. — A. M. Zessionstheorie: Cosack 489; Schott 6; Endemann III 449; Lehmann-Ring II 201).

Nach Sinn und Wortlaut umfaßt Art. 20, welcher dieses Verhältnis regelt, beide Fälle der Einziehung, indem der Empfangsbahn das Einziehungsrecht und die Einziehungspflicht (s. unten S. 246) sowohl für eigene Rechnung wie für Rechnung der vorhergehenden Eisenbahnen usw. übertragen ist (Rosenthal 166). Es sind damit, wie unten (Anm. 125) noch des näheren gezeigt werden wird, diejenigen gemeint, welche — abgesehen von den beteiligten Bahnen — kraft des Frachtvertrages und in Konnexität mit demselben Forderungen an den Empfänger haben, wie z. B. der Absender in betreff der Nachnahme, Personen, welche Reparaturkosten und sonstige Auslagen kreditiert haben, der Kommissionär (Spediteur) für Zollhandlungen und Auslagen unterwegs (Art. 10 Abs. 3).

Die Einziehung liegt der Empfangsbahn ob. Es ist damit die abliefernde Bahn gemeint. Die Einziehung ist bei der Ablieferung zu bewirken. Die Worte „bei der Ablieferung" weisen auf die Zeit der Einziehung hin. Bei der Ablieferung des Gutes und des Frachtbriefes, Zug um Zug mit derselben (S. 206, 209), soll die Einziehung der Forderungen erfolgen, nicht früher und nicht später. Die Worte „hat ... einzuziehen" geben der Empfangsbahn das Recht und die Pflicht zur Einziehung, und die Verbindung der Worte „sowohl für eigene Rechnung, als auch für Rechnung der vorhergehenden ...." lassen erkennen, daß die Einziehung der Forderungen der Vormänner in Gemeinschaft mit den eigenen Forderungen gleichzeitig bei der Ablieferung des Gutes geschehen muß (E. XVIII 334). Verweigert der Empfänger die Abnahme und damit den Eintritt in den Frachtvertrag, so bleibt der Absender allein zur Erfüllung der Vertragspflichten gegenüber der Eisenbahn verbunden. Alsdann liegt der Versandbahn das Recht und die Pflicht ob, diese gegen den Absender geltend zu machen (Z. XII 150, E. XXI 61).

Bei Einspruch des Empfängers hat die Empfangsbahn die Berechtigung der von ihr erhobenen Frachtvertragsforderungen, sowohl der eigenen wie der ihrer Vormänner, nachzuweisen. Dieser Nachweis hat sich jedoch nur auf die in den Art. 11—13 angegebenen

Voraussetzungen zu erstrecken, d. h. in betreff der Fracht und Nebengebühren auf deren Tarifmäßigkeit (Art. 11 Abs. 1 und 2), bezüglich der baren Auslagen auf ihre gehörige Feststellung und Kenntlichmachung im Frachtbriefe sowie auf die Vorlegung der Beweisstücke (Art. 11 Abs. 3), hinsichtlich der Nachnahmen endlich auf das Vorhandensein der im Art. 13 aufgeführten Bedingungen. Ein weitergehender Nachweis liegt der Empfangsbahn nicht ob, auch können Einreden aus anderen Frachtgeschäften nicht compensando geltend gemacht werden, weder gegen die eigene Forderung der Empfangsbahn noch gegen die Forderung der Vormänner.

Auf „alle durch den Frachtvertrag begründeten Forderungen" erstreckt sich das Einziehungsrecht bzw. die Einziehungspflicht der Empfangsbahn. Von diesen Forderungen sind durch den mit „insbesondere" beginnenden Zusatz eine Reihe nur beispielsweise, nicht erschöpfend angeführt worden. Bereits an früherer Stelle (Art. 16 S. 284ff., 289) ist darauf hingewiesen worden, daß diese Worte bzw. der damit angedeutete Umfang der Zahlungspflicht des Empfängers nicht in Einklang stehen mit der Bestimmung des Art. 16 Abs. 1 und Art. 17, welche den Empfänger nur zur Zahlung der im Frachtbrief ersichtlich gemachten Beträge verpflichten, wohl aber in Übereinstimmung sind mit der Vorschrift des Art. 16 Abs. 2, wonach der Empfänger nach Ankunft des Gutes am Bestimmungsorte nur berechtigt ist, die durch den Frachtvertrag begründeten Rechte gegen Erfüllung der sich daraus ergebenden Verpflichtungen geltend zu machen. Die Einziehungspflicht und das Einziehungsrecht der Empfangsbahn erstreckt sich also auf alle durch den Frachtvertrag begründeten Forderungen, auch wenn sie im Frachtbriefe nicht ersichtlich gemacht sein sollten (Goldschmidt, System 224).

Die Bedeutung der Worte: „alle durch den Frachtvertrag begründeten Forderungen" muß übrigens notwendig insofern eine Einschränkung erfahren, als sich das Recht und die Pflicht der Einziehung nur auf diejenigen durch den Frachtvertrag begründeten Forderungen bezieht, welche nicht bereits vorher, sei es bei der Aufgabe des Gutes (Frankosendung, Frankofracht, Frachtzuschlag für Interessedeklaration) von der Versandbahn oder unterwegs (Provisionen usw.) von den Zwischenbahnen eingezogen worden sind, oder erst nach der Ablieferung eingezogen werden können, wie z. B. die Nachzahlung der Frachtdifferenz und des Frachtzuschlags wegen unrichtiger Deklaration (E. XX 53, 54). Nicht alle durch den Frachtvertrag überhaupt begründeten Forderungen hat mithin die Empfangsbahn einzuziehen und bei der Ablieferung geltend zu machen (E. XX 53, 54), sondern nur alle diejenigen, welche noch auf Grund des Frachtvertrages auf dem Gute haften, d. h. noch nicht eingezogen sind. Daher sagt Art. 23 Abs. 2 richtiger, daß die Ablieferungsbahn verantwortlich ist, wenn sie das Gut ohne Einziehung der darauf haftenden Forderungen abliefert (s. Anm. 131).

Die „durch den Frachtvertrag begründeten Forderungen" bedeuten, wie die mit dem Worte „insbesondere" eingeleitete Aufführung von Beispielen lehrt, alle mit dem Frachtgeschäft konnexen Forderungen, d. h. alle Forderungen, welche eine Beziehung zu dem betreffenden speziellen und konkreten Frachtvertrage (nicht anderen Frachtverträgen) haben, d. h. mit demselben in Zusammenhang, in natürlicher oder gewollter Verbindung stehen, aus Anlaß des vorliegenden Frachtvertrages entstanden sind (Goldschmidt, System 226; Eger, D. Frachtr. 2. Aufl. II 623 ff., E.V.O. 2. Aufl. 407 ff.; Kompensation: Neumann, Allg. Tar.-Anz. 1901 Nr. 3 und 11; Epstein, E. XXI 95. — Irrig und unverständlich Gerstner, Suppl. 90).

Alle Forderungen, auf welche diese Voraussetzung zutrifft, unterliegen dem Einziehungsrecht und der Einziehungspflicht der Empfangsbahn. Als Beispiele, mithin nicht erschöpfend, und ohne etwa noch andere Forderungen auszuschließen, bezeichnet Art. 20 insbesondere folgende Kategorien: 1. „Fracht- und Nebengebühren", d. h. alle im Art. 11 Abs. 1 bezeichneten tarifmäßigen Frachtbeträge sowie die im Art. 11 Abs. 2 erwähnten Vergütungen für besondere im Tarife vorgesehene Leistungen (vgl. Art. 11 Anm. 75 f. S. 191 f. und die im Art. 38 Abs. 2 bez. Frachtzuschläge im Falle einer Interessedeklaration; Z. I 118, E. X 170). 2. „Zollgelder", d. h. alle infolge der Erfüllung der zollamtlichen Behandlung bzw. der Zollvorschriften von der Eisenbahn verlegten Beträge (vgl. Art. 10 Anm. 71 f., 181 f., E. XVIII 204). 3. „Andere zum Zwecke der Ausführung des Transportes gehabte Auslagen." Hierher gehören alle im Art. 11 Abs. 2 aufgeführten baren Auslagen, soweit sie nicht als Zollbeträge bereits unter Ziff. 2 fallen (s. Art. 11 Abs. 2 und 3, Anm. 78 f. 199 f.). 4. „Die auf dem Gute haftenden Nachnahmen." Es sind mangels jeder Beschränkung ausnahmslos alle Arten von Nachnahmen im Umfange des Art. 13 Anm. 88 f. gemeint (Z. VIII 438 ff., E. XVII 41, XX 18, Z. XIII 177, E. XXI 365, Sp.- u. Sch.-Ztg. XI Nr. 20). 5. „Sonstige Beträge." Mit diesen Worten soll möglichst erschöpfend der ganze Kreis der dem betr. Frachtgeschäfte konnexen Forderungen begriffen werden. Vornehmlich werden hierher zu rechnen sein die wegen unrichtiger Angabe des Inhalts einer Sendung sowie wegen Überlastung zu zahlenden Schadensbeträge und Frachtzuschläge (Konventionalstrafen usw.; s. Art. 7 Abs. 4 Anm. 55), soweit nicht ihre Feststellung und Einziehung erst nach der Ablieferung bewirkt werden kann (E. XX 53, 54), Zollstrafen (Art. 10 Abs. 1 Anm. 68), die durch Erfüllung der Steuer- und Polizeivorschriften erwachsenden Auslagen und eventuellen Strafgelder (Art. 10 Abs. 3 Anm. 71 S. 125), statistische Gebühren, Kosten der Avisierung, Kosten, welche durch die Ausführung nachträglicher Verfügungen entstehen (Art. 15 Abs. 8; s. Anm. 105 S. 202), Kosten der Feststellung von Mängeln in Verlust-, Minderungs- und Beschädigungsfällen (Art. 25 Anm. 139 und 140), Kosten der Bekanntgabe von Transport- und Ablieferungshindernissen (Art. 18 Abs. 1 und 3 Anm. 116, 118; Art. 24 Anm. 136), alle Schadensersatzforderungen für „Schäden aus der dolosen oder kulposen Verletzung der Vertragspflichten des Absenders oder Empfängers, auch für die Zinsen und Lagerungskosten infolge der Rückhaltung des Frachtgutes als Pfand (Art. 21), Verzugsfolgen, Prozeßkosten usw.

Artikel 21.[124])

Die Eisenbahn hat für alle im Art. 20 bezeichneten Forderungen die Rechte eines Faustpfandgläubigers an dem Gute.[125]) Dieses Pfandrecht besteht, solange das Gut in der Verwahrung der Eisenbahn oder eines Dritten sich befindet, welcher es für sie inne hat.[126])

Zusatz I.

Betriebsreglement des Vereins Deutscher Eisenbahnverwaltungen.

§ 59

(übereinstimmend mit dem vorbezeichneten Art. 21 des internationalen Übereinkommens über den Eisenbahn-Frachtverkehr).

124) **Prinzip und Entstehungsgeschichte des Art. 21.**

In betreff der Entstehungsgeschichte des Art. 21 und des in demselben zum Ausdrucke gebrachten Prinzips wird auf die in der Anm. 122 S. 242 f. im Zusammenhange mitgeteilte Entstehungsgeschichte und Darstellung der Grundsätze der Art. 20—23 des internationalen Übereinkommens Bezug genommen.

125) **„Die Eisenbahn hat für alle im Artikel 20 bezeichneten Forderungen die Rechte eines Faustpfandgläubigers an dem Gute."**

Durch Artikel 21 wird der Eisenbahn ein Pfandrecht am Frachtgute verliehen und zugleich über die Dauer dieses Pfandrechts Bestimmung getroffen.

Nach Absatz 1 des Art. 21 hat die Eisenbahn für alle im Art. 20 bezeichneten, d. h. durch den Frachtvertrag begründeten Forderungen die Rechte eines Faustpfandgläubigers an dem Gute. Damit ist das der Eisenbahn im internationalen Transport gewährte Pfandrecht als ein Faustpfandrecht charakterisiert, mithin als ein solches, welches seinem Begriff und Wesen nach auf die Detention des Gutes sich gründet und daher sowohl in seinem Beginn wie in seinem Bestehen und Ende von der Detention abhängig ist.

Die Rechte eines Faustpfandgläubigers sind durch Art. 21 Satz 1 „der Eisenbahn" verliehen. Es ist ganz allgemein gesagt, daß „die Eisenbahn" diese Rechte hat, d. h. jede Eisenbahn, welche am Transport des Gutes beteiligt und forderungsberechtigt ist (Rosenthal 169), nicht allein die Empfangsbahn, wie im vorangehenden Art. 20. Jede am Transporte beteiligte Eisenbahn kann also, solange sie das Gut in ihrer Detention hat, die Rechte eines Faustpfandgläubigers geltend machen und etwaigen Ansprüchen Dritter entgegensetzen, und zwar nach dem Prinzip der Zwangsgemeinschaft nicht nur für die eigenen Forderungen, sondern für alle bisher durch den Frachtvertrag begründeten Forderungen, also die eigenen wie die der Vormänner (s. unten S. 250 und Schwab 214; Rosenthal 169. — A. M. Hilscher 164).

Abs. 1 gibt der Eisenbahn „die Rechte eines Faustpfandgläubigers“. Es ist damit die Natur des der Eisenbahn am Gute für ihre Frachtvertragsforderungen zugebilligten Rechts einheitlich bezeichnet und charakterisiert, indem von der zutreffenden Voraussetzung ausgegangen wurde, daß, wenn auch diese Rechte und ihre Wirkungen (Art. 21) in den einzelnen Landesrechten verschiedenartig gestaltet seien, doch im wesentlichen übereinstimmend der Charakter des Faustpfandes von demjenigen anderer Rechte, wie der Retentionsrechte, der Vorzugsrechte, Generalprivilegien usw., sich begrifflich abhebt (Schwab 211).

1. Die Ausübung dieses Faustpfandrechts liegt der Eisenbahn ob, d. h. wie bereits oben S. 248 bemerkt, jeder an dem betreffenden Transporte beteiligten Eisenbahn. Seiner dinglichen Natur gemäß steht es der Eisenbahn gegenüber jedem Dritten zu, soweit nicht die Landesrechte einem Dritten ein Vorzugsrecht vor dem Faustpfandgläubiger gewähren (Art. 22). Nur insofern unterliegt das Faustpfandrecht der Eisenbahn einer einheitlichen Einschränkung, als sie der folgenden Bahn gegenüber dieses Pfandrecht — auch ohne Befriedigung — nicht geltend machen darf, vielmehr gegen Kreditierung der Forderung und Belastung derselben im Kontokurrent zur Weiterbeförderung nach der Bestimmungsstation zu übergeben verpflichtet ist (S. 244 ff. und Art. 23 Anm. 132).

2. Der Umfang der Pfandrechts erstreckt sich auf das „Gut“, das Frachtgut, d. h. jede bewegliche Sache, deren Transport die Eisenbahn auf Grund eines internationalen Eisenbahn-Frachtvertrages übernommen hat (Art. 6 lit. d). Das Pfandrecht erstreckt sich auf das gesamte Frachtgut, welches auf Grund des Frachtvertrages der Eisenbahn übergeben worden ist. Dieses Frachtgut haftet als Faustpfand in dem in den einzelnen Landesrechten für die Rechte des Faustpfandgläubigers bestimmten Umfange (Art. 22).

3. Das Recht der Eisenbahn als Faustpfandgläubiger besteht in der in allen Landesrechten anerkannten Befugnis, sich im Falle der Nichtzahlung der Frachtvertragsforderungen aus dem Gute bzw. dessen Wert, und zwar in der Regel durch Verkauf des Pfandes, zu befriedigen. Damit im Zusammenhange steht die Pflicht der Eisenbahn, bis zur Realisierung des Pfandes dasselbe aufzubewahren sowie nach erfolgter Realisierung und Befriedigung den etwa noch übrigen Teil oder Erlös des Pfandes dem Absender bzw. Empfänger herauszugeben. Während des Transportes fällt die Aufbewahrungspflicht der Eisenbahn mit ihrer Haftpflicht ex recepto (Art. 30ff.) zusammen. Nach beendetem Transporte geht dieselbe, wenn der Empfänger die Frachtforderungen nicht berichtigt, mithin in Annahmeverzug gerät, in die Verwahrungspflicht eines Depositars nach Maßgabe der Landesgesetze über (vgl. auch Rosenthal 172).

4. Das Frachtgut als Faustpfand haftet für „alle im Artikel 20 bezeichneten Forderungen“, d. h. es erstreckt sich auf alle durch den Frachtvertrag begründeten Forderungen, wie sie Art. 20 näher bezeichnet; das Pfandrecht ist also nicht auf die im Frachtbrief ersichtlich gemachten Forderungen beschränkt, wenn

sich auch freilich in der Regel diese Forderungen mit den durch den Frachtbrief ersichtlich gemachten decken werden (vgl. Art. 20 Anm. 123 S. 244). Anderseits bezieht sich aber das Pfandrecht auch nur auf die durch den konkreten Frachtvertrag begründeten Forderungen. (Goldschmidt, System 226; Laband, Zeitschr. f. d. ges. Hand.-R. IX 473, Rosenthal 170; Hilscher 165). Für alle anderen, nicht mit diesem Frachtvertrage zusammenhängenden Forderungen der Eisenbahn an den Empfänger, die Vormänner oder den Absender, insbesondere aus anderen Frachtverträgen, besteht dieses Pfandrecht nicht, auch wenn sie aus dem internationalen Transport herrühren.

Das Faustpfandrecht des Art. 21 beschränkt sich nicht nur auf die eigenen bzw. für eigene Rechnung und in eigenem Namen geltend zu machenden Forderungen, sondern erstreckt sich auch auf die für Rechnung der vorhergehenden Eisenbahnen und sonstiger Berechtigter, also für fremde Rechnung einzuziehenden Forderungen. Denn aus dem im Art. 20 ausgesprochenen Grundsatze, wonach die Empfangsbahn bei der Ablieferung aller durch den Frachtvertrag begründeten Forderungen sowohl für eigene Rechnung als auch für Rechnung der vorhergehenden Eisenbahnen und sonstiger Berechtigter einzuziehen hat, folgt mit Notwendigkeit, daß ihr auch das Recht bzw. die Pflicht zugewiesen werden muß, wegen der Gesamtforderungen das Pfandrecht am Frachtgute geltend zu machen.

Dieses Recht steht der abliefernden Eisenbahn ex lege und als notwendige Konsequenz ihrer Einziehungspflicht und der Zwangsgemeinschaft zu, ohne daß es der Konstruktion eines Überganges bzw. einer Zession usw. von Rechts wegen bedarf. Auch hat demgemäß das Pfandrecht nicht allein die Ablieferungsbahn, sondern jede am Transport beteiligte Bahn für die vom Transportbeginn inzwischen aufgelaufenen Forderungen, sobald ein Dritter Ansprüche auf das Gut unterwegs erhebt, ohne daß die Frachtvertragsforderungen voll befriedigt sind — freilich unbeschadet der Verpflichtung jeder Vorbahn, unter Kreditierung ihrer Forderungen der nachfolgenden das Gut zu übergeben (Art. 5, 23 Abs. 3). In der Hand der abliefernden Bahn aber vereinigt sich das Pfandrecht für alle bis zum Ende des Transportes erwachsenen Forderungen.

Es entspricht der Natur dieses Rechtsverhältnisses, daß, wie den Forderungen selbst (Anm. 123 S. 246), so auch der Ausübung des Pfandrechts durch die Empfangsbahn vom Empfänger nur solche Einwendungen entgegengehalten werden dürfen, welche sich auf das vorliegende konkrete Frachtgeschäft beziehen, mithin nicht etwa compensando Forderungen aus anderen Geschäften bzw. Frachtgeschäften, weil — wie oben S. 247 bereits erörtert — nur die mit dem betreffenden Frachtgeschäfte konnexen Forderungen in Betracht kommen. Es genügt ferner im Falle eines Einspruches des Empfängers gegen die Geltendmachung des Pfandrechts der Nachweis der Empfangsbahn, daß die Forderungen, für die sie das Pfandrecht geltend macht, den Voraussetzungen der Art. 11—13 des Übereinkommens entsprechen.

In der Regel ist die Geltendmachung des Pfandrechts auf die sich aus dem Frachtbriefe ergebenden Forderungen beschränkt. Denn an sich und ohne besondere Notifikation kann die abliefernde Bahn nur von denjenigen Forderungen ihrer Vorbahnen usw. Kenntnis haben, welche sich aus dem von diesen übernommenen Frachtbriefe ergeben, sie ist also durch das präsumtive Mandat des Art. 20 nur in der Lage, diese einzuziehen, bzw. in betreff derselben das Pfandrecht auszuüben und wird nicht regreßpflichtig, wenn sie die Einziehung etwaiger nicht auf dem Frachtbriefe vermerkten, noch ihr sonst bekanntgegebenen Forderungen mittelst Ausübung des Pfandrechts unterläßt. Sind ihr aber von den Vorgängern noch andere durch den Frachtvertrag begründete Forderungen notifiziert, so ist sie, wenngleich sie sich nicht aus dem Frachtbriefe ergeben, verpflichtet, auch diese mittelst Ausübung des Pfandrechts geltend zu machen, denn das Pfandrecht ergreift alle durch den Frachtvertrag begründeten Forderungen, auch die nicht aus dem Frachtbriefe ersichtlichen (s. Art. 20 Anm. 123 S. 246).

Ausgeschlossen ist also nicht, daß die Vorbahnen der abliefernden Bahn auftragen, nur gegen Zahlung anderer, aus dem Frachtbriefe nicht ersichtlicher Forderungen das Gut auszuhändigen. Auch wegen dieser Beträge hat die letzte Bahn die Rechte ihrer Mandaten wahrzunehmen, jedoch muß sie selbstredend, da sie aus dem Frachtbriefe nicht ersichtlich, besonders nachweisen, daß sie durch den Frachtvertrag begründet sind und sie dadurch zu ihrer Geltendmachung mittelst des Pfandrechts legitimiert ist.

126) **„Dieses Pfandrecht besteht, solange das Gut in der Verwahrung der Eisenbahn oder eines Dritten sich befindet, welcher es für sie inne hat."**

Die Dauer des im ersten Satze der Eisenbahn verliehenen Faustpfandrechts wird durch den zweiten Satz des Art. 21 bestimmt. Während nach dem im folgenden Art. 22 ausgesprochenen Prinzip die Wirkungen des Pfandrechtes von dem Rechte des Landes abhängen, wo die Ablieferung erfolgt, mithin vollständig den internen Rechten überlassen sind, enthält Satz 2 des Art. 21 ausnahmsweise eine der wenigen Bestimmungen, welche in materieller Hinsicht einheitlich dieses Pfandrecht regeln, derartig, daß in betreff der Dauer desselben ausschließlich Art. 21 Satz 2 Platz greift und alle hiervon abweichenden bzw. diesem Satze widersprechenden Vorschriften der Landesrechte für das internationale Transportgut außer Geltung treten. Der Vorschlag einer dreitägigen Fortdauer des Pfandrechts nach der Ablieferung gemäß Art. 409 des alten D. H.G.B. (§ 440 Abs. 3 neues D. H.G.B.) fand keine Billigung. Vielmehr ist die Dauer des Faustpfandrechts seinem Begriffe gemäß streng auf die Dauer der Verwahrung des Gutes seitens der Eisenbahn beschränkt, derartig, daß es mit der Übergabe beginnt und strikte mit der Ablieferung endet, jedoch mit der Maßgabe, daß der Verwahrung durch die Eisenbahn selbst gleichgestellt ist auch die Verwahrung durch einen Dritten, der es für sie innehat, d. h. durch einen Vertreter in der Verwahrung. Freilich sind damit auch die Vorteile, welche die Bestimmung des Art. 409 des D. H.G.B. dem Verkehre bietet, für den internationalen Transport beseitigt. Die Empfangsbahn ist, ohne sich den Vormännern gegenüber verantwortlich zu machen (Art. 243 Abs. 2), nicht in der Lage, das Gut ohne sofortige Zahlung der gesamten Frachtvertragsforderungen dem Empfänger abzuliefern, sie kann die Ablieferung nur Zug um Zug gegen die volle Zahlung bewirken, denn sie geht des Pfandrechts verlustig, sobald sie sich der Verwahrung des Gutes vor voller Befriedigung sämtlicher Forderungen begeben hat.

Die Worte „in der Verwahrung" bezeichnen die Detention, nicht den juristischen Besitz. Entscheidend ist also für den Beginn wie für das Ende dieses Pfandrechts die faktische Detention des Gutes durch die Eisenbahn oder ihre Vertreter (s. unten S. 255). Von Bedeutung ist aber auch weiter der Umstand, daß dieses Pfandrecht auf dem Frachtvertrage beruht, durch diesen entsteht und endet und nur für Forderungen aus dem Frachtvertrage. Daher beginnt das Pfandrecht des Art. 21 mit dem Momente der Empfangnahme des Gutes bzw. jedes Teiles desselben auf Grund des Frachtvertrages. Solange der Frachtvertrag nicht abgeschlossen ist (Art. 8 Abs. 1; s. Anm. 57 S. 101), beginnt das Pfandrecht auch dann nicht, wenn die Eisenbahn das Gut, dessen Beförderung nicht sofort erfolgen kann, zum Zwecke eines späteren Transportes vorläufig in Verwahrung genommen hat (vgl. Art. 5 Abs. 2 Anm. 28 S. 45). Anderseits ist aber der Beginn des Pfandrechtes auch nicht dadurch bedingt, daß der Transport wirklich begonnen habe. Es entsteht und beginnt mit der Gewahrsam auf Grund des Frachtvertrages. Und ebenso endet dasselbe mit der Aufgabe der Gewahrsam selbst oder seitens des Vertreters im Besitze in Ausführung und Beendigung (Erledigung) des Frachtvertrages.

Da es sich hier nicht um den juristischen Besitz, sondern nur um die Detention handelt, so besteht das Pfandrecht im Sinne des Art. 21 nicht nur für die Eisenbahn, welche das Gut selbst detiniert, sondern auch für diejenige Eisenbahn, in deren Namen ein anderer auf Grund eines Rechtsverhältnisses detiniert, aus welchem dieselbe eine Klage auf Ausantwortung des Gutes hat. Das Pfandrecht steht der Eisenbahn mithin nicht nur so lange zu, wie sie das Gut selbst in Händen hat, durch ihre eigenen Leute und in ihren eigenen Wagen, Magazinen usw. verwahren läßt, sondern auch so lange dies in ihrem Namen bzw. ihrer Vertretung durch einen Dritten — Spediteur, Rollführer, Magazinhalter, Lagerhaus usw. — geschieht, dieser Dritte das Gut für sie innehat (übereinstimmend Rosenthal 171).

Gegen dritte Personen, welche das Gut nicht für die Eisenbahn, sondern in eigenem Namen oder für einen anderen als die Eisenbahn innehaben, kann also das Pfandrecht aus Art. 21 nicht geltend gemacht werden. Ist das Gut zwar noch nicht in die Hände des Empfängers gelangt, aber von seinen Leuten oder von Dritten übernommen, welche es für ihn innehaben, in seiner Vertretung und in seinem Namen detinieren, so ist das Pfandrecht der Eisenbahn erloschen. Dasselbe ist der Fall, wenn das Gut in die Hände von Personen gelangt ist, welche es weder für die Eisenbahn noch für den Empfänger, sondern aus eigenem Interesse — gleichviel welcher Art — z. B. als Käufer, Gläubiger, Eigentümer, dinglich Berechtigte, in Verwahrung genommen haben. Auch das bloße Verfügungsrecht (Dispositionsbefugnis) über das Gut durch den Besitz von Konnossementen oder Ladescheinen oder die Zurückhaltung des Frachtbriefes sichert der Eisenbahn das Pfandrecht nicht, sondern ausschließlich die faktische Gewahrsam des Gutes selbst oder durch eine sie in der Gewahrsam vertretende Person.

Dagegen ist es rechtlich ohne Bedeutung, ob die Eisenbahn oder ihr Vertreter sich bereits zur Übergabe an den Empfänger bereit erklärt haben; denn nur die wirkliche Entäußerung der Gewahrsam bzw. die Veräußerung und Übergabe bringt das Pfandrecht zum Fortfall (E. XVII 41). Die Eisenbahn oder ihr Vertreter in der Gewahrsam darf nur nicht in einer Weise über das Gut verfügt haben, welche die Innehabung auf einen Dritten übertragen hat. Auch durch unfreiwillige Entziehung der Gewahrsam — Diebstahl, Raub, Beschlagnahme — geht das Pfandrecht verloren. Denn bei unfreiwilligem Verluste besitzt die Eisenbahn das Gut weder selbst noch ein Dritter für sie, als ihr Vertreter im Gewahrsam. Es ist eine nach dem betreffenden Landesrecht zu beurteilende Frage, ob und inwieweit sie rechtlich die Mittel besitzt, sich wieder in die Gewahrsam des Gutes zu setzen und damit zugleich das Pfandrecht wieder zu erlangen. Das Pfandrecht besteht jedenfalls so lange nicht, als das Gut nicht mehr in der Detention oder im Besitze der Eisenbahn oder ihres Vertreters ist, gleichviel aus welchem Grunde nicht. Ist das Gut nur teilweise abgeliefert, oder erfordert die Ablieferung einen längeren Zeitraum, so besteht das Pfandrecht nur für den noch nicht abgelieferten Teil der Ware (vgl. Z. III 514).

Artikel 22.[127])

Die Wirkungen des Pfandrechtes bestimmen sich nach dem Rechte des Landes, wie die Ablieferung erfolgt.[128])

Zusatz I.

Betriebsreglement des Vereins Deutscher Eisenbahnverwaltungen.

§ 60

(übereinstimmend mit dem vorbezeichneten Art. 22 des internationalen Übereinkommens über den Eisenbahn-Frachtverkehr).

127) Prinzip und Entstehungsgeschichte des Art. 22.

In betreff des Prinzips und der Entstehung des Art. 22 des internationalen Übereinkommens wird im allgemeinen auf die in der Anm. 122 zum Art. 20 (S. 242 f.) im Zusammenhange mitgeteilte Entstehungsgeschichte und Darstellung der Grundsätze der Art. 20—23 Bezug genommen und hier noch im besonderen folgendes ergänzend hinzugefügt:

Während Artikel 21 den Eisenbahnen für ihre gesamten Forderungen aus dem internationalen Eisenbahn-Frachtrechte einheitlich die Rechte eines Faustpfandgläubigers verleiht und die Dauer dieses Pfandrechts gleichfalls einheitlich normiert, verordnet Artikel 22, daß die Wirkungen desselben sich nach dem Rechte des Landes bestimmen sollen, wo die Ablieferung erfolgt. Auf die Wirkungen des den Eisenbahnen durch Art. 21 verliehenen Pfandrechts erstreckt sich hiernach die einheitliche Regelung des internationalen Übereinkommens nicht, vielmehr sind diese gänzlich der landesgesetzlichen Regelung überlassen (s. Art. 1 Anm. 3 S. 9).

Nach dem Vorgange des Egerschen Entwurfes und in Anlehnung an denselben hatte der Deutsche Entwurf eine andere Regelung als die durch Art. 22 zur Annahme gelangte und in das Übereinkommen aufgenommene in Aussicht genommen. Beide Entwürfe gingen davon aus, daß es geboten sei, die Vorschriften des Übereinkommens auf den Inhalt und die Rechtswirkungen dieses Pfandrechtes zu erstrecken, insbesondere aber auf das Verhältnis der verschiedenen durch den Frachtvertrag entstehenden Pfandrechte zueinander und zu anderen, nicht durch den Frachtvertrag begründeten Pfandrechten.

Die von diesen Gesichtspunkten ausgehenden, an Art. 411 des D. H.-G.-B. sich anlehnenden Bestimmungen des Deutschen Entwurfes (Art. 12c) wurden jedoch in den Berner Konferenzen nicht gebilligt, sondern die als Art. 22 in das I.Ü. übergegangene Bestimmung angenommen, wonach für die Wirkungen des Pfandrechts lediglich das Recht des Landes entscheidend ist, in welchem die Ablieferung erfolgt.

128) **„Die Wirkungen des Pfandrechtes bestimmen sich nach dem Rechte des Landes, wo die Ablieferung erfolgt.“**

Art. 22 überläßt die Bestimmung der Wirkungen des Pfandrechts dem Rechte des Landes, wo die Ablieferung erfolgt, schließt also die Wirkungen des im Art. 21 den Eisenbahnen gegebenen Faustpfandrechts von der einheitlichen internationalen Regelung aus und weist sie den internen Landesrechten zu.

Durch die Art. 21 und 22 ist nur der Rechtscharakter, der Umfang und die Dauer des Pfandrechtes der Eisenbahnen am Frachtgute im internationalen Eisenbahntransportverkehr einheitlich geregelt, dagegen in allen übrigen Beziehungen diese Materie gänzlich den internen Landesrechten überlassen. Dahin gehört die Art und Form der Realisierung, die Tragweite des Pfandrechtes in bezug auf die Bestandteile des Gutes sowie Pertinenzien, Akzessorien, das Verhältnis zu anderen dinglich Berechtigten, die Rangordnung verschiedener auf dem Gute ruhender Pfandrechte, die Pflichten der Eisenbahn als Pfandgläubiger, die Übertragung, der Untergang usw. des Pfandrechtes.

Durch die Worte „die Wirkungen des Pfandrechtes“ sind hiernach — wenngleich nicht in ganz klarer und zweifelsfreier Fassung überhaupt — die gesamten auf das Pfandrecht bezüglichen Verhältnisse, soweit sie eben nicht bereits durch Art. 21 geregelt sind, also nicht den Rechtscharakter des Pfandrechts, den Umfang der Forderungen, für welche es besteht, und die Dauer betreffen, der landesrechtlichen Normierung anheimgegeben. Darunter fällt vornehmlich:

1. das Verhältnis des Pfandrechts aus Artikel 22 zu anderen persönlich oder dinglich Berechtigten, z. B. zum Eigentümer, zum chirographischen Pfandgläubiger, zur Konkursmasse bzw. den Konkursgläubigern, zum Ladeschein- bzw. Konnossementsinhaber, zum Käufer, Verkäufer usw.;

2. die Reihenfolge (Rangordnung) des Pfandrechts aus Artikel 22 in bezug auf andere Pfandrechte, z. B. die der Spediteure, Kommissionäre oder anderen mit gesetzlichen Pfandrechten ausgestatteten Pfandgläubiger;

3. die Realisierung des Pfandrechts aus Art. 22. Zwar kann es wohl als ein allen Landesrechten gemeinsamer, aus Begriff und Wesen des Faustpfandes sich notwendig ergebender Grundsatz angesehen werden, daß der Pfandgläubiger (sc. die Eisenbahn) im Falle der Nichtbefriedigung seiner Forderung sich an das Faustpfand halten bzw. dasselbe behufs Tilgung seiner Forderung realisieren darf. Aber die Art und Weise, wie dies zu geschehen hat, das gesamte Realisierungsverfahren ist der Bestimmung der Landesrechte überlassen, insbesondere die Art und Weise, Ort, Zeit und Form der Realisierung sowie die Bestimmung, ob sofort oder nach Ablauf gewisser Fristen, ob mit oder ohne vorgängige Pfandklage, ob außergerichtlich oder gerichtlich, ob freihändig oder im Wege der Versteigerung, ob unter Zuziehung der Interessenten oder ohne deren Zuziehung usw. die Realisierung zu erfolgen hat;

4. die Tragweite des Pfandrechts in bezug auf das Gut als Pfandobjekt. Daß das ganze der Eisenbahn übergebene Gut ihr als Pfand haftet, folgt zwar aus dem Begriffe des Faustpfandes. Ob und in welchem Umfange aber hierzu auch die Akzesorien, Pertinenzien und Früchte gehören, und was als solche anzusehen ist, richtet sich nach den Vorschriften der einzelnen Landesrechte. Diesen unterliegt auch die Bestimmung, ob und inwieweit die Eisenbahn als Pfandgläubiger berechtigt ist, das Gut zu nutzen, und welche Folgen eine rechtswidrige Nutzung oder Weiterverpfändung des Pfandobjekts nach sich zieht.

Für Deutschland kommen also §§ 440–443 des neuen H.G.B. v. 10. Mai 1897, für Österreich Art. 409—411 H.G.B. weiter in Betracht.

Die Wirkungen des Pfandrechtes bestimmen sich nach dem Rechte des Landes, wo die Ablieferung erfolgt. Das Recht des Landes der Ablieferung soll hiernach allein für die Wirkungen des Pfandrechtes entscheidend sein. Damit ist freilich insofern wenigstens ein einheitlicher Grundsatz geschaffen, als es für die Folge nicht mehr zweifelhaft und streitig sein kann, welches Pfandrecht das maßgebende ist. Ausschließlich das Recht des Ablieferungsortes ist anzuwenden, ein anderes Pfandrecht, etwa das des Versandortes usw., darf nicht in Betracht gezogen werden. Der Mißstand liegt aber in der Verschiedenartigkeit dieser Rechte und darin, daß der Pfandberechtigte genötigt ist, nach wie vor mit fremden, ihm nach Form und Inhalt meist ganz unbekannten Rechten zu agieren. Auch ist durch die Worte: „wo die Ablieferung erfolgt" nicht genügend klargestellt, welchem Rechte das Gut unterwegs oder — bei Rückgängigmachung des Vertrages — am

Versandorte unterliegen soll. Will man nicht in weitgehende Kontroversen verfallen, so bleibt nichts anderes übrig, als hier „Ablieferung" im weitesten Sinne zu nehmen, also nicht auf die Ablieferung an dem im Frachtbriefe bezeichneten Bestimmungsort zu beschränken. Dies scheint auch — mangels jeder Einschränkung — der Absicht des Gesetzes zu entsprechen. Es ist hiernach nicht nur die Ablieferung am ursprünglich im Frachtbriefe bezeichneten Bestimmungs- (Ablieferungs-) Ort gemeint, sondern auch die Verabfolgung, Herausgabe usw., gleichviel ob sie durch nachträgliche Anweisung des Absenders (Art. 15), oder durch Rücktritt desselben vom Vertrage (Art. 18 Abs. 2), oder durch Ablieferungshindernisse, Beschlagnahme des Gutes, notwendigen Verkauf desselben (infolge von Verderblichkeit, Überlastung der Wagen usw. [E. XIX 30]) herbeigeführt ist. Die Wirkungen des Pfandrechtes bestimmen sich also nach dem Rechte des Landes, wo immer die Eisenbahn die Gewahrsam des Gutes aufzugeben und damit von dem Pfandrechte Gebrauch zu machen, genötigt ist. Nicht wo diese Aufgabe der Gewahrsam nach Maßgabe der ursprünglichen Bestimmung des Frachtbriefes erfolgen soll (Bestimmungsort), sondern wo sie faktisch erfolgt, mithin am Bestimmungsorte nur dann, wenn dort wirklich in normaler Weise das Gut zur Ablieferung gelangt (übereinstimmend Rosenthal 171. — A. M. Schwab 215).

Artikel 23.[129])

(1) Jede Eisenbahn ist verpflichtet, nachdem sie bei der Aufgabe oder der Ablieferung des Gutes die Fracht und die anderen aus dem Frachtvertrage herrührenden Forderungen eingezogen hat, den beteiligten Bahnen den ihnen gebührenden Anteil an der Fracht und den erwähnten Forderungen zu bezahlen.[130])

(2) Die Ablieferungsbahn ist für die Bezahlung der obigen Beträge verantwortlich, wenn sie das Gut ohne Einziehung der darauf haftenden Forderungen abliefert. Der Anspruch gegen den Empfänger des Gutes bleibt ihr jedoch vorbehalten.[131])

(3) Die Übergabe des Gutes von einer Eisenbahn an die nächstfolgende begründet für die erstere das Recht, die letztere im Kontokorrent sofort mit dem Betrage der Fracht und der sonstigen Forderungen, soweit dieselben zur Zeit der Übergabe des Gutes aus dem Frachtbriefe sich ergeben, zu belasten, vorbehaltlich der endgültigen Abrechnung nach Maßgabe des ersten Absatzes dieses Artikels.[132])

(4) Aus dem internationalen Transporte herrührende Forderungen der Eisenbahnen unter einander können, wenn die schuldnerische Eisenbahn einem anderen Staate angehört, als die forderungsberechtigte Eisenbahn, nicht mit Arrest belegt oder gepfändet werden, außer in dem Falle, wenn der Arrest oder die Pfändung auf Grund einer Entscheidung der Gerichte des Staates erfolgt, dem die forderungsberechtigte Eisenbahn angehört.[133])

(5) In gleicher Weise kann das rollende Material der Eisenbahnen mit Einschluß sämtlicher beweglichen, der betreffenden Eisenbahn gehörigen Gegenstände, welche sich in diesem Material vorfinden, in dem

Gebiete eines andern Staates als desjenigen, welchem die betreffende Eisenbahn angehört, weder mit Arrest belegt noch gepfändet werden, außer in dem Falle, wenn der Arrest oder die Pfändung auf Grund einer Entscheidung der Gerichte des Staates erfolgt, dem die betreffende Eisenbahn angehört.[134])

Zusatz I.

Betriebsreglement des Vereins Deutscher Eisenbahnverwaltungen.

§ 61

(übereinstimmend mit dem vorbezeichneten Art. 23 des internationalen Übereinkommens über den Eisenbahn-Frachtverkehr).

129) Prinzip und Entstehungsgeschichte des Art. 23.

In betreff des Prinzips und der Entstehungsgeschichte des Art. 23 wird im allgemeinen auf die in der Anm. 122 zum Art. 20 (S. 242f.) im Zusammenhange mitgeteilte Entstehungsgeschichte und Darstellung der Grundsätze der Art. 20—23 Bezug genommen und im besonderen noch auf die im folgenden zu den einzelnen Absätzen gegebenen Erörterungen verwiesen.

130) „Jede Eisenbahn ist verpflichtet, nachdem sie bei der Aufgabe oder der Ablieferung des Gutes die Fracht und die anderen aus dem Frachtvertrage herrührenden Forderungen eingezogen hat, den beteiligten Bahnen den ihnen gebührenden Anteil an der Fracht und den erwähnten Forderungen zu bezahlen."

Wie bei der Darstellung der Entstehungsgeschichte der in engem Zusammenhange stehenden Art. 20—23 des Übereinkommens (Anm. 122 S. 242f.) bereits erörtert worden ist, zwingen die Grundsätze der Zwangsgemeinschaft und Transportpflicht die dem internationalen Übereinkommen unterworfenen Eisenbahnen, bei der Ausführung eines jeden internationalen Transportes das Gut an die folgenden, am Transporte beteiligten Bahnen zur Weiterbeförderung ohne Befriedigung einer Sicherstellung ihrer Forderungen zu übergeben. Auch das Pfandrecht, welches jeder beteiligten Bahn so lange zusteht, als sie das Gut während des Transportes in Gewahrsam hat, geht verloren, sobald die Vorbahn sich durch Übergabe des Gutes an die Folgebahn der Gewahrsam begeben hat. Als Korrelat für diesen durch die Transportpflicht und Zwangsgemeinschaft im internationalen Verkehre geschaffenen Rechtszustand mußte der Gesetzgeber darauf bedacht sein, den beteiligten Bahnen eine tunlichst weitgehende Sicherstellung zu gewähren. Und diese Absicht des Gesetzgebers ist vornehmlich in den Normen des Art. 23 verwirklicht.

Im Absatz 1 des Art. 23 ist die erste dieser Sicherstellungsnormen enthalten. Zum Verständnis derselben ist es erforderlich, auf die Bestimmungen der Art. 20—22 zurückzugehen. Die Art. 20—22 weisen der Empfangs-(Ablieferungs-)Bahn das Recht und die Pflicht zu, alle durch den Frachtvertrag begründeten Forderungen sowohl für eigene wie für Rechnung der vorhergehenden Eisenbahnen und sonstiger Berechtigter einzuziehen, und gewähren bezüglich dieser Forderungen ein Faustpfandrecht an dem Gute. Durch diese Bestimmungen wird jedoch den Vorbahnen usw. noch nicht zur Befriedigung ihrer Forderungen verholfen. Vielmehr ist folgerichtig eine weitere Bestimmung erforderlich, welche den Vorbahnen usw. auch die Auszahlung der für sie von der Ablieferungsbahn eingezogenen Beträge sichert bzw. letzterer hierzu die gesetzliche Verpflichtung auferlegt. Diese Bestimmung ist im Abs. 1 des Art. 23 getroffen.

Nach Abs. 1 ist „jede Eisenbahn" ,sowohl die Aufgabe- (Versand)-Bahn wie jede Zwischenbahn und die Empfangs- (Ablieferungs-) Bahn, welche aus dem Frachtvertrage herrührende Forderungen einzuziehen haben, nach erfolgter Einziehung zur Auszahlung der auf die einzelnen beteiligten Bahnen entfallenden Anteilbeträge verpflichtet. Es darf aber daraus nicht etwa die Befugnis einer folgenden Bahn hergeleitet werden, die Übernahme des Gutes und dessen Weiterbeförderung abzulehnen, wenn nicht seitens der Vorbahn die Zahlung des eingezogenen Fracht- usw. Anteils an sie erfolgt ist. Und ebensowenig hat eine vorangehende Bahn das Recht, das Gut als Faustpfand so lange zurückzuhalten, bis die Zahlung ihres Frachtanteiles durch die folgende Bahn erfolgt ist. Die Transportpflicht aller beteiligten Bahnen aus Art. 5 läuft ganz unabhängig neben den Forderungsrechten derselben gegeneinander aus Art. 23 Abs. 1, und die Unterlassung der Auszahlung der eingegangenen Frachtanteile seitens einer Eisenbahn an die anderen begründet für die letzteren — abgesehen von den Befugnissen der vorangehenden Bahn aus Art. 23 Abs. 3 — lediglich ein klagbares Forderungsrecht gegen die Schuldnerin, welche die eingezogenen Beträge rechtswidrig abzuliefern unterläßt.

Der Zwischensatz „nachdem sie bei der Aufgabe oder Ablieferung des Gutes die Fracht . . . eingezogen hat" könnte zu der Folgerung führen, daß die Bahnen die Auszahlung ihrer Frachtanteile nicht früher verlangen können, als bis die Fracht wirklich gezahlt ist. Dieser Auffassung ist Schwab 74. Sie erscheint jedoch nicht zutreffend, Abs. 1 muß vielmehr dahin verstanden werden, daß jede Eisenbahn, welche Fracht usw. einzuziehen hat, verpflichtet ist, den beteiligten Bahnen ihre Anteile herauszuzahlen, sobald sie dieselben eingezogen hat oder die Einziehung pflichtmäßig hätte bewirken müssen, aber schuldhaft und rechtswidrig unterlassen hat (Rosenthal 241). Mithin kann die alsbaldige Barzahlung der Anteile von den einzelnen beteiligten Bahnen nur bei Aufgabe des Transportes als Frankosendung beansprucht werden, dagegen bei Aufgabe in überwiesener Fracht nur von dem Zeitpunkte ab, wo die Einziehung erfolgen mußte, aber schuldhaft unterblieben ist (irrig Gerstner 295 und Suppl. 94).

Die Worte: „Fracht und die anderen aus dem Frachtvertrage herrührenden Forderungen" umfassen alle im Art. 10 bezeichneten, durch den Frachtvertrag begründeten Forderungen (s. Anm. 123), soweit sie in dem betreffenden Stadium des Transportes — also bei der Aufgabe, unterwegs oder bei der Ablieferung — fällig geworden sind. Die Auszahlungspflicht jeder einziehenden Eisenbahn besteht gegenüber allen an dem betreffenden Transporte „beteiligten

Bahnen". (Über die Zulässigkeit der Pfändung künftig entstehender Guthaben siehe D. Reichsger. i. d. D.J.Z. IX 698 und E. XXI 73.)

Es unterliegt aber keinem Zweifel, daß aus der Verpflichtung, die Forderungen der sonstigen Berechtigten einzuziehen, auch zugleich die Verpflichtung folgt, denselben die für sie eingezogenen Beträge auszuzahlen, und daß hierauf Abs. 1 analoge Anwendung zu finden hat. Die Verpflichtung erstreckt sich auf die Bezahlung der ihnen (d. h. den beteiligten Bahnen und sonstigen Berechtigten) gebührenden Anteile an der Fracht und den anderen, aus dem Frachtvertrage herrührenden Forderungen. Welcher Anteil den einzelnen Berechtigten gebührt, ergibt sich aus Art. 11 und den bestehenden Tarifverträgen und Vereinbarungen.

131) **Die Ablieferungsbahn ist für die Bezahlung der obigen Beträge verantwortlich, wenn sie das Gut ohne Einziehung der darauf haftenden Forderungen abliefert. Der Anspruch gegen den Empfänger des Gutes bleibt ihr jedoch beibehalten.**

Im Absatz 2 des Art. 23 ist die zweite der zum Schutze der Eisenbahnen in Rücksicht auf ihre Zwangsgemeinschaft erforderlichen Sicherstellungsnormen enthalten (Anm. 130). Indem Art. 20 der Ablieferungs- (Empfangs-) Bahn das Recht und die Pflicht zur Einziehung aller durch den Frachtvertrag begründeten Forderungen nicht nur für eigene Rechnung, sondern auch für Rechnung der Vormänner zuweist und Art. 21 ihr zur besseren Verfolgung dieser Forderungen die Rechte eines Faustpfandgläubigers verleiht, endlich Art. 23 Abs. 1 sie zur Bezahlung der eingezogenen Anteile an die Vorbahnen verpflichtet, ist es eine notwendige, im Abs. 2 Satz 1 ausdrücklich ausgesprochene Konsequenz, daß die Ablieferungsbahn für die Bezahlung der von ihr einzuziehenden Beträge verantwortlich ist, wenn sie das Gut ohne Einziehung der darauf haftenden Forderungen abliefert. Sie ist zur Einziehung gesetzlich nicht nur berechtigt, sondern auch verpflichtet (Anm. 123), auch mit dem Faustpfandrecht dem Empfänger gegenüber ausgestattet (Anm. 125). Das Faustpfandrecht endet mit dem Moment, wo sie sich der Gewahrsam des Gutes begibt (S. 251ff.). Sie begeht daher ihren Vormännern gegenüber eine Verletzung der ihr obliegenden gesetzlichen Verpflichtungen — mithin ein Verschulden, — wenn sie das Gut ohne Einziehung der darauf haftenden Forderungen abliefert, d. h. „ihre pfandrechtliche Deckung vernichtet" (Rosenthal 261; E. XIII 334).

Die Folgen dieses Verschuldens hat die Ablieferungsbahn zu tragen; sie bestehen in der Haftung für den Ausfall bzw. der Erlegung derjenigen Beträge, deren Einziehung schuldbar unterblieben ist. Die Verantwortlichkeit liegt der „Ablieferungsbahn" ob. Es ist damit diejenige Bahn bezeichnet, welche bestimmungsmäßig die Ablieferung des Gutes an den Empfänger zu bewirken hat, sei es am ursprünglichen, im Frachtbriefe bestimmten Destinationsorte, sei es an dem durch ursprüngliche Anweisungen vom Absender anderweit bezeichneten Ablieferungsorte (Art. 15 Abs. 2), sei es bei Transporthindernissen und Rücktritt des Absenders (Art. 18 Abs. 2) am Rücktrittsorte.

Die Ablieferungsbahn ist für „die Bezahlung der obigen Beträge" verantwortlich. Nach der Absicht des Gesetzes ist klar, daß sich die Verantwortlichkeit der Ablieferungsbahn für die Bezahlung nicht weiter erstrecken kann, als auf diejenigen Forderungen, welche zur Zeit der Ablieferung noch auf dem Gute haften, mithin noch nicht eingezogen sind bzw. von der abliefernden Bahn noch einzuziehen sind, wie dies auch die folgenden Worte: „wenn sie das Gut ohne Einziehung der darauf haftenden Forderungen abliefert" deutlich erkennen lassen. Unter „obigen Beträgen" sind mithin weder ohne weiteres alle im Abs. 1 des Art. 23 bezeichneten, noch die im Art. 20 bezeichneten gemeint, sondern diejenigen Beträge, welche auf Grund des Frachtvertrages zur Zeit der Ablieferung noch auf dem Gute haften und demgemäß von der Ablieferungsbahn noch einzuziehen sind (s. Art. 20 Anm. 123).

Der Ausdruck „verantwortlich" soll hier die Vertretungspflicht der Ablieferungsbahn in zwiefacher Richtung treffen. Zunächst ist zwar nicht ausdrücklich ausgesprochen, wem die Ablieferungsbahn verantwortlich ist. Aber aus dem Zusatze „für die Bezahlung der obigen Beträge" ergibt sich, daß sie allen verantwortlich ist, deren Forderungen an Fracht usw. noch nicht befriedigt sind, nicht allein den vorhergehenden Bahnen, deren Forderungen noch auf dem Gute haften, sondern auch den sonstigen Berechtigten. Sodann folgt aber aus der im Abs. 2 ausgesprochenen Verantwortlichkeit der Ablieferungsbahn auch ferner, daß sie die vorhergehenden Bahnen und sonstigen Berechtigten (Absender usw.), welche bereits von ihr befriedigt sind, nicht im Regreßwege auf Rückzahlung in Anspruch nehmen kann, vielmehr des Rückgriffes gegen die Vormänner verlustig geht.

Die Ablieferungsbahn kann an sich zwar — wenn ohne ihr Verschulden die Einziehung der Vertragsforderungen vom Empfänger nicht angängig ist, z. B. weil dieser die Annahme bzw. Zahlung verweigert oder das Gut vor der Ablieferung verdirbt, verloren geht, die darauf haftenden Forderungen trotz der Geltendmachung des Pfandrechts nicht deckt usw. — nach dem Prinzip der Korrealität sich wegen des Ausfalls pro rata im Regreßwege an die von ihr bereits befriedigten Vorbahnen halten oder an den Absender. Und zwar ist ihr Rückgriffsrecht durch die vorgängige Realisierung des von ihr gemäß Art. 21 auszuübenden Pfandrechts bedingt. Unterbleibt aber die Einziehung der gesamten auf dem Gute haftenden Beträge durch Verschulden der Ablieferungsbahn, indem sie das Gut ohne Einziehung der darauf haftenden Forderungen bzw. ohne Geltendmachung des Pfandrechts abliefert, dann kann sie die Deckung des Ausfalls von den Vormännern im Regreßwege nicht verlangen, sondern muß mit Rücksicht auf die ihr für die Einziehung obliegende Verantwortlichkeit den Ausfall allein tragen (E. XVIII 334).

Da Abs. 2 die Ablieferungsbahn ganz uneingeschränkt und ohne Beziehung auf das Pfandrecht für die Bezahlung der bezüglichen Beträge verantwortlich erklärt, wenn sie das Gut ohne Einziehung der haftenden Forderungen abliefert, so ist anzunehmen, daß die Ablieferungsbahn für die Bezahlung aller Beträge aufzukommen hat, gleichviel ob der Wert des Gutes für die darauf haftenden Forderungen Deckung bietet.

Absatz 2 Satz 2 gibt — im wesentlichen übereinstimmend mit Art. 412 (neu § 442) Satz 2 D. H.G.B. und Art. 12d Satz 3 des Deutschen Entwurfs — der Bestimmung Ausdruck, daß die Verantwortlichkeit der Ablieferungsbahn aus dem Verschulden der Nichteinziehung nur den Vormännern gegenüber besteht, nicht aber gegenüber dem Empfänger. Der Anspruch gegen den Empfänger bleibt der Ablieferungsbahn, auch wenn sie die Einziehung der auf dem Gute haftenden Forderungen bei der Ablieferung unterläßt. Denn dem „Empfänger" gegenüber ist in der vorgängigen Ablieferung ohne sofortiges Erfordern der Zahlung und ohne Ausübung des Pfandrechts ein Verschulden der Ablieferungsbahn nicht zu finden.

Daran ändert z. B. auch der Umstand nichts, daß der Empfänger sie beauftragt hat, an einen Dritten (den Käufer) das Gut abzuliefern, und sie mangels besonderer Weisung die Ablieferung bewirkt hat, ohne von dem Käufer Zahlung zu fordern bzw. das Pfandrecht auszuüben. Denn der Anspruch der Ablieferungsbahn ist, wie gegen den Empfänger selbst, so auch gegen den, welchen er sich behufs Empfangnahme der Ware substituiert, von der vorgängigen Einforderung der Zahlung oder Ausübung des Pfandrechts nicht abhängig. Der Anspruch der Ablieferungsbahn gegen den Empfänger bleibt derselbe, gleichviel ob sie diesen Anspruch alsbald bei der Ablieferung geltend macht oder später.

Die noch nicht befriedigten Vormänner (Bahnen und sonstige Berechtigte), welche durch das Verschulden der Ablieferungsbahn das Objekt ihrer Befriedignng verloren haben, können sich nicht nur an die nach Abs. 2 verantwortliche Ablieferungsbahn, sondern auch nach ihrer Wahl an den Empfänger des Gutes halten. Die Fassung des Abs. 2 würde zwar den Schluß gerechtfertigt erscheinen lassen, daß nur dieser ein Anspruch gegen den Empfänger nach erfolgter Ablieferung vorbehalten bleibt, nicht aber den noch nicht befriedigten Vormännern, welche sich nur an die Ablieferungsbahn halten könnten. Dieser Annahme steht jedoch entgegen, daß gemäß Art. 20, 21 die Ablieferungsbahn die Einziehung der Forderungen der noch nicht befriedigten Vormänner für deren Rechnung, mithin als Bevollmächtigter derselben aus dem ex lege präsumierten Mandat (Anm. 132) zu bewirken hat, an sich also die Vormänner in diesem Falle direkte Forderungen gegen den Empfänger besitzen, ebenso wie die Ablieferungsbahn, und daß diese auf gleichen Rechtsgründen beruhenden und gleichberechtigten Forderungen ebensowenig durch Ablieferung des Gutes fortfallen können wie die der Ablieferungsbahn.

Die Vormänner besitzen das Recht, selbständig und direkt gegen den Empfänger — ein jeder in Höhe seiner Rate — vorzugehen, weil sie als Mandanten ihrem Mandatar den Inkassoauftrag jederzeit entziehen können; daraus folgt, daß sie die Wahl haben, ob sie den Empfänger oder die Ablieferungsbahn zuerst belangen wollen. Nicht aber kann sich diese mit der Einrede der Vorausklage schützen. Ebensowenig kann der Empfänger die Vormänner zunächst auf die Ablieferungsbahn verweisen, denn er ist durch Eintritt in den Frachtvertrag sämtlichen Eisenbahnen usw. zur Leistung der frachtbriefmäßigen Forderungen verpflichtet. In dieser Verpflichtung tritt durch das ihn nicht tangierende Verschulden der Ablieferungsbahn eine Änderung nicht ein.

132) **„Die Übergabe des Gutes von einer Eisenbahn an die nächstfolgende begründet für die erstere das Recht, die letztere im Kontokorrent sofort mit dem Betrage der Fracht und der sonstigen Forderungen, soweit dieselben zur Zeit der Übergabe des Gutes aus dem Frachtbriefe sich ergeben, zu belasten, vorbehaltlich der endgültigen Abrechnung nach Maßgabe des ersten Absatzes dieses Artikels."**

Im Absatz 3 des Art. 23 ist die dritte der zum Schutze der Eisenbahnen gegen die Last der Zwangsgemeinschaft erforderlichen Sicherstellungsnormen enthalten (s. Anm. 130): das durch die Übergabe des Gutes an die nachfolgende begründete Recht der Vorbahn, diese im Kontokorrent mit dem Betrage ihrer Forderungen vorbehaltlich späterer Abrechnung zu belasten.

Indes ist diese Forderung, wie bereits an früherer Stelle (Art. 20 Anm. 122) bemerkt, deshalb nicht als genügend zu betrachten, weil die Belastung im Kontokorrent keinen Wert hat, wenn die Folgebahn bzw. die abliefernde insolvent ist oder die Einziehung der Gesamtforderung vom Empfänger nicht bewirken kann und das Gut dieselbe nicht deckt. Die Sicherheit, die Art. 23 Abs. 3 den Bahnen als Gläubiger gibt — bemerkt Rosenthal 262 zutreffend —, ist keine reale, denn sie müssen das ihnen pfandrechtliche Deckung bietende Gut, ohne Zahlung zu empfangen, an die nachfolgende Bahn zum Weitertransport übergeben. Ihr Recht ist also von der Zahlungssicherheit der folgenden Bahnen abhängig. Auch ist die Belastung — wie die Schlußworte dieses Absatzes „vorbehaltlich usw." andeuten -- insofern eine nur bedingte, als sie in Fortfall kommt, wenn die Ablieferungsbahn die Gesamtforderung nicht einziehen kann und die belasteten Bahnen die ihnen und ihren Vormännern gebührenden Anteile nicht zugeführt erhalten. Denn die Ablieferungsbahn hat gemäß Art. 20 die Forderungen der noch nicht befriedigten Vorbahnen nur für deren Rechnung als Mandatar ex lege einzuziehen, kann also, ebenso wie die übrigen belasteten Bahnen, nicht definitiv belastet werden, wenn die Einziehung der Forderungen nicht zu bewirken war und ihr hierbei kein Verschulden zur Last fällt. Die Belastung geschieht mithin unter dem Vorbehalt, daß die bezügliche Forderung ordnungsmäßig zur Einziehung gelangen wird, sie ist keine definitive, sondern nur eine bedingte (übereinstimmend Rosenthal 264).

Das Recht der Belastung der Folgebahn im Kontokorrent mit der Fracht- usw. Forderung ist für die vorangehende Bahn von der Voraussetzung abhängig, daß sie der nächstfolgenden Bahn das Gut übergeben hat. Nur „die Übergabe des Gutes von einer Eisenbahn an die nächstfolgende" begründet für die erstere dieses Belastungsrecht. Die Übergabe muß ordnungsmäßig nach den für die Übergabe geltenden Bestimmungen erfolgt sein. War dies der Fall, so kann die Belastung sofort, d. h. unmittelbar nach der Übergabe, erfolgen, sie ist nicht abhängig von der Zustimmung der Folgebahn oder einer anderen Bahn, sondern involviert ein selbständiges Recht — ex lege — einer jeden Bahn; welche die Übergabe bewirkt.

Der Umfang des Belastungsrechts erstreckt sich nicht allein auf den eigentlichen „Frachtbetrag", sondern auch auf den Betrag der „sonstigen" durch den Frachtvertrag begründeten — Forderungen (Art. 11 Anm. 78, Art. 20 Abs. 1 Anm. 123, Art. 23 Abs. 1 Anm. 130), soweit dieselben zur Zeit der Übergabe des Gutes aus dem Frachtbriefe sich ergeben". Mit Forderungen, welche diese Voraussetzung nicht erfüllen, also erst künftig zu gewärtigen sind oder zwar bereits bestehen, aber aus dem Frachtbriefe nicht ersichtlich sind, darf die Folgebahn nicht belastet werden. Anderseits bezieht sich Abs. 3 nach Sinn und Wortlaut nur auf überwiesene, nicht auf Frankofrachtbeträge, weil eben nur für die Fälle, für welche ein Kreditierungszwang besteht, eine Sicherung durch die Belastung im Kontokorrent geschaffen werden sollte. Vielmehr kann, soweit nicht besondere Vereinbarungen der beteiligten Verwaltungen über die Art der Auszahlung bei Frankosendungen bestehen, die alsbaldige Barzahlung der Anteile von den einzelnen beteiligten Bahnen verlangt werden.

Freilich ist die folgende Bahn auch bei Frankofracht nicht befugt, die Weiterbeförderung von der vorgängigen Frachtzahlung seitens der Vorbahn abhängig zu machen, weil die Transportpflicht aller beteiligten Bahnen von der Frachtzahlung unabhängig ist. Aber die folgende Bahn ist nicht verpflichtet, die vorangehende Bahn im Kontokorrent mit der Frankofracht vorbehaltlich der endgültigen Abrechnung nach Beendigung des Transportes zu belasten, sondern kann vom Zeitpunkt der Übernahme des Gutes an, mangels besonderer Abreden, die sofortige Barzahlung seitens der Annahmebahn eventuell im Klagewege beanspruchen (a. M. Rosenthal 264; Gasca III 187). Dies ist auch in der III. Berner Konferenz (Prot. 94) nach Maßgabe der Ausführungen der österreichischen Delegierten stillschweigend anerkannt worden. Ein Recht, den Weitertransport zu verweigern, besteht aber nicht. Daher befreit auch der Umstand, daß eine Zwischenbahn das unfrankierte Gut nicht weiter befördert, weil der Wert des Gutes die Transportkosten und den Zoll nicht mehr decke, die beklagte Versandbahn nicht von der Haftung für rechtzeitige Lieferung (Z. IX 109). Die Belastung im Kontokorrent setzt zahlenmäßig genau bestimmte Forderungen bzw. Beträge voraus. Die Vorbahn kann nur dasjenige der Folgebahn belasten, was diese an erstere im Falle der Barzahlung sofort bar zu zahlen gehabt haben würde. Die Belastung im Kontokorrent ist nicht nur von dem ordnungsmäßigen Einzug nnd Eingang der Forderungen abhängig, sondern sie geschieht ferner auch nur „vorbehaltlich der endgültigen Abrechnung nach Maßgabe des ersten Absatzes dieses Artikels", d. h. unter Vorbehalt der Verschiebungen, welche möglicherweise durch die Verbindlichkeit einer jeden der anderen (Aufgabe- oder Zwischenbahnen) Eisenbahnen eintreten, den beteiligten Bahnen den ihnen gebührenden Anteil an der Fracht und an den anderen

Frachtvertragsforderungen zu bezahlen. Die Worte „vorbehaltlich usw. . . .“ weisen — wie schon oben S. 262 bemerkt — auf den provisorischen Charakter der Belastung hin; denn insoweit andere Bahnen gemäß Art. 23 Abs. 1 zur Bezahlung von Frachtanteilen an die noch nicht befriedigte Bahn verpflichtet sind, kann diese die ihr im Transporte folgende Bahn nicht gemäß Abs. 3 im Kontokorrent belasten. Der Betrag der Belastung richtet sich nach der gemäß Abs. 1 zu bewirkenden endgültigen Abrechnung.

133) **„Aus dem internationalen Transporte herrührende Forderungen der Eisenbahnen untereinander können, wenn die schuldnerische Eisenbahn einem andern Staate angehört, als die forderungsberechtigte Eisenbahn, nicht mit Arrest belegt oder gepfändet werden, außer in dem Falle, wenn der Arrest oder die Pfändung auf Grund einer Entscheidung der Gerichte des Staates erfolgt, dem die forderungsberechtigte Eisenbahn angehört.“**

Die vierte Norm zur Sicherstellung der Forderungen der an internationalen Transporten beteiligten Eisenbahnen enthält Abs. 4 des Art. 23. Die Prinzipien der Zwangsgemeinschaft und der Transportpflicht, welche für den internationalen Transport durch die Art. 5 und 27 eingeführt sind, nötigen die am internationalen Transport beteiligten Bahnen, die zu befördernden Güter unter Aufgabe des Faustpfandrechts (Art. 21) zum Weitertransport den folgenden Bahnen zu überliefern, ohne daß sie Befriedigung ihrer Forderungen durch Barzahlung oder Sicherstellung zu fordern berechtigt sind. Sie müssen sich vielmehr damit begnügen, bis zur Einziehung der gesamten, durch den Frachtvertrag begründeten Forderungen seitens der Ablieferungsbahn (Art. 20, 23 Abs. 1) die Folgebahnen im Kontokorrent zu belasten bzw. diesen ihre Forderungen zu kreditieren. Dieser Zwang der Kreditierung gegenüber fremden ausländischen Bahnen hat zur Folge, daß den am internationalen Transporte beteiligten Bahnen Forderungen und Guthaben im Auslande entstehen, welche sie ohne die Beteiligung am internationalen Transporte nicht haben würden.

Wie bereits oben (Art. 20 Anm. 122) angedeutet, ist mit diesem Zwange der Kreditierung ihrer Forderungen für die beteiligten Bahnen die Gefahr verknüpft, daß diese Guthaben im Auslande und nach Maßgabe der ausländischen Gesetze mit Arrest belegt oder gepfändet werden können.

Um die Bahnen gegen diese Gefahr zu schützen, erschien es billig, den Arrest oder die Pfändung solcher Guthaben im Auslande nur insoweit zuzulassen, als sie auf ein inländisches Urteil sich gründen, d. h. auf das Urteil eines Gerichtes desjenigen Staates, welchem die betreffende forderungsberechtigte Eisenbahn bezüglich solcher Arreste und Pfändungen ihrem natürlichen (einheimischen) Richter entzogen werden.

Festzuhalten ist also, daß durch Abs. 4 des Art. 23 die aus dem internationalen Transporte erwachsenen, im Auslande (bei ausländischen Bahnen) bestehenden Forderungen (Guthaben) inländischer Bahnen keineswegs von Arresten und Pfändungen dritter Gläubiger überhaupt frei sein sollen; aber der Arrest oder die Pfändung darf nur erfolgen auf Grund des Urteils eines Gerichtes, welchem die forderungsberechtigte Bahn angehört. Aber auch wenn die Arrestierung oder Pfändung im Auslande sich auf das Urteil eines einheimischen Gerichtes gründet, bleibt die Frage offen, ob diese Entscheidung im Auslande überhaupt vollstreckbar ist. Dies hängt von der Gesetzgebung eines jeden Landes ab bzw. von den internationalen Vereinbarungen, welche die beteiligten Staaten in betreff der gegenseitigen Vollstreckbarkeit der Erkenntnisse ihrer Gerichte miteinander getroffen haben. Wohl aber ist die Beschlagnahme einer bereits bezahlten Nachnahme unzulässig (Z. II 247; s. Anm. 90 S. 161). Für diese Frage sind also lediglich die zwischen den einzelnen Konventionsstaaten bestehenden Verträge maßgebend.

Die Vorschrift des Abs. 4 bezieht sich nur „auf die aus dem internationalen Transporte herrührenden Forderungen der Eisenbahnen untereinander". Diese Bestimmung ist als Ausnahmevorschrift und wesentliche Abweichung von den allgemeinen Regeln des Zivilprozesses strikte zu interpretieren; sie bezieht sich also nur auf Forderungen, welche sich auf den internationalen Eisenbahn-Frachtvertrag gründen bzw. mit diesem im Zusammenhange stehen (Art. 20—23 Abs. 1), also sowohl auf die Abrechnungs- (Fracht-) Forderungen (Art. 11, 12, 13 Abs. 1) als auch auf die Rückgriffsforderungen wegen geleisteten Schadens- usw. Ersatzes (Art. 47 f.), Forderungen der dem Absender ausgezahlten Barvorschüsse (Art. 13) usw., nicht aber auf Forderungen aus der gegenseitigen Wagenbenutzung (übereinstimmend Reindl, V.Z. 1900 S. 594 ff. und ferner S. 503 ff., 853 ff. — A. M. das **C.A.** Z. VIII 83. Irrig Gerstner, Suppl. 94), aus Reparaturkosten für Transportmittel, oder auf Landesrecht beruhenden (E. X 225, 285). Dagegen steht — wie Schwab 77, 78 zutreffend bemerkt — Abs. 4 der Arrestlegung oder Pfändung einer nach Eingang zu zahlenden Nachnahmeforderung des Absenders (Art. 13 Abs. 3), wenngleich diese auch auf dem Gute haftet und von der Bahn eingezogen wird, nicht entgegen, da nur die eigenen Forderungen der Bahn den internationalen Rechtsschutz genießen (vgl. auch Rosenthal 294).

Alle Forderungen der Eisenbahnen aber, welche aus dem internationalen Transport herrühren, d. h. aus dem durch das internationale Übereinkommen geschaffenen und nach diesem zu beurteilenden Rechtsverhältnisse hervorgehen, unterliegen vom Inkrafttreten des internationalen Übereinkommens, d. h. vom 1. Januar 1893 ab, ausnahmslos der Bestimmung des Art. 23 Abs. 4, d. h. können nur unter den Voraussetzungen des alleg. Abs. 4 gepfändet oder mit Arrest belegt werden. Wenngleich also etwa nach den einzelnen Prozeßrechten künftig erst entstehende Forderungen pfändbar sein sollten, so sind doch derartige landesrechtliche Bestimmungen auf die aus dem internationalen Transporte herrührenden Forderungen nicht anwendbar. Die vom 1. Januar 1893 ab nach den Formen und Normen des internationalen Übereinkommens entstandenen Forderungen sind nur unter der Voraussetzungen des

Art. 23 Abs. 4 pfänd- und arrestierbar. Vor dem 1. Januar 1893 auf Forderungen (Guthaben) ausländischer Bahnen angebrachte landesgesetzliche Arreste und Pfändungen können sich mithin auf Forderungen aus dem internationalen Transport nicht beziehen, weil diese Forderungen erst seit dem 1. Januar 1893 zur Entstehung kommen und mit dem Momente ihrer Entstehung nur unter der Voraussetzung des Art. 23 Abs. 4 gepfändet oder arrestiert werden können. Dies entspricht auch ohne Zweifel der ratio legis. Denn Art. 23 Abs. 4 gehört, wie oben S. 264 erörtert, zu den Schutzvorschriften, welche den Eisenbahnen ein Äquivalent für die ihnen durch das internationale Übereinkommen auferlegte Zwangsgemeinschaft und Kreditierungspflicht gewähren sollen. Dieses Äquivalent bzw. dieser Schutz würde aber illusorisch werden, wenn die aus dem internationalen Transport vom 1. Januar 1893 ab entstehenden Forderungen bereits vorher in beliebiger Höhe gepfändet oder arrestiert werden dürfen (übereinstimmend: Entsch. des Deutsch. Reichsger. v. 9. Jan. 1895 Z. VII 229, E. XI 253; s. auch Z. I 198, E. X 88. — S. jedoch Entsch. des Deutsch. Reichsger. v. 29. April 1904, D.J.Z. IX 698 E. XXI 73).

Abs. 4 stellt als Voraussetzung ferner hin: „wenn die schuldnerische Eisenbahn einem andern Staate angehört, als die forderungsberechtigte Eisenbahn". Abs. 4 unterscheidet also streng zwei Fälle: 1. daß beide Bahnen — die schuldnerische und die forderungsberechtigte — demselben Staate angehören, und 2. daß die schuldnerische und die forderungsberechtigte verschiedenen Staaten angehören. Der erste Fall wird in Abs. 4 gar nicht berührt. Gehören also beide Bahnen demselben Staate an, so findet in betreff der Frage, ob und unter welchen Voraussetzungen die aus dem internationalen Transport herrührenden Forderungen der Eisenbahnen untereinander mit Arrest belegt oder gepfändet werden können, lediglich das interne Prozeßrecht des betreffenden Staates Anwendung (Rosenthal 294). Läßt dieses mithin die Arrestlegung oder Pfändung auch auf Grund einer im Auslande ergangenen Entscheidung zu, so können hiergegen Einwendungen auf Grund des Abs. 4 nicht erhoben werden. Gehören aber beide Bahnen verschiedenen Staaten an, so darf die Arrestlegung oder Pfändung gemäß Abs. 4 nur erfolgen, wenn der Arrest oder die Pfändung auf Grund einer Entscheidung der Gerichte des Staates geschieht, dem die forderungsberechtigte Bahn angehört. Auf Grund von Entscheidungen der Gerichte des Staates, welchem die schuldnerische Bahn angehört, oder der Gerichte dritter Staaten ist die Arrestlegung oder Pfändung kraft des Abs. 4 Art. 23 des internationalen Übereinkommens unzulässig und absolut ausgeschlossen. Abs. 4 enthält also für diesen Fall einen einschneidenden Eingriff in die Zivilprozeßrechte der Konventionsstaaten, deren etwa entgegenstehende Bestimmungen durch Abs. 4 aufgehoben sind, und stellt sich somit als ein Grundsatz von international-prozessualischem Charakter dar (Schwab 76). Freilich bleibt hierbei immer noch die weitere Frage offen, ob im übrigen die Voraussetzungen des internen Prozeßrechtes des betr. Staates über die Vollstreckung ausländischer Erkenntnisse zutreffen und gegebenenfalls erfüllt sind. Läßt z. B. das interne Prozeßrecht des Staates, welchem die schuldnerische Bahn angehört, die Vollstreckung ausländischer Erkenntnisse überhaupt nicht zu, so würde dort auch ein Erkenntnis des Gerichtes des Staates, dem die forderungsberechtigte Bahn angehört, nicht vollstreckt werden können. Ist die Vollstreckung nur auf Grund bestimmter, im internen Prozeßrechte vorgeschriebener Voraussetzungen (Kautelen usw.) — z. B. Vollstreckungsklausel durch den inländischen Richter, Reziprozität usw. — gestattet, so müssen diese Voraussetzungen auch dann erfüllt werden, wenn das Erkenntnis eines Gerichts des Staates vorliegt, welchem die forderungsberechtigte Bahn angehört.

134) **„In gleicher Weise kann das rollende Material der Eisenbahnen mit Einschluß sämtlicher beweglicher, der betreffenden Eisenbahn gehörigen Gegenstände, welche sich in diesem Material vorfinden, in dem Gebiete eines andern Staates als desjenigen, welchem die betreffende Eisenbahn angehört, weder mit Arrest belegt noch gepfändet werden, außer in dem Falle, wenn der Arrest oder die Pfändung auf Grund einer Entscheidung der Gerichte des Staates erfolgt, dem die betreffende Eisenbahn angehört."**

Im engen Anschluß an die Bestimmungen des Abs. 4 gewährt endlich noch Abs. 5 des Art. 23 einen weiteren Schutz zugunsten der Forderungen der am internationalen Transporte beteiligten Eisenbahnen. Da tatsächlich, wenn auch nicht rechtlich, die Eisenbahnen durch Betriebs- und wirtschaftliche Rücksichten beim internationalen Transporte zur Überführung ihres rollenden Materials auf ausländische Bahnen ganz ebenso gezwungen sind, wie wenn dies gesetzlich vorgeschrieben wäre, so wurde es für angezeigt erachtet, auch das rollende Material nebst beweglichem Zubehör gegen Arreste und Pfändungen im Auslande durch eine gleiche Vorschrift zu schützen wie die Forderungen der Eisenbahnen aus dem internationalen Transport (vgl. das Deutsche Reichsgesetz vom 3. Mai 1886, D. R.G.Bl. S. 131, betr. die Unzulässigkeit der Pfändung von Eisenbahnfahrbetriebsmitteln, und die Österr. Verordnung vom 19. Sept. 1886, Österr. R.G.Bl. Stück 46 Nr. 144, betr. die Unzulässigkeit der Pfändung von Eisenbahnfahrbetriebsmitteln fremder Eisenbahnen, und die beiderseitigen Erklärungen, betr. die „Unzulässigkeit der Pfändung von Eisenbahnfahrbetriebsmitteln s. D. R.G.Bl. 1887 S. 153) (Rosenthal 295). Analog dem Abs. 4 war, wie die Eingangsworte „in gleicher Weise" erkennen lassen, auch hier die Erwägung maßgebend, daß die Eigentumsbahn bezüglich derartiger Arreste und Pfändungen im Auslande dem einheimischen Richter nicht entzogen sein soll, mithin im Auslande nur solche Arreste und Pfändungen sich vollstrecken zu lassen braucht, welche auf Entscheidungen ihres einheimischen Richters beruhen.

Sowohl die Fassung des Abs. 5 wie die ratio legis lassen erkennen, daß zwei Fälle streng voneinander zu unterscheiden sind, nämlich: 1. Arreste und Pfändungen von rollendem Material und beweglichem Zubehör im eigenen Staatsgebiete der Eigentumsbahn. 2. Arreste und Pfändungen von rollendem Material und beweglichem Zubehör im

Gebiete eines anderen Staates als desjenigen, welchem die Eigentumsbahn angehört. Der erste Fall wird durch Abs. 5 gar nicht betroffen. Handelt es sich also um Arreste oder Pfändungen des rollenden Materials usw. der Eigentumsbahn in ihrem eigenen Staatsgebiete, so findet in betreff der Frage, ob und unter welchen Voraussetzungen derartige Arreste oder Pfändungen erfolgen können, lediglich das interne Prozeßrecht des betreffenden Staates Anwendung (Gasca III 190, Rosenthal 295). Liegt aber der zweite Fall vor, d. h. handelt es sich um Arreste oder Pfändungen des rollenden Materials usw. einer Eisenbahn in einem ausländischen Staatsgebiete, dann greift Abs. 5 Platz, d. h. es dürfen derartige Arreste und Pfändungen nur erfolgen auf Grund einer Entscheidung der Gerichte des Staates, welchem die Eigentumsbahn angehört, also ihrer einheimischen Gerichte.

Wie durch Abs. 4, so wird auch durch Abs. 5 hiernach für den vorliegenden Fall ein wesentlicher Eingriff in die Zivilprozeßrechte der Konventionsstaaten geschaffen, deren etwa entgegenstehende Normen durch Abs. 5 aufgehoben sind. Abs. 5 bildet mithin eine Norm von international-prozessualischem Charakter. Aber auch hier bleibt, wie im Abs. 4, noch die weitere Frage offen, ob im übrigen die Voraussetzungen des internen Prozeßrechtes des betreffenden Staates, in welchem die Arrestlegung oder Pfändung stattfinden soll, über die Vollstreckung ausländischer Erkenntnisse zutreffen und gegebenenfalls erfüllt sind. Läßt das Prozeßrecht des Staates, in welchem die Arrestierung oder Pfändung geschehen soll, die Vollstreckung ausländischer Erkenntnisse überhaupt nicht zu, so würde dort auch ein Erkenntnis des Gerichtes des Staates, welchem die Eigentumsbahn angehört, nicht vollstreckt werden können. Ist die Vollstreckung nur auf Grund bestimmter Voraussetzungen (Kautelen, Formalien usw.), z. B. Vollstreckungsklausel durch den inländischen Richter, gestattet, so müssen diese Voraussetzungen auch dann erfüllt werden, wenn das Erkenntnis eines Gerichtes des Staates, welchem die Eigentumsbahn angehört, der Arrestierung oder Pfändung zugrunde liegt. Ist die Vollstreckbarkeit von der Reziprozität der beteiligten Staaten abhängig oder von besonderen, durch Staatsverträge vereinbarten Voraussetzungen, so kann die Vollstreckung nur stattfinden, wenn die Reciprozität gewährleistet bzw. jene Voraussetzungen erfüllt sind.

Nach Absicht und Wortlaut bezieht sich Abs. 5 auf die gesamten, den Eisenbahnen eigenen Fahrbetriebsmittel, und zwar, wie der ganz allgemein gehaltene Ausdruck „das rollende Material der Eisenbahnen" erkennen läßt, im weitesten Sinne, als Personen- und Güterwagen aller Art, offene und gedeckte Wagen, Spezialwagen, Salonwagen, Restaurationswagen, Lokomotiven und Tendern usw. Darauf beschränkt sich jedoch der Abs. 5 nicht. Vielmehr sind auch inbegriffen: „sämtliche bewegliche der betreffenden Eisenbahn gehörigen Gegenstände, welche sich in diesem Material vorfinden", d. h. der gesamte bewegliche Zubehör der vorbezeichneten Betriebsmittel, insoweit er sich in denselben befindet, mithin Türen,

Schlösser, Fenster, Schlüssel, Reserveteile aller Art, Packungs- und Befestigungsmaterial, Betriebsmaterialien, wie insbesondere Kohlen, Öl, Putzmaterial usw., welche in den Fahrbetriebsmitteln mitgeführt werden (übereinstimmend Rosenthal 295).

Für beide Kategorien — das Material und dessen Inhalt — ist gemeinsame Voraussetzung, daß dies volles Eigentum der betreffenden Eisenbahn ist, gegen welche sich der Arrest oder die Pfändung richtet. Sind es geliehene Fahrbetriebsmittel, z. B. Leihwagen oder Lokomotiven oder Betriebsmittel von Privatpersonen oder anderer, wenngleich öffentlicher Personen oder Verwaltungen (Salonwagen von Fürstlichkeiten, Eisenbahnpostwagen usw.) oder nicht eigenes bewegliches Zubehör (geliehene Wagendecken oder Decken von Privatpersonen usw.), so findet Art. 23 Abs. 5 nicht Anwendung, und zwar auch dann nicht, wenn derartige fremde Betriebsmittel dauernd oder ständig in den eigenen Fuhrpark eingestellt, mit Erlaubnis des Eigentümers auch für die sonstigen Transporte benutzt werden usw. (so auch Rosenthal 295).

Wie im Abs. 4, so ist auch im Abs. 5 das Verbot sowohl auf die Belegung mit Arrest, wie auf die Pfändung erstreckt. Was begrifflich darunter zu verstehen bestimmt das internationale Übereinkommen nicht. Vielmehr entscheidet sich dies nach den Zivilprozeßrechten der einzelnen Vertragsstaaten.

Artikel 24.[135])

(1) Bei Ablieferungshindernissen hat die Ablieferungsstation den Absender durch Vermittlung der Versandstation von der Ursache des Hindernisses sofort in Kenntnis zu setzen und seine Anweisung einzuholen.[136]) Wenn ein Antrag auf Benachrichtigung schon im Frachtbriefe gestellt ist, so muß die Benachrichtigung an den Absender sofort auf telegraphischem Wege geschehen.[136a]) Das Gut haftet für die Kosten der Benachrichtigung.[136b]) Verweigert der Empfänger die Annahme des Gutes, so steht dem Absender das volle Verfügungsrecht auch dann zu, wenn er das Frachtbriefduplikat nicht vorweisen kann.[136c]) In keinem Falle darf das Gut ohne ausdrückliches Einverständnis des Absenders zurückgesandt werden.[136d])

(2) Im übrigen richtet sich — unbeschadet der Bestimmungen des folgenden Artikels — das Verfahren bei Ablieferungshindernissen nach den für die abliefernde Bahn geltenden gesetzlichen und reglementarischen Bestimmungen.[137])

Zusatz I.

Betriebsreglement des Vereins Deutscher Eisenbahnverwaltungen.

§ 62.

(Text übereinstimmend mit vorstehendem Art. 24) und:

Zusatzbestimmungen.

1. Eine Sendung, deren Bezug verweigert oder nicht erfolgt ist, wird dem nachträglich zum Bezuge sich meldenden Emp-

fänger insolange ausgefolgt, als nicht eine gegenteilige Verfügung des Absenders auf der Empfangsstation eingetroffen ist. Eine solche nachträgliche Ausfolgung ist der Versandstation unverzüglich behufs Verständigung des Absenders anzuzeigen.

2. Die im Art. 24. Abs. (1), I.Ü. festgesetzten Bestimmungen gelten insbesondere von Gütern, deren An- und Abnahme verweigert oder nicht rechtzeitig bewirkt wird, oder deren Abgabe sonst nicht möglich ist.

3. Ist die Benachrichtigung des Absenders den Umständen nach nicht tunlich, oder ist der Absender mit der Erteilung der Anweisung säumig oder die Anweisung nicht ausführbar, so hat die Eisenbahn das Gut auf Gefahr und Kosten des Absenders auf Lager zu nehmen und dabei die Sorgfalt eines ordentlichen Kaufmanns anzuwenden. Sie ist jedoch nach ihrem Ermessen auch berechtigt, solche Güter unter Nachnahme der darauf haftenden Kosten und Auslagen bei einem öffentlichen Lagerhaus oder einem Spediteur für Rechnung und Gefahr dessen, den es angeht, zu hinterlegen.

4. Die Anzeige des Ablieferungshindernisses bei Gütern, über welche der Empfänger den Frachtbrief nicht auslöst, hat die Bestimmungsstation spätestens acht Tage nach Ablauf der tarifmäßig lagergeldfreien Zeit an den Absender abzusenden.

5. Die Eisenbahn ist befugt:

a) Güter der in Ziff. 2 erwähnten Art, wenn sie dem schnellen Verderben ausgesetzt sind, oder wenn sie nach den örtlichen Verhältnissen weder eingelagert noch einem Spediteur übergeben werden können, sofort,

b) Güter, welche weder vom Empfänger abgenommen noch vom Absender zurückgenommen werden, frühestens vier Wochen nach Ablauf der lagerzinsfreien Zeit, falls aber deren Wert durch längere Lagerung oder durch die daraus entstehenden Kosten unverhältnismäßig vermindert würde, auch schon früher

ohne weitere Förmlichkeit bestmöglichst zu verkaufen. Von dem bevorstehenden Verkaufe ist der Absender womöglich zu benachrichtigen, auch ist ihm der Erlös nach Abzug der Kosten zur Verfügung zu stellen. Die Kosten der Benachrichtigung hat der Absender zu ersetzen.

6. Hinsichtlich der Benachrichtigung des Absenders und Empfängers von der Hinterlegung und dem vollzogenen Verkaufe des Gutes sind die Bestimmungen der Empfangsbahn maßgebend.

(Vgl. Übereinkommen zum Betriebsreglement des Vereins Deutscher Eisenbahnverwaltungen: Art. 15: Veräußerung von unanbringlichen und überzähligen Gütern.)

(Vgl. Gemeinsame Abfertigungsvorschriften § 49: Verfahren bei Ablieferungshindernissen.)

135) Prinzip und Entstehungsgeschichte des Art. 24.

Im Art. 24 des internationalen Übereinkommens sind einige Normen über das Verfahren bei Ablieferungshindernissen enthalten. Das Verfahren bei Ablieferungshindernissen gehört an sich zum Ablieferungsverfahren. Im Art. 19 des Übereinkommens ist aber der Grundsatz ausgesprochen, daß „das Verfahren bei der Ablieferung der Güter sich nach den für die abliefernde Bahn geltenden gesetzlichen und reglementarischen Bestimmungen richtet". Folgeweise hätte auch das Verfahren bei Ablieferungshindernissen gänzlich diesen Bestimmungen unterworfen werden müssen. Art. 24 enthält jedoch hiervon mehrere Ausnahmen. Zwar bestimmt auch Abs. 2 des Art. 24, konform mit Art. 19, prinzipiell und im allgemeinen, daß sich das Verfahren bei Ablieferungshindernissen — unbeschadet der Bestimmungen des folgenden Artikels (25) — nach den für die abliefernde Bahn geltenden gesetzlichen und reglementarischen Bestimmungen richtet, aber im Abs. 1 sind in betreff des Verfahrens bei Ablieferungshindernissen zwei positive und daher einheitlich das gesamte Konventionsgebiet betreffende und der landesgesetzlichen und reglementarischen Regelung entzogene Bestimmungen getroffen, nämlich daß bei Ablieferungshindernissen die Ablieferungsstation 1. den Absender durch Vermittlung der Versandstation von der Ursache des Hindernisses sofort in Kenntnis zu setzen und seine Anweisung einzuholen hat, 2. in keinem Falle ohne ausdrückliches Einverständnis des Absenders das Gut zurücksenden darf.

Aus der Entstehungsgeschichte des Art. 24 ist folgendes hervorzuheben: Die im Art. 13 des Schweizer Entwurfes vorgeschlagene Regelung stand in engem Zusammenhange mit dem im Schweizer Entwurfe empfohlenen Vorbehalte des Dispositionsrechts, und die Motive bemerken, daß in betreff der Frage, ob und in welcher Weise gewisse einheitliche Formalitäten für Konstatierung äußerlicher und innerlicher Beschädigungen einzuführen sind, im Entwurfe von der Ansicht ausgegangen worden sei, daß in Beziehung auf derartige mit dem Prozeßrechte und den Gerichts- und anderen organischen Einrichtungen zusammenhängende Fragen möglichst wenig tief in die Partikulargesetzgebung einzugreifen sei.

Die Kritik des Schweizer Entwurfes (Eger 1877, Die Einführung eines internationalen Eisenbahn-Frachtrechts, S. 80, 81, Gegenentwurf Art. 13 S. 144) hat sich gegen die in demselben vorgeschlagene Regelung schon deshalb erklärt, weil sie in Abs. 2 und 4 des Art. 13 auf dem im Schweizer Entwurfe (Art. 10) empfohlenen Vorbehalt des Dispositionsrechts des Absenders fußt.

Der Deutsche Entwurf (1878) hat sich demgemäß nur unter Fortlassung der auf das Dispositionssystem des schweizerischen Entwurfes bezüglichen Stellen diesem letzteren angeschlossen und diejenige Fassung (Art. 13) vorgeschlagen, welche als Art. 24 mit unwesentlichen redaktionellen Änderungen definitiv in den Berner Konferenzen angenommen wurde und in den Text des Übereinkommens vom 14. Okt. 1890 übergegangen ist.

In der Berner Revisonskonferenz (1905) wurde der Abs. 1 des Art. 24

zunächst im Satz 1 dahin ergänzt, daß der Ablieferungsstation nicht nur die Pflicht zur sofortigen Benachrichtigung des Absenders von der Ursache des Hindernisses, sondern auch zur Einholung seiner Anweisung auferlegt würde. Sodann wurde als Satz 2 die Vorschrift hinzugefügt, daß im Falle eines Antrages auf Benachrichtigung im Frachtbriefe diese sofort telegraphisch erfolgen muß, und als Satz 3, daß das Gut für die Kosten der Benachrichtigung haftet. Der bezügliche, von Österreich-Ungarn ausgehende Antrag war nur auf Eilgüter, lebende Tiere und schnell verderbliche Güter beschränkt, ist aber auf Beschluß der Konferenz aus Zweckmäßigkeitsgründen auf alle Güter ausgedehnt worden (Prot. v. 13. Juli 1905). Endlich hat als Satz 4 die Bestimmung Aufnahme gefunden, daß bei Annahmeverweigerung des Empfängers dem Absender auch ohne Vorweisung des Frachtbriefduplikats das volle Verfügungsrecht zusteht. Diese von Deutschland vorgeschlagene Bestimmung soll als Ausnahme von der Vorschrift des Art. 15 Abs. 2 die mißliche Lage des Absenders erleichtern, in welche derselbe gerät, wenn der die Annahme verweigernde Empfänger aus Nachläßigkeit oder absichtlich die Rücksendung des Frachtbriefduplikats unterläßt oder verzögert und dadurch das Verfügungsrecht des Absenders beeinträchtigt (Prot. v. 13. Juli 1905).

136) **„Bei Ablieferungshindernissen hat die Ablieferungsstation den Absender durch Vermittelung der Versandstation von der Ursache des Hindernisses sofort in Kenntnis zu setzen und seine Anweisung einzuholen."**

Absatz 1 des Art. 24 enthält für den Fall, daß Ablieferungshindernisse vorliegen, zwei einheitliche Vorschriften, von welchen die eine ein Gebot, die andere ein Verbot involviert: Erstens wird der Ablieferungsstation anbefohlen, den Absender durch Vermittlung der Versandstation von der Ursache des Hindernisses unverzüglich in Kenntnis zu setzen, und zweitens wird ihr untersagt, in irgendeinem Falle ohne ausdrückliches Einverständnis des Absenders das Gut zurückzusenden.

Zunächst ist beiden Vorschriften des Abs. 1 des Art. 24 gemeinsam, daß sie als positive einheitliche Normen des internationalen Übereinkommens obligatorischer und absoluter Natur sind, wie auch die Fassung klar erkennen läßt. Sie gehen mithin nicht nur den bezüglichen landesrechtlichen Bestimmungen vor, sondern heben dieselben auch, insoweit sie dem Inhalte des Abs. 1 des Art. 24 widersprechen, auf und machen sie nichtig (Art. 4).

Ferner ist beiden Vorschriften die Voraussetzung gemeinsam, daß „Ablieferungshindernisse" vorliegen müssen. Das Übereinkommen definiert den Begriff der Ablieferungshindernisse nicht, setzt ihn vielmehr als bekannt voraus (Schwab 218). Der Begriff ergibt sich aus der Ablieferungspflicht der Eisenbahn (Art. 16 Abs. 1). Alle Umstände, welche die Eisenbahn am Bestimmungsorte an der Erfüllung der Ablieferungspflicht verhindern, sind Ablieferungshindernisse. Es kommen also nur solche Umstände in Betracht, welche nach Ankunft des Gutes auf der Bestimmungsstation — sei es auf der im Frachtbrief ursprünglich angegebenen (Art. 15 Abs. 1) — hervortreten, weil erst dort die Ablieferungspflicht existent wird. Dadurch unterscheiden sich die Ablieferungshindernisse von den Transportverhinderungen (Art. 18), welche bei Antritt oder der Fortsetzung des Transportes, also auf der Versandstation oder unterwegs, eintreten (so auch Rosenthal 162).

Im übrigen ist der Begriff — mangels jeder Einschränkung — im weitesten Sinne zu nehmen; es sind unter „Ablieferungshindernissen“ Umstände aller Art gemeint, welche auf der Bestimmungsstation der Ablieferung des Gutes und Frachtbriefes entgegenstehen. Dahin gehört z. B., wenn höhere Gewalt (Krieg, Überschwemmung usw.) die Ablieferung unmöglich macht, oder wenn die Ermittelung des Empfängers nicht angängig ist, weil die Adresse unrichtig oder unvollständig (Z. XII 270, E. XXI 115) oder überhaupt nicht vorhanden, der Empfänger verzogen (Z. IX 83), verstorben, nicht legitimiert, nicht dispositionsfähig ist usw., oder wenn der ermittelte Empfänger die Annahme ohne jeden Grund oder unter Einwendungen verweigert, die sich entweder gegen die Eisenbahn oder den Absender richten, weil das Gut z. B. nicht bestellt, verspätet eingetroffen sei (E. XX 349) usw., oder wenn Streit über die Annahme oder den Zustand des Gutes entsteht, sei es, daß sich Eisenbahn und Empfänger über die Modalitäten der Annahme nicht einigen können, nachträgliche Verfügungen des Absenders, gerichtliche, zollamtliche oder polizeiliche Beschlagnahmen (Gasca III 195, Z. II 33, 159, III 172, 224, 330, V 840, VI 526) Beanstandung wegen Mängeln der Begleit-Zollpapiere (E. XXIV 41), Ansprüche, Arrestschläge oder Pfändungen Dritter hinzutreten oder der Empfänger die Annahme verweigert, weil die Qualität und Quantität des Gutes nicht der Vereinbarung, Probe, Usance usw. entsprechend, also nicht vertragsmäßig aufgegeben oder unterwegs durch den Transport verringert oder beschädigt ist. Als Annahmeverweigerung gilt auch, wenn der Adressat die Annahme derartig verzögert, daß der Verzug als stillschweigende Ablehnung anzusehen ist, oder das Gut nur annehmen will, wenn die Eisenbahn die angeblichen Schäden usw. anerkennt, in einen Frachtabzug willigt usw., ebenso wenn der Aressat sich weigert, die Fracht ganz oder teilweise zu zahlen, desgleichen die Nebengebühren, Spesen, Auslagen, Zölle und Nachnahmen (Z. III 478ff.), wenn Streit darüber entsteht, wer zuerst erfüllen soll usw., und zwar gleichviel ob hierbei Verschulden der Eisenbahn, des Absenders oder Empfängers vorliegt oder nicht (s. noch über Annahmeverzug: Sp.- u. Sch.-Ztg. XI Nr. 10, 22). Alle diese — übrigens keineswegs erschöpfend — hier aufgeführten Umstände sind Ablieferungshindernisse im Sinne des Art. 24 Abs. 1 (Muschweck, Über das Wesen der Ablieferungshindernisse [Sp. u. Sch.-Ztg. XIV Nr. 20—23]).

Wenn derartige Hindernisse bei der Ablieferung eintreten, so ist die Eisenbahn nicht in der Lage, ihre sich aus Art. 16 Abs. 1 ergebende Ablieferungspflicht zu erfüllen; der Empfänger, der nach Art. 15 Abs. 4 nur durch Übergabe des Gutes und Frachtbriefes oder eine darauf gerichtete Klage in den Frachtvertrag eintritt, wird somit nicht

Kontrahent des Frachtvertrages und daher auch nicht zur Erfüllung der Frachtvertragsverbindlichkeiten gegenüber der Eisenbahn verpflichtet. Vielmehr bleibt der Absender während der Dauer des Ablieferungshindernisses der aus dem Frachtvertrage allein verpflichtete Kontrahent und muß der Eisenbahn, soweit sie nicht selbst das Hindernis verschuldet hat, für die aus dem Frachtvertrage ihr zustehenden Forderungen und Rechte sowie die ihr aus dem Verzuge usw. erwachsenden Schäden aufkommen (Schwab 219 z. B. für Wagenstandgelder Z. III 172, Fracht Z. IV 213, nicht aber der Arrestnehmer Z. VI 526). Die Eisenbahn kann sich nun entweder unmittelbar an den Absender halten oder auch das ihr an dem Gute gemäß Art. 21 gegebene Pfandrecht geltend machen und die Realisierung desselben behufs Befriedigung ihrer Forderungen auf Grund des Art. 22 herbeiführen. Sowohl aus diesen Gründen, wie auch, um in allen Fällen der Ablieferungsverhinderung die erforderlichen Schritte zur Feststellung des Tatbestandes, Sicherung der Beweismittel, Beseitigung der Hindernisse, weiteren Verfügung über das nicht abgelieferte Gut usw. rechtzeitig tun zu können, ist es für den Absender von ganz besonderem Interesse, so bald wie möglich von der Ursache des Ablieferungshindernisses Kenntnis zu erlangen und um Einholung seiner Anweisung angegangen zu werden.

Satz 1 des Abs. 1 enthält daher die Vorschrift, daß bei Ablieferungshindernissen die Ablieferungsstation den Absender durch Vermittelung der Versandstation von der Ursache des Hindernisses sofort in Kenntnis zu setzen und seine Anweisung einzuholen hat (Z. II 33, 159, III 182, V 658, 840, VII 717, IX 83, E. XXIV 41, 337, XIX 15, Z. XII 118 und Schwab, Z. XII 187; Muschweck, Sp.- u. Sch.-Ztg. IX Nr. 24—26; Senckpiehl XIII Nr. 22). Die Benachrichtigung darf sich nicht auf die bloße Tatsache beschränken, daß ein Ablieferungshindernis vorliegt, sondern muß auch die Angabe der Ursache enthalten, d. h. die Gründe und Umstände, auf welchen das Hindernis beruht, und zugleich ist ausdrücklich die Anweisung des Absenders zu erfordern. Letzteres ist erst durch die Berner Revisionskonferenz (1905) hinzugefügt worden. Hat aber der Absender von vornherein auf die Benachrichtigung verzichtet oder der Eisenbahn die Verfügung erteilt, über eine vom Empfänger nicht angenommene Sendung ohne weiteres nach eigenem Ermessen zu disponieren, so ist die Eisenbahn von der bezüglichen Benachrichtigungspflicht befreit (Z. IX 239). Es ist angeordnet, daß die Benachrichtigung eine sofortige sein solle. Damit ist nicht eine ungewöhnliche Beschleunigung gemeint, sondern lediglich die tunlichste Beschleunigung nach Maßgabe des ordnungsmäßigen Geschäftsganges. Die Rechtzeitigkeit der Benachrichtigung ist also nicht absolut nach dem Zeitmaß zu beurteilen, sondern nach vernünftiger Erwägung der konkreten Umstände; es darf keine Zeit verstreichen, die, nachdem die Bahn von dem Eintritt des Hindernisses Kenntnis erhalten, bei ordnungsmäßigem Geschäftsgange als unmotivierter Verzug von seiten der beteiligten Eisenbahnstationen erscheint (vgl. Z. II 159, VI 526, VII 478ff.; s. über telegraphische Benachrichtigung Anm. 136a).

Die Benachrichtigung hat von der Ablieferungsstation auszugehen als derjenigen, welche zur Ablieferung verpflichtet ist und dieselbe infolge des eingetretenen Hindernisses nicht bewirken kann. Es ist die gemäß Art. 6 lit. c des Übereinkommens im Frachtbriefe bezeichnete Bestimmungsstation gemeint oder diejenige, welche nach Art. 15 Abs. 1 infolge nachträglicher Verfügung des Absenders als Ablieferungsstation bezeichnet worden ist (vgl. Art. 16 Abs. 1 und 3 Anm. 107 S. 207 und Anm. 111 S. 215). Die Benachrichtigung hat ferner an den Absender sich zu richten, d. h. den gemäß Art. 6 lit. m im Frachtbriefe bezeichneten Absender (Spediteur usw.) oder dessen daraus ersichtlichen Bevollmächtigten, nicht an den dahinter stehenden, am Transport interessierten Versender, auch nicht an dritte Personen, wenngleich sie zu den Leuten des Absenders gehören. Darauf, ob der Absender im Besitze des Frachtbriefduplikates ist (Art. 15 Abs. 2), kommt es bei der Benachrichtigung nicht an. Die Benachrichtigung ist in jedem Falle an den Absender zu richten, auch wenn die Ablieferungsstation weiß, daß er nicht im Besitze des Frachtbriefduplikats und somit eventuell zu den im Art. 15 Abs. 1 bezeichneten Verfügungen nicht berechtigt ist. Die Ablieferungs- bzw. Versandstation macht sich somit haftpflichtig, wenn sie an Stelle des Absenders eine dritte Person (den Empfänger usw.) benachrichtigt, weil diese sich im Besitze des Frachtbriefduplikates befindet. Dagegen steht nichts entgegen, daß außer dem Absender auch der Besitzer des Frachtbriefduplikates oder dritte Interessenten benachrichtigt werden.

Über die Art und Form der Benachrichtigung sind nur zwei positive Vorschriften gegeben: 1. sie soll „durch Vermittelung der Versandstation“ geschehen, also derartig, daß entweder die Meldung unmittelbar an die Adresse des Absenders gemacht, aber durch die Hand der Versandstation geleitet, oder daß sie direkt an letztere gerichtet und diese um Weiterbenachrichtigung des Absenders ersucht wird; 2. im Fall ein Antrag auf Benachrichtigung schon im Frachtbriefe gestellt ist, muß die Benachrichtigung an den Absender sofort telegraphisch erfolgen (Satz 2 Anm. 136a).

Im übrigen enthält Abs. 1 keinerlei Vorschriften über die Form der Benachrichtigung. Sie kann also in jeder beliebigen Form, mündlich durch Boten, schriftlich, telegraphisch, durch eingeschriebenen oder gewöhnlichen Brief erfolgen, insoweit nur hierbei die Vermittelung der Versandstation in Anspruch genommen wird. Diese Vermittelung ist nach der Fassung des Abs. 1 obligatorisch, die Ablieferungsstation ist danach weder berechtigt noch auch verpflichtet, an Stelle der Vermittelung der Versandstation einen anderen Weg der Benachrichtigung zu wählen. Ob sie aber nebenbei noch einen andere n Weg zu benutzen berechtigt oder verpflichtet ist, hängt von den landesrechtlichen Vorschriften (Abs. 2) ab. Die Worte „durch Vermittelung der Versandstation“ deuten im übrigen darauf hin, daß es nicht genügt, die Anzeige nur an den Versandort (etwa durch bloße Benutzung des Telegraphen- oder Postamtes des Versandortes) zu machen, sondern daß die Inanspruchnahme der Versandstation, d. i. der betreffenden Eisenbahndienststelle, erforderlich ist. Daraus aber, daß die Ablieferungsstation sich der Vermittelung der Versandstation zu bedienen hat, folgt einerseits, daß die Versandstation verpflichtet ist, die bezügliche Benachrichtigung zu vermitteln (Rosenthal 163), und anderseits, daß alle anderen Stationen berechtigt sind, diese Vermittelung abzulehnen, falls nicht landesrechtliche (gesetzliche, reglementarische usw.) Bestimmungen ihnen die Verpflichtung hierzu auferlegen. Unterläßt die Eisenbahn (Ablieferungs- bzw. Versandstation) die Benachrichtigung gänzlich oder bewirkt sie dieselbe nicht unverzüglich oder nicht ordnungsgemäß und vollständig, so hat sie die daraus dem Absender erwachsenden Nachteile (Verderb der Güter, Lagerungskosten, Diebstahl, Brand usw.) zu vertreten (Schwab 220; Z. XII 270, E. XXI 115). Hat die Eisenbahn die Benachrichtigung zur Post usw. gegeben, so ist sie für den Schaden aus dem bestimmungsmäßigen Verkauf des Gutes nicht verantwortlich, wenn die Benachrichtigung dem Absender durch Verschulden der Post usw. nicht zugegangen ist (E. XXIII 261). Ebenso nicht, wenn der Absender von dem Ablieferungshindernis bereits anderweit in Kenntnis gesetzt ist (E. XXIII 235). Auch kann das Gut unter der Voraussetzung des Art. 33 als in Verlust geraten betrachtet werden (Z. IX 83). Daß der Absender die Kosten der Benachrichtigung zu tragen hat, ergibt Satz 3 (Anm. 136b).

Ein wesentlicher — wenn auch nicht der alleinige — Zweck der Vorschrift, bei Ablieferungshindernissen den Absender von der Ursache des Hindernisses unverzüglich in Kenntnis zu setzen, ist — wie oben S. 274 bereits bemerkt — der: denselben zu einer anderweiten Disposition über das Gut zu veranlassen (Z. II 33, 159, III 172, IV 212, V 658), und hat in den Schlußworten des Satzes: „und seine Anweisung einzuholen“ besonderen Ausdruck erhalten. Es entsteht hierbei die Frage, ob auf das bezügliche Verfügungsrecht des Absenders die Bestimmungen des Art. 15 Anwendung finden, insbesondere ob für die gemäß Art. 15 Abs. 1 zu treffenden Verfügungen des Absenders die Vorweisung des Frachtbriefduplikates (Abs. 2 l. c.) und — bei Meidung der Nichtigkeit (Abs. 7 l. c.) — die sonst im Art. 15 vorgeschriebenen Formalitäten erforderlich sind? Diese Frage ist ohne Zweifel zu bejahen. Es liegt kein Grund vor, die Bestimmungen des Art. 15 über das Verfügungsrecht des Absenders im Falle von Ablieferungshindernissen für aufgehoben zu erachten (Rosenthal 163; C.A. Z. XII 121. — A. M. Schwab a. a. O. S. 220f. und Muschweck, Sp.- u. Sch.-Ztg. 1901 Nr. 12). Dies ist auch die Meinung des Gesetzgebers, und es wird durch den in der Berner Revisionskonferenz (1905) angenommenen Zusatz (Satz 4 des Abs. 1) bestätigt, daß bei Annahmeverweigerung des Empfängers dem Absender das volle Verfügungsrecht auch dann zusteht, wenn er das Frachtbriefduplikat nicht vorweisen kann (Anm. 136c S. 278); denn daraus folgt arg. e contr., daß — abgesehen von der Ausnahme der Annahmeverweigerung des Empfängers — in allen anderen Fällen die Vorweisung des Frachtbriefduplikats nach wie vor zur Ausübung des Verfügungsrechtes erforderlich ist. Soweit also — abgesehen von der Annahmeverweigerung — die Ausübung der im Artikel 15 Absatz 1 aufgeführten Verfügungsbefugnisse in Betracht kommt, kann der Absender dieselben auch bei Ablieferungshinderniseen nur unter den im Art. 15 vorgeschriebenen Formalitäten ausüben. Soweit es sich aber um die Ausübung anderer im Art. 15 Abs. 1 nicht bezeichneten Verfügungsbefugnisse handelt, greifen — mangels positiver Vorschriften des Übereinkommens — die partikularrechtlichen Normen Platz (übereinstimmend Rosenthal 163 und Anm. 4 daselbst; vgl. auch Z. II 159, 658). Insofern enthält also Art. 24 Abs. 2 auch in betreff des Verfügungsrechtes des Absenders keineswegs eine überflüssige Vorschrift. Wie bereits bemerkt, ist es ohne Zweifel, wenn auch nicht der einzige, so doch ein wesentlicher Zweck der Bestimmung des Art. 24 Abs. 1, den Absender zur anderweiten Verfügung über das Gut zu veranlassen. Will er aber eine Verfügung der im Art. 15 Abs. 1 bezeichneten Art treffen, so bedarf er dazu der Vorweisung des Frachtbriefduplikates und der übrigen im Artikel 15 Absatz 2ff. vorgeschriebenen Formalitäten (a. M. Schwab 221). Hiervon bildet die Annahmeverweigerung des Empfängers die alleinige gesetzlich zugelassene Ausnahme. Jede in anderer Form gegebene Verfügung des Absenders der im Art. 15 Abs. 1 bezeichneten Art ist auch bei Ablieferungshindernissen nichtig, und ihre Befolgung macht die Eisenbahn verantwortlich (arg. Art. 18 Abs. 4).

Bis zum Eintreffen der Verfügung des Absenders hat die Eisenbahn das Gut mit der Sorgfalt eines ordentlichen Reisenden aufzubewahren bzw. einzulagern (E. XX 349). Besondere Vorkehrungen zum Schutze des Gutes gegen Frost usw. liegen ihr hierbei nicht ob (E. XXI 157).

136a) Wenn ein Antrag auf Benachrichtigung schon im Frachtbriefe gestellt ist, so muß die Benachrichtigung an den Absender sofort auf telegraphischem Wege geschehen.

Von der Regel, daß die Benachrichtigung des Absenders in betreff eines Ablieferungshindernisses durch Vermittlung der Versandstation von der Ursache desselben sowie die Einholung seiner Anweisung in jeder beliebigen Form erfolgen kann (Anm. 136), macht Satz 2 des Abs. 1 durch die Bestimmung eine Ausnahme, daß, wenn ein Antrag auf Benachrichtigung schon im Frachtbriefe gestellt ist, dieselbe an den Absender sofort auf telegraphischem Wege geschehen muß. Der Antrag, in diesem Falle telegraphische Benachrichtigung vorzuschreiben, war in der Berner Revisionskonferenz (1905) von Österreich-Ungarn gestellt worden, aber nur in der Einschränkung auf Eilgüter, lebende Tiere und Güter, die schnellem Verderben unterliegen, und mit der Begründung, daß der Absender sehr oft ein Interesse an schnellster Benachrichtigung habe und dadurch in die Lage versetzt werde, über das unanbringliche Gut zu einer Zeit verfügen zu können, wo dasselbe, ohne weiteren Schaden zu erleiden, noch ohne Verlust verwertet werden könne. Die Kommission schlug vor, die Verpflichtung zur telegraphischen Benachrichtigung auf alle Frachtgüter auszudehnen, wenn schon im Frachtbriefe ein bezüglicher Antrag gestellt werde, und in dieser Ausdehnung wurde der Zusatz genehmigt.

Der Antrag auf Benachrichtigung ist ausdrücklich im Frachtbriefe zu stellen, und zwar, mangels besonderer Bestimmung, unter der Rubrik der gesetzlich zulässigen Erklärungen. Unter dieser Voraussetzung ist die telegraphische Benachrichtigung bei Eintritt eines Ablieferungshindernisses obligatorisch. Die Bahn macht sich durch Unterlassung der Benachrichtigung in dieser Form haftpflichtig; es müßte denn sein, daß sie die Benachrichtigung noch schneller, z. B. telephonisch, bewirken kann. Denn dies sollte nach der Natur der Sache und der Absicht des Gesetzes nicht ausgeschlossen werden. Unter der telegraphischen Benachrichtigung ist zweifellos die telephonische eingeschlossen. Aber auch hier muß die Benachrichtigung durch Vermittlung der Versandstation geschehen. Darin ist durch Satz 2 nichts geändert. Die Kosten der Benachrichtigung treffen den Absender (Satz 3 Anm. 136b).

136b) „Das Gut haftet für die Kosten der Benachrichtigung."

Daß, wie Satz 3 des Abs. 1 bestimmt, für die Kosten der Benachrichtigung das Gut haftet, war zugleich mit dem vorangehenden Satze über telegraphische Benachrichtigung von Österreich-Ungarn vorgeschlagen und damit begründet, daß die aufgelaufenen Telegrammgebühren als unter die im Art. 11 Abs. 2 angedeuteten Barauslagen fallend zu betrachten seien. Indes bezieht sich Satz 3 in seiner ganz allgemein gehaltenen Fassung nicht allein auf die telegraphische Benachrichtigung bzw. die Telegrammgebühren, sondern auf jede Art der Benachrichtigung, d. h. auch auf Portokosten, Telephongebühren, Botenlöhne usw. Die Bestimmung des Satzes 3 bezieht sich sowohl auf Satz 1 wie Satz 2 des vorliegenden Absatzes 1.

136c) „Verweigert der Empfänger die Annahme des Gutes, so steht dem Absender das volle Verfügungsrecht auch dann zu, wenn er das Frachtbriefduplikat nicht nachweisen kann."

Die als Satz 4 auf Antrag Deutschlands in der II. Revisionskonferenz (1905) hinzugefügte Bestimmung gibt dem Absender im Falle der Verweigerung der Annahme des Gutes seitens des Empfängers das volle Verfügungsrecht auch dann, wenn er das Frachtbriefduplikat nicht vorweisen kann. Grundsätzlich und nach der herrschenden Meinung würde er gemäß Art. 15 Abs. 2 zur Vorweisung des Duplikats verpflichtet sein, und die Eisenbahnen lehnen es daher auch bei Annahmeverweigerung des Empfängers zumeist ab, die Verfügungen des Absenders auszuführen, wenn er nicht im Besitze des Duplikats ist. Dies kann aber für den Absender von großem Nachteil sein, wenn der Empfänger, dem das Duplikat zugestellt ist, mit der Rücksendung — weil er das Interesse an der Sendung verloren hat oder aus Nachlässigkeit oder absichtlich — säumig ist. Gelingt es dem Absender nicht, das Duplikat rechtzeitig wiederzuerlangen, so erwachsen ihm durch den alsdann eintretenden bahnseitigen Verkauf des Gutes namhafte Verluste, gegen die er sich nicht schützen kann. Deshalb erschien es gerechtfertigt, bei Annahmeverweigerung des Empfängers dem Absender, dem in solchem Falle nach Art. 26 Abs. 2 schon das Recht zur gerichtlichen Geltendmachung der Ansprüche aus dem Frachtvertrage gegen die Eisenbahn zugestanden ist, ausnahmsweise und abweichend von dem Grundsatze des Art. 15

Abs. 2 das volle Verfügungsrecht über das Gut auch dann einzuräumen, wenn er das Frachtbriefduplikat nicht vorweisen kann. Indes liegt in der Fassung der vorliegenden Bestimmung des Satzes 4 insofern ein Fehler, als dieselbe mit Art. 15 Abs. 2 nicht übereinstimmt. Denn nach Art. 15 Abs. 2 bewirkt nicht die Annahme des Gutes, sondern die Annahme des Frachtbriefes durch den Empfänger den Übergang des Verfügungsrechts auf den letzteren und das Erlöschen des Verfügungsrechts des Absenders. Es müßte daher der vorliegende Satz 4 richtig lauten: „Verweigert der Empfänger die Annahme des Frachtbriefes" oder nur: „Verweigert der Empfänger die Annahme". Über die Konsequenzen siehe Art. 15 Anm. 100 S. 196 und Art. 26 Anm. 145.

Wenn es sich aber nicht um den Fall der Annahmeverweigerung des Empfängers, sondern um irgendwelche andere Ablieferungshindernisse handelt (Anm. 136 S. 273), sind bei Verfügungen des Absenders über das Gut die Bestimmungen des Art. 15 zu beachten. Soweit also die Ausübung der im Art. 15 Abs. 1 aufgeführten Verfügungsbefugnisse in Betracht kommt, kann der Absender dieselben auch bei Ablieferungshindernissen nur unter den im Art. 15 vorgeschriebenen Formalitäten ausüben. Soweit es sich aber um die Ausübung anderer im Art. 15 Abs. 1 nicht bezeichneter Verfügungsbefugnisse handelt, greifen — mangels positiver Vorschriften des Übereinkommens — die partikularrechtlichen Normen Platz.

Von den Niederlanden ging noch der Antrag aus, festzustellen, daß der Eisenbahn gestattet sein solle, dem Empfänger, welcher die Annahme einer Sendung anfänglich verweigert hat, dann die Ware auszuliefern, wenn er die Annahmeverweigerung zurücknimmt, bevor der zur Verfügung angegangene Absender anderweit darüber verfügt hat. Aber obwohl die Konferenz das Interesse an einer gesetzlichen Regelung anerkannte, wurde die Verhandlung darüber von der Konferenz abgelehnt und den Antragstellern überlassen, sich damit an die nächste Revisionskonferenz zu wenden, weil grundsätzlich der Standpunkt eingenommen wurde, daß nur diejenigen Anträge in Betracht zu ziehen seien, welche in das Verzeichnis der Verhandlungsgegenstände aufgenommen, und als solche geprüft waren, der in Rede stehende Antrag aber verspätet gestellt und nicht in das Verzeichnis aufgenommen war (Prot. v. 13. Juli 1905).

Die beantragte Bestimmung erscheint auch überflüssig; denn nach dem klaren Wortlaut des Art. 15 Abs. 4 und Art. 16 Abs. 2 Satz 3 ist es zweifellos, daß, solange der von der Annahmeverweigerung oder dem Annahmeverzuge des Empfängers gemäß Art. 24 Abs. 1 in Kenntnis gesetzte und um Verfügung angegangene Absender eine Verfügung noch nicht erteilt hat, der Empfänger trotz erfolgter Annahmeverweigerung oder Verzögerung berechtigt ist, durch Annahme des Frachtbriefes oder Klagezustellung in den Frachtvertrag einzutreten und die Aushändigung des Gutes zu verlangen. Denn dieses Recht erlischt nach Art. 16 Abs. 2 Satz 3 erst, wenn der Absender der Eisenbahn eine nach Maßgabe des Art. 15 entgegengesetzte Verfügung erteilt hat. Dies ist aber durch die bloße Einholung der

Verfügung noch nicht geschehen (s. oben Art. 15 Anm. 101 S. 199; Reindl, Ztg. d. Ver. D. Eisenb.-Verw. 1897 S. 491 und 1901 S. 1063; Bl. f. Rechtsanw. Jahrg. 72 S. 578 Anm. 76; Schwab 202; Rosenthal 152; Gerstner, Suppl. 95 Bem. II; Entsch. des Centralamtes vom 28. Dez. 1893; Z. II 30, E. X 254 und des Öst. Oberst. Ger. 1. Jan. 1896; Ob. L.-Ger. Karlsruhe Bad. Rechtsspr. 1903 S. 128 und Amtsger. Tarnowitz E. XXI 204; Zusatzbestimmung des internationalen Eisenb.-Transp.-Verb. zu Art. 24 I.Ü. Z. 1903 S. 105) s. auch Z. 1906, S. 107 ff.) Die zum Teil abweichende Annahme Senckpiehls, Eisenb. E. XXI 204, und Rundnagels, daselbt S. 398 (s. auch Land-Ger. München v. 15. März 1895, 6. Dez. 1904, Z. 1897 S. 840 und Hand.-Ger. Rouen 30. Okt. 1901), welche sich auf Bestimmungen des Bürgerl. Gesetzbuchs stützt, ist nicht zutreffend, da auf Landesgesetze nur dann zurückgegangen werden darf, wenn positive Bestimmungen des internationalen Übereinkommens nicht gegeben sind oder nicht ausreichen (Z. 1906 S. 107 ff., Sp.- u. Sch.-Ztg. XV Nr. 32).

136 d) „In keinem Falle darf das Gut ohne ausdrückliches Einverständnis des Absenders zurückgesandt werden."

Satz 5 des Abs. 1 enthält das Verbot, daß „die Ablieferungsstation in keinem Falle ohne ausdrückliches Einverständnis des Absenders das Gut zurücksenden darf". Dieses Verbot enthält nach den allgemeinen Regeln des Frachtvertrages zwar insofern eine selbstverständliche Bestimmung, als in dem Frachtvertrage an sich weder die Berechtigung noch die Verpflichtung der Eisenbahn liegt, das bis zum Bestimmungsorte beförderte Gut wieder zurückzubefördern. Vielmehr ist hierzu entweder ein neuer Beförderungsvertrag erforderlich oder eine in Ausdehnung des gewöhnlichen Frachtvertrages gemäß Art. 15 Abs. 1 zulässige Verfügung des Absenders zur Rücksendung des Gutes an die Versandstation (Art. 15 Anm. 97 S. 188).

Wenngleich hiernach die Eisenbahn an sich weder befugt noch verpflichtet ist, das Gut bei Ablieferungshindernissen zurückzubefördern, so ist doch das Verbot der Rücksendung ohne ausdrückliches Einverständnis des Absenders hier aufgenommen, um etwaige entgegenstehende partikularrechtliche Bestimmungen, welche eine derartige Rücksendung ohne weiteres gestatten, aufzuheben. Hat die Eisenbahn auf Anweisung des Absenders die Zurückbeförderung nach dem Versandorte übernommen, so ist sie in gleicher Weise wie für den Hintransport haftpflichtig, also auch für Schäden aus der Verspätung der Rückbeförderung (Z. V 658). Wenn die Bahn — ungeachtet der Anweisung des Absenders zur Rücksendung des Gutes — dasselbe veräußert, so liegt eine grobe Fahrlässigkeit vor, welche die Bahn zum vollen Schadensersatz verpflichtet (Z. VIII 256).

Zu dem „ausdrücklichen Einverständnisse des Absenders", welches auf Grund der ihm gewordenen Benachrichtigung entweder von der Versandstation oder auch von einer anderen Station aus erfolgen kann, bedarf es des Abschlusses eines neuen Frachtvertrages, des Rückbeförderungsvertrages nicht, sondern genügt eine Verfügung des Absenders gemäß Art. 15 Abs. 1. Es ist also auch ein neuer Frachtbrief nicht erforderlich, vielmehr bildet der ursprüngliche Frachtbrief die Grundlage auch für die Rückbeförderung, nur daß sich der Bestimmungsort durch das Verlangen des Absenders auf Rücksendung ändert.

Das Verbot der Rücksendung ist durchaus obligatorisch und absolut; sie darf „in keinem Falle" ohne ausdrückliches Einverständnis des Absenders erfolgen. Das Einverständnis des Absenders soll ein ausdrückliches sein, d. h. entweder in Form eines neuen Frachtvertrages, des Rückbeförderungsvertrages oder einer Verfügung gemäß Art. 15 Abs. 1, 3 und 6. Hat aber der Absender das ohne sein vorheriges Einverständnis zurückbeförderte Gut angenommen, so liegt in der Annahme die nachträgliche Genehmigung der Rückbeförderung (Picard IV 746). Ohne anderweite Weisung des Absenders hat die Rücksendung in derselben Weise (z. B. als Eilgut) zu erfolgen, wie die Sendung geschah (Z. XIV 1906 S. 253, Sp.- u. Sch.-Ztg. XIV Nr. 30).

137) **„Im übrigen richtet sich — unbeschadet der Bestimmungen des folgenden Artikels — das Verfahren bei Ablieferungshindernissen nach den für die abliefernde Bahn geltenden gesetzlichen und reglementarischen Bestimmungen."**

Die einheitliche Regelung des Verfahrens bei Ablieferungshindernissen beschränkt sich auf die beiden vorerörterten positiven Vorschriften des Abs. 1: Benachrichtigung des Absenders und Unterlassung des Rücktransports ohne dessen ausdrückliches Einverständnis. In allen anderen Beziehungen sollen für das Verfahren gemäß Abs. 2 — abgesehen von den Bestimmungen des Art. 25 — die für die abliefernde Bahn geltenden gesetzlichen und reglementarischen Bestimmungen entscheidend sein (Muschweck, Das Verfahren bei Ablieferungshindernissen [Sp.- u. Sch.-Ztg. XIV Nr. 27—30], Amtliche Einlagerung unanbringlicher Güter [Nr. 32—37], Hinterlegung [Nr. 47], Verkauf und Vernichtung [Nr. 48—52], Verjährungsfristen bei Ablieferungshindernissen (XV Nr. 1, 2); Senckpiehl, Lagergeldforderungen der Eisenbahn [E. XXI 323, XXII 107]).

Die Normen des internen, für die abliefernde Bahn bei Ablieferungshindernissen vorgeschriebenen Verfahrens bleiben also — abgesehen von den beiden Vorschriften des Abs. 1 Art. 24 und des Art. 25 — auch für internationale Transporte weiter in Kraft. Doch unterliegt es — wie oben S. 271 bereits erörtert — keinem Zweifel, daß dadurch nicht etwa auch diejenigen einheitlichen Normen des internationalen Übereinkommens, welche sich mittelbar auf das Verfahren bei Ablieferungshindernissen beziehen oder dasselbe berühren, für aufgehoben zu erachten und durch interne Normen zu ersetzen sind. Sind also z. B. bei Gelegenheit von Ablieferungshindernissen Verfügungsrechte vom Absender auszuüben oder Schadensansprüche wegen Verlustes, Minderung, Beschädigung des Gutes oder Versäumung der Lieferfrist zu regeln oder das Pfandrecht geltend zu machen, so finden die Art. 15, 30 f. 39 des Übereinkommens, nicht aber etwa die bezüglichen internen Bestimmungen der abliefernden Bahn Anwendung. Die Worte „im übrigen", mit welchen Abs. 2 des Art. 24 beginnt, beziehen sich nicht nur auf Abs. 1, sondern auf den Gesamtinhalt des Übereinkommens. Dies ergibt auch schon der Hinweis auf die Bestimmungen des folgenden Artikels.

Soweit also die positiven einheitlichen Normen des Übereinkommens nicht entgegenstehen, insbesondere Abs. 1 des Art. 24 und die für alle Verlust-, Minderungs- und Beschädigungsfälle vorgeschriebenen Normen des Art. 25, richtet sich das Verfahren bei Ablieferungshindernissen nach den für die abliefernde Bahn geltenden gesetzlichen und reglementarischen Bestimmungen. (Vgl. Z. II 33, 159, III 172, 224, 330, IV 212, 368, V 372) z. B. in betreff der Frage, ob nicht nur das Ablieferungshindernis (die Annahmeverweigerung des Empfängers usw.), sondern auch der bevorstehende Verkauf des Gutes zu avisieren ist (Z. VII 717), ob das Ablieferungshindernis die Eisenbahn zum sofortigen Verkaufe des Gutes berechtigt (Z. IX 153), insbesondere verderblichen Gutes (E. XIX 15, 30, 254, XXIII 176, XXIV 337) oder nach Ablauf einer bestimmten Frist (E. XX 258, XXIII 279), welche Rechte dem Spediteur, dem die Eisenbahn das nicht bezogene Gut auf Lager gegeben hat, zustehen (Z. IX 206), welcher Bahn die Einziehung der Fracht- usw. Forderungen obliegt (Z. XII 150, E. XXI 61), welche Folgen sich aus dem vorschriftswidrigen Verkauf nichtangenommenen Gutes ergeben (Z. XII 305, E. XXI 173, XXIII 253), insbesondere wenn die Benachrichtigung der Bahn durch Verschulden der Post nicht an den Absender gelangt ist oder dieser inzwischen eine Reklamation eingebracht hat (E. XXIII 261), wem der erfolgte Verkauf anzuzeigen und wo derselbe vorzunehmen ist (Z. X 257, E. XIX 114, XXIII 121, 238), ob die Bahn nach dem aus dem Frachtbriefe nicht ersichtlichen Wohnorte des Absenders zu forschen hat (E. XXIII 120) usw.

Artikel 25.[138])

(1) In allen Verlust-, Minderungs- und Beschädigungsfällen haben die Eisenbahnverwaltungen sofort eine eingehende Untersuchung vorzunehmen, das Ergebnis derselben schriftlich festzustellen und dasselbe den Beteiligten auf ihr Verlangen, unter allen Umständen aber der Versandstation mitzuteilen.[139])

(2) Wird insbesondere eine Minderung oder Beschädigung des Gutes von der Eisenbahn entdeckt oder vermutet, oder seitens des Verfügungsberechtigten behauptet, so hat die Eisenbahn den Zustand des Gutes, den Betrag des Schadens und, soweit dies möglich, die Ursache und den Zeitpunkt der Minderung oder Beschädigung ohne Verzug protokollarisch festzustellen. Eine protokollarische Feststellung hat auch im Falle des Verlustes stattzufinden.[140])

(3) Die Feststellung richtet sich nach den Gesetzen und Reglementen des Landes, wo dieselbe stattfindet.[141])

Außerdem steht jedem der Beteiligten das Recht zu, die gerichtliche Feststellung des Zustandes des Gutes zu beantragen.[144])

Zusatz I.

Betriebsreglement des Vereins Deutscher Eisenbahnverwaltungen.

§ 63.

Feststellung von Verlust, Minderung und Beschädigung der Güter.

(Text übereinstimmend mit vorstehendem Art. 25) und:

Zusatzbestimmung.

Zur Feststellung in Minderungs- und Beschädigungsfällen sind unbeteiligte Zeugen oder, soweit dies die Umstände des Falles erfordern, Sachverständige, auch womöglich der Verfügungsberechtigte, beizuziehen.

Vgl. Gemeinsame Abfertigungsvorschriften § 43: Schutz gegen Beschädigung und Diebstahl; § 44: Verfahren bei Verschleppungen und bei Entdeckung von Unregelmäßigkeiten; Anh. B.: Feststellungs-, Melde- und Nachforschungsverfahren bei fehlenden, überzähligen, beschädigten oder mit Gewichtsverminderung vorgefundenen Gepäckstücken und Gütern; §§ 1—6.)

138) Prinzip und Entstehungsgeschichte des Art. 25.

Art. 25 trifft einheitliche Bestimmungen über das Feststellungsverfahren in Verlust-, Minderungs- und Beschädigungsfällen. Die Aufnahme derartiger Bestimmungen in das Übereinkommen erschien notwendig wegen der Bedeutung, welche dieses Verfahren nicht nur für die Haftpflicht der Eisenbahnen, sondern auch für die Entschädigungsansprüche der Ersatzberechtigten besitzt.

Bei Regelung des Feststellungsverfahrens in Verlust-, Minderungs- und Beschädigungsfällen ist davon ausgegangen, daß sämtlichen Beteiligten — Absendern, Empfängern und Eisenbahnen — auch im internationalen Verkehre das Recht zustehen müsse, eine gerichtliche Feststellung des Zustandes des Gutes zur Sicherung des Beweises herbeizuführen. Außerdem aber erschien es in Rücksicht auf die größere Einfachheit und Leichtigkeit des Verfahrens und die hiermit verknüpften wichtigen Interessen aller Beteiligten geboten, von Amts wegen den Eisenbahnen — nach Analogie der internen Vorschriften der meisten Vertragsstaaten — die Pflicht zu einer außergerichtlichen Feststellung aufzuerlegen und diese Pflicht in bestimmten Beziehungen einheitlich zu regeln. Soweit der Art. 25 nicht einheitliche Bestimmungen enthält, greifen für die Feststellung die landesrechtlichen Vorschriften Platz (s. Muschweck, Feststellung von Mängeln der Güter, Sp.- u. Sch.-Ztg. XII Nr. 14—24). Von diesen Erwägungen aus unterscheidet Art. 25: I. gerichtliche Feststellung (Abs. 4) und II. außergerichtliche Feststellung (Abs. 1—3).

I. In betreff der gerichtlichen Feststellung enthält Art. 25 im Abs. 4 nur die Vorschrift, daß jedem Beteiligten das Recht zusteht, die gerichtliche Feststellung des Zustandes des Gutes zu beantragen, d. h. zu verlangen (Motive des Deutschen Entwurfs). Dieses Recht ist also allen Beteiligten — Eisenbahnen, Absendern, Empfängern — durch das Übereinkommen einheitlich gewährleistet, mithin für internationale

Eisenbahntransporte auch in denjenigen Konventionsstaaten, in welchen bisher ein derartiges Recht nicht bestand. Dasselbe erstreckt sich nur auf den Zustand des Gutes, nicht auch auf andere Momente, wie z. B. Ursache der Beschädigung, Zeitpunkt derselben, Betrag des Schadens. Die Förmlichkeiten der gerichtlichen Feststellung sind nicht vorgeschrieben, sie richten sich somit nach den internen zivilprozessualischen Vorschriften über die Sicherung des Beweises.

II. Was sodann die außergerichtliche Feststellung anbelangt, so wurde es für zweckmäßig und dem Verkehrsbedürfnisse entsprechend erachtet, in allen Verlust-, Minderungs- und Beschädigungsfällen den Eisenbahnen die Verpflichtung zur Feststellung in einer bestimmten Form einheitlich aufzulegen, im übrigen aber das Feststellungsverfahren den Gesetzen und Reglements des Landes, wo die Feststellung stattfindet, zu überlassen. Demgemäß verpflichtet Abs. 1 des Art. 25 alle Eisenbahnverwaltungen von Amts wegen, sofort nach eingehender Untersuchung eine schriftliche Feststellung des Ergebnisses derselben vorzunehmen, welches der Versandstation und auf Verlangen auch den Beteiligten mitzuteilen ist. Unter besonderen Voraussetzungen, nämlich „wenn der Verlust, die Minderung oder Beschädigung des Gutes von der Eisenbahn entdeckt oder vermutet oder seitens des Verfügungsberechtigten behauptet wird", soll — und zwar in Beziehung auf einige vornehmlich wichtige Momente (Zustand des Gutes, Betrag des Schadens und womöglich Ursache und Zeitpunkt desselben) — nach Abs. 2 des Art. 25 die gewöhnliche schriftliche Feststellung in protokollarischer Form erfolgen. Abgesehen hiervon, genügt im übrigen auch in diesen Fällen die gewöhnliche schriftliche Form und richtet sich das Verfahren nach den Landesgesetzen und Reglements.

Die Bestimmung des Abs. 2 stellt sich hiernach lediglich als eine besondere Modifikation der allgemeinen Vorschrift des Abs. 1 dar. Die allgemein aus Absatz 1 folgende Pflicht der Eisenbahnen zur schriftlichen Feststellung der durch die vorangegangene Untersuchung ermittelten Tatumstände in allen Verlust-, Minderungs- und Beschädigungsfällen erhöht sich somit unter den besonderen Voraussetzungen des Absatzes 2 und in betreff der dort bezeichneten Momente in die spezielle Pflicht zur protokollarischen Feststellung, bleibt aber in allen übrigen Beziehungen durchaus unverändert.

Demgemäß erscheint die Annahme Schwabs (a. a. O. S. 223 f.), daß es sich im Abs. 1 und 2 des Art. 25 um zwei voneinander unabhängige, nach Begriff und Wesen verschiedene Verpflichtungen der Bahnen handle, daß die schriftliche Feststellung nach Absatz 1 lediglich bahnamtliche Erhebungen und aktenmäßige Aufzeichnungen zu Informationszwecken darstelle, über deren Beweiskraft der Richter zu entscheiden habe, und welche jedenfalls gegen die Bahn beweisend seien, während die protokollarische Feststellung gemäß Absatz 2 eine Art außergerichtlicher Tatbestands- bzw. Beweisaufnahme bilde, welche unter Beobachtung der in den Landesgesetzen vorgeschriebenen Förmlichkeiten gegenüber allen Beteiligten ein Beweisdokument abgebe, unzutreffend. Weder aus Absicht und Fassung des Art. 25 noch aus dem Inhalt der Protokolle ergibt sich eine derartige begriffliche Unterscheidung (so auch Rosenthal 174 Anm. 6). Sie unterscheiden lediglich eine außergerichtliche und eine gerichtliche Feststellung.

Die Motive des Deutschen Entwurfes (Art. 14), welcher im wesentlichen dem definitiven Wortlaute des Art. 25 des Übereinkommens entspricht, bemerken: „Man sei der Ansicht gewesen, daß die Feststellung von Mängeln nicht bloß bei Gelegenheit von Ablieferungshindernissen zu behandeln sei, sondern unter einem allgemeineren Geschäftspunkte betrachtet werden müsse. Dies sei im Art. 14 des Deutschen Entwurfes geschehen. Der Deutsche Vorschlag gehe im allgemeinen davon aus, daß die Bahn in allen Fällen zur Untersuchung und gütlichen Feststellung von Mängeln verpflichtet und daß jeder Beteiligte außerdem zum Verlangen gerichtlicher Feststellung berechtigt sein solle."

In der I. Konferenz erklärte der belgische Delegierte, er fürchte, die Anwendung der in diesem Artikel enthaltenen Bestimmungen könne zu ganz unnötigen Streitigkeiten führen. Es sei daher besser, den Gerichten die Entscheidung der Streitfälle zu überlassen und den Bahnen nicht die Verpflichtung aufzuerlegen, solche Feststellungen von Amts wegen vorzunehmen. Demgegenüber betonte aber der deutsche Delegierte: gerade die Verpflichtung der Bahn, daß sie sofort die erforderlichen Erhebungen mache, sei von größtem Werte für das Publikum; die gerichtliche Untersuchung sei nicht nur kostspielig, sondern komme häufig zu spät, um den Tatbestand vollständig festzustellen. Der russische Delegierte schlug hierauf das Amendement vor: „In allen Verlust-, Minderungs-, Beschädigungs- und Verspätungsfällen haben die Eisenbahnen sofort Tatbestandsprotokolle aufzunehmen und den Beteiligten auf Verlangen mitzuteilen." Die deutsche Delegation erklärte jedoch, daß ein derartiges Protokoll nicht genüge, sondern die Bahn eine eigentliche dienstliche Untersuchung vornehmen müsse, welche alle Umstände des Falles aufkläre.

In der II. Konferenz wurde auf Grund mehrerer von Rußland eingebrachter Amendements der ganze Artikel an die I. Kommission verwiesen. Die I. Kommission brachte den Art. 25 ganz in derjenigen Fassung in Vorschlag, in welcher er in das Übereinkommen aufgenommen worden ist. Nur war dem Abs. 3 als zweiter Satz noch die Bestimmung beigefügt: „Zur Feststellung sind Zeugen oder, soweit dies die Umstände des Falles erfordern, Sachverständige, auch wo möglich der Verfügungsberechtigte zuzuziehen."

Zur III. Konferenz hatte Frankreich den Antrag gestellt, daß im Abs. 3 der zweite Satz „Zur Feststellung sind Zeugen usw." gestrichen werde. Die I. Kommission, welche hierüber berichtete, schlug vor, diesen Antrag anzunehmen, „damit die Art und Weise der Feststellung sich ausschließlich nach den Landesgesetzen richte. Es scheine überflüssig und sogar gefährlich, noch etwas hinzuzufügen". Hieraut wurde der Antrag Frankreichs angenommen und damit Art. 25 endgültig in der in das Übereinkommen übergegangenen Fassung.

Wie dieser vorstehend mitgeteilte Verlauf der Beratungen ergibt, ist lediglich eine außergerichtliche und eine gerichtliche Feststellung unterschieden worden. Eine weitere Scheidung tritt nirgends hervor.

In der Pariser und Berner Revisionskonferenz (1896 und 1905) erfuhr Art. 25 keine Änderung.

139) **„In allen Verlust-, Minderungs- und Beschädigungsfällen haben die Eisenbahnverwaltungen sofort eine eingehende Untersuchung vorzunehmen, das Ergebnis derselben schriftlich festzustellen und dasselbe den Beteiligten auf ihr Verlangen, unter allen Umständen aber der Versandstation mitzuteilen."**

Im Absatz 1 des Art. 25 ist die erste der beiden Verpflichtungen zur außergerichtlichen Feststellung, welche den Eisenbahnen von Amts wegen in Verlust-, Minderungs- und Beschädigungsfällen auferlegt ist, einheitlich normiert. Bereits im vorangehenden (Anm. 138 S. 283 f.) ist das Verhältnis der einfachen schriftlichen Feststellung aus Abs. 1 und der protokollarischen Feststellung aus Abs. 2 ausführlich erörtert und dahin bestimmt worden, daß die protokollarische Feststellung gemäß Absatz 2 nur eine besondere Modifikation der einfachen schriftlichen Feststellung aus Abs. 1 bildet.

Absatz 1 beschränkt sich nicht auf die Anordnung der bloßen Feststellung; es soll derselben vielmehr eine eingehende Untersuchung vorangehen und eine Benachrichtigung der Beteiligten usw. folgen. Abs. 1 enthält daher drei miteinander eng zusammenhängende Vorschriften. Die Eisenbahnverwaltungen haben in allen Verlust-, Minderungs- und Beschädigungsfällen sofort: 1. eine eingehende Untersuchung vorzunehmen, 2. das Ergebnis derselben schriftlich festzustellen und 3. dasselbe den Beteiligten auf ihr Verlangen, unter allen Umständen aber der Versandstation mitzuteilen.

Diese Maßnahmen liegen den Eisenbahnverwaltungen von Amts wegen ob, wie die kategorische Fassung „haben .... vorzunehmen, bzw. festzustellen und mitzuteilen" andeutet. Nur die Mitteilung an die Beteiligten bedarf eines besonderen Verlangens derselben (s. unten S. 289 f.). Zu allen anderen vorbezeichneten Maßnahmen sind die Eisenbahnverwaltungen nicht nur berechtigt, sondern ex officio verpflichtet. Sie machen sich zivilrechtlich und den Aufsichtsinstanzen gegenüber verantwortlich, wenn sie ohne Grund dieser Verpflichtung nicht nachkommen, und können im Prozeß- und Beschwerdewege hierzu angehalten werden (Z. II 403, III 303, E. XXIII 175). Auch zieht die Unterlassung die im Art. 44 Abs. 2 Ziff. 3 angegebene Rechtsfolge nach sich (s. Anm. 212). Ihrer Pflicht entspricht das korrelate Recht der Gegenpartei. Der Berechtigte kann verlangen, daß die Eisenbahnverwaltungen die bezüglichen Maßnahmen bewirken, und sie aus der Unterlassung oder Verzögerung zivilrechtlich wegen des Schadens verantwortlich machen, und zwar gleichviel ob er späterhin den gerichtlichen oder außergerichtlichen Weg zu nehmen beabsichtigt (E. XXIII 175).

Die Untersuchung, Feststellung und Mitteilung an die Versandstation ist daher von dem Antrage irgendeines Dritten, der Versandstation oder des Beschädigten keineswegs abhängig (E. XXIV 65). Da derartige Anträge häufig erst geraume Zeit nach Eintritt der Beschädigung oder des Verlustes gestellt zu werden pflegen, so würde inzwischen der Tatbestand meist verwischt, und es würden die bezüglichen Maßnahmen erfolglos sein.

Sodann entspricht es dem vorstehend erörterten Zwecke, daß die qu. Maßnahmen zur Vermeidung der Verwischung des Tatbestandes (S. 285) sofort stattfinden, d. h. sobald der Schaden- oder Verlustfall eingetreten bzw. zur Kenntnis der Bahn gelangt ist, also nicht nur die Untersuchung, sondern auch die Feststellung und die Mitteilung.

Das Wort „sofort“ ist übrigens nicht in anderem Sinne zu verstehen wie das Wort „unverzüglich“ im Abs. 1 des Art. 24 und die Worte „ohne Verzug“ im Abs. 2 des Art. 25, d. h. hier wie dort ist damit nicht eine ungewöhnliche Beschleunigung gemeint, sondern lediglich die tunlichste Beschleunigung nach Maßgabe des ordnungsmäßigen Geschäftsganges (s. Art. 24 Anm. 136 S. 274).

Die bezüglichen Maßnahmen (S. 286) haben endlich „in allen Verlust-, Minderungs- und Beschädigungsfällen“ zu erfolgen. Aber auch nur in diesen drei Kategorien von Fällen. Die Fälle der Verspätung, welche der Deutsche Entwurf (Art. 14) gleichfalls in Vorschlag gebracht und die I. Konferenz adoptiert hatte, wurden in der II. Konferenz auf Vorschlag der I. Kommission gestrichen.

Im übrigen erstrecken sich aber die durch Abs. 1 angeordneten Maßnahmen ausnahmslos auf alle Verlust-, Minderungs- und Beschädigungsfälle, gleichviel ob ein Schadensanspruch zu gewärtigen ist, und ob er gerichtlich oder außergerichtlich geltend gemacht werden wird. Ob der Verlust, die Verminderung usw. auf der Bahn, wo sie bemerkt worden, eingetreten ist oder bereits auf einer vorangegangenen, ist für die Untersuchungs- usw. Pflicht ohne Belang. Es ist absichtlich nicht gesagt, „bei Verlust, Minderung und Beschädigung“, sondern in allen Verlust-, Minderungs- und Beschädigungsfällen, und mit diesem Ausdrucke unverkennbar darauf hingewiesen, daß nicht nur das tatsächliche Vorhandensein eines Verlustes, einer Minderung usw. diese Maßnahmen erforderlich macht, sondern auch wenn sie nur bahnseitig vermutet (E. XXIV 65) oder von den Beteiligten behauptet sind (s. Abs. 2.; so auch Rosental 174). Doch findet der Natur der Sache nach insofern eine Einschränkung statt, als nur solche Fälle in Betracht kommen. welche sich von der Zeit der Aufgabe des Gutes zum Transport bis zur Beendigung desselben ereignet haben. Auf Fälle, welche vor der Aufgabe oder nach der Ablieferung sich zugetragen haben, findet Art. 25 keine Anwendung.

In der II. Revisionskonferenz (1905) wurde zwar hervorgehoben, daß Bestimmungen gegenwärtig darüber fehlen, wie die Eisenbahn zu verfahren habe, wenn Verlust oder Beschädigung auf einer Zwischenstation, d. i. während des Transportes entdeckt werden, und von Rußland ein bezüglicher Zusatz beantragt. Es wurde jedoch entgegnet, daß aus dem Art. 25, insbesondere den Worten „sofort“ (Abs. 1) und „ohne Verzug“ (Abs. 2), hervorgehe, daß Untersuchungen eintretendenfalls auch auf den Zwischenstationen vorgenommen werden müssen, und demgemäß auf den Zusatz verzichtet (Prot. v. 13. Juli 1905).

Die Begriffe Verlust, Minderung und Beschädigung sind bei Art. 30 Anm. 158 eingehend erörtert.

Ferner kann es sich nur um solche Fälle handeln, welche überhaupt bahnseitig bemerkt worden bzw. zur Kenntnis der Eisenbahn gelangt sind oder welche bei ordnungsmäßigem Geschäftsgange pflichtmäßig zu ihrer Kenntnis hätten gelangen müssen. Für Mängel, bei welchen diese Voraussetzung nicht zutrifft, kann eine Feststellungspflicht der Natur der Sache nach der Eisenbahn nicht obliegen.

Die erste der drei Maßnahmen (S. 286f.), welche die Eisenbahnverwaltungen in allen Verlust-, Minderungs- und Beschädigungsfällen sofort von Amts wegen zu bewirken haben, besteht darin: „eine eingehende Untersuchung vorzunehmen“. Die bloße Aufnahme eines Tatbestandsprotokolls genügt nicht, vielmehr muß, wie die deutsche Delegation des näheren erörterte, die Bahn eine eigentliche dienstliche (bahnamtliche) Untersuchung vornehmen, welche geeignet ist, alle Umstände des Falles aufzuklären (S. 285). Dieselbe wird sich, soweit dies irgend möglich, nicht nur auf die Ursache und den Zeitpunkt des Verlustes, der Minderung oder Beschädigung, sondern auch auf den Umfang und Betrag des Schadens, den Zustand des Gutes, die Art der Beschädigung usw. zu erstrecken haben und die Beschaffung aller zur Aufklärung erforderlichen Verfügungen, Angaben, Berichte, Aussagen usw. der beteiligten Dienststellen und Beamten, Ermittlungen des Gewichtes, Maßes, der dafür wesentlichen Papiere, Gutachten, Preisnotizen, Akten, Tatbestandsprotokolle usw. umfassen. Daher sind Sachverständige zuzuziehen, welche nicht nur die Ursache der Beschädigung, sondern auch die Höhe des Schadens begutachten können (E. XXII 139). Irgendeine Form ist für die Untersuchung nicht vorgeschrieben, die Ermittlungen können mithin in beliebiger Weise, schriftlich, mündlich, telegraphisch, telephonisch usw. erfolgen. Ist die Untersuchung nicht in erschöpfender Weise auf alle wesentlichen, für den Verlustfall in Betracht kommenden Punkte und Verhältnisse ausgedehnt worden, ist sie unverkennbar bzw. nachweislich oberflächlich, mangelhaft, unzulänglich oder ungenügend, so machen sich die Bahnverwaltungen sowohl den Beteiligten wie auch den Aufsichtsbehörden gegenüber verantwortlich.

Zweitens ist das Ergebnis der eingehenden Untersuchung schriftlich festzustellen: die Verpflichtung aktenmäßiger Feststellung (S. 285). Daraus ergibt sich, daß es nicht zulässig ist, die Feststellung bloß auf den Frachtbriefen, Duplikaten, Frachtkarten usw. zu notieren. Eine weitere Formvorschrift existiert aber nicht, es genügt die einfache schriftliche Form, die Feststellung in Schriftform; nur die Schriftlichkeit überhaupt ist nach dem internationalen Übereinkommen obligatorisch und absolut vorgeschrieben, eine besondere Art der Schriftlichkeit oder das Hinzutreten noch anderer Förmlichkeiten, z. B. die beglaubigte, notarielle, protokollarische, gerichtliche Form usw., ist durch das Übereinkommen nicht angeordnet. Die Eisenbahn kann eine derartige besondere Form wählen, aber sie braucht es nicht, wenn nicht gemäß Abs. 3 (Anm. 141) eine solche etwa nach den Gesetzen und Reglementen des Landes, wo die Feststellung stattfindet, vorgeschrieben ist. Auch ist wohl zu beachten, daß nicht bestimmt ist, es seien die gesamten Erhebungen, Ermittlungen, Recherchen, der ganze Gang der Verhandlungen usw. schriftlich vorzunehmen.

Drittens ist das schriftlich festgestellte Ergebnis der eingehenden Untersuchung den Beteiligten auf ihr Verlangen, unter allen Umständen aber der Versandstation mitzuteilen. Während die beiden vorangehenden Maßnahmen von Amts wegen stattzufinden haben, tritt bezüglich der dritten Maßnahme — der Mitteilung des festgestellten Ergebnisses — hierin eine Modifikation insofern ein, als nur der Versandstation das Ergebnis von Amts wegen mitzuteilen ist, dagegen die Mitteilung an die Beteiligten nur auf ihr Verlangen stattzufinden hat.

Gemeinsam ist beiden Mitteilungen, daß ihr Umfang der gleiche ist. Sie müssen sich auf das gesamte, schriftlich festgestellte Ergebnis erstrecken und eine aktenmäßige und genaue Mitteilung über das Resultat der Untersuchung enthalten; es darf nichts fortgelassen oder verschwiegen werden. Durch ungenaue und aktenwidrige Mitteilungen macht sich die Bahn verantwortlich, kann auch im Aufsichtswege zur Richtigstellung angehalten werden. Nicht der ganze Gang der Recherchen (Verfügungen, Protokolle, Aussagen usw.) ist aber mitzuteilen, sondern nur das schriftlich festgestellte Ergebnis der Nachforschungen. Eine Verpflichtung der Eisenbahnen zur Gestattung der Einsicht ihrer Akten läßt sich aber aus Art. 25 Abs. 1 nicht herleiten, ebensowenig ein Anspruch auf abschriftliche Mitteilung der gesamten Recherchenverhandlungen usw. Anderseits genügt nicht die einseitige Meinungsäußerung der interessierten Eisenbahnverwaltung, sondern es ist der Inhalt des Tatbestandsprotokolls mitzuteilen (E. XXIV 357). Sodann ist für beide Mitteilungen eine besondere Form nicht vorgeschrieben. Sie kann mithin mündlich, schriftlich, telegraphisch, telephonisch, per Post oder durch besonderen Boten erfolgen, wird wohl aber in der Regel schriftlich sein. Die Mitteilung an die Versandstation ersetzt und erübrigt nicht die Mitteilung an die Beteiligten, doch steht nichts entgegen, daß den Beteiligten die für sie bestimmte Mitteilung durch Vermittlung der Versandstation zugeht.

Verschieden sind beide Mitteilungen dadurch, daß die an die Beteiligten nur auf Verlangen derselben, dagegen die an die Versandstation von Amts wegen zu erfolgen hat. „Beteiligte" sind alle diejenigen, welche ein berechtigtes Interesse an dem Verlust oder der Beschädigung bzw. an dem Ergebnis der Untersuchung haben und in geeigneter, glaubhafter Weise, z. B. durch Vorlegung des Frachtbriefes, des Duplikats usw., dies dartun. Als solche Interessenten werden nicht nur der Absender bzw. Empfänger zu gelten haben, sondern auch deren Bevollmächtigte, Zessionare, ferner der Eigentümer der Ware (Käufer usw. derselben), die Assekuranzanstalten, die einzelnen ersatzpflichtigen Bahnen (s. Art. 47) usw. (vgl. auch Rosenthal 174).

Die Eisenbahn ist aber zur Mitteilung an die Beteiligten nur „auf ihr Verlangen" verpflichtet. Für das „Verlangen" ist eine besondere Form nicht vorgeschrieben. Der bezügliche Antrag kann also mündlich, schriftlich, telegraphisch usw. gestellt werden. Aber er muß unbedingt von einem Beteiligten ausgehen, der sich als solcher zu legitimieren vermag. Der Antrag kann an jede der am Transport beteiligten Bahnen gerichtet sein. Der Antrag braucht zwar nicht sofort nach Wahrnehmung des Schadens oder nach beendeter Untersuchung und Feststellung eingebracht zu werden, muß aber jedenfalls in der gesetzlichen Verjährungsfrist (Art. 45) gestellt sein. Die Worte „auf ihr Verlangen" schließen übrigens nicht aus, daß die Eisenbahn auch ohne Antrag — ex officio — den Beteiligten die betreffende Mitteilung macht; sie kann dies tun, braucht es aber nicht. Das Verlangen darf im übrigen nur auf die Mitteilung des schriftlich festgestellten Ergebnisses der Untersuchung gerichtet sein, nicht etwa auf Anerkenntnisse der Eisenbahn über den Befund usw.

Was sodann die „Versandstation" betrifft, so ist dieser das schriftlich festgestellte Ergebnis der Untersuchung „unter allen Umständen" mitzuteilen, d. h. die Mitteilung hat hier — aus den bereits oben S. 284 ff. mitgeteilten Gründen — von Amts wegen zu erfolgen, gleichviel ob irgendein Antrag oder eine Requisition seitens der Versandstation oder der Beteiligten oder irgendwelcher dritten Personen vorliegt. Die Eisenbahn ist zur sofortigen Mitteilung verpflichtet; diese Mitteilung hat sich unmittelbar an die schriftliche Feststellung des Ergebnisses der Untersuchung anzuschließen. Unterläßt die Eisenbahn die Mitteilung von einer unterwegs usw. eingetretenen Beschädigung, so ist sie für die Folgen verantwortlich (E. XXIII 175); doch liegt in der Unterlassung weder Arglist noch grobe Fahrlässigkeit (Z. XII 306, E. XXI 269).

Über die Rechtswirkungen, Beweiskraft und Kostenlast der Feststellung gemäß Abs. 1 s. unten (Anm. 140 S. 292, 293). Über die rechtliche Natur der Tatbestandsprotokolle: Eisenb.-Tar. und Verk.-Anz. X Nr. 23.

140) **„Wird insbesondere eine Minderung oder Beschädigung des Gutes von der Eisenbahn entdeckt oder vermutet, oder seitens des Verfügungsberechtigten behauptet, so hat die Eisenbahn den Zustand des Gutes, den Betrag des Schadens und, soweit dies möglich, die Ursache und den Zeitpunkt der Minderung oder Beschädigung ohne Verzug protokollarisch festzustellen. Eine protokollarische Feststellung hat auch im Falle des Verlustes stattzufinden."**

Nach Absatz 2 des Art. 25 soll unter bestimmten dort angeführten Voraussetzungen die allgemein angeordnete einfache (bzw. beliebig zu wählende oder landesgesetzlich vorgeschriebene) schriftliche Feststellung des Abs. 1 nicht genügen, sondern obligatorisch in

Beziehung auf einige im Abs. 2 gleichfalls besonders bezeichnete wesentliche Tatumstände die schriftliche Feststellung in protokollarischer Form unbedingt erfolgen, während im übrigen auch in diesen Fällen die Vorschriften des Abs. 1 Platz greifen.

A. Die erste Voraussetzung ist, daß eine Minderung, Beschädigung oder ein Verlust (Satz 2) des Gutes (s. über diese Begriffe oben Anm. 139 S. 287f.) von der Eisenbahn entdeckt, d. h. von ihren bei der Erfüllung des Frachtvertrages diensttuenden Organen zuerst wahrgenommen wird (E. XXIV 65). Bei einer Entdeckung von dritter Seite, auch von seiten des Verfügungsberechtigten, greift also Abs. 2 nicht Platz. Die zweite Voraussetzung besteht darin, daß Minderung, Beschädigung oder Verlust von der Eisenbahn vermutet, d. h. aus gewissen Indizien gefolgert wird (E. XXIV 65). Auch hier kommt es auf die Initiative der Eisenbahn bzw. ihrer Organe an. Auf Vermutungen seitens Dritter, gleichviel ob Beteiligter oder Unbeteiligter, findet Abs. 2 keine Anwendung. Die dritte Voraussetzung endlich ist, daß Minderung, Beschädigung oder Verlust seitens des Verfügungsberechtigten behauptet, d. h. der Eisenbahn bzw. ihren zuständigen Organen gegenüber in geeigneter Weise angegeben wird, es liege eine dieser Tatsachen vor. Die Behauptung darf nur vom Verfügungsberechtigten ausgehen, d. h., da es sich hier nicht um eine Anweisung im Sinne des Art. 15 Abs. 1 handelt, bis zur Übergabe des Frachtbriefes an den Empfänger oder Zustellung der Klage desselben nach Ankunft des Gutes am Bestimmungsort nur vom Absender, von diesem Zeitpunkt ab nur vom Empfänger.

B. Liegt eine der drei vorerörterten Voraussetzungen vor, so tritt als Folge die Verpflichtung der Eisenbahn ein, die im Abs. 1 vorgeschriebene schriftliche Feststellung in protokollarischer Form zu bewirken, jedoch nicht in bezug auf alle, sondern nur in bezug auf folgende Tatumstände: 1. den Zustand des Gutes, 2. den Betrag des Schadens und — soweit dies möglich — 3. die Ursache und 4. den Zeitpunkt der Minderung oder Beschädigung. Auf diese vier Punkte kann sich die protokollarische Feststellung beschränken, in betreff aller übrigen Punkte genügt die durch Abs. 1 allgemein angeordnete schriftliche Feststellung, wenngleich es natürlich den Eisenbahnen freisteht, auch diese protokollarisch festzustellen.

Die Pflicht der Eisenbahn zur protokollarischen Feststellung umfaßt sonach nur: 1. den Zustand des Gutes. Diese Pflicht besteht aber nur in Fällen der Minderung oder Beschädigung des Gutes; sie fällt der Natur der Sache nach fort im Falle des Verlustes des Gutes, welcher im übrigen nach Satz 2 gleichfalls den Bestimmungen des Satzes 1 unterliegt. Zur Feststellung des Zustandes des Gutes gehört vornehmlich die Feststellung der Qualität und Quantität (Maß, Menge, Gewicht usw.), ferner der Art des Schadens (ob durchnäßt, feucht, verbrannt, sowie auch der Verpackung (ob vorschriftsmäßig, mangelhaft, unverpackt usw. (zustimmend Rosenthal 175); 2. den Betrag des Schadens, d. h. es bedarf der Feststellung vornehmlich der Größe bzw. des Umfanges der Minderung oder Beschädigung und deren Wertes, des gemeinen Handelswertes, in dessen Ermangelung des gemeinen Wertes am Versandorte (s. des näheren: Art. 34ff.). Während über die Möglichkeit, den Zustand des Gutes und den Schadensbetrag in vollem Umfange protokollarisch festzustellen, an sich kein Zweifel besteht, ist in betreff der protokollarischen Feststellung der Punkte 3 und 4 (Ursache und Zeitpunkt) durch die Worte „und soweit dies möglich" angedeutet, daß deren Feststellung unter Umständen überhaupt nicht oder doch nur teilweise, nicht vollständig möglich sein wird, mithin die Feststellungspflicht der Eisenbahn sich hier auf die Grenzen des — im gewönlichen Geschäftsgange — Möglichen zu beschränken hat. Außergewöhnliche, mit unverhältnismäßigen Mühewaltungen und Kosten verknüpfte Maßnahmen können den Eisenbahnen hierbei nicht zugemutet werden. Dahin gehört: 3. die Ursache der Minderung oder Beschädigung, d. h. es ist festzustellen, auf welche Umstände die Minderung oder Beschädigung zurückzuführen ist, ob auf mangelhafte Verpackung oder Verladung, auf zweckwidrige, dolose oder kulpose Behandlung während des Transportes, auf die natürliche Beschaffenheit des Gutes (Zerbrechlichkeit, Entzündbarkeit), auf Naturereignisse (Regen, Frost, Hitze usw.) oder auf höhere Gewalt (Blitz, Aufruhr, Kriegsereignisse usw.); 4. der Zeitpunkt der Minderung oder Beschädigung. Daß auch dieser, falls die schädigende Handlung oder das schädigende Ereignis nicht sofort in flagranti wahrgenommen wird, häufig überhaupt nicht oder — etwa nach der Art des Schadens usw. — doch nur annähernd festzustellen ist, liegt namentlich in Rücksicht auf die Eigenartigkeit und den Umfang des Eisenbahnverkehrs auf der Hand.

C. Die Feststellung soll ferner ohne Verzug erfolgen, d. h. alsbald nach der Entdeckung oder Vermutung seitens der Eisenbahn oder nach der Behauptung seitens des Verfügungsberechtigten. Es ist damit die tunlichste Beschleunigung nach Maßgabe des ordnungsmäßigen Geschäftsganges gemeint, so daß auf die obigen Erläuterungen zum Abs. 1 (Anm. 139) Bezug genommen werden kann.

D. Die Feststellung soll eine protokollarische sein, d. h. — wie oben S. 284ff. bereits bemerkt — die im Abs. 1 allgemein vorgeschriebene schriftliche Feststellung ist in betreff der vier vorerörterten Punkte in protokollarischer Form zu bewirken. In den Verhandlungen findet sich eine nähere Erklärung dafür nicht, was man unter „protokollarischer Feststellung" im Gegensatze zu der „schriftlichen Feststellung" des Abs. 1 habe verstehen wollen. Nach dem Wortverstand und der juristischen Bedeutung des Ausdruckes ist aber ebenso wie nach allgemeinen Rechtsregeln unter „Protokoll" die Niederschrift über eine stattgehabte mündliche Verhandlung zu verstehen. Für die Form und Fassung sowie den Inhalt des Protokolls nach Abs. 3 des Art. 25 ist dasjenige maßgebend, was die Gesetze und Reglements des Landes, wo die Feststellung stattfindet, hierüber bestimmen (Anm. 138 und 141 S. 293ff.; Muschweck, Sp.- u. Sch.-Ztg. XII Nr. 14—24).

E. Welche Rechtswirkungen mit der schriftlichen Feststellung gemäß Abs. 1 bzw. der protokollarischen Feststellung gemäß Abs. 2 sowie mit der Unterlassung der Feststellung zu verbinden sind, bestimmt das Übereinkommen nur in betreff des Erlöschens der Entschädigungsansprüche für die Fälle des Artikels 44 Absatz 2 Ziffer 3 und 4 und der Annahme des Gutes im Falle des Artikels 43 Absatz 3.

Im übrigen sind für die Rechtswirkungen der Feststellung gemäß Art. 25 oder ihrer Unterlassung lediglich die Landesgesetze und Reglements maßgebend. Nach diesen entscheiden sich insbesondere auch die Fragen, ob durch die Feststellung die Verjährung der Entschädigungsansprüche unterbrochen oder der Lauf der Verjährung gehemmt wird, ferner welche Haftpflicht und Verantwortlichkeit der Eisenbahn aus der Unterlassung der Feststellung erwächst, ob und welche Bedeutung den Feststellungen als Beweismaterial für und gegen die Eisenbahn bzw. die sonstigen Beteiligten zukommt usw. Durch das Übereinkommen ist weder die Beweiskraft dieser Feststellungen irgendwie fixiert noch die Beibringung anderer Beweismittel bzw. von Gegenbeweisen ausgeschlossen (Rosenthal 176). Es ist weder bestimmt, daß sie gegen die Eisenbahn, noch daß sie für die Eisenbahn beweisend seien. (A. M. Schwab [224], welcher der Feststellung gemäß Abs. 1 jedenfalls beweisende Kraft gegen die Bahn beilegt und die Feststellung gemäß Abs. 2 als ein Beweisdokument gegenüber allen Beteiligten bezeichnet.) Insoweit also die Landesgesetze und Reglements hierüber nichts vorschreiben, sind jedenfalls diese Feststellungen für den künftigen Prozeß in keiner Weise von entscheidender Bedeutung, es müßte denn sein, daß sich die Beteiligten damit einverstanden erklärt haben (E. XIX 357), sie enthalten an sich keine Anerkennung eines Schadensanspruches und schließen die Beibringung und Beachtung von Gegenbeweismitteln nicht aus. Es bleibt somit — mangels positiver Vorschriften — dem Ermessen des Richters überlassen, ob und inwieweit er den Feststellungen gemäß Art. 25 beweisende Kraft einräumen oder absprechen (E. XX 14, XXIV 237) oder Beweis über die im Protokoll enthaltenen Umstände von der Bahn verlangen will (E. XIX 357); die Eisenbahn wie die sonstigen Beteiligten können im Prozesse erneute Untersuchung verlangen und Gegenbeweis in vollem Umfange erbringen; kein Teil ist an die Feststellung des Art. 25 gebunden, sondern jeder darf im Prozesse dieselbe ergänzen und durch andere Beweismittel unterstützen, aber auch anfechten und entkräften.

F. Was endlich die Kosten der Untersuchung, Feststellung und Mitteilung gemäß Art. 25 anlangt, so fallen dieselben der Eisenbahn zur Last, und zwar auch dann, wenn sie im künftigen Entschädigungsprozesse obsiegt.

141) **„Die Feststellung richtet sich nach den Gesetzen und Reglementen des Landes, wo dieselbe stattfindet."**

Eine vollständige Regelung des Feststellungsverfahrens in Verlust-, Minderungs- und Beschädigungsfällen in formeller und materieller Beziehung ist weder durch Abs. 1 und 2 des Art. 25 noch durch die sonstigen Bestimmungen des Übereinkommens erfolgt. Soweit nicht das Übereinkommen selbst in den Abs. 1 und 2 des Art. 25 und im Art. 44 formell und materiell über die Feststellung Bestimmung trifft, ist dieselbe nach beiden Richtungen den Vorschriften der Gesetze und Reglements des Landes, wo sie stattfindet, überlassen. Es ist also auch hier — wie in vielen anderen Beziehungen — zwar insofern durch das Übereinkommen Einheitlichkeit geschaffen, als zweifellos bestimmt ist, welches Recht gegebenenfalls Platz zu greifen hat; dagegen sind einheitliche Bestimmungen über die betreffende Materie selbst nicht gegeben, vielmehr dieselbe der partikularrechtlichen Regelung überlassen. Es ergibt sich aber auch ferner, daß die Vorschrift des Abs. 3 sich sowohl auf Abs. 1 wie auf Abs. 2 bezieht (A. M. Schwab 225). Diese Annahme wird nicht nur dadurch unterstützt, daß in allen drei Absätzen unterschiedslos das Wort „Feststellung" gebraucht ist (was Schwab a. a. O. selbst als ins Gewicht fallend bezeichnet), sondern auch dadurch, daß in den Verhandlungen nirgends auf die ausschließliche Beziehung des Abs. 3 zu Abs. 2 hingewiesen ist.

Das Übereinkommen ordnet aber in formeller Hinsicht im Art. 25 Abs. 1 und 2 nur an, daß eine eingehende Untersuchung sofort stattfinden, daß die Feststellung eine schriftliche bzw. in den Fällen des Abs. 2 eine protokollarische sein soll. Alle übrigen Förmlichkeiten der Feststellung sind den Bestimmungen der Gesetze und Reglements des Landes überlassen, wo die Feststellung stattfindet. Diese sind auch ausschließlich dafür maßgebend, ob Zeugen und Sachverständige sowie Beteiligte zuzuziehen sind, welche Qualifikation dieselben besitzen müssen, in welcher Art und Weise die Vernehmung der Zeugen und Sachverständigen stattzufinden hat, ob sie eidlich zu vernehmen sind usw. (über die Handelssachverständigen: Senckpiehl, Sp.- u. Sch.-Ztg. XIV Nr. 26).

In materieller Beziehung ist im Übereinkommen nur durch Art. 44 Abs. 2 Ziff. 3 und 4 Bestimmung über die Voraussetzungen getroffen, unter welchen die Feststellung gemäß Art. 25 das sonst prinzipiell durch Zahlung der Fracht und Annahme des Gutes eintretende Erlöschen der Ansprüche gegen die Eisenbahn ausschließt, sowie durch Art. 44 Abs. 3 über das Recht des Empfängers zur Annahmeverweigerung im Falle bahnseitiger Unterlassung der von ihm beantragten Feststellung. Abgesehen von diesen im Übereinkommen positiv vorgeschriebenen Rechtsfolgen der Feststellung gemäß Art. 25 bzw. ihrer Unterlassung sind im übrigen alle rechtlichen Wirkungen derselben kraft Abs. 3 des Art. 25 nach den Gesetzen und Reglements des Landes zu beurteilen, wo dieselbe stattfindet. Diese sind mithin maßgebend für die Frage, ob durch die Feststellung nach Abs. 1 und 2 die Verjährung der Entschädigungsansprüche unterbrochen oder der Lauf der Verjährung gehemmt wird, welche Rechtsfolgen (Haftpflicht usw.) die Unterlassung der Feststellung nach sich zieht, usw.

142) **„Außerdem steht jedem der Beteiligten das Recht zu, die gerichtliche Feststellung des Zustandes des Gutes zu beantragen."**

Während durch Abs. 1, 2 und 3 des Art. 25 den Eisenbahnen die

Pflicht auferlegt ist, außergerichtlich und von Amts wegen in Verlust-, Minderungs- und Beschädigungsfällen eine eingehende Untersuchung und schriftliche bzw. protokollarische Feststellung herbeizuführen, weist Abs. 4 „allen Beteiligten das Recht zu, außerdem die gerichtliche Feststellung des Zustandes des Gutes zu beantragen". Neben die eisenbahnseitige Pflicht zur außergerichtlichen Feststellung tritt somit noch das allen Beteiligten zustehende Recht zur gerichtlichen Feststellung des Zustandes des Gutes. Die Bedeutung dieser Vorschrift liegt darin, daß sie den Beteiligten einheitlich und unabhängig von den Landeszivilprozeßrechten das Recht gibt, die gerichtliche Feststellung des Zustandes des Gutes zu beantragen. Bei Transporten, welche dem internationalen Übereinkommen unterworfen sind, sind also die Beteiligten an die Voraussetzungen der Landesrechte über das Verfahren zur Sicherung des Beweises (Beweis zum ewigen Gedächtnis usw.) nicht gebunden. In allen Verlust-, Minderungs- und Beschädigungsfällen ist vielmehr jeder Beteiligte berechtigt, diese Beweisaufnahme bei Gericht auf Grund und nach Maßgabe des Abs. 4 zu beantragen, gleichviel ob die Voraussetzungen dafür nach Landesrecht vorliegen oder nicht. Dieses Recht ist den Beteiligten durch Abs. 4 des Art. 25 einheitlich gewährleistet, mithin für internationale Eisenbahntransporte auch in denjenigen Staaten eingeführt, in welchen bisher ein derartiges Recht weder für den internen noch für den internationalen Verkehr bestand (zustimmend Rosenthal 177). Es ist also insofern eine in die Landesprozeßrechte eingreifende internationalprozessualische Vorschrift. Durch das Wort „außerdem" ist angedeutet, daß das Recht der Beteiligten auf gerichtliche Feststellung neben der Pflicht der Eisenbahn bzw. dem korrelaten Rechte der Gegenpartei auf außergerichtliche Feststellung (Abs. 1—3) bestehen soll, mithin die letztere die gerichtliche Feststellung nicht ausschließt oder erübrigt.

Das Recht steht „jedem der Beteiligten" zu, d. h. sowohl allen beteiligten Eisenbahnen, wie den Absendern und Empfängern, sowie deren Rechtsnachfolgern, welche ein Interesse an der Erfüllung des Frachtvertrages und an der Entschädigung haben, dem Empfänger also nur dann, wenn er gemäß Art. 15 Abs. 4 und Art. 16 Abs. 2 in den Frachtvertrag eingetreten ist. Nur das Recht, nicht auch die Pflicht zur gerichtlichen Feststellung ist den Beteiligten durch Abs. 4 zugewiesen. Soweit nicht Spezialgesetze und Verordnungen hierüber bestehen oder erlassen werden, findet das allgemeine zivilprozessualische Verfahren über die Sicherung des Beweises (Beweisaufnahme zum ewigen Gedächtnis) des Landes, wo die Feststellung stattfindet, Anwendung (Schwab 227, Rosenthal 177). Das Recht zur gerichtlichen Feststellung erstreckt sich nur auf den Zustand des Gutes, ist also weit weniger umfassend, als die Pflicht der Eisenbahn zur außergerichtlichen schriftlichen Feststellung (Abs. 1) sowie zur protokollarischen Feststellung (Abs. 2). Bei Verlust des Gutes läßt sich der Zustand des Gutes nicht feststellen, ist also auch eine gerichtliche Feststellung nicht möglich. Abs. 4 spricht nur von dem Rechte der Beteiligten, die gerichtliche Feststellung zu „beantragen". Darin liegt die Pflicht der

Gerichte ausgesprochen, diesem Antrage stattzugeben. Das Gericht darf hierbei keine anderen Voraussetzungen fordern als das Vorhandensein eines internationalen Eisenbahnfrachtvertrages (Art. 8) und das Vorliegen eines Minderungs- oder eines Beschädigungsfalles bei Ausführung dieses Vertrages. Die etwaigen landesgesetzlichen Voraussetzungen sind nicht Erfordernis.

Artikel 26.[143])

Zur gerichtlichen Geltendmachung der aus dem internationalen Eisenbahnfrachtvertrage gegenüber der Eisenbahn entspringenden Rechte ist nur derjenige befugt, welchem das Verfügungsrecht über das Frachtgut zusteht.[144])

Vermag der Absender das Frachtbriefduplikat nicht vorzuzeigen, so kann er seinen Anspruch nur mit Zustimmung des Empfängers geltend machen, es wäre denn, daß er den Nachweis beibringt, daß der Empfänger die Annahme des Gutes verweigert hat.[145])

Zusatz I.

Betriebsreglement des Vereins Deutscher Eisenbahnverwaltungen.

§ 64.

Aktivlegitimation. Reklamationen.

(Text übereinstimmend mit vorstehendem Art. 26) und:

Zusatzbestimmungen.

1. Aufsergerichtlichen Ansprüchen wegen Verlustes, Minderung, Beschädigung oder Lieferfristüberschreitung ist der Frachtbrief beizulegen, wenn er dem Empfänger bereits übergeben worden ist. Ansprüchen wegen Verlustes, Minderung oder Beschädigung ist aufserdem ein Ausweis über den Wert des Gutes (Faktura) beizufügen. (Wegen der Frachterstattungs-Ansprüche s. Art. 12.)

2. Zur Anbringung von aufsergerichtlichen Ansprüchen ist, insolange der Frachtbrief dem Empfänger nicht übergeben wurde, der Absender, welcher in diesem Falle das Frachtbriefduplikat der Reklamation beizuschliefsen hat, nach Übergabe des Frachtbriefes an den Empfänger aber der letztere berechtigt.

3. Entschädigungsansprüche, welche von arderen Personen eingebracht werden, sind aufserdem mit einer Bescheinigung zu belegen, dafs der Berechtigte mit der Auszahlung des Entschädigungsbetrages an den Fordernden einverstanden ist. Diese Bescheinigung, deren Unterschrift auf Verlangen der Eisenbahn beglaubigt werden mufs, wird von der Eisenbahn zurückbehalten.

4. Im Interesse einer beschleunigten Behandlung sind Reklamationen über Sendungen, welche in der Bestimmungsstation noch nicht eingetroffen sind, bei der Versandbahn, in allen anderen Fällen aber bei der Empfangsbahn einzubringen-

5. Die Eisenbahnen haben bei ihnen angebrachte Entschädigungsansprüche mit tunlichster Beschleunigung zu untersuchen und mittelst schriftlichen Bescheides zu erledigen.

143) Prinzip und Entstehungsgeschichte des Art. 26.

Die Art. 26, 27 und 28 enthalten Bestimmungen über die Legitimation und den Gerichtsstand für Klagen, welche aus dem internationalen Eisenbahn-Frachtvertrage gegen die Eisenbahnen erhoben werden, und zwar regelt Artikel 26 die Aktivlegitimation, während die Artikel 27 und 28 die Passivlegitimation und den Gerichtsstand betreffen.

Die Legitimation und der Gerichtsstand in betreff der Forderungen aus dem internationalen Eisenbahn-Frachtverkehr sind in den Art. 26—28 keineswegs einer vollständigen Regelung unterworfen. Dieselbe erstrekt sich vielmehr nur auf die Ansprüche „aus dem internationalen Eisenbahn-Frachtvertrage". Sodann beziehen sich die Art. 26 bis 28 nur auf Ansprüche gegen die Eisenbahn, während sich über die Legitimation für Ansprüche der Eisenbahn gegen Absender und Empfänger usw. Bestimmungen im Übereinkommen nicht finden. Endlich betreffen die Art. 26—28 nur die gerichtliche Geltendmachung der Ansprüche gegen die Eisenbahn, nicht auch die außergerichtliche, reklamationsweise Geltendmachung solcher Ansprüche (Anm. 144 S. 301).

Was nun zunächst den Artikel 26 anlangt, so ist in demselben die Aktivlegitimation für die gerichtliche Geltendmachung aller aus dem internationalen Eisenbahn-Frachtvertrage gegenüber der Eisenbahn entspringenden Rechte einheitlich geregelt (vgl. hierzu G. Neumann, Allg. Österr. Ger.-Ztg. Jahrg. 52 Nr. 24, und Graf, Allg. Tar.-Anz. XXII 1903 Nr. 39, 40). Eine anderweite Regelung durch Landesgesetze und Reglements ist unzulässig und nichtig (Art. 4).

Für die Normierung der Aktivlegitimation ist im Absatz 1 des Art. 26 der dem deutschen Frachtrecht entlehnte Grundsatz adoptiert worden, daß aktivlegitimiert derjenige ist, welchem das Verfügungsrecht über das Frachtgut zusteht. Dies hängt mit der eigenartigen Rechtsnatur des Frachtvertrages zusammen, nach dessen Zweck und Wesen die Rechte und Pflichten aus dem Vertrage notwendig vom Absender auf den Empfänger übergehen müssen. Das Verfügungsrecht über das Frachtgut ist im Art. 15 Abs. 1, 2 und 4 des internationalen Übereinkommens geregelt (Anm. 97 ff. S. 185 ff.; s. Z. X 190, 191, E. XIX 47). Entsprechend der im Art. 15 bestimmten Verteilung der Verfügungsrechte ist folgeweise auch gemäß Art. 26 Abs. 1 die Aktivlegitimation für die gerichtliche Geltendmachung der aus dem internationalen Eisenbahn-Frachtvertrage gegenüber der Eisenbahn entspringenden Rechte zwischen Absender und Empfänger abgegrenzt (Z. XI 345, E. XX 234).

Durch Absatz 2 des Art. 26 ist sodann eine Ausnahme von dem Prinzip des Abs. 1, wonach das Verfügungsrecht für die Aktivlegitimation maßgebend ist, geschaffen worden. Wenn nämlich der

Absender das Duplikat des Frachtbriefes nicht vorzuweisen vermag, so würde er nach dem Grundsatze des Absatzes 1 des Art. 26 in betreff der im Art. 15 Abs. 1 bezeichneten Befugnisse, weil er insoweit das Verfügungsrecht nicht besitzt (Art. 15 Abs. 2), auch nicht aktivlegitimiert sein. Da anderseits der Empfänger durch den Besitz des Frachtbriefduplikates ein Recht zu Verfügungen über das Gut, also auch der im Art. 15 Abs. 1 gedachten Art, nicht früher erlangt, bis nach Ankunft des Gutes am Bestimmungsorte die Frachtbriefübergabe an ihn oder seine Klagezustellung an die Eisenbahn erfolgt ist, so würden bis zu diesem Zeitpunkte die im Art. 15 Abs. 1 bezeichneten Befugnisse überhaupt nicht gerichtlich geltend gemacht werden können. Um dieser Unzuträglichkeit vorzubeugen, hatte sich das Übereinkommen vom 14. Oktober 1890, gleichviel aus welchem Grunde der Absender das Duplikat nicht vorzuweisen vermag, ob er dasselbe verloren oder dem Empfänger oder einem Dritten übergeben usw., lediglich darauf beschränkt, an Stelle dieser formellen Legitimation den Nachweis der Zustimmung des Empfängers zuzulassen. Jede anderweite Führung der Aktivlegitimation war nach dem klaren und zweifellosen Wortlaute nicht gestattet und ausgeschlossen. Verweigerte der Empfänger grundlos und ungerechtfertigterweise diese Zustimmung, so war zwar der Absender berechtigt, ihn wegen des daraus entstehenden Schadens regreßpflichtig zu machen oder auf die Erteilung der Zustimmung zu verklagen oder die Amortisation des Duplikates herbeizuführen, aber ohne die Zustimmung des Empfängers war der Absender — mangels der Vorweisung des Frachtbriefduplikates — nicht aktivlegitimiert.

Bei der ersten Revision des Übereinkommens vom 14. November 1890 wurde jedoch diese Beschränkung des Klagerechtes des Absenders bzw. seine Abhängigkeit von der Zustimmung des Empfängers in denjenigen Fällen als eine Härte gegen den ersteren empfunden, in welchen der Empfänger durch sein Verhalten ausdrücklich zu erkennen gibt, daß er in den Frachtvertrag bzw. in die Rechte aus demselben nicht eintreten, mithin auch ein Interesse an der gerichtlichen Verfolgung dieser Rechte nicht in Anspruch nehmen will. Man hat daher auf den Antrag Österreich-Ungarns den Zusatz zum Abs. 2 des Art. 26 angenommen:

„es wäre denn, daß er den Nachweis beibringt, daß der Empfänger die Annahme des Gutes verweigert hat.

Die Fassung dieses Zusatzes ist jedoch keine glückliche und drückt unverkennbar das nicht aus, was man aussprechen wollte. Denn das Verfügungsrecht des Absenders erlischt und dasjenige des Empfängers beginnt nach Art. 15 Abs. 4 mit der Übergabe des Frachtbriefes, nicht mit der Übergabe des Gutes. Die Annahme des Gutes verweigern kann der Empfänger, auch wenn er bereits durch Annahme des Frachtbriefes in den Frachtvertrag eingetreten ist (z. B. weil das Gut an Mängeln leidet: Art. 44 Abs. 2) und an der Erfüllung des Frachtvertrages ein wesentliches Interesse hat. Es hätte daher richtig und der Absicht entsprechend heißen müssen:

„es wäre denn, daß er den Nachweis beibringt, daß der Empfänger die Annahme des Frachtbriefes verweigert hat.“

Dem unzweifelhaften und klaren Wortlaute gegenüber bleibt aber nun freilich nichts anderes übrig, als die gegebenen Konsequenzen zu ziehen, d. h. in allen Fällen, in welchen der Empfänger die Annahme des Gutes verweigert — also auch wenn er durch Annahme des Frachtbriefes bereits in den Frachtvertrag eingetreten ist —, dem Absender die Aktivlegitimation einzuräumen, wie ihm auch durch Art. 26 Abs. 2 Satz 4 in diesem Falle — gleichfalls nicht übereinstimmend mit Art. 15 Abs. 4 — das volle Verfügungsrecht eingeräumt ist. Daß hiernach gleichzeitig zwei Aktivlegitimierte — der Absender und der Empfänger — mit gleichen oder auch verschiedenen Ansprüchen aus dem Frachtvertrage die Eisenbahn im Rechtswege in Anspruch zu nehmen befugt sind und die Eisenbahn zweifachen Prozessen ausgesetzt ist, mithin Komplikationen und Unzuträglichkeiten aus dieser beiden zugleich gewährten Aktivlegitimation entstehen können, welche bei der Hinzufügung des qu. Zusatzes weder beabsichtigt noch in Betracht gezogen worden sind, läßt sich nicht vermeiden. Dagegen wird durch den Nachweis der Verweigerung der Frachtbriefannahme die Zustimmung des Empfängers nicht ersetzt, wenngleich gerade in diesem Falle feststeht, daß der Empfänger in den Frachtvertrag nicht eingetreten ist.

Nach vorstehenden Ausführungen bildet zu dem Grundsatze des Art. 26 Abs. 1, daß nur der Verfügungsberechtigte aktivlegitimiert ist, Abs. 2 die einzige Ausnahme, indem bestimmt ist, daß der Absender, obwohl er mangels des Frachtbriefduplikates nicht verfügungsberechtigt ist, doch aktivlegitimiert ist, wenn er die Zustimmung des Empfängers oder die Weigerung desselben, das Gut anzunehmen, nachweist. Jeder dieser beiden Nachweise begründet mithin die Aktivlegitimation des Absenders, welche sonst in allen anderen Fällen nur auf dem Verfügungsrecht beruht.

Aus der Entstehungsgeschichte des Artikels 26 ist folgendes hervorzuheben: Der Schweizer Entwurf schlug im Anschluß an das in demselben angenommene eigenartige und höchst komplizierte System des Verfügungsrechtes über das Gut eine darauf beruhende, ebenso komplizierte Regelung der Aktivlegitimation vor (vgl. Art. 15 des Schweizer Entwurfs).

Die Kritik des Schweizer Entwurfes (Eger, 1877, Die Einführung eines internationalen Eisenbahn-Frachtrechtes (S. 86, 87, und Gegenentwurf Art. 15 S. 145) erklärte sich zwar damit einverstanden, daß die Aktivlegitimation nach der Verfügungsbefugnis geregelt werde, schlug aber, da empfohlen worden war, für letztere die Grundsätze des Art. 402, 405 D. H.G.B. zu adoptieren, in Übereinstimmung hiermit vor, auch die Aktivlegitimation nach diesen Prinzipien zu normieren.

Dieser Auffassung schloß sich auch der Deutsche Entwurf (1878) vollständig an und befürwortete demgemäß die Aufnahme folgender Bestimmung: „Zur gerichtlichen Geltendmachung der aus dem internationalen Eisenbahn-Frachtvertrage entspringenden Rechte ist nur derjenige befugt, welchem nach den Bestimmungen der Art. 10 ff. das Verfügungsrecht über das Frachtgut zusteht.“

In der I. Konferenz wurde der Artikel unverändert angenommen (Prot. 32, 70).

In der II. Konferenz bemerkte der deutsche Delegierte: In diesem Artikel ist von der Aktivlegitimation die Rede, welche auf dem Verfügungsrecht über das Frachtgut basiert. Es versteht sich also von selbst, daß, wenn in den Art. 15 und 16 etwas geändert wird, dies unter Rücksichtnahme auf den Art. 26 geschehen muß. Der französische Delegierte äußerte hierauf: Nach seiner Auffassung könne es bei dem gegenwärtigen Wortlaute des Art. 26 vorkommen, daß weder der Versender noch der Empfänger ein Klagerecht hätten, was man doch nicht wolle. Es müsse der Artikel jedenfalls redaktionell modifiziert werden.

Bei der weiteren Beratung beantragte die I. Kommission, folgenden Zusatz zu machen: „Die Vorzeigung des Duplikates ist indes nicht erforderlich, wenn der Absender die Zustimmung des Empfängers nachweist." Dieser Antrag rief eine weitläufige Diskussion hervor. Die österreichische Delegation beantragte, zu sagen: „Wenn das Frachtbriefduplikat vom Versender nicht vorgewiesen werden kann, so kann eine Klage nur im Einverständnisse des Absenders mit dem Empfänger erhoben werden." Dieses Amendement wurde angenommen.

Hierzu hat Deutschland folgenden Abänderungsantrag gestellt, „den Schlußsatz im Abs. 2 dahin zu fassen: „so kann er seinen Anspruch nur mit Zustimmung des Empfängers geltend machen". Die I. Kommission berichtete hierüber: „Da es sich hier lediglich um die Legitimation des Absenders, nicht um eine von diesem und dem Empfänger gemeinsam anzustellende Klage handelt, so schlägt die Kommission vor, den Antrag anzunehmen." Der Antrag der Kommission wurde hierauf angenommen und damit der Art. 26 in der in das Übereinkommen vom 14. Oktober 1890 übergegangenen Fassung (Prot. 43).

Bei der Pariser Revisionskonferenz (1896) ist aus den bereits oben S. 298 ff. angeführten Gründen auf den Antrag Österreich-Ungarns der Abs. 2 durch den Zusatz ergänzt worden:

„es wäre denn, daß er den Nachweis beibringt, daß der Empfänger die Annahme des Gutes verweigert hat."

Über die Mängel der Motivierung und der Fassung dieses Zusatzes s. oben S. 298.

144) **„Zur gerichtlichen Geltendmachung der aus dem internationalen Eisenbahn-Frachtvertrage gegenüber der Eisenbahn entspringenden Rechte ist nur derjenige befugt, welchem das Verfügungsrecht über das Frachtgut zusteht."**

I. Dieser im Abs. 1 ausgesprochene Grundsatz ist für alle Vertragsstaaten nach Form und Inhalt obligatorisch, derartig, daß ihm widersprechende Normen der Landesprozeßrechte auf Prozesse, welche Rechte aus dem internationalen Eisenbahn-Frachtvertrage zum Gegenstande haben, nicht zur Anwendung kommen dürfen.

II. Abs. 1 beschränkt sich aber auf die „gerichtliche Geltendmachung" der aus dem internationalen Eisenbahn-Frachtvertrage gegenüber der Eisenbahn entspringenden Rechte, bezieht sich also an sich nicht auf die außergerichtliche, im Reklamationswege zu bewirkende Geltendmachung solcher Ansprüche. Für diese sind vielmehr in erster Reihe die Gesetze und Reglements des Landes entscheidend, wo die außergerichtliche Geltendmachung bzw. Reklamation erfolgt. Subsidiär wird jedoch auch hier der in Rede stehende Grundsatz analoge Anwendung zu finden haben, wie dies aus Art. 44 Ziff. 2, 3, 4 lit. a erhellt. Daher z. B. bei Übertragung der Rechte aus dem Frachtvertrage (E. XIX 39; Schwab 231; Rosenthal 277; vgl. Z. III 294, IV 102; Österr. Eisenb.-Ztg. 1902 Nr. 20). Unter „gerichtlicher Geltendmachung" ist aber nicht allein die Geltendmachung im Klage- bzw. ordentlichen Prozeßwege zu verstehen, sondern überhaupt jede Form der Geltendmachung der betreffenden Ansprüche vor Gericht und vermittelst des Gerichts, also auch durch Arrestlegung, Pfändung, Beweisaufnahme zum ewigen Gedächtnis (zur Sicherung des Beweises), Widerklage, Einrede, Litisdenunziation usw. (s. auch Rosenthal 277). Die Annahme Schwabs 240, daß die Geltendmachung der Vertragsansprüche gegen die Eisenbahn im Wege der Widerklage oder Einrede auch dem nicht Verfügungsberechtigten zustehe, wenn von der Bahn gegen ihn aus demselben Frachtvertrage geklagt werde, ist unzutreffend.

III. Sodann betrifft Abs. 1 nur die „aus dem internationalen Eisenbahn-Frachtvertrage gegenüber der Eisenbahn entspringenden Rechte." Es kommen nur Rechte gegenüber der Eisenbahn, also solche in Betracht, bei deren Geltendmachung die Eisenbahn die verpflichtete bzw. die Schuldnerin, die passivlegitimierte ist. Rechte der Eisenbahn gegenüber den Parteien (Absender, Empfänger, Bevollmächtigten und Sukzessoren derselben) stehen hier nicht in Frage (E. XX 53).

IV. Ferner bezieht sich Abs. 1 ausschließlich auf solche Rechte, welche aus dem internationalen Eisenbahn-Frachtvertrage entspringen, also aus einem gemäß Art. 8 (resp. Art. 1, 6) des Übereinkommens abgeschlossenen Frachtvertrage. Die Rechte müssen durch den Frachtvertrag begründete, frachtvertagsmäßige sein. Daraus ergeben sich folgende Konsequenzen:

1. Ausgeschlossen von der Anwendung des Art. 26 ist daher die Geltendmachung aller Rechte, die nicht aus dem internationalen Eisenbahn-Frachtvertrage entspringen, wenngleich sie aus dem internationalen Transporte herrühren bzw. mit diesem im Zusammenhange stehen. Dahin gehören z. B. a) die Rechte des Absenders auf Eingehung eines internationalen Eisenbahn-Frachtvertrages bzw. aus der Verweigerung des Vertragsabschlusses, d. h. aus der Verletzung der gesetzlichen Transportpflicht seitens der Eisenbahn (Art. 5). Denn diese Rechte entspringen nicht aus dem Frachtvertrag; b) die Rechte des Absenders bzw. Empfängers aus einem dem Frachtvertrage vorangehenden (Art. 5 Abs. 2 Satz 2) oder (infolge Verzugs bei der Abnahme oder auf Grund besonderer Abrede) nachfolgenden Verwahrungsvertrage. Denn auch in diesen Fällen gründen sich die Ansprüche nicht auf den Fracht-

vertrag (E. XXIII 392; Rundnagel 254); c) die Rechte des Absenders bzw. Empfängers aus Anlaß eines nichtigen Frachtvertrages (Art. 4); d) das Entschädigungsrecht des Empfängers gegen die Eisenbahn, welche Anweisungen des Absenders befolgt hat, ohne die Vorzeigung des Duplikatfrachtbriefes zu verlangen (Art. 15 Abs. 2), und e) das Recht des Empfängers auf Geltendmachung der durch den Frachtvertrag begründeten Rechte, insbesondere auf Übergabe des Frachtbriefes und des Gutes, nach Ankunft des Gutes am Bestimmungsorte (Art. 15 Abs. 4, Art. 16 Abs. 2). Denn der Empfänger hat diese Rechte schon, bevor er gemäß Art. 15 Art. 4, Art. 16 in den Frachtvertrag eingetreten ist (s. auch Schwab 234, 326/7. — A. M. Öst. Oberst.-Ger. E. XXI 176); f) Rechte Dritter, an der Ausführung des Frachtgeschäfts Interessierter, z. B. des hinter dem im Frachtbriefe als Empfänger bezeichneten Spediteur stehenden Eigentümers, Käufers usw. des Gutes (Z. III 145, V 841). Vgl. Art. 6 Abs. 1 lit. c Anm. 35 S. 59.

2. Im übrigen aber bezieht sich der Grundsatz des Art. 26 — — mangels jeder Einschränkung — ausnahmslos auf alle aus dem internationalen Eisenbahn-Frachtvertrage gegenüber der Eisenbahn entspringenden Rechte, gleichviel ob sie vertragsmäßige Erfüllung oder Entschädigung wegen nicht vertragsmäßiger Erfüllung zum Gegenstande haben. Art. 26 umfaßt mithin nicht allein Entschädigungsforderungen gegen die Eisenbahnen aus Verlust, Minderung oder Beschädigung des Gutes sowie aus Versäumung der Lieferfrist (Art. 30 bis 42), sondern auch Forderungen aus vertragswidriger Handlungsweise ihrer Leute und anderer Personen, deren sie sich bei Ausführung des übernommenen Transportes bedienen (Art. 29), aus der Auflage gesetz- und reglementswidriger Transportbedingungen sowie aus der Bevorzugung eines Absenders vor dem anderen in der Beförderung nach Abschluß des Frachtvertrages (Art. 4, 5), ferner aus der Verzögerung oder Unterlassung der Abstempelung des Frachtbriefes oder der Bescheinigung des Empfanges auf dem Frachtbriefduplikate (Art. 8 Abs. 1, 2, 5), aus der Nichterfüllung der Zoll-, Steuer- und Polizeivorschriften (Art. 10; ebenso Rosenthal 277 Anm. 4. — A. M. Schwab 327), aus gesetz- und reglementswidriger oder irriger Festsetzung, Publikation, Anwendung und Berechnung der Tarife, Gebühren, baren Auslagen (Art. 11, 12). Die Annahme, daß es sich nur um Ansprüche aus der richtigen Ausführung des Transportes handle, also z. B. nicht um Ansprüche aus unrichtig berechneter Fracht (Rückerstattung: Z. IV 369, VI 521, E. XXIV 10, 251), kann nicht gebilligt werden (Z. IV 370, VI 52, XII 236, E. XXI 67; Rosenthal 277, 280; Gasca 211; irrig Gerstner 315). Endlich findet Art. 26 auch Anwendung auf Nachnahmeforderungen (Art. 13 Z. XII 197, E. XXI 65), aus gesetz- oder reglementswidriger Festsetzung oder Berechnung der Lieferfristen (Art. 14), aus der Nichtbefolgung ordnungsmäßig erteilter nachträglicher Verfügungen (Art. 15 Abs. 1) bzw. der Befolgung unzulässiger Verfügungen (Art. 15 Abs. 2 Öst. Oberst. Ger. 16. Juni 1904, E. XXI 176. — A. M. Schwab 234, 236/7), aus der Verletzung der Aushändigungspflicht (Art. 16) und der Bestimmungen über das Ablieferungs- und

Zuführungsverfahren (Art. 19), aus Verstößen gegen die der Eisenbahn bei Transporthindernissen (Art. 17), Ablieferungshindernissen (Art. 24), Verlust-, Minderungs- und Beschädigungsfällen (Art. 25), bei der Ausübung und Realisierung des Pfandrechts (Art. 21, 22) obliegenden Verpflichtungen sowie auf Ansprüche aus dem Wiederauffinden des in Verlust geratenen Gutes (Art. 36; übereinstimmend Rosenthal 277 Anm. 4. — A. M. Schwab 327) usw.

V. Bezüglich aller dieser Vertragsrechte soll nach Abs. 1 des Art. 26 zur gerichtlichen Geltendmachung „nur derjenige befugt sein, welchem das Verfügungsrecht über das Frachtgut zusteht". Für die Frage, wer zur gerichtlichen Geltendmachung der Vertragsrechte befugt ist, ist somit die Beantwortung der Vorfrage entscheidend, wem das Verfügungsrecht über das Frachtgut zusteht (Hilscher 225, Österr. E.Z. XXVIII Nr. 32, 33; Allg. Österr. Ger.-Ztg. Jahrg. 57 Nr. 5). Denn nur der Verfügungsberechtigte ist der Aktivlegitimierte bei gerichtlicher Geltendmachung von Rechten aus dem internationalen Eisenbahn-Frachtvertrage. Die Verfügungberechtigung ist allein und ausschließlich maßgebend für die Aktivlegitimation. Von der vorgängigen Erledigung einer Reklamation ist die Legitimation nicht abhängig (Z. IX 89). Ist der Verfügungsberechtigte festgestellt, so ist damit zugleich auch die Feststellung des Aktivlegitimierten bewirkt (Z. XI 345, E. XX 234, Z. XII 197, E. XXI 65, Z. XIV 59, E. XXII 271, E. XXIV 253, 379, Z. XV 406, XVI 172). Dies gilt auch für Frachterstattungsansprüche (Art. 12 Abs. 4. — A. M. E. XXIV 251) und Nachnahmeforderungen (Z. XII 195, E. XXI 65).

Das Übereinkommen hat aber im Artikel 15 Absatz 4 die Verfügungsrechte über das Frachtgut zwischen Absender und Empfänger grundsätzlich dahin geregelt, daß die im Artikel 15 Absatz 1 bezeichneten Rechte bei Vorweisung des Frachtbriefduplikats (Art. 15 Abs. 1) dem Absender so lange zustehen, bis nicht nach Ankunft des Gutes am Bestimmungsorfe der Frachtbrief dem Empfänger übergeben oder die von letzterem nach Maßgabe des Art. 16 auf Übergabe des Frachtbriefes und Auslieferung des Gutes erhobene Klage der Eisenbahn zugestellt worden ist (Z. XIV 59, E. XXII 271, Z. XV 406, E. XXIV 253), — dagegen dem Empfänger uneingeschränkt alle Verfügungsbefugnisse, sobald nach Ankunft des Gutes am Bestimmungsorte die Frachtbriefübergabe oder Klagezustellung erfolgt ist (Z. II 403, VI 660, VIII 125, 365, XI 345, E. XX 234). An den Besitz des Frachtbriefes ist also das Verfügungsrecht nicht immer geknüpft (irrig Öst. Oberst. Ger. G.-Z. XII 127, 197, E. XX 340, XXI 65). Nur dann steht gemäß Art. 24 Abs. 1 Satz 4 dem Absender auch ohne Vorweisung des Frachtbriefduplikats das volle Verfügungsrecht zu, wenn der Empfänger die Annahme des Gutes verweigert hat. Der Eigentümer des Gutes als solcher hat daher kein Klagerecht, wenn er nicht gemäß Art. 15 verfügungsberechtigt ist (Z. VIII 367, X 190, E. XIX 4, Z. XV 73, E. XXIII 272, Z. XVI 106, E. XXIV 342); ebenso der im Frachtbriefe nicht bezeichnete Auftraggeber (Z. XII 269, E. XXI 127, Z. XIV 216, E. XXIII 10).

Über die Frage, wem das Verfügungsrecht bei Annahmeverweigerung bzw. Annahmeverzug des Empfängers zusteht, und welchen Einfluß hierbei der Besitz des Frachtbriefduplikats hat, vgl. Art. 15 Anm. 101 S. 198 ff., Art. 24 Anm. 136c S. 278 ff. Nach dieser Abgrenzung des Verfügungsrechts zwischen Absender und Empfänger regelt sich auch gemäß Art. 26 Abs. 1 grundsätzlich die Aktivlegitimation beider (vgl. Z. II 403, III 294, VI 660, Z. XII 269, E. XXI 127). Doch wird durch Abs. 2 des Art. 26 eine im folgenden (Anm. 145) noch näher zu erörternde Ausnahme zu diesem Grundsatze geschaffen.

145) **„Vermag der Absender das Frachtbriefduplikat nicht vorzuzeigen, so kann er seinen Anspruch nur mit Zustimmung des Empfängers geltend machen, es wäre denn, daß er den Nachweis beibringt, daß der Empfänger die Annahme des Gutes verweigert hat."**

Absatz 2 des Art. 26 enthält eine Ausnahme von dem Grundsatze des Abs. 1, wonach aktiv legitimiert nur derjenige ist, welchem das Verfügungsrecht über das Frachtgut zusteht. Es ist in der vorangehenden Erörterung des Abs. 1 des Art. 26 (Anm. 144) wie auch bei Erläuterung des Art. 15 (Anm. 98) gezeigt worden, daß in betreff der im Abs. 1 des Art. 15 bezeichneten Verfügungen das Verfügungrecht des Absenders, so lange, bis dasselbe nach Abs. 4 des Art. 15 erloschen ist, unbedingt von dem formalen Erfordernis der Vorweisung des Frachtbriefduplikats abhängig ist (Art. 15 Abs. 2), derartig, daß jede derartige Vorführung ohne Vorweisung des Frachtbriefduplikats nichtig ist (Art. 15 Abs. 7). Hiervon besteht nur eine, erst in der II. Revisionskonferenz in den Art. 24 Abs. 1 Satz 4 aufgenommene Ausnahme, wonach auch ohne Vorweisung des Frachtbriefduplikats dem Absender bei Verweigerung der Annahme des Gutes seitens des Empfängers das volle Verfügungsrecht zusteht. Während nun — abgesehen von dieser Ausnahme – bezüglich der Ausübung des Verfügungsrechts des Absenders dieses formale Erfordernis der Duplikatvorweisung auf keine andere Weise ersetzt werden kann, gestattet Abs. 2 des Art. 26 die gerichtliche Geltendmachung der Frachtvertragsansprüche auch ohne Vorweisung des Frachtbriefduplikats, wenn der Empfänger zustimmt oder der Absender den Nachweis beibringt, daß der Empfänger die Annahme des Gutes verweigert hat, d. h. in Ausnahme von dem Grundsatze des Abs. 1 des Art. 26, wonach nur der Verfügungsberechtigte aktivlegitimiert ist, wird durch Abs. 2 des Art. 26 der nach Art. 15 wegen Mangels des Duplikats nicht verfügungsberechtigte Absender für aktivlegitimiert erklärt, wenn der Empfänger der gerichtlichen Geltendmachung seine Zustimmung erteilt oder nachweislich die Annahme des Gutes verweigert hat (vgl. Rosenthal 275). Die Annahmeverweigerung anzuführen, ist eigentlich überflüssig, nachdem in den Art. 24 die Bestimmung aufgenommen worden ist, daß der Absender in diesem Falle das volle Verfügungsrecht auch ohne Vorweisung des Frachtbriefduplikats besitzt. Die Streichung ist anscheinend nur versehentlich unterblieben.

Aus dem Umstande, daß Abs. 2 des Art. 26 sich als eine Ausnahmevorschrift zu der grundsätzlichen Bestimmung des Abs. 1 Art. cit. darstellt, ergibt sich folgendes:

1. Die Bestimmung des Abs. 2 ist strikte zu interpretieren, d. h. der Mangel des Frachtbriefduplikats darf vom Absender zur Führung seiner Aktivlegitimation nur und ausschließlich durch den Nachweis der Zustimmung des Empfängers oder der Verweigerung der Annahme des Gutes seitens derselben, nicht durch irgendeinen anderen adäquat erscheinenden Nachweis, z. B. daß das Duplikat verloren gegangen, einem Dritten übergeben worden, dem Empfänger nicht übergeben worden ist, ersetzt werden. Jede andere Führung der Aktivlegitimation ist daher nach dem klaren Wortlaut des Abs. 2 und seiner Eigenschaft als strikte zu interpretierender Ausnahmevorschrift unbedingt ausgeschlossen, wie auch die oben (Anm. 143 S. 297 f.) mitgeteilten Verhandlungen klar erkennen lassen (so auch Rosenthal 276; Gasca 206, Z. X 124, E. XVIII 319. — A. M. Schwab 236).

Dem Absender bleibt gegenüber dem Empfänger, welcher ohne Grund die Zustimmung verweigert, oder von dem er nicht nachweisen kann, daß er die Annahme des Gutes verweigert hat, kein anderes Mittel, als diesen wegen der ungerechtfertigten Weigerung regreßpflichtig zu machen oder auf Erteilung der Zustimmung zu verklagen oder die Amortisation des Duplikats herbeizuführen. Bereits oben (S. 298) ist darauf hingewiesen worden, daß es unverkennbar in der Absicht des Gesetzgebers gelegen hat, die Aktivlegitimation des Absenders von dem Nachweise abhängig zu machen, daß der Empfänger die Annahme des Frachtbriefes — nicht die des Gutes — verweigert hat, weil nur die Annahme des Frachtbriefes, nicht die des Gutes den Eintritt des Empfängers in den Frachtvertrag zur Folge hat (Art. 15 Anm. 270 ff.). Auch sind die Unzuträglichkeiten, welche diese ohne Zweifel irrige Ausdrucksweise des Gesetzes zur Folge haben muß, a. a. O. erörtert.

Die Bestimmung des Abs. 2 darf ferner nicht zu dem Rückschlusse verleiten, daß auch in betreff der Ausübung des Verfügungsrechtes des Absenders (Art. 15 Abs. 2) der Mangel des Frachtbriefduplikates durch die Zustimmung des Empfängers ersetzt werde. Es ist bereits oben (Art. 15 Anm. 98 S. 193 und Anm. 143 S. 298) ausführlich begründet worden, daß der Charakter der hier vorliegenden Ausnahmevorschrift ebenso wie die Stellung derselben bei Art. 26 einen derartigen Rückschluß unbedingt ausschließt.

In welcher Art und Form der Absender an Stelle der Vorweisung des Frachtbriefduplikats die Zustimmung des Empfängers oder die Annahmeweigerung zur gerichtlichen Geltendmachung des Vertragsanspruches zu erweisen hat, bestimmt das Übereinkommen nicht (Z. XII 126, E. XX 314). Jedenfalls muß aber dem Gericht ein vollständiger, dem betreffenden Landesrecht entsprechender Nachweis einer zweifelsfreien Erklärung oder der Annahmeverweigerung des Empfängers vorliegen. Eine Zustimmung des Empfängers kann unter Umständen auch darin gefunden werden, daß dieser dem Absender mitteilt, daß das Gut beschädigt sei und er sich das Manko in Abzug bringen werde (Z. III 92). Die Zustimmung macht aber den Empfänger nicht zur Prozeßpartei (Rosenthal 276).

Artikel 27.[146])

(1) Diejenige Bahn, welche das Gut mit dem Frachtbriefe zur Beförderung angenommen hat, haftet für die Ausführung des Transportes auch auf den folgenden Bahnen der Beförderungsstrecke bis zur Ablieferung.[147])

(2) Jede nachfolgende Bahn tritt dadurch, daß sie das Gut mit dem ursprünglichen Frachtbriefe übernimmt, nach Maßgabe des letzteren in den Frachtvertrag ein und übernimmt die selbständige Verpflichtung, den Transport nach Inhalt des Frachtbriefes auszuführen.[148])

(3) Die Ansprüche aus dem internationalen Frachtvertrage können jedoch — unbeschadet des Rückgriffs der Bahnen gegeneinander — im Wege der Klage nur gegen die erste Bahn oder gegen diejenige, welche das Gut zuletzt mit dem Frachtbriefe übernommen hat, oder gegen diejenige Bahn gerichtet werden, auf deren Betriebsstrecke der Schaden sich ereignet hat. Unter den bezeichneten Bahnen steht dem Kläger die Wahl zu.[149])

(4) Die Klage kann nur vor einem Gerichte des Staates anhängig gemacht werden, in welchem die beklagte Bahn ihren Wohnsitz hat und welches nach den Gesetzen des Landes zuständig ist.[150])

(5) Das Wahlrecht unter den im dritten Absatz erwähnten Bahnen erlischt mit der Erhebung der Klage.[151])

Zusatz I.

Betriebsreglement des Vereins Deutscher Eisenbahnverwaltungen.

§ 65.

(Text übereinstimmend mit vorstehendem Art. 27.)

Vgl. Übereinkommen, betreffend die Verschleppung von Gütern im internationalen Eisenbahn-Frachtverkehr, beschlossen vom Internationalen Transportkomitee 24./25. April 1906 (Z. XV 253 und Beilage S. 46—55).

Übereinkommen, betreffend die Güterübergabe und -übernahme sowie die Verteilung von Entschädigungen im internat. Eisenbahn-Frachtverkehr, beschlossen vom Internationalen Transportkomitee 3./4. Okt. 1906 (Z. XV 253, 310 und Beilage S. 55—62).

Übereinkommen zum Betriebsreglement des Vereins Deutscher Eisenbahnverwaltungen: Art. 16: Haftung für Verlust, Minderung, Beschädigung und Lieferfristversäumung.

Gemeinsame Abfertigungsvorschriften: § 46: Übergabe und Übernahme der Güter im Verkehre mit Anschlußbahnen.

146) Prinzip und Entstehungsgeschichte des Art. 27.

Im Anschluß an Art. 26, welcher die Aktivlegitimation regelt, treffen die Art. 27 und 28 Bestimmung über die Passivlegitimation und den Gerichtsstand bezüglich der Klagerechte aus dem internationalen Eisenbahn-Frachtvertrage gegen die Eisenbahn, und zwar Art. 27 für den Fall der Klage, Art. 28 für den Fall der Widerklage und Einrede.

Passivlegitimiert ist grundsätzlich die aus dem internationalen Eisenbahn-Frachtvertrage verpflichtete Eisenbahn. Daher ist der eigentlichen Regelung der gerichtlichen Passivlegitimation im Abs. 3 folgerichtig die Regelung der Vertragsverpflichtung in den Abs. 1 und 2 des Art. 27 vorausgeschickt. Für die Vertragsverpflichtung ist aber aus dem D. H.G.B. (Art. 401, § 432) der Grundsatz adoptiert, daß die erste Eisenbahn, welche das Gut mit dem Frachbriefe zur Beförderung bis zu der — einer anderen Bahn angehörigen — Bestimmungsstation angenommen hat, für die Ausführung des Transportes auch auf den folgenden Bahnen der Beförderungsstrecke bis zur Ablieferung haftet (Art. 27 Abs. 1), und umgekehrt auch die folgenden Bahnen durch die Übernahme des Gutes mit dem ursprünglichen Frachtbriefe in den Frachtvertrag und die selbständige Verpflichtung zur Ausführung derselben nach Inhalt des Frachtbriefes eintreten (Art. 27 Abs. 2). Aus der Transportpflicht, welche sich nach Art. 5 nicht nur auf das eigene Gebiet, sondern das ganze Konventionsgebiet erstreckt, ergibt sich notwendig die weitere Verpflichtung aller beteiligten Eisenbahnen, sich zur gemeinsamen Übernahme eines jeden internationalen Transportes unter solidarischer Haftpflicht zu vereinigen (Zwangsgemeinschaft), mithin dem Absender bzw. Empfänger als ein Ganzes, eine Frachtführergemeinschaft gegenüberzutreten, deren Teilnehmer (Mitglieder) sich durch die sukzessive Übernahme des Gutes mit dem ursprünglichen Frachtbriefe bilden und jeder für den ganzen Transport solidarisch haftet (s. auch Rosenthal 278; Meili, Recht der Verk.-Anst. 48; Hilscher 235).

Abweichend von den komplizierten Bestimmungen des Schweizer Entwurfes und im Anschlusse an die Vorschläge der Kritik dieses Entwurfes (Eger, 1877, Die Einführung eines internationalen Eisenbahn-Frachtrechtes, S. 82f., 86f., und Gegenentwurf Art. 16 S. 145 a. a. O.) hat der Deutsche Entwurf 1878 (Art. 16) die Aufnahme dieses Grundsatzes in das internationale Übereinkommen nach Analogie des Art. 401 des D. H.G.B. empfohlen. Derselbe ist mit einer nur geringfügigen redaktionellen Änderung als Abs. 1 und 2 des Art. 27 in das internationale Übereinkommen aufgenommen worden.

Die Rechtswirkungen sind nach Inhalt der Bestimmungen des Art. 27 Abs. 1 und 2 die der Korrealobligation. Alle beteiligten Eisenbahnen treten durch die Übernahme des Gutes mit dem ursprünglichen Frachtbriefe in ein Gesamtschuldverhältnis zum Absender (bzw. Empfänger). Auf Grund des ursprünglichen Frachtvertrages, in welchen sie der Reihe nach eintreten, werden sie sämtlich correi, d. h. jeder haftet solidarisch für das Ganze, für die Ausführung des ganzen Transportes aus demselben Fundamente, aus dem ursprünglichen Frachtvertrage.

Eine Folge dieses Korrealverhältnisses besteht darin, daß jede am Transporte beteiligte Eisenbahn selbständig für die Erfüllung des ganzen ursprünglichen Frachtvertrages haftet. Daraus würde an sich folgen, daß der Absender (bzw. Empfänger) berechtigt ist, jede der am Transporte beteiligten Eisenbahnen einzeln oder einige oder alle zusammen auf Erfüllung in Anspruch zu nehmen, unter ihnen beliebig zu wählen, von der Wahl abzugehen und diesem Wahlrecht erst mit seiner Befriedigung zu entsagen. Hierbei machte sich aber die Erwägung geltend, daß es sich im Interesse des internationalen Eisenbahnverkehrs, in welchem zumeist eine große Anzahl von Eisenbahnen am Transporte beteiligt sind, nicht empfehle, dem Berechtigten so viele Verpflichtete gegenüberzustellen, die er nach seiner Wahl in Anspruch nehmen könne. Aus diesem Grunde erschien es nach dem Vorgange des Art. 429 des alten D. H.G.B. geboten, durch eine Ausnahmebestimmung die Rechtsfolgen des aus Abs. 1 und 2 sich ergebenden Korrealverhältnisses zu modifizieren, d. h. eine gewisse Beschränkung in der Zahl bzw. in der Auswahl der vom Berechtigten in Anspruch zu nehmenden Eisenbahnen eintreten zu lassen.

Der Deutsche Entwurf hat demgemäß als Abs. 3 eine Bestimmung vorgeschlagen, wonach die Zahl der passivlegitimierten Bahnen auf drei, nämlich die erste Bahn, diejenige, welche das Gut zuletzt mit dem Frachtbriefe übernommen hat, und diejenige, auf deren Betriebsstrecke der Schaden sich ereignet hat, beschränkt wurde, und zur Motivierung nur kurz darauf hingewiesen, daß das damit vorgeschlagene System des alten D. H.G.B. (Art. 401 in Verbindung mit Art. 429) hinsichtlich der Passivlegitimation ebensosehr die Interessen der Eisenbahn als des Publikums wahre.

In der I. Konferenz wurde, nachdem noch gegenüber entgegenstehenden Meinungen der deutsche Delegierte hervorgehoben hatte, daß auch die Reklamation — als der erste Schritt zur Klage — gegen dieselben Bahnen zustehen müsse, gegen die geklagt werden könne, unter Verwerfung sämtlicher Amendements der deutsche Vorschlag angenommen, und sowohl in der II. wie auch in der III. Konferenz endgültig beibehalten.

Im engen Anschluß an die Bestimmung des Abs. 3 hat der deutsche Entwurf eine — dem Art. 429 des alten D. H.G.B. fremde — noch weitergehende Beschränkung der Passivlegitimation der drei bezeichneten Eisenbahnen im Abs. 5 des Art. 16, ohne weitere Motivierung und ohne auf die Abweichung von Art. 429 D. H.G.B. hinzuweisen, dahin in Vorschlag gebracht: „Das Wahlrecht erlischt mit der Erhebung der Klage.“

Dieser Vorschlag ist nicht näher motiviert worden. Unverkennbar wurde aber aus denselben Zweckmäßigkeitsgründen, welche für die Aufnahme der exzeptionellen Bestimmungen des Abs. 3 entscheidend waren, im Zusammenhange damit auch die Aufnahme der Ausnahmevorschrift des Abs. 5 für erforderlich erachtet, und trotz mehrfachen Widerspruchs mit der nur verdeutlichenden und an sich selbstverständlichen Hinzufügung „unter den im dritten Absatze erwähnten Bahnen“ in der III. Konferenz unverändert angenommen.

Im Interesse größerer Rechtssicherheit und Rechtsgleichheit ist es endlich für notwendig erachtet worden, mit den einheitlichen Bestimmungen der Abs. 3 und 5 des Art. 27 über die Passivlegitimation auch solche über den Gerichtsstand (forum) für Klagen gegen die passivlegitimierte Eisenbahn aus dem internationalen Eisenbahn-Frachtvertrage zu verbinden. Demgemäß schlug der deutsche Entwurf als Abs. 4 des Art. 16 (27) folgende Bestimmung vor: „Das Gericht des Wohnsitzes der verklagten Bahn ist das ausschließlich zuständige." Nach mehreren Abänderungsanträgen beantragte in der II. Konferenz die Kommission I die nachstehende Fassung des Abs. 4: „Die Klage kann nur vor einem Gerichte des Staates anhängig gemacht werden, in welchem die beklagte Bahn ihren Wohnsitz hat und welches nach den Gesetzen dieses Landes zuständig ist." Dieser Vorschlag fand in der II. und III. Konferenz unveränderte Annahme.

147) **„Diejenige Bahn, welche das Gut mit dem Frachtbriefe zur Beförderung angenommen hat, haftet für die Ausführung des Transportes auch auf den folgenden Bahnen der Beförderungsstrecke bis zur Ablieferung."**

In den Absätzen 1 und 2 des Art. 27 ist dem Grundsatze der Zwangsgemeinschaft — der gemeinsamen solidarischen Haftung sämtlicher an einem internationalen Transporte beteiligten Eisenbahnen — Ausdruck gegeben. Auf diesem Prinzip beruht die Passivlegitimation der Eisenbahnen, welche im Abs. 3 des Art. 27 im Anschluß an Abs. 1 und 2 ihre Regelung gefunden hat (s. Anm. 149 S. 316f.).

Im Absatz 1 ist ausgesprochen, daß die Annahmebahn für die Ausführung des Transportes sowohl für sich wie für die folgenden Bahnen der Beförderungsstrecke bis zur Ablieferung haftet. Hierbei ist tatsächlich vorausgesetzt, daß die Bahn „das Gut mit dem Frachtbriefe zur Beförderung angenommen hat", und zwar ist die Annahme des Gutes mit dem internationalen Eisenbahn-Frachtbriefe zur Beförderung nach Maßgabe des Art. 8 Abs. 1 gemeint, d. h. diejenige Annahme, welche den Abschluß des internationalen Eisenbahnfrachtvertrages darstellt. Nicht jede Annahme eines Gutes und eines Frachtbriefes zieht also die Rechtswirkung des Abs. 1 Art. 23 nach sich. Zunächst ist die Annahme des Gutes mit dem durchgehenden, internationalen Eisenbahn-Frachtbriefe (Art. 1, 6) erforderlich (E. XXIV 131). Ferner ist die Annahme des Gutes mit dem Frachtbriefe zur Beförderung vorausgesetzt. Die Annahme des Gutes, dessen Beförderung nicht sofort erfolgen kann, zur vorläufigen Verwahrung (Art. 5 Abs. 2 Satz 2 Anm. 28) hat die Haftung der Annahmebahn gemäß Art. 27 Abs. 1 nicht zur Folge, sondern begründet nur die Haftung nach den landesrechtlichen Normen des Verwahrungsvertrages (Gasca III 212). Erst mit der Annahme zur Beförderung greift Art. 27 Abs. 1 Platz (Art. 8 Anm. 57 S. 102 ff.).

I. Für den Grad und Umfang der Haftung, welcher der Annahmebahn für die folgenden Bahnen obliegt, gelten folgende Grundsätze:

1. Die Annahmebahn haftet für die folgenden Bahnen nur nach Maßgabe des mit ihr selbst abgeschlossenen Frachtvertrages; es können ihr also weder mehr noch weniger Pflichten für diese auferlegt werden, als sich aus dem ursprünglichen Frachtvertrage, dem durchgehenden, internationalen Frachtbriefe ergeben. Da

aber nach dem durch Art. 6 des Übereinkommens vorgeschriebenen Frachtbriefformular der ursprüngliche Frachtvertrag, d. h. der durchgehende Frachtbrief, bereits die ausdrückliche Bezugnahme auf das internationale Übereinkommen sowie auf die in den Reglements und Tarifen der betreffenden Bahnen bzw. Verkehre enthaltenen Festsetzungen enthält, so muß der gesamte Inhalt aller für den betreffenden Transport maßgebenden generellen und speziellen Reglements, welchen sich der Absender durch Ausstellung des formularmäßigen Frachtbriefes unterworfen hat, zwischen diesen und der Aufgabebahn sowie den weiteren das Gut mit dem ursprünglichen Frachtbriefe annehmenden Eisenbahnen als vereinbart gelten, selbstverständlich unter der Voraussetzung, daß keines der Reglements gegen das Übereinkommen (Art. 4) verstößt.

Es kommen somit neben dem für den ganzen Transport subsidiär geltenden Übereinkommen die Spezialreglements sämtlicher beteiligten Bahnen (bzw. Verbände) für die betreffende Transportstrecke zur Anwendung. Das Prinzip der Einheit des Frachtvertrages wird dadurch nicht verletzt, daß die verschiedenen Reglements der aufeinanderfolgenden Bahnen zum Inhalt desselben erklärt werden.

2. Die Annahmebahn haftet ferner in den vorstehend erörterten Grenzen für die folgenden solidarisch als correus „für die Ausführung des Transports" ganz ebenso, als habe sie selbst den Transport bis zur Ablieferung auf sämtlichen beteiligten Bahnen weiter ausgeführt bzw. durch ihre Leute ausführen lassen. Ihre Haftung für diese ist daher auch keine subsidiäre, kein bloßes Delkrederestehen, sondern eine direkte und prinzipale. Sie ist jedoch gemäß Art. 30 ff. auf Verlust, Beschädigung und Verspätung des Gutes beschränkt. Für andere Schäden haftet sie nicht nach den Normen des Übereinkommens. Sie haftet für alle Versehen, für Arglist und grobe Fahrlässigkeit der folgenden Eisenbahnen sowie der Leute derselben und anderer Personen, deren diese sich zur Ausführung der ihnen übertragenen Transporte bedienen. Sie haftet für alle Verstöße der folgenden Bahnen bei der ihnen obliegenden Erfüllung der reglementsmäßigen und rechtzeitigen Beförderung (vgl. Z. IX 109), der Zoll-, Steuer- und Polizeivorschriften (Art. 10; auch Schwab 233, 239; die österr. Rechtsprechung schwankt), Befolgung der Anweisungen des Absenders (Art. 15), Einziehung der Frachtvertragsforderungen und Ausübung des Pfandrechts (Art. 20—23), Beobachtung des für Transportverhinderung (Art. 18), Ablieferung (Art. 19); Ablieferungshindernisse (Art. 24), Verlust-, Minderungs- und Beschädigungsfälle (Art. 25) usw. vorgeschriebenen Verfahrens.

3. Auch die Höhe des Schadensersatzes endlich ist für die von den folgenden Eisenbahnen (oder ihren Leuten) bewirkten Verluste, Beschädigungen, Verspätungen ganz nach denselben Normen zu bemessen wie für die von der Annahmebahn selbst oder von ihren eigenen Organen herbeigeführten (Art. 34—43). Aber auch in betreff der Höhe der Entschädigung hat die Bezugnahme des internationalen Frachtbriefs auf die in den Reglements und Tarifen der betreffenden Bahnen bzw. Verkehre enthaltenen Festsetzungen zur Folge, daß für die Bemessung

der Höhe je nach der Transportstrecke, auf welcher sich das zu entschädigende Ereignis zugetragen hat, die bezüglichen Reglements und Tarife zur Anwendung kommen (s. oben S. 310).

II. Die Annahmebahn haftet „auch für die folgenden Bahnen der Beförderungsstrecke bis zur Ablieferung". Die Haftung der Annahmebahn erstreckt sich hiernach auf alle an dem betreffenden Transport nach Maßgabe des internationalen Frachtbriefs (Art. 6) oder der nachträglich legal gegebenen Anweisungen (Art. 15) beteiligten Eisenbahnen. Aber auf diese ist auch die Haftung beschränkt, bezieht sich also nicht auf etwa nachfolgende andere Frachtführer (See- und Binnenschiffahrts-Transport, Spediteure, Kommissionäre, vom Empfänger beauftragte Rollführer [E. XIX 337] usw.). Bedienen sich aber die folgenden Eisenbahnen bei vorhandener Unterbrechung zweier Strecken unterwegs irgendwelcher Zwischenfrachtführer, Dampfschiffe, Rollfuhrunternehmer, Pferdebahnen, Trajektanstalten, so daß diese nur verbindende bzw. vermittelnde Hilfsorgane des Eisenbahntransports bilden, so unterliegt es keinem Zweifel, daß die Annahmebahn auch für diese Zwischentransporte in Gemäßheit des Art. 27 Abs. 1 haftet (Z. VIII 161).

III. Die Annahmebahn haftet für die folgenden Bahnen „bis zur Ablieferung". Hiernach ist Beginn, Dauer und Ende der Haftpflicht der ersten Bahn für die folgenden gleichfalls ganz nach den Grundsätzen über die Haftung des von ihr selbst ausgeführten Transportes zu beurteilen. Der Beginn der Haftung der Annahmebahn fällt also zusammen mit der Annahme des Gutes und des Frachtbriefes zur Beförderung (Art. 8); die Dauer der Haftung erstreckt sich auf die ganze Zeit des Transportes, auch wenn an die Stelle der ursprünglichen Beförderungsstrecke (Art. 6 Abs. 11) durch nachträgliche Anweisungen des Absenders eine andere getreten ist (Art. 15 Abs. 1), oder dieselbe unter den Voraussetzungen des Art. 6 Abs. 1 lit. I eine Abänderung erfahren hat, oder Transporthindernisse (Art. 18) oder Ablieferungshindernisse (Art. 24) eingetreten sind; die Haftung erreicht ihr Ende mit der Ablieferung des Gutes an den legitimierten Empfänger gemäß Art. 16 (E. XIX 330) und erstreckt sich auch auf die gemäß Art. 44 nach Annahme des Gutes und Bezahlung der Fracht und sonst auf dem Gute haftenden Forderungen nachträglich zulässigen Ansprüche (E. XVII 247).

Auch für die Ablieferungsbahn, insoweit diese ihre Ablieferungspflicht (Art. 16) am Ablieferungsorte, d. h. auf der durch den Frachtbrief (Art. 6 Abs. 11) oder durch nachträgliche Verfügung des Absenders (Art. 15 Abs. 1) bezeichneten Bestimmungsstation (Art. 16 Abs. 3) nicht erfüllt, haftet die Annahmebahn (Art. 19 ff.).

148) **„Jede nachfolgende Bahn tritt dadurch, daß sie das Gut mit dem ursprünglichen Frachtbriefe übernimmt, nach Maßgabe des letzteren in den Frachtvertrag ein und übernimmt die selbständige Verpflichtung, den Transport nach Inhalt des Frachtbriefes auszuführen."**

Im Absatz 2 ist die weitere Konsequenz aus dem Prinzip der Zwangsgemeinschaft und solidarischen Haftung gezogen: An die tatsächliche Voraussetzung, daß die folgende Bahn das Gut mit dem ursprünglichen Frachtbriefe übernimmt, knüpft das Gesetz die Folgerung, es sei ein direkter Vertrag zwischen dem Absender und der folgenden Bahn zustande gekommen. Der Absender wird dadurch also vertragsmäßig berechtigt, die folgenden Bahnen auf die volle Erfüllung des Frachtvertrages in gleicher Weise wie die erste Bahn in Anspruch zu nehmen; die folgenden Bahnen werden selbständig verpflichtet, nicht nur selbst den Transport nach Inhalt des Frachtbriefes auszuführen, sondern auch die Verbindlichkeiten der früheren und folgenden mit zu übernehmen. Das Verhältnis ist derartig, daß den von der ersten Bahn übernommenen Transport jede der beteiligten Bahnen vollständig mitübernommen hat.

Die Rechtswirkungen, welche aus diesem Verhältnisse zwischen den am Transporte beteiligten Bahnen und dem Absender entstehen, sind nach Inhalt der Bestimmungen des Abs. 2 Art. 27 die der Korrealobligation. Alle beteiligten Bahnen treten durch die Übernahme des Gutes mit dem ursprünglichen Frachtbriefe in ein Gesamtschuldverhältnis zum Absender (bzw. Empfänger). Auf Grund des ursprünglichen Frachtvertrages, in welchen sie der Reihe nach eintreten, werden sie sämtlich correi, d. h. jeder haftet solidarisch für das Ganze, für die Ausführung des ganzen Transportes (una res) aus demselben Fundamente, aus dem ursprünglichen Frachtvertrage (una obligatio).

A.

Die tatsächlichen Voraussetzungen dieses Verhältnisses sind folgende:

1. Die erste tatsächliche Voraussetzung ist die Aufeinanderfolge der Bahnen. Es dürfen nur Bahnen sein, und zwar eine ununterbrochen sich folgende Reihe von Bahnen. Geht also das Gut dazwischen auch in die Hände von Spediteuren, Kommissionären usw. über, so findet — abgesehen von denjenigen Fällen, wo diese nur Hilfsorgane der beteiligten Bahnen sind, wie z. B. im Falle des Art. 10 Abs. 3 — Abs. 2 des Art. 27 keine Anwendung. Es darf nicht ein Transport durch andere selbständige Frachtführer — wie Post, Dampfschiffahrtsgesellschaft, Flußschiffer usw. — oder Seetransport dazwischen liegen. Doch ist ununterbrochene Schienenverbindung nicht unbedingt notwendig. Bedienen sich die aufeinanderfolgenden Eisenbahnen bei vorhandener Unterbrechung ihrer Strecken der Beförderung durch Trajektanstalten, Rollfuhrwerke, Dampffähren, Verbindungsbahnen mit Pferdebetrieb usw., so sind diese als integrierende Teile des Eisenbahntransports zu betrachten, und gilt die Aufeinanderfolge der Bahnen nicht als unterbrochen.

2. Die zweite tatsächliche Voraussetzung ist die Übernahme des Gutes mit dem ursprünglichen Frachtbriefe. Beide Momente vereint sind erforderlich. Die gleichzeitige Annahme des Gutes und des Frachtbriefes erscheint nicht unbedingt notwendig. Es kann auch das eine dem anderen nachfolgen, und die Bahn, die beides nacheinander übernimmt, muß die Bestimmung des Abs. 2 gegen sich so gelten lassen, wie wenn sie beides zugleich übernommen haben

würde. Die Übernahme muß ferner ohne jeden Protest und ohne jeden Vorbehalt erfolgen, sei es, daß er gegen die Beschaffenheit des Gutes, die Lieferzeit oder irgendeine andere Bedingung bzw. Angabe des Frachtbriefes gerichtet sei, eine Beschränkung der Transport- und Haftpflicht auf eine Teilstrecke usw. enthalte usw. Daraus folgt: a) Jede derartige Veränderung, Substituierung, modifizierte Erneuerung oder Beschränkung (Vorbehalt, Protest) des ursprünglichen Frachtbriefes ist, wenn sie ohne Wissen des Absenders oder Empfängers geschieht, diesen gegenüber wirkungslos (Z. VII 598). b) Sie kann, wenn sie im Einvernehmen mit der vorangehenden Bahn erfolgt, lediglich für die Regreßansprüche der Bahnen untereinander von Belang sein (Z. VII 600). c) Wird bei dem Übergange des Gutes auf eine folgende Bahn der ursprüngliche Frachtbrief mit Genehmigung des Absenders geändert, so liegt nicht mehr der ursprüngliche, sondern ein neuer Frachtbrief vor, und ist die Anwendung des Abs. 2 Art. 27 ausgeschlossen. Es entstehen dann eine Anzahl selbständiger und unabhängig aufeinander folgender Verträge verschiedenen Inhalts.

Hat die Eisenbahn das Gut nicht mit dem ursprünglichen Frachtbriefe erhalten, sondern auf Grund eines neuen Frachtbriefes übernommen, so findet die exzeptionelle Vorschrift Abs. 2 des Art. 27 gegen sie keine Anwendung; denn diese Vorschrift beruht auf der Voraussetzung eines einheitlichen, in einem einzigen Frachtbriefe seinen einheitlichen Ausdruck findenden Frachtvertrages; diese Voraussetzung fehlt aber sobald ein neuer Frachtbrief ausgestellt wird. Mit diesem beginnt ein neues Vertragsverhältnis, für welches — je nachdem es sich um einen weiteren internationalen oder internen Transport handelt — die bezüglichen internationalen oder internen (landesrechtlichen) Normen maßgebend sind. „Ursprünglich" ist jedoch nicht wörtlich zu nehmen. Ist der ursprüngliche Frachtbrief unterwegs beschädigt oder in Verlust geraten, so kann er durch eine unveränderte Kopie ersetzt werden (D. Reichsger. E. I 1; Lehmann-Ring 333; Staub 1525; Rundnagel 255).

Die Ursprünglichkeit des Frachtbriefes und die Einheitlichkeit des Frachtvertrages wird ferner dadurch nicht modifiziert, daß der internationale Frachtbrief auf die einzelnen, in den besonderen Reglements der am Transporte beteiligten Bahnen enthaltenen Bestimmungen Bezug nimmt. Es gilt alsdann vielmehr der gesamte Inhalt der sämtlichen für den betreffenden Transport maßgebenden Reglements, welchen sich der Absender durch Ausstellung des formularmäßigen Frachtbriefes unterworfen hat, zwischen diesem und der Verwaltung der Aufgabestation sowie den weiteren das Gut mit dem ursprünglichen Frachtbrief annehmenden Eisenbahnverwaltungen als vereinbart, und zwar derart, daß neben dem für den ganzen Transport geltenden Übereinkommen die Spezialreglements der einzelnen Bahnen für je die betreffende Transportstrecke zur Anwendung kommen (S. 310).

B.

Die Rechtswirkungen, welche aus den vorerörterten tatsächlichen Voraussetzungen des Art. 27 Abs. 2, nämlich Aufeinanderfolge der Bahnen und Übernahme des Gutes seitens einer jeder derselben mit dem ursprünglichen Frachtbriefe, sich ergeben, sind in folgender Weise bestimmt: „Jede nachfolgende Bahn . . . . . tritt in den Frachtvertrag nach Maßgabe des ursprünglichen Frachtbriefes ein und übernimmt eine selbständige Verpflichtung, den Transport nach Inhalt des Frachtbriefes auszuführen." Damit ist das Verhältnis begrifflich als ein Korrealverhältnis sämtlicher am Transporte beteiligten Bahnen, und zwar einschließlich der ersten, hingestellt.

Aus dem Wesen der Korrealobligation ergeben sich aber folgende Konsequenzen:

1. Der ursprüngliche Frachtvertrag (Frachtbrief) ist als ein einheitlicher allein entscheidend für den Umfang und die Höhe der Haftung einer jeden einzelnen Bahn. Der Eintritt in den Frachtvertrag erfolgt „nach Maßgabe des Frachtbriefes", d. h. in alle Bedingungen des ursprünglichen Frachtvertrages; die lex der Obligation ist ausschließlich der Frachtbrief, und zwar seinem ganzen Inhalte nach derartig, daß die Angaben des Frachtbriefes allein maßgebend sowohl für Ort und Zeit der Empfangnahme und Ablieferung wie für die Qualität und Quantität des Gutes, für die Frachtberechnung, die Person des Destinatärs für Verlust, Beschädigung, Verspätung wie für alle sonstigen Transportbedingungen sind. Jede folgende Bahn haftet dem Absender (bzw. Empfänger), wie wenn sie den ganzen im Frachtbriefe bezeichneten Transport von Anfang an bis zur Ablieferung übernommen hätte. Die Verpflichtung erstreckt sich auf die bereits vor der eigenen Transportausführung und nach derselben entstandenen Ansprüche; sie erstreckt sich ferner auf alle Klauseln und besonderen Bedingungen, welche der ursprüngliche Frachtbrief enthält. Anderseits erstreckt sich aber auch die Haftpflicht der einzelnen Bahnen nicht über die Dauer des ursprünglichen Frachtvertrages hinaus.

2. Der ursprüngliche Frachtvertrag (Frachtbrief) darf nicht einseitig — d. i. nicht ohne Einwilligung des Absenders — von einer der beteiligten Bahnen (durch Vorbehalte, Proteste, Beschränkungen) abgeändert werden. Jede derartige Änderung des Frachtbriefes ist dem Absender bzw. Empfänger gegenüber rechtlich wirkungslos und das Rechtsverhältnis so zu beurteilen, als sei der ursprüngliche Frachtbrief ohne jede Änderung angenommen worden. Geschieht die Änderung im Einvernehmen mit den vorangehenden Bahnen, so kann sie unter Umständen zwar für die Regreßansprüche der Bahnen untereinander, nicht aber für die Forderungen des Absenders bzw. Empfängers von Bedeutung sein (Z. VII 599, 600).

3. Mit Einwilligung des Absenders dürfen die Verpflichtungen aus dem ursrünglichen Frachtvertrage zwar zugunsten der anderen beteiligten Bahnen vermindert,

aber nicht zu deren Nachteil erschwert oder erweitert werden. Dieser Grundsatz ist zwar im Abs. 2 Art. 27 nicht ausdrücklich ausgesprochen, folgt aber aus der Natur des Korrealverhältnisses nach allgemeinen Rechtsregeln und den Bestimmungen der Landesrechte.

4. Jede am Transport beteiligte Bahn haftet selbständig für die Erfüllung des ganzen, ursprünglichen Frachtvertrages. Sie haftet also nicht nur für ihre eigene Transportstrecke, sondern auch für den bereits ausgeführten Transport ihrer Vorgänger und — wie schon Abs. 1 Art. 27 ergibt — für den noch auszuführenden ihrer Nachmänner. Die Worte „selbständige Verpflichtung" deuten auf ein wirkliches Korrealverhältnis, nicht auf ein bloßes Delcrederestehen. Jede beteiligte Bahn — auch die erste — ist für die ganze Ausführung des Transportes nach Maßgabe des ursprünglichen Frachtbriefes verantwortlich. Unter der „selbständigen Verpflichtung" ist zu verstehen, daß es sich um eine zwischen jeder übernehmenden Bahn und dem Absender zu begründende direkte rechtliche Beziehung handelt, welche ganz dieselbe rechtliche Natur hat wie die zwischen dem Absender und der ersten Bahn bestehende, daß sie für den ganzen Transport, also ebensowohl für ihre Vormänner, wie ihre Nachmänner einzustehen hat. Es gilt so, als habe den von der ersten Bahn übernommenen Transport jede der Bahnen übernommen, als habe mit dem ursprünglichen Absender jede der Bahnen den aus dem Frachtbrief ersichtlichen Frachtvertrag seinem vollen Inhalt nach selbständig, d. h. für sich allein unabhängig von den anderen abgeschlossen, als habe jede sich zur Ausführung des ganzen Transports verpflichtet.

5. Der Absender ist an sich berechtigt, jede der am Transporte beteiligte Bahnenn direkt auf Erfüllung des ganzen Vertrages zu belangen, und zwar einzeln oder einige oder alle zusammen, unter ihnen beliebig zu wählen und von der Wahl abzugeben. Doch ist diese Konsequenz nach Analogie des Art. 429 des alten D. H.G.B. durch Absatz 3 und 5 des Art. 27 aus Zweckmäßigkeitsgründen modifiziert.

6. Der vom Absender bzw. Empfänger in Anspruch genommenen Bahn steht weder die Einrede der Teilung, noch der Vorausklage in Rücksicht auf die anderen, gemäß Abs. 3 passivlegitimierten Bahnen zu. Da jede derselben selbständig für das Ganze, d. i. für die Erfüllung des ganzen Vertrages haftet, so kann sie weder den Kläger mit seinem Anspruche vorerst an eine andere verweisen — z. B. weil diese die Schuld der Beschädigung treffe usw. — noch verlangen, daß er seine Forderung unter die sämtlichen Bahnen teile und jede nur pro rata belange. Wohl aber steht es der verklagten Bahn frei, die mitverpflichteten Bahnen zum Prozesse zuzuziehen und sich ihrer Verteidigung zu bedienen (Streitverkündung, Litisdenunziation). Letzteres wird sogar in der Regel erforderlich sein, wenn sich die belangte Bahn das ihr zustehende Regreßrecht gegen die anderen beteiligten Bahnen vollständig wahren will (Art. 50). Denn der Regreß der beteiligten Bahnen untereinander wird durch Art. 27 Abs. 2

nicht berührt. Allerdings ist in demselben eine Bestimmung über den Regreß nicht enthalten. Daß derselbe aber nicht ausgeschlossen ist, ergibt der im engen Zusammenhang mit Abs. 2 stehende Abs. 3, welcher des Rückgriffes der Eisenbahnen untereinander ausdrücklich erwähnt. und sodann Art. 47 ff. des Übereinkommens, welche Umfang und Verfahren des Rückgriffs vollständig regeln.

149) **„Die Ansprüche aus dem internationalen Frachtvertrage können jedoch — unbeschadet des Rückgriffs der Bahnen gegeneinander — im Wege der Klage nur gegen die erste Bahn oder gegen diejenige, welche das Gut zuletzt mit dem Frachtbriefe übernommen hat, oder gegen diejenige Bahn gerichtet werden, auf deren Betriebsstrecke der Schaden sich ereignet hat. Unter den bezeichneten Bahnen steht dem Kläger die Wahl zu.“**

Im Absatz 3 des Art. 27 ist in Verbindung mit Abs. 5 Bestimmung über die Passivlegitimation bei der Geltendmachung von Ansprüchen aus dem internationalen Frachtvertrage gegen die Eisenbahnen getroffen. Nachdem in den Abs. 1 und 2 des Art. 27 die Vorfrage — konform mit Art. 401 des D. H.G.B. — ihre Lösung dahin gefunden hat, daß unter allen an einem internationalen Transporte beteiligten Bahnen ein Korrealverhältnis besteht und demgemäß die Vertragspflichten solidarisch allen an dem internationalen Transport beteiligten Bahnen obliegen, ist auf dieser Grundlage im Abs. 3 die Passivlegitmation der Eisenbahnen geordnet.

I. Wie im Art. 26 in betreff der Aktivlegitimation, so erstreckt sich in Art. 27 Abs. 3 bezüglich der Passivlegitimation die Regelung nur auf Ansprüche gegen die Eisenbahnen, mithin nicht auf Ansprüche der Eisenbahnen gegen Absender bzw. Empfänger. Für letztere gelten die Beschränkungen der Abs. 3 und 5 des Art. 27 nicht (E. XX 53, 123). Es stehen auch hier also nur solche Ansprüche in Frage, bei deren Geltendmachung die Eisenbahnen die verpflichteten sind (Schwab 240).

II. Ferner bezieht sich Abs. 3 nur auf Ansprüche aus dem internationalen Frachtvertrage, also aus einem gemäß Art. 8 (bzw. Art. 1, 6) des internationalen Übereinkommens geschlossenen Vertrage. Dazu gehören auch die Frachterstattungsansprüche aus Art. 12 Abs. 4 (E. XXIV 251. — A. M. E. XXIV 10). Daraus ergibt sich, daß Abs. 3 — ebenso wie Art. 26 — auf Geltendmachung aller derjenigen Ansprüche keine Anwendung findet, welche nicht aus dem internationalen Eisenbahn-Frachtvertrage hervorgehen, wenngleich sie aus dem internationalen Transporte herrühren bzw. mit diesem im Zusammenhange stehen. Für derartige Ansprüche bleiben die Landesgesetze in betreff der Passivlegitimation unverändert in Geltung. Welche Ansprüche dies sind, ist bei Art. 25 Anm. 144 S. 301—302 eingehend erörtert (Z. IV 52, 369, VI 521; E. XXI 67, 176; XXIII 391).

III. Abs. 3 des Art. 27 beschränkt im Verein mit Abs. 5 in bezug auf die Passivlegitimation der Eisenbahnen die Rechtswirkungen des Korrealverhältnisses, welches zwischen den an einem internationalen Eisenbahntransport beteiligten Eisenbahnen durch Übernahme des Gutes und des ursprünglichen Frachtbriefes entstanden ist. Nach den allgemeinen Grundsätzen der Korrealität würde der Berechtigte (Absender bzw. Empfänger) an sich befugt sein, jede der am Transporte beteiligten Bahnen, welche das Gut mit dem ursprünglichen Frachtbriefe übernommen hat, einzeln oder auch einige oder alle zusammen auf Erfüllung in Anspruch zu nehmen, unter ihnen beliebig zu wählen und von der Wahl abzugehen, auch dieses Wahlrecht nicht eher verlieren, bis er vollständig befriedigt ist. Aus den bereits oben (Anm. 146 S. 308) mitgeteilten Zweckmäßigkeitsgründen ist aber davon abgesehen worden, dem Berechtigten eine so weitgehende Befugnis zu gewähren und ihm nach seiner Wahl sämtliche am Transport beteiligte Bahnen als passivlegitimierte gegenüberzustellen. Deshalb ist im Abs. 3 bestimmt, daß die Ansprüche aus dem internationalen Frachtvertrage — unbeschadet des Rückgriffes der Bahnen gegeneinander — im Wege der Klage nur gegen eine beschränkte Zahl der beteiligten Bahnen gerichtet werden können. Und zwar darf — wie aus der Verbindung „oder" und dem Schlußsatz dieses Absatzes hervorgeht — die Klage nur gegen eine dieser drei Bahnen, nicht gegen zwei oder drei zusammen gerichtet werden (Z. II 64; Düringer-Hachenburg 689; Rundnagel 253). Es sind dies:

a) die erste Bahn, d. h. diejenige, welche zuerst das Gut mit dem Frachtbrief übernommen, den Frachtvertrag durch Annahme des Gutes mit dem Frachtbriefe abgeschlossen hat, die Annahme-, Versand-, Abgangsbahn;

b) diejenige Bahn, welche das Gut zuletzt mit dem Frachtbriefe übernommen hat. Diese Bahn wird häufig, muß aber nicht identisch sein mit der letzten Bahn, welche nach Maßgabe des Frachtbriefes das Gut an den Adressaten abzuliefern hat, mit der Empfangs-, Ankunfts-, Ablieferungsbahn. Es ist also nur diejenige Bahn gemeint, welche das Gut und den Frachtbrief zuletzt in den Händen gehabt hat (nicht das Gut allein), gleichviel ob der Transport vollständig zu Ende geführt oder unterwegs während der Ausführung infolge der Beschädigung oder des Verlustes des Gutes oder des Frachtbriefes abgebrochen worden ist. Mithin kann es auch eine bezüglich des übernommenen Transportes in der Reihe sämtlicher beteiligten Bahnen als Zwischenbahn figurierende Bahn sein. Es ist stets diejenige Bahn die mithaftpflichtige, welche das Gut und den Frachtbrief zusammen erweislich zuletzt übernommen hat, gleichviel ob beides unterwegs oder erst am Ablieferungsort beschädigt oder in Verlust geraten ist, und gleichviel welche Bahn das Gut oder den Frachtbrief abgeliefert hat. Zur Inanspruchnahme der betreffenden Bahn ist der Nachweis erforderlich, daß sie Gut und Frachtbrief zuletzt übernommen hat, d. h. daß sich bei ihr die Tatsache der gemeinschaftlichen Übernahme beider Objekte zum letzten Male vollzogen hat, und dieser Beweis wird allerdings zumeist nicht allein damit zu führen sein, daß Gut und Frachtbrief überhaupt an sie gelangt sind (vgl. Z. VIII 441), sondern auch negativ dadurch, daß beides von den folgenden Bahnen nicht mehr übernommen worden ist bzw. sein konnte (E. XVII 321).

Zur Inanspruchnahme gehört hiernach der Beweis, daß die Bahn wirklich die zuletzt übernehmende gewesen. Der bloße Nachweis, daß Gut und Frachtbrief überhaupt an sie gekommen, tut nicht dar, daß beides zuletzt von ihr übernommen worden. Hierzu ist unbedingt der freilich unter Umständen schwierige Negativbeweis erforderlich, daß eine Übernahme seitens der folgenden Bahnen nicht erfolgt sei (Rosenthal 280; — A. M. Staub 1578; Rundnagel 255);

c) diejenige Bahn, auf deren Betriebsstrecke sich der Schaden ereignet hat, d. h. jede der am Transporte beteiligten Bahnen, auf deren Linien die Tatsache des Schadens eingetreten ist, gleichviel ob dies mit oder ohne ihr oder ihrer Leute Verschulden, durch Zufall usw. geschehen ist (Rosenthal 281). Der Kreis der hier bezeichneten Bahnen umfaßt alle am Transporte beteiligten Bahnen, nicht nur — wie in dem Art. 429 D. H.G.B. bestimmt — die in der Mitte liegenden Bahnen. Auch die erste (Annahmebahn) wie diejenige, welche zuletzt das Gut mit dem Frachtbriefe übernommen hat, fallen hierunter, wenn die Voraussetzung, daß der Schaden sich auf ihrer Betriebsstrecke ereignet hat, zutrifft. Hiernach kann die Bahn ad c mit der Bahn ad a und b identisch sein. Obwohl nicht ausdrücklich bestimmt ist, daß der in Anspruch genommenen Bahn nachgewiesen werden müsse, der Schaden habe sich auf ihrer Strecke ereignet, so liegt auch ohne besondere Vorschrift dem Kläger dieser Nachweis ob (Staub 1579; Düringer-Hachenburg 689). Denn er hat nach allgemeinen prozessualischen Regeln den Beweis der Passivlegitimation desjenigen, welchen er im Klagewege in Anspruch nimmt, zu führen. Eine unrichtige Frachtberechnung kann nicht als Schaden auf der Betriebsstrecke erachtet werden. Daher kann der Frachtrückerstattungsanspruch (Art. 12 Abs. 4) nur gegen diejenige Bahn gerichtet werden, welche die unrichtige Berechnung bewirkt hat (Z. IV 52, 53, VI 520). Festzuhalten ist hierbei, daß es sich nicht um diejenige Bahn handelt, welche an der Entstehung des Schadens die Schuld trägt, sondern lediglich um diejenige, in deren Bahnbereich der Schaden sich ereignet hat, ein Umstand, der dann von Erheblichkeit ist, wenn die Schadensursache und der faktische Eintritt des Schadens verschiedenen Bahnen angehören. Die bloße Tatsache des Eintrittes des Schadens ist für die Passivlegitimation entscheidend, gleichviel ob die Bahn, wo dieses Ereignis geschehen, auch zugleich dasselbe verschuldet hat oder nicht (Rosenthal 281).

Aus den Worten: „die Ansprüche aus dem internationalen Frachtvertrage können jedoch . . . im Wege der Klage nur gegen die erste Bahn . . . gerichtet werden“, ergibt sich klar, daß von dem Absender bzw. Empfänger lediglich die drei vorbezeichneten Bahnen — diese aber allerdings solidarisch ganz nach seiner Wahl — in Anspruch genommen werden dürfen. Auch im Falle der Insolvenz derselben ist er nicht berechtigt, nunmehr auf eine der übrigen Bahnen zurückzugreifen Ausgeschlossen sind hiernach von jeder Inanspruchnahme im Klagewege seitens des Absenders bzw. Empfängers alle nicht unter die gedachten drei Kategorien fallenden Bahnen.

Die formelle Passivlegitimation erfährt eine Einschränkung auf die drei im Abs. 3 bezeichneten Bahnen. In materieller Hinsicht bleibt dagegen im übrigen die solidarische Haftung aller beteiligten Bahnen unverändert und unbeschränkt. Die übrigen, im Abs. 3 nicht bezeichneten Bahnen scheiden also keineswegs aus der Mithaftung aus, sie sind nur nicht gehalten, dem Kläger als Passivlegitimierte gegenüberzutreten, sondern können ihn auf eine der drei im Abs. 3 bezeichneten Bahnen mit seiner Klage verweisen. Um aber jedem Zweifel hierüber zu begegnen, sind die Worte: „unbeschadet des Rückgriffs der Bahnen gegeneinander —" ausdrücklich eingefügt (s. Art. 47ff.). Diese haben den Zweck, auszudrücken, daß Abs. 3 sich lediglich auf die Regelung der Passivlegitimation bezieht, dagegen im übrigen die Rechtswirkungen des Korrealverhältnisses, die Solidarhaft der beteiligten Bahnen und mithin auch das Rückgriffsverhältnis derselben untereinander durchaus unberührt läßt, letzteres von den Bestimmungen des Abs. 3 in keiner Weise betroffen wird (Rosenthal 279). Die einjährige Verjährung des Art. 45 findet auf diesen Rückgriffsanspruch keine Anwendung (E. XX 314).

V. Die Beschränkung der Passivlegitimation auf die drei im Abs. 3 bezeichneten Bahnen soll sich dem Wortlaute dieses Absatzes gemäß nur auf Ansprüche aus dem internationalen Frachtvertrage beziehen, welche „im Wege der Klage" geltend gemacht werden. Daraus würde e contrario folgen, daß die Beschränkung fortfällt bzw. Abs. 3 nicht Anwendung findet, wenn es sich um die Geltendmachung der Ansprüche auf einem anderen als dem Klagewege, also auf dem Wege der Widerklage oder Einrede, handelt. Wie indes Art. 28 und die Materialien zu diesem Artikel ergeben, dürfen grundsätzlich auch im Wege der Widerklage oder der Einrede Ansprüche auch gegen eine andere beteiligte Bahn erhoben werden, wenn nämlich die Klage einer solchen Bahn sich auf denselben Frachtvertrag gründet, d. h. wenn es sich um eine Forderung handelt, welche aus dem nämlichen Frachtvertrage wie die Hauptklage entspringt (s. Anm. 152, 153. — Rosenthal 282; Gasca III 219; Rundnagel 254).

Festzuhalten ist hierbei auch, daß die vorliegende Bestimmung die Passivlegitimation der beteiligten Bahnen nur für den Fall der gerichtlichen Geltendmachung der Ansprüche aus dem internationalen Frachtvertrage beschränkt. Die außergerichtliche Geltendmachung im Wege der Reklamation wird hiervon nicht berührt. Diese kann daher gegen jede der nach Art. 27 Abs. 1 und 2 verpflichteten Bahnen gerichtet werden. Nur wenn es im Falle der Ablehnung des Anspruchs zur gerichtlichen Geltendmachung kommt, findet die beschränkende Vorschrift des Art. 27 Abs. 3 Anwendung. Vgl. jedoch über die subsidiäre Anwendung der Art. 26—28 auf Reklamationen Anm. 143 und 44 (Rosenthal 277; Schwab 231; Z. III 294, IV 102).

VI. Nach dem Schlußsatze des Abs. 3 steht dem Kläger unter den bezeichneten Bahnen die Wahl zu. An sich steht nach den Regeln der Korrealität dem Berechtigten nach seiner Wahl die Inanspruchnahme aller Verpflichteten zu. Nachdem durch Abs. 3 die

Passivlegitimation auf die drei dort bezeichneten Bahnen beschränkt worden ist, ist folgerichtig auch die Wahl des Klägers auf diese drei Bahnen beschränkt. Weiter aber geht die Beschränkung nicht. Unter jenen drei Bahnen kann er beliebig wählen. Nur insofern ist dieses Wahlrecht eingeschränkt, als dasselbe sich nur auf eine der beteiligten drei Bahnen, nicht auf mehrere zusammen erstrecken darf (S. 308 und Z. II 64), und ferner gemäß Abs. 5 (Anm. 151) abweichend von den allgemeinen Regeln der Korrealität mit der Erhebung der Klage erlischt, d. h. der Kläger nach erhobener Klage von der einmal getroffenen Wahl nicht wieder abgehen und eine der beiden anderen Bahnen nicht wählen darf, auch wenn die Klage nicht zum Ziele geführt, der Kläger nicht befriedigt ist. Das Wahlrecht kann also, sobald es in der Erhebung der Klage seinen Ausdruck gefunden, nicht nochmals ausgeübt werden (Rosenthal 281; s. die Kritik dieser Bestimmung bei F. Hilscher a. a. O.). Der Klage steht aber die Streitverkündung, der Antrag auf Beweisführung usw. nicht gleich (Rundnagel 253).

150) **„Die Klage kann nur von einem Gerichte des Staates abhängig gemacht werden, in welchem die beklagte Bahn ihren Wohnsitz hat, und welches nach den Gesetzen dieses Landes zuständig ist."**

Abs. 4 hat den Zweck, durch eine einheitliche Bestimmung des Gerichtsstandes der gemäß Abs. 3 passivlegitimierten Bahnen die Rechtssicherheit und Rechtsgleichheit zu fördern. Indeß dieser Zweck ist durch die Vorschrift des Abs. 4 nicht vollständig erreicht. Einheitlich ist der Gerichtsstand zwar insofern bestimmt, daß es 1. ein dem Domizilstaate der verklagten Bahn angehöriges und 2. nach dessen Gesetzen für derartige Klagen zuständiges Gericht sein muß. Welches Gericht aber innerhalb dieser Grenze das zuständige sein soll, ist der Bestimmung der Landesgesetze überlassen.

Der in den Verhandlungen hervorgehobene Zweck, die etwa in einzelnen Staaten bestehenden Prozeßvorschriften, wonach der Inländer den Ausländer vor den Gerichten des Klägers belangen darf, für die hier in Rede stehenden Klagen auszuschließen, ist ohne Zweifel durch Abs. 4 erreicht. Jede Bahn muß vor den Gerichten des Staates, in welchem sie ihren Wohnsitz hat, verklagt werden, und zwar auch dann, wenn sie in einem anderen Staate eine Niederlassung hat, und diese Bestimmung darf weder durch Sondervereinbarungen noch Tarife abgeändert werden (Art. 4) noch auch durch einseitige Gesetzesveränderungen der kontrahierenden Staaten (Z. VII 764). Aber die Sicherheit, daß unter diesen Gerichten überall das gleiche zuständig ist, ist nicht erreicht. Der Kläger muß sich nach Maßgabe des Prozeßrechtes desjenigen Staates, in welchem die in Anspruch zu nehmende Bahn domiziliert, darüber informieren, welches der Gerichte jenes Staates landesgesetzlich das zuständige ist. Es braucht nicht das forum contractus, das forum rei, das forum delicti, Zivil- oder Handelsgericht usw. zu sein. Das Übereinkommen erfordert nur, daß es ein Gericht des Staates ist, in welchem die zu belangende Bahn ihren Wohnsitz hat, und daß dieses Gericht nach den Landesgesetzen für Klagen dieser Art zuständig ist. Hierbei ist nicht ausgeschlossen, daß nach Maßgabe der Landesgesetze durch die Tarife das zuständige Gericht unter den Gerichten des betr. Staates bestimmt wird, wenn nach den Landesgesetzen die vertragsmäßige Regelung der Zuständigkeit gestattet ist (Z. VI 527).

151) **„Das Wahlrecht unter den im dritten Absatze erwähnten Bahnen erlischt mit der Erhebung der Klage.“**

Absatz 5 des Art. 27 enthält im engen Zusammenhange mit Abs. 3 eine weitere Beschränkung der Rechtswirkungen der Korrealität. An sich hat zwar der Berechtigte nach dem Schlußsatze des Abs. 3 unter den dort bezeichneten Bahnen die freie Wahl; aber dieses Wahlrecht steht ihm nur bis zum Zeitpunkt der Klageerhebung zu. Hat er durch diese einmal die Wahl getroffen, so darf er nicht mehr davon abgehen und eine der beiden anderen Bahnen wählen bzw. verklagen; denn mit der Erhebung der Klage ist sein Wahlrecht erloschen und kann nicht wieder aufleben (Rosenthal 281). Deshalb mahnt Schwab 240 daran, in der Wahl der zu verklagenden Bahn vorsichtig zu sein, insbesondere auch mit Rücksicht auf die verschiedenen zur Anwendung kommenden Prozeßrechte (Art. 55), und sich namentlich zu hüten, eine in der Mitte liegende Bahn zu verklagen, wenn nicht unzweifelhafte Beweise dafür vorliegen, daß sich der Schaden auf ihrer Betriebsstrecke ereignet hat. Denn, kann diese Bahn dartun, daß dies nicht der Fall gewesen, so darf der Berechtigte im Klagewege eine andere Bahn nicht mehr in Anspruch nehmen, weder eine der beiden anderen im Abs. 3 bezeichneten Bahnen noch eine der sonst am Transport beteiligten.

Welcher Zeitpunkt als der der Erhebung der Klage anzusehen, ob der Zeitpunkt der Anbringung bei Gericht, der Behändigung an die verklagte Bahn usw., ist nach dem Landesprozeß zu entscheiden.

Artikel 28.[152])

Im Wege der Widerklage oder der Einrede können Ansprüche aus dem internationalen Frachtvertrage auch gegen eine andere als die im Artikel 27 Absatz (3) bezeichneten Bahnen geltend gemacht werden, wenn die Klage sich auf denselben Frachtvertrag gründet.[153])

Zusatz I.

Betriebsreglement des Vereins Deutscher Eisenbahnverwaltungen.

§ 66.

(Text übereinstimmend mit vorstehendem Art. 28.)

152) **Prinzip und Entstehungsgeschichte des Art. 28.**

Nach dem Wortlaute des Art. 27 Abs. 3 ist der Klageweg für Ansprüche aus dem internationalen Frachtvertrage nur auf die drei dort bezeichneten Bahnen beschränkt worden. Daraus würde arg. e contr. gefolgert werden können, daß auf anderem prozessualischen Wege, d. h. auf dem Wege der Widerklage oder der Einrede, die Erhebung von Ansprüchen aus dem internationalen Frachtvertrage nicht auf die drei im Abs. 3 des Art. 27 bezeichneten Bahnen beschränkt sei.

sich vielmehr auf alle nach den Abs. 1 und 2 des Art. 27 solidarisch verpflichteten Bahnen erstrecken dürfe. Dies lag aber nicht in der Absicht des Gesetzes. Vielmehr sollte die Beschränkung der Passivlegitimation sich grundsätzlich nicht allein auf die Klage — wozu im weiteren Sinne auch die Streitverkündung, der Arrestantrag (Arrestklage), der Antrag zur Sicherung des Beweises, zur Feststellung des Zustandes des Gutes als vorbereitende Schritte zur Klage zu rechnen sind —, sondern auch auf die Widerklage und Einrede beziehen. Um jedem Zweifel hierüber zu begegnen, wurde es für erforderlich erachtet, durch eine positive Bestimmung des Übereinkommens besonders auszudrücken, daß auch im Wege der Widerklage oder der Einrede Ansprüche aus dem internationalen Frachtvertrage nur gegen eine der im Art. 27 Abs. 3 bezeichneten Bahnen geltend gemacht werden können.

Indes Billigkeitsrücksichten sprachen dafür, diesen Satz nicht ganz allgemein und ausnahmslos aufzustellen. Wäre dies geschehen, so würde eine der im Art. 27 Abs. 3 nicht bezeichneten, aber am Transport beteiligten und gemäß Art. 27 Abs. 1 und 2 solidarisch verpflichteten Bahnen, welche gegen den Absender oder Empfänger Ansprüche aus dem Frachtvertrage im Klagewege geltend macht — z. B. auf Nachzahlung zu wenig erhobener Fracht (Art. 12 Abs. 4), Schadensersatz aus mangelhafter Verpackung (Art. 9 Abs. 3), Kosten aus nachträglichen Verfügungen (Art. 15 Abs. 8) usw. —, sich keinerlei Gegenansprüche des verklagten Absenders oder Empfängers auch nicht einmal aus demselben Frachtvertrage, im Wege der Widerklage oder Einrede gefallen zu lassen brauchen.

Die Zulassung eines derartigen Verfahrens würde aber mit dem allgemeinen, in allen Prozeßrechten anerkannten Grundsatze im Widerspruche stehen, wonach den Forderungen des Klägers die Gegenforderungen des Verklagten im Wege der Widerklage oder Einrede jedenfalls dann in demselben Prozesse entgegengesetzt werden dürfen, wenn beide auf demselben Vertragsverhältnisse beruhen, d. h. die Eigenschaft der Konnexität besitzen. Aus dieser auch der Billigkeit entsprechenden Erwägung hielt man es für geboten, ausnahmsweise die Geltendmachung von Ansprüchen aus dem internationalen Frachtvertrage im Wege der Widerklage oder Einrede auch gegen eine andere als die im Art. 27 Abs. 3 bezeichneten Bahnen dann zu gestatten, wenn die Klage der betreffenden Bahn aus dem nämlichen Frachtvertragsverhältnisse hervorgegangen ist, sich auf denselben Frachtvertrag gründet wie die Widerklage oder Einrede des Verklagten.

Der Kreis der passivlegitimierten Bahnen ist also für diesen Fall über die drei im Art. 27 Abs. 3 bezeichneten Bahnen hinaus erweitert. Richtet eine andere an dem Frachtvertrage beteiligte Bahn (Art. 27 Abs. 1 und 2) aus demselben eine Klage gegen den Absender oder Empfänger, so darf dieser gegen sie Widerklage oder Einrede erheben, wenn seine Widerklage oder Einrede dem nämlichen Vertrage entspringt wie die gegen ihn bahnseitig gerichtete Klage. Rührt diese nicht aus demselben Frachtvertrage her, d. h. beruhen Klage und Widerklage oder Einrede auf verschiedenen Frachtverträgen, so sind letztere gegen erstere nicht statthaft (Rundnagel 254).

Voraussetzung ist aber notwendig, daß er zur gerichtlichen Geltendmachung der Rechte aus dem internationalen Frachtvertrage überhaupt gemäß Art. 26 aktivlegitimiert, d. h. verfügungsberechtigt ist; denn an den Voraussetzungen seiner Aktivlegitimation wird durch Art. 28 durchaus nichts geändert. Die Aktivlegitimation wird in diesem Artikel nicht berührt. Ist er also nicht aktivlegitimiert, so darf er gegen die Klage einer am internationalen Transport beteiligten Bahn — gleichviel ob sie zu den im Art. 27 Abs. 3 bezeichneten gehört oder nicht — eine Widerklage oder Einrede behufs Geltendmachung von Ansprüchen aus dem internationalen Frachtvertrage nicht erheben, wenngleich seine Widerklage oder Einrede sich auf denselben Frachtvertrag gründet wie die Klage (A. M. Schwab 240).

Der Deutsche Entwurf enthielt ohne besondere Motivierung im Anschluß an seinen Art. 16 (jetzt 27) als Art. 17 (jetzt 28) nachstehende Bestimmung: „Auch im Wege der Widerklage oder der Einrede können Ansprüche aus dem internationalen Frachtvertrage nur gegen eine der im Art. 16 bezeichneten Bahnen geltend gemacht werden."

In der I. Konferenz wurde dieser Artikel unbeanstandet angenommen (Prot. 32—34, 71).

In der II. Konferenz wurde die Frage angeregt, ob es nicht richtiger wäre, nur des dritten Alinea des Art. 27 Erwähnung zu tun. Demgemäß schlug die I. Kommission folgende Fassung vor: „Auch im Wege der Widerklage oder der Einrede können Ansprüche aus dem internationalen Frachtvertrage nur gegen eine der im Art. 27 Abs. 3 bezeichneten Bahnen geltend gemacht werden. Eine Ausnahme findet in dem Falle statt, wenn es sich um eine noch nicht im Wege der Klage geltend gemachte Forderung handelt, welche sich auf den nämlichen Frachtvertrag wie die Hauptklage gründet."

In der III. Konferenz schlug die I. Kommission folgende Fassung vor: „Im Wege der Widerklage oder der Einrede können Ansprüche aus dem internationalen Frachtvertrage auch gegen andere als die im Art. 27 Abs. 3 bezeichneten Bahnen geltend gemacht werden, wenn es sich um eine Forderung handelt, welche sich auf den nämlichen Frachtvertrag wie die Hauptklage gründet."

Der Artikel wurde nach diesem Vorschlage angenommen und erhielt sodann durch die Redaktionskommission die in den Text des Übereinkommens definitiv aufgenommene Fassung.

153) **„Im Wege der Widerklage oder der Einrede können Ansprüche aus dem internationalen Frachtvertrage auch gegen eine andere als die im Artikel 27 Absatz 3 bezeichneten Bahnen geltend gemacht werden, wenn die Klage sich auf denselben Frachtvertrag gründet."**

Die Absicht des Gesetzgebers in betreff der Bestimmung des Art. 27 Abs. 3 ging dahin, grundsätzlich nicht nur den Weg der Klage aus dem internationalen Frachtvertrage auf die drei dort bezeichneten Bahnen zu beschränken, sondern auch den Weg der Widerklage und der Einrede. Aus Billigkeitsrücksichten und nach Maßgabe allgemein anerkannter

Normen des Prozeßrechtes erschien es jedoch geboten, dann eine Ausnahme zu obigem Grundsatze zuzulassen, wenn sich die Klage einer anderen, im Art. 27 Abs. 3 nicht bezeichneten Bahn gegen den Absender bzw. Empfänger auf denselben Frachtvertrag gründet wie die Widerklage oder Einrede des Beklagten. Dieser Ausnahmeschrift gibt Art. 28 des Übereinkommens Ausdruck (s. Anm. 152).

Die Ausnahmevorschrift ist aber nach allgemeinen Interpretationsregeln strikte auszulegen:

a) Art. 28 findet nur auf Ansprüche aus dem internationalen Frachtvertrage Anwendung (s. über den Begriff: Art. 27 Anm. 149). Ob und inwieweit Gegenansprüche, welche auf einem anderen Fundamente ruhen (z. B. ex lege, ex delicto usw.), gegen eine aus dem internationalen Frachtvertrage klagende Bahn im Wege der Widerklage oder Einrede vom Verklagten geltend gemacht werden dürfen, ist mangels einer Bestimmung hierüber nach Landesprozeßrecht zu entscheiden.

b) Art. 28 beschränkt sich ferner lediglich auf den Weg der Widerklage oder Einrede. Der Weg der Klage steht dem Absender oder Empfänger, falls er überhaupt gemäß Art. 26 aktivlegitimiert ist, nur gegen eine der drei im Art. 27 Abs. 3 bezeichneten Bahnen offen (Anm. 149).

c) Aber auch im Wege der Widerklage und Einrede kann eine andere als eine der im Art. 27 Abs. 3 bezeichneten Bahnen nicht beliebig und in allen Fällen vom Absender oder Empfänger in Anspruch genommen werden, sondern ganz ausschließlich in dem einen Falle, „wenn die gegen ihn gerichtete Klage der betreffenden Bahn sich auf denselben Frachtvertrag gründet wie die von ihm erhobene Widerklage oder Einrede", d. h. Klage und Widerklage oder Einrede aus demselben Frachtvertragsverhältnisse entspringen, die Eigenschaft der Konnexität besitzen.

Nach vorstehendem lassen sich die im Art. 28 in Verbindung mit Art. 27 Abs. 2 des Übereinkommens enthaltenen Normen über die Passivlegitimation der Eisenbahn bei Ansprüchen aus dem internationalen Frachtvertrage wie folgt zusammenfassen:

1. Der Berechtigte darf grundsätzlich wie im Wege der Klage, so auch im Wege der Widerklage und Einrede nur eine der im Artikel 27 Absatz 3 bezeichneten Bahnen in Anspruch nehmen.

2. Wird der Berechtigte also von einer der im Artikel 27 Absatz 3 bezeichneten drei Bahnen aus dem internationalen Frachtvertrage verklagt, so kann er Gegenansprüche im Wege der Widerklage und Einrede gegen dieselben erheben, und zwar auch dann, wenn die Klage sich nicht auf den nämlichen Frachtvertrag gründet, soweit dies überhaupt nach dem betreffenden Landesprozeßrecht zulässig und er gemäß Art. 26 aktivlegitimiert ist.

3. Der Berechtigte darf grundsätzlich eine der anderen, gemäß Art. 27 Abs. 1 und 2 verpflichteten Bahnen weder im Wege der Klage noch der Widerklage oder Einrede in Anspruch nehmen. Tut er dies dennoch, so können ihm diese den Einwand der mangelnden Passivlegitimation entgegensetzen.

4. Wird der Berechtigte von einer der anderen im Art. 27 Abs. 3 nicht bezeichneten, am Vertrage gemäß Art. 27 Abs. 1 und 2 beteiligten Bahnen verklagt, so darf er Gegenansprüche im Wege der Widerklage oder Einrede gegen dieselbe in der Regel nicht erheben, selbst wenn dies nach dem betreffenden Landesprozeßrecht zulässig sein und er die Aktivlegitimation gemäß Art. 26 besitzen würde.

5. Jedoch ist ausnahmsweise dem Berechtigten die Erhebung von Gegenansprüchen im Wege der Widerklage oder Einrede dann gestattet, wenn sich die Klage auf denselben Frachtvertrag gründet, aus welchem die Widerklage oder Einrede herrührt, und zwar auch dann, wenn dies nach Landesprozeßrecht nicht zulässig sein sollte. Wohl aber ist hierbei vorausgesetzt, daß der Widerkläger bzw. Verklagte an sich gemäß Artikel 26 zur gerichtlichen Geltendmachung von Vertragsansprüchen überhaupt aktivlegitimiert ist.

6. Ist der Verklagte zur Erhebung von Gegenansprüchen nicht gemäß Art. 26 aktivlegitimiert, hat er sich also z. B. bei einer gemäß Art. 9 Abs. 3 oder Art. 12 Abs. 4 gegen ihn gerichteten Klage einer beteiligten Eisenbahn auf Schadensersatz oder Frachtnachzahlung des Verfügungsrechts über das Gut bereits begeben, so ist er zur Widerklage oder Einrede weder im Falle des Art. 27 Abs. 3 noch im Falle des Art. 28 befugt (A. M. Schwab 240).

Artikel 29.[154])

Die Eisenbahn haftet[155]) für ihre Leute und für andere Personen, deren sie sich bei Ausführung des von ihr übernommenen Transportes bedient.[156])

Zusatz I.

Betriebsreglement des Vereins Deutscher Eisenbahnverwaltungen.

§ 67.

(Text übereinstimmend mit vorstehendem Art. 29.)

(Vgl. Übereinkommen zum Betriebsreglement des Vereins Deutscher Eisenbahnverwaltungen: Art. 2: Haftung der Eisenbahn für ihre Leute.)

154) Prinzip und Entstehungsgeschichte des Art. 29.

Mit Art. 29 beginnt die Reihe der Vorschriften des internationalen Übereinkommens, welche sich auf die Haftpflicht (Schadensersatzpflicht) der Eisenbahnen im internationalen Eisenbahntransport beziehen. Die Art. 29—46 des internationalen Übereinkommens umfassen die bei weitem wichtigste und schwierigste Aufgabe des internationalen Eisenbahn-Frachtrechts, die einheitliche Normierung und Begrenzung der Haftpflicht der Eisenbahnen für Verlust, Beschädigung oder Minderung der Güter sowie für Versäumung der Lieferfrist; und zwar betreffen die Art. 29, 30, 39 in Verbindung mit Art. 33 die allgemeinen Voraussetzungen der Haftpflicht, Art. 31 und 32 die Fälle der Beschränkung der Haftpflicht, Art. 34—36, 40—43 die Normen für die Bemessung des Schadensersatzes und Art. 44—46 für Erlöschen und Verjährung der Haftpflichtansprüche.

Was zunächst die allgemeinen Voraussetzungen der Haftpflicht anlangt, so hat das internationale Übereinkommen in Übereinstimmung mit den Landesfrachtrechten auch für das internationale Eisenbahn-Frachtrecht die strengen Grundsätze des römischen receptum angenommen. Danach ist der Transport ein Werk (opus). Die Eisenbahn als Frachtführer übernimmt das Gut mit der Zusage, es in unversehrtem Zustande abzuliefern (rem salvam fore), soweit dies mit vernünftigen Mitteln überhaupt möglich ist. Wie sie diesen Erfolg herbeiführt, ist also ihre Sache. Da ihre Tätigkeit nicht kontrolliert werden und ein Beweis für ihr Verschulden in der Regel nicht geführt werden kann, so ist ihr die strengste Haftpflicht auferlegt; sie haftet sowohl für ihre eigenen Handlungen und Trantportmittel, als auch für ihre Bediensteten unbedingt, und ferner für die Handlungen Dritter und für Naturereignisse insoweit, als dieselben durch menschenmögliche Vorsicht abgewendet oder in ihren Folgen unschädlich gemacht werden können. Die Eisenbahn vertritt mithin selbst Zufall bis an die Grenze der höheren Gewalt. Die Schadensersatzklage ist durch die bloße Tatsache der Beschädigung oder des Verlustes des zum Transporte aufgegebenen Gutes an sich begründet. Gegen diese Klage stehen den Bahnen nur drei Einreden zu: a) die Einrede der höheren Gewalt, b) die Einrede des eigenen Verschuldens, c) die Einrede aus der natürlichen Beschaffenheit des Gutes. Nur für Verspätung ist eine etwas mildere Haftpflicht zugelassen.

Artikel 29 enthält den allgemeinen, aus Art. 400 des alten D. H.G.B. entnommenen und auch in den übrigen deutschen und außerdeutschen europäischen Rechten anerkannten (Rosenthal 178 und Anm. 6) Grundsatz, daß die Eisenbahn für ihre Leute und für andere Personen haftet, deren sie sich bei Ausführung des von ihr übernommenen Transports bedient. Im vorangehenden ist bereits darauf hingewiesen worden, daß aus der Annahme der strengen Grundsätze des römischen receptum für die Haftpflicht der Eisenbahn auch die Haftung für ihre Organe folgt, d. h. der Grundsatz der uneingeschränkten und unbedingten Haftung der Eisenbahn für ihr gesamtes an der Ausführung des übernommenen Transports beteiligtes Dienst- und Hilfspersonal. Der Gesetzgeber hat es jedoch für erforderlich erachtet, diesem Grundsatze im Übereinkommen besonderen Ausdruck zu verleihen, um jeden Zweifel hierüber zu beseitigen. Sodann hätte sich aus den Grundsätzen des receptum nur die Haftung für die Leute usw. bei Verlust oder Beschädigung des Gutes (Art. 30) ergeben, nicht auch für Verspätung (Art. 39), denn für letztere ist ein geringerer Grad der Haftung angenommen (s. oben). Durch seine Stellung und allgemeine Fassung hat aber der Grundsatz des Art. 29 nicht nur auf Verlust oder Beschädigung im Umfange des Art. 30, sondern auch auf Versäumung der Lieferfrist gemäß Art. 39 Bezug.

Aus der Entstehungsgeschichte des Art. 29 ist folgendes hervorzuheben:

Dem Schweizer Entwurfe fehlte der im Art. 29 des Übereinkommens ausgesprochene Grundsatz gänzlich.

In der Kritik des Schweizer Entwurfs (Eger, Die Einführung eines internationalen Eisenbahn-Frachtrechts, 1877, S. 97, und Gegenentwurf Art. 18 a. a. O. S. 145) wurde die Aufnahme einer bezüglichen Vorschrift nach Analogie des Art. 400 des alten D. H.G.B. dringend empfohlen.

Diesem Vorschlage schloß sich der Deutsche Entwurf 1878 (Art. 17a) wörtlich an, indem er in den Motiven darauf hinwies, daß dieser Grundsatz als fast allen europäischen Staaten gemeinsam betrachtet werden könne. Art. 17a wurde als Art. 29 in den Text des Übereinkommens aufgenommen.

155) **„Die Eisenbahn haftet . . .“**

Für die Erläuterung dieser Worte wird zunächst auf die gleichlautenden der Art. 30 und 39 Bezug genommen. Alles dort über den Umfang der Haftung der Eisenbahn für Verlust, Minderung, Beschädigung des Gutes oder Versäumung der Lieferfrist Gesagte gilt uneingeschränkt auch hier.

I. Der Begriff „die Eisenbahn“ ist in Anm. 158 S. 336 (Art. 30) erörtert.

II. Der Umfang der Haftung erstreckt sich auf die Ausführung des Transportes, ist also durch Art. 30—43 begrenzt (R.G.H.G XII 119; Lehmann-Ring II 330. — A. M. Rundnagel 22; Makower 1518; Düringer-Hachenburg 571). Soweit also die Eisenbahn nach den Bestimmungen dieser Artikel für sich selbst haften muß, liegt ihr auch die Haftpflicht für ihre Leute und anderweiten Gehilfen ob. Sie bilden mit ihr gewissermaßen ein einheitliches Ganzes, ein Organ. Sie kann sich daher nicht darauf berufen, daß sie bei der Auswahl und Beaufsichtigung ihrer Leute oder anderer zur Ausführung des von ihr übernommenen Transportes benutzter Personen die erforderliche diligentia angewandt habe, daß sie weder culpa in eligendo noch in inspiciendo treffe. Sie hat vielmehr unbedingt für alle ihre Handlungen aufzukommen, z. B. auch bei Streik (Z. IX 85, E. XVII 321). (S. über diese Frage: E. XX 123, E 236, 293, 328, 395, XXII 276, XXIII 386, 399, Sp.- u. Sch.-Ztg. XII Nr. 21, XIII Nr. 49. Allg. Tar.-Anz. XXIII Nr. 19, XXIV Nr. 46; Baumgarten E. XXIII 91 und XXV; Sonderheft S. 1; V.Z. v. 17. April 1907 und hierzu Z. XV 176); bei passiver Resistenz: E. XXIII 372, XXV 197.

III. Nur diejenigen Einreden stehen ihr gegen diese Vertretungspflicht zu, welche sie gehabt haben würde, wenn sie selbst persönlich die betreffende Handlung verrichtet bzw. den Transport ausgeführt hätte. Sie kann sich also gegen Schadensansprüche aus Verlust, Minderung, Beschädigung des Gutes oder Versäumung der Lieferfrist nur durch eine der ihr nach den Art. 30 (Anm. 160) und 39 (Anm. 196) zustehenden Einreden schützen.

Die Haftung der Eisenbahn für ihre Leute usw. beruht darauf, daß sie den Transport übernommen hat. Wenn sie ihn also ganz oder teilweise anderen Personen zur Ausführung überträgt, so geschieht dies nicht etwa für Rechnung des Absenders, sondern für eigene Rechnung. Mit dem Absender stehen dieselben in keiner obligatorischen Beziehung

(v. Hahn II 626, Rosenthal 179). Es ist für die Haftung der Eisenbahn gleichgültig, ob sie selbst den Transport ausführt oder sich zum Zweck der Ausführung des von ihr übernommenen Transports anderer bedient.

Bei den dem internationalen Übereinkommen unterworfenen Transporten erfolgt aber die Übernahme des Transportes seitens der beteiligten Bahnen nicht nur für die eigene Strecke, sondern mittelst des durchgehenden internationalen Frachtbriefes (Art. 1 und 6 Anm. 5 und 32) stets für die ganze Beförderungsstrecke von der Versand- bis zur Bestimmungsstation. Ein Transport, welcher nicht für die ganze Strecke, sondern nur für den eigenen Bezirk oder eine Teilstrecke übernommen wird, ist kein internationaler Transport und dem Übereinkommen nicht unterworfen. Die erste Bahn, welche das Gut mit dem Frachtbriefe zur Beförderung übernimmt, übernimmt den ganzen Transport bis zur Ablieferung und haftet demgemäß auch für die Ausführung des Transports auf den folgenden Bahnen der Beförderungsstrecke bis zur Ablieferung (Art. 27 Abs. 1 Anm. 147), und vice versa jede folgende Bahn tritt dadurch, daß sie das Gut mit dem ursprünglichen (internationalen) Frachtbriefe übernimmt, nach Maßgabe des letzteren in den Frachtvertrag ein und übernimmt damit gleichfalls den ganzen Transport von der Annahme bis zur Ablieferung (Art. 27 Abs. 2 Anm. 148). Daraus folgt, daß die Haftung der Eisenbahn für ihre Leute und sonstigen Transportorgane gemäß Art. 29 bei Übernahme internationaler Transporte eine ungleich größere Tragweite besitzt als bei der Übernahme eines Transports, der sich nur auf die eigene Strecke beschränkt. Direkt haftet freilich nach Art. 29 jede beteiligte Bahn nur für ihre eigenen Leute und Transportorgane. Aber da jede in den Frachtvertrag eintretende Bahn den ganzen internationalen Transport übernimmt und zugleich auch die Haftung für alle an demselben beteiligten Bahnen, so haftet sie dem Beschädigten mittelbar auch für deren Leute und sonstigen Transportorgane. Nur ist sie nach den Normen des Art. 47 zum Rückgriff berechtigt gegen diejenige Bahn bzw. gegen diejenigen Bahnen, durch deren Leute usw. der Schaden nachweisbar entstanden ist (so auch Rosenthal 181).

Daraus, daß die Eisenbahn für ihre Leute und Hilfspersonen so zu haften hat, wie wenn sie selbst den Transport ausführte, und mit ihnen gewissermaßen ein einheitliches Ganzes bildet, folgt, daß, insoweit der Eisenbahn selbst eine Haftpflicht nicht obliegt, sie auch für die bezüglichen Handlungen oder Unterlassungen ihres Personals nicht in Anspruch genommen werden kann. Wie für sich selbst, so hat sie auch für ihr Personal nur Verlust, Minderung, Beschädigung und Verspätung auf Grund des Art. 29 zu vertreten. Für Handlungen, die hiermit nicht in Beziehung stehen, ist die Eisenbahn nicht verantwortlich (Z. VIII 161).

Da die Eisenbahn für ihre Leute usw. unbedingt haftet und ihr nur die in den Art. 30 f. und 39 vorgesehenen Einreden gegen die aus ihren Handlungen erwachsenden Schadensansprüche zustehen, so kann sie auch der Einwand nicht befreien, daß irgendein Verschulden oder eine Arglist ihrer Leute usw. den Schaden herbeigeführt habe. Sie haftet also z. B. auch für alle durch fahrlässige oder arglistige Handlungsweise ihres Personals herbeigeführten Verluste, Beschädigungen am Frachtgute, für Verspätungen, sei es, daß dieselben durch Fehldirigierung, Abhandenkommen, Diebstahl, Betriebsunfälle, Unregelmäßigkeiten im Dienste, unrichtige, unterlassene oder verspätete Avisierung, Ablieferung, Auskunftserteilung (E. XIX 45, XXV 8; Hertzer E. XXII 407 und hierzu Z. XIV 275, 432, Sp.- u. Sch.-Ztg. XIII Nr. 40, XVI Nr. 22, Senckpiehl, Sp.- u. Sch.-Ztg. XIII Nr. 14), Fälschung von Frachturkunden, Frachtbriefen, Duplikaten usw. (E. XX 20) entstanden sind (Art. 41), für mangelhafte Bedeckung des Gutes (Z. VI 37) für Zoll- usw. Strafen, die durch ungenaue Wiegung, unrichtige Deklaration, Verlust oder Beschädigung der Begleitpapiere seitens der Leute der Bahn herbeigeführt worden sei (Z. V 599. A. M. 839). — Die Haftung der Eisenbahn für ihre Leute ist in dem Sinne eine absolute, daß sie selbst deren Betrugs- und Veruntreuungshandlungen schlechthin als eigene Handlungen zu vertreten hat (übereinstimmend Rosenthal 178 und Anm. 9). Diebstahl, franz. Kass. Hof (Z. XV 366, E. XXIV 129. — A. M. Öst. Oberst. Ger. H. 27. März 1906, wenn das Gut nicht vorschriftsmäßig deklariert ist: E. XXV 126).

IV. Beginn, Dauer und Ende der Haftpflicht der Eisenbahn für ihre Leute ist gleichfalls nach den Grundsätzen über die Haftung für ihre eigenen Handlungen zu beurteilen („von der Annahme zur Beförderung bis zur Ablieferung“ vgl. Anm. 159 zu Art. 30). Insbesondere schließt Betrug und Veruntreuung der Leute usw. der Eisenbahn die kurze Verjährungsfrist des Art. 45 in gleicher Weise aus, wie wenn die Eisenbahn selbst sich eine derartige Handlungsweise zuschulden kommen läßt (Art. 45 Abs. 1, Art. 44 Nr. 1). Desgleichen ist die Höhe des Schadensersatzes für den von den Leuten usw. angerichteten Schaden lediglich nach denselben Normen zu bemessen wie für den von der Eisenbahn selbst bewirkten (vgl. Art. 34—38, 40—42).

V. Abgesehen von den nach Art. 30 und Art. 39 der Eisenbahn zustehenden Einreden erleidet ihre Haftpflicht betreffs des Dienst- und Hilfspersonals noch folgende, aus dem Wesen derselben sich ergebende Einschränkungen:

1. Zunächst liegt der Eisenbahn für ihre Leute und für andere Personen, deren sie sich bei Ausführung des von ihr übernommenen Transportes bedient, nur insoweit die unbedingte Haftung ex recepto gemäß Art. 29 ob, als sie dem eigentlichen Eisenbahn-Transportgewerbe angehören. „Ausführung des Transports“ ist im engeren Sinne zu nehmen. Es ist darunter also nicht die gesamte Eisenbahnverwaltung in allen ihren Zweigen und das darin angestellte und beschäftigte Personal zu verstehen, sondern nur das der eigentlichen Transportverwaltung, das für die Ausführungsgeschäfte des Transportbetriebes angestellte, den Transport vorbereitende, durchführende und vollendende Personal, also vornehmlich das Güterexpeditionspersonal sowie die die Transportmittel unterhaltenden und bedienenden Leute, nicht aber die in anderen Geschäftszweigen der Eisenbahnverwaltung (Kassen-, Rechnungs-, Buchhaltungs- usw. Dienst)

beschäftigten Organe. Die Eisenbahn ist ex recepto nach Art. 29 nur für diejenigen Leute usw. verantwortlich, die in ihrem Frachtgewerbe angestellt sind, alle anderen sind nicht ihre Leute usw. in ihrer Eigenschaft als Frachtführer (D. Reichsger. R.G.Z. VII 127; Schott 363; Ruckdeschel 171; Lehmann-Ring 330. — A. M. Cosack 438; Makower 1432; Rundnagel 20; Düringer-Hachenburg 572; Hertzer V.Z. 1906 Nr. 17.)

2. Aber auch für den engeren Kreis der speziell zur eigentlichen Transportausführung verwendeten Personen haftet die Eisenbahn nur insoweit, als dieselben den Schaden in Ausübung ihrer Dienstfunktionen bzw. bei Gelegenheit derselben herbeigeführt haben. Diese müssen ihr Anlaß zu der schädigenden Handlung geboten haben oder doch in Beziehung zu derselben stehen. Denn wenn auch die Haftpflicht der Eisenbahn für Verlust und Beschädigung nach Art. 30 den strengen Normen des receptum unterliegt, so ist ihr doch auch nach diesen Normen die Einrede der höheren Gewalt gestattet, und gerade von diesem Gesichtspunkte aus ist zu unterscheiden, ob ein Schaden durch die Leute usw. der Eisenbahn herbeigeführt worden ist, während sie in Ausübung ihrer Dienstfunktionen waren oder nicht (s. Art. 30 Anm. 160; D. R.G. VII 127; v. Hahn II 626; Puchelt II 482; Wehrmann 163; Ruckdeschel 171; Cosack 438; Makower 1518; Düringer-Hachenburg 572; — A. M. Rundnagel 20, 21).

Waren die Leute usw. in Ausübung ihrer Dienstfunktionen, oder stand ihre Handlungsweise mit diesen im Zusammenhang und in Beziehung, so haftet die Eisenbahn unbedingt für die von ihnen veranlaßten Schäden, gleichviel ob dieselben fahrlässig, zufällig, kulpose oder dolose usw. herbeigeführt worden sind (E. XXI 380). Sobald sie ihren Dienst antreten, handeln sie an Stelle der Eisenbahn, sind sie mit ihr identisch und lediglich Glieder des von ihr vertretenen Ganzen, und zwar gleichviel, ob sich ihre Funktionen auf den speziellen Transport oder ganz allgemein auf das Transportgewerbe beziehen (s. über Streik und passive Resistenz oben S. 327).

Anders aber liegt die Sache, wenn der Schaden durch die Leute usw. der Eisenbahn herbeigeführt worden ist, während sie sich nicht in Ausübung ihrer Dienstfunktionen befanden und weder im Zusammenhang noch in Beziehung mit denselben handelten. Hier fällt die unbedingte und absolute Haftpflicht der Eisenbahn fort, und es greift der Einwand der höheren Gewalt, des unabwendbaren, äußeren Zufalls nach Lage der gegebenen Verhältnisse Platz. Die Haftpflicht der Eisenbahn würde in einer der ratio legis durchaus nicht entsprechenden Weise gesteigert werden, wenn sie auch unbedingt für diejenigen Schäden aufkommen müßte, welche von ihren Leuten usw. ganz außerhalb ihrer Dienstfunktionen und ihrer dienstlichen Sphäre, sei es fahrlässig oder in verbrecherischer Absicht, veranlaßt werden. Wenn also z. B. ein Güterexpedient in verbrecherischer Absicht, in einem Anfalle von Geisteskrankheit usw. fern von seinem Dienstorte oder außerhalb seines Dienstes usw. auf die sorgfältigst revidierte Strecke im letzten Moment ein Hindernis bringt und dadurch eine Entgleisung des Zuges und Beschädigungen der in demselben befindlichen Frachtgüter herbeiführt, die sich trotz aller Vorsichtsmaßregeln und der angespanntesten Aufmerksamkeit der bei der Ausführung des Transportes beteiligten Beamten usw. nicht vermeiden ließen, so wird die Eisenbahn den gegen sie erhobenen Schadensansprüchen mit Erfolg die Einrede der höheren Gewalt entgegensetzen können. Eine Unterscheidung zwischen solchen Handlungen der nicht in Ausübung ihres Dienstes befindlichen Leute der Eisenbahn und beliebiger dritter Personen erscheint nicht begründet. Die Haftung ist nur auf diejenigen Leute zu beziehen, deren dienstliche Stellung mit dem Betriebe des Frachtgeschäftes in Bezug steht, denn nur diese sind „Leute der Eisenbahn", und ferner nur auf diejenigen Handlungen derselben, welche mit ihren dienstlichen Verrichtungen im wenn auch nur entfernten Zusammenhange stehen, die sie also bei Gelegenheit dieser Verrichtungen vornehmen, oder zu deren Vornahme oder leichteren und wirksameren Vornahme ihre dienstliche Stellung ihnen Gelegenheit gegeben hat (Deutsch. Reichsger. R.G.Z. VII 127; v. Hahn II 626; Puchelt II 482; Wehrmann 163; Ruckdeschel 171; ebenso Düringer-Hachenburg, Cosak, Makower 1518, Rosenthal 180. — A. M. Rundnagel 20, 21).

Die strenge Haftpflicht aus Art. 29 liegt somit der Eisenbahn für ihre Leute und andere zur Transportausführung benutzte Personen nur innerhalb der Geschäftssphäre des Angestellten bzw. Beauftragten und in Beziehung auf dieselbe ob.

3. Aus der bereits oben berührten Voraussetzung des Art. 29 ferner, daß der Transport von der Eisenbahn „übernommen", d. h. die Beförderung vom Empfangs- bis zum Bestimmungsorte vertragsmäßig vereinbart sein muß, folgt, daß die absolute Haftung der Eisenbahn für ihre Leute gemäß Art. 29 sich nicht auf diejenigen ihrer Handlungen bezieht, die entweder noch vor Abschluß des Frachtvertrages oder erst nach Erfüllung desselben schädigend auf das Gut eingewirkt haben, ebensowenig auf alle selbständigen Handlungen, eigenmächtigen Verpflichtungen, welche die Leute usw. der Eisenbahn neben dem Frachtvertrage bzw. außerhalb desselben dem Absender gegenüber direkt übernommen haben; demgemäß haftet die Eisenbahn nicht für die Richtigkeit der von ihren Leuten usw. ohne dienstliche Verpflichtung besorgten Frachtbriefausstellung, ferner nicht aus Ratschlägen ihrer Leute über erst abzuschließende Frachtverträge, unrichtige Auskunftserteilung über die gehörig publizierten Tarife (Z. IX 202, E. XX 161, XXII 5), aus Privatabreden ihrer Leute, wonach dieselben den Absendern eine geringere Fracht, schnellere Beförderung usw., als die tarifmäßige, oder günstigere und leichtere Verpackungs-, Verladungs- usw. Bedingungen, als die reglementsmäßigen, zusagen.

156) „für ihre Leute und für andere Personen, deren sie sich bei der Ausführung des von ihr übernommenen Transportes bedient."

Art. 29 führt nach Analogie des Art. 400 (§ 458) D. H.G.B. zwei Kategorien des Hilfspersonals der Eisenbahn auf: 1. ihre Leute,

2. andere Personen, deren sie sich bei Ausführung des von ihr übernommenen Transportes bedient, und deutet durch diese getrennte Aufführung zwei verschiedene Kategorien an. Dennoch ist es schwierig, rechtlich die Begriffe für beide Kategorien so zu definieren, daß sich die Grenze zwischen beiden aus charakteristischen Merkmalen genau bestimmen ließe (Rießer, Revis. 103; Rosenthal 179; Rundnagel 19).

Der Unterschied kann lediglich in dem gewöhnlichen Sprachgebrauche und in der Verkehrsauffassung gefunden werden, welche unter den „Leuten" eines Gewerbetreibenden — vorherrschend wenigstens — diejenigen Personen begreifen, die zu ihm in einem dauernden Dienstverhältnisse stehen, die Beamten und ständigen, fest angestellten Bediensteten, die mit den sich stetig wiederholenden Funktionen eines bestimmten Gewerbszweiges generell beauftragt sind. Zu den „Leuten" der Eisenbahn gehören hiernach alle ihre im Transportbetriebe und für die Transportausführung angestellten Beamten, das gesamte hierzu fest und dauernd engagierte Dienstpersonal, gleichviel ob sie nur zu tatsächlichen Dienstleistungen (Handarbeiter, Güterbodenarbeiter, Gepäckträger) oder auch zu Rechtshandlungen (Abnahme, Übergabe der Güter, Ausstellung und Stempelung der Frachtbriefe, Abschluß der Frachtverträge usw.) bestellt sind (Z. VIII 161). Es sind hierzu alle im Eisenbahnbetriebs-, Fahr- und Güterexpeditionsdienste Angestellten zu rechnen (dagegen z. B. nicht die Mitglieder oder Sekretäre der Direktion, die Kassen- und Kalkulaturbeamten, die Billeteure usw.). (Vgl. Eger, Deutsch. Frachtr. 2. Aufl. I 428; Verk.-Ord. 2. Aufl. 36ff. Unrichtig Gerstner 322.)

Im Gegensatze dazu wird man hiernach unter den „anderen Personen", von welchen Art. 29 spricht, diejenigen zu verstehen haben die nicht Beamte, nicht fest Angestellte, nicht dauernd, sondern nur vorübergehend für einzelne oder einen einzigen Transport bzw. gewisse Funktionen desselben angenommen sind. Auch ist nicht notwendig, daß sie in irgendeinem Dienstverhältnisse zur Eisenbahn sich befinden; sie können gegen Tagelohn (Diäten), im Akkord angenommen sein oder die bez. Leistungen auch unentgeltlich — z. B. wenn sie aushilfsweise von einer anderen Eisenbahn entliehen sind oder aus Gefälligkeit usw. — verrichten. Entscheidend ist nur, daß sie nicht in eigenem Namen handeln, unselbständig und von der übernehmenden Eisenbahn abhängig sind, daß sie in der Ausführung sich lediglich ihrer Anweisung und Disposition fügen müssen. Daher gehören Zwischenfrachtführer, Bahnabroller (Bahnspediteure) nicht hierher (E. XXIII 359).

Wichtig ist, daß die Eisenbahn sich ihrer „bedient", d. h. sie verwendet „bei Ausführung" des Transportes, und zwar des von ihr „übernommenen".

Erstens muß die Eisenbahn „sich ihrer bedient", d. h. sie muß sie zur Transportleistung herangezogen und verwendet, ihnen hierzu einen Auftrag in irgendeiner Form erteilt haben. Ohne jedweden, sei es ausdrücklichen oder doch stillschweigend aus konkludenten

Handlungen sich ergebenden Auftrag der Eisenbahn, also bei eigenmächtigem, unbeauftragtem Eingreifen einer Person in die Transportausführung, würde man nicht sagen können, daß sie „sich ihrer bedient" habe.

Vorausgesetzt ist zweitens, daß sich die Eisenbahn dieser Personen „bei Ausführung" des Transportes bedient habe. Auf Personen also, die nicht mit Handlungen, welche zum Transportbetriebe in dem oben (S. 329) bezeichneten engeren Sinne gehören, beauftragt sind, erstreckt sich die Haftung nicht, und auch für solchergestalt Beauftragte nur insoweit, als ihre speziellen Handlungen auf die Ausführungen des Transportes Bezug haben (Anm. 155 S. 330). Daher gehört z. B. die Post, welche die Avise der Eisenbahn an die Empfänger befördert, nicht zu diesen Personen (Z. VII 480, XIX 156, E. XXIV 280).

Die dritte Voraussetzung endlich ist, daß die Verwendung der qu. Personen bei einem von der Eisenbahn „übernommenen" Transport stattfindet, d. h. bezüglich des Transports eines Gutes, welches von der Eisenbahn mit dem Frachtbriefe von der Versandbahn gemäß Art. 8 zur Beförderung angenommen oder auf eine folgende Bahn gemäß Art. 27 Abs. 2 übergegangen ist (s. Anm. 148).

Der Zweck der Unterscheidung bzw. gesonderten Aufführung beider Kategorien ist der, auszusprechen, daß die Eisenbahn nicht nur für ihre dauernd angestellten Leute, sondern auch für das nur vorübergehend und zu einzelnen Verrichtungen angenommene Personal zu haften hat. Für beide Kategorien ist der Grad und Umfang der Haftung der nämliche (s. Anm. 155).

Artikel 30.[157]

Die Eisenbahn haftet nach Maßgabe der in den folgenden Artikeln enthaltenen näheren Bestimmungen[158]) für den Schaden, welcher durch Verlust, Minderung oder Beschädigung des Gutes seit der Annahme zur Beförderung bis zur Ablieferung[159]) entstanden ist, sofern sie nicht zu beweisen vermag, daß der Schaden durch ein Verschulden des Verfügungsberechtigten oder eine nicht von der Eisenbahn verschuldete Anweisung desselben, durch die natürliche Beschaffenheit des Gutes (namentlich durch inneren Verderb, Schwinden, gewöhnliche Leckage) oder durch höhere Gewalt herbeigeführt worden ist.[160])

Ist auf dem Frachtbriefe als Ort der Ablieferung ein nicht an der Eisenbahn liegender Ort bezeichnet, so besteht die Haftpflicht der Eisenbahn auf Grund dieses Übereinkommens nur für den Transport bis zur Empfangsstation. Für die Weiterbeförderung finden die Bestimmungen des Artikels 19 Anwendung.[161])

Zusatz I.
Betriebsreglement des Vereins Deutscher Eisenbahnverwaltungen.

§ 68.

Haftung für Verlust, Minderung und Beschädigung (übereinstimmend mit dem vorstehenden Art. 30 des internationalen Übereinkommens über den Eisenbahn-Frachtverkehr) und:

Zusatzbestimmungen.

1. Der Ablieferung an den Empfänger steht die Ablieferung an Zoll- und Revisionschuppen nach Ankunft des Gutes auf der Bestimmungstation sowie die nach Maßgabe dieses Reglements stattfindende Ablieferung des Gutes an Lagerhäuser oder an einen Spediteur gleich.

2. Für Sendungen nach solchen seitwärts gelegenen Orten, nach welchen die Eisenbahn Einrichtungen für die Weiterbeförderung getroffen hat (s. § 57, V.-Z., Ziff. 3), erstreckt sich die Haftpflicht der Eisenbahn als Frachtführer auf den ganzen Transport.

3. Ist von dem Absender auf dem Frachtbriefe bestimmt, daß das Gut an einem an der Eisenbahn liegenden Orte abgegeben werden oder liegen bleiben soll, so gilt, ungeachtet im Frachtbriefe ein anderweiter Bestimmungsort angegeben ist, der Transport als nur bis zu jenem ersteren an der Bahn liegenden Ort übernommen, und die Eisenbahn ist nur bis zur Ablieferung an diesen Ort verantwortlich.

Vgl. Übereinkommen zum Betriebsreglement des Vereins Deutscher Eisenbahnverwaltungen: Art. 19: Haftung für Verlust, Minderung, Beschädigung und Lieferfristversäumung.

Gemeinsame Abfertigungsvorschriften: § 41: Ausführung der Beförderung; § 43: Schutz gegen Beschädigung und Diebstahl; § 44: Verfahren bei Verschleppungen und bei Entdeckung von Unregelmäßigkeiten; § 50: Nachforschung nach dem Verbleibe abgesendeter Güter.

Feststellungs-, Melde- und Nachforschungsverfahren bei fehlenden, überzähligen, beschädigten oder mit Gewichtsminderung vorgefundenen Gepäckstücken und Gütern.

157) Prinzip und Entstehungsgeschichte des Art. 30.

Art. 30 normiert das Prinzip der Haftpflicht der Eisenbahn für den Schaden durch Verlust, Minderung oder Beschädigung des Gutes. Und zwar sind, wie durch Art. 29 in subjektiver Hinsicht für die Handlungen der Leute usw., so durch Art. 30 in objektiver Hinsicht für die Integrität des zur Beförderung übernommenen Gutes die strengen Grundsätze des receptum nach Maßgabe des französischen (c. d. c. Art. 103) und deutschen (H.G.B. Art. 395) Rechts adoptiert worden (Anm. 154 S. 325 ff.). Danach haftet die Eisenbahn für Schäden aus Verlust, Minderung oder Beschädigung des Gutes während der Ausführung des Transportes unbedingt. Für ihre Haftung kommt es nicht darauf an, ob ein Verschulden ihrerseits vorliegt. Der Ersatzbsrechtigte hat daher ein Verschulden der Eisenbahn zur Begründung seines Schadensanspruches nicht zu erweisen. Vielmehr erstreckt sich die Haftung der Eisenbahn auch auf den Zufall bis an die Grenze der höheren Gewalt. Die Schadensersatzklage ist durch die bloße Tatsache des Verlustes, der Minderung oder Beschädigung des zum Transport aufgegebenen Gutes an sich begründet. Die Eisenbahn kann sich von der sonst unbedingten Haftung nur durch eine der drei Einreden befreien, daß der Schaden durch das eigene Verschulden des Berechtigten, die natürliche Beschaffenheit des Gutes oder höhere Gewalt herbeigeführt worden ist.

Art. 30 des Übereinkommens hat im Abs. 1 in der Normierung der Haftpflicht der Eisenbahn für Verlust, Minderung und Beschädigung des Gutes im wesentlichen die vorstehend erörterten Grundsätze des receptum zum strikten und klaren Ausdruck gebracht.

Aus der Entstehungsgeschichte des Art. 30 ist für das Verständnis desselben folgendes bemerkenswert.

Der Schweizer Entwurf Art. 18 wollte die Normen des receptum nicht nur auf die Haftpflicht der Eisenbahn für Verlust, Minderung und Beschädigung, sondern auch für Verspätung anwenden.

Die Kritik des Schweizer Entwurfs (Eger, Die Einführung eines internationalen Eisenbahn-Frachtrechts, 1877, S. 90, 96, und Gegenentwurf Art. 18 a. a. O. S. 145) brachte dagegen die Fassung des Art. 395 D. H.G.B. in Vorschlag, jedoch mit der dem Schweizer Entwurfe entsprechenden Modifikation, daß der Haftpflicht für Verlust, Minderung und Beschädigung die für Verspätung gleichzustellen sei. Ferner wurde vorgeschlagen, daß statt: „seit der Empfangnahme bis zur Ablieferung" gesetzt werde: „seit dem Abschluß des Frachtvertrags bis zur Ablieferung" und endlich statt: „durch äußerlich nicht erkennbare Mängel der Verpackung" gesagt werde: „durch eigenes Verschulden".

Der Deutsche Entwurf 1878 (Art. 18) schloß sich diesen Vorschlägen im wesentlichen an und wich nur insofern von denselben ab, als die Unterscheidung des Schadens durch Verlust und Beschädigung des Gutes einerseits und durch Verspätung anderseits nach Analogie der Art. 395 und 397 D. H.G B. aufrechterhalten ist.

In der I. Konferenz wurde Art. 18 (sc. 30) des Deutschen Entwurfes ohne Diskussion unverändert angenommen (Prot. 34, 71).

In der II. Konferenz (erste Lesung) wiederholte der deutsche Delegierte den schon bei Art. 19 gestellten Antrag auf Hinzufügung eines dem Abs. 2 im wesentlichen entsprechenden Zusatzes, welcher angenommen wurde.

In der zweiten Lesung wurde für Abs. 2 von der Kommission I die redaktionell veränderte Fassung beantragt, welche im Tenor des Art. 30 enthalten ist.

Nach der Berichterstattung entspricht dieser Absatz dem in der ersten Lesung angenommenen Amendement des deutschen Delegierten. Derselbe machte noch darauf aufmerksam, daß hier wieder von Verfügungsberechtigten die Rede, und daß dieser Begriff durch die neue Bestimmung im Abs. 2 des Art. 15 verändert worden sei. Es sei wohl zweifellos, daß einem Verschulden des Absenders die im Art. 30 vorgesehene

Wirkung auch dann beizumessen sei, wenn er sich nicht im Besitze des Frachtbriefduplikats befinde, sofern er nur im übrigen im Sinne der Artikel 15 und 16 verfügungsberechtigt war.

Art. 30 wurde hierauf nach dem Kommissionsvorschlage angenommen (Prot. 111) und ging unverändert in den Text des Übereinkommens über.

158) **„Die Eisenbahn haftet nach Maßgabe der in den folgenden Artikeln enthaltenen näheren Bestimmungen für den Schaden, welcher durch Verlust, Minderung oder Beschädigung des Gutes . . . . entstanden ist.“**

I. Nach Absatz 1 des Art. 30 ist „die Eisenbahn“ haftpflichtig für den durch Verlust, Minderung oder Beschädigung des Gutes entstandenen Schaden. Es ist damit jede an einem internationalen Eisenbahntransporte beteiligte Eisenbahn gemeint, die Empfangs- (Versand) Bahn, die Ablieferungs-(Bestimmungs)Bahn, wie jede dazwischen liegende Bahn. Alle diese Bahnen haften dem Entschädigungsberechtigten nach den oben (Art. 27 Abs. 1 und 2 Anm. 147 f. S. 309 f.) mitgeteilten Grundsätzen solidarisch für den auf der ganzen Beförderungsstrecke eingetretenen Schaden, jedoch mit der in Art. 27 Abs. 3 (s. Anm. 148 S. 316 f.) normierten Einschränkung der Passivlegitimation und mit dem aus den Art. 47 ff. sich ergebenden Rückgriffsrechte. Der Bahnspediteur ist nicht passivlegitimiert, weil er mit dem Absender usw. in keinem Vertragsverhältnisse steht (Z. IV 295), ebensowenig die Leute usw. der Bahn (S. 326).

II. Die Eisenbahn darf die ihr durch Art. 30 auferlegte strenge Haftpflicht durch Vertrag — d. h. durch besondere oder gemeinsame tarifarische Bestimmungen — gültigerweise weder ausschließen noch beschränken, weil sie damit gegen die Vorschriften des Art. 4 des Übereinkommens verstoßen würde (s. Anm. 18 f. S. 31 f.). Das Übereinkommen setzt in den Art. 30 ff. die Beschränkungen und Grenzen, welche der Haftpflicht der Eisenbahnen im internationalen Verkehr in Hinsicht auf den Grad der Haftpflicht wie auf den Umfang des Schadensersatzes gezogen sind, durch positive Gesetzesnormen fest. Dies deuten die Worte: „nach Maßgabe der in den folgenden Artikeln enthaltenen näheren Bestimmungen“ an, d. h. die strenge Haftpflicht der Eisenbahn tritt nur ein mit den Beschränkungen, welche Art. 31, 32, und mit der Schadensbemessung, welche Art. 34—38, 41—43 normieren.

III. Die Eisenbahn „haftet“ nach den strengen, aus Art. 103 c. d. c. und Art. 395 D. H.G.B. entnommenen Grundsätzen des receptum, d. h. sie haftet unbedingt, soweit sie nicht den Nachweis führt, daß der Schaden durch eigenes Verschulden des Entschädigungsberechtigten, natürliche Beschaffenheit des Gutes oder höhere Gewalt entstanden ist (Anm. 154 S. 326) oder nicht die Fälle der Art. 43—45 vorliegen. In dieser unbedingten Haftung der Eisenbahn ist zugleich enthalten die Haftung: für die Handlungen ihrer Leute (Art. 29 Anm. 155, 156 S. 327 ff.), für die Funktionen ihrer Transport- und Betriebsmittel, für die Handlungen dritter Personen und für die Einwirkung der Naturereignisse (s. das Nähere: Anm. 160 und Z. IV 295, 474, V 374, VI 37, XII 200, E. XXI 46. Über die Haftung bei konkurrierendem Verschulden entscheiden die Landesgesetze (E. XXIV 282).

IV. Art. 30 trifft nur Bestimmung über die Haftpflicht der Eisenbahn „für den Schaden, welcher durch Verlust, Minderung oder Beschädigung des Gutes entstanden ist". Die Haftpflicht für Verspätung (Versäumung der Lieferfrist) ist im Art. 39 besonders geregelt.

a) Was hier begrifflich unter „Schaden" zu verstehen und in welchem Umfange derselbe zu bemessen ist, ist in Art. 34 f. Anm. 178 f. erörtert. Die Fassung soll deutlich ausdrücken, daß der Eisenbahn — insoweit das Gut in Verlust geraten ist — nur der Ersatz des Schadens, nicht etwa eine Rückgewähr in natura obliege (E. X 306), — außer im Falle der späteren Wiederauffindung unter den Voraussetzungen des Art. 36. Schäden anderer Art sind nicht der strengen Haftung ex recepto aus Art. 30 unterworfen. Insbesondere ist im Art. 39 eine mildere Haftpflicht für den Schaden aus der Versäumung der Lieferfrist bestimmt. Ebenso hat die Eisenbahn für Fehler in der zollamtlichen usw. Behandlung der Waren, insoweit sie ihr obliegt, nur die Verantwortung eines Kommissionärs zu tragen (Art. 10 Abs. 3 s. Anm. 71).

b) Die Beweislast ist für die Klage auf Schadensersatz so verteilt, daß der Absender die Aufgabe des Gutes und dessen unversehrte Beschaffenheit bei der Aufgabe sc. Annahme zur Beförderung (E. XX 248) sowie die Tatsache der nicht erfolgten Ablieferung bzw. der Ablieferung in beschädigtem Zustande, also die Beschädigung oder den Verlust während des Transports (unterwegs) (E. XVIII 32), dagegen die Eisenbahn die im Art. 30 ihr gestatteten Einreden zu beweisen hat, und zwar auch bei plombierten Wagen oder behauptetem Irrtum der Abwage — wenn dieser nicht strikte nachgewiesen wird (E. XXI 164, XXIV 141). Entsteht also im Falle der Beschädigung über die Beschaffenheit des Gutes zur Zeit der Aufgabe Streit, so liegt die Beweislast hierfür bzw. für die Unversehrtheit des Gutes dem Absender bzw. Empfänger — nicht der Eisenbahn — ob (soweit der Mangel nicht etwa äußerlich erkennbar). (E. X 1, Z. VII 239, E. XIX 44, XX 317). Hierbei dient der Frachtbrief als Beweis (Art. 8 Anm. 59 ff.), insbesondere über Gewicht, Stückzahl, Qualität und Quantität (E. XVIII 7), jedoch nicht in betreff solcher Mängel, welche äußerlich nicht erkennbar (arg. Art. 44, Abs. 2, Ziff. 4 b, Anm. 213). Im Falle des Verlustes wird sich in der Regel die Klage auf Wertersatz gegen die Eisenbahn zwar allein auf die Tatsache gründen lassen, daß die zum Transport nachweislich übergebenen Güter am Bestimmungsorte nicht eingetroffen bzw. nicht abgeliefert worden sind. Indes ein voller Beweis für den Verlust liegt darin freilich nicht. Die Eisenbahn würde den Einwand erheben können, daß das Gut in der Tat für den Eigentümer noch existiere, insbesondere daß es sich nur um eine Verspätung, nicht um einen Verlust des Gutes handle. Um daher den

Ersatzberechtigten nicht für unbegrenzte Zeit diesem Einwande auszusetzen, ist im Artikel 33 die dort näher erörterte Bestimmung getroffen, daß der zur Klage Berechtigte das Gut ohne weiteren Nachweis dann als in Verlust geraten betrachten kann, wenn sich dessen Ablieferung um mehr als 30 Tage nach Ablauf der Lieferfrist (Art. 14) verzögert (s. Anm. 175, 176). Über die Wiederauffindung des Gutes nach Auszahlung der Entschädigungssumme und den Anspruch des Entschädigungsberechtigten auf dieses Gut vgl. Art. 36 Anm. 183 ff.

c) Verlust des Gutes liegt vor, wenn die Eisenbahn außerstande ist, dasselbe auszuhändigen (Art. 16) bzw. zurückzugeben oder sofort auszuliefern (Art. 15) — ohne Unterschied, worin dies seinen Grund hat (Staub 1516; Lehmann-Ring 226; Makower 1421; R.O.H.G. XV 30). Es ist gleichgültig, ob das Gut bereits auf dem Transporte oder am Ablieferungsorte verloren gegangen ist, wenn der Verlust nur vor der Aushändigung eingetreten ist; ferner ob es mit Willen der Eisenbahn und in welcher Weise es abhanden gekommen ist, und ob der Grund aufgeklärt werden kann oder nicht aufgeklärt wird; ob das Gut vernichtet, konfisziert, verloren, entwendet, verwechselt, vertauscht, falsch dirigiert, an den unrichtigen Adressaten ausgeliefert (E. XIX 144), in unerlaubter Weise während des Transportes oder trotz erhaltener Kontreordre an den im Frachtbriefe bezeichneten Empfänger ausgehändigt (E. X 101), veräußert, derelinquiert ist usw. Sind aber z. B. von 25 Kisten 2 verloren gegangen, so kann nicht die ganze Sendung als verloren betrachtet werden (Z. XII 306, E. XXI 269).

d) „Minderung" des Gutes ist begrifflich die rein quantitative Verringerung desselben ohne qualitative Veränderung bzw. Verschlechterung, also der teilweise Verlust an Menge, Gewicht, Maß usw. (durch Zerstreuen, Eintrocknen, Schwinden, Abhandenkommen Z. III 466, 514, IV 271, 368, E. XIX 44.) Stimmt das Gewicht, nicht aber die angebliche Stückzahl. so haftet die Bahn nicht (Z. III 264), ebensowenig für Gewichtsdifferenzen aus der Ungenauigkeit der Wägevorrichtungen (E. XX 353).

e) Unter „Beschädigung" des Gutes ist jede Verschlechterung desselben: Verderben, Zerbrechen (Z. III 143, 466, IV 370), Feuchtwerden (Z. IV 295, VI 37, V 331, 373, 374), Rosten, Entzünden (Z. V 799), Verschießen der Farbe, Leckage, Faulen (Z. VI 603) usw. in qualitativer Hinsicht zu verstehen, jede nachteilige Veränderung des Gutes in betreff seiner Beschaffenheit (R.O.H.G. IX 278; Cotelle 224; Rosenthal 190). Dahin gehört z. B. auch die Werteinbuße, welche eine der Mode unterworfene Ware, Modeartikel, Saisonwaren, durch ungebührlich langes Lagern in ihrem Tauschwerte erleiden (R.O.H.G. XX 348. — A. M. Rosenthal 190; Staub 1516; Rundnagel 38), ferner Durchnässung des Gutes infolge mangelhafter Bedeckung (Z. V 331, 373, 374, VI 37, XI 15, 248, 378, E. XIX 210, XX 13, 222), Annahme üblen Geruchs usw. durch Verladung in einen nicht geruchfreien (Z. X 233, E. XIX 127) oder verunreinigten Wagen (E. XIX 133). Behaftung von Getreide, Mehl usw. mit Käfern während des Transportes (E. XXIII 128), Verderb infolge schuldbarer Verzögerung der Beförderung, z. B. von Fischen, auch wenn die Lieferfrist an sich gewahrt ist (Z. V 513, 514, VI 600).

Besteht ein Transportgut aus verschiedenen Gegenständen, so kann die Beschädigung einzelner dieser Gegenstände als Beschädigung des ganzen Gutes nur dann betrachtet werden, wenn sämtliche Gegenstände in der Weise zusammengehören, daß sie als ein unzertrennbares Ganzes erscheinen. Besteht der Komplex der Sendung aus physisch getrennten und als selbständige Objekte käuflichen und verkäuflichen Gegenständen, so kann die Beschädigung eines dieser Gegenstände nicht als Beschädigung (Entwertung) der ganzen Sendung angesehen werden. Auch ein zur Beförderung bzw. Rückbeförderung aufgegebener Eisenbahnwagen (z. B. Privatspezialwagen usw.) gilt als ein Gut, für dessen Beschädigung zu haften ist (Z. I 119, 289. — A. M. Z. IV 129). Sinken des Tauschwertes, Preisschwankungen werden nicht hierher gerechnet (Z. X 91, E. XVIII 306).

159) **„Seit der Annahme zur Beförderung bis zur Ablieferung."**

Durch die Worte „seit der Annahme zur Beförderung bis zur Ablieferung" ist der Beginn, die Dauer und das Ende der Haftpflicht der Eisenbahn aus Art. 30 genau präzisiert.

I. Der Beginn der Haftpflicht der Eisenbahn fällt zusammen mit dem Momente der Annahme zur Beförderung seitens der Eisenbahn (Z. II 64, IV 441, V 603, VI 405, E. X 183, XXII 162, 356, XXIII 392). Es ist die Annahme des Gutes mit dem Frachtbriefe (Art. 8 Abs. 1 Anm. 57, E. XIX 44) gemeint. Denn ohne Frachtbrief ist im internationalen Eisenbahntransport die Beförderung rechtlich nicht zulässig. Die Annahme des Gutes mit dem Frachtbriefe zur Beförderung seitens der Versandstation involviert aber nach Art. 8 den Abschluß des Frachtvertrages. Folglich beginnt die Haftpflicht mit dem Frachtvertragsabschluß (Schwab 252). Die Haftpflicht besteht nicht, wenn die Eisenbahn beweist, daß der Schaden vor der Annahme zur Beförderung vorhanden war, auch wenn die Annahme ohne Vorbehalt erfolgt ist (Z. II 161, IV 405, E. X 1). Aber es genügt nicht eine bloße Vermutung, sondern es ist voller Beweis erforderlich (E. XVIII 56, XIX 195). Die Aufdrückung des Datumstempels der Versandexpedition auf den Frachtbrief dient zwar als Zeichen der Annahme zur Beförderung und somit auch des Vertragsabschlusses. Aber die Stempelung des Frachtbriefes bildet nicht den einzigen Beweis für die Annahme zur Beförderung. Dieser Beweis kann vielmehr — wie an früherer Stelle (Art. 8 Anm. 57 S. 103 f.) ausführlich erörtert ist — auch auf andere Weise erbracht werden (E. XXII 356). Mit einer nur vorläufigen Annahme zur Verwahrung beginnt die Haftung ex recepto nach Art. 30 noch nicht. Es liegt darin vielmehr lediglich ein vorausgehender Aufbewahrungsvertrag, und die Eisenbahn haftet bis zu dem Momente, wo der wirkliche Frachtvertrag abgeschlossen wird, in der Regel nur als Verwahrer nach den allgemeinen bzw. landesgesetzlichen Regeln des depositum. Wenn ein Verwahrungsvertrag mit der Eisenbahn nicht stattgefunden hat, so lagert das Gut lediglich auf Gefahr des Absenders und entfällt jede Verantwortlichkeit der Eisenbahn (Z. VI 654, E. XXII 248). Ob Annahme zur Beförderung oder zur vorgängigen Verwahrung vorliegt, hängt von dem Rechte der Versandstation ab. Denn nicht jede Annahme des Gutes ohne sofortige Beförderungsmöglichkeit ist Annahme zur Verwahrung (Art. 5 Abs. 2 Anm. 27 S. 45, Art. 8 Abs. 1 Anm. 57 S. 103, E. XXIII 392). Ist aber das Gut mit Frachtbrief zur Beförderung angenommen, so kommt für die Haftpflicht der Eisenbahn aus Art. 30 darauf nichts an, ob dasselbe sich bereits in Beförderungsbewegung auf den Transportmitteln befindet, mithin der Transport bereits begonnen hat, oder ob das Gut noch in den Räumen der Versandstation usw. lagert; denn nur die Annahme zur Beförderung, nicht die Beförderung selbst bzw. der Beginn des Transports bildet den Anfang der Haftpflicht. Die Annahme zur Beförderung braucht nicht mit der tatsächlichen Beförderung zusammenzufallen. Dagegen ist in der sukzessiven Auflieferung des Gutes auf die Gütermagazine, Böden oder Transportmittel der Bahn eine Annahme zur Beförderung nicht zu finden. Eine solche liegt erst vor, wenn die Annahme des ganzen, mit einem Frachtbrief aufgegebenen Gutes nebst diesem selbst zur Beförderung bahnseitig erfolgt ist. Bis zu diesem Momente befinden sich die einzelnen, sukzessiv zur Auflieferung gelangenden Teile des Gutes nur in Verwahrung der Bahn, und diese ist bis dahin mithin nur ex deposito, nicht ex recepto verantwortlich (Brand eines zur Selbstverladung gestellten Wagens: Z. XII 200, E. XXI 46. Über den Zeitpunkt der Annahme bei Selbstverladung: Sp.- u. Sch.-Ztg. XV Nr. 2). Ist aber dem Frachtbriefe der Datumstempel der Versandstation aufgedrückt (Art. 8 Abs. 1), so spricht die gesetzliche Vermutung dafür, daß die vollständige Auflieferung und Annahme des Gutes erfolgt ist und — bis auf eventuell von der Bahn zu führenden Gegenbeweis — gilt die Annahme als im Moment der Abstempelung geschehen und die Haftpflicht der Bahn aus Art. 30 als von diesem Moment ab existent (E. XXIII 392).

II. Die Dauer der Haftpflicht erstreckt sich auf die ganze Zeit von der Annahme zur Beförderung bis zur Ablieferung des Gutes (E. XIX 44, 194; Sp.- u. Sch.-Ztg. XI Nr. 14); sie läuft ununterbrochen, sowohl während dasselbe nach der Annahme noch auf dem Gütermagazin lagert, als auch während der Verwiegung, Verladung usw. daselbst, während des Transportes unterwegs und noch nach der Ankunft am Bestimmungsort (Abladung, Nachwiegung) bis zur Ablieferung. Insbesondere wird durch eine Umladung des Gutes unterwegs, durch eine während des Transportes stattfindende zollamtliche oder polizeiliche Revision, durch eine Unterbrechung des Transportes infolge irgendwelcher Transporthindernisse, Verkehrsstörungen während der Wartezeit die Haftpflicht der Eisenbahn an sich weder vermindert noch unterbrochen (Z. XIII 9, E. XXI 261). Auch ist z. B. eine die Verantwortlichkeit der Eisenbahn aufhebende Ablieferung darin nicht zu finden, daß dieselbe das Gut nicht an das Steueramt des Destinationsortes, sondern bereits unterwegs an die Steuerbeamten aushändigt. Nur insofern erleidet ihre Haftpflicht ex recepto eine Modifikation, als sie, wenn sie durch die gesetzlichen Zollvorschriften genötigt ist, unterwegs sich des Gewahrsams des Gutes zu begeben und dasselbe der Zollbehörde zu überlassen, so lange, bis das Gut wieder in ihren Gewahrsam übergegangen ist, nur die Verantwortlichkeit eines

Kommissionärs trägt (Art. 10 Abs. 3 Anm. 71; Sp.- u. Sch.-Ztg. IX Nr. 52, X Nr. 10). Auch für freiwillige Nebenfunktionen, z. B. Stellung des Gutes zur unmittelbaren Verladung im Schiffe, haftet die Bahn nicht ans dem Eisenbahn-Frachtvertrage Z. IX 284, E. XVIII 160.

III. Das Ende der Haftpflicht fällt zusammen mit dem Momente der Ablieferung des Gutes. Unter „Ablieferung“ ist in erster Reihe die unmittelbare reale Übergabe des Gutes seitens der Eisenbahn an den Empfänger von Hand zu Hand zu verstehen. Aber der Begriff der Ablieferung ist hierauf nicht beschränkt. Es genügt auch, daß die Eisenbahn mit Wissen und Willen des Empfängers die Gewahrsam des Gutes wieder aufgibt und letzteren in den Stand setzt, selbst darüber zu verfügen. Art. 30 schreibt eine direkte Ablieferung an den Empfänger nicht vor, die Ablieferung kann unter den vorstehenden Kriterien auch in anderer Weise bewirkt werden (arg. Art. 15, 24), z. B. durch Auftrag zur Weiter- oder Rücksendung mit neuem Frachtbriefe (E. XIX 147), aber nicht mit demselben Frachtbriefe (O.L.G. Hamburg Zeitschr. f. H. R. Bd. 40 S. 542; Rundnagel 24) und ebensowenig wenn der Empfänger vor Erfüllung der Übergabevorschriften eigenmächtig das Gut an sich nimmt (E. XVIII 313). Diese Kriterien aber müssen vorhanden sein. Denn wenn auch Art. 19 das Verfahren bei der Ablieferung der Güter den für die abliefernde Bahn geltenden gesetzlichen und reglementarischen Bestimmungen überläßt, so darf doch durch derartige Bestimmungen nicht etwa dasjenige, was begriffsmäßig zur Ablieferung (Art. 30) bzw. zur Ablieferungspflicht (Art. 16) gehört, modifiziert oder beseitigt werden (s. Art. 19 Anm. 121 S. 238ff.). Über die vorstehende Begriffsbestimmung ist Theorie und Praxis einig. Vgl. Endemann, Eisenbahnrecht 608; Eger II 164; Lehmann-Ring 324; Staub 1516; Düringer-Hachenburg 552; Gareis-Fuchsberger 836; Lanckmann 376; Rosenthal 159; Rundnagel 23. — R.O.H.G. II 252, VIII 27, XIV 294 und Entsch. d. Deutsch. Reichsger. und Öst. Oberst. Ger.-H. E. I 270, IV 164 und 434.

Von diesem Gesichtspunkte aus ist zu entscheiden, ob die Ankunft am Bestimmungsort (E. XXIII 246) Ablieferung an Zoll-, Steuer- usw. Behörden am Bestimmungsorte die Haftpflicht beendet. Da die Erfüllung der Zoll- usw. Vorschriften auch am Bestimmungsorte zu den Pflichten der Eisenbahn an sich gehört (Art. 10), so wird, wenn hierzu gesetzlich die Ablieferung an die Zoll- usw. Behörden erforderlich ist, während dieser Zeit die Haftpflicht der Eisenbahn zwar unterbrochen, weil sie sich der Gewahrsam begeben muß, aber bis zur definitiven Ablieferung an den Empfänger nicht aufgehoben (Z. VI 273, E. XIX 330; Sp.- u Sch.-Ztg. X Nr. 40, XVI Nr. 17. — C.A. Z. XII 88, 166). Übernimmt aber gemäß Art. 10 Abs. 5 der Empfänger selbst die Besorgung der zoll- und steueramtlichen Behandlung, so endet mit der bahnseitigen Ablieferung des Gutes an die Zoll- usw. Behörde die Haftpflicht (Z. VI 24, VII 596, E. XIX 330, XXIV 385). Doch haftet die Eisenbahn, solange sie das Gut noch in Gewahrsam hat, als Verwahrer (Z. IV 368).

Begrifflich gehört zur Ablieferung, daß der rechte Gegenstand abgeliefert wird, und zwar am rechten Orte, an die rechte Person und zur rechten Zeit.

a) Was den rechten Gegenstand anbelangt, so ist die Eisenbahn verpflichtet, dem Empfänger dasjenige Gut zu übergeben, welches sie zur Beförderung an den Empfänger nach Maßgabe des Frachtbriefes vom Absender angenommen hat (E. XIX 44), das bahnamtlich bei der Annahme verwogene Gut (E. XIX 194). Ein anderes Gut ist der Empfänger berechtigt zurückzuweisen. Dagegen ist er nicht befugt, die Ablieferung bloß verminderten oder beschädigten Gutes abzulehnen. Das sogenannte Abandonsystem wegen Beschädigung ist — wie dem D. H.G.B. — so auch dem internationalen Übereinkommen fremd (Z. III 71 E. XVIII 161, 308, s. Art. 37 Anm. 188). Ebenso auch wegen Verspätung (Z. II 404), außer im Falle des Art. 33. Der Empfänger muß in jedem Falle solches Gut unter Wahrung seiner Rechte abnehmen (Art. 25), sonst gerät er in Empfangsverzug.

b) Zum Begriffe der Ablieferung im Sinne des Art. 30 gehört ferner die Ablieferung am rechten Orte. Als solcher gilt der nach dem Frachtvertrage vereinbarte Bestimmungsort (Art. 15 Abs. 4, Art. 16 Abs. 1). Als Ort der Ablieferung usw., als Ablieferungsstelle gilt die Bestimmungsstation (Art. 6 lit. c, 16 Abs. 3), der Bahnhof des Bestimmungsortes, nicht die Behausung des Empfängers; damit ist zugleich im internationalen Transport dem Frachtgut der Charakter des sogenannten „Holgutes“ beigelegt. Die Eisenbahn ist nicht verpflichtet, am Bestimmungsort das Gut dem Empfänger zuzuführen bzw. zu bringen (Bringgut), sondern der Empfänger ist verpflichtet, das Gut von der Bestimmungsstation abzuholen. Dies ist insbesondere für die Frage über die Haftpflicht der Rollfuhrunternehmer und die selbständige Haftung der letzteren von Bedeutung. Die abliefernde Eisenbahn kann zwar nach ihren landesgesetzlichen oder reglementarischen Bestimmungen zur Zuführung des Gutes in die Behausung oder das Geschäftslokal des Empfängers oder an einen nicht an der Bestimmungsstation wohnhaften Empfänger verpflichtet sein (s. Art. 19 und Art. 30 Abs. 2; Z. VI 748, VII 191). Aber diese Zuführung gehört nicht mehr zum internationalen Transport, unterliegt daher nicht der Haftpflicht aus Art. 30, weil dieser auf der Bestimmungsstation endet (Art. 30 Abs. 2), sondern unterliegt den allgemeinen landesgesetzlichen Bestimmungen (Art. 16 Anm. 107, 111, und fast durchweg die französische Rechtsprechung. — Irrig Gerstner, Suppl. S. 87; Jacob 32.) Für den Schaden aus ungenauer oder mangelhafter Bezeichnung der Bestimmungsstation haftet die Eisenbahn nicht (Art. 6 lit. c; E. XX 161).

Aus dem Umstande, daß als Ort der Ablieferung die Bestimmungsstation gilt (Art. 16 Abs. 3) und von dieser das Gut abzuholen ist, folgt ferner, daß die abliefernde Eisenbahn verpflichtet ist, den Empfänger von der Ankunft des Gutes am Bestimmungsort in Kenntnis zu setzen, ihm das Gut zu avisieren (Art. 16 Anm. 107 S. 207, Art. 19 Anm. 121 S. 240). Über den Nachweis der Avisierung: Z. IV 105. Kosten der Avisierung: Z. VI 101. Art der Avisierung: Z. V 225, 512, VII 477, 716, XI 171; E. XIX 111, 128, 156, 199, 274, XXIII 274, XXIV 280. Verzicht auf die Avisierung: E. XVIII 116, durch die Post: E. XIX 274. Diese Verpflichtung entspringt mithin aus der der Eisenbahn obliegenden Ablieferungspflicht und gehört begrifflich zur Ablieferung. Art. 19 überläßt nur das Verfahren bei Ablieferung der Güter den für die abliefernde Bahn geltenden gesetzlichen und reglementarischen Bestimmungen. Zum Ablieferungsverfahren gehört aber die Avisierungspflicht nicht, sie ist vielmehr — wie bereits bei Art. 16 Anm. 107 hervorgehoben — begrifflich ein integrierender Teil der Ablieferungspflicht, weil ohne die vorgängige Avisierung der Empfänger nicht in der Lage ist, das Gut von der Bestimmungsstation abzuholen bzw. sich dort dasselbe abliefern zu lassen. (Unrichtig Gerstner, Suppl. 89.) Für Schaden aus verspäteter Avisierung (z. B. Verderb der Güter) haftet die Bahn auch dann, wenn sie die Lieferfrist innegehalten hat (Z. XI 15, XVIII 215; E. XIX 210; Sp.- u. Sch.-Ztg. XI Nr. 6. — A. M. Z. X 367; E. XIX 23), ebenso für nicht rechtzeitige Bereitstellung des Gutes nach erfolgter Avisierung (E. XX 320).

Andererseits ist aber auch nicht die bloße Avisierung der Ankunft des Gutes auf der Bestimmungsstation und ebensowenig die Bereitstellung (Lagerung usw.) des Gutes auf dem Bahnhofe (Güterboden, Gütergeleisen usw.) behufs Ablieferung an den Empfänger an sich als Ablieferung zu betrachten und demgemäß für sich allein auch nicht geeignet, die Eisenbahn von der Haftpflicht zu befreien (Z. X 287, E. XIX 134). Denn die Ablieferung ist begrifflich erst geschehen, wenn die Eisenbahn sich mit Einwilligung des Empfängers des Gewahrsams begeben hat. Ein solcher Akt liegt aber weder in der bloßen Avisierung, noch in der Bereitstellung des Gutes behufs Abholung, noch in der Auslieferung des Frachtbriefes an den Empfänger, noch in der Aushändigung des von diesem quittierten Avisbriefes an die Eisenbahn. Wohl aber ist die Haftpflicht der Eisenbahn während der Entladung beschränkt, falls diese gemäß Art. 31 Abs. 1 Ziff. 3 durch den Empfänger besorgt wird (Anm. 165 Z. VII 188, XIII 239, E. XXII 18).

c) „Empfänger" ist nur der im Frachtbriefe oder durch nachträgliche rechtzeitige Disposition (Art. 15 Abs. 1 Anm. 97) vom Absender Bezeichnete (Z. I 258, II 257, VI 601), nicht der bloß tatsächlich Interessierte, z. B. der hinter dem Empfänger (Spediteur) stehende Käufer des Gutes oder der Eigentümer desselben (E. XIX 144). Der Aushändigung an den im Frachtbrief bezeichneten Empfänger steht die Aushändigung an eine von diesem zur Empfangnahme ermächtigte dritte Person gleich, z. B. an den von ihm beauftragten Rollführer (XIX 337). Vorweisung des mit dem Namen des Empfängers unterzeichneten Avisbriefes: Z. X 230, E. XIX 111). Die Aushändigung an einen nicht bevollmächtigten Dritten — und wäre es auch der Eigentümer oder nachgewiesene Käufer des Gutes — ist nicht Ablieferung im Sinne des Art. 30 (Z. VI 601), sondern Verlust (E. XIX 144, Z. XI 311, E. XX 152). Sache der Bahn ist es, die Legitimation und Identität des den Empfang des Gutes Bescheinigenden zu prüfen und im Streitfalle zu beweisen (Z. VII 29), außer wenn der Besitz und die Vorweisung des Avises als Legitimation vorgeschrieben ist (Z. VII 481). Die Bahn hat dafür aufzukommen, wenn sie durch Beschädigung usw. der Adresse sich außerstande setzt, an den bezeichneten Empfänger rechtzeitig abzuliefern (Z. II 424, E. XI 252). Ablieferung an den unberechtigten Empfänger kann grobe Fahrlässigkeit (Art. 41) involvieren (E. XX 327). Auch ist sie bei nicht ganz vollständiger Adresse verpflichtet, die Versandstation anzufragen, und bei Unterlassung dem Absender verantwortlich (E. XXI 115). An den persönlich bekannten Adressaten kann ohne weiteren Nachweis des Bezugsrechts abgeliefert werden (E. XVIII 98).

Vor Erreichung des Bestimmungsortes ist die Eisenbahn zur Ablieferung des Gutes an den Adressaten nicht befugt und dieser zur Empfangnahme nicht legitimiert, auch wenn er sich im Besitze des Frachtbriefduplikats befindet (Art. 15 Abs. 2). Liefert daher die Eisenbahn vor Ankunft am Bestimmungsorte das Gut an den Empfänger ab, so ist sie zwar diesem gegenüber von der Haftpflicht frei, nicht aber gegenüber dem Absender. Sind im Frachtbriefe mehrere Empfänger bezeichnet, so entscheiden, unter Berücksichtigung der konkreten Sachlage, die allgemeinen Rechtsregeln bzw. die für die abliefernde Bahn geltenden Landesgesetze usw. darüber, ob die Ablieferung an alle gemeinschaftlich erfolgen muß oder an einen allein gültig geschehen kann (Z. VII 236).

Liefert die Eisenbahn nach Ankunft am Bestimmungsort und nach Übergabe des Frachtbriefes an den Empfänger oder dessen Klagezustellung (Art. 15 Abs. 3) das Gut nicht an diesen, sondern an den Absender oder an eine andere von letzterem bezeichnete Person (Art. 15 Abs. 1) ab, so bleibt die Eisenbahn dem Empfänger haftpflichtig. Dagegen wird sie von der Haftpflicht frei, wenn sie dies vor der Übergabe des Frachtbriefes an den Empfänger oder dessen Klagezustellung tut und der Absender das Frachtbriefduplikat besitzt (Art. 15 Abs. 2).

d) Zum Begriffe der Ablieferung gehört endlich auch die Aushändigung des Gutes an den Empfänger zur rechten Zeit. Erfolgt die Aushändigung nicht zur rechten Zeit — d. h. nicht innerhalb der tarifarischen Lieferfristen (Art. 14) — aus Umständen, welche nicht in einem Verschulden des Empfängers ihren Grund haben, so endet die strenge Haftpflicht aus Art. 30 nicht schon mit dem Ende der Lieferfrist, sondern erst mit der erfolgten Ablieferung oder einem dieser gleichstehenden Akte (z. B. Verkauf unanbringlichen Gutes, gerichtliche Niederlegung usw.). Auch kann alsdann der Forderungsberechtigte das Gut ohne weiteren Nachweis als in Verlust geraten betrachten, wenn sich dessen Ablieferung um mehr als 30 Tage nach Ablauf der Lieferfrist (Art. 14) verzögert (Art. 33 Anm. 176). Liegt dagegen das Hindernis oder die Verzögerung in der Ablieferung, in einem Verschulden des Empfängers (Annahmeverzug), so endet mit Eintritt des Verzugs bzw. Hindernisses die strenge Haftpflicht der Eisenbahn aus Art. 30 und verwandelt sich in die mildere Haftung aus dem Verwahrungsvertrage nach Maßgabe der Landesgesetze usw. (Schwab 253, Hand.-Ger. Wien 12. Febr. 1904, E. XX 349. A. M. franz. Kass.Hof 21. April 1902, Z. X 287, E. XIX 134). Die Beschädigung des Gutes ist kein Grund zur Nichtannahme desselben. Der Empfänger, welcher aus diesem Grunde das Gut nicht annimmt, befindet sich in Annahmeverzug (Z. VI 36, Sp.- und Sch.-Ztg. XI 10, 22, XIII Nr. 48). Andererseits darf die Eisenbahn die Ablieferung nicht verweigern, wenn der Empfänger einen Vorbehalt machen will (Z. XII 279, E. XXI 131). Über das Recht des Empfängers zur vorgängigen Prüfung der Beschaffenheit des Gutes (Art. 16 Anm. 77).

160) **„sofern sie nicht zu beweisen vermag, daß der Schaden durch ein Verschulden des Verfügungsberechtigten oder eine nicht von der Eisenbahn verschuldete Anweisung desselben, durch die natürliche Beschaffenheit des Gutes (namentlich durch inneren Verderb, Schwinden, gewöhnliche Leckage) oder durch höhere Gewalt herbeigeführt worden ist.“**

In konsequenter Durchführung der Grundsätze des receptum (Anm. 154 S. 325 ff.) legt der mit den Worten „sofern sie nicht zu beweisen vermag“ beginnende Satz des Abs. 1 Art. 30 der Eisenbahn die Beweislast für diejenigen Einreden auf, welche ihr gesetzlich allein gegenüber dem Anspruche des Absenders (bzw. Empfängers) für Verlust, Minderung oder Beschädigung des Frachtgutes zustehen. Die Eisenbahn wird liberiert, wenn sie eine dieser drei Einreden zu beweisen vermag.

Die Beweislast verteilt sich hiernach für den Schädenprozeß aus Art. 30 derartig, daß der Beschädigte zur Begründung des Schadensersatzanspruches nur das Bestehen des Frachtvertrages und die einfache Tatsache des Verlustes, der Minderung oder Beschädigung in der Zeit von der Annahme zur Beförderung bis zur Ablieferung, dagegen die Eisenbahn behufs Ablehnung des Anspruches eine der vorbezeichneten Einreden zu beweisen hat. Auch bei plombierten Wagen oder behauptetem Irrtume der Abwage — wenn dieser nicht strikte nachgewiesen wird (E. XXI 164, 251, 265). Über die Tragung der Prozeßkosten: Z. XII 312, E. XXI 130.

A.

Die erste der drei Einreden ist, daß durch ein Verschulden des Verfügungsberechtigten oder eine nicht von der Eisenbahn verschuldete Anweisung desselben der Schaden herbeigeführt worden ist.

In dieser letzteren Hinsicht genügt der Nachweis, daß der Schaden durch eine Anweisung derselben herbeigeführt ist, an der die Eisenbahn keine Schuld trägt, — gleichviel ob hierbei ein Verschulden des Verfügungsberechtigten im Rechtssinne vorliegt.

Art. 30 spricht zunächst von dem „Verschulden des Verfügungsberechtigten“. Es sind darunter alle Personen begriffen, welchen auf Grund des Frachtvertrages das Verfügungsrecht über das Gut zugestanden hat, und die während dieser Zeit ein Verschulden begangen haben, d. h. sowohl der Absender wie der Empfänger, welcher in den Frachtvertrag gemäß Art. 15 Abs. 4 eingetreten ist. Andere Personen können nicht in Betracht kommen, weil sie ein Verfügungsrecht am Frachtgute auf Grund des Frachtvertrages überhaupt nicht erlangen können. Auch darauf, daß der Absender das Frachtbriefduplikat bei Begehung des Verschuldens besessen hat (Art. 15 Abs. 2) kommt es hier nicht an, da es sich nicht um eine der besonderen im Art. 15 Abs. 1 bezeichneten Verfügungsbefugnisse, sondern um das allgemeine Verfügungsrecht auf Grund des Frachtvertrages überhaupt handelt (s. Art. 15 Anm. 97 S. 186 f.). Mit dem Ausdrucke „des Verfügungsberechtigten" ist im Art. 30 also uneingeschränkt sowohl der verfügungsberechtigte Absender wie Empfänger gemeint, insbesondere ohne Rücksicht auf den Besitz des Frachtbriefduplikats (s. auch Schwab 251, 252; Rosenthal 191).

Nur der Nachweis eines Verschuldens des Verfügungsberechtigten bzw. seiner Leute (Art. 29) oder Bevollmächtigten befreit die Eisenbahn von der Haftpflicht, nicht also der Nachweis, daß sie selbst ohne Verschulden sei, oder daß das Verschulden irgendeines Dritten vorliege. Das Gesetz sagt ganz allgemein „durch Verschulden usw."; ein Unterschied nach dem Grade des Verschuldens, nach dem größeren oder geringeren Umfange desselben ist nicht gemacht. Vielmehr begründet jedes — auch das geringste — erweisliche Verschulden des Verfügungsberechtigten die Einrede der Eisenbahn aus Art. 30, wenn durch dasselbe der Schaden herbeigeführt, das Verschulden die Ursache des Schadens ist; auch auf den Vorsatz kommt es nicht an.

Die Eisenbahn wird nicht allein durch das Verschulden des Verfügungsberechtigten von der Haftpflicht liberiert, sondern sie kann sogar ihrerseits denselben auf Schadensersatz in Anspruch nehmen, wenn ihr durch dieses Verschulden Schaden an ihren Transportmitteln usw. entstanden ist (E. XXIV 275), nicht aber, wenn z. B. ohne Verschulden des Absenders ein ihm zur Verladung gestellter Wagen in Brand gerät (E. XXI 46). Trifft das Verschulden des Verfügungsberechtigten mit dem Verschulden der Eisenbahn oder ihrer Leute usw. zusammen, so ist nach den Grundsätzen von der Konkurrenz des Verschuldens zu entscheiden, wessen Verschulden als die causa efficiens des Schadens anzusehen ist, und, wenn dies nicht festgestellt werden kann, die Verantwortlichkeit nach der Größe des beiderseitigen Verschuldens zu regeln (vgl. D. B.G.B. § 254, Z. XI 184, E. XX 19, XXIII 155, XXIV 282, Makower 1505, Lehmann-Ring 378; Düringer-Hachenburg 654; Rundnagel 72; A. M. Staub 1562). Zum Verschulden gehören auch äußerlich nicht erkennbare Mängel der Verpackung. Dagegen wird bei äußerlich erkennbaren Mängeln der Verpackung ein Verschulden des Absenders nur angenommen, wenn ihm Arglist zur Last fällt oder die Eisenbahn Anerkenntnis und Erklärung gemäß Art. 9 fordert (Anm. 65, 66, s. auch Lehmann-Ring 385 und Düringer-Hachenburg 666; A. M. Rundnagel 124; vgl. hierzu noch Art. 31 Abs. 1 Ziff. 2 und Abs. 2 Anm. 164 und Anm. 169. Und über die Beweislast: E. XIX 21). Andernfalls liegt die Haftung der Eisenbahn ob (E. XIX 21).

Dem Verschulden des Verfügungsberechtigten ist im Art. 30 gleichgestellt „eine nicht von der Eisenbahn verschuldete Anweisung desselben". Damit ist der Einwand des Verschuldens strenggenommen über das nach dem receptum zulässige Maß erweitert und insoweit die strenge Haftpflicht der Eisenbahn gemildert. Ist der Schaden durch eine Anweisung des Verfügungsberechtigten herbeigeführt, so soll zur Liberierung der Eisenbahn von der Haftpflicht nicht erforderlich sein, daß sie ein Verschulden des Anweisenden nachweist, sondern schon genügen, daß sie als Ursache des Schadens eine nicht von ihr verschuldete Anweisung des Verfügungsberechtigten, d. h. ihr Nichtverschulden an der Anweisung, welche den Schaden herbeigeführt hat, dartut.

Mangels jeder Einschränkungen kommen Anweisungen aller Art in Betracht, zu welchen der Verfügungsberechtigte befugt ist, mithin nicht allein die im Art. 15 Abs. 1 besonders bezeichneten, sondern überhaupt alle sich aus dem vertraglichen Verfügungsrecht des Absenders bzw. Empfängers ergebenden (s. Art. 15 Anm. 97). Die Anweisung muß eine „nicht von der Eisenbahn verschuldete" sein, d. h. die Eisenbahn darf nicht durch ein Verschulden irgendwelcher Art (s. oben S. 346) ihrerseits den Anlaß zu derjenigen Anweisung des Verfügungsberechtigten gegeben haben, welche den Schaden verursacht hat, sie darf nicht schuldbar direckt oder indirekt diese Anweisung herbeigeführt haben (Rosenthal 192; Reindl XXI 193; Lehmann-Ring 378; A. M. Rundnagel 72).

B.

Die zweite Einrede, deren Beweis die Eisenbahn von der ihr nach Art. 30 obliegenden Haftpflicht befreit, ist die, daß der Schaden durch die natürliche Beschaffenheit des Gutes (namentlich durch inneren Verderb, Schwinden, gewöhnliche Leakage) entstanden ist.

Wie unten (S. 349 ff.) bemerkt, stellt sich die Einrede eigentlich nur als eine besondere Art der Einrede der „höheren Gewalt" dar, die nicht allein in einem äußeren, sondern auch in einem inneren, d. h. von innen kommenden unabwendbaren und unvermeidlichen Ereignisse bestehen kann. Die natürliche Entwickelung, welche das Gut während des Transportes an sich bzw. in Verbindung mit den unvermeidlichen Bewegungen und Einwirkungen des Transportes (rüttelnde und schütternde Bewegung, Einfluß der Zeit, des Klimas, der Temperatur, insbesondere Sonnenhitze und Kälte, Berührung mit anderen Transportobjekten usw.) notwendig nimmt, bildet in der Regel ein mit vernünftigen Mitteln nicht abwendbares und nicht vermeidliches Ereignis, für welches die Eisenbahn ebensowenig wie für andere derartige Ereignisse zu haften verpflichtet ist.

Ganz dieselben Regeln, wie für die im folgenden (S. 349 f.) erörterte Einrede der höheren Gewalt, gelten daher auch für die vorliegende Einrede, d. h. nur dann wird dieselbe begründet erscheinen, wenn die Eisenbahn in Rücksicht auf die natürliche Beschaffenheit des speziellen Gutes alles getan hat, was nach der allgemeinen Verkehrsanschauung und mit vernünftigen Mitteln von der Eisenbahn zum Schutze des Gutes erwartet werden kann.

Wie weit die Eisenbahn darin zu gehen hat, kann — falls nicht in Tarifen und Reglements ausdrückliche Bestimmung getroffen ist — allerdings nur nach Lage des konkreten Falles durch richterliches Ermessen entschieden werden. Man wird aber hierbei im allgemeinen als Prinzip annehmen können, daß die Eisenbahn diejenigen Schäden aus der natürlichen Beschaffenheit des Gutes nicht zu vertreten hat, welche bei ordnungsmäßigem Transporte nicht zu vermeiden waren und trotz desselben eingetreten sind (Rosenthal 192).

Die Beweislast ist hiernach derart verteilt, daß der Beschädigte die Aufgabe des Gutes in guter Beschaffenheit, in ordnungsmäßiger Verpackung mit allen denjenigen Vorkehrungen versehen, nachzuweisen hat, die verkehrs- und usancemäßig dem Absender des Gutes obliegen. Dagegen hat die Eisenbahn darzulegen, daß sie betreffs des übernommenen Gutes alle reglements- bzw. verkehrs- und usancemäßig nach der besonderen Beschaffenheit des Gutes von der Eisenbahn während des Transportes zu verrichtenden Vorkehrungen getroffen habe und das Gut demungeachtet lediglich infolge seiner natürlichen Beschaffenheit beschädigt, verdorben usw. sei (Z. I 380); bei Fahrrädern in unverpacktem Zustande (Z. III 143, 466), bei Geflügel (Z. XIII 312, 314, E. XXII 140, 153), bei Eiern (E. XXIII 142), bei Sirup (Z. X 367, E. XIX 239).

Art. 30 führt die wesentlichsten Arten der Beschädigung, welche aus der inneren Beschaffenheit des Gutes resultieren, ausdrücklich auf, jedoch — wie das Wort „namentlich" erkennen läßt — nur beispielsweise, ohne also die Reihe der überhaupt hierdurch möglichen Beschädigungen zu erschöpfen. Namentlich ist aufgeführt die Beschädigung:

1. durch inneren Verderb, d. i. Schaden, welcher aus inneren Stoffprozessen entsteht, also durch Gähren (Z. X 367, E. XIX 239), Faulen, Frieren, Verschimmeln, Zersetzen, Explodieren (Z. II 289), Selbstentzündung (infolge von Hitze, Frost, Feuchtigkeit). Beweislast: Z. V 799, E. XXII 291, XXIII 142;

2. durch Schwinden, d. i. die natürliche Verminderung, der natürliche Abgang der Ware sowohl durch Witterungsverhältnisse (Eintrocknen, Verdunsten, Einrosten — frische Früchte, Getreide, Flüssigkeiten, Metallwaren) wie durch die notwendigen Transportmanipulationen (Ausstreuen, Verschütten, Auslaufen) usw.;

3. durch gewöhnliche Leckage, d. i. das regelmäßige Dringen (Laufen) gewisser Flüssigkeiten durch die Fugen der Gebinde ohne äußere Beschädigung im Gegensatze zu einem durch äußere, gewaltsame Beschädigung der Fastage herbeigeführten, außergewöhnlichen Auslaufen der Flüssigkeit (E. XX 342). Nur das natürliche und daher unvermeidliche Durchsickern der Flüssigkeit durch die Fugen soll der Eisenbahn zur Entschuldigung dienen.

C.

Die dritte Einrede, deren Beweis die Eisenbahn von der ihr durch Art. 30 auferlegten Haftpflicht befreit, ist die Einrede der höheren Gewalt (vis major). Diese Einrede bzw. der Beweis derselben ist auch dann statthaft, wenn der Beschädigte nachweist, daß der Schaden nicht infolge der in Gemäßheit des Art. 31 begründeten besonderen Gefahr entstanden sein kann (Z. I 401).

Es fragt sich, was unter dem Begriffe „höhere Gewalt" zu verstehen ist?

Der Ausdruck findet sich — außer im Art. 30 Abs. 1 — noch im Art. 5 Abs. 1 Ziff. 3 (Anm. 26) und im Art. 18 Abs. 1 (Anm. 116). Doch ist in keiner dieser Gesetzesstellen der Begriff definiert (s. über die verschiedenen Definitionen der Theorie: Rundnagel 80 ff. und Muschweck, Die höhere Gewalt im Eisenbahnverkehre, Sp.- u. Sch.-Ztg. XV Nr. 11—20). Bei den Beratungen des Art. 5 wurde zwar von Rußland der Antrag gestellt, die Umstände, welche als höhere Gewalt zu betrachten seien, in diesem Artikel zu erwähnen. Aber die Kommission der Konferenz berichtete hierüber, sie sei der Ansicht, daß es nicht nötig und sogar gefährlich wäre, den Ausdruck „höhere Gewalt" näher zu umschreiben. In jedem einzelnen Falle werde vielmehr nach den allgemeinen Rechtsprinzipien nnd den nationalen Gesetzen zu entscheiden sein, was unter „höhere Gewalt" zu verstehen sei. Diese Auffassung ist im wesentlichen in den Beratungen ohne Widerspruch geblieben. Es sind also, soweit die Landesrechte positive Definitionen nicht enthalten, da sowohl Art. 30 des internationalen Übereinkommens wie der ihm zugrunde liegende Art. 395 des bisherigen D. H.G.B. auf dem receptum beruhen, die allgemeinen Rechtsprinzipien des receptum entscheidend (vgl. hierzu Goldschmidt, Zeitschr. f. H. R. Bd. III 93, 333, XVI 287; Gerth, § 3 S. 17 ff. Exner, Der Begriff der höheren Gewalt 1883).

Nach diesen Prinzipien haftet der Frachtführer (die Eisenbahn) unbedingt für die eigenen Handlungen (einschließlich der Funktionen seiner Betriebsmittel) und für die seiner Leute; er haftet dagegen nur bedingt für die Handlungen dritter Personen und für Naturereignisse dergestalt, daß er diese Handlungen bzw. Ereignisse nur dann vertritt, wenn sie durch irgend mögliche, durch die Umstände gebotene Vorsicht abgewendet oder doch in ihren Folgen unschädlich gemacht werden können. Damit ist zugleich der Begriff der höheren Gewalt gegeben. Er umfaßt alle hiernach nicht vertretbaren Ereignisse. Als höhere Gewalt sind diejenigen Naturereignisse und Handlungen dritter Personen anzusehen, welche ungeachtet aller irgend möglichen, durch die Umstände gebotenen Vorsicht weder abzuwenden, noch abzuwehren, noch in ihren schädlichen Folgen vermeidlich waren, bzw. alle diejenigen äußeren Ereignisse, deren Vermeidung durch Vorkehrungen, welche zu dem durch dieselben zu erreichenden Erfolg nach der allgemeinen Verkehrsanschauung im vernünftigen Verhältnisse stehen, unmöglich ist.

Festzuhalten sind hiernach folgende beiden Hauptgrundsätze:

I. Die Eisenbahn haftet unbedingt für ihre eigenen Handlungen sowie für Handlungen ihrer Leute in Ausübung ihres Dienstes und für Mängel ihrer Transportmittel (den sog. inneren

Zufall). Die Einrede der Unabwendbarkeit und Unvermeidlichkeit ist hierbei ausgeschlossen.

Der Grund für diese unbedingte Haftung liegt darin, daß die Funktionen der Leute und Transportmittel der Eisenbahn in so enger Beziehung zu ihren eigenen Handlungen stehen, in so unmittelbarer Verbindung mit denselben, daß rechtlich die Eisenbahn, ihre Leute und Transportmittel, überhaupt alle ihre Transportorgane als ein untrennbares Ganzes erscheinen, die Handlungen bzw. Funktionen der letzteren mithin rechtlich so beurteilt werden, als habe sie die Eisenbahn selbst vorgenommen. Jedes Verschulden ihrer Leute im Dienste bzw. jede mangelhafte Funktion ihrer Transportmittel stellt sich somit rechtlich als ein eigenes Verschulden der Eisenbahn dar und schließt die Einrede der höheren Gewalt aus (E. XVIII 204). Selbstverständlich ist hierbei, daß die Haftung der Eisenbahn zessiert, wenn die Handlung ihrer Leute nur durch einen Akt höherer Gewalt oder eigenen Verschuldens des Beschädigten schadenbringend geworden ist (Rosenthal 198). Ist die Handlung durch ein Ereignis herbeigeführt, welches absolut oder relativ (d. h. mit vernünftigen, den Umständen entsprechenden Mitteln) unabwendbar ist (z. B. Schlaganfall, Geistesstörung des Bediensteten), so ist die Eisenbahn von der Haftung frei. Auch bezieht sich ferner die Haftung der Eisenbahn nur auf diejenigen Handlungen der Leute, welche mit ihren dienstlichen Verrichtungen zusammenhängen, d. h. in Ausübung ihres Dienstes geschehen. Denn nur soweit sind sie Organe der Eisenbahn und nur soweit erfordert der Verkehrswille ihre Haftung (s. über Streik und passive Resistenz Art. 29 Anm. 155).

Wie für die Leute im Dienst, so haftet die Eisenbahn auch für ihre Transportmittel unbedingt. Ihre Beschaffenheit muß derartig sein, daß sie fehlerlos fungieren und das Frachtgut nicht beschädigen. Für die fehlerfreie und vollkommene Funktionierung ihrer Transportmittel hat die Eisenbahn vielmehr unbedingt einzustehen und kann sich nicht mit der Unabwendbarkeit ihres Versagens entschuldigen, z. B. Versagen der Vakuumbremse genügt nicht (E. XIX 195). Sie hat insofern auch für jeden Kasus zu haften (Z. X 54, E. XIX 1).

Die Einrede der „höheren Gewalt" findet hiernach ihrem Begriffe nach auf die Funktionen der Eisenbahn und ihrer Organe nicht Anwendung; die Haftung für diese, d. h. für den sogenannten inneren Zufall, ist vielmehr eine unbedingte. Der Einwand der „höheren Gewalt" kann sich nur auf ein „von außen" kommendes Ereignis beziehen, d. h. nur auf ein solches, welches von außen in den Kreis der an sich tadellosen (vollkommenen) Funktionen aller Organe, der Leute und Transportmittel der Eisenbahn störend eingreift (dazu kann auch Brand, Explosion im Innern eines Eisenbahnmagazins oder Wagens gehören (E. XVIII 204), gerichtliche Beschlagnahme (Z. XIV 175, E. XXII 354).

II. Die Eisenbahn haftet nur bedingt für Naturereignisse und Handlungen dritter Personen (den sogenannten äußeren Zufall), d. h. dergestalt, daß sie diese Ereignisse und Handlungen nur dann vertritt, wenn sie durch irgend mögliche, der allgemeinen Verkehrsanschauung und dem vernünftigen Verkehrswillen entsprechende Mittel sowie durch die nach den Umständen gebotene Vorsicht abgewendet, abgewehrt oder doch in ihren Folgen unschädlich gemacht werden konnten.

a) Die erste Kategorie der Fälle nur bedingter Haftung der Eisenbahn umfaßt die Naturereignisse. Die Naturereignisse müssen durch Mittel, welche dem vernünftigen Verkehrswillen entsprechen, sei es in ihrem Eintritt abwendbar oder doch in ihren Folgen, in ihrer Einwirkung auf das Frachtgut unschädlich zu machen sein. Die meisten Naturereignisse dagegen sind zwar bezüglich ihres Eintrittes unabwendbar (s. noch Dronke, E. XX 265; Birkenbiehl E. XVIII 76), wie z. B. Blitz, Kälte, Hitze, Regen, Wolkenbruch, Schneesturm, wohl aber in ihren schädlichen Folgen für den Transport durch menschliche Kraft und Vorsorge unter Umständen vermeidlich (z. B. durch Blitzableiter, Wasserabläufe, Regendecken, Dämme, Schneefänge usw.).

Es kommt aber hier gar nicht darauf an, eine strenge Abgrenzung der an sich objektiv unvermeidlichen Ereignisse vorzunehmen. Denn die objektive Unvermeidlichkeit des Ereignisses ist nicht das Entscheidende. Wären auch die meisten Naturereignisse in ihren schädlichen Folgen für das Transportobjekt abwendbar, so würde doch, wie oben (S. 349 f.) ausgeführt, die Feststellung des Vorhandenseins der „höheren Gewalt" nicht davon abhängig sein, daß die Abwehr dieser Folgen überhaupt denkbar und durch Menschenkraft zu erreichen ist, sondern allein davon: daß die Anwendung durch Vorkehrungen, welche zu dem durch dieselben zu erreichenden Erfolge nach der allgemeinen Verkehrsanschauung in einem vernünftigen Verhältnisse stehen, möglich ist (E. X 36). Bei der Beurteilung der Frage, ob eine Abwendung des in Frage stehenden Ereignisses möglich war, ist also ein relativer Maßstab anzulegen; insbesondere kommen die Verkehrsanschauungen in Betracht, und es sind hiernach nur solche Mittel in Berücksichtigung zu ziehen, deren Anwendung möglich ist, ohne den wirtschaftlichen Erfolg des Unternehmens auszuschließen (vgl. v. Hahn II 124; Westerkamp 653; Staub 1561; Eger, Reichs-Haftpflichtgesetz 6. Aufl. und die daselbst angeführte Literatur; Rosenthal 197 Anm. 3; Reichsger. XXI 13; E. VI 216, XV 138, 342).

b) Die zweite Kategorie der Fälle nur bedingter Haftung der Eisenbahn umfaßt die Handlungen dritter Personen, d. h. solcher, die nicht als Betriebsorgane fungieren. Auch für diese gilt das Prinzip, daß „höhere Gewalt" nur dann anzunehmen ist, wenn die Handlung des Dritten und ihre schädliche Folge für den Transport durch normale, wirtschaftliche und den Verkehrsverhältnissen entsprechende Vorsorge weder abgewendet, noch abgewehrt werden konnte. Wenn durch ein feindliches Heer (Krieg), durch Aufständische mit überlegenen Kräften (Aufruhr, Plünderung) der Transport gestört, die Transportmittel und Güter beschädigt, die Eisenbahnschienen aufgerissen, Tunnels gesprengt, Bahnhöfe geplündert oder verbrannt werden, wenn z. B., nachdem die Bahn alle ihre Pflichten sorgfältig erfüllt hat, die Signale und Weichen richtig gestellt, die Geleise vom Wärter vorschriftsmäßig begangen und genau revidiert sind, ein Dritter doloser oder kulposer Weise, aus Wahnsinn, in der Trunkenheit, eine Beschädigung der Transportmittel veranlaßt (Z. VIII 402) usw., ein Hindernis auf die Schienen bringt und eine Entgleisung bewirkt, so wird man diese Fälle als „von außen kommende Handlungen" (d. h. im figürlichen Sinne von außen in den Transportbetrieb eingreifende) bezeichnen müssen, deren beschädigende Folgen sich nicht abwenden ließen, mithin als „höhere Gewalt". „Von außen kommend" ist hierbei also nicht etwa im eigentlichen Sinne, d. h. dahin zu verstehen, daß die Gewalt nicht auch vom Innern des Magazins, des Wagens usw. ihren Ausgangspunkt und ihre Entstehung nehmen könne; die Gewalt wird zwar in der Regel von außen in diesem eigentlichen Sinne kommen, aber notwendig ist es für den Begriff der höheren Gewalt nicht. Wird im Innern eines Eisenbahnmagazins von dritter Hand Feuer angelegt, werden im Innern eines Eisenbahnwagens infolge Explodierens, Auslaufens, Verdunstens, Faulens falsch deklarierter Güter andere Güter auf unabwendbare Weise beschädigt, so sind auch dies echte Fälle höherer Gewalt, ebenso, wenn der Schaden lediglich in der natürlichen Beschaffenheit eines beförderten Gutes und dessen naturgemäßer Entwicklung seinen Grund hat (Reichsger. E. XVIII 204; Öst. Oberst.Ger.-Hof XXIII 265).

Von diesem Gesichtspunkte aus ist auch die Frage zu beantworten, ob Beraubung oder Entwendung des zum Transport übernommenen Gutes ein Akt höherer Gewalt ist (R.O.H.G. XX 124; Sarrut N. 760).

161) **„Ist auf dem Frachtbrief als Ort der Ablieferung ein nicht an der Eisenbahn liegender Ort bezeichnet, so besteht die Haftpflicht der Eisenbahn auf Grund dieses Übereinkommens nur für den Transport bis zur Empfangsstation. Für die Weiterbeförderung finden die Bestimmungen des Art. 29 Anwendung.**

Absatz 2 des Art. 30 enthält eine deklaratorische Bestimmung zu der Bestimmung des Abs. 1, wonach die strenge Haftpflicht der Eisenbahn nach Maßgabe des Übereinkommens bis zur Ablieferung des Gutes besteht. Ist nämlich auf dem Frachtbriefe als Ort der Ablieferung ein nicht an der Eisenbahn liegender Ort bezeichnet, so könnte es zweifelhaft sein, ob die Haftpflicht aus dem internationalen Eisenbahntransportvertrage gemäß Art. 30 Abs. 1 bis zur Ablieferung an jenem Orte sich erstreckt oder sich auf den letzten an der Eisenbahn belegenen Ort — die Empfangs- bzw. Bestimmungsstation — beschränkt. Nach internationalem Eisenbahn-Transportrecht (Art. 16 Abs. 1 und 3) hat aber das Frachtgut den Charakter des Holgutes; die Eisenbahn ist am Bestimmungsort nicht verpflichtet, das Gut dem Empfänger zuzuführen bzw. zu bringen (Bringgut), sondern dem Empfänger liegt es ob, das Gut von der Bestimmungsstation, aus den Räumen bzw. von den Geleisen derselben abzuholen; denn Ort der Ablieferung ist nach der näheren Deklaration des Art. 16 Abs. 3 die Bestimmungsstation, nicht der ganze Bereich des Bestimmungsortes (Anm. 111 S. 215. — Irrig Gerstner, Suppl. 87).

Nach Art. 6 Abs. 1 c muß auf dem Frachtbriefe die Bestimmungsstation bezeichnet sein, d. h. diejenige Eisenbahnstation, wohin das Gut bestimmt ist. Ist nun anstatt oder neben dieser Bestimmungsstation als Ort der Ablieferung auf dem Frachtbriefe ein nicht an der Eisenbahn liegender Ort bezeichnet — und zwar gleichviel ob derselbe zum Stationsort gehört, wie z. B. die dort belegene Wohnung oder das Geschäftslokal des Empfängers, oder irgendein dritter nicht zum Stationsort gehöriger Ort —, so endet doch die Haftpflicht auf Grund des internationalen Übereinkommens ebenso wie die Ablieferungspflicht jedenfalls auf der Bestimmungs- bzw. Empfangsstation. Dieser sich aus Art. 16 Abs. 1 in Verbindung mit Abs. 3 und Art. 30 Abs. 1 ergebenden Konsequenz verleiht Abs. 2 des Art. 30 zur Beseitigung aller Zweifel positiven Ausdruck. Die abliefernde Bahn kann zwar nach ihren landesgesetzlichen oder reglementarischen Bestimmungen verpflichtet sein, dem Empfänger das Gut bis an seine Behausung oder an einen anderen, nicht an der Eisenbahn belegenen Ort zuzuführen (Art. 19), aber die Zuführung ist nicht in dem internationalen Transport inbegriffen, mithin auch nicht der Haftpflicht aus Art. 30 ff. des internationalen Übereinkommens unterworfen. Vielmehr finden auf diesen weiteren Transport die für die abliefernde Bahn geltenden landesgesetzlichen oder reglementarischen Haftpflichtbestimmungen Anwendung (E. XXIII 359). Diesem Grundsatze ist durch die Bestimmung des Satzes 2 Abs. 2 Art. 30 Ausdruck gegeben. Da dieser Weitertransport nicht zum internationalen Transport gehört und den Haftpflichtnormen des internationalen Übereinkommens nicht unterliegt, so erstreckt sich auf denselben auch die solidarische Haftpflicht der an einem internationalen Transport beteiligten Bahnen (Art. 27 des Übereinkommens) nicht. Für den Weitertransport trägt die abliefernde Bahn die ihr etwa obliegende landesgesetzliche usw. Haftpflicht allein.

Aber auch schon auf der Empfangsstation erleidet der Grundsatz des Abs. 2 Art. 30, daß die strenge Haftpflicht auf Grund des Übereinkommens bis dahin besteht, dann eine Ausnahme bzw. Einschränkung, wenn dort durch Verschulden des Empfängers die Ablieferung bzw. Empfangnahme nicht rechtzeitig erfolgt, mithin ein Annahmeverzug durch Schuld des Empfängers eintritt. In diesem Falle hört mit dem Momente des Annahmeverzugs die strenge Haftpflicht der Eisenbahn auf Grund des internationalen Übereinkomnens auf, und es tritt an ihre Stelle lediglich die Verwahrungspflicht nach Maßgabe des Landesrechts, wie Anm. 159 S. 344 bereits des näheren erörtert worden.

Artikel 31.[162])

(1) Die Eisenbahn haftet nicht:

1. in Ansehung der Güter, welche nach der Bestimmung des Tarifes oder nach einer in den Frachtbrief aufgenommenen Vereinbarung mit dem Absender in offen gebauten Wagen transportiert werden,

für den Schaden, welcher aus der mit dieser Transportart verbundenen Gefahr entstanden ist;[163])

2. in Ansehung der Güter, welche, obgleich ihre Natur eine Verpackung zum Schutze gegen Verlust, Minderung oder Beschädigung auf dem Transporte erfordert, nach Erklärung des Absenders auf dem Frachtbriefe (Art. 9) unverpackt oder mit mangelhafter Verpackung aufgegeben sind:

für den Schaden, welcher aus der mit dem Mangel oder mit der mangelhaften Beschaffenheit der Verpackung verbundenen Gefahr entstanden ist;[164])

3. in Ansehung derjenigen Güter, deren Auf- und Abladen nach Bestimmung des Tarifes oder nach einer in den Frachtbrief aufgenommenen Vereinbarung mit dem Absender, soweit eine solche in dem Staatsgebiete, wo sie zur Ausführung gelangt, zulässig ist, von dem Absender bzw. dem Empfänger besorgt wird:

für den Schaden, welcher aus der mit dem Auf- und Abladen oder mit mangelhafter Verladung verbundenen Gefahr entstanden ist;[165])

4. in Ansehung der Güter, welche vermöge ihrer eigentümlichen natürlichen Beschaffenheit der besonderen Gefahr ausgesetzt sind, Verlust, Minderung oder Beschädigung, namentlich Bruch, Rost, inneren Verderb, außergewöhnliche Leckage, Austrocknung und Verstreuung zu erleiden:

für den Schaden, welcher aus dieser Gefahr entstanden ist;[166])

5. in Ansehung lebender Tiere:

für den Schaden, welcher aus der mit der Beförderung dieser Tiere für dieselben verbundenen besonderen Gefahr entstanden ist;[167])

6. in Ansehung derjenigen Güter, einschließlich der Tiere, welchen nach der Bestimmung des Tarifes oder nach einer in den Frachtbrief aufgenommenen Vereinbarung mit dem Absender ein Begleiter beizugeben ist:

für den Schaden, welcher aus der Gefahr entstanden ist, deren Abwendung durch die Begleitung bezweckt wird.[168])

(2) Wenn ein eingetretener Schaden nach den Umständen des Falles aus einer der in diesem Artikel bezeichneten Gefahren entstehen konnte, so wird bis zum Nachweise des Gegenteils vermutet, daß der Schaden aus der betreffenden Gefahr wirklich entstanden ist.[169])

Zusatz I.

Betriebsreglement des Vereins Deutscher Eisenbahnverwaltungen.

§ 69.

Beschränkung der Haftung bei besonderen Gefahren.
(Text übereinstimmend mit vorstehendem Art. 31) und:

Zusätzliche Bestimmungen:

1. Wenn die Eisenbahn dem Absender auf dessen ausdrücklichen Antrag Decken überläßt, so übernimmt sie dadurch auch bei

solchen Gütern, welche nach den Tarifbestimmungen nicht in offen gebauten Wagen befördert werden, keine weitergehende Haftpflicht, als ihr bei Beförderung in offen gebauten Wagen ohne Decken obliegt.

2. Das Ausstauben von Gütern durch die Emballage wird der außergewöhnlichen Leckage gleich gehalten.

162) **Prinzip und Entstehungsgeschichte des Art. 31.**

Die Art. 31 und 32 setzen eine Reihe Beschränkungen der im Art. 30 normierten Haftpflicht fest.

Die modernen Rechtsanschauungen stimmen darin überein, daß den Bahnen bezüglich der vertragsmäßigen Beschränkung ihrer Haftpflicht nicht die volle Freiheit wie dem gewöhnlichen Frachtführer gelassen werden darf. Es spricht dafür, daß sie trotz der sich mehrenden Konkurrenz und der Beseitigung von Ausschlußprivilegien zur Zeit immer noch tatsächlich ein gewisses Monopol gegenüber allen anderen Frachtführern besitzen. Anderseits sprechen gewichtige Gründe dafür, den Bahnen die Befugnis zur vertragsmäßigen Beschränkung der Haftpflicht nicht gänzlich zu entziehen bzw. nicht in höherem Grade, als dies zur Paralysierung ihres Monopols erforderlich ist.

Aus diesen Gründen hat das alte D. H.G.B einen Mittelweg eingeschlagen, d. h. prinzipiell zwar die vertragsmäßige Beschränkung der Haftpflicht den Bahnen verboten (Art. 423), aber ausnahmsweise für gewisse — durch Bedürfnis und Erfahrung festgestellte — Fälle gestattet (Art. 424, 426) und zugleich die Beweislast dahin geändert, daß bis zum Nachweise des Gegenteils vermutet werden soll, daß ein eingetretener Schaden, wenn er aus der in den bezüglichen Vereinbarungen nicht übernommenen Gefahr entstehen konnte, aus derselben wirklich entstanden ist.

Auch das internationale Übereinkommen hat sich diesem System angeschlossen und die Beschränkungen der Haftpflicht bzw. die Änderung der Beweislast fast wörtlich nach Maßgabe der Art. 424, 426 D. H.G.B. adoptiert. Nur insofern ist eine wesentliche materielle Änderung eingetreten, als — während die Art. 424, 426 D. H.G.B. den Bahnen die bezüglichen Beschränkungen der Haftpflicht nur im Vertragswege gestatten — diese Beschränkungen durch Artikel 31 und 32 des internationalen Übereinkommens im Interesse der Rechtseinheit gesetzlich generalisiert, d. h. zu allgemein gesetzlichen Beschränkungen erhoben sind, mithin eine Vereinbarung seitens der einzelnen Bahnen in Tarifen und Reglements nicht mehr erfordern. Neben dem prinzipiellen Verbote der Aufstellung tarifarischer (reglementarischer) Bedingungen, welche mit dem internationalen Übereinkommen im Widerspruch stehen (Art. 4), sind vielmehr die Fälle der Haftpflichtbeschränkung der Eisenbahnen in den Art. 31 und 32 einheitlich und gesetzlich fixiert, derartig, daß die Eisenbahnen in diesen Fällen ipsa lege und ohne daß es einer weiteren tarifarischen oder reglementarischen Vereinbarung bedarf, nicht haften. Nicht eine bloße Beweisbegünstigung, sondern wirkliche Haftbefreiung enthält Art. 31 (E. XXV 49).

Der Schweizer Entwurf wollte die Frage, innerhalb welcher Grenzen eine Beschränkung der strengen Haftpflicht ex recepto zugelassen werden solle, von der einheitlichen internationalen Regelung ausschließen.

Demgegenüber empfahl die Kritik des Schweizer Entwurfs (Eger, Die Einführung eines internat. Eisenbahn-Frachtrechts, 1877, S. 93–96, 118–123, und Gegenentwurf Art. 28 a. a. O. S. 147, 148) die Aufnahme der in dem Art. 424 des alten D. H.G.B. enthaltenen Bestimmungen, jedoch mit der wesentlichen Modifikation, daß, während Art. 424 den Eisenbahnen die bezüglichen Beschränkungen der Haftpflicht im Vertragswege nur freistellt, im Interesse der Einheitlichkeit dringend befürwortet wurde, diese Beschränkungen gesetzlich zu generalisieren, d. h. zu allgemeinen gesetzlichen Beschränkungen derartig zu erheben, daß keine dem internationalen Übereinkommen unterworfene Eisenbahn unter das Maß dieser Beschränkungen herabgehen darf.

Der Deutsche Entwurf (1878) adoptierte vollständig diese Vorschläge der Kritik, namentlich auch die vorbezeichnete Modifikation, indem er neben dem prinzipiellen Verbote der Aufstellung reglementarischer Bedingungen, welche mit dem internationalen Übereinkommen im Widerspruch stehen (Art. 4), die Fälle der Haftbeschränkung der Eisenbahnen (nach Analogie der Art. 424, 426 D. H.G.B.) einheitlich in das Übereinkommen aufnahm. Demgemäß beginnt Art. 18a des Deutschen Entwurfs nicht wie Art. 424 des D. H.G.B. mit der fakultativen Fassung: „Es kann bedungen werden....", sondern mit der kategorischen Bestimmung: „Die Eisenbahn haftet nicht...." Nach eingehender Diskussion wurde der Artikel angenommen, vorbehaltlich der Redaktion des letzten Absatzes, welcher an die Kommission I gewiesen wurde (Prot. 34—36).

Die Kommission I schlug in der zweiten Beratung die Aufnahme der in der ersten Beratung angenommenen Abänderungen vor, nämlich in Ziffer 1 „in offen gebauten Wagen" statt „in unbedeckten Wagen", ferner in Ziffer 4 den Zusatz „Austrocknung und Verstreuung" und in Ziffer 6 „einschließlich der Tiere" und endlich für den letzten Absatz folgende Fassung:

> „Wenn ein eingetretener Schaden nach den Umständen des Falles aus einer der in diesem Artikel bezeichneten Gefahren entstehen konnte, so wird bis zum Nachweise des Gegenteils vermutet, daß der Schaden aus der betreffenden Gefahr wirklich entstanden ist".

Zur Motivierung dieser Abänderung des letzten Absatzes wurde bemerkt:

„Im letzten Absatze sind die Worte „die Eisenbahn dartut, daß" in dem Sinne gestrichen worden, daß es dem Entscheid des Richters überlassen bleiben soll, ob der Bahn eine vorgängige Beweisauflage zu machen ist."

Hierauf wurde Art. 31 ohne Diskussion nach den Anträgen der I. Kommission angenommen (Prot. S. 112—114).

In der III. Konferenz referieren die französischen und

schweizerischen Delegationen über den von der Kommission II behandelten Abs. 3. Der Bericht lautet:

„Nach der für den Abs. 4 des Art. 8 adoptierten Redaktion erscheint es der Kommission II als notwendig, den Art. 31 dadurch mit dem Art. 8 in Einklang zu bringen, daß auch bei ersterem in Ziffer 3 die Zulässigkeit einer besonderen Vereinbarung mit dem Absender davon abhängig gemacht wird, daß eine solche nach den Vorschriften des betreffenden Staates zulässig ist."

Die Kommission schlägt daher vor, die Ziffer 3 des Art. 31 zu redigieren wie folgt:

3. „In Ansehung derjenigen Güter, deren Auf- und Abladen nach Bestimmung des Tarifes oder nach Vereinbarung mit dem Absender, soweit eine solche nach den Vorschriften des betreffenden Staates zulässig ist, von dem Absender bzw. dem Empfänger besorgt wird."

Dieser Vorschlag wurde ohne Diskussion angenommen und damit Art. 31 in der Fassung des definitiven Textes des Übereinkommens vom 14. Oktober 1890 (Prot. S. 43, 44).

In der Pariser Revisionskonferenz (1896) haben infolge einer von Deutschland und Österreich-Ungarn ausgehenden Anregung die Ziffern 1, 3 und 6 insofern eine Änderung bzw. Ergänzung erfahren, als in Ziffer 1 die Worte ‚nach Vereinbarung mit dem Absender" und in Ziffer 3 und 6 die Worte „nach besonderer Vereinbarung mit dem Absender" ersetzt worden sind durch die Worte:

„nach einer in den Frachtbrief aufgenommenen Vereinbarung mit dem Absender".

(Zusatz-Übereink. v. 16. Juni 1898 Art. 1 Ziff. VII, Z. Jahrg. VI Nr. 8, S. 510). Um Zweifel und Streitigkeiten abzuschneiden und ein sicheres Beweismittel zu schaffen, empfahl es sich, vorzuschreiben, daß die Eisenbahn sich auf eine mit dem Absender getroffene Vereinbarung über die gedachten Arten des Transportes (Art. 31, Ziff. 1, 3 und 6) nur berufen kann, wenn die Vereinbarung in den Frachtbrief aufgenommen ist (Z. VI 619).

163) **„Die Eisenbahn haftet nicht:**

1. in Ansehung der Güter, welche nach der Bestimmung des Tarifes oder nach einer in den Frachtbrief aufgenommenen Vereinbarung mit dem Absender in offen gebauten Wagen transportiert werden:

für den Schaden, welcher aus der mit dieser Transportart verbundenen Gefahr entstanden ist;"

Ziffer 1 enthält die erste Beschränkung der Haftpflicht der Eisenbahn.

Die Transportgefahr, welche diese Haftbeschränkung begründet, liegt in dem Transport in offen gebauten (ungedeckten) Wagen bzw. in dem Offensein (Ungedecktsein) der zum Transport verwendeten Wagen.

A. Die erste Voraussetzung ist der Transport in offen gebauten Wagen. Man unterscheidet geschlossen (gedeckt) und offen (ungedeckt) gebaute Eisenbahn-Güterwagen. Geschlossen (gedeckt) gebaute sind solche, welche nach ihrer Konstruktion und Bauart mit einer eine dauernde Einrichtung, einen integrierenden Teil des Wagens bildenden, niet- und nagelfest, mit den übrigen Teilen des Wagens verbundenen Bedachung versehen sind. Offen (ungedeckt) gebaute Wagen sind alle nicht in die vorbeschriebene Kategorie gehörigen Wagen, gleichviel ob sie ganz offen benutzt oder ohne Änderung ihrer offenen Bauart vorübergehend mit Decken (Teerplanen, Persennigen, Decktuch, Decklaken, Leder-, Leinwanddecken usw.) versehen werden (Z. I 262, II 34, III 36, 67, IV 371, VI 37, VII 525, X 15, E. X 181, Z. XI 248, 378, E. XX 13, 222). Das Kriterium liegt also darin, ob die Einrichtung eine dauernde, integrierende ist oder nicht. Die Bauart, nicht die vorübergehende Bedeckung ist entscheidend. Dahin gehören z. B. auch aus Holz gebaute Möbelwagen, welche auf offen gebauten Eisenbahnwagen transportiert werden (E. XI 339).

B. Die zweite Voraussetzung ist, daß der Transport in offen gebauten Wagen nach Bestimmung des Tarifes oder nach Vereinbarung mit dem Absender stattfindet.

Der Transport in offen gebauten (ungedeckten) Wagen hat für sich allein die Beschränkung der Haftpflicht der Eisenbahn nicht zur Folge. Der Absender muß diese gefährliche Transportart gewollt, sich damit in den im Eisenbahntransport üblichen Formen einverstanden erklärt haben (Z. III 68). Das Abkommen mit dem Absender kann entweder speziell durch besondere Vereinbarung mit dem Absender oder generell durch Aufnahme in die Tarife erfolgen. Geschieht es durch besondere Vereinbarung mit dem Absender, so ist dieselbe, um Zweifel und Streitigkeiten abzuschneiden und ein sicheres Beweismittel zu gewinnen, durch das Zusatz-Übereinkommen vom 16. Juni 1898 an eine besondere Form gebunden worden (Anm. 162); die Vereinbarung mit dem Absender muß in den Frachtbrief aufgenommen werden. Es reicht auch aus und ist zulässig, daß im Reglement gewissermaßen summarisch bestimmt ist, daß nach Maßgabe der Tarife gewisse Güter an sich nur in unbedeckten Wagen transportiert werden, derartig, daß diese Transportart ohne weiteres als vereinbart angenommen wird, wenn der Absender nicht ausdrücklich die Beförderung in gedeckten Wagen verlangt.

Aus den Worten: „nach einer in den Frachtbrief aufgenommenen Vereinbarung" ergibt sich — wie Reindl E. XVI Anl.-Heft 1 S. 15 zutreffend ausführt —, daß nicht etwa die einseitige Konstatierung der Bahnbehörde (Abfertigungsstelle) im Frachtbriefe darüber, daß eine Vereinbarung der gedachten Art mit dem Absender getroffen worden sei, genüge, daß vielmehr entweder der Absender selbst vor oder bei der Aufgabe des Frachtbriefes in denselben einen diesbezüglichen Vermerk setzen, oder daß er den von der Bahnbehörde nachträglich auf den Frachtbrief gesetzten Vermerk durch seine Namensunterschrift bestätigen muß. Denn nur dann kann von einer in den Frachtbrief aufgenommenen Vereinbarung mit dem Absender die Rede sein. Das Deutsche Reichsgericht hält die Konstatierung im Frachtbriefe für genügend (Z. XII 174, E. XIX 44, XX 336, XXIV 58, XXV 49).

Die Vereinbarung, gleichviel ob sie besonders oder tarifmäßig getroffen worden ist, gilt für die ganze Dauer des Transportes, mithin für sämtliche beteiligte Bahnen, und zwar nicht nur dem Absender, sondern auch dem Empfänger gegenüber. Das Verlangen des Absenders bzw. die Vereinbarung mit ihm, daß das Gut in einem mit Decken (Teerplanen, Persennigen usw.) versehenen Wagen befördert werden solle, steht nicht gleich dem Verlangen des Transportes in geschlossenen (gedeckten) Wagen (Z. I 262, II 34, 52, E. X 358, XXII 293). Wenn die Eisenbahn, obwohl sie nach ausdrücklicher oder tarifarischer Übereinkunft offen gebaute Wagen verwenden durfte, gedeckte freiwillig verwendet hat, so steigert sich durch diese freiwillige, aus besonderem Entgegenkommen bewirkte Beförderung in gedeckten Wagen ihre Haftung nicht, d. h. sie kann auch in diesem Falle sich auf die Haftbefreiung und die bezügliche gesetzliche Vermutung des Art. 31 berufen (Z. I 262, II 34, 52, III 67, IV 329, VII 525, R.O.H.G. Bd. 25 S. 170. Reichsger. E. I 11, Thöl 177, Endemann 574, Rundnagel 170, Wehrmann 111, Hertzer 137. — A. M. Schott 491, Gerstner 339, Puchelt z. Art. 424 I.H.G.B; Hilscher 202 und Kgl. Ung. Kurie 31. Mai 1898 Z. VI 37).

C. Liegen die beiden im Vordersatze der Ziffer 1 bezeichneten Voraussetzungen vor, so haftet die Eisenbahn für den Schaden nicht, welcher aus der mit dieser Transportart verbundenen Gefahr entstanden ist.

Nicht Haftbefreiung von jedem überhaupt möglichen Schaden tritt beim Transport in offen gebauten Wagen gemäß Ziffer 1 ein, z. B. nicht von Schaden durch vorschriftswidrige Annäherung des offenen Wagens an die Lokomotive (Z. XII 272, E. XXI 120, XXIII 155, XVIII 124), durch die bahnseitige Gestellung schadhafter Decken (E. XXIV 141), sondern nur speziell von demjenigen Schaden, welcher aus der mit dieser Transportart verbundenen Gefahr entstanden bzw. durch diese Transportart ermöglicht worden ist. Der Schaden muß aus der offenen Bauart bzw. der Unbedecktheit der Wagen entstanden sein, wobei der Eisenbahn in Abänderung der gewöhnlichen Beweislast noch die gesetzliche Vermutung des Art. 31 Abs. 2 (Anm. 169) zugute kommt. Es ist nicht notwendig und weder im Übereinkommen ausgesprochen noch aus der Absicht desselben zu folgern, daß der Schaden sich als ein infolge des vereinbarten Transportes in offen gebauten Wagen unabwendbarer darstellt, sondern es genügt, daß der eingetretene Schaden mit dieser Transportart in erkennbarem Zusammenhange, in Kausalnexus steht, infolge derselben denkbar ist, wenngleich es vielleicht der Eisenbahn möglich gewesen wäre, den Schaden durch anderweite Schutzmittel, welche die Bedeckung zu ersetzen geeignet sind, abzuwenden; es müßte denn sein, daß diese anderweiten Schutzmittel vom Absender ausdrücklich bestellt und durch Verschulden der Bahn schadhaft waren und dadurch die Beschädigung (Durchnässung) herbeigeführt worden ist (Z. VI 37). Konkurrierendes Verschulden der Eisenbahn (E. XXIII 155).

Der Schaden ist nicht etwa auf Witterungseinflüsse zu beschränken, wenngleich diese Gefahr zunächst ohne Zweifel ein wesentliches Motiv für die zugelassene Haftbeschränkung der Bahnen bildet und vornehmlich in Betracht kommt. Es gehören hiernach dahin in der Regel Schäden durch Hitze, Nässe, Kälte (Z. IX 366, XI 248, 378, E. XX 13, 222), Regen, Schnee, Staub, Wind, Sonnenglut, also Vernässung, (Z. III 69, VI 37), Eintrocknen, Schmelzen, aber auch zahlreiche Schäden anderer Art, welche mit dieser Transportart in erkennbarem Zusammenhange stehen, also z. B. Zerbrechen usw. durch Herabfallen anderer Gegenstände auf die offenen Wagen oder durch Herausfallen der Güter aus solchen Wagen, ferner Entzünden, Versengen, Verbrennen usw. (Z. IX 456), durch Funkensprühen und Dampf der Lokomotive (Z. I 262, XIV 181, E. XVIII 311, XXII 395, Sp.- u. Sch.-Ztg. XIV Nr. 38), Diebstahl (E. XVIII 214, Endemann 575; Staub 969. — A. M. Lehmann-Ring 384), außer Diebstahl durch die Leute der Bahn (Rosenthal 204; Rundnagel 166). Ein Antrag Österreich-Ungarns, hier ausdrücklich zu bestimmen, daß unter dieser Gefahr auffallender Gewichtsabgang oder Verlust ganzer Stücke nicht zu verstehen sei, wurde als unzweckmäßig und selbstverständlich abgelehnt (Prot. 146). Meyer (Das Recht X 1906 Nr. 13 S. 792).

164) **„Die Eisenbahn haftet nicht:**

2. in Ansehung der Güter, welche, obgleich ihre Natur eine Verpackung zum Schutze gegen Verlust, Minderung oder Beschädigung auf dem Transporte erfordert, nach Erklärung des Absenders auf dem Frachtbriefe (Artikel 9) unverpackt oder mit mangelhafter Verpackung aufgegeben sind:

für den Schaden, welcher aus der mit dem Mangel oder mit der mangelhaften Beschaffenheit der Verpackung verbundenen Gefahr entstanden ist;"

Ziffer 2 enthält die zweite Beschränkung der Haftpflicht der Eisenbahn.

Die Transportgefahr besteht in dem Fehlen oder in der Mangelhaftigkeit der Verpackung von Gütern, welche einer solchen auf dem Transport bedürfen.

A. Die erste Voraussetzung ist, daß unverpackte oder mangelhaft verpackte Güter aufgegeben werden, ungeachtet ihre Natur eine Verpackung zum Schutz gegen Verlust, Minderung oder Beschädigung auf dem Transport erfordert (Art. 9 Anm. 64f., E. XIX 21).

B. Die zweite Voraussetzung ist, daß über die Aufgabe in unverpacktem oder mangelhaftem Zustande eine Erklärung des Absenders auf dem Frachtbriefe — wie sie in Art. 9 Abs. 2 erwähnt ist — enthalten sein muß. Diese Form, die schriftliche (oder gestempelte, gedruckte usw.) Erklärung des Absenders auf dem Frachtbriefe, ist unbedingte Voraussetzung für die in Rede stehende Haftbeschränkung (Z. I 380, IV 371, VI 178, IX 456; Fuld in E. XIX 172, XXIV 341). Es genügt die Erklärung der fehlenden oder mangelhaften Verpackung ohne Angabe der Mängel. Es kann zwar zu dieser Form kumulativ noch eine andere aus irgendwelchen Gründen hinzutreten, wie z. B. die gleichfalls im Art. 9 Abs. 2 bezeichnete besondere bzw. allgemeine Erklärung nach Maßgabe der in den Ausführungsbestimmungen (§ 4 Abs. 1 und 2; s. S. 110 f.) festgesetzten Formulare, indes ist diese besondere formularmäßige Erklärung für die Liberierung der Eisenbahn gemäß Abs. 1 Ziff. 2 des Art. 31 nicht notwendig (Lehmann-Ring 384; Rundnagel 126. — A. M. Centralamt Z. X 8) und jedenfalls nicht geeignet, die Erklärung auf dem Frachtbriefe zu ersetzen (E. XXIV 341).

C. Liegen die beiden im Vordersatze der Ziff. 2 bezeichneten Vorausaussetzungen vor, so haftet die Eisenbahn nicht für den Schaden, welcher aus der mit dem Mangel oder der mangelhaften Verpackung verbundenen Gefahr entstanden ist. Also auch hier tritt nicht Haftbefreiung von jedem Schaden überhaupt, sondern nur von dem aus dem Fehlen oder der Mangelhaftigkeit der Verpackung entstandenen ein. Ist nicht darauf, sondern auf ein Verschulden der Bahn der Schaden zurückzuführen, z. B. auf sachwidrige Manipulationen der Leute der Bahn, so haftet sie für den Schaden (E. XX 37, XXV 10, Z. XVI 231). Es muß aber nicht gerade eine besondere, aus dieser Transportart entstandene Gefahr sein, sondern es genügt, daß der Schaden aus dem Mangel usw. der Verpackung überhaupt entstanden ist, wobei der Eisenbahn bei der Beweisführung unter Modifikation der gewöhnlichen Regeln von der Beweislast noch die im Abs. 2 (Anm. 169) ausgesprochene Vermutung zugute kommt. Es ist auch nicht erforderlich, daß der Schaden ein unabwendbarer sei, sondern es reicht aus, daß er mit dem Fehlen oder der Mangelhaftigkeit der Verpackung in erkennbarem Kausalnexus steht. Von diesem Gesichtspunkte aus kommen auch hier vornehmlich Witterungseinflüsse aller Art als gefährliche Momente in Betracht, aber auch der dadurch schwerer zu verhütende oder leichter auszuführende Diebstahl, ferner Bruch, Entzündung (Z. IV 371), Gewichtsmanko bei flüssigen (Leckage) und trockenen (Verschütten, Verstreuen) Stoffen (Kohlen in loser Schüttung: Z. V 227. Getreide alla rinfusa Z. IX 208, E. XXIII 186). Konkurrierendes Verschulden der Eisenbahn, wenn sie derartige Güter in besondere Nähe der Lokomotive stellt (E. XXIII 155; s. Reindl, Bayr. Verk.-Bl. 1903 Nr. 12).

165) **„Die Eisenbahn haftet nicht:**

3. in Ansehung derjenigen Güter, deren Auf- und Abladen nach Bestimmung des Tarifes oder nach einer in den Frachtbrief aufgenommenen Vereinbarung mit dem Absender, soweit eine solche in dem Staatsgebiete, wo sie zur Ausführung gelangt, zulässig ist, von dem Absender, beziehungsweise dem Empfänger besorgt wird:

für den Schaden, welcher aus der mit dem Auf- und Abladen oder mit mangelhafter Verladung verbundenen Gefahr entstanden ist.“

Ziffer 3 enthält die dritte Beschränkung der Haftpflicht. Die Transportgefahr liegt in dem Auf- und Abladen der Güter seitens des Absenders bzw. Empfängers auf die bzw. von den Eisenbahnwagen, also ohne die Tätigkeit der Eisenbahn oder ihrer Organe.

A. Erste Voraussetzung dieser Ausnahme ist, daß es sich um Güter handelt, deren Auf- und Abladen von dem Absender besorgt wird. Das Auf- und Abladen besteht in allen Funktionen, Vorkehrungen und Maßnahmen, welche auf das Hineinbringen der Güter in die Eisenbahnwagen am Versandort und das Wiederherausbringen aus denselben am Bestimmungsort gerichtet sind (Ein- und Ausladen). Der Natur der Sache nach sind, wie die Worte „besorgt wird" andeuten, nicht nur der Absender bzw. Empfänger persönlich, sondern auch die von ihnen hiermit Beauftragten, seine Leute, Organe, ja auch die Arbeiter der Bahn, wenn sie zu diesem Behufe dem Absender oder Empfänger mit oder ohne Entgeld überlassen werden, gemeint (Rosenthal 206; Rundnagel 160; Ritter 37; Hertzer 138; Degels 239; Z. II 65, III 356, VII 188, VIII 320. — A. M. Öster. Oberst.-Ger. 19. Jan. 1904). Die Selbstverladung braucht ferner nicht gerade am Versandorte, an welchem die Vereinbarung getroffen wird, erfolgt zu sein; auch in Fällen, wo die Ware ohne Umladung weitergesendet wird, kann Art. 31 Ziff. 3 Anwendung finden. Dies ist im einzelnen Falle Tatfrage.

B. Zweite Voraussetzung ist, daß das Auf- und Abladen „nach Bestimmung des Tarifs oder nach einer in den Frachtbrief aufgenommenen Vereinbarung mit dem Absender, soweit eine solche in dem Staatsgebiete, wo sie zur Ausführung gelangt, zulässig ist, von dem Absender bzw. dem Empfänger besorgt wird". Über die „Bestimmung des Tarifs" und die in den Frachtbrief aufgenommene „Vereinbarung mit dem Absender" gilt alles zu dem gleichen Passus der Ziff. 1 (Anm. 163) Bemerkte. Das Auf- und Abladen durch den Absender bzw. Empfänger muß entweder auf Grund genereller Bestimmungen des Tarifs oder besonderer in den Frachtbrief aufgenommener Übereinkunft im Einzelfalle mit dem Absender erfolgen (Z. XII 174, E. XIX 44, XX 336, XXIV 58, XXV 49). Abweichend von Ziff. 1 ist aber hier des weiteren erfordert, daß eine solche Vereinbarung in dem Staatsgebiete, wo sie erfolgt zulässig ist. Nicht jede Vereinbarung mit dem Absender über das Auf- und Abladen hat hiernach die Haftbeschränkung der Ziff. 3 Art. 31 zur Folge, sondern nur eine nach den Vorschriften des Staates, wo sie zur Ausführung gelangt, zulässige, d. h. rechtsbeständige (Z. III 173).

Die Haftbefreiung der Eisenbahn wird nicht beseitigt, wenn die Eisenbahn gestattet, daß ihre Arbeiter und Bediensteten dem Absender bzw. Empfänger der das Selbst-Auf- und -Abladen übernommen hat, hierbei mit oder ohne Entgelt behilflich sind bzw. sie ihm zu diesem Zwecke vermietet (Z. II 65, III 356, VII 188, E. XVIII 244). Sie haftet in diesem Falle auch dann nicht, wenn die Beschädigung durch die schlechte Beschaffenheit der von den Bahnbediensteten verwendeten Werkzeuge verursacht wurde (E. X 210). Ebensowenig fällt ihre Haftbefreiung aus Ziff. 3 des Art. 31 fort, wenn sie trotz getroffener Vereinbarung aus irgendwelchen Gründen freiwillig, aus Liberalität, Gefälligkeit das dem Absender bzw. Empfänger obliegende Ver- und Entladegeschäft übernimmt und von ihren Leuten ausführen oder ihm dabei helfen läßt. Über die Haftung des Absenders für die Schäden unrichtiger Verladung vor Abschluß des Frachtvertrages (E. XXIV 9) bzw. vertragswidriger Anlieferung und Verladung: E. XXIV 275.

C. Liegen die beiden vorbezeichneten Voraussetzungen (A und B) vor, so haftet die Eisenbahn nicht für den Schaden, welcher aus der mit dem Auf- und Abladen oder mit mangelhafter Verladung verbundenen Gefahr entstanden ist. Es gilt hierbei im wesentlichen das zu Ziff. 1 (Anm. 163) Bemerkte. Über Diebstahl: Rundnagel 155 und E. XIX 194.

Die Haftung ex recepto ist also keineswegs ganz aufgehoben, sondern nur in betreff derjenigen Gefahren bzw. Schäden ausgeschlossen, welche aus dem Auf- und Abladen und der mangelhaften Verladung entstehen (Z. III 173, IV 372, V 25, XII 200, E. XXI 46, XXIV 375, V.Z. 1904 Nr. 14), wobei der Bahn auch hier die gesetzliche Vermutung gemäß Abs. 2 zugute kommt.

Der Schaden braucht sich nicht als ein unabwendbarer darzustellen, es genügt, daß er mit der übernommenen Gefahr erkennbar in kausalem Zusammenhange steht (s. oben S. 359) und daß nicht Verschulden der Eisenbahn nachweislich die Beschädigung herbeigeführt hat (Z. VI 37), z. B. mangelhafte Verladungseinrichtungen (E. XX 351, XXIII 288, Z. XVI 135, E. XXIV 345), oder ersichtlich ist, z. B. Umladung unterwegs durch die Eisenbahn (Z. XIII 245, E. XXII 148). Er umfaßt nicht allein die Beschädigungen und Nachteile, welche bei und durch die Manipulation des eigentlichen Ein- und Ausladens der Güter — vor Beginn und nach Beendigung des Transportes — entstehen (Z. II 65, III 356), sondern auch die weiteren Unregelmäßigkeiten, welche während des Transportes, also unterwegs aus der unzweckmäßigen Verladungsweise hervorgehen (Z. III 173 — bei Tieren III 264, IV 105, 373 — Fuhrwerk Z. IX 242 — Möbelwagen E. XXIV 58 — Zustellung schadhafter Decken E. XXIV 144 — Eiern E. XXIV 375), z. B. Umfallen, Abstoßen von zerbrechlichen Gegenständen, gegenseitige Beschädigung von schlecht verladenen Fässern infolge Hin- und Herrollens usw., schlechter Raumung der Güter in den Wagen (Z. IV 329), Überlastung der Achsen, schlechten oder ungenügenden Verschließens der Türen, Schaden durch mangelnden Schutz gegen die Witterung (Benässung: Z. XI 378, E. XX 222, Sturm: E. XXIV 58), mangelnde Aufsicht (Diebstahl durch Dritte. — A. M. E. XIX 193), fehlende oder unvollständige Bedeckung (Z. XII 100, E. XX 309), Verstreuen, Vergießen, Beschädigung der Verpackung, Verladung der Güter in nicht transportfähigem, z. B. feuchtem usw. Zustande (Z. II 65, VIII 403), in unrichtige Wagen, Verwechslung (E. XIX 44). Dagegen kann die Ladung in loser Schüttung alla rinfusa nicht ohne weiteres als eine mangelhafte angesehen werden (Z. IX 208, E. XXIII 188). Auch kann die Brauchbarkeit usw. des von der Bahn gestellten Eisenbahnwagens vorausgesetzt werden, so daß die Fehlerhaftigkeit desselben — wenn sie nicht etwa offensichtlich ist (Z. X 54, 239, E. XIX 1, 137, XXIII 254) — die Bahn von der Haftpflicht nicht befreit (VIII 320), z. B. Stellung eines schadhaften, ungeeigneten, beschmutzten, übelriechenden Wagens: E. XIX 8, 127, 132, Z. XII 130, E. XX 310, Z. XI 184, E. XX 19, schadhafter Decken (E. XXII 293, XXIV 141, XIV 49, Z. XI 248, 378, E. XX 13, 222, 309), ebensowenig von der Haftung für die Zahl der Stücke, wenn feststeht, daß die Leute der

Bahn das Ein- und Ausladen überwacht und die Nachzählung der Stücke bewirkt haben (Z. VIII 399). In allen Fällen muß aber der Bahn nachgewiesen werden, daß ihr ein Verschulden zur Last falle (Z. VIII 403, 404). Eine Nachprüfungspflicht hinsichtlich der Ordnungsmäßigkeit der Verladung liegt ihr nicht ob, ebensowenig besondere Schutzmaßregeln unterwegs. Nichthaftung für unzureichende Befestigungsmittel: E. XX 1, E. XXIV 58. — A. M. XVIII 140.

166) „Die Eisenbahn haftet nicht:

4. in Ansehung der Güter, welche vermöge ihrer eigentümlichen natürlichen Beschaffenheit der besonderen Gefahr ausgesetzt sind, Verlust, Minderung oder Beschädigung, namentlich Bruch, Rost, inneren Verderb, außergewöhnliche Leckage, Austrocknung und Verstreuung zu erleiden:

für den Schaden, welcher aus dieser Gefahr entstanden ist;“

Ziffer 4 enthält die vierte Beschränkung der Haftpflicht. Die Transportgefahr liegt in der eigentümlichen natürlichen Beschaffenheit gewisser Güter.

A. Die einzige Voraussetzung dieses Befreiungsgrundes ist der Transport von Gütern, welche vermöge ihrer eigentümlichen natürlichen Beschaffenheit der besonderen Gefahr des Verlustes, der Minderung oder der Beschädigung ausgesetzt sind. Die Tendenz der Bestimmung sowie der Vergleich mit der Fassung des Art. 30, namentlich die Bezeichnung der „natürlichen Beschaffenheit“ als einer „eigentümlichen“ sowie die Beispiele: Bruch, Rost, außergewöhnliche Leckage usw. lassen erkennen, daß die Haftbefreiung hier eine in gewissen Beziehungen weitergehende sein soll wie in Art. 30. Immerhin ist die Grenze bei der unbestimmten ähnlichen Ausdrucksweise in beiden Artikeln und dem geringen Anhalt, den die Protokolle gewähren, schwer zu ziehen. Nicht diejenigen Güter sind darunter zu verstehen, welche infolge ihrer natürlichen Beschaffenheit nach der gewöhnlichen Entwicklung der Dinge einen gewöhnlich zu gewärtigenden Verlust (gewöhnliche Leckage usw.) erleiden (s. Anm. 160 S. 347), sondern Güter, welche infolge ihrer eigentümlich gearteten Natur durch Einflüsse, welche anderem Gute überhaupt nicht oder nur unerheblichen Schaden zufügen, der ganz besonderen, außergewöhnlichen Gefahr des Verlustes oder der Beschädigung ausgesetzt sind, für welche die gewöhnliche rüttelnde Transportbewegung, leichte Stöße, unerhebliche Beschädigungen der Verpackung oder Emballage, Einflüsse der Witterung während des Transportes oder der Lagerung, die anderem Gute wenig oder gar nicht gefährlich sind, die besondere Gefahr des Verlustes oder der Beschädigung mit sich führen (Staub 1567; Makower 1506; Düringer-Hachenburg 667; Rosenthal 206; Cosack 450; Reichsger. E. IV 410, V 136, XX 335, XXIII 283. — A. M. Rundnagel 133). Als Schäden, welche die Folge der eigentümlichen natürlichen Beschaffenheit gewisser Güter, ihrer „leichten Verletzbarkeit“ oder „natürlichen Empfindlichkeit“ zu sein pflegen, bezeichnet das Gesetz „Bruch, Rost, inneren Verderb, außergewöhnliche Leckage, Austrocknung und Verstreuung“ (Z. I 381, E. XX

342, 343). Die Aufführung ist jedoch nur beispielsweise und nicht erschöpfend erfolgt, wie das Wort „namentlich" erkennen läßt. Nicht durch Vereinbarung, sondern durch richterliches Ermessen wird eventuell das Vorhandensein der dem Haftausschlusse zugrunde liegenden Voraussetzung festgestellt (Z. IV 213, VI 178, 530).

B. Liegt die im vorstehenden erörterte Voraussetzung vor, so haftet die Eisenbahn nicht für den Schaden, welcher aus dieser Gefahr, d. h. der leichten Verletzbarkeit, natürlichen Empfindlichkeit des Gutes entstanden ist. Nicht Befreiung von jeder Haftbarkeit, sondern nur von Schäden, welche sich als Folge dieser leichten Verletzbarkeit darstellen, ist festgesetzt (Z. VII 239, E. XXIII 283, 288). Für Schäden anderer Art ist die Bahn haftpflichtig, z. B. wenn sie das beim Brande unterwegs durch die Löschung durchnäßte Gut ohne Rückfrage beim Absender weiterbefördert (E. XXIII 175). Auch hier greift zugunsten der Bahn die Vermutung des Abs. 2 Platz. Der Schaden braucht nicht unabwendbar zu sein, es reicht aus, daß er mit der eigentümlich natürlichen Beschaffenheit des Gutes erkennbar in kausalem Zusammenhange steht. Dahin gehört insbesondere Bruch (vornehmlich bei ihrer Natur nach leicht zerbrechlichen Sachen, Flüssigkeiten in Glasballons (Z. IX 244, Z. I 381, E. XVII 340, XVIII 159, XXI 161). (Vgl. in betreff der Fahrräder Z. III 466 — Quecksilberthermometer IV 213 — Porzellan IV 329 — eiserner Schwungräder V 25 — Tafelglas VI 178 — Tonkruken VI 530 — Eier VII 482, XVIII 307, 347 E. XIX 60 — gußeiserner Maschinen Z. XI 278, E. XX 124 — gußeiserner Kochherde E. XX 122 — Werken aus Marmor E. XX 17 — Eisengußwaren Z. XII 304, XIII 249, 316, 350, E. XXI 123 — Glastafeln, auch in Holzrahmen, Z. XI 281, E. XX 137); Rost (bei leicht rostenden Sachen, z. B. Metallen), des inneren Verderbes (bei leicht verderblichen Sachen, Flüssigkeiten und anderen Stoffen, die leicht in Gärung und Fäulnis übergehen oder durch Frost und Hitze leiden, wie Fett, Obst, Fleisch, Eier, Getreide) (E. XII 291, XXIII 142, 283, XXIV 163, 375), außergewöhnliche Leckage (bei leicht leckenden Flüssigkeiten, wie Spirituosen, Öl (E. X 22 usw., Z. XII 174, E. XX 336), Salpetersäure (Z. XIV 181, E. XXII 395), der Austrocknung und Verstreuung (bei leicht trocknenden, verduftenden, streuenden Sachen, z. B. Getreide in loser Schüttung Z. VII 400, IX 208, XXI 251, XXIII 181, Ung. Eisenb.-Tar.- u. Verk.-Anz. XI Nr. 4, Wolle, Holz); es gehört hierher aber auch die Gefahr der Selbstentzündung (bei leicht entzündlichen, explodierbaren usw. Stoffen, z. B. Holzkohlen [Z. V 226], nicht bei bloß feuergefährlichen Stoffen [Z. XII 174, E. XX 336]), wie die allgemeine Gefährlichkeit überhaupt bei an sich gefährlichen Substanzen (wie Schwefelsäure, Scheidewasser und anderen ätzenden Gegenständen). (Biberfeld, Sp.- u. Sch.-Ztg. XI Nr. 34; Muschweck, D. E. Z. 1902 S. 823 ff., 835 ff., und Senckpiehl, Haftung für Bruch, Sp.- u. Sch.-Ztg. XIV Nr. 32, für Frostschäden XV Nr. 5.)

Der Beweis aber, daß das betreffende Gut die eigentümlich natürliche Beschaffenheit besitzt, daß es einer besonderen Gefahr irgendeiner Art des Verlustes usw. ausgesetzt ist, wird durch diese Aufführungen des Übereinkommens im konkreten Falle nicht etwa erübrigt, liegt vielmehr, wenn dies im Streitfalle nicht notorisch oder dem Richter erfahrungsmäßig bekannt ist, der Eisenbahn ob (Z. XIII 285, E. XXII 148), z. B. bei gut verpackten Glasgefäßen (E. XXIV 237), dicken Marmorplatten (E. XX 245), Granitplatten (Sp.- u. Sch.-Ztg. XII Nr. 35), und dieser hat — eventuell unter Zuziehung von Sachverständigen — darüber zu entscheiden. Wird der Eisenbahn nachgewiesen, daß nicht die eigentümliche Beschaffenheit des Gutes, sondern ihr Verschulden, z. B. schlechte Verladung, den Schaden herbeigeführt hat, so ist sie haftpflichtig (E. XX 245), ob im Falle der Verspätung s. Art. 39 und 41 (Z. XV 428).

167) „Die Eisenbahn haftet nicht:

5. in Ansehung lebender Tiere:

für den Schaden, welcher aus der mit der Beförderung dieser Tiere für dieselben verbundenen besonderen Gefahr entstanden ist;“

Ziffer 5 enthält die fünfte Beschränkung der Haftpflicht. Die Transportgefahr liegt in der eigentümlichen natürlichen Beschaffenheit lebender Tiere.

Die alleinige Voraussetzung für den vorliegenden Befreiungsgrund ist der Transport von lebenden Tieren. Mangels jeder Beschränkung sind lebende Tiere aller Art darunter zu verstehen. Die Ausnahme beschränkt sich also nicht etwa allein auf Nutz- und Haustiere (Z. V 843) bzw. auf solche, die im Handels- und Transportverkehr gewöhnlich vorkommen, sondern auf Tiere jeder Art und Gattung, wilde Tiere, Vögel bzw. Geflügel (Z. XIII 312, 314, E. XXII 141, 153), Fische (Z. IX 366), auch Insekten, z. B. Bienen usw.

Liegt diese Voraussetzung — der Transport von lebenden Tieren — vor, so wird für den Schaden nicht gehaftet, welcher aus der mit dem Transport dieser Tiere für dieselben verbundenen besonderen Gefahr entstanden ist. Auch hier ist nicht Befreiung von jeder Haftbarkeit, sondern nur von Schäden gemeint, welche mit der eigentümlichen natürlichen Beschaffenheit dieses Transportobjekts zusammenhängen (Z. V 843). Wenn aber, um dieser Einschränkung Ausdruck zu geben, das Wort „besonderen“ vor „Gefahr“ beibehalten worden ist, so war dies ebensowenig erforderlich als in Ziff. 1, 2, 3, 4 und 6. Denn auch ohne diesen Zusatz ist es klar, daß nur die Haftung für die durch die eigentümliche Natur des Tiertransportes bedingten Schäden ausgeschlossen werden darf. Ist ein solcher Schaden eingetreten, welcher hierdurch hervorgerufen sein kann, so findet ebenfalls zugunsten der Eisenbahn die in Abs. 2 des Art. 31 aufgestellte Vermutung Anwendung. Über die Frage, ob ein derartiger Schaden vorliegt bzw. ob derselbe sich als eine Folge des Transports lebender Tiere darstellt, hat im konkreten Falle — eventuell nach Anhörung Sachverständiger — der Richter zu entscheiden.

Im konkreten Schadensfalle hat mithin die Bahn zu beweisen, daß ein Transport lebender Tiere Gegenstand des Vertrages gewesen, und daß der eingetretene Schaden — wenn dies dem Richter nicht bereits aus

Erfahrung bekannt ist — (das Entsprungen-, Gestoßen-, Gefallen-, Ersticktsein usw.) mit den besonderen Gefahren des Transports lebender Tiere überhaupt verbunden zu sein pflegt (Z. III 264, IV 105, 373, V. 199, 843, E. XVIII 253, 308, Z. XII 100, E. XX 330, Z. XIII 312, 314, XIV II, E. XXI 255, E. XXII 141, 153, 269, Z. XV 75, E. XXII 252). Die bloße Bezugnahme auf Vereinbarung oder Reglement erübrigt diesen Beweis nicht. Der Schaden braucht nicht unabwendbar zu sein, es genügt, daß er mit den besonderen Gefahren des Transports lebender Tiere in kausalem Zusammenhange steht. In diesem Falle ist es auch gleichgültig, ob er beim Auf- oder Abladen, beim Warten auf dem Bahnhofe oder in den Wagen während des Transportes entstanden ist. Anderseits ist die Bahn nicht von der Haftung von Schäden befreit, die mit den besonderen Gefahren des Transports lebender Tiere nicht im Zusammenhange stehen, z. B. wenn die Leute der Bahn die Tiere sach- und vorschriftswidrig tränken und dadurch schädigen (Z. VIII 369), oder durch mangelhafte Verladungseinrichtungen der Schaden verursacht ist E. XX 357, Z. XVI 135, E. XXIV 345, Z. XVI 231, E. XXV 10), oder durch Zuladung offensichtlich kranker Tiere (Rundnagel 142).

168) „Die Eisenbahn haftet nicht:

6. in Ansehung derjenigen Güter, einschließlich der Tiere, welchen nach der Bestimmung des Tarifes oder nach einer in den Frachtbrief aufgenommenen Vereinbarung mit dem Absender ein Begleiter beizugeben ist:

für den Schaden, welcher aus der Gefahr entstanden ist, deren Abwendung durch die Begleitung bezweckt wird.“

Ziffer 6 enthält die sechste Beschränkung der Haftpflicht. Der gefährliche Umstand liegt darin, daß in dem Maße, in welchem — nach dem rationellen Zwecke der Begleitung — der Absender durch die Begleitung selbst die Obhut über das Gut zu übernehmen hat, und damit die Tätigkeit der Eisenbahn zum Schutze gegen diejenigen Schäden, deren Verhütung durch die Begleitung bezweckt wird, gewissermaßen sich erübrigt, die Eisenbahn befugt erscheint, eine entsprechende Verminderung der eigenen Obhut eintreten zu lassen.

Die alleinige Voraussetzung für diesen Befreiungsgrund ist der Transport von Gütern, welchen nach der Bestimmung des Tarifes oder nach einer in den Frachtbrief aufgenommenen Vereinbarung mit dem Absender ein Begleiter beizugeben ist. Nicht die Tatsache der Begleitung ist entscheidend, sondern das Bestehen der Verpflichtung, den Gütern — wozu auch ausdrücklich Tiere gerechnet werden — einen Begleiter beizugeben. Besteht diese Verpflichtung, so liegt die Haftpflichtbefreiung vor, gleichviel ob eine Begleitung wirklich stattgefunden hat oder nicht (Makower 1517; Rundnagel 148. — A. M. Lehmann-Ring 385). Über die „Bestimmung des Tarifes“ und die „in den Frachtbrief aufgenommene Vereinbarung mit dem Absender“ gilt das hierüber zu dem gleichen Passus der Ziffer 1 (Anm. 163) Bemerkte (Z. III 356).

B. Ist die gedachte Voraussetzung gegeben, so wird für den Schaden nicht gehaftet, welcher aus der Gefahr entstanden ist, deren

Abwendung durch die Begleitung bezweckt wird. Nicht Liberierung von jeglicher Haftung tritt ein, sondern nur von der Haftung desjenigen Schadens, dessen Eintritt durch die Begleitung abgewendet werden soll.

Auch hier kommt der Eisenbahn in Abänderung der gewöhnlichen Beweislast die gesetzliche Vermutung des Abs. 2 zugute. Es ist nicht notwendig, daß der Schaden sich als ein unabwendbarer darstellt, sondern es genügt, daß der eingetretene Schaden mit den durch die Begleitung abzuwendenden Gefahren in erkennbarem Zusammenhange, im Kausalnexus steht. Die Eisenbahn ist zur Stellung und Anwendung anderer besonderer Sicherungsmaßregeln, welche die Begleitung zu ersetzen vermögen, nicht verpflichtet (s. S. 367). Jedoch ist selbstverständliche Voraussetzung, daß ein Verschulden der Bahn oder ihrer Leute nicht vorliegen darf, denn dieses hebt die Haftbeschränkung wieder auf (E. XV 108; Rinaldini 374).

Unter dieser Voraussetzung ist anzunehmen, daß in der Regel durch die Begleitung Schutz gegen Diebstahl, sodann je nach der Art der Güter auch gegen Witterungseinflüsse bezweckt wird, dergestalt, daß es dem Begleiter obliegt, bei Hitze, Kälte oder Nässe für die entsprechenden Schutzmaßregeln der davon affizierten Güter in geeigneter Weise zu sorgen (Anfeuchten, Sprengen, Umstechen des Getreides — Umfüllen der Fässer — Bedecken usw.), ferner bei lebenden Tieren für Obhut, Pflege, Wartung, Fütterung, Tränkung usw., sodann für das Befestigen im Wagen gegen Herausfallen, Entspringen, Entfliegen, für ausreichenden Verschluß sowie für Lüften des Wagens gegen Ersticken (Rosenthal 209), Verbrennen durch fahrlässige Verwendung einer feuergefährlichen Laterne seitens des Begleiters (Z. XIII 287, E. XXII 121; XVIII 308) bzw. gegen die Gefahren des Sichselbstschließens (Zufallens) der Wagentüren (Z. III 356—358, V 199, Z. XII 100, E. XX 330, 331; siehe dagegen E. XXI 255 und XVII 227).

169) **„Wenn ein eingetretener Schaden nach den Umständen des Falles aus einer der in diesem Artikel bezeichneten Gefahren entstehen konnte, so wird bis zum Nachweise des Gegenteils vermutet, daß der Schaden aus der betreffenden Gefahr wirklich entstanden ist.“**

Es sind nicht nur durch Abs. 1 des Art. 31 sechs Fälle hervorgehoben, in welchen die Eisenbahnen — als Ausnahme von der Regel des Art. 30 — von der Haftpflicht befreit sind, sondern es ist zugleich durch Abs. 2 des Art. 31 zugunsten der Eisenbahnen eine Änderung der gewöhnlichen Beweislast in betreff dieser Fälle vorgesehen. Es machte sich hierbei die Erwägung geltend, daß die Bestimmungen des Art. 31 Abs. 1 Ziff. 1—6 über die ausnahmsweise Beschränkung der Haftpflicht der Eisenbahnen illusorisch sein würden, wenn man ihnen nur dann die Befreiung von der Haftpflicht einräumen wollte, wenn sie den Beweis erbrächten, daß der Schaden durch die besondere Transportgefahr veranlaßt sei. Um aber dem abzuhelfen, empfehle es sich, die Präsumtion des Abs. 2 aufzustellen.

Da es unmöglich ist jedes einzelne Gut — insbesondere bei langen, mehrere Länder durchlaufenden Transporten — fortwährend unter spezieller Aufsicht zu halten, so ist es auch unmöglich, den strikten Nachweis (durch Zeugen, Wetterberichte usw.) zu liefern, daß dasselbe im Falle der Beschädigung die betreffende Gefahr wirklich erlitten hat, also z. B. im Falle der Durchnässung, der Verbrennung im unbedeckten Wagen, wirklich durch Regen, Funkensprühen mangels der Bedeckung beschädigt worden ist. Es muß also die Feststellung genügen, daß der Schaden nach den Umständen des Falles aus dieser Transportart entstehen konnte. Es soll vermutet werden, daß der eingetretene Schaden, wenn er aus jener Gefahr in concreto überhaupt möglich war, auch wirklich daraus hervorgegangen ist (Z. XII 174, E. XX 336).

Die bei Auslegung des zugrunde liegenden Abs. 2 des Art. 424 D. H.G.B. entstandene Streitfrage, ob es für die Annahme dieser Vermutung genügt, daß die Möglichkeit des eingetretenen Schadens aus der nicht übernommenen Gefahr überhaupt und losgelöst von den Umständen des besonderen Falles, gleichviel an welchem Orte, zu welcher Zeit und unter welchen Umständen usw. denkbar oder ob es erforderlich ist, daß die Möglichkeit nach Maßgabe der Umstände und Besonderheiten des konkreten Falles begründet sein muß, ist durch Einfügung der Worte „nach den Umständen des Falles" zugunsten der letzteren Alternative entschieden. Danach ist der Richter durchaus berechtigt, die individuellen Verhältnisse in Betracht zu ziehen und die Bahn verpflichtet, sie ihm darzulegen. Es braucht zwar nicht ererwiesen zu sein, daß der Schaden eine absolute Folge der besonderen Transportart sei, wohl aber, daß er mit letzterer im konkreten Falle in erkennbarem Zusammenhange stehe. Ergibt die konkrete Sachlage also das Unzutreffende der Präsumtion, so darf sie nicht zur Anwendung gebracht werden (E. XIX 194, XXIV 237, Fuld in E. XIX 171).

Die Vermutung erstreckt sich auf alle Schäden bzw. Schadensursachen, welche aus den in Ziffer 1—6 des Abs. 1 bezeichneten Gefahren entstehen können, insoweit ein Zusammenhang damit nach den Umständen des Falles im Bereich der Möglichkeit liegt. Die wesentlicheren Arten dieser Schäden sind bei Erörterung der einzelnen Ziffern (1—6) bereits aufgeführt worden; daß auch Diebstahl dahin gehört, ist S. 360, 361, 368 hervorgehoben. Doch kommen nur Ersatzansprüche des Absenders bzw. Empfängers gegen die Eisenbahn wegen Schäden usw. am Frachtgut in Betracht; die Vermutung erstreckt sich nicht etwa auch umgekehrt auf Ersatzansprüche der Eisenbahn gegen den Absender usw. wegen Beschädigung der Fahrzeuge. Nicht notwendig ist es, daß die betreffende Gefahr sich als die alleinige Ursache des Schadens darstellen muß, um die Vermutung zu begründen; auch wenn damit andere Ursachen ersichtlich konkurrieren, greift die Vermutung Platz. Sie wird nur durch den Nachweis beseitigt, daß eine andere Ursache die alleinige Ursache sei.

Die Vermutung gilt nur „bis zum Nachweise des Gegenteils". Das folgt aus der Rechtsnatur der Vermutung. Wäre Gegenbeweis nicht zulässig, so läge nicht eine Vermutung, sondern eine Fiktion vor. Die Beweislast gestaltet sich also prozzesualisch so, daß nach der Sachdarstellung des Klägers die Eisenbahn sich einredeweise auf eine der in Ziffer 1—6 angegebenen Beschränkungen der Haftpflicht beruft. Ergibt nun die Sachdarstellung für den Richter an sich die Möglichkeit der Entstehung des Schadens aus der bezeichneten — nicht übernommenen — Gefahr, oder ist diese Möglichkeit eventuell von der Eisenbahn erweislich gemacht, dann tritt die Präsumtion ein, und gegen diese hat der Kläger den Gegenbeweis zu führen (E. XVIII 135, XIX 21, Z. XII 174, E. XX 136, XXIII 142, 283, XXIV 63, XXV 49). Dieser Gegenbeweis kann sich in zwiefacher Richtung bewegen (Fuld in E. XIX 171; Lehmann-Ring 386; Staub 1568; Rosenthal 211). Entweder kann er darauf hinauslaufen, daß in concreto der Schaden durch ein bestimmtes von der Eisenbahn zu vertretendes Ereignis bzw. ein Verschulden der Bahnverwaltung oder ihrer Leute entstanden sei (Z. I 381, II 160, z. B. durch Stellung mangelhafter Wagen, Decken usw., Z. IV 372, VI 37, durch Unterlassung von Reparaturen nach Wahrnehmung mangelhafter Emballage E. X 22), oder daß er aus der nicht übernommenen Gefahr in concreto nicht habe entstehen können (Z. V 25, E. XVIII 124), und hiergegen steht dann wieder der Eisenbahn der Gegenbeweis offen. Auch kann sie alsdann immer noch beweisen, daß der Schaden durch höhere Gewalt (Art. 30 Abs. 1) herbeigeführt worden sei (Z. I 401). Ein Antrag in der Berner Revisionskonferenz, ausdrücklich zu bestimmen, daß der Nachweis eines Verschuldens der Eisenbahn als Ursache des Schadens die Präsumtion aufhebe, wurde, weil selbstverständlich, zurückgezogen (Prot. Sitzung v. 13. Juli 1905, Z. XIV 145, 146).

Artikel 32.[170])

(1) In Ansehung derjenigen Güter, welche nach ihrer natürlichen Beschaffenheit bei dem Transporte regelmäßig einen Verlust an Gewicht erleiden, ist die Haftpflicht der Eisenbahn für Gewichtsverluste bis zu dem aus den Ausführungsbestimmungen sich ergebenden Normalsatze ausgeschlossen.[171])

(2) Dieser Satz wird, im Falle mehrere Stücke auf einem und demselben Frachtbrief befördert worden sind, für jedes Stück besonders berechnet, wenn das Gewicht der einzelnen Stücke im Frachtbriefe verzeichnet oder sonst erweislich ist.[172])

(3) Diese Beschränkung der Haftpflicht tritt nicht ein, insoweit nachgewiesen wird, daß der Verlust nach den Umständen des Falles nicht infolge der natürlichen Beschaffenheit des Gutes entstanden ist, oder daß der angenommene Prozentsatz dieser Beschaffenheit oder den sonstigen Umständen des Falles nicht entspricht.[173])

(4) Bei gänzlichem Verlust des Gutes findet ein Abzug für Gewichtsverlust nicht statt.[174])

Zusatz I.

Ausführungsbestimmungen zum internationalen Übereinkommen über den Eisenbahn-Frachtverkehr.

§ 8.

(Zu Art. 32 des Übereinkommens.)

Der Normalsatz für regelmäßigen Gewichtsverlust beträgt zwei Prozent bei flüssigen und feuchten, sowie bei nachstehenden trockenen Gütern: geraspelte und gemahlene Farbhölzer, Rinden, Wurzeln, Süßholz, geschnittener Tabak, Fettwaren, Seifen und harte Öle, frische Früchte, frische Tabaksblätter, Schafwolle, Häute, Felle, Leder, getrocknetes und gebackenes Obst, Tierflechsen, Hörner und Klauen, Knochen (ganz und gemahlen), getrocknete Fische, Hopfen, frische Kitte, Schweinsborsten, Pferdehaare, Salz.

Bei allen übrigen trockenen Gütern der in Art. 32 des Übereinkommens bezeichneten Art beträgt der Normalsatz ein Prozent.

Zusatz II.

Betriebsreglement des Vereins Deutscher Eisenbahnverwaltungen.

§ 70.

Beschränkung der Haftung bei Gewichtsverlusten.
(Text übereinstimmend mit vorstehendem Art. 32) und:

Zusätzliche Bestimmung:

Die eventuell weitergehende Befreiung von der Haftung für Gewichtsverluste auf Grund des Art. 31 wird hierdurch nicht beschränkt.

170) Prinzip und Entstehungsgeschichte des Art. 32.

Artikel 32 enthält im Anschluß an den Art. 31 eine weitere Beschränkung der Haftpflicht der Eisenbahnen in betreff solcher Güter, welche nach ihrer natürlichen Beschaffenheit bei dem Transport regelmäßig einen Verlust an Gewicht erleiden. Indem im allgemeinen in betreff der Entstehungsgeschichte der Haftpflichtbeschränkungen und der dafür geltenden Grundsätze auf die einleitende Anm. 162 S. 355 ff. zum Art. 31 bezug genommen wird, ist hier noch im besonderen folgendes hinzuzufügen.

Dem Schweizer Entwurf fehlte aus den oben (Anm. 162 S. 356) angeführten Gründen eine entsprechende Vorschrift gänzlich.

Die Kritik des Schweizer Entwurfes (Eger 1877, Die Einführung eines internationalen Eisenbahnfrachtrechtes S. 118f. und Gegenentwurf Art. 28 a. a. O. S. 147) rügte diese Lücke und brachte eine ergänzende Bestimmung nach Analogie des Art. 426 D. H.G.B. in Vorschlag.

In vollständiger Übereinstimmung mit diesem Vorschlage empfahl hierauf der Deutsche Entwurf 1878 (Art. 18b) die — bis auf die

Streichung des zweiten Satzes des dritten Absatzes, betreffend die Befugnis des Richters zur freien Beweiswürdigung — unverändert in allen drei Konferenzen angenommenen und als Art. 32 in den Text des Übereinkommens übergegangenen Bestimmungen.

171) **„In Ansehung derjenigen Güter, welche nach ihrer natürlichen Beschaffenheit bei dem Transporte regelmäßig einen Verlust an Gewicht erleiden, ist die Haftpflicht der Eisenbahn für Gewichtsverluste bis zu dem aus den Ausführungsbestimmungen sich ergebenden Normalsatze ausgeschlossen."**

Absatz 1 des Art. 32 enthält im Anschlusse an Art. 31 eine weitere Beschränkung der den Eisenbahnen gemäß Art. 30 im internationalen Transport obliegenden Haftpflicht.

Der Grund für die im Abs. 1 Art. 32 ausgesprochene Beschränkung der Haftpflicht liegt darin, daß es billig erschien, den Eisenbahnen die ihnen im Falle eines Verlustes infolge der natürlichen Beschaffenheit des Gutes nach Art. 30 obliegende Beweislast in denjenigen Fällen zu erleichtern, in welchen nach der Art des Gutes der Verlust auf dem Transporte erfahrungsgemäß ein regelmäßig in annähernd bestimmbarer Höhe eintretender ist. Aus diesem Grunde wurde es für angezeigt gehalten, den Eisenbahnen eine Haftbefreiung durch eine Bestimmung zu gewähren, wonach bei derartigen Gütern bis zu einem im voraus bestimmten Normalsatz für Verlust am Gewicht nicht gehaftet wird. Dadurch wird bei eingetretenem Verluste zugunsten der Eisenbahnen die die Beweislast erleichternde Vermutung geschaffen, daß der Verlust — und zwar in der in den Ausführungsbestimmungen normierten Höhe — durch die natürliche Beschaffenheit des Gutes entstanden sei. Es bedarf hierüber keines weiteren Beweises. Andererseits ist aber dadurch für beide Teile der Gegenbeweis gegen diese Vermutung nicht ausgeschlossen: für die Eisenbahn nicht der Beweis, daß auch der den bestimmten Prozentsatz übersteigende Verlust in der natürlichen Beschaffenheit des Gutes seinen Grund habe (so auch Rosenthal 193 Anm. 7), für den Absender nicht der Beweis, daß der Verlust (sc. ganz oder teilweise) nach den Umständen des Falles nicht infolge der natürlichen Beschaffenheit des Gutes entstanden sei (sondern aus anderen Ursachen), oder daß der bestimmte Normalsatz dieser Beschaffenheit (generell) oder den sonstigen Umständen des Falles (speziell) nicht entspreche (Art. 32 Abs. 3, E. XIX 197, XX 264, XXII 374).

Die alleinige Voraussetzung für den vorliegenden Befreiungsgrund ist der Transport von „Gütern, welche nach ihrer natürlichen Beschaffenheit bei dem Transport regelmäßig einen Verlust an Gewicht erleiden".

Welche Güter zu dieser Kategorie gehören, läßt sich im einzelnen nicht angeben. Einigermaßen wird der Begriff durch die Art. 30 und 31 Ziff. 4 erläutert. Es sind hier die im Art. 30 bezeichneten Güter im Gegensatze zu den im Art 31 Ziff. 4 gedachten gemeint.

Die entscheidenden Merkmale sind folgende: Zunächst muß der Verlust aus der natürlichen Beschaffenheit der Güter folgen, er darf also nicht Resultat eines spontanen, von außen wirkenden Eingriffs, eines Unfalls oder äußeren Ereignisses sein, sondern soll in der im Innern wirkenden Natur, in den natürlichen Kräften und Eigenschaften des Gutes begründet sein. Ferner soll der Verlust ein regelmäßiger, fast immer bei dem Transport eintretender sein. Endlich muß es sich um einen Verlust an Gewicht handeln. Nur nach dieser Richtung hin ist die Befreiung gewährt, er darf sich also nicht auf andere Schäden der Ware, insbesondere an Qualität (Durchnässung, Fäulnis, Dumpfigwerden, Verderb) oder Veränderung der Form (Zerbrechen usw.) beziehen, sondern nur auf die Quantität, meßbar nach Gewicht.

Art. 30 führt — neben andern — auch die wesentlichsten Arten dieser Quantitätsverluste, welche aus der natürlichen Beschaffenheit der Güter resultieren, wenn auch nur beispielsweise und nicht erschöpfend, auf. Namentlich ist aufgeführt: 1. Die Beschädigung durch Schwinden: d. i. die natürliche Verminderung, der natürliche Abgang der Ware sowohl durch Witterungsverhältnisse (Eintrocknen, Verdunsten, Verduften, Einrosten — bei frischen Früchten, Fischen, Fleisch, Getreide, Flüssigkeiten, Metallwaren), wie durch die notwendigen Transportmanipulationen (Ausstreuen, Verschütten, Auslaufen — beim Ver- und Entladen, Fahren, Stoßen, Wägen usw.). 2. Die Beschädigung durch gewöhnliche Leckage: d. i. das regelmäßige, aus der natürlichen Beschaffenheit folgende und daher auch mit rationellen Mitteln nicht vermeidliche Dringen (Laufen, Durchsickern usw.) gewisser Flüssigkeiten durch die Fugen der Gebinde ohne äußere Beschädigung (E. XXII 373).

Treffen nun bei einer Ware erfahrungsgemäß die ebengedachten Merkmale zu, dann gehört sie zu denjenigen, in Ansehung deren eine Befreiung von der Haftpflicht gemäß Art. 32 gewährt ist. Ob aber eine Ware in concreto zu den im Art. 32 gemeinten gehört, hat im Streitfalle der Richter nach sachverständigem Ermessen zu entscheiden. Den Beweis dafür, daß die fraglichen Merkmale vorliegen, hat hierbei, wenn es nicht offensichtlich konstatiert oder dem Richter bekannt ist, die Eisenbahn zu führen. Denn sie behauptet einredeweise die Befreiung, ihr liegt also auch folgerichtig der Nachweis der tatsächlichen Voraussetzung ob, auf Grund deren die Befreiung allein gegeben ist. Daher gehören auch nicht ohne weiteres und ausnahmslos alle feuchten und trockenen Güter zu den im Art. 32 Abs. 1 bezeichneten, noch darf tarifarisch bestimmt werden, daß sie sämtlich dahin gehören. Denn es gibt ohne Zweifel zahlreiche Arten von Gütern, welche, obwohl sie zu den feuchten oder trockenen Gütern zu rechnen sind, die im Abs. 1 des Art. 32 bezeichnete Eigenschaft nicht besitzen. Der Eisenbahn liegt also auch bei einem feuchten oder trockenen Gute der Nachweis in concreto ob, daß dasselbe sich als ein unter Abs. 1 fallendes charakterisiere, und sie wird mangels dieses Nachweises von der Haftung nicht frei (E. XX 175, 264, XXII 374; Rundnagel 144; Lehmann-Ring 388).

Trifft nun die im Abs. 1 bezeichnete Voraussetzung zu, so ist die Haftpflicht der Eisenbahn für Gewichtsverluste „bis zu dem aus den Ausführungsbestimmungen sich ergebenden Normalsatze" ausgeschlossen. Auch hier ist nicht eine absolute Ausschließung der Haftpflicht beabsichtigt, sondern nur die Aufstellung einer Vermutung, welche den Zweck hat, den Eisenbahnen die ihnen nach Art. 30 obliegende Beweislast und dadurch mittelbar ihre Haftpflicht zu erleichtern, aber durch Gegenbeweis beseitigt werden kann.

Der Schlußbestimmung des Abs. 1 gemäß ist im § 8 der Ausf.-Best. (s. S. 371) der Normalsatz für regelmäßigen Gewichtsverlust festgesetzt, und zwar mit zwei Prozent bei flüssigen und feuchten, sowie bei einer Reihe speziell aufgeführter trockener Güter, mit ein Prozent bei allen übrigen trockenen Gütern. Die Ausf.-Best. beschränken sich hiernach auf die Festsetzung des Normalsatzes für flüssige und feuchte, sowie trockene Güter. Für Güter, welche zu diesen Kategorien nicht zu rechnen sind, z. B. lebende Tiere, Gase usw., fehlt die Bestimmung eines Normalsatzes in den Ausf.-Best., mithin ist eine Haftbefreiung gemäß Abs. 1 bei derartigen Gütern auch dann nicht zulässig, wenn sie die im Abs. 1 bezeichnete Eigenschaft besitzen. Die Prozentsätze im § 8 sind gemäß Art. 1 Abs. 2 des Übereinkommens gesetzlich bestimmte und dürfen durch die Eisenbahnen in Tarifen und Reglements nicht abgeändert werden, zumal Abs. 1 des Art. 32 nur die Normierung durch die Ausf.-Best. zuläßt. Für die Höhe dieser Prozentsätze liegt also der Eisenbahn im Verlustfalle der Beweis ihrer Angemessenheit nicht ob; sie hat vielmehr nur zu beweisen, daß es sich um flüssige, feuchte oder trockene Güter der im Abs. 1 bezeichneten Art handelt. Will sie aber einen höheren Prozentsatz in Anspruch nehmen, dann muß sie den Beweis der Angemessenheit desselben führen, weil ihr für diesen Fall § 8 der Ausf.-Best. nicht zur Seite steht (E. XIX 197, XXII 374; Rundnagel 143, 144). Dem Beschädigten steht in allen Fällen der Gegenbeweis gegen die Angemessenheit des Normalsatzes im allgemeinen und besonderen nach Abs. 2 des Art. 32 zu.

Der Normalsatz gilt für die ganze Transportstrecke, die Haftbefreiung in Höhe desselben für das Gesamtgewicht darf also nur einmal für die ganze Strecke geltend gemacht werden.

172) **„Dieser Satz wird, im Falle mehrere Stücke auf einem und demselben Frachtbrief befördert worden sind, für jedes Stück besonders berechnet, wenn das Gewicht der einzelnen Stücke im Frachtbriefe verzeichnet oder sonst erweislich ist.“**

Absatz 2 des Art. 32 schreibt für den Fall, daß mehrere Stücke auf einen und denselben Frachtbrief befördert worden sind — d. h. eine Gesamttransportladung aus einer Anzahl einzelner Kolli (Säcke, Pakete, Tonnen, Kisten usw.) bestanden hat — einen bestimmten Berechnungsmodus des vorgedachten Normalsatzes vor. Es soll alsdann bei eingetretenem Verluste der Normalsatz für jedes einzelne Stück besonders berechnet werden. Vorausgesetzt ist aber hierbei, daß das Gewicht der einzelnen Stücke im Frachtbriefe verzeichnet oder sonst erweislich ist.

Zweck dieser Vorschrift ist, einer mißbräuchlichen Anwendung der Vorschrift des Abs. 1 vorzubeugen, weil es nahe lag, daß die Eisenbahnen bei derartigen Gesamtladungen versuchen würden, gegen die Absicht des Gesetzes den erheblicheren Gewichtsverlust des einen Stückes gegen den vollgewichtigen Inhalt anderer Stücke aufzurechnen und damit den Normalsatz in einen Pauschalsatz zu verwandeln.

Für die im Abs. 2 vorgeschriebene Berechnungsweise sind aber zwei Voraussetzungen erforderlich:

Erstens müssen mehrere Stücke auf einen und denselben Frachtbrief befördert worden sein. Mehrere Stücke müssen von einem Absender auf Grund eines Frachtbriefes zur Beförderung aufgegeben worden sein, ein Frachtbrief und mithin ein Frachtvertrag für dieselben vorliegen. Maßgebend für die Anwendung des Abs. 2 ist nur, daß der Transport der mehreren Stücke auf einen und denselben Frachtbrief stattgefunden hat, gleichviel, wie die Bahn die Beförderung bewirkt hat (vgl. hierzu jedoch § 2 Abs 6—8 der Ausf.-Best. z. Art. 6 des internat. Übereink., s. oben S. 51).

Zweitens muß das Gewicht der einzelnen Stücke im Frachtbriefe verzeichnet oder sonst erweislich sein. Diese Voraussetzung ist eigentlich selbstverständlich. Denn es ist klar, daß die Berechnungsweise des Abs. 2 überhaupt nur stattfinden kann, wenn das Gewicht der einzelnen Stücke sich feststellen läßt. Steht nur das Gesamtgewicht fest, so kann der Normalsatz gar nicht anders als für das Gesamtgewicht berechnet werden. Zulässig ist hierbei jede Art des Beweises für das Gewicht der einzelnen Stücke, sei es durch Berufung auf die Angaben des Frachtbriefes, sei es auf sonstige Beweismittel.

Wenn die beiden vorerörterten Voraussetzungen erfüllt sind, so wird der im Absatz 1 bezeichnete Normalsatz für jedes Stück besonders berechnet. Eine Aufrechnung größeren Gewichtsabganges bei dem einen Stück mit geringerem Gewichtsabgange anderer Stücke findet also in diesem Falle nicht statt. Daraus folgt e contrario, daß, wenn jene beiden Voraussetzungen nicht erfüllt sind — d. h. Aufgabe auf einen Frachtbrief und Verzeichnis oder Nachweis des Gewichtes eines jeden Stückes — der Normalsatz vom Gesamtgewicht aller zusammen beförderten Stücke berechnet wird, mithin die Eisenbahn in der Lage ist, Mehr- und Mindergewicht zu kompensieren. Freilich wird diese Kompensation nie so weit gehen dürfen, daß, wenn ein Stück gänzlich verloren gegangen ist, die Bahn das Gewicht desselben auf den normalen Gewichtsverlust der anderen Stücke verrechnen darf. „Denn der natürliche Defekt" — bemerkt Thöl, Handelsrecht Bd. III S. 188 Anm. 7 ganz richtig — „kommt nie so vor, daß z. B. von 100 Säcken der ganze Inhalt eines Sackes oder gar auch der Sack selbst wegtrocknet, so daß bei der Ablieferung die Leere oder das Fehlen eines Sackes als natürlicher Defekt (von einem Prozent) entschuldigt wäre. Um jeden Zweifel hierüber auszuschließen, ist eine bezügliche Bestimmung als Abs. 4 dem Art. 32 des Übereinkommens beigefügt worden; s. S. 376, 377.

173) **„Diese Beschränkung der Haftpflicht tritt nicht ein, insoweit nachgewiesen wird, daß der Verlust nach den Umständen des Falles nicht infolge der natürlichen Beschaffenheit des Gutes entstanden ist, oder daß der angenommene Prozentsatz dieser Beschaffenheit oder den sonstigen Umständen des Falles nicht entspricht."**

Absatz 3 des Art. 32 gestattet den Gegenbeweis gegen die nach

Abs. 1 den Eisenbahnen gewährte Haftbefreiung. Die durch Abs. 1 des Art. 32 bestimmte Haftbefreiung soll nach der unverkennbaren Absicht des Gesetzes nicht eine unbedingte Ausschließung der Haftpflicht für Verluste in bestimmter Höhe bei gewissen Gütern involvieren, sondern nur eine Erleichterung der den Eisenbahnen obliegenden Beweislast. Es ist nur eine Vermutung zugunsten der den Eisenbahnen gemäß Art. 30 obliegenden Beweislast derartig zugelassen, daß nicht sie — wie sonst — den Beweis führen, sondern ihnen der Gegenbeweis geführt werden muß. Und zwar soll beiden Teilen der Gegenbeweis gestattet sein.

Über den der Eisenbahn zustehenden Gegenbeweis enthält Art. 32 eine besondere Bestimmung nicht. Was dagegen den dem Absender zustehenden Gegenbeweis anlangt, so ist hierüber im Abs. 3 ausdrücklich Bestimmung getroffen. Der Gegenbeweis kann sich danach in folgenden Richtungen bewegen: 1. daß der Verlust — ganz oder zum Teil, für den erweislich nicht durch Raub, Diebstahl fehlenden Teil ist der Abzug für Kollo gestattet (E. XXII 67, 137) — nach den Umständen des Falles nicht in der natürlichen Beschaffenheit des Gutes (E. XX 175), sondern in einer bestimmten anderen, von der Eisenbahn zu vertretenden Ursache (Zufall, Verschulden der Leute) liege, 2. daß der angenommene Prozentsatz der Beschaffenheit des Gutes überhaupt nicht entspricht, 3. daß der angenommene Prozentsatz den sonstigen Umständen des Falles nicht entspricht (E. XX 264).

Der Gegenbeweis, daß der Verlust durch eine andere von der Eisenbahn zu vertretende Ursache herbeigeführt worden sei, wird in der Regel darin bestehen, daß ein Verschulden der Eisenbahn oder ihrer Leute an dem Schaden — sei es ganz oder zum Teil — dargetan wird, oder irgend eine Schadensursache, welche nicht zu den gemäß Art. 30 die Haftpflicht der Eisenbahn ausschließenden Momenten (höhere Gewalt usw.) gehört. Dahin ist z. B. vorzögerte Ablieferung nicht zu rechnen, wenn dieselbe noch innerhalb der Lieferfrist geschieht (Z. IV 88).

Der Gegenbeweis gegen die Höhe des Normalsatzes, sei es, daß er sich generell gegen die Höhe desselben bei Gütern solcher Art überhaupt oder unter den besonderen Umständen des Falles richtet, kann in den meisten Fällen nur durch Berufuug auf das Gutachten Sachverständiger geführt werden (E. XX 175, 264). Die bestimmten Normalsätze sind, wie bereits oben S. 373f. angeführt, niemals an sich maßgebend, sondern unterliegen stets dem Gegenbeweise und der richterlichen Kognition.

Ist nun der Gegenbeweis nach der einen oder anderen Richtung hin geführt, so ist die zugunsten der Eisenbahn bestimmte Befreiung von der Haftpflicht beseitigt, und die Eisenbahn trifft alsdann, wenn sie sich von ihrer Haftpflicht liberieren will, die volle Beweislast für einen der ihr zustehenden Befreiungsgründe (Art. 30, 31) so, wie wenn die fragliche Bestimmung überhaupt nicht getroffen wäre.

174) **„Bei gänzlichem Verlust des Gutes findet ein Abzug für Gewichtsverlust nicht statt."**

Die Bestimmung des Absatzes 4 des Art. 32 beschränkt zugunsten des Publikums die den Eisenbahnen durch Abs. 1 gewährte Haftbefreiung. Allerdings liegt es auf der Hand, daß der regelmäßige Gewichtsverlust niemals so eintreten kann, daß er sich in gänzlichem Verluste des Gutes bzw. eines Stückes usw. einer Gesamtladung zu äußern vermöchte (s. S. 375). Immerhin aber wäre ohne die Bestimmung des Abs. 4 es den Eisenbahnen gestattet, auch in diesem Falle sich innerhalb des festgesetzten Normalsatzes auf die ihnen danach zustehende Vermutung zu berufen. Indes kommt in Betracht, daß bei gänzlichem Verlust des Gutes bzw. eines Stückes desselben eine Feststellung, ob das Gut usw. infolge seiner natürlichen Beschaffenheit einen dem Normalsatz entsprechenden Abgang an Gewicht bei richtiger Ablieferung wirklich erlitten haben würde und erleiden konnte, überhaupt unmöglich ist und daß es daher in diesem Falle in der Billigkeit liegt, von einem Abzuge für Gewichtsverlust überhaupt Abstand zu nehmen.

Artikel 33.[175])

Der zur Klage Berechtigte kann das Gut ohne weiteren Nachweis als in Verlust geraten betrachten, wenn sich dessen Ablieferung um mehr als 30 Tage nach Ablauf der Lieferfrist (Artikel 14) verzögert.[176])

Zusatz I.

Betriebsreglement des Vereins Deutscher Eisenbahnverwaltungen.

§ 71.

(Text übereinstimmend mit vorstehendem Art. 33.)

Gemeinsame Abfertigungsvorschriften: § 50: Nachforschungen nach dem Verbleibe abgesendeter Güter.

175) Prinzip und Entstehungsgeschichte des Art. 33.

Art. 33 enthält zugunsten des Klage- d. i. des Schadensersatz-Berechtigten eine Norm, welche demselben die ihm obliegende Beweislast für den Verlust des Gutes erleichtern soll.

An sich liegt diesem, wenn er für Verlust des Gutes Ersatz beansprucht, der Beweis sowohl über die unversehrte Aufgabe wie auch über den Verlust des Gutes ob. Dieser Verlust kann nun zwar durch den Nachweis glaubhaft gemacht werden, daß das aufgegebene Gut am Bestimmungsorte bei Ablauf der tarifarischen Lieferfrist weder eingetroffen noch dem Adressaten abgeliefert worden ist. Indes ein voller Beweis für den Verlust liegt darin nicht. Die Eisenbahn würde den Einwand erheben können, daß es sich nur um eine Verspätung, nicht um einen Verlust des Gutes handelt.

Verlust des Gutes ist begrifflich nur vorhanden, wenn dasselbe für den Berechtigten nach dem Zweck und Wesen des Geschäfts nicht mehr existiert und, ob dies der Fall, läßt sich, abgesehen von den speziell nachweisbaren, notorischen und evidenten Fällen der Vernichtung, nur durch richterliches Ermessen bestimmen. Würde Nichtablieferung bei Ablauf der Lieferzeit und Verlust wirklich ipso jure identisch sein, dann würde für die im internationalen Übereinkommen vorgesehenen Fälle der Verspätung (Art. 14, 39, 40) überhaupt kein Raum gegeben sein, dann wäre jede Verspätung ex lege Verlust.

Der Schweizer Entwurf (Art. 19) bestimmt ohne weitere Motivierung: „Die zur Klage berechtigte Partei kann, ohne einen Nachweis des Abhandenkommens, der Zerstörung oder des Unterganges führen zu müssen, das Gut als in Verlust geraten betrachten, wenn sich dessen Ablieferung um mehr als 30 Tage seit Ablauf der Lieferungszeit (Art. 9) verzögert."

Demgegenüber wurde von der Kritik des Schweizer Entwurfes (s. Eger 1877, Die Einführung eines internationalen Eisenbahn-Frachtrechts S. 102 — Gegenentwurf S. 146) eine dem § 64 Abs. 4 der Deutschen Betriebsreglements mehr entsprechende Fassung befürwortet.

Der Deutsche Entwurf (1878) hat jedoch in betreff der Fassung und der Fristdauer den schweizerischen Vorschlag adoptiert. Demgemäß lautete der Deutsche Entwurf: Art. 19 (sc. 23). „Der zur Klage Berechtigte kann das Gut ohne weiteren Nachweis als in Verlust geraten betrachten, wenn sich dessen Ablieferung um mehr als 30 Tage nach Ablauf der Lieferfrist (Art. 9) verzögert", ohne daß die wesentliche Änderung in der Fassung motiviert worden ist.

In der III. Konferenz berichtete hierüber die I. Kommission: Das Prinzip dieses Artikels sei gerecht und nützlich. Er sei in die meisten modernen Gesetzgebungen aufgenommen und solle auch in dem internationalen Gesetze seinen Platz finden. Hierauf wurde Art. 33 definitiv dem Texte des Übereinkommens einverleibt (Prot. 44).

176) **„Der zur Klage Berechtigte kann das Gut ohne weiteren Nachweis als in Verlust geraten betrachten, wenn sich dessen Ablieferung um mehr als 30 Tage nach Ablauf der Lieferfrist (Artikel 14) verzögert."**

Artikel 33 gewährt dem zur Klage, d. i. Schadensersatzklage Berechtigten die Befugnis, von einer gesetzlich für ihn aufgestellten Rechtsfiktion unter bestimmten tatsächlichen Voraussetzungen Gebrauch zu machen. Der zur Klage Berechtigte soll befugt sein, das Gut ohne weiteren Nachweis als in Verlust geraten zu betrachten, wenn sich dessen Ablieferung um mehr als 30 Tage nach Ablauf der Lieferfrist (Art. 14) verzögert. Art. 33 stellt also nicht etwa eine unbedingt und für beide Parteien — die Eisenbahn und den zur Klage Berechtigten — geltende Rechtsfiktion auf, sondern gibt nur dem letzteren das Recht, sich einer solchen nach seinem Belieben und zu seinen Gunsten zu bedienen. Mit Rücksicht auf die besondere Schwierigkeit für den Ersatzberechtigten, den strikten Nachweis des Verlustes des Gutes zu führen, wurde zugunsten des Berechtigten eine Bestimmung für billig erachtet, wonach er befugt ist, ohne irgendeinen weiteren Nachweis für den Verlust zu erbringen und bzw. ohne sich einen Gegenbeweis gefallen zu lassen, das Gut als in Verlust geraten zu betrachten und mithin Entschädigung für den Verlust zu fordern, wenn nach Ablauf der bestimmungsmäßigen Lieferzeit ein angemessener Zeitraum (modicum tempus) verstrichen ist, ohne daß die Ablieferung des Gutes erfolgt. Dieser Zeitraum ist durch Art. 33 auf 30 Tage bemessen.

Zunächst ist hervorzuheben, daß — wie die Eingangsworte: „Der zur Klage Berechtigte kann . . . betrachten" klar aussprechen, nur dem zur Klage Berechtigten die Befugnis zusteht, von der Fiktion des Art. 33 zu seinen Gunsten Gebrauch zu machen. „Der zur Klage Berechtigte", d. h. der gemäß Art. 26 Aktivlegitimierte (Anm. 144 Z. X 164, E. XVIII 358). Aus Art. 33 folgt mithin, daß die Eisenbahn nicht berechtigt ist, ihrerseits vom Klageberechtigten zu verlangen, daß er mit der Geltendmachung seiner Entschädigungsforderung aus dem Verluste des Gutes noch bis 30 Tage nach Ablauf der Lieferzeit warte, so daß ihr noch dieser Zeitraum für Recherchen nach dem Gute frei bleibt. Sie ist also nicht gegen eine vorher stattfindende Reklamation bzw. Geltendmachung des Verlustanspruchs gesichert. Vielmehr ist der Klageberechtigte befugt, auch schon innerhalb dieses Zeitraumes, d. h. unmittelbar nach Ablauf der Lieferfrist, seinen Verlustanspruch zu erheben, — nur mit dem Unterschiede, daß er alsdann den Nachweis des wirklichen Verlustes führen muß, von dem er nach Ablauf der qu. 30 Tage befreit ist.

Das Recht aus Art. 33 ist nach der Fassung dieses Artikels ein ganz einseitiges, nur dem Klageberechtigten zustehendes, die Eisenbahn kann daraus für sich keinerlei Befugnisse herleiten. Wird also das Gut nach Ablauf der 30tägigen Frist, aber vor Auszahlung der Entschädigung wieder aufgefunden, so hat der Klageberechtigte die Wahl zwischen Ersatz für Verlust oder Rücknahme des Gutes und Ersatz für Lieferfristüberschreitung (Schwab 255; Rosenthal 187; Rundnagel 53).

Festzuhalten ist ferner, daß Art. 33 den Klageberechtigten befugt, von einer Rechtsfiktion, nicht von einer Rechtsvermutung Gebrauch zu machen. Der wesentliche Unterschied besteht darin, daß der Klageberechtigte, wenn er von seiner Befugnis Gebrauch macht, d. h. mit Ablauf der 30 Tage der Eisenbahn erklärt, daß er das Gut als verloren betrachte, und demgemäß die Entschädigung für definitiven Verlust des Gutes fordert, nicht nur keinen Beweis für den Verlust zu erbringen braucht, sondern daß auch die Eisenbahn nicht berechtigt ist, den Gegenbeweis für das Nochvorhandensein des Gutes zu führen. Der Klageberechtigte erlangt mit Ablauf der qu. Frist nach seinem Willen das unbedingte Recht auf Ersatz des Verlustes, selbst wenn das Vorhandensein des Gutes notorisch ist (z. B. dasselbe sich beschlagnahmt in einer Zollkammer, in gerichtlichem Gewahrsam usw. befindet). Entscheidend ist allein, daß sich die Ablieferung des Gutes um mehr als 30 Tage nach Ablauf der Lieferfrist verzögert und der Klageberechtigte dasselbe demnach als verloren betrachtet. Damit ist es als definitiv verloren anzusehen, so daß der Berechtigte den ihm für verlorenes Frachtgut bestimmungsmäßig zukommenden Ersatz zu verlangen befugt ist.

Nur insofern weicht das Übereinkommen von dem reinen Rechtsbegriffe der Fiktion und ihrer Rechtswirkung ab, als es, von dem

Gesichtspunkte ausgehend, die Bestimmung des Art. 33 sei ausschließlich zugunsten des Klageberechtigten gegeben, diesem ausnahmsweise das Recht einräumt, selbst dann, wenn er von der Fiktion des Art. 33 Gebrauch macht, doch unter den Voraussetzungen des Art. 36 (Anm. 183) bei späterem Wiederfinden des Gutes Rückgabe desselben in natura zu fordern.

Die Worte „ohne weiteren Nachweis" sollen jeden Zweifel darüber beseitigen, daß der Klageberechtigte ex lege nach Ablauf der bezeichneten Frist das Gut als verloren zu betrachten befugt ist, derartig, daß lediglich die von ihm zu erweisende Tatsache des Fristablaufs entscheidet, und kein weiterer Nachweis über den Verlust des Gutes zu erbringen ist. Die in Rede stehenden Worte deuten aber auch e contrario darauf hin, daß, solange die Frist nicht abgelaufen ist, der Berechtigte den Beweis für den Verlust des Gutes nach Maßgabe der hierüber bei Art. 30 (Anm. 158) erörterten Regeln zu führen hat.

Die tatsächliche Voraussetzung der dem Klageberechtigten durch Art. 33 gewährten Befugnis ist, daß sich die Ablieferung des Gutes um mehr als 30 Tage nach Ablauf der Lieferzeit (Artikel 14) verzögert. Was unter „Ablauf der Lieferzeit" zu verstehen, ist im Art. 14 (Anm. 93), auf welchen Art. 33 in Paranthese hinweist, ausreichend erörtert. Vom Tage des Ablaufs der Lieferzeit müssen noch „mehr als 30 Tage" ohne erfolgte Ablieferung verstrichen sein, bevor der Klageberechtigte von seiner Befugnis Gebrauch machen darf, d. h. erst 30 Tage nach Ablauf des letzten Tages der Lieferfrist, a die ad diem berechnet, wird die bezügliche Befugnis existent (Z. VI 442, X 124, 164). Ist das Gut innerhalb der gedachten Frist nur teilweise abgeliefert, teilweise nicht, so bedarf es für die Frage, ob auf den nicht abgelieferten Teil Art. 33 Anwendung findet, der Feststellung, ob der nicht abgelieferte Teil eine ganz für sich bestehende selbständige Sache ist, ob er nur zufällig mit anderen Sachen zu einer Sendung (durch gemeinschaftliche Verpackung, gemeinsamen Frachtbrief, Waggon usw.) vereinigt ist oder Teil einer anderen Sache bildet. Hiernach ist zu entscheiden, ob die Nichtablieferung eines Teiles der Sendung als Verlust oder nur als Beschädigung der größeren Sache, zu welcher sie gehört, aufzufassen ist. Im letzteren Falle findet Art. 33 keine Anwendung. Setzt sich das Transportobjekt aus mehreren Gegenständen zusammen, so ist es quaestio facti, ob Verlust eines derselben als Verlust eines selbständigen Stückes oder als Beschädigung eines integrierenden Teiles des Gesamtobjekts zu betrachten ist. Bei Annahme-Verzug oder -Verweigerung ist eine Verzögerung der Ablieferung im Sinne des Art. 33 dann nicht anzunehmen, wenn dem Absender die Nachricht hierüber vor Ablauf der Frist von 30 Tagen zugegangen ist (Z. IV 129); wohl aber, wenn die Annahmeverweigerung darauf beruht, daß die Bahn das Gut mit einem ungerechtfertigten Frachtzuschlag wegen angeblich unrichtiger Deklaration belastet hat und ohne Zahlung des Zuschlags die Ablieferung verweigert (Z. VIII 101), oder wenn das Gut im Zollmagazin liegen geblieben ist (Z. VIII 287).

Artikel 34.[177])

Wenn auf Grund der vorhergehenden Artikel von der Eisenbahn für gänzlichen oder teilweisen Verlust des Gutes Ersatz geleistet werden muß, so ist der gemeine Handelswert, in dessen Ermangelung der gemeine Wert zu ersetzen, welchen Gut derselben Art und Beschaffenheit am Versandorte zu der Zeit hatte, zu welcher das Gut zur Beförderung angenommen worden ist.[178]) Dazu kommt die Erstattung dessen, was an Zöllen und sonstigen Kosten, sowie an Fracht etwa bereits bezahlt worden ist.[179])

Zusatz I.

Betriebsreglement des Vereins Deutscher Eisenbahnverwaltungen.

§ 72.

(Text übereinstimmend mit vorstehendem Art. 34.)

177) **Prinzip und Entstehungsgeschichte des Art. 34.**

Die Art. 34—38 enthalten die Normen für die Bemessung des Schadensersatzes für Verlust und Beschädigung des Gutes. Diese Normen sind kompromißweise mittels einer Kombination der Grundsätze des Deutschen H.G.B. und des französischen Rechts gestaltet. Ausgehend von der Unterscheidung zwischen Interessedeklaration und Nichtdeklaration soll im Falle der Nichtdeklaration nach Maßgabe des deutschen Rechts (Art. 396 H.G.B.) der gemeine Handelswert (bzw. gemeine Wert) ersetzt werden (Art. 34), zugleich aber den Eisenbahnen gestattet sein, für diese regelmäßige Entschädigung eine Beschränkung durch einen Maximal-(Normal-)Satz festzusetzen, jedoch nur in Spezialtarifen, welche eine Preisermäßigung für den ganzen Transport gegenüber den gewöhnlichen Tarifen enthalten und sofern der gleiche Satz auf die ganze Transportstrecke Anwendung findet (Art. 35). Überdies ist dem Entschädigungsberechtigten bei entsprechendem Vorbehalt das Recht auf Rückforderung des verlorenen und wiedergefundenen Gutes gegen Rückgabe der Entschädigung binnen einer bestimmten Frist nach erlangter Kenntnis gewährt (Art. 36). Bei Beschädigung ist der ganze Betrag des Minderwerts des Gutes zu bezahlen und bei Beförderung nach einem Spezialtarife der verhältnismäßig reduzierte Schadensersatz (Art. 37). Im Falle der Deklaration, in welchem ein Frachtzuschlag erhoben wird, tritt eine Erhöhung der normalen Entschädigung (Art. 34) ein. Es kann alsdann — dem französischen Prinzipe gemäß — über den gemeinen Handelswert hinaus der Ersatz des vollen nachgewiesenen Schadens bis zur Höhe des deklarierten Betrages gefordert werden (Art. 38).

Die Entstehungsgeschichte des Artikel 34, welche mit derjenigen der Artikel 35 und 38 aufs engste verbunden ist, läßt klar erkennen, wie sich die vorstehend erörterten Prinzipien der Schadensbemessung in Verlust- und Beschädigungsfällen aus einer Verschmelzung der deutsch- und französischrechtlichen Normen im Laufe der Verhandlungen entwickelt haben (vgl. Z. X 119).

Im Gegensatz zu den nur teilweise an die Prinzipien des deutschen Rechts sich anschließenden Vorschläge des Schweizer Entwurfs (Art. 20, 21) befürwortete die Kritik desselben (Eger, Die Einführung eines internat. Eisenbahn-Frachtrechts, 1877, S. 93 ff.; Gegenentwurf Art. 20, 21 S. 146) aufs dringendste die vollständige und unveränderte Annahme des nicht nur in Deutschland und Österreich-Ungarn, sondern auch in mehreren Ländern des französischen Rechts (Belgien, Holland) durchaus bewährten Systems der Art. 396, 427 des alten D. H.G.B. bzw. § 68 des ehemaligen Deutschen, Österreichisch-Ungarischen und Vereinsbetriebsreglements (das System der Normalsätze und der Wertdeklaration).

Demgegenüber schlug der Deutsche Entwurf (1878) vor, das deutsche System der Normalsätze und der Wertdeklaration (Art. 427 D. H.G.B.) gänzlich fallen zu lassen und lediglich das Prinzip der Entschädigung nach Maßgabe des gemeinen Handelswertes bzw. des gemeinen Wertes am Orte der Ablieferung (Art. 396 D. H.G.B.) zu adoptieren (Art. 20), „um dadurch den Anschauungen der Länder französischen Rechts und den Wünschen des Publikums gleichmäßig entgegenzukommen“ (Motive).

In der I. Konferenz 2. Lesung schlug die I. Kommission vor, den Art. 20 des Deutschen Entwurfs zwar unverändert anzunehmen, aber zwei Artikel, 21 und 25b, neu hinzuzufügen.

In betreff des neu vorgeschlagenen Art. 21 (35) wurde seitens der Kommission darauf hingewiesen, daß die Grundlage dieses Artikels sei, den Bahnen das Recht zu geben, Spezialtarife aufzustellen, welche einerseits auf dem Prinzip einer verminderten Haftpflicht, anderseits aber auf der Voraussetzung billiger Frachtsätze beruhen. Bezüglich des neu vorgeschlagenen Art. 25b (33) wurde kommissionsseitig darauf hingewiesen, daß das Plenum beschlossen habe, eine Versicherung nicht bloß für rechtzeitige Lieferung, sondern auch für den Wert des Gutes und dessen Lieferung an sich zuzulassen. Es sei nun daran festgehalten worden, daß im Falle des Verlustes einer Sache die Bahn den gemeinen Wert derselben zu ersetzen habe; aber es sei auch auf das Interesse, welches unter Umständen mit der Lieferung der Sache verbunden sei (lucrum cessans), Rücksicht zu nehmen gewesen. Hiernach könne eine Deklaration des Interesses sowohl für den Fall des Verzugs, als auch für den Fall der Schädigung oder des gänzlichen Verlustes der Ware stattfinden.

Hierauf wurde Art. 25b (38) zugleich unter Regelung der Beweislast und des im Falle der Deklaration zu zahlenden Frachtzuschlags angenommen.

In der II. Konferenz wurde in der 1. Lesung zunächst allseitig der Vorschlag des Vereins, im Art. 34 statt des Wertes am Ort der Ablieferung den Wert am Ort der Aufgabe, d. i. am Versandorte zum maßgebenden zu machen, gebilligt. Dagegen gingen die Ansichten über die für die Art. 35 und 38 zu adoptierenden Prinzipien erheblich auseinander.

Nach eingehenden Beratungen im Plenum und in der Kommission (I) einigte man sich schließlich dahin, daß eine Interessen-Deklaration und Maximal-(Normal)-Sätze zugelassen werden sollen und im Falle der Nichtdeklaration der gemeine Handelswert bzw. gemeine Wert ersetzt werden, zugleich aber den Eisenbahnen gestattet sein soll, für diese regelmäßige Entschädigung eine Beschränkung durch einen Maximal-(Normal)-Satz festzusetzen, jedoch nur in Spezialtarifen, welche eine Preisermäßigung für den ganzen Transport gegenüber den gewöhnlichen Tarifen enthalten und sofern der gleiche Satz auf die ganze Transportstrecke Anwendung findet (Art. 35). Überdies ist dem Entschädigungsberechtigten bei entsprechendem Vorbehalt das Recht auf Rückforderung des verlorenen und wiedergefundenen Gutes gegen Rückgabe der Entschädigung binnen einer bestimmten Frist nach erlangter Kenntnis gewährt (Art. 36). Bei Beschädigung ist der ganze Betrag des Minderwerts des Gutes zu bezahlen und bei Beförderung nach einem Spezialtarife der verhältnismäßig reduzierte Schadensersatz (Art. 37). Im Falle der Deklaration, in welchem ein Frachtzuschlag erhoben wird, tritt eine Erhöhung der normalen Entschädigung (Art. 34) ein. Es kann alsdann — dem französischen Prinzipe gemäß — über den gemeinen Handelswert hinaus der Ersatz des vollen nachgewiesenen Schadens bis zur Höhe des deklarierten Betrages gefordert werden (Art. 38).

Nach den Beschlüssen der II. und III. Konferenz erhielten hierauf die Art. 34, 35 und 38 die in den Text des Übereinkommens definitiv übergegangene Fassung.

In der III. Konferenz wurde hierzu noch nach dem Antrage Deutschlands in das Schlußprotokoll Ziff. III folgender Passus eingefügt: „Es wird ferner anerkannt, daß durch das Übereinkommen das Verhältnis der Eisenbahnen zu dem Staate, welchem sie angehören, in keiner Weise geändert wird und daß dieses Verhältnis auch in Zukunft durch die Gesetzgebung jedes einzelnen Staates geregelt werden wird, sowie daß insbesondere durch das Übereinkommen die in jedem Staate in Geltung stehenden Bestimmungen über die staatliche Genehmigung der Tarife und Transportbedingungen nicht berührt werden."

Die Anträge Rußlands zu Artikel 38 schlug die Kommission vor, nicht anzunehmen. — Dies wurde ohne Diskussion gebilligt (Prot. 45, 46).

178) **„Wenn auf Grund der vorhergehenden Artikel von der Eisenbahn für gänzlichen oder teilweisen Verlust des Gutes Ersatz geleistet werden muß, so ist der gemeine Handelswert, in dessen Ermangelung der gemeine Wert zu ersetzen, welchen Gut derselben Art und Beschaffenheit am Versandorte zu der Zeit hatte, zu welcher das Gut zur Beförderung angenommen worden ist."**

Artikel 34 enthält das grundlegende Prinzip für die regelmäßige Entschädigung, welche in normaler Weise Platz greift, wenn nicht durch Spezialtarife unter den Voraussetzungen des Art. 35 eine Beschränkung, noch durch Interessedeklaration (Art. 38) eine Erhöhung des Ersatzes eintritt — und auch nicht Arglist oder grobes Verschulden vorliegen (Art. 41).

Die regelmäßige Entschädigung besteht in dem Ersatze des wirklichen Schadens, nicht des entgangenen Gewinnes, und als Maßstab für die Bemessung des wirklichen Schadens ist im Artikel 34 Absatz 1 der gemeine Handelswert und in dessen Ermangelung der gemeine Wert am Versandorte und zur Zeit der Annahme zur Beförderung hingestellt.

A. Absatz 1 des Art. 34 macht die Gewähr dieser regelmäßigen Entschädigung von der Voraussetzung abhängig: „wenn auf Grund der vorhergehenden Artikel von der Eisenbahn für gänzlichen oder teilweisen Verlust des Gutes Ersatz zu leisten ist."

I. Wie die Worte „auf Grund der vorhergehenden Artikel" klar erkennen lassen, steht Art. 34 im engsten und unmittelbarsten Zusammenhange mit den Art. 29—33. Es normiert die Schadenshöhe und den Umfang der Schadensersatzpflicht lediglich unter der Voraussetzung, daß eine solche „auf Grund der vorhergehenden Artikel" für die Eisenbahn überhaupt besteht. Art. 34 hat nur die Frage im Auge, wie der Schaden zu berechnen ist, wenn einfach aus dem internationalen Eisenbahn-Frachtvertrage nach Maßgabe der vorangehenden Art. 29—33 Schadensersatz für gänzlichen oder teilweisen Verlust verlangt wird, weil die Eisenbahn den Befreiungsbeweis nicht geführt hat.

II. Nur der Nachweis der als „Arglist oder grobe Fahrlässigkeit" qualifizierbaren Handlungsweise der Eisenbahn usw. begründet nach Art. 41 den Anspruch auf Ersatz des vollen Schadens für gänzlichen oder teilweisen Verlust. Jedes andere geringere Verschulden in Beziehung auf das Transportverhältnis gibt arg. e contr. nur Anspruch auf den Ersatz den wirklichen Schadens nach Maßgabe des Art. 34. Dagegen wird selbstverständlich durch Art. 34 der Fall in keiner Weise berührt, wo der gänzliche oder teilweise Verlust des Gutes durch irgendein von dem Transportverhältnis unabhängiges rechtswidriges Handeln (Verschulden) verursacht ist. Für Fälle dieser Art gelten vielmehr die Regeln der Landesrechte über den Umfang der Schadensersatzverbindlichkeit.

III. Der Begriff „Verlust und teilweiser Verlust des Gutes" ist an früherer Stelle (Art. 30 Anm. 158 S. 338) eingehend erörtert worden. Nur für „gänzlichen oder teilweisen Verlust des Gutes" während des Transportes kann nach den Normen des Art. 34 (auf Grund der Art. 29—33) Ersatz gefordert werden. Ist also nicht hierdurch, sondern durch eine Verspätung usw. dem Absender usw. ein Schaden (z. B. durch inzwischen erfolgtes Herabgehen der Preise entgangener Gewinn, durch eine Konventionalstrafe, welche der Absender dem Empfänger für nicht rechtzeitige Lieferung zahlen muß usw.) entstanden, so ist der Ersatz nicht nach Maßgabe des Art. 34, sondern der Art. 39 und 40 zu begründen und zu fordern. Beide Schadensansprüche stehen ganz selbständig nebeneinander, sie können daher entweder jeder für sich und unabhängig voneinander verfolgt oder auch in betreff desselben Transportobjekts kumuliert werden, und zwar gleichviel, ob der Verlust vor oder nach Versäumung der Lieferzeit eingetreten oder eine Folge des letzteren ist — aber nicht ohne weiteres, sondern nur, wenn sich tatsächlich genau ein besonderer Schaden aus der Versäumung erweisen läßt (Z. VIII 127).

B. Ist die vorstehend unter A erörterte Voraussetzung für die Schadensersatzleistung — die auf die Art. 29—33 gegründete Schadensersatzpflicht der Eisenbahn für gänzlichen oder teilweisen Verlust des Gutes — vorhanden, so ist regelmäßig der gemeine Handelswert, in dessen Ermangelung der gemeine Wert zu ersetzen, welchen der Gut derselben Art und Beschaffenheit am Versandorte zu der Zeit hatte, zu welcher das Gut zur Beförderung angenommen worden ist. Ausgenommen sind nur die Fälle, in welchen durch Spezialtarife unter den Voraussetzungen des Art. 35 eine Beschränkung, oder durch Interessedeklaration (Art. 38) eine Erhöhung des regelmäßigen Ersatzes eintritt oder der Schaden infolge der Arglist oder der groben Fahrlässigkeit der Eisenbahn entstanden ist (Art. 41). Schadensersatz in natura darf weder gefordert, noch — ohne Zustimmung des Berechtigten — geleistet werden (E. X 306).

I. Der Begriff des gemeinen Handelswerts bzw. gemeinen Werts bestimmt sich hiernach nach dem Landesrechte des Versandortes. Insoweit hierüber positive Bestimmungen fehlen, kann nach allgemeinen Rechtsregeln angenommen werden, daß unter „gemeinem Wert" der wirkliche allgemeine Tauschwert eines Gutes zu verstehen ist. Für den gemeinen Wert bildet sich — wie Goldschmidt (Handb. d. Hand.-R. 1. Aufl. I 2 § 64 S. 580 ff.) ausführt — im Verkehr eine gemeine Meinung, eine gemeinsame Schätzung, welche in den Durchschnitts- oder mittleren Preisen ihren tatsächlichen Ausdruck findet. Güter, für welche an einem gewissen Orte ein regelmäßiges Aufeinanderwirken beträchtlichen Angebotes und beträchtlicher Nachfrage besteht, haben einen Markt, und an diesem Orte und in dessen Handelsbezirk einen Durchschnitts- oder laufenden Preis, welcher Marktpreis oder Handelswert genannt wird. Es genügt aber auch der Preis, zu dem das Gut regelmäßig gehandelt wird (Lehmann-Ring 328; Makower 1427; Rundnagel 181).

II. Die Feststellung des gemeinen Handelswertes einer Ware, d. h. die Frage, ob eine Ware überhaupt an einem gewissen Platze und zu einer gewissen Zeit einen gemeinen Handelswert bzw. einen Marktpreis hat bzw. regelmäßig gehandelt wird, ist quaestio facti. Die Feststellung wird zunächst in den dafür bestehenden örtlichen Einrichtungen (Börsen usw.) einen wesentlichen, wenn auch nicht ausschließlichen Anhalt finden und gewöhnlich nur in dessen Ermangelung aus anderen Momenten herzuleiten sein.

III. Der Beweis, daß für das Gut ein solcher gemeiner Handelswert bestehe, ist hiernach im Streitfalle vornehmlich dadurch zu erbringen, daß der wahre Mittelpreis, welcher sich aus Vergleichung der über solche Waren an dem Markte zu der betreffenden Zeit geschlossenen erheblichen Zahl von Geschäften ergibt, dargetan wird. Auch die dem Empfänger zugestellte Rechnung (Faktura) ist ein Beweismittel (s. jedoch Puchelt-Förtsch 1201; Staub 1521; E. II 358).

Setzt sich das Transportobjekt aus mehreren Gegenständen zusammen, so ist es quaestio facti, ob gänzlicher oder teilweiser Verlust eines derselben als Verlust eines selbständigen Stückes oder eines integrierenden Teiles des Gesamtobjektes zu betrachten ist (Z. XII 306, E. XXI 269). Verlust einer Musterkollektion (E. XXIV 11) eines zu einer Sendung von 4 Kollis gehörigen Kollis (XXIII 397). Die Ausstellung eines einzigen Frachtbriefes für mehrere Gegenstände, welche separate Merkzeichen und Nummern tragen, begründet an sich nicht den Charakter der Zusammengehörigkeit derselben (Z. VI 406). Wenn diese dargetan ist, so richtet sich die Höhe der Ersatzverbindlichkeit der Eisenbahn für den Verlust eines Frachtstückes, welches ihr als Bestandteil einer aus mehreren Kollis bestehenden, zu einer Gesamtsumme mit einem Gesamtgewichte deklarierten Sendung zum Transport übergeben ist, nicht nach dem Verhältnisse des Gewichts des verlorenen Stückes zu dem deklarierten Gesamtgewichte, sondern der Differenz zwischen dem Werte der abgelieferten Stücke zu dem deklarierten Gesamtwerte (Lehmann-Ring 329; Staub 1521; R.O.H.G. XV 372, XVI 44; Reichsger. E. IV 416).

IV. Im Gegensatze zu der Vorschrift des alten D. H.G.B. (Art. 396), wonach der Wert am Orte und zur Zeit der Ablieferung maßgebend ist, soll nach Art. 34 des internationalen Übereinkommens der Wert ersetzt werden, „welchen Gut derselben Art und Beschaffenheit am Versandorte zu der Zeit hatte, zu welcher das Gut zur Beförderung angenommen worden ist", d. h. zur Zeit des Vertragsabschlusses (Art. 8 Abs. 1 Anm. 57f.). Diese wesentliche Abweichung vom Deutschen Frachtrechte ist durch § 457 N. H.G.B. für die Eisenbahnen beseitigt.

Der Berechtigte erhält stets den Versandwert, nicht mehr und nicht weniger, also gleichviel ob er das Gut teuerer oder billiger erworben hat, ob er es am Bestimmungsorte billiger wieder erwerben kann, ob er durch Versicherung gedeckt ist und dadurch keinen Schaden erleidet usw.

Unter „Versandort" ist die Abgangs-, Annahme-, Versandstation zu verstehen. Die „Zeit der Annahme zur Beförderung" ist die des Vertragsabschlusses und wird durch den Datumstempel der Versandexpedition festgestellt (Art. 8 Abs. 1 Anm. 57). Dieser Wert ist unbedingt entscheidend, gleichviel ob das Gut nach erfolgter Annahme zur Beförderung vom Versandorte oder unterwegs oder am Bestimmungsorte in Verlust geraten ist, also auch dann, wenn es am Bestimmungsorte überhaupt nicht angelangt ist (Z. XVI 172, E. XXIV 379). Nur die Annahme zur Beförderung, nicht die zur vorläufigen Verwahrung des Gutes (Art. 5 Abs. 2, Anm. 28 S. 45f. und Art. 8 Abs. 1 Anm. 57 S. 102) ist entscheidend.

179) Dazu kommt die Erstattung dessen, was an Zöllen und sonstigen Kosten, sowie an Fracht etwa bereits bezahlt worden ist.

Eine notwendige Folge der vom Art. 396 des alten D. H.G.B. abweichenden nunmehr mit § 457 N. D. H.G.B. übereinstimmenden Bestimmung, daß der Wert am Versandorte und zur Annahmezeit maßgebend ist, ist die Schlußbestimmung des Art. 34, daß zu diesem Werte die Erstattung dessen dazu kommt, was an Zöllen und sonstigen

Kosten sowie an Fracht etwa bereits bezahlt worden ist. Denn abgesehen von dem Werte des Gutes am Versandorte verliert der Entschädigungsberechtigte auch diejenigen Beträge, die er an Fracht, Zöllen und sonstigen Unkosten für das Gut bereits bezahlt hat. Dem im Art. 34 zum Ausdrucke gebrachten Prinzipe des Ersatzes des gesamten wirklichen Schadens entspricht es hiernach, daß dem Berechtigten auch diese Beträge ersetzt werden.

Mangels jeglicher einschränkenden Bestimmung hat die Eisenbahn neben dem gemeinen Handelswert bzw. gemeinen Wert am Versandorte und zur Annahmezeit dem Ersatzberechtigten ohne jeden Abzug den gesamten Betrag zu erstatten, welchen derselbe an Zöllen, sonstigen Kosten und Fracht etwa bereits bezahlt hat — bei teilweisem Verlust den entsprechenden Teilbetrag (Z. VI 406). Für den Anspruch des Ersatzberechtigten ist es gleichgültig, ob die in Anspruch genommene Eisenbahn in der Lage ist, sich ihrerseits die Erstattung der Zölle, Frachten usw. von den betreffenden Zollbehörden, Eisenbahnen usw. im Regreßwege zu verschaffen. Soweit die Eisenbahn selbst die betreffenden Beträge für den Absender usw. gezahlt bzw. verauslagt hat, kann sie weder deren Rückerstattung vom Berechtigten fordern, noch den Betrag vom gemeinen Handelswert usw. in Abzug bringen. Die Beweislast für die Höhe der gezahlten Zoll- und Frachtauslagen sowie sonstiger Unkosten liegt dem Ersatzfordernden ob; er muß nicht nur die Tatsache der erfolgten Zahlung, sondern auch die Richtigkeit und Angemessenheit der gezahlten Beträge dartun. Die Eisenbahn ist berechtigt, von diesen Beträgen compensando solche Forderungen in Abzug zu bringen, welche, wie z. B. die Nachforderung irrtümlich zu niedrig berechneter Fracht oder von Frachtzuschlägen (Konventionalstrafen) wegen nachträglich entdeckter unrichtiger Deklaration, Wagenüberlastung usw. mit dem Frachtvertrage im Zusammenhange stehen.

Artikel 35.[180])

Es ist den Eisenbahnen gestattet, besondere Bedingungen (Spezialtarife) mit Festsetzung eines im Falle des Verlustes, der Minderung oder Beschädigung zu ersetzenden Maximalbetrages zu veröffentlichen,[181]) sofern diese Spezialtarife eine Preisermäßigung für den ganzen Transport gegenüber den gewöhnlichen Tarifen jeder Eisenbahn enthalten und der gleiche Maximalbetrag auf die ganze Transportstrecke Anwendung findet.[182])

Zusatz I.

Schlußprotokoll III zum internationalen Übereinkommen über den Eisenbahn-Frachtverkehr.

Es wird ferner anerkannt, daß durch das Übereinkommen das Verhältnis der Eisenbahnen zu dem Staate, welchem sie angehören, in keiner Weise geändert wird und daß dieses Verhältnis auch in Zukunft durch die Gesetzgebung jedes einzelnen Staates geregelt werden wird, sowie daß insbesondere durch das Übereinkommen die in jedem Staate in Geltung stehenden Bestimmungen über die staatliche Genehmigung der Tarife und Transportbedingungen nicht berührt werden.

Zusatz II.

Betriebsreglement des Vereins Deutscher Eisenbahnverwaltungen.

§ 73.

(Text übereinstimmend mit vorstehendem Art. 35.)

180) Prinzip und Entstehungsgeschichte des Art. 35.

In betreff des Prinzipes und der Entstehungsgeschichte des Art. 35 wird im allgemeinen auf die in der Anm. 177 zum Art. 34 im Zusammenhange mitgeteilte Entstehungsgeschichte und Darstellung der Grundsätze der Art. 34, 35 und 38 Bezug genommen und im besonderen noch auf die im folgenden zu den einzelnen Normen des Art. 35 gegebenen Erläuterungen verwiesen.

181) „Es ist den Eisenbahnen gestattet, besondere Bedingungen (Spezialtarife) mit Festsetzung eines im Falle des Verlustes, der Minderung oder Beschädigung zu ersetzenden Maximalbetrages zu veröffentlichen, sofern . . .“

Art. 35 trifft Bestimmung über die Beschränkung der im Art. 34 normierten regelmäßigen Entschädigung durch die Zulassung eines Maximalsatzes in Spezialtarifen unter bestimmten Voraussetzungen. Es ist den Eisenbahnen prinzipiell gestattet, für den nach Art. 34 zu ersetzenden gemeinen Handelswert bzw. gemeinen Wert des Gutes (Anm. 178 S. 385 f.) unter bestimmten Voraussetzungen (Anm. 182 s. Z. I 144, E. X 76, XX 59) im Falle des Verlustes, der Minderung oder Beschädigung einen Maximalbetrag (Maximalsatz, Normalsatz) festzusetzen, über dessen Betrag hinaus vom Entschädigungsberechtigten unter keinen Umständen Schadensersatz gefordert werden darf — gleichviel, auf wie hoch sich der wirkliche Schaden nach Maßgabe des gemeinen Handelswerts bzw. gemeinen Werts beläuft (E. XX 215, Z. XI 274). Der Umfang dieses Maximalbetrages muß aus den bei dem Transport zur Anwendung kommenden Tarifen zu ersehen sein (Z. I 256). Ein Maximalsatz muß jedenfalls festgesetzt sein. Die Wegbedingung aller Verantwortlichkeit und jeder Entschädigung ist nicht gestattet. Dies würde dem Art. 30 widersprechen und gemäß Art. 4 nichtig sein. Auch die Umkehrung der Beweislast folgt aus Art. 35 nicht. Der Eisenbahn liegt also der Nachweis eines Verschuldens des Entschädigungsberechtigten ob (Z. XIII 312, 314, E. XXII 140, 153). Dieser Maximalbetrag (Maximalsatz) bildet also nicht etwa unbedingt und ohne weiteres den zu ersetzenden Wertbetrag, sondern nur die Maximalgrenze, innerhalb deren der Ersatzberechtigte die Höhe seines Schadens, und zwar unter Zugrundelegung des gemeinen Handelswerts bzw. gemeinen Wertes nach Maßgabe des Art. 34 nachzuweisen hat. Der Maximalsatz ist also nicht schlechthin und unanfechtbar bei eingetretenem Verluste entscheidend; es darf weder ohne weiteres der Betrag des Normalsatzes unter Ausschluß des Beweises über die

Schadenshöhe und auch des Gegenbeweises gefordert werden, noch ist eine solche Forderung unter Zulassung des Gegenbeweises begründet. Vielmehr hat der Ersatzberechtigte zur Substantiierung seines Schadensanspruches den Beweis des Schadensbetrages gemäß Art. 34 zu erbringen und kann diesen bis zur Höhe des Maximalsatzes ersetzt verlangen.

Der Maximalsatz findet sowohl im Falle des Verlustes und der Minderung (gänzlichen und teilweisen Verlustes), als auch im Falle der Beschädigung unter verhältnismäßiger Reduktion Anwendung (vgl. Art. 37 Anm. 189). Den Eisenbahnen ist durch Art. 35 die Festsetzung eines Maximalbetrages unter den in der folgenden Anm. 182 noch des näheren zu erörternden Voraussetzungen nur „gestattet", nicht zur Pflicht gemacht. Auf Grund des Übereinkommens kann also an die Eisenbahnen der Anspruch auf Einführung von Maximalbeträgen nicht gestellt werden. Ob und inwieweit sie aber hierzu nach Landesrecht verpflichtet werden können, hängt von den in den einzelnen Staaten bestehenden Vorschriften ab (s. dagegen in betreff der Deklaration des Interesses an der Lieferung Art. 38 Anm. 191. Die Befugnis des Absenders, gemäß Art. 6 lit. c die Anwendung bestehender Spezialtarife zu verlangen, ist aber nicht auf die im Art. 14 und 35 bezeichneten beschränkt (Z. X 119).

182) **„sofern diese Spezialtarife eine Preisermäßigung für den ganzen Transport gegenüber den gewöhnlichen Tarifen jeder Eisenbahn enthalten und der gleiche Maximalbetrag auf die ganze Transportstrecke Anwendung findet."**

Im Schlußsatze des Art. 35 sind die Voraussetzungen enthalten, unter welchen die Einführung eines solchen Maximalsatzes den Eisenbahnen gestattet ist und stattfinden darf (Z. I 144, E. X 76). Es sind folgende:

1. Der Maximalsatz darf nur in besonderen Bedingungen (Spezialtarifen E. XX 59, 215, Z. XI 274) festgesetzt werden, welche gehörig zu veröffentlichen sind. Sie müssen ferner nach Maßgabe des Art. 11 Abs. 1 und Schlußprotokoll Ziffer III zu Recht bestehen, d. h. — insoweit dies landesrechtlich vorgeschrieben — staatlich genehmigt sein. Nach den Materialien ist es unzweifelhaft, daß jede gemäß Art. 35 von einer Eisenbahnverwaltung getroffene Maßnahme in betreff der Einführung von Spezialtarifen mit Maximalsätzen ganz denselben landesrechtlichen Vorschriften unterliegt wie die Einführung eines jeden anderen Tarifes bzw. der Tarife überhaupt. Wo also landesgesetzlich staatliche Genehmigung der Tarife vorgeschrieben ist, gilt dies auch für die auf Grund des Art. 35 eingeführten Spezialtarife in vollem Umfange — falls die Landesgesetzgebung nicht etwa in betreff derselben anderweite Bestimmungen trifft. Die Spezialtarife dürfen nur in besonderen Bedingungen bezüglich der Transportpreise bestehen, nicht aber die gesetzliche Haftpflicht der Eisenbahnen an sich (Art. 29, 30 ff.) beschränken oder ausschließen (Art. 4). Anders nach internem französischem Recht (Z. III 36, 145, 304, IV 104, V 28, VI 445, VIII 286). Eine Ausnahme bildet allein die

Zulassung verlängerter Lieferfristen in Spezialtarifen gemäß Art. 14 Abs. 2 (Anm. 94).

2. Diese Spezialtarife müssen sodann eine Preisermäßigung für den ganzen Transport gegenüber den „gewöhnlichen Tarifen" jeder Eisenbahn enthalten.

Nach der unverkennbaren Absicht des Gesetzes sind aber unter den „gewöhnlichen Tarifen" nicht etwa die gesetzlichen oder konzessionsmäßigen Maximaltarife zu verstehen, sondern die regelmäßig für ein bestimmtes Gut im internen oder externen Verkehr zur Anwendung kommenden, also die tatsächlich bestehenden normalen Lokal- oder Verbandstarife sowie die allgemeinen Ausnahmetarife.

Die Preisermäßigung muß „für den ganzen Transport", also von jeder der am Transport beteiligten Eisenbahnen gewährt werden. Aus dieser Bestimmung folgt, daß wenn sich auch nur eine der beteiligten Eisenbahnen ausschließt, d. h. ihren Tarifsatz gegenüber den gewöhnlichen Tarifen nicht ermäßigt, es unzulässig ist, einen Maximalsatz auf Grund des Art. 35 einzuführen. Es erscheint also insbesondere nicht statthaft, daß eine Gesamtpreisermäßigung eingeführt wird, zu der nur einzelne der beteiligten Bahnen billigere Tarife erstellen, die anderen nicht, oder daß einzelne, um die Verbilligung herbeizuführen, die Anteile der anderen, welche ihre gewöhnlichen Tarife einsetzen, mit übernehmen (übereinstimmend Z. I 144); vielmehr müssen alle am Transport beteiligte Eisenbahnen an der Preisermäßigung durch eine Reduktion der gewöhnlichen Tarife teilnehmen (Z. I 202, E. X 90 und Z. I 403 bis 405).

3. Der „gleiche Maximalbetrag", d. h. Maximal-(Normal-)Satz muß auf die ganze Transportstrecke Anwendung finden, d. h. sämtliche beteiligten Bahnen müssen sich über den gleichen Maximalsatz einigen. Verschiedene Normalsätze für die einzelnen beteiligten Bahnen sind unzulässig. Diese Voraussetzung ist im Interesse der Rechtsgleichheit notwendig; denn es würde andernfalls die einheitliche Basis für die Bestimmung der Schadenshöhe fehlen. Dagegen ist nicht erforderlich, daß die Teilnahme an den Tarifermäßigungen für alle am Transporte beteiligten Verwaltungen eine gleichmäßige ist (Z. I 405). Das ist vielmehr Sache der Vereinbarung unter den beteiligten Verwaltungen. Wie für die Spezialtarife selbst, ist auch folgerichtig für die darin normierten Maximalsätze staatliche Genehmigung — soweit dies landesgesetzlich vorgeschrieben — und gehörige Veröffentlichung gemäß Art. 11, Abs. 1 erforderlich bzw. liegt implicite in der Genehmigung und Veröffentlichung der betreffenden Spezialtarife. Über die Höhe des Maximalsatzes ist weder im Übereinkommen noch in den Ausführungsbestimmungen verfügt; es also lediglich den Eisenbahnverwaltungen überlassen, die Höhe des Maximalbetrages festzusetzen. Nur muß der festgesetzte Betrag für die ganze Transportstrecke der gleiche sein und den Erfordernissen des Art. 11 Abs. 1 bzw. der Ziffer III des Schlußprotokolls (S. 387) entsprechen.

4. Zu beachten sind endlich noch folgende Punkte:

a) Eine Deklaration des Interesses an der Lieferung

(Art. 38) ist neben der Beschränkung auf den Maximalsatz im Falle des Art. 35 ausgeschlossen. Dies wurde in den Verhandlungen ausdrücklich konstatiert. Im übrigen darf nicht außer Betracht bleiben, daß der Ausschluß der Deklaration sich nur auf Verlust, Minderung oder Beschädigung des Gutes, nicht auch auf Versäumung der Lieferfrist bezieht. Für letztere ist also die Deklaration gestattet.

b) Die nach Art. 35 erstellten Spezialtarife mit dem Maximalsatze finden nicht ohne weiteres Anwendung, sondern nur, wenn der Absender gemäß Art. 6 lit. e des Übereinkommens im Frachtbriefe das Verlangen ausspricht, die Spezialtarife unter den im Art. 35 für zulässig erklärten Bedingungen zur Anwendung zu bringen. Aus dem Wortlaute des Art. 6 lit. e ergibt sich, daß dieses Verlangen ausdrücklich im Frachtbriefe ausgesprochen sein muß (expressis verbis). Die bloß mittelbare oder andeutungsweise Kundgebung dieses Verlangens z. B. dadurch, daß bei der Frankierung vom Absender in die Note der ermäßigte Satz der Spezialtarife eingesetzt wird, genügt nicht, weil der Eisenbahn nicht zugemutet werden kann, aus derartigen indirekten Andeutungen einen Schluß auf das bezügliche Verlangen des Absenders zu ziehen (Z. IV 331, Jacob 117; Demange 56; A. M. Rosenthal 227; Lanckmann 259).

Das internationale Frachtbriefformular enthält rechts oben unterhalb des Adreßraumes eine besondere Rubrik: „Angabe der anzuwendenden Tarife und Routenvorschrift." In diese Rubrik wird der Regel nach das Verlangen des Absenders auf Anwendung der Spezialtarife gemäß Art. 35 einzutragen sein. Ist hier die Anwendung der gewöhnlichen Tarife ausdrücklich gefordert, so fällt die Anwendung der Spezialtarife unbedingt fort. Ist aber die Anwendung der billigsten Tarife gefordert, so erscheint die Bahn zur Anwendung der Spezialtarife berechtigt (Z. I 258). Ist die bezeichnete Rubrik unausgefüllt, so sind zwar auch in diesem Falle grundsätzlich die Spezialtarife nicht in Anwendung zu bringen. Doch ist, wenn an einer anderen Stelle des Frachtbriefes das bezügliche Verlangen des Absenders ausdrücklich ausgesprochen ist, dies zu berücksichtigen.

Artikel 36.[183])

(1) Der Entschädigungsberechtigte kann, wenn er die Entschädigung für das in Verlust geratene Gut in Empfang nimmt, in der Quittung den Vorbehalt machen, daß er für den Fall, als das Gut binnen vier Monaten nach Ablauf der Lieferfrist wieder aufgefunden wird, hiervon seitens der Eisenbahnverwaltung sofort benachrichtigt werde. Über den Vorbehalt wird eine Bescheinigung erteilt.[184])

(2) In diesem Fall kann der Entschädigungsberechtigte innerhalb 30 Tagen nach erhaltener Nachricht verlangen, daß ihm das Gut nach seiner Wahl an den Versand- oder an den im Frachtbriefe angegebenen Bestimmungsort kostenfrei gegen Rückerstattung der ihm bezahlten Entschädigung ausgeliefert werde.[185])

(3) Wenn der im ersten Absatze erwähnte Vorbehalt nicht gemacht worden ist, oder wenn der Entschädigungsberechtigte in der im zweiten

Absatze bezeichneten dreißigtägigen Frist das dort vorgesehene Begehren nicht gestellt hat, oder endlich, wenn das Gut erst nach vier Monaten nach Ablauf der Lieferfrist wieder aufgefunden wird, so kann die Eisenbahn nach den Gesetzen ihres Landes über das wiederaufgefundene Gut verfügen. [186])

Zusatz I.
Betriebsreglement des Vereins Deutscher Eisenbahnverwaltungen.

§ 74.

(Text übereinstimmend mit vorstehendem Art. 36) und:

Zusätzliche Bestimmung:

Über den Vorbehalt im Art. 36 Abs. 1 ist eine Bescheinigung zu erteilen.

Gemeinsame Abfertigungsvorschriften: § 50: Nachforschungen nach dem Verbleibe abgesendeter Güter.

183) Prinzip und Entstehungsgeschichte des Art. 36.

Auf Grund der Art. 30—32 des internationalen Übereinkommens ist der Entschädigungsberechtigte für den Verlust des Gutes — falls nicht einer der in diesen Artikeln bezeichnete Haftbefreiungsgründe vorliegt — berechtigt, Entschädigung nach Maßgabe der Art. 34, 35 und 38 zu fordern, sobald er den Verlust nachweist. Zu seinen Gunsten ist ihm ferner durch Art. 33 das besondere Recht verliehen, auch ohne weiteren Nachweis das Gut als verloren zu betrachten und folgeweise die Entschädigung für Verlust des Gutes von der Eisenbahn zu verlangen, wenn sich dessen Ablieferung um mehr als 30 Tage nach Ablauf der Lieferfrist verzögert. Im Anschluß an diese Rechte gewährt Art. 36 dem Entschädigungsberechtigten noch zwei weitere wichtige Vorrechte:

1. Es kann bei Empfang der Entschädigung für das verlorene Gut durch einen Vorbehalt in der Quittung von der Eisenbahn verlangen, daß sie ihn, wenn das Gut binnen 4 Monaten nach Ablauf der Lieferfrist wieder aufgefunden wird, hiervon sofort benachrichtigt (Art. 36 Abs. 1).

2. Er kann ferner in diesem Falle innerhalb 30 Tagen nach erhaltener Nachricht verlangen, daß ihm das Gut nach seiner Wahl an den Versand- oder an den im Frachtbriefe angegebenen Bestimmungsort kostenfrei gegen Rückerstattung der ihm bezahlten Entschädigung ausgeliefert werde (Art. 36 Abs. 2).

Nur wenn er den Vorbehalt ad 1 nicht macht oder trotz des Vorbehalts und der Benachrichtigung seitens der Eisenbahn das Verlangen ad 2 nicht stellt, oder wenn das Gut erst nach 4 Monaten nach Ablauf der Lieferfrist wieder aufgefunden wird, erlöschen die dem Entschädigungsberechtigten durch Art. 36 Abs. 1 und 2 gewährten Rechte, und kann die Eisenbahn nach den Gesetzen ihres Landes über das wiedergefundene Gut verfügen (Art. 36 Abs. 3).

Sowohl der Schweizer Entwurf (Art. 24) wie die Kritik des Schweizer Entwurfs (Eger, 1877, Die Einführung eines internationalen Eisenbahn-Frachtrechts S. 111 f. Gegenentwurf Art. 23 a. a. O. S. 146) empfahlen die Aufnahme einer bezüglichen, dem § 64 Abs. 7 und 8 des Deutschen und Österreichisch-Ungarischen Betriebsreglements entsprechenden Bestimmung. Nur die Frist von 30 Tagen, welche Art. 24 des Schweizer Entwurfs dem Berechtigten zum Zwecke der Wahl zwischen Rücknahme und Nichtrücknahme geben will, wurde in der Kritik als zu lang bemängelt.

Der Deutsche Entwurf 1878 (Art. 24) adoptierte zwar die 30 tägige Frist des Schweizer Entwurfs, schlug aber im Interesse des Publikums und eines einfacheren Verfahrens vor, von dem Erfordernis eines ausdrücklichen Vorbehalts abzusehen.

In der I. Konferenz (erste Lesung) erklärte die schweizerische Delegation, daß sie sich bezüglich dieses Artikels dem Deutschen Entwurf anschließe. Die ungarische Delegation dagegen beantragte einen Zusatz, nach welchem der Entschädigungsberechtigte verlangen kann, daß ihm das Gut kostenfrei, und zwar nach Wahl des Entschädigungsberechtigten an dem im Frachtbriefe angegebenen Aufgabe- oder Bestimmungsort ausgeliefert werde; dieser Zusatz könne den Bahnen nicht schaden, dem Publikum aber unter allen Umständen gute Dienste leisten. Nach längerer Diskussion wurde die deutsche Fassung des Art. 24 (36) unter Beifügung des Amendements des ungarischen Delegierten einstimmig angenommen (Prot. 42, 43, 74).

In der II. Konferenz stellte der belgische Delegierte den Antrag, eine Frist anzusetzen, durch welche das Recht, Rückgabe eines verloren gegangenen und wiedergefundenen Gutes zu verlangen, auf einen bestimmten Termin beschränkt werden sollte, da es nicht angehe, solche Güter auf unendliche Zeit aufzubewahren. Dieser Anregung wurde in der Art Folge gegeben, daß man beschloß, im Eingang des Artikels zu sagen, die Rückgabe habe zu erfolgen, wenn das verlorene Gut innerhalb vier Monaten nach Ablauf der Lieferfrist wieder aufgefunden werde.

In der III. Konferenz schlug die I. Kommission auf die Anregung Rußlands vor, den 1. Absatz des Art. 36 in dem Sinne abzuändern, daß der Entschädigungsberechtigte das Recht hat, in der Quittung den Vorbehalt zu machen, daß er sofort nach dem Wiederauffinden des Gutes davon in Kenntnis zu setzen sei. Hat er aber diesen Vorbehalt nicht gemacht, so ist die Eisenbahn nicht zur Avisierung verpflichtet.

Der Artikel wurde hierauf nach Rückweisung an die Kommission I von dieser in der Fassung des definitiven Textes vorgeschlagen und ohne Diskussion angenommen (Prot. 47).

In der Pariser Revisionskonferenz (1896) hat — einem Antrage Österreich-Ungarns entsprechend — der Absatz 1 des Artikels folgenden Zusatz erhalten:

„Über den Vorbehalt wird eine Bescheinigung erteilt."

184) **„Der Entschädigungsberechtigte kann, wenn er die Entschädigung**

für das in Verlust geratene Gut in Empfang nimmt, in der Quittung den Vorbehalt machen, daß er für den Fall, als das Gut binnen vier Monaten nach Ablauf der Lieferfrist wieder aufgefunden wird, hiervon seitens der Eisenbahnverwaltung sofort benachrichtigt werde. Über den Vorbehalt wird eine Bescheinigung erteilt.

Artikel 36 gewährt dem Entschädigungsberechtigten, welcher im Falle des Verlustes des Gutes für dasselbe die Entschädigung in Empfang nimmt, in den Absatz 1 und 2 zwei Rechte, von denen die Ausübung des einen (Abs. 1) die formelle Voraussetzung für die Ausübung des anderen (Abs. 2) ist.

Absatz 1 des Art. 36 normiert das erste der beiden genannten Rechte und die Voraussetzungen desselben. Der Entschädigungsberechtigte „kann" (d. h. wird für befugt erklärt) bei der Empfangnahme der Entschädigung für das in Verlust geratene Gut, in der Quittung über dieselbe den Vorbehalt machen, daß er, falls das in Verlust geratene Gut binnen 4 Monaten nach Ablauf der Lieferfrist wiedergefunden wird, hiervon seitens der Eisenbahnverwaltung sofort benachrichtigt werde. Abs. 1 gewährt dem Entschädigungsberechtigten das Recht, diesen Vorbehalt zu machen. Er kann, aber er braucht ihn nicht zu machen. Macht er ihn aber nicht, d. h. übt er das ihm durch Abs. 1 verliehene Recht nicht aus, dann darf er auch nicht das ihm durch Abs. 2 verliehene Rückforderungsrecht geltend machen. Nur der Entschädigungsberechtigte bzw. sein Rechtsnachfolger oder Bevollmächtigter ist zu diesem Vorbehalt berechtigt. Der Vorbehalt eines Nichtberechtigten, welcher rechtswidrig die Entschädigung in Empfang nimmt, ist unwirksam. Nur bei Empfang der Entschädigung für das in Verlust geratene Gut — das gänzlich oder teilweise verlorene (arg. Art. 30, 34) — darf der Vorbehalt gemacht werden, nicht bei Empfangnahme irgendeiner anderen, das fragliche Transportgeschäft betreffenden Entschädigung.

Der Vorbehalt muß ferner, wenn er gültig sein soll, rechtzeitig, d. h. bei der Empfangnahme der Entschädigung, gemacht werden, und sodann in gehöriger Form, d. h. schriftlich in der Quittung über die Entschädigung. Geschieht der Vorbehalt nicht rechtzeitig oder nicht in der vorgeschriebenen Form oder überhaupt nicht, so treten die im Abs. 3 des Art. 36 bezeichneten Folgen ein. Daß aber der Vorbehalt genau und ausdrücklich in die Worte des Art. 36 Abs. 1 gefaßt sei, erscheint nicht notwendig. Es genügt ein allgemeiner Vorbehalt, für den Fall der Wiederauffindung des Gutes benachrichtigt zu werden. Doch kann der Berechtigte — wie er auf jenen Vorbehalt ganz zu verzichten befugt ist — denselben auch ausdrücklich auf eine kürzere Frist (z. B. zwei Monate) einschränken, — denn in dem größeren Rechte ist ohne Zweifel das geringere enthalten.

Das Recht des Vorbehalts der Benachrichtigung ist jedoch auf den Fall beschränkt, daß das Gut binnen vier Monaten nach Ablauf der Lieferfrist wieder aufgefunden wird, also nicht für unbegrenzte Zeit, sondern nur für diesen Zeitraum gegeben. Wird das Gut erst vier Monate nach Ablauf der Lieferfrist wiedergefunden, so sind die Bahnen von der Pflicht zur Benachrichtigung des Entschädigungsberechtigten sowie zur Rückgabe trotz des Vorbehalts und des Rückgabeverlangens des Berechtigten entbunden, können vielmehr nach Maßgabe des Abs. 3 über das Gut verfügen. Die Eisenbahn wird, nachdem sie Entschädigung geleistet hat, von allen Verpflichtungen gegen den Entschädigungsberechtigten frei, wenn das Gut nicht innerhalb vier Monaten nach Ablauf der Lieferfrist aufgefunden wird. Dieser Zeitraum wird in gleicher Weise berechnet wie die dreißigtägige Frist des Art. 33 (Anm. 176).

Der Vorbehalt bzw. der Anspruch des Entschädigungsberechtigten geht dahin, daß er von der Wiederauffindung des Gutes „seitens der Eisenbahnverwaltung sofort benachrichtigt werde“. Unter „sofortiger Benachrichtigung“ ist nicht eine außergewöhnlich beschleunigte zu verstehen, sondern eine so schleunige, wie sie nach dem ordentlichen Geschäftsgange möglich ist (Art. 24 Anm. 136).

Die Worte „seitens der Eisenbahnverwaltung“ bieten in ihrer allgemeinen Fassung für die Auslegung Schwierigkeiten. Es entsteht die Frage welcher der beteiligten Bahnen die Benachrichtigungspflicht obliegt. Nach der Absicht des Gesetzes ist die Annahme begründet, daß die sofortige Benachrichtigung durch diejenige beteiligte Bahn zu erfolgen hat, in deren Bereich das Gut wieder aufgefunden worden ist bzw. welche zuerst das Wiederauffinden erfahren hat. Es ist unbedingt notwendig, daß alle beteiligten Bahnen seitens derjenigen Bahn, bei welcher der Vorbehalt in der Quittung gemacht worden ist, von dem Vorbehalte und der Adresse des Entschädigungsberechtigten alsbald in Kenntnis gesetzt werden, weil sie andernfalls der Pflicht zur Benachrichtigung desselben nicht genügen könnten.

Abs. 1 trifft keine Bestimmung über die Folgen, welche eintreten, wenn die Eisenbahn die Benachrichtigung verzögert oder unterläßt. Nach der Absicht des Gesetzes unterliegt es aber wohl keinem Zweifel, daß alsdann der Berechtigte die Wahl hat, entweder Ersatz für den ihm nachweislich hieraus entstandenen Schaden zu verlangen oder auch noch nachträglich von dem ihm gemäß Abs. 2 zustehenden Rechte Gebrauch zu machen. Denn durch das Verschulden der Bahn darf er in seinem Rechte keine Beeinträchtigung erleiden.

Auch über die Form der Benachrichtigung ist nichts bestimmt. Sie ist also der Eisenbahn überlassen (schriftlich, telegraphisch, durch Vermittlung anderer Bahnen usw.), muß aber jedenfalls so geschehen, daß sie ihren Zweck gehörig erfüllt und sich nach Art und Zeitpunkt genau konstatieren läßt. Denn für den Entschädigungsberechtigten wie für die Eisenbahn ist es von Wichtigkeit, sich den Beweis über den Zeitpunkt des Empfanges der Nachricht zu sichern, weil von diesem Zeitpunkte ab gemäß Abs. 2 die 30tägige Frist zur Ausübung des Rückforderungsrechtes läuft.

Durch den Schlußsatz des Abs. 1 ist die Eisenbahn für verpflichtet erklärt, den Entschädigungsberechtigten über den gemachten Vorbehalt eine Bescheinigung zu erteilen. Es ist ihm dadurch für den Fall des Streites, des Verlustes der Quittung usw. ein schriftliches Beweismittel zweckmäßig gesichert. Überdies ist natürlich die Eisenbahn im Streitfalle zur Produzierung der in ihren Händen befindlichen Quittung gehalten. Auch steht dem Absender jeder anderweite Beweis über den gehörig erfolgten Vorbehalt frei. Der zweite Satz des Abs. 1 schreibt die Erteilung einer Bescheinigung vor (S. 393).

185) **In diesem Falle kann der Entschädigungsberechtigte innerhalb 30 Tagen nach erhaltener Nachricht verlangen, daß ihm das Gut nach seiner Wahl an den Versand, oder an den im Frachtbriefe angegebenen Bestimmungsort kostenfrei gegen Rückerstattung der ihm bezahlten Entschädigung ausgeliefert werde.**

Nur „in diesem Falle", d. h. wenn der Berechtigte den Vorbehalt gemäß Abs. 1 in gehöriger Weise gemacht und ihm die Eisenbahn die entsprechende Nachricht von der Wiederauffindung des Gutes gegeben hat, ist er auf Grund des Abs. 2 befugt, die Auslieferung des Gutes unter den dort bezeichneten Voraussetzungen zu verlangen.

Nur der Entschädigungsberechtigte (s. Anm. 184) hat das Recht auf Rücknahme nicht auch die Eisenbahn das Recht auf Rückgabe des Gutes. Der Berechtigte „kann" die Auslieferung des Gutes verlangen, aber er braucht es nicht, er ist nicht dazu verpflichtet. Tut er es nicht unter den im Abs. 2 vorgeschriebenen Modalitäten oder überhaupt nicht, so treten die im Abs. 3 vorgesehenen Folgen ein. Verhindert aber die Eisenbahn den Absender, obwohl er gemäß Abs. 1 den Vorbehalt gehörig gemacht hat, dadurch an der Ausübung seines Rückforderungrechtes, daß sie die Benachrichtigung verzögert oder unterläßt, so bleibt ohne Zweifel dem Entschädigungsberechtigten die Befugnis, noch nachträglich — sobald er von der Wiederauffindung erfährt — die Auslieferung des Gutes zu verlangen und die Eisenbahn für den ihm aus der Verzögerung oder Unterlassung entstandenen Schaden in Anspruch zu nehmen (s. Anm. 184).

Das Recht, die Auslieferung des wiederaufgefundenen Gutes zu verlangen, steht dem Entschädigungsberechtigten „innerhalb 30 Tagen nach erhaltener Nachricht" zu. Es ist für beide Teile — den Berechtigten und die Eisenbahn — von Wichtigkeit, den Empfang der Nachricht, gleichviel ob dieselbe mündlich oder schriftlich usw. erfolgt, in geeigneter Weise genau festzustellen und sich Beweismittel für den Zeitpunkt des Empfangs zu sichern, weil von diesem Momente ab die 30tägige Frist zur Ausübung des Rückforderungsrechtes läuft, nach deren Ablauf dasselbe erloschen ist. Die Frist ist eine Präklusivfrist und den Rechtswirkungen einer solchen in jeder Hinsicht unterworfen. Das Auslieferungsverlangen muß der Natur der Sache nach an diejenige Eisenbahn (s. Anm. 184) und bzw. diejenige Dienststelle usw. derselben gerichtet sein, von welcher dem Berechtigten die Nachricht zugegangen ist.

In Beziehung auf den Ort der Auslieferung ist dem Entschädigungsberechtigten ein Wahlrecht gelassen. Er kann verlangen, daß ihm das Gut „nach seiner Wahl an den Versand- oder an den im Frachtbriefe angegebenen Bestimmungsort ausgeliefert werde". Daß der Berechtigte befugt ist, die Auslieferung auch am

Fundorte selbst zu verlangen, kann keinem Zweifel unterliegen, da das größere Recht das geringere in sich schließt. An die Stelle des im Frachtbriefe angegebenen Bestimmungsortes tritt im Falle nachträglicher Verfügung (Art. 15 Abs. 1) der durch diese bezeichnete Bestimmungsort (Art. 15 Abs. 6 Anm. 103 und Art. 16 Abs. 1 Anm. 107).

An den vorbezeichneten Orten kann die Auslieferung „kostenfrei" verlangt werden (Art. 11 Anm. 74f.). Verlangt aber der Berechtigte die Auslieferung an einem andern als dem Versand- oder Bestimmungsorte (oder Fundorte, s. oben), so entsteht ein neuer Frachtvertrag und hat der Berechtigte die gesamten Kosten zu tragen und alle sonstigen Rechte und Pflichten des Absenders, und zwar auch dann, wenn der bisherige Versand- oder Bestimmungsort eine Zwischenstation der neuen Route bildet. Dagegen erfolgt die Beförderung an den bisherigen Versand- oder Bestimmungsort nicht auf Gefahr des Berechtigten; denn er hat die unversehrte Auslieferung des Gutes in dem Zustande, in welchem es aufgefunden wurde, an einem der beiden genannten Orte kostenfrei zu verlangen.

Die Auslieferung des Gutes an den Entschädigungsberechtigten hat Zug um Zug und zwar nur „gegen Rückerstattung der ihm bezahlten Entschädigung" zu geschehen. Mangels einer Einschränkung muß hiernach die volle seinerzeit gezahlte Entschädigung ohne jeden Abzug zurückerstattet werden, also auch nicht unter Kürzung der dem Berechtigten für versäumte Lieferfrist gebührenden Entschädigung. Indes ist der für den Wegfall der Kürzung geltend gemachte Grund, daß der Berechtigte inzwischen die Zinsen der Entschädigungssumme genossen habe, nicht zutreffend; denn diese sind lediglich das Äquivalent für die ihm entzogene Nutzung des Gutes nach dem allgemein anerkannten Grundsatze, daß Niemand Sache und Kaufgeld (letzteres hier „Entschädigung") zugleich nutzen darf. Diese Zinsen können also nicht auch zugleich das Äquivalent für die Lieferfristenentschädigung sein.

Nach Wortlaut und Absicht des Art. 36 Abs. 2 des internationalen Übereinkommens ist aber eine Kürzung nicht statthaft, vielmehr muß der Berechtigte die ganze Entschädigung ohne jeden Abzug zurückerstatten. Ebenso muß — mangels einer einschränkenden Bestimmung — auch die infolge der Interessendeklaration (Art. 38, 40) oder wegen Arglist oder grober Fahrlässigkeit erhöhte Entschädigung voll und ohne Abzug zurückerstattet werden, wenngleich in dieser nicht nur der einfache normale Wert des Gutes (der gemeine Handelswert bzw. der gemeine Wert: Art. 34), sondern auch jeder weitere Schaden, z. B. Konventionalstrafe, Verzugs- und geschäftliche Nachteile, entgangener Gewinn usw., vergütet worden ist und eine Rückerstattung der darauf entfallenden Beträge rechtlich nicht begründet ist. Denn die Rückgabe des wiedergefundenen Gutes kann dem Berechtigten nur den Wertverlust, nicht aber auch die anderen mit dem Verluste verknüpften und zumeist unwiederbringlichen Nachteile ersetzen.

186) **„Wenn der im ersten Absatz erwähnte Vorbehalt nicht gemacht worden ist, oder wenn der Entschädigungsberechtigte in der im zweiten Absatz bezeichneten dreißigtägigen Frist das dort vorgesehene Begehren nicht gestellt hat, oder endlich, wenn das Gut erst nach vier Monaten nach Ablauf der Lieferfrist wieder aufgefunden wird, so kann die Eisenbahn nach den Gesetzen ihres Landes über das wiederaufgefundene Gut verfügen."**

Absatz 3 enthält eine Bestimmung darüber, was mit dem wiedergefundenen Gute zu geschehen hat, wenn der Entschädigungsberechtigte von den ihm durch Abs. 1 und 2 verliehenen Rechten keinen Gebrauch gemacht hat oder dadurch, daß das Gut erst nach Ablauf des im Abs. 1 bezeichneten viermonatigen Zeitraums wiederaufgefunden worden ist, nicht in die Lage gekommen ist, das Rückforderungsrecht zu erlangen bzw. geltend zu machen. Danach ist bestimmt, daß für die Verfügungsbefugnis der Eisenbahn in allen drei nach Abs. 1 und 2 möglichen Fällen: nämlich wenn 1. der im ersten Absatz erwähnte Vorbehalt nicht gemacht worden ist (Anm. 184), oder 2. wenn der Entschädigungsberechtigte in der im zweiten Absatz bezeichneten dreißigtägigen Frist das dort vorgesehene Begehren (die Auslieferungsforderung) nicht gestellt hat (Anm. 185), oder 3. wenn das Gut erst nach 4 Monaten nach Ablauf der Lieferfrist wieder aufgefunden wird (Anm. 184) die Gesetze ihres Landes entscheidend sind. Nach der Absicht des Art. 36 wird man dem ersten dieser Fälle auch den Fall gleichzustellen haben, daß der Berechtigte den Vorbehalt nicht rechtzeitig, d. h. nicht bei der Empfangnahme der Entschädigung für das in Verlust geratene Gut oder nicht formell gehörig, d. h. nicht in der Quittung (Anm. 184) gemacht hat.

In allen diesen Fällen „kann die Eisenbahn nach den Gesetzen ihres Landes über das wiederaufgefundene Gut verfügen". Wie bereits an früherer Stelle (Anm. 183) hervorgehoben, ist es eine wohl in allen Landesrechten anerkannte Rechtsregel, daß, wenn der Schadensersatz für verlorenes Gut geleistet ist, der Eigentumsanspruch daran im Falle des Wiederauffindens ex lege auf den Frachtführer bzw. die Eisenbahn übergeht. Die Abs. 1 und 2 des Art. 36 enthalten zugunsten des Entschädigungsberechtigten Ausnahmevorschriften in betreff dieser Regel, indem sie unter gewissen Voraussetzungen für eine bestimmte Zeit demselben das Eigentumsrecht gegen Rückerstattung der Entschädigung vorbehalten. Sind aber diese Voraussetzungen der Abs. 1 und 2 nicht erfüllt, so tritt folgerichtig die allgemeine Rechtsregel wieder ein, d. h. auf die Eisenbahn geht nunmehr der Eigentumsanspruch ex lege über, und nichts anderes soll ohne Zweifel der Schlußsatz des Abs. 3 mit den Worten ausdrücken: „so kann die Eisenbahn ... über das Gut verfügen".

Es entsteht aber auch hier — ähnlich wie schon bei Abs. 1 in bezug auf die Benachrichtigungspflicht (Anm. 184) — die Frage, was unter „Eisenbahn" zu verstehen ist, ob alle beteiligten Eisenbahnen oder nur eine derselben und eventuell welche? Nach der Tendenz des Art. 36 ist anzunehmen, daß — wie in betreff der Benachrichtigungspflicht (Anm. 184 S. 395) -- so auch in betreff des Verfügungsrechtes diejenige Bahn gemeint ist, in deren Bereich das Gut wieder aufgefunden worden ist (übereinstimmend Rosenthal 189). Die findende Bahn ist also die formell zur Verfügung legitimierte, die verfügungsberechtigte. Ihr liegt die Pflicht ob — wie oben S. 395 bereits erörtert —, den Berechtigten von der Wiederauffindung zu benachrichtigen; an sie hat derselbe demnächst das Verlangen auf Auslieferung während der dreißigtägigen Frist zu richten, sie allein ist in der Lage zu kontrollieren, ob diese Frist gewahrt ist, und sie ist daher auch folgeweise diejenige, welche das Verfügungsrecht auszuüben hat.

Die Ausübung des Verfügungsrechtes soll sich „nach den Gesetzen ihres Landes" richten, d. h. nur nach Maßgabe dieser Gesetze die Eisenbahn das Verfügungsrecht geltend machen. Es ist hierbei freilich vorausgesetzt, daß in der Tat alle Landesrechte hierüber Bestimmung treffen. Da indes Abs. 3 lediglich einer allgemeinen Rechtsregel Ausdruck gibt, so kann es einem gegründeten Zweifel nicht unterliegen, daß, wenn das Landesrecht besondere Bestimmungen über das Verfügungsrecht der findenden Eisenbahn nicht enthält bzw. nicht trifft, dieselbe an dem wiedergefundenen Gute alle diejenigen Rechte auszuüben befugt ist, welche nach allgemeinen landesrechtlichen Normen dem Eigentümer überhaupt zustehen. Freilich ist aber daran festzuhalten, daß die Legitimation der findenden Bahn nur eine formelle ist, und daß das materielle Recht an dem Gute der Gesamtheit der beteiligten Bahnen zusteht. Der Erlös aus dem Verkaufe, der Versteigerung usw. des Gutes gebührt hiernach der Gesamtheit und ist nach der oben allegierten allgemeinen Rechtsregel im Verhältnisse ihres Beitrages zur Entschädigungsleistung an diejenigen Bahnen zu verteilen, welche definitiv dieselbe getragen haben (arg. Art. 27 und 47 des Übereinkommens). Diesen Bahnen wird daher auch die verfügungsberechtigte Bahn regreßpflichtig, wenn sie bei der Ausübung des Verfügungsrechtes ein Verschulden (dolus oder culpa) begeht und wider die Gesetze ihres Landes verfährt.

Artikel 37.[187])

Im Falle der Beschädigung hat die Eisenbahn den ganzen Betrag des Minderwertes des Gutes zu bezahlen.[188]) Im Falle die Beförderung nach einem Spezialtarife im Sinne des Artikels 35 stattgefunden hat, wird der zu bezahlende Schadensbetrag verhältnismäßig reduziert.[189])

Zusatz I.

Betriebsreglement des Vereins Deutscher Eisenbahnverwaltungen.

§ 75

(übereinstimmend mit dem vorstehenden Art. 37 des internationalen Übereinkommens über den Eisenbahn-Frachtverkehr).

187) **Prinzip und Entstehungsgeschichte des Art. 37.**

Während für den Fall des gänzlichen oder teilweisen Verlustes des Gutes der Wertmaßstab, nach welchem von der Eisenbahn

Ersatz geleistet werden muß, in dem Art. 34 in Verbindung mit den Art. 35 und 38 genau und speziell bestimmt ist, beschränkt sich für den Fall der Beschädigung des Gutes Art. 37 auf den allgemein gehaltenen Grundsatz, daß die Eisenbahn den ganzen Betrag des Minderwertes des Gutes zu bezahlen hat. Trotz dieser allgemeinen Fassung kann es jedoch, nach der unverkennbaren Absicht des Gesetzes und dem engen Zusammenhange der Entschädigungsnormen desselben einem gegründeten Zweifel nicht unterliegen, daß für den Fall der Beschädigung die für den Fall des gänzlichen oder teilweisen Verlustes in den Artikeln 34, 35, 38 angenommenen Grundsätze analog zur Anwendung zu bringen sind. Auch für die Feststellung des Schadensersatzes im Falle der Beschädigung bildet hiernach der gemeine Wert bzw. Handelswert des Gutes nach Art. 34 die Grundlage der regelmäßigen Entschädigung, mit der Maßgabe der verhältnismäßigen Herabsetzung bei Beförderung nach einem Spezialtarif (Art. 35) bzw. der Erhöhung bei der Deklaration des Interesses an der Lieferung (Art. 38). Daraus ergibt sich der allein folgerichtige Grundsatz, daß im Falle der Beschädigung die Entschädigung besteht: in dem für den Verlustfall gemäß Artikel 34 zu ersetzenden Wertbetrage abzüglich desjenigen Wertes, welchen das Gut in beschädigtem Zustande zur Zeit und am Orte der Ablieferung tatsächlich noch hat. Der Unterschied zwischen diesen beiden Werten bildet den zu ersetzenden Schadensbetrag. Zweifel können nur darüber bestehen, wie der Wert des unbeschädigten und wie der Wert des beschädigten Gutes zu bemessen bzw. welcher Ort und welche Zeit beiden Werten zugrunde zu legen ist. Da aber für den Verlustfall — entgegen früheren Vorschlägen — im Art. 34 als Maßstab für den Wert des unbeschädigten Gutes der gemeine Handelswert bzw. gemeine Wert am Orte und zur Zeit des Versandes prinzipiell angenommen worden ist, kann es nicht zweifelhaft sein, daß auch für den Beschädigungsfall nur dieser Wert den Maßstab für die Wertbemessung des unbeschädigten Gutes bilden darf (Z. VI 275, Z. XVI 231, E. XXV 16). Damit steht aber der eine der beiden zur Berechnung zu ziehenden Faktoren — der Wert des unbeschädigten Gutes — endgültig fest. Was dagegen den Wert des beschädigten Gutes anlangt, so kann füglich ein anderer Wert nicht in Betracht kommen als der Verkaufswert, welchen das beschädigte Gut zur Zeit und am Orte der Ablieferung noch tatsächlich hat. Denn beschädigtes Gut besitzt keinen gemeinen Handelswert bzw. gemeinen Wert. Den tatsächlichen Wert des beschädigten Gutes rückbezüglich zur Zeit und am Orte des Versandes festzustellen, erscheint aber rechtlich und faktisch nicht möglich. Auch wird nur unter dieser Annahme dem Entschädigungsberechtigten ein Wertbetrag zuteil, der — zuzüglich des noch vorhandenen Wertes des beschädigten Gutes zur Zeit und am Orte der Ablieferung — ganz dasselbe Äquivalent darstellt, welches ihm im Falle des gänzlichen Verlustes des Gutes gemäß Art. 34 zu gewähren sein würde. Diese Berechnungsweise überträgt also genau den Wertmaßstab des Art. 34 auf die Fälle des Art. 37. Nur der Umstand, daß es während der Verhandlungen nicht gelang, die Schwierigkeiten zu überwinden, welche sich einer klaren, präzisen und befriedigenden Fassung der allseitig im Prinzip als richtig anerkannten Norm entgegenstellten, und daß man sich nicht darüber klar werden konnte, welche Werte zur Feststellung des Minderwertes des beschädigten Gutes voneinander in Abzug zu bringen seien, hat bedauerlicherweise dahin geführt, eine ganz allgemeine und ungenügende Fassung gewissermaßen als Notbehelf zu wählen.

In der I. Konferenz wurde, in Rücksicht auf die Aufnahme des Art. 21 (35), Art. 25 (37) in folgender Fassung von der Kommission vorgeschlagen und ohne Diskussion von der Konferenz angenommen:

„Im Falle der Beschädigung ist der Unterschied zwischen dem Verkaufswerte des in beschädigtem Zustande befindlichen Gutes und dem nach Artikel 34 zu berechnenden Werte, welchen das Gut ohne diese Beschädigung gehabt hätte, zu ersetzen.

Hat eine Wertdeklaration im Sinne des Art. 35 stattgefunden, so wird der zu vergütende Schaden verhaltnismäßig reduziert" (Prot. 43, 74).

In der II. Konferenz 2. Lesung beantragte die I. Kommission, dem Abs. 2 folgende Gestaltung zu geben:

„Im Falle der Anwendung des Art. 35 wird der zu vergütende Schaden verhältnismäßig reduziert."

Hierzu stellte der deutsche Delegierte die Frage, nach welchen Grundsätzen die Entschädigung ausgemessen werden solle im Fall des Art. 37, der Beschädigung des Gutes, nach dem Wert am Abgangs- oder am Bestimmungsort? Er denke, am Bestimmungsort, da eine Schätzung auf Grund des Wertes am Versandort zu allzu großen Schwierigkeiten führen müßte. Der belgische Delegierte beantragte, den Art. 37 folgendermaßen zu fassen:

„Im Fall der Beschädigung soll die Eisenbahn den vollen Schadensbetrag, den das Gut erlitten hat, bezahlen. Wenn eine Wertdeklaration nach Art. 35 stattgefunden hat, soll die Entschädigung verhältnismäßig reduziert werden."

Der deutsche Delegierte rügt, daß, wie der gegenwärtige Art. 37, auch das belgische Amendement die von im gestellte Frage offen lasse; auch er kann sich also mit demselben nicht befreunden. Man müßte ja, wenn es richtig ist, wie Belgien die Sache behandeln will, überhaupt mit der allgemeinen Vorschrift sich begnügen, daß die Eisenbahn im Falle von Beschädigung des Gutes den entstandenen Schaden zu ersetzen habe, und alles weitere der Behandlung im einzelnen Fall überlassen. Das gehe aber nicht. Redner schlägt vor, im Abs. 1 des Art. 37 nach „Gutes" einzuschalten „am Versandort".

In der Abstimmung wurde das Amendement Belgiens mit allen gegen die Stimme der deutschen Delegation angenommen. Damit fiel Art. 37, wie die I. Kommission denselben vorgeschlagen hat, und folglich auch der Vorschlag der deutschen Delegation (Prot. 116, 117). Art. 37 erhielt hierauf durch die Redaktionskommission die in den definitiven Text aufgenommene Fassung.

188) „Im Falle der Beschädigung hat die Eisenbahn den ganzen Betrag des Minderwertes des Gutes zu bezahlen."

In analoger Anwendung der Art. 34, 35 und 38 (s. Anm. 187 S. 399 ff.) ist wie für den Fall des Verlustes, so auch für den Fall der Beschädigung (s. Art. 30 Anm. 158 S. 337 ff.) von der Unterscheidung zwischen Interessedeklaration und Nichtdeklaration auszugehen, und danach gestaltet sich der Schadensersatz für Beschädigung des Gutes in dreifacher Art (vgl. Rundnagel, Zeitschr. f. d. ges. H.R., Bd. 55, S. 444 und Haftung d. Eisenbahn usw. S. 183 ff.).

1. Im Falle der Nichtdeklaration ist als regelmäßige Entschädigung — wie im ersten Satze des Art. 37 ausgesprochen — der ganze Betrag des Minderwertes zu bezahlen, d. h. der für den Verlustfall gemäß Art. 34 zu ersetzende Wert abzüglich des Verkaufswertes zur Zeit und am Orte der bestimmungsmäßigen Empfangnahme des Gutes (Z. XVI 231, E. XXV 10).

2. Bei Festsetzung eines Maximal- (usw. Normal-) Satzes nach Maßgabe des Art. 35 wird, wie der zweite Satz des Art. 37 bestimmt, der zu zahlende Schadensbetrag verhältnismäßig reduziert, d. h. der Betrag der regelmäßigen Entschädigung (ad 1) wird in demjenigen Verhältnisse herabgesetzt, in welchem bei Verlust der gemäß Art. 34 zu berechnende Wert zu dem nach Art. 35 festgesetzten Maximalsatz steht.

3. Bei einer Deklaration des Interesses an der Lieferung kann — wie zwar Art. 37 nicht ausdrücklich ausspricht, aber aus der Bezugnahme des Art. 37 im Art. 38 erhellt — außer der regelmäßigen Entschädigung (ad 1) jeder weitere erweisliche Schaden bis zur Höhe des in der Deklaration festgesetzten Betrages zugesprochen werden (E. XIX 357).

Der erste Satz des Art. 37 enthält hiernach das grundlegende Prinzip für die regelmäßige Entschädigung, welche in normaler Weise Platz greift, wenn nicht durch Spezialtarife unter den Voraussetzungen des Art. 35 eine Beschränkung, noch durch Interessedeklaration (Art. 38) eine Erhöhung des Ersatzes eintritt — und wenn endlich auch nicht Arglist oder grobes Verschulden vorliegt (Art. 41).

Die regelmäßige Entschädigung besteht in dem Ersatze des ganzen Betrages des Minderwertes des Gutes, d. h. — nach Analogie des Art. 34 — nur des wirklichen Schadens, nicht des entgangenen Gewinnes.

I. Voraussetzung für die Gewähr dieser regelmäßigen Entschädigung ist das Vorhandensein einer Ersatzpflicht der Eisenbahn.

II. Der Begriff der Beschädigung ist bereits an früherer Stelle (Art. 30 Anm. 158 S. 338) ausführlich erläutert worden. Nur für Beschädigung während des Transports kann aber auf Grund des Art. 37 Schadensersatz gefordert werden. Ist also nicht hierdurch, sondern durch Versäumung der Lieferzeit eine Beschädigung des Gutes entstanden, so ist der Ersatz nicht nach Maßgabe des Art. 37, sondern der Art. 39, 40 zu fordern. Beide Schadensansprüche stehen ganz selbständig nebeneinander, sie können daher jeder für sich und unabhängig voneinander verfolgt oder auch in betreff desselben Transportobjektes kumuliert werden (Anm. 178, S. 384, 385).

III. Der Eisenbahn steht im Falle der Beschädigung ein Recht auf Übernahme des beschädigten Gutes gegen Ersatz des ganzen Wertes nicht zu, sie ist vielmehr lediglich verpflichtet, dem Berechtigten unter Ausfolgung des beschädigten Gutes den Minderwert nach Maßgabe des Art. 37 zu ersetzen, und darf das beschädigte Gut, wenn der Empfänger die ihm vertragsmäßig obliegenden Pflichten erfüllt, nicht zurückhalten.

IV. Andererseits hat aber auch der Beschädigte nicht das Recht, das beschädigte Gut der Eisenbahn zu überlassen, zu abandonnieren, und den Ersatz des ganzen Wertes des Gutes zu verlangen. Der Destinatär muß vielmehr das beschädigte Gut abnehmen (sonst gerät er in Annahmeverzug; s. Art. 30 Anm. 159 S. 344). Das sogenannte Abandonsystem ist dem internationalen Übereinkommen fremd (Z. III 71, E. XVIII 161, 308). Aus der dem Empfänger durch Art. 44 Abs. 3 gewährten Berechtigung zur Annahmeverweigerung ist nicht etwa das Gegenteil zu folgern.

V. Die Leistung der Entschädigung ohne Vorbehalt seitens der Eisenbahn nimmt derselben nicht das Recht, gegen den Empfänger bzw. Absender Nachforderungen z. B. wegen irrtümlich zu niedrig berechneter Fracht oder auf Frachtzuschläge (Art. 7) wegen nachträglich entdeckter unrichtiger Angaben über den Inhalt der Sendung usw. zu erheben. Denn die vorbehaltlose Leistung der Entschädigung involviert nicht den Verzicht auf derartige Nachforderungen.

VI. Liegt eine auf die Art. 29—32 des internationalen Übereinkommens gegründete Schadensersatzpflicht der Eisenbahn für Beschädigung des Gutes vor, so „hat die Eisenbahn den ganzen Betrag des Minderwertes des Gutes zu bezahlen". Aus den oben S. 399f. mitgeteilten Verhandlungen über den Art. 37 geht die Absicht der Gesetzgeber unverkennbar hervor, daß für den Fall der Beschädigung die für den Verlustfall angenommenen Grundsätze der Art. 34, 35 und 38 in analoger Weise zur Anwendung kommen sollen. Ohne Deklaration beschränkt sich daher auch hier die Entschädigung auf den Ersatz des wirklichen Schadens, d. h. die wirkliche Wertverminderung ohne Berücksichtigung des entgangenen Gewinnes, und ist der Berechnung der Wertverminderung der gemeine Handelswert bzw. gemeine Wert nach Maßgabe des Art. 34 zugrunde zu legen, und zwar im Falle des § 35 mit der dort normierten Beschränkung. Mit Deklaration greift dagegen die Erhöhung gemäß Art. 38 Platz. Der regelmäßige (normale) Ersatz für Beschädigung besteht danach: in dem für den Verlustfall gemäß Artikel 34 zu ersetzenden Wertbetrage, d. h. dem gemeinen Handelswerte bzw. gemeinen Wert des Gutes am Versandorte nebst den bereits bezahlten Beträgen an Zöllen, sonstigen Kosten und Fracht abzüglich desjenigen Verkaufswertes, welchen das Gut am Bestimmungsorte noch tatsächlich hat. Der Unterschied zwischen diesen beiden Werten bildet die wirkliche Wertverminderung, den ganzen Betrag des Minderwertes, und somit den zu ersetzenden Schadensbetrag. Dieser Schadensbetrag und der tatsächlich noch vorhandene Verkaufswert des Gutes ergeben zusammen den vollen, nach dem Prinzip des Art. 34 normierten Wert des Gutes (Z. XVI 231, E. XXV 10).

Denn beschädigtes Gut hat in der Regel keinen gemeinen Handelswert. Der Wert eines beschädigten Gutes läßt sich vielmehr nur nach seinem Verkaufswerte bestimmen. Wie der Verkaufswert des Gutes in beschädigtem Zustande ermittelt werden soll, richtet sich nach den Normen des Ortes, wo die Ermittelung zu erfolgen hat.

Sind beide Werte — der gemeine Handelswert bzw. gemeine Wert des Gutes in unbeschädigtem Zustande und der Verkaufswert des beschädigten Gutes — ermittelt, so ergibt die Differenz zwischen beiden den von der Eisenbahn zu ersetzenden Schadensbetrag. Art. 37 verweist somit bezüglich der Wertberechnung des beschädigten Gutes nicht ohne weiteres auf den im Verlustfalle zugrunde zu legenden gemeinen Handelswert bzw. gemeinen Wert, sondern bestimmt nur allgemein, daß im Falle der Beschädigung der ganze (sc. effektive) Betrag des Minderwertes des Gutes zu bezahlen ist. Wenn auch freilich mit dieser zu allgemein gewählten Fassung die Absicht des Gesetzes nicht klar genug ausgedrückt ist, so kann es doch nach der in den Beratungen über Art. 37 zutage getretenen Tendenz und den für den Fall des gänzlichen oder teilweisen Verlustes angenommenen Grundsätzen keinem Zweifel unterliegen, daß unter dem „ganzen Betrag des Minderwerts" der Wertunterschied zwischen dem nach Art. 34 zu berechnenden Werte des unbeschädigten Gutes am Orte und zur Zeit des Versandes und dem Verkaufswerte des beschädigten Gutes am Orte und zur Zeit des Empfanges verstanden werden muß (Z. VI 275, E. XIX 357, Z. XVI 231, E. XXV 10). Nur diese Berechnungsweise gewährt dem Berechtigten im Beschädigungsfalle einen den für den Verlustfall angenommenen Normen vollständig entsprechenden Ersatz. Es liegt aber kein Grund zu der Annahme vor, daß für den Beschädigungsfall der Gesetzgeber einen anderen — höheren oder niedrigeren — Wertmaßstab habe wählen wollen, als für den Verlustfall (übereinstimmend: Rosenthal 221; Schwab 278 ff.; v. Kautsch, E. XIII 69 ff.; Hertzer 145; Strauß, Jur. Bl. 1899 Nr. 9, C.A. Z. II 63). Alle anderen Annahmen führen zu komplizierten, mit der ratio legis nicht wohl vereinbaren und zumeist auch gar nicht durchführbaren Berechnungen, so z. B. de Seigneux 51, welcher, je nachdem der Absender oder Empfänger die Klage erhebt, den Wert am Versand- oder Empfangsort entscheiden lassen will, ferner Gerstner 371; Suppl. 110; Gasca 265; Hilscher 210, welche stets den Wert am Ort und zur Zeit der Ablieferung zugrunde legen (s. auch Z. III 257 und X 377), Rundnagel 186 ff., welcher das Verhältnis des Empfangswertes des Gutes im beschädigten Zustande zu dem im unbeschädigten berechnet und hierbei Versand- und Empfangswert gleichstellt), und Muschweck (V.Z. 1895, Nr. 72, 88, 89 und E. XII 270), welcher als Minderwert den am Ablieferungsort festgestellten Schaden nach Verhältnis der bei vollständigem Verluste des Gutes zu zahlenden Entschädigung zum Handelswerte des unbeschädigten Gutes am Ablieferungsorte berechnet. (Ähnlich auch die Denkschrift des Entwurfs eines D. H.G.B.) Wenn eingewendet wird, daß die bezeichnete Berechnungsweise zu unrichtigen Ergebnissen und sogar unter Umständen bei einer großen Verschiedenheit der Preise am Absendungs- und Bestimmungsorte zu einer gänzlichen Befreiung des Frachtführers von der Ersatzpflicht führen könne, so ist dem entgegenzuhalten, daß diese Konsequenzen in dem trotz vielfachen Widerspruchs adoptierten System der Schadensbemessung nach dem Werte am Ort und zur Zeit der Absendung (statt der Ablieferung) liegen, nicht aber in der diesem System entsprechenden Berechnungsweise. Auch im Verlustfalle kann, wenn z. B. das Gut am Ort und zur Zeit der Absendung ohne oder von sehr geringem Wert war, aber während des Transports durch inzwischen eingetretene Konjunkturen einen erheblichen Wert erlangt hat, die Eisenbahn nach diesem System von jeder Ersatzpflicht gänzlich oder fast vollständig befreit werden.

189) **„Im Falle die Beförderung nach einem Spezialtarife im Sinne des Artikels 35 stattgefunden hat, wird der zu bezahlende Schadensbetrag verhältnismäßig reduziert."**

Während der erste Satz des Art. 37 die regelmäßige (normale) Entschädigung im Falle der Beschädigung normiert, trifft der zweite Satz über die Beschränkung des normalen Wertersatzes Bestimmung.

A.

Ganz analog also den für den Verlustfall angenommenen Grundsätzen tritt auch im Beschädigungsfall eine entsprechende Beschränkung der Normalentschädigung ein, „wenn die Beförderung nach einem Spezialtarife im Sinne des Art. 35 stattgefunden hat". Ist dies der Eall, d. h. sind auf einen Transport Spezialtarife mit gegenüber den gewöhnlichen Tarifen ermäßigten Preisen und einem im Beschädigungsfalle festgesetzten Maximal- (Normal-) Satze zur Anwendung gelangt (s. Art. 35 Anm. 181), so wird folgerichtig auch der zu ersetzende Schadensbetrag gegenüber dem bei gewöhnlichem Transport (Art. 34) zu zahlenden Schadensbetrag verhältnismäßig herabgemindert. Und zwar berechnet sich alsdann die Entschädigung derartig, daß der gemeine Handelswert bzw. der gemeine Wert des unbeschädigten Gutes (Art. 34) sich zum Maximalsatz des Spezialtarifs (Art. 35) verhält wie der nach Art. 37 Satz 1 zu berechnende Wert des beschädigten Gutes zu dem zu leistenden Schadensersatzbetrag.

B.

Hat dagegen eine Deklaration des Interesses an der Lieferung (Art. 38) stattgefunden, so tritt im Vergleiche zu der normalen Entschädigung (Art. 37 Satz 1) eine Erhöhung des zu zahlenden Schadensbetrages ein. Bei der Berechnung desselben ist die im folgenden (Anm. 191) noch näher zu erörternde Eigenartigkeit der Deklaration des Interesses an der Lieferung in Betracht zu ziehen, wonach dieselbe nur den „weiteren Schadensersatz", nicht den gesamten Schadensersatz — normalen und weiteren Schaden zusammengenommen — umfaßt, also eine Deklaration nur des Mehrwertes, nicht des Gesamtwertes ist, d. h. nur den die normale Entschädigung übersteigenden Mehrbetrag begreift. Hiernach besteht also im Falle der Beschädigung der Schadensersatz in der gemäß Art. 37 Abs. 1 zu berechnenden Normalentschädigung (s. Anm. 188) und in dem Betrage des weiteren Schadens, welchen der Berechtigte nachweislich bis zur Grenze der deklarierten Wertsumme durch die Beschädigung erleidet. Es darf aber aus der Bestimmung des Art. 37 Satz 2, welche im Falle der Anwendung von Normalsätzen (Art. 35) eine verhältnismäßige Reduktion der normalen Entschädigung vorschreibt, nicht der Schluß gezogen werden, daß auch analog im Falle der Deklaration des Interesses an der Lieferung nur eine verhältnismäßige Erhöhung (pro rata) des Ersatzes für den weiteren Schaden einzutreten habe. Für eine derartige Folgerung gewähren — wie bei Art. 38 (Anm. 191 S. 409) noch des näheren erörtert ist — weder die Materialien noch der Wortlaut der Art. 37 und 38 einen genügenden Anhalt. Es ist vielmehr außer der normalen Entschädigung (Art. 37 Satz 1) der volle weitere Schaden bis zur Höhe der deklarierten Wertsumme zu ersetzen, soweit der Beschädigte den Nachweis dafür zu erbringen vermag.

Artikel 38.[190])

(1) Hat eine Deklaration des Interesses an der Lieferung stattgefunden, so kann dem Berechtigten im Falle des Verlustes, der Minderung oder der Beschädigung, außer der durch den Artikel 34 und beziehungsweise durch den Artikel 37 festgesetzten Entschädigung, noch ein weiterer Schadensersatz bis zur Höhe des in der Deklaration festgesetzten Betrages zugesprochen werden.[191]) Das Vorhandensein und die Höhe dieses weiteren Schadens hat der Berechtigte zu erweisen.[192])

(2) Die Ausführungsbestimmungen setzen den Höchstbetrag des Frachtzuschlages fest, welcher im Falle einer Deklaration des Interesses an der Lieferung zu zahlen ist.[193])

Zusatz I.

Ausführungsbestimmungen zum internationalen Übereinkommen über den Eisenbahn-Frachtverkehr.

§ 9.

(Zu Art. 38 des Übereinkommens.)

(1) Die Summe, zu welcher das Interesse an der Lieferung deklariert wird, muß im Frachtbrief an der dafür vorgesehenen Stelle mit Buchstaben eingetragen werden.

(2) In diesem Falle wird der Frachtzuschlag mit 0,25 Cts. für unteilbare Einheiten von je 10 Franken und 10 Kilometern berechnet. Der sich ergebende Betrag kann auf volle 5 Cts. aufgerundet werden.

(3) Der geringste zur Erhebung kommende Frachtzuschlag beträgt für den ganzen Durchlauf 50 Cts.

Zusatz II.

Betriebsreglement des Vereins Deutscher Eisenbahnverwaltungen.

§ 76.

Interessedeklaration.

(Text übereinstimmend mit vorstehendem Art. 38) und:

Zusatzbestimmungen.

1. In welcher Währung die Deklaration des Interesses an der Lieferung zugelassen wird, bestimmen die Tarife.

2. Der Frachtzuschlag wird stets auf 5 Centimes aufgerundet und wie die übrigen Gebühren behandelt, sonach bei Frankosendungen vom Absender, bei unfrankierten Sendungen vom Empfänger eingehoben (s. V.Z. Ziff. 4 zu § 50).

Vgl. Übereinkommen zum Betriebsreglement des Vereins Deutscher Eisenbahnverwaltungen: Art. 19: Haftung für Verlust, Minderung, Beschädigung und Lieferfristversäumung.

190) Prinzip und Entstehungsgeschichte des Art. 38.

In betreff des Prinzips und der Entstehungsgeschichte des Art. 38 wird im allgemeinen auf die in der Anm. 177 zum Art. 34 (S. 381 ff.) im Zusammenhange mitgeteilte Entstehungsgeschichte und Darstellung der Grundsätze der Art. 34, 35 und 38 Bezug genommen und im besonderen noch auf die im folgenden zu den einzelnen Normen des Art. 38 gegebenen Erläuterungen verwiesen.

191) **„Hat eine Deklaration des Interesses an der Lieferung stattgefunden, so kann dem Berechtigten im Falle des Verlustes, der Minderung oder der Beschädigung, außer der durch den Artikel 34 und beziehungsweise durch den Artikel 37 festgesetzten Entschädigung noch ein weiterer Schadensersatz bis zur Höhe des in der Deklaration festgesetzten Betrages zugesprochen werden."**

A. Was in erster Reihe Begriff und Wesen der Deklaration des Interesses an der Lieferung anlangt, so ist davon auszugehen, daß, während die Normen der Art. 34 und 35 im wesentlichen Konzessionen an das deutsche Recht enthalten, Art. 38 dem französischen Rechte Rechnung trägt. Ist im Art. 34 als Grundprinzip die deutschrechtliche Entschädigungsbemessung nach dem gemeinen Handelswert bzw. gemeinen Wert angenommen worden, so hat man hinwiederum dem französischen Prinzip im Art. 38 insofern entsprochen, als bestimmt ist, daß bei Deklaration des Interesses an der Lieferung und Zahlung eines Frachtzuschlags der Berechtigte außer der normalen Entschädigung nach dem gemeinen Handelswert noch den weiteren, nachweislich erwachsenen Schaden bis zur Höhe des deklarierten Betrages verlangen darf. Es ist also im Falle der Nichtdeklaration das deutsche Prinzip (Art. 34), im Falle der Deklaration das französische Prinzip (Art. 38) adoptiert worden.

Damit hat aber das deutsche System der Deklaration des Wertes und des Verzugsinteresses (Art. 427 D. H.G.B.) eine vollständige Umwandlung erfahren (Senckpiehl, Die Interessedeklaration, Sp.-u. Sch.-Ztg. XV, Nr. 10).

B. Die Voraussetzungen für diesen weiteren Schadensersatzanspruch sind folgende:

1. Erste Voraussetzung ist, daß „eine Deklaration des Interesses an der Lieferung stattgefunden hat".

a) Die Deklaration des Interesses an der Lieferung muß zugelassen werden. Es ist nicht etwa in das Belieben eines Staates oder einer Bahn gestellt, ob die Deklaration zugelassen werden soll; auch ist dies nicht Gegenstand einer Vereinbarung oder reglementarischer bzw. tarifarischer Bestimmung wie in den Fällen des Art. 35, welcher den Eisenbahnen die Einführung eines Maximalbetrages nur „gestattet" (s. Anm. 181). Vielmehr sind die Eisenbahnen bzw. Staaten zur Zulassung der Deklaration ex lege verpflichtet. Es ist also nicht erlaubt, die Zulassung der Deklaration zu verbieten, zu erschweren oder von anderen Voraussetzungen als den im Übereinkommen selbst oder in den Ausführungsbestimmungen enthaltenen abhängig zu machen. Jede derartige Maßnahme bzw. Bestimmung würde nichtig sein (Art. 4) und zum Schadensersatz verpflichten. Die Deklaration darf auch nicht etwa dadurch verhindert oder illusorisch gemacht werden, daß die Festsetzung des Frachtzuschlages in den Tarifen (Art. 38 Abs. 2 und § 9 Ausführ.-Best) unterlassen wird. Ist ein Frachtzuschlag bahnseitig nicht festgesetzt, so ist vielmehr die Annahme gerechtfertigt, daß die Deklaration ohne Zahlung eines Frachtzuschlages erfolgen darf. Die Deklaration darf weder in betreff ihrer Zeitdauer Einschränkungen unterworfen werden noch in betreff der Transportgegenstände, der Tarife und der Eisenbahnstrecken. Dagegen findet die Deklaration auf Verluste und Beschädigungen während der der Annahme zur Beförderung vorangehenden vorläufigen Verwahrung (Art. 5 Abs. 2) ebensowenig Anwendung, wie auf solche nach erfolgter Ablieferung. Nur in den Fällen des Art. 35 ist die Deklaration — wie in den Verhandlungen ausdrücklich konstatiert wurde — ausgeschlossen (s. Anm. 182). Ist sie demungeachtet in den Frachtbrief aufgenommen, so gilt sie als nicht bestehend (Rosenthal 232).

b) Die Form der Deklaration ist zwar im Art. 38 nicht bebestimmt. Es ergibt sich aber aus Art. 6 lit. f wie auch aus § 9 Abs. 1 der Ausführungsbestimmungen, daß die Angabe des deklarierten Interesses an der Lieferung (Art. 38 und 40) im Frachtbriefe geschehen und ferner aus § 9 Abs. 1 l. c. des weiteren, daß der deklarierte Betrag im Frachtbrief an der dafür vorgesehenen Stelle und mit Buchstaben eingetragen werden muß. Da im Übereinkommen selbst (Art. 6 lit. f) und in den diesem rechtlich gleichstehenden Ausführungsbestimmungen (§ 9 Abs. 1), also durch Gesetz eine bestimmte Form der Deklaration ausdrücklich und obligatorisch vorgeschrieben ist, so ist die Folgerung begründet, daß eine Verletzung dieser Form die Ungültigkeit der Deklaration nach sich zieht (Schwab 285; Goldschmidt, Zeitschr. f. d. ges. H.R. Bd. 26 S. 612, Bd. 28 S. 453; Staub 1572; Hertzer 146; Makower 1522; Düringer-Hachenburg 675; Schott 505; Endemann 583; v. Hahn 749, 750; Ruckdeschel 235; Steinbach bei Grünhut X, 218. — A. M. Rosenthal 230; Rundnagel 211. Daher kann auch die zum Zwecke der Verzollung eingetragene Wertangabe die Deklaration gemäß Art. 38 nicht ersetzen (Eger, Frachtrecht III, 443 ff. — A. M. Z. VI, 661). Zur Zurückweisung des Transports wegen der ungültigen Form der Deklaration ist die Eisenbahn nicht berechtigt (Staub 1572; Düringer-Hachenburg 675; Hertzer 84 — A. M. Rosenthal 230; Rundnagel 211).

2. Zweite Voraussetzung ist, daß ein Fall des Verlustes, der Minderung oder der Beschädigung vorliegt, für welchen die Eisenbahn nach Maßgabe der Art. 29 ff. haftpflichtig ist. Der Begriff des Verlustes ist oben Art. 30 Anm. 158 eingehend erörtert; desgleichen der Begriff der Minderung bzw. des teilweisen Verlustes und der Beschädigung. Der Ersatzberechtigte hat den Verlust, die Minderung oder Beschädigung behufs Substantiierung seines Anspruches aus Art. 38 zu erweisen.

C. Liegen diese beiden vorerörterten Voraussetzungen vor, so bestimmt Art. 38 Abs. 1 als Rechtsfolge, daß „außer der durch den Artikel 34 und bzw. durch den Artikel 37 festgesetzten Entschädigung noch ein weiterer Schadensersatz bis zur Höhe des in der Deklaration festgesetzten Betrages zugesprochen werden kann".

Diese Worte lassen nach Fassung und Sinn klar erkennen, daß die Deklaration nur den „weiteren Schadensersatz", nicht den gesamten Schadensersatz — d. h. normalen und darüber hinausgehenden Schaden zusammen — umfaßt. Die Deklaration des Art. 38 des internationalen Übereinkommens ist eine Deklaration nur des Mehrwertes (Schwab 284), nicht des Gesamtwertes, sie begreift nur den die normale Entschädigung (Art. 34 und Art. 37 Satz 1) übersteigenden Mehrbetrag des Schadens (Z. I, 118, II, 55, E. X, 57, 356, XIX, 357). Die nach Maßgabe des Art. 35 beschränkte Entschädigung gehört nicht hierher, weil eine Deklaration des Interesses an der Lieferung — wie in den Verhandlungen zu Art. 35 ausdrücklich konstatiert wurde (s. Anm. 182) — im Falle des Art. 35 ausgeschlossen ist. Worin dieser weitere Schaden besteht, ob ein damnum emergens oder lucrum cessans, entgangener Geschäftsgewinn, Verlust an Kundschaft, verfallene Konventionalstrafe, ist gänzlich indifferent (richtig Rosenthal 231, unzutreffend Gasca III, 269). Es fällt jeder — erweisliche (Anm. 192) — Schaden hierunter.

Auch bei Minderung und Beschädigung des Gutes ist hiernach ebenso wie bei Verlust der volle nachweisliche Schaden bis zur Höhe des deklarierten Betrages zu ersetzen.

192) „Das Vorhandensein und die Höhe dieses weiteren Schadens hat der Berechtigte zu erweisen."

Satz 2 des Art. 38 bestimmt, daß der Berechtigte, welcher den im Satz 1 bezeichneten weiteren Schadensersatz (Anm. 191) beansprucht, verpflichtet ist, diesen weiteren Schaden zu erweisen, und zwar sowohl das Vorhandensein wie auch die Höhe desselben. Diese Bestimmung gehört zu den einheitlichen internationalen prozessualischen Vorschriften, welche sich mehrfach im Übereinkommen vorfinden (s. Anm. 183). Eine anderweite Regelung durch Landesgesetze und Reglements ist unzulässig und nichtig (Art. 4, Art. 55).

Dem „Berechtigten", d. h. dem Schadensersatzberechtigten und — mangels freiwilliger Leistung der Eisenbahn — dem zur gerichtlichen Geltendmachung der Vertragsforderungen gemäß Art. 36 aktiv Legitimierten (Anm. 144) liegt hiernach die Beweislast dafür ob, daß ein weiterer Schaden überhaupt sowie in welcher Höhe derselbe entstanden ist. Denn die Deklaration enthält nur die Maximalgrenze, innerhalb deren der weitere Schaden zu erweisen ist, und fixiert keineswegs etwa im voraus unabänderlich das Quantum des zu leistenden Ersatzes. — Der Ersatzberechtigte hat keinen unbedingten Anspruch auf den deklarierten Betrag, er kann nicht ohne weiteres die deklarierte Summe fordern, sondern es liegt ihm ob, seinen weiteren Schaden bis zur Grenze der deklarierten Wertsumme nach Existenz und Höhe darzutun. Übersteigt aber der nachgewiesene Schaden den deklarierten Betrag, so kann nur der letztere beansprucht werden. Denn nicht jeder weiter nachgewiesene Schaden ist im Falle der Deklaration zu ersetzen, sondern nur der bis zur Höhe des deklarierten Betrages nachgewiesene.

Ein „weiterer" Schaden kann aber nach Sinn und Wortlaut nur vorliegen, wenn der normale Schadensbetrag feststeht und erwiesen ist. Denn der weitere Schaden besteht nach Satz 1 eben in dem über die durch Art. 34 bzw. Art. 37 festgesetzte (normale) Entschädigung hinausgehenden Schaden. Es darf „außer" dieser normalen Entschädigung noch ein weiterer Schadensersatz beansprucht werden. Daraus folgt daß der Berechtigte 1. nicht allein diesen weiteren Schaden, sondern 2. der Natur der Sache nach auch den normalen Schaden gemäß Art. 34 bzw. Art. 37 zu erweisen hat, und endlich 3. dartun muß, daß beide Schäden mit dem Verlust, der Minderung oder Beschädigung in ursächlichem Zusammenhange stehen.

193) „Die Ausführungsbestimmungen setzen den Höchstbetrag des Frachtzuschlages fest, welcher im Falle einer Deklaration des Interesses an der Lieferung zu zahlen ist."

Abs. 2 des Art. 38 trifft Bestimmung über die Pflicht zur Zahlung eines Frachtzuschlages im Falle der Deklaration des Interesses an der Lieferung und verweist zugleich auf die Ausführungsbestimmungen, welche den Höchstbetrag dieses Frachtzuschlages festzusetzen haben.

1. Der Absender ist verpflichtet, im Falle einer Deklaration des Interesses an der Lieferung einen Frachtzuschlag zu zahlen, bzw. die Eisenbahn ist berechtigt, einen solchen zu fordern. Der Frachtzuschlag hat die Natur einer Versicherungsprämie (Rosenthal 232). Die Annahme, der Frachtzuschlag sei nur eine Vergütung für die be-

sonderen Sicherungsmaßregeln, welche die Bahnen auf höher deklarierte Güter anwenden, würde unzutreffend sein.

Die Zahlung des Frachtzuschlages ist aber nicht ausschließlich Pflicht des Absenders (Rosenthal 232; Schwab 286; Rundnagel 210; C.A. Z. I, 118, E. X, 170). Insoweit nicht Frankierung vorliegt, vielmehr die Anweisung der Frachtgelder auf den Empfänger (Art. 12 Abs. 1) stattgefunden hat, ist vielmehr dieser, wenn er in den Frachtvertrag eingetreten ist (Art. 16, 17), auch zur Zahlung des Frachtzuschlags für die Deklaration verpflichtet. Der Frachtzuschlag steht jeder anderen Gebühr gleich, haftet wie diese auf dem Gute, und es kann bezüglich der Frachtzuschlagsforderung bahnseitig das Pfandrecht (Art. 21, 22) geltend gemacht werden.

Im übrigen ist es der Vereinbarung der beteiligten Eisenbahnen überlassen, welche Anteile an den Frachtzuschlägen für die Deklaration des Interesses an der Lieferung ihnen zustehen. Mangels einer bezüglichen Vereinbarung tritt Teilung pro rata der Frachtanteile ein, zu welchen die Prämie in Form eines Zuschlags hinzutritt.

Der durch die Ausführungsbestimmungen (§ 9) festzusetzende Höchstbetrag ist abweichend von früher derartig bestimmt, daß der Frachtzuschlag mit 0,25 Cts. für unteilbare Einheiten von je 10 Franken und 10 Kilometern berechnet wird und der sich ergebende Betrag auf volle 5 Cts. aufgerundet werden kann. Es wurde darauf aufmerksam gemacht, daß die Berechnung des Betrages des Frachtzuschlages bei Deklaration des Interesses der Lieferung auf Grund der bisherigen Fassung des § 9 Abs. 2 in den Tariftabellen in den meisten Fällen einen etwas höheren Betrag ergibt, als derjenige ist, der nach den fraglichen Bestimmungen als Höchstbetrag angenommen werden müßte. Dieser Widerspruch fällt fort, wenn der in Abs. 2 für unteilbare Einheiten von je 10 Franken und 10 Kilometern bestimmte Zuschlag von 0,25 Cts. nur als Rechnungsbasis und nicht als unüberschreitbarer Maximalbetrag bezeichnet wird. In diesem Sinne wurde Abs. 2 des § 9 in der II. Revisionskonferenz abgeändert (Prot. v. Z. XIV, S. 140, 141). Über die Verjährung des Frachtzuschlags s. Art. 7 Abs. 6 Anm. 55b.

Der geringste nach § 9 Abs. 3 der Ausführungsbestimmungen zu berechnende Betrag von 50 Cts. ist unverändert geblieben. Um aber außer Zweifel zu stellen, daß dieser Mindestbetrag bei gebrochener Kartierung nicht etwa für jede Kartierungsstrecke besonders erhoben werden dürfe, sind dem § 9 Abs. 3 die Worte: „für den ganzen Durchlauf“ hinzugefügt.

Der Betrag ist als Höchstbetrag bezeichnet, d. h. jede Bahn ist an die im § 9 l. c vorgeschriebene Maximalgrenze gebunden, sie darf über dieselbe nicht hinausgehen, mithin nicht höhere Beträge für den Frachtzuschlag festsetzen und publizieren, als die Normen des § 9 Abs. 2 und 3 vorschreiben — selbst nicht, wenn als Äquivalent für die darin liegende Belastung der Mitkontrahenten andere günstige Bedingungen tarifmäßig gewährt werden. Wohl aber ist es, da nur der Höchstbetrag sc. Maximalsatz festgesetzt ist, in das Belieben der einzelnen Staaten bzw. Bahnen — ebenso wie im Falle der Maximallieferfristen

(Art. 14 Übereinkommen, § 6 Ausführ.-Best.) — gestellt, diesen Betrag geringer zu normieren.

Es ergibt sich aus Art. 11 Abs. 1 und 2 des Übereinkommens, daß der Frachtzuschlag für die Deklaration — als integrierender Bestandteil der Tarife —, wie diese zu Recht bestehen und gehörig veröffentlicht sein muß. Er bedarf also der behördlichen Feststellung und Genehmigung — soweit diese landesrechtlich vorgeschrieben ist —, und muß aus den Tarifen ersichtlich sein. Gegen die Höhe der tarifarischen Gebühr darf der Einwand, daß die Versicherungsgebühr von Privatversicherungsgesellschaften geringer sei, nicht erhoben werden (Z. V 603).

Artikel 39.[194])

Die Eisenbahn haftet für den Schaden, welcher durch Versäumung der Lieferfrist (Artikel 14) entstanden ist,[195]) sofern sie nicht beweist, daß die Verspätung von einem Ereignisse herrührt, welches sie weder herbeigeführt hat, noch abzuwenden vermochte.[196])

Zusatz I.

Betriebsreglement des Vereins Deutscher Eisenbahnverwaltungen.

§ 77.

Haftung für Versäumung der Lieferfrist.

(Text übereinstimmend mit vorstehendem Art. 39) und:

Zusätzliche Bestimmung:

Die Lieferfristen betreffen stets den ganzen Durchlauf; es sind daher Reklamationen, welche die Lieferfrist auf Teilstrecken betreffen, unzulässig, wenn nicht die Gesamtfrist überschritten worden ist.

Vgl. Übereinkommen zum Betriebsreglement des Vereins Deutscher Eisenbahnverwaltungen: Art. 19: Haftung für Verlust, Minderung, Beschädigung und Lieferfristversäumung.

194) Prinzip und Entstehungsgeschichte des Art. 39.

Die Art. 39 und 40 normieren die Haftpflicht der Eisenbahnen für den Schaden durch Versäumung der Lieferfrist (Art. 14), und zwar trifft Artikel 39 über die Voraussetzungen (den Grad) dieser Haftpflicht, Artikel 40 über den Umfang (die Höhe) des Schadensersatzes und den Schadensnachweis Bestimmung (Meitner, Allg. Tar.-Anz. XXI Nr. 19–20).

Während in mehreren Landesrechten, insbesondere auch in den französisch-rechtlichen Gebieten, die Haftpflicht für Verspätung gleich derjenigen für Verlust und Beschädigung den strengen Grundsätzen des receptum unterworfen ist, haben andere Landesrechte, insbesondere das D. H.G.B. (Art. 397), die mildere Haftpflicht der locatio conductio operis adoptiert und nach Maßgabe der Grundsätze derselben den Ausschluß der Haftung der Eisenbahn lediglich von dem Nachweise abhängig gemacht, daß die Verspätung durch die Anwendung der Sorgfalt eines ordentlichen Frachtführers nicht habe abgewendet werden können. In den Beratungen hierüber hat man sich jedoch im Prinzip für die mildere, deutsch-rechtliche Auffassung entschieden (Art. 39). Doch wählte man mit Rücksicht darauf, daß von mehreren Seiten der Begriff der „Sorgfalt eines ordentlichen Frachtführers" (Art. 397 D. H.G.B.) für nicht deutlich genug erachtet und eine Klarstellung dieses Begriffes verlangt wurde, statt der Fassung: „sofern sie nicht beweist, daß sie die Verspätung durch Anwendung der Sorgfalt eines ordentlichen Frachtführers nicht habe anwenden können" die Fassung: „sofern sie nicht beweist, daß die Verspätung nicht von einem Ereignis herrührt, welches sie weder herbeigeführt hat noch abzuwenden vermochte".

Zwar wurde hierbei in den Verhandlungen ausdrücklich konstatiert, daß mit dieser redaktionellen Änderung eine Änderung in dem Sinne des bisherigen Prinzips nicht beabsichtigt sei. Aber es läßt sich doch nicht verkennen, daß durch die gewählte Fassung des Art. 39 die Haftpflicht der Eisenbahn strenger gestaltet ist, als nach dem zugrunde liegenden Art. 397 D. H.G.B. Will man den Wortlaut nicht ganz außer Betracht lassen, so steht die Haftpflicht gemäß Art. 39 für Verspätung der Haftpflicht ex recepto für Verlust und Beschädigung (Art. 30) erheblich näher, als die aus der bloßen Sorgfalt eines ordentlichen Frachtführers sich ergebende. Denn der Beweis, daß die Verspätung von einem Ereignis herrührt, welches die Eisenbahn weder herbeigeführt hat noch abzuwenden vermochte, umfaßt unverkennbar mehr als den bloßen Nachweis, daß sie die Verspätung durch die Sorgfalt eines ordentlichen Frachtführers nicht habe abwenden können. Die Eisenbahn hat einerseits den Negativbeweis zu führen, daß das die Verspätung verursachende Ereignis nicht von ihr herbeigeführt ist, und anderseits den positiven Beweis, daß sie dieses Ereignis überhaupt nicht abzuwenden vermochte, d. h. — mangels jeder Einschränkung — nicht bloß mit der gewöhnlichen Sorgfalt eines ordentlichen Frachtführers, sondern mit allen nach vernünftiger Verkehrsanschauung überhaupt möglichen Mitteln. Erwägt man einerseits die vom Gesetzgeber ausgesprochene Absicht und anderseits den darüber hinausgehenden strengeren Wortlaut, so wird der Schluß nicht unberechtigt erscheinen, daß der Gesetzgeber eine Haftpflicht für Verspätung kreieren wollte, welche die Mitte hält zwischen der milderen (Sorgfalt eines ordentlichen Frachtführers) und der strengeren (nach den Regeln des receptum), (so auch Makower 1529; Staub 1576. — A. M. Rosenthal 237; Schwab 249; Asser 334; Rundnagel 171; Lehmann-Ring 395; Düringer-Hachenburg 683, welche im Art. 39 im wesentlichen die Begriffsbestimmung der höheren Gewalt sehen. – Abweichend Pappenheim 73; Cosack 454; Gasca 272).

Diese Auffassung wird auch durch die Entstehungsgeschichte des Art. 39 unterstützt.

Der Deutsche Entwurf (Art. 26) hat für den Fall der Verspätung die besondere, fast wörtlich aus Art 397 des D. H.G.B. entnommene Vorschrift in Vorschlag gebracht, daß die Eisenbahn für den Schaden haftet, welcher durch Versäumung der Lieferfrist (Art. 9) entstanden ist, sofern sie nicht beweist, daß sie die Verspätung durch Anwendung der Sorgfalt eines ordentlichen Frachtführers nicht habe abwenden können, und lediglich unter Hinweis darauf motiviert, daß es mit Rücksicht auf die Schwierigkeiten des Bahnbetriebes billig erscheine, daß die strenge Haftpflicht des Art. 18 (30) nur mit den im Art. 26 des Deutschen Entwurfs angedeuteten Modifikationen auf die Fälle der Verspätung ausgedehnt werde.

In der I. Konferenz wurde der Deutsche Entwurf zu Art. 26 angenommen.

In der II. Konferenz (1. Lesung) wiederholte aber der französische Delegierte den bereits in der I. Konferenz ausgesprochenen Wunsch, daß man die Verantwortlichkeit der Bahnen ausdrücklich nur da ausschließe, wo höhere Gewalt die Erfüllung der übernommenen Verpflichtung verhindert habe. Er verstehe nicht recht, was man mit „Sorgfalt eines ordentlichen Frachtführers" sagen wolle. Der ungarische Delegierte entgegnete, daß unter „voiturier diligent" zu verstehen sei, der Frachtführer habe jenen Grad von Fähigkeit, Vorsicht und Gewissenhaftigkeit zu leisten, welchen die Verkehrsbestimmungen behufs exakter Durchführung des Vertrages von der Eisenbahn verlangen lassen. Die Eisenbahn auch bezüglich der Lieferungsfrist bis an die Grenze den vis major haftbar zu machen, hieße so viel als unbedingte Haftpflicht auferlegen, gleichwie bei Verlust und Beschädigung. Für die Verspätung ist eine wesentlich mildere Auffassung gewollt, welche den Eisenbahnen die Einrede gestattet, daß, obwohl sie durch keine vis major eigentlich gehindert waren, nach Maßgabe der vorhandenen oder überhaupt verfügbaren Transportmittel und Funktionäre die Verspätung unabwendbar war. Auch sei ja bei Verspätung die Höhe des Schadensersatzes von der gewöhnlichen Haftpflicht prinzipiell verschieden. Die französische Delegation erwiderte hierauf, daß sie nach dieser Erklärung um so mehr auf einer Änderung des Artikels beharren und Klarstellung desselben verlangen müsse. Der Artikel wurde sodann an die Kommission I gewiesen (Prot. 53, 54).

In der zweiten Lesung beantragte hierauf die I. Kommission die in den Text des Übereinkommens aufgenommene Fassung des Art. 39. Die Berichterstatter der I. Kommission teilten nur kurz mit: „Die redaktionelle Änderung am Schlusse des Artikels wurde nach Wunsch der Majorität vorgenommen, ohne daß es die Absicht gewesen wäre, an dem Sinne des Artikels etwas zu ändern."

Der Artikel wurde hierauf nach dem Antrag der I. Kommission angenommen und ging, nachdem in der III. Konferenz eine Änderung nicht vorgenommen worden, in den definitiven Text des Übereinkommens über.

195) „Die Eisenbahn haftet für den Schaden, welcher durch Versäumung der Lieferfrist (Artikel 14) entstanden ist, ..."

I. Der Eingangssatz des Art. 39 legt der Eisenbahn die Haftpflicht auf für den Schaden, welcher durch Versäumung der Lieferfrist (Art. 14) entstanden ist. — Der Berechtigte (Art. 26) hat also zur Begründung der Haftpflicht der Eisenbahn bzw. seiner Schadensforderung darzutun, daß eine Versäumung der Lieferfrist (Art. 14) eingetreten und ihm dadurch ein Schaden verursacht worden ist, sowie Art und Umfang des entstandenen Schadens.

Die Haftpflicht für den Versäumnisschaden liegt der „Eisenbahn" ob. Haftpflichtig ist jede an dem betreffenden internationalen Eisenbahntransport beteiligte Eisenbahn, sowohl die Annahme- (Versand-) Bahn, wie die Ablieferungs- (Bestimmungs-) Bahn, wie jede dazwischen liegende Bahn. Alle diese Bahnen haften nach den oben Art. 27 Alin. 1 und 2 Anm. 147, 148 erörterten Grundsätzen solidarisch für die auf der ganzen Beförderungsstrecke eingetretene Versäumung der Lieferfrist (Art. 14), jedoch mit der im Art. 27 Alin. 3 (Anm. 149) normierten Einschränkung der Passivlegitimation und mit dem sich aus Art. 47 ff. ergebenden Rückgriffsrechte. Diese Haftpflicht darf vertraglich (durch Tarifbindungen usw.) nicht beschränkt oder ausgeschlossen werden, weil dies gegen Art. 4 des Übereinkommens verstoßen würde.

II. Die Eisenbahn „haftet" für den Schaden aus der Versäumung — wie in der Anm. 194 bereits erörtert — nicht nach den strengen Regeln des receptum, wie für Verlust und Beschädigung (Art. 30), sondern in milderer Weise (Anm. 196 S. 419).

III. Die Eisenbahn haftet nach Art. 38 nur „für den Schaden, welcher durch Versäumung der Lieferfrist (Artikel 14 entstanden ist". Die Haftpflicht für den Schaden durch Verlust, Minderung oder Beschädigung des Gutes ist in den Art. 30—33 normiert. Der Schaden muß „durch Versäumung der Lieferfrist entstanden", durch diese herbeigeführt sein.

A. „Versäumung der Lieferfrist" liegt vor, wenn — wie der Hinweis auf Art. 14 andeutet — die tarifarische Lieferfrist einschließlich der verlängerten Lieferfristen des Art. 14 Abs. 2 (Z. V 802) und event. Zuschlagsfristen (E. XVIII 21) abgelaufen ist (Z. II 329, V 802, VI 270. 440, 596, VII 483, XII 98, E. XX 320, XXV 138, XXIII 29) (s. Art. 14 Anm. 92—95), ohne daß die Ablieferung des Gutes stattgefunden hat, gleichviel, ob und wann später abgeliefert worden ist, und gleichviel, ob die Verspätung unterwegs oder am Bestimmungsort durch verzögerte Ablieferung bzw. Bereitstellung (E. XX 320) oder an Übergangsstationen durch verzögerte Weiterbeförderung (Z. XIII 172, E. XXII 39) entstanden ist. Auf Verzögerungen in Unterwegsstationen usw. kommt es nicht an, wenn die Lieferfrist im ganzen eingehalten ist (Z. XI 316, E. XX 126, XXII 36), auch nicht auf die Wahl einer längeren, als der im Frachtbriefe vorgeschriebenen Route, wenn eine Überschreitung der Lieferfrist nicht erfolgt ist (Z. XI 270, E. XX 119), die Eisenbahn kann die volle Lieferfrist ausnutzen (E. XX 330, Z. VI 270). Auch wenn das Gut in Verlust geraten oder aus anderen Gründen nicht fristzeitig oder überhaupt nicht angelangt ist, findet Versäumung der Lieferfrist statt. Denn daß die Lieferfrist nicht innegehalten, d. i. versäumt ist, wenn das Gut überhaupt nicht am Bestimmungsort eintrifft bzw. dort nicht zur Ablieferung gelangt, kann logisch keinem Zweifel unterliegen. Daß dies die Auffassung der Gesetzgeber ist, ergibt auch evident die Verjährungsvorschrift im Art. 45 Abs. 2. Daher begründet der Verlust des Gutes unterwegs eine Versäumung der Lieferfrist, und es kann die Eisenbahn in diesem Falle kumulativ für Verlust und Versäumung der Lieferfrist haftpflichtig werden, wie ja auch die Deklaration des Interesses an der Lieferung Schäden aus Verlust und Beschädigung wie aus Versäumung der Lieferfrist zusammen begreift (S. 407 ff.). Die gegenteilige Annahme, welche in der Versäumung der Lieferfrist nur eine Überschreitung derselben sehen will, derartig, daß sie nur bei Ablieferung, nicht auch bei Verlust des Gutes stattfindet (Schwab 290; Hertzer 148; Reindl, V.Z. 1896 Nr. 27) kann nicht gebilligt werden.

B. Die Haftpflicht der Eisenbahn ist aber gemäß Art. 39 nur dann vorhanden, wenn durch die Versäumung der Lieferfrist „ein Schaden entstanden ist", bzw. wenn ein solcher mit der Versäumung der Lieferfrist in ursächlichem Zusammenhange steht. Auch schließt der Schadensanspruch aus Versäumnis der Lieferzeit nicht aus, daß nach Eintreffen des Gutes der Empfänger bzw. Absender seinerseits der Eisenbahn schadensersatzpflichtig (stand- und lagergeldpflichtig) wird, wenn er die Abnahme des eingetroffenen Gutes verzögert (Z. III 129, VI 446). Art. 39 bestimmt ganz allgemein, daß die Eisenbahn für den Schaden zu haften hat, welcher durch Versäumung der Lieferfrist entstanden ist. Weder ist bestimmt, welcher Art dieser Schaden sein kann, noch in welchem Umfange Ersatz zu leisten ist. Gerade daraus aber, daß Art 39 nach beiden Richtungen eine Bestimmung nicht trifft, folgt, daß eine Einschränkung nicht beabsichtigt ist, mithin unbegrenzt für jeden Schaden aus Versäumung der Lieferzeit, gleichviel welcher Art, zu haften ist und der Ersatz für den entstandenen Schaden in vollem Umfange geleistet werden muß. In beiden Beziehungen steht Art. 39 im Gegensatz zu den Art. 30—38.

1. Was die Art und den Umfang des Schadens betrifft, so wird derselbe in der Regel in der Wertverringerung bestehen, welchen die Ware infolge ihrer verspäteten Ankunft bzw. Ablieferung am Bestimmungsorte infolge eines Herabgehens des Preises oder dadurch, daß sie inzwischen für das individuelle Bedürfnis des Empfängers (Käufers, Bestellers) an Wert verloren hat, erleidet. Dieser Schaden kann sich — z. B. bei Modewaren — bis zur völligen Entwertung der Ware steigern, wenn z. B. der Zustand der Ware den weiteren Gebrauch derselben ausschließt (Z. II 329. 404, III 71). Es tritt, da es sich hier nicht um den wirklichen Schaden, sondern auch um den entgangenen Gewinn handelt, jeder nachweisbar indirekte Nachteil aus der Verspätung hinzu, also im Gegensatze zu Art. 34 auch der Nachteil, daß der Versender oder Empfänger verhindert war, den Erlös aus den verspätet eingetroffenen Gütern inzwischen zu verwerten, daß er Konventionalstrafen für die Verspätung seinerseits entrichten, daß er sich sein Bedürfnis bereits anderweit zu teureren Preisen decken mußte, daß er die ihm aufgetragenen Bestellungen nicht ausführen, der Nachfrage nicht genügen konnte, die Kundschaft verloren hat, die Ware entwertet ist, ihren Zweck verfehlt hat (Z. III 304, E. XX 126, 234, Z. XV 433), Ankauf von Ersatzstücken nötig wurde (Z. VI 277) usw.

Der Schaden kann aber auch in dem Verluste oder der quantitativen bzw. qualitativen Verringerung (Beschädigung) des Gutes bestehen. Die Ware kann infolge der Verspätung verderben, verfaulen, vertrocknen, verrosten usw. (Z. III 71, VII 483, E. XXI 26, XXIII 29; Scheimann, Eisenb.-Verk.- u. Tar.-Anz. XI Nr. 22). Es ist hierbei nach Lage des konkreten Falles sorgfältig zu unterscheiden, ob der Verlust oder die Beschädigung lediglich eine Folge des Transports oder der stattgehabten Lieferfristversäumung ist. Ist der Verlust usw. nicht durch die Lieferfristversäumung, sondern durch den Transport überhaupt verursacht, d. h. wäre er auch ohne jede Verspätung durch die Gefährlichkeiten desselben an sich (durch die Bewegung, Hitze, die Manipulationen der Be- oder Entladung) eingetreten, so greifen die Bestimmungen des Art. 30—38, nicht die der Art. 39, 40 Platz (Z. X 387, E. XIX 215). Nur im Falle der Arglist oder groben Fahrlässigkeit der Eisenbahn bedarf es einer genaueren Feststellung nicht, ob der Schaden infolge des Transports (Art. 30) oder der Versäumung (Art. 39) entstanden ist, weil alsdann in beiden Fällen gemäß Art. 41 der volle Schaden zu ersetzen ist (Anm. 201, Z. VII 383, XI 345, E. XIX 215, XX 16, 234, XXIII 29, XXIV 17, Z. XV 433).

Der Nachweis des Zusammenhanges zwischen Ursache und Beschädigung ist daher für die Anwendung des Art. 39 von wesentlicher Bedeutung (Z. III 305). Es ist stets strenge daran festzuhalten, daß der Berechtigte bei einer Versäumung der Lieferfrist nur Ersatz desjenigen Schadens beanspruchen kann, der erweislich durch die Verpätung entstanden ist. Ist also z. B. das verspätete, in offen gebauten Wagen beförderte Gut durch Nässe verdorben, so genügt nicht schon der Nachweis einer schuldvollen Verzögerung des Transports, sondern es ist der Nachweis des Kausalnexus zwischen der Verspätung und dem Verderb des Gutes durch Nässe erforderlich (Z. III 71). Läßt sich ein besonderer Schaden aus der Versäumung und aus dem Transport nachweisen, so können beide Forderungen kumuliert werden (Z. VIII 127). Ist für den Schaden aus dem Transport, z. B. bei leicht verderblichen Gütern (Art. 31 Ziff. 4), die Bahn nicht verantwortlich, so haftet sie nur für die Verspätung gemäß Art. 39, 40 (Z. XV 432 ff.).

Nur insofern erleidet die Regel, daß für die Verspätung voller Schadensersatz zu leisten ist, eine Einschränkung, als Art. 40 Normalsätze und die Deklaration des Interesses an der Lieferung vorsieht, welche die Maximalgrenzen für den Umfang des Schadensersatzes bilden (Anm. 197). Nur in diesen Grenzen kann der Ersatz des vollen Schadens beansprucht werden — vorausgesetzt, daß er nicht durch Arglist oder grobe Fahrlässigkeit der Eisenbahn entstanden ist (Art. 41 Anm. 201; s. Z. III 265, IV 131, 441, V 227, 438, 604, VI 184, VII 483, XI 345, E. XX 16, 294, Z. XII 355, E. XXI 126, XXIV 117. Über die Tragung der Prozeßkosten: Z. XII 312, E. XXI 130, Z. XV 433).

2. Die Beweislast für die Art und den Umfang des Schadens liegt hier ebenso wie in den Fällen der Art. 34 ff. dem Entschädigungsberechtigten ob (Art. 26). Nur insofern ist jedoch von diesem Grundsatz abgewichen, als nach den Bestimmungen des Art. 40 unter gewissen Voraussetzungen und bis zu einer gewissen Höhe von dem Schadens-

nachweis Abstand genommen und ohne diesen Nachweis schlechthin und unbedingt der im Art. 40 bezeichnete Normalsatz (bestehend in aliquoten Teilen der Fracht bis zur ganzen Fracht) beansprucht werden kann (Anm. 197). Sowohl nach der Absicht des Gesetzes wie nach dem Wortlaute (vgl. arg. Art. 33) und nach der Analogie des zugrunde liegenden § 70 des früheren Deutschen und Österreich-Ungarischen Betriebsreglements kann — wie noch bei Art. 40 Anm. 198 des näheren erörtert werden wird — kein gegründeter Zweifel darüber bestehen, daß damit auch der Gegenbeweis der Eisenbahn ausgeschlossen ist, d. h. der Betrag des Normalsatzes schlechthin und unanfechtbar, ohne einen zu führenden Schadensnachweis und mit Ausschluß des Gegenbeweises gefordert werden darf (Z. VIII 163. — Übereinstimmend Wolf-Eppinger, Österr. Eisenb.-Ztg. Nr. 20 1898; Rosenthal 242, der jedoch gegen das Vorhandensein eines Schadens Gegenbeweis zulassen will, nicht aber gegen die Höhe. — Irrig Gerstner 380, 386 und Suppl. 115, 116).

196) **„. . ., sofern sie (die Eisenbahn) nicht beweist, daß die Verspätung von einem Ereignisse herrührt, welches sie weder herbeigeführt hat, noch abzuwenden vermochte.“**

I. Der Schlußsatz des Art. 39 spricht diejenige Voraussetzung aus, durch deren Beweis sich die Eisenbahn, wenn ein Schaden durch Versäumung der Lieferfrist (Anm. 195 III A) entstanden ist, allein von der Haftpflicht dafür befreien kann. Sie haftet, „sofern sie nicht beweist“, oder — positiv ausgedrückt — sie haftet nicht, sofern sie beweist, „daß die Verspätung von einem Ereignisse herrührt, welches sie weder herbeigeführt hat, noch abzuwenden vermochte“. Nach der Absicht des Gesetzes wie auch nach dem Wortlaute ist die Haftpflicht der Eisenbahn hier milder als die Haftpflicht ex recepto (Art. 30), welche neben der Einrede des eigenen Verschuldens nur die der höheren Gewalt zuläßt; sie ist aber anderseits strenger als die Haftpflicht mit der bloßen Sorgfalt eines ordentlichen Frachtführers (Art. 397 D. H.G.B.), hält vielmehr zwischen beiden Graden der Haftpflicht die Mitte (Pappenheim 73. — A. M. Rosenthal 237). Die Annahme, es sei mit der in Rede stehenden Bestimmung des Art. 39 die Haftpflicht der Eisenbahn für Verspätung der Haftpflicht für Verlust und Beschädigung (Art. 30) gleichgestellt und, wie gegen letztere, neben der Einrede der eigenen Verschuldung nur die der höheren Gewalt gestattet, steht sowohl mit der ausdrücklich ausgesprochenen Absicht des Gesetzgebers, welcher eine mildere Haftpflicht gewähren wollte (S. 413, 414), wie auch mit dem Wortlaute im Widerspruch (irrig und unklar Gerstner, Suppl. 114, der in dieser Frage wiederholt seine Meinung gewechselt hat; s. Pappenheim 73—75).

II. Die Gründe, weshalb der Gesetzgeber für die Schäden aus der Verspätung eine mildere Haftung bestimmte, als für die aus Verlust, Minderung oder Beschädigung, sind oben Anm. 194 mitgeteilt. Hier wird es sich nur darum handeln, nach Maßgabe des vorstehend entwickelten Haftpflichtprinzips den Umfang der ihr obliegenden Beweislast im einzelnen klarzustellen.

A. Die Eisenbahn hat zu beweisen, daß „die Verspätung von

einem Ereignisse herrührt", d. h. von einem bestimmten, konkreten Ereignisse. Es ist der besondere Nachweis erforderlich, daß im konkreten Falle die Verspätung die Folge eines bestimmten, bei dem vorliegenden Transporte eingetretenen Ereignisses ist, daß mit diesem Ereignisse die Verspätung in ursächlichem Zusammenhange steht, durch dasselbe tatsächlich die Überschreitung verursacht ist (E. XXI 168). Der Beweis, daß die Einhaltung der Lieferzeit nur im allgemeinen unmöglich gewesen sei, genügt nicht (E. XIX 4). Die Tatsache einer Betriebsstörung usw. hebt also an sich die Haftung der Bahn nicht auf, es muß vielmehr der vorstehende Nachweis hinzutreten (E. XXIV 343).

B. Die Eisenbahn hat ferner zu beweisen, daß dieses Ereignis ein solches ist, „welches sie weder herbeigeführt hat, noch abzuwenden vermochte". Das Gesetz unterscheidet zweierlei: Die Eisenbahn muß bei einem jeden Ereignisse, welches die Verspätung herbeigeführt hat, den Negativbeweis führen, daß es von ihr nicht herbeigeführt ist, und daß — wenn es auf andere Weise eingetreten — von ihr nicht abgewendet werden konnte.

1. Kann sie den Beweis nicht erbringen, daß das qu. Ereignis nicht von ihr herbeigeführt worden, dann haftet sie mangels jeder Einschränkung, gleichviel ob die Herbeiführung von ihr verschuldet ist oder nicht, für den Schaden aus der Verspätung. Als nicht von ihr herbeigeführt sind auch diejenigen Ereignisse bzw. Handlungen zu betrachten, die durch das eigene Verschulden des Verfügungsberechtigten oder durch eine nicht von der Eisenbahn verschuldete Weisung desselben (nachträgliche Verfügungen: Art. 15 usw.) verursacht sind.

2. Kann sie aber den Beweis erbringen, daß das qu. Ereignis nicht von ihr herbeigeführt worden ist, oder ist dies — wie bei Naturereignissen — von selbst ersichtlich, dann muß sie noch den Nachweis führen, daß sie dieses Ereignis nicht abzuwenden vermochte. Kann sie letzteres nicht dartun, dann ist anzunehmen, daß sie das Ereignis, wenngleich dasselbe nicht von ihr herbeigeführt ist, doch abzuwenden vermochte, und sie muß in diesem Falle für den Schaden aus der Verspätung haften.

Was nun aber den Nachweis anlangt, daß sie das betreffende Ereignis nicht abzuwenden vermochte, so muß dies in dem weiteren Sinne verstanden werden, daß sie weder den Eintritt noch die Folgen des Ereignisses abzuwenden vermochte. Anderseits dürfen aber diese Worte auch nicht extensiv dahin ausgelegt werden, daß die Eisenbahn den Nachweis zu erbringen habe, das Ereignis sei weder in seinem Eintritt noch in seinen Folgen unbedingt und unter allen Umständen unabwendbar gewesen. Vielmehr genügt nach der Absicht des Gesetzes der Nachweis, daß dies mit vernünftigen Mitteln und unter Anwendung der größten Sorgfalt nach Lage der Sache nicht möglich war. Kann die Eisenbahn diesen Nachweis führen, dann ist sie von der Haftpflicht liberiert, gleichviel ob sich das betreffende Ereignis als ein innerer oder äußerer Zufall darstellt, d. h. ob es die Handlungen der eigenen Leute der Eisenbahn und die Funktionen ihrer Betriebsmittel oder ob es Naturereignisse oder Handlungen Dritter betrifft. Bei Beschlagnahme des Gutes ist angenommen worden, daß die Herbeiführung der Aufhebung des Arrestes nicht Sache der Eisenbahn, sondern des unverzüglich benachrichtigten Spediteurs ist (Z. XIV 175, E. XXII 354). Dagegen ist beim Einsturz eines Tunnels die Möglichkeit rechtzeitiger Lieferung in einem Falle angenommen worden, wo der Eisenbahn noch zwei andere Linien zur Verfügung standen und auf diesen andere Güter rechtzeitig befördert worden sind (Z. VIII 442, E. XIX 4). Ebenso fällt ihr eine Versäumnis zur Last, welche durch unberechtigte Leitung des Transports über eine längere Route seitens ihrer Leute entstanden ist (E. XXII 262), oder wenn die Reparatur eines unterwegs schadhaft gewordenen Wagens oder die Umladung in kurzer Zeit möglich war (E. XIX 135), oder wenn sie bei abnormer Kälte die Arbeiterzahl nicht erhöht (E. XXI 57) oder die längst erforderliche Reparatur einer Brücke unterlassen hat (Z. X 19, E. XVIII 254). Über Lieferfristüberschreitung infolge Zollamtshandlungen: Ung. Eisenb.-Tar.- und Verk.-Anz. 1906 Nr. 9 und 19.

Für Transporthandlungen, d. h. zur Ausführung des Transports notwendige Handlungen, haftet daher die Eisenbahn — gleichviel ob es Handlungen ihrer Leute oder Funktionen ihrer Betriebsmittel sind — nicht unbedingt, wie im Falle des Verlustes und der Beschädigung, sondern nur so weit, als sie mit vernünftigen Mitteln unter Anwendung größter Sorgfalt das betreffende Ereignis und seine Folgen unter den gegebenen Umständen nicht abwenden konnte. Diese Sorgfalt aber muß nachgewiesen werden (Z. III 70), z. B. bei außerordentlichen Verkehrsschwierigkeiten (E. XXIII 388).

Auch für Naturereignisse und Handlungen dritter Personen haftet die Eisenbahn nur in gleicher Weise bedingt. Es würde also zwar zur Liberierung der Bahn der Nachweis nicht genügen, daß die Verspätung durch ein Naturereignis (Sturm, Schneetreiben, Frost, Regengüsse, Aufhören der Schiffahrt [Sp.- u. Sch.-Ztg. XI Nr. 8] usw.) oder Handlungen Dritter (Aufruhr, Kriegszustand, Streik, Z. IX 85 — unrichtige Deklaration seitens des Absenders Z. IX 110 usw.) herbeigeführt ist, dessen Eintritt sie an sich nicht abwenden konnte, wohl aber der Nachweis, daß sie alle vernünftigen Mittel mit äußerster Sorgfalt aufgeboten hat, um die sich daraus ergebenden Transporthindernisse zu beseitigen (vgl. Z. VII 601, E. XXIII 401).

Artikel 40.[197])

(1) Im Falle der Versäumung der Lieferfrist können ohne Nachweis eines Schadens folgende Vergütungen beansprucht werden:

Bei einer Verspätung bis einschließlich $^1/_{10}$ der Lieferfrist: $^1/_{10}$ der Fracht.

Bei einer Verspätung bis einschließlich $^2/_{10}$ der Lieferfrist: $^2/_{10}$ der Fracht.

Bei einer Verspätung bis einschließlich 3/10 der Lieferfrist: 3/10 der Fracht.

Bei einer Verspätung bis einschließlich 4/10 der Lieferfrist: 4/10 der Fracht.

Bei einer Verspätung von längerer Dauer: 5/10 der Fracht.

(2) Wird der Nachweis eines Schadens erbracht, so kann der Betrag bis zur Höhe der ganzen Fracht beansprucht werden.[198])

(3) Hat eine Deklaration des Interesses stattgefunden, so können ohne Nachweis eines Schadens folgende Vergütungen beansprucht werden:

Bei einer Verspätung bis einschließlich 1/10 der Lieferfrist: 2/10 der Fracht.

Bei einer Verspätung bis einschließlich 2/10 der Lieferfrist: 4/10 der Fracht.

Bei einer Verspätung bis einschließlich 3/10 der Lieferfrist: 6/10 der Fracht.

Bei einer Verspätung bis einschließlich 4/10 der Lieferfrist: 8/10 der Fracht.

Bei einer Verspätung von längerer Dauer: die ganze Fracht.

(4) Wird der Nachweis eines Schadens erbracht, so kann der Betrag des Schadens beansprucht werden. In beiden Fällen darf die Vergütung den deklarierten Betrag des Interesses nicht übersteigen.[199]) **Ist jedoch der deklarierte Betrag niedriger als die ohne Interesse-Deklaration nach Absatz (2) zu leistende Frachtvergütung, so kann die letztere beansprucht werden.**[199a])

Zusatz I.

Betriebsreglement des Vereins Deutscher Eisenbahnverwaltungen.

§ 78.

Höhe des Schadensersatzes bei Versäumung der Lieferfrist.

(Text übereinstimmend mit vorstehendem Art. 40.)

197) **Prinzip und Entstehungsgeschichte des Art. 40.**

Während Art. 39 die Voraussetzungen (den Grad) der Haftpflicht für Versäumung der Lieferfrist normiert, trifft Artikel 40 über die Höhe (Umfang) des Schadensersatzes und den Schadensnachweis Bestimmung. Wie für die Voraussetzungen (den Grad) der Haftpflicht, so bestehen auch für den Umfang des Schadensersatzes zwischen Verlust und Beschädigung einerseits und Versäumnis der Lieferfrist anderseits wesentliche Unterschiede. Während der Grad der Haftpflicht hier geringer ist als im Falle des Verlustes und der Beschädigung (Anm. 194), ist der Umfang des Schadensersatzes erweitert. Er beschränkt sich nicht auf den wirklichen Schaden (Art. 34), sondern umfaßt den vollen Schaden, also auch den entgangenen Gewinn, das individuelle Interesse (damnum emergens und lucrum cessans). Die Eisenbahn hat danach grundsätzlich den vollen Schaden zu ersetzen, welcher durch die Versäumung der Lieferfrist entstanden ist, während es nach allgemeinen Beweisregeln dem Berechtigten obliegt, den Nachweis für diesen Schaden zu führen. Diese Grundsätze wurden jedoch durch Art. 40 nach zwei Richtungen hin modifiziert:

Einerseits ist zugunsten der Eisenbahn die Höhe des Schadensersatzes beschränkt, indem Normalsätze in Gestalt von aliquoten Teilen der Fracht eingeführt sind und ferner wie für Verlust und Beschädigung des Gutes (Art. 38), so auch für Versäumung der Lieferfrist (Art. 39) die Deklaration des Interesses an der Lieferung zugelassen ist, derartig, daß dieselbe den Mehr-(Maximal-) Betrag bildet, bis zu dessen Höhe jeder weitere, die normale Entschädigung übersteigende Schaden beansprucht werden kann.

Anderseits ist zugunsten des Entschädigungsberechtigten der Schadensnachweis insofern aufgehoben, als in betreff des Normalsatzes unter gewissen Voraussetzungen und bis zu einer gewissen Höhe von dem Schadensnachweis Abstand genommen und ohne denselben schlechthin und unbedingt der eingeführte Normalsatz als Schadensersatz gefordert werden darf.

Diese Modifikationen sind dem deutschen Rechte entnommen worden.

Der Schweizer Entwurf (Art. 26, 27) schlug als Schadensersatz für Versäumung der Lieferzeit die Hälfte der Fracht und bei Überschreitung der doppelten Lieferfrist die ganze Fracht vor. Für nachweislich größeren Schaden darf nicht mehr als für gänzlichen Verlust des Gutes gefordert werden.

Gegen diese Normen erklärte sich die Kritik des Schweizer Entwurfes (Eger, Die Einführung eines internationalen Eisenbahn-Frachtrechts, 1877, S. 115f. und Gegenentwurf Art. 25, 26 S. 147) und schlug im wesentlichen die Grundsätze des § 70 des Deutschen Betriebsreglements über die Höhe und den Beweis des Schadensersatzes für Lieferfristversäumnis vor.

Der Deutsche Entwurf (1878, Art. 27) hat sich in der Hauptsache diesem Vorschlage angeschlossen.

In der I. Konferenz wurde sodann im Anschluß an den Deutschen Entwurf eine diesem im wesentlichen entsprechende Fassung vorgeschlagen. Der österreichische Delegierte berichtete über diese Vorschläge gemeinschaftlich mit den zu Art 38 gemachten. Das Plenum habe beschlossen, eine Versicherung nicht bloß für rechtzeitige Lieferung, sondern auch für den Wert des Gutes und dessen Lieferung an sich zuzulassen. Wir hielten nun fest, daß im Fall des Verlustes einer Sache die Bahn den gemeinen Wert derselben zu ersetzen habe; aber wir wollten auch auf das Interesse, welches unter vielen Umständen mit der Lieferung der Sache verbunden ist (lucrum cessans), Rücksicht nehmen. Hiernach kann eine Deklaration des Interesses sowohl für den Fall des Verzugs als auch für den Fall der Schädigung oder des gänzlichen Verlustes der Ware stattfinden.

Es wurde hierauf in der zweiten Lesung der Fortfall des Abs. 3 beschlossen und in der dritten Lesung Art. 40 in der Fassung der zweiten Lesung angenommen.

In der II. Konferenz (erste Lesung) bemerkte der italienische Delegierte: er möchte, daß das Maß der Vergütung in ein direktes Verhältnis zur Dauer der Lieferfristversäumnis gebracht werde, d. h. daß die Entschädigung bei Überschreitung der Lieferfrist um $^1/_7$ den siebenten Teil, bei Überschreitung derselben um $^1/_4$ den vierten Teil der Fracht betragen sollte.

In der zweiten Lesung schlug dementsprechend die Kommission II eine dementsprechende Fassung vor und berichtete darüber wie folgt: „Der italienische Delegierte hat eine der Lieferfristversäumnis besser entsprechende Repartition der Entschädigung verlangt. Die Kommission ist der Ansicht, daß der Vorschlag Italiens angemessene Berücksichtigung verdient, und schlägt demgemäß einen abgeänderten Art. 40 vor." Der Antrag der II. Kommission ist hierauf mit allen Stimmen gegen die der schweizerischen Abordnung zum Beschluß erhoben worden.

In der III. Konferenz berichtete die II. Kommission über einige neue zum Art. 40 eingegangene Anträge folgendes: „Die Vorschläge der Schweiz, Hollands und Rußlands haben den Zweck, den ursprünglichen Text des Abs 1 Art. 40 wiederherzustellen, während der Antrag Deutschlands eine Veränderung im Verhältnis der für Verspätungen zu leistenden Vergütungen eines Teiles der Fracht beabsichtigt."

Nachdem dieser letztere Vorschlag im Laufe der Diskussion zurückgezogen worden war, wurde nach den gestellten Anträgen der Text der Abs. 1 und 2 so angenommen, wie er in dem Tenor des Übereinkommens (Art. 40) enthalten ist.

Über den in der zweiten Revisionskonferenz zum Abs. 4 beschlossenen Zusatz siehe Anm. 199 a.

198) **„Im Falle der Versäumung der Lieferfrist können ohne Nachweis eines Schadens folgende Vergütungen beansprucht werden:**

Bei einer Verspätung bis einschließlich $^1/_{10}$ der Lieferfrist: $^1/_{10}$ der Fracht.

Bei einer Verspätung bis einschließlich $^2/_{10}$ der Lieferfrist: $^2/_{10}$ der Fracht.

Bei einer Verspätung bis einschließlich $^3/_{10}$ der Lieferfrist: $^3/_{10}$ der Fracht.

Bei einer Verspätung bis einschließlich $^4/_{10}$ der Lieferfrist $^4/_{10}$ der Fracht.

Bei einer Verspätung von längerer Dauer: $^5/_{10}$ der Fracht.

Wird der Nachweis eines Schadens erbracht, so kann der Betrag bis zur Höhe der ganzen Fracht beansprucht werden."

Die Absätze 1 und 2 des Art. 40 treffen über den normalen Ersatz des durch Versäumung der Lieferfrist entstandenen Schadens Bestimmung, sie regeln die Höhe des Schadensersatzes für die Fälle, in welchen eine Deklaration des Interesses nicht stattgefunden hat.

Die erste Voraussetzung für den Schadensanspruch ist, daß die Haftpflicht der Eisenbahn für Versäumung der Lieferfrist gemäß Art. 39 an sich begründet ist (Anm. 195 S. 414 f.).

Die zweite Voraussetzung für den Schadensanspruch ist, daß eine Deklaration des Interesses fehlt, d. h. nicht im Frachtbriefe an der dafür vorgesehenen Stelle mit Buchstaben eingetragen worden ist (Anm. 191 S. 407 f., Z. VIII 283). Dem Fehlen der Deklaration ist es auch gleich zu achten, wenn dieselbe zwar erfolgt ist, aber den gegebenen Formvorschriften nicht entspricht (S. 408). Die Deklaration des Interesses an der Lieferung gemäß Art. 38 ist zugleich die Deklaration des Interesses gemäß Art. 40.

Sind diese beiden Voraussetzungen vorhanden, so unterscheidet Art. 40 nach den in der vorangehenden Anm. 197 bereits erörterten Grundsätzen Vergütungen, welche ohne Schadensnachweis beansprucht werden können (Abs. 1), und Vergütungen, welche nur mit Schadensnachweis beansprucht werden können (Abs 2).

Nach Absatz 1 darf ohne Schadensnachweis (Z. XII 355, E. XXI 126) der Schadensanspruch bestimmte aliquote, mit der Dauer der Versäumung im Verhältnis stehende Teile der Fracht bis zur Hälfte derselben nicht übersteigen. Ziffernmäßige Angabe des Schadensbetrages ist daher nicht erforderlich (E. XX 352). Aktivlegitimation Art. 26, Passivlegitimation Art. 27 (Z. XIV 216, E. XXIII 10).

Wie die Absicht und der Wortlaut des Abs. 1 und insbesondere auch die Gegenüberstellung mit Abs. 2 klar ergibt und bereits in Anm. 195 hervorgehoben ist, bedeutet „ohne Schadensnachweis", daß damit auch der Gegenbeweis der Eisenbahn ausgeschlossen ist, d. h. der Betrag der vorbezeichneten Normalsätze kann schlechthin und unanfechtbar ohne einen zu führenden Schadensnachweis und mit Ausschluß des Gegenbeweises beansprucht werden. Die Annahme, es sei hier nur eine Vermutung hingestellt, gegen welche der Eisenbahn der Gegenbeweis offenstehe, daß ein Schaden überhaupt nicht vorliege oder der wirkliche Schaden geringer sei, als der ohne Schadensnachweis zu ersetzende Betrag, ist unzutreffend. Vielmehr liegt hier, wie im Falle des Art. 33, welcher die nämliche Fassung enthält (Anm. 176 S. 378), eine zugunsten des Entschädigungsberechtigten eingeführte Rechtsfiktion in betreff der Existenz und Höhe des Schadens vor, gegen welche ein Gegenbeweis ausgeschlossen ist. Übereinstimmend: **C.A.** Forner mit überzeugender Begründung (Z. X 356); Alauzet (III 1131); Gasca (277); Graf (Allg. Tar.-Anz. 1905 Nr. 31); Mochel (31); Österr. Oberst. Ger.-Hof 4. Jan. 1900, Allg. Tar.-Anz. Nr. 13 und Z. VIII 257. Ob.-Land.-Ger. Colmar 19. Jan. 1900 E. XVII 59—61. App.-Hof v. Douai 17. Mai 1901 E. XVIII 320, Z. X 124; Wolf-Eppinger a. a. O. — A. M. Rosenthal 242, der übrigens annimmt, daß ein solcher Gegenbeweis nur selten mit Erfolg geführt werden dürfte. Staub 1572; Jacob 149; Darnis-Gravell 113, 118; Hilscher 215; Hertzer 150; Rundnagel 193; Reindl V.Z. 1902 Nr. 75, 76; Baudry-Lacantinerie II 917; Muschweck, Allg. Tar.-Anz. 1905 Nr. 31; franz. Kass.-Hof 26. Okt. 1904.

Es sind fünf Normalsätze bestimmt, welche in Frachtanteilen bestehen. Unter „Fracht“ ist die nach den Tarifsätzen gemäß Art. 11 Abs. 1 berechnete Eisenbahnfracht zu verstehen, nicht auch der Betrag von baren Auslagen (Art. 11 Abs. 2 und 3), Vorfracht usw. Die zu vergütenden Frachtanteile sind genau abgestuft nach den Bruchteilen der Lieferfrist, um welche diese überschritten ist, derartig, daß für Verspätungen bis einschließlich $^1/_{10}$ der Lieferfrist $^1/_{10}$ der Fracht, bei einschließlich $^2/_{10}$ der Lieferfrist $^2/_{10}$ der Fracht usw. zu zahlen sind (Z. V 227). Nur wenn die Überschreitung der Lieferfrist mehr als $^4/_{10}$ beträgt, bleibt der zu vergütende Frachtanteil konstant $^5/_{10}$ der Fracht, er ändert sich nicht, gleichviel wie weit die Lieferfrist überschritten wird (Z. VI 440). Mehr als $^5/_{10}$ der Fracht darf also ohne Schadensnachweis und ohne Interessedeklaration niemals und unter keinen Umständen gefordert werden, wie groß auch immer die Lieferfristüberschreitung sei. Den Nachweis für die Lieferfristüberschreitung und ihren Umfang sowie die Höhe des entsprechenden Frachtbruchteils hat der Ersatzberechtigte im Streitfalle zu führen, nach beiden Richtungen steht der Eisenbahn der Gegenbeweis zu (Abzug der Refaktie E. XXIV 24).

Nach Absatz 2 darf mit Schadensnachweis der Schadensanspruch die Höhe der ganzen Fracht nicht übersteigen. Abs. 2 gibt gegenüber der im Abs. 1 aufgestellten Ausnahme, wonach bei Versäumung der Lieferfrist eine Vergütung bis zur Hälfte der Fracht ohne Schadensnachweis beansprucht werden kann, für den Fall der Inanspruchnahme eines höheren Schadensersatzes der allgemeinen Beweisregel Ausdruck, daß es alsdann dem Entschädigungsberechtigten obliegt, den durch die Verspätung entstandenen vollen Schaden (Art. 39 Anm. 195) nachzuweisen. Zugleich ist aber die Maximalgrenze des Schadensersatzes auf den Betrag der ganzen Fracht erhöht. Der Berechtigte hat also, sobald er einen höheren Schadensersatz als den im Abs. 1 bezeichneten, beansprucht, seinen Schaden in Gemäßheit des Art. 39 (d. i. den vollen Schaden) nach Existenz und Höhe darzutun. Die Höhe des zu leistenden Ersatzes bestimmt sich hiernach durch die Höhe des nachgewiesenen Schadens, nur mit der Maßgabe, daß der Betrag der ganzen Fracht die Maximalgrenze der zu gewährenden Entschädigung bildet. Über diesen Betrag darf, gleichviel auf wie hoch sich der nachgewiesene Schaden beläuft und wenn er auch die ganze Fracht übersteigt, nicht hinausgegangen werden (Z. IV 441, V 438, 604, VI 408, VIII 283, XII 355, E. XXI 126). Erscheint dem Absender dieser Betrag als Maß des Maximalersatzes nicht ausreichend, so bleibt ihm der Weg der Interessedeklaration offen (Abs. 3 und 4). Daneben kann der Schaden aus dem Transport (Art. 30—38) gefordert werden. Ist jedoch für diesen die Eisenbahn nicht haftbar (z. B. in den Fällen des Art. 31), so beschränkt sich der Schaden im Höchstbetrage auf die ganze Fracht (Z. XV 432).

199) **„Hat eine Deklaration des Interesses stattgefunden, so können ohne Nachweis eines Schadens folgende Vergütungen beansprucht werden:**

Bei einer Verspätung bis einschließlich $^1/_{10}$ der Lieferfrist: $^2/_{10}$ der Fracht.

Bei einer Verspätung bis einschließlich 2/10 der Lieferfrist: 4/10 der Fracht.

Bei einer Verspätung bis einschließlich 3/10 der Lieferfrist: 6/10 der Fracht.

Bei einer Verspätung bis einschließlich 4/10 der Lieferfrist: 8/10 der Fracht.

Bei einer Verspätung von längerer Dauer: die ganze Fracht.

Wird der Nachweis eines Schadens erbracht, so kann der Betrag des Schadens beansprucht werden. In beiden Fällen darf die Vergütung den deklarierten Betrag des Interesses nicht übersteigen.“

Die Absätze 3 und 4 des Art. 40 treffen über die den normalen Ersatz der Abs. 1 und 2 übersteigende Höhe des Schadensersatzes für den durch Versäumung der Lieferfrist entstandenen Schaden Bestimmung. Ein höherer als der normale, in den Abs. 1 und 2 vorgesehene Ersatz kann nur beansprucht werden, wenn eine Deklaration des Interesses stattgefunden hat.

Die erste Voraussetzung für den Schadensanspruch ist, daß die Haftpflicht der Eisenbahn für Versäumung der Lieferfrist gemäß Art. 39 an sich begründet ist (Anm. 195).

Die zweite Voraussetzung für den Schadensanspruch ist, daß eine Deklaration des Interesses stattgefunden hat, d. h. im Frachtbriefe gemäß Art. 6 lit. f. des Übereinkommens und § 9 der Ausführungsbestimmungen an der dafür vorgesehenen Stelle mit Buchstaben eingetragen worden ist (vgl. hierüber Art. 38 Anm. 191). Eine ohne Beobachtung dieser Formvorschriften bewirkte Deklaration ist als nicht vorhanden zu betrachten (Z. VIII 284; Anm. 191 S. 408, Anm. 198 S. 424), so daß alsdann die Normen der Abs. 1 und 2 zur Anwendung kommen.

Liegen nun diese beiden Voraussetzungen vor, so wird nach den in der vorangehenden Anm. 197 bereits erörterten Grundsätzen unterschieden zwischen Vergütungen, welche ohne Schadensnachweis beansprucht werden können (Abs. 3), und Vergütungen, welche nur mit Schadensnachweis beansprucht werden können (Abs. 4).

Nach Absatz 3 darf ohne Schadensnachweis der Schadensanspruch bestimmte aliquote, das Doppelte der im Abs. 1 normierten Teile der Fracht betragende Frachtteile bis zur Höhe der ganzen Fracht nicht übersteigen. Die Höhe der Vergütung ist zugleich aber auch dadurch begrenzt, daß sie den deklarierten Betrag des Interesses nicht übersteigen darf (Abs. 4 Satz 2). Nach dem Charakter der Interessedeklaration, welche nur das Maß des den normalen Ersatz übersteigenden Mehrersatzes angibt (s. oben), darf mithin die Vergütung bis zu den durch Abs. 3 gezogenen Grenzen nicht mehr betragen, als die normale gemäß Abs. 1 ohne Schadensnachweis zu ersetzende Frachtquote (Anm. 198) zuzüglich der deklarierten Summe. Übersteigt die nach Abs. 3 zu gewährende Vergütung der doppelten Frachtquote diesen Betrag, so muß sie auf letzteren reduziert werden.

Im übrigen gelten für die Normen des Abs 3 die zu den analogen

Vorschriften des Abs. 1 gegebenen Erläuterungen (Anm. 198). Auch hier bedeutet „ohne Nachweis eines Schadens", daß die Vergütung in der im Abs. 3 angegebenen Höhe schlechthin und unbedingt unter Ausschluß eines Gegenbeweises über Existenz und Höhe des Schadens gefordert werden darf (S. 425 und Z. VIII 163, 257, X 365).

Nach Absatz 4 kann mit Schadensnachweis der Betrag des Schadens beansprucht werden. Abs. 4 steht zum Abs. 3 in demselben Verhältnisse wie Abs. 2 zum Abs. 1. Gegenüber der im Abs. 3 enthaltenen Ausnahmebestimmung, Inhalts deren bei Versäumung der Lieferfrist eine Vergütung bis zur Höhe der ganzen Fracht ohne Schadensnachweis beansprucht werden kann, wird durch Abs. 4 dem Berechtigten, welcher eine höhere Entschädigung fordert, der allgemeinen Beweisregel entsprechend, die Beweislast für den ihm aus der Lieferfristversäumung erwachsenen vollen Schaden (Art. 39 Anm. 195) auferlegt. Zugleich ist aber die Maximalgrenze des Schadensersatzes auf den deklarierten Betrag des Interesses erhöht, d. h. es kann mit Schadensnachweis nach Maßgabe des an früherer Stelle (Anm. 192) erörterten Charakters der Interessedeklaration als Vergütung außer dem normalen Ersatze der ganzen Fracht (Abs. 2) noch ein Mehrersatz bis zur Höhe des deklarierten Betrages gefordert werden (Abs. 4 Satz 2. — A. M. Schwab 300; Rosenthal 243; Rundnagel 208; Jacob 150; Gasca 280; Hertzer 150; Darnis-Gravelle 118. — **C.A.** 2. Okt. 1907 und 16. Mai 1908; Z. XVI 196).

199a) **„Ist jedoch der deklarierte Betrag niedriger, als die ohne Interesse-Deklaration nach Absatz 2 zu leistende Frachtvergütung, so kann die letztere beansprucht werden."**

Dieser in der II. Revisionskonferenz angenommene Zusatz beruht auf der Erwägung, es sei in gewissen Fällen auf Grund des bisherigen Wortlautes des Art. 40 bei der Interessedeklaration eine geringere Entschädigung gezahlt worden, als ohne Interessedeklaration zu zahlen gewesen wäre, und bezweckt die Beseitigung dieser Anomalie, um so mehr, als der Absender für die Interessedeklaration eine besondere Gebühr (Frachtzuschlag: § 9 Ausf.-Best.) an die Eisenbahn zu entrichten hat. Durch den Zusatz soll die Annahme beseitigt werden, daß, wenn der deklarierte Betrag niedriger ist, als die ohne Interessedeklaration zu leistende Frachtvergütung, nur der erstere beansprucht werden könne Prot. v. 13. Juli 1905; Z. XIV 136). Indes bedurfte es hierzu dieses überflüssigen Zusatzes nicht. Denn schon nach der bisherigen Fassung ist es selbstverständlich, daß unter allen Umständen die normale Frachtvergütung zu leisten ist, auch wenn dieselbe höher ist, als der deklarierte Betrag. Der Berechtigte darf durch die Deklaration nicht schlechter gestellt werden. Durch die Deklaration kann zwar die Maximalgrenze des normalen Schadensersatzes erhöht, nicht aber erniedrigt werden. Der Rechtszustand, welchen der Zusatz zum Abs. 4 schaffen soll, war also bereits vorhanden (s. Eger, Komm. z. I.Ü., 2. Aufl., S. 545, 546; Rundnagel 209; Hand- u. Wechs.-Ger. Budapest 31. Jan. 1908; E. XXIV 391. — Unzutreffend: Reindl in E. XXV Anl.-Heft I 19; Rosenthal 241; Schwab 298; Rinaldini 394).

Artikel 41.[200])

Die Vergütung des vollen Schadens kann in allen Fällen gefordert werden, wenn derselbe infolge der Arglist oder der groben Fahrlässigkeit der Eisenbahn entstanden ist.[201])

Zusatz I.

Betriebsreglement des Vereins Deutscher Eisenbahnverwaltungen.

§ 79.

Schadensersatz bei Arglist oder grober Fahrlässigkeit.

(Text übereinstimmend mit vorstehendem Art. 41.)

200) Prinzip und Entstehungsgeschichte des Art. 41.

Art. 41 stellt den Grundsatz auf, daß die Vergütung des vollen Schadens in allen Fällen gefordert werden kann, wenn derselbe infolge der Arglist oder der groben Fahrlässigkeit der Eisenbahn entstanden ist. Dieser Grundsatz ist in der in das Übereinkommen aufgenommenen Fassung im wesentlichen aus dem deutschen Eisenbahnfrachtrecht (Art. 396 Abs. 5, Art. 427 Abs. 2 altes D. H.G.B.) entnommen. Nur insofern weicht Art. 41 von den bezüglichen deutsch-rechtlichen Bestimmungen ab, als an Stelle des wenig klaren und streitigen Begriffs „bösliche Handlungsweise“ die deutlichen und allen Landesrechten bekannten und gemeinsamen Begriffe „Arglist und grobe Fahrlässigkeit“ (dolus und culpa lata) getreten sind.

Der Schweizer Entwurf (Art. 22) schlug eine Bestimmung vor, wonach ein höherer Schadensersatz, als nach den Bestimmungen der Art. 20 und 21 zu leisten ist, gefordert werden kann, wenn das Abhandenkommen bzw. der Untergang des Frachtstückes als Folge einer Arglist oder groben Fahrlässigkeit irgendeiner beim Transport beteiligten Bahnverwaltung oder ihrer Leute nachgewiesen wird.

Von der Vorschrift des alten D. H.G.B. wich diese Bestimmung insofern ab, als sie einerseits nur den Verlust, nicht auch die Beschädigung und die Verspätung umfaßt, anderseits statt „bösliche Handlungsweise“ gesagt ist „Arglist oder grobe Fahrlässigkeit“. Was den ersten Punkt anbelangt, so empfahl die Kritik des Schweizer Entwurfes (Eger, Die Einführung eines internationalen Eisenbahnfrachtrechtes, 1877, 117, 118 und Gegenentwurf Art. 27 S. 147) die Ausdehnung der in Rede stehenden Norm auf alle Schadensfälle, insbesondere auch auf die Verspätung; dagegen wurde in betreff des zweiten Punktes der Vorschlag des Schweizer Entwurfes befürwortet.

Diesen Vorschlägen schloß sich auch der Deutsche Entwurf 1878 vollständig an und bestimmte: „Die Vergütung des vollen Schadens kann in allen Fällen (Art. 20, 25—27) gefordert werden, wenn derselbe infolge der Arglist oder der groben Fahrlässigkeit der Eisenbahn entstanden ist.“

Die Bestimmung des Deutschen Entwurfes wurde in den Berner

Konferenzen — jedoch unter Streichung des Zitats „(Art. 20, 25—27)" — angenommen.

201) **„Die Vergütung des vollen Schadens kann in allen Fällen gefordert werden, wenn derselbe infolge der Arglist oder der groben Fahrlässigkeit der Eisenbahn entstanden ist."**

A. Die Voraussetzungen für den Anspruch auf Vergütung des vollen Schadens sind folgende:

1. Die erste Voraussetzung ist, daß überhaupt ein Schaden entstanden ist, und zwar, wie als selbstverständlich nicht erst hinzugefügt werden brauchte, ein aus dem internationalen Transporte herrührender, auf die Bestimmungen des internationalen Übereinkommens sich gründender Schaden. Es liegt allerdings die Annahme nahe, daß Art. 41 sich mit Rücksicht auf seine Stellung im unmittelbaren Anschluß an die Art. 30—40 nur auf Schäden aus dem internationalen Frachtvertrage, und zwar auch hier nur auf Schäden aus Verlust, Minderung, Beschädigung und Verspätung beziehe. Gegen dieselbe spricht aber zunächst, daß der Wortlaut selbst eine derartige Beschränkung auf Schäden durch Verlust, Beschädigung und Verspätung aus der Verletzung der Vertragspflichten nicht enthält, sondern ganz allgemein allen Schaden umfaßt, der aus der Arglist oder groben Fahrlässigkeit der Eisenbahn entstanden ist (Z. XI 345, E. XX 16, 234). Auch die Entstehung des Artikels sowie die Fassung „in allen Fällen" läßt die Absicht des Gesetzgebers klar erkennen, die Tragweite des Art. 41 nicht auf den Vertragsschaden gemäß Art. 30—40 zu beschränken, sondern weitergehend allen Schaden zu umfassen, der überhaupt aus dem internationalen Transport durch dolus oder culpa lata der Eisenbahn entsteht (Schwab 312; Rosenthal 244; Hertzer 151; Hilscher 216; Ritter 75; Appellhof Lyon 12. Juli 1902 und Bordeaux 1. April 1900 und 27. Nov. 1902, Deutsches Reichsgericht 17. Mai 1902 E. XIX, 144. — Irrig Z. IX, 71 und Gerstner, Suppl. 117), also auch durch Zuwiderhandlungen gegen die Bestimmungen des Art. 5 (Abs. 4), z. B. unberechtigte Ablehnung des Transportes, Verletzung der Reihenfolge usw. Befolgung der Verfügungen des Absenders ohne Vorweisung des Frachtbriefduplikats (Art. 15 Abs. 1 und 2), rechtswidrige Zurückhaltung oder Realisierung des Gutes als Pfand (Art. 21), Nichtauszahlung eingezogener Nachnahmen (Art. 13), Ablieferung des Gutes ohne Einziehung der Nachnahme (Z. VII, 99), unrichtige, fehlende oder ungenaue Deklaration (Art. 43 Z. XV 366, E. XXIV 129). Österr. Oberst. Ger. will den Schadensanspruch aus Art. 41 in den Fällen des Art. 43 ausschließen (Entsch. 27. März 1906 E. XXV 122) usw. Stets aber muß es sich um Schaden aus den Transportbeziehungen zwischen der Eisenbahn und dem Absender bzw. Empfänger handeln, nicht aus den hinter dem Frachtvertrage liegenden, anderweiten Rechtsbeziehungen (E. XIX, 144).

2. Die zweite Voraussetzung ist, daß der Schaden infolge der Arglist oder groben Fahrlässigkeit der Eisenbahn entstanden ist.

a) Die Begriffe „Arglist" und „grobe Fahrlässigkeit" sind im Übereinkommen nicht bestimmt. Man ging davon aus, daß die Begriffe in allen beteiligten Rechtsgebieten klar und allgemein feststehend sind (dolus und culpa lata). „Arglist" ist danach die böse auf die Schadenszufügung gerichtete Absicht (böswillige Beschädigung), — „grobe Fahrlässigkeit" der hohe Grad von Nachlässigkeit, schuldbarer Unwissenheit oder Mangel an gehöriger im Verkehre erforderlicher Aufmerksamkeit ohne böse Absicht (Z. VI, 334, E. XVII 260). Beides kann in positiven Handlungen, aber auch in Unterlassungen bestehen. Leichte Fehler, geringfügige Versehen und unerhebliche Pflichtwidrigkeiten gehören nicht zum Begriffe der groben Fahrlässigkeit. Es liegt auf der Hand, daß hier für die richterliche Beurteilung im Streitfalle nach Lage der konkreten Verhältnisse ein weiter Spielraum bleibt. Danach kann je nach Lage des einzelnen Falles die Beurteilung, ob unrichtige, ungeeignete oder verspätete Verladung oder sonstige Fehler derselben (z. B. Zusammenladen einander schädigender Güter, ungenügender Wagenverschluß, schlechte Befestigung, irrige Verladung usw.) Verwechslung und Fehldirigierung der Güter (Z. VII 405, ZXIV 59, E. XXII 271, Z. XIII 298), Abhandenkommen von den Magazinen, Bahnhöfen, Wagen, Diebstähle (Z. IV, 130, E. X, 106), Betriebsunfälle Verschleppungen (insbesondere bei einem dem schnellen Verderben unterworfenen Gut, Z. VI, 334, VII, 483), unrichtiges oder verspätetes Avisieren (Z. VIII E. XVIII 215, XXII 24), Expedieren (E. XXI, 280), Verausgaben (z. B. mehrtägiges Liegenlassen angekommenen Eilgutes, Z. V 227), vieltägige Verzögerung der Ankunft von Eilgut (XI 345, E. XX 234, XXIII 29), Beförderung von Eilgut als gewöhnliches (E. XX 16), Anhäufung von Gütern auf Bahnhöfen infolge außerordentlicher Verkehrsschwierigkeiten (E. XXIII 388), Unterlassung der Benachrichtigung von Transporthindernissen, z. B. Mängeln der Begleitpapiere (E. XXIV 41), Versäumung der Lieferfrist durch Verschleppung (E. XXIV 117), infolge falscher Bezettelung (E. XX 118), Ablieferung an den unberechtigten Empfänger (E. XX 325, XXI 127), Behandlung eines beladenen Wagens als leer, saumselige Nachforschung nach dem Verbleib des Gutes, Abhandenkommen der Begleitpapiere (E. XXI 129), Warmlaufen eines Wagens Umladen (E. XVIII 306), Verwechslung der Wagennummer (Z. X 91, E. XVIII 306), Beachtung einer nur mündlich (telephonisch) erteilten Verfügung wegen Änderung der Bestimmungsstation (E. XXII 126), vorschriftswidrige Entladung (E. XXIII 262) usw., Abliefern (Z. III 265, IV 446), z. B. ohne Einziehung der Nachnahme infolge einer Täuschung der Bahnorgane (Z. VI 99), ungenügende Schutzmaßregeln (Einstellung eines Wagens mit leicht brennbarer Ladung in der Nähe der Lokomotive, Z. IX 456), unberechtigte Veräußerung (Z. VIII 256), Bedeckung, unrichtige, irrige oder unterlassene Zolldeklaration (Z. IV 441), Nichtbenachrichtigung von dem Ergebnisse der eisenbahnamtlichen Untersuchung (Z. XII 306, E. XXI 129, 269) usw. als auf Arglist, grober Fahrlässigkeit oder leichtem Verschulden beruhend zu erachten sind, eine sehr verschiedenartige sein.

b) Unter „Arglist oder grober Fahrlässigkeit der Eisenbahn" ist auch implicite die der Leute der Eisenbahn und anderer Personen, deren sie sich bei der Ausführung des von ihr übernommenen

Transportes bedient, zu verstehen. Dies ergibt sich aus Art. 29, dessen Bestimmungen, wie bereits an früherer Stelle erörtert (Anm. 155 S. 328, 329), sich auch auf Art. 41 beziehen.

c) Der Schaden (ad 1) muß durch die Arglist oder grobe Fahrlässigkeit der Eisenbahn bzw. ihrer Leute in dem vorerörterten Sinne entstanden, d. h. die arglistige oder grob fahrlässige Handlung oder Unterlassung die Ursache des Schadens sein. Es genügt nicht, daß eine derartige Handlung usw. der Eisenbahn oder ihrer Leute bei dem betreffenden internationalen Transporte überhaupt vorgekommen, mituntergelaufen, zeitlich oder örtlich damit zusammengefallen ist; vielmehr ist erforderlich, daß durch dieselbe der Schaden herbeigeführt ist. Aber er braucht nur die wirkliche, nicht die notwendige Folge derselben zu sein. Ebensowenig gehört es zum ursächlichen Zusammenhange, daß die Handlung die alleinige Ursache gewesen. Es können zu der Handlung noch andere Umstände oder Tatsachen als mitwirkend hinzugetreten sein, gleichviel ob der Eintritt dieser mitwirkenden Tatsachen durch jene Handlung bedingt war oder nicht.

Bei konkurrierendem Verschulden der Eisenbahn und der Gegenpartei ist nach Lage des konkreten Falles entscheidend, wessen Verschulden als das vorwiegende den Schaden verursacht hat, als die eigentliche causa efficiens desselben zu betrachten ist. Liegt auf der einen Seite Arglist vor, während dem anderen Teile nur eine Fahrlässigkeit zur Last fällt, oder hat der eine sich eines groben Verschuldens, der andere nur eines unbedeutenden Versehens schuldig gemacht, so wird in der Regel der höhere Grad des Verschuldens den Ausschlag geben. Liegt aber z. B. auf beiden Seiten Arglist vor, so kann dies nach den Umständen zu einem Fortfallen oder doch zu einer Ermäßigung des Ersatzanspruches führen.

3. Der Entschädigungsberechtigte hat den Nachweis für das Vorhandensein der beiden Voraussetzungen zu erbringen, also sowohl dafür, daß ein Schaden überhaupt entstanden ist (S. 429), wie auch dafür, daß er durch Arglist oder grobe Fahrlässigkeit der Eisenbahn bzw. ihrer Leute verursacht ist (S. 430), und zwar durch Anführung bestimmter Tatsachen (Staub 1522; Makower 1431; Rosenthal 246; Lehmann-Ring 327; Rundnagel 205). Der Beweis hat sich auf das Vorhandensein und die Höhe des Schadens sowie auf die arglistige oder grobfahrlässige Handlung bzw. Unterlassung der Eisenbahn oder ihrer Leute und den ursächlichen Zusammenhang zwischen beiden zu erstrecken (Z. XII 355, E. XXI 126, XXIII 148, 388). Dem Klagefundament der Arglist usw. gegenüber genügt aber jedenfalls der nur als Gegenbeweis erforderliche Nachweis, daß ein als Arglist usw. anzusehendes Verschulden nicht vorliegt (E. X 107).

Soweit nicht durch das Übereinkommen selbst bindende Bestimmungen getroffen sind, hat das Prozeßgericht in betreff des Verfahrens die Gesetze und das Prozeßrecht seines Landes in Anwendung zu bringen (Art. 55). Vornehmlich gilt dies auch für die Beweisregeln. Ein Antrag, einheitlich die freie Beweiswürdigung einzuführen, wurde abgelehnt. Die Würdignng des Beweismaterials soll den Prozeßvorschriften der einzelnen Länder überlassen bleiben (s. Näheres bei Art. 55).

B. Liegen die beiden vorerörterten Voraussetzungen erweislich vor, so kann die Vergütung des vollen Schadens in allen Fällen gefordert werden.

1. Die „Vergütung des vollen Schadens", d. h. die Forderung des Ersatzberechtigten (Absenders bzw. Empfängers) ist nicht auf die in den vorliegenden Artikeln (Art. 34—38, 40) bezeichneten Wertgrenzen beschränkt. „Voller Schaden" bedeutet mehr als diese begrenzten Beträge; es kann frei von allen Schranken sowohl der wirkliche Schaden (damnum emergens), wie auch der entgangene Gewinn (lucrum cessans), das ganze individuelle Interesse des Berechtigten, insoweit es überhaupt nach irgendwelcher Richtung hin durch die arglistige oder grobfahrlässige Handlungsweise der Eisenbahn oder ihrer Leute verletzt ist, gefordert werden (Rosenthal 246), also auch der nicht vorauszusehende Schaden (abweichend von Art. 1150 code civil). Es gehören dahin Nachteile durch Konventionalstrafen (Z. VI 184), geschäftliche Einbuße, Verlust an Kundschaft, Reisekosten, Entwertung der Ware durch Änderung der Konjunktur, der Mode, Verkaufsgelegenheit usw. (Z. XI 345, E. XX 234, Z. XII 355, E. XXI 126).

2. Den Beweis für den vollen Schaden und für die Höhe der danach beanspruchten Entschädigungsbeträge hat der Entschädigungsberechtigte zu führen, und zwar nach Maßgabe der oben S. 431 bereits erörterten Normen (Z. VII 483).

3. Art. 41 umfaßt ausnahmslos alle Fälle, in welchen auf Grund des internationalen Übereinkommens überhaupt ein Schadensersatz zu leisten ist. Dafür spricht zunächst der Wortlaut des Art. 41. Denn das Übereinkommen gibt überall, wo eine derartige Beschränkung beabsichtigt ist — arg. Art. 27 Abs. 3, Art. 28, 30, 34, 43, 44, 45 — dieser Absicht besonderen Ausdruck. Sodann ergibt aber auch die Entstehungsgeschichte des Art. 41, daß man die ursprüngliche Absicht, die Tragweite dieses Artikels lediglich auf die Fälle der Art. 34—40 einzuschränken, im Laufe der Verhandlungen fallen gelassen hat (Rosenthal 244; Schwab 312. — A. M. Z. IX 72).

Wo ein Schadensersatz aus dem internationalen Frachtvertrage überhaupt nicht zu leisten ist — wie im Falle des Art. 43 —, da entfällt die Anwendung des Art. 41.

Artikel 42.[202])

Der Forderungsberechtigte kann 6 Prozent Zinsen der als Entschädigung festgesetzten Summe verlangen.[203]) Diese Zinsen laufen von dem Tage, an welchem das Entschädigungsbegehren gestellt wird.[204])

Zusatz I.
Betriebsreglement des Vereins Deutscher Eisenbahnverwaltungen.

§ 80.
Verzinsung der Entschädigungsbeträge.

(Text übereinstimmend mit vorstehendem Art. 42.)

202) Prinzip und Entstehungsgeschichte des Art. 42.

Art. 42, die zweite der allen Schadensfällen gemeinsamen Vorschriften, betrifft die Verzinsung der Entschädigungssumme. Im Satz 1 des Art. 42 ist über die Pflicht zur Verzinsung der Entschädigungssumme überhaupt sowie über die Höhe der Zinsen Bestimmung getroffen. Diese Bestimmungen entsprechen allgemeinen, im wesentlichen in allen Landesrechten übereinstimmend wiederkehrenden Normen. Dagegen enthält Satz 2 bezüglich des Beginnes des Zinsenlaufes eine singuläre, von den allgemeinen Rechtsregeln abweichende Vorschrift. Während nämlich nach diesen der Zinsenlauf mit dem Tage der Fälligkeit der Entschädigungsforderung anfängt, ist hier vorgeschrieben, daß die Zinsen erst von dem Tage, an welchem das Entschädigungsbegehren gestellt wird, laufen (über diesen Grundsatz s. unten S. 435). Diese Abweichung von der allgemeinen Regel wurde für zweckmäßig erachtet, um zugunsten der Eisenbahnen zu verhindern, daß die Entschädigungsberechtigten in Rücksicht auf die immerhin hohe Verzinsung von sechs Prozent es für vorteilhaft halten möchten, die Erhebung der Entschädigungsforderung möglichst lange hinauszuziehen und demgemäß die Verzinsung länger als notwendig zu genießen.

Die Anregung zur Aufnahme gemeinsamer, die Verzinsung betreffender Normen ging vom Schweizer Entwurfe aus (Art. 20 Abs. 2; vgl. auch Art. 21 Abs. 1).

Die Aufnahme bezüglicher einheitlicher Normen empfahl auch die Kritik des Schweizer Entwurfs (Eger, Die Einführung eines internationalen Eisenbahn-Frachtrechts, 1877, S. 108 und 109, Gegenentwurf Art. 20 S. 146), „weil eine einheitliche Regelung des Beginnes der Zinspflicht und der Höhe des Zinsfußes insbesondere in Rücksicht auf die Regreßansprüche sehr wünschenswert erscheine“ (vgl. Art. 287—289 altes D. H.G.B.).

Der Deutsche Entwurf 1878 (Art. 27b sc. 42) schloß sich diesen Vorschlägen vollständig an.

In der I. Konferenz (1. und 2. Lesung) wurde der Artikel ohne Debatte unbeanstandet angenommen (Prot. 44, 83).

In der III. Konferenz beantragte Rußland Abänderung dieses Artikels in dem Sinne, daß die Zinsen der als Entschädigung festgesetzten Summe von dem Tage an laufen sollen, an welchem das Entschädigungsbegehren gestellt wird, und daß die Bahn von der Zahlung solcher Zinsen befreit sein soll, wenn sie den Berechtigten vor Ablauf eines Monats nach Anbringung der Reklamation entschädigt. Damit werde bezweckt, den Fall auszuschließen, daß es im Hinblick auf die zu beziehenden sechs Prozent Zinsen von Vorteil sein möchte, die Reklamation möglichst spät anzubringen sowie ferner um die zur Abrechnung zwischen den Bahnen erforderliche Zeit abzukürzen.

Die Kommission schlug vor, den ersten Teil des russischen Antrages anzunehmen. Für die Annahme des zweiten Teiles des russischen Antrages liege aber kein Grund vor. Dementsprechend wurde die als Art. 42 in den Text des Übereinkommens übergegangene Fassung vorgeschlagen und angenommen (Prot. 48).

203) Der Forderungsberechtigte kann sechs Prozent Zinsen der als Entschädigung festgesetzten Summe verlangen.

Satz 1 des Art. 42 gibt zunächst dem Grundsatze Ausdruck, daß der Forderungsberechtigte berechtigt ist, Zinsen der festgesetzten Entschädigungssumme zu verlangen, bzw. die Eisenbahn verpflichtet ist, ihm Zinsen zu zahlen. Unter dem Forderungsberechtigten ist jeder zu verstehen, welcher zu irgendeiner Forderung aus dem internationalen Eisenbahntransport gegen die Eisenbahn berechtigt ist. Es ist also nicht nur derjenige gemeint, welcher wegen Verlustes, Beschädigung oder Versäumung der Lieferfrist gemäß Art. 30—40 des Übereinkommens auf Grund des internationalen Eisenbahn-Frachtvertrages entschädigungsberechtigt ist, sondern jeder, welchem, gleichviel ob vertragsmäßig oder nicht, überhaupt irgendeine aus dem internationalen Eisenbahntransport herrührende Forderung zusteht (Art. 26 Anm. 144 S. 301 ff.), z. B. auch für Frachtrückerstattungsforderungen: E. XXI 165; Art. 12 Anm. 84; Rosenthal 247; Hertzer 101; E. XVIII 236, XIX 149, XX 176, XXI 130, 165. — A. M. Hilscher 174; Jacob 160). Der Berechtigte „kann“ Zinsen verlangen, er ist dazu berechtigt, aber er braucht es nicht. Er kann also auch die Schadensforderung ohne Zinsen geltend machen oder zu einem geringeren als dem im Art. 42 angegebenen Zinsfuße. Aber es darf gemäß Art. 4 die Verzinsungspflicht tarifarisch weder ausgeschlossen noch beschränkt werden. Die Verzinsung aus Art. 42 kann nur verlangt werden in betreff „der als Entschädigung festgesetzten Summe“, also nicht in betreff eines nur vorläufig ermittelten Schadensbetrages; ebensowenig für eingezogene Nachnahmen, mit deren Auszahlung die Eisenbahn im Verzuge ist, für zuviel erhobene Frachtbeträge usw. Die Verzinsungspflicht bezüglich derartiger Beträge richtet sich vielmehr, mangels einer Vorschrift des Übereinkommens, nach den betreffenden Landesrechten.

Sodann ist aber auch durch Satz 1 des Art. 42 die Höhe der Zinsen einheitlich auf sechs Prozent normiert. Es entspricht dies den Bestimmungen des Art. 287 des alten D. H.G.B. wie auch der Mehrzahl der anderen Landesgesetzgebungen, welche die Höhe der gesetzlichen Zinsen, insbesondere auch der Verzugszinsen, auf sechs Prozent jährlich festsetzen). (Das neue D. H.G.B. § 352 hat die gesetzlichen Zinsen auf fünf Prozent herabgesetzt.) Ein niedrigerer Zinsfuß als sechs Prozent darf mit Rücksicht auf Art. 4 tarifarisch oder durch Sonderabrede nicht festgesetzt werden, wohl aber ein höherer (Anm. 20 S. 35 ff.); auch ist es dem Forderungsberechtigten unbenommen, die Zinsen zu einem beliebig geringeren Zinsfuße geltend zu machen.

204) **„Die Zinsen laufen von dem Tage, an welchem das Entschädigungsbegehren gestellt wird."**

Satz 2 des Art. 42 trifft über den Beginn des Zinsenlaufes einheitliche Bestimmung. Die Zinsen laufen von dem Tage, an welchem das Entschädigungsbegehren gestellt wird (E. XXIV 24). Satz 2 des Art. 42 ist dem Art. 288 des alten D. H.G.B. nachgebildet. Der Grund für diese Vorschrift liegt darin, daß zugunsten der Eisenbahn verhindert werden sollte, daß die Entschädigungsberechtigten im Hinblick auf die zu beziehenden sechs Prozent Zinsen es für vorteilhaft halten möchten, die Entschädigungsforderung möglichst spät anzubringen (Anm. 202 S. 433). Hiergegen soll die Festsetzung des Beginnes der Verzinsung auf den Zeitpunkt der Reklamation den Eisenbahnen Schutz gewähren.

Die Worte „von dem Tage, an welchem . . . ." weisen darauf hin, daß dieser Tag nicht mitzurechnen ist, der Zinsenlauf also erst mit dem folgenden Tage beginnt. Dies folgt arg. e contr. auch aus der Bestimmung des Abs. 2 des Art. 45. Unter „Entschädigungsbegehren" ist jede an die Eisenbahn bzw. ihre zuständigen Organe gerichtete Aufforderung zur Zahlung eines Entschädigungsbetrages zu verstehen, gleichviel in welcher Form — ob mündlich, schriftlich, telegraphisch usw. als Reklamation, Mahnung, Zahlungsbefehl, Klage usw. — die Zahlungsaufforderung erfolgt (E. XXI 165, XXIV 24).

Artikel 43.[205])

Wenn Gegenstände, welche vom Transporte ausgeschlossen oder zu demselben nur bedingungsweise zugelassen sind, unter unrichtiger oder ungenauer Deklaration zur Beförderung aufgegeben, oder wenn die für dieselben vorgesehenen Sicherheitsvorschriften vom Absender außer acht gelassen werden,[206]) so ist jede Haftpflicht der Eisenbahn auf Grund des Frachtvertrages ausgeschlossen.[207])

Zusatz I.

Betriebsreglement des Vereins Deutscher Eisenbahnverwaltungen.

§ 81.

Ausschluß der Haftung.

(Text übereinstimmend mit vorstehendem Art. 43.)

205) **Prinzip und Entstehungsgeschichte des Art. 43.**

Das internationale Übereinkommen unterscheidet in den Art. 2 und 3 solche Güter, auf welche die Normen des Übereinkommens überhaupt keine Anwendung finden (Art. 2), und solche, welche vom internationalen Transport ausgeschlossen oder zu diesem Transport nur bedingungsweise zugelassen sind (Art. 3). Diese Unterscheidung läßt erkennen, daß die Güter der letzteren Art (Art. 3) dem internationalen Übereinkommen unterworfen sind und daher bezüglich ihrer der Abschluß eines internationalen Eisenbahn-Frachtvertrages stattfinden kann. Dafür spricht auch, daß der Begriff „vom Transport ausgeschlossene

Gegenstände" ein nur relativer ist und nach § 1 Abs. 3 der Ausführungsbestimmungen zum Art. 3 des Übereinkommens zwischen den Vertragsstaaten auch bezüglich dieser ausgeschlossenen Gegenstände leichtere Bedingungen vereinbart werden können. In betreff der Güter der ersteren Art. (Art. 2) kann, selbst wenn sie infolge unrichtiger usw. Deklaration zum internationalen Transport aufgegeben, angenommen und nach den Formen derselben (d. h. mittelst internationalen Frachtbriefes) befördert werden, ein internationaler Frachtvertrag deshalb nicht zustande kommen, weil ausdrücklich bestimmt ist, daß auf diese Güter das internationale Übereinkommen keine Anwendung findet. Was dagegen die gemäß Art. 3 vom internationalen Transporte ausgeschlossenen oder nur bedingungsweise zugelassenen Güter anlangt, so findet (arg. e contr.: Art. 2) auf dieselben zwar das internationale Übereinkommen Anwendung, und es besteht folgeweise bezüglich derselben, wenn sie infolge unrichtiger oder ungenauer Deklaration verbotswidrig oder bedingungswidrig oder unter Außerachtlassung der Sicherheitsvorschriften aufgegeben und zum internationalen Transport in den Formen des Übereinkommens (Art. 6 und 8) angenommen sind, an sich ohne Zweifel ein auf die Willensübereinstimmung der Kontrahenten gegründeter internationaler Frachtvertrag (Staub 1576; Makower 1532; Lehmann-Ring 396; Hilscher 207. — Abweichend Rundnagel 57). Aber es treten die im internationalen Übereinkommen vorgesehenen Folgen der vorschriftswidrigen Aufgabe ein, wie sie einerseits im Art. 7 (und § 3 der Ausführungsbestimmungen; s. Anm. 55 S. 88 f.), anderseits im Art. 43 des Übereinkommens vorgesehen sind. Art. 43 schließt nur die Haftpflicht der Eisenbahn aus dem Frachtvertrage aus; im übrigen bleiben die Rechte und Verbindlichkeiten der Kontrahenten aus dem Vertrage unberührt. Würde man aus Art. 43 die Annahme herleiten, daß ein Frachtvertrag nicht zustande gekommen sei, so würden nicht nur die Vertragspflichten der Eisenbahn, sondern zuungunsten derselben — was vom Gesetze gewiß nicht beabsichtigt —, auch ihre Vertragsrechte auf Fracht usw. (Art. 11 f., 16, 17, 20), Pfandrecht am Gut (Art. 21, 22) usw. fortfallen.

Dem Schweizer Entwurf fehlte eine bezügliche Bestimmung gänzlich. Die Kritik des Schweizer Entwurfes (Eger, Die Einführung eines internationalen Eisenbahn-Frachtrechtes S. 65 und Gegenentwurf Art. 5 Abs. 6 a. a. O. S. 139) monierte diesen Mangel und befürwortete die Aufnahme der bewährten Strafbestimmungen des § 48 C des Deutschen und Österreichisch-Ungarischen Betriebsreglements. Der Deutsche Entwurf (Art. 27 c) brachte demgegenüber den Ausschluß jeglicher Haftpflicht für die fraglichen Gegenstände in Vorschlag.

In den Motiven ist kurz darauf hingewiesen, daß Art. 27 c nur eine natürliche Konsequenz der Bestimmungen des Art. 1 b (sc. 2 und 3) in ihrer Anwendung auf die Haftpflicht der Bahnen darstelle, und daß sich eine ähnliche Bestimmung auch im Art. 454 des italienischen Entwurfes (sc. eines H.G.B.) finde.

In der I. Konferenz (1. Lesung) machte der luxemburgische Delegierte darauf aufmerksam, daß Art. 27 a (jetzt 41) in Verbindung mit

Art. 27c (43) zu Mißverständnissen Anlaß geben könnte. Im Art. 27a wird eine allgemeine Verpflichtung der Bahnen ausgesprochen; im Art. 27c liegt eine Beschränkung dieser allgemeinen Verpflichtung, welche wohl dem Sinn des Art. 27a direkt widerspricht. Es sei nicht einzusehen, warum die Verantwortlichkeit der Bahnen bei arglistiger oder grob fahrlässiger Verschuldung derselben aufgehoben werden soll infolge einer gleichen Verschuldung eines Dritten.

Der schweizerische Delegierte trat den Ausführungen des luxemburgischen Delegierten bei, wünschte aber, daß zu Protokoll erklärt werde, daß mit dieser Bestimmung dem gemeinen Recht der einzelnen am Übereinkommen beteiligten Staaten nicht derogiert werden soll. Der Präsident schlug hierauf Überweisung des Art. 27c an die Kommission I vor, da die gegenwärtige Fassung desselben zu Mißverständnissen führen könnte. Dieser Vorschlag wurde angenommen (Prot. 44, 45).

In der zweiten Lesung wurde hierauf der Artikel von der Kommission I in der in den Text des Übereinkommens übergegangenen Fassung vorgeschlagen und ohne Diskussion sowohl in der I. Konferenz (Prot. 83) wie in der II. (Prot. 55, 123) und in der III. Konferenz unbeanstandet angenommen.

206) **„Wenn Gegenstände, welche vom Transporte ausgeschlossen oder zu demselben nur bedingungsweise zugelassen sind, unter unrichtiger oder ungenauer Deklaration zur Beförderung aufgegeben, oder wenn die für dieselben vorgesehenen Sicherheitsvorschriften vom Absender außer acht gelassen werden“, so . . .**

Der Vordersatz des Art. 43 gibt die Voraussetzungen an, unter welchen der im Nachsatze bestimmte Ausschluß der Haftpflicht der Eisenbahn auf Grund des Frachtvertrages (Anm. 207) eintritt. Voraussetzungen für den Ausschluß der Haftpflicht sind, daß entweder Gegenstände, welche vom Transport ausgeschlossen oder zu demselben nur bedingungsweise zugelassen sind, unter unrichtiger oder ungenauer Deklaration zur Beförderung aufgegeben, oder daß die für dieselben vorgesehenen Sicherheitsvorschriften vom Absender außer acht gelassen werden. Es genügt für den Ausschluß der Haftpflicht, daß eine dieser Voraussetzungen vorliegt, es können aber auch kopulativ mehrere derselben zugleich vorliegen.

Unter „Gegenständen, welche vom Transport ausgeschlossen oder zu demselben nur bedingungsweise zugelassen sind“, sind nur die im Art. 3 des internationalen Übereinkommens bzw. im § 1 der Ausführungsbestimmungen zum Art. 3 bezeichneten, oben Anm. 14—17 S. 26f. des näheren erörterten Güter gemeint. Die im Art. 2 aufgeführten Güter (Anm. 10—12) gehören nicht hierher, denn sie sind nicht vom internationalen Transport ausgeschlossene oder nur bedingungsweise zu demselben zugelassene, sondern solche, auf welche die Bestimmungen des internationalen Übereinkommens überhaupt keine Anwendung finden (Anm. 205). „Unrichtig“ ist die Deklaration, wenn sie den Gegenstand, der gemäß Art. 6 lit. d im Frachtbriefe nach seinem Inhalte usw. bezeichnet werden muß (Anm. 36, 55), falsch bezeichnet; „ungenau“, wenn die Bezeichnung des Gegenstandes zu berechtigten Zweifeln und Irrtümern Anlaß gibt, insbesondere die Qualität und Natur des Gutes nicht erkennbar macht (E. XXI 9, XXIII 137, 237, XXIV). Dahin gehört auch die gänzliche Unterlassung der Deklaration (E. XXV 120). Nur wenn die unrichtige oder ungenaue Deklaration durch Verschulden oder Mitverschulden der Eisenbahn herbeigeführt ist, findet Art. 43 keine Anwendung (Rosenthal 201). Die unrichtige oder ungenaue Deklaration allein genügt jedoch nicht zum Ausschluß der Haftpflicht, es ist die Aufgabe zur Beförderung unter unrichtiger oder ungenauer Deklaration, d. h. der Vertragsabschluß in Gemäßheit des Art. 8 erforderlich. Die bloße Auflieferung ohne Abschluß des Frachtvertrages ist gleichfalls zur Ausschließung der Haftpflicht nicht ausreichend. Dagegen reicht die bloße Tatsache der Aufgabe zur Beförderung (sc. des Vertragsabschlusses) unter unrichtiger oder ungenauer Deklaration aus, gleichviel ob die Deklaration auf böser Absicht (dolus) oder grober Fahrlässigkeit (culpa lata) oder nur auf leichtem Verschulden oder Irrtum (verschuldetem oder unverschuldetem) oder auf Zufall beruht, ob ein Schaden hieraus wirklich entstanden ist, ob die Beförderung wirklich begonnen oder stattgefunden hat oder nicht. Art. 43 setzt nicht ein strafbares Verschulden des Aufgebers voraus, es genügt Irrtum oder Unterlassung. Daher ist es auch indifferent, ob die unrichtige usw. Deklaration vom Aufgeber selbst oder seinen Leuten herrührt, der Geschäftsherr kann der Eisenbahn nicht entgegenhalten, daß die qu. Deklaration ohne sein Wissen und Wollen erfolgt sei. Entscheidend ist allein, daß die Deklaration objektiv unrichtig oder ungenau ist (vgl. noch Art. 7 Anm. 55).

Der Aufgabe der betreffenden Güter zur Beförderung unter unrichtiger Deklaration steht gleich die Aufgabe unter Außerachtlassung der für dieselben vorgesehenen Sicherheitsvorschriften seitens des Absenders. Die Fassung des Art. 43 ist hier insofern ungenau, als nach der Absicht des Gesetzes nicht die bloße Außerachtlassung der Sicherheitsvorschriften die Rechtsfolge des Ausschlusses der Haftpflicht nach sich ziehen soll, sondern — wie im vorhergehenden Falle — die Aufgabe zur Beförderung unter Außerachtlassung dieser Vorschriften. Die bezüglichen Sicherheitsvorschriften sind in einer dem § 1 der Ausführungsbestimmungen zum Art. 3 des internationalen Übereinkommens beigefügten Anlage: „Vorschriften über bedingungsweise zur Beförderung zugelassene Gegenstände“ (s. Art. 3 S. 25) enthalten. Zugleich ist jedoch im Abs. 3 des § 1 lit. c bestimmt, daß einzelne oder alle Vertragsstaaten für ihren wechselseitigen Verkehr vereinbaren können, daß die vom internationalen Verkehr ausgeschlossenen Gegenstände unter gewissen Bedingungen, oder daß die in der Anlage 1 aufgeführten Gegenstände unter leichteren Bedingungen zur Beförderung zugelassen werden (S. 24).

207) **„. . . so ist jede Haftpflicht der Eisenbahn auf Grund des Frachtvertrages ausgeschlossen.“**

1. Liegen die vorerörterten Voraussetzungen vor, so ist jede Haft-

pflicht der Eisenbahn auf Grund des Frachtvertrages ausgeschlossen. Die Rechtsfolge besteht nach Sinn und Wortlaut der vorliegenden Bestimmung nicht darin, daß der Frachtvertrag als nicht geschlossen anzusehen ist, sondern nur in dem Ausschluß der Haftpflicht aus dem Frachtvertrage, welcher im übrigen unberührt bleibt (S. 436, 437).

2. „Jede Haftpflicht der Eisenbahn" ist ausgeschlossen, d. h. für Verlust, Minderung, Beschädigung wie auch Verspätung gemäß Art. 30—42 sowohl in betreff des Grades wie des Umfanges der Schadensersatzpflicht, gleichviel ob eine Deklaration des Interesses an der Lieferung stattgefunden hat oder nicht, ob der Eisenbahn bei der Annahme die wirkliche Beschaffenheit des Gutes bekannt war, ob der Schaden durch die Eisenbahn oder durch ihre Leute usw. (Art. 29) verursacht ist, ob er auf Arglist, grober Fahrlässigkeit, leichtem Verschulden, Irrtum oder Zufall, auf positiven Handlungen oder bloßen Unterlassungen beruht (übereinstimmend Makower 1532; Düringer-Hachenburg 685; Staub 1576; Lehmann-Ring II 396; Ritter 77; Rundnagel 58, 60; Gerstner 393; Österr. Oberst. Ger. 27. März 1906; E. XXV 120. — A. M. Gasca 285; Hertzer 152; Franz. Kass.-Hof 7. Jan. 1907 Z. XV 366, E. XXIV 129). Aber nur die Haftpflicht auf Grund des Frachtvertrages ist ausgeschlossen. Die anderen Pflichten aus dem Frachtvertrage, z. B. die Pflicht zur Ablieferung (Art. 16, 17), zur Befolgung der Verfügungen des Absenders bzw. Empfängers (Art. 15), zur Erfüllung der Zoll-, Steuer- und Polizeivorschriften (Art. 10), zur Einziehung der Nachnahmen (Art. 13) usw., sind ebensowenig wie die Vertragsrechte ausgeschlossen.

3. Auch erstreckt sich der Ausschluß nur auf die Haftpflicht aus dem konkreten Frachtvertrage; soweit außervertragsmäßig ex lege acquilia oder aus einem anderen Vertragsverhältnisse (ex deposito) der Eisenbahn eine Haftpflicht für das Gut obliegt, wird dieselbe durch die Bestimmung des Art. 43 nicht berührt, und finden die Landesgesetze entsprechende Anwendung. Die Eisenbahn darf daher solche Güter nicht etwa ohne weiteres derelinquieren, der Zerstörung usw. preisgeben, durch dolus und culpa lata beschädigen usw. Um hierüber keinen Zweifel zu lassen, wurden die Worte „auf Grund des Frachtvertrages" eingefügt.

4. Der Ausschluß der Haftpflicht kann von sämtlichen an dem betreffenden internationalen Frachtvertrage beteiligten Eisenbahnen geltend gemacht werden, er trifft sowohl den Absender wie auch den in den Frachtvertrag eingetretenen Empfänger. Auch werden dadurch die sonst aus unrichtigen, ungenauen oder ungenügenden Angaben des Absenders im Frachtbriefe oder aus der Nichtbeobachtung vorgesehener Sicherheitsvorschriften sich ergebenden Rechtsfolgen, die Pflicht zur Zahlung von Konventionalstrafen (Frachtzuschlägen), Frachtdifferenzen sowie zur Tragung des etwa entstandenen Schadens, der durch strafgesetzliche oder polizeiliche Bestimmungen vorgesehenen Strafen, der Zollstrafen usw. nicht aufgehoben (Art. 7 Anm. 55 S. 88 f., Art. 10 Anm. 69 S. 122 f.).

5. Der Ausschluß der Haftpflicht erstreckt sich nur auf die im

Artikel 43 bezeichneten Gegenstände. Sind derartige Gegenstände mit anderen, auf welche die Voraussetzungen des Art. 43 nicht zutreffen, zu einer Gesamtsendung vereinigt (z. B. Schießpulver und Getreide), in ein Kollo verpackt, auf einen Frachtbrief aufgegeben, in einer Wagenladung befördert, so ist nur für diejenigen Teile der Sendung bzw. für diejenigen Gegenstände, auf welche Art. 43 Anwendung findet, die Haftpflicht ausgeschlossen, nicht aber für die anderen. Denn Ausnahmebestimmungen — zu welchen Art. 43 gehört — sind strikte zu interpretieren (übereinstimmend Staub 1576 ff., Rundnagel 59 Anm. 7. — A. M. Hilscher 208, weil die Sendung eine Einheit bildet).

Ein Antrag in der II. Revisionskonferenz, die Eisenbahnen von der Haftung für den Verlust zu entlasten, welcher einem Absender daraus erwachsen könne, daß Gegenstände, deren Ein- und Ausfuhr in einem Staate verboten sei, zur Beförderung angenommen werden, wurde zurückgezogen, nachdem dagegen geltend gemacht worden war, daß auf derartige Gegenstände nach Art. 2 Ziffer 3 das I.Ü. nicht Anwendung finde und eine Eisenbahn, welche dennoch einen solchen Gegenstand zur internationalen Beförderung annehme, dafür verantwortlich sei. Die Regelung dieser Beziehungen sei dem Landesrechte überlassen.

Artikel 44.[208])

(1) Ist die Fracht nebst den sonst auf dem Gute haftenden Forderungen bezahlt und das Gut angenommen, so sind alle Ansprüche gegen die Eisenbahn aus dem Frachtvertrage erloschen.[209])

(2) Hiervon sind jedoch ausgenommen:

1. **Entschädigungsansprüche, bei welchen der Berechtigte nachweisen kann, daß der Schaden durch Arglist oder grobe Fahrlässigkeit der Eisenbahn herbeigeführt worden ist;[210])**
2. **Entschädigungsansprüche wegen Verspätung, wenn die Reklamation spätestens am vierzehnten Tage, den Tag der Annahme nicht mitgerechnet, bei einer der nach Artikel 27 Absatz (3) in Anspruch zu nehmenden Eisenbahnen angebracht wird;[211])**
3. **Entschädigungsansprüche wegen solcher Mängel, deren Feststellung gemäß Artikel 25 vor der Annahme des Gutes durch den Empfänger erfolgt ist, oder deren Feststellung nach Artikel 25 hätte erfolgen sollen und durch Verschulden der Eisenbahn unterblieben ist;[212])**
4. **Entschädigungsansprüche wegen äußerlich nicht erkennbarer Mängel, deren Feststellung nach der Annahme erfolgt ist, jedoch nur unter nachstehenden Voraussetzungen:**
   a) **es muß unmittelbar nach der Entdeckung des Schadens und spätestens sieben Tage nach der Empfangnahme des Gutes der Antrag auf Feststellung gemäß Artikel 25 bei der Eisenbahn oder dem zuständigen Gerichte angebracht werden;**
   b) **der Berechtigte muß beweisen, daß der Mangel während der Zeit zwischen der Annahme zur Beförderung und der Ablieferung entstanden ist.**

War indessen die Feststellung des Zustandes des Gutes durch den Empfänger auf der Empfangsstation möglich und hat die Eisenbahn sich bereit erklärt, dieselbe dort vorzunehmen, so findet die Bestimmung unter Ziffer 4 keine Anwendung.[213])

(3) Es steht dem Empfänger frei, die Annahme des Gutes, auch nach Annahme des Frachtbriefes und Bezahlung der Fracht, insolange zu verweigern, als nicht seinem Antrage auf Feststellung der von ihm behaupteten Mängel stattgegeben ist.[214]) **Vorbehalte bei der Annahme des Gutes sind wirkungslos, sofern sie nicht unter Zustimmung der Eisenbahn erfolgt sind.**[215])

(4) Wenn von mehreren auf dem Frachtbriefe verzeichneten Gegenständen einzelne bei der Ablieferung fehlen, so kann der Empfänger in der Empfangsbescheinigung (Artikel 16) die nicht abgelieferten Gegenstände unter spezieller Bezeichnung derselben ausschließen.[216])

(5) Alle in diesem Artikel erwähnten Entschädigungsansprüche müssen schriftlich erhoben werden.[217])

Zusatz I.

Betriebsreglement des Vereins Deutscher Eisenbahnverwaltungen.

§ 82.

Erlöschen der Ansprüche aus dem Frachtvertrage.
(Text übereinstimmend mit vorstehendem Art. 44) und:

Zusätzliche Bestimmungen:

1. Die im Absatz (3) erwähnte Zustimmung der Eisenbahn zu einem Vorbehalte bei der Annahme des Gutes muß schriftlich gegeben werden.

2. Beim Bezuge einer unvollständig angelangten Sendung sind vorbehaltlich der reglementmäßigen Ersatzansprüche stets die vollen, im Frachtbriefe ersichtlich gemachten Beträge zu bezahlen.

208) **Prinzip und Entstehungsgeschichte des Art. 44.**

In den Artikeln 44, 45 und 46 hat die vierte der in der Anm. 154 angeführten, die Haftpflicht der Eisenbahnen für internationale Transporte betreffenden Fragen ihre Lösung gefunden; nämlich welche Normen in betreff des Erlöschens und der Verjährung der Haftpflichtansprüche zur Anwendung zu bringen sind, und zwar bezieht sich Art. 44 auf das Erlöschen, Art. 45 auf die Verjährung der Entschädigungsansprüche, während Art. 46 einen sowohl für erloschene wie für verjährte Ansprüche gemeinsamen Grundsatz zum Ausdruck bringt.

Art. 44 enthält den allen modernen Frachtrechten eigenen Grundsatz, daß durch Annahme des Gutes und Bezahlung der Fracht alle Ansprüche gegen die Eisenbahn aus dem Frachtvertrage erlöschen. Dieser Grundsatz beruht auf der Erwägung, daß die Eisenbahn, welche ein großes und berechtigtes Interesse daran hat, daß die von ihr ausgeführten Transportgeschäfte tunlichst bald zur endgültigen Erledigung kommen, gegen jeden Anspruch aus denselben regelmäßig schon dann geschützt sein soll, wenn eine tatsächliche Billigung des ausgeführten Transports stattgefunden hat. Eine solche Billigung sehen die Frachtrechte übereinstimmend in der Annahme des Gutes und Bezahlung der Fracht. Wenn diese beiden Handlungen nach der Ausführung des Transports vereint zusammentreffen, sollen sie die stillschweigende Willenserklärung des Empfängers bedeuten, daß er mit der Ausführung des Transports zufrieden sei und demgemäß jedem Anspruche aus dem Vertragsverhältnisse entsage (Z. VI, 599).

Dieser ohne Zweifel strenge Grundsatz hat jedoch aus Rücksichten der Billigkeit eine Reihe von Ausnahmen und Einschränkungen erfahren, die in den einzelnen Landesgesetzgebungen, und zwar in mehr oder minder verschiedener Gestalt, zum positiven Ausdruck gebracht worden sind. Es wurde daher für notwendig erachtet, nicht nur den in Rede stehenden Grundsatz auf das internationale Eisenbahn-Frachtrecht zu übertragen, sondern auch zur Beseitigung von Zweifeln die Voraussetzungen seiner Anwendung sowie die Ausnahmen und Beschränkungen klar und einheitlich festzusetzen.

Dies ist im wesentlichen vollständig übereinstimmend mit dem Art. 29 des Schweizer Entwurfs und den Abänderungsvorschlägen, welche die Kritik desselben (Eger, Die Einführung eines internationalen Eisenbahnfrachtrechts, 1877, S. 123ff. und Gegenentwurf Art. 29 a. a. O. S. 148) hierzu gemacht hatte, durch Art. 29 des deutschen Entwurfs 1878 geschehen. In den Berner Konferenzen erhielt derselbe, abgesehen von mehreren, wenig erheblichen redaktionellen Abänderungen, folgende wesentlichere Modifikationen und Ergänzungen:

In der ersten Konferenz wurde auf Vorschlag der Schweiz Abs. 2 Ziff. 3 durch Hinzufügung des — dem Deutschen Entwurfe fehlenden — zweiten Satzes („oder . . . bis . . . unterblieben ist") ergänzt. Sodann wurden die Fristen in Ziff. 2 und 4 erheblich verkürzt und in Übereinstimmung gebracht.

In der zweiten Konferenz wurde auf wiederholten Antrag Italiens der Schlußsatz zur Ziff. 4 aufgenommen, nachdem zur Begründung geltend gemacht worden war, es läge im Interesse der Bahnen sowohl wie des Publikums, daß dem letzteren die Möglichkeit eröffnet würde, die Verifikation des Gutes jeweilen bei Ankunft im Bahnhof wahrzunehmen, daß aber alsdann, wenn dieselbe unterlassen worden wäre, ein nachträglicher Anspruch nicht mehr zugelassen würde. Endlich wurde infolge der Anregung Frankreichs die Bestimmung des Abs. 3, wonach Vorbehalte bei der Annahme des Gutes wirkungslos sind, dahin modifiziert, daß dies nicht der Fall sein solle, wenn sie unter Zustimmung der Eisenbahn erfolgt und somit vertragsmäßig sind.

In der I. Revis.-Konf. wurde in Ziff. 2 des Abs. 2 auf Antrag Deutschlands und Österreich-Ungarns die Frist, binnen welcher Entschädigungsansprüche wegen Verspätung auch nach Zahlung der Fracht und Annahme des Gutes angebracht werden können, von 7 Tagen auf 14 Tage nach der Annahme verlängert (s. Zus.-Übereink. vom 16. Juni

1898, Art. 1 Ziff. XI; s. Z. VI, 1898 S. 510). Es geschah dies mit Rücksicht darauf, daß die Frist von 7 Tagen sich in vielen Fällen als ungenügend und zu kurz erwiesen hatte (Protokoll vom 28. März 1896, Z. VI 1898, S. 620). Dagegen wurde ein ebenfalls von Deutschland und Österreich-Ungarn gestellter Antrag, in gleicher Weise auch die Frist für Anbringung von Reklamationen im Falle von äußerlich nicht erkennbaren Mängeln in Abs. 2 Ziff. 4a zu verlängern, abgelehnt, um nicht ungerechtfertigte Ansprüche oder die Vergrößerung von Schäden zu fördern, welche sich nicht eingestellt hätten, wenn der Inhalt der Kolli früher untersucht worden wäre (Protokoll vom 28. März 1896, Z. VI 1898, S. 620).

Über den Antrag Belgiens in der II. Revis.-Konf. auf Abänderung des Abs. 1 s. Anm. 209.

209) **„Ist die Fracht nebst den sonst auf dem Gute haftenden Forderungen bezahlt und das Gut angenommen, so sind alle Ansprüche gegen die Eisenbahn aus dem Frachtvertrage erloschen."**

Art. 44 stellt in Absatz 1 die Regel hin, daß zwei Handlungen des Empfängers: Bezahlung der Fracht nebst den sonst auf dem Gute haftenden Forderungen und Annahme des Gutes, bewirken, daß alle Ansprüche gegen die Eisenbahn aus dem Frachtvertrage erlöschen. Nach der ratio legis liegt in der Vornahme dieser beiden Handlungen eine tatsächliche Billigung des ausgeführten Transports bzw. ein Verzicht auf weitere Ansprüche seitens des Empfängers. Daraus folgt:

1. Die bezeichneten beiden Handlungen müssen nach beendetem Transporte vorgenommen sein, nicht etwa bereits bei Beginn des Transports oder unterwegs. Denn bevor dieser beendet, kann der Empfänger sich füglich noch nicht mit der Ausführung des Transports, welche erst folgen soll, einverstanden erklären.

2. Die beiden Handlungen (Bezahlung und Annahme) müssen zusammen, kopulativ vorgenommen sein. Die Vornahme einer dieser beiden Handlungen für sich allein zieht die bezeichnete Folge nicht nach sich, sie läßt einen begründeten Schluß auf Billigung des ausgeführten Transportes nicht zu. Wenn die Zahlung schon vor beendetem Transporte, z. B. alsbald bei der Aufgabe des Gutes, geleistet wird (Frankofracht), ist Art. 44 Abs. 1 nicht anwendbar, weil die Beendigung des Transports beiden Handlungen unbedingt vorangegangen sein muß.

Hauptsächlich um diese notwendige — für die Eisenbahnen freilich sehr unbequeme — Konsequenz zu beseitigen, beantragte Belgien in der II. Rev.-Konf. unter Hinweis auf die in dieser Frage nicht übereinstimmende Rechtsprechung, den Art. 41 Abs. 1 durch folgende Bestimmung zu ersetzen: „Durch Annahme des Gutes erlöschen alle Ansprüche gegen die Eisenbahn", weil in der vorbehaltlosen Annahme des Gutes allein die Bestätigung der guten Ausführung des Frachtvertrags liege und es auf die Frachtzahlung hierbei nicht ankomme. Dieser Antrag wurde jedoch zurückgezogen, nachdem in der Kommission ausgeführt worden war, daß es zwar der Absicht des Gesetzes entspreche, in beiden Tatsachen — Annahme des Gutes und Zahlung der Fracht — die Billigung des Transports zu sehen, aber der Umstand, wer gezahlt habe, unerheblich sei. Daher sei die Ansicht, daß Abs. 1 auf Frankosendungen keine Anwendung finde, unrichtig. Dies werde auch in der Literatur allgemein angenommen. Die Urteile der deutschen Gerichte, aus denen man eine gegenteilige Auffassung gefolgert habe, bezögen sich nicht auf das internationale Übereinkommen, sondern auf das frühere deutsche Handelsgesetzbuch, dessen Wortlaut ein anderer gewesen sei. Die Rechtslage sei nach dem Übereinkommen klar und eine Änderung nicht geboten (Protokoll vom 13. Juli 1905. — Z. XIV 146, XV 434).

Somit ist nach wie vor für das Erlöschen der Ansprüche und gegen die Eisenbahn aus dem Frachvertrage beides: Bezahlung der Fracht und Annahme des Gutes, erforderlich. Doch ist die Auffassung der Kommission, daß Abs. 1 des Art. 44 auch auf Frankosendungen Anwendung finde, aus den bereits oben angeführten Gründen unrichtig und weder durch die Absicht noch den Wortlaut des Gesetzes begründet. Ist es — wie die Kommission zutreffend ausführt — Absicht des Gesetzes, daß durch beide Tatsachen — Zahlung der Fracht und Annahme des Guts — die Billigung des Transports ausgesprochen werden solle, so ist allein die Ansicht richtig, daß beides nach beendetem Transporte erfolgt sein muß. Denn die tatsächliche Billigung des Transports kann doch füglich nicht bereits vor seiner Beendigung erklärt werden! Das verbietet der innere Grund der vorliegenden Bestimmung (R.O.H.G. XIII 415, Reichsger. VII 104, XXV 32). Daraus folgt konsequent, daß auf Frankosendungen Abs. 1 des Art. 44 nicht Anwendung finden kann, weil bei diesen die eine Tatsache, Zahlung der Fracht, vor dem Transport erfolgt, mithin nicht zur Billigung desselben dienen kann. Unrichtig ist auch, daß in der Literatur die von der Kommission vertretene Meinung „fast allgemein" angenommen werde. Gerade das Gegenteil ist der Fall. Für das Deutsche Recht (Alt. H.G.B. Art. 408, N.H.G.B. § 438, Verk.-Ordn. § 90 Abs. 1), wie auch für das Internationale Übereinkommen ist sowohl in der Literatur wie in der Rechtsprechung die allgemein angenommene und herrschende Ansicht, daß die in Rede stehende Bestimmung auf Frankosendungen nicht Anwendung finden kann. Der Umstand, daß Art. 44 Abs. 1 I.Ü. in der Fassung unerheblich von den betreffenden, deutschrechtlichen Bestimmungen abweicht, ist deshalb ohne jede Bedeutung, weil die Absicht des Gesetzes unverkennbar dieselbe geblieben, und nirgends erhellt bzw. zum Ausdruck gelangt ist, daß sie eine andere geworden sei.

Gegen die Anwendung auf Frankierungsfälle haben sich erklärt: v. Hahn II 662; Thöl 68; Keyßner 465; Staub 1537; Puchelt II 515; Schott in Endemanns Handb. III 367; Ruckdeschel, Betr.-Regl. 185; Eger, D. Frachtr, 2. Aufl., II 556, und Verk.-Ord., 2. Aufl, 564; Picard IV 830; Bédarride II 299; Gasca 292; Asser 291; Graf, Allg. Tarif-Anz. XXI Nr. 39; Biberfeld, Sp.- u. Sch.-Ztg. XI 7; Bravard-Negrières 380; Leutke 102; Emion 415; Lehmann-Ring 351;

Lanckmann 328; Thaller 586; Makower 1461; Litthauer 572; Düringer u. Hachenburg 605; Endemann 131; Westphal 25; Entsch. R.O.H.G. XIII 414, XIV 295, XV 143; D. Reichsger. 2. Febr. 1889 und 15. Jan. 1890 E. VI 449, VII 350; Ob.-Land-Ger. Darmstadt 11. Mai 1895 E. XII 215.

Für die Anwendung auf Frankosendungen: Ritter 79; Wehrmann 210; Mochel 120; Lyon-Caen et Renault III 464; Jacob 198; Rosenthal 249; Gerstner 397 und Suppl. 122; Hilscher 219; Rinaldini 398; Cosack 445; Rundnagel 226; Reindl, V.Z. 1897 S. 101 und E. XIX 365 (unklar Hertzer 153); Oberger. Schaffhausen Z. IX 111, E. XVIII 37; Franz. Kass.-Hof 16. und 18. Juni 1879 und 5. Nov. 1900; **C.A.** Z. VIII 52; O.L.G. Naumburg E. XXIV 175; Z. XV 192; E. XXIII 367.

3. Ein einseitiger Vorbehalt des Empfängers — gleichviel welcher Art und Form — ist rechtlich wirkungslos. Dagegen gestattet Art. 44 Abs. 1 ein gegenseitiges Übereinkommen zwischen Empfänger und Eisenbahn, wonach das Gut zwar angenommen wird, aber unter Wegfall des Präjudizes die erhobenen Ansprüche erst später zum Austrage gebracht werden sollen (Anm. 215 Z. III 145).

4. Die eine der beiden Handlungen des Empfängers ist die „Bezahlung der Fracht und der sonst auf dem Gute haftenden Forderungen (Art. 17 Anm. 114, Art. 20 Anm. 123). Der Zahlung ist gleichzustellen Novation und Kompensation (Aufrechnung). Dagegen ist weder Vorausbezahlung (Frankierung) noch teilweise Bezahlung der Fracht ausreichend, ebensowenig ein bloßes Zahlungsversprechen oder eine à conto-Zahlung, wohl aber die bahnseitige Kreditierung nach beendetem Transport (Hilscher 218; Rinaldini 398. — A. M. Rundnagel 228; Makower 1562; Staub 1537).

5. Die andere der beiden Handlungen des Empfängers ist die „Annahme des Gutes“ (vgl. über den Begriff und die Kriterien der Annahme Anm. 107, 159). Es ist die Annahme des ganzen Gutes erforderlich, wenngleich dasselbe beschädigt oder vermindert (Manko) ist. Daher findet Art. 44 Abs. 1 keine Anwendung bei Totalverlust, wozu auch das Fehlen eines von mehreren mittelst desselben Frachtbriefes übersandten Kolli gehört. Die bloße Annahme des Frachtbriefes ohne Gut genügt nicht (Abs. 3 Satz 1), ebensowenig die bloße Quittungsleistung ohne wirkliche Annahme oder die bloße Annahme des Avises oder die bloße Überweisung des Gutes an den Empfänger bzw. die Bereitstellung ohne tatsächliche Auslieferung (Z. II 161) oder die Annahme eines anderen Gutes, z. B. eines bahnseitig verwechselten Waggons (Z. VI 599 oder Gutes, weil Totalverlust vorliegt: E. XXII 371. — A. M. Franz. Kass.-Hof: Z. XII 353, E. XXI 155, weil der Empfänger das Gut zu prüfen hat) oder Reexpedition (Rinaldini E. XII 262). Wohl aber genügt die tatsächliche Besitzergreifung ohne ausdrückliche Billigung (Z. III 265); die Annahme seitens des Absenders bei nachträglicher Verfügung (Makower 1462; Rundnagel 229); die Empfangnahme des Waggons, dessen Entladung dem Empfänger obliegt (Z. XIII 239, E. XXII 18).

6. Es ist nur diejenige Zahlung und Annahme gemeint, welche a) auf einem freien Willensakte des bezeichneten Empfängers, mithin nicht auf dolus, Zwang oder entschuldbarem Irrtume beruht, b) nach beendetem Transporte am Ablieferungsorte stattfindet und c) von ihm selbst oder von einem legitimierten Vertreter bewirkt wird. Bei der Annahme kann der Empfänger eine innere Besichtigung und Prüfung des Gutes nicht verlangen, wohl aber eine vorgängige äußere (Art. 16 Anm. 107). Daher ist eine Anfechtung wegen Irrtums über erkennbare Mängel unzulässig und wegen heimlicher Mängel nur nach Maßgabe der Art. 44 Abs. 1 Ziff. 4 gestattet (Lehmann-Ring 350; Rundnagel 231).

7. Liegen die vorbezeichneten Voraussetzungen vor, so sind — abgesehen von den im Abs. 2 aufgeführten Ausnahmen — „alle Ansprüche gegen die Eisenbahn aus dem Frachtvertrage erloschen" (E. XX 35, 155).

a) Nicht alle Ansprüche erlöschen; nicht die der Eisenbahn gegen den Empfänger bzw. Absender oder die beider untereinander, sondern nur die Ansprüche der letzteren gegen die Eisenbahn.

b) Ferner erlöschen nur Ansprüche aus dem internationalen Eisenbahn-Frachtvertrage, also nur frachtvertragsmäßige Ansprüche, nicht außervertragsmäßige oder Rechte aus anderen Verträgen, auch wenn solche Rechte mit dem internationalen Eisenbahn-Frachtvertrage in Beziehung oder Zusammenhang stehen. Daher erlöschen nicht: Ansprüche aus der Verletzung der gesetzlichen Transport- oder Annahmepflicht vor Abschluß des Frachtvertrages (Art. 5) aus einem diesem vorangehenden oder nachfolgenden Verwahrungsveutrage, oder das Entschädigungsrecht des Empfängers aus Art. 15 Abs. 2 (vgl. Art. 26 Anm. 144, Frachterstattungsansprüche (Art. 12 Abs. 3 Satz 4; s. Anm. 86; Lehmann-Ring 352; Makower 1146; Rundnagel 233; E. XX 59. – Irrig: Z. VI 327). Die Bestimmung des Abs. 1 erstreckt sich auch nicht auf Ansprüche aus Nebenverabredungen, auf Ansprüche, die erst durch die Erfüllung der Frachtobligation begründet werden (z. B. condictio indebiti wegen tarifwidrig zu viel berechneter Fracht), nicht auf Deliktsansprüche, nicht auf dingliche Ansprüche usw.

c) Im übrigen erlöschen aber alle Ansprüche aus dem internationalen Eisenbahn-Frachtvertrage, also z. B. auf Schadensersatz für (teilweisen) Verlust, Beschädigung, Minderung (Art. 30 ff. Z. VII 401, E. XX 35), auch bei Verwechslung des Gutes (Z. XII 353, E. XXI 155), Kosten aus vergeblich versuchter Abholung (E. XXII 24. — A. M. E. XXIII 355) — abgesehen von den Fällen des Abs. 2 Ziff. 4 —, Nichterfüllung der Zoll-, Steuer- und Polizeivorschriften (Art. 10), Nichteinziehung von Nachnahmen (Art. 12), Nichtausführung oder Verzögerung nachträglicher Anweisungen (Art. 15 Abs. 1 und 5), Verspätung (falls nicht die Voraussetzungen des Abs. 2 Ziff. 2 vorliegen: Z. III 145, 146. E. XVII 261), Ansprüche auf Weitertransport, richtige Leitung eines falsch dirigierten oder abgelenkten Transportes. Auch erlischt nicht bloß die klage- bzw. reklamationsweise Geltendmachung aller dieser Ansprüche, sondern auch die Verfolgung im Wege der Widerklage oder Einrede (Art. 46).

d) Der Richter hat aber nicht von Amts wegen die Tatsachen der Bezahlung der Fracht usw. und Annahme des Gutes bzw. das daraus folgende Erlöschen der Ansprüche zu berücksichtigen, vielmehr ist es Sache der Partei, das Erlöschen zu behaupten und die Voraussetzungen dafür zu erweisen (Rosenthal 250; Staub 1537)'

210) **„Hiervon sind jedoch ausgenommen:**

1. Entschädigungsansprüche, bei welchen der Berechtigte nachweisen kann, daß der Schaden durch Arglist oder grobe Fahrlässigkeit der Eisenbahn herbeigeführt worden ist;“

Die Regel des Abs. 1 erleidet durch Absatz 2 Ziffer 1—4 (Anm. 210—213) vier Ausnahmen, zu welchen als fünfte die aus Art. 12 Abs. 4 folgenden Ansprüche wegen Erstattung zuviel erhobener Fracht usw. hinzutreten (Anm. 86 S. 153, 154).

Die erste Ausnahme bilden Entschädigungsansprüche, bei welchen der Berechtigte nachweisen kann, daß der Schaden durch Arglist oder grobe Fahrlässigkeit der Eisenbahn herbeigeführt worden ist. Derartige Entschädigungsansprüche können mithin auch nach Bezahlung der Fracht usw. und Annahme des Gutes gegen die Eisenbahn vom Ersatzberechtigten erhoben werden und verjähren gemäß Art. 45 Abs. 1 erst in drei Jahren (Anm. 219 S. 456). In diesem Falle kommt es auf die Innehaltung der Fristen und Voraussetzungen der Ziff. 2 und 4 nicht an (E. XXIV 63). Nicht bloß strafrechtlicher dolus usw. (Diebstahl, Unterschlagung, Betrug), sondern auch zivilrechtlicher dolus kommt in Betracht (vgl. E. XVII 260). Über den Begriff der Arglist: E. XXIV 233 und der groben Fahrlässigkeit (Art. 41 Anm. 201, Z. XIII 298).

Die Ansprüche gemäß Ziff. 1 bedürfen zu ihrer Rechtswirksamkeit der schriftlichen Erhebung (Abs. 5 Anm. 217).

211) **„2. Entschädigungsansprüche wegen Verspätung, wenn die Reklamation spätestens am vierzehnten Tage, den Tag der Annahme nicht mitgerechnet, bei einer der nach Artikel 27 Absatz 3 in Anspruch zu nehmenden Eisenbahnen angebracht wird;“**

Die zweite Ausnahme von der Regel des Abs. 1 (Anm. 210) umfaßt Entschädigungsansprüche wegen Verspätung (Art. 14, 39, 40), d. i. wegen Versäumung der Lieferfrist, jedoch nur unter zwei Voraussetzungen: 1. daß bezüglich derartiger Entschädigungsansprüche eine Reklamation spätestens am vierzehnten Tage, den Tag der Annahme (sc. Empfangnahme des Gutes) nicht mitgerechnet, angebracht worden ist, und 2. die Anbringung der Reklamation bei einer der nach Artikel 27 Absatz 3 in Anspruch zu nehmenden Eisenbahnen (Anm. 149) erfolgt ist. Eine gerichtliche Geltendmachung ist hiernach nicht erforderlich, es genügt die Anbringung einer Reklamation in der vorstehend ad 1 bezeichneten Frist (Z. X 94, E. XVIII 317) und bei einer der ad 2 angegebenen Eisenbahnen. Wird diese Frist überschritten oder die Reklamation an einer anderen Stelle angebracht, so greift die Ausnahme unter Ziff. 2 nicht Platz (E. XVII 261). Entscheidend ist nicht die Hingabe zur Post, sondern der Eingang bei der Eisenbahn (Z. VI 407, II 427, E. XI 253) am letzten Tage der Frist (Z. VIII 372). Über die Begründung der Reklamation: E. XX 352. Irrtümlich zu niedrige Reklamation des Schadensersatzes schließt die Nachforderung nach Ablauf der Präklusivfrist innerhalb der Verjährungsfrist nicht aus (E. XX 352). Der Reklamation ist eine gerichtliche Geltendmachung des Anspruchs nur dann gleichzuachten, wenn die betreffende Klage (Klageanmeldung usw.) einer der ad 2 bezeichneten Bahnen in der ad 1 angegebenen Frist zugegangen bzw. zugestellt worden ist. Nur der Zeitpunkt der Annahme des Gutes, nicht der Frachtzahlung, ist für den Beginn der Frist entscheidend. Die Ansprüche müssen, um sie von dem Präjudize des Abs. 1 zu liberieren, schriftlich angebracht werden. Ist die Reklamation rechtzeitig angebracht, so können die betr. Ansprüche während der ganzen Verjährungszeit (Art. 45 Anm. 219 S. 456ff.) erhoben werden, auch wenn der Frachtbrief erst nachträglich beigebracht wird (E. XVIII 68). Bei Arglist oder grober Fahrlässigkeit (Ziff. 1) kommt es auf die Innehaltung der 14tägigen Frist nicht an (E. XXIV 63).

212) „**3. Entschädigungsansprüche wegen solcher Mängel, deren Feststellung gemäß Artikel 25 vor der Annahme des Gutes durch den Empfänger erfolgt ist, oder deren Feststellung nach Artikel 25 hätte erfolgen sollen und durch Verschulden der Eisenbahn unterblieben ist;**“

Die dritte Ausnahme betrifft Entschädigungsansprüche wegen solcher Mängel, deren Feststellung gemäß Art. 25 vor der Annahme des Gutes erfolgt ist oder vor der Annahme des Gutes hätte erfolgen sollen und durch Verschulden der Bahn unterblieben ist.

Der ganz allgemein gehaltene Hinweis auf Art. 25 umfaßt ausnahmslos alle im Art. 25 bezeichneten Verlust-, Minderungs- und Beschädigungsfälle (nicht Verspätung), d. h. sowohl die im Absatz 1 des Art. 25 bezeichneten, für welche einfache schriftliche Feststellung genügt, wie die im Absatz 2 des Art. 25 aufgeführten, welche protokollarische Feststellung erfordern. Eine Beschränkung auf die Fälle des Art. 25 Abs. 2 (Schwab 336) ist nicht gerechtfertigt. Voraussetzung ist nur, daß diese Fälle gemäß Art. 25 Abs. 1 und 2 pflichtgemäß von der Eisenbahn vor der Annahme des Gutes seitens des Empfängers tatsächlich festgestellt sind oder hätten festgestellt werden sollen. Zur Feststellung ist aber die Eisenbahn in allen Verlust-, Minderungs- oder Beschädigungsfällen verpflichtet, welche sich von der Zeit der Aufgabe des Gutes bis zur Ablieferung wirklich ereignet haben oder von der Bahn entdeckt oder vermutet oder von dem Verfügungsberechtigten behauptet sind, d. h. in allen Fällen, welche überhaupt bahnseitig bemerkt oder vermutet oder zu ihrer Kenntnis gelangt sind oder bei ordnungsmäßigem Geschäftsgang ohne ihr Verschulden pflichtgemäß zu ihrer Kenntnis hätten gelangen müssen (E. XXIV 64). Für Mängel, bei welchen diese Voraussetzung nicht zutrifft (s. Z. VII 401), liegt ihr eine Feststellungspflicht nicht ob, und besteht in der Unterlassung einer

Feststellung daher auch kein Verschulden der Eisenbahn (E. XX 35). Auch diese Ansprüche müssen schriftlich erhoben werden (Abs. 5); sie sind an keine bestimmte Frist gebunden, dürfen vielmehr während der ganzen Verjährungszeit geltend gemacht werden (Art. 45).

213) **„4. Entschädigungsansprüche wegen äußerlich nicht erkennbarer Mängel, deren Feststellung nach der Annahme erfolgt ist, jedoch nur unter nachstehenden Voraussetzungen:**

a) es muß unmittelbar nach der Entdeckung des Schadens und spätestens sieben Tage nach der Empfangnahme des Gutes der Antrag auf Feststellung gemäß Artikel 25 bei der Eisenbahn oder dem zuständigen Gerichte angebracht werden;

b) der Berechtigte muß beweisen, daß der Mangel während der Zeit zwischen der Annahme zur Beförderung und der Ablieferung entstanden ist.

War indessen die Feststellung des Zustandes des Gutes durch den Empfänger auf der Empfangsstation möglich und hat die Eisenbahn sich bereit erklärt, dieselbe dort vorzunehmen, so findet die Bestimmung unter Nr. 4 keine Anwendung.“

Die vierte Ausnahme — Ziff. 4 — von der Regel des Abs. 1 (Anm. 210) bezieht sich auf Entschädigungsansprüche wegen äußerlich nicht erkennbarer Mängel, deren Feststellung nach der Annahme erfolgt ist. Diese Bestimmung hat darin ihren Grund, daß eine innere Besichtigung und Prüfung des Gutes vor der Annahme nicht verlangt, mithin ein äußerlich nicht erkennbarer heimlicher Mangel erst nach der Annahme vom Empfänger entdeckt und festgestellt werden kann (Z. XI 234, 241. — A. M. Z. XIII 104, E. XXI 363; s. Art. 16 Anm. 107 S. 208, 209).

Äußerlich nicht erkennbare Mängel, deren Feststellung vor der Annahme erfolgt ist, gehören unter Nr. 3 (Anm. 212). „Äußerlich nicht erkennbar“ sind diejenigen Mängel, welche im ordnungsmäßigen Geschäftsbetriebe bei äußerlicher Prüfung und Besichtigung (durch Auge, Gefühl, Geruch usw.; s. jedoch Z. III 37) nicht wahrgenommen werden können, vornehmlich also alle inneren Schäden und Mängel des Inhalts (bei unversehrter Verpackung, Z. IV 88, 217), bloße Gewichtsdefekte, innerer Verderb, Bruch usw. Die „Mängel“ können in Beschädigung, Minderung (Manko), teilweisem Verlust oder qualitativem Wertverlust (Verderb, Fäulnis, Bruch usw.), nicht aber in Totalverlust des Gutes selbst bestehen, denn in letzterem Falle ist eine Annahme überhaupt nicht möglich.

Die Entschädigungsansprüche wegen solcher Mängel sind jedoch nicht ohne weiteres von dem Präjudize des Abs. 1 ausgenommen, sondern nur unter folgenden vier Voraussetzungen:

a) Der Antrag auf Feststellung gemäß Art. 25 muß unmittelbar nach der Entdeckung des Schadens entweder bei der Eisenbahn oder dem zuständigen Gericht angebracht werden (E. XVIII 117). Nur der Antrag auf Feststellung der Mängel, nicht der Schadensanspruch ist anzubringen. Es ist ferner ganz allgemein gesagt: „gemäß Artikel 25“. Da es sich aber hier um eine Minderung oder

Beschädigung handelt, die der Berechtigte behauptet, so ist, wenn er den Antrag bei der Eisenbahn stellt, von dieser die protokollarische Feststellung gemäß Art. 25 Abs. 2 zu bewirken, wenn bei Gericht, die Feststellung gemäß Art. 25 Abs. 4. Der Antrag kann mangels besonderer Vorschrift bei jeder am Transport beteiligten Bahn gestellt werden. Geschieht der Antrag bei Gericht, so muß er bei dem nach dem Landeszivilprozeßrechte für solche Feststellungen zuständigen Gericht (in der Regel forum loci bzw. rei sitae) angebracht werden.

Der Antrag muß unmittelbar, d. h. ohne Verzug, sofort „nach der Entdeckung" gestellt werden. Es ist damit nicht eine ungewöhnliche Beschleunigung gemeint, sondern lediglich die tunlichste Beschleunigung nach Maßgabe des ordnungsmäßigen Geschäftsganges (s. Art. 24 Anm. 136, 371, Z. IV 217, 218). Übrigens ist hervorzuheben, daß es nicht darauf ankommt, daß die Feststellung unverzüglich nach der Entdeckung wirklich stattgefunden, sondern nur, daß sie beantragt worden ist. Nicht die Annahme, sondern die Entdeckung ist entscheidend, weil es der Geschäftsbetrieb nicht immer zuläßt, sofort nach der Annahme zur Prüfung der Waren zu schreiten (s. jedoch die Fristbestimmung unter b). Die Beweislast liegt dem Ersatzberechtigten ob.

Der Antrag kann in beliebiger Form angebracht werden, denn Art. 44 Abs. 5 bezieht sich nur auf die Erhebung von Entschädigungsansprüchen, nicht auf den diesen vorangehenden Feststellungsantrag (Anm. 217).

b) Der Antrag auf Feststellung unmittelbar nach der Entdeckung muß spätestens sieben Tage nach der Empfangnahme des Gutes bei der Bahn oder dem zuständigen Gericht gestellt werden (Z. III 400, E. XVIII 117). Maßgebend ist der Zeitpunkt der Empfangnahme des Gutes, nicht der der Frachtzahlung. Um das unbestimmte Moment der Entdeckung zugunsten der Bahn durch eine Fristbestimmung zu begrenzen, ist zugleich die Antragstellung auch durch eine vom Moment der Empfangnahme laufende Maximalzeitbestimmung befristet. Der Antrag auf Feststellung der Mängel muß spätestens sieben Tage nach der Empfangnahme des Gutes bei einer der vorbezeichneten Stellen (lit. a) angebracht sein, d. h. — wie in den Protokollen bemerkt — in der gleichen Frist wie bei Ziff 2, mithin spätestens am siebenten Tage, den Tag der Annahme nicht mitgerechnet (Z. VI 531). Dadurch ist der Empfänger zur Prüfung innerhalb dieser Maximalfrist genötigt. Denn wenn die Prüfung bzw. Entdeckung später erfolgt, so ist der Anspruch erloschen, während anderenfalls die Entdeckung und der Antrag auf Feststellung innerhalb der qu. Frist ihm die Geltendmachung des Anspruches für die ganze Verjährungsfrist (Art. 45) sichert. Maßgebend ist aber der Zeitpunkt der Entdeckung. Ist diese erfolgt und erwiesenermaßen nicht unmittelbar darauf der Antrag auf Feststellung gestellt, so ist der Antrag auch dann erloschen, wenn die siebentägige Frist seit der Empfangnahme noch nicht abgelaufen ist. Beide Erfordernisse bedürfen hiernach kumulativ der Erfüllung.

c) Der Berechtigte muß beweisen, daß der Mangel während der Zeit zwischen der Annahme zur Beförderung und der Ablieferung entstanden ist. Denn nach Art. 30 haftet die Eisenbahn nur für Schäden, welche während dieses Zeitraumes entstanden sind (Z. IV 89, XIII 11, E. XVIII 146, XXI 280, XXII 256). Dieser Nachweis kann als geführt erachtet werden, wenn nach Gutachten Sachverständiger gewichtige Vermutungen für die Beschädigung während des Transportes sprechen (Z. V 936). Waltet über die Zeit der Beschädigung kein Zweifel, so bedarf es der Natur der Sache nach eines Beweises nicht (Rosenthal 253).

d) Es darf die Feststellung des Zustandes des Gutes durch den Empfänger auf der Empfangsstation nicht möglich gewesen sein und die Eisenbahn sich nicht bereit erklärt haben, die Feststellung dort vorzunehmen (über die Entstehungsgeschichte dieser Voraussetzung und das zugrundeliegende Prinzip s. Anm. 208). Wenn die Feststellung daselbst möglich und von der Eisenbahn offeriert war, so sind, falls der Empfänger demungeachtet dieselbe sc. bei der Annahme nicht bewirkt, die Ansprüche für später entdeckte Mängel erloschen, auch wenn die vorstehend sub a–c angeführten Voraussetzungen vorliegen. Beides muß zusammentreffen: Möglichkeit der Feststellung durch den Empfänger auf der Empfangsstation und Bereiterklärung der Eisenbahn zur Vornahme derselben. Eines allein genügt nicht. Die Feststellung ist gemäß Art. 25 durch die Eisenbahn vorzunehmen, und zwar unter Mitwirkung bzw. Beiwohnung des Empfängers.

Die Erklärung der Eisenbahn, daß sie bereit sei, die Feststellung des Zustandes des Gutes auf der Empfangsstation vorzunehmen, kann mangels einer Bestimmung hierüber im Übereinkommen sowohl speziell in jedem einzelnen Falle wie auch generell durch eine bezügliche Bestimmung in Reglements oder Tarifen erfolgen, aber auch durch üblichen Anschlag auf den Stationen bekanntgemacht werden.

214) **„Es steht dem Empfänger frei, die Annahme des Gutes, auch nach Annahme des Frachtbriefes und Bezahlung der Fracht, insolange zu verweigern, als nicht seinem Antrage auf Feststellung der von ihm behaupteten Mängel stattgegeben ist."**

An sich ist dem internationalen Übereinkommen das sog. Abandonsystem fremd. Der Empfänger ist grundsätzlich zur Empfangnahme auch beschädigten oder verminderten Gutes ohne Verzug verpflichtet und darf die Annahme desselben nicht verweigern, wenn er durch Übergabe des Frachtbriefes oder Klage hierauf in den Frachtvertrag eingetreten ist (Art. 16 Abs. 4, Art. 16 Abs. 2). Aber anderseits ist die Eisenbahn bzw. das Gericht zur Feststellung der vom Empfänger behaupteten Mängel gemäß Art. 25 verpflichtet. Diese Feststellung vor Annahme des Gutes zu fordern, muß er mit Rücksicht auf Art. 44 Abs. 1 und Art. 44 Abs. 2 Ziff. 3 berechtigt sein, weil er anderenfalls seiner Entschädigungsansprüche verlustig gehen würde. Demgemäß ist ihm folgerichtig durch Absatz 3 Satz 1 die Befugnis verliehen, selbst wenn er bereits den Frachtbrief angenommen und Zahlung der Fracht geleistet hat, doch die Annahme des Gutes so lange zu verweigern, bis die Eisenbahn seinem Verlangen auf Feststellung der angegebenen Mängel gemäß Art. 25 und Art. 44 Abs. 2 Ziff. 3 entsprochen hat (Z. VII 193). Zugleich steht ihm das Recht zu, die gerichtliche Feststellung gemäß Art. 25 Abs. 4 zu veranlassen. Ist aber die bahnseitige Feststellung erfolgt, so fällt der Grund zur Verweigerung der Annahme fort, und treffen den Empfänger die Folgen der weiteren Verweigerung, insbesondere die des Annahmeverzuges (Anm. 159); denn wenn vor der Ablieferung des Gutes ein Mangel (z. B. Mindergewicht durch bahnseitige Abwage) festgestellt ist, so bewirkt Zahlung der Fracht und Annahme des Gutes nicht das Erlöschen des Anspruchs (E. XXIII 357). Dagegen ist es nicht Sache der Eisenbahn, den Empfänger vor Auslösung des Frachtbriefes von der mangelhaften Beschaffenheit des Gutes zu verständigen (Z. IX 147).

215) **„Vorbehalte bei der Annahme des Gutes sind wirkungslos, sofern sie nicht unter Zustimmung der Eisenbahn erfolgt sind."**

Wie aus Abs. 1 ersichtlich und bereits in Anm. 208, 209 erörtert, gilt die Annahme des Gutes in Verbindung mit der Frachtzahlung als stillschweigende Genehmigung des Transportes und Verzicht auf alle weiteren Ansprüche aus dem Frachtvertrage, welche damit erlöschen. Diese Rechtswirkung kann dadurch nicht beseitigt werden, daß der Empfänger bei der Annahme irgendwelche Vorbehalte macht. Alle derartigen Vorbehalte, insoweit sie einseitig und willkürlich vom Empfänger ausgehen — gleichviel in welcher Art und Form, ob schriftlich, mündlich, als Protest, Verwahrung, Reklamation (Z. III 145), auf dem Frachtbriefe oder in besonderer Erklärung usw. —, sind daher durch Abs. 3 Satz 2 für rechtlich wirkungslos erklärt, die Annahme selbst als billigende Handlung widerspricht derartigen Vorbehalten (contradictio in adjecto). Nur insofern also der Vorbehalt unter Zustimmung der Eisenbahn erfolgt, nicht einseitig vom Empfänger ausgeht, sondern zweiseitig vertragsmäßig durch gütliches Übereinkommen zwischen Empfänger und Eisenbahn bewirkt wird, hebt er die Wirkung der Annahme auf und hat zur Folge, daß die Ansprüche aus dem Frachtvertrage trotz Annahme und Zahlung nicht erlöschen, das Präjudiz des Abs. 1 fortfällt und beseitigt wird (Z. III 265, E. XX 314, R.O.H.G. Bd. 1 S. 178, Bd. 13 S. 414, Bd. 15 S. 28). (Vorbehalt vor Ankunft des Gutes: Z. IX 287, E. XVIII 128.) Die Eisenbahn ist aber nicht berechtigt, wegen eines Vorbehalts, den der Empfänger machen will, die Ablieferung zu verweigern, und für den dadurch enstandenen Schaden haftpflichtig (Z. XII 279, E. XXI 131).

Da über die Form des Vorbehalts und der Zustimmung der Eisenbahn nichts bestimmt ist, so ist dieser vertragsmäßige Vorbehalt an eine bestimmte Form nicht gebunden. Er kann mündlich, schriftlich oder stillschweigend durch koukludente Handlungen erfolgen. Im Streitfalle ist es den Gerichten überlassen, nach der konkreten Sachlage festzustellen, ob das Präjudiz des Art. 44 Abs. 1 als durch Übereinkunft bzw. vertragsmäßigen Vorbehalt der Parteien aufgehoben anzusehen ist oder nicht.

Den Beweis des mit Zustimmung der Eisenbahn erfolgten Vorbehalts hat in jedem Falle der Empfänger zu führen. Der Eisenbahn liegt nicht etwa umgekehrt der Negativbeweis ob, daß die Annahme des Gutes ohne Vorbehalt erfolgt sei.

Der vertragsmäßige, d. h. mit Zustimmung der Eisenbahn geschehene Vorbehalt hebt übrigens die Verjährungsfristen des Artikels 45 nicht auf. Denn der Vorbehalt hat an sich nur den Zweck, das Präjudiz des Abs. 1 Art. 44 zu beseitigen, nicht aber die Verjährungsvorschriften abzuändern.

216) **„Wenn von mehreren auf dem Frachtbriefe verzeichneten Gegenständen einzelne bei der Ablieferung fehlen, so kann der Empfänger in der Empfangsbescheinigung (Artikel 16) die nicht abgelieferten Gegenstände unter spezieller Bezeichnung derselben ausschließen."**

Absatz 4 gewährt dem Empfänger die Möglichkeit, sich, im Falle der Transport mehrerer selbständiger Gegenstände auf einem Frachtbrief stattgefunden hat und davon einzelne bei der Ablieferung fehlen, gegen das Präjudiz des Abs. 1 bei Annahme der noch vorhandenen Gegenstände zu schützen. Da der Empfänger die Annahme derselben grundsätzlich nicht verweigern darf (s. Art. 16 Anm. 107), so gewährt für diesen Fall Abs. 4 ihm das Recht, in der Empfangsbescheinigung, die er gemäß Art. 16 Abs. 1 der Eisenbahn auszustellen hat, die fehlenden sc. ihm nicht abgelieferten Gegenstände auszuschließen und sich dadurch in betreff derselben seine Ersatzansprüche zu wahren (Z. II 54, E. X 258). Die Annahme der vorhandenen bzw. ihm zum Empfange offerierten Gegenstände bildet alsdann kein Präjudiz gemäß Abs. 1 in bezug auf die fehlenden (E. XXI 384).

Die Ausschließung aber muß in der Empfangsbescheinigung, und zwar unter spezieller Bezeichnung der fehlenden Stücke geschehen. Sie darf ferner nur unter der Voraussetzung erfolgen, „daß von mehreren auf dem Frachtbriefe verzeichneten Gegenständen einzelne bei der Ablieferung fehlen". Diese Tatsache muß, falls sie von der Eisenbahn bestritten wird, vorerst durch Vergleichung der im Frachtbriefe verzeichneten mit den zur Ablieferung gelangenden eventuell im Wege der Feststellung gemäß Art. 25 konstatiert werden. Also nicht einseitig und willkürlich darf der Empfänger einen derartigen Vermerk in die Empfangsbescheinigung aufnehmen, sondern nur im Einverständnis mit der Bahn (Abs. 3 Satz 2 Anm. 215) oder, falls diese das Fehlen der bezeichneten Gegenstände bestreitet, nach vorgängiger Feststellung (Anm. 214).

217) **„Alle in diesem Artikel erwähnten Entschädigungsansprüche müssen schriftlich erhoben werden."**

Absatz 5 erfordert für die Erhebung aller im Art. 44 erwähnten Entschädigungsansprüche die schriftliche Form, und zwar obligatorisch. Die Erhebung in anderer Form ist daher rechtlich wirkungslos. Zwar hat nach Maßgabe der Protokolle ursprünglich nur ein Antrag über die Feststellung der Form der Reklamation in betreff der Entschädigungsansprüche unter Ziffer 2 des Abs. 2 (Entschädigungsansprüche wegen Verspätung) zu der vorliegenden Bestimmung Anlaß gegeben, sie ist aber nach dem Kommissionsvorschlage ohne weitere

Motivierung auf alle in diesem Artikel erwähnten Entschädigungsansprüche ausgedehnt worden und darf nach dem klaren Wortlaute nicht auf einzelne dieser Ansprüche beschränkt werden. Entgegenstehende Bestimmungen der Landesrechte fallen fort. Dagegen bezieht sie sich weder auf die im Abs. 3 Satz 2 bezeichneten Vorbehalte, noch auf den im Abs. 2 Ziffer 4a erwähnten Feststellungsantrag. Diese können, mangels einer entgegenstehenden Vorschrift, in beliebiger Form (Anm. 194 und 196) erhoben werden. Sind Ansprüche der in Abs. 2 Ziffer 1 und Ziffer 3 bezeichneten Art innerhalb der Verjährungsfrist (Art. 45) nicht schriftlich erhoben — wozu auch die gerichtliche Geltendmachung gehört, wenn der Eisenbahn die Klage nicht fristzeitig zugestellt ist —, so sind dieselben verjährt (a. M. Schwab 342). Ansprüche aus Abs. 2 Ziffer 2 sind erloschen, wenn die Reklamation innerhalb der dort bezeichneten Frist nicht schriftlich angebracht worden ist. Ansprüche aus Abs. 2 Ziffer 4 sind erloschen, wenn der Feststellungsantrag — und zwar in beliebiger Form (Anm. 213 lit. a S. 449, 450 — nicht fristzeitig gemäß lit. a angebracht worden ist, und verjähren sodann auch trotz fristzeitiger Anbringung des Feststellungsantrages, wenn sie innerhalb der Verjährungsfrist (Art. 45) nicht schriftlich erhoben werden. Die Anbringung muß bei der zuständigen Eisenbahn erfolgen, die Beifügung des Frachtbriefes ist nicht erforderlich.

Artikel 45.[218])

(1) Entschädigungsforderungen wegen Verlustes, Minderung, Beschädigung oder Verspätung, insofern sie nicht durch Anerkenntnis der Eisenbahn, Vergleich oder gerichtliches Urteil festgestellt sind, verjähren in einem Jahre und im Falle des Artikel 44 Absatz (2) Ziffer 1 in drei Jahren.[219])

(2) Die Verjährung beginnt im Falle der Beschädigung oder Minderung an dem Tage, an welchem die Ablieferung stattgefunden hat, im Falle des gänzlichen Verlustes eines Frachtstückes oder der Verspätung an dem Tage, an welchem die Lieferfrist abgelaufen ist.[220])

(3) Bezüglich der Unterbrechung der Verjährung entscheiden die Gesetze des Landes, wo die Klage angestellt ist.[221])

(4) Wenn der Berechtigte eine schriftliche Reklamation bei der Eisenbahn einreicht, so wird die Verjährung für so lange gehemmt, als die Reklamation nicht erledigt ist. Ergeht auf die Reklamation ein abschlägiger Bescheid, so beginnt der Lauf der Verjährungsfrist wieder mit dem Tage, an welchem die Eisenbahn ihre Entscheidung dem Reklamanten schriftlich bekannt macht und ihm die der Reklamation etwa angeschlossenen Beweisstücke zurückstellt. Der Beweis der Einreichung oder der Erledigung der Reklamation sowie der der Rückstellung der Beweisstücke obliegt demjenigen, der sich auf diese Tatsachen beruft. Weitere Reklamationen, die an die Eisenbahn oder an die vorgesetzten Behörden gerichtet werden, bewirken keine Hemmung der Verjährung.[221a])

Zusatz I.
Betriebsreglement des Vereins Deutscher Eisenbahnverwaltungen.
§ 83.
Verjährung der Entschädigungsforderungen.
(Text übereinstimmend mit vorstehendem Art. 45.)

218) **Prinzip und Entstehungsgeschichte des Art. 45.**

Artikel 45 des internationalen Übereinkommens regelt die Verjährung der Entschädigungsforderungen gegen die Eisenbahn wegen Verlustes, Minderung, Beschädigung und Verspätung (s. Anm. 208 S. 562), und zwar normiert Absatz 1 eine kurze einjährige Verjährungsfrist, während Absatz 2 über den Beginn, Absatz 3 über die Unterbrechung und Absatz 4 über die Hemmung (sc. das Ruhen) dieser Verjährungsfrist Bestimmung treffen.

Für die einheitliche Normierung einer kurzen Verjährungsfrist waren im wesentlichen dieselben Erwägungen leitend, welche zur Aufnahme einheitlicher Vorschriften über das Erlöschen der Frachtvertragsansprüche durch Bezahlung der Fracht und Annahme des Gutes geführt haben (Art. 44 Anm. 208).

Im wesentlichen übereinstimmend mit Art. 31 des Schweizer Entwurfs und des der Kritik desselben (Eger, Die Einführung eines internationalen Eisenbahn-Frachtrechts 1877, S. 149) beigefügten Gegenentwurfs besaß Art. 31 des Deutschen Entwurfs 1878 in der Hauptsache eine dem Art. 45 des internationalen Übereinkommens analoge Fassung. Der Unterschied bestand vornehmlich nur darin, daß Art. 31 des Deutschen Entwurfs in seinen Abs. 3 und 4 spezielle Vorschriften über die Unterbrechung der Verjährung durch Erhebung der Klage bei dem zuständigen Gericht und durch schriftliche Anbringung der Reklamation bei einer der nach Art. 16 (sc. 27) in Anspruch zu nehmenden Eisenbahnverwaltungen enthielt. Diese Vorschriften, insbesondere insoweit sie die Unterbrechung der Verjährung durch schriftliche Reklamationen betrafen, wurden in der ersten und zweiten Konferenz für unzweckmäßig erachtet und durch die generelle Bestimmung beseitigt, daß bezüglich der Unterbrechung der Verjährung die Gesetze des Landes entscheiden, wo die Klage angestellt ist.

In der I. Revisionskonferenz nahm jedoch Deutschland seinen Antrag, die Unterbrechung der Verjährung auch durch schriftliche Anbringung der Reklamation eintreten zu lassen, wieder auf. Dieser Antrag wurde einer zur Prüfung der Frage bestellten Subkommission überwiesen (Prot. v. 19. März 1896). Diese nahm zwar den Antrag Deutschlands nicht an, machte aber anderweite Vorschläge in betreff der Einwirkung schriftlicher Reklamationen auf die Verjährung, welche demnächst von der I. Kommission befürwortet und vom Plenum gebilligt wurden. Die Vorschläge gingen dahin, daß durch die Einreichung einer schriftlichen Reklamation bis zu ihrer Erledigung die Verjährung zwar nicht unterbrochen, aber doch gehemmt wird (ruht), derartig, daß die Zeit vor der Einreichung und nach der Erledigung zusammengerechnet wird. Mit der Bekanntmachung des schriftlichen ablehnenden Bescheides und Zurückstellung der Beweisstücke setzt sich der Lauf der Verjährung weiter fort. Der Beweis dieser Tatsachen liegt dem sich darauf Berufenden ob. Auch hat nur die erstmalige Reklamation die Wirkung einer Hemmung des Fristenlaufes. Diesen Vorschlägen entsprechend ist Abs. 4 dem Art. 45 beigefügt worden (Z. VI 1898 511). Protokoll der Revisionskonferenz v. 28. März 1896 zu Art. 45. Zus.-Übereink. v. 16 Juni 1898 Art. 1 Ziff. XII.

In der II. Revisionskonferenz ist die frühere Fassung der Schlußworte des Abs. 1: „Artikels 44 Nr. 1“ in „Artikels 44 Absatz 2 Ziffer 1“ abgeändert worden (Prot. v. 13. Juli 1905).

219) **„Entschädigungsforderungen wegen Verlustes, Minderung, Beschädigung oder Verspätung, insofern sie nicht durch Anerkenntnis der Eisenbahn, Vergleich oder gerichtliches Urteil festgestellt sind, verjähren in einem Jahre und im Falle des Artikels 44 Absatz (2) Ziffer 1 in drei Jahren.“**

Abs. 1 des Art. 45 bestimmt für Entschädigungsforderungen wegen Verlustes, Minderung, Beschädigung oder Verspätung eine abgekürzte Verjährungsfrist.

I. Die Dauer dieser Frist ist auf ein Jahr normiert, nur im Falle des Artikels 44 Abs. (2) Ziffer 1 — d. h. für Entschädigungsansprüche aus Arglist oder grober Fahrlässigkeit der Eisenbahn (s. Art. 44 Anm. 210, Art. 41 Anm. 201 — beträgt die Frist drei Jahre (E. XVII 260, XXI 129). Diese Bestimmung findet auf Ansprüche aus Art. 12 Abs. 4 keine Anwendung (Z. XIV 281, E. XXIII 143). Über den Begriff der Arglist: E. XXIV 233. Von welchem Zeitpunkt ab die Frist beginnt, ist im Abs. 2 (Anm. 220) bestimmt. Für die Berechnung der Frist sind die Landesgesetze maßgebend. Die Verjährungsfrist ist eine absolute (s. hierüber Anm. 120 II, Z. IV 129, VI 407, E. X 10; s. noch Hertzer D. E.Z. 1902, S. 627. — Sächs. Arch. Bd. 13 S. 129).

II. Die kurze Verjährungsfrist erstreckt sich nicht auf alle aus dem internationalen Transport oder aus dem internationalen Eisenbahn-Frachtvertrage herrührenden Forderungen, sondern nur auf Entschädigungsforderungen wegen Verlustes, Minderung, Beschädigung oder Verspätung, d. h. nur auf die sich aus Art. 30 und 39 ergebenden Vertragsforderungen (s. Art. 30 Anm. 158 und Art. 39 Anm. 195), soweit sie nicht gemäß Art. 44 erloschen sind, also nicht auf Forderungen, die sich auf anderweite Verpflichtungen der Eisenbahn, z. B. zur rechtzeitigen Stellung der vor Abschluß des Frachtvertrages bestellten Wagen usw. beziehen (Z. VIII 324).

III. Die kurze Verjährung trifft ferner nur Forderungen gegen die Eisenbahn. Daraus folgt, daß Forderungen der Eisenbahn selbst gegen den Absender, Empfänger usw. auf Zahlung der Fracht, der Auslagen, Spesen oder Schadensersatzklagen (Art. 7 Abs. 3, Art. 9 Abs. 3, Art. 10 Abs. 1, Art. 15 Abs. 8 usw.) von dieser kurzen Verjährung nicht betroffen werden. Für die Verjährung solcher Forderungen sind vielmehr die Landesrechte maßgebend. Eine Ausnahme bildet die Forderung der Eisenbahn auf Nachzahlung aus Art. 12 Abs. 4 (Anm. 85).

IV. Forderungen gegen die Eisenbahn anderer Art, z. B. aus anderen Fundamenten, wenngleich sie mit dem Frachtgeschäfte im Zusammenhang stehen, sind sonach der kurzen Verjährung nicht unterworfen, z. B. aus selbständigen Delikten (Z. IV 129) Quasidelikten (Z. XII 141, E XXI 361) oder aus dem Besitze oder Eigentum der Sache, Pfandrecht oder anderen dinglichen Rechten an derselben, oder aus dem Rechte auf vertragsmäßige Ausführung des Transports und Auslieferung des zurückbehaltenen, verfahrenen, verschleppten Gutes, auf den Frachtbrief, die Begleitpapiere, die Nachnahme, die Fracht usw., aus Art. 5 wegen Verletzung der Annahme- und Transportpflicht, Art. 10 wegen Erfüllung der Zoll-, Steuer- und Polizeivorschriften, Art. 15 Ausführung nachträglicher Verfügungen usw. Ebensowenig trifft die kurze Verjährung Ansprüche gegen die Eisenbahn, welche aus einem dem Frachtvertrage vorweggehenden oder nachfolgenden Verwahrungsvertrage entspringen (Art. 5 Anm. 28, Art. 30 Anm. 159), oder aus dem Rückgriffsverhältnisse der Eisenbahnen zueinander (Art. 27 Abs. 3 Anm. 149, Art. 47 Anm. 224 ff., E. XX 314).

V. Die Verjährung aus Art. 45 muß gegen die Schadensersatzforderungen von der Eisenbahn im Wege der Einrede geltend gemacht werden. Der Richter hat die Einrede bzw. den Ablauf der Frist nicht von Amts wegen zu berücksichtigen, sondern das Vorbringen der verklagten Eisenbahn abzuwarten. Es ist Sache der Eisenbahn, den Verjährungseinwand tatsächlich zu begründen und mit Beweis zu unterstützen.

VI. Über die Frage, ob die vollendete Verjährung den Untergang des Rechtes oder dessen Klaglosigkeit bewirkt (D. B.G.B. § 222 Abs. 2 Österr. B.G.B. § 1432) sowie, ob und inwieweit die Aufrechnung mit einer verjährten Forderung zulässig ist (D. B.G.B § 390, H.G.B. § 439, E.V.O. § 98 Abs. 5. — Öst. Allg. B.G.B. S. 1438 —, cod civ. Art. 290) entscheiden die Landesrechte (vgl. noch Rundnagel 246; Epstein, E. XXI 95, XXII 320; Reindl, E. XXI 318, Bez.-Ger. Wien 19. Mai 1903, E. XXI 347, Feder in d. Zeitschr. f. d. ges. Hand.-Recht Bd. 59 S. 434).

VII. Ausgeschlossen von der Verjährung des Art. 45 Abs. 1 sind die bezeichneten Entschädigungsforderungen, insofern sie durch Anerkenntnis der Eisenbahn, Vergleich oder gerichtliches Urteil festgestellt sind (vgl. über Anerkenntnis: Z. V 228, 332). Denn diese Akte schaffen nach den übereinstimmenden Prinzipien aller Landesrechte unter Aufhebung des bisherigen Anspruchs einen neuen selbständigen Klagegrund (Novation). E contrario folgt aber aus dieser Bestimmung, daß etwaige andere Novationsgründe, wenn sie auch nach Landesrecht statthaft, für die Entschädigungsforderungen aus dem internationalen Eisenbahn-Frachtvertrage ausgeschlossen sind. Die Form der drei Novationsgründe richtet sich nach den Landesrechten. Auch die bloße protokollarische Feststellung des Schadens (Art. 25) ist daher nicht geeignet, den Lauf der Verjährungsfrist zu unterbrechen

(Z. IV 131), ebensowenig bloße außergerichtlishe Vergleichsverhandlungen (E. X 10).

VIII. Die Geltendmachung nur einer Forderung hält die Verjährung der übrigen Forderungen nicht auf. Denn jede Kategorie besteht selbständig für sich, und die Geltendmachung der einen tangiert die andere nicht (Z. VIII 127). Wohl aber reicht die Geltendmachung eines Teiles der Forderung zur Wahrung derselben in ihrem gesamten Umfange hin, da im Zweifel in ihr eine Manifestation der auf Erhaltung des Gesamtrechts gerichteten Absicht liegt (E. XII 36). Vgl. hierzu jedoch Deutsch. Reichsger. 25. März 1907 (E. XXIV 344).

IX. Eine vertragsmäßige Beschränkung der Verjährungsfrist ist den Eisenbahnen nicht gestattet. Jede derartige Abrede ist gemäß Art. 4 nichtig.

X. Die kurze Verjährung findet nicht nur auf Ansprüche, die im Wege der Klage, sondern auch auf solche, die im Wege der Widerklage oder Einrede geltend gemacht werden, Anwendung (Art. 46 Anm. 223).

220) **„Die Verjährung beginnt im Falle der Beschädigung oder Minderung an dem Tage, an welchem die Ablieferung stattgefunden hat, im Falle des gänzlichen Verlustes eines Frachtstückes oder der Verspätung an dem Tage, an welchem die Lieferfrist abgelaufen ist.“**

I. Absatz 2 des Art. 45 trifft Bestimmung über den Beginn der Verjährungsfrist. Für den Beginn der Verjährung haben die modernen Frachtrechte — um dem Frachtführer gegenüber seiner strengen Haftpflicht eine strikte und kurze Verjährungsfrist zu sichern — das Prinzip festgehalten, daß dieselbe weder vom Tage der Wissenschaft (a die scientiae) noch der Entstehung des Schadens usw., sondern von bestimmten tatsächlichen Momenten ihren Anfang nehmen soll. Aus diesem Grunde ist auch im internationalen Übereinkommen vorgeschrieben, daß die Verjährung im Falle der Beschädigung oder Minderung mit dem Tage der Ablieferung, im Falle des gänzlichen Verlustes oder der Verspätung mit dem Tage des Ablaufs der Lieferfrist beginnt.

II. Die Verjährungsfrist ist danach eine absolut wirkende, derart, daß sie mit jenen vorbezeichneten Momenten unbedingt beginnt und von da ab in einem Jahr abläuft. Es kommt also weder darauf an, ob der Berechtigte sich in der faktischen oder berechtigten Möglichkeit befindet, zur Zeit der Ablieferung usw. oder später während des Laufes der Frist sein Recht auszuüben, noch darauf, ob er überhaupt Kenntnis von dem Schaden und dem Ersatzpflichtigen hat oder haben kann (Z. IV 129, VI 407, E. X 10), ob die Minderung oder Beschädigung äußerlich erkennbar war (Staub 1490; Lehmann-Ring 288).

III. Aus dem absoluten Charakter dieser Verjährung folgt auch ferner, daß es nicht genügt, die Klage während der Verjährungsfrist nur ganz allgemein auf Anerkennung der Entschädigungspflicht zu richten und sich die Klage auf speziellen Schadensersatz bzw. separate Schadensfeststellung für spätere Zeit vorzubehalten.

IV. Es wird unterschieden zwischen Beschädigung und Verminderung einerseits und gänzlichem Verlust und Verspätung anderseits. Im Falle der Beschädigung oder Minderung beginnt die Verjährung an dem Tage, an welchem die Ablieferung — sc. des beschädigten oder geminderten Gutes — tatsächlich stattgefunden hat, d. i. mit dem Tage der Ablieferung, im Falle des gänzlichen Verlustes oder der Verspätung dagegen an dem Tage, an welchem die Lieferfrist abgelaufen ist, d. h. die Ablieferung tarif- bzw. reglementsmäßig spätestens hätte bewirkt sein müssen, am Tage des Lieferfristablaufs (Senckpiehl, Sp.- u. Sch.-Ztg. XV Nr. 10). Indem Art 45 Abs. 2 des internationalen Übereinkommens auch für die Verspätung nicht den Tag der Ablieferung, sondern den Tag des Lieferfristablaufs als Fristbeginn festsetzt, mithin in dieser Hinsicht Verlust und Versicherung gleichstellt, ist damit evident kundgegeben, daß unter den Verspätungsansprüchen sowohl solche Fälle zu verstehen sind, in welchen die Ablieferung verspätet erfolgt, als auch solche, in welchen sie überhaupt nicht erfolgt (Verlust). Es steht daher auch nichts entgegen, bei demselben Transport Ansprüche wegen gänzlichen Verlustes und wegen Verspätung (Versäumung der Lieferzeit) kumulativ nebeneinander zu erheben. Denn jeder von beiden involviert eine besondere Art der Interessenschädigung des Berechtigten (s. Art. 34 Anm. 178, Art. 39 Anm. 195).

V. Im Falle der Beschädigung oder Minderung — wohin auch totaler Wertverlust (Verderb usw. der vorhandenen Ware) zu rechnen — ist für den Beginn der Frist der Ablieferungstag entscheidend (Z. I 242, II 66). Dauert die Ablieferung mehrere Tage, so beginnt die Verjährung mit dem letzten Tage der Ablieferung. Von diesem Tage an (nicht vom Ablaufe desselben) beginnt bzw. läuft unbedingt die Verjährung. Die ein- bzw. dreijährige Frist ist derartig zu berechnen, daß der Ablieferungstag mitgezählt wird („beginnt an dem Tage"). (So auch Rosenthal 258. — A. M. Schwab 352.) Der Moment des Annahmeverzugs des Empfängers ist der Ablieferung gleich zu achten (s. Art. 30 Anm. 159 S. 343). (Übereinstimmend Schwab 347; Sarrut n. 874 und Rosenthal 257. — A. M. Rundnagel 243.) Ebenso Einlagerung, Hinterlegung, Veräußerung (Makower 1368). Auch für Entschädigungsansprüche wegen äußerlich nicht erkennbarer Mängel, deren Feststellung erst nach der Annahme erfolgt ist (Art. 44 Ziff. 4), gilt der Ablieferungstag als Beginn der Verjährungsfrist; für Entschädigungsansprüche wegen irriger Ausfolgung des Gutes an den unrichtigen Empfänger der Tag der Ablieferung an diesen (Z. III 146).

VI. Im Falle des gänzlichen Verlustes (totaler quantitativer Verlust, Nichtvorhandensein des Gutes) oder der Verspätung ist für den Beginn der Frist der Tag entscheidend, an welchem die Lieferfrist abgelaufen ist, der Schlußtag der reglements- bzw. tarifmäßigen Lieferfrist. Von diesem Tage an (nicht vom Ablaufe desselben) beginnt bzw. läuft unbedingt die Verjährung (Z. I 242, II 35, 258, VI 102, 664), z. B. bei Entwendung, Abhandenkommen des Gutes unterwegs (Z. IV 130). Der Schlüßtag der Lieferfrist wird mitgezählt. Zwar gewährt Art. 33

dem zur Klage Berechtigten die Befugnis, das Gut ohne weiteren Nachweis 30 Tage nach Ablauf der Lieferfrist als in Verlust geraten zu betrachten. Aber nicht von diesem Zeitpunkte ab, sondern bereits vom Schlußtage der Lieferfrist beginnt und läuft in Verlust- und Verspätungsfällen die Verjährung. Die Annahme, daß im Falle des Art. 33 die Verjährungsfrist erst von dem Tage an laufe, an welchem das Gut als in Verlust geraten betrachtet wird, erscheint in Rücksicht auf den absoluten Charakter der Verjährungsfrist unbegründet.

VII. Erfolgt die Ablieferung beschädigten oder verminderten Gutes erst nach Ablauf der Lieferzeit (z. B. im Falle des Art. 36), so beginnt und läuft die Verjährung doch auch für diese Eälle vom Schlußtage der Lieferzeit, weil der weitergehende Fall des Verlustes die Fälle der Beschädigung und Minderung in sich schließt und es unverkennbar in der Absicht des Art. 45 liegt, daß spätestens ein bzw. drei Jahre nach dem Tage des Ablaufs der Lieferzeit sämtliche Entschädigungsforderungen verjährt sein sollen, mithin dies die äußerste Zeitgrenze der Verjährung ist. Erfolgt also z. B. die Ablieferung wiederaufgefundenen Gutes auf Wunsch des Empfängers erst ein bzw. drei Jahre nach Ablauf der Lieferzeit, so kann er weder Ansprüche wegen Verlustes und Verspätung noch wegen Beschädigung oder Verminderung geltend machen, es sei denn, daß der Fall des Abs. 3 vorliegt (a. M. Rundnagel 243).

VIII. Hervorzuheben ist, daß der Beginn der Verjährung für Beschädigung (oder Verminderung) und für Verspätung ein verschiedener ist und, wenn bei einem Transporte beide Ansprüche geltend zu machen sind, demgemäß auch der Ablauf der Verjährungsfrist nicht zu gleicher Zeit erfolgt. Auch hält die Erhebung einer Forderung (Beschädigung usw.) die Verjährung der anderen (Verspätung usw.) nicht auf, jede besteht unabhängig von der anderen und muß für sich geltend gemacht werden. Ansprüche aus gänzlichem Verlust und aus Verspätung haben zwar den gleichen Beginn und daher auch die gleiche Ablaufszeit. Aber auch für diese gilt der Grundsatz, daß die Erhebung des einen Anspruchs die Verjährung des anderen nicht aufhält.

221) „Bezüglich der Unterbrechung der Verjährung entscheiden die Gesetze des Landes, wo die Klage angestellt ist."

I. Nach Absatz 3 des Art. 45 entscheiden bezüglich der Unterbrechung der Verjährung die Gesetze des Landes, wo die Klage angestellt ist (Senckpiehl, Unterbrechung der Verjährung Sp.- u. Sch.-Ztg. XVI Nr. 15). Diese Bestimmung findet nach Art. 7 Abs. 6 auch auf Frachtzuschläge Anwendung (Anm. 55b S. 95, Z. XIV 133) sowie auf Fracht-Rück- und -Nachzahlungsforderungen gemäß Art. 12 Abs. 4 (Anm. 85 S. 152, Z. XII 236, E. XXI 67, Z. XIV 281, E. XXIII 143).

Will hiernach der Berechtigte die Verjährung unterbrechen, so muß er diejenigen Unterbrechungsarten und in derjenigen Form wählen, welche hierzu in den Ländern, welchen die gemäß Art. 27 Abs. 3 (Anm. 149), zu verklagenden Eisenbahnen angehören, die gesetzlich zulässigen sind. Die Unterbrechung nach anderen Landesrechten ist wirkungslos. Danach regelt sich die Frage, ob durch Zustellung (Erhebung) der Klage, gerichtliche Protestation, Streitverkündung (Litisdenunziation), Anmeldung im Konkurse usw. im konkreten Falle der Lauf der ein- bzw. dreijährigen Verjährungsfrist der Abs. 1 und 2 des Art. 45 unterbrochen ist; ferner zwischen welchen Personen (z. B. bei mehreren Ersatzberechtigten) die Unterbrechung wirkt, und endlich ob vom Tage der erfolgten Unterbrechung die kurzen Verjährungsfristen des Art. 45 von neuem zu laufen beginnen oder nunmehr die allgemeinen landesrechtlichen Verjährungspflichten Platz greifen. Das gleiche gilt auch in betreff der Hemmung der Verjährung (E. XIX 204), abgesehen von der einheitlichen Regelung der hemmenden Wirkung der Reklamation (Anm. 221 a). Über den Einfluß der Reklamation auf die Verjährung siehe Abs. 4 (Anm. 221 a), außergerichtliche Vergleichsverhandlungen (E X 10).

221a) **Wenn der Berechtigte eine schriftliche Reklamation bei der Eisenbahn einreicht, so wird die Verjährung für so lange gehemmt, als die Reklamation nicht erledigt ist. Ergeht auf die Reklamation ein abschlägiger Bescheid, so beginnt der Lauf der Verjährungsfrist wieder mit dem Tage, an welchem die Eisenbahn ihre Entscheidung dem Reklamanten schriftlich bekannt macht und ihm die der Reklamation etwa angeschlossenen Beweisstücke zurückstellt. Der Beweis der Einreichung oder der Erledigung der Reklamation sowie der der Rückstellung der Beweisstücke obliegt demjenigen, der sich auf diese Tatsachen beruft. Weitere Reklamationen, die an die Eisenbahn oder an die vorgesetzten Behörden gerichtet werden, bewirken keine Hemmung der Verjährung.**

Abs. 4 des Art. 45 regelt allgemein und einheitlich, d. h. unter Aufhebung aller entgegenstehenden Vorschriften der Landesgesetze die Einwirkung der Reklamationen auf die Verjährung im internationalen Eisenbahnfrachtverkehre. Um zu verhindern, daß die Eisenbahnen durch Verzögerung in der Erledigung der Reklamationen die Verjährung des Anspruchs herbeiführen, ist der Reklamation die Wirkung einer Hemmung, d. h. des Ruhens des Laufes der Verjährung bis zur Erledigung der Reklamation beigelegt. Abs. 4 findet nach Art. 7 Abs. 6 auch auf Frachtzuschläge Anwendung (Z. XIV 133) und nach Art. 12 Abs. 4 auch auf Fracht-Nach- und -Rückzahlungsforderungen (Anm. 85 S. 152 Z. XII, 67, E XXI 67, Z. XIV 281, E. XXIII 143).

Der erste Satz des Abs. 4 gibt dem Grundsatze Ausdruck, daß mit Einreichung einer schriftlichen Reklamation bei der Eisenbahn die Verjährung für so lange gehemmt wird, als die Reklamation nicht erledigt ist (Benkö, Reklamation und Verjährung, Ung. Eisenbahn-Tar. und -Wert-Anz. 1906 Nr. 24; v. Buschmann, Allg. Tar.-Anz. XXVI, Nr. 4, 5). Vom Tage der Einreichung der schriftlichen Reklamation wird der Lauf der Verjährungszeit gehemmt, d. h. er ruht und beginnt erst mit dem Tage der Erledigung weiterzulaufen. Die vor der Einreichung der Reklamation und nach der Erledigung laufende Zeit wird zusammengerechnet, und nur, wenn diese beiden Zeiträume ein bzw. drei Jahre ergeben, ist der Anspruch verjährt. Die dazwischen liegende Zeit des Reklamationsverfahrens von der schriftlichen Anmeldung des Anspruches bis zur Erteilung eines schriftlichen Bescheides usw. (Satz 2) wird nicht mit eingerechnet. Aber nur die vom Berechtigten (Art. 15, 26 Anm. 97ff., 144ff.) ausgehende Reklamation hat diese Wirkung. Eingehende Formvorschriften über die Art der Einbringung und Fassung der Reklamation sind nicht gegeben. Obligatorisch ist nur, daß sie schriftlich (auch zu vollzogenem Protokoll) bei der Eisenbahn eingereicht ist und der Natur der Sache nach der Anspruch individuell genau bezeichnet ist (E. XX, 343). War dies der Fall, so kommt es auf die Bezeichnung des Betrages nicht an. War derselbe in der Reklamation zu gering oder überhaupt nicht angegeben, so findet doch Abs. 4 Anwendung (E. XX, 352). Nur soweit die Einreichung in dieser Weise erfolgt ist, tritt die Hemmung des Fristenlaufes ein (Z. V, 89, 90, 131). Die schriftliche Reklamation muß „bei der Eisenbahn" eingereicht sein, d. h. bei einer der an dem fraglichen Transporte beteiligten Eisenbahn (zuständigen Dienststelle), nicht gerade bei den im Abs. 3 des Art. 27 bezeichneten drei Eisenbahnen (a. M. Rundnagel 246). Denn die letztere Bestimmung gilt nur für Ansprüche, die im Wege der Klage geltend gemacht werden. Hier handelt es sich aber um Ansprüche im Wege der Reklamation. Die bloße Absendung der Reklamation an die Eisenbahn genügt nicht, vielmehr beginnt die Hemmung der Verjährung erst mit dem Tage des Empfangs der Reklamation seitens der Eisenbahn (s. Art. 44 Abs. 2 Ziff. 2 und E. VI, 407, XI, 253). Von diesem Tage laufen die Verzugszinsen des Entschädigungsbetrages (E. XIX, 149, XXIV, 24).

Der zweite Satz des Abs. 4 trifft über den Wiederbeginn des Laufes der Verjährungsfrist nach Beendigung des Reklamationsverfahrens genaue Bestimmung. Es sind drei Fälle möglich: entweder die Eisen, bahn erkennt im vollen Umfange den Anspruch des Reklamanten an und befriedigt denselben, alsdann kommt die Frage der Verjährung nicht weiter in Betracht, oder die Eisenbahn erkennt den Anspruch des Reklamanten nur teilweise oder überhaupt nicht an, dann muß sie hierüber dem Reklamanten einen schriftlichen Bescheid unter Rückgabe der der Reklamation etwa beigefügten Beweisstücke erteilen. Solange sie diese Bestimmung nicht materiell und formell vollständig erfüllt, ruht der Fristenlauf. Erst mit dem Tage der Erfüllung, d. h. der Zustellung des schriftlichen abschlägigen Bescheides nebst etwaigen Beweisstücken an den Reklamanten beginnt die Verjährungsfrist wieder zu laufen, und zwar auch dann, wenn die Eisenbahn zur Zurückhaltung der Beweisstücke berechtigt war (E. XXIII, 357). „Mit dem Tage", also nicht vom Ablaufe desselben, d. h. die einjährige Frist ist auch hier so zu berechnen, daß der Zustellungstag mitgerechnet wird (s. oben Anm. 220 V S. 459). Materiell ist erforderlich, daß der Bescheid eine bestimmte Ablehnung des genau bezeichneten Anspruches enthält. Insoweit dies nicht der Fall, ist die Reklamation nicht erledigt und bleibt der Fristenlauf weiter gehemmt. Formell ist vorgeschrieben, daß — wie die Reklamation — so auch der abschlägige Bescheid schriftlich sein muß, ferner daß der schriftliche Bescheid dem Reklamanten, d. h. dem nach

Satz 1 Berechtigten oder seinem Rechtsnachfolger bekanntgemacht, d. h. zugestellt, behändigt, geeigneterweise in seinen Besitz gebracht ist, und endlich, daß ein Gleiches auch in betreff der der Reklamation etwa angeschlossenen Beweisstücke geschehen ist. Darüber lassen die Worte „schriftlich bekannt macht“ und „zurückstellt“ keinen Zweifel. Der schriftliche Bescheid darf nicht von irgendeiner beliebigen Eisenbahn ausgehen, sondern nur von einer der an dem betreffenden Transporte beteiligten oder sonst bestimmungsmäßig zur Regulierung des bezüglichen Anspruches legitimierten Eisenbahn. Klagt der Reklamant vor Erledigung der Reklamation, ohne daß die Eisenbahn dieselbe verzögert hat, so hat er jedenfalls die Kosten zu tragen (Z. VIII 284. 288). Hat er aber der Eisenbahn die Unterlagen zur Prüfung geliefert und diese die danach berechtigte Forderung im Reklamationsverfahren nicht anerkannt, so hat sie die Prozeßkosten zu tragen (Z. XII 312, E. XXI 130).

Der dritte Satz des Abs. 4 enthält die Vorschrift, daß der Beweis der Einreichung oder der Erledigung der Reklamation sowie der Rückstellung der Beweisstücke demjenigen obliegt, der sich auf diese Tatsachen beruft. Da an sich der ununterbrochene Lauf der Verjährung vermutet wird und die Hemmung eine Ausnahme hiervon bildet, so muß der Reklamant, wenn er auf Grund eingereichter schriftlicher Reklamation die Hemmung der Verjährung behauptet, den Nachweis führen, daß er eine schriftliche Reklamation formell und materiell ordnungsmäßig und den Vorschriften des Abs. 4 entsprechend bei der hierzu legitimierten Eisenbahn eingereicht habe. Ist dies aber geschehen, und behauptet die Eisenbahn, daß der Fristenlauf nicht mehr gehemmt sei, weil sie dem Reklamanten den abschlägigen Bescheid unter Rückstellung der Beweisstücke schriftlich bekanntgemacht habe, so liegt es ihr ob, diese Tatsache zu beweisen.

Der vierte Satz des Abs. 4 endlich beschränkt die Wirkung der Hemmung der Verjährung auf die erste Reklamation. Es erschien nicht zweckmäßig und billig, diese Wirkung auch auf spätere Reklamationen auszudehnen. Weiteren Reklamationen an die Eisenbahnen oder Beschwerden und Eingaben an vorgesetzte Behörden eine solche Wirkung beizulegen, würde dahin führen, die Verjährung überhaupt in Frage zu stellen bzw. von dem Belieben der Reklamanten abhängig zu machen. Vorausgesetzt ist, daß es sich um denselben Anspruch handelt, d. h. die folgenden Reklamationen nicht andere, wenngleich vielleicht mit der ersteren zusammenhängende Ansprüche betreffen. Entscheidend ist dafür der Frachtbrief.

Artikel 46.[222])

Ansprüche, welche nach den Bestimmungen der Artikel 44 und 45 erloschen oder verjährt sind, können auch nicht im Wege einer Widerklage oder einer Einrede geltend gemacht werden.[223])

Zusatz I.
Betriebsreglement des Vereins Deutscher Eisenbahnverwaltungen.
§ 84.
Geltendmachung erloschener oder verjährter Ansprüche.

(Text übereinstimmend mit vorstehendem Art. 46.)

222) Prinzip und Entstehungsgeschichte des Art. 46.

Artikel 46 erklärt die in den vorangehenden beiden Artikeln 44 und 45 aufgestellten Grundsätze über das Erlöschen aller Ansprüche gegen die Eisenbahn aus dem Frachtvertrage und über die Verjährung der Entschädigungsforderungen wegen Verlustes, Minderung, Beschädigung oder Verspätung auch auf die Geltendmachung dieser Ansprüche im Wege der Widerklage oder Einrede für anwendbar. Streng genommen ist die Bestimmung des Art. 46 selbstverständlich und daher überflüssig (Schwab 343, 353). Unverkennbar lag es aber in der Absicht der Gesetzgeber, demungeachtet zur Beseitigung etwaiger Zweifel ausdrücklich auszusprechen, daß es sich nicht um eine bloße Klageverjährung handle, mithin nicht nur die Klagen, sondern die Ansprüche bzw. Forderungen selbst und damit auch die Widerklagen und Einreden auf Grund derselben erloschen bzw. verjährt sein sollen.

Im Schweizer Entwurf (Art. 30) findet sich die bezügliche Bestimmung nur für die Fälle des Art. 44 und im Zusammenhange mit diesem Artikel vorgeschlagen. Nach Maßgabe der Kritik des Schweizer Entwurfs (Eger, Die Einführung eines internationalen Eisenbahn-Frachtrechts, 1877, S. 127 und Gegenentwurf, Art. 30 a. a. O. S. 149) hat der Deutsche Entwurf (1878) die Ausdehnung auf alle Ansprüche empfohlen, welche nach den Bestimmungen der Art. 44 und 45 erloschen oder verjährt sind. Diesem Vorschlage wurde in den Beratungen stattgegeben.

222) „Ansprüche, welche nach den Bestimmungen der Artikel 44 und 45 erloschen oder verjährt sind, können auch nicht im Wege einer Widerklage oder einer Einrede geltend gemacht werden.“

I. Die Bestimmung des Art. 46 umfaßt alle Ansprüche, welche nach den Bestimmungen der Artikel 44 und 45 erloschen oder verjährt sind, d. h. einerseits alle Ansprüche gegen die Eisenbahn aus dem Frachtvertrage, welche gemäß Art. 44 erloschen sind (Anm. 209 S. 440), und anderseits alle Entschädigungsforderungen wegen Verlustes, Minderung, Beschädigung oder Verspätung, welche nach Art. 45 verjährt sind (Anm. 219 S. 456ff.). Ist ein im Art. 44 bezeichneter Anspruch nicht erloschen, weil er z. B. zu den unter Ziff. 1—4 des Art. 44 ausgenommenen gehört, oder ist eine im Art. 45 bezeichnete Entschädigungsforderung nicht verjährt, weil z. B. ihre Verjährung gemäß Art. 45 Abs. 3 unterbrochen ist, so findet Art. 46 keine Anwendung (Reindl, E. XXI 322).

II. Die ad I bezeichneten Ansprüche „können auch nicht im Wege einer Widerklage oder einer Einrede geltend gemacht werden", d. h. sie sind vollständig wirkungslos geworden, ihre Erhebung ist weder im Wege der Klage noch der Widerklage oder Einrede zulässig; sowohl das Klage- wie das Widerklage- und Einrederecht ist erloschen bzw. verjährt.

III. Wie aber in betreff der Klage, so hat auch bezüglich der Widerklage oder Einrede der Richter nicht von Amts wegen das Erloschen oder Verjährtsein des widerklage- oder einredeweise geltend gemachten Anspruches zu berücksichtigen, vielmehr ist es auch hier Sache der Partei, sc. der klagenden Eisenbahnverwaltung, das Erlöschen oder Verjährtsein der erhobenen Gegenansprüche zu behaupten und die Voraussetzungen dafür zu erweisen.

IV. Die Beweislast verteilt sich hiernach folgendermaßen: Wird der Klageforderung der Eisenbahn vom Absender oder Empfänger ein Anspruch aus dem Frachtvertrage im Wege der Widerklage oder Einrede entgegensetzt, so hat die klagende Eisenbahn replicando darzutun, daß dieser Anspruch gemäß Art. 44 Abs. 1 durch Bezahlung der Fracht und Annahme des Gutes bereits erloschen oder — falls es sich um einen im Art. 45 Abs. 1 bezeichneten Anspruch handelt — durch einjährigen Fristablauf verjährt ist. Sache des verklagten Absenders bzw. Empfängers ist es sodann, im Wege der Duplik nachzuweisen, daß der Anspruch nicht erloschen ist, weil einer der im Art. 44 Abs. 2 ff. aufgeführten Ausnahmefälle vorliegt, oder daß er nicht verjährt ist, weil der Lauf der Verjährung eine gemäß Art. 45 Abs. 3 zulässige Unterbrechung erfahren hat.

Artikel 47.[224])

(1) Derjenigen Eisenbahn, welche auf Grund der Bestimmungen dieses Übereinkommens Entschädigung geleistet hat, steht der Rückgriff gegen die am Transporte beteiligten Bahnen nach Maßgabe folgender Bestimmungen zu:[225])

1. **Diejenige Eisenbahn, welche den Schaden allein verschuldet hat, haftet für denselben ausschließlich.[226])**
2. **Haben mehrere Bahnen den Schaden verschuldet, so haftet jede Bahn für den von ihr verschuldeten Schaden. Ist eine solche Unterscheidung nach den Umständen des Falles nicht möglich, so werden die Anteile der schuldtragenden Bahnen am Schadenersatze nach den Grundsätzen der folgenden Ziffer 3 festgesetzt.[227])**
3. **Ist ein Verschulden einer oder mehrerer Bahnen als Ursache des Schadens nicht nachweisbar, so haften die sämtlichen am Transporte beteiligten Bahnen mit Ausnahme derjenigen, welche beweisen, daß der Schaden auf ihrer Strecke nicht entstanden ist, nach Verhältnis der reinen Fracht, welche jede derselben nach dem Tarife im Falle der ordnungsmäßigen Ausführung des Transportes bezogen hätte.[228])**

(2) Im Falle der Zahlungsunfähigkeit einer der in diesem Artikel bezeichneten Eisenbahnen wird der Schaden, der hieraus für die Eisenbahn entsteht, welche den Schadenersatz geleistet hat, unter alle Eisenbahnen, welche an dem Transport teilgenommen haben, nach Verhältnis der reinen Fracht verteilt.[229])

Zusatz I.

Betriebsreglement des Vereins Deutscher Eisenbahnverwaltungen.

§ 85.

Rückgriffsrecht der Eisenbahnen untereinander
(Text übereinstimmend mit vorstehendem Art. 47.)

(Vgl. Übereinkommen zum Betriebsreglement des Vereins Deutscher Eisenbahnverwaltungen: Art. 24.

Übereinkommen, betreffend die Güterübergabe und -Übernahme sowie die Verteilung von Entschädigungen im internationalen Eisenbahn-Frachtverkehr, beschlossen vom Internationalen Transportkomitee 3./4. Oktober 1909 (Z. XV 253, 310 und Beilage S. 55—62.

224) Prinzip und Entstehungsgeschichte des Art. 47.

Die Art. 47—54 des internationalen Übereinkommens enthalten die einheitliche Regelung des Rückgriffs der Eisenbahnen untereinander, und zwar die Art. 47—49 in materieller, die Art. 50—53 in prozessualischer Beziehung, während Art. 54 den Eisenbahnen die Befugnis beläßt, über den Rückgriff auch andere Bestimmungen als die des internationalen Übereinkommens (Art. 47—53) zu vereinbaren (vornehmlich über ein schiedsrichterliches Verfahren), so daß gegenüber solchen Vereinbarungen über den Rückgriff die Normen der Art. 47—53 nur subsidiäre Geltung besitzen. Mit Rücksicht auf das Prinzip der Zwangsgemeinschaft (Art. 27), welches die am internationalen Transport beteiligten Bahnen zur gemeinsamen Übernahme des Transports (Frachtführergemeinschaft) und zur solidarischen Haftung gegenüber dem Absender bzw. Empfänger verpflichtet, war es unumgänglich notwendig, soweit nicht Vereinbarungen über den Rückgriff der in Anspruch genommenen Bahn getroffen werden, znm Schutze derselben gesetzliche Regeln über das Rückgriffs-Recht und -Verfahren aufzustellen. Denn Art. 27 normiert zwar die solidarische Haftung aller an einem internationalen Transport beteiligten Bahnen — und zwar unter Beschränkung der Passivlegitimation auf die drei im Art. 27 Abs. 3 bezeichneten Bahnen — dem Vertragsberechtigten (Absender bzw. Empfänger) gegenüber, läßt aber den Rückgriff der Bahnen untereinander unberührt. Der Umstand allein, daß eine der am Transport beteiligten, gemäß Art. 27 Abs. 3 passivlegitimierten Bahnen vom Entschädigungsberechtigten in Anspruch genommen worden ist und ihm Ersatz hat leisten müssen, bedingt noch nicht, daß sie diese Ersatzleistung auch endgültig zu tragen hat. Diese Frage ist vielmehr nach erfolgter Ersatzleistung unter den beteiligten Bahnen im Wege des Rückgriffs, d. h. nach Maßgabe der Normen über das Rückgriffs-Recht und -Verfahren zum Austrage zu bringen und zu entscheiden. Das Rückgriffsrecht mit ausreichenden Garantien zu umgeben und demgemäß die Normen desselben für die Bahnen des Konventionsgebietes einheitlich zu gestalten, wurde im Anschluß an die Schutzvorschriften des Art. 23 (s. Anm. 122 S. 242 und Anm. 130 S. 257 ff.) allgemein und ohne Widerspruch für unbedingt notwendig erachtet.

Was nun zunächst das materielle Rückgriffsrecht anlangt, so stellt Art. 47 in Verbindung mit Art. 48 und 49 in betreff aller Entschädigungsleistungen auf Grund der Bestimmungen des internationalen Übereinkommens das grundlegende Prinzip auf, daß für den Rückgriff bezw. die endgültige Tragung der Entschädigung das Moment des Verschuldens entscheidend sein soll, nicht also die strenge Haftpflicht aus Art. 30 und 39, welche dem Ersatzberechtigten gegenüber zu prästieren ist und auch ohne Verschulden die Eisenbahnen trifft. Davon gehen nun folgende vier Sätze aus: 1. Wenn eine der am Transport beteiligten Bahnen allein den Schaden verschuldet hat, so haftet diese ausschließlich, d. h. hat endgültig allein die Entschädigung zu tragen. 2. Wenn mehrere Bahnen den Schaden verschuldet haben, so haftet jede Bahn für den von ihr verschuldeten Schaden, oder, wenn eine solche Unterscheidung nicht möglich, nach Verhältnis der reinen tarifmäßig zu beziehenden Fracht — bei Versäumung der Lieferfrist nach Verhältnis der Zeitdauer der Versäumnis. 3. Wenn ein Verschulden einer oder mehrerer Bahnen nicht nachweisbar, so haften — mit Ausnahme derjenigen, welche das Nichtentstandensein des Schadens auf ihrer Strecke nachweisen — sämtliche nach Verhältnis der reinen tarifmäßig zu beziehenden Fracht — bei Versäumung der Lieferfrist nach Verhältnis der Zeitdauer der Versäumnis. 4. In Beziehung auf den Rückgriff haften die am Transport beteiligten Bahnen nicht solidarisch.

Wie die Entstehungsgeschichte der Art. 47, 48 und 49 — welche des engen Zusammenhangs dieser Leistungen wegen hier zweckmäßig vereint zur Darstellung gebracht wird — ergibt, haben dieselben erst allmählich die in das internationale Übereinkommen aufgenommene Fassung erhalten.

Die Art. 32—38 des Schweizer Entwurfs umfassen die materielle und prozessualische Regelung des Regreßverfahrens der Bahnen untereinander. In materieller Beziehung ist in den Art. 32, 33 und 34 der Grundsatz als maßgebend hingestellt, daß diejenige Bahn den Schaden vertreten muß, welche den Frachtvertrag nicht erfüllt hat, und — wo dies nicht zu ermitteln — sämtliche am Transporte beteiligten Bahnen, auf welchen der Fehler oder Unfall überhaupt entstanden sein kann, aufzukommen haben, und zwar nach dem Verhältnisse der berührten Strecken.

Die Kritik des Schweizer Entwurfes (Eger 1877, Die Einführung eines internationalen Eisenbahn-Frachtrechts 131 f. und Gegenentwurf Art. 32 bis 34 a. a. O. S. 149, 150) brachte folgende Modifikationen in Vorschlag. Zunächst müsse nach allgemeinen Regreßregeln die regreßnehmende Bahn den Ersatz bereits geleistet haben, bevor sie sich an ihre Vorgänger halten darf. Sodann rechtfertige die Annahme einer gewissen Solidarität oder besser Sozietät der am Transporte beteiligten Bahnen für die Regreßpflicht wohl den Vorschlag, daß nur Verschulden zur alleinigen Übernahme des Schadensersatzes verpflichten, dagegen Zufall von allen beteiligten Bahnen gemeinschaftlich getragen werden soll. — Endlich erscheine es wünschenswert, auch für die Fälle des Art. 34 nicht die schwer zu bemessende Größe des Verschuldens, sondern lediglich die Länge der Transportstrecken als Maßstab für die Repartition anzunehmen.

Der deutsche Entwurf (1878) hat sich im wesentlichen diesen Vorschlägen angeschlossen; nur proponierte derselbe an Stelle der Repartition nach Maßgabe der Transportstrecken die Verteilung nach Verhältnis der reinen, tarifmäßig zu beziehenden Fracht.

In der I. Konferenz wurde ein Zusatz (Art. 33 sc. 48) angenommen, Inhalts dessen die Verteilung der für einen internationalen Transport zu berechnenden Lieferfrist unter die am Transport teilnehmenden Bahnen durch die Ausführungsbestimmungen zu regeln ist. In betreff des Art. 32 (47) Ziff. 2 wurde als Verteilungsmaßstab unter den beteiligten Bahnen „der Grad ihrer Einwirkung auf die Entstehung des Schadens" festgesetzt.

In der II. Konferenz wurde von der Kommission auch für die Fälle der Ziff. 2 die Anwendung des einfacheren Prinzipes der Ziff. 3 (nach Verhältnis der reinen Fracht) vorgeschlagen und zugleich für den Fall der Zahlungsunfähigkeit einer Eisenbahn der Schlußsatz des Art. 47, weil es für billig gehalten wurde, daß der sich daraus ergebende Verlust nicht von einer der Bahnen allein getragen, sondern unter alle Beteiligte verteilt werde.

Nach diesen Vorschlägen wurden die Art. 47—49 in der II. und III. Konferenz angenommen.

225) **„Derjenigen Eisenbahn, welche auf Grund der Bestimmungen dieses Übereinkommens Entschädigung geleistet hat, steht der Rückgriff gegen die am Transporte beteiligten Bahnen nach Maßgabe folgender Bestimmungen zu:"**

Nach dem Eingangssatz des Absatz 1 steht das materielle Rückgriffsrecht „derjenigen Eisenbahn, welche auf Grund der Bestimmungen dieses Übereinkommens Entschädigung geleistet hat", zu. 1. Erste Voraussetzung ist, daß es eine gemäß Art. 27 an dem konkreten Transport beteiligte, dem internationalen Übereinkommen unterworfene Eisenbahn ist, und zwar eine im Prozeßwege gemäß Art. 27 Abs. 3 in Anspruch genommene (passivlegitimierte, s. Anm. 149 S. 316); denn andernfalls ist ihr aus formellen Gründen (Art. 50) der Rückgriff verschlossen. 2. Zweite Voraussetzung ist, daß die betreffende Bahn bereits die Entschädigung geleistet haben, nicht bloß entschädigungspflichtig sein oder für entschädigungspflichtig erklärt sein muß, eventuell also die von ihr bewirkte Entschädigungsleistung zu belegen und zu erweisen hat. Den Streit verkünden kann sie zwar schon vor der Ersatzleistung, den Rückgriff im Klagewege erheben aber erst nach erfolgter Ersatzleistung (Art. 50, 51). 3. Dritte Voraussetzung ist, daß sie die Entschädigung auf Grund der Bestimmungen des internationalen Übereinkommens geleistet haben muß, mithin nicht auf Grund anderer — landesrechtlicher usw. — Normen. Es genügt aber jede zur Entschädigung verpflichtende Bestimmung des internationalen Übereinkommens, nicht bloß soweit sie sich auf Verlust, Beschädigung,

Minderung oder Verspätung (Art. 30 bis 40) bezieht, sondern auch z. B. auf Entschädigung wegen Verletzung der Pflicht zur Annahme und Beförderung (Art. 5), Erfüllung der Zoll-, Steuer- und Polizeivorschriften (Art. 10), Befolgung nachträglicher Verfügungen (Art. 15), Anzeige von Transporthindernissen (Art. 18), Meldung von Ablieferungshindernissen (Art. 24) und von dem Auffinden in Verlust geratenen Gutes (Art. 36) usw. Auch muß nicht bloß die Pflicht, sondern auch die Höhe (der Umfang) der Entschädigungsleistung nach Maßgabe der Normen des internationalen Übereinkommens gerechtfertigt sein (z. B. Art. 34 bis 42). Auch Zinsen (Art. 42) und Prozeßkosten sind alsdann inbegriffen.

Liegen diese vier Voraussetzungen vereint vor, so steht der betreffenden Eisenbahn gegen die am Transport beteiligten Bahnen, d. h. gegen die an dem konkreten, auf Grund eines durchgehenden internationalen Frachtbriefes (Art. 6) ausgeführten Transport beteiligten der Rückgriff nach Maßgabe der folgenden Bestimmungen (sc. Art. 47 Abs. 1 Ziff. 1 bis 3 und Abs. 2, sowie Art. 48 Anm. 226 ff., 230 ff.) zu. Der Rückgriffsanspruch unterliegt nicht der einjährigen Verjährung des Art. 45 (E. XX 314).

226) **„1. Diejenige Eisenbahn, welche den Schaden allein verschuldet hat, haftet für denselben ausschließlich."**

Ziffer 1 des Absatzes 1 stellt als ersten der materiellrechtlichen Rückgriffsgrundsätze den Satz auf, daß diejenige Eisenbahn, welche den Schaden allein verschuldet hat, für denselben ausschließlich haftet (Z. IV 272, XI 44, 107, 114, E. XIX 352, 356). Es genügt also nicht, daß der Schaden auf ihrer Strecke entstanden (Z. II 438) oder entdeckt oder durch sie oder ihre Leute herbeigeführt ist oder daß sie usw. daran mit schuld trägt, sondern es bedarf der Feststellung, daß der Schaden durch ihr bzw. ihrer Leute alleiniges Verschulden verursacht ist (z. B. Verschulden der Versandbahn durch mangelhafte Verladung, Verwendung mangelhafter Decken usw. [Z. IV 295, VI 41, 605], oder Wagen [**C.A.** Z. XI 107, 114 bis 116, E. XIX 356], Verschulden einer beteiligten Bahn durch übermäßig starke Rangierbewegungen [Z. V 937, XI 44, E. XIX 352], unberechtigte Befolgung nachträglicher Verfügungen [Z. V 939, VI 522]). Dies kann unbestritten feststehen oder aus dem vorangegangenen Entschädigungsverfahren usw. sich evident ergeben oder erst im Rückgriffsverfahren dargetan werden. Jedenfalls muß eventuell von der rückgriffnehmenden Bahn der Beweis hierfür im Einzelfalle geführt und vom Richter über diesen Punkt Entscheidung getroffen werden. Die angegriffene Bahn kann sich auch durch den Gegenbeweis schützen, daß nicht sie, sondern eine oder mehrere andere Bahnen oder die regreßnehmende Bahn selbst den Schaden verschuldet haben. Steht aber das alleinige Verschulden der in Rückgriff genommenen Bahn fest, so haftet sie ausschließlich, d. h. sie hat endgültig allein den Schaden zu tragen bzw. der rückgriffnehmenden Bahn zu erstatten (s. jedoch Abs. 2 Anm. 229) ohne Rückgriff gegen andere Bahnen und ohne Einwand der Teilung, der Vorausklage usw. Für den Begriff des Verschuldens ist das Landesrecht des entscheidenden Gerichtes maßgebend.

227) **„2. Haben mehrere Bahnen den Schaden verschuldet, so haftet jede Bahn für den von ihr verschuldeten Schaden. Ist eine solche Unterscheidung nach den Umständen des Falles nicht möglich, so werden die Anteile der schuldtragenden Bahnen am Schadensersatze nach den Grundsätzen der folgenden Ziffer 3 festgesetzt.“**

Ziffer 2 des Absatzes 1 stellt als zweiten der materiellrechtlichen Rückgriffsgrundsätze prinzipaliter den Satz auf, daß, wenn mehrere Bahnen den Schaden verschuldet haben, jede Bahn für den von ihr verschuldeten Schaden haftet. Die Beweislast liegt der regreßnehmenden Bahn ob. Die in Anspruch genommenen Bahnen können sich aber auch durch den Gegenbeweis schützen, daß nicht sie, sondern andere Bahnen oder die regreßnehmende Bahn selbst den Schaden verschuldet haben. Steht das Verschulden mehrerer Bahnen fest, so kommt die weitere Frage in Betracht, ob sich im konkreten Fall die Anteile der schuldigen Bahnen an dem verursachten Schaden genau voneinander scheiden lassen, d. h der Grad der Einwirkung einer jeden Bahn auf die Entstehung des Schadens zu ermitteln ist. Ist eine Unterscheidung möglich, hat z. B. die eine Eisenbahn erweislich den Verlust des einen Teiles, die andere den Bruch des andern Teiles der Sendung verschuldet, so haftet jede Bahn für ihren Anteil am Schaden bzw. hat dafür der rückgriffnehmenden Bahn aufzukommen (Entsch. des **C.A.** Z. XI 51, E. XIX 354). Ist aber eine Unterscheidung nach den Umständen des Falles nicht möglich, ist z. B. die Beschädigung oder der Verlust durch den beiderseits verschuldeten Zusammenstoß von Zügen zweier Bahnen entstanden oder durch beiderseitige Unregelmäßigkeiten bei der Abfertigung und Ablieferung (Verschleppung) (Z. VII 239) oder Zinsverluste infolge verspäteter Abführung des Erlöses verkauften Gutes (Z. VII 766), so werden die Anteile der schuldtragenden Bahnen nach den Normen der Ziff. 3, d. h. nach Verhältnis der reinen Fracht (Anm. 228) festgesetzt (s. jedoch Abs. 2 Anm. 229). Eine jede Bahn kann aber nur auf ihren nach vorstehendem bestimmten Anteil an der Entschädigung in Anspruch genommen werden. Die Inanspruchnahme einer von mehreren schuldigen Bahnen auf das Ganze ist unzulässig (Art. 49 Anm. 234).

228) **„3. Ist ein Verschulden einer oder mehrerer Bahnen als Ursache des Schadens nicht nachweisbar, so haften die sämtlichen am Transporte beteiligten Bahnen mit Ausnahme derjenigen, welche beweisen, daß der Schaden auf ihrer Strecke nicht entstanden ist, nach Verhältnis der reinen Fracht, welche jede derselben nach dem Tarife im Falle der ordnungsmäßigen Ausführung des Transportes bezogen hätte.“**

Ziffer 3 des Absatz 1 stellt als dritten der materiellrechtlichen Rückgriffsgrundsätze prinzipaliter den Satz auf, daß, wenn ein Verschulden einer oder mehrerer Bahnen als Ursache des Schadens nicht nachweisbar ist, d. h. weder der Fall unter Ziff. 1 noch der unter Ziff. 2 vorliegt, sämtliche an dem betreffenden Transporte beteiligten Bahnen — auch die regreßnehmende selbst als beteiligte — anteilweise für den Schaden haften (Z. IV 294, VI 600, 603).

Ausgenommen von der Haftung bzw. Mithaftung sind nur diejenigen beteiligten Bahnen, welche beweisen, daß der Schaden auf ihrer Strecke nicht entstanden ist. Ihnen liegt es ob, dies bei erfolgter gemeinsamer Inanspruchnahme — der rückgriffnehmenden Bahn gegenüber — im Wege der Einrede zu behaupten und nachzuweisen. Es wird also mangels des nachweisbaren Verschuldens einer oder mehrerer Bahnen gesetzlich das Verschulden sämtlicher beteiligten Bahnen präsumiert, und gegen diese gesetzliche Präsumtion können sich nur diejenigen Bahnen schützen und von der Mithaftung befreien, welche den strikten Gegenbeweis führen, daß der Schaden auf ihrer Strecke nicht entstanden ist (C.A. Z. XI 44 bis 46, E. XIX 352; Rosenthal 267).

In vielen Fällen, namentlich bei allen inneren (äußerlich nicht wahrnehmbaren) Schäden, bei Diebstahl, Abhandenkommen, Verminderung usw. wird freilich dieser Negativbeweis schwer zu erbringen, in der Regel unmöglich sein. Dagegen ist derselbe in allen denjenigen Fällen leicht zu führen, in welchen der Schaden offensichtlich oder notorisch auf einer der beteiligten Bahnen entstanden ist. Denn alsdann ergibt sich e contrario, daß er auf den Strecken der übrigen beteiligten Bahnen nicht entstanden ist. Die letzteren sind alsdann sämtlich vom Rückgriff frei, und die Entschädigung fällt allein derjenigen Bahn zur Last, auf deren Strecke erweislich, wenngleich vielleicht durch bloßen Zufall oder durch ein nachwirkendes Verschulden einer früheren Bahn der Schaden eingetreten ist (Schwab 362).

Die Haftungsanteile der beteiligten Bahnen an der Entschädigung bestimmen sich „nach Verhältnis der reinen Fracht, welche jede derselben nach dem Tarife im Falle der ordnungsmäßigen Ausführung des Transportes bezogen hätte“. Unter „der reinen Fracht“ ist nach einer ohne Widerspruch in den Protokollen abgegebenen und vorgemerkten Erklärung die tarifmäßige Fracht, d. h. die Expeditions- und die Streckentaxe mit Ausschluß der Nebengebühren (Wage-, Auflade-Gebühren und dergl.) zu verstehen. Also sowohl die tarifmäßigen Nebengebühren wie auch die baren Auslagen (Art. 11 Abs. 2) sind ausgeschlossen. Die Worte „welche . . . . bezogen hätte“ oder, wie es in der früheren Fassung noch deutlicher hieß: „welche . . . . zu beziehen gehabt haben würde“ (s. Anm. 224), sollen klarstellen, daß nicht der Betrag der für den betreffenden Transport tatsächlich erhaltenen und bezahlten Fracht, sondern der dafür nach Maßgabe der bestehenden Tarife bei ordnungsmäßig (sc. ohne Schaden) erfolgter Ausführung des Transportes zu beziehenden Fracht maßgebend ist. Denn häufig wird in Schadensfällen die Fracht überhaupt nicht oder nur zum Teil von den beteiligten Bahnen bezogen werden. Da auch die regreßnehmende Eisenbahn als am Transport beteiligte im Falle der Ziff. 3 für den Schaden aufzukommen hat, wenn sie den daselbst nachgelassenen Gegenbeweis nicht zu führen vermag, so geht von der Regreßforderung der auf sie selbst im Verhältnis der reinen Fracht entfallende Anteil an der Gesamtentschädigung von vornherein in Abzug, bzw. sie hat ihren Anteil selbst zu tragen. Wie in den Fällen der Ziff. 2, so kann auch in den Fällen der Ziff. 3 eine jede Bahn nur auf ihren vorstehend bestimmten Anteil an der Entschädigung im Rückgriffswege in Anspruch genommen werden. Die Inanspruchnahme einer der nach Ziff. 3 beteiligten Bahnen auf das Ganze ist auch hier nicht statthaft (Art. 49 Anm. 234).

229) **„Im Falle der Zahlungsunfähigkeit einer der in diesem Artikel bezeichneten Eisenbahnen wird der Schaden, der hieraus für die Eisenbahn entsteht, welche den Schadensersatz geleistet hat, unter alle Eisenbahnen, welche an dem Transport teilgenommen haben, nach Verhältnis der reinen Fracht verteilt."**

Nach Absatz 2 des Art. 47 soll bei Insolvenz einer der regreßpflichtigen Bahnen in betreff der Erstattung des von ihr zu tragenden Anteils das nach Art. 47 Abs. 1 Nr. 1—3 grundsätzlich leitende Moment des Verschuldens bzw. präsumtiven Verschuldens für den Rückgriff nicht maßgebend sein. Ausnahmsweise müssen vielmehr derjenigen Bahn, welche den Schadensersatz geleistet hat, sämtliche Eisenbahnen, welche am Transport teilgenommen haben, für den durch die Insolvenz entstandenen Ausfall des betreffenden Anteils nach Verhältnis der reinen Fracht aufkommen, und zwar in allen im Art. 47 Abs. 1 Ziff. 1—3 aufgeführten Rückgriffsfällen. Auch die regreßnehmende Bahn selbst als am Transport beteiligte hat pro rata der reinen Fracht diesen Ausfall mit zu tragen.

Die Verteilung trifft alle beteiligten Bahnen, also auch diejenigen, welche nach den Normen des Abs. 1 Ziff. 1—3 an sich nicht rückgriffspflichtig sind. Ist also z. B. im Falle der Ziff. 1 die allein schuldige Bahn insolvent, so ist die gesamte Entschädigung von den anderen beteiligten Bahnen pro rata der reinen Fracht anteilweise zu tragen bzw. zu erstatten. Ist im Falle der Ziff. 2 eine der schuldigen Bahnen insolvent, so ist der auf die insolvente Bahn entfallende Teil der Gesamtentschädigung sowohl von den anderen schuldigen (neben dem eigenen) wie auch von den nicht schuldigen Bahnen, welche am Transport beteiligt sind, zu erstatten. Ist endlich im Falle der Ziffer 3 eine der beteiligten Bahnen insolvent, so ist ihr Anteil an der Regreßsumme von allen am Transport beteiligten Bahnen zu tragen, also auch von denjenigen, welche den Nachweis geführt haben, daß auf ihrer Strecke der Schaden nicht entstanden ist (Anm. 228 S. 471); denn Abs. 2 macht keinen Unterschied und verpflichtet alle Bahnen, welche überhaupt an dem Transporte teilgenommen haben.

Ob Zahlungsunfähigkeit vorliegt, richtet sich nach dem Landesrechte der betreffenden Eisenbahn und ist durch das Gericht im Rückgriffsprozesse festzustellen (die nach Art. 58 Abs. 3 erfolgte Feststellung eines Vertragsstaates, daß eine ihm angehörige Eisenbahn den Verpflichtungen aus dem internationalen Übereinkommen nicht zu entsprechen vermag, ist für die rein privatrechtliche Rückgriffsfrage nicht maßgebend und bezieht sich nur auf das Streichungsverfahren). Wird die für zahlungsunfähig erklärte Bahn späterhin wieder zahlungsfähig oder kann aus ihrer Konkursmasse ihr Anteil ganz oder teilweise bezahlt werden, so haben hierauf die anderen Eisenbahnen entsprechende Rückerstattungsansprüche.

Artikel 48.[230])

(1) Die Vorschriften des Artikels 47 finden auch auf die Fälle der Versäumung der Lieferfrist Anwendung. Für Versäumung der Lieferfrist haften mehrere schuldtragende Verwaltungen nach Verhältnis der Zeitdauer der auf ihren Bahnstrecken vorgekommenen Versäumnis.[231])

(2) Die Verteilung der Lieferfrist unter den einzelnen an einem Transporte beteiligten Eisenbahnen richtet sich, in Ermangelung anderweitiger Vereinbarungen, nach den durch die Ausführungsbestimmungen festgesetzten Normen.[232])

Zusatz I.

Ausführungsbestimmungen zum Übereinkommen über den internationalen Eisenbahn-Frachtverkehr.

§ 10.

(Zu Art. 48 des Übereinkommens.)

(1) Die nach Art. 14 des Übereinkommens und § 6 dieser Ausführungsbestimmungen im einzelnen Falle für einen internationalen Transport sich berechnende Lieferfrist verteilt sich auf die am Transporte teilnehmenden Bahnen, in Ermangelung einer anderweitigen Verständigung, in folgender Weise:

1. Im Nachbarverkehre zweier Bahnen:
   a) die Expeditionsfrist zu gleichen Teilen;
   b) die Transportfrist pro rata der Streckenlänge (Tariflänge), mit der jede Bahn am Transporte beteiligt ist.
2. Im Verkehr dreier oder mehrerer Bahnen:
   a) die erste und letzte Bahn erhalten ein Präzipuum von je 12 Stunden bei Frachtgut und 6 Stunden bei Eilgut aus der Expeditionsfrist;
   b) der Rest der Expeditionsfrist und ein Drittel der Transportfrist werden zu gleichen Teilen und unter allen beteiligten Bahnen verteilt;
   c) die übrigen zwei Drittel der Transportfrist pro rata der Streckenlänge (Tariflänge), mit der jede Bahn am Transporte beteiligt ist.

(2) Etwaige Zuschlagsfristen kommen derjenigen Bahn zugute, nach deren Lokaltarifbestimmungen sie im gegebenen Falle zulässig sind.

(3) Die Zeit von der Auflieferung des Gutes bis zum Beginn der Lieferfrist kommt lediglich der Versandbahn zugute.

(4) Wird die Lieferfrist im ganzen eingehalten, so kommt vorstehende Verteilung nicht in Betracht.

Zusatz II.

Betriebsreglement des Vereins Deutscher Eisenbahnverwaltungen.

§ 86.

Rückgriff der die Entschädigung leistenden Eisenbahn gegen die übrigen am Transporte beteiligten Bahnen.

(Text übereinstimmend mit vorstehendem Art. 48.)

(Vgl. Übereinkommen zum Betriebsreglement des Vereins Deutscher Eisenbahnverwaltungen: Art. 16: Haftung für Verlust, Minderung, Beschädigung und Lieferfristversäumung.)

230) Prinzip und Entstehungsgeschichte des Art. 48.

In betreff des Prinzips und der Entstehungsgeschichte des Art. 48 wird auf die in der Anm. 224 zum Art. 47 im Zusammenhange mitgeteilte Entstehungsgeschichte und Darstellung der Grundsätze der Art. 47—49 Bezug genommen.

231) „Die Vorschriften des Artikels 47 finden auch auf die Fälle der Versäumung der Lieferfrist Anwendung. Für Versäumung der Lieferfrist haften mehrere schuldtragende Verwaltungen nach Verhältnis der Zeitdauer der auf ihren Bahnstrecken vorgekommenen Versäumnis."

Der erste Satz des Absatzes 1 des Art. 48 ist an sich selbstverständlich, weil das allgemeine im Art. 47 ausgesprochene Prinzip alle auf Grund der Bestimmungen des internationalen Übereinkommens geleisteten Entschädigungsfälle, also auch die Fälle der Versäumung der Lieferfrist (Art. 39 und 40, s. Anm. 194 ff. S. 412 ff.), mitumfaßt (Z. IV. 271).

Der zweite Satz des Absatzes 1 enthält für den Fall, daß mehrere Bahnen die Lieferfristversäumung verschuldet haben, insofern eine wesentliche Abweichung von den allgemeinen Vorschriften des Art. 47, als in diesem Falle die Zahlung der schuldtragenden Bahnen sich nicht nach den dort gegebenen Normen, d. h. nach dem von ihnen verschuldeten Schaden bezw. nach Verhältnis der reinen Fracht, sondern stets nach Verhältnis der Zeitdauer der auf ihren Bahnstrecken vorgekommenen Versäumnis verteilt. Hat eine Bahn allein den Schaden durch Lieferfristversäumung verschuldet, so haftet diese für denselben ausschließlich gemäß Ziff. 1 des Art. 47. Haben aber mehrere Bahnen den Schaden verschuldet, dann finden nicht die Normen der Ziff. 2 des Art. 47 Anwendung, sondern sie haften alsdann in allen Fällen ausnahmslos und ohne weiteres nach Verhältnis der Zeitdauer der auf ihren Strecken vorgekommenen Versäumnis. Diese ist der alleinige Maßstab der Verteilung; auf eine Feststellung des von einer jeden Bahn verschuldeten Schadens braucht somit nicht zurückgegangen zu werden.

Es entsteht hierbei noch die Frage, ob Art. 48 Abs. 1 Satz 2 sich nur auf Art. 47 Abs. 1 Nr. 2 oder auch auf Nr. 3 bezieht. Da im

Art. 48 von mehreren schuldtragenden Verwaltungen die Rede ist, so bezieht sich dem Wortlaute nach streng genommen Art. 48 nur auf Art. 47 Nr. 2, nicht auch auf Nr. 3. Wenn aber erwogen wird, daß im Art. 47 Nr. 3 gleichfalls das Verschulden derjenigen Bahnen, welche ihr Nichtverschulden nicht nachzuweisen vermögen, präsumtiv angenommen ist und die Grundlage ihrer Rückgriffspflicht bildet, so gelangt man nach der ratio legis wohl zu dem Schlusse, daß Art. 47 Abs. 1 Satz 2 — die Verteilung der Entschädigung nach Verhältnis der Zeitdauer der Versäumnis — auch auf Art. 47 Nr. 3 anzuwenden ist. Immerhin kann diese Frage zu Zweifeln Anlaß geben.

232) **„Die Verteilung der Lieferfrist unter den einzelnen an einem Transporte beteiligten Eisenbahnen richtet sich, in Ermangelung anderweitiger Vereinbarungen, nach den durch die Ausführungsbestimmungen festgesetzten Normen.“**

Die Feststellung der Zeitdauer der Versäumnis auf jeder Bahnstrecke setzt — da nach dem Verhältnis dieser Zeitdauer die Haftung der schuldtragenden Verwaltungen im Rückgriffswege verteilt wird — notwendig voraus, daß Bestimmungen über die Verteilung der Lieferfrist (sc. Gesamtlieferfrist) unter den einzelnen an einem Transporte beteiligten Eisenbahnen bestehen (Anm. 224). Denn nur wenn hiernach der Anteil an der Lieferfrist, welcher jeder Eisenbahn zusteht, bemessen werden kann, läßt sich auch die Zeitdauer der Überschreitung dieses Anteils für jede Eisenbahn feststellen. Prinzipaliter sollen für die Verteilung der Lieferfrist die bezüglichen Vereinbarungen der beteiligten Bahnen entscheidend sein. Nur „in Ermangelung solcher Vereinbarungen“, also subsidiär, richtet sich die Verteilung der Lieferfrist „nach den durch § 10 der Ausführungsbestimmungen festgesetzten Normen“.

Artikel 49.[233])

Eine Solidarhaft mehrerer am Transporte beteiligter Bahnen findet für den Rückgriff nicht statt.[234])

Zusatz I.

Betriebsreglement des Vereins Deutscher Eisenbahnverwaltungen.

§ 87.

(Text übereinstimmend mit vorstehendem Art. 49.)

233) **Prinzip und Entstehungsgeschichte des Art. 49.**

In betreff des Prinzips und der Entstehungsgeschichte des Art. 49 wird im allgemeinen auf die in der Anm. 224 S. 466 ff. zum Art. 47 im Zusammenhange mitgeteilte Entstehungsgeschichte und Darstellung der Grundsätze der Art. 47, 48 und 49 Bezug genommen und im besonderen noch auf die in der folgenden Anm. 234 enthaltenen Erläuterungen verwiesen.

234) **„Eine Solidarhaft mehrerer am Transporte beteiligter Bahnen findet für den Rückgriff nicht statt.“**

Für die Haftpflicht der an einem internationalen Transport beteiligten Eisenbahnen gegenüber dem Entschädigungsberechtigten (Absender, Empfänger) stellt Art. 27 als Folge der Zwangsgemeinschaft das Prinzip der solidarischen Haftung derselben auf, d. h. grundsätzlich ist dem Berechtigten jede Bahn für den ganzen Schadensersatz verantwortlich, und nur aus Zweckmäßigkeitsrücksichten (s. Anm. 146, 149) beschränkt Art. 27 Abs. 3 die Passivlegitimation — nicht die Haftung — der beteiligten Bahnen auf die dort bezeichneten drei Bahnen.

Um jeden Zweifel darüber zu beseitigen, daß das gleiche Prinzip der solidarischen Haftung nicht auch für den Rückgriff der Bahnen untereinander in Anwendung zu bringen sei, bestimmt im Gegensatze zu jener Solidarhaft des Art. 27 der Art. 49, daß für den Rückgriff eine Solidarhaft mehrerer am Transport beteiligter Bahnen nicht stattfindet. Denn für den Rückgriff sind nicht die strengen Grundsätze des receptum, sondern lediglich das Moment des Verschuldens bzw. des präsumtiven Verschuldens entscheidend (Anm. 224). Mit Recht ist daher für den Rückgriff der Grundsatz zur Geltung gebracht worden, daß eine jede Bahn lediglich für ihren nach den Normen der Art. 47, 48 sich bestimmenden Anteil an dem Rückgriffsbetrage in Anspruch genommen werden darf.

Aus diesem Prinzipe folgt, daß, abgesehen von dem Ausnahmefalle des Art. 47 Abs. 2 (Anm. 229: Zahlungsunfähigkeit einer beteiligten Bahn), jede Bahn den ihren Anteil übersteigenden Anspruch ablehnen und auf die anderen beteiligten Bahnen mit der Einrede der Teilung (exceptio divisionis) verweisen kann. Dagegen hat jede Bahn den auf sie entfallenden Anteil prinzipaliter zu tragen; der Einwand, daß zunächst andere beteiligte Bahnen in Anspruch zu nehmen seien und sie nur für den Ausfall oder subsidiär zu haften habe (Einwand der Vorausklage usw.), steht ihr nicht zu.

Artikel 50.[235])

Für den im Wege des Rückgriffs geltend zu machenden Anspruch der Eisenbahnen untereinander ist die im Entschädigungsprozeß gegen die rückgriffnehmende Bahn ergangene endgültige Entscheidung hinsichtlich der Verbindlichkeit zum Schadenersatz und der Höhe der Entschädigung maßgebend, sofern den im Rückgriffswege in Anspruch zu nehmenden Bahnen der Streit in gehöriger Form verkündet ist und dieselben in der Lage sich befanden, in dem Prozesse zu intervenieren.[236]) Die Frist für diese Intervention wird von dem Richter der Hauptsache nach den Umständen des Falles und so kurz als möglich bestimmt.[237])

Zusatz I.

Betriebsreglement des Vereins Deutscher Eisenbahnverwaltungen.

§ 88.

(Text übereinstimmend mit vorstehendem Art. 50.)

235) Prinzip und Entstehungsgeschichte des Art. 50.

Die Artikel 50—53 enthalten einheitliche Vorschriften über das formelle (prozessualische) Rückgriffsverfahren.

Wie in betreff der materiell-rechtlichen Bestimmungen ist auch bezüglich der prozessualischen von dem leitenden Gesichtspunkte ausgegangen, daß das vorgeschriebene Verfahren nur subsidiären Charakter habe. Diesem Grundgedanken ist im Art. 54 (s. Anm. 248 S. 487f.) besonderer Ausdruck gegeben. Der Zweck der Art. 50—53 besteht darin, das prozessualische Verfahren tunlichst zu vereinfachen und abzukürzen. Zu diesem Behufe soll es nur gegen die wirklich Beteiligten gerichtet und in einem einzigen Prozesse erledigt werden. Namentlich soll es verboten sein, dieselben erst nacheinander in den Rückgriffsprozeß zu ziehen. Auch die Verbindung des Entschädigungs- und Rückgriffsprozesses ist untersagt, um eine Verschleppung des ersteren zum Nachteile des Entschädigungsberechtigten zu verhindern.

Die prozessualischen Vorschriften der Art. 50—53 gipfeln hiernach in folgenden vier Grundsätzen: 1. Das Rückgriffs- und Entschädigungsverfahren dürfen nicht miteinander verbunden werden (Art. 52 Anm. 243). — 2. Die Entscheidung im Entschädigungsprozesse ist hinsichtlich der Ersatzverbindlichkeit und Höhe der Entschädigung für den Rückgriffsanspruch maßgebend (Art. 50 Anm. 236), — 3. Der Rückgriff muß gegen sämtliche Bahnen in einem Prozeß erhoben und entschieden werden (Art. 51 Anm. 239, 240). — 4. Zuständig für den Rückgriffsprozeß ist das Gericht des Wohnortes der belangten Bahn (Art. 53 Anm. 245). — Abgesehen von diesen vier Grundsätzen und den sonstigen sich auch auf Rückgriffsprozesse erstreckenden prozessualischen Vorschriften des internationalen Übereinkommens findet auf das Rückgriffsverfahren das allgemeine für das zuständige Gericht geltende Prozeßrecht Anwendung (Art. 55 Anm. 250), mit Ausnahme der etwa abweichenden Bestimmungen des Art. 56 über die Vollstreckbarkeit der Urteile und die Sicherstellung für die Prozeßkosten (Anm. 252—254).

Aus der Entstehungsgeschichte der Artikel 50—53 ist zum Verständnis derselben folgendes hervorzuheben.

In Abweichung von dem Schweizer Entwurfe (Art. 36, 37), welcher sowohl die sukzessive Rückgriffnahme unter den beteiligten Bahnen wie die Verbindung des Entschädigungs- mit dem Rückgriffsprozesse nach Maßgabe der Landesrechte zulassen wollte, brachte der deutsche Entwurf in seinen Art. 34a—34c und 36 bereits im wesentlichen die in den Art. 50—54 enthaltenen Normen in Vorschlag und motivierte dieselben mit der dadurch zu erzielenden Abkürzung und Vereinfachung gegenüber dem von der Schweiz empfohlenen äußerst verwickelten und langwierigen Verfahren.

In der I. Konferenz wurde von der italienischen und niederländischen Delegation auf die Notwendigkeit hingewiesen, daß die im Artikel 50 vorgesehene Streitverkündung aufs schnellste geschehe, und demgemäß diesem Artikel der in den definitiven Text desselben übergegangene Schlußsatz beigefügt.

In der II. Konferenz wurde das zweite Alinea des Artikels 53, welches nach dem Entwurfe der I. Konferenz in Übereinstimmung mit dem deutschen Entwurfe bestimmte, daß, wenn die Klage gegen mehrere Bahnen erhoben wird, der Richter des Wohnsitzes der der Klägerin nächstgelegenen in Anspruch genommenen Vor- oder Nachbahn ausschließlich zuständig ist, von Frankreich angegriffen, weil danach in der Regel nur die Gerichte der zentral gelegenen Länder zur Entscheidung über die Rückgriffsstreitigkeiten kommen würden, und demgemäß Streichung des Abs. 2 beantragt. Dagegen wendeten sich der deutsche und italienische Delegierte, indem sie zugleich, um Frankreich entgegenzukommen, eine Bestimmung anregten, wonach der klagenden Bahn die Wahl unter den konkurrierenden fora domicilii gelassen werden sollte. Dieser Anregung entsprechend wurde von der Kommission I an Stelle der bisherigen Bestimmung der Abs. 2 des Art. 53 in der in den Text übergegangenen Fassung vorgeschlagen und in der II. und III. Konferenz angenommen.

In der 2. Rev.-Konf. (1905) schlug Italien vor, den Art. 50 durch den Zusatz zu ergänzen, daß die Streitverkündung von Bahn zu Bahn mittelst eingeschriebenen Briefes stattfinden könne, um das bisherige Verfahren der gleichzeitigen Streitverkündung an alle vom Rückgriffe betroffenen Bahnen zu vereinfachen. Diese Frage wurde jedoch zur Erledigung noch nicht reif befunden und weiterer Prüfung vorbehalten (Prot. S. 63, 184 Z. XIV, 146, 147). Inzwischen haben die am „Internat. Transportkomitee" beteiligten Verwaltungen, dem mit Ausnahme der russischen alle dem I.Ü. unterstellten Eisenbahnen angehören, unter sich ein mit dem 1. Juli 1907 in Kraft getretenes Übereinkommen vorläufig mit Gültigkeit bis 30. Juni 1910 vereinbart, wonach Entschädigungen ohne Rücksicht auf etwaiges Verschulden der betreffenden Bahnen unter sämtliche am Transport beteiligte Bahnen nach Verhältnis der bezüglichen Kilometerzahl verteilt werden sollen (Z. XV Beilage S. 56 Art. 3). Für die Dauer dieser Vereinbarnng ist ein Rückgriffsverfahren der betreffenden Bahnen ausgeschlossen und daher ein Eingehen auf den Antrag Italiens überflüssig. Aber auch mit den russischen Bahnen ist durch die Verbandstarife das Rückgriffsverfahren wesentlich vereinfacht, so daß die Frage bis auf weiteres als erledigt gelten kann (Z. XVI, 267, 268).

236) **„Für den im Wege des Rückgriffs geltend zu machenden Anspruch der Eisenbahnen untereinander ist die im Entschädigungsprozeß gegen die rückgriffnehmende Bahn ergangene endgültige Entscheidung hinsichtlich der Verbindlichkeit zum Schadenersatz und der Höhe der Entschädigung maßgebend, sofern den im Rückgriffswege in Anspruch zu nehmenden Bahnen der Streit in gehöriger Form verkündet ist und dieselben in der Lage sich befanden, in dem Prozesse zu intervenieren."**

Im Satz 1 des Art. 50 sind drei Voraussetzungen aufgestellt, unter welchen die im Entschädigungsprozeß ergangene Entscheidung für den Rückgriffsprozeß maßgebend ist:

1. Die im Entschädigungsprozesse ergangene Entscheidung muß eine endgültige sein, d. h. es muß eine rechtskräftige, mit einem ordentlichen Rechtsmittel nicht mehr angreifbare Entscheidung in dem

vorangegangenen Entschädigungsprozesse vorliegen. Ein Vergleich, ein Anerkenntnis oder ein Schiedsspruch genügt nicht; es ist eine endgültige, den Instanzenzug erschöpfende, gerichtliche Entscheidung erforderlich. Maßgebend für die Frage, ob die Entscheidung eine endgültige ist, ist das Prozeßrecht des Ortes, wo der Entschädigungsprozeß geführt worden ist.

2. Den im Rückgriffswege in Anspruch zu nehmenden Bahnen muß der Streit in gehöriger Form verkündet worden, d. h. die Streitverkündung den Vorschriften des Prozeßgerichtes im Entschädigungsprozesse entsprechend erfolgt sein. Die Streitverkündung hat aber an alle beteiligte Bahnen zugleich, nicht etwa rückwärts und nach und nach von Bahn zu Bahn zu erfolgen. Dies ergibt sich aus den Vorschriften des Art. 51 und aus den Motiven des deutschen Entwurfs. Würde dem Prozeßrechte irgend eines Staates das Institut der Streitverkündung fehlen, so müßte es eingeführt werden, um den Vorschriften des Art. 50 zu genügen.

3. Die im Rückgriffsprozesse in Anspruch zu nehmenden Bahnen müssen sich in der Lage befunden haben, im Entschädigungsprozesse zu intervenieren. Einerseits kann die rückgriffspflichtige Bahn durch tatsächliche Umstände an der Intervention verhindert sein, z. B. wenn die Streitverkündung zu spät erfolgt ist oder infolge von Elementarereignissen, Krieg, Aufruhr usw. erweislich eine Teilnahme am Prozesse nicht möglich war (Rosenthal 272). Anderseits kann das Hindernis rechtlicher Natur sein, z. B. wenn nach dem betreffenden Landesprozeßrecht mit der Streitverkündung nicht die Wirkung verbunden ist, daß der Litisdenunziant im Prozesse intervenieren darf.

III. Liegen die drei vorerörterten Voraussetzungen gemeinsam vor, so tritt als Rechtsfolge ein, daß die Entscheidung im Hauptprozesse für den Rückgriffsanspruch: 1. hinsichtlich der Verbindlichkeit zum Schadensersatz und 2. hinsichtlich der Höhe der Entschädigung (nach dem französischen Text: „in quali et quanto") maßgebend ist, d. h. diese beiden Feststellungen des Hauptprozesses sind im Rückgriffsprozesse bindend und derartig präjudizierlich, daß sie von den Parteien und vom Gerichte im Rückgriffsprozesse als feststehend und nicht mehr angreifbar betrachtet werden müssen. Das Präjudiz bezieht sich also nur auf die Verbindlichkeit zum Schadensersatze, d. h. den Rechtsgrund des Schadensersatzanspruches (die Haftpflicht der rückgriffnehmenden Eisenbahn gegenüber dem Entschädigungsberechtigten) und auf die Höhe der Entschädigung, d. h. den für den Schaden festgestellten Schadensersatzbetrag. Beides müssen die im Rückgriffsprozesse in Anspruch genommenen Bahnen gegen sich gelten lassen und anerkennen, gleichviel ob sie infolge der Streitverkündung und der ihnen gebotenen Möglichkeit der Intervention am Entschädigungsprozesse teilgenommen haben oder nicht. Sie dürfen weder einwenden, daß der im Vorprozesse festgestellte Entschädigungsanspruch unbegründet, noch die vom Richter festgesetzte Entschädigungssumme zu hoch bemessen sei.

Andere Punkte des Entschädigungsprozesses als die im Art. 50 bezeichneten, sind aber arg. e contr. für den Rückgriffsprozeß nicht maßgebend, z. B. die Feststellung der Prozeßlegitimation, der Zuständigkeit des Gerichts, der Prozeßkosten usw. Sie können also im Rückgriffsprozesse zum Gegenstande der Erörterung bzw. des Einwandes gemacht werden. In der Regel wird es sich im Rückgriffsprozesse nur noch um die Feststellung des Verschuldens am Schaden bzw. der Rückgriffspflicht der in Anspruch genommenen Bahnen sowie der Anteile der beteiligten Bahnen am Ersatz nach Maßgabe der Normen der Art. 47 und 48 handeln.

237) **„Die Frist für diese Intervention wird von dem Richter der Hauptsache nach den Umständen des Falles und so kurz als möglich bestimmt."**

Um einerseits den Entfernungen Rechnung zu tragen, anderseits jede Verzögerung des Entschädigungsprozesses durch die Streitverkündung tunlichst zu vermeiden (s. Entstehungsgeschichte Anm. 235 S. 477), bestimmt Satz 2 des Art. 50, daß die Frist für die Intervention von dem Richter der Hauptsache — sc. des Entschädigungsprozesses — nach den Umständen des Falles und so kurz als möglich bestimmt wird. Während also im allgemeinen für die Streitverkündung und Intervention die Prozeßvorschriften des Entschädigungsgerichts gelten, ist in dieselben eingreifend dem Gericht einheitlich die Befugnis und Pflicht beigelegt, die Interventionsfrist den denunzierten Bahnen zu bestimmen, und zwar mit der freilich dehnbaren Direktive „nach den Umständen des Falles" und „so kurz als möglich". Die Vorschrift bestimmter Fristen (einer Maximal- und einer Minimalfrist) wurde als inopportun abgelehnt. Eine Frist muß vom Richter bestimmt werden. Die Dauer derselben ist ihm aber überlassen. Hält die denunzierte Bahn die Frist nicht ein, so tritt das Präjudiz des ersten Satzes gegen sie im Rückgriffsprozesse in Kraft (Z. II, 151, E. X, 276).

Artikel 51.[238])

(1) Insoweit nicht eine gütliche Einigung erfolgt ist, sind sämtliche beteiligte Bahnen in einer und derselben Klage zu belangen, widrigenfalls das Recht des Rückgriffs gegen die nicht belangten Bahnen erlischt.[239])

(2) Der Richter hat in einem und demselben Verfahren zu entscheiden.[240]) Den Beklagten steht ein weiterer Rückgriff nicht zu.[241])

Zusatz I.

Betriebsreglement des Vereins Deutscher Eisenbahnverwaltungen.

§ 89.

(Text übereinstimmend mit vorstehendem Art. 51)

(Vgl. Übereinkommen zum Betriebsreglement des Vereins Deutscher Eisenbahnverwaltungen: Art. 15.)

238) Prinzip und Entstehungsgeschichte des Art. 51.

In betreff des Prinzips und der Entstehungsgeschichte des Art. 51 wird im allgemeinen auf die in der Anm. 235 S. 477 ff. zum Art. 50 im Zusammenhange mitgeteilte Entstehungsgeschichte und die Darstellung der Grundsätze der Art. 50—53 Bezug genommen und im besonderen auf die in den folgenden Anmerkungen 239—241 enthaltenen Erörterungen verwiesen.

239) „Insoweit nicht eine gütliche Einigung erfolgt ist, sind sämtliche beteiligte Bahnen in einer und derselben Klage zu belangen, widrigenfalls das Recht des Rückgriffs gegen die nicht belangten Bahnen erlischt."

Im Artikel 51 hat der Grundsatz Ausdruck gefunden, daß der Rückgriff gegen sämtliche Bahnen in einem Prozesse erhoben und entschieden werden muß (Anm. 235). Auch diese Vorschrift ist vornehmlich gegen eine Verschleppung des Rückgriffsverfahrens gerichtet. Sie ist, wie die Eingangsworte: „Insoweit nicht eine gütliche Einigung erfolgt" ergeben, subsidiärer Natur. Doch war es mit Rücksicht auf Art. 54 nicht erforderlich, dies hier noch besonders hervorzuheben.

Absatz 1 des Art. 51 bestimmt, daß sämtliche beteiligte Bahnen in einer und derselben Klage zu belangen sind. Es sind hier nicht sämtliche am Transport beteiligte Bahnen gemeint — denn nicht alle am Transport beteiligten sind rückgriffspflichtig —, sondern nur sämtliche am Rückgriff gemäß Art. 47—49 beteiligten Bahnen. Diese müssen in einer und derselben Klage belangt, d. h. jede auf ihren Anteil in einer gemeinsamen Klage verklagt werden. Das Klagepetitum muß, da Solidarhaft gemäß Art. 49 ausgeschlossen ist (Anm. 234 S. 475), jede der beteiligten Bahnen mit ihrem speziellen Anteil umfassen. Daher ist es angezeigt, die Rückgriffsklage gegen alle diejenigen Bahnen zu richten, die nach den Normen des Art. 47 überhaupt an der Rückerstattung beteiligt sind. Wird die Klage nicht gegen sämtliche regreßpflichtigen Bahnen zugleich erhoben, so erlischt das Rückgriffsrecht gegen die nicht belangten Bahnen. Sie werden von jeder Rückgriffspflicht sowohl gegenüber der rückgriffnehmenden Bahn, welche Ersatz geleistet hat (Art. 47 Abs. 1), wie gegenüber den anderen regreßpflichtigen Bahnen (s. Art. 51 Abs. 2) für immer frei. Das hierdurch erloschene Rückgriffsrecht kann nicht wieder aufleben. Es ist verwirkt, sobald die betreffende Bahn in die Rückgriffsklage nicht mit eingeschlossen, nicht mit verklagt ist. Auch in einer späteren Instanz kann diese Unterlassung nicht nachgeholt werden. Ebensowenig bleibt der Rückgriff erhalten, wenn die Klage gegen nicht haftende, wenngleich am Transport beteiligt gewesene Bahnen (z. B. in den Fällen des Art. 47 Nr. 1 und 2) gerichtet wird. Denn der Rückgriff geht nicht von Bahn zu Bahn, sondern ist unmittelbar von der ersatzleistenden gegen alle rückgriffspflichtigen Bahnen zu erheben.

240) „Der Richter hat in einem und demselben Verfahren zu entscheiden."

Im Absatz 2 des Art. 51 ist in weiterer konsequenter Durchführung des in Anm. 239 erörterten Grundsatzes bestimmt, daß, wie alle rückgriffspflichtigen Bahnen in einer und derselben Klage zu belangen sind (Abs. 1), so auch der Richter in einem und demselben Verfahren zu entscheiden hat. Es ist hiernach unzulässig, die Klage nur in betreff einer oder mehrerer der belangten Bahnen endgültig zu entscheiden, in betreff der anderen zu einem besonderen Verfahren zu verweisen, nur dem Rechtsgrunde nach (Rückgriffsrecht), nicht auch zugleich hinsichtlich der Höhe des Rückgriffsbetrages zu entscheiden, zurzeit oder in der angebrachten Art abzuweisen, durch verschiedene Gerichte nach Maßgabe der Höhe des Objektes usw. entscheiden zu lassen usw. — wenngleich dies alles nach dem Landesprozeßrechte statthaft wäre. Ein derartiges unvollständiges oder Teilurteil würde nichtig sein, und zwar in betreff aller beteiligten Bahnen, und das Verfahren müßte wiederholt werden. Freilich kann dieses Erfordernis der Zusammenfassung aller Rückgriffsansprüche in eine Entscheidung unter Umständen große Schwierigkeit bieten, namentlich dann, wenn einige der belangten Bahnen sich am Entschädigungsprozesse beteiligt haben, andere infolge unterbliebener Streitverkündung nicht, so daß für erstere die im Vorprozesse festgestellte Ersatzverbindlichkeit und Höhe der Entschädigung bindend ist, für letztere nicht, und somit auf die Einwendungen derselben in beiden Punkten im Rückgriffsprozesse eingegangen werden muß und dies zu einem vom Vorprozesse abweichenden Resultate führt. Aber trotz derartiger Schwierigkeiten muß nach dem klaren Wortlaute des Abs. 2 Satz 1 daran festgehalten werden, daß die Entscheidung unbedingt und ausnahmslos in einem und demselben Verfahren zu erfolgen hat (Rosenthal 273).

241) **„Den Beklagten steht ein weiterer Rückgriff nicht zu."**

Als eine weitere Folge des in Anm. 239 entwickelten Prinzips ist endlich die Bestimmung des Satzes 2 Abs. 2 anzusehen, wonach den beklagten Eisenbahnen ein weiterer Rückgriff nicht zusteht. Der Rückgriff soll unbedingt in ein Verfahren zusammengefaßt werden, und diese Absicht des Gesetzes würde nicht erreicht werden, wenn die beklagten Bahnen zu einem weiteren Rückgriff befugt wären. Es ist aber nur der weitere Rückgriff gegen andere Bahnen gemeint. Denn nur auf das Verhältnis der beteiligten Eisenbahnen untereinander beziehen sich die Vorschriften der Art. 50—54. Der Rückgriff gegen dritte Personen: Absender (Art. 7, 9, 10 Abs. 1 usw.), Empfänger, Urheber des Schadens, Beamte, Bedienstete, Spediteure, Kommissionäre (z. B. im Falle des Art. 10 Abs. 3) wird hierdurch nicht berührt; ebensowenig das Recht der belangten Eisenbahnen, welche bei Insolvenz einer beteiligten Bahn deren Anteil haben übernehmen müssen (Art. 47 Abs. 2), auf Rückerstattung, wenn die betreffende Bahn wieder solvent wird usw. (s. Anm. 229 S. 472).

Artikel 52.[242]

Die Verbindung des Rückgriffsverfahrens mit dem Entschädigungsverfahren ist unzulässig.[243]

Zusatz I.

Betriebsreglement des Vereins Deutscher Eisenbahnverwaltungen.

§ 90.

Unzulässigkeit der Verbindung des Rückgriffsverfahrens mit dem Entschädigungsverfahren.

(Text übereinstimmend mit vorstehendem Art. 52.)

242) Prinzip und Entstehungsgeschichte des Art. 52.

Art. 52 enthält das Verbot der Verbindung des Rückgriffsverfahrens mit dem Entschädigungsverfahren. Dieses Verbot hat vornehmlich den Zweck, eine Verschleppung und Verzögerung des Entschädigungsprozesses durch den Rückgriffsprozeß zu verhindern. Beide sollen getrennt voneinander geführt werden, derartig, daß Fragen, welche den Rückgriff berühren, im Entschädigungsprozesse nicht zur Verhandlung gebracht werden dürfen und umgekehrt. In betreff dieses Prinzips und der Entstehungsgeschichte des Art. 52 wird auf die in der Anm. 235 S. 477 ff. im Zusammenhange mitgeteilte Entstehungsgeschichte und die Darstellung der Grundsätze der Art. 50—53 Bezug genommen.

243) „Die Verbindung des Rückgriffsverfahrens mit dem Entschädigungsverfahren ist unzulässig."

Der im Art. 52 ausgesprochene Grundsatz, daß die Verbindung des Rückgriffsverfahrens mit dem Entschädigungsverfahren unzulässig ist, soll die Beschleunigung des Hauptprozesses herbeiführen.

In erster Reihe wird durch dieses Verbot dem Entschädigungsberechtigten gedient, indem die Verfolgung seines Anspruches, für welchen die Rückgriffsfrage ganz irrelevant ist, nicht durch den Streit über letztere aufgehalten und verzögert wird. Aber auch das darauffolgende Rückgriffsverfahren der Bahnen untereinander wird dadurch gefördert, daß dasselbe nicht mit dem Entschädigungsverfahren verquickt wird, vielmehr durch die vorgängige Beendigung desselben in wesentlichen Punkten bereits klargestellt ist. Dazu dienen vornehmlich die zweckmäßigen Bestimmungen des Art. 50 über die Streitverkündung und Intervention (Anm. 236).

Die zum Entschädigungsprozeß durch Streitverkündung herangezogenen Bahnen sind ebensowenig wie die streitverkündende Bahn berechtigt, im Entschädigungsprozeß irgendwelche, den Rückgriff berührende Fragen aufzuwerfen und zur Verhandlung zu bringen. Sie haben nur und ausschließlich der streitverkündenden Bahn in betreff des Entschädigungsspruches zu assistieren, den Anspruch prinzipiell zu bestreiten bzw. ihre Einwendungen gegen diesen, namentlich die Ersatzverbindlichkeit und die Höhe der Entschädigung vorzubringen. Rückgriffsfragen muß der Richter im Entschädigungsprozeß von Amts wegen zurück- bzw. auf den folgenden Rückgriffsprozeß verweisen. Eine Entscheidung über den Rückgriff im Entschädigungsprozeß ist nach Art. 52 ebenso nichtig wie eine Entscheidung über den Entschädigungsanspruch im Rückgriffsprozeß. Nur insofern können in letzterem auch Punkte des Entschädigungsprozesses nochmals zur Verhandlung und Entscheidung kommen, als nach Art. 50 Satz 1 für diejenigen Bahnen, welchen der Streit im Entschädigungsprozeß nicht verkündet worden ist, und welche nicht in der Lage waren, in diesem zu intervenieren, die Feststellung der Ersatzverbindlichkeit und Höhe der Entschädigung nicht bindend ist, mithin im Rückgriffsprozeß noch zum Gegenstand der Einrede und Entscheidung gemacht werden kann. Diese Modifikation erleidet das Prinzip des Art. 52 notwendig durch die Bestimmungen des Art. 50. Sowohl aus dem kategorischen Wortlaut des Art. 52 wie auch aus dem Zweck desselben, zugunsten des Entschädigungsberechtigten eine Verzögerung des Entschädigungsprozesses zu verhüten, geht im übrigen hervor, daß die den Eisenbahnen durch Art. 54 gegebene Befugnis, über den Rückgriff im voraus oder im einzelnen Falle andere Vereinbarungen zu treffen, sich auf die Verbotsbestimmung des Art. 52 nicht erstrecken kann.

Artikel 53.[244])

(1) Für alle Rückgriffsansprüche ist der Richter des Wohnsitzes der Bahn, gegen welche der Rückgriff erhoben wird, ausschließlich zuständig.[245])

(2) Ist die Klage gegen mehrere Bahnen zu erheben, so steht der klagenden Bahn die Wahl unter der nach Maßgabe des ersten Absatzes dieses Artikels zuständigen Richtern zu.[246])

Zusatz I.

Betriebsreglement des Vereins Deutscher Eisenbahnverwaltungen.

§ 91.

Gerichtszuständigkeit im Rückgriffsprozeß.

(Text übereinstimmend mit vorstehendem Art. 53.)

244) **Prinzip und Entstehungsgeschichte des Art. 53.**

Art. 53 statuiert einen einheitlichen Gerichtsstand für alle Rückgriffsansprüche, und zwar das forum domicilii, das Gericht des Wohnsitzes der Bahn, gegen welche der Rückgriff erhoben wird. Dieses Gericht ist ausschließlich zuständig, eine Auswahl unter mehreren Gerichtsständen ist dem Kläger nicht gegeben, jedes andere etwa nach Landesgesetzen zulässige forum ist ausgeschlossen. Nur für den Fall, daß er die Rückgriffsklage gegen mehrere Bahnen erhebt, darf er unter den foris domicilii der zu verklagenden Bahn wählen. In betreff dieses Prinzips und der Entstehungsgeschichte des Art. 53 wird auf die in Anm. 235 S. 477 ff. im Zusammenhange mitgeteilte Entstehungsgeschichte und die Darstellung der Grundsätze der Art. 50 bis 53 Bezug genommen.

245) **„Für alle Rückgriffsansprüche ist der Richter des Wohnsitzes der Bahn, gegen welche der Rückgriff erhoben wird, ausschließlich zuständig."**

Absatz 1 des Art. 53 erklärt den Richter des Wohnsitzes der Bahn, gegen welche der Rückgriff erhoben wird, das forum domicilii der belangten Bahn, für ausschließlich zuständig. Diese Vorschrift enthält einen einschneidenden Eingriff in die Landesprozeßrechte. Die hiervon abweichenden Bestimmungen derselben treten für die hier in Rede stehenden Rückgriffsprozesse außer Wirksamkeit. Ausschließlich das Gericht des Wohnsitzes der belangten Bahn ist zuständig, damit geht das internationale Übereinkommen noch weiter als in betreff der Bestimmung der Zuständigkeit des Gerichtes für die Ansprüche aus dem internationalen Frachtvertrage (Art 27 Abs. 1—3). Denn für diese ist im Art. 27 Abs. 4 nur der Staat bestimmt, dessen Gerichte zuständig sein sollen, die Bestimmung der Zuständigkeit des Gerichtes in diesem Staate aber den Gesetzen überlassen (Anm. 150 S. 320). Im Art. 53 ist aber eine Bestimmung der Landesgesetze gänzlich ausgeschlossen. Ausschließlich der Richter des Wohnsitzes der belangten Bahn ist zuständig. Derselbe ist berechtigt, die Rückgriffsklage an ein anderes Gericht zu verweisen. Jede Entscheidung eines anderen Gerichtes ist wegen Inkompetenz des Forums nichtig. Nur durch eine Vereinbarung gemäß Art. 54 kann diese Vorschrift abgeändert werden.

246) **„Ist die Klage gegen mehrere Bahnen zu erheben, so steht der klagenden Bahn die Wahl unter den nach Maßgabe des ersten Absatzes dieses Artikels zuständigen Richtern zu.“**

Absatz 2 trifft in weiterer Ausführung des im Abs. 1 aufgestellten Grundsatzes Bestimmung für den im Rückgriffsverfahren häufigen Fall (s. Art. 47 Nr. 2 und 3), daß die Klage gegen mehrere Bahnen zu er heben ist. In diesem Falle sind, falls dieselben nicht den gleichen Wohnsitz haben, mehrere fora domicilii vorhanden, und es können Zweifel darüber entstehen, welches derselben das zuständige sei, oder ob die Klage bei allen erhoben werden dürfe bzw. müsse. Um derartigen Zweifeln zu begegnen, bestimmt Abs. 2 — und zwar gleichfalls unter Aufhebung aller entgegenstehenden landesrechtlichen Vorschriften —, daß alsdann der klagenden Bahn die Wahl unter den nach Maßgabe des Abs. 1 zuständigen Richtern zusteht. Beschränkt ist sie in dieser Wahl durch die unbedingte notwendige Beachtung des Abs. 1. Nur unter den nach Maßgabe dieses Absatzes zuständigen Richtern, d. h. unter den Richtern der Wohnsitze der zu belangenden Bahnen, darf sie wählen. Unter diesen ist ihr aber die Wahl ganz freigestellt. Die Wahl erfolgt, indem sie bei einem der hiernach zuständigen Gerichte tatsächlich die Rückgriffsklage in gehöriger Form anstellt bzw. erhebt. Mit dem Zeitpunkte der Klageanstellung ist ihr Wahlrecht erloschen. Ein beliebiges Wiederabgehen von der einmal getroffenen Wahl ist ihr nicht gestattet.

Artikel 54.[247])

Die Befugnis der Eisenbahnen, über den Rückgriff im voraus oder im einzelnen Falle andere Vereinbarungen zu treffen, wird durch die vorstehenden Bestimmungen nicht berührt.[248])

Zusatz I.

Schlußprotokoll III zum internationalen Übereinkommen über den Eisenbahn-Frachtverkehr.

III. Es wird ferner anerkannt, daß durch das Übereinkommen das Verhältnis der Eisenbahnen zu dem Staate, welchem sie angehören, in keiner Weise geändert wird, und daß dieses Verhältnis auch in Zukunft durch die Gesetzgebung jedes einzelnen Staates geregelt werden wird, sowie daß insbesondere durch das Übereinkommen die in jedem Staate in Geltung stehenden Bestimmungen über die staatliche Genehmigung der Tarife und Transportbedingungen nicht berührt werden.

Zusatz II.

Betriebsreglement des Vereins Deutscher Eisenbahnverwaltungen.

§ 92.

Befugnis der Eisenbahnen, äußere Vereinbarungen für den Rückgriff zu treffen.

(Text übereinstimmend mit vorstehendem Art. 54) und:

Zusätzliche Bestimmungen:

Die für den Vereinsverkehr vereinbarten Abweichungen von diesen Bestimmungen über die Verteilung der Lieferfristen und der Entschädigungen usw. auf die beteiligten Bahnen sind im Übereinkommen zu diesem Betriebsreglement (Art. 17 und 23) enthalten.

(Vgl. Übereinkommen zum Betriebsreglement des Vereins Deutscher Eisenbahnverwaltugen: Art. 17 und 23.)

247) **Prinzip und Entstehungsgeschichte des Art. 54.**

Art. 54 verleiht sowohl den materiell-rechtlichen (Art. 47—49) wie auch den prozessualischen (Art. 50—53) Rückgriffsvorschriften des internationalen Übereinkommens einen nur subsidiären Charakter. Durch die Bestimmungen der Art. 47—53 soll die Befugnis der Eisenbahnen, über den Rückgriff im voraus oder im einzelnen Falle andere Vereinbarungen zu treffen, nicht berührt werden. Voraussetzung ist aber, daß derartige Befugnisse überhaupt nach Landesrecht bestehen, was wohl nach allen Landesrechten der Fall ist. Denn das Übereinkommen statuiert nicht etwa derartige Befugnisse neu für den internationalen Transport, sondern läßt nur die landesrechtlich bestehenden unberührt. Vorausgesetzt ist somit, daß die auf Grund dieser Befugnis getroffenen Vereinbarungen den Landesgesetzen entsprechen, insbesondere hinsichtlich der staatlichen Genehmigung. Dies wurde in den Protokollen ausdrücklich unter Annahme der Ziff. III des Schlußprotokolles (S. 606) betont.

248) **„Die Befugnis der Eisenbahnen, über den Rückgriff im voraus oder im einzelnen Fall anderer Vereinbarungen zu treffen, wird durch die vorstehenden Bestimmungen nicht berührt."**

Art. 54 hält die Befugnis der am internationalen Transport beteiligten Eisenbahnen, Vereinbarungen über den Rückgriff zu treffen, welche von den vorangehenden Normen der Art. 47—53 abweichen, aufrecht (s. über die vorläufige Beseitigung des Rückgriffsverfahrens durch das Übereinkommen der am internationalen Transportkomitee beteiligten Bahnen vom 1. Juli 1907 oben Art. 50 Anm. 235 S. 477 ff. und Z. XVI 267).

Vorausgesetzt ist, daß eine solche Befugnis der betreffenden Bahnen nach Landesrecht überhaupt besteht. Denn Art. 54 hat nicht den Zweck, derartige Befugnisse erst neu für das internationale Transportrecht zu schaffen, sondern bestimmt nur, daß die — nach Landesrecht — vorhandene Befugnis unberührt bleiben soll.

Vorausgesetzt ist ferner, daß es sich ausschließlich um Vereinbarungen über den Rückgriff der Bahnen untereinander, nicht um das Verhältnis zum Publikum handelt. Wo letzteres in Betracht kommt, sind derartige Vereinbarungen, weil sie die Rechte Dritter berühren, nicht zulässig. Aus diesem Grunde ist z. B. eine Vereinbarung der Eisenbahnen über Abänderung der Bestimmung des Art. 52, dahingehend, daß das Rückgriffsverfahren mit dem Entschädigungsverfahren zu verbinden sei, unstatthaft.

Endlich ist vorausgesetzt, daß die Vereinbarung der Eisenbahnen nicht die Abänderung von Bestimmungen betrifft, welche, wie die formell-prozessualischen, öffentlich-rechtlicher Natur und daher der Privatwillkür überhaupt entzogen sind, z. B. die Formen und Fristen des Prozeßverfahrens (Klagezustellung, Verhandlungstermin, Urtel, Streitverkündung, Intervention usw.).

Unter diesen Voraussetzungen können die am internationalen Transport beteiligten Bahnen Vereinbarungen jeder Art über den Rückgriff sowohl in materiell-rechtlicher Hinsicht (Abänderung der Normen der Art. 47 - 49 in betreff der Haftung, Verteilung, Höhe der Erstattung usw.) wie auch in formell-rechtlicher Beziehung (Abänderung der Art. 50, 51 und 53 durch Vereinbarung des Ausschlusses des gerichtlichen Verfahrens, der Entscheidung durch Schiedsspruch, der Wahl des Gerichtsstandes usw.) treffen.

Die Vereinbarungen können im voraus, d. h. generell und für alle oder auch bestimmte Kategorien von Rückgriffsfällen (im Wege ständiger reglementarischer Abmachungen) oder „im einzelnen Fall", d. h. nach Entstehung eines einzelnen Rückgriffsfalles im Wege des Vergleiches, Anerkenntnisses durch periodisch znsammentretende Konferenzen, Kommissionen usw. getroffen werden. Sind sie gültig zustande gekommen, so gehen sie den Vorschriften der Art. 47—53 in materieller und formeller Hinsicht prinzipaliter vor. Insoweit die Vereinbarungen aber unvollständig sind, treten die Art. 47—53 subsidiär und ergänzend ein. Häufig wird die Vereinbarung dahin gehen, daß der Rückgriffsfall nicht durch gerichtliche Entscheidung, sondern durch Schiedsspruch zu entscheiden ist, und entweder der Schiedsrichter von vornherein ein für allemal bestimmt oder die Form angegeben sein, in welcher er im Einzelfalle zu wählen ist.

Auch das im Art. 57 bezeichnete Centralamt hat nach Art. 57 Abs. 1 Ziff. 3 die Pflicht, auf Begehren der Parteien Entscheidungen über Streitigkeiten der Eisenbahnen untereinander abzugeben (Anm. 259), mithin auch in Rückgriffsfällen, sei es auf Grund genereller Vereinbarungen derselben oder im Einzelfalle, das Schiedsrichteramt zu übernehmen (s. die Verordnung des Schweizer Bundesrates über das schiedsrichterliche Verfahren vor dem Centralamt bei Art. 57 Zus. IV 621). Für die rechtliche Wirkung, insbesondere die Vollstreckbarkeit von Schiedsprüchen, wird, wenn dies nicht in der Vereinbarung selbst geregelt, das Recht der belangten Bahn maßgebend sein. Die Verfügungen, welche das Centralamt auf Grund des Art. 57 Ziff. 5 bzw. des Art. III des Reglements, betreffend die Errichtung eines Centralamtes, in betreff der Einziehung rückständiger Forderungen zu treffen befugt und verpflichtet ist, gehören aber nicht hierher; denn sie beruhen nicht auf Vereinbarungen der Parteien, sondern auf einseitigem Antrage der forderungsberechtigten Bahn nach Maßgabe der Vorschriften des Übereinkommens und bezwecken nicht sowohl eine endgültige Regelung von Rückgriffs- usw. Streitigkeiten, als vielmehr nur provisorische Maßnahmen, welche das Centralamt ex officio und vorbehaltlich der Entscheidung durch den zuständigen Richter zu treffen hat (Anm. 261).

Artikel 55.[249])

Soweit nicht durch das gegenwärtige Übereinkommen andere Bestimmungen getroffen sind, richtet sich das Verfahren nach den Gesetzen des Prozeßrichters.[250])

Zusatz I.

Betriebsreglement des Vereins Deutscher Eisenhahnverwaltungen.

§ 93.

Verbindlichkeit der Gesetze des Prozeßrichters.

(Text übereinstimmend mit vorstehendem Art. 55.)

(Vgl. Übereinkommen zum Betriebsreglement des Vereins Deutscher Eisenbahnverwaltungen: Art. 21, 22.)

249) Prinzip und Entstehungsgeschichte des Art. 55.

Die Art. 55 und 56 enthalten allgemeine und einheitliche prozessualische Vorschriften für alle auf Grund der Bestimmungen des internationalen Übereinkommens sich ergebende Prozesse, sind also nicht auf Rückgriffsprozesse beschränkt, sondern umfassen auch Prozesse wegen Forderungen auf Entschädigung für Verlust, Minderung, Beschädigung und Verspätung (Art. 30 ff., Art. 39 ff.), aus Zuwiderhandlungen gegen die Annahme- und Transportpflicht (Art. 5 Abs. 4), kulposer Wahl des Transportweges (Art. 6 lit. 1), unrichtiger Frachtbriefangaben (Art. 7), mangelhafter Verpackung (Art. 9), Mängel der Begleitpapiere und Nichterfüllung der Zoll-, Steuer- und Polizeivorschriften (Art. 10), Fracht- und Nachnahme (Art. 11—13), nachträglichen Verfügungen (Art. 15), Ablieferung des Gutes und Frachtbriefes (Art. 16, 17) usw. — Die Vorschriften der Art. 55 und 56 sind einheitlicher und absoluter Natur, die ihnen entgegenstehenden Bestimmungen der Landesprozeßrechte sind für die vorbezeichneten Prozesse aufgehoben und dürfen nicht mehr Anwendung finden.

250) **„Soweit nicht durch das gegenwärtige Übereinkommen andere Bestimmungen getroffen sind, richtet sich das Verfahren nach den Gesetzen des Prozeßrichters."**

Art. 55 bestimmt grundsätzlich, daß das Verfahren, d. h. das gesamte Prozeßverfahren in Prozessen, welche aus dem internationalen Eisenbahntransporte herrühren, also nicht nur das Rückgriffsverfahren, sich nach den Gesetzen des Prozeßrichters zu richten hat. Diese Vorschrift ist einheitlicher und absoluter Natur, sie darf durch landesgesetzliche Bestimmungen weder abgeändert noch aufgehoben werden.

Unter den „Gesetzen des Prozeßrichters" sind die Landesgesetze des zuständigen Prozeßgerichtes, die am Prozeßort geltenden Landesgesetze gemeint, d. h. in den Fällen des Art. 27 die Gesetze des im Art. 27 Abs. 4 bezeichneten Gerichtes, in den Fällen des Art. 53 die Gesetze des im Art. 53 Abs. 1 und 2 bestimmten Gerichtes, in allen anderen Fällen (z. B. Art. 5 Abs. 4, Art. 15 Abs. 2, Art. 57 Ziff. 3 usw.) die Gesetze des landesrechtlich zuständigen Gerichtes.

Doch finden die Gesetze des Prozeßgerichtes nur Anwendung, soweit nicht durch das gegenwärtige Übereinkommen — bzw. seine Ausführungsbestimmungen und das Schlußprotokoll (Art. 1 Abs. 2 und Schlußprotokoll Ziff. IV; s. S. 3 und 498) sowie spätere Abänderungen und Verbesserungen derselben (Art. 53) — andere Bestimmungen getroffen sind. Soweit also das Übereinkommen selbst andere Bestimmungen als die für den Prozeßrichter landesrechtlich geltenden getroffen hat, sind erstere unbedingt anzuwenden. Wie die Bestimmungen des Übereinkommens überhaupt, so gehen insbesondere auch die prozessualischen derselben den landesrechtlichen unbedingt vor und heben die widersprechenden auf.

Welche Bestimmungen des Übereinkommens dies sind, führt Art. 55 im einzelnen nicht auf. Eine Prüfung der Normen des Übereinkommens ergibt aber, daß darunter vornehmlich begriffen sind die Bestimmungen des Art. 8 über die Beweiskraft und Bedeutung des Frachtbriefes und Frachtbriefduplikates, Art. 23 Abs. 4 und 5 Pfändung und Arrest, Art. 26 Aktivlegitimation, Art. 27 Abs. 4 und 5 Passivlegitimation und Gerichtsstand, Art. 28 Zulässigkeit von Einreden und Widerklagen gegen nicht passivlegitimierte Bahnen, Art. 30 und 39 Beweislast in betreff der Haftpflicht für Verlust usw. und Verspätung, Art. 31, 32 Vermutungen und Gegenbeweise bei Beschränkungen der Haftpflicht, Art. 33 Rechtsfiktion des Verlustes im Falle verzögerter Ablieferung, Art. 38, 40 Beweislast im Falle der Interessedeklaration, Art. 46 Unzulässigkeit von Einreden und Widerklagen in betreff erloschener (Art. 44) und verjährter (Art. 45) Ansprüche, Art. 47 Ziff. 3

Rechtsvermutungen und Gegenbeweis bei Rückgriffsansprüchen, Art. 50 bis 53 prozessualische Vorschriften über den Rückgriff, die Streitverkündung der Intervention.

Abgesehen von diesen unbedingt bindenden Prozeßvorschriften des internationalen Übereinkommens, hat das Prozeßgericht in betreff des Verfahrens die Gesetze sc. das Prozeßrecht seines Landes in Anwendung zu bringen. Vornehmlich gilt dies auch für die Form der Klageerhebung und -zustellung, die Verhandlungen, Fristen, Art, Behändigung und Rechtskraft der Entscheidungen, Rechtsmittel und das gesamte Beweisverfahren in formeller und materieller Hinsicht, also sowohl in betreff der Beweislast wie der Beweismittel (Fähigkeit usw. der Zeugen und Sachverständigen, Urkunden, Inaugenscheinnahme, Eid usw.), der Beweiskraft und der Beweisregeln. Ein Antrag, einheitlich die freie Beweiswürdigung für die hier in Rede stehenden Prozesse einzuführen, wurde als zu tief in die Landesprozeßrechte eingreifend abgelehnt. Die Würdigung des Beweismaterials soll den Prozeßvorschriften der einzelnen Länder überlassen bleiben.

Auch das schiedsrichterliche Verfahren als eine besondere Art des Prozeßverfahrens unterliegt der Vorschrift des Art. 55 (vgl. auch Art. 57 Ziff. 3 Anm. 259).

Artikel 56.[251])

Urteile, welche auf Grund der Bestimmungen dieses Übereinkommens von dem zuständigen Richter infolge eines kontradiktorischen oder eines Versäumnisverfahrens erlassen und nach den für den urteilenden Richter maßgebenden Gesetzen vollstreckbar geworden sind, erlangen im Gebiete sämtlicher Vertragsstaaten Vollstreckbarkeit, unter Erfüllung der von den Gesetzen des Landes vorgeschriebenen Bedingungen und Formalitäten, aber ohne daß eine materielle Prüfung des Inhalts zulässig wäre.[252]) Auf nur vorläufig vollstreckbare Urteile findet diese Vorschrift keine Anwendung, ebensowenig auf diejenigen Bestimmungen eines Urteils, durch welche der Kläger, weil derselbe im Prozesse unterliegt, außer den Prozeßkosten zu einer weiteren Entschädigung verurteilt wird.[253])

Eine Sicherstellung für die Prozeßkosten kann bei Klagen, welche auf Grund des internationalen Frachtvertrages erhoben werden, nicht gefordert werden.[254])

Zusatz I.

Ausführungsbestimmungen zum Übereinkommen über den internationalen Eisenbahn-Frachtverkehr.

§ 11.

Die in den vorhergehenden Ausführungsbestimmungen in Franken ausgedrückten Summen sind in den vertragschließenden Staaten, in welchen die Frankenwährung nicht besteht, durch in der Landeswährung ausgedrückte Beträge zu ersetzen.

Zusatz II.
Betriebsreglement des Vereins Deutscher Eisenbahnverwaltungen.

§ 94.

Vollstreckbarkeit der Urteile und Sicherstellung der Prozeßkosten.

(Text übereinstimmend mit vorstehendem Art. 56.)

§ 95.

Währung.

(Text übereinstimmend mit vorstehendem § 11 der Ausführungsbestimmungen) und:

Zusatzbestimmung.

Obige Vorschrift gilt auch in Ansehung der in den Zusatzbestimmungen in Frankenwährung angesetzten Beträge.

Zusatz III.
(Haager) Abkommen zur Regelung von Fragen des internationalen Privatrechts vom 14. November 1896.

(zwischen Belgien, Spanien, Frankreich, Italien, Luxemburg, Niederlande, Portugal, Schweiz, welchen nachträglich beigetreten sind: Schweden, Norwegen, Deutschland, Österreich-Ungarn, Dänemark, Rumänien und Rußland). R.G.Bl. 1899 Nr. 21 S. 285.

Artikel 11.

Treten Angehörige eines der Vertragsstaaten in einem anderen dieser Staaten als Kläger oder Intervenienten vor Gericht auf, so darf, sofern sie in irgendeinem der Vertragsstaaten ihren Wohnsitz haben, ihnen wegen ihrer Eigenschaft als Ausländer oder deswegen, weil sie keinen Wohnsitz oder Aufenthalt im Inlande haben, eine Sicherheitsleistung oder Hinterlegung, unter welcher Benennung es auch sei, nicht auferlegt werden.

Zusatzprotokoll zu Artikel 11.

Es besteht Einvernehmen darüber, daß die Angehörigen eines der Vertragsstaaten, der mit einem anderen dieser Staaten ein Sonderabkommen getroffen hat, wonach die Bedingung des Wohnsitzes (Art. 11) kein Erfordernis bildet, in den in diesem Sonderabkommen vorgesehenen Fällen nicht gehalten sind, in dem Staate, mit dem es abgeschlossen ist, die im Art. 11 erwähnten Sicherheiten oder Hinterlegungen zu leisten, selbst wenn sie keinen Wohnsitz in einem der Vertragsstaaten haben.

251) Prinzip und Entstehungsgeschichte des Art. 56.

Im Art. 56 sind im Anschluß an die Prozeßvorschrift des Art. 55 zwei weitere allgemeine einheitliche Prozeßvorschriften gegeben, welche dazu bestimmt sind, die Rechtsverfolgung bei Streitsachen aus dem internationalen Eisenbahntransport zu sichern und zu erleichtern.

Im engen Anschluß an den Schweizer Entwurf (Art. 38) und die Vorschläge der Kritik desselben (Eger, Die Einführung eines internationalen Eisenbahn-Frachtrechts (1877) S. 132 uud Gegenentwurf Art. 37 a. a. O. S. 150) empfahl der Deutsche Entwurf (1878) als Art. 38 eine die Vollziehbarkeit der Urteile in sämtlichen Vertragsstaaten anordnende Bestimmung, welche in der I. Konferenz unverändert angenommen wurde.

In der II. Konferenz beantragte die holländische Delegation, in dem Artikel hervorzuheben, daß die Urteile zwar nicht einer materiellen, wohl aber einer formellen Prüfung in jedem Vertragsstaate unterworfen seien. Dem schloß sich die deutsche Delegation an, indem sie sich zugleich gegen mehrere auf Streichung des Artikels gerichtete Anträge erklärte, sie betrachte denselben als den Schlußstein des ganzen Vertrages, da die Zulassung einer materiellen Prüfung der Erkenntnisse denselben zunächst jede Bedeutung entziehen würde. Hierauf wurde Art. 56 mit einem entsprechenden Zusatze und überdies noch durch das Verbot der Forderung von Prozeßkautionen und der Verurteilung zu Sukkumbenzgeldern ergänzt angenommen.

In der III. Konferenz wurde in betreff des Ausschlusses von Prozeßkautionen noch die Nichtübereinstimmung des französischen und deutschen Textes bemängelt und demgemäß Art. 56 an die Redaktionskommission gewiesen.

Die Kommission gab hierauf dem Art. 56 die in den Tenor des Übereinkommens aufgenommene Fassung.

252) **„Urteile, welche auf Grund der Bestimmungen dieses Übereinkommens von dem zuständigen Richter infolge eines kontradiktorischen oder eines Versäumnisverfahrens erlassen und nach den für den urteilenden Richter maßgebenden Gesetzen vollstreckbar geworden sind, erlangen im Gebiete sämtlicher Vertragsstaaten Vollstreckbarkeit, unter Erfüllung der von den Gesetzen des Landes vorgeschriebenen Bedingungen und Formalitäten, aber ohne daß eine materielle Prüfung des Inhalts zulässig wäre."**

Absatz 1 Satz 1 des Art. 56 enthält die zweite der allgemeinen, einheitlichen Prozeßvorschriften (s. Anm. 251), und zwar in betreff der Vollstreckbarkeit der Urteile. Urteile, welche folgenden vier Voraussetzungen entsprechen, nämlich: 1. auf Grund der Bestimmungen dieses Übereinkommens (s. Anm. 249 S. 488), 2. von dem zuständigen Richter (Anm. 250 S. 489), 3. infolge eines kontradiktorischen oder eines Versäumnisverfahrens erlassen und 4. nach den für den urteilenden Richter (sc. ad 2) maßgebenden Gesetzen (definitiv) vollstreckbar geworden sind, erlangen im Gebiete sämtlicher Vertragsstaaten einschließlich der Prozeßkosten (arg. Satz 2) Vollstreckbarkeit, d. h. sie müssen in jedem Vertragsstaate von den dazu bestimmten Exekutivstellen anstandslos vollstreckt, mit dem Exequatur versehen werden. Es ist alsdann nur erforderlich, daß die von den Gesetzen des Vertragsstaates, in welchem die Vollstreckung stattfinden soll, vorgeschriebenen Bedingungen und Formalitäten — die Formvorschriften — erfüllt sind (z. B. Vollstreckbarkeit, Beifügung des Urtels in Urschrift, Bescheinigung der Rechtskraft usw.). Eine materielle Prüfung des Inhalts des zu vollstreckenden Urteils seitens der Vollstreckungsstelle ist also unzulässig. Einwendungen materieller Art, d. h. aus dem Inhalte des Urtels und der dadurch festgestellten Berechtigung des Anspruchs geschöpfte, dürfen dem Vollstreckungsantrage nicht entgegengehalten werden, auch dann nicht, wenn sie nach dem Rechte des Staates, in welchem die Vollstreckung geschehen soll, zulässig wären oder geboten sind. Es ist lediglich eine formelle Prüfung gestattet, eine materielle Prüfung ist ausgeschlossen. Zur formellen Prüfung gehört auch die Berücksichtigung der Einrede der res judicata und der Litispendenz.

Diejenige Vollstreckungsbehörde, welche trotz der Erfüllung der Voraussetzungen des Art. 56 ein vollstreckbares Urteil nicht vollstreckt, ist für die Folgen dem Berechtigten haftbar. Eine Ausnahme findet nur in den beiden im Satz 2 besonders bezeichneten Fällen (bei vorläufig vollstreckbaren Urteilen und sogenannten Sukkumbenzgeldern) statt (Anm. 253). Satz 1 schließt jedoch nicht aus, daß die Vollstreckung auch gefordert werden kann, wenn das Recht des betreffenden Staates für die Vollstreckbarkeit ausländischer Urteile geringere Erfordernisse vorschreibt, als die im Satz 1 bezeichneten, und diese erfüllt sind.

253) **„Auf nur vorläufig vollstreckbare Urteile findet diese Vorschrift keine Anwendung, ebensowenig auf diejenigen Bestimmungen eines Urteils, durch welche der Kläger, weil derselbe im Prozesse unterliegt, außer den Prozeßkosten zu einer weiteren Entschädigung verurteilt wird."**

Absatz 1 Satz 2 des Art. 56 führt die beiden einzigen Ausnahmen von der Regel der Vollstreckbarkeit der Urteile nach Satz 1 an.

Der erste Ausnahmefall betrifft die nur vorläufig vollstreckbaren Urteile. Aus der Bestimmung, daß auf diese die Vorschrift des Satzes 1 keine Anwendung findet, ergibt sich zunächst e contrario, daß Satz 1 nur für definitiv vollstreckbare, d. h. den Rechtsstreit rechtskräftig und endgültig beendende Urteile Geltung hat. Anderseits darf aber aus Satz 2 nicht etwa gefolgert werden, daß die Vollstreckbarkeit vorläufig vollstreckbarer Urteile in einem anderen Vertragsstaate überhaupt ungültig oder verboten ist. Satz 2 besagt nur, daß die Voraussetzungen und Erfordernisse des Satzes 1 die Vollstreckbarkeit derartiger vorläufiger Urteile nicht bedingen. Entsprechen sie aber in allen Punkten formell und materiell den für die Vollstreckbarkeit vorläufig vollstreckbarer ausländischer Urteile in dem betreffenden Staate, welcher vollstrecken soll, gegebenen Vorschriften, so liegt kein Grund vor, ihre Vollstreckbarkeit in Abrede zu stellen. Sie stehen alsdann den vorläufig vollstreckbaren Urteilen aus anderen Prozessen durchaus gleich. Nur ist, insoweit dies die Landesgesetze vorschreiben, dem betreffenden Staate sowohl die formelle wie die materielle Prüfung derartiger Urteile gestattet.

Der zweite Ausnahmefall betrifft die sogenannten Sukkumbenzgelder. Soweit ein — wenngleich definitiv — vollstreckbares Urteil

Bestimmungen enthält, durch welche der Kläger, weil derselbe im Prozesse unterliegt, außer den Prozeßkosten zu einer weiteren Entschädigung verurteilt wird, finden die Bestimmungen des Satzes 1 nicht Anwendung, d. h. der bezügliche Teil des Urteils ist, obwohl für dasselbe die Voraussetzungen und Erfordernisse des Satzes 1 erfüllt sind, nicht vollstreckbar. Auch hier folgt, wie im ersten Ausnahmefall, durchaus nicht, daß dieser Teil des Urtels überhaupt unvollstreckbar sei. Aber die Voraussetzungen des Satzes 1 genügen in betreff der Sukkumbenzgelder für die Vollstreckbarkeit nicht. Vielmehr bedarf es sowohl in formeller wie materieller Hinsicht der Erfüllung der landesrechtlichen Voraussetzungen des Staates, in dessen Gebiet die Vollstreckung verlangt wird; mithin ist dieser, soweit es sein Landesrecht vorschreibt, berechtigt, auch in eine materielle Prüfung dieses Teiles des Urtels einzutreten und die Vollstreckung der Sukkumbenzgelderforderung abzulehnen, wenn die bezügliche Urteilsbestimmung nicht formell und materiell dem Landesrechte entspricht oder nach diesem die Verurteilung in Sukkumbenzgelder unzulässig ist. Die Entscheidung eines definitiv vollstreckbaren Urteils ist dagegen unter den Voraussetzungen des Satzes 1 auch in betreff der Prozeßkosten vollstreckbar.

254) **„Eine Sicherstellung für die Prozeßkosten kann bei Klagen, welche auf Grund des internationalen Frachtvertrages erhoben werden, nicht gefordert werden.“**

Absatz 2 des Art. 56 enthält die dritte allgemeine und einheitliche Prozeßvorschrift (s. Art. 55 Anm. 249 und Art. 56 Abs. 1 Anm. 252). Sie verbietet generell und für das ganze Vertragsgebiet die Forderung einer Sicherstellung für Prozeßkosten bei Klagen, welche auf Grund des internationalen Frachtvertrages erhoben werden. Bei diesem Verbot war nach den Kommissionsmotiven die Erwägung leitend, daß eine derartige Beschränkung der freien Ausübung der den Beteiligten gewährten Klagerechte nicht im Geiste des internationalen Übereinkommens liege und um so weniger notwendig sei, als die Urteile überall vollstreckbar seien.

Abweichend aber von Art. 47 Abs. 1, Art. 56 Abs. 1, welche alle auf Grund der Bestimmungen des internationalen Übereinkommens geleisteten Entschädigungen bzw. ergangenen Urteile umfassen — gleichviel ob auf dem Frachtvertrag beruhend oder nicht —, beschränkt sich das Verbot des Art. 56 Abs. 2 auf Klagen, welche auf Grund des internationalen Frachtvertrages erhoben werden. Scheint auch nach den angeführten Motiven eine derartige Beschränkung nicht beabsichtigt zu sein, so muß doch nach dem klaren und ganz zweifellosen Wortlaute arg. e contr. angenommen werden, daß sich das fragliche Verbot nur auf Klagen aus dem internationalen Frachtvertrage erstreckt, mithin für alle anderen aus dem internationalen Übereinkommen (Transporte) herrührenden Klagen (z. B. wegen Zuwiderhandlungen gegen Art. 5, Rückgriffsforderungen Art. 47—49 usw.) eine Sicherstellung für Prozeßkosten, soweit sie landesrechtlich gestattet ist, gefordert werden kann. Liegt es in der Absicht, das Verbot auch auf diese auszudehnen, so muß der Wortlaut geändert werden. Ohne weiteres darf aber — gegenüber dem klaren und bestimmten Wortlaute — die Ausdehnung nicht hineininterpretiert werden (unrichtig Rosenthal 292; Gerstner 451; unbestimmt Fuld, E. XVI 71). Dagegen ist die Sicherstellung für Klagen aus dem internationalen Frachtvertrage unzulässig. Entgegenstehende Vorschriften der Landesprozeßrechte sind in betreff dieser Klagen aufgehoben.

Zwischen dem deutschen und französischen Texte besteht insofern eine wesentliche Differenz, als erstere von der „Sicherstellung für Prozeßkosten" (cautio pro expensis), letzterer dagegen viel weitgehender von der „Sicherstellung für die Urteilserfüllung" (cautio judicatum solvi) spricht. Obwohl in der III. Konferenz darauf aufmerksam gemacht wurde, daß beides nicht das Nämliche bedeute und Zurückweisung an die Redaktionskommission erfolgte, sind dennoch in beiden Texten diese verschiedenen Ausdrücke stehen geblieben, und es ist damit eine Quelle von Streitigkeiten und Zweifeln geschaffen worden. Nach den Motiven lag es ohne Zweifel in der Absicht, alle derartigen Kautionen (judicatum solvi und pro expensis) zu verbieten.

Art. 56 Abs. 2 befreit nur von Sicherstellungen für die Prozeßkosten bei Klagen auf Grund des internationalen Frachtvertrages. Die Befreiung bei anderen Anträgen an das Gericht z. B. auf Anordnung eines Sicherheitsarrestes, Erlaß einer einstweiligen Verfügung zum Zweck der Verhinderung der Veränderung des gegenwärtigen Zustandes des Streitgegenstandes usw. darf nicht gefordert werden (Fuld a. a. O. 75).

Der oben (S. 491) mitgeteilte Art. 11 (nebst Zusatzprotokoll) des Haager Abkommens vom 14. Nov. 1896, welchem sämtliche Vertragsstaaten des Berner Übereinkommens vom 14. Okt. 1890 beigetreten sind, hebt den Art. 56 des letzteren weder auf, noch schränkt er ihn in seiner Tragweite ein; vielmehr besteht Art. 56 des Berner Übereinkommens als Sonderabkommen neben Art. 11 des Haager Abkommens im Sinne des Zusatzprotokolls zu Art. 11 fort (Fuld, E. XVI 73 ff.). Es bleibt den an internationalen Transporten Beteiligten überlassen, in Prozessen, welche das internationale Übereinkommen über den Eisenbahn-Frachtverkehr betreffen, nach ihrer Wahl die für sie günstigsten Bestimmungen in Anspruch zu nehmen.

Artikel 57.[255])

(1) Um die Ausführung des gegenwärtigen Übereinkommens zu erleichtern und zu sichern, soll ein Central-Amt für den internationalen Transport errichtet werden, welches die Aufgabe hat:[256])

1. **die Mitteilungen eines jeden der vertragschließenden Staaten und einer jeden der beteiligten Eisenbahnverwaltungen entgegenzunehmen und sie den übrigen Staaten und Verwaltungen zur Kenntnis zu bringen;[257])**
2. **Nachrichten aller Art, welche für das internationale Transportwesen von Wichtigkeit sind, zu sammeln, zusammenzustellen und zu veröffentlichen;[258])**

3. **auf Begehren der Parteien Entscheidungen über Streitigkeiten der Eisenbahnen untereinander abzugeben;**[259])
4. **die geschäftliche Behandlung der behufs Abänderung des gegenwärtigen Übereinkommens gemachten Vorschläge vorzunehmen, sowie in allen Fällen, wenn hierzu ein Anlaß vorliegt, den vertragschließenden Staaten den Zusammentritt einer neuen Konferenz vorzuschlagen;**[260])
5. **die durch den internationalen Transportdienst bedingten finanziellen Beziehungen zwischen den beteiligten Verwaltungen, sowie die Einziehung rückständig gebliebener Forderungen zu erleichtern und in dieser Hinsicht die Sicherheit des Verhältnisses der Eisenbahnen untereinander zu fördern;**[261])

(2) Ein besonderes Reglement wird den Sitz, die Zusammensetzung und Organisation dieses Amts, sowie die zur Ausführung nötigen Mittel feststellen.[262])

Zusatz I.

Reglement, betreffend die Errichtung eines Central-Amtes.

Art. I.

(1) Der Bundesrat der schweizerischen Eidgenossenschaft wird beauftragt, das durch Art. 57 des internationalen Übereinkommens über den Eisenbahn-Frachtverkehr errichtete Central-Amt zu organisieren und seine Geschäftsführung zu überwachen. Der Sitz dieses Amtes soll in Bern sein.

(2) Zu dieser Organisierung soll sofort nach dem Austausche der Ratifikationsurkunden und in der Art geschritten werden, daß das Amt die ihm übertragenen Funktionen zugleich mit dem Eintritt der Wirksamkeit des Übereinkommens beginnen kann.

(3) Die Kosten dieses Amtes, welche bis auf weiteres den jährlichen Betrag von 110 000 Franken nicht übersteigen sollen, werden von jedem Staate im Verhältnis zu der kilometrischen Länge der von ihm zur Ausführung internationaler Transporte als geeignet bezeichneten Eisenbahnstrecken getragen.

Außerdem wird dem schweizerischen Post- und Eisenbahndepartement eine einmal zahlbare Summe von 25 000 Franken zur Verfügung gestellt, um mit ihr sowie mit den Zinsen des Kapitals einen Fonds zu bilden, der dazu dienen soll, den Beamten, Angestellten und Unterbeamten des Central-Amtes für den internationalen Eisenbahntransport Unterstützungen oder Entschädigungen für den Fall zu bewilligen, daß sie infolge vorgerückten Alters, durch Unglücksfälle oder Krankheit zur Ausübung ihrer dienstlichen Pflichten dauernd dienstunfähig werden.

Art. II.

(1) Dem Central-Amte werden alle Mitteilungen, welche für das internationale Transportwesen von Wichtigkeit sind, von den ver-

tragschließenden Staaten sowie von den Eisenbahnverwaltungen mitgeteilt werden. Dasselbe kann mit Benutzung dieser Mitteilungen eine Zeitschrift herausgeben, von welcher je ein Exemplar jedem Staate und jeder beteiligten Verwaltung unentgeltlich zu übermitteln ist. Weitere Exemplare dieser Zeitschrift sind zu einem von dem Zentralamte festzusetzenden Preise zu beziehen. Diese Zeitschrift soll in deutscher und französischer Sprache erscheinen.

(2) Das Verzeichnis der einzelnen im Art. 2 des Übereinkommens unter Ziff. 1 und 3 bezeichneten Gegenstände sowie allfällige Abänderungen dieses Verzeichnisses, welche später von einzelnen der vertragschließenden Staaten vorgenommen werden, sind mit tunlichster Beschleunigung dem Centralamte zur Kenntnis zu bringen, welches dieselben sofort allen vertragschließenden Staaten mitteilen wird.

(3) Was die im Art. 2 des Übereinkommens unter Ziff. 2 bezeichneten Gegenstände betrifft, so wird das Centralamt von jedem der vertragschließenden Staaten die erforderlichen Angaben begehren und den anderen Staaten mitteilen.

Art. III.

(1) Auf Verlangen jeder Eisenbahnverwaltung wird das Central-Amt bei Regulierung der aus dem internationalen Transporte herrührenden Forderungen als Vermittler dienen.

(2) Die aus dem internationalen Transporte herrührenden unbezahlt gebliebenen Forderungen können dem Central-Amte zur Kenntnis gebracht werden, um die Einziehung derselben zu erleichtern. Zu diesem Zwecke wird das Amt ungesäumt an die schuldnerische Bahn die Aufforderung richten, die Forderung zu regulieren oder die Gründe der Zahlungsweigerung anzugeben.

(3) Ist das Amt der Ansicht, daß die Weigerung hinreichend begründet ist, so hat es die Parteien vor den zuständigen Richter zu verweisen.

(4) Im entgegengesetzten sowie in dem Falle, wenn nur ein Teil der Forderungen bestritten wird, hat der Leiter des Amtes, nachdem er das Gutachten zweier von dem Bundesrat zu diesem Zweck zu bezeichnender Sachverständigen eingeholt hat, sich darüber auszusprechen, ob die schuldnerische Eisenbahn die ganze oder einen Teil der Forderung zu Händen des Amtes niederzulegen habe. Der auf diese Weise niedergelegte Betrag bleibt bis nach Entscheidung der Sache durch den zuständigen Richter in den Händen des Amtes.

(5) Wenn eine Eisenbahn innerhalb vierzehn Tagen der Aufforderung des Amtes nicht nachkommt, so ist an dieselbe eine neue

Aufforderung unter Androhung der Folgen einer ferneren Verweigerung der Zahlung zu richten.

(6) Wird auch dieser zweiten Aufforderung binnen zehn Tagen nicht entsprochen, so hat der Leiter von Amts wegen an den Staat, welchem die betreffende Eisenbahn angehört, eine motivierte Mitteilung und zugleich das Ersuchen zu richten, die geeigneten Maßregeln in Erwägung zu ziehen und namentlich zu prüfen, ob die schuldnerische Eisenbahn noch ferner in dem von ihm mitgeteilten Verzeichnisse zu belassen sei.

(7) Bleibt die Mitteilung des Amtes an den Staat, welchem die betreffende Eisenbahn angehört, innerhalb einer sechswöchentlichen Frist unbeantwortet, oder erklärt der Staat, daß er, ungeachtet der nicht erfolgten Zahlung, die Eisenbahn nicht aus der Liste streichen zu lassen beabsichtigt, so wird angenommen, daß der betreffende Staat für die Zahlungsfähigkeit der schuldnerischen Eisenbahn, soweit es sich um aus dem internationalen Transporte herrührende Forderungen handelt, ohne weitere Erklärung die Garantie übernehme.

Zusatz II.

Schlußprotokoll IV zu dem internationalen Übereinkommen über den Eisenbahn-Frachtverkehr.

IV. Es wird anerkannt, daß das Reglement, betreffend die Errichtung eines Central-Amtes, sowie die Ausführungsbestimmungen zu dem internationalen Übereinkommen über den Eisenbahnfrachtverkehr und die Anlagen 1, 2, 3, 3a und 4 dieselbe Kraft und Dauer haben sollen wie das Übereinkommen selbst.

Zusatz III.

Beschluß des schweizerischen Bundesrats, betreffend die Organisation des Central-Amtes für den internationalen Eisenbahntransport, vom 21. Oktober 1892.

Art. 1. Das Central-Amt für den internationalen Transport besteht aus folgendem Personal: einem Direktor, einem Stellvertreter desselben (Vizedirektor), zwei Sekretären, von denen einer die Geschäfte juridischer und der andere die Angelegenheiten technischer Natur zu behandeln hat, einem Übersetzer oder Hilfssekretär, einem Registrator und den für die Kanzleiarbeiten und den Bureaudienst nötigen weiteren Beamten und Angestellten.

Art. 2. Im übrigen finden die Art. 1, 3, 4 und 5 des vom Bundesrat am 7. Dezember 1885 beschlossenen Reglements, betreffend die Oberaufsicht über die internationalen Bureaus der Posten und der Telegraphen, analoge Anwendung

Art. 3. Der gegenwärtige Beschluß tritt mit dem 1. Dezember 1892 in Kraft.

Zusatz IV.

Verordnung des schweizerischen Bundesrats, betreffend das schiedsrichterliche Verfahren in den vor das Central-Amt für den internationalen Eisenbahntransport gebrachten Streitfällen, vom 29. November 1892.

Art. 1. Die in Art. 57 Ziff. 3 des internationalen Übereinkommens über den Eisenbahnfrachtverkehr vom 14. Oktober 1890 vorgesehenen schiedsrichterlichen Entscheidungen werden durch den Direktor des Central-Amtes für den internationalen Transport, unter Mitwirkung von zwei Schiedsrichtern, gefällt. Diese Schiedsrichter sowie zwei Stellvertreter werden vom Bundesrate ernannt. Wenn die Parteien es wünschen, oder wenn die Streitfrage geringfügiger Art oder von besonders dringlicher Natur ist, kann der Direktor des Centralamtes ohne Mitwirkung der Richter einen Entscheid fällen.

Art. 2. Der Direktor des Amtes besorgt die Prozeßleitung; er setzt den Parteien die Fristen zur Einreichung der Schriftstücke fest; er läßt die Akten bei den Richtern oder deren Stellvertretern zirkulieren; er sorgt für die Vorbereitung des dem Schiedsgerichte vorzulegenden Tatbestandes und der Schlußfolgerungen; er beruft das Schiedsgericht ein und führt dabei den Vorsitz. Im Verhinderungsfalle wird er durch den Vizedirektor vertreten.

Art. 3. Wenn der Direktor des Amtes eine andere Ansicht hat als die beiden Richter, so hat er das Recht, die beiden Stellvertreter zu einer gemeinschaftlichen Sitzung mit den Richtern einzuberufen. Im Falle von Stimmengleichheit entscheidet die Ansicht des Direktors.

Art. 4. Der juristische Sekretär des Amtes fungiert beim Schiedsgericht als Gerichtsschreiber; im Verhinderungsfalle wird er durch den technischen Sekretär vertreten. Die Beamten des Amtes, welche bei der Instruktion eines Prozesses mitgewirkt haben, können mit beratender Stimme zur Gerichtsverhandlung beigezogen werden. Die Urteile werden vom Direktor und demjenigen Sekretär, der als Gerichtsschreiber mitgewirkt hat, unterzeichnet und den Parteien kostenfrei zugestellt.

Art. 5. Die Richter und Stellvertreter erhalten eine Entschädigung von 30 Franken für jeden auf Sitzungen oder Aktenstudium verwendeten Tag, sowie die gleiche Reiseentschädigung wie die Mitglieder der Bundesversammlung.

Art. 6. Diese Verordnung tritt mit dem 1. Januar 1893 in Kraft. Nach Ablauf des ersten Jahres erstattet das Amt Bericht über die Erfahrungen, welche inzwischen mit dieser Verordnung gemacht worden sind, und wird das Post- und Eisenbahndepartement, falls dies angezeigt erscheint, eine Revision derselben beantragen.

Zusatz V.

Reglement über den Geschäftsgang in den Bureaux des Central-Amtes vom 19. Februar 1897.

Zusatz VI.

Betriebsreglement des Vereins Deutscher Eisenbahnverwaltungen.

§ 96.

Errichtung eines Centralamtes.

(Text übereinstimmend mit vorstehendem Art. 57.)

255) Prinzip und Entstehungsgeschichte des Art. 57.

Die Art. 57 und 58 des internationalen Übereinkommens in Verbindung mit dem gemäß Art. 57 Abs. 2 beschlossenen besonderen Reglement (s. S. 496) treffen Bestimmung über die Errichtung, den Zweck und die Obliegenheiten des Centralamtes für den internationalen Eisenbahntransport. Das Centralamt ist eine mit dem 1. Januar 1893 in Tätigkeit getretene internationale Behörde, welche in Bern ihren Sitz hat, vom schweizerischen Bundesrat zu organisieren und in ihrer Geschäftsordnung zu überwachen ist. Die Kosten dieses Amtes werden von den Konventionsstaaten gemeinsam getragen (Reglem. Art. I S. 496). Staatsrechtlich ist die Stellung des Amtes und seiner Beamten dieselbe wie die des internationalen Postbureaus. Die Organisation ist durch den oben Zusatz III S. 498 mitgeteilten Beschluß des schweizerischen Bundesrates vom 21. Oktober 1892 erfolgt. Das Centralamt ist weder ein Gerichtshof noch eine Aufsichtsbehörde, sondern lediglich eine zur Erleichterung und Sicherung der Ausführung des internationalen Übereinkommens geschaffene Verwaltungsbehörde.

256) „Um die Ausführung des gegenwärtigen Übereinkommens zu erleichtern und zu sichern, soll ein Central-Amt für den internationalen Transport errichtet werden, welches die Aufgabe hat:“

Zweck des Centralamts ist nach Abs. 1, die Ausführung des gegenwärtigen Übereinkommens zu erleichtern und zu sichern“, wozu in Gemäßheit des Art. 59 auch die Vorbereitung von Abänderungs- und Verbesserungsvorschlägen des bestehenden Übereinkommens gehört (Art. 57 Abs. 1 Ziff. 4). Die Aufgaben, welche hiernach dem Centralamte obliegen, sind in den Ziffern 1—5 des Abs. 1 des Art. 57 zusammengefaßt; diesen tritt noch die in Art. 58 festgesetzte Obliegenheit in betreff der Hinzufügung und Streichung von Eisenbahnen in der gemäß Art. 1 des Übereinkommens demselben zugehörigen Liste hinzu.

257) „1. die Mitteilungen eines jeden der vertragschließenden Staaten und einer jeden der beteiligten Eisenbahnverwaltungen entgegenzunehmen und sie den übrigen Staaten und Verwaltungen zur Kenntnis zu bringen;“

Ziffer 1 Abs. 1 bezeichnet als erste Aufgabe des Centralamts die Entgegennahme der „Mitteilungen eines jeden der vertragschließenden Staaten und einer jeden der beteiligten Eisenbahnverwaltungen" und Kundgebung dieser Mitteilungen an die übrigen Staaten und Verwaltungen.

a) Dem Zwecke des Centralamts gemäß kommen nur solche Mitteilungen in Betracht, welche unmittelbar oder mittelbar das internationale Transportwesen betreffen und für dasselbe von Wichtigkeit sind (vgl. Ziff. 2 in Reglem. Nr. II). Für Mitteilungen, welche also z. B. ausschließlich den lokalen oder internen Verkehr einer Bahn oder eines Staates berühren, bildet das Centralamt keine Vermittlungsstelle und kann deren Entgegennahme und Weitergabe zurückweisen. Insoweit steht dem Centralamt eine Prüfung der ihm zur Weiterleitung zugehenden Mitteilungen zu (Fuld 263), weil es andernfalls — seinem Zwecke zuwider — als Vermittlungsstelle für jede beliebige Mitteilung verwendet werden könnte. Nur für die im Art. 58 des Übereinkommens und im Art. II Abs. 2 und 3 vorgeschriebenen Mitteilungen hat die Weiterleitung ex lege ohne weitere Prüfung zu erfolgen (s. nachstehend sub c 1—3). Dagegen ist nicht erforderlich, daß die betreffenden Mitteilungen für sämtliche Vertragsstaaten und -Bahnen bestimmt bzw. wichtig sind. Auch wenn dies nur für einen Teil derselben der Fall ist, hat das Centralamt die Vermittlung zu übernehmen.

b) Das Reglement Art. II Satz 1 spricht kategorisch aus, daß den Staaten und Verwaltungen die Pflicht obliegt, dem Centralamt alle für das internationale Transportwesen wichtigen Mitteilungen zu machen. Die Staaten werden daher durch entsprechende Ausführungsbestimmungen dafür zu sorgen und zu überwachen haben, daß ihre Behörden sowie die Bahnverwaltungen dem Centralamt alle bezüglichen Mitteilungen, sei es im Einzelfalle, sei es kategorienweise, regelmäßig (periodisch) vollständig zugehen lassen (Fuld 263).

c) Einzelne besonders wichtige Mitteilungen an das Centralamt sind den Staaten teils durch das Übereinkommen selbst, teils durch das Reglement speziell vorgeschrieben. Dahin gehört die Mitteilung 1. der Hinzufügung und Streichung von Eisenbahnen in der gemäß Art. 1 des Übereinkommens aufzustellenden Liste (Art. 58 l. c.; s. Anm. 264f.), 2. des Verzeichnisses der einzelnen im Art. II des Übereinkommens unter Ziff. 1 und 3 bezeichneten Gegenstände sowie Abänderungen des Verzeichnisses (Art. II Abs. 2 des Reglements), 3. der auf die im Art. 2 Ziff. 2 des Übereinkommens bezeichneten Gegenstände bezüglichen Angaben — letztere jedoch nur auf vorgängige Aufforderung seitens des Centralamtes (Art. II Abs. 3 des Reglements). — Abgesehen hiervon erscheint weiter erforderlich und wesentlich die Mitteilung der auf den internationalen Transport bezüglichen landesgesetzlichen Bestimmungen, welche Rechtsverhältnisse ordnen, deren Regelung der Landesgesetzgebung überlassen ist (s. Anm. 3 S. 11, 12) der reglementarischen und tarifarischen Normen und Expeditionsvorschriften, sowie der internationalen Tarife, der internationalen Verbandsverträge und Vereinbarungen über den Rückgriff (Art. 54), der dem internationalen Transport dienenden Stationen, Haltestellen, Zollabfertigungsstellen der zoll- und steuergesetzlichen Bestimmungen und Einrichtungen, der statistischen polizeilichen, veterinären usw. Vorschriften, endlich auch der Absicht des Rücktrittes vom internationalen Übereinkommen gemäß Art. 60 Abs. 1.

d) Das Centralamt besitzt, da es nicht den Charakter einer mit Exekutivbefugnissen ausgestatteten Aufsichtsbehörde hat, kein Zwangsmittel, um die Staaten oder Bahnverwaltungen zur Erfüllung der Pflicht, die qu. Mitteilungen zu machen, anzuhalten. Es kann nur die einzelnen Staaten ersuchen, die säumigen Bahnen mit den staatlicherseits zulässigen Mitteln hierzu zu veranlassen. Den Staaten selbst bzw. den Staatsbehörden gegenüber ist nur der Weg der diplomatischen Intervention möglich. Oder es können die übrigen Staaten dem säumigen Staate gegenüber zur Kündigung des Übereinkommens schreiten (Art. 60) und unter Ausschluß desselben ein neues Übereinkommen schließen. Würde das Centralamt seinerseits durch unberechtigte Weigerung der Entgegennahme oder Weiterleitung von Mitteilungen usw. seiner Pflicht nicht genügen, so würde der Bundesrat der Schweizer Eidgenossenschaft befugt sein, dasselbe im Aufsichtswege dazu anzuhalten (vgl. Art. I Abs. 1).

e) In welcher Form die Vertragsstaaten und Bahnen dem Centralamte die bezüglichen Mitteilungen zu machen haben, ist nicht bestimmt. Sie können also in beliebiger Form schriftlich, autographisch, lithographisch, durch Übersendung von Druckwerken (Tarife, Reglements, Statistik, Gesetze, Verordnungen), auch telegraphisch usw. erfolgen. Ebenso ist für die Kundmachungen des Centralamts an die Staaten und Bahnen eine besondere Form nicht vorgesehen — abgesehen von den Benachrichtigungsschreiben im Falle des Art. 58 Abs. 2. Auch dem Centralamte steht also die Form der Kundmachungen im übrigen frei. In der Regel wird sich dasselbe wohl des amtlichen Teiles der von ihm herausgegebenen Zeitschrift (s. Art. 57 Ziff. 2 und Art. II Reglement Anm. 258 S. 625) bedienen.

258) **„2 Nachrichten aller Art, welche für das internationale Transportwesen von Wichtigkeit sind, zu sammeln, zusammenzustellen und zu veröffentlichen;“**

Ziffer 2 Abs. 1 bezeichnet als zweite Aufgabe des Centralamtes die Sammlung, Zusammenstellung und Veröffentlichung von „Nachrichten aller Art“, welche für das internationale Transportwesen von Wichtigkeit sind. Das Centralamt soll mithin die Sammel-, Sichtungs- und Publikationsstelle aller für das internationale Transportwesen wichtigen Nachrichten bilden. Es soll also nicht bloß — wie gemäß Ziff. 1 — die aus der Initiative der Staaten und Bahnen hervorgegangenen Mitteilungen entgegennehmen und an die übrigen beteiligten Staaten und Bahnen weiterleiten, sondern darüber hinaus aus eigener Initiative Nachrichten aller Art, welche für das internationale Transportwesen von Wichtigkeit sind, sammeln, zusammenstellen und veröffentlichen. Es werden hierzu der Natur der Sache und der Regel nach auch die Mitteilungen gemäß Ziff. 1 gehören. Aber auf diese ist der Kreis der bezeichneten Nachrichten nicht beschränkt. Es erstreckt sich vielmehr ausnahmslos auf Nachrichten aller Art welche für das internationale Transportwesen von Wichtigkeit sind, also nicht nur insoweit sie das Betriebs-, Beförderungs- und Tarifwesen betreffen, sondern auch die Gebiete der Statistik des Zoll-, Steuer-, Sanitäts- und Veterinärwesens, der Gesetzgebung, Verkehrsusancen, Handelsverträge, Verwaltungseinrichtungen usw. berühren. Auch Mitteilungen über juristische und administrative Fragen, über Entscheidungen derselben in der Praxis (Rechtssprüche) und Theorie (Abhandlungen usw.) sind nicht ausgeschlossen; doch hat sich in allen Beziehungen das Centralamt dem Zwecke der Ziff. 2 gemäß auf die objektive Wiedergabe zu beschränken, nicht selbst Stellung hierzu zu nehmen, zumal es andernfalls seiner schiedsrichterlichen Bestimmung (Ziff. 3 Anm. 259) präjudizieren würde.

Die Nachrichten sollen nicht nur unterschiedslos gesammelt, sondern auch zusammengestellt, d. h. systematisch nach Gruppen, Kategorien usw. (z. B. Tarifwesen, Betriebswesen, Zollwesen usw.) geordnet und sodann veröffentlicht werden. Über die Art der Veröffentlichung ist im Übereinkommen eine obligatorische Bestimmung nicht getroffen. Sie erfolgt zweckmäßig durch eine besondere Zeitschrift (Reglement Art. II Abs. 1), welche mangels einer Einschränkung nicht nur den beteiligten Staaten und Bahnverwaltungen, sondern auch dem Publikum zugänglich gemacht ist. Nach den Bestimmungen des schweizerischen Bundesrates erscheint vom Beginn des Jahres 1893 ab eine Zeitschrift deutsch und französisch, in monatlichen Heften für jede der beiden Sprachen in besonderer, seit 1897 in gemeinsamer Ausgabe. Dieselbe enthält einen amtlichen Teil und Mitteilungen allgemeiner Natur, und zwar:

im amtlichen Teil: das internationale Übereinkommen über den Eisenbahn-Frachtverkehr vom 14. Oktober 1890, mit den dazu gehörenden Ausführungen und den etwaigen Ergänzungen; die mit dem internationalen Übereinkommen im Zusammenhang stehenden Gesetze und Verordnungen der einzelnen Länder und anderweitige Mitteilungen der beteiligten Staatsregierungen; die Mitteilungen der Eisenbahngesellschaften mit Bezug auf den internationalen Verkehr; ferner die von dem Centralamt ausgehenden Entscheidungen über Streitigkeiten der Eisenbahnen untereinander, soweit dieselben sich zur Veröffentlichung eignen;

in den Mitteilungen allgemeiner Natur: Abhandlungen aus dem Gebiete des Eisenbahn-Frachtrechtes; Entscheidungen der Gerichte auf demselben Gebiete; statistische Nachrichten; Nachrichten, betreffend die Entwicklung der Eisenbahngesetzgebung überhaupt und Bücherschau.

In der I. Revisionskonferenz wurde vereinbart, die Zeitschrift statt abgesondert in einer gemeinschaftlichen deutschen und französischen Ausgabe vom Jahre 1897 ab herauszugeben. Ferner wurde es als wünschenswert bezeichnet, daß das Centralamt zur Vermeidung von Berufungen die Veröffentlichung seiner Anschauungen über streitige Fragen tunlichst vermeide und an Privatpersonen überhaupt keine Auskünfte erteile (Prot. 157; vgl. auch Z. IV 209—211).

259) **„3. auf Begehren der Parteien Entscheidungen über Streitigkeiten der Eisenbahnen untereinander abzugeben."**

Ziffer 3 Abs. 1 bezeichnet als dritte Aufgabe des Centralamtes die Abgabe von Entscheidungen über Streitigkeiten der Eisenbahnen untereinander auf Begehren der Parteien. Damit ist dem Centralamt auch die Aufgabe zugewiesen, als Schiedsrichter zu fungieren. Diese Funktion ist beschränkt auf Streitigkeiten der Eisenbahnen, d. h. der dem internationalen Übereinkommen unterworfenen Eisenbahnen untereinander, erstreckt sich also weder auf Streitigkeiten der beteiligten Staaten, noch des Publikums mit den Eisenbahnen, noch auf Differenzen zwischen den Eisenbahnen und den ihnen vorgesetzten oder fremden Staatsbehörden (Z. I 88, E. X 158, Z. XII 61, E. XXI 61) aus dem internationalen Transport (Fuld a. a. O. S. 265).

Ein in der II. Revisionskonferenz von der Schweiz gestellter Antrag, durch eine neu einzufügende Ziff. 4 in den Art. 57 die schiedsgerichtlichen Funktionen des Centralamtes auch auf die Beziehungen zwischen Eisenbahnen und Publikum (Privatpersonen) auszudehnen, wurde abgelehnt (Prot. Sitzung v. 12. Juli 1905, Z. XIV 147). Die Konferenz nahm aber folgende Erklärung zu Protokoll: „Es beständen zurzeit keine Bedenken dagegen, daß die Mitglieder des Centralamtes, wenn sie von den Parteien als Schiedsrichter angerufen würden, für ihre Person das Schiedsrichteramt übernähmen. Solche Schiedssprüche sollen jedoch nicht in der Zeitschrift des Amtes veröffentlicht werden (Prot. Sitzung v. 12. Juli 1905, Z. XIV 147, 148).

Das Centralamt ist auch keine Beschwerdeinstanz. Anderseits erstreckt sich — mit der Beschränkung auf Streitigkeiten der Eisenbahnen untereinander — die schiedsrichterliche Aufgabe des Centralamtes auf alle Streitigkeiten der Eisenbahnen, welche den internationalen Transport berühren, nicht allein auf Fracht usw. und Rückgriffsforderungen. Das Centralamt ist bereits in zahlreichen Fällen dieser wichtigen Aufgabe nachgekommen und hat dieselbe durch die gediegene und sorgfältige Begründung seiner Entscheidungen in vorzüglicher Weise gelöst.

Die Aufgabe des Centralamtes hierbei ist aber eine rein schiedsrichterliche, ohne Ausnahmestellung von Schiedsrichtern anderer Art; die Abgabe einer Entscheidung erfolgt daher nicht von Amts wegen oder auf einseitiges Ausrufen eines Teiles, sondern dem Wesen des Schiedspruches gemäß auf „Begehren der Parteien", d. h. wenn beide streitenden Teile auf das Centralamt als Schiedsrichter kompromittiert und dessen Schiedsspruch angerufen haben. Eine einseitige, d. h. nur von einer Partei ausgehende Anrufung des Schiedsgerichts ohne Einverständnis der anderen Partei berechtigt und verpflichtet das Centralamt nicht zur Abgabe eines Schiedsspruches (Entsch. d. Centralamts Z. I 198 ff., III 241, E. X 86 ff., Z. XII 150, E. XXI 61). Dadurch unterscheidet sich diese Aufgabe des Zentralamts streng von der in Ziffer 5 des Art. 57 bzw. Art. III des Reglements bezeichneten Funktion, welche nur auf einseitigen Antrag einer Partei ex officio erfolgt und nicht eine schiedsrichterliche Entscheidung, sondern nur provisorische Schutzmaßregeln unter eventueller Verweisung der Parteien an den ordentlichen Richter zum Hauptzweck hat (s. Anm. 261). Nur insofern unterscheidet sich das Centralamt von anderen Schiedsrichtern, als es — wenn die Voraussetzungen des Art. 57 Ziffer 3 vorliegen — die Abgabe eines Schiedsspruches nicht ablehnen darf (zustimmend Fuld 265).

Da das schiedsrichterliche Verfahren lediglich eine besondere Art des Prozeßverfahrens bildet und daher auch überall in den Prozeßrechten seine Regelung erfahren hat, so gelten für die schiedsrichterlichen Funktionen des Centralamts lediglich die allgemeinen prozessualen Normen über den Schiedsspruch, und zwar gemäß Artikel 54 diejenigen Normen, welche hierüber am Sitze des Centralamts bestehen (Anm. 250). In bezug auf das formelle Verfahren ist vom schweizerischen Bundesrate eine besondere, oben S. 499 mitgeteilte Verordnung vom 29. Nov. 1892 erlassen. Nach Art. 1 derselben kann auf Wunsch der Parteien, oder wenn die Streitfrage geringfügiger oder besonders dringlicher Natur ist, der Direktor des Centralamts ohne Mitwirkung der Richter einen Entscheid fällen (s. Z. VII 150, E. XXI 61). Im übrigen entscheidet sich nach den am Sitze des Centralamts geltenden Normen, welche Rechtswirkung der Schiedsspruch des Centralamts materiell besitzt, insbesondere, ob derselbe endgültig und inappellabel ist oder noch den ordentlichen Rechtsweg zuläßt und wie die Kosten des Verfahrens zu tragen sind. (Die Urteile werden nach Art. 4 der allegierten Verordnung den Parteien kostenfrei zugestellt.) Nach den für das Centralamt geltenden Gesetzen ist es auch zu beurteilen, ob und inwieweit die schiedsrichterlichen Entscheidungen derselben gemäß Art. 56 vollstreckbar sind. Denn Art. 56 spricht nicht nur von gerichtlichen Urteilen, sondern von allen seitens eines „zuständigen Richters" erlassenen Urteilen, schließt also die schiedsrichterlichen Entscheidungen nicht aus (Anm. 252 S. 614 und Fuld 266).

Das Centralamt ist aber auf die Abgabe schiedsrichterlicher Entscheidungen beschränkt. Seine Aufgabe besteht nicht auch darin, den Landesgerichten in Streitigkeiten, welche den internationalen Transport berühren, als begutachtende Instanz zu dienen. Ein bezüglicher Passus der Ziffer 3 (Gutachten abzugeben) wurde mit ausdrücklichem Hinweis darauf gestrichen, daß das Centralamt nicht in die Lage kommen solle, Gutachten auszustellen, die vor den Gerichten angerufen würden und demselben eine doktrinäre Autorität verleihen müßen, die von der Konferenz nicht beabsichtigt werde. Das Centralamt müsse sich darauf beschränken, in den ihm unterbreiteten Streitigkeiten seinen Entscheid abzugeben (Prot. d. II. Konf. S. 134; s. auch Entsch. des Centralamts Z. I 198, E. X 89).

260) **„4. die geschäftliche Behandlung der behufs Abänderung des gegenwärtigen Übereinkommens gemachten Vorschläge vorzunehmen, sowie in allen Fällen, wenn hierzu ein Anlaß vorliegt, den vertragschließenden Staaten den Zusammentritt einer neuen Konferenz vorzuschlagen;"**

Ziffer 4 Abs. 1 bezeichnet als vierte Aufgabe des Centralamts die geschäftliche Behandlung der behufs Abänderung des gegenwärtigen Übereinkommens gemachten Vorschläge sowie die Unterbreitung von Vorschlägen für den Zusammentritt neuer Konferenzen der Vertragsstaaten in allen dazu Anlaß bietenden Fällen. Ziffer 4 des Art. 57 steht im engen Zusammenhange mit Art. 59. Es bedurfte notwendig einer Zentralstelle, um die gemäß Art. 59 regelmäßig periodisch (Art. 59 Abs. 1) oder außerordentlich (Art. 59 Abs. 2) zusammentretenden Konferenzen vorzubereiten. Diese Aufgabe ist durch Ziffer 4 dem Centralamt übertragen.

1. Das Centralamt soll demgemäß die geschäftliche Behandlung aller Abänderungsvorschläge vornehmen, d. h. alle Vorschläge, gleichviel von wem sie ausgehen, ob von einzelnen oder mehreren Staaten, dem Centralamt selbst oder auch von privater Seite, prüfen, das Material dafür sammeln, die Vorschläge in die gehörige Form (Entwürfe) bringen und mit geeigneter Motivierung versehen sowie eine rechtzeitige Mitteilung und Berichterstattung an die Vertragsstaaten zu deren Information und zur Instruierung ihrer Konferenzdelegierten bewirken, auch alle erforderlichen Aufklärungen geben, Enquêten veranlassen usw. Die Staaten sind zwar selbstverständlich befugt, aus eigener Initiative Abänderungsanträge zu stellen, aber es soll dies stets in der Weise geschehen, daß das Centralamt die vorbezeichnete geschäftliche Behandlung (Vorbereitung usw.) des betreffenden Antrages für die Konferenzen übernimmt.

2. Dem Centralamt liegt ferner ob, den Vertragsstaaten in allen hierzu Anlaß bietenden Fällen den Zusammentritt einer neuen Konferenz vorzuschlagen. Nur das Vorschlagsrecht steht aber dem Centralamt zu. Das Recht, den Zusammentritt zu bewirken bzw. zu beschließen, besitzen allein die Vertragsstaaten. Für die gewöhnlichen (fünfjährigen) Konferenzen (Art. 59 Abs. 1) wird sich die Initiative des Centralamtes im wesentlichen darauf zu erstrecken haben, die Staaten unter Hinweis auf den Ablauf einer fünfjährigen Periode zur Vereinbarung über Zeit und Ort einer neuen Konferenz zu veranlassen. Für die außerordentlichen Konferenzen (Art. 59 Abs. 2) dagegen ist es zunächst Sache des Centralamtes, festzustellen, daß wenigstens $1/4$ der beteiligten Staaten den Zusammentritt begehrt, und mit Hinweis darauf die Beschlußfassung aller Staaten über die Einberufung einer außerordentlichen Konferenz herbeizuführen. Ohne daß der Antrag von wenigstens $1/4$ der Vertragsstaaten vorliegt, kann also das Centralamt den Zusammentritt einer außerordentlichen Konferenz nicht in Vorschlag bringen. Auf Antrag eines Viertels muß der Vorschlag erfolgen (Fuld 264). Im übrigen erstreckt sich das Vorschlagsrecht auf alle dazu Anlaß bietenden Fälle, gleichviel ob sie die Abänderung des Übereinkommens selbst oder nur der Ausführungsbestimmungen, Anlagen oder des Reglements über das Centralamt betreffen. Denn auch letztere sind integrierende Teile des Übereinkommens (Art. 1 Abs. 1 und Schlußprotokoll Ziff. 4). Der Natur der Sache nach werden nur dringliche und besonders wichtige Fälle den Vorschlag einer außerordentlichen Konferenz (Art. 59 Abs. 2) rechtfertigen, alle übrigen Fragen

dagegen den ordentlichen Konferenzen (Art. 59 Abs. 1) **vorzubehalten** sein.

261) **„5. die durch den internationalen Transportdienst bedingten finanziellen Beziehungen zwischen den beteiligten Verwaltungen, sowie die Einziehung rückständig gebliebener Forderungen zu erleichtern und in dieser Hinsicht die Sicherheit des Verhältnisses der Eisenbahnen untereinander zu fördern."**

Ziffer 5 Abs. 1 bezeichnet als fünfte Aufgabe des Centralamts die Erleichterung der durch den internationalen Transportdienst bedingten finanziellen Beziehungen zwischen den beteiligten Verwaltungen sowie der Einziehung rückständig gebliebener Forderungen und in dieser Hinsicht die Förderung der Sicherheit des Verhältnisses der Eisenbahnen untereinander. Diese Aufgabe ist dem Centralamte zugeteilt mit Rücksicht auf die notwendige finanzielle Verbindung, in welche die an den internationalen Transporten beteiligten Bahnen infolge des Prinzips der Zwangsgemeinschaft (Art. 27 Anm. 146) treten müssen, und den immerhin unvollkommenen Schutz, welchen die Vorschriften der Art. 23 und Art. 58 Abs. 3 und 4 gegen die damit verbundenen Gefahren gewähren.

Wie das Zentralamt dieser Aufgabe genügen soll, ist nur in betreff der Erleichterung der Einziehung rückständig gebliebener Forderungen durch Art. III des Reglements näher präzisiert. Im übrigen ist es gänzlich der Initiative und dem Ermessen des Centralamts überlassen, in geeigneter Weise auf eine Erleichterung der finanziellen Beziehungen der Bahnen und Förderung der Sicherheit der bezüglichen Verhältnisse derselben hinzuwirken. Mangels besonderer Befugnisse wird das Centralamt diese Aufgabe nur lösen können durch Anregung entsprechender reglementarischer Vereinbarungen der Bahnen über die Kreditierung, Verrechnung, Kontokurrentberechnung und schiedsrichterliche Begleichung der Forderungen und Ansprüche aus dem internationalen Transporte, wie auch durch Vermittlung gütlicher Einigungen in konkreten Fällen (Art. III Abs. 1 Reglement). Die bezügliche Tätigkeit des Centralamts soll sich auf alle durch den internationalen Transportdienst bedingten finanziellen Beziehungen erstrecken, also vornehmlich auf die Begleichung aller gegenseitigen Forderungen der Eisenbahnen, welche aus dem internationalen Transport herrühren, insbesondere Verteilung und Abführung eingegangener Frachtbeträge, Gebühren, Auslagen, Nachnahmen (Ars. 20, Art. 23 Abs. 1—3), Feststellung und Erstattung von Rückgriffsforderungen (Art. 47 f.) usw.

Nur in betreff der Einziehung rückständig gebliebener Forderungen ist, wie bereits angedeutet, die bezügliche Tätigkeit des Centralamts durch die Vorschriften des Artikels III des Reglements (S. 619 ff.) näher präzisiert (Fuld 264). Danach ist das Centralamt in Fällen dieser Art befugt und verpflichtet, zum Schutze und zur Sicherung der fordernden Bahnen die dort bezeichneten Maßregeln zu treffen. Die Funktionen des Centralamts aus Art. III des Reglements sind aber streng zu trennen von der schiedsrichterlichen Aufgabe aus Ziffer 3 des Art. 57, denn sie erfolgen nicht auf Begehren beider Teile (der Parteien), sondern lediglich auf Antrag des einen (forderungsberechtigten)

Teiles und haben daher auch nicht einen Schiedsspruch, sondern die im Art. III l. c. speziell bestimmten Verfügungen des Centralamts zum Zweck. Art. III l. c. weist dem Centralamt die Pflicht und Befugnis zu, auf Antrag derjenigen Bahn, welche Forderungen erhebt, ungesäumt (ohne Verzug) die in Anspruch genommene Bahn aufzufordern, die qu. Forderungen zu regulieren oder die Gründe der Zahlungsweigerung anzugeben (Art. III Abs. 1). Es können hierbei nun drei Fälle eintreten:

1. Die in Anspruch genommene Bahn leistet Zahlung. Alsdann sind hiermit die Funktionen des Centralamts beendet.

2. Die in Anspruch genommene Bahn leistet keine oder nur teilweise Zahlung, jedoch unter Angabe der Gründe der Zahlungsweigerung. Alsdann wird unterschieden: a) Erkennt das Centralamt diese Gründe für gerechtfertigt an, so erfolgt Verweisung der Parteien vor den ordentlichen Richter (Art. III Abs. 3). b) Erkennt das Centralamt diese Gründe nicht für gerechtfertigt an, so erfolgt zwar gleichfalls Verweisung der Sache vor den ordentlichen Richter, aber es tritt das im Art. III Abs. 4 vorgeschriebene Verfahren ein: der Leiter des Centralamts hat nach vorangegangener Einholung des Gutachtens zweier vom Bundesrate zu diesem Zwecke zu bezeichnenden Sachverständigen darüber Bestimmungen zu treffen, ob bis zur Entscheidung durch den zuständigen Richter der geforderte Betrag ganz oder teilweise bei dem Centralamt zu hinterlegen ist (Art. III Abs. 4). Eine Bestimmung darüber, welche Folge eintritt, wenn die angeordnete Hinterlegung nicht geschieht bzw. verweigert wird, fehlt. Will man nicht annehmen, daß der Gesetzgeber eine zwecklose Vorschrift erlassen, so erübrigt nur, diesen Fall nach denjenigen Normen zu behandeln, welche gegeben sind, wenn die Bahn die Zahlungsaufforderung des Centralamts ohne Angabe von Gründen unberücksichtigt läßt (s. die folgende Ziff. 3).

3. Die in Anspruch genommene Bahn läßt die Zahlungsaufforderung des Centralamts ohne Angabe von Gründen unberücksichtigt. In diesem Falle tritt das in Art. III Abs. 5—7 vorgeschriebene Verfahren ein: Nach 14 Tagen ist die Aufforderung unter Androhung der Folgen einer ferneren Weigerung zu wiederholen (Abs. 5). Nach weiteren 10 Tagen hat der Leiter des Amtes ex officio den Heimatsstaat der betreffenden Bahn unter motivierter Mitteilung der Sachlage um geeignete Maßregeln (z. B. administrative Zwangsmaßregeln), insbesondere aber um Prüfung zu ersuchen, ob die Bahn noch ferner in der Liste der dem internationalen Übereinkommen unterworfenen Bahnen zu belassen sei (Abs. 6). Bleibt dieses Ersuchen unbeantwortet, oder erklärt der Staat sich zur Streichung nicht bereit, so folgt daraus ex lege, daß er die Garantie für die Solvenz der Bahn in betreff der aus dem internationalen Transport herrührenden Forderungen übernimmt (Abs. 7). Diese Wirkung reicht also über die in Frage stehende konkrete Wirkung hinaus, sie verpflichtet den Staat, für die Folge überhaupt für alle — eventuell im Rechtswege festgestellten — Verbindlichkeiten der qu. Bahn aufzukommen, und zwar zivilrechtlich, so daß sich jede forderungsberechtigte

Bahn an den betreffenden Staat nach den Grundsätzen der Bürgschaft im Rechtswege halten kann (Rosenthal 308). Erklärt aber der betreffende Staat die Streichung, so treten die im Art. 54 Abs. 3 und 4 vorgeschlagenen Folgen ein.

262) **„Ein besonderes Reglement wird den Sitz, die Zusammensetzung und Organisation dieses Amts, sowie die zur Ausführung nötigen Mittel feststellen.“**

Nach Art. 57 Abs. 2 sind Sitz, Zusammensetzung, Organisation und Unterhaltung des Centralamts, dessen Aufgaben im Abs. 1 Ziffer 1—5 aufgeführt sind, durch ein besonderes Reglement zu regeln. Dieses Reglement, welches nach Ziffer IV des Schlußprotokolls gleiche Kraft und Dauer haben soll wie das Übereinkommen selbst, besteht aus drei Artikeln, ist dem Übereinkommen als Anlage beigefügt und vorstehend S. 498 mitgeteilt. In diesem Reglement (Art. 1) ist jedoch im Widerspruch mit Art. 57 Abs. 2 die Zusammensetzung und Organisation des Centralamts nicht festgestellt, sondern dem Bundesrate der schweizerischen Eidgenossenschaft zugleich mit der Überwachung der Geschäftsführung des Amtes übertragen. Bezüglich der Zusammensetzung und Organisation des Centralamts sowie der Aufsichtsführung über dasselbe hat der schweizerische Bundesrat die oben Zusatz III S. 498 mitgeteilte Verordnung vom 21. Oktober 1892 erlassen. Ferner ist eine besondere Verordnung über das schiedsrichterliche Verfahren (Art. 57 Ziff. 3) vor dem Centralamt unterm 29. November 1892 (Zus. IV S. 499 ff.) und ein Reglement über den Geschäftsgang in den Bureaus des Centralamts vom 19. Februar 1897 (Zus. V S. 500) ergangen. Endlich sind auch Bestimmungen über die vom Centralamt zu bewirkenden Veröffentlichungen (Art. 57 Ziff. 2) durch eine besondere Zeitschrift (Anm. 258) getroffen. Zum Sitz des Centralamts ist Bern bestimmt (Art. I Abs. 1 Reglement).

Die Mittel für das Amt bzw. die Kosten, welche anfänglich auf 100 000 Franken festgestellt waren, sind durch die II. Revisionskonferenz vom 1. Januar 1906 ab bis auf weiteres auf 110 000 Franken erhöht worden. Zugleich ist ein einmaliger Betrag von 25 000 Franken dem schweizerischen Post- und Eisenbahndepartement zur Verfügung gestellt worden, um mit ihm sowie mit den Zinsen des — aus Ersparnissen gebildeten — Kapitals einen Fonds zur Unterstützung und Pensionierung der Beamten, Angestellten und Unterbeamten des Centralamts zu bilden. Die Kosten sind von jedem Staate nach Verhältnis der kilometrischen Länge seiner internationalen Strecken zu tragen (Art. I Abs. 3 Reglement). Das Reglement enthält aber in seinem Art. II und III noch mehrere, über den Rahmen des Art. 57 Abs. 2 hinausgehende, die Befugnisse des Amts regelnde Bestimmungen, und zwar bezieht sich Artikel II auf Art. 57 Ziffer 1 und 2, wie in den Anm. 255 und 258 des näheren erörtert ist, während Artikel III weitere Ausführungsvorschriften zum Art. 58 Ziffer 3 enthält, wie in der Anm. 261 eingehend dargestellt ist.

Artikel 58.[263])

(1) Das im Artikel 57 bezeichnete Central-Amt hat die Mitteilungen der Vertragsstaaten in betreff der Hinzufügung oder der Streichung von Eisenbahnen in der in Gemäßheit des Artikels 1 aufgestellten Liste entgegenzunehmen.[264])

(2) Der wirkliche Eintritt einer neuen Eisenbahn in den internationalen Transportdienst erfolgt erst nach einem Monat vom Datum des an die anderen Staaten gerichteten Benachrichtigungsschreibens des Central-Amts.[265])

(3) Die Streichung einer Eisenbahn wird von dem Central-Amt vollzogen, sobald es von einem der Vertragsstaaten davon in Kenntnis gesetzt wird, daß dieser festgestellt hat, daß eine ihm angehörige und in der von ihm aufgestellten Liste verzeichnete Eisenbahn aus finanziellen Gründen, oder infolge einer tatsächlichen Behinderung nicht mehr in der Lage ist, den Verpflichtungen zu entsprechen, welche den Eisenbahnen durch das gegenwärtige Übereinkommen auferlegt werden.[266])

Jede Eisenbahnverwaltung ist, sobald sie seitens des Central-Amts die Nachricht von der erfolgten Streichung einer Eisenbahn erhalten hat, berechtigt, mit der betreffenden Eisenbahn alle aus dem internationalen Transporte sich ergebenden Beziehungen abzubrechen. Die bereits in der Ausführung begriffenen Transporte sind jedoch auch in diesem Falle vollständig auszuführen.[267])

Zusatz I.

Betriebsreglement des Vereins Deutscher Eisenbahnverwaltungen.

§ 97.

Führung der Liste der Eisenbahnen.

(Text übereinstimmend mit vorstehendem Art. 58.)

263) Prinzip und Entstehungsgeschichte des Art. 58.

Art. 58 enthält im Anschluß an die Art. 1 und 57 des Übereinkommens Bestimmungen über das Verfahren, die Form und Rechtswirkung in betreff der Hinzufügung zu der in Gemäßheit des Art. 1 aufgestellten Liste der dem Übereinkommen unterworfenen Bahnen bzw. in betreff der Streichung aus dieser Liste sowie über die hierbei dem Centralamte zugewiesenen Befugnisse und Obliegenheiten. Nach Art. 1 bildet die dem Übereinkommen beigefügte Liste der demselben unterworfenen Eisenbahnen zwar einen integrierenden Teil des Übereinkommens, es ist aber — wie bereits im Art. 1 mit den Worten: „vorbehaltlich der im Artikel 58 vorgesehenen Änderungen" angedeutet — durch Art. 58 dem freien Ermessen eines jeden Staates die Hinzufügung und Streichung von Eisenbahnen seines Gebietes überlassen.

Der in der II. Konferenz von der Kommission III vorgeschlagene Entwurf des Art. 58 stellte bereits die Hinzufügung und Streichung von

Eisenbahnen in das Ermessen der einzelnen Vertragsstaaten. In der III. Konferenz wurde ein in Bezug auf die Streichung von Eisenbahnen beschränkender Antrag Deutschlands abgelehnt und statt dessen die Aufnahme des Abs. 3 des Art. 58 beschlossen, nachdem sowohl von der Kommission wie in den Beratungen hervorgehoben worden war, daß die Streichung zwar nur aus den im Absatz 3 bezeichneten Gründen stattfinden dürfe, wobei aber jeder Staat alleiniger Richter über das Vorhandensein dieser Gründe und unabhängig von jeder Kontrolle seitens anderer Staaten sei. Jeder Staat übernehme lediglich die moralische Verpflichtung, eine Eisenbahn nur aus den angegebenen Gründen aus der Liste zu streichen.

264) **„Das im Artikel 57 bezeichnete Central-Amt hat die Mitteilungen der Vertragsstaaten in betreff der Hinzufügung oder der Streichung von Eisenbahnen in der in Gemäßheit des Artikels 1 aufgestellten Liste entgegenzunehmen."**

In weiterer Ausführung der allgemeinen Vorschrift des Art. 57 Ziff. 1, welche dem Centralamt die Aufgabe zur Entgegennahme der Mitteilungen der Vertragsstaaten und -verwaltungen sowie Kundmachung an die anderen zuweist (s. Anm. 257), enthält Absatz 1 Art. 58 die besondere Bestimmung, daß dem Centralamt die Entgegennahme der Mitteilungen der Vertragsstaaten in betreff der Hinzufügung oder Streichung von Eisenbahnen in den gemäß Art. 1 aufgestellten Listen obliegt. Die ursprünglich aufgestellten Listen (s. Art. 1 S. 3) bilden zwar einen integrierenden Bestandteil des Übereinkommens, aber es ist jedem Staate gestattet, nach eigenem Ermessen die Hinzufügung oder Streichung von Eisenbahnen zu bewirken, letzteres nach der vorgängigen, im Abs. 3 des Art. 58 bezeichneten Feststellung. Die Rechtswirksamkeit der Hinzufügung und Streichung einer Eisenbahn hängt jedoch von bestimmten Akten des Centralamtes ab (s. Abs. 2 bis 4 des Art. 58), daher ist das Amt verpflichtet, die bezüglichen Mitteilungen entgegenzunehmen, und damit korrespondiert hinwiederum die Verbindlichkeit der Vertragsstaaten, dem Amte diese Mitteilung zu machen (Art. II Reglem. und oben Anm. 257).

265) **„Der wirkliche Eintritt einer neuen Eisenbahn in den internationalen Transportdienst erfolgt erst nach einem Monat vom Datum des an die anderen Staaten gerichteten Benachrichtigungsschreibens des Central-Amts."**

Absatz 2 des Art. 58 betrifft den Eintritt einer neuen Eisenbahn in den internationalen Transportdienst. Die Hinzufügung einer Bahn (seines Gebietes) bzw. die Eintragung in die Liste (Art. 1) zu beantragen, ist zwar jeder Staat berechtigt, und das Centralamt muß, zumal das Übereinkommen besondere Voraussetzungen dafür nicht vorsieht, dem Antrage sofort entsprechen. Es fungiert insofern nur als formales Organ. Aber die Rechtswirksamkeit der Hinzufügung, d. h. der wirkliche Eintritt in die Verkehrs- und finanziellen usw. Beziehungen des internationalen Transportes nach Maßgabe des Übereinkommens, hängt nicht von der Eintragung in die Liste, sondern von einem besonderen, vom Centralamte zu veranlassende Akte ab, nämlich von den hierüber an die anderen Staaten zu richtenden Benachrichtigungsschreiben des Amtes. Gleichviel also, wann die Zuschreibung zur Liste erfolgt ist, der Eintritt einer neuen Bahn erfolgt erst nach einem Monat vom Datum des an die anderen Staaten gerichteten Benachrichtigungsschreibens. Nicht die Zustellung, sondern lediglich das Datum desselben ist entscheidend.

Was die Berechnung der einmonatlichen Frist des Art. 58 Abs. 2 anlangt, so würde in der II. Revisionskonferenz als Auffassung derselben zu Protokoll genommen, daß diese Frist so zu berechnen sei, daß der Eintritt der neuen Bahn in den internationalen Transportdienst erfolge mit dem Ablaufe des Tages, der durch sein Datum dem Datum des Benachrichtigungsschreibens entspricht, oder wenn dieser Tag in dem betreffenden Monate fehlt, mit dem Ablaufe des letzten Tages des Monats. ist beispielsweise das Datum des Benachrichtigungsschreibens der 25. Januar, so tritt die neue Bahn ein mit dem Ablaufe des 25. Februar, Ist das Schreiben vom 30. oder 31. Januar, so findet der Eintritt mit dem Ablaufe des letzten Tages des Februar statt (Prot. Sitzung vom 12. Juli 1905 und Z. XIII 86, XIV 136, 137). Daß auch den einzelnen Verwaltungen Nachricht zu geben ist, kann in Rücksicht auf Art. 57 Ziff. 1, Art. 58 Abs. 4 des Übereinkommens in Verbindung mit Art. II Abs. 1 des Reglements zwar an sich keinem Zweifel unterliegen und ist der Natur der Sache nach erforderlich. Aber die Form, ob durch besonderes Anschreiben oder öffentliche Bekanntmachung (in der Zeitschrift usw.), ist dem Centralamte überlassen. Die Mitteilung an die Vertragsstaaten dagegen muß durch besonderes Benachrichtigungsschreiben erfolgen. Die Unterlassung oder Verzögerung derselben würde im Aufsichtswege (Art. I Reglem.) zu verfolgen sein.

266) **„Die Streichung einer Eisenbahn wird von dem Central-Amt vollzogen, sobald es von einem der Vertragsstaaten davon in Kenntnis gesetzt wird, daß dieser festgestellt hat, daß eine ihm angehörige und in der von ihm aufgestellten Liste verzeichnete Eisenbahn aus finanziellen Gründen oder infolge einer tatsächlichen Behinderung nicht mehr in der Lage ist, den Verpflichtungen zu entsprechen, welche den Eisenbahnen durch das gegenwärtige Übereinkommen auferlegt werden.“**

Absatz 3 des Art. 58 betrifft die Streichung einer Eisenbahn. Auch die Streichung muß, ebenso wie die Hinzufügung auf Antrag des zuständigen Staates, in der Liste seitens des Centralamtes sofort erfolgen, jedoch ist die Streichung von einer besonderen tatsächlichen Voraussetzung abhängig gemacht: nämlich, daß der Vertragsstaat das Centralamt davon in Kenntnis gesetzt hat, daß er festgestellt habe, eine ihm angehörige und in der von ihm aufgestellten Liste verzeichnete Bahn sei aus finanziellen Gründen (z. B. Insolvenz usw.) oder infolge einer tatsächlichen Behinderung (Verlust der Konzession, Elementarereignisse, Streike usw.) nicht mehr in der Lage, den durch das Übereinkommen ihr auferlegten Verpflichtungen zu entsprechen. Der bloße Antrag auf Streichung genügt also an sich nicht und berechtigt bzw. verpflichtet das Centralamt zur Streichung nicht. Es gehört vielmehr hierzu die Bekanntgabe jener Feststellung an das Centralamt. Ist aber diese Voraussetzung erfüllt, so muß unverzüglich die Streichung erfolgen.

Zur Prüfung, ob die Feststellung eine begründete ist, ist weder das Centralamt noch irgendein anderer Staat berechtigt oder verpflichtet. Der Staat, welchem die zu streichende Bahn zugehört, hat allein und nach eigenem Ermessen darüber zu entscheiden. Ist die Streichung unbegründet, so kann, falls etwa das Landesrecht hierzu eine Handhabe bietet, die gestrichene Bahn den Staat wegen der ihr aus der ungerechtfertigten Streichung entstehenden Schäden zivilrechtlich belangen; aber für Pflicht und Recht des Centralamtes zur Streichung ist lediglich die Tatsache der Bekanntgabe jener im Abs. 3 vorgesehenen Feststellung durch den betreffenden Staat maßgebend. Das Centralamt hat in betreff dieser Feststellung keine Kognition und keinen Einfluß. Nur insofern kann dasselbe indirekt auf die Herbeiführung der Streichung einen Einfluß ausüben, als es in dem oben (Anm. 261) erörterten Falle der Einziehung rückständiger Forderungen das im Art. III Abs. 6 des Reglements bezeichnete Ersuchen an den Heimatsstaat der schuldnerischen Bahn zu richten hat (s. S. 497, 508). Wie bei der Hinzufügung, ist aber auch bei der Streichung die eigentliche Rechtswirksamkeit noch durch einen besonderen Akt des Centralamtes: die von diesem gemäß Abs. 4 zu erlassende Benachrichtigung der Konventionsbahnen von der erfolgten Streichung (s. Anm. 267) bedingt.

267) **„Jede Eisenbahnverwaltung ist, sobald sie seitens des Central-Amts die Nachricht von der erfolgten Streichung einer Eisenbahn erhalten hat, berechtigt, mit der betreffenden Eisenbahn alle aus dem internationalen Transporte sich ergebenden Beziehungen abzubrechen. Die bereits in der Ausführung begriffenen Transporte sind jedoch auch in diesem Falle vollständig auszuführen.“**

Die Berechtigung der am internationalen Transport beteiligten Eisenbahnen, mit der gemäß Abs. 3 aus der Liste gestrichenen Bahn alle aus dem internationalen Transport sich ergebenden Beziehungen abzubrechen, beginnt nicht schon mit dem Akte der Streichung, sondern erst mit dem Empfang der Nachricht von der erfolgten Streichung seitens des Centralamtes. Daraus folgt, daß bis zum Empfange dieser Nachricht ein Abbruch der qu. Beziehungen unstatthaft ist. Daß nicht nur die Bahnen, sondern auch die Staaten zu benachrichtigen sind, ergibt sich, wenngleich dies im Abs. 4 nicht ausdrücklich ausgesprochen, aus Art. 57 Ziff. 1 in Verbindung mit Art. II Abs. 1 des Reglements, zumal nicht ersichtlich sein würde, weshalb die Staaten von dieser Benachrichtigung, die für die Bahnen wie die Staaten gleiche Wichtigkeit hat, ausgeschlossen sein sollten. Über die Form und Art der Benachrichtigung ist nicht — wie in Abs. 2 — eine besondere Bestimmung getroffen. Die Benachrichtigung kann daher in jeder vom Centralamt bestimmungsmäßig geübten Form (s. Art. 57 Ziff. 1 Anm. 257) stattfinden, sei es durch besondere Benachrichtigungsschreiben, Depeschen, Mitteilung in der Zeitschrift (Art. 57 Ziff. 2 und Reglem. Art. II Anm. 258). Doch erscheint es mit Rücksicht auf die Bedeutung der Rechtsfolgen, welche sich an den Empfang der Nachricht knüpfen, geboten, eine Form zu wählen, welche für die Konstatierung des Empfanges geeignet ist.

Die Berechtigung der benachrichtigten Bahnen erstreckt sich auf den Abbruch aller aus dem internationalen Transporte sich ergebenden Beziehungen, vornehmlich also, soweit sie aus der internationalen Transportpflicht (Art. 5), dem internationalen Frachtvertrage (Art. 8ff.), den Fracht- und Nachnahmeverbindlichkeiten (Art. 11ff.), der Einziehung der Forderungen (Art. 20—23), der Ablieferung (Art. 19, 24, 25), der Zwangsgemeinschaft (Art. 27, 28) und der damit verbundenen solidarischen Haftpflicht (Art. 29, 30ff.), dem Rückgriff (Art. 47ff.) usw. hervorgehen. Aber auch nur auf diese Beziehungen darf sich der Abbruch erstrecken; die sonst nach Landesrecht, Handels- und Verbandsverträgen usw. bestehenden Beziehungen werden von der Bestimmung des Abs. 4 nicht berührt. Und auch auf die sich aus dem internationalen Transport ergebenden Beziehungen hat Abs. 4 insoweit keinen Einfluß, als es sich um bereits in der Ausführung begriffene Transporte, d. h. um solche handelt, in betreff deren ein gemäß Art. 8 Abs. 1 abgeschlossener Frachtvertrag vorliegt. Diese müssen auch im Falle des Abs. 4 vollständig ausgeführt werden, gleichviel welcher Schaden dadurch den beteiligten Bahnen droht. Für diesen tritt dann eventuell die Bestimmung des Art. 47 Abs. 2 (Anm. 229) ein. Unterläßt eine Eisenbahn, entgegen der Vorschrift des Art. 58 Abs. 4, die Ausführung eines bereits in Ausführung begriffenen Transportes, so wird sie — abgesehen von den disziplinarischen Folgen — sowohl der gestrichenen Bahn wie dem Absender bzw. Empfänger ersatzpflichtig.

Artikel 59.[268]

(1) Wenigstens alle fünf Jahre nach dem Inkrafttreten der auf der letzten Revisionskonferenz beschlossenen Änderungen wird eine neue Konferenz aus Delegierten der vertragschließenden Staaten zusammentreten, um die für notwendig erachteten Abänderungen und Verbesserungen des Übereinkommens in Vorschlag zu bringen.[269]

(2) Auf Begehren von wenigstens einem Viertel der beteiligten Staaten kann jedoch der Zusammentritt von Konferenzen auch in einem früheren Zeitpunkte erfolgen.[270]

Zusatz I.

Betriebsreglement des Vereins Deutscher Eisenbahnverwaltungen.

§ 98.

Revisionskonferenzen.

(Text übereinstimmend mit vorstehendem Art. 59.)

268) **Prinzip und Entstehungsgeschichte des Art. 59.**

Von der Erwägung, daß das internationale Übereinkommen eine stetige Fortentwicklung sowohl durch Abänderungen und Verbesserungen der gegebenen Vorschriften wie durch Aufnahme neuer Normen notwendig werde erfahren müssen, ist durch den Art. 59 der Zusammentritt regelmäßiger, periodisch wiederkehrender und außerordentlicher Konferenzen zu diesem Behufe geregelt. Der Zusammentritt der regelmäßigen Konferenzen sollte nach der früheren Fassung wenigstens alle drei Jahre erfolgen, dagegen der Zusammentritt außerordentlicher Konferenzen auch in einem früheren Zeitpunkt, d. h. überhaupt jederzeit erfolgen können, wenn wenigstens ein Viertel der beteiligten Staaten dies begehrt. In der II. Revisionskonferenz wurde die Frist für die regelmäßigen Konferenzen auf fünf Jahre verlängert, nachdem zur Begründung geltend gemacht worden war, daß sich das Übereinkommen nunmehr bewährt habe und es hiernach weder nötig noch wünschenswert erschiene, an demselben allzuoft Änderungen vorzunehmen (Prot. Sitzung v. 12. Juli 1905 und Z. XIV 127).

269) **„Wenigstens alle fünf Jahre nach dem Inkrafttreten der auf der letzten Revisionskonferenz beschlossenen Änderungen wird eine neue Konferenz aus Delegierten der vertragschließenden Staaten zusammentreten, um die für notwendig erachteten Abänderungen und Verbesserungen des Übereinkommens in Vorschlag zu bringen.“**

Absatz 1 des Art. 59 bestimmt den Zusammentritt regelmäßiger, periodisch wiederkehrender Konferenzen, um zu dem gegenwärtigen, d. h. am 1. Januar 1893 in Kraft getretenen Übereinkommen die für notwendig erachteten Abänderungen und Verbesserungen in Vorschlag zu bringen. Diese Konferenzen sollen wenigstens alle fünf Jahre, d. h. von dem Inkrafttreten des zuletzt revidierten Übereinkommens bzw. der zuletzt vorangegangenen Konferenzbeschlüsse ab gerechnet, stattfinden. Das Wort „wenigstens“ bezieht sich auf den folgenden Absatz (Anm. 270), welcher auf Begehren von wenigstens einem Viertel der Vertragsstaaten auch Konferenzen zu einem früheren Zeitpunkte — außerordentliche Konferenzen — zuläßt. Art. 59 steht in engem Zusammenhange mit Art. 57 Ziffer 4, welcher dem Centralamt die Aufgabe zuweist, die geschäftliche Behandlung der qu. Vorschläge vorzunehmen und in allen Fällen den Staaten den Zusammentritt einer neuen Konferenz vorzuschlagen. In welcher Weise dies zu geschehen hat, ist Anm. 260 des näheren erörtert. Bei den regelmäßigen Konferenzen bedarf es einer eigentlichen Beschlußfassung über den Zusammentritt selbst nicht, weil dieser nach Art. 59 Abs. 1 erfolgen muß. Der Vorschlag bzw. die Beschlußfassung darüber kann sich also hierbei auf den speziellen Termin und den Ort der Konferenz beschränken. In den Konferenzen können die Delegierten der Staaten die vom Centralamt vorbereiteten oder sonstigen Initiativvorschläge nur zu Konferenzvorschlägen erheben. Denn für die Abänderungen selbst ist die Genehmigung der bezüglichen Vorschläge durch die Staaten erforderlich, und zwar, soweit es sich um den Tenor des Übereinkommens oder die in der Ziffer 4 des Schlußprotokolls bezeichneten Stücke handelt, durch die gesetzgebenden Faktoren, soweit die Ausführungsbestimmungen in Betracht kommen, durch die Regierungen.

270) **„Auf Begehren von wenigstens einem Viertel der beteiligten Staaten kann jedoch der Zusammentritt von Konferenzen auch in einem früheren Zeitpunkte erfolgen.“**

Durch Absatz 2 des Art. 59 sind neben den regelmäßigen Konferenzen des Abs. 1 auch außerordentliche, d. h. solche zugelassen, welche zu einem früheren als dem in Abs. 1 angegebenen Zeitpunkte, also vor Ablauf von fünf Jahren — nach dem Inkrafttreten der Beschlüsse der letzten Revisionskonferenz — zusammentreten. Der Zusammentritt kann jedoch nur auf Begehren von wenigstens einem Viertel der beteiligten Staaten erfolgen. Gleichviel also, ob die Anregung zu einer solchen Konferenz von irgendeinem Staat oder vom Centralamte ausgeht, sie darf von letzterem nur in Vorschlag gebracht werden, wenn wenigstens ein Viertel der beteiligten Staaten, also gegenwärtig mindestens zwei, den Zusammentritt begehren. Alsdann kann die Konferenz stattfinden, aber sie muß nicht. Die Gesamtheit der Staaten hat nunmehr erst darüber zu beschließen, ob dem Vorschlage stattgegeben werden soll. Es fehlt an einer Bestimmung darüber, welche Stimmenzahl für den Beschluß erforderlich ist, ob Stimmeneinhelligkeit oder nur Majorität. Es ist aber wohl letzteres anzunehmen, weil andernfalls der Zusammentritt außerordentlicher Konferenzen durch eine oder wenige widersprechende Stimmen verhindert werden könnte, dies aber ohne Zweifel mit der Vorschrift des Abs. 2 nicht beabsichtigt ist. Hat eine außerordentliche Konferenz gemäß Abs. 2 stattgefunden, so wird nunmehr von dieser ab die fünfjährige Frist für den Zusammentritt der ordentlichen Konferenz (Abs. 1) zu rechnen sein.

Artikel 60.[271])

Das gegenwärtige Übereinkommen ist für jeden beteiligten Staat auf drei Jahre von dem Tage, an welchem dasselbe in Wirksamkeit tritt, verbindlich.[272]) Jeder Staat, welcher nach Ablauf dieser Zeit von dem Übereinkommen zurückzutreten beabsichtigt, ist verpflichtet, hiervon die übrigen Staaten ein Jahr vorher in Kenntnis zu setzen.[273]) Wird von diesem Rechte kein Gebrauch gemacht, so ist das gegenwärtige Übereinkommen als für weitere drei Jahre verlängert zu betrachten.[274])

Das gegenwärtige Übereinkommen wird von den vertragschließenden Staaten so bald als möglich ratifiziert werden. Seine Wirksamkeit beginnt drei Monate nach erfolgtem Austausche der Ratifikations-Urkunden.[275])

Zusatz I.

Schlußprotokoll Ziffer V zum internationalen Übereinkommen über den Eisenbahn-Frachtverkehr.

(Hinzugefügt durch Art. 3 Nr. II des Zusatzübereinkommens vom 16. Juni 1898.)

Hinsichtlich des Art. 60 ist allseitig anerkannt, daß das internationale Übereinkommen für jeden beteiligten Staat auf drei Jahre von dem Tage des Inkrafttretens desselben und weiter auf je drei Jahre insolange verbindlich ist, als nicht einer der beteiligten Staaten spätestens ein Jahr vor Ablauf eines Trienniums den übrigen Staaten die Absicht erklärt hat, von dem Übereinkommen zurückzutreten.

Zusatz II.

Zusatzerklärung, betreffend das bezüglich des Beitritts zu dem internationalen Übereinkommen über den Eisenbahn-Frachtverkehr vom 14. Oktober 1890 zu beobachtende Verfahren, vom 20. September 1893.

(Ratifiziert am 21. September 1896.)

Die Staaten, die an dem Übereinkommen vom 14. Oktober 1890 über den Eisenbahnfrachtverkehr nicht teilgenommen haben, können um ihre Aufnahme in dieses Übereinkommen nachsuchen.

Sie haben sich zu diesem Zwecke an die schweizerische Regierung zu wenden.

Diese Regierung unterbreitet das Gesuch dem Centralamte zur Prüfung und teilt hierauf den zur Union gehörenden Staaten die Vorschläge dieses Amtes mit.

Kommt eine Übereinstimmung zustande, so teilt die schweizerische Regierung dem betreffenden Staate die Annahme seiner Beitrittserklärung mit und gibt auch den zur Union gehörenden Staaten Kenntnis hiervon.

Der Beitritt wird einen Monat nach dem Tage rechtskräftig, an welchem die schweizerische Regierung diese Anzeige erlassen hat, und schließt ohne weiteres die volle Annahme aller Bestimmungen des Übereinkommens in sich.

Zusatz III.

Betriebsreglement des Vereins Deutscher Eisenbahnverwaltungen.

§ 99.

Verbindlichkeit und Dauer des internationalen Übereinkommens.

(Text übereinstimmend mit vorstehendem Art. 60.)

Schlußbestimmung.

1. Die Ausgabe dieses Reglements wird von der geschäftsführenden Verwaltung des Vereins durch die Zeitung des Vereins bekannt gemacht.

2. Änderungen werden in gleicher Weise zur öffentlichen Kenntnis gebracht.

271) Prinzip und Entstehungsgeschichte des Art. 60.

Art. 60 regelt die Dauer des Übereinkommens, die Kündigungsfrist sowie die Zeit der stillschweigenden Verlängerung, falls von dem Kündigungsrechte nicht Gebrauch gemacht wird. Daran reiht sich die Schlußbestimmung über die möglichst baldige Ratifizierung und die Festsetzung des Beginns der Wirksamkeit des Übereinkommens. Weder in dem Schweizer noch in dem Deutschen Entwurfe finden sich bezügliche Vorschriften. Dieselben wurden erst in der II. Konferenz in Anregung gebracht und nach den nur wenig geänderten Vorschlägen der Kommission als Art. 60 in das Übereinkommen aufgenommen (II. Konferenz Prot. 135, III. Konferenz Prot. 53).

272) **„Das gegenwärtige Übereinkommen ist für jeden beteiligten Staat auf drei Jahre von dem Tage, an welchem dasselbe in Wirksamkeit tritt, verbindlich."**

Absatz 1 Satz 1 des Art. 60 begrenzt die Dauer des gegenwärtigen Übereinkommens, d. h. des Übereinkommens vom 14. Oktober 1890 für sämtliche Staaten zunächst auf drei Jahre vom Tage des Inkrafttretens, d. h. 1. Januar 1893 ab. Ein früherer Austritt oder Rücktritt als zum 1. Januar 1896 war hiernach unstatthaft. Doch erlitt die Rechtsverbindlichkeit bzw. Geltung des Übereinkommens durch die Zulässigkeit von Abänderungen und Verbesserungen desselben innerhalb der dreijährigen Frist gemäß § 59 Abs. 2 (Anm. 270) eine wesentliche Modifikation. Denn danach war die Rechtsverbindlichkeit des Übereinkommens für die Dauer von drei Jahren keineswegs eine unbedingte. Mit Rücksicht auf inzwischen gemäß § 50 Abs. 2 vorgenommene Änderungen galt für den Rest der dreijährigen Frist das abgeänderte Übereinkommen. Anderseits erreichte das Übereinkommen mit Ablauf der ersten drei Jahre nur dann sein Ende, wenn einer der Vertragsstaaten von dem ihm gemäß Satz 2 (Anm. 273) zustehenden Kündigungsrechte Gebrauch machte. Da dies nicht der Fall war, so gilt das Übereinkommen gemäß Satz 3 (Anm. 274) für jeden beteiligten Staat weiter auf je drei Jahre solange, als nicht einer der beteiligten Staaten spätestens ein Jahr vor Ablauf eines Trienniums den übrigen Staaten die Absicht erklärt hat, von dem Übereinkommen zurückzutreten (s. Anm. 274 S. 519 und Schlußprotokoll Ziff. V oben S. 516).

Das Übereinkommen ist für jeden beteiligten Staat auf drei Jahre verbindlich, auch für später hinzutretende für dasjenige Triennium in welchem sie hinzutreten, und sodann weiter gemäß Satz 2 und 3 dieses Absatzes. Der Beitritt anderer Staaten als der ursprünglichen Vertragsstaaten zu dem Übereinkommen war zwar in demselben nicht vorgesehen, ist aber nach Maßgabe der Zusatzerklärung vom 23. September 1893 (s. S. 517 und Anm. 276) nunmehr gestattet. Ein derartiger Beitritt kann danach nicht im Wege der bloßen Beitrittserklärung erfolgen, sondern bedarf der Zustimmung sämtlicher Vertragsstaaten (vgl. Anm. 2 S. 6, 7).

273) **„Jeder Staat, welcher nach Ablauf dieser Zeit von dem Übereinkommen zurückzutreten beabsichtigt, ist verpflichtet, hiervon die übrigen Staaten ein Jahr vorher in Kenntnis zu setzen."**

Absatz 1 Satz 2 normiert die Kündigungspflicht bzw. das Kündigungsrecht (Satz 3) der Vertragsstaaten. Jeder Staat ist verpflichtet und berechtigt, wenn er nach Ablauf der im Satz 1 bezeichneten dreijährigen Frist bzw. der um je weitere drei Jahre verlängerten Frist von dem Übereinkommen zurückzutreten beabsichtigt, mithin die Verlängerung auf weitere drei Jahre gemäß Satz 3 nicht wünscht, hiervon die übrigen Staaten ein Jahr vorher, d. h. vor Ablauf des betreffenden Trienniums, in Kenntnis zu setzen. Auch später hinzugetretene bzw. hinzutretende Staaten sind an den allgemeinen Rücktrittstermin gebunden, d. h. müssen ein Jahr vor Ablauf des betreffenden Trienniums ihre Rücktrittsabsicht den übrigen Staaten mitteilen. Die Kundmachung muß an alle übrigen Staaten entweder direkt und in der für Mitteilungen der Staaten untereinander üblichen Form geschehen oder zweckmäßig durch Vermittlung des Centralamtes (Art. 57 Ziff. 1 und Regl. Art. II). Wird die Kundmachung auch nur einem der übrigen Staaten gegenüber unterlassen, so ist die Kündigung nicht rechtsbeständig. Dies ist deshalb von besonderer Wichtigkeit, weil die rite erfolgte Kündigung nicht nur den Austritt des kündigenden Staates aus der Vereinbarung zur Folge hat, sondern überhaupt die Auflösung des Übereinkommens für sämtliche Staaten (s. Anm. 274). Daß auch die Bahnen vorgängig rechtzeitig in Kenntnis zu setzen sind, bestimmt zwar Art. 60 nicht, ist aber mit Rücksicht auf die für den Fall des Erlöschens des Übereinkommens seitens der Bahnverwaltungen zu treffenden Vorbereitungen und mit Rücksicht auf Art. 57 Ziff. 1 und 2, Regl. Art. II notwendig und selbstverständlich; die einjährige Frist kann jedoch von den Bahnen nicht in Anspruch genommen werden.

274) **„Wird von diesem Rechte kein Gebrauch gemacht, so ist das gegenwärtige Übereinkommen als für weitere drei Jahre verlängert zu betrachten.“**

Nach Absatz 1 Satz 3 gilt das Übereinkommen für weitere drei Jahre als stillschweigend verlängert, wenn von dem Kündigungsrechte des Satzes 2 (Anm. 273) kein Gebrauch gemacht wird, d. h. wenn keiner der Vertragsstaaten von seiner Rücktrittsabsicht gehörig, d. h. rechtzeitig, in geeigneter Form und allen übrigen Staaten Kenntnis gegeben hat. Zur Beseitigung von Zweifeln, zu welchen die Fassung „für weitere drei Jahre“ Anlaß gab, wurde in der I. Revisionskonferenz dem Schlußprotokoll als neue Ziffer (V) eine Deklaration beigefügt, durch welche allseitig anerkannt wurde, daß das internationale Übereinkommen für jeden beteiligten Staat auf drei Jahre von dem Tage des Inkrafttretens derselben und weiter auf je drei Jahre insolange verbindlich ist, als nicht einer der beteiligten Staaten spätestens ein Jahr vor Ablauf eines Trienniums den übrigen Staaten die Absicht erklärt hat, von dem Übereinkommen zurückzutreten.

Ist die Kündigung (Rücktrittsabsicht) spätestens ein Jahr vor Ablauf eines Trienniums von einem der beteiligten Staaten den übrigen Staaten erklärt, so ist das Übereinkommen für sämtliche Vertragsstaaten mit Ablauf des Trienniums aufgehoben und muß, falls die übrigen die Fortsetzung wünschen, zwischen diesen von neuem abgeschlossen und ratifiziert werden. Denn das internationale Übereinkommen enthält nicht — wie andere internationale Verträge — die ausdrückliche Bestimmung, daß der Rücktritt nur für den rücktretenden Staat wirkt, während die Übereinkunft für die übrigen Vertragsstaaten verbindlich bleibt. Mithin ist arg. e contr. beim Rücktritt eines Staates das Übereinkommen für alle Vertragsstaaten als aufgehoben zu erachten.

Eine Kündigung einzelnen der beteiligten Staaten gegenüber ist hiernach ebenso ausgeschlossen wie der bloße Austritt eines Staates aus der Gemeinschaft.

275) **„Das gegenwärtige Übereinkommen wird von den vertragschließenden Staaten so bald als möglich ratifiziert werden. Seine Wirksamkeit beginnt drei Monate nach erfolgtem Austausch der Ratifikations-Urkunden.“**

Absatz 2 des Art. 60 fehlt dem vom Central-Amt veröffentlichten Texte, durfte jedoch — mangels eines Konferenzbeschlusses — nicht fortbleiben, zumal die Bestimmungen des Abs 2 auch für die Zusatzübereinkommen materiell rechtliche Bedeutung haben.

Der Austausch der Ratifikationsurkunden des internationalen Übereinkommens vom 14. Okt. 1890 hat zu Bern am 30. Sept. 1892 stattgefunden. Da nach Absatz 2 des Art. 60 die Wirksamkeit des Internationalen Übereinkommens drei Monate nach erfolgtem Austausche der Ratifikationsurkunden beginnt, so ist dasselbe am 1. Jan. 1893 im gesamten Vertragsgebiete in Kraft getreten. Das erste Zusatzübereinkommen vom 16. Juni 1898 ist zu Paris am 10. Juli 1901 ratifiziert worden, mithin am 10. Oktober 1901 wirksam geworden, das zweite Zusatzübereinkommen vom 19. Sept. 1906 ist zu Bern am 22. Sept 1908 ratifiziert, mithin am 22. Dez. 1908 zur Einführung gelangt.

276) Zur Motivierung der Zusatzerklärung vom 20. September 1893 (S. 517) führt die derselben beigegebene Denkschrift folgendes aus:

In dem internationalen Übereinkommen über den Eisenbahn-Frachtverkehr ist der Beitritt weiterer Staaten nicht vorgesehen. Der Mangel einer bezüglichen Bestimmung hat sich fühlbar gemacht, als im Januar dieses Jahres seitens des Fürstentums Monaco die Aufnahme in das gedachte Übereinkommen nachgesucht worden ist. Auch erscheint es nicht ausgeschlossen, das das Bedürfnis des Hinzutritts von Staaten zu dem Übereinkommen in weiterem Umfange hervortreten wird. Seitens der Vertragsstaaten ist es daher für zweckmäßig erachtet worden, die Modalitäten des Beitritts generell zu regeln. Die in Bern auf Einladung der Schweiz zusammengetretene Konferenz hat die vorstehende Zusatzerklärung vereinbart, durch welche die Frage des Beitritts anderer Staaten in einfacher und zweckmäßiger Weise geregelt wird. Etwaige Bedenken, die einem ohne weiteres freigestellten Beitritt entgegenstehen würden, erscheinen mit Rücksicht auf die den urspünglichen Vertragsstaaten vorbehaltene Genehmigung ausgeschlossen.

Nach Maßgabe dieser Zusatzerklärung sind drei Staaten dem Übereinkommen nachträglich beigetreten: Dänemark am 21. Juli 1897 (Z. V 535), Rumänien am 14./27. April 1904 (Z. XII 189) und Schweden am 11. Okt. 1907 (Z. XV 389). Von diesen Beitritten hat die schweizerische Regierung am 27. Juli 1897 bezüglich Dänemarks, am 24. Mai 1904 hinsichtlich Rumäniens und am 1. Nov. 1907 betreffs Schwedens den anderen Staaten Kenntnis gegeben.

Belgien, Deutschland, Frankreich, Italien, Luxemburg, die Niederlande, Österreich und Ungarn, Rußland und die Schweiz gehören dem Übereinkommen seit dessen Bestehen an.

Sachregister.

(Die Zahlen beziehen sich auf die Seiten.)

A.

Abänderung, s. Verfügungsrecht; — der Normen des I.Ü. durch Tarifbedingungen verboten 31.
Abandonnieren des Gutes wegen Beschädigung usw. unstatthaft 342.
Abfertigung der Güter, zoll-, steueramtliche und polizeiliche 65, 118, — nach der Reihenfolge 37, 46.
Abladen, Beschränkung der Haftpflicht bei Selbstabladen 354, 361.
Ablieferung, Dauer der Haftpflicht bis zur — 333, 339. — A. an Zollbehörden 341. — Pflicht der Eisenbahn zur — 203, 206. — Ort der — 203, 207, 215.
Ablieferungsbahn, s. Empfangsbahn.
Ablieferungshindernisse, Verfahren bei — 269—282.
Ablieferungsort, s. Ablieferung.
Abnahmefrist für Stückgüter 236.
Absender, Unterwerfung unter das I.Ü. 37, 43, Unterschrift im Frachtbriefe 38, 70, Verfügungsrecht 175, 185, Rücktritt vom Frachtvertrage 223, 228, Benachrichtigung bei Ablieferungshindernissen 269, 272, und Transportverhinderungen 223, 225; s. Anspruch. Verpflichtung, dem Frachtbrief diejenigen Begleitpapiere beizugeben, welche zur Erfüllung der Zoll-, Steuer- oder Polizeivorschriften erforderlich sind 118.
Abstempelung, s. Frachtbrief.
Absolute Geltung des I.Ü. 31—37.
Adressat, s. Empfänger.
Ätzende Gegenstände 23, 29.
Äußerlich nicht erkennbare Mängel der Verpackung 110, 115, — des Gutes hindern das Erlöschen der Frachtvertragsansprüche gegen die Eisenbahn 440, 449.
Aktivlegitimation 297.
Anerkenntnis, Einfluß auf die Verjährung 454, 456.
Angaben im Frachtbrief, Haftung für die Richtigkeit 77, — über Gewicht und Stückzahl bei durch Absender verladenen Gütern kein Beweis gegen die Eisenbahn 100, 106; s. Deklaration.
Anlagen des Frachtbriefs 49, 74, Begleitpapiere 118, 121.
Annahme des Gutes und des Frachtbriefes verpflichtet den Empfänger zur Zahlung der Fracht 216, — A. und Zahlung der Fracht macht jeden Vertragsanspruch gegen die Bahn erlöschen 440, 443.
Annahmebahn, s. Versandbahn.
Annahmeverweigerung, s. Transportpflicht, — inwiefern auch nach Annahme des Frachtbriefes und Zahlung der Fracht statthaft 441, 451.
Annahmeverzug 345.
Anschließende Eisenbahnen 12.
Anspruch aus dem Frachtvertrage, Recht zur gerichtlichen Geltendmachung 296, 300, gegen welche Eisenbahnen 306, 316, aus Verlust, Minderung, Beschädigung 333, 336, Versäumung der Lieferfrist 412, Anspruch auf Frachterstattung stets schriftlich einzubringen und mit Frachtbrief zu belegen 143, außergerichtlicher Anspruch mit Bescheinigung über den Wert des Guts und Frachtbrief zu belegen 296, — im Wege der Klage 306, 316, im Wege der Widerklage oder Einrede 321, 323. — Erlöschen des Anspruchs aus dem Frachtvertrage 440, 443. — Anspruch auf Entschädigung schriftlich zu erheben 441, 453. — Erlöschen und Verjährung des Anspruchs wegen Verlustes, Minderung, Beschädigung oder Verspätung 440, 443, 454. — Erloschener oder verjährter — kann auch nicht im Wege einer Widerklage oder Einrede geltend gemacht werden 463. Siehe Entschädigung, Haftpflicht.
Antiquitäten ausgeschlossen oder auf Grund besonderer Vereinbarung oder Tarifbestimmung zugelassen 25.

Antrag auf gerichtliche Feststellung des Zustandes des Gutes 282, 294.
Anweisung, nachträgliche, des Absenders usw. 175; s. Verfügung.
Anwendung des internationalen Übereinkommens 1.
Anzahl der Stücke bei Stückgut im Frachtbrief anzugeben 49, 60, Ermittlung und Kontrolle 81, 88; s. Angaben im Frachtbrief.
Anwesende Partei 77, 85, bei der Zollbehandlung 118, 127.
Arglist der Eisenbahn begründet Anspruch auf Ersatz des vollen Schadens 428, — schließt Erlöschen der Frachtvertragsansprüche nach Annahme des Gutes aus 440, 447. — Verjährung des Entschädigungsanspruchs in drei Jahren 454, 456.
Arrest, Beschränkung des — der aus dem internationalen Transport herrührenden Forderungen 256, 264.
Aufbewahrungspflicht der Eisenbahn 37, 45, 339, 344.
Aufladen, Beschränkung der Haftpflicht bei Selbstaufladen 354, 361.
Auflieferung der Güter 38—40, 100, 104. Verfahren bei der Auflieferung richtet sich nach den für die Versandbahn geltenden Bestimmungen 49.
Ausführung des Transports nach Inhalt des Frachtbriefes 306, 311, — des Übereinkommens.
Ausführungsbestimmungen zum Übereinkommen, rechtliche Wirkung derselben 1, 17, 18. — Kraft und Dauer derselben 17. — § 1. Von der Beförderung ausgeschlossene oder nur bedingungsweise zu derselben zugelassene Gegenstände 23—27. — § 2. Inhalt und Form des Frachtbriefes 51. — § 3. Haftung für die Frachtbriefangaben, Frachtzuschlag 77. 78, 79. — § 4. Erklärung wegen Fehlens oder Mängeln der Verpackung 110. — § 5. Zahlung der Fracht 142, 143. — § 6. Lieferfrist. Berechnung derselben, Beginn und Wahrung derselben, Zuschlagsfristen 164—166. — § 7. Formular für nachträgliche Anweisungen des Absenders 177. — § 8. Normalsatz für regelmäßigen Gewichtsverlust 370. — § 9. Frachtzuschlag für die Deklaration des Interesses an der Lieferung 406. 407. — § 10. Verteilung der Lieferfrist auf die am Transporte beteiligten Bahnen. — § 11. Die in Franken ausgedrückten Summen sind in den vertragschließenden Staaten, in welchen die Frankenwährung nicht besteht, durch in der Landeswährung ausgedrückte Beträge zu ersetzen 79.
Ausgeschlossene Güter von der Beförderung 23, 24.
Aushändigung des Frachtbriefes und des Gutes an den Empfänger 203, 233; s. Ablieferung, Annahme.
Auslagen, s. bare Auslagen.
Auslieferung. s. Aushändigung.
Ausscheiden der Eisenbahnen aus dem internationalen Transportdienst 510.
Ausschluß bestimmter Frachtgegenstände von der internationalen Beförderung überhaupt 18—23, — von der eilgutmäßigen Beförderung als Stückgut 25, — der Haftpflicht der Eisenbahn bei unrichtiger Deklaration der von der Beförderung ausgeschlossenen oder zu derselben nur bedingungsweise zugelassenen Güter 435.
Ausstauben von Gütern durch die Emballage 355.
Ausstellung des Frachtbriefes, s. Frachtbrief, Duplikat, Nachnahmeschein.
Austrocknung des Gutes, Haftbeschränkung 354, 364, 370.
Außergewöhnliche Verkehrsverhältnisse, Zuschlagsfristen 165.
Avisierung der Güter 240, 343.

B.

Bare Auslagen neben der Fracht zu erheben 130, 139, 140. — Berechnung von Provision für dieselben 155.
Barvorschüsse 155; s. Nachnahme.
Bahnlagernde Güter, Bezeichnung im Frachtbrief 49, 52, 58, Wahrung der Lieferfrist für dieselben 165, — nicht zu avisieren 234, — Beginn der Abnahme- und Entladefristen 236.
Beamte, s. Leute der Eisenbahn.
Bedeckt gebaute Wagen, Haftpflicht 357.
Bedienstete, s. Leute der Eisenbahn.
Bedingungsweise zur Beförderung zugelassene Gegenstände; Vorschriften, welche zu beachten sind 25—29.
Beförderung, von der Beförderung ausgeschlossene oder nur bedingungsweise zu derselben zugelassene Gegenstände 23—29. — Pflicht der Eisenbahnen zur Beförderung von Gütern 37, — lebender Tiere 39—40; s. Transport.

Beginn der Lieferfrist 165, s. Berechnung, — der Haftpflicht 339, — der Verjährung 454, — der Wirksamkeit des internationalen Übereinkommens.

Begleitung der Güter und Tiere, Beschränkung der Haftpflicht 354, 367, — der auf eigenen Rädern laufenden Lokomotiven, Tender und Dampfwagen 37.

Begleitpapiere dem Frachtbriefe vom Absender beizugeben, welche zur Erfüllung der Zoll-, Steuer- und Polizeivorschriften erforderlich sind 118—121. — Verzeichnis im Frachtbrief 49, 63.

Begünstigung in der Zeit der Beförderung s. Reihenfolge.

Beitritt zum Übereinkommen 516, 520.

Bekanntmachung der Beladefristen 37, — der Zuschlagslieferfristen 166, — der Entladefristen 236, — der Tarife 130, 133, — des Centralamts für den internationalen Transport 502.

Beladefrist für Wagenladungsgüter 38.

Belgien als Vertragsstaat 6, 520.

Benachrichtigung des Absenders bei Ablieferungshindernissen 269, 272, — bei Transporthindernissen 222, 225, 232, — bei Wiederauffinden des Gutes 391, 392, 393, 394, — der Staaten und Bahnverwaltungen durch das Centralamt 502, — bei Hinzutritt und Streichung von Eisenbahnen 511, 512.

Berechnung der Fracht und Gebühren nach Maßgabe der Tarife 130, 133, — der Lieferfrist beim Transport aus dem Bereich einer Eisenbahn in den einer anderen 144, 145, — der Nachnahme-Provision 155, 159, — unrichtige Frachtberechnung 142, 149, — des Frachtzuschlages 78, 79, — bei Deklaration des Interesses an der Lieferung 406.

Berner Konferenzen, s. Vorwort III, 6, 7, 514, 520.

Beschädigung des Gutes dnrch Eisenbahn schriftlich festzustellen 282. — Haftpflicht 333, 338. — Höhe des Schadensersatzes bei Beschädigung des Gutes 399, — bei Interessedeklaration 406, — bei Arglist oder grober Fahrlässigkeit 428. — Erlöschen und Verjährung des Anspruchs auf Entschädigung wegen Beschädigung des Gutes 440, 454.

Beschaffenheit des Gutes. — Bezeichnung im Frachtbriefe 49, 60, — außergewöhnliche als Transporthindernis 23, 27, 28, — der Verpackung 109, 113, s. Natürliche Beschaffenheit.

Bescheinigung über die Auflegung der Nachnahme 155, — des Empfanges des Gutes seitens der Eisenbahn auf dem Frachtbrief-Duplikate 100, 107, — des Empfanges des Gutes seitens des Empfängers 203, 211, — über den Wert des Gutes bei Reklamationen 296, — über den Vorbehalt des Entschädigungsberechtigten in der Quittung über Empfang der Entschädigung für verlorenes Gut 391, 393. — Bescheinigung des Fehlens oder der Mängel der Verpackung 109, 114.

Beschränkung der Verpflichtung der Eisenbahn zum Transport 37, 43, — der Befugnis der Empfänger zur Selbstabholung der Güter 235, — der Haftpflicht in sechs Fällen 353—370, — der Haftpflicht bei Gewichtsverlust 370—377.

Bestimmungsstation, Bezeichnung derselben im Frachtbriefe 49, 58, — auf Stückgütern 111. — Ort der Ablieferung 203, 215. — Verpflichtung derselben zur Erstatttung der Anzeige des Ablieferungshindernisses bei Gütern, über welche der Empfänger den Frachtbrief nicht auslöst, an den Absender spätestens 8 Tage nach Ablauf der tarifmäßig lagergeldfreien Zeit 270.

Betriebsmaterial, Haftpflicht für dasselbe 336. — -mittel, s. Transportmittel.

Betriebsreglement des Vereins Deutscher Eisenbahn-Verwaltungen. § 39. Geltungsbereich des internationalen Übereinkommens 4. — § 40. Gegenstände, auf deren Beförderung das internationale Übereinkommen keine Anwendung findet 18, 19. — § 41. Von der Beförderung ausgeschlossene oder nur bedingungsweise zugelassene Gegenstände 25. — § 42. Gültigkeit der Tarifbestimmungen 31. — § 43. Verpflichtung und Annahme zum Transporte 37. — § 44. Inhalt und Form des Frachtbriefes 51. — § 45. Haftung für die Angaben im Frachtbriefe. Bahnseitige Ermittelungen. Frachtzuschläge 80. — § 46. Abschluß des Frachtvertrages. Frachtbrief-Duplikate 100. — § 47. Verpackung und Bezeichnung des Gutes 109. — § 48. Zoll-, Steuer- und

Polizeivorschriften 118. — § 49. Berechnung der Fracht 131, 133. — § 50. Zahlung der Fracht 142. — § 51. Nachnahme 155. — § 52. Lieferfrist 166. — § 53. Verfügungsrecht des Absenders 178. — § 54. Ablieferung des Gutes. Rechte des Empfängers 203. — § 55. Pflichten des Empfängers 216. — § 56. Transporthindernisse 223. — § 57. Verfahren bei Ablieferung der Güter. Abnahmefristen 234—237. — § 58. Rechte und Pflichteu der Empfangsbahn 241. — § 59. Pfandrecht der Eisenbahn 248. — § 60. Wirkung des Pfandrechts 253. — § 61. Frachtverteilung 257. — § 62. Ablieferungshindernisse 269. — § 63. Feststellung von Verlust, Minderung und Beschädigung des Gutes 283. — § 64. Aktiv-Legitimation. Reklamationen 296. — § 65. Haftung mehrerer Eisenbahnen gegenüber der Partei. Klage 306. — § 66. Widerklage. Einrede 321. — § 67. Haftung für die den Transport ausführenden Personen 325. — § 68. Haftung für Verlust, Minderung und Beschädigung 334. — § 69. Beschränkung der Haftung bei besonderen Gefahren 354. — § 70. Beschränkung der Haftung bei Gewichtsverlusten 371, — § 71. Vermutung für den Verlust des Gutes 377. — § 72. Höhe des Schadensersatzes bei Verlust 381. — § 73. Höhe des Schadensersatzes bei ermäßigten Spezial-Tarifen 387. — § 74. Wiederauffinden des Gutes 391. — § 75. Höhe des Schadensersatzes bei Beschädigung des Gutes 399. — § 76. Deklaration des Interesses an der Lieferung. Höhe des Schadensersatzes für Verlust oder Beschädigung in diesem Falle 406. — § 77. Haftung für Versäumung der Lieferfrist 412. — § 78. Höhe des Schadensersatzes bei Versäumung der Lieferfrist 420, 421. — § 79. Schadensersatz bei Arglist oder grober Fahrlässigkeit 428. — § 80. Verzinsung der Entschädigungsbeträge 433. — § 81. Ausschluß der Haftung 435. — § 82. Erlöschen der Ansprüche aus dem Frachtvertrage 441. — § 83. Verjährung der Entschädigungsforderungen 455. — § 84. Geltendmachung erloschener oder verjährter Ansprüche 464. — §§ 85—92. Rückgriffsrecht 466, 474—476, 480, 483—486. — § 93. Prozeßverfahren 488. — § 94. Vollstreckbarkeit der auf Grund des internationalen Übereinkommens erlassenen Urteile 491. — § 96. Errichtung eines Zentralamtes und Zuständigkeit desselben 500. — § 97. Eintritt in den internationalen Transportdienst. Ausscheiden aus demselben 510. — § 98. Konferenz der Delegierten der Vertragsstaaten 514. — § 99. Dauer der Wirksamkeit des internationalen Übereinkommens 517.

Betriebsstörung, Ruhen des Laufs der Lieferfrist 165. — Verfügung der Eisenbahn über das Gut 222, 230. — Rücktritt vom Vertrage 222. — Fortsetzung auf einem anderen Wege 222. — Mehrkosten 222, 232.

Beweis des Frachtvertrages durch den Frachtbrief 100, 105 — der Einreden gegen die Haftpflicht 345—352, — in den Fällen der Beschränkung der Haftpflicht 354, 368, — der Höhe des Schadens 385 f., — bei Interessedeklaration 406, 409, — Versäumung der Lieferfrist 412, — des Schadens daraus 421, — des aus Arglist oder grobem Verschulden entstandenen Schadens 430, 431.

Bezahlung der Fracht, s. Zahlung.

Bezeichnung der Stückgüter, übereinstimmend mit den Angaben im Frachtbriefe und mit der Bestimmungsstation 111, — der Versandstation und Versandbahn im Frachtbriefe 49, 58, — der Sendung nach ihrem Inhalt 49, 60; s. Namen.

Bruch, s. Zerbrechliche Güter.

C.

Caution, s. K.

Chemikalien, s. Bedingungsweise zur Beförderung zugelassene Gegenstände.

Central-Amt, Aufgaben desselben 495. — Organisation, Sitz, Aufsicht, Kosten des Centralamtes 496, 509. — Schiedsrichterliche Funktionen 499, 504. — Eintritt und Streichung von Eisenbahnen 510. — Reglement, betreffend die Errichtung eines Centralamtes 496. — Das Reglement hat gleiche Kraft und Dauer wie das Übereinkommen selbst 496.

Commissionär, s. K.

Conferenzen, s. K.

Connossement, s. K.

Conto-Corrent, s. K.

Contravention, }
Conventionalstrafe, } s. K.
culpa, s. Verschulden.

D.

Dänemark als Vertragsstaat 6, 520.
Dampfwagen, Beförderungsbedingungen 38.
Datum der Ausstellung des Frachtbriefes 49, 58. — des Benachrichtigungsschreibens des Centralamtes 510, 512.
Datumstempel, Aufdrückung desselben auf den Frachtbrief ohne Verzug nach Auflieferung des Gutes auf Verlangen in Gegenwart des Absenders 100, 102, 104.
Decken, mietweise Hergabe derselben 112.
Deklaration, unrichtige oder ungenaue (Taxzuschlag) 78, — des Interesses an der Lieferung 406. — Höhe der Entschädigung bei Versäumung der Lagerfrist 420. — unrichtige oder ungenaue Deklaration der vom Transport ausgeschlossenen oder nur bedingungsweise zu demselben zugelassenen Güter schließt jede Haftpflicht der Eisenbahn aus 435.
Deutschland als Vertragsstaat 6, 520.
Diebstahl, Haftpflicht 351, 363.
Dienstpersonal, s. Leute.
Direkter Frachtbrief, Verkehr, s. durchgehender.
Disposition, s. Verfügung.
Dokumente ausgeschlossen oder auf Grund besonderer Vereinbarung oder Tarifbestimmung zugelassen 24.
dolus, s. Arglist.
Duplikat von Frachtbriefen 100, — als Bescheinigung der Nachnahme 156. — Vorweisung desselben bei anderweiter Verfügung über das Gut 176, 190, — bei Ablieferungshindernissen 269. — Vorzeigung desselben bei gerichtlicher Geltendmachung von Ansprüchen 296.
Durchgehender Frachtbrief im internationalen Transport obligatorisch 1, 11, 56. — Verkehr 40.
Dynamit, ausgeschlossen oder nach besonderer Vereinbarung oder Tarife zugelassen 23.

E.

Edelsteine ausgeschlossen oder auf Grund besonderer Vereinbarung oder Tarifbestimmung zugelassen 24, 27.
Eilgut, Lieferfrist 164, 169. — Beförderung an Sonntagen 165, 174. — Avisierung und Zuführung 234, s. Formular des Frachtbriefes.
Einführung, s. Inkrafttreten.
Einheitlichkeit des internationalen Transportrechts 7—10.
Einrede, Geltendmachung von Ansprüchen im Wege der Einrede 321, — bei erloschenen oder verjährten Ansprüchen 463, gegen die Haftpflicht 345.
Einrichtungen zur Feststellung der Reihenfolge der Güterabfertigung 47, — der Bahn maßgebend für die Transportpflicht 47.
Eintritt des Empfängers in den Frachtvertrag 194, 195, 212, — der folgenden Eisenbahnen in den Frachtvertrag 306, 311, — der Eisenbahnen in den internationalen Transportdienst 1, 2, 510.
Eintrocknen des Gutes 354, 364, 370.
Eisenbahnbedienstete, Ausfertigung von Frachtbriefen oder Übersetzung solcher in die deutsche oder französische Sprache durch dieselben 79.
Eisenbahnbetriebsreglement, s. Betriebsreglement.
Eisenbahnen, auf welche das internationale Übereinkommen Anwendung findet. Liste derselben alljährlich vom Central-Amt veröffentlicht, — ihr Verhältnis zu dem Staate, welchem sie angehören, wird nicht geändert 31. — Verpflichtung zur Beförderung von Gütern im internationalen Verkehr 37. — Berechtigung zur Erhebung von Lagergeld 38. — Verpflichtung zur Entschädigung der Wagenbesteller bei nicht rechtzeitiger Gestellung fest zugesagter Wagen und Übernahme von Gütern in Verwahrung mit Einverständnis des Absenders 38, — zur Anwendung des internationalen Frachtbriefes 49. — Verpflichtung zur Erfüllung der Zoll-, Steuer- und Polizeivorschriften 118, 125, — zur tarifmäßigen Berechnung der Fracht 130. — Erstattung zu viel erhobener Fracht 149. — Einziehung und Auszahlung der Nachnahmen 155. — Verpflichtung in betreff der Lieferfristen 164. — Verpflichtung zur Beachtung anderweiter Verfügungen des Absenders über das Gut 176. — Verpflichtung zur Aushändigung des Frachtbriefes und Gutes 203, 206. — Verpflichtung

zur Einziehung aller durch den Frachtvertrag begründeten Forderungen 241, — zur Ausübung des Pfandrechts an dem Gut 248. — Frachtverteilung untereinander 256, — bei Ablieferungshindernissen 269, — Untersuchung in Schadensfällen 282. — Haftpflicht für die Ausführung des Transportes auch auf den folgenden Bahnen 306. — Haftung für die Leute 325. — Haftpflicht für Verlust, Minderung und Beschädigung des Gutes und für den Transport nach seitwärts gelegenen Orten 333. — Beschränkungen der Haftpflicht 354, 370. — Umfang des Schadensersatzes 381—412. — Haftpflicht für Lieferfrist-Versäumung 412, 420. — Haftpflicht für Arglist und grobe Fahrlässigkeit 428. — Verzinsung der Entschädigungsforderungen 432. — Erlöschen der Ansprüche gegen die Eisenbahn 440. — Verjährung 454. — Rückgriff der Eisenbahn gegen die am Transport beteiligten Bahnen bei Entschädigungsleistungen 465. — Rückgriffsrecht bei Versäumung der Lieferfrist 473. — Rückgriffsrecht, Wegfall der Solidarität 475, 476. — Rückgriffsverfahren 476. — Subsidiäre Natur der Rückgriffsvorschriften 485. — Prozeßverfahren 488. — Eintritt in den internationalen Transportdienst und Ausscheiden aus demselben 510. — Mitteilungen an das Centralamt 511.

Eisenbahnfahrzeuge, Beförderungsbedingungen 37.

Eisenbahnfrachtbrief, s. Frachtbrief.

Eisenbahnfrachtrecht, inneres. Inwieweit auf internationale Transporte anwendbar 8—10, — internationales, Entwicklung, Anwendungsgebiet 1—18.

Eisenbahnfrachtvertrag, s. Frachtvertrag.

Eisenbahnstrecken — dem I.Ü. unterworfene 15. — Liste derselben wird alljährlich in der Zeitschrift für den internationalen Eisenbahn-Transport veröffentlicht.

Ekelerregende Erzeugnisse, vom Transport ausgeschlossen 23, 29.

Empfänger, Bezeichnung desselben im Frachtbriefe 49, 58. — Beginn des Verfügungsrechts desselben 35, 175, 176, 194, 212. — Aushändigung des Frachtbriefes und des Gutes an denselben 203, 206, — Verpflichtung desselben zur Zahlung der im Frachtbrief ersichtlich gemachten Beträge 216, 217, 219. — Rechte bei der Zollbehandlung 118, 128.

Empfangnahme, s. Annahme, Ablieferung.

Empfangsbahn, Bezeichnung im Frachtbriefe, Anbringung bestimmter Vermerke auf demselben 51, 52. — Recht und Pflicht zur Einziehung der Fracht usw. 241, 244. — Verantwortlichkeit dafür 256, 259. — Passivlegitimation 317, 318.

Empfangsbescheinigung, Ausstellung derselben seitens des Empfängers bei Auslieferung des Gutes 203, 211, — seitens der Eisenbahn an den Absender durch das Frachtbriefduplikat 100, 107.

Entdeckung von Mängeln nach der Annahme des Gutes 440, 449.

Entladefrist für Wagenladungsgüter 236, 237.

Entschädigung der Eisenbahn bei Rücktritt des Absenders vom Vertrage 223, 228. — Vorbehalt des Entschädigungsberechtigten bei Empfangnahme der Entschädigung für in Verlust geratenes Gut 391, 393, 394. — Entschädigung für Verlust, Minderung und Beschädigung des Gutes 381—412, — für Versäumung der Lieferfrist 420, — bei Arglist und grober Fahrlässigkeit 428. — Zinsen der Entschädigungssumme 432. — Erlöschen und Verjährung 440, 454.

Erklärung, unrichtige usw. im Frachtbriefe 78, — wegen Fehlens oder Mängeln der Verpackung 109, 114, 115; s. Deklaration.

Erlöschen des Verfügungsrechts des Absenders über das Gut 176, 194, — des Rechts des Empfängers zur Forderung der Auslieferung des Frachtbriefes und Gutes 203, 214, — der Frachtvertrags-Ansprüche 440, 443, — der Ansprüche aus unrichtiger Frachtberechnung 142, 152, — des Rechts des Rückgriffes 480.

Ermittlung des Inhalts, Gewichts, der Stückzahl der Güter 77.

Expeditionsfrist, s. Lieferfrist.

Explosivstoffe, ausgeschlossen oder nach besonderer Vereinbarung oder Tarif zugelassen 23, 29.

F.

Fahrlässigkeit, grobe, der Eisenbahn begründet Anspruch auf Ersatz des vollen Schadens 428, — schließt Erlöschen der Frachtvertragsansprüche nach Annahme des Gutes aus 440, — Verjährung des Entschädigungsanspruchs 454.

Faktura, Vorlage derselben bei Ansprüchen wegen Verlustes, Minderung oder Beschädigung des Gutes 296.

Faustpfandgläubiger, s. Pfandrecht.

Fehlen der Verpackung 109, 114, 115.

Feiertage, s. Festtage.

Feststellung des Inhalts 77, 85, — Gewichts- und Stückzahl 77, 98, — des Verlustes, der Beschädigung 282, — der Auslagen 130, 141.

Festtage, Nichtannahme und Verabfolgung von Frachtgut 38. — Lieferfrist 166. — Ruhen der Benachrichtigungs- und Zuführungsfrist für Eilgut 234. — Ruhen des Laufs der Entlade- und Abholungsfristen für Wagenladungsgüter 236.

Feuchte Güter, Normalsatz 371.

Feuergefährliche Güter 23, 29.

Feuerwerkskörper 23, 29.

Flüssigkeiten, Haftpflicht 348.

Flußübergänge, Zuschlagsfristen 165.

Folgende Bahn, Zwangsgemeinschaft 306, 307. — Haftpflicht 306, 311.

Forderungen, s. Haftpflicht, Schadensersatz. — Geltendmachung: Aktivlegitimation 296. — Passivlegitimation 306, 316. — Pflicht zur Einziehung 241, 244. — Pfandrecht 248. — Verteilung, Pfändung, Arrestierung 256. — Erlöschen 440. — Verjährung 454. — Rückgriff 465.

Form, s. Frachtbrief, Frachtvertrag, Deklaration.

Formular des Frachtbriefs muß für gewöhnliche Fracht auf weißes, für Eilfracht gleichfalls auf weißes Papier mit einem auf der Vorder- und Rückseite oben und unten anzubringenden roten Streifen gedruckt sein und den Kontrollstempel einer Bahn des Versandlandes tragen 49, 51. — Verkauf des Frachtbrief-Formulars auf allen Stationen 54. — Formular für Erklärungen wegen Fehlens oder Mängeln der Verpackung 111, — für Erklärungen, betreffend anderweite Verfügung über das Gut 177.

Fracht, Berechnung derselben nach Maßgabe der Tarife 130, 133. — Hinterlegung derselben 142, 148. — Zahlung derselben 142, 145, 147. — Unrichtige Frachtberechnung 145, 149. — Einziehung der Frachtvertragsforderungen durch Eisenbahn 241, 244. — Pfandrecht 248, 253. — Verteilung unter die beteiligten Eisenbahnen 256. — Kreditierung im Konto-Korrent 256, 262. — Unzulässigkeit der Pfändung und Arrestierung der Fracht usw. — Forderungen 256, 264, 267.

Frachtbrief, Aufdrückung des Abfertigungsstempels 39. — Beigabe zu jeder Sendung 49. — Inhalt und Form des internationalen Eisenbahnfrachtbriefs 49—55. — Ausstellung desselben in deutscher oder französischer Sprache 51. — Ausfertigung von Frachtbriefen oder Übersetzung solcher in die deutsche oder französische Sprache durch Eisenbahnbedienstete 79. — Besondere Frachtbriefe für Güter, welche vom Absender beziehungsweise Empfänger auf- und abzuladen sind, eventl. auch für jeden Wagen 51. — Haftung für unrichtige Angaben im Frachtbriefe 77. — Beweis über den Frachtvertrag 100, 105. — Frachtbrief-Duplikat 100, 107, 109, 176, 190, 222, 296. — Anerkenntnis mangelhafter usw. Verpackung 112, 113, 114. — Beigabe von Begleitpapieren 118, 121. — Bezeichnung mit „frei" oder „franko" 53, — mit „franko einschließlich Zoll" 53, — als Bescheinigung der Nachnahmen 155. — Auslieferung an den Empfänger 203. — Pflicht desselben zur Zahlung der im Frachtbriefe ersichtlich gemachten Beträge 216. — Frachtbrief ist bei Reklamation vorzulegen 296, — bei Deklaration des Interesses an der Lieferung ist die deklarierte Summe mit Buchstaben in den Frachtbrief einzutragen 406.

Frachtbriefduplikat, s. Frachtbrief, Duplikat.

Frachtforderung, Verjährung derselben 142, 152, s. Fracht, Pfandrecht.

Frachtgut wird an Sonn- und Festtagen nicht angenommen 38, — Eilfrachtgut wird nur in den bekanntzumachenden Tageszeiten angenommen 38, s. Beschädigung, Verlust, Verspätung, Lieferfrist.

Frachtsätze, s. Tarife.
Frachtvertrag, Pflicht der Eisenbahn zur Eingehung desselben 37. — Abschluß 100. — Rücktritt 223, — gerichtliche Ansprüche 296. — Eintritt jeder folgenden Bahn in denselben durch Übernahme des Gutes und Frachtbriefs 306, 311. — Ansprüche im Wege der Klage 306, 316. — Ansprüche im Wege der Widerklage oder Einrede 306, 321. — Erlöschen des Anspruchs 440.—Verjährung 454.
Frachtzahlung, s. Zahlung.
Frachtzuschlag bei unrichtiger Angabe des Inhalts einer Sendung sowie bei Wagenüberlastung 77, — Berechnung 78, 79, — für Deklaration des Interesses an der Lieferung 406, — Fälle, in welchen er nicht erhoben wird 77.
Frankatur 142, 143. — Vermerk 49. — Vorschuß 50, 64, — bei verderblichen Gütern 142, 147.
Frist, s. Lieferfrist, Verjährung, Erlöschen.
Frost, Schaden 360.

G.

Gebühr für die Anbringung des Kontrollstempels auf den Frachtbriefen 55, — für die Ermittelung des Gewichts und der Stückzahl 81, — für Erfüllung der Zoll-, Steuer- und Polizeivorschriften 118, 119, — für Abholung und Zustellung der Güter 131. — Nachnahmeprovision 155, 156, — Nebengebühren 140.
Gedeckte Wagen, Haftpflicht 357.
Gefahr, Nichtübernahme derselben bei Verlust oder Beschädigung des Gutes in den im Art. 31 angeführten sechs Fällen 353, 354.
Gegenbeweis gegen den Frachtbrief 100, 106.
Gegenstände, s. Güter.
Geld, gemünztes und Papiergeld 24, 27, 28, ausgeschlossen oder auf Grund besonderer Vereinbarung zum Transport zugelassen 24.
Geldbuße, s. Taxzuschlag.
Geltendmachung der durch den Frachtbrief begründeten Rechte seitens des Empfängers 203. — Befugnis zur gerichtlichen Geltendmachung der aus dem Frachtvertrage entspringenden Rechte 296, — von Ansprüchen im Wege der Klage 306, 316, — der Widerklage oder Einrede 306, 321.
Geltungsbereich des internationalen Übereinkommens 1.
Geltungsdauer des internationalen Übereinkommens 6, 7.
Geltungsgebiet des internationalen Übereinkommens 1, 15.
Gemälde, ausgeschlossen, oder auf Grund besonderer Vereinbarung zugelassen 24, 27, s. Ausschluß bestimmter Frachtgegenstände.
Gemeinsame Haftpflicht, s. Haftpflicht. — Tarife 31, 164, 387.
Genehmigung der Behörden, s. Lieferfrist, — des Empfängers zur Klage des Absenders 296.
Gerichtliche Feststellung des Zustandes des Gutes 282, 294; s. Geltendmachung, Prozeßverfahren, Rückgriff.
Gerichtsstand und Zuständigkeit bei Klagen gegen die Eisenbahnen 306, 320, 321.
Gesamthaftung, s. Haftpflicht — Lieferzeit.
Gewalt, s. höhere Gewalt.
Gewicht, Angabe desselben im Frachtbrief 49, 60. — Feststellung desselben bei der Aufgabe des Gutes 77, — unrichtige Angaben 77, 78. — Beschränkung der Haftpflicht bei Gewichtsverlust und Normalsatz für regelmäßigen Gewichtsverlust 370.
Gold, ausgeschlossen oder auf Grund besonderer Vereinbarung oder Tarifbestimmung zugelassen 24, 27.
Grobe Fahrlässigkeit, s. Fahrlässigkeit.
Güter, auf welche das internationale Übereinkommen keine Anwendung findet 18—23, — von der Beförderung ausgeschlossene oder bedingungsweise zur Beförderung zugelassene 23—31. — Verwahrung derselben, wenn Beförderung nicht sofort erfolgen kann 37, 45. — Auflieferung innerhalb der Dienststunden und Verladung 38. — Feststellung des Gewichts 77, 80, 88. — Verpackung 109.— Zollamtliche Behandlung 118. — Abholung und Zustellung 203, 234 ff., 334. Lieferfrist 164. — Verfügungsrecht des Absenders 175, 176. — Aushändigung an den Empfänger 203. — Avisierung und Ablieferung 206—212. — Pfandrecht 248. 253. — Ablieferungshindernisse 269. — Verlust, Minderung und Beschädigung festzustellen 282, 286. — Haftpflicht für Verlust, Minderung, Beschädigung 333. — Natür-

liche Beschaffenheit 333, 347. — Ablieferung an Zoll- und Revisionsschuppen, an Lagerhäuser oder an einen Spediteur 234 ff., 334, 335, 339, 340. — Beschränkung der Haftpflicht 353—370. — Beschränkung der Haftpflicht bei Gewichtsverlust und Normalsatz für regelmäßigen Gewichtsverlust 370—377. — Annahme des Verlustes des Gutes 377. — Höhe des Schadensersatzes für gänzlichen oder teilweisen Verlust 381. — Höhe des Schadensersatzes bei Spezialtarifen 387. — Wiederauffinden verlorener Güter 391, 392. — Höhe des Schadensersatzes bei Beschädigung 399, — bei Deklaration des Interesses an der Lieferung 406, — bei Versäumung der Lieferfrist 420, — bei Arglist oder grobem Verschulden 428, — Verzinsung 432. — Unrichtige oder ungenaue Deklaration der vom Transport ausgeschlossenen oder nur bedingungsweise zu demselben zugelassenen Güter schließt jede Haftpflicht der Eisenbahn aus 435. — Annahme des Gutes und Zahlung der Fracht macht jeden Anspruch gegen die Eisenbahn erlöschen 440, 441, — Ausnahmen hiervon 440, 441.

H.

Haftpflicht des Absenders für die Richtigkeit der Frachtbriefangaben 77, — für Mängel der Verpackung 109, — der Eisenbahn für die Wahl des Transportweges 50, — für die Nachnahme bei Ablieferung des Gutes ohne Einziehung derselben 155, 162, — des Absenders für Mangelhaftigkeit der Begleitpapiere 118, 122, — der Eisenbahn für die Ausführung des Transports auch auf den folgenden Bahnen 306, 309, — gemeinsame bzw. solidarische Haftpflicht 306, 311, — für ihre Leute 325, — für Verlust, Minderung und Beschädigung des Gutes 333. — Haftpflicht für den Transport nach seitwärts gelegenen Orten 333, 352. — Beschränkung der Haftpflicht 353—370. — Beschränkung der Haftpflicht bei Gewichtsverlust 370—377. — Haftpflicht für Lieferfrist-Versäumung 412, — bei Arglist oder grober Fahrlässigkeit der Eisenbahn 428, — der beteiligten Eisenbahnen untereinander für Entschädigungen 465, — bei Versäumung der Lieferfrist nach Verhältnis der Zeitdauer der vorgekommenen Versäumnis 473. — Rückgriffsrecht, Wegfall der Solidarhaft 475. — Rückgriffsverfahren 476 f. — Subsidiäre Natur der Rückgriffsvorschriften 485. — Prozeßverfahren 488 f.; s. Anspruch, Entschädigung, Forderungen, Güter.

Handelsgesetzbuch, Einfluß desselben, insbesondere auf die Schadenersatznormen des internationalen Übereinkommens 381 ff.

Handelswert, gemeiner, als Grundlage des Schadensersatzes für gänzlichen oder teilweisen Verlust des Gutes 381, 383—386.

Hemmung der Verjährung bei Einreichung einer schriftlichen Reklamation 454.

Hilfsroute, Beförderung über eine solche bei Transporthindernissen 222, 232.

Hindernisse, s. Ablieferungshindernisse 222. — Transporthindernisse 269.

Hinterlegung von Kaution bei Bestellung von Wagen 39, — der Fracht 142, 148, — nicht abgenommener Güter bei einem öffentlichen Lagerhause oder einem Spediteur 270.

Höhe des Schadens, s. Schadensersatz.

Höhere Gewalt schließt Beförderungspflicht aus 37, 44, — schließt Haftpflicht für Verlust, Minderung und Beschädigung des Gutes aus 333, 349.

I.

Inhalt des Frachtbriefes, s. Frachtbrief, — der Sendungen, Prüfung 21.

Inhaltsangabe, unrichtige 77, 78.

Inkrafttreten des internationalen Übereinkommens 516—620.

Innerer Verderb, s. natürliche Beschaffenheit des Gutes.

Insolvenz einer Bahn beim Rückgriffsverfahren 465, 472. — Streichung einer Bahn aus der Liste 510, 513.

Interesse an der Lieferung, Deklaration desselben im Frachtbriefe 63, 64. — Höhe der Entschädigung bei Verlust usw. oder Versäumung der Lieferfrist 406 ff., 420 ff.

Internationales Eisenbahnfrachtrecht, s. Eisenbahnfrachtrecht.

Internationales Übereinkommen über den Eisenbahnfrachtverkehr. Literatur XI ff. — Geschichtliche Entwicklung III. — Geltung, Inkrafttreten und Dauer 6, 7, — Tragweite

7—10. — Transportgegenstände 10. Verkehrsrichtung und Eisenbahnstrecken 15ff., — räumlicher Umfang 11ff. — Ausführung durch das Centralamt 495f. — Fortbildung durch Konferenzen 514.
Irrtum bei der Frachtberechnung 142, 149, — bei Annahme des Gutes und Zahlung der Fracht 445.
Italien als Vertragsstaat 6, 520, — s. Liste der Eisenbahnstrecken 3, 15.

K.

Kaution bei Bestellung von Wagen auf Verlangen der Eisenbahn zu hinterlegen 39. — Sicherstellung für die Prozeßkosten (cautio pro expensis) unzulässig 490, 494.
Klage, vor einem Gerichte des Staates anhängig zu machen, in welchem beklagte Bahn ihren Wohnsitz hat 306, 320, — im Rückgriffsverfahren sämtliche beteiligte Bahnen in einer und derselben Klage zu belangen 480, — Sicherstellung für Prozeßkosten kann nicht verlangt werden 490; s. Widerklage, Geltendmachung, Anspruch, Forderung, Aktiv- und Passivlegimation.
Knallgold 23, 29.
Knallsilber 23, 29.
Knallquecksilber 23, 29.
Kommissionär, Übertragung der Zoll- usw. Behandlung auf denselben 118, 125.
Kompetenz, s. Zuständigkeit.
Konferenzen, internationale, zur Abänderung und Verbesserung des internationalen Übereinkommens XVI ff. 514. — Vorbereitung der Konferenzen durch das Centralamt 505, 506, — ordentliche und außerordentliche Revisionskonferenzen 515, 516.
Konnossement, das Frachtbriefduplikat hat nicht die Bedeutung eines Konnossements 100, 109.
Konstatierung, s. Feststellung.
Konto-Korrent der Bahnen für Frachtforderungen 256, 262.
Kontravention, s. Zuwiderhandlung.
Kontrollstempel einer Bahn des Versandlandes auf Frachtbrief erforderlich 55.
Konventionalstrafe, s. Frachtzuschlag.
Kostbarkeiten 24, 27.
Kosten für Überführung, Reparatur 130, 139, — für Ausführung der anderweiten Verfügungen des Absenders 176, 201, — Sicherstellung der Prozeßkosten 490.
Kunstgegenstände ausgeschlossen oder auf Grund besonderer Vereinbarung zugelassen 24, 27.
Kündigung des internationalen Übereinkommens 2, 6, 516.

L.

Ladegewicht, s. Tragfähigkeit.
Ladeschein. Das Frachtduplikat hat nicht die Bedeutung eines Ladescheines 100, 109.
Lagergeld bei verzögerter Auflieferung des Gutes 38, — bei verzögerter Abnahme des Gutes 236, 237.
Lagerhaus, Übergabe von Gütern an dasselbe 270.
Lagerzinsfreie Zeit nicht weniger als 24 Stunden 236.
Lebende Tiere, Annahme, Ein- und Ausladen, Ausschließung kranker Tiere, Begleitung, Bekanntmachung der Züge, mit welchen dieselben zu befördern sind 39, 40. — Ausschließung oder Beschränkung der Annahme an Sonn- und Festtagen 38. — Ruhen des Laufes der Lieferfrist 165. — Auslieferung 237. — Beschränkung der Haftpflicht 353, 357, 360, 361, 364, 366, 367.
Leckage, s. natürliche Beschaffenheit des Gutes.
Legitimation zur gerichtlichen Geltendmachung von Frachtvertragsansprüchen, aktive 296, passive 306, 307.
Leichen ausgeschlossen oder unter gewissen Bedingungen zugelassen 24.
Leute, Haftpflicht der Eisenbahn für dieselben 325, s. auch Eisenbahnen und Haftpflicht.
Lieferfrist, Berechnung derselben für Eil- und Frachtgut; beim Transport durch mehrere Gebiete usw. 164, 165, — für nicht avisierte und bahnseits nicht zugestellte 165. — Zuschlagsfristen für Messen usw., deren Bekanntmachung, Beginn und Wahrung der Lieferfrist, Ruhen des Fristenlaufs 166. — Deklaration des Interesses 421, 423. — Haftpflicht für Schaden infolge Versäumung der Lieferfrist 412. — Höhe des Schadensersatzes für Lieferfrist-Versäumung 420—428. — Entschädigungsansprüche wegen Versäumung der Lieferfrist spätestens am vierzehnten Tage nach der An-

nahme des Gutes anzubringen 440, 449. — Verteilung der Gesamtlieferfrist unter die am Transport teilnehmenden Bahnen 473.
Lieferung, Deklaration des Interesses an der Lieferung 406 ff., 421 ff.; s. Ablieferung, Aushändigung, Lieferfrist.
Liste der dem internationalen Übereinkommen angehörigen Eisenbahnen 3, 15. — Hinzufügung 511. — Streichung 511.
Lokomotiven, auf eigenen Rädern laufende, Beförderungsbedingungen 38.
Luxemburg als Vertragsstaat 6, 520, — s. Liste der Eisenbahnstrecken 3, 15.

M.

Mängel, s. Äußerlich nicht erkennbare Mängel der Verpackung 109, 110; s. Begleitpapiere, Angaben im Frachtbrief.
Maß, zulässiges, der Wagenbelastung 78; s. Tragfähigkeit.
Magazin, s. Aufbewahrungspflicht, Lagerhaus.
Manko an Gewicht, s. Gewicht, Verlust.
Marktpreis 355, s. Handelswert.
Maximalbetrag der Entschädigung, s. Schadensersatz.
Maximallieferfrist s. Lieferfrist.
Mehrere Eisenbahnen, gemeinsame Haftpflicht 306. — Rückgriff 465 ff.
Messen, Zuschlagfristen 165.
Minderung des Gutes durch Eisenbahn schriftlich festzustellen 282; s. Verlust, Beschädigung. — Erlöschen, Verjährung des Anspruches wegen Minderung des Gutes 440, 454.
Minderwert bei Beschädigung des Gutes 381.
Münzen, geldwerte, ausgeschlossen oder nach besonderer Vereinbarung oder Tarife zugelassen 24, 27.

N.

Nachnahme bis zur Höhe des Wertes des Gutes zulässig 155, 158. — Tarifmäßige Provision 155, 159. — Auszahlung derselben 155, 160. — Höchstbetrag derselben 155. — Höchstbetrag der Nachnahme bei den Vereinsverwaltungen unbeschränkt 153, — nachträgliche Auflage, Erhöhung, Minderung oder Zurückziehung der Nachnahme 178. — Einziehung derselben 241.
Nachnahmeschein als Bescheinigung über Auflegung von Nachnahmen 155.
Nachträgliche Anweisung, s. Verfügung.
Nachweis des Schadens bei Deklaration des Interesses an der Lieferung 406; s. Beweis.
Nachwiegung der Stück- und Wagenladungsgüter 235, 236.
Nachzahlung zu niedrig berechneter Fracht 142, 149.
Nässe, nasse Güter, s. feuchte.
Namen des Empfängers im Frachtbriefe 49, 58; s. Bezeichnung.
Natürliche Beschaffenheit des Gutes, Beschränkung der Haftpflicht 333, 347, 354, 364. — Regelmäßiger Gewichtsverlust infolge natürlicher Beschaffenheit des Gutes 370, 372.
Naturereignisse 350; s. höhere Gewalt.
Nichtigkeit der dem I.Ü. widersprechenden Tarifbedingungen 31.
Niederlande als Vertragsstaat 6, 520, — s. Liste der Eisenbahnstrecken 3, 15.
Nitroglyzerin 23.
Normalsatz für regelmäßigen Gewichtsverlust 370, 371.

O.

Öffentliches Lagerhaus, s. Lagerhaus. — Interesse, s. Transportpflicht.
Öffentlichkeit der Beladefristen für Wagenladungsgüter 38, — der Tarife 130, — der Entladefristen für Wagenladungsgüter 236.
Österreich-Ungarn als Vertragsstaat 6, 520, — s. Liste der Eisenbahnstrecken 3, 15.
Offen gebaute Wagen. Beschränkung der Haftpflicht 357.
Ort, s. Ablieferung, Wohnort, Frachtbrief.

P.

Packhof, Beförderung von Gütern nach einem Packhof 131.
Papiere, geldwerte, vom Transport ausgeschlossen oder bedingungsweise zugelassen 24, 28.
Pariser Revis.-Konferenz III. 520.
Passivlegitimation 306, 307, 316.
Perlen, echte, vom Transport ausgeschlossen oder auf Grund besonderer Vereinbarung oder Tarife zugelassen 24, 28.

Personen, Haftpflicht für Personen, deren sich die Eisenbahn bei Ausführung des Transports bedient 325; s. auch Leute. — Personentransport unterliegt nicht dem internationalen Übereinkommen 10.
Pfändung, s. Arrest.
Pfandrecht der Eisenbahn an dem Gute 248. — Wirkung des Pfandrechts 253.
Platina ausgeschlossen oder auf Grund besonderer Vereinbarung oder Tarife zugelassen 24, 27.
Pikrinsaure Salze 23.
Polizeivorschriften, Erfüllung derselben 65, 118, 121, 125; s. Begleitpapiere.
Post, s. Avisierung.
Postzwangpflichtige Gegenstände ausgeschlossen 21.
Preis, s. Marktpreis.
Preisermäßigung für einzelne Absender gegenüber den Tarifen verboten, — in Spezialtarifen 387, 389.
Pretiosen ausgeschlossen oder auf Grund besonderer Vereinbarung oder Tarife zugelassen 24, 27.
Protokollarische Feststellung des Zustandes des Gutes in Beschädigungs- usw. Fällen 282, 291.
Provision für Nachnahme 155, 159, — für bare Auslagen 156.
Prozeßkosten, Sicherstellung für dieselben kann nicht verlangt werden 490, 494.
Prozeßrichter 488.
Prozeßverfahren, Aktivlegitimation 296. — Passivlegitimafion und Gerichtsstand 306, 316. — Das Verfahren richtet sich nach den Gesetzen des Prozeßrichters 488. — Vollstreckbarkeit der Urteile 490; s. Rückgriff.
Prüfung des Inhalts des Gutes 77, 85, — des Gewichts und der Stückzahl 85, 88, — der Zoll- usw. Papiere 118, 124. — Feststellung des Ergebnisses derselben 86.
Publikation, s. Bekanntmachung, Öffentlichkeit.
Pyropapier 23.

Q.

Qualifikation der Leute der Eisenbahn 327.
Qualität, s. Beschaffenheit.
Quantität, s. Maß.
Quittung im Frachtbriefduplikat 100, 109, — des Empfängers über Empfang des Gutes 203, 206. — Vorbehalt des Entschädigungsberechtigten bei Empfangnahme der Entschädigung für verlorenes Gut dahin, daß ihm bei Wiederauffinden des Gutes hiervon Kenntnis gegeben werde 391, 393.

R.

Räumlichkeiten, disponible, s. Verwahrung der Güter.
Ratifikation des internationalen Übereinkommens 6.
Recepisse, s. Empfangsbescheinigung.
Recherchen, s. Untersuchung in Verlust- und Beschädigungsfällen 282, 286.
Recht, s. Eisenbahnfrachtrecht.
Reglement, Geltung des Reglements in den vom internationalen Übereinkommen nicht geregelten Fällen 8, 9. — Reglement, betreffend die Errichtung eines Central-Amts, s. auch Betriebsreglement.
Regreß, s. Rückgriff.
Reihenfolge der Auflieferung der Güter 37, 46, — der Abfertigung der Güter 37, 38.
Reklamation, s. Anspruch, außergerichtlicher. — Maßgebend für den Beginn der Verzinsung 432, 434.
Reisegepäck, ausgeschlossen vom internationalen Transport 10.
Reparatur, s. bare Auslagen und Kosten.
Restant, s. bahnlagernd.
Reugeld beim Rücktritt vom Transport 223.
Revisionskonferenzen III. 514—516, 520.
Revisionsschuppen, Beförderung von Gütern nach einem solchen 131.
Richtigkeit der Angaben, s. Frachtbrief.
Rollendes Material 256; s. Arrest.
Rollfuhrmann, s. Rollfuhrunternehmer.
Rollfuhrunternehmer hat Gebührentarif bei sich zu tragen und auf Verlangen vorzuzeigen 131. — An- und Abfahren der Güter durch dieselben 234, — gelten als Leute der Eisenbahn 234.
Rost, Beschränkung der Haftpflicht 354, 367.
Route, Vorschrift und Wahl 50, 65—70.
Rückgriff der Eisenbahn gegen die am Transport beteiligten Bahnen bei Entschädigungsleistungen 465,

— bei Versäumung der Lieferfrist 473—475. — Rückgriffsrecht; Wegfall der Solidarhaft 475. — Rückgriffsverfahren 476. — Subsidiäre Natur der Rückgriffsvorschriften 485. — Prozeßverfahren 488 f.
Rücktritt des Absenders vom Frachtvertrage 223.
Rückzahlung zu hoch berechneter Fracht 142, 149.
Ruhen der Lieferfrist 166.
Rumänien als Vertragsstaat 6, 520. — Liste der Eisenbahnstrecken 3, 15.
Rußland als Vertragsstaat 6, 520; s. Liste der Eisenbahnstrecken 3, 15.

S.

Sachverständige, Zuziehung derselben zur Feststellung des Zustandes des Gutes 282, 294.
Salze, pikrinsaure 23.
Schaden, Vermutung desselben aus der nicht übernommenen Gefahr 354, 368, — infolge Versäumung der Lagerfrist 412, s. Beschädigung, Verlust, Minderung, Entschädigung, Haftpflicht.
Schadensersatz für gänzlichen oder teilweisen Verlust, Grundlage ist der gemeine Handelswert und in dessen Ermangelung der gemeine Wert 381, — bei ermäßigten Spezialtarifen 387, — bei Beschädigung des Gutes 399, — bei Deklaration des Interesses an der Lieferung 406, — für Versäumung der Lieferfrist 420—428, — bei Arglist oder grober Fahrlässigkeit der Eisenbahn 428. — Erlöschen 440, 441. — Verjährung 454; s. Rückgriff.
Schießmittel 23, 29.
Schlußprotokoll Ziff. I und IV, Kraft und Dauer desselben 1, 2, — III 387, s. auch Eisenbahnen, Verhältnis derselben zu dem Staate, welchem sie angehören, — II und III 130, — III 387, — IV 498, — V 516.
Schriftlichkeit für die Vollmacht zur Abholung der Güter erforderlich 235.
Schußwaffen 23, 29.
Schweden als Vertragsstaat 6, 520. Liste der Eisenbahnstrecken 3, 15.
Schweiz als Vertragsstaat 6, 520, — s. Liste der Eisenbahnstrecken S. 3, 15.
Schwinden, s. natürliche Beschaffenheit des Gutes.
Selbstabholung der Güter 235.
Selbst-Auf- und Abladen, Beschränkung der Haftpflicht 354, 361.
Selbstentzündung 23, 29.
Sicherheitsbestellung, s. Kaution.
Signierung, s. Bezeichnung.
Silber 24, 27.
Solidarhaft der Eisenbahnen (Zwangsgemeinschaft) 306. — Solidarhaft mehrerer am Transport beteiligter Bahnen findet für den Rückgriff nicht statt 475 ff.
Sondervereinbarungen 24, s. Zusatz-Vereinbarung.
Sonntage, Nichtannahme und Verabfolgung von Frachtgut 38. — Berechnung der Lieferfrist 164. — Ruhen der Benachrichtigungs- und Zuführungsfrist für Eilgut 234. — Ruhen der Ladefristen für Wagenladungsgüter 236.
Spediteur, Weiterbeförderung der Güter durch denselben 235. — Übergabe von Gütern an denselben 270; s. Kommissionär.
Speicher, Lagerung, s. Lagerhaus.
Spesen, s. Auslagen, Gebühren, Nachnahme.
Spezialtarife, 164, 387; s. Tarife.
Spitzen, wertvolle, ausgeschlossen, oder auf Grund besonderer Vereinbarung oder Tarife zugelassen 24, 28.
Staaten, vertragschließende 1, 6, 520; s. Geltungsgebiet. — Vereinbarung leichterer Bedingungen 24. — Mitteilungen an das Centralamt 500—504.
Staatsvertrag ist das internationale Ubereinkommen 6.
Stammheft, s. Frachtbrief.
Standgeld bei Überschreitung der Beladefrist für Wagenladungsgüter 38, — bei Überschreitung der Entladefrist für Wagenladungsgüter 236.
Station als Ort der Ablieferung 203, 207, 215.
Statistische Vorschriften, Erfüllung derselben 118, 121, 125.
Stempel, s. Datumstempel und Frachtbrief.
Steuervorschriften, Erfüllung 118, 121, 125. — s. Begleitpapiere.
Stickereien, wertvolle, ausgeschlossen oder auf Grund besonderer Vereinbarung oder Tarife zugelassen 24, 28.
Störungen, s. Transporthindernisse.
Strafe, s. Frachtzuschlag.
Streitverkündung im Rückgriffsverfahren 476.
Stückgüter, Bezeichnung 49, 112, — mit der Bestimmungsstation 111, 112, — Abnahmefrist 236.

T.

Tarife, Geltung der gemeinsamen Tarife der Eisenbahn, Vereine oder Verbände und der besonderen Tarife der Eisenbahnen 31. — Berechnung der Fracht nach Maßgabe der Tarife 130, Ermäßigungen für jedermann erlaubt 130, — unrichtige Anwendung der Tarife 142, — Zulässigkeit von Spezialtarifen 164, 387.
Tarifkilometer, Zugrundelegung derselben für die Berechnung der Lieferfristen 166.
Taxzuschlag bei unrichtiger oder ungenauer Deklaration; Höhe desselben 77, 78.
Tender, Beförderungsbedingungen 37.
Tiere, s. lebende Tiere. Beschränkung der Haftpflicht 354, 366, 367.
Tragfähigkeit (Überlastung) 78.
Trajektanstalten 165, 171; s. Lieferfrist.
Transitstrecken, 1.
Transport, internationaler, Geltungsgebiet, 3, 6, 15, 529. — Frachtbrief für denselben 49. — Frachtvertrag 100. — Eintritt und Austritt von Eisenbahnen 510.
Transportfrist, s. Lieferfrist.
Transporthindernisse, Verfahren bei denselben 222.
Transportmittel, regelmäßige 37, 43.
Transportpflicht 37; s. Beförderung, Eisenbahn, Transportweg.
Transportweg, Vorschrift und Wahl 50, 65—70.
Trockene Güter 371.
Trocknen, s. Austrocknung.

U.

Übelriechende Erzeugnisse, ausgeschlossen od. nach bes. Vereinbarung od. Tarife zugelassen 23, 29.
Übereinkommen, internationales III. 520, Geltungsbereich desselben, s. Liste der Eisenbahnstrecken S. 3, 15. — Geltungsdauer 2. — Central-Amt zur Erleichterung und Sicherung der Ausführung des Übereinkommens, Reglement, betreffend die Errichtung eines Centralamts 495. — Konferenz der Delegierten der Vertragsstaaten zur Abänderung und Verbesserung des Übereinkommens alle fünf Jahre 514—516. — Beginn und Geltungsdauer des Übereinkommens 516; s. Transport, Vereinbarung, Zusatz-Übereinkommen.
Überführungskosten 130, 141.
Übergabe, s. Ablieferung.
Überlastung der Wagen 77, 78; s. Frachtzuschlag eines vom Absender beladenen Wagens 79—81.
Übernahme des Gutes, s. Annahme.
Unbedeckte Wagen, s. offen gebaute.
Ungarn als Vertragsstaat 6. 520. — Liste der Eisenbahnstrecken 3, 15.
Unmöglichkeit des Transports 222.
Unrichtigkeit der Angaben des Frachtbriefs 77, der Begleitpapiere 118.
Unterbrechung der Verjährung 153, des Transports 222.
Untersuchung, eingehende, s. Prüfung, Feststellung.
Unterschrift, s. Frachtbrief des Absenders 49, 70.
Unzulänglichkeit der Begleitpapiere 118.
Urkunde, s. Frachtbrief, Duplikat, Begleitpapiere.
Urteile, Vollstreckbarkeit derselben 490; s. Prozeßverfahren.

V.

Verderb, innerer, des Gutes, durch dessen natürliche Beschaffenheit, Haftpflicht 333, 348.
Verderbliche Güter, Vorausbezahlung der Fracht für dieselben 142, 147. — Verkaufsbefugnis der Eisenbahn 270.
Vereins-Betriebsreglement, s. Betriebsreglement.
Vereinbarung, erleichternde 24, s. Zusatzvereinbarung 26 Übereinkommen.
Verfahren, s. Ablieferung, Feststellung, Prozeß.
Verfügung des Absenders wegen Zurückgabe des Gutes, Anhalten unterwegs, Auslieferung an einen anderen als den im Frachtbrief bezeichneten Empfänger am Bestimmungsorte oder einer Zwischenstation 175, 185 — oder auf einer über die Bestimmungsstation hinaus oder seitwärts gelegenen Station 175, — über Nachnahmen 175, 189, — Zurücksendung 175, 188, — nachträgliche Frankierung 175, 189. — Vorweisung des Frachtbriefduplikats 176, 190. — Vermittlung der Versandstation 175, 194. — Form der Verfügung 175, 200. — Kosten 176, 202. — Erlöschen des Verfügungsrechts 175, 194.—Verfügungen des Empfängers 175, 197.

Vergleich, s. Verjährung 454.
Verhinderung des Antritts oder der Fortsetzung des Transports durch höhere Gewalt oder Zufall 222, 225, 228, — im Falle einer Betriebsstörung 222, 230.
Verjährung der Forderungen aus zu wenig oder zu viel erhobener Fracht 152—154, — der Entschädigungsforderungen wegen Verlustes, Minderung, Beschädigung oder Verspätung 454, — der Frachtzuschläge 78, 95.
Verkauf von Gütern bei Ablieferungshindernissen 270.
Verkaufswert, s. Handelswert.
Verkehrverhältnisse, außergewöhnliche, s. Zuschlagsfristen 165.
Verladung der Güter 37—40.
Verlust des Gutes durch Eisenbahn schriftlich festzustellen 286. — Haftpflicht für Verlust 333, 336. — Verlust an Gewicht 370, — wenn Ablieferung des Gutes sich um mehr als 30 Tage nach Ablauf der Lieferfrist verzögert, ist Gut als in Verlust geraten zu betrachten 377. — Höhe des Schadensersatzes bei Verlust 381, 387, 406, — im Falle von Arglist oder grober Fahrlässigkeit 428. — Verjährung des Entschädigungsanspruchs wegen Verlustes des Gutes 454.
Vermerke, bestimmte, nachrichtliche auf dem unteren Teile des Frachtbriefes zulässig 51, 52.
Verminderung, s. Verlust, Beschädigung.
Vermutung für den Eintritt des Schadens bei gewissen Transportgefahren 354, 368.
Verpackung, gehörige, der Güter liegt dem Absender ob; Fehlen oder Mängel derselben 109. — Haftpflicht der Eisenbahn 109.
Versäumung der Lieferfrist, s. Lieferfrist.
Versandbahn (Annahmebahn), Pflicht zur Annahme der Güter 37. — Bezeichnung im Frachtbrief 49. — Haftpflicht für den ganzen Transport 306. — Verzug bei der Ablieferung und Annahme des Gutes 344, 345.
Versandexpedition, Aufdrückung des Datumstempels auf dem Frachtbrief 100.
Versandstation, Bezeichnung im Frachtbrief 49. — Annahme des Gutes 100.
Verschulden des Verfügungsberechtigten befreit von der Haftpflicht 333, 345; s. Arglist, Fahrlässigkeit.
Versender, s. Absender.
Verspätung, s. Lieferfrist.
Verstreuung des Gutes, Beschränkung der Haftpflicht 354.
Verteilung d. Lieferfrist, s. Lieferfrist.
Vertragsstaaten 6, 620, s. Liste der Eisenbahnstrecken 3, 6, 15, s. Geltungsgebiet.
Verwahrung der Güter, vorläufige 38, 39, s. Eisenbahnen und Güter.
Verzeichnis s. Begleitpapiere.
Verzinsung der Entschädigungssumme 432.
Vollmacht zur Abholung der Güter 235.
Vollstreckbarkeit der Urteile 490.
Vorausbezahlung der Fracht 142.
Vorbehalt in der Quittung über Empfangnahme der Entschädigung für verlorenes Gut für den Fall der Wiederauffindung 391, 393. — Vorbehalte bei Annahme des Gutes sind wirkungslos, wenn sie nicht unter Zustimmung der Eisenbahn erfolgt sind 441, 452. — Zustimmung der Eisenbahn muß schriftlich gegeben werden 441.
Vorbereitungskosten zum Transport müssen der Eisenbahn beim Rücktritt vom Vertrage erstattet werden, s. Rücktritt.
Vorschuß, s. Barvorschuß 50. — Nachnahme 155 ff.

W.

Waren, s. Güter.
Wägen des Gutes 77—79.
Wagen, Bestellung, Bereitstellung, verzögerte Be- und Entladung, Ausladung, Standgeld 38, 236. — Belastung derselben bis zur Grenze des Ladegewichts 80. — Folgen der Überlastung eines vom Absender beladenen Wagens 80—81; s. offengebaute, gedeckte, Be- u. Entladen.
Wagenstandgeld, s. Standgeld.
Wahrung der Lieferfrist, s. Lieferfrist.
Weg, s. Transportweg.
Weiterbeförderung der Güter nach seitwärts gelegenen Orten 233. — Haftpflicht 333; s. Beförderung, Eisenbahn.
Werktag, s. Lieferfrist.
Wert, gemeiner, als Grundlage des Schadensersatzes für gänzlichen oder teilweisen Verlust des Gutes 381,

383—386; s. Handelswert, Schadensersatz, Deklaration, Nachnahme.
Wertpapiere 24, 27, 28.
Widerklage und Einrede 321, — bei erloschenen oder verjährten Ansprüchen 463.
Wiederauffinden des Gutes 391.
Wiegestempel, Bescheinigung des Gewichts durch denselben 81.
Wirkung des Pfandrechts 253.
Wohnort des Empfängers, Bezeichnung im Frachtbrief 49, — des Absenders 50; s. Zuführung und Ablieferung 233—237.

Z.

Zahlung der Fracht 142. — Pflicht des Empfängers zur Zahlung der im Frachtbrief ersichtlich gemachten Beträge 216. — Zahlung der Fracht und Annahme des Gutes macht jeden Anspruch gegen die Eisenbahn erlöschen, abgesehen von den im Artikel 44 angeführten Ausnahmen 440; s. Verjährung.
Zahlungsunfähigkeit einer Bahn 472, 512.
Zeichen der Frachtstücke bei Stückgut im Frachtbriefe 49.
Zeit, s. Lieferfrist, Auflieferung, Ablieferung, Verzug.
Zentralamt, s. Central-Amt.
Zerbrechliche Güter, Beschränkung der Haftpflicht 354, 364.
Zeugen, Zuziehung derselben zur Prüfung des Inhalts der Güter 80, — zur Feststellung des Zustandes der Güter 282.
Zinsen, 6 Prozent der Entschädigungssumme 432.
Zollabfertigung 65, 118, 121.
Zollamtliche Behandlung der Güter liegt der Eisenbahn ob 118, 125. — Übertragung an einen Kommissionär unter Verantwortung der Eisenbahn 118. — Pflicht des Absenders zur Beigabe der Begleitpapiere, Haftung für Mangelhaftigheit derselben 118, 121. — Verzeichnis im Frachtbriefe 49, 63. — Befugnis des Verfügungsberechtigten, der Zollbehandlung beizuwohnen 118, 127. — Ruhen des Laufs der Lieferfrist 165. — Ruhen des Laufs der Entladefrist 236.
Zollgelder, Einziehung derselben durch die Eisenbahn 241.
Zollrevisionsschuppen, Ablieferung des Gutes an denselben 334.
Zufall, s. höhere Gewalt.
Zurückzahlung überhobener Fracht, s. Rückzahlung, Verjährung.
Zusatz-Erklärung 517, 518, 520.
Zusatzübereinkommen III. 26, 520.
Zuschlagsfrist, s. Lieferfrist.
Zuständigkeit, s. Gerichtsstand.
Zustand des Gutes, s. Feststellung, Prüfung.
Zuwiderhandlungen der Eisenbahn gegen ihre gesetzliche Beförderungspflicht begründen Anspruch auf Ersatz des dadurch entstandenen Schadens 37; s. Unrichtigkeit, Überlastung.
Zwangsgemeinschaft, s. gemeinsame Transport- und Haftpflicht aller an einem internationalen Transport beteiligten Bahnen 37, 40—41, 306, 307, 311.

Kolibri 360 GmbH
Ferdinand-Jühlke-Straße 7
99095 Erfurt, Deutschland
produktsicherheit@kolibri360.de